U0921153

中国政工年鉴

（1998）

全国思想政治工作科学专业委员会
《中国政工年鉴》编撰委员会
编

中共中央党校出版社
一九九九年一月

中共中央政治局常委、书记处书记胡锦涛同志与出席全国思想政治工作科学专业委员会第一次特约研究员会议的全体代表合影。1994 年 9 月 23 日于中共中央党校。

全国思想政治工作科学专业委员会第五次年会 掠影

左图：

热烈欢迎赵荫华同志在第五次特约研究员会议上做报告。

右图：

胜利油田等单位的代表在小组讨论会上发言。

下图：

全国思想政治工作科学专业委员会第五次年会。

努力以辦好、中國思想政治工作年鉴、把政工干部的业绩载入史册。

袁宝华

加强育人用人研究
培育选拔高素质人才

张万年

编好《中国思想政治工作年鉴》为提高政工干部素质加强和改进思想政治工作服务

赵荫华

编 撰 委 员 会

第一部分

重要文献

中共中央关于进一步加强和改进国有企业党的建设工作的通知

各省、自治区、直辖市党委，各大军区党委，中央各部委，国家机关各部委党组(党委)，军委各总部、各军兵种党委，各人民团体党组：

为了坚持党对国有企业的领导，充分发挥国有企业党组织的政治核心作用，促进国有企业的改革和发展，现就进一步加强和改进国有企业党的建设工作通知如下：

一、认清形势和任务，增强搞好国有企业党建工作的责任心和紧迫感

我国社会主义现代化建设已经进入重要的发展时期。实现国民经济和社会发展"九五"计划和2010年远景目标，加快经济体制和经济增长方式的根本性转变，必须切实搞好国有企业，这是事关全局的一项紧迫的战略任务。几十年来，国有企业不断发展壮大，为我国建立独立的比较完善的国民经济体系和巩固人民民主专政的国家政权做出了历史性贡献。党的十一届三中全会以来，国有企业又为改革开放和现代化建设做出了新的重大贡献。搞好国有企业不仅是重大的经济问题，而且是重大的政治问题。各级党委和领导同志必须实事求是地分析当前国有企业的新形势、遇到的困难和问题，从战略上全局上深刻认识搞好国有企业的重大意义，以高度的政治责任感和历史使命感，进一步统一思想，坚定信心，扎实工作，千方百计把国有企业搞好。

以公有制为主体的现代化企业制度是社会主义市场经济体制的基础，是我国国有企业改革的方向。国有企业深化改革，建立现代企业制度，要坚持产权清晰、权责明确、政企分开、管理科学，也要体现社会主义基本制度的要求。坚持党对国有企业的政治领导，发挥国有企业党组织的政治核心作用，充分依靠和调动职工群众的积极性和创造性，这是我们的政治优势，是建立有中国特色现代企业制度的本质要求。国有企业面向市场，深化改革，转换经营机制，加强内部管理，加快技术进步，提高经济效益，都迫切需要增强国有企业党组织的凝聚力和战斗力，充分发挥党组织的作用。

中央对国有企业改革、发展和企业党的建设一直是重视的，指导思想和方针原则是明确的。各级党委和政府做了大量卓有成效的工作，进行了有益的探索。许多国有企业党组织在深化企业改革、加强内部管理、推动企业发展、克服生产经营中的困难、增强职工群众凝聚力等方面，发挥了重要作用。从总体上看，国有企业党的建设在逐步加强，但发展很不平衡，有些问题亟待解决。一是对加强和改进企业党建工作，发挥党组织作用的必要性、重要性、紧迫性认识不足，淡化和削弱企业党组织作用的消极影响还没有完全消除。二是一些地方、部门和国有企业对贯彻中央确定的企业党建工作方针、原则和任务、要求不够得力，没有抓好落实。三是在国有企业深化改革和发展社会主义市场经济条件下如何做好党建工作，有些企业领导人员和部分党务工作者思想观念、工作方法还不适应。这些问题，已经程度不同地影响企业党组织作用的发挥，影响现代企业制度的建立和企业的发展，必须引起高度重视，采取有效措施加以解决，使企业的改革、发展和党的建设都有一个大的进步。

二、坚持党对国有企业的政治领导，充分发挥国有企业党组织的政治核心作用

坚持党对国有企业的政治领导，是一个重大原则问题，任何时候都不能动摇。党对国有企业的政治领导，主要体现在：坚持国有企业的社会主义方向，保证党的路线、方针、政策和国家法律、法规在企业贯彻执行；坚持党管干部的原则，按照管理权限，依法选派、推荐国有资产产权代表和企业经营管理负责人，并对他们实施教育、培养、考核、监督；坚持发挥企业党组织的政治核心作用和党员的先锋模范作用。强调坚持党对国有企业的政治领导，但不能以党代政、以党代企。

为了加强党对国有企业的政治领导，充分发挥企业党组织的政治核心作用，企业党组织必须认真贯彻党的路线、方针、政策，保证监督党和国家的方针政策在本企业的贯彻执行；参与企业重大问题的决策，支持厂长(经理)、股东会、董事会、监理会依法行使职权；领导企业的思想政治工作和精神文明建设，努力建设一支有理想、有道德、有文化、有纪律的职工队伍；全心全意依靠职工群众，支持职工代表大会开展工作；领导和支持工会、共青

团等群众组织依照法律和各自的章程，独立自主地开展工作；加强党组织的自身建设，充分发挥党支部的战斗堡垒作用和党员的先锋模范作用。

三、认真贯彻国有企业党建工作的指导思想和方针原则

新形势下的企业党建工作，要坚持以马列主义、毛泽东思想特别是邓小平建设有中国特色社会主义理论为指导，坚持党的“一个中心、两个基本点”的基本路线，紧紧围绕企业改革和生产经营来进行，坚持党要管党、从严治党的方针，从政治、思想、组织和作风上全面加强党的建设，充分发挥党组织的政治核心作用，促进企业的物质文明和精神文明建设。

企业党建工作的目标是：⑴有一个坚决贯彻执行党的路线、方针、政策，善经营、会管理，团结协作，廉洁公正，开拓进取，得到职工群众拥护的领导班子。⑵有一支能够在企业改革、发展中经得起困难和风险的考验，在两个文明建设中发挥先锋模范作用的党员队伍。⑶一个适应企业改革和发展要求，与生产经营紧密结合，保证企业党组织发挥作用的工作机制。⑷有一套加强党员教育管理，及时解决自身存在的矛盾和问题，不断增强凝聚力和战斗力的工作制度。通过充分发挥党组织和党员的作用，加快两个根本性转变，落实“三改一加强”的措施，促进企业不断提高经济效益和市场竞争能力。

国有企业党建工作，必须坚决贯彻执行以下方针和原则：第一，坚持全面贯彻落实“充分发挥企业党组织的政治核心作用；坚持和完善厂长(经理)负责制，全心全意依靠工人阶级”的指导方针。这个方针是多年来探索有中国特色国有企业领导体制实践经验的科学总结。“三句话”互为依存，不可分割，缺一不可。国有企业由工厂制改成公司制后，要继续充分发挥企业党组织的政治核心作用，坚持全心全意依靠工人阶级，保证和支持股东、董事会、监事会、依法行使职权，逐步完善企业领导制度。第二，坚持为国有企业改革和发展服务。国有企业党的工作要贯穿于生产经营的全过程，把保证和促进企业改革、转换经营机制、加强科学管理、推进科技进步、提高经济效益、实现国有资产保值增值，作为国有企业党组织工作的出发点和落脚点，作为检验党建工作成效和党组织战斗力的主要标准。第三，坚持党管干部的原则。要把坚持党管干部原则同改进管理方法结合起来，同保证厂长(经理)和董事会依法行使用人权结合起来，深化企业人事制度改革，逐步建立一套适合现代企业制度特点的人事管理制度。第四，坚持继承和创新相结合。企业党建工作必须进一步解放思想，从实际情况出发，坚持和发扬过去行之有效的好传统、好办法，积极创造新的活动方式和工作方法。

四、明确国有企业党组织参与重大问题决策的内容、途径和方法

国有企业党组织参与企业重大问题决策是发挥政治核心作用的重要职责和基本途径。其目的在于保证监督党和国家的方针政策在企业正确贯彻执行，支持和帮助厂长(经理)、董事会实行民主决策、科学决策，避免和减少失误。国有企业党组织参与重大问题的决策是一种组织行为，是党组织按照党的路线、方针、政策，对关系企业改革、发展、稳定的重大问题提出意见和建议。国有企业党组织和领导人员要努力提高参与决策的能力和水平。

国有企业党组织参与决策的重大问题，主要是：经营方针、发展规划、年度计划和重大技术改造、技术引进方案；财务预决算、资产重组和资本运作中的重大问题；中层以上管理人员的选拔使用和奖惩；企业的重要改革方案和重要管理制度的制定、修改；涉及广大职工切身利益的重要问题。公司制企业党组织参与重大问题决策的范围，一般指公司提交股东会、董事会审议决定的问题。

企业党组织参与决策，各地已摸索出一些行之有效的方法，应当坚持和完善。⑴党政主要领导商量确定决策议题。⑵开展调查研究，广泛听取党员、职工及有关方面的意见。⑶在党委会或党委扩大会上进行集体研究后，提出意见和建议。⑷重大问题决策后，党组织发动党员、团结带领职工，保证决策的实施。

厂长(经理)、董事会在对重大问题决策前，应听取、尊重党委的意见；重大决策的执行情况，应向党委通报。当党组织发现重大问题决策脱离实际，不符合党和国家的方针政策、法律法规时，应及时提出意见；如得不到纠正，党组织要负责向政府有关部门反映并向上级党组织报告。

坚持党管干部的原则，企业党组织在企业人事管理工作中的主要职责是：⑴贯彻干部队伍“四化”方针和德才兼备原则，坚持任人唯贤，反对任人唯亲。⑵推荐中层以上管理人员，对厂长(经理)或董事会推荐和拟任免(聘任或解聘)的管理人员进行考察，提出意见和建议。⑶对企业各级管理人员负有教育、培养、考核、监督的责任。⑷按照上级有关规定，积极推进企业人事制度改革。任免企业中层管理人员，事先要经过组织人事部门考察，经企业党政领导集体讨论后，由厂长(经理)依法任免(聘任或解聘)。集体讨论的形式可以是党委会、党委扩大会或党政联席会议。没有经过考察的，不能提到会上讨论；多数人不同意的，应暂缓决定任免。

国有企业党组织参与重大问题的决策，要建立健全必要的制度。一些地方和企业实行的厂长(经理)定期向党组织报告工作制度；企业党政主要领导在重大问题决策前的沟通制度；党组织负责人参加厂长(经理)办公会、

厂务会制度；发动党员关心和参与企业重大问题决策制度等，都应继续坚持并不断完善。

共产党员要努力增强党性，坚持依法办事。党员董事、监事、经理要严格遵守党章，向党组织报告工作，接受党组织的监督。

五、突出抓好国有企业领导班子建设，大力提高领导人员素质

建设好企业领导班子，造就一支高素质的经营管理者队伍，是搞好国有企业的关键。当前，要结合促进企业改革和发展，下大决心、花大力气把这件事抓紧抓好。要以加强思想政治建设为重点，全面提高领导班子的整体素质。厂长（经理）、董事长、党委书记应当有坚定正确的理想和信念，能够坚决贯彻执行党的路线、方针、政策和国家的法律法规，有较丰富的社会主义市场经济知识、必要的科技知识和岗位职责所要求的管理能力；坚定地依靠党组织和广大职工办企业，善于走群众路线，自觉接受各方面的监督；勤奋敬业，勇于奉献，清正廉洁，艰苦奋斗，开拓进取，扎实工作；谦虚谨慎，努力学习，善于同领导班子成员合作共事。各地各有关部门要立即着手组织力量，对国有企业领导班子普遍进行一次认真的考核。重点抓好近两年严重亏损、内部矛盾突出、职工意见大的大中型企业领导班子的考核。在弄清情况的基础上，抓紧进行调整或整顿，坚决实行选优汰劣。

加强国有企业领导班子建设，关键是选好配强党委书记、厂长（经理）和董事长，优化领导班子的整体结构。实行公司制的企业，党委书记、董事长可由一人担任。由一人担任的，应具备两个职务所要求的条件和能力，同时配备1名党委副书记以主要精力抓党的工作。党委书记和董事长分开配备的，党员董事长可任党委副书记，党委书记可任副董事长。根据工作需要和人员条件，党委成员可依法分别进入董事会、监理会和经理班子；董事会、监事会、经理班子中的党员，具备条件的，可按照有关规定进入党委会。董事长与总经理原则上分设。实行工厂制的国有中小企业党政领导的任职形式，要根据本单位的实际和本人条件，宜分则分，宜兼则兼，不搞“一刀切”。

抓紧研究改进对国有企业领导人员加强管理的办法，加快企业人事制度改革。企业领导人员的管理要适应建立社会主义市场经济体制的要求。在积极探索、总结经验的基础上，合理确定对企业领导人员的管理范围，制定适合企业特点的具体办法，切实严格管理。对企业领导人的推荐、考察、任免应建立健全必要的制度和工作程序，认真实施，坚决防止和纠正用人上的不正之风。选拔国有企业领导人要充分发扬民主，走群众路线。要积极探索通过市场配置企业经营者的有效途径，积极稳妥地推进企业经营者职业化的改革试点工作，引入竞争机制。抓紧建立后备人员的选择、培养制度。

切实加强对国有企业领导班子成员的政治、业务培训。按照《中共中央组织部、国家经贸委关于印发<“九五”期间全国管理人员培训纲要>的通知》（国经贸培[1996]382号的要求，分级负责，用3年左右时间，对国有大中型企业的领导人员普遍进行一次工商管理培训，培训中要突出邓小平建设有中国特色社会主义理论和社会主义市场经济的内容。通过培训，使企业领导人增强党的观念、群众观念、法制观念，树立正确的世界观、人生观、价值观，增强参与市场竞争的能力。

切实加强对国有企业领导人员的监督。要充分运用党内监督、法律监督、职工民主监督、财务审计监督和舆论监督等手段，加强对他们在重大问题特别是资金运作、用人决策上的监督。严格实行资产经营责任制。认真落实企业年度审计和厂长（经理）离任审计制度、企业领导人员收入申报制度、招待费用向职代会报告制度和直系亲属工作安排回避制度。坚持和完善职工代表大会民主评议企业领导人员的制度。企业党组织要抓好党员领导干部参加双重组织生活和有关廉洁自律、个人重大事项报告等制度的落实，加强党内监督。

建立对国有企业领导人员的激励机制。通过探索，逐步形成比较规范的对优秀领导人员的奖励制度，把物质奖励和精神奖励结合起来。要鼓励优秀领导人员到效益差的困难企业去工作，创造新的业绩。

六、切实加强国有企业社会主义精神文明建设和思想政治工作

以培养有理想、有道德、有文化、有纪律的职工队伍，推动企业物质文明和精神文明建设为目标，逐步建立坚强有力的企业思想政治工作管理体制和运行机制。形成党委统一领导、党政共同负责、党政工团齐抓共管，以专职政工人员为骨干、经营管理人员和职工群众广泛参与企业思想政治工作的生动局面。

切实加强对国有企业思想政治工作和精神文明建设的领导。企业党组织要根据企业改革和生产经营的实际，制定思想政治工作的总体规划、年度计划和重要制度，并组织实施；讨论决定企业思想政治工作和精神文明建设中的重大问题；负责经营管理人员队伍的思想作风建设；组织和发动党员发挥先锋模范作用，做好群众工作，动员职工完成各项任务；掌握职工思想动态，有针对性地进行思想政治教育；指导工会、共青团根据各自特点做好思想政治工作。特别要加强亏损企业、困难企业、破产企业的思想政治工作，主动关心并帮助解决困难职工和离退休职工的实际问题。

坚持用马列主义、毛泽东思想特别是邓小平建设有中国特色社会主义理论武装企业领导人员和职工群众。

结合实际向职工进行爱国主义、社会主义和集体主义教育，社会主义民主与法制教育，以为人民服务为核心的思想道德教育。教育职工弘扬工人阶级主人翁精神，爱岗创业，艰苦创业，遵守职业道德。坚持勤俭建国、勤俭办一切事业。提倡尊重人、理解人、关心人、自觉遵守社会公德，正确处理国家、集体和个人的利益关系。要对职工进行建立社会主义市场经济体制方面的教育，帮助职工树立竞争意识和改革意识。继承党的思想政治工作的优良传统，在继承的基础上创新，在改进中加强，适应新形势的需要。把灌输引导与自我教育、言教与身教、教育与解决实际问题结合起来。树立先进典型，发挥示范作用。加强企业文化建设，培育具有时代特征和企业特点的企业精神。

国有企业党组织和行政领导要采取有力措施，按照稳定队伍、优化结构、提高素质的要求，加强政工队伍建设。要注意培养、选拔优秀的中、青年骨干充实政工队伍。专职政工人员的数量，原则上按职工总数1%左右的比例掌握。

七、全心全意依靠职工群众办好国有企业

搞好国有企业必须坚持全心全意依靠工人阶级的方针。要教育各级干部特别是企业领导人员从党和国家的性质以及工人阶级历史地位和作用的高度，充分认识全心全意依靠工人阶级的重要性和必要性。国有企业的职工既是国家的主人，也是企业的主人。职工群众中蕴藏着丰富的智慧和巨大的创造力，充分调动他们的积极性和创造性，是国有企业的优势和力量源泉。在深化改革、建立现代企业制度中，必须调动包括工人、经营管理人员和专业技术人员在内的企业全体职工的积极性。任何贬低和削弱工人阶级地位和作用的言论和行为都是错误的。

把全心全意依靠工人阶级的方针落到实处，关键是要在政治上保证、制度上落实、素质上提高、权益上维护四个方面狠下功夫。认真贯彻《工会法》、《劳动法》，依法保障和维护职工的合法权益，尤其要关心困难企业的职工生活。坚持和完善以职工代表大会为基本形式的民主管理、民主评议、民主监督制度，在企业重大问题决策上听取职工群众的意见，用有效的制度、措施来保证职工了解和参与企业的改革和经营管理，实现职工群众对企业领导人员的有效监督。建立、完善集体协商和集体合同制度。公司制企业职工代表要按照《公司法》的有关规定进入董事会、监事会，并充分发挥他们的作用。加强对职工的政治、业务培训，不断提高他们的素质。

国有企业党组织要加强对工会、共青团等群众组织的领导。建立健全必要的工作制度，定期听取工会、共青团等群众组织的工作报告，及时讨论研究他们工作中的重大问题；指导他们按照党的方针政策开展工作，协调好与企业经营管理之间的关系；支持、帮助他们按照法律和各自的章程，创造性地开展工作。

八、改进国有企业党组织的工作方法和活动方式，增强凝聚力和战斗力

国有企业党建工作要与企业改革和发展任务同步规划、同步实施、同步考核和奖惩。要认真贯彻执行民主集中制，建立健全党委工作制度。坚持和发扬理论联系实际、密切联系群众、批评与自我批评三大作风。要提高党委抓大事的本领和解决自身问题的能力。通过各种有效的形式和载体，丰富企业党组织的活动内容，探索新的方式方法，提高工作实效。

合理设置国有企业党组织工作机构和配备党务工作者。企业党组织工作机构的设置和专职党务工作者的配备，应按照精干、高效、协调，有利于加强党的建设与思想政治工作，有利于促进企业改革和发展的原则确定。大型企业党委，根据企业实际需要和有关规定设立组织、宣传、办公室等工作部门。中小型企业党组织的工作机构可以分设，也可以设一个机构，内部实行分工。要按照党章规定设立纪委，并充分发挥其教育、保护、惩处、监督的职能作用。对党务工作者要建立工作责任制和考核制，他们的待遇和奖惩应与同级行政管理人员一视同仁。党务工作者和经营管理人员要进行必要的换岗交流，努力培养复合型人才。党组织的活动经费从企业管理费列支部分必须得到保证。

充分发挥党支部的战斗堡垒作用和党员的先锋模范作用。根据国有企业改革和发展的新情况，及时调整党支部设置，选配好党支部书记，经常检查督促党支部有效地开展工作，及时整顿软弱涣散的党支部。以增强党性、提高素质为目标，切实加强对党员的教育、管理和监督，保持党员队伍的先进性、纯洁性。紧密结合国有企业改革和生产经营，扎扎实实地开展党员责任区、党员目标管理、民主评议党员、创先争优等活动。坚持标准，保证质量，积极做好在生产一线和青年中发展党员的工作。

九、各级地方党委和有关部门党组要加强对国有企业党建工作的领导和指导

各级地方党委和有关部门党组要高度重视国有企业党建工作，列入重要日程，常抓不懈。党委主要领导同志要亲自抓，组织部门要会同有关部门切实负起具体指导责任。各有关经济部门党组在抓好企业改革、发展的同时，也要重视企业党建和思想政治工作。在部署、检查工作时，要统筹兼顾，做到两项工作一起抓，两个责任一起负，使经济工作和党的建设相互促进。在党委统一领导下，把党政有关部门和企业等各方面的力量组织起来，按

照中央精神统一思想，协调行动，各司其职，各负其责。

建立健全党委抓国有企业党建工作的责任制。各级党委都要抓好企业党建工作，市委负有主要责任，其职责是：制定、部署加强企业党建工作的规划、目标、措施；搞好调查研究，抓住重点，分类指导；加强企业领导班子建设和领导人员的管理；督促、检查企业党建工作责任制的落实。

加强对国有企业党建工作的领导，重在督促检查，认真解决存在的问题。对软弱涣散、问题较多的企业领导班子，上级党组织要派得力干部深入企业帮助整顿、调整。对企业党组织和工作机构的设置、党务工作者的选配、党组织的领导关系等问题，上级党组织要及时提出指导性意见，发现问题，及时解决。要总结新鲜经验，运用典型示范，指导面上工作。

积极探索企业党建工作的新路子。在建立社会主义市场经济体制和有中国特色现代企业制度的过程中，企业党建工作会不断遇到新情况、新问题。要加强国有企业党建理论的研究。要解放思想、实事求是，抓住有利时机，按照中央确定的原则大胆实践，逐步完善，使企业党建工作在转变中适应，在改进中加强，在继承中创新，把国有企业党建工作提高到新水平。

大力发扬艰苦奋斗的精神

——在中央纪委第八次全会上的讲话(摘要)

(1997 年 1 月 29 日)

江泽民

中共中央纪律检查委员会第八次全体会议,围绕加强反腐败斗争和党风廉政建设,总结了 1996 年的工作,讨论和部署了今年的任务,会议开得是好的。1996 年,由于从中央到地方加大了反腐倡廉的力度,全党共同努力,人民群众积极支持和参与,纪检监察机关和有关部门做了大量艰苦的工作,反腐败斗争和党风廉政建设取得了新的进展。但必须看到,反腐败斗争和党风廉政建设要贯穿于改革开放和现代化建设的全过程,是一项长期而艰巨的任务。对于这一点,目前全党在认识上还没有完全一致,或者说还不那么清楚。这几年我们一直强调,如果把反腐败斗争和党风廉政建设仅仅看成是一个短时期的任务,那末,我们就不可能有充分的思想准备。不少同志很留恋建国初期以至革命战争年代的生活,留恋那个时候同志之间的关系和艰苦朴素的作风。党的优良传统和作风我们要继续坚持和发扬,但也要看到时代在发展,现在的分配方式、生活水平同当年相比有了很大的不同。当然,这并不是说现在搞社会主义市场经济,我们就可以奢侈了,而是说反腐败斗争和党风廉政建设在新时期更具有艰巨性。反腐败斗争和党风廉政建设的长期性、艰苦性,在不同的历史时期有不同的特点。应当看到,当前反腐败斗争的形势依然严峻,端正党风的任务依然繁重,某些消极腐败现象经过整治又有反复,有的仍然在蔓延。这项工作的进展也不平衡,一些地方、部门的领导力度不够,对大案要案查处缓慢。各级党委和政府务必从战略和全局的高度深化对搞好反腐倡廉工作的重要性和紧迫性的认识,务必提高坚持"两手抓,两手都要硬"的方针的自觉性,务必加强对反腐败斗争和党风廉政建设的领导,决不能掉以轻心,决不能畏难却步,决不能松懈斗志。

各地区、各部门要结合深入贯彻党的十四届四中、五中、六中全会精神和去年中央经济工作会议精神,以更大的决心、更大的力度和更扎实的工作,积极推动领导干部廉洁自律、查处违法违纪案件、纠正部门和行业不正之风,尤其要坚决查办党政领导机关、执法和司法机关、经济管理部门和县级以上领导干部中发生的违法违纪案件,坚决查办金融、证券、房地产、土地批租出租等领域发生的大案要案。对于那些在全国、在本地影响大的案件,不管涉及到什么人,不论遇到多大阻力,都要一查到底,严肃处理。对于领导干部中出现的腐败现象,更应引起高度重视。对于组织、人事工作方面发现的跑官要官、买官卖官和骗官的歪风,必须坚决刹住。尽管这些不是普遍现象,只是个别的、少数的情况。但这股歪风的危害很大,不能不引起我们的高度重视。历史事实说明,官吏的腐败、司法的腐败,是最大的腐败,是滋生和助长其他腐败的重要原因。执法人员本身有问题,何以治人?所以我们再三讲"上梁不正下梁歪,中梁不正倒下来"、"己不正焉能正人"的道理。比如作报告,即使你再会讲,但是你讲的和做的不一致,只要有一个这样的事例,就把你讲的完全否定了;相反,你虽然不会讲,但你能以身作则,身体力行,其效果就会大不相同。我们要像焦裕禄那样,做出榜样来。榜样的力量是无穷的。反腐败斗争是关系党心民心、关系党和国家前途命运的严重政治斗争。在这个问题上,旗帜必须鲜明,态度必须坚决,工作必须锲而不舍。这个问题不解决好,我们的改革开放和现代化建设就没有坚强的政治保证,就会走到邪路上去,就有亡党亡国的危险。这决不是危言耸听。

反腐败斗争要坚持标本兼治。既要坚决同已经出现的消极腐败现象和腐败分子作斗争,又要努力做好消除产生消极腐败现象根源的工作,把查处案件、纠正不正之风同加强思想政治教育结合起来,同加强制度防范和管理监督结合起来,使反腐倡廉工作不断取得新的更大的成效。

关于今年反腐败、加强党风廉政建设工作的部署,尉健行同志的报告讲得很清楚,我都赞成。关键是要加强领导,严肃法纪,同心协力,狠抓落实。下面,我着重讲讲关于大力发扬艰苦奋斗精神,坚决反对奢侈浪费的问题。

现在,全国各族人民正在党中央领导下,高举邓小平建设有中国特色社会主义理论的伟大旗帜,为把改革开放和现代化建设事业全面推向新世纪而努力奋斗。在这样的历史时刻,需要用什么样的精神来进一步凝聚、激励广大干部和人民群众,同心同德,克服困难,开拓前进,去夺取改革开放和现代化建设的新胜利呢?最重要的,就

是各级党组织和全党同志要在党的基本理论和基本路线指引下，大力发扬艰苦奋斗的精神，大力加强党同人民群众的联系。历史和现实的经验告诉我们，进行伟大的创业，必须有伟大的创业精神。我们建设有中国特色的社会主义就是伟大的创业，必须大力弘扬党的艰苦奋斗的优良传统。

十八年来，我国改革开放和现代化建设取得的巨大成就，有力地证明我们这个党是一个好党，我们的党员和干部队伍从总体上说是好的队伍。除了我们党历史上许许多多英雄人物以外，在新时期、新的历史条件下，又涌现了一大批英雄模范人物，比如孔繁森、徐虎、李素丽，还有军队的李国安，等等。从他们身上，老百姓看到我们党的优良传统在新时期得到了继承和发扬光大。但也应看到，在改革开放和发展社会主义市场经济的过程中，由于多种原因，党的艰苦奋斗、勤俭节约的好传统、好作风，在相当一部分党员和干部中淡忘了，有的甚至已经丢得差不多了。讲排场、比阔气、挥霍浪费的现象，在不少地方、部门和单位盛行起来。一些人沉溺于物质享受，过着纸醉金迷的生活，令人触目惊心。这里列举一些情况：一是挥霍公款、吃喝玩乐。有的领导经常出入豪华酒楼、宾馆和夜总会之类的高消费娱乐场所，一掷就是千金。有的甚至堕落到用公款赌博、嫖娼。有些所谓的“培训中心”、“疗养院”、“驻京办事处”，实际上成了大吃大喝的场所。这方面一年浪费多少钱，很难估算。这种吃喝之风是怎样刮起来的？应该说，新中国成立以后，在相当一段时期内，这方面的问题解决得是很好的。为什么现在泛滥起来了？值得我们深思和研究。总的讲，在新的历史条件下，有些问题不能简单地同过去类比。现在，随着经济的发展，生活水平提高了，这是正常的提高，是合理的。但是，我们国家现在毕竟还比较穷，到下个世纪中叶“三步走”的战略目标实现后，也只能达到中等发达国家的水平，还必须始终坚持勤俭节约这样一个传统。二是购买小轿车和通信器材过多过滥。“八五”期间，行政机关、事业单位包括部分企业购买小轿车，配备移动电话、寻呼机所花的钱，大大超过同期财政收入的增长幅度。有的地方和部门财政状况紧张，连发工资都困难，而领导干部却人手一部“大哥大”，有这个必要吗？我们现在搞社会主义市场经济，通信器材和交通工具的发展可以快一点。如果是工作需要，配备这些东西也是可以的。但是，汽车作为交通工具，只要能走，速度跟得上，就可以了，何必一定要豪华的。三是超标准修建办公楼，用巨额公款购买或装修领导干部住宅。有一个市的房地产信托投资公司的两名领导干部，在企业经营困难、职工住房紧张的情况下，竟然用公款270万元为自己购买住宅。我到有些地方，看到市委、市人大、市政府的大楼一幢一幢地建起来，我就问现在建这么高级的机关办公楼干什么？四是名目繁多的纪念活动，滥发纪念品、礼品。这方面的浪费，如果统计起来，数额也不小。有的纪念会开了半天，没有什么实际内容。这种纪念活动搞多了，就滥了，最后变成形式主义的东西。五是各种各样的会议，不分必要与不必要，多得成了灾。而且开会地点大有讲究，不少是到风景优美的地方，或者气候宜人的地方，到青海这些地方开会的就不太多。六是违反规定，滥发各种补贴、津贴，数额之大也是惊人的。上面列举的情况，虽不全属奢侈浪费，但里面确实存在一些严重的奢侈浪费现象。“历览前贤国与家，成由勤俭败由奢”。“奢”是在败国败家。我刚才讲，在这个问题上，有些观点我们还是要讲清楚的。比如，经济发展了，生活水平随着提高了，这是正常的。我们不是反对生活水平的提高，共产党人奋斗的目的就是要使人民过上更加美好的生活。我们反对的是脱离当前经济发展水平的过高的消费，反对的是假公济私、损公肥私和损人利己。

十一届三中全会以来，党中央和邓小平同志一直强调，领导干部必须艰苦奋斗，密切联系群众，崇尚节俭，厉行节约，反对铺张浪费。但是，这个问题没有引起普遍的重视，许多地方和部门抓得不够，以至奢侈浪费成风。奢侈浪费既是消极颓废的表现，也是腐败问题得以产生和蔓延的温床。如果现在再不引起大家的高度重视，不坚决加以整治，后果不堪设想。

我们国家人口多，底子薄，人均资源少，综合国力还不强，在前进的道路上面临不少困难和新的问题，而且还面临西方发达国家经济、科技占优势的压力。我们要实现社会主义现代化，赶上发达国家的水平，必须艰苦奋斗几十年乃至更长的时间。现在，全国还有5800万农村人口没有解决温饱问题，要保证全国农村贫困人口稳定地脱贫致富，任务十分艰巨；还有相当一部分国有企业生产经营困难，经济效益不好，全国大概有几百万职工不能按时足额领到工资，下岗待业的人员增多。面对这些情况，我们各级领导机关、领导同志和广大干部，更应自觉地发扬艰苦奋斗、勤俭节约的精神，没有任何理由铺张浪费，挥霍国家和人民的钱财。早在改革开放之初，邓小平同志多次用革命战争年代和60年代初期克服困难的经验来教育全党同志和各级干部。他说：“为什么过去很困难的局面我们都能渡过？根本的问题是我们的干部、党员同人民群众一块苦。”历史不能简单地类比，但是在这一点上是共同的，就是不管是艰苦的环境，还是生活条件比较好一点，我们的干部、党员都要跟群众同甘共苦，同呼吸、共命运。这是绝对不可更改的。我们不提倡平均主义，但你总要时时刻刻想到群众。当前的形势总的是好的，但是在前进中还存在困难和风险，广大党员、干部首先是领导干部要头脑清醒，始终保持艰苦奋斗的优良作风，不脱离群众，时刻把群众的冷暖安危放在心上。这

样，无论遇到什么困难和风险都是可以克服的。这几年，每当遇到自然灾害，军队的同志，县、市的领导同志都跑到第一线，跟群众一起抢险救灾。这个时候，许多老大爷、老大娘很自然地对比旧社会的情景，感到共产党确实是热爱人民的。春节快要到了，各级领导同志要到困难的企业和贫困的地区去，看望慰问工人、农民和知识分子。我们的领导干部，在任何情况下都要密切联系群众，努力提高人民群众解决生产、生活中的实际问题。千万不要忘记群众，千万不要脱离群众。只要我们真心实意地同人民群众打成一片，同人民群众一块艰苦奋斗，我们的事业就会不断地从胜利走向新的胜利。

党的性质和肩负的历史使命，决定了我们艰苦奋斗的本色。实现党的崇高理想需要经过长时间的奋斗，广大党员和干部无论在什么情况下都要发扬艰苦奋斗精神，永不停步地前进。这里，我想重温一下毛泽东同志在党的七届二中全会上曾经讲过的话："因为胜利，党内的骄傲情绪，以功臣自居的情绪，停顿起来不求进步的情绪，贪图享乐不愿再过艰苦生活的情绪，可能生长。"他还说："敌人的武力是不能征服我们的，这点已经得到证明了。资产阶级的捧场则可能征服我们队伍中的意志薄弱者。可能有这样一些共产党人，他们是不曾被拿枪的敌人征服过的，他们在这些敌人面前不愧英雄的称号；但是经不起人们用糖衣裹着的炮弹的攻击，他们在糖弹面前要打败仗。"这些年出现的一些现象表明，在我们的党员和干部队伍中，确有相当一部分意志薄弱者，他们在改革开放和现代化建设取得的巨大成就面前，头脑变得不清醒了。这个教训是深刻的。毛泽东同志还曾多次要求全党同志和各级干部必须坚持勤俭建国的方针。他指出："要使我国富强起来，需要几十年艰苦奋斗的时间，其中包括执行厉行节约、反对浪费这样一个勤俭建国的方针。"可见建国前、建国初期，毛泽东同志就再三强调这个问题。改革开放以来，邓小平同志也反复提醒全党："中国搞四个现代化，要老老实实地艰苦创业"，"艰苦朴素的教育今后要抓紧，一直要抓 60 至 70 年。我们的国家越发展，越要抓艰苦创业"。1989 年，他还进一步指出，十年来，"最大的失误是在教育方面，思想政治工作薄弱了"，"在经济得到可喜发展、人民生活水平得到改善的情况下，没有告诉人民，包括共产党员在内，应该保持艰苦奋斗的传统。坚持这个传统，才能抗住腐败现象。"毛泽东同志和邓小平同志关于勤俭建国、艰苦奋斗的谆谆教诲，应该成为我们每一个同志的座右铭。

中华民族历来以勤劳节俭、不怕艰苦著称于世。不少华侨在海外创业，开始的时候也相当艰苦啊，外文也不懂得，但是靠中华民族这种艰苦创业的精神，勤劳节俭的精神，经过若干年的努力，终于把业创起来了。我们的古人早就讲"艰难困苦、玉汝于成"，"忧劳兴国，逸豫亡身"，"生于忧患，死于安乐"。这些古人的格言，今天读起来仍然使人深受教育。对我们的同志，要进行这个教育。中国共产党是马克思主义真理的坚定实践者，也是中华民族优良传统的真正继承者。在领导我国革命和建设的长期斗争当中，我们党一直保持着艰苦奋斗、自强不息的精神风貌，历尽艰险，饱受磨难而不坠革命之志，这是夺取一个又一个胜利的重要原因。老一辈无产阶级革命家，千千万万的革命先烈，都是艰苦奋斗的光辉典范。方志敏同志在敌人牢狱里面写下的《死！——共产主义的殉道者的记述》中有这么一段话："为着阶级和民族的解放，为着党的事业的成功，我毫不希罕那华丽的大厦，却宁愿居住在卑陋潮湿的茅棚；不希罕美味的西餐大菜，宁愿吞嚼刺口的苞粟和菜根；不希罕舒服柔软的钢丝床，宁愿睡在猪栏狗窠似的住所！……一切难于忍受的生活，我都能忍受下去！这些都不能丝毫动摇我的决心，相反地，是更加磨炼我的意志！我能舍弃一切，但是不能舍弃党，舍弃阶级，舍弃革命事业。"这是何等坚定的革命信念！何等高尚的精神情操！我讲这一段话，决不是说要大家去过方志敏所说的那样一种生活，而是说我们每个同志都要有这样一种精神，这样一种浩然正气。

物质贫乏不是社会主义，精神空虚也不是社会主义。社会主义不仅要使人民物质生活丰富，而且要使人民精神生活充实。有些党员和干部包括有些领导干部，追求和模仿西方腐朽的生活方式，信奉拜金主义、享乐主义，这是很危险的。现在，就是在西方国家，有些政治家和有识之士对享乐主义泛滥、思想堕落、精神颓废之类的"西方社会病"也深感忧虑。有一个美国人写了一本书：叫《西方社会病》。书中指出：西方自由的理论基础就是享乐主义思想，即生活的目的就是追求感官上的享受。西方社会日益糜烂的享乐主义和自我中心主义，已造成无数的社会罪恶和大量的经济损失。作者认为，一个国家要强盛，必须在物质上和精神上都先进；一个国家在精神上挨饿，那末，迟早在物质上也要挨饿。日本一个教授写的《清贫的思想》一书认为，被金钱欲、物欲、占有欲所支配是很危险的，现在需要重新宣传清贫思想，以消除人们在精神上的贫困。我们是共产党人，是马克思主义者，对包括拜金主义、享乐主义在内的西方社会病，更应有鲜明的批判态度，更应自觉地加以抵制和防范。我们建设有中国特色的社会主义，不但要有高度的物质文明，而且要有高度的精神文明。在对外开放中，我们要积极借鉴西方发达国家对我国有用的东西，但又要注意防止把腐朽当神奇，把痈疽当宝贝。为了实现我们的理想，在学习别人好的东西的同时，必须坚持发扬自己的优势。要在全党全社会大力提倡高尚的社会主义思想道德和中华民族的优良传统，以艰苦奋斗、勤俭朴素为荣，以铺张浪费、奢侈挥霍为耻。对于共产党员和各级干部来说，这也是对

政治立场、政治观点、政治鉴别力的一种考验。各级党组织都要严格党内生活，积极开展批评与自我批评。在用人问题上要坚持原则，要十分注意有没有艰苦奋斗、自觉奉献的精神和品德。害怕艰苦、追求享受、奢侈浪费的干部不能重用。领导干部不仅要管好自己，还要管好配偶、子女和身边工作人员。这个问题，中央过去作过规定，纪检监察机关加强督促检查，发现问题要坚决纠正。

我们要在全国形成艰苦奋斗的良好风气，首先党内要大兴艰苦朴素、勤俭节约之风。严格控制各级党政机关新盖办公楼，大力精简会议。可开可不开的会议一律不开，把会议经费大幅度压缩下来。名目繁多的纪念会、研讨会、新闻发布会，要严加控制，减少到最低的程度。各种会议要一律禁止赠送礼品和所谓纪念品。总之，在各个方面，都要注意精打细算，厉行节约。这样做既可倡导节俭之风，又可把省下来的钱用在迫切需要的地方去；既具有重要的政治意义，又具有重要的经济意义。只要我们各级领导机关和领导干部下定决心，以身作则，坚持数年，我看党的艰苦奋斗、勤俭办一切事业的优良作风，就一定能够在全党全社会进一步发扬光大起来。

对于共产党员和各级领导干部来说，保持和发扬艰苦奋斗的精神，说到底是牢固树立和坚持马克思主义的世界观、人生观问题。只有从根本上解决世界观、人生观问题，牢固树立群众观点，党的艰苦奋斗的好传统才能在自己的思想上和作风上真正扎根。这就要求广大党员和各级领导干部必须刻苦地学习马克思列宁主义、毛泽东思想和邓小平建设有中国特色社会主义理论，紧密结合发展着的社会实践，不断地认真改造主观世界，使自己真正具有高尚的精神境界。有些干部不认真学习理论，这决不是合格的干部。学理论不联系实际，不注意解决世界观、人生观方面的问题，也难以收到好的效果。我们的各级干部要牢记，自己是人民的公仆，一切工作都是为了群众，也必须依靠群众才能做好。要恭恭敬敬地向人民群众学习，学习人民群众的优良品质和优良作风，学习中华民族的优良传统和党的优良传统。我们党的一大长处和优势，就是把树立马克思主义世界观、人生观同坚持和发扬中华民族优良传统有机地结合起来，讲求共产党员个人的思想品德修养。刘少奇同志写了一本《论共产党员的修养》，就是专门讲这个问题的。革命战争年代，党员和干部要讲个人的修养；党执政了，搞改革开放和现代化建设，党员和干部同样要讲个人的修养。这个问题，我认为现在大有重申和强调的必要。

一些党员和干部犯错误，包括以权谋私、违法乱纪，同思想上懒惰、不注意学习、不注意修养，是密切相关的。不加强学习，不注意修养，思想境界低下，就会浑浑噩噩，分不清哪些东西是好的，哪些东西是不好的，哪些是应该倡导的，哪些是应该抵制的，在自己的脑子里就没有正确的是非界限、政治界限。在这种状况下，还能不犯错误？在改革开放的新形势下，有些党员和干部放松了自己的学习、修养和改造，头脑里中华民族的优良传统和党的优良传统少了，而个人主义的东西多了，受腐朽思想的影响多了，对什么是真善美、什么是假恶丑已分辩不清了。在这种情况下，还有不迷失方向、走到邪路上去的？现实生活中，这样的沉痛教训已不少了。还有的党员和干部，由于不注意学习，理论水平、政治水平低，因而也就不能正确地理解和对待改革开放，正确的理解和对待中央关于现代化建设的一系列方针政策，产生了这样那样的一些片面认识，甚至是误解和曲解。比如，允许和鼓励一部分地区、一部分人先富起来的政策，是党在现阶段一个很重要的政策，就是通过辛勤劳动和合法经营，让一部分人一部分地区先富起来，最终达到共同富裕。这是邓小平建设有中国特色社会主义理论的一个很重要的内容。而我们有些干部首先想的不是如何让群众先富起来，而是如何让自己和自己的亲属先富起来，先达到此目的，不惜采取不正当的、以权谋私的手段。这就把这个重要的政策理解歪了，走到邪路上去了。共产党员、领导干部应该有吃苦在前、享受在后的自觉性和高尚情操。宋朝范仲淹写的《岳阳楼记》还讲“先天下之忧而忧，后天下之乐而乐”嘛！如果不是这样，我们怎么能在群众中发挥先锋模范作用呢？总之，不讲学习，不讲修养，思想懒惰，随波逐流，是产生错误、滋长奢侈浪费等不正之风的一个重要原因。所以，中央反复强调，全党同志和各级领导干部，一定要学习、学习、再学习。

还有一点我想在这里再强调一下，就是关于开展批评与自我批评的问题。这是我们党的优良传统，是我们党的三大作风之一。许多干部犯错误总是从量变到质变，开始往往有个缺口，但由于没有批评，任其所以，日积月累，最后铸成大错。“千里之堤，溃于蚁穴。”特别让我感到痛心的是，有的人表现一直是好的，快要离休退休了，本来可以功成名就，可以很好地安度幸福的晚年生活，最后却搞得自己身败名裂。这个问题发生的原因之一，是平时缺乏批评与自我批评。领导干部之间，有问题要当面讲，会上讲，党内决不能允许那种两面派作风，口是心非，当面一套，背后一套，当面好好好，背后一大堆不同的意见。“小洞不补，大洞吃苦。”问题一天一天地积累起来，最后就成了大问题。错误在萌芽状态时，及时指出来就容易克服。所以，我再三提醒大家，要注意发扬批评与自我批评的优良传统，这一点我们要坚持下去。

关于提高县以上党和国家机关党员领导干部民主生活会质量的意见

中共中央纪委、中共中央组织部最近印发了《关于提高县以上党和国家机关党员领导干部民主生活会质量的意见》。全文如下：

1990年中央下发《关于县以上党和国家机关党员领导干部民主生活会的若干规定》以来，各地普遍建立了民主生活会制度，多数单位能按期召开，对于活跃党内民主生活，加强领导班子的思想政治建设，发挥了积极作用。特别是在那些领导重视、准备充分、批评和自我批评开展好的单位，效果更为明显。但总的看，民主生活会的质量有待进一步提高。存在的突出问题是，会议的政治性、思想性、原则性不够强，汇报工作多，思想交锋少，批评和自我批评开展得不认真甚至根本没有开展起来。为了深入贯彻党的十四届四中、五中、六中全会精神，进一步加强领导班子思想政治建设，提高民主生活会的质量，现提出如下意见：

一、进一步提高对开好领导干部民主生活会重要性的认识

党员领导干部民主生活会制度，是党内政治生活中的一项重要制度，是解决领导班子自身矛盾、加强党内监督、提高领导干部思想水平和党性修养的有效途径，是建设高素质干部队伍的一项重要措施。实践证明，坚持民主生活会制度，有利于党组织对干部的严格要求、严格管理、严格监督，有利于领导干部自重、自省、自警、自励，廉洁自律，有利于统一思想、改进作风、增强团结、提高领导班子的战斗力。县以上党和国家机关的党员领导干部在积极参加所在党支部、党小组的组织生活会的同时，要认真参加领导班子民主生活会，自觉接受党组织和群众的监督，经受党内生活的锻炼，努力使自己成为新时期合格的领导干部。

二、明确民主生活会的目的要求，充分做好会前的准备工作

民主生活会不同于一般的工作会、总结会，应以讲学习、讲政治、讲正气，增强党性锻炼为重点，按照“三严”、“四自”的要求，围绕学习、思想、作风、廉洁自律、遵纪守法等方面的问题汇报思想状况，进行对照检查，开展批评和自我批评。不能把民主生活会开成研究工作的会议，不能回避矛盾，脱离实际空泛议论。根据实际需要每次会议应重点解决一两个突出问题或召开专题民主生活会。民主生活会召开的时间、议题，会前应报告上级党组织。

民主生活会前，应委托纪委（纪检组）、组织部或机关党组织广泛征求党内外群众对领导班子及其成员的意见和建议。要采取多种形式把群众的意见收集起来，并如实向主要负责同志及每个成员反馈，以便有针对性地开展批评和自我批评。

上级党委、纪委、组织部门要事先有组织地收集和掌握群众和干部反映，及有关情况。对有关领导成员需要在民主生活会上说明或检查的问题，可在会前同主要领导干部或领导成员本人沟通。参加指导下级党委（党组）民主生活会的人员，根据需要可提前到会，同主要领导干部一起研究开好民主生活会的有关事项。

民主生活会后，应将会议的基本情况、解决的问题、整改措施，及时报告上级党组织，必要时要向下级党组织和党员通报。

三、严肃认真地开展批评和自批评

开好民主生活会，必须运用批评和自我批评的武器，开展积极的思想斗争。这是提高民主生活会质量，搞好党内监督的关键。每个领导成员都要以对党的事业、对同志高度负责的态度，严肃认真地开展批评和自我批评，分清是非，团结同志，坚持真理，修正错误。

首先要进行自我批评。每个同志都要严以律己，襟怀坦白，联系自己的思想、工作实际和廉洁自律情况，认真对照检查，防止只谈工作不谈思想、只讲成绩不讲问题，只讲集体不讲个人的现象。要正视自己的缺点、不足或错误，说老实话，反映真实情况，暴露真实思想。对群众意见较多的问题，特别是廉洁自律方面的问题，更不能回避，必须如实说明，自查自纠。针对存在的问题，分析原因，吸取教训，提出改进措施。不能就事论事，不能避重就轻，不能文过饰非。

相互批评要打破情面，讲党性、讲原则，不能迁就照顾。要克服好人主义和“事不关己，高高挂起；明知不对，少说为佳”的自由主义态度。做到坦诚相见，“知无不言，言无不尽”。被批评的同志要欢迎别人批评，虚心听取各种意见，“有则改之，无则加勉”。不能压制批评，不能打击报复批评者。相互批评要紧紧抓住贯彻执行党的基本路线和事关全局的重大问题，从团结的愿望出发，坚持实事求是，以理服人，不闹无原则纠纷。

领导班子成员之间要交心谈心，经常交换意见，沟通思想，消除隔阂和误会。通过批评和自我批评，化解矛盾，增进团结。

对有违纪问题又不在民主生活会上自查自纠的班子成员，必须严肃纪律，从重处分；对虽有违纪问题但能自觉检查，主动纠正错误的，可以不予处分或从轻处分。

四、党委（党组）主要负责同志要切实负起开好民主生活会的责任

民主生活会开得好不好，党委（党组）主要负责同志负有主要责任。党委（党组）主要负责同志的责任是：

（一）会前根据上级党组织和群众反映的意见，同其他领导成员交心通气，了解他们的思想、工作和廉洁自律情况，听取他们的意见。对领导班子基本状况及存在的主要问题要做到心中有数。

（二）会上带头开展批评和自我批评，勇于承担工作中发生失误的领导责任，诚心鼓励大家对自己提批评意见。正确引导其他成员的发言，正确引导成员之间开展相互批评。

（三）会议结束时，对民主生活会情况作出评价和总结，指出不足，提出要求。

在民主生活会上，如果有的班子成员存在的违纪问题，本人不自查，主要负责同志了解情况又不提出、不批评的，一经发现要追究主要负责同志的责任。

五、抓好整改措施的制定和落实

制定切实可行的整改措施是提高民主生活会质量的重要环节。对群众反映的突出问题和会上检查出来的主要问题，要一个一个研究，制定相应的整改措施。整改措施要明确具体，责任到人，狠抓落实。

每次民主生活会都要检查上次民主生活会后整改措施的落实情况，问题解决得不好或没有解决的，要分清责任，提出批评，限期改正。

六、加大对民主生活会指导和监督的力度

加强对下级党组织民主生活会的指导和监督是各级党委的重要职责，是促进下级党组织提高民主生活会质量的有效措施。要坚持一级抓一级的原则，切实加强指导，对矛盾较多的要具体帮助。

党委（党组）领导班子成员每年应有计划地参加下级党组织的领导干部民主生活会。中央纪委、中央组织部、中央直属机关工委、中央国家机关工委的负责同志，每年都要参加一些省区市党委和中央、国家机关部委党委（党组）的民主生活会。省（自治区、直辖市）、地（市）、县级党委常委和政府党员领导干部，每年参加下级党组织领导干部民主生活会不得少于二次。

各级纪律检查机关、组织部门和机关党组织要认真履行职责，加强对党员领导干部民主生活会的督促检查。要把坚持民主生活会制度和民主生活会质量的情况，作为考核领导班子和主要领导干部的一项重要内容。

要坚持民主生活会情况通报制度。对开得好的单位，要进行表扬和总结；对走过场的，经有关领导批准，可责令其重新召开；对无故不召开或未经同意不按期召开或开得不好的单位和主要负责人要提出批评，促其改进。

关于做好国有企业领导班子考核建设工作的通知

中共中央组织部、国家经贸委、人事部、全国总工会最近发出关于做好国有企业领导班子考核建设工作的通知。通知全文如下：

按照党中央、国务院的部署，今年要对国有企业领导班子进行一次普遍的、认真的考核，切实加强国有企业领导班子建设。现就做好这项工作的有关事项，通知如下：

一、做好国有企业领导班子考核、建设工作的指导思想

切实加强国有企业（包括国有独资、控股的公司制企业，下同）领导班子建设，是深化企业改革、促进企业发展的迫切需要。近几年来，以建立现代企业制度为目标的企业各项改革力度加大，有的已取得重大进展。但目前国有企业改革和发展正处在关键时期，一部分企业面临诸多困难。大量事实证明，搞好国有企业，关键要有一个好的领导班子。有了好的领导班子，才能带出好的过得硬的职工队伍，党和国家的方针、政策才能正确贯彻执行，企业的两个文明建设才能协调发展，企业改革才能不断深入，管理水平才能不断提高，竞争能力才能不断增强。目前，多数国有企业领导班子和领导人员是好的和比较好的。他们在改革开放和发展社会主义市场经济的新形势下，解放思想，开拓进取，积极探索搞好国有企业的新路子，为克服当前存在的各种困难，做了大量艰苦的工作，作出了很大贡献。同时，也应看到，有些企业领导人员政治业务素质偏低，不适应发展社会主义市场经济的要求，不善于经营管理，工作责任心不强；有的群众观念淡薄，不能充分依靠全体职工办好企业；有的滥用权力，以权谋私，甚至违法乱纪，肆意挥霍和侵吞国家资财。有一些企业领导班子结构不尽合理，整体合力不强。这些问题都亟待解决。当前我国国民经济开始进入适度快速和相对平稳的发展轨道，以治理通货膨胀为首要任务的宏观调控基本上达到了预期目标，为进一步加快国有企业的改革和发展创造了良好环境。抓住这一有利时机，集中力量，认真考核国有企业领导班子，切实解决存在的突出问题，增强领导班子的战斗力，对促进两个根本性转变，实现国民经济和社会发展“九五”计划和 2010 年远景目标，具有重要意义。

国有企业领导班子考核、建设工作，要以邓小平建设有中国特色社会主义理论和党的基本路线为指导，贯彻江泽民同志关于国有企业改革、发展和企业领导班子建设的一系列重要讲话精神，按照去年中央经济工作会议和全国国有企业党建工作会议提出的要求，在对国有企业领导班子进行普遍、认真考核的基础上，针对存在的问题，采取得力措施，优化班子结构，提高企业领导人员的政治素质和在社会主义市场经济条件下的经营管理能力，为深化国有企业改革，促进企业发展，提供组织保证。

二、考核、建设工作的重点和目标要求

对国有企业领导班子进行考核和加强建设，要重点抓好国有大中型企业，首先是严重经营性亏损企业，职工意见比较大、内部矛盾和问题比较多的企业领导班子。对外经外贸企业、非银行金融机构和境外企业的领导班子的考核、建设，也要引起足够的重视。对盈利企业领导班子的状况，要作出实事求是的评价和分析，考核和建设工作也不能放松，注意消除潜在的问题。各地区、各部门要从实际出发，确定工作的侧重点。

通过企业领导班子的考核、建设工作，要在以下几个方面取得明显进步；正确认识形势，增强搞好国有企业的信心和勇气，克服精神不振、无所作为的消极情绪；增强市场经济意识、提高企业管理水平，实行民主、科学决策，改变观念陈旧，业务素质和领导能力不适应市场经济要求的状况；加强团结，增强领导班子的凝聚力，克服班子内耗、形不成合力的现象；树立廉洁奉公、艰苦奋斗、勤俭办企业的良好作风，克服讲排场、摆阔气、铺张浪费，特别是防止和反对以权谋私、行贿受贿等腐败现象；增强全心全意依靠职工办好企业的自觉性，密切同职工的关系，克服脱离群众的现象。

企业领导班子的考核、建设要与加强企业党组织建设相结合，与促进建立现代企业制度、推进企业“三改一加强”和实现扭亏增盈相结合，与落实企业管理人员“九五”培训《纲要》相结合。通过考核、建设，力争达到下列目标：一是建设一个坚决贯彻执行党和国家的方针政策，

政治上强，团结协调的领导班子，尤其是配好厂长（经理）、党委书记、董事长；二是进一步转变观念，增强改革意识，提高经营管理水平和驾驭企业走向市场、竞争取胜的能力；三是建立一套符合实际的、比较规范的领导班子工作制度，在企业内部形成权责分明，能调动各方面积极性的运行机制；四是做到严于律己，清正廉洁，维护国家和其他所有者权益，维护职工合法权益。

三、考核的对象、内容和方法

对国有企业领导班子的考核、建设工作，根据谁管理谁负责的原则，按照干部管理权限分级负责，落实责任。企业领导班子由中央部门和地方共同管理的，由主管方负责牵头，协管方配合；企业领导班子成员分别由不同的部门或机构管理的，由管理主要领导成员的部门或机构负责牵头，管理其他领导成员的部门或机构配合；多方参股的国有企业，一般由控股方党组织负责牵头，其他参股方配合；无主管或管理主体不明确的企业的领导班子，由当地党委指定一个部门或机构负责。

考核的对象，主要是企业的厂长（经理）、副厂长（副经理），党委书记、副书记、董事长、副董事长。企业其他领导人员是否列入本次考核范围，由各地各部门根据实际情况确定。考核的内容，主要是近几年来企业领导班子贯彻执行党和国家的方针、政策情况；遵守党纪和国家的法律、法规情况；企业经营管理和国有资产保值增值情况；推进企业精神文明建设情况；思想作风、精神状态、职业道德、勤奋敬业和廉洁自律情况。要根据不同企业不同岗位的特点，将考核项目加以细化。既要考核领导班子的整体状况，又要考核领导成员个人表现。对企业行政领导人员，要着重考核民主决策、管理能力、经济效益和工作实绩，以及企业技术更新、设备改造、新产品开发和国内外市场开拓情况。对企业党组织负责人，要着重考核在企业党的建设、精神文明建设方面的成效和工作实绩，尤其是参与企业重大问题决策，发挥党组织政治核心作用，围绕企业生产经营加强职工思想政治工作的情况。

考核的方法，一是认真分析近几年企业财务决算或财务审计情况，对企业经营和财务状况作出评价。二是企业领导人员向有关主管部门、产权代表和职工代表大会述职，并作企业的工作报告。在此基础上，对企业领导班子和领导人员进行民主评议和民主测评。三是听取企业领导班子成员、中层管理人员以及主管部门和纪检、监察、审计、税务和国有资产管理、银行等有关方面的意见。四是对领导班子及其成员作出客观公正的评价，既充分肯定成绩，又实事求是指出问题。考核意见要采取适当方式及时反馈。

企业领导人员要自觉接受职工的评议和监督，开展批评与自我批评。参加民主评议的职工或职工代表，要以高度负责的主人翁精神，对企业领导班子及其成员作出实事求是的评价，对存在的问题既要大胆批评，又要出主意、想办法，促进企业的改革和发展。

四、加强领导班子建设的措施

在对国有企业领导班子进行考核的基础上，要区别不同情况，通过思想教育和整顿、组织调整、加强培训、完善制度等措施，提高国有企业领导班子的整体素质。

对需要进行组织调整的领导班子，要果断调整。对领导班子成员，经考核确不胜任、不称职的，要降职、免职，不能“易地做官”；对相形见绌的，要作适当调整；对因独断专行导致决策失误，给企业造成重大损失的，要严肃处理；对滥用权力，以权谋私，肆意挥霍和侵吞国家资财的，要坚决查处对那些大胆改革、勇于负责，但一时不为人们所理解的同志和那些本质、主流好，但工作中有某些缺点、错误的同志，要公正对待，热情帮助，注意保护他们的积极性。对调整下来的企业领导人员，要做好思想工作，注意发挥他们的作用。与此同时，要大力改革企业领导人员的选拔任用制度，通过竞争择优，选拔政治强、懂经营、会管理，具有开拓精神的同志充实领导班子。要进一步解放思想，打破论资排辈的旧观念，发现和大胆启用优秀的年轻人才。可在党政机关中选拔一些政治素质好，适合企业工作的同志到企业担任领导职务。企业之间要进行人才交流，可以从管理水平高、经济效益好的企业，选拔一些能力强的同志到亏损、困难企业工作；也可以从亏损、困难企业选拔有培养前途的年轻同志和中层管理人员到先进企业挂职学习。要积极探索通过市场配置企业经营管理者的有效途径。在对领导班子进行组织调整时，既要注意充实年富力强的同志，在年龄上又不要搞“一刀切”。

在抓落实企业管理人员“九五”培训《纲要》，加强对国有企业领导人员的培训。结合对国有企业领导班子的考核、建设工作，把对企业领导人员的培训提到重要的议事日程上来。各级经济综合管理部门要会同组织、人事部门作出培训规划，并认真组织实施。对新担任企业领导职务的人员应优先安排培训。在大中型企业中逐步推行工商管理职业资格认证制度和持证上岗制度。

要进一步完善领导班子建设的各项制度，切实加强对企业领导人员的管理和监督。要坚持和健全重大问题民主科学决策制度、企业党组织参与重大问题决策制度。在领导班子内部，要健全有关工作制度和工作程序；健全学习制度、民主生活会制度、廉洁自律制度；健全职工代表大会和职工群众对企业领导人员进行民主监督和评议制度。要在总结经验的基础上，制定《国有企业领导人员管理条例》，建立健全企业领导人员的选拔任用、考核、奖

惩、监督、培训、交流、回避等一整套管理制度。要根据建立现代企业制度的要求，理顺企业领导人员管理体制。各级党委组织部门要切实负起责任，对国有企业领导班子和领导人员加强宏观管理。

五、加强对国有企业领导班子考核、建设工作的组织领导

各级党委和政府要高度重视国有企业领导班子的考核、建设工作，切实加强对这一工作的组织领导。各省、自治区、直辖市，要成立专门的协调机构，由一名党委或政府领导同志牵头，有关部门的负责同志参加，负责指导协调本地区国有企业领导班子的考核、建设工作。直属企业较多的中央国家机关部委、总公司，要有专人负责这项工作，也可以成立必要的机构。

各地、各部门要立即着手制定工作计划，选派得力人员，抓紧工作，力争在今年底完成大部分企业的考核、调整任务，明年上半年基本完成。对 1995 年以来按照中共中央组织部、国家经贸委、人事部《关于加强国有企业领导班子建设的意见》进行过认真考核的国有企业领导班子，情况已基本清楚的，可以在原来考核的基础上，针对存在的问题进行整改，进一步加强领导班子建设。这项工作有一定基础的地区和部门，在保证质量的前提下，可适当加快进展。

各地、各部门的党政领导要切实加强对国有企业领导班子考核、建设工作的指导。各有关方面要密切配合，通力协作，加强组织协调，及时解决遇到的问题，共同做好这一工作。要加强分类指导，工作务求实效，切忌走过场。在对领导班子进行考核、建设的过程中，要注意加强思想政治工作，调动企业领导人员的积极性，稳定企业干部职工的思想情绪，促进企业当前的生产经营。要加强督促检查，及时总结推广好的经验，宣传好的典型。注意加强联系，各地、各部门在工作中遇到新情况、新问题，及时告知全国加强国有企业领导班子建设协调小组办公室。

关于领导干部报告个人重大事项的规定

第一条　加强对领导干部的管理和监督，促进党风廉政建设和领导干部思想作风建设，制定本规定。

第二条　本规定所称领导干部包括：

各级党的机关、人大机关、行政机关、政协机关、审判机关、检察机关担任领导职务和非领导职务的副县（处）级以上（含副县（县）级，下同）干部。

社会团体、事业单位中相当于副县（处）级以上干部、国有大型、特大型企业中层以上领导干部，国有中型企业领导干部，实行公司制的大中型企业中由国有股权代表出任或由国有投资主体委派（包括招聘）的领导干部、选举产生并经主管部门批准的领导干部、企业党组织的领导干部。

第三条　报告人应报告下列重大事项：

（一）本人、配偶、共同生活的子女营建、买卖、出租私房和参加集资建房情况；

（二）本人参与操办的本人及近亲属婚丧喜庆事宜的办理情况（不含仅在近亲属范围内办理的上述事宜）；

（三）本人、子女与外国人通婚以及配偶、子女出国（境）定居的情况；

（四）本人因私出国（境）和在国（境）外活动的情况；

（五）配偶、子女受到执法执纪机关查处或涉嫌犯罪的情况；

（六）配偶、子女经营个体、私营工商业，或承包、租赁国有、集体工商企业的情况，受聘于三资企业担任企业主管人员或受聘于外国企业驻华、港澳台企业驻境内代办机构担任主管人员的情况。

本人认为应当向组织报告的其他重大事项，也可以报告。

第四条　本规定第三条所列事项，应由报告人在事后一个月内以书面形式报告。因特殊原因不能按期报告的，应及时补报，并说明原因。按照有关规定需要事前请示批准的，应按规定办理。本人认为需要事前请示的事项，也可事前请示。

第五条　各级党委及其纪委，各级人大、政府、政协、法院、检察院党组，以及上述领导机关所属的部门和单位（包括事业单位，下同）的党组（党委），负责受理本级领导干部的报告（不设党组、党委的部门和单位，由相应的机构受理，下同）。各部门和单位内设机构的领导干部的报告，由本部门、本单位的组织人事部门负责受理。

本规定第二条中社会团体、企业事业单位的领导干部个人重大事项的报告，由本单位党委（党组）负责受理。

第六条　对于需要答复的请示，受理报告的党委（党组）或组织人事部门应认真研究，及时答复报告人。报告人应按组织答复意见办理。

第七条　对报告的内容，一般应予保密。组织认为应予公开或本人要求予以公开的，可采取适当方式在一定范围内公开。

第八条　领导干部不按本规定报告或不如实报告个人重大事项的，其所在组织应视情节轻重，给予批评教育、限期改正、责令作出检查，在一定范围内通报批评等处理。

第九条　各级党委、政府及纪检监察机关、组织人事部门要加强对本规定执行情况的监督检查。组织人事部门和纪检监察机关，要把领导干部执行本规定的情况作为考核干部的一项内容。负责受理领导干部报告的党委（党组）及相应机构每年要将执行本规定的情况向上级党委、纪委综合报告一次。

第十条　各省、自治区、直辖市，中央直属机关工委和中央国家机关工委，实行系统管理的部门、单位，可根据本规定结合实际制定具体办法。

第十一条　本规定由中共中央纪律检查委员会，中共中央组织部负责解释。

第十二条本规定自发布之日起施行。

中国共产党纪律处分条例(试行)

(1997年2月27日)

第一编　总　则

第一章 指导思想、任务和适用范围

第一条　中国共产党纪律处分条例,以马克思列宁主义、毛泽东思想和邓小平建设有中国特色社会主义理论为指导思想,依据党章和宪法、法律,结合党的建设的实践制定。

第二条　本条例的任务,是维护党的章程,严肃党的纪律,纯洁党的组织,发扬党的优良作风,保护党员民主权利,教育党员遵纪守法,维护全党在政治上、思想上、行动上的高度统一,保证党的基本路线、方针、政策、决议和国家法律、法规的贯彻执行。

第三条　中国共产党的各级组织和党员,凡违犯党的纪律应当给予党的纪律处分的,都适用本条例。

第二章　实施党纪处分的原则

第四条　坚持实事求是的原则。处理违犯党纪的行为,应当以事实为依据,准确地认定错误性质,区别不同情况,依照本条例的规定,恰当地给犯错误的党员和党组织以纪律处分。

第五条　坚持从严治党的原则。党的各级组织必须维护党的纪律。对于违犯党的纪律的党员和党组织,必须依照本条例严肃处理,不得姑息迁就。

第六条　坚持民主集中制的原则。对违犯党纪行为的处理,必须经党委或者纪委集体讨论决定,不允许任何个人或者少数人决定和批准。

第七条　坚持党员在党的纪律面前人人平等的原则。党内不允许有不受纪律约束的特殊党员。任何党员违犯了党的纪律,都必须受到追究;应当受到党的纪律处分的,都必须依照本条例给予相应的处分。

第八条　坚持惩前毖后、治病救人的原则。处理违犯党纪的党员和党组织,要实行惩戒与教育相结合。

第三章　违犯纪律与纪律处分

第九条　党的纪律是党的各级组织和全体党员共同遵守的行为规范。党的组织和党员违反党章、党内法规、党的政策、违反国家法律、法规、政策和社会主义道德规范,危害党、国家和人民的利益的行为,依照本条例应当给予党的纪律处分的,都必须受到追究。

第十条　对党员的纪律处分种类:

(一)警告;

(二)严重警告;

(三)撤销党内职务;

(四)留党察看;

(五)开除党籍。

第十一条　对党组织的纪律处分种类:

(一)改组;

(二)解散。

第十二条　警告。受到警告处分的党员,一年内不得在党内提升职务和向党外组织推荐担任高于原任职务的党外职务。

第十三条　严重警告。受到严重警告处分的党员,一年内不得在党内提升职务和向党外组织推荐担任高于原任职务的党外职务。

第十四条　撤销党内职务。指撤销受处分党员的由党内选举或者组织任命担任的党组织及其工作部门的领导职务。对于在党内担任两个以上领导职务的,党组织在作处分决定时,应当明确撤销其一切职务还是某个职务。如果决定撤销某个职务,则必须从其担任的最高职务开始依次撤销。对于在党外组织担任领导职务的,可以建议党外组织撤销其党外职务。

受到撤销党内职务处分的党员,在受处分后二年内,不得在党内担任和向党外组织推荐担任与其原任职务相当或者高于原任的职务。

对于应当受到撤销党内职务处分,但是本人没有担任党内职务的,一般给予其严重警告处分,并可以建议党外组织撤销其党外职务。

第十五条　留党察看。留党察看处分,分为留党察看一年、留党察看二年。对于受到留党察看处分一年的党员,可以视其具体表现情况,再延长一年留党察看期限。留党察看期限最长不得超过二年。

受到留党察看处分的党员,在留党察看期间,没有表

决权、选举权和被选举权。留党察看期间，确已改正错误的，期满后按期恢复其党员的权利；坚持错误不改的，开除其党籍，又犯有其他应受党纪处分的错误的，也应当开除党籍。

受以留党察看处分的党员，党内职务自然撤销。对于在党外组织担任领导职务的，应当建议党外组织撤销其党外职务。受到留党察看处分的党员，恢复党员权利后二年内，不得在党内担任和向党外组织推荐担任与其原任职务相当或者高于原任的职务。

第十六条　开除党籍。受到开除党籍处分的，五年内不得重新入党。另有规定不准重新入党的，按照有关规定执行。

第十七条　改组。适用于严重违犯党的纪律，本身又不能纠正的党组织的领导机构。受到改组处分的党组织领导机构中的成员，除应当受到撤销党内职务以上（含撤销党内职务）处分者外，均作为自然免职。由上级党组织任命或者由相应的党员大会、党员代表大会选举新的领导机构成员。

第十八条　解散。适用于全体或者多数党员严重违犯党的纪律的党组织。对于受到解散处分的党组织中的党员，应当逐个审查。错误严重，丧失共产党员条件的，开除党籍；不起党员作用，不符合共产党员条件的，不予登记，宣布除名；符合共产党员条件的，应当予以重新登记，对其中犯有错误的，还应当根据其错误性质、情节，依照本条例的规定，给予处分。

第十九条　对于违犯党纪应当给予警告或者严重警告处分，但是具有免予处分条件的党员，可以免予处分。对犯错误党员免予处分，要作出书面结论。

第二十条　对于犯有本条例分则中规定的错误行为，情节显著轻微的，可以进行批评教育，不予处分。

第四章　纪律处分运用规则

第二十一条　故意违纪受处分后又故意违纪应当受到党纪处分的，应当从重处分。

第二十二条　二人以上（含二人）共同故意违纪的，对为首者，除分则中另有规定的以外，从重处分；对其他成员，根据其在共同违纪中所起的作用和应负的责任，分别给予党纪处分。

对于经济方面共同违纪的，按照个人所得数额及其所起作用，分别处分。对违纪集团的首要分子，按照集团违纪的总数额处分；对其他共同违纪的为首者，情节严重的，按照共同违纪的总数额处分。

第二十三条　一人犯有本条例分则中规定的两种以上（含两种）应当受到党纪处分的错误，应当合并处理，按所犯数种错误中应当受到的最高处分加重一档给予处分；如果其中一种错误应当受到开除党籍处分的，即给予开除党籍处分。

第二十四条　从轻、从重处分，是指在本条例分则中规定的所犯错误应当受到的处分的幅度以内，给予较轻或者轻重的处分。

第二十五条　减轻、加重处分，是指在本条例分则中规定的所犯错误应当受到的处分的幅度以外，减轻或者加重一档给予处分。

第二十六条　有下列情节之一的，可以从轻或者减轻处分：

（一）主动交代错误的；

（二）主动检举同案人的问题经查证属实的；

（三）主动挽回损失或者有效地阻止危害结果发生的；

（四）有其他立功表现的；

（五）本条例分则中另有规定的。

第二十七条　党员在经济方面违法、违纪后，主动退赔、退赃的，可以从轻处分。

第二十八条　有下列情节之一的，可以从重或者加重处分：

（一）伪造、销毁、藏匿证据的；

（二）包庇同案人的；

（三）强迫、唆使他人违犯纪律的；

（四）串供或者阻止他人揭发检举、提供证据材料的；

（五）有其他干扰、妨碍组织审查的行为的；

（六）本条例分则中另有规定的。

第二十九条　犯有本条例分则中没有规定的错误，比照最相类似的条款处理。需要比照处理的案件，按照处分党员批准权限，应当由省（部）级党委、纪委批准的案件，报中央纪委批准；其他案件由省（部）级纪委批准并报中央纪委备案。

第五章　对违法犯罪的党员的党纪处分

第三十条　有下列情形之一的，一律开除党籍：

（一）因危害国家安全依法判处刑罚的；

（二）因经济方面犯罪，被依法判处《刑法》规定的主刑的；

（三）因其他故意犯罪，被依法判处有期徒刑、无期徒刑、死刑的；

（四）因过失犯罪，被依法判处三年以上（不含三年）有期徒刑的；

（五）单处或者附加剥夺政治权利的；

（六）畏罪逃往国外、境外、外国驻华使（领）馆的。

前款第三项包括被判处三年以下（含三年）有期徒刑并宣告缓刑的。

第三十一条　有下列情形之一的，应当开除党籍；在政治上、工作上一贯表现较好，认真检讨并有悔改表现，

在群众中未造成恶劣影响的,可以不开除党籍,但须给予留党察看处分;

(一)除危害国家安全和经济方面犯罪以外的故意犯罪,被判处三年以下(含三年)有期徒刑并宣告缓刑或者被判处管制、拘役,未附加剥夺政治权利的;(二)过失犯罪,被判处三年以下(含三年)有期徒刑或者其他较轻刑罚的。

符合本条第一款第(一)、(二)两项的规定受到留党察看处分的党员,在服刑期间,停止过党的组织生活,留党察看期限从刑满之日起计算。

第三十二条 依法被劳动教养的,一律开除党籍。

第二篇 分 则

第六章 政治类错误

第三十三条 组织和参加反对党的基本路线为目的的集会、游行等活动的,对策划者、组织者,给予开除党籍处分;对于起骨干作用的,给予留党察看或者开除党籍处分。

对其他参加者,情节较轻的,给予警告或者严重警处分;情节较重的,给予撤销党内职务或者留党察看处分。

对不明真相被裹挟参加,经批评教育后有悔改表现的,不予处分或者免予处分。

第三十四条 坚持资产阶级自由化立场,公开发表文章、演说、宣言、声明等,反对四项基本原则的,给予开除党籍处分。公开发表违背四项基本原则言论的,给予警告或者严重警告处分;情节严重的,给予撤销党内职务或者留党察看处分;经批评教育后仍坚持错误不改的,给予开除党籍处分。

第三十五条 拒不执行党中央关于改革开放和其他重大方针、政策,或者作出与中央方针、政策相违背的决定的,对直接责任者,给予严重警告或者撤销党内职务处分;情节严重的,给予留党察看或者开除党籍处分。

第三十六条 进行分裂党的活动,在党内组织秘密集团的,给予开除党籍处分。

参加秘密集团的,给予开除党籍或者留党察看处分。

第三十七条 参加旨在反对党的领导和社会主义制度的非法组织的,对策划者、组织者和骨干分子,给予开除党籍处分。对其他成员,情节较重的,给予开除党籍或者留党察看处分;情节较轻,能检讨错误并有悔改表现的,给予撤销党内职务、严重警告或者警告处分。

第三十八条 逃往国外、境外不归或者滞留国外、境外不归,并有反对党和社会主义祖国的广告或者申请政治避难的,给予开除党籍处分。

故意为叛逃人员提供方便条件的,给予留党察看或者开除党籍处分。

第三十九条 参加反动会道门并在该组织中进行反动活动的,给予开除党籍处分;未进行反动活动并有悔改表现的,给予警告、严重警告或者撤销党内职务处分。

第四十条 参加国外、境外情报组织,或者向国外、境外机构、组织、人员非法提供情报的,给予开除党籍处分。

第四十一条 投敌叛变的,给予开除党籍处分。

向敌人自首的,给予开除党籍处分。

第四十二条 违反党和国家有关规定,刊登、广播有严重政治问题的文章或者出版有严重政治问题的出版物的,对决定刊登、广播、出版的负责人和其他主要责任者,给予警告、严重警告或者撤销党内职务处分;情节严重的,给予留党察看或者开除党籍处分。

第四十三条 违反党的民族、宗教政策,造成恶劣影响的,给予警告、严重警告或者撤销党内职务处分。

挑拨民族关系制造事端,或者利用宗教煽动骚乱闹事的,对策划者、组织者,给予开除党籍处分。积极参与上述活动,情节严重的,给予开除党籍处分,其中有悔改表现的,给予留党察看处分;情节较轻的,给予撤销党内职务或者严重警告处分。不明真相被裹挟参加上述活动的,经批评教育后有悔改表现的,不予处分或者免予处分。

第四十四条 在涉外活动中,其行为在政治上造成恶劣影响,损害党和国家尊严和利益的,给予撤销党内职务或者留党察看处分;情节严重的,给予开除党籍处分。

第七章 组织、人事类错误

第四十五条 违反党章规定,弄虚作假或者采取其他手段,把明显不符合党员条件的人拉入党内的,对主要责任者,给予警告或者严重警告处分;情节严重的,给予撤销党内职务处分。

第四十六条 违反民主集中制原则,拒不执行或者擅自改变党组织的决定,或者独断专行,个人或者少数人决定重大问题,给工作造成较大损失的,给予警告或者严重警告处分;造成重大损失的,给予撤销党内职务或者留党察看处分。

第四十七条 在重大问题上,下级党组织拒不执行上级党组织决定的,对主要责任者,给予警告或者严重警告处分;情节严重的,给予撤销党内职务或者留党察看处分。

第四十八条 在党内搞非组织活动,破坏党的团结统一的,给予严重警告或者撤销党内职务处分;情节严重的,给予留党察看或者开除党籍处分。

第四十九条 在干部选拔任用工作中,违反干部选

拔任用规定，将不符合条件的人安排到领导岗位或者其他重要岗位，情节较重的，给予警告或者严重警告处分；情节严重的，给予撤销党内职务处分。

在干部选拔任用工作中，有其他违反规定的行为，情节较轻的，批评教育；情节较重的，给予警告或者严重警告处分；情节严重的，给予撤销党内职务处分。

第五十条　拒不执行组织的分配、调动、交流决定的，给予警告、严重警告或者撤销党内职务处分。

第五十一条　在干部、职工的考试、招聘、录用、考核、评定职称、晋升职务、工资以及在征兵、安置复转军人等方面的工作中，违反党和国家的人事、劳动、干部制度和有关规定，利用职权或者隐瞒、歪曲事实真相，为本人、配偶、子女及其亲友谋利益的，给予警告或者严重警告处分，情节严重的，给予撤销党内职务或者留党察看处分。

第五十二条　在招生考试工作中，违反有关规定，有泄露试题、考场舞弊、涂改考卷和考生其他档案材料等行为的，给予严重警告或者撤销党内职务处分；造成恶劣影响或者其他严重后果的，给予留党察看或者开除党籍处分。

第五十三条　以不正当的方式或者手段，谋求本人、配偶、子女及其他人出国、出境的，给予警告或者严重警告处分；情节较重的，给予撤销党内职务或者留党察看处分；严重损害国家利益的，给予开除党籍处分。

第五十四条　临时出国、出境团（组）或者人员中的共产党员，擅自延长在国外、境外期限，或者擅自变更路线，造成不良影响或者经济损失的，给予主要责任者警告或者严重警告处分；情节严重的，给予撤销党内职务处分。

第五十五条　驻外机构或者临时出国、出境团（组）中的共产党员，擅自脱离组织的；从事外事、机要、军事等工作的共产党员，违反规定同外国机构、外国人联系和交往的，给予警告、严重警告或者撤销党内职务处分。

第五十六条　驻外机构或者临时出国、出境团（组）中的共产党员、脱离组织出走不归，但是没有反对党和社会主义祖国的言论或者行动的，停止其党籍；出走时间超过六个月的，按照自行脱党处理，党内予以除名；不满六个月又自动回归的，根据情节轻重，给予严重警告、撤销党内职务或者留党察看处分。

故意为出走人员提供方便条件的，给予警告、严重警告或者撤销党内职务处分；情节较轻并作出检查的，免予处分。

第八章 经济类错误

第五十七条　党和国家工作人员或者经手、管理国家财物的人员中的共产党员，利用职务上的便利，侵吞、窃取、骗取或者以其他手段贪污公共财物，情节较轻的，给予警告或者严重警告处分；情节较重的，给予撤销党内职务或者留党察看处分；情节严重的，给予开除党籍处分。

贪污党费、救灾、抢险、防汛、优抚、救济、扶贫、防疫、支前款物的，从重或者加重处分，直至开除党籍。

第五十八条　有限责任公司、股份有限公司的董事、监事或者职工以及其他企业职工中的共产党员，利用职务或者工作上的便利，侵占本企业（公司）的财物，情节较轻的，给予警告或者严重警告处分；情节较重的，给予撤销党内职务或者留党察看处分；情节严重的，给予开除党籍处分。

前款所列人员中的国家工作人员有前款规定的行为的，依照本条例第五十七条处理。

第五十九条　利用职务或者工作上的便利，非法占有非本人经营的国家、集体、个人财物，或者以购买物品时象征性地付少量钱款等方式非法占有国家、集体、个人财物，或者无偿、象征性地付少量报酬使用劳动力，情节较轻的，给予警告或者严重警告处分；情节较重的，给予撤销党内职务或者留党察看处分；情节严重的，给予开除党籍处分。

利用职务或者工作上的便利，将本人或者亲属应当由个人支付的费用，到下属单位或者其他单位报销的，依照前款处理。

第六十条　党和国家工作人员、集体经济组织工作人员或者其他从事公务的人员中的共产党员，利用职务上的便利，占用公物归个人使用，时间超过六个月，情节较重的，给予警告或者严重警告处分；情节严重的，给予撤销党内职务处分。

占用公物进行营利活动或者非法活动，情节较轻的，给予警告或者严重警告处分；情节较重的，给予撤销党内职务或者留党察看处分；情节严重的，给予开除党籍处分。

第六十一条　党和国家工作人员或者其他从事公务的人员中的共产党员，利用职务上的便利，为他人谋利益，收受贿赂，情节较轻的，给予警告或者严重警告处分；情节较重的，给予撤销党内职务或者留党察看处分；情节严重的，给予开除党籍处分。

索取贿赂的，从重或者加重处分。

公司董事、监事或者职工以及其他企业职工中的共产党员，收受贿赂，情节较轻的，给予警告或者严重警告处分；情节较重的，给予撤销党内职务或者留党察看处分；情节严重的，给予开除党籍处分。其中属于国家工作人员的，依照第一款处理。

因受贿给国家、集体或者人民利益造成重大损失的，加重处分，直至开除党籍。

因索取财物未遂而刁难报复对方，给对方造成损失，

情节较重的,给予撤销党内职务或者留党察看处分;情节严重的,给予开除党籍处分。

退(离)休人员,利用原职务的影响,为他人谋利益,收受他人财物的,以受贿论处。

机关、团体、企业、事业单位中的共产党员,在经济往来中,在帐外暗中收受回扣的,以受贿论处。

第六十二条 机关、团体、国有企业、事业单位,索取财物,或者非法收受财物为他人谋利益的,追究负直接责任的主管人员和其他直接责任人员中的共产党员的责任,情节较轻的,给予警告或者严重警告处分;情节较重的,给予撤销党内职务或者留党察看处分;情节严重的,给予开除党籍处分。

机关、团体、企业、事业单位,在经济往来中,在帐外暗中收受对方单位或者个人回扣的,追究负直接责任的主管人员和其他直接责任人员中的共产党员的责任,情节较轻的,给予警告或者严重警告处分;情节较重的,给予撤销党内职务或者留党察看处分;情节严重的,给予开除党籍处分。

因索取财物未遂而对下属单位、用户、客户刁难报复,给对方造成损失,情节较重的,给予撤销党内职务或者留党察看处分;情节严重的,给予开除党籍处分。

将索取、非法收受的财物合伙私分的,以个人受贿论,根据个人所得数额和所起作用,依照本条例第六十一条处理。

第六十三条 党和国家工作人员或者其他从事公务的人员中的共产党员,接受可能影响公正执行公务的礼品馈赠,不登记交公,情节较轻的,给予警告或者严重警告处分;情节较重的,给予撤销党内职务或者留党察看处分;情节严重的,给予开除党籍处分。

党和国家工作人员或者其他从事公务的人员中的共产党员,接受其他礼品,按照党和国家规定应当登记、交公而不登记、交公,情节较轻的,给予警告或者严重警告处分;情节较重的,给予撤销党内职务或者留党察看处分,情节严重的,给予开除党籍处分。

在对外交往中接受礼品,按照国家规定应当交公而不交公的,根据其数额和情节,依照本条例第五十七条处理。

第六十四条 党和国家机关违反党和国家规定,在对内对外活动中接受礼品应当上交而不上交的,追究负直接责任主管人员和其他直接责任人员中的共产党员的责任,情节较重的,给予警告或者严重警告处分;情节严重的,给予撤销党内职务处分。

将接受的礼品隐瞒私分的,以贪污论,根据个人所得数额和所起作用,依照本条例第五十七条处理。

第六十五条 党和国家工作人员或者其他从事公务的人员中的共产党员,利用职务上的便利,为他人谋利益,其父母、配偶、子女及其配偶以及其他共同生活的家庭成员接受对方财物,应当追究该党员的责任,情节较轻的,给予批评教育;情节较重的,给予警告或者严重警告处分;情节严重的,给予撤销党内职务或者留党察看处分。

查实本人知道的,依照本条例第六十一条处理。

第六十六条 向党和国家工作人员或者其他从事公务的人员行贿,情节较轻的,给予警告或者严重警告处分;情节较重的,给予撤销党内职务或者留党察看处分;情节严重的,给予开除党籍处分。

在经济往来中,在帐外暗中给予对方单位或者个人回扣的,以行贿论,依照前款处理。

因行贿给国家、集体或者人民利益造成更大损失的,加重处分,直至开除党籍。

第六十七条 机关、团体、企业、事业单位行贿,或者在帐外暗中给予对方单位或者个人回扣的,追究负直接责任人的主管人员和其他直接责任人员中的共产党员的责任,情节较重的,给予警告、严重警告或者撤销党内职务处分;情节严重的,给予留党察看或者开除党籍处分。

第六十八条 盗窃公私财物,情节较轻的,给予警告或者严重警告处分;情节较重的,给予撤销党内职务或者留党察看处分;情节严重的,给予开除党籍处分。

第六十九条 诈骗公私财物,情节较轻的,给予警告或者严重警告处分;情节较重的,给予撤销党内职务或者留党察看处分;情节严重的,给予开除党籍处分。

第七十条 机关、团体、企业、事业单位,诈骗财物的,追究负直接责任的主管人员和其他直接责任人员中的共产党员的责任,情节较轻的,给予警告或者严重警告处分;情节较重的,给予撤销党内职务或者留党察看处分;情节严重的,给予开除党籍处分。

第七十一条 用威胁或者要挟的手段敲诈勒索公私财物的,给予开除党籍处分;情节较轻的,给予留党察看处分。

第七十二条 进行走私,情节较轻的,给予警告或者严重警处分;情节较重的,给予撤销党内职务或者留党察看处分;情节严重的,给予开除党籍处分。

走私淫秽物品,情节较轻的,给予警告或者严重警告处分;情节较重的,给予撤销党内职务或者留党察看处分;以牟利或者传播为目的以及有其他严重情节的,给予开除党籍处分。

走私毒品、武器、弹药、伪造的货币、国家禁止出口的珍贵文物、珍贵动物及其制品、黄金、白银或者其他贵重金属的,给予开除党籍处分。

利用职务之便进行走私的,从重处分。

第七十三条 机关、团体、企业、事业单位走私,追究负直接责任的主管人员和其他直接责任人员中的共产党

员的责任,情节较轻的,给予警告或者严重警告处分;情节较重的,给予撤销党内职务或者党留党察看处分;情节严重的,给予开除党籍处分。

机关、团体、企业、事业单位走私毒品、武器、弹药、伪造的货币、国家禁止出口的珍贵文物、珍贵动物及其制品、黄金、白银或者其他贵重金属,或者以牟利或传播为目的走私淫秽物品的,给予负直接责任的主管人员和其他直接责任人员中的共产党员开除党籍处分。

第七十四条 违反国家规定扰乱市场秩序,情节较轻的,给予警告或者严重警告处分;情节较重的,给予撤销党内职务或者留党察看处分;情节严重的,给予开除党籍处分。

第七十五条 机关、团体、企业、事业单位违反国家规定扰乱市场秩序,追究负直接责任的主管人员和其他直接责任人员中的共产党员的责任,情节较轻的,给予警告或者严重警告处分;情节较重的,给予撤销党内职务或者留党察看处分;情节严重的,给予开除党籍处分。

第七十六条 偷税、抗税,情节较轻的,给予警告或者严重警告处分;情节较重的,给予撤销党内职务或者留党察看处分;情节严重的,给予开除党籍处分。

第七十七条 纳税单位以及有代扣、代缴税款义务的单位偷税、抗税的,追究负直接责任的主管人员和其他直接责任人员中的共产党员的责任,情节较轻的,给予警告或者严重警告处分;情节较重的,给予撤销党内职务或者留党察看处分;情节严重的,给予开除党籍处分。

第七十八条 机关、团体、企业、事业单位,违反国家有关规定隐瞒、截留应当上交国家的财政收入的,追究负直接责任的主管人员和其他直接责任人员中的共产党员的责任,情节较轻的,给予警告或者严重警告处分;情节严重的,给予撤销党内职务或者留党察看处分。

将隐瞒、截留款合伙私分的,以贪污论,根据个人所得数额和所起作用,依照本条例第五十七条处理。

第七十九条 机关、团体、企业、事业单位,虚报冒领、骗取国家财政拨款、退税款或者补贴的,追究负直接责任的主管人员和其他直接责任人员中的共产党员的责任,情节较轻的,给予警告或者严重警告处分;情节较重的,给予撤销党内职务或者留党察看处分;情节严重的,给予开除党籍处分。

将虚报冒领或者骗取的钱款合伙私分的,以贪污论,根据个人所得数额和所起作用,依照本条例第五十七条处理。

第八十条 党和国家工作人员或者经手、管理国家财物的人员中的共产党员,利用职务上的便利,挪用公款归个人使用,时间超过三个月,或者挪用公款进行营利活动,或者挪用公款进行非法活动,情节较轻的,给予警告或者严重警告处分;情节较重的,给予撤销党内职务或者留党察看处分;情节严重的,给予开除党籍处分。

公司董事、监事或者职工以及其他企业职工中的共产党员,利用职务上的便利,挪用本单位资金归本人使用或者借贷给他人,超过三个月未还,或者进行营利活动,或者进行非法活动,情节较轻的,给予警告或者严重警告处分;情节严重的,给予开除党籍处分。其中属于国家工作人员的,依照第一款处理。

挪用公款不退还的,以贪污论,根据其数额和情节,依照本条例第五十七条处理;挪用本企业资金不退还,以侵占论,根据其数额和情节,依照本条例第五十八条处理。

挪用救灾、抢险、防汛、优抚、救济、扶贫、防疫、支前款物的,或者由于挪用公款给国家、集体或者人民利益造成重大损失的,从重或者加重处分。

第八十一条 国家机关、国家拨给经费的团体和事业单位,挪用生产性资金用于非生产性支出,或者将科研、教育、卫生、军工等专项资金挪作他用的,追究负直接责任的主管人员和其他直接责任人员中的共产党员的责任,情节较轻的,给予警告或者严重警告处分;情节严重的,给予撤销党内职务处分。

挪用救灾、抢险、防汛、优抚、救济、扶贫、防疫、支前款物的,或者由于挪用经费给国家、集体或者人民利益造成重大损失的,从重或者加重处分。

第八十二条 个人借用公款超过六个月不还的,追还所欠公款,情节严重的,给予警告或者严重警告处分。但个别因生活困难借用公款,到期无力归还的除外。

个人借用公款进行营利活动,情节较轻的,给予警告或者严重警告处分;情节较重的,给予撤销党内职务或者留党察看处分。

个人借用公款进行非法活动的,根据其数额和情节,依照本条例第五十七条处理。

第八十三条 利用职权用公款超标准建房、买房、装修住房,供个人居住的,给予警告或者严重警告处分;情节严重的,给予撤销党内职务或者留党察看处分。

第八十四条 违反廉洁自律规定购买、更换进口豪华小轿车,情节较重的,给予警告或者严重警告处分;情节严重的,给予撤销党内职务处分。

违反规定对所乘坐的小轿车进行豪华装修的,依照前款处理。

第八十五条 在同国内的单位和个人的交往中,接受可能影响公正执行公务的宴请,情节较轻的,进行批评教育;情节较重的,给予警告或者严重警告处分;情节严重的,给予撤销党内职务或者留党察看处分。

第八十六条 违反规定,用公款旅游,参与用公款支付的营业性歌厅、舞厅、夜总会等的娱乐活动,或者以其他方式挥霍浪费国家、集体资财,情节较重的,给予警告

或者严重警告处分;情节严重的,给予撤销党内职务处分。

第八十七条 机关、团体、企业、事业单位,违反规定,用公款旅游、送礼、请客或者以其他方式挥霍浪费国家、集体资财的,追究负直接责任的主管人员和其他直接责任人员中的共产党员的责任,情节较重的,给予警告或者严重警告处分;情节严重的,给予撤销党内职务处分。

第八十八条 党和国家机关、人民团体中的党员干部,违反规定,经商办企业,或者参与其他营利性的经营活动,或者利用职务上的便利为亲友经商办企业谋利益的,给予警告、严重警告或者撤销党内职务处分。

党和国家机关、人民团体的党员干部,从事有偿中介活动的,依照本条前款处理。

国有企业、集体所有制企业(公司)、事业单位中的党员干部,利用职务上的便利为亲友经商办企业谋利益的,依照本条第一款处理。

第八十九条 县和县级以上党和国家机关的党员干部,未经批准在各类经济实体中兼职(包括名誉职务)的,以及兼职领取报酬的,给予警告、严重警告或者撤销党内职务处分。

国有大型、特大型企业中层以上(含中层)领导干部、国有中小型企业负责人中的共产党员,国有资产占控股地位或主导地位的公司中由政府主管部门委派或者招聘的领导干部、企业职工代表大会选举产生并报政府主管部门批准的领导干部中的共产党员、企业党组织的领导干部,违反规定领取兼职职务的工资、奖金及其他酬金的,给予警告、严重警告或者撤销党内职务处分。

第九十条 党和国家机关违反规定经商办企业的,给予负直接责任的主管人员和其他直接责任人员中的共产党员警告或者严重警告处分;情节严重的,给予撤销党内职务处分。

第九十一条 违反廉洁自律规定买卖股票的,给予警告或者严重警告处分。经批评教育后仍拒不悔改的,给予撤销党内职务处分。

违反国家规定购买或者利用职务上的便利为他人购买企业内部职工股的,给予警告、严重警告或者撤销党内职务处分。

第九十二条 在股票发行与交易过程中,与证券从业人员等互相串通,根据内幕信息直接或者间接地买卖股票、办理过户或者有其他违法行为的,给予撤销党内职务或者留党察看处分;情节严重的,给予开除党籍处分。

第九十三条 党和国家工作人员、集体经济组织工作人员或者其他从事公务的人员中的共产党员,其财产或者支出明显超过合法收入,差额较大的,可以责令其说明来源,本人不能说明其来源是合法的,差额部分以非法所得论,情节较轻的,给予警告或者严重警告处分;情节较重的,给予撤销党内职务或者留党察看处分;情节严重的,给予开除党籍处分。

第九十四条 税务、海关及其他有关部门的共产党员,违反规定超越权限擅自为纳税人减免税收,情节较重的,给予警告或者严重警告处分;情节严重的,给予撤销党内职务或者留党察看处分。

第九十五条 地方各级政府及其所属部门,超越权限擅自为纳税人减免税收,或者擅自动用国库款项,情节严重的,给予负直接责任的主管人员和其他直接责任人员中的共产党员警告、严重警告或者撤销党内职务处分。

第九十六条 金融工作人员中的共产党员,违法贷款造成贷款损失,情节较轻的,给予警告或者严重警告处分;情节较重的,给予撤销党内职务或者留党察看处分;情节严重的,给予开除党籍处分。

由于行政机关非法干预,致使金融工作人员犯前款错误的,对金融工作人员可以从轻或者减轻处分;其中金融工作人员进行了抵制的,不予处分。

第九十七条 地方各级政府及其所属部门,违法强迫金融机构贷款造成损失的,对负直接责任的主管人员和其他直接责任人员中的共产党员,给予警告、严重警告或者撤销党内职务处分。

第九十八条 破坏公私财产或者哄抢公私财产的组织者、为首者和骨干分子,给予撤销党内职务或者留党察看处分;情节严重的,给予开除党籍处分。

第九十九条 非法查封、扣押、冻结、没收公共财产或者私人财产的,给予警告或者严重警告处分;情节严重的,给予撤销党内职务、留党察看或者开除党籍处分。

第一百条 在财政金融方面有其他违法行为,情节较轻的,给予警告或者严重警告处分;情节较重的,给予撤销党内职务或者留党察看处分;情节严重的,给予开除党籍处分。

第九章 失职类错误

第一百零一条 有下列情形之一,造成重大损失或者恶劣影响的,对负有主要领导责任者,给予严重警告或者撤销党内职务处分;负有重要领导责任者,给予警告或者严重警告处分。造成巨大损失或者特别恶劣影响的,加重处分。

(一)对党和国家的方针、政策,不传达贯彻,不检查督促落实,或者在方针、政策方面作出错误决策的;

(二)对本地区、本部门、本单位发生的公开反对党的基本路线的行为,不报告、不批评、不制止的;

(三)对本单位存在的问题不认真解决,致使矛盾激化,造成闹事、罢工、罢课或者其他重大事件,严重影响生产、工作、教学、科研和社会正常秩序的,或者在发生重大事件时不及时解决,造成严重后果的;

（四）对本地区、本部门、本单位发生的严重违法乱纪行为不制止、不查处的。

第一百零二条　在发生反对党的基本路线的集会、游行等活动的情况下放任不管，致使本单位的多数党员、群众参加集会、游行等活动的，对负主要领导责任者，给予严重警告或者撤销党内职务处分；负有重要领导责任者，给予警告或者严重警告处分。

第一百零三条　在决定基本建设项目的立项、设计、施工、投产工作中，由于失职，给国家、集体造成较大损失的，对负有直接责任者，给予警告或者严重警告处分。造成重大损失的，对负有直接责任者，给予撤销党内职务或者留党察看处分；负有主要领导责任者，给予严重警告或者撤销党内职务处分；负有重要领导责任者，给予警告或者严重警告处分。造成巨大损失的，加重处分。

第一百零四条　在生产、经营、管理工作中，有下列情形之一，给国家、集体或者人民利益造成重大损失的，对负有主要领导责任者，给予撤销党内职务或者留党察看处分；负有重要领导责任者，给予警告、严重警告或者撤销党内职务处分。造成巨大损失的，加重处分。

（一）对下属企业生产、销售假冒产品，发现后不采取措施处理或者措施不力的；

（二）对下属企业生产、销售假劣药品、有害食品或者其他危害人民健康的商品，发现后不采取措施处理或者措施不力的；

（三）对所辖地区、单位发生的破坏国家自然资源的行为，发现后不采取措施处理或者措施不力的；

（四）对本单位或者直属单位违反财政、金融、工商管理、海关、会计、统计等方面的法律、法规的行为长期失察或者发现后不纠正的。

第一百零五条　在生产、经营、管理工作中，由于严重不负责任，造成严重质量、技术事故，或者使国家、集体财物被盗窃、诈骗、浪费，造成较大损失的，对直接责任者，给予严重警告或者撤销党内职务处分。造成重大损失的，对直接责任者，给予留党察看或者开除党籍处分；负有主要领导者，给予撤销党内职务或者留党察看处分；负有重要领导责任者，给予警告、严重警告或者撤销党内职务处分。造成巨大损失的，加重处分。

由于管理混乱，致使国家、集体财物被大量贪污，造成重大损失的，对负有主要领导责任者，给予撤销党内职务或者留党察看处分；负有重要领导责任者，给予警告、严重警告或者撤销党内职务处分。造成巨大损失的，加重处分。

第一百零六条　在对内、对外经济贸易活动中，有下列情形之一，给国家、集体造成较大经济损失的，给予直接责任者严重警告或者撤销党内职务处分。造成重大损失的，对直接责任者，给予留党察看或者开除党籍处分；负有主要领导责任者，给予撤销党内职务或者留党察看处分；负有重要领导责任者，给予警告或者严重警告处分。造成巨大损失的，加重处分。

（一）工作不负责任，购进假冒伪劣商品的；

（二）不了解对方资信情况，盲目与之签订合同，或者擅自改变合同，或者未签订合同即预付款，或者为对方担保贷款以及以其他形式交易而被骗的；

（三）发现购进的商品质量不合格或者不符合合同规定的标准，不采取措施，以致延误索赔期的；

（四）工作不负责任，不履行合同，以致被对方索赔或者退货的；

（五）在对内、对外经济贸易活动中有其他失职行为的。

第一百零七条　在物资储藏、运输工作中，由于工作失职，致使丢失、损坏、变质，造成较大损失的，给予直接责任者严重警告或者撤销党内职务处分。造成重大损失的，对直接责任者给予留党察看或者开除党籍处分；负有主要领导责任者，给予警告或者严重警告处分。造成巨大损失的，加重处分。

第一百零八条　在安全工作方面，有下列情形之一，造成较大损失的，给予直接责任者严重警告或者撤销党内职务处分。造成重大损失的，对直接责任者，给予留党察看或者开除党籍处分；负有主要领导责任者，给予撤销党内职务或者留党察看处分；负有重要领导责任者，给予警告、严重警告或者撤销党内职务处分。造成巨大损失的，加重处分。

（一）不认真执行劳动保护、安全生产和消防方面的法规，致使发生爆炸、火灾、翻车、沉船、飞机失事、工程倒塌以及其他事故的；

（二）在灾害面前，未采取必要和可能的措施，贻误时机，使本来可以避免的损失未能避免的；

（三）在组织群众性活动时，缺乏周密布置，对可能发生的问题未采取有效的防范措施，发生恶性事故的。

第一百零九条　丢失秘密文件资料或者泄露党和国家秘密，情节较轻的，给予警告、严重警告或者撤销党内职务处分；情节较重的，给予撤销党内职务、留党察看或者开除党籍处分。

在保密工作方面失职，致使发生重大失密泄密事故，造成或者可能造成较大损失的，对负有主要领导责任者，给予警告或者严重警告处分；造成或者可能造成重大损失的，对负有主要领导责任者，给予撤销党内职务处分。

第一百一十条　因工作失职，致使所属人员叛逃的，给予警告或者严重警告处分，情节严重的，给予撤销党内职务处分。

因工作失职，致使所属人员出走，情节较轻的，免予处分；情节较重的，给予警告或者严重警告处分；情节严

重的，给予撤销党内职务处分。

第一百一十一条　在经济监督、执纪执法和行政管理工作中失职，情节较重的，给予警告或者严重警告处分；情节严重的，给予撤销党内职务或者留党察看处分。

第一百一十二条　具有执纪执法职责的党和国家工作人员中的共产党员，在工作中徇私舞弊的，给予严重警告或者撤销党内职务处分；情节严重的，给予留党察看或者开除党籍处分。

第一百一十三条　由于工作失职，致使文教卫生、邮电通信、环境保护、社会福利、社会服务、社会管理等某一方面发生严重事故或者遭受较大损失。造成重大损失的，对直接责任者，给予留党察看或者开除党籍处分；负有主要领导责任者，给予撤销党内职务或者留党察看处分；负有重要领导责任者，给予警告、严重警告或者撤销党内职务处分。造成巨大损失的，加重处分。

第一百一十四条　对因工作失职，所造成的后果虽不够较大损失的标准，但是给本地区、本单位造成严重不良影响的直接责任者，以及所造成的后果虽不够重大损失的标准，但给本地区、本单位造成严重不良影响的主要领导责任者，根据损失数额及影响程度，给予警告、严重警告或者撤销党内职务处分。

第十章　侵犯党员权利、公民权利类错误

第一百一十五条　对批评、检举、控告进行阻挠、压制，或者将检举、控告材料转给、泄露给被检举人、被控告人，致使检举人、控告人遭受打击报复的，给予警告或者严重警告处分；情节严重的，给予撤销党内职务处分；造成严重后果的，给予留党察看或者开除党籍处分。

对批评人、检举人、控告人、证人、执纪执法人员打击报复的，给予严重警告或者撤销党内职务处分；情节严重的，给予留党察看或者开除党籍处分。

第一百一十六条　对党员或者公民的申辩、辩诉、申诉、作证、压制或者无故扣押，造成不良后果的，给予警告或者严重警告处分；情节严重的，给予撤销党内职务处分。

第一百一十七条　侵犯党员或者公民的选举权、被选举权，情节较重的，给予警告或者严重警告处分；在选举中伪造事实，篡改选举结果，或者以威胁、贿赂、欺骗以及其他手段，妨害选民或者代表自由行使选举权和被选举权的，给予撤销党内职务、留党察看或者开除党籍处分。

第一百一十八条　侵犯公民的通信自由权利，隐匿、毁弃或者非法开拆他人邮件，情节较重的，给予警告或者严重警告处分；情节严重的，给予撤销党内职务、留党察看或者开除党籍处分。

利用职务上的便利侵犯他人通信自由的，加重处分。

第一百一十九条　侮辱、诽谤他人，破坏他人名誉，情节较重的，给予警告或者严重警告处分；情节严重的，给予撤销党内职务、留党察看或者开除党籍处分。

第一百二十条　对他人进行殴打、体罚、非法拘禁、刑讯逼供、非法搜查或者采取其他方法侵犯他人人身自由的，给予警告、严重警告或者撤销党内职务处分；情节严重的，给予留党察看或者开除党籍处分。

第一百二十一条　非法侵入或者非法搜查他人住宅，情节较重的，给予警告、严重警告或者撤销党内职务处分；情节严重的，给予留党察看或者开除党籍处分。

第一百二十二条　干涉他人婚姻自由，情节较重的，给予警告或者严重警告处分；情节严重的，给予撤销党内职务、留党察看或者开除党籍处分。

第一百二十三条　诬告陷害他人的，根据所诬陷的事实，参照被诬陷者受到或者可能受到的处分，给予相应的党纪处分；造成其他严重后果的，从重或者加重处分。

错告或者检举失实的，不适用前款规定。

第一百二十四条　在检查处理违法违纪案件过程中，故意提供虚假证据，意图陷害他人，情节较轻的，给予警告或者严重警告处分；情节较重的，给予撤销党内职务、留党察看或者开除党籍处分。

第一百二十五条　对于经过查证确属冤假错案，而以种种借口不予纠正的，对主要责任者给予警告或者严重警告处分；情节严重的，给予撤销党内职务处分。

第一百二十六条　侵犯他人的著作权、专利权、商标权以及其他知识产权，情节较重的，给予警告或者严重警告处分；情节严重的，给予撤销党内职务、留党察看或者开除党籍处分。

第十一章　严重违反社会主义道德类错误

第一百二十七条　弄虚作假，骗取荣誉的，给予警告或者严重警告处分；情节较重的，给予撤销党内职务或者留党察看处分；情节严重的，给予开除党籍处分。

第一百二十八条　利用职权，大办婚丧喜庆事宜，在社会上造成不良影响的，给予警告或者严重警告处分；情节严重的，给予撤销党内职务处分。

在大办婚丧喜庆事宜中，侵犯国家、集体和群众的经济利益或者其他利益的，从重或者加重处分，直至开除党籍。

第一百二十九条　不承担抚养教育未成年子女或者不承担赡养父母义务，情节较重的，给予警告或者严重警告处分；情节严重的，给予撤销党内职务处分。

虐待家庭成员情节较重或者遗弃家庭成员的，给予撤销党内职务或者留党察看处分；情节严重的，给予开除党籍处分。

第一百三十条　遇到国家财产和人民生命财产受到

严重威胁时，临危退缩，能救而不救，情节较重的，给予警告、严重警告或者撤销党内职务处分；情节严重的，给予留党察看或者开除党籍处分。

第一百三十一条　与他人通奸，造成不良影响的，给予警告或者严重警告处分；造成严重后果的，给予撤销党内职务、留党察看或者开除党籍处分。

与现役军人配偶通奸的，从重或者加重处分。

重婚或者包养情妇的，给予开除党籍处分。

第一百三十二条　利用职权、教养关系或者诱骗等其他手段与他人发生性关系的，给予撤销党内职务处分；情节严重的，给予留党察看或者开除党籍处分。

第十二章　违反社会管理秩序类错误

第一百三十三条　违反规定参加集资建房、建私房，情节较重的，给予警告或者严重警告处分；情节严重的，给予撤销党内职务处分。

第一百三十四条　嫖娼、卖淫，或者强迫、介绍、教唆、引诱、容留他人嫖娼、卖淫，或者故意为嫖娼、卖淫提供方便条件的，给予开除党籍处分。

第一百三十五条　接受色情性异性按摩的，给予严重警告或者撤销党内职务处分；情节严重的，给予留党察看或者开除党籍处分。

在接受色情性异性按摩中，与按摩人员发生性关系的，依照第一百三十四条处理。

第一百三十六条　宾馆、旅店、招待所等单位，由于管理混乱，多次发生嫖娼、卖淫活动的，对负有直接领导责任者，给予警告、严重警告或者撤销党内职务处分。

第一百三十七条　制作、复制、出售、出租、传播淫秽影视书画或者其他淫秽物品，情节较轻的，给予严重警告处分；情节较重的，给予撤销党内职务或者留党察看处分；情节严重的，给予开除党籍处分。

第一百三十八条　观看淫秽影视书画，情节较重的，给予警告或者严重警告处分，情节严重的，给予撤销党内职务处分。

观看淫秽表演的，给予撤销党内职务、留党察看或者开除党籍处分。

第一百三十九条　以营利为目的聚众赌博或者以赌博为业的，给予开除党籍处分。

参加赌博屡教屡犯，或者赌资较大，或者在工作时间赌博的，给予警告、严重警告或者撤销党内职务处分；情节严重的，给予留党察看或者开除党籍处分。

故意为赌博活动提供场所或者其他方便条件，情节较重的，给予警告、严重警告或者撤销党内职务处分；情节严重的，给予留党察看或者开除党籍处分。

党员领导干部参加赌博，影响生产、工作秩序的，从重或者加重处分。

在国外、境外参与赌博活动的，从重处分。

第一百四十条　违反国家规定，吸食、注射毒品、精神药品的，给予严重警告或者撤销党内职务处分；情节严重的，给予留党察看或者开除党籍处分。

第一百四十一条　以营利为目的，违反国家规定，种植毒品原植物，或者制造、运输、贩卖毒品的，给予开除党籍处分。

第一百四十二条　猥亵、侮辱妇女或者进行淫乱活动的，给予严重警告或者撤销党内职务处分；情节较重的，给予留党察看或者开除党籍处分。

第一百四十三条　搞封建迷信活动，扰乱生产、工作、社会生活秩序或者骗取财物的，给予严重警告或者撤销党内职务处分；情节严重的，给予留党察看或者开除党籍处分。

第一百四十四条　故意破坏公用设备、设施、国家保护的文物、名胜古迹，情节较轻的，给予严重警告或者撤销党内职务处分；情节较重的，给予留党察看或者开除党籍处分。

第一百四十五条　违反计划生育政策，超计划生育的，给予严重警告或者撤销党内职务处分；情节严重的，给予留党察看或者开除党籍处分。

破坏计划生育政策贯彻实施的，给予撤销党内职务或者留党察看处分；情节严重的，给予开除党籍处分。

第一百四十六条　以暴力、威胁或者其他手段，妨碍党和国家工作人员依法执行公务的，给予严重警告或者撤销党内职务处分；情节严重的，给予留党察看或者开除党籍处分。

第一百四十七条　盗伐、滥伐森林或者其他林木，或者破坏国家的动物、植物资源的，给予警告或者严重警告处分；情节严重的，给予撤销党内职务、留党察看或者开除党籍处分。

第一百四十八条　非法占用、买卖或者以其他形式非法转让土地，情节较重的，给予警告或者严重警告处分；情节严重的，给予撤销党内职务、留党察看或者开除党籍处分。

第一百四十九条　擅自进入国家规划矿区以及对国民经济具有重要价值的矿区采矿，破坏矿产资源的，给予警告或者严重警告处分；情节严重的，给予撤销党内职务、留党察看或者开除党籍处分。

第一百五十条　生产、销售假劣药品、有害食品，危害人民健康的，给予撤销党内职务或者留党察看处分；情节严重的，给予开除党籍处分。

生产、销售其他伪劣商品，损害消费者利益，危害社会的，给予警告或者严重警告处分；情节较重的，给予撤销党内职务或者留党察看处分；情节严重的，给予开除党籍处分。

第一百五十一条　破坏生产、交通、工作、营业、教学、科研秩序的，对煽动者、组织者给予开除党籍处分。对其他参加者，情节较轻的，给予警告或者严重警告处分，其中认真检讨并有悔改表现的，可免予处分；情节严重的，给予撤销党内职务、留党察看或者开除党籍处分。

第一百五十二条　抢夺、盗窃、窝藏、倒卖枪支、弹药、军用和警用武器装备或者私自制造枪支、弹药的，给予开除党籍处分。

第一百五十三条　在户籍工作中违反规定，利用职权或者弄虚作假，为配偶、子女及其他人谋利益的，给予警告或者严重警告处分；情节严重的，给予撤销党内职务或者留党察看处分。

第一百五十四条　伪造户口，伪造、变造身份证、护照或者出卖户口、身份证、护照的，给予开除党籍处分。

第一百五十五条　抢夺国家机关、企业事业单位、人民团体公文、证件、印章的，给予开除党籍处分。

伪造、变造、盗窃、毁灭国家机关、企业事业单位、人民团体公文、证件、印章的，给予严重警告或者撤销党内职务处分；情节较重的，给予留党察看或者开除党籍处分。

第一百五十六条　被犯罪分子蒙骗，丧失原则，为犯罪分子的犯罪活动提供方便条件的，给予警告或者严重警告处分；情节严重的，给予撤销党内职务或者留党察看处分。

第一百五十七条　包庇犯罪分子，情节较轻的，给予严重警告或者撤销党内职务处分；情节较重的，给予留党察看或者开除党籍处分；情节严重的，给予开除党籍处分。

包庇犯有严重错误应受党纪、政纪处分人员的，给予警告或者严重警告处分；情节严重的，给予撤销党内职务处分。

第一百五十八条　驻外机构或者临时出国、出境团(组)中的共产党员，触犯驻在国家、地区法律、法令，或者不尊重驻在国家、地区宗教习俗，造成不良影响，损害我国利益的，给予警告或者严重警告处分；情节严重的，给予撤销党内职务处分。

第一百五十九条　偷越国(边)境的，给予开除党籍处分。

第一百六十条　在社会管理方面有其他违法行为，情节较重的，给予警告或者严重警告处分；情节严重的，给予撤销党内职务、留党察看或者开除党籍处分。

第三编　附　则

第十三章 有关问题的解释及其他规定

第一百六十一条　党组织的领导成员集体作出错误决定或者采取错误行动，违犯党的纪律，属于故意违纪的，按共同违纪处理；属于过失违纪的，按照党员干部在集体违纪中所起的作用和应负的责任分别给予党纪处分。

对于严重违犯党的纪律，本身不能纠正的党组织，除对其中负有责任人员予以追究外，还要根据不同情况，给予党组织改组或者解散处分。

第一百六十二条　违纪党员在党组织未作出处分决定前死亡，或者在死亡之后发现其曾犯有严重错误的，对于应受到开除党籍处分的，应当开除；对于应当受到留党察看以下(含留党察看)处分的，应作出书面结论，不再给予党纪处分。

第一百六十三条　失职错误，是指在党和国家的各级机关、军队、人民团体、国有企业、国有资产占控股地位或者主导地位的公司、集体所有制企业、事业单位中的共产党员，由于严重不负责任，不履行或者不正确履行自己的工作职责，致使国家、集体和人民利益遭受损失的行为。

第一百六十四条　有关责任人员的区分：

(一)直接责任者，是指在其职责范围内，不履行或者不正确履行自己的职责，对造成的损失起决定性作用的党员。

(二)主要领导责任者，是指在其职责范围内，对直接主管的工作不负责任，不履行或者不正确履行职责，对造成的损失负直接领导责任的党员。

(三)重要领导责任者，是指在其职责范围内，对应管的工作或者参与决定的工作，不履行或者不正确履行职责，对造成的损失负次要领导责任的党员。

第一百六十五条　直接经济损失，是指与直接责任者的行为有直接关系而造成财产毁损的实际价值。由直接经济损失引起和牵连的其他损失是间接经济损失。计算经济损失主要计算直接经济损失。

直接经济损失数额，是指到立案时为止的实际损失数额。通过办案挽回的经济损失部分仍计算为直接经济损失，在量纪时可作为从轻的情节考虑。

第一百六十六条　本条例所称的主动交代，是指犯错误党员在组织初核前向有关组织交代自己的问题，或者在组织检查其问题期间交代组织未掌握的问题。

第一百六十七条　本条例所称的情节显著轻微、情节较轻、情节较重、情节严重以及较大损失、重大损失、巨大损失的标准，另作具体规定。

第一百六十八条　对于违犯纪律的党员实施违纪行为所获得的经济利益，应当责令退赔或者收缴；非经济利

益应当予以取消或者纠正。

第一百六十九条　党员违犯纪律需要给予行政处分的，党的组织和纪律检查机关可以提出建议；触犯刑律的，应当移送司法机关。

第一百七十条中央军委可根据本条例，结合中国人民解放军的实际情况，制定补充规定。

第一百七十一条本条例由中共中央纪律检查委员会负责解释。

第一百七十二条本条例自发布之日起试行。

本条例发布前，已结案的案件如需进行复查复议，适用原处理时的规定和政策；尚未结案的案件，依照本条例处理。

中国共产党党员领导干部廉洁从政若干准则(试行)

(1997年3月29日)

执政党的党风关系党的生死存亡。党员领导干部廉洁从政是新时期从严治党、端正党风的重要前提,是贯彻落实党的路线、方针、政策,促进改革开放和经济建设,维护政治、社会稳定的重要保证。保证党员领导干部廉洁从政,要立足于教育,着眼于防范,筑起思想道德防线。党员领导干部必须在党员和人民群众中发挥表率作用,自重、自省、自警、自励;必须坚定共产主义信念,身体力行共产主义道路;必须清正廉洁,艰苦奋斗,全心全意为人民服务。

为进一步促进党员领导干部廉洁从政,根据《中国共产党章程》,结合近几年中央作出的领导干部廉洁自律的若干规定,制定《中国共产党党员领导干部廉洁从政若干准则(试行)》。

第一章　廉洁从政行为规范

第一条　党员领导干部要廉洁奉公,忠于职守。禁止利用职权和职务上的影响谋取不正当利益。不准有下列行为:

(一)索取管理、服务对象的钱物;

(二)接受可能影响公正执行公务的礼物馈赠和宴请;

(三)在公务活动中接受礼金和各种有价证券;

(四)接受下属单位和其他企业、事业单位或者个人赠送的信用卡及其他支付凭证;

(五)以虚报、谎报等手段获取荣誉、职称及其他利益;

(六)用公款公物操作婚丧喜庆事宜和借机敛财。

第二条　党员领导干部要严防商品交换原则侵入党的政治生活和国家机关的政务活动。禁止私自从事营利活动。不准有下列行为:

(一)个人经商、办企业;

(二)违反规定在经济实体中兼职或者兼职取酬,以及从事有偿中介活动;

(三)违反规定买卖股票;

(四)个人在国(境)外注册公司或者投资入股。

第三条　党员领导干部要遵守公共财物管理和使用的规定。禁止假公济私、化公为私。不准有下列行为:

(一)用公款报销或者用本单位的信用卡支付应由个人负担的费用;

(二)借用公款逾期不还;

(三)公费出国(境)旅游或者变相出国(境)旅游;

(四)用公款参与高消费娱乐活动和获取各种形式的俱乐部会员资格;

(五)以个人名义存储公款。

第四条　党员领导干部要遵守组织人事纪律,严格按照干部选拔任用工作的制度办事。禁止借选拔任用干部之机谋取私利。不准有下列行为:

(一)采取不正当手段为本人谋取职位;

(二)泄露酝酿讨论干部任免的情况;

(三)在工作调动、机构变动时,突击提拔干部,或者在调离后干预原地区、原单位的干部选拔任用;

(四)在干部考察工作中隐瞒或者歪曲事实真相;

(五)在干部选拔任用工作中封官许愿,打击报复,营私舞弊。

第五条　党员领导干部对涉及与配偶、子女、其他亲友及身边工作人员有利害关系的事项,应当奉公守法。禁止利用职权和职务上的影响为亲友及身边工作人员谋取利益。不准有下列行为:

(一)要求或者指使提拔配偶、子女、其他亲友及身边工作人员;

(二)用公款支付配偶、子女及其他亲友学习、培训的费用;

(三)为配偶、子女及其他亲友出国(境)旅游、探亲、留学向国(境)外个人或者组织索取资助;

(四)妨碍涉及配偶、子女、其他亲友及身边工作人员案件的调查处理;

(五)为配偶、子女及其他亲友经商、办企业提供便利和优惠条件。

省(部)级以上领导干部的配偶、子女及其配偶,不准在该领导干部管辖的地区及管辖的业务范围个人经商办企业和在外商独资企业任职。

第六条　党员领导干部要艰苦奋斗,勤俭节约。禁

止讲排场、比阔气、挥霍公款、铺张浪费。不准有下列行为：

(一)在国内公务活动中接受超过规定标准的接待；

(二)违反规定用公款装修、购买住房；

(三)擅自用公款包租或者占用客房供个人使用；

(四)违反规定配备、使用小汽车；

(五)擅自用公款配备、使用通信工具。

第二章　实施与监督

第七条　各级党委(党组)负责本准则的贯彻实施。党员领导干部要以身作则，模范遵守本准则，同时抓好主管地区、部门和单位的贯彻实施。

党的纪律检查机关协助同级党委(党组)抓好本准则的落实，并负责对实施情况进行监督检查。

第八条　贯彻实施本准则，要发挥民主党派、人民团体、人民群众和新闻舆论的监督作用。

第九条　党员领导干部参加民主生活会，要对照本准则进行检查，认真开展批评和自我批评。

第十条　党员领导干部组织实施和执行本准则的情况，应列入干部考核的重要内容，考核结果作为其任免、奖惩的重要依据。

第十一条　党员领导干部违反本准则的，依照有关规定给予批评教育、组织处理或者纪律处分。

第三章　附　则

第十二条　本准则适用于党的机关、人大机关、行政机关、政协机关、审判机关、检察机关中县(处)级以上党员领导干部；人民团体、事业单位中相当于县(处)级以上党员领导干部；国有大型、特大型企业中层以上党员领导干部，国有中型企业党员领导干部，实行公司制的大中型企业中由国有股权代表出任或者由国有投资主体委派(包括招聘)的党员领导干部、选举产生并经主管部门批准的党员领导干部、企业党组织的领导干部。

县(市)直属机关的科级党员领导干部，乡(镇)党员领导干部，基层站所的党员负责人参照执行本准则。

第十三条　本准则由中共中央纪律检查委员会负责解释。

第十四条　本准则自发布之日起施行。

关于党政机关厉行节约制止奢侈浪费行为的若干规定

（1997年5月25日）

坚持和发扬艰苦奋斗、勤俭节约的优良传统和作风，对于加强党和政府同人民群众的血肉联系，促进党政机关的廉政建设，推动我国改革开放和社会主义现代化建设事业的顺利进行，具有十分重要的意义。近年来，党中央、国务院多次强调，各级党政机关都要厉行节约，反对奢侈浪费，并就此作出过一系列规定。总的看，这些规定的执行情况是好的。但是，讲排场、比阔气、挥霍公款等奢侈浪费现象仍然存在，在有的地区、部门和单位还呈蔓延之势。为了树立艰苦奋斗、勤俭节约的良好风气，进一步制止奢侈浪费行为，党中央、国务院决定重申和制定如下规定：

一、严格控制新建和装修办公楼。党政机关现有办公楼已达到规定建筑面积指标的，不准改扩建、新建或购买办公楼。现有办公楼未达到规定建筑面积指标的，从1997年起三年内原则上不准新建或购买办公楼；因危房或新增机构办公用房等确有必要新建或购买办公楼的，须按国务院发布的《楼堂馆所建设管理暂行条例》中的规定程序报批。经批准新建或购买办公楼的，要严格执行规定标准。新建或购买办公楼不准贷款或挪用其他资金。贫困地区的党政机关一律不准新建或购买办公楼。党政机关不得以建业务楼等名义新建办公楼。除正常维修外，现有办公楼从1997年起三年内不准进行装修。正常维修不得提高原装修标准。

本规定颁布前已立项尚未动工兴建的办公楼，一律暂停，经重新审查后，根据不同情况作出处理；已经动工的，应严格按规定的建筑标准施工。

党政机关新建的已达到规定建筑面积指标的办公楼投入使用后，应及时交出超面积标准的旧办公楼供调剂使用。

二、严格控制各种会议。党政机关召开会议要坚持务实、节俭、高效的原则，既无明确目的又无实质内容的会议或可开可不开的会议，一律不开。确有必要召开的会议，应严格控制数量、会期和参加会议的人数。要严格控制各种类型的纪念会、研讨会、表彰会、新闻发布会等。要建立健全会议审批制度。党政机关召开的各类会议，不准赠送礼品和纪念品，不准组织高消费娱乐活动，不准以开会为名游山玩水，不准向企业事业单位摊派会议费。要提倡就地开会，提倡开电话会议。要逐步建立和推行会议费预算总额包干制度。1997年会议经费的实际支出应比上年至少压缩百分之十。要减少对会议的新闻报道。

三、严格控制各种庆典活动。党政机关除经上级批准举办有特殊重大意义的庆典活动外，一律不准举办其他庆典活动。凡举办全国性的庆典活动，须经中共中央办公厅或国务院办公厅审批，必要时报党中央或国务院审批；地方性的庆典活动，须经省、自治区、直辖市党委或政府审批，必要时报党中央、国务院审批。要本着节俭的原则严格控制庆典活动的规模和开支。庆典活动不准发放礼品和贵重纪念品，不准向企业事业单位摊派各种费用。

党政机关领导干部参加庆典活动要由负责安排领导干部活动的部门统一安排，不准擅自应邀参加庆典活动；举办庆典活动的部门对参加庆典活动的人数要严格控制。

四、严格用公款大吃大喝、挥霍浪费。党政机关召开会议和公务接待要严格执行食宿接待标准，不准超标准招待。各地区、各部门制定的接待标准应当公开。有关部门必须严格执行接待制度，加强管理和监督。不准到上级领导机关所在地宴请领导机关工作人员，不准利用各种学习、培训之机互相宴请，不准参加用公款支付的高消费娱乐活动。对违反规定的要严肃处理，情节严重的还要公开曝光。

五、严格控制用公款安装住宅电话或购买移动电话。党政机关要严格按规定安装住宅电话，住宅电话费实行对个人规定限额、超额自负的制度。党政机关工作人员除工作特殊需要并经部门主管领导批准外，不准配备移动电话；不准占用企业事业单位和其他单位的移动电话。对现已配备和占用的移动电话以及用公款安装的住宅电话，要认真清理，登记注册，对违反规定的一律收缴，并责令补交公款支付的一切费用。

六、严格控制各种检查，禁止形式主义的评比和达标活动。除按法律、法规规定和经党中央、国务院批准外，

不准举办全国性或行业性的企业评比活动。经批准举办的活动，不准向被检查、评比、达标单位和个人收费或变相收费，不准借检查、评比、达标活动之机大吃大喝和敛财。

七、严格按规定配备和更换小汽车。党政机关领导干部在任同一职务期间配备的小汽车，五年之内不准更换。使用五年以上，能够使用的要继续使用；按照国家汽车报废更新标准，可申请更换。有关主管部门要从严审批。领导干部变动工作岗位，能在现有车辆中配备小汽车的，不准配备新车。

党政机关工作人员不得以任何理由私自借用下级机关或企业事业单位的车辆，对现已借用的车辆要一律清退。

八、严格管理公费出国（境）。严禁借考察、学习、培训、研讨、招商、参展等名义用公款变相出国（境）旅游，不准违反规定跨地区、跨部门组织出国（境）活动，不得以任何理由擅自增加访问国家、绕道或延长在国（境）外停留时间。党政机关要严格控制领导干部出访，一般性考察和没有明确目的及实质内容的出国（境）活动要坚决制止。地方党政机关的领导干部一般不得单独组团出国（境）进行立法、司法、财税等领域的考察和交流。党政机关的省（部）级领导干部，未经党中央和国务院批准，不得在国（境）外主持和参加经贸洽谈会、展销会、招商会等经贸活动，不得出国（境）进行股票发行的推介活动，不得参加企业事业单位团组出国（境）。

九、各级党委、政府要认真贯彻执行本规定。对广大党员干部和机关工作人员，要经常进行艰苦奋斗、勤俭节约的教育。各级纪检监察机关要协助党委、政府贯彻落实本规定，并对规定的执行情况进行监督检查。有关业务主管部门应根据本规定精神制定实施细则、建立健全管理制度，严格审批，严格把关。财政、金融、审计等部门对本规定中涉及经费开支的项目要严格管理和监督。各级宣传部门要抓好本规定贯彻落实的宣传报道，积极发挥舆论监督作用。对违反本规定的党政机关，同级财政部门要相应核减其预算经费。对违反本规定的单位和个人，要视情节轻重追究直接责任人的责任和有关领导的责任，直至给予党纪政纪处分。

十、本规定所称党政机关，是指党的机关、人大机关、行政机关、政协机关、审判机关、检察机关。工会、共青团、妇联等各人民团体适用本规定。国有企业事业单位参照执行本规定。

共产党员要站在时代前列　充分发挥先锋模范作用

——在纪念中国共产党成立76周年座谈会上的讲话

（1997年6月20日）

胡锦涛

同志们：

7月1日是我们党的生日。今年的这一天，我国政府将恢复对香港行使主权。不久，我们党还将召开第十五次全国代表大会。这两件举世瞩目的大事，极大地激发着全国各族人民的爱国热情，振奋着全党面向新世纪全面建设有中国特色社会主义事业的历史责任感和奋斗精神。在这样的形势下，中央组织部今天召开座谈会，纪念中国共产党成立76周年，表彰优秀党员，是很有意义的。在今天的会议上被授予优秀共产党员称号的王启民等18位同志，来自企业、农村、科研、教育、卫生、政法等各条战线，大家在各自的岗位上坚决贯彻党的路线方针政策，努力实践党的全心全意为人民服务的宗旨，开拓进取，扎实工作，做出了优异成绩，得到党组织的充分肯定，深受广大群众的衷心爱戴。在同志们身上，体现了新时期共产党员的优良品质和时代风范，值得广大党员很好地学习。我代表党中央，向受到表彰的优秀共产党员表示热烈的祝贺。

中国共产党从诞生到现在，已经走过了76年光辉的历程。76年来，我们党从小到大，从弱到强，历经艰难险阻，领导中国人民取得了新民主主义革命的彻底胜利，取得了社会主义革命和社会主义建设的辉煌业绩，特别是近20年来又取得了社会主义改革开放和现代化建设的伟大成就。历史和现实充分证明，我们党是善于把马克思主义基本原理同中国具体实际相结合，在实践中丰富和发展马克思主义的党；是继承中华民族优良传统，富有创造精神，不断开拓进取的党；是重视总结历史经验，经得起各种考验，勇于从困难和挫折中重新奋起的党；是始终放眼未来、脚踏实地为实现国家和民族的根本利益奋斗不息的党。我们党完全能够领导各族人民，把中国建设成为富强、民主、文明的社会主义现代化国家。回顾历史，还可以清楚地看到，我们党之所以坚强有力，党领导的事业之所以能够不断胜利前进，不仅在于党坚持以马克思主义为指导，深刻认识历史发展的客观规律，制定和执行顺应时代潮流、符合本国国情、代表人民利益的正确路线，而且在于我们党作为工人阶级的先锋队，集中了中华民族众多的先进分子，在领导革命、建设和改革中不断加强自身建设，发挥了党员的先锋模范作用。

从现在起到21世纪前10年，是我国全面完成社会主义现代化建设第二步战略目标、向第三步战略目标迈进的重要时期。摆在全党全国人民面前的历史任务，就是高举邓小平建设有中国特色社会主义理论伟大旗帜，抓住机遇，开拓进取，把改革开放和现代化事业全面推向新世纪，最近，江泽民同志在中央党校省部级干部进修班毕业典礼上的重要讲话，进一步表明了党中央在世纪之交带领全党和全国人民继往开来，坚定地沿着邓小平同志开创的建设有中国特色社会主义道路胜利前进的决心。在实践跨世纪宏伟目标的征程中，我们党肩负着光荣而又艰巨的领导重任。紧密结合新的形势和任务，加强和改善党的领导，继续全面推进党的建设这一伟大工程，充分发挥党组织的核心领导作用和党员的先锋模范作用，是进一步凝聚全国各族人民的力量共创美好未来的迫切要求，是完成伟大使命的根本保证。全党同志都要认清形势，明确任务，增强使命感和责任感，努力锻炼自己、提高自己，更加自觉地团结带领广大群众为实现党的任务而奋斗。

下面，我主要就共产党员要在新的历史时期坚定地站在时代前列，发挥先锋模范作用问题，讲几点意见。

一、新形势新任务迫切要求提高党员队伍素质，充分发挥党员的先锋模范作用

中国共产党是领导建设有中国特色社会主义事业的核心力量。党的十四届四中全会明确指出，在当代世界风云变幻的条件下，在当代中国改革开放和现代化建设的伟大变革中，要把我们党建设成为用建设有中国特色社会主义理论武装起来、全心全意为人民服务、思想上政治上组织上完全巩固、能够经受住各种风险、始终走在时代前列的马克思主义政党。这是新时期党的建设的总目标，也对共产党员发挥先锋模范作用提出了更高要求。我们党是一个统一的整体，党员是党的肌体中的细胞。切实提高党员队伍的整体素质，充分发挥先锋模范作用的党员越多，党的凝聚力和战斗力就越强，党的核心领导作用就会实现得越好。

党的十四大以来的五年，是我们党把改革开放和现代化建设推进到历史新阶段的五年，是全党全国人民团结奋斗，我国经济建设和各项事业不断发展并取得重大成就的五年。当前，我国物质文明建设、精神文明建设和民主法制建设的任务很重。按照中央的总体部署，各项工作正在展开。在迈向新世纪的征程中，尽管面临着激烈的国际竞争，面临着国际霸权主义与强权政治的压力；我们的改革和建设，在前进中还面临着不少困难和问题，但重要的是，我们面对着前所未有的历史机遇，拥有许多发展的有利条件。特别是我们有邓小平建设有中国特色社会主义理论和党的基本路线的正确指导，有以江泽民同志为核心的党中央的坚强领导，有建国以来尤其是改革开放以来创造的较好物质基础。只要我们把党的自身建设进一步搞好，使广大党员的素质有一个新的提高，党员的先锋模范作用能够充分发挥，党同人民群众的关系更加密切，就能调动一切积极因素，团结一切可以团结的力量，使各项工作取得更大的成就，使中国跨越世纪的发展搞得更好更快。

提高党员素质，充分发挥先锋模范作用，也是加强和改进党员队伍建设的迫切要求。党的十一届三中全会以来，随着我们党的事业蓬勃发展，党员队伍发展壮大，已经达到5800多万人。其中近20年内入党的，占总数一半以上。改革开放和现代化建设是我们党领导的一场新的伟大革命，它使我们国家发出新的生机，使我们党增添了强大活力，为广大党员充分发挥作用提供了新的广阔舞台。同时也要清醒地看到，随着改革开放的深入发展、社会主义市场经济体制的逐步建立，共产党员所处的环境和条件与过去相比发生了很大变化。特别是在所有制结构和利益格局的调整中，经济、社会生活出现了许多未曾遇到的新情况。这些都对共产党员在新形势下保持先进性、发挥好先锋模范作用提出了新的要求，也使共产党员的党性面临着新的考验。我国近20年来改革开放和现代化建设的伟大成就，是同广大共产党员的努力奋斗、积极奉献密不可分的，实践证明我们的党员队伍主流是好的，大多数党员是能够发挥先锋模范作用的。孔繁森、张鸣岐、李国安、吴天祥、陈金水、吴金印、王启民等一大批深受群众爱戴的好党员、好干部，就是新时期优秀共产党员的突出代表。但在党员队伍中，也确有相当一部分同志的素质程度不同地不适应形势、任务和环境变化的要求，有少数人经受不住新的历史性变革的考验，丧失了先进性，有的甚至蜕化变质，走向党和人民的对立面。我们必须正视存在的问题，把大力提高党员队伍素质摆到加强党的建设的重要工作日程上来，把保持共产党人的先进性、充分发挥先锋模范作用的任务鲜明地提到全党面前。邓小平同志指出："党要管党，一管党员，二管干部"。干部是关键，党员是基础。加强党的建设，既要抓住干部队伍建设这个关键，也要抓住党员队伍建设这个基础，使这两方面工作紧密结合，相互促进。

二、共产党员要用实际行动保持先进性，站在伟大时代前列，发挥先锋模范作用

始终保持工人阶级先锋队性质，这是我们党在国家政治生活中处于领导核心地位的一个基本条件。我们党的先进性，体现在党的纲领宗旨、理论路线、方针政策中，体现在各级党组织的全部活动，也体现在共产党员发挥先锋模范作用的行动中。每个共产党员从入党那一天起，就应当时刻牢记自己是工人阶级先锋队战士，自觉按照党章的要求去学习、去工作、去生活。共产党员不同于普通群众的地方，主要就在这里。

新时期共产党员的先锋模范作用，应当具有鲜明的时代特征。作为共产党人，既要把握人类社会历史发展的总趋势，胸怀共产主义远大理想，又要立足中国处于社会主义初级阶段的实际，尽心竭力地为建设有中国特色社会主义伟大事业而奋斗。忘记或动摇了共产主义理想，不可能成为合格的共产党员；不积极贯彻执行党在现阶段的方针政策，自觉献身于社会主义改革开放和现代化建设，也不可能成为合格的共产党员。我们党的党章对共产党员的义务和权利的规定，是党员标准的具体化，体现了新时期共产党员的先进性，集中反映了我们党对广大党员站在伟大时代前列、发挥先锋模范作用的要求。全体党员都应当无条件地付诸实践。

第一，必须高举邓小平建设有中国特色社会主义理论的伟大旗帜，坚定不移地走有中国特色社会主义道路。对于我们这样一个执政的，又处在承前启后、继往开来时期的党来说，举什么旗帜，特别重要。江泽民同志指出：旗帜就是方向，旗帜就是形象。我们说坚持党的十一届三中全会以来的路线不动摇，就是高举邓小平建设有中国特色社会主义理论的旗帜不动摇。这是一个意义十分重大而深远的科学论断。邓小平建设有中国特色社会主义理论作为马克思主义同当代中国实践和时代特征相结合的产物，是毛泽东思想在新的历史条件下的继承和发展，是当代中国的马克思主义，是马克思主义在中国发展的新阶段，是中国共产党的指导思想和中华民族的精神支柱。这个理论坚持解放思想、实事求是，在新的实践基础上继承前人又突破陈规，开拓了马克思主义的新境界，把对科学社会主义的认识提高到了新的水平，形成了新的科学体系。从历史经验的深切体验中，从近20年来我国改革开放成功实践的深切体验中，从对世界社会主义运动的观察和一些社会主义国家及其执政党盛衰兴亡的对比分析中，我们可以得出一个明确的结论，就是：邓小平建设有中国特色社会主义理论，是指导中国人民在改革开放中胜利实现社会主义现代化的唯一正确的理论；

只有走建设有中国特色社会主义的道路，才能实现国家富强、民族振兴和人民幸福。马克思列宁主义、毛泽东思想、邓小平建设有中国特色社会主义理论，是一个统一的科学体系。在当代中国，坚持邓小平建设有中国特色社会主义理论，就是真正坚持马克思列宁主义、毛泽东思想、邓小平建设有中国特色社会主义理论，是一个统一的科学体系。在当代中国，坚持邓小平建设有中国特色社会主义理论，就是真正坚持马克思列宁主义、毛泽东思想。只有坚持邓小平建设有中国特色社会主义理论，才能真正坚持“一个中心，两个基本点”的基本路线，才能解决好改革开放和现代化建设进程中的各种矛盾和问题，才能保证我国的社会主义事业沿着正确的道路前进。全党高举邓小平建设有中国特色社会主义理论的伟大旗帜，是历史发展的必然要求，是国家民族的根本利益，是我们党更加坚强有力、党领导的事业更加兴旺发达的根本保证。

一个合格的共产党员，应当是坚定地站在时代前列，在错综复杂的斗争中保持政治上的清醒，在推动生产力解放和社会全面进步的实践中发挥先锋模范作用的先进分子。在新时期要做到这些，首要的根本的条件，就是必须用邓小平建设有中国特色社会主义理论武装自己。党的十四大以来，这方面工作取得了明显效果，广大党员学理论、学党章的活动有了新的进展。但是必须看到，把科学理论变成全党的共同认识和指导实践的思想武器，是一项艰巨的任务，需要付出长期不懈的努力。要在我们党内努力创造一种认真学习的风气，民主讨论的风气，积极探索的风气，求真务实的风气。广大党员特别是领导干部，要增强学习理论的责任感和自觉性，发扬刻苦钻研的精神。马克思主义是科学真理，只有站在正确的立场上来学习它、掌握它，才能够真正学懂、学好。要认真学习邓小平建设有中国特色社会主义理论的基本观点和精神实质，学习邓小平同志观察、分析和解决问题的立场、观点、方法，坚持理论联系实际的原则，着眼于理论的运用，着眼于对实际问题特别是我们正在做的事情的理论思考，着眼于新的实践和新的发展。这样持之以恒，我们就能通过学习，提高解决改革和建设中各种实际问题的能力，提高政治敏锐性和政治鉴别力，牢固树立正确的世界观、人生观、价值观，在前进道路上，保持头脑清醒，排除各种干扰，坚持党的基本理论和基本路线不动摇，真正成为思想上、政治上、行动上的先进分子。

第二，必须站在社会主义改革开放和现代化建设的前列，努力创造无愧于共产党员称号的业绩。建设有中国特色社会主义的事业，是一项伟大的创造性事业，是需要众多的先进分子带动亿万群众顽强拼搏才能完成的事业。新时期共产党员的先锋模范作用，应当集中体现在带头参加改革开放和现代化建设，带动群众为经济发展和社会进步艰苦奋斗。经济建设是我们党的中心工作，抓住机遇，发展经济，是解决中国一切问题的关键所在；改革开放是促进发展、克服困难的必由之路；保持稳定是搞好改革和发展的前提，这一切都需要全体共产党员在群众中发挥先锋模范作用，才能把事情办好。我们每一个党员，大都在一定的岗位上承担一定的任务，这些看来平凡的工作和任务，都是同党在现阶段的奋斗目标和整个党的事业紧密联系在一起的。一个党员的先锋模范作用发挥得怎么样，经常的是反映在本职工作上。我们说共产党员要站在改革开放和现代化建设的前列，很重要的一条，就是要爱岗敬业，勤奋学习，开拓进取，埋头苦干，为周围的群众作出表率，努力创造出一流的工作业绩。在深化改革、建立社会主义市场经济体制中，要胸怀全国大局，坚决贯彻党的路线方针政策，勇于实践，大胆探索，正确处理国家、集体、个人三者之间的利益关系，团结和引导群众推动改革深入发展。在遇到困难时，不悲观失望，不怨天尤人，而是同群众一起，迎难而上，群策群力，分析困难，积极克服困难。在面对错误思潮干扰时，要明辨是非，立场坚定，旗帜鲜明。在危急时刻，要不怕艰险，挺身而出，冲锋在前，自觉维护国家、人民和集体的利益。总之，共产党员发挥先锋模范作用，不是空洞的口号，而是实实在在的行动要求。各行各业，各条战线的共产党员都在各自的岗位上出色地完成任务，做出显著成绩，就会成为一种巨大的带动和鼓舞力量，影响和激励广大群众，共同推动改革开放和现代化建设事业向前发展。

第三，必须认真实践全心全意为人民服务的宗旨，密切联系群众。这始终是我们党保持工人阶级先锋队性质，党的组织增强凝聚力和战斗力，共产党员保持先进性的一个根本问题。无论我们党所处的环境发生什么样的变化，党的全心全意为人民服务的宗旨决不能变，群众观点、群众路线决不能丢，相信和依靠群众、虚心向群众学习、尊重群众的创造、倾听群众的呼声、与群众同甘共苦等优良传统决不能忘。党的十一届三中全会以来，我们党提出建设有中国特色社会主义的奋斗目标，制定正确的路线和方针政策，把有利于发展社会主义社会的生产力、有利于增强社会主义国家的综合国力、有利于提高人民的生活水平作为全部工作的出发点和归宿，体现了人民群众的根本利益。改革开放和现代化建设开辟了中国人民的新生活，广大人民群众实实在在地得到了共同奋斗的成果，所以人民拥护我们党，党同人民群众的关系总的是好的。但是，少数党员特别是有些领导干部，程度不同地滋长了官僚主义、形式主义等脱离群众的不良作风。他们高高在上，脱离实际；工作消极，追名逐利；贪图安逸，害怕艰苦；弄虚作假，欺上瞒下；不执行党的方针政策，不为基层服务，不为群众办事；有的甚至滥用职权，欺压群众，无视党纪国法。对这类现象的严重性和造成的

危害，绝不可低估，一定要高度重视，坚决加以克服。这样，我们党才能保证同群众的血肉联系，才能在新时期获得新的强大的力量源泉，党领导的社会主义现代化事业才能无往而不胜，我们的国家才能经受住各种困难和风险的考验，实现长治久安。

共产党员如何对待群众，是一个根本立场问题、世界观问题、党性问题。人民群众为实现自身利益而奋斗，需要有先进分子的引导，然而，先进分子只有始终扎根于群众之中，不断吸取营养和智慧，真正代表和坚决维护群众的利益，具有奉献精神，才能取得群众信任，发挥引导群众前进的作用。否则，就会失去自己活动的根基，就不是合格的先锋队战士。正在向新世纪全面推进的建设有中国特色社会主义的事业，是我们党在新时期服务于人民的伟大事业，是人民自己的事业。如果离开了人民，我们将一事无成。全党同志务必牢固树立马克思主义的群众观点，掌握党的群众路线，始终保持同群众的密切联系，摆正自己在人民群众中的位置，老老实实向人民学习，全心全意为人民服务，时刻警惕不要犯脱离人民群众的错误，要坚决纠正一切高踞于群众之上，做官当老爷，不关心群众疾苦，不维护群众利益的违法乱纪行为；坚决制止一切不顾大局，在路线方针政策问题上自行其是，损害人民群众根本利益的错误做法。

第四，必须自觉抵制剥削阶级腐朽思想的侵蚀，带头弘扬社会主义道德风尚。我国是封建社会历史很长的国家，封建主义和其他剥削阶级腐朽思想的影响将长期存在。由计划经济体制向社会主义市场经济体制转变，必然引起经济和社会生活的许多重大变化，而体制、法制、政策和管理制度的完善又需要一个较长的过程，在这个过程中消极腐败现象会乘机滋长。对外开放为我们吸收借鉴外部世界好的东西创造了有利条件，同时资本主义腐朽的东西也会乘隙而入。在这样的国内外环境中搞社会主义现代化建设，我们党面临着反对腐败的严重政治斗争。在这场复杂、艰巨、长期的斗争中，一切坚定的共产党员，都应当成为拒腐防变的先锋、反腐倡廉的模范，身体力行社会主义、共产主义思想道德，大力发扬爱国主义精神和艰苦奋斗精神，大兴艰苦朴素、勤俭节约之风，坚决抵制损人利己、唯利是图、奢侈挥霍等消极颓废之风，理直气壮地弘扬正气，坚决同各种腐败现象作斗争。我们党是执政党，许多党员手里都有一定的权力。能否坚持用权为民，反对以权谋私，杜绝权钱交易，是对担负一定领导责任的共产党员在新形势下能否保持思想上、政治上、作风上的先进性的严峻考验。大量事实表明，干部的职位和权力，很容易成为那些靠搞权钱交易、牟取暴利的人攻击的目标，拜金主义、享乐主义、个人主义以及阿谀奉承、吹吹拍拍等腐朽庸俗的思想习气，也会包围有一定地位和权力的干部。如果放松警惕，自己解除思想武装，那就迟早要出问题，甚至出大问题。各级党员领导干部务必保持高度警惕，牢记全心全意为人民服务的宗旨，正确对待名利、地位和权力，严以律己，防微杜渐，时时自重、自省、自警，以共产党人一心为公、无私无畏、光明磊落、驱邪除恶的浩然正气，坚决有力地抵制一切腐朽思想的侵蚀和金钱、物欲的诱惑。

三、各级党组织要加强对党员的教育管理，为党员充分发挥先锋模范作用创造条件

共产党员保持先进，发挥先进模范作用，要靠党员自身的努力，同时必须有党组织的正确引导和帮助。党的各级组织要按照工人阶级先锋队战士的标准，把加强党员队伍的教育管理作为一项经常性、基础性工作，认真抓起来。要坚持对党员严格要求，经常开展党的基本理论、基本路线、基本方针教育，党的基本知识教育，形势任务教育。正在进行的党员“学理论、学党章”活动，是一种好形式，要进一步抓出成效。在县以上领导干部中，要以“讲学习、讲政治、讲正气”为主要内容，结合实际情况，推动党性、党风教育的深入开展。要坚持正面引导为主，满腔热情、高度负责地关心爱护每一个党员，支持和保护为党、为人民、为社会主义现代化事业努力工作的每一个党员，及时发现和总结、宣传优秀共产党员的先进事迹和思想品德，努力在全党造成珍视共产党员的光荣称号，努力为党旗增光添彩，作名副其实的先进分子的浓厚风气。同时，要批评错误思想和行为，深入解剖一些反面典型，引起全党同志的警惕。

从严治党，是我们党加强自身建设的优良传统和宝贵经验，是增强党的凝聚力和战斗力、保持党的先进性和纯洁性的关键，也是帮助党员增强党性、不断进步的重要环节。在新的历史时期，我们党坚持从我国处于社会主义初级阶段的实际出发，制定和执行适合于生产力发展水平、适用于全体社会成员的政策，这是完全正确的，每个共产党员都应当模范贯彻执行。但是不能忘记，共产党员还要严格遵守和执行党章的规定，以党员标准严格要求自己，用党的纪律严格规范自己。那种把执行党在现阶段的经济和社会政策与共产党员遵守党章、按党的要求行事对立起来，认为在社会主义初级阶段可以降低共产党员的标准，可以淡化共产党员先锋模范作用的观点和做法，是不对的、在害的。坚持从严治党，首先就要用工人阶级先锋队战士的标准教育、管理党员，并把从严治党作为一条指导方针，贯穿到党的思想、组织、作风建设的各项工作中去。治党不严，降低对党员的要求，放松教育管理，组织涣散，纪律松弛，只会误党误国。哪里出现这类问题，哪里党组织就要负起责任，坚决加以纠正。要通过建立健全制度，保证做好发扬优秀分子等工作，进一步形成增强党组织的活力、提高党员队伍素质的有效

机制。从严治党，要从领导机关做起，对各级党员领导干部要严格要求、严格管理、严格监督，坚决防止和纠正对干部重提拔使用、轻监督管理的现象。要严格执行党的纪律，坚持在纪律面前人人平等。对于违反党纪国法的事，不论涉及到谁，都要坚决严肃处理。

建设有中国特色社会主义事业，是顺应时代潮流、合乎人民意愿的宏伟事业。历史把领导这个事业的重任赋予我们党。我们党完全有力量把正在蓬勃发展的伟大事业不断推向前进。让我们紧紧围绕在以江泽民同志为核心的党中央周围，高举邓小平建设有中国特色社会主义理论的伟大旗帜，密切联系贯彻执行党的基本路线的实践，继续全面推进党的建设这个新的伟大工程，为抓住机遇，深化改革，扩大开放，促进发展，保持稳定，推进我国的社会主义现代化建设，提供坚强的组织保证，以优异的成绩迎接党的十五大胜利召开！

学习理论　总结经验　研究工作

——在全国政协八届常委会第二十一次会议闭幕时的讲话

（1997年6月29日）

李瑞环

这次会议开得很好。开得好，主要是因为大家的努力；开得好，还因为会议的题目选得好。最初提出的题目叫总结经验，问我如何，我说很好。后来有的同志提出，总结经验需要提高认识，建议加上学习理论，学习邓小平同志和以江泽民同志为核心的党中央关于政协工作的论述，我说很好，之后又有的同志提出，总结的目的是为了把今后的工作搞得更好，建议加上研究和推进政协工作，我也说很好。我这样是不是随声附和，不是。在我看来，学习理论、总结经验、研究工作，它们是紧密相联的，在一定意义上讲是一码事。

我们历来强调学习理论。因为没有革命的理论就没有革命的运动，因为没有理论指导的实践是盲目的实践，还因为当前我们面临的问题，许多都涉及到理论问题。学习理论，当然要读书。要认真地读，刻苦地读，重点文章要反复地读，读原著，读相关的书籍，读报刊上的文章，学习理论，光读书不行，必须联系实际。离开联系实际，学习理论就失去了目的。为什么学习，不是为了摆样子、给人看。离开联系实际，学习理论就失去了动力。学习见不到实际效果，就很难有兴趣，有劲头。离开联系实际，学习理论也就失去了衡量的标准。学习的成绩如何，不是看背多少书，而是要看实际结果。毛主席讲，如果你能应用马克思列宁主义的观点，说明一个两个实际问题，那就要受到称赞，就算有了几分成绩。被你说明的问题越多，越普遍，越深刻，你的成绩就越大。大量事实证明，只有联系实际，才能真正学懂弄通。有些同志学习时喜欢查书，从这本书查到那本书，从这个词典查到那个词典。现在有一些争议，都引经据典，谁是这样说的，谁是那样说的。你说他引的不对，是断章取义，他说你引的不准，是歪曲原意，来回争，来回查。查书无可非议，是学习理论不可缺少的重要方法。我体会还有一种方法，就是到实际生活中去查一查。实际生活这本大“词典”最丰富、最准确、最生动、最易懂。我举一个例子，我们常说，马克思主义的最本质的东西，马克思的活的灵魂，就在于具体地分析具体的情况。什么是具体？列宁讲，具体之所以具体，表现为过程，表现为综合，表现为质的多样性。这话单从字面理解比较费劲，如果从生活中去理解就比较容易。比如，一块木头是什么？就是一块木头，这个回答并没错，但它还是什么？这就要看具体情况。拿它来做家具就是原料，拿它来烧火就是燃料，拿它来挑水就是工具，拿它来和坏人斗争就是武器，拿它来行凶打劫就是凶器，拿到法庭就是证据，但还是那块木头。这就是质的多样性。许多问题用列宁所说的那种最平凡、最常见、每天碰到无数次的小事去理解，用自己最熟悉的实际去理解，就比较容易弄清楚。只有联系实际，理论才是生动活泼的。我们讲马克思主义是活生生的，因为它的特点之一就是实践性，它最容易与实际相结合。实际是丰富的，不断发展、变化的，马克思主义同它一联结，就变成活生生的。僵化教条最主要的毛病是脱离实际，书本很熟，条条很多，不联系实际，有什么用处？毛主席说过，教条主义不如屎，人屎可以喂狗，狗屎可以肥田，教条主义既不能喂狗，也不能肥田。只有联系实际，学习才能长期坚持下去。我们现在都很忙，时间有限，事情很多，加上业余活动丰富多彩，要长期地不间断地坚持学习真不容易，结合实际学习可以较好地解决这个问题。因为，一方面，读书是学习，使用也是学习，而且是更重要的学习；另一方面，由于结合实际，读书的过程就成为研究实际的过程，工作的过程也就成为学习和应用理论的过程。由于工作实际的需要，迫使你研究理论，迫使你读书、查书。这样工作不间断，学习也就不间断。联系实际，有各种各样的实际，总结经验是最经常、最普遍、最重要的联系实际。经验已往的实际，而被实践检验过的实际，是人们亲身经历、印象深刻的实际。把理论与这种实际相联系、相结合，可以更容易、更准确、更深刻地理解理论。

我们一贯提倡总结经验。因为总结经验是由感性认识到理性认识的一个环节。实践可以产生理论，但必须经过总结这个环节。我们党的历史上两次大的飞跃都得益于总结经验。七大的总结奠定了新民主主义革命胜利的基础，十一届三中全会的总结开创了建设有中国特色社会主义的新局面，因为总结经验是推动工作的重要方法。任何一项工作要想不断地提高，必须坚持及时总结，发扬成绩，纠正错误，深化认识，作到吃一堑长一智，打一仗进一步。还因为总结经验是每个人提高与进步的有效

途径。我们周围有许多很好的同志，有的相互之间天赋相近，学历相同，经历相似，实干的劲头也差不多，但他们提高和进步的程度却相差很大，重要的原因就在于如何对待总结经验。提高快的人每做完一项工作，都要琢磨琢磨，总结一下，找出成功包括部分成功的原因，或失败包括部分失败的理由，做到不占糊涂便宜，不吃糊涂亏。提高慢的人说干就干，干完就散，不动脑、不总结，马马虎虎，稀里糊涂，知其然不知其所以然。总结经验有三个条件。第一个条件要有材料，材料要全，不能缺东少西；材料要准，不能虚假差错。材料不全不准不能加工出好的产品。第二个条件要有武器，也可以叫工具，没有工具没法加工。工具是什么？马克思主义理论就是工具。第三个条件要有加工的本事。有了材料、工具，没有手艺不行。同样的工具和材料，手艺不同制作出的产品一定不同。手艺怎么样？就得学，就得练。怎么学，怎么练？就得不断地使用工具加工材料，也就是不断地用马克思主义理论去加工实践中的材料，即不断地用马克思主义去总结工作。总结不是一种简单的事，不是编顺口溜，凑四六句，而是在马克思主义理论指导下，将丰富的材料加以去粗取精、去伪存真、由此及彼、由表及里的改造制作，经过艰苦思考、分析、综合、概括、抽象。科学的抽象不是主观臆造，而是更深刻、更正确、更完全地反映着自然。总结经验的整个过程就是理论与实际相结合的过程。总结经验要应用理论，学习理论要结合总结经验。

我们十分重视研究工作。因为人类与其他动物的区别，在于人有自觉的能动性，人们的重大活动、重要工作，都要通过认真的研究，形成一套构想和思路，形成判断、决心和部署。因为客观世界十分复杂，要正确地认识事物，抓住事物的本质，抓住事物的全体，抓住事物的内部联系，就不能凭主观想象，不能靠一时热情，而必须进行认真的研究。还因为“集中起来，坚持下去”是我们的领导方法，而研究工作正是实行这个方法的结合点。所谓研究，就是集思广益，把分散的、无系统的意见加以集中、条理，然后变成计划、部署，贯彻实行。郑重的、系统的研究工作，一是要找一帮合适的人，这些人应是了解情况和从事这方面工作的人，而不能只是编词作文的人。二是要有必要的材料，现在浮夸造假现象十分严重，要真正把情况搞得实在、明白，很不容易，但这是基础。三是要有正反两方面的经验，经验是人民群众实践的总结，重视经验、解剖典型是研究工作的重要方式，也是唯物论认识论的基本要求。四是要在理论指导下深入地思索，要不间断地思索，方方面面地思索，连贯起来思索。在这个过程中，理论、材料、经验分分合合，难解难分，各种设想、方案、景象不断闪现，浮相联翩，肯定、否定、修正对照比较，反复选择。所谓“一觉醒来，疑团顿解”，实际上是一夜未眠，冥思苦索。讲艰苦，这种头脑的加工最艰苦。思想上的艰苦，勤于和善于思考问题，是长期训练而形成的，头脑这个加工厂也需要不断更新和改造，使其能够适应不断发展变化的情况，加工出各种高水平的产品。我们有些同志只看到人家决策时的果断，而看不到人家事前所下的功夫；只看到人家处置问题的自如，而看不到人家平日长期的积累。世界上哪有这样的人，张口就说，说了就对；拿来就拍板，拍板就正确。某项工作干得不错，各方面反映很好，其实都经过了一个相当复杂乃至相当长时间的谋划研究过程。没有“十月怀胎”，哪能“一朝分娩”？我们现在有些部门、有些工作，第一缺乏研究，塌不下心来，舍不得时间，豁不出辛苦。第二研究的方法不对，对实际情况了解得不够，对典型经验重视得不够，特别是在理论指导下连贯起来思索不够。我们常讲：“为着领导，必须预见”，“运筹帷幄、决胜千里”，“不打无准备之仗”。所谓预见、运筹、准备，都是研究，都需要认真研究，研究工作是领导者和领导机关的基本工作方法。

归总起来说，学习理论、总结经验、研究工作有机结合，三位一体，是学习的方法、总结经验的方法，也是搞好工作的方法。我很相信这个方法，向大家推荐这个方法，希望各位自觉地运用这个方法。

关于对违反《党政领导干部选拔任用工作暂行条例》行为的处理规定

第一条　为加强对党政领导干部选拔任用工作的监督，严肃党的组织纪律，保证党的干部路线、方针、政策的贯彻执行，根据《中国共产党章程》和《党政领导干部选拔任用工作暂行条例》(以下简称《条例》)、《中国共产党纪律处分条例(试行)》，制定本规定。

第二条　违反《条例》规定，不按照党政领导干部选拔任用条件、任职资格、工作程序选拔任用干部和违反《条例》第四十七条所列纪律的，所作出的干部任免决定一律无效，由各级党委(党组)及组织(人事)部门或者同级党(党组)按照规定程序予以纠正。

第三条　以书记办公会、少数人研究或者圈阅等形式，代替党委(党组)会集体讨论决定干部任免，对主要责任者进行批评教育或者通报批评，情节较重的，给予警告处分。

第四条　临时提议决定干部任免的，对提议者给予批评教育，对负责人给予批评教育或者通报批评，情节严重的，给予警告处分。

第五条　党委(党组)领导成员个人决定干部任免的，或者个人改变党委(党组)会集体作出的干部任免决定的，对主要责任者给予通报批评；情节较重的，给予警告或者严重警告处分；情节严重的，给予撤销党内职务处分。

第六条　部门和单位不执行上级派进、调出干部决定的，对该部门、单位的主要负责人给予批评教育或者通报批评，并责令执行；经批评教育或者通报批评仍不执行的，给予警告或者严重警告处分；情节严重的，给予撤销党内职务处分。

干部本人不服从组织调动和交流决定的，给予批评教育或者通报批评；情节较重的，给予警告或者严重警告处分，并按照程序就地免职或者降职使用；情节严重的，给予撤销党内职务处分。

第七条　领导干部违反《条例》有关规定，提拔本人配偶、子女及其他亲属的，给予通报批评；情节较重的，给予警告或者严重警告处分；情节严重的，给予撤销党内职务处分。

领导干部不按照党政领导干部选拔任用条件、任职资格和工作程序，指令或者指使提拔本人的秘书等身边工作人员的，给予批评教育或者通报批评；情节较重的，给予警告处分。

第八条　党委(党组)成员及组织(人事)等有关部门工作人员，泄露党委(党组)酝酿，讨论干部任免情况的，给予批评教育或者通报批评；情节较重的，给予警告或者严重警告处分；情节严重的，给予撤销党内职务处分。

第九条　领导干部在工作调动、机构变动时突击提拔干部，或者在调离后干预原地区(单位)干部选拔任用，给予批评教育或者通报批评；情节较重的，给予警告或者严重警告处分；情节严重的，给予撤销党内职务处分。

第十条　党员干部侵犯公民或者党员的选举权、被选举权的，给予批评教育或者通报批评；情节较重的，给予警告或者严重警告处分。在选举中伪造事实，篡改选举结果，或者以威胁、贿赂、欺骗及其他手段妨害公民、党员或者代表自由行使选举权和被选举权的，给予撤销党内职务、留党察看或者开除党籍处分。

党员干部在选举中搞非组织活动的，给予严重警告或者撤销党内职务处分；情节严重的，给予留党察看或者开除党籍处分。

第十一条　从事干部考察工作的人员在干部考察工作中隐瞒或者歪曲事实真相的，给予通报批评；情节较重的，给予警告或者严重警告处分；情节严重的，给予撤销党内职务或者留党察看处分。

第十二条　领导干部、组织(人事)干部在选拔任用干部工作中，利用职权对他人打击报复或者营私舞弊的，给予严重警告或者撤销党内职务处分；情节严重的，给予留党察看或者开除党籍处分。

第十二条　领导干部、组织(人事)干部在选拔任用干部工作中，利用职权对他人打击报复营私舞弊的，给予严重警告或者撤销党内职务处分；情节严重的，给予留党察看或者开除党籍处分。

第十三条　领导干部、组织(人事)干部在选拔任用干部工作中封官许愿的，给予批评教育或者通报批评；情节较重的，给予警告或者严重警告处分。

第十四条　领导干部、组织(人事)干部在选拔任用

干部工作中收受贿赂的，依据《中国共产党纪律处分条例(试行)》第六十一条规定从重处理。

第十五条　党员干部采取行贿手段谋取职务、职级待遇的，依照《中国共产党纪律处分条例(试行)》第六十六条规定从重处理。

党员干部采取行贿以外的其他不正当手段谋取职务、职级待遇，情节较轻的，给予批评教育或者通报批评；情节较重的，给予警告或者严重警告处分；情节严重的，给予撤销党内职务处分。

第十六条　组织(人事)干部由于工作失职造成用人失误的，给予批评教育或者通报批评；情节较重的，给予警告或者严重警告处分；情节严重的，给予撤销党内职务处分。

第十七条　违反《条例》规定，应受党纪处分，但能够主动纠正、挽回影响的，可以从轻或者减轻处分。

组织(人事)干部犯有本规定第十一条、第十二条、第十三条所列错误受到党纪处分的，应当调离组织(人事)工作岗位。

第十八条　违反《条例》规定需要给予行政处分的，党的组织和纪律检查机关可以提出建议；触犯刑律的，由司法机关依法处理。

第十九条　本规定由中共中央纪律检查委员会和中共中央组织部负责解释。

第二十条　本规定自发布之日起施行。

在首都各界庆祝香港回归祖国大会上的讲话

（1997 年 7 月 1 日）

江泽民

同志们，朋友们：

今天，中国政府与英国政府举行了香港交接仪式，宣告中国政府恢复对香港行使主权。中华人民共和国香港特别行政区正式成立。鲜艳的五星红旗和特别行政区区旗在香港升起，六百多万香港同胞回到伟大祖国的怀胞。神州大地，一片欢腾，五洲四海，万众瞩目。我国人民的这个百年期盼终于实现了！

今晚，首都各界在这里隆重集会，同全国人民一起，共同庆祝这一民族盛事。我代表中国共产党、中央人民政府和全国各族人民，对香港回归祖国和香港特别行政区成立，表示热烈的祝贺！

香港回归，标志着中国人民洗雪了香港被侵占的百年国耻，开创了香港和祖国内地共同发展的新纪元；标志着我们在完成祖国统一大业的道路上迈出了重要一步，标志着中国人民为世界和平、发展与进步事业作出了新的贡献。

香港回归，是中华民族发展史上的重大事件，也是二十世纪世界历史上的重大事件。

在这个重要时刻，我们深刻怀念改革开放的总设计师和建设有中国特色社会主义理论的创立者邓小平同志。他为解决香港问题，推进祖国的完全统一，作出了重大的历史性贡献。我们要继承他的遗志，一定把香港的事情办好，把实现祖国现代化和完成祖国统一的事情办好。

在这个重要时刻，我们深切怀念为中华民族建立了丰功伟绩的毛泽东、周恩来、刘少奇、朱德等老一辈无产阶级革命家和新中国的缔造者，深切怀念为中国人民的解放而英勇牺牲的革命先烈们，深切怀念为民族独立和国家统一、富强而献身的爱国志士们。可以告慰他们的是，香港终于回到祖国怀抱、澳门也即将回归，实现祖国完全统一和中华民族全面振兴的前景在望。

抚今追昔，感慨万千。近代以来，中国人民走过了一条悲壮而又漫长的历史道路。这中间经历了多少屈辱和辛酸，多少渴望和追求，多少坎坷和曲折，多少奋斗和牺牲，才有了我们今日的独立，今日的进步，今日的发展，今日的自豪。

十九世纪四十年代和五十年代，英国两次发动侵略中国的鸦片战争，迫使清政府签订丧权辱国的《南京条约》和《北京条约》，把香港岛和九龙割让给英国。一八九八年，英国又通过《展拓香港界址专条》强行租借“新界”九十九年，从而侵占了整个香港地区。

香港被侵占，是中国近代受屈辱的一个历史缩影。《南京条例》，是西方列强强加中国人民身上的第一个不平等条例。鸦片战争，是中国由封建社会变为半殖民地半封建社会的转折点。

列强对中国的野蛮侵略，帝国主义与封建主义相结合对中国人民形成的双重压迫，加深了中国人民的苦难和中华民族的危机，同时也唤起了全民簇的觉醒，激发了广大人民的反抗。正是人民群众的这种觉醒和反抗，推动了中国社会的发展和进步。这是不以压迫者的意志为转移的历史辩证法。

中国近代史昭示我们，要改变贫弱受欺、落后挨打的历史命运，就必须奋起抗争、奋发图强。从列强侵略中国的那一天起，中国人民就举起了团结御侮、救亡图存的爱国主义旗帜。从太平天国起义到义和团运动，从戊戌变法到孙中山领导的辛亥革命，无数中华儿女和爱国志士，为了探索救国救民的道路，前仆后继，历尽艰辛。特别是五四运动和中国共产党成立以后，中国人民进一步团结起来，经过艰苦卓绝的斗争，终于推翻了压在自己头上的“三座大山”，开创了独立自主、建设社会主义的历史新时代。中华民族再也不是任人欺凌和宰割的民族了。今天中国人民在现代化建设中又取得了举世瞩目的伟大成就，中国的国际地位日益提高。这是香港得以回归的根本原因和时代背景。

中国近代史昭示我们，要实现民族解放和国家富强，就必须有先进政党的领导和科学理论的武装。毛泽东同志说过，只是当中国的先进分子找到马克思列宁主义这个科学理论，作为观察国家命运的工具，中国人民才在精神上从被动转为主动，正是由于中国共产党人把马列主义基本原理与中国具体实践相结合，创立了毛泽东思想，才指引中国人民赢得了民族独立和解放，把祖国建设成为初步繁荣昌盛的社会主义国家。今天，也正是由于中国共产党人继承和发展马列主义、毛泽东思想、创立了邓小平建设有中国特色社会主义理论，才指引中国人民在

改革开放和现代化建设的道路上胜利前进。如果没有中国共产党的领导及其科学理论的武装，要实现民族解放和国家富强是不可设想的。

中国近代史还昭示我们，要跟上时代进步和世界发展的潮流，就必须打破封闭状态，实行对外开放。西方产业革命以后中国所以落后了，一个重要原因是当时的封建统治者采取愚昧的闭关自守政策，不想进取，因而既不能追赶时代前进的步伐，也不能抵抗列强的侵略，留下一次又一次丧权辱国的记录。解放了的中国人民，要彻底改变历史上遗留下来的贫穷落后状况，必须专心致志地进行经济建设，必须同世界各国开展广泛的经济、贸易、科技、文化交流与合作，吸取世界文明的一切优秀成果。

邓小平同志从维护祖国和全民族的根本利益出发，尊重历史和现实，以伟大政治家、战略家的远见卓识，提出“一国两制”的创造性构想，为我们完成祖国统一大业指明了正确道路。我们按照这个构想，通过外交谈判成功地解决了香港回归问题，从而也为国际社会以和平方式解决国家间的历史遗留问题与国际争端提供了新的范例。

我们将坚定不移地执行“一国两制”、“港人治港”、高度自治的方针，保证原有的社会、经济制度不变，生活方式不变，法律基本不变。

我们将坚定不移地支持香港特别行政区行使基本法赋予的各项职权，支持特别行政区政府依法施政。中央人民政府依法管理香港特别行政区的外交事务和防务。中央各部门和各省、自治区、直辖市都要遵守香港基本法，不得干预香港特别行政区依据基本法自行管理的事务。

我们将坚定不移地保障香港居民依法享有的各种权利和自由。世界各国各地区在香港的经贸活动与投资利益都将受到法律保护。

坚持实行这些方针政策，不仅可以保障香港回归后长期繁荣稳定，也有利于促进祖国内地的社会主义现代化建设，有利于对澳门顺利回归和最终解决台湾问题发挥示范作用，有利于促进国际经济技术合作和维护世界和平与稳定。

近代以来，香港同胞和全国人民一起，为抵抗外来侵略进行了英勇斗争。他们依靠自己的双手和智慧，建设了香港。香港回归祖国，使香港同胞的政治地位发生历史性的变化，他们爱国爱港的热情空前高涨。可以坚信，有伟大祖国作坚强后盾，有全国人民的大力支持，有香港同胞的共同努力，充分运用香港自身的优势，香港这座国际经济大都市一定能够放射出更加绚丽的光彩。

保持香港的繁荣稳定，对世界上一切在香港有经贸活动与投资利益的国家和地区，对一切同中国有经贸往来的国家和地区，都有好处。我们希望，在这个涉及多方利益的问题上，有关国家和地区能够采取建设性的合作态度。

“海上生明月，天涯共此时”。在今天这个美好的夜晚，澳门同胞、台湾同胞和海外侨胞也同我们一样，为香港回归这一民族盛事感到欢欣鼓舞。

澳门将于一九九九年回到祖国怀抱，这是又一件民族盛事。在中葡双方友好合作下，澳门回归前的各项准备工作正在积极进行。我们对于澳门顺利回归充满信心。

按照“和平统一、一国两制”的基本方针最终解决台湾问题，完成祖国统一大业，是一切华夏子孙的殷切愿望。我们希望台湾当局以民族大义为重，真正回到一个中国的立场上来，为发展两岸关系、实现祖国完全统一迈出切实的步伐。

二十一世纪即将到来，我们生活的这个星球正在发生深刻而又充满希望的变化。人类几千年文明进步聚积的能量，迸发出无穷的创造力。和平与发展已成为当今时代的主流，世界正在朝着有利于形式多极化格局和建立公正合理的国际新秩序的方向发展。以信息技术为主要标志的新科技革命突飞猛进，世界各国的经济合作与相互竞争、文化交流与相互影响，从来没有像现在这样广泛而深刻。今日之世界，机遇与挑战并存。我们一定要充分把握住难得的发展机遇，勇敢地迎接挑战，努力把我国的社会生产力、综合国力和人民生活提高到一个新的水平。

中国人民要实现国家的现代化和民族的振兴就必须始终不渝地贯彻中国共产党提出的基本路线，始终不渝地走邓小平同志开创的建设有中国特色社会主义道路。要牢牢把握经济建设这个中心，抓住机遇，深化改革，扩大开放，促进发展，保持稳定，不断开创我们事业兴旺发达的新局面。不久就要召开的中国共产党第十五次全国代表大会，将对我国改革、发展和稳定等重大问题作出全面战略部署，提出奋斗纲领，指导我国人民把社会主义改革开放和现代化建设全面推向二十一世纪。

中国人民酷爱和平，深知和平之宝贵。我们将坚定不移地奉行独立自主的和平外交政策，反对霸权主义和强权政治，支持国际正义事业，继续同世界各国发展友好合作关系，永远不称霸，永远致力于维护地区和世界和平，永远做世界人民可以信赖的朋友。

今天是香港回归祖国的大喜日子，也是中国共产党成立76周年纪念日。回顾历史，展望未来，我们对伟大祖国和中华民族的美好前程满怀信心。有中国共产党的领导，有马列主义、毛泽东思想和邓小平建设有中国特色社会主义理论的指引，紧紧依靠全国各族人民和一切爱国力量的坚强团结，大力弘扬伟大的爱国主义精神，经过几代人的持续奋斗，我们一定能够把祖国建设成为富强、民主、文明的社会主义现代化国家，伟大的中华民族一定能够对人类作出新的更大的贡献！

《中国共产党党员领导干部廉洁从政若干准则(试行)》实施办法

第一章　总　则

第一条　为贯彻实施《中国共产党党员领导干部廉洁从政若干准则(试行)》(以下简称《廉政准则》),正确处理违反《廉政准则》的行为,制定本实施办法。

第二条　党员领导干部对违反《廉政准则》的行为,应当主动检查纠正。能够主动检查纠正,情节较轻的,可以不予处分或者免予处分,但应给予批评教育;情节较重的,从轻或者减轻处分。不主动检查纠正的,依照本实施办法处理。

第三条　《廉政准则》的适用范围,包括已到退(离)休年龄尚未办理退(离)休手续,以及已办退(离)休手续但返聘后又担任相应领导职务的党员领导干部。

国有小型企业的党员领导干部,参照执行《廉政准则》。

第二章　廉洁从政行为规范

第一节　禁止利用职权和职务上的影响谋取不正当利益

第四条　《廉政准则》第一条第一项所称"管理、服务对象",是指行政机关的工作对象、司法机关和执纪机关查处的案件当事人、组织(人事)部门的工作对象以及其他领导干部所在部门和单位法定职责范围内管理和服务的对象。

利用职权和职务上的影响,索取管理、服务对象钱物的,依照《中国共产党纪律处分条例(试行)》(以下简称《纪律处分》)第六十一条的规定处理。

第五条　《廉政准则》第一条第二项所称"接受可能影响公正执行公务的礼物馈赠和宴请",是指接受管理和服务对象及其亲属的礼物馈赠和宴请。

接受可能影响公务的礼物馈赠的,所接受的礼物应当一律登记、交公。不登记、交公的,依照《纪律处分条例》第六十三条的规定处理。

接受可能影响公正执行的宴请的,依照《纪律处分条例》第八十五条的规定处理。用公款宴请的,宴请费用由宴请者和受请者个人负担。

第六条　《廉政准则》第一条第三项所称"公务活动"包括国内公务活动和对外公务活动。

《廉政准则》第一条第三项所称"在公务活动中接受礼金和各种有价证券",包括接受用公款以各种名义赠送的礼金和各种有价证券,以及接受个人赠送的可能影响公正执行公务的礼金和各种有价证券。

在公务活动中接受礼金和各种有价证券的,所接受的的礼金、有价证券,一律登记、交公。不登记、交公的,依照《纪律处分条例》第六十三条的规定处理。

第七条　《廉政准则》第一条第四项所称"其他支付凭证",包括支票、本票、汇票及各种有价识别磁卡等支付凭证。

利用职权和职务上的影响,接受下属单位和其他企业、事业单位或者个人赠送的信用卡及其他支付凭证的,依照《纪律处分条例》第六十三条的规定处理。所接受的信用卡及其他支付凭证应当退还或者上缴,已经支付的费用由个人负担。

第八条　以虚报、谎报等手段获取荣誉的,依照《纪律处分条例》第一百二十七条的规定处理;以虚报、谎报等手段获取职称的,依照《纪律处分条例》第五十一条的规定处理。所获取的荣誉、职称及其他利益予以取消或者纠正。

第九条　《廉政准则》第一条第六项所称"喜庆事宜",包括本人及家庭成员职务升迁、过生日、迁新居等喜庆事宜。

用公款公物操办婚丧喜庆事宜和借机敛财的,依照《纪律处分条例》第一百二十八条的规定处理。所用公款公物应当退赔。

第二节　禁止私自从事营利活动

第十条　《廉政准则》第二条第一项所称"个人经商办企业",是指个人独资经商办企业,与他人合资、合股、合作、合伙经商办企业,私自以承包、租赁、受聘等方式经商办企业。

个人经商办企业的，依照《纪律处分条例》第八十八条的规定处理。

第十一条　《廉政准则》第二条第二项所称“经济实体”，包括各种企业、公司、营利性的事业单位和民办学校、医院、文艺团体等民办非企业单位。

《廉政准则》第二条第二项所称“违反规定”，是指违反1993年10月5日《中共中央国务院关于反腐败斗争近期抓好几项工作的决定》等中共中央、国务院及中共中央办公厅、国务院办公厅制定的有关规定。

违反规定在经济实体中兼职(包括名誉职务)或者兼职取酬的，依照《纪律处分条例》第八十九条的规定处理，并应当辞去一方职务，所领取的报酬(包括各种经济利益)应当上缴。

党和国家机关、人民团体中县(处)级以上党员领导干部从事有偿中介活动的，依照《纪律处分条例》第八十八条的规定处理。国有企业、事业单位的党员领导干部个人从事有偿中介活动的，比照《纪律处分条例》第八十八条的规定处理。所收取的钱物应当上缴。

第十二条　《廉政准则》第二条第三项所称“违反规定”是指违反1993年10月5日《中共中央国务院关于反腐败斗争近期抓好几项工作的决定》，1993年4月22日国务院发布的《股票发行与交易管理暂行条例》，1993年4月3日《国务院办公厅转发国家体改委等部门<关于立即制止发行内部职工股不规范做法意见>的紧急通知》以及国务院有关部门，各省、自治区、直辖市制定的有关规定。

党和国家机关、人民团体以及具有行政管理职能的企业、具有行政管理职能的事业单位县(处)级以上党员领导干部买卖股票的，依照《纪律处分条例》第九十一条的规定处理。所持有的股票，依照《股票发行与交易管理暂行条例》的规定处理。

党和国家机关、人民团体、事业单位以及具有行政管理职能的企业的县(处)级以上党员领导干部购买企业内部职工股的，或者《廉政准则》第十二条所列企业党员领导干部购买所在企业以外的其他企业内部职工股的，依照《纪律处分条例》第九十一条的规定处理。所持有的企业内部职工股，依照《国务院办公厅转发国家体改委等部门<关于立即制止发行内部职工股不规范做法意见>的紧急通知》的规定处理。

第十三条　个人在国(境)外注册公司或者投资入股的，依照《纪律处分条例》第八十八条的规定处理，并责令纠正。

擅自以个人名义用公款在国(境)外主册公司或者投资入股，构成贪污的，依照《纪律处分条例》第五十七条的规定处理；构成挪用的，依照《纪律处分条例》第八十条的规定处理。

第三节　禁止假公济私、化公为私

第十四条　利用自己主管、管理、经手公共财物的权力及其便利条件，用公款报销或者用本单位的信用卡支付应由个人负担的费用的，依照《纪律处分条例》第五十七条的规定处理。

利用职务上的便利，为他人谋取利益，由他人用公款报销应由个人负担的费用的，照《纪律处分条例》第六十一条第一款的规定办理。

除本条第一款、第二款所列行为之外，利用职务或者工作上的便利，用公款报销或者用本单位的信用卡支付应由个人负担的费用的，依照《纪律处分条例》第五十九条的规定处理。

第十五条　借用公款逾期不还，情节严重的，依照《纪律处分条例》第八十二条第一款的规定处理，并追还所欠公款。

借用公款供个人进行营利活动或者非法活动的，依照《纪律处分条例》第八十二条第二款、第三款的规定处理。所借用的公款应当立即归还并按银行同期贷款利率付息，所获利润和其他非法所得，责令上缴。

第十六条　公费出国(境)旅游或者变相出国(境)旅游的，依照《纪律处分条例》第八十六条的规定处理。旅游费用由个人负担。

第十七条　《廉政准则》第三条第四项所称“高消费娱乐活动”，包括营业性的歌厅、舞厅、夜总会和高乐夫球等娱乐活动。

用公款参与高消费娱乐活动和获取各种形式的俱乐部会员资格的，依照《纪律处分条例》第八十六条的规定处理。所用公款由个人负担。国有企业党员领导干部在业务招待中用公款参与高消费娱乐活动，未违反业务招待费使用规定的除外。

第十八条　本人或者指使他人以私人名义存储公款的，依照《纪律处分条例》第一百条的规定处理。

第四节　禁止借选拔任用干部之机谋取私利

第十九条　采取不正当手段为本人谋取职位的，依照《中共中央办公厅关于对违反<党政领导干部选拔任用工作暂行条例>行为的处理决定》(以下简称《处理规定》)第十五条的规定处理。

第二十条　泄露酝酿讨论干部任免情况的，依照《处理规定》第八条的规定处理。

第二十一条　在工作调动、机构变动时，突击提拔干部，或者在调离后干预原地区、原单位的干部选拔任用的，依照《处理规定》第九条的规定处理。

第二十二条　在干部考察工作中隐瞒或者歪曲事实真相的，依照《处理规定》第十一条的规定处理。

第二十三条　在干部选拔任用工作中打击报复或者营私舞弊的，依照《处理规定》第十二条的规定处理。

第二十四条　在干部选拔任用工作中封官许愿的，依照《处理规定》第十三条的规定处理。

第二十五条　违反《廉政准则》第四条和第五条第一项的规定，所作出的干部任免决定依照《处理决定》第二条的规定处理。

第五节　禁止利用职权和职务上的影响为亲友及身边工作人员谋取利益

第二十六条　要求或者指使提拔配偶、子女、其他亲友及身边工作人员的，依照《处理规定》第七条的规定处理。

第二十七条　利用自己主管、管理、经手公共财物的权力及其便利条件，用公款支付配偶、子女及其他亲友学习、培训费用的，依照《纪律处分条例》第五十七条的规定处理。

利用职务上的便利，为他人谋取利益，由他人用公款支付配偶、子女及其他亲友学习、培训费用的，依照《纪律处分条例》第六十一条第一款的规定处理。

除本条第一款、第二款所列行为之外，利用职务或者工作上的便利，用公款支付配偶、子女及其他亲友学习、培训费用的，依照《纪律处分条例》第五十九条的规定处理。

第二十八条　利用职权和职务上的影响，为配偶、子女及其他亲友出国(境)旅游、探亲、留学向国(境)外个人或者组织索取资助的，依照《纪律处分条例》第六十一条第一款、第二款的规定处理。

第二十九条　妨碍涉及配偶、子女、其他亲友及身边工作人员案件调查处理的，依照《纪律处分条例》第一百四十六条的规定处理。

第三十条　为配偶、子女及其他亲友经商、办企业提供便利和优惠条件的，依照《纪律处分条例》第八十八条的规定处理。对其配偶、子女及其他亲友获取的经济利益依法予以处理。

第三十一条　《廉政准则》第五条第二款所称“个人经商办企业”，除包括本实施办法第十条第一款规定的外，还包括在国(境)外注册公司回国(境)内经商。

《廉政准则》第五条第二款所称“在外商独资企业任职”，是指受聘于外商独资企业或者外商独资企业驻国(境)内的办事机构。

省(部)级以上领导干部的配偶、子女及其配偶，在该领导干部管辖的地区及管辖的业务范围个人经商办企业和在外商独资企业任职的，领导干部应要求其配偶、子女及其配偶限期纠正。拒不纠正的，领导干部应当辞去现任职务或者由组织上调整其职务，并比照《纪律处分条例》第八十八条的规定处理。

第六节　禁止讲排场、比阔气、挥霍公款、铺张浪费

第三十二条　在国内公务活动中接受超过规定标准接待的，依照《纪律处分条例》第八十六条的规定处理。

第三十三条　《廉政准则》第六条第二项所称“违反规定”，是指违反1989年12月19日《国务院机关事务管理局关于中央国家机关部级干部宿舍修缮标准的规定》以及国务院及其有关部门，各省、自治区、直辖市制定的有关规定。

违反规定用公款装修、购买住房的，依照《纪律处分条例》第八十三条的规定处理。超过规定标准的装修费用，由个人负担。所购买的住房依照国家关于住房制度改革的规定处理。

第三十四条　擅自用公款包租或者占用客房供个人使用的，依照《纪律处分条例》第八十六条的规定处理。所用公款由个人负担，所包租、占用的客房立即退出。

第三十五条　《廉政准则》第六条第四项所称“违反规定”，是指违反1994年9月5日《中共中央办公厅国务院办公厅关于党政机关汽车配备和使用管理的规定》以及中共中央、国务院、中共中央办公厅、国务院办公厅、国务院有关部门，各省、自治区、直辖市制定的有关规定。

违反规定配备、使用小汽车的，依照《纪律处分条例》第八十四条和《中共中央纪律检查委员会关于党政机关县(处)级以上党员领导干部违反廉洁自律规定购买、更换小汽车行为的党纪处理办法》的规定处理。

第三十六条　擅自用公款配备、使用通信工具的，依照《纪律处分条例》第八十六条的规定处理。通信工具应当上缴。

第三章　附　则

第三十七条　本实施办法由中共中央纪律检查委员会负责解释。

第三十八条　本实施办法自发布之日起施行。

《廉政准则》发布后，本实施办法发布前，违反《廉政准则》行为尚未处理的，也适用本实施办法。

列于本实施办法附件一的规定，已纳入《廉政准则》和本实施办法，自本实施办法施行之日起，予以废止。

列于本实施办法附件二的规定，予以保留，继续有效。

附件一：

中共中央纪律检查委员会制定的下列规定纳入《廉政准则》和本实施办法，自本实施办法施行之日起，予以废止。

1. 关于党政机关县(处)级以上领导干部廉洁自律"五条规定"的实施意见
2. 关于党政机关县(处)级以上干部违反廉洁自律"五条规定"行为的党纪处理办法
3. 关于中央纪委三次全会重申和提出的党政机关县(处)级以上领导干部廉洁自律"五条规定"的实施意见
4. 关于党政机关县(处)级以上领导干部廉洁自律补充规定的实施和处理意见

附件二：

中共中央纪律检查委员会制定的下列规定予以保留，继续有效：

1. 关于党政机关县(处)级以上党员领导干部违反廉洁自律规定购买、更换小汽车行为的党纪处理办法
2. 关于国有企业领导干部廉洁自律"四条规定"的实施和处理意见，但其中与《廉政准则》及其《实施办法》、《纪律处分条例》有抵触的，应以《廉政准则》及其《实施办法》、《纪律处分条例》的规定为准。

在庆祝中华人民共和国成立四十八周年招待会上的讲话

（1997 年 9 月 30 日）

李　鹏

各位来宾、各位朋友、各位同志：

在举国欢庆伟大的中华人民共和国成立四十八周年之际，我代表党中央和国务院，向在各条战线辛勤工作和学习的全国各族人民，致以节日的祝贺！向香港特别行政区同胞和澳门同胞、台湾同胞以及海外侨胞，表示亲切的问候！向出席今天招待会的各国朋友，向所有关心和支持中国现代化建设的国际友人，表示衷心的感谢！

一九九七年是我国人民政治生活中极不平凡的一年。不久前刚刚闭幕的中国共产党第十五次全国代表大会，是一次承前启后、继往开来的历史性会议。这次会议确立了邓小平理论为党的指导思想，总结了十一届三中全会以来特别是十四大以来的实践经验，制定了我国改革开放和社会主义现代化建设跨世纪的战略部署，选出了以江泽民同志为核心的新的党中央领导机构。十五大是我们党和国家历史上新的伟大的里程碑，必将对今后中国的发展产生重大而深远的影响。

今年七月一日，我国政府顺利地恢复了对香港行使主权。香港回归后，“一国两制”、“港人治港”、高度自治的方针得到贯彻执行，特别行政区政府运作正常。最近在香港成功举行的世界银行和国际货币基金组织年会，增进了国际社会对香港的了解，反映了人们对香港作为国际金融中心的重视和保持长期繁荣稳定的信心。澳门回归的各项准备工作正在顺利进行。按照“和平统一、一国两制”的方针解决台湾问题是我们的原则立场，希望台湾当局以民族大义为重，在一个中国的原则下，及早同我们进行政治谈判。无论前进道路上有多少困难，祖国完全统一的目标最终是能够实现的。

新中国已经走过了四十八年的光辉历程。中国共产党领导各族人民团结奋斗，使国家的面貌发生了翻天覆地的变化。特别是改革开放以来，在邓小平理论指引下，国民经济快速发展，各项事业蒸蒸日上，社会生产力、综合国力、人民生活水平都有显著提高。今年我国经济保持良好的增长势头，物价涨幅继续回落。虽然秋季不少地方干旱比较严重，但就全年而言农业仍然是一个好收成。国有企业改革全面展开，经济效益有所好转，出现了一些新的积极变化。对外经济合作不断扩大，进出口贸易继续发展，国家外汇储备有较多的增加。城乡市场货源充足、人民生活继续改善。在科技、教育、文化、卫生、体育以及国防建设等方面，都取得了新的成就。社会主义精神文明建设和民主法制建设得到加强。外交工作取得积极成果。我国的国际地位日益提高。放眼神州大地，经济发展，政治稳定，民族团结，社会进步，人民安居乐业，到处呈现出一派欣欣向荣的景象。

我们已经取得了巨大的进步，但也清醒地看到，我国还处在社会主义初级阶段，是一个发展中国家，地区经济发展不平衡，还有五千多万群众没有解决温饱问题。当前，随着经济结构的调整和国有企业改革的深入，下岗职工再就业任务艰巨，一些地方治安状况还不好，某些消极腐败现象仍很严重。我们正视前进中存在的问题，正在下大力气认真加以解决。

一九九八年是全面贯彻十五大精神和实施“九五”计划的重要年头。我们要继续执行中央各项方针政策，切实推进经济体制和经济增长方式的转变，保持国民经济持续快速健康发展，促进社会的全面进步。要采取有力的措施加强农业，争取明年有一个更好的收成。国有企业改革是当前和今后一个时期经济体制改革的重点，要加大工作力度。这项工作政策性强，各地要从实际情况出发，尊重经济规律，尊重群众意愿，扎扎实实地去做，并且注意不断总结经验，积极加以推进。继续深化金融体制改革，认真做好金融工作，防范金融风险。要进一步加强社会主义民主和法制建设，积极推进机构改革。深入开展勤政廉政建设和反腐败斗争，切实抓好社会治安的综合治理。各级政府和领导干部要更加关心群众疾苦，特别是关心那些生活上有困难的工人、农民、帮助他们解决困难。我们相信，在邓小平理论指引下，在以江泽民同志为核心的党中央领导下，各族人民团结奋进，明年一定能够取得改革开放和社会主义现代化建设的新成绩。

当前，世界多极化趋势正在迅速发展，已经成为不可阻挡的历史潮流。多极化的发展有利于和平与发展的崇高事业，有利于推动建立公正合理的国际政治、经济新秩序，有利于维护各国的正当权益。中国政府将始终不渝地奉行独立自主的和平外交政策，反对霸权主义，维护世

界和平,促进人类的进步事业。我们愿意在和平共处五项原则的基础上,同世界各国建立和发展友好合作关系,同世界各国人民一道,为建设一个和平、安全、合作、繁荣的新世界而努力奋斗。

现在,我提议:

为中华人民共和国成立四十八周年,
为中国的繁荣富强和人民的幸福,
为中国人民与世界人民的友谊和团结;
为在座的来宾们、朋友们和同志们的健康,
干杯!

在全国组织工作会议上的讲话

（1997年12月22日）

江泽民

这次全国组织工作会议，是中央召开的一次很重要的会议。昨天，锦涛同志已向大家作了报告，围绕高举邓小平理论伟大旗帜，把建设有中国特色社会主义事业全面推向21世纪这个主题，对党的建设特别是党的组织工作如何贯彻好十五大精神的重要问题，都讲得很明确了，我完全赞成。刚才，张全景同志又汇报了会议的情况。希望大家把这次会议开好，回去以后把会议精神贯彻好。下面，我想就当前形势和干部问题，主要是领导干部的教育、提高问题讲一些意见。

在我们党和国家的历史上，今年是很重要很不平凡的一年。年初，邓小平同志离开了我们。全党、全国人民化悲痛为力量，紧密团结在党中央周围，继承邓小平同志的遗志，把建设有中国特色社会主义事业继续推向前进。7月1日，我国政府顺利实现对香港恢复行使主权，洗雪了香港被侵占的百年耻辱，极大地振奋了全国各族人民的爱国主义精神，在世界上也赢得了广泛赞誉。党的十五大开得很圆满成功，确定邓小平理论为我们党的指导思想，作出了把建设有中国特色社会主义伟大事业全面推向21世纪的战略部署，选举产生了新的中央领导机构，从思想上、政治上、组织上为我国跨世纪发展提供了根本保证。

今年，我国领导人与美、俄、日、法等国举行了成功的会晤，在世界上影响很大。10月下旬，我对美国进行了国事访问，这是1985年之后12年来中国国家元首首次对美国进行国事访问。通过访问，双方确定了21世纪中美关系的框架和发展方向，决定共同致力于建立中美之间建设性的战略伙伴关系，标志着两国关系进入新的发展阶段。当然，中美关系的发展不会一帆风顺，我们要继续保持清醒头脑。今年，我同叶利钦总统再一次互访，双方签署了中俄《关于世界多极化和建立国际新秩序的联合声明》，发表了《中俄联合声明》，完成了中俄边境东段国界勘界工作，我们同俄罗斯建立面向21世纪的战略协作伙伴关系得到了进一步加强。11月，李鹏总理访日取得成功，双方达成共识，确认建立两国面向21世纪的长期稳定的睦邻友好合作关系。5月，法国总统希拉克访华，中法确定建立面向21世纪的全面伙伴关系。11月下旬到12月初，我在参加APEC领导人非正式会议后，对加拿大、墨西哥进行了成功的访问。前几天，我又去马来西亚参加东盟——中日韩和中国——东盟首脑举行的非正式会晤，就东亚形势与合作问题交换了意见，中国同东盟双方一致同意建立面向21世纪的睦邻互信伙伴关系。总之，这一年来，我们坚持奉行独立自主的和平外交政策，同各大国广泛改善和发展关系，有利于促进世界的和平、稳定与发展，有利于扩大我国的国际影响和声望，使我们能够在纷繁复杂的大国关系的调整中处于主动有利的地位。这为我国抓住机遇、发展自己，创造了更为有利的外部环境。

从国内情况看，今年的经济形势总体上是好的。改革开放和现代化建设继续向前推进，各项事业取得新的成就。国民经济实现了稳中求进的总体要求，保持了“高增长、低通胀”的良好发展态势，主要经济指标基本达到国家宏观调控的预期目标。农业生产克服多种自然灾害和困难，再次获得好收成，农村经济全面发展；企业改革继续深化，工业生产平稳增长，经济效益有所回升；财政收入增长较快，金融形势比较稳定；城乡居民收入增加，人民生活继续改善。特别是在东南亚发生金融危机，并严重冲击亚洲、影响全球的情况下，我们沉着应对，继续保持经济全局的稳定，没有受到大的影响。从这场危机中，我们可以学到不少有益的东西。

今年经历的这一系列大事，是对我们党驾驭全局、解决国际国内重大问题的重要考验。我们成功地处理了这些大事，赢得了人民的拥护，增强了走向未来的信心，也得到了国际舆论的好评，进一步提高了我国的国际地位。

当然，也必须清醒地看到，我们在前进中还面临许多新情况、新问题，有些方面还存在较大的困难。主要是，一些国有企业生产经营困难，部分中小企业和乡镇企业的困难尤为突出；下岗待业人员增加，社会就业压力加大，部分职工生活困难；金融机构不良资产比重较高；农业基础脆弱的状况还没有根本改变。另外，党内和国家机关中存在的腐败现象尚未得到全面有效的遏制，有些地方、有些问题还在发展，等等。这些问题，必须引起我们高度重视，决不可掉以轻心。

党的十五大，已经确定了面向新世纪全面推进建设有中国特色社会主义事业的宏伟目标。在经济建设上，

我们要积极推进经济体制和经济增长方式这两个根本性转变，解决好建立比较完善的社会主义市场经济体制和长期保持国民经济持续、快速、健康发展这两大课题。在政治体制改革和民主法制建设上，我们要依法治国，发展社会主义民主政治，建设社会主义法治国家。在社会主义文化建设上，我们要坚持用邓小平理论武装全党、教育干部和人民，培育适应社会主义现代化建设要求的有理想、有道德、有文化、有纪律的新型公民，推动精神文明与物质文明协调发展。在党的建设上，我们要努力把党建设成为用邓小平理论武装起来、全心全意为人民服务、思想上政治上组织上完全巩固、能够经受住各种风险、始终走在时代前列、领导全国人民建设有中国特色社会主义的马克思主义政党，不断提高领导水平和执政水平，不断增强拒腐防变的能力。我们的任务是光荣而艰巨的，前进目标是鼓舞人心和切实可行的，是经过努力可以实现的。

要巩固和发展好的形势，解决前进道路上面临的问题，完成我国跨世纪发展的各项任务，靠的是什么呢？主要有三条：一是正确的理论和路线的指导；二是广大人民群众的团结奋斗；三是党的各级组织坚强有力。这三条中，干部是一个重要的决定因素。正确的路线和政策要靠干部去贯彻落实，人民群众要靠干部去组织和动员，党内和社会上存在的影响凝聚力、战斗力的问题要靠干部去研究和解决。邓小平同志讲办好中国的事情关键在党、关键在人，道理就在这里。我们党历来注重培养和造就各级领导骨干，注重领导班子建设和干部队伍建设，这已经成为党的一个好传统。从毛泽东同志到邓小平同志，到我们现在的党中央领导集体，在这方面都是一以贯之的。我们党能够领导革命、建设和改革开放取得胜利，都是同有一支适应时代要求的坚强有力的干部队伍分不开的。

党的十四大以来，中央和各级党委为加强领导班子和干部队伍建设作了很大努力，采取了一系列重大措施。十四大对加强领导班子建设，培养社会主义事业接班人作了部署。十四届四中全会，对高级干部提出了要努力成为会治党治国的马克思主义政治家的五项要求。1996年，我又提出了做新时期的合格干部应该具备的五项基本素质。十五大报告进一步强调了要造就高素质的领导班子和干部队伍。应该说，这些年来，为加强干部队伍建设特别是领导班子建设，各级党委作了大量工作，取得的成绩是明显的。各级领导干部尤其是高中级干部学习邓小平理论逐步深入，思想理论水平有了新的提高；新老干部的交替与合作顺利进行，大批优秀年轻干部走上了各级领导岗位；以建设高素质干部队伍为目标，县以上领导干部中讲学习、讲政治、讲正气的风气逐步兴起，各级各类干部培训工作的力度加大；干部制度改革迈出了新步代，特别是加强了党政领导干部选拔任免工作的制度规范，加强了对执行情况的检查，干部交流进一步展开。总的说来，我们的各级干部，以党的基本理论、基本路线为指导，在不断研究新情况、解决新问题、迎接新挑战的奋斗中，开阔了眼界，得到了锻炼，提高了水平，增长了才干，为推进改革开放和现代化建设事业发挥了骨干作用。

世界上的事物，总是在内部矛盾的不断运动中向前发展的。人们对客观世界的认识，总是在实践、认识、再实践、再认识的过程中逐步深化的。在认识和改造客观世界的过程中不断地认识和改造主观世界，通过不断地认识和改造主观世界又不断地深化对客观世界的认识和改造，这是我们推动事业向前发展的规律，也是我们党的干部成长进步的规律。我们要充分肯定党的干部工作的成绩，如实看到各级干部的素质和水平在不断提高，这是基本的方面。我们党是站在时代前列、面向未来的马克思主义政党，总是坚持用发展的观点来看问题。中华民族在19世纪历经磨难，倍受欺凌；20世纪拼搏奋起，顽强探索，经历了三次历史性巨变，终于成功地走出了一条建设有中国特色社会主义的正确道路。21世纪将是我们党领导人民实现中华民族全面振兴的世纪。面对新世纪，我们党肩负着重大的历史责任，我们广大干部首先是几千名高级干部、几万名中级干部肩负着重大的历史责任。我们要高举邓小理理论伟大旗帜，高中级干部首先要全面、正确地掌握这个理论，并且善于运用这个理论解决改革开放和现代化建设中的各种问题，在实践中不断丰富发展这个理论。这是一个艰巨的任务。我们要推进有中国特色社会主义的伟大事业，建设有中国特色社会主义的经济、政治和文化，高中级干部首先要具有较高的领导能力和领导水平，能够科学判断形势，正确把握大局，实事求是地决定政策，经得起各种风浪的考验。这也是一个艰巨的任务。我们要巩固党的执政地位，保持党同人民群众的血肉联系，要求党的干部不但要有坚定正确的理想信念，有贯彻执行党的路线和方针政策的能力，而且要有良好的思想作风。中华民族历来很看重领导者的榜样作用。“其身正不令而行，其身不正虽令不从”，就是古人留下的警世名言。我们的高中级干部，要率先养成优良的道德品质和作风，廉洁勤政，艰苦奋斗，深入实际，调查研究，谦虚谨慎，联系群众，全心全意为人民谋利益。这同样是一个艰巨的任务。

21世纪将是充满机遇和挑战的世纪。在世纪之交的重要时期，能否抓住机遇，迎接挑战，开拓进取，有所作为，对各级领导干部都是严峻的考验。在这种考验面前，每个同志都应当努力使自己尽可能适应得快一些。“不进则退”这个法则，对谁都是一样起作用的。实现我们的宏伟目标，需要经过几代人、十几代人持续不懈的奋斗。因此，必须始终注意大力培养和选拔成千上万的优秀年

轻干部。为了帮助他们成长进步，接好老一辈的班，要坚持对他们严格要求。现在在职的各级领导干部，大多是十一届三中全会以后走上领导岗位的，在知识、精力、年龄等方面有一定优势，但在政治经验、组织领导能力和思想作风等方面，同老一辈相比还有较大差距，还需要继续锻炼和提高。不少同志过去长期从事专业技术工作，马克思主义理论学习和理论修养还不够，要更好地担负起党和人民的重托，必须付出长期的艰苦努力，刻苦读书，经受磨炼。改革开放以来，有些干部经受不住考验，出了问题，其中的教训很值得大家共同吸取。现在，有一部分同志还没有从这些沉痛教训中警醒，不良风气仍然在他们中盛行。有些干部包括一些高中级干部，对这些东西不抵制、不纠正，有的甚至起了推波助澜的作用。有些同志不认真学习理论、不深入思考问题、不调查研究、不扎实工作，而是得过且过，庸碌无为，热衷于作表面文章。还有的不勤俭创业、不体恤民情、不造福人民，而是沉迷于花天酒地、奢侈铺张。还有的不扎实工作、不长远谋划、不顾全大局，而是醉心于局部和眼前的利益，甚至为了追逐个人权位弄虚作假，拉关系跑门子。还有极少数人，不是用权为民，而是用各种办法以权谋私，逃避监督，还自以为得计。这些不良的、恶劣的风气，误国误民，危害无穷，必须坚决扫除。

同志们，我们党是有5800万党员、领导着12亿人民的大党。肩负着这么重的责任，我多次讲过，对领导干部要严格要求、严格管理、严格监督，而领导干部自己要自重、自省、自警、自励。这“三严四自”归结到一点，就是我们的高中级干部要意识到自己所肩负的重大历史责任，要有自知之明，要看到自己的差距和不足，要有一种时不我待的紧迫感，有一种坚韧不拔、奋发向上的良好精神状态。这里，我想再提出以下几点希望。

第一，重视学习，加强学习，不断提高理论修养和知识水平。根据十五大的要求，我们要在全党兴起一个学习马列主义、毛泽东思想特别是邓小平理论的新高潮。高中级干部首先要在这方面带好头，做认真学习的表率。毛泽东同志多次说过，“以其昏昏，使人昭昭，是不行的。”邓小平同志也说过：“不注意学习，忙于事务，思想就容易庸俗化。如果说变质，那么思想的庸俗化就是一个危险的起点。”作为共产党人，放松了学习，思想落后于形势，就会丧失先进性，使精神世界陷于低级趣味，就难以抵挡利欲的诱惑。我在提出领导干部要讲学习、讲政治、讲正气时，是把学习放在第一位来强调的。学习是个前提，不学习，政治上就不可能成熟，就不可能自觉改造自己的主观世界。这里我再次希望我们的高中级干部，一定要克服心浮气躁，潜下心来钻研理论。有些同志说工作太忙没有时间学习。我看关键是思想认识问题，就看你究竟把学习放在什么位置上，如果真正充分认识到它的重要性，总能挤出时间来学的。毛主席对马列著作、二十四史、古典名著能通读数遍，而且作了批注。当然，我们不能要求所有的领导干部都读那么多的书。问题的关键在于有没有高度的政治责任感、强烈的求知欲望和进取精神。十五大提出，要在党内造成认真学习的风气，民主讨论的风气，积极探索的风气，求真务实的风气。这里首先是要造成认真学习的风气。党内要真正形成良好的学习风气，高中级干部的带头示范作用至关重要。学什么？首先要学马列主义，学毛泽东思想，特别要学习邓小平理论。对我们来说，马克思主义理论是管总的东西，不学习理论，势必思想空虚，精神贫乏，是非不辨，方向不明。一些干部出问题，同不学习马克思主义理论是密切相关的。还要学习历史、经济、科技、法律等各种知识。当今的时代是一个各种新事物、新知识、新经验层出不穷的时代，我们要学习的东西多得很。不论是谁，只要停顿下来，不学习新东西，肯定是要落伍的。当然，怎么学，要从自己的实际出发，有的略知一二就可以了，有的则要学而不厌，精益求精。只要扎扎实实地坚持不懈地学下去，我们的理论修养、文化素质和领导水平，就会不断地得到新的提高。

第二，在政治上思想上同党中央保持高度一致，坚决贯彻中央的重大决策和部署。我们国家正处于承前启后、继往开来的关键时期，新的形势和任务要求各级领导干部务必牢固树立全局观念，识大体、顾大局，自觉维护中央权威，把广大干部群众的思想和行动统一到十五大精神和中央的决策上来。中央的重大决策，都是经过广泛的调查研究，征求各方面意见，从全国大局考虑作出的。各地区、各部门一定要认真贯彻落实。高级干部尤其要在这方面作表率。要正确处理全局和局部的关系，自觉坚持在大局下面行动，有什么意见可以向中央反映，但决不能阳奉阴违。要完整、准确地领会中央决策的精神，正确地加以贯彻执行。当然，这决不是提倡照搬照抄，不是中央开个什么会，发个什么文件，各级层层照开，层层照发。贯彻中央决策，停留在这种状况是根本不行的。一定要和本部门、本地区的实际情况相结合把中央精神体现在扎扎实实地打开工作局面上，体现在解决问题上，认真地实事求是地把各项工作做好。这就是我们的要求。这里有一个很重要的问题，就是对于客观规律，我们可以认识和利用，但不能违反，否则是要受惩罚的。过去我们在经济建设中做过一些违背经济规律而事与愿违的事，这种历史教训应当牢牢记取。这些年我们所以取得巨大成绩，就是因为努力按客观规律办事。我们的同志要领导好经济工作，必须认真研究、自觉掌握和运用经济规律，才能掌握主动权，减少大的失误，避免走弯路。任何时候都要加强调查研究，切实改进思想方法和工作作风，提倡说实话，办实事，鼓实劲，讲实效，踏踏实实地

工作，不辜负党和人民的要求和期望。

第三，认真贯彻党的民主集中制原则。民主集中制是党和国家的根本组织制度和领导制度，要始终坚持贯彻执行。实践表明，一个领导班子的状况如何，同是否认真执行民主集中制有直接关系。有些领导班子存在不团结现象，原因很多，但带共性的一条就是民主集中制执行得不好，搞少数人或者个人说了算，把集体领导当陪衬，把集体讨论当形式，或者遇事议而不决，决而不行。要增强领导班子的凝聚力和战斗力，必须健全集体领导和个人分工负责相结合的制度。主要领导同志要有魄力，尤其要有全局思想和民主作风，要懂得尊重别人，善于集思广益，坚持重大问题集体讨论决定。每个领导成员既要根据集体的决定和分工，切实履行自己的职责，又要关心全局工作，积极参与集体领导。要把贯彻执行民主集中制与讲学习、讲政治、讲正气结合起来，树立领导班子的良好形象。

第四，诚心诚意为人民群众谋利益，保持同人民群众的血肉联系。我们党有许多优势，根本的一条是同人民群众保持血肉联系。在人民群众中生长、成熟和发展起来，始终为人民群众的利益而奋斗，这是我们党充满生机与活力的源泉所在。过去革命战争年代是这样，现在搞改革开放和现代化建设也是这样。毛泽东同志讲过，我们党同人民群众的关系，是鱼和水的关系。邓小平同志也讲过，党离不开人民，人民也离不开党。这些话，都是长期实践证明了的真理。政治问题，从根本上说，就是对人民群众的态度问题和同人民群众的关系问题。中央反复强调领导干部要保持清醒头脑，其中一个基本要求，就是要时刻摆正自己同人民群众的位置，时刻牢记为人民服务的宗旨，时刻警惕脱离群众的倾向。这在我们党执政、实行改革开放和发展社会主义市场经济的条件下，尤其要注意。我们一定要坚持从群众中来到群众中去的根本工作路线，坚持解放思想、实事求是的思想路线，保证路线方针政策和大的决策不发生问题；同时，各级干部、几千万党员首先是领导机关、领导干部，在思想上作风上和工作上绝不能脱离群众。现在，我们已经确立了一整套正确的路线方针政策，要保证党的路线方针政策的贯彻执行，加强干部队伍特别是领导干部的思想作风建设，具有至关重要的意义。我们的高中级干部在这方面必须有高度的自觉性。一个干部如果一味地靠地位和权力来树立威信，而不是把心思和精力集中到密切联系群众，真心诚意为人民谋利益上来，那是树立不起来的，即使暂时树起来，最终也是靠不住的。共产党人要立志做大事，不要立志做大官。凡是关系党和国家利益的事，涉及人民群众利益的事，都是大事，都要认真过细地去做，都要努力做好。现在，相当一部分国有企业尚未摆脱困境，一大批职工下岗，生活困难的不少。在他们最需要关心，最需要领导干部跟他们共同克服困难的时候，有些领导干部却无动于衷，或者把“关心”停留在嘴上，有的甚至还在挥霍公款、纸醉金迷、四海漫游。这种状况如不尽快改变，是很危险的。1998年的元旦、春节即将来临，各级党委和政府必须及早做好工作。要切切实实、细致入微地关心群众生活，尤其要妥善安排好下岗职工和灾区、贫困地区群众的生活，保证广大人民群众欢度春节。

第五，带头廉洁自律，自觉接受监督。领导干部特别是高级干部在群众中树立什么形象，有重要的导向作用。我们有些同志总是抱怨党风、政风、社会风气方面的问题，但却没有仔细想想，这些问题的出现，与我们领导干部、与我们自己的示范作用发挥得如何有什么关系。“己不正，焉能正人”？一个领导干部如果腐败变质，就可能影响一个部门、一个地区的风气，就可能使更大范围的群众对我们党有意见。这方面的教训已经不少，我们应当警钟长鸣。高中级干部手中握有权力，接触面宽，求你办事的人多，遇到的各种诱惑和考验也多，无论在什么情况下，都要把握住自己。这是最基本的要求。我们的领导干部，不但要严于律己，而且要管好自己的配偶、子女和身边工作人员，管好下属。需要特别强调的是，高中级干部一定要加强自觉接受监督的意识。当前，监督工作特别是对高中级干部和主要领导干部的监督，还是一个薄弱环节。要下决心进一步加强和健全党内监督的各项制度。这就首先要求我们的高中级干部要有接受监督的自觉性。

最后，我想谈谈“一把手”问题。党政“一把手”，既是班子中平等的一员，又在班子中处于关键地位，负有特别重大的责任。一个地区、一个部门、一个方面工作做得如何，班子状况怎样，同“一把手”关系很大因而必须对各级领导班子的“一把手”提出更高更严格的要求。是不是可以提出这样四句话，叫做：坚持原则，把握全局，团结同志，加强修养。坚持原则，一切以党和人民的利益为重，这是党性的最高原则。邓小平同志讲，领导工作要有原则性、系统性、预见性、创造性。对于领导干部来说，原则性是第一的。把握全局，就要求在工作中既善于抓住主要矛盾，又善于照顾全盘，能够协调各方面力量，调动各方面积极性。在领导班子内部，要用大局来统一思想，协调行动，处理矛盾。团结同志，就要求胸襟开阔，光明磊落，互相学习，互相尊重，以理服人，以德服人。绝不允许当面一套背后一套，表里不一。加强修养，就是要通过学习和实践，培养和保持高尚的道德情操。要克服庸俗的权力观念，加强对党、对人民的责任意识，不要被各种各样的“关系网”束缚了自己。总之，要树立远大的理想和坚定的信念，增强党性，增强抵御各种诱惑的能力，做坚持和发扬党的优良传统和作风的模范。

迈向充满希望的新世纪

——一九九八年新年讲话

（1997年12月31日）

江泽民

同胞们、朋友们、女士们、先生们：

在1998年来临之际，我十分高兴地通过中央人民广播电台、中国国际广播电台和中央电视台，向全国各族人民，向香港特别行政区同胞、澳门和台湾同胞、海外侨胞，向世界各国的朋友们，致以诚挚的问候和良好的祝愿！

1997年，是中国发展历史上非常重要的很不平凡的一年。中国人民决心继承邓小平同志的遗志，继续把建设有中国特色社会主义事业推向前进。中国政府顺利恢复对香港行使主权，并按照“一国两制”、“港人治港”、高度自治的方针保持香港的繁荣稳定。中国共产党成功地召开了第十五次全国代表大会，高举邓小平理论伟大旗帜，总结百年历史，展望新的世纪，制定了中国跨世纪发展的行动纲领。

在这一年中，中国的改革开放和现代化建设继续向前迈进。国民经济保持了“高增长、低通胀”的良好发展态势。农业生产再次获得好的收成，企业改革继续深化，人民生活进一步改善。对外经济技术合作与交流不断扩大。民主法制建设、精神文明建设和其他各项事业都有新的进展。我们十分关注最近一个时期一些国家和地区发生的金融风波，我们相信通过这些国家和地区的努力以及有关的国际合作，情况会逐步得到缓解。总的来说，中国改革和发展的全局继续保持了稳定。

在这一年中，中国的外交工作取得了重要成果。通过高层互访，中国与美国、俄罗斯、法国、日本等大国确定了双方关系未来发展的目标和指导方针。中国与周边国家和广大发展中国家的友好合作进一步加强。中国积极参与亚太经合组织的活动，参加了东盟——中日韩和中国—东盟首脑非正式会晤。这些外交活动，符合和平与发展的时代主题，顺应世界走向多极化的趋势，对于促进国际社会的友好合作和共同发展作出了积极的贡献。

1998年，中国人民将满怀信心地开创新的业绩。尽管我们在经济社会发展中还面临不少困难，但我们有邓小平理论的指引，有改革开放近20年来取得的伟大成就和积累的丰富经验，还有其他的各种有利条件，我们一定能够克服这些困难，继续稳步前进。只要我们进一步解放思想，实事求是，抓住机遇，开拓进取，建设有中国特色社会主义的道路就会越走越宽广。

实现祖国的完全统一，是海内外全体中国人的共同心愿。通过中葡双方的合作和努力，按照“一国两制”方针和澳门《基本法》，1999年12月澳门的回归一定能够顺利实现。

台湾是中国领土不可分割的一部分。完成祖国统一，是大势所趋，民心所向。任何企图制造“两个中国”、“一中一台”、“台湾独立”的图谋，都注定要失败。希望台湾当局以民族大义为重，拿出诚意，采取实际的行动，推动两岸经济文化交流和人员往来，促进两岸直接通邮、通航、通商的早日实现，并尽早回应我们发出的在一个中国的原则下两岸进行谈判的郑重呼吁。

环顾全球，日益密切的世界经济联系，日新月异的科技进步，正在为各国经济的发展提供历史机遇。但是，世界还不安宁。南北之间的贫富差距继续扩大；局部冲突时有发生；不公正不合理的旧的国际政治经济循序还没有根本改变；发展中国家在激烈的国际经济竞争中仍处于弱势地位；人类的生存与发展还面临种种威胁和挑战。和平与发展的前景是光明的，21世纪将是充满希望的世纪。但前进的道路不会也不可能一帆风顺，关键是世界各国人民要进一步团结起来，共同推动早日建立公正合理的国际政治经济新秩序。

中国政府将继续坚持奉行独立自主的和平外交政策，在和平共处五项原则的基础上努力发展同世界各国的友好关系。中国愿意加强同联合国和其他国际组织的协调，促进在扩大经贸科技交流、保护环境、消除贫困、打击国际犯罪等方面的国际合作。中国永远是维护世界和平与稳定的重要力量。中国人民愿与世界各国人民一道，为开创持久和平、共同发展的新世纪而不懈努力！

在这辞旧迎新的美好时刻，我祝大家新年快乐，家庭幸福！

谢谢！

以党的十五大精神为指导
加大工作力度　深入开展反腐败斗争

尉健行

当前,全党和全国各族人民正在深入学习、全面贯彻党的十五大精神,高举邓小平理论伟大旗帜,在以江泽民同志为核心的党中央领导下,同心同德,艰苦奋斗,努力夺取建设有中国特色社会主义事业的新胜利。在这样的形势下,中央纪委召开第二次全会,研究部署1998年的党风廉政建设和反腐败工作。

1998年党风廉政建设和反腐败工作总的要求是:以邓小平理论和党的十五大精神为指导,贯彻“统揽全局,精心部署,狠抓落实,团结一致,艰苦奋斗,开拓前进”的方针,结合中央纪委向党的十五大的工作报告提出的建议,坚持党中央确定的反腐败指导思想、基本原则、领导体制和工作格局,坚持标本兼治、综合治理,进一步提高认识,以更大的决心、更有力的措施,坚持不懈地推进党风廉政建设和反腐败斗争,努力取得新的成效。

一、以党的十五大精神统一思想,指导党风廉政建设和反腐败斗争

党的十五大是在我国改革开放和社会主义现代化建设事业承前启后、继往开来重要时期召开的一次历史性会议。江泽民同志在会上的重要报告,高举邓小平理论伟大旗帜,科学地总结历史,规划未来,对我国改革开放和现代化建设的跨世纪发展作出了全面部署,是我们党带领全国各族人民迈向新世纪的政治宣言和行动纲领。各级党委和纪委要把学习贯彻党的十五大精神摆在重要位置上,重点研读江泽民同志的报告,从总体上把握报告的基本观点和基本精神,系统钻研报告所阐述的加强党风廉政建设和反腐败斗争的重要思想和内容,着重把握好以下几点要求:

(一)立足社会主义初级阶段的实际,深刻认识在改革开放和现代化建设进程中反对腐败的极端重要性,加大工作力度,努力遏制腐败现象蔓延的势头。

我国现在处于并将长时期处于社会主义初级阶段,封建主义、资本主义腐朽思想和小生产习惯势力还有广泛影响,对外开放和由计划经济体制向社会主义市场经济体制转变中出现了许多复杂的情况,体制、法制和政策的完善需要一个过程,一些党员干部经受不住新的历史性变革的考验。由于这些历史和现实多方面的原因,腐败现象的滋生蔓延有其土壤和条件,决定了反腐败斗争是一场复杂、艰巨、长期的斗争。这是一场关系党和国家生死存亡的严重政治斗争。各级党的组织和各级领导干部务必态度坚决、旗帜鲜明地抓好反腐败斗争。要从维护改革、发展、稳定的大局出发,实事求是地提出工作任务。既要在战略上有总体考虑,树立长期作战的思想,又要有明确的阶段性目标,不断加大工作力度,认真落实各个阶段的任务,实现在今后五年内使党政机关和干部队伍中腐败现象蔓延的势头得到遏制的目标。

(二)把党风廉政建设和反腐败斗争置于建设有中国特色社会主义事业的大局之中,紧紧围绕经济建设这个中心来进行。

在跨越世纪的新征途上,全党要毫不动摇地坚持党在社会主义初级阶段的基本路线,把以经济建设为中心同坚持四项基本原则和改革开放这两个基本点统一于建设有中国特色社会主义的伟大实践,始终坚持两手抓、两手都要硬的战略方针。党风廉政建设和反腐败斗争必须服从服务于经济建设这个中心,坚持把发展社会主义生产力作为考虑和处理问题的出发点,把“三个有利于”作为检验工作的根本标准,既坚决支持和保护广大党员干部积极改革、大胆创新,又严肃惩处打着改革旗号,严重干扰改革、发展的违纪违法行为。要紧密结合改革和发展的重大措施的贯彻实施,研究党风廉政建设可能出现的新情况、新问题,制定治理对策,把握反腐败斗争的主动权。

(三)把党风廉政建设和反腐败斗争放在党的建设新的伟大工程的重要位置,同党的思想建设和组织建设紧密结合起来。

党的思想建设、组织建设和作风建设,构成了党的建设新的伟大工程的基本内容。加强党的作风建设,端正党风和政风,深入反腐败,密切党同群众的联系,能够有效地促进党的思想建设和组织建设;而加强党的思想建设和组织建设,用邓小平理论武装全党,把党建设成为坚强的领导核心,必然为党风廉政建设和反腐败斗争提供思想和组织保证。思想建设、组织建设和作风建设协调

发展，相互促进，才能从整体上加强党的建设。要按照党的十五大提出的全面加强党的建设的要求，坚持从严治党的方针，把党风廉政建设和反腐败斗争放在党的建设新的伟大工程的重要位置，全党重视，齐抓共管。

(四)党风廉政建设和反腐败斗争必须坚持标本兼治、综合治理，既要克服已经发生的腐败现象，又要通过深化改革，从源头上预防和治理腐败。

党的十五大报告指出，反腐败要坚持标本兼治，教育是基础，法制是保证，监督是关键，通过深化改革，不断铲除腐败现象滋生蔓延的土壤。在反腐败斗争中，既要对已经出现的腐败现象，采取有力措施，一项一项地进行治理，又要深入研究滋生腐败的深层次原因，从源头上预防和治理腐败。要综合运用经济、行政、教育、法制、纪律等手段，紧紧依靠广大人民群众的支持和参与，尤其要通过改革，在体制、制度、管理等方面进一步强化监督制约机制，减少和消除产生腐败的条件，提高反腐败工作的整体效能。

(五)党风廉政建设和反腐败斗争要坚持从领导机关、领导干部抓起，尤其要加强对各级领导干部的管理和监督。

各级党政领导机关、领导干部在党风廉政建设和反腐败斗争中，负有特殊重要的责任。党政领导机关，尤其是中央和国家机关在党风廉政建设和反腐败工作中更要坚持高标准、严要求，发挥表率作用。领导干部特别是高中级干部要带头廉政勤政，坚持自重、自省、自警、自励，模范遵纪守法，自觉接受监督。各级党政领导机关要完善党风廉政责任制，进一步明确和落实领导集体和领导个人对党风廉政工作应负的责任。要对党员干部特别是领导干部严格要求，严格管理，严格监督，促使他们廉洁高效、依法履行职责。领导干部不仅自己要廉洁自律，还要管好配偶、子女和身边工作人员，并对所管辖的地区和部门的党风廉政建设和反腐败工作切实负起责任，带领群众坚决同腐败现象作斗争。

二、突出重点，狠抓落实，取得反腐败三项工作的新进展

1998年要认真抓好已部署的反腐败三项工作的落实，突出重点，巩固成果，全面推进，取得新的进展。

(一)狠抓制止奢侈浪费八条规定的落实，推进领导干部廉洁自律工作。

近几年，适应改革开放和社会主义现代化建设事业形势发展的需要，按照中央的要求，我们先后制定了党员领导干部廉洁从政的若干规定和制度，在此基础上形成了《中国共产党党员领导干部廉洁从政若干准则(试行)》，经过实施，收到一些效果。今年要围绕贯彻江泽民同志关于艰苦奋斗的重要讲话精神，着重落实《关于党政机关厉行节约制止奢侈浪费行为的若干规定》，推进《廉政准则》的进一步贯彻执行，以良好的党风和政风带动社会风气的好转，推动反腐败各项工作的开展。

各级党政机关要重点落实制止奢侈浪费八条规定，严格控制新建和装修办公楼，严格控制各种会议和各种庆典活动，严禁用公款大吃大喝、挥霍浪费，严格控制用公款安装住宅电话或购买移动电话，严格控制各种检查、评比和达标活动，严格按规定配备、更换小汽车，严格管理公费出国(境)。在落实八条规定中，要突出抓好三项工作，达到以下要求：1.继续清理通信工具，进一步建立健全用公款安装住宅电话及配置移动电话的制度，严格执行电话费实行对个人规定限额、超额自负的规定。2.坚决执行党政机关召开的各类会议不准赠送礼品和纪念品的规定。对联谊会、评比会、研讨会、首发式等要从严控制，经批准召开的这类会议，上级领导干部一般不参加，新闻单位一般不报道。各类会议和庆典活动一律不准向企业事业单位摊派费用。3.要切实执行公务活动接待标准，招待费应在财务上单独列项，严格实行招待费审批、核算制度。对弄虚作假的，要追究有关领导干部和会计人员的责任。党政机关工作人员出差去外地，到接待单位指定的内部宾馆、招待所食宿，不准住高档宾馆；出差到乡镇和基层单位的，凡乡镇和基层单位有食堂的，一律在食堂就餐。不准到上级领导机关所在地宴请领导机关工作人员或赠送礼品，不准利用各种学习、培训之机互相宴请。不准参加用公款支付的营业性场所的各种高消费娱乐活动。各级党委、政府和纪检监察机关对执行制止奢侈浪费行为各项规定的情况要加强监督检查，对违反规定的，必须按照《关于对违反〈关于党政机关厉行节约制止奢侈浪费行为的若干规定〉行为的党纪处理办法》坚决进行处理。

要切实加强对党员领导干部廉洁自律专题民主生活会的指导和监督检查。要把贯彻执行《廉政准则》，特别是执行制止奢侈浪费八条规定的情况，作为领导干部廉洁自律专题民主生活会的一项重要内容，着眼于发扬艰苦奋斗精神，认真纠正存在的问题。专题民主生活会召开前，机关党组织要会同干部管理部门将在廉政考察、干部述职、届中考察等活动中群众的意见和反映，以及受理群众来信来访掌握的有关情况，转告有关领导干部，并督促其在民主生活会上作出说明或检查。上级主管机关的领导干部要有重点地参加下级机关的民主生活会，加强指导。要抓好领导干部本人的自我批评和自查自纠，并同领导成员之间的相互批评、组织核查、群众评议结合起来。

(二)集中力量查处一批大案要案，严厉惩处腐败分子。

坚决贯彻党的十五大报告关于严格执行党的纪律，

党内决不允许腐败分子有藏身之地的精神，强化执纪执法机关的办案职能，坚持以查办党政领导机关、行政执法机关、司法机关、经济管理部门和县(处)级以上领导干部的违纪违法案件为重点，抓紧抓好查办案件工作，特别要突破一批有影响的重大案件。

要着重查处司法机关和行政执法机关人员贪赃枉法的案件，金融违法违规的案件，严重违反组织人事纪律的案件，以及严重违反政治纪律的案件。要认真查处企业领导干部以权谋私、玩忽职守造成国有资产严重流失的案件，查处基层干部违纪违法的案件，坚决制止少数干部工作简单粗暴、侵犯群众利益的行为。

中央纪委和省(区、市)纪委要集中力量查办一批重大违纪违法案件。对涉及领导干部的重大案件，要抓住不放，严肃查处，严格执纪执法，严厉惩治腐败分子。要坚决纠正执纪执法不严的现象。

对有一般性错误的干部，要批评教育，做好思想政治工作，帮助他们提高认识、改正错误。对错误比较严重的干部，本人能够在民主生活会上或通过其他方式主动向组织检讨错误并认真纠正的，可以从轻处分或免予处分；拒不自查自纠、批评教育后仍不改正的，必须给予纪律处分。

要拓宽办案思路，改进工作方法。要在重视群众举报的同时，结合重大改革措施的实施，主动深入到案件易发、多发的领域和部位，通过执法监察、审计监督、专项清理等方法发现案件线索。纪检监察机关查办的大案要案，在查清涉案对象违反党纪政纪的主要事实后，可以先作出党纪政纪处分，并选择有震摄力和教育意义的案件进行公开报道，需要追究法律责任的，及时移交司法机关处理。要剖析典型案件，研究案件发生的特点和规律，总结教训，教育干部，堵塞在监督、管理、政策、制度上的漏洞，把查处案件与预防、教育紧密结合起来。要针对改革中出现的新情况、新问题，划清违纪与否的界限，进一步发挥好党的纪律检查和行政监察的惩戒功能和保护功能。

各级党委、政府要进一步加强对办案工作的领导，充分发挥由纪检、法院、检察、监察、审计等单位主要领导组成的反腐败协调小组的作用，及时研究和指导大案要案的查处，排除办案阻力，改善办案工作条件，保证办案经费。要坚持分级管理、分级办案的原则，推行办案工作责任制。要加强上级纪检监察机关对下级纪检监察机关执纪办案工作的指导。要规范各执纪执法机关的协同办案工作，搞好分工与合作，保证办案质量，提高办案效率。

(三)抓住群众反映强烈的突出问题，坚持纠正部门和行业不正之风。

纠风工作要继续坚持纠建并举的方针和谁主管谁负责的原则，行业行政主管部门要切实负起责任。纠风专项治理的重点是：继续抓好减轻农民负担、减轻企业负担和清理预算外资金的工作。

坚决落实党中央、国务院关于减轻农民负担的一系列方针政策，全面推行农民负担预决算、监督卡和专项审计三项制度，严格禁止乱集资、乱罚款和各种摊派，切实纠正借收购农副产品之机代扣代缴提留统筹费和各种搭车收费。不准出台违反中央规定的收费项目，防止发生由于加重农民负担而引发的严重事件。

坚决贯彻落实党中央、国务院《关于治理向企业乱收费、乱罚款和各种摊派等问题的决定》，逐项检查1997年批准取消项目的落实情况，重点清理与企业挂钩的不合理收费项目，对需要保留包括降低标准和合并的行政事业性收费、罚款、集资和基金项目，要按照管理权限从严重新审批。在清理向企业乱收费、乱罚款和各种摊派期间，一律不准新出台向企业收费的项目。对强制企业参加的培训、评比和订购报刊等问题，要坚决纠正。要普遍推行收费许可证和企业交费登记卡制度。

清理预算外资金工作，要加强日常监管，巩固已有成果。各地区各部门必须按规定将行政事业性收费和罚没收入及时足额缴入财政预算和财政专户，坚决惩处私设“小金库”、乱支乱花等行为。有条件的地方可实行预算外资金统一征管。

要采取有力措施，巩固治理公路“三乱”等工作的成果，防止反弹，切实解决好中小学校乱收费等问题。在做好以上工作的同时，各地区各部门还可从实际出发，重点解决一下群众反映强烈的问题。执法监督部门和公共服务行业，要对所属基层窗口单位提出行业作风整顿的新要求。要继续搞好社会服务承诺制的试点和推行工作，积极推进创建文明行业的活动。

民主评议是扩大基层民主、组织广大群众对行业作风及行业管理进行民主监督的有效形式。今年要普遍推行民主评议行业作风的制度。各地区和各行业行政主管部门要认真总结经验，制定具体实施计划，保证这一制度顺利执行，取得实效。

1998年是非常重要的关键的一年，要保证改革、发展和稳定各方面任务的顺利实现，严肃政治纪律至关重要。党的各级组织、各级领导干部特别是高中级干部，必须严格遵守政治纪律，维护党的章程，维护中央权威，在思想上、政治上同中央保持一致，以实际行动保证党的十四大各项决策的贯彻执行，保证中央经济工作会议、全国金融工作会议部署的任务的落实和提出的改革措施的实施，保证政府机构改革、地方领导班子换届等工作的顺利完成。要严格执行民主集中制的各项规定，防止个人专断和各自为政，坚决反对地方和部门保护主义，反对有令不行、有禁不止和弄虚作假、虚报浮夸等行为。要把贯彻执行民主集中制与讲学习、讲政治、讲正气结合起来，加

强思想作风建设,树立领导班子的良好形象。

三、加大标本兼治力度,从源头上预防和治理腐败

反腐败斗争必须在各级党委的统一领导下,坚持标本兼治,综合治理,既要狠抓治标,坚决查处违纪违法行为,严厉惩处腐败分子,又要加大治本力度,从源头上预防和治理腐败,努力遏制腐败现象蔓延的势头。

(一)加强党性党风党纪教育,增强党员干部拒腐防变的能力。

在新的历史条件下,广大党员、干部面临着腐蚀与反腐蚀的严峻考验。要把思想政治教育作为反腐败的基础性工作切实抓紧抓好,教育广大党员干部尤其是高中级干部不断加强世界观改造,坚定共产主义理想和信念,身体力行共产主义道德,经得住权力、金钱、美色的考验,永葆共产党员的本色。

要继续组织广大党员干部认真学习邓小平党风廉政建设思想,深入开展以讲学习、讲政治、讲正气为主要内容的党性党风党纪教育。要有组织有计划地在全党进行普及党内法规和国家法律法规的教育,重点学习《廉政准则》、《中国共产党纪律处分条例(试行)》、《关于党政机关厉行节约制止奢侈浪费行为的若干规定》等。通过教育,使广大党员干部深刻认识加强党风廉政建设和深入开展反腐败斗争的重要性和紧迫性,提高廉洁自律的自觉性,增强法制观念,坚决同腐败现象作斗争。

各级党校、干部管理院校要把党性党风党纪教育和廉政教育作为必修课。要把对干部的思想政治教育同经常性管理和监督结合起来。要运用正反两方面的典型进行教育,大力宣传克己奉公、清正廉洁、艰苦奋斗、全心全意为人民服务的先进事迹,剖析违纪违法的典型案例,教育广大党员干部弘扬正气、反对歪风。要充分发挥党报、党刊、国家通讯社和电台、电视台在宣传党风廉政建设和反腐败斗争中的主导作用,在全社会形成反腐倡廉的舆论环境。

(二)健全法制,保证党风廉政建设和反腐败斗争有序开展。

要按照党的十五大提出的依法治国基本方略的要求,把坚持党的领导、发扬人民民主、健全社会主义法制和严格依法办事统一起来,从法律、制度上保证党风廉政建设和反腐败斗争沿着法制的轨道健康有序地进行。

切实抓好党风廉政法规和制度的执行工作。要严格执行《廉政准则》、《中国共产党纪律处分条例(试行)》、《关于领导干部报告个人重大事项的规定》等法规和制度。负责实施各项法规和制度的各主管机关要切实负起责任,加强监督检查,坚决纠正执法不严、违纪不究的现象。

加强党风廉政法规和制度的制定工作。要在试点工作的基础上,起草和颁布《党风廉政责任制》,做好《中华人民共和国行政监察法》配套规定的起草工作。要围绕制止奢侈浪费八条规定的落实,制定可操作的实施办法。各地区各部门要联系实际,结合业务管理,针对容易发生腐败的薄弱环节,制定防范措施和规定。

(三)强化监督,建立健全权力制约机制。

强化监督是防止权力滥用的关键。要建立健全依法行使权力的制约机制,把党内监督、法律监督、群众监督结合起来,发挥舆论监督的作用,有效预防和及时揭露腐败。

要强化党内监督,首先是加强党委内部的监督和纪委的监督。要重点落实加强党内监督五项制度及其实施办法。各省、自治区、直辖市纪委要加强对巡视制度执行的组织领导,发挥巡视制度对领导干部的监督作用。按照《党章》的规定,各级纪律检查委员会发现同级党的委员会委员有违犯党的纪律的行为,可以先进行初步核实,如果需要立案检查的,应当报同级党的委员会批准,涉及常务委员的,经报告同级党的委员会后报上一级纪律检查委员会批准。各级纪委和党的组织部门要加强协调配合,建立健全相应的规章制度,使提拔任用地方和部门主要领导干部应征求同级纪委意见的工作规范化、制度化。

要加强对各级领导干部行使权力的监督。监督的重点是:贯彻执行党的路线、方针、政策的情况;坚持民主集中制原则,实行集体领导和个人分工负责相结合制度的情况;对重大决策、重要干部任免、重要项目安排和大额度资金的使用必须经集体讨论,按照少数服从多数的原则作出决定的情况。要规范民主决策程序,健全议事规则。要加强对领导干部决策情况和决策执行情况的监督,对失职渎职的,要追究其责任。要对容易发生以权谋私、权钱交易部位的权力进行分解和合理配置,加强监控,建立依法行使权力的制约机制。领导干部特别是高中级干部要提高接受监督的自觉性。

要加强行政监察工作,严格执行《中华人民共和国行政监察法》,监督检查国家行政机关、国家公务员遵守和执行法律、法规和政府的决定、命令的情况,保证政令畅通。要充分运用执法监察等手段,积极开展廉政监察和交通监察,防止以权谋私、失职渎职等行为的发生,促进廉政勤政建设。

要扩大基层民主,加强对基层领导干部的民主监督。村务公开是发展农村基层民主,加强党风廉政建设的一项重要制度。要在全国农村普遍推行村务公开、民主管理的制度,重点对财务管理、宅基地发放、乡村统筹提留、计划生育指标分配、集体经济项目承包经营等直接涉及村民切身利益的事项,实行公开。要逐步把村务公开的内容、形式、程序、标准、时间以及民主监督的方式规范

化、制度化，同时要加强农村党的基层组织的领导作用和村民委员会的管理作用。

在直接涉及群众切身利益的部门，要实行公开办事制度。除属于国家保密的事项外，凡办事内容、办事依据、办事程序、办事结果和办事纪律等都要向社会公开，便于群众知情和监督。要把实行公开办事制度与推行民主评议制度结合起来。

国有企业、集体企业及公有产权占主导地位的企业和事业单位，要坚持和完善以职工代表大会为基本形式的民主管理、民主监督制度。要继续坚持企业职代会对企业领导班子成员每年进行一次民主评议、民主测评的制度。企业事业单位凡住房分配、奖金发放等涉及职工群众切身利益的事项，以及领导干部个人廉洁自律的有关情况，必须向职工群众或职代会公开，接受监督。要继续坚持企业业务招待费使用情况向职代会报告的制度。

对国有企业，县(市)直属部门和事业单位，乡(镇)党委、政府的主要领导干部，要实行离任审计制度，未经审计的不得离任。有条件的地方可扩大实行这项制度的范围。

(四)深化改革，减少和消除滋生腐败的条件。

各地区各部门要结合实际，认真研究改革开放和社会主义市场经济条件下党风廉政建设和反腐败斗争面临的新情况，从解决体制、法制、政策和管理中存在的问题入手，努力消除导致腐败现象发生的因素。1998年着重在以下几个方面取得进展。

要结合金融改革，进一步整顿和规范金融秩序，切实加强金融法治和金融监管，严厉惩治金融犯罪和违法违规行为。严禁任何部门和单位非法设立金融机构和非法从事金融业务，严禁金融机构以法定的会计账册以外另立会计账册从事账外经营，凡违反规定的，对直接负责的主管人员和其他直接责任人员要一律予以撤职处分，触犯刑律的，依法追究刑事责任。严禁任何单位和个人将单位的资金以个人名义开立账户存储。

所有党政机关都要执行与所办经济实体脱钩的规定，落实行政事业性收费、罚没收入实行“收支两条线”的规定。公安、检察、法院、工商行政管理等部门更要坚决落实这两项规定，与所办经济实体在名称、职能、人员特别是财务方面彻底脱钩，按照规定将行政事业性收费、罚没收入一律上缴财政。公安、检察、法院、工商行政管理等部门所需各项经费，由财政部门会同上述部门核定数额，予以解决。

要改革会计人员管理体制，强化制约机制，预防和制止违纪违法行为的发生。在国有企业、国有控股企业进行会计委派制度试点。有条件的地方和部门，也可以试行会计委派制度。要发挥会计师事务所等中介机构的监督作用。财政部门要加强对会计工作的管理和监督，同时加强对注册会计师、会计师事务所执业质量的监督。对造假账、报假数、开假票据等违法违规的会计人员，一律取消其专业技术资格，并依法追究法律责任。对授意、指使、强令会计人员编造、篡改会计数据的单位领导人，要一律撤销职务，依法从严惩处。

要建立有形建筑市场，建立健全公开、公平、公正竞争的制度，严格管理，加强监督。所有政府部门，国有企业、集体企业及公有产权占主导地位的企业和事业单位，除涉及国家安全的保密工程及其他特殊工程外，工程建设项目都要实行公开招标投标，并不准转包。对违反规定的，要追究有关领导的责任。对利用工程承发包和分管工程之机行贿、受贿、贪污和弄虚作假、徇私舞弊的违纪违法行为，要坚决查处。

四、以改革精神加强纪检监察机关的自身建设

全面贯彻党的十五大精神为加强党风廉政建设、开展反腐败斗争提供了新的机遇，也对纪检监察工作提出了更高的要求。各级纪检监察机关必须以改革的精神进一步加强自身建设，以适应形势发展的需要。

(一)加强学习，改进作风，增强工作的预见性。

纪检监察干部要按照党的十五大关于“全党要重视学习，善于学习”的要求，认真学习马列主义、毛泽东思想特别是邓小平理论，从总体上领会理论的基本观点和基本精神，系统钻研党风廉政建设和反腐败的内容，培育科学的世界观，在思想上、政治上与党中央保持一致。要改进工作作风和工作方法，深入到改革开放和经济建设的第一线，了解新情况，解决新问题。要加强理论和政策研究，探索新的历史条件下腐败滋生蔓延的根源以及反腐败斗争的特点和规律，增强工作的预见性。要加强经济知识、法律知识和其他知识的学习，努力钻研纪检监察业务，增强工作才干和执纪办案的本领。

(二)强化纪检监察机关及其派驻机构的职能作用，提高工作的整体效果。

各级纪检监察机关要积极协助党委和政府抓好党风廉政建设和反腐败工作。要充分发挥组织协调作用，依靠各级党委、政府和各个部门，密切配合，形成反腐败的整体合力。要加强监督检查，督促各部门落实党风廉政责任制，把党风廉政建设和反腐败工作与业务工作紧密结合，一同抓好。

中央和省一级纪检监察机关要站在领导机关的高度，着眼全局，分析形势，正确决策，加强方针、政策的指导。要深入实际，调查研究，总结经验，提高整体工作水平。

要强化中央和省一级纪检监察机关派驻机构的职能作用。中央和省一级的派驻纪检监察机构，要进一步树

立全局观念，既要协助党政领导班子抓好本机关、本系统的党风廉政建设和反腐败工作，又要结合本机关、本系统主管的业务，就加强标本兼治、从源头上治理和预防腐败，提出政策、制度、管理等方面的对策和建议。

要按照江泽民同志在1996年中央纪委第六次全会讲话中提出的“在地方各级机构改革中，纪检监察机关只能加强，不能削弱”的要求，进一步加强纪检监察机构，充分发挥纪检监察机关的职能作用。各级纪检监察机关要适应形势的发展，调整内设机构，规范工作程序，搞好业务分工，建立合理、高效的工作运行机制。

（三）改进和加强纪检监察干部管理工作，增强队伍的凝聚办和战斗力。

要加强纪检监察机关的领导班子建设，以思想政治建设为重点，把各级领导班子建设成为用邓小平理论武装起来，坚决贯彻党的基本路线、坚持原则、坚强团结的领导集体。要积极选拔优秀中青年干部进入各级领导班子。要选调和培养熟悉金融、财经、法律等专业知识的干部，改善干部队伍的知识结构。要完善纪检监察机关的激励机制，调动和保护纪检监察干部的积极性。纪检监察干部处在反腐败斗争的第一线，面临着腐蚀与反腐蚀的严重斗争。对纪检监察干部要严格要求，严格管理，严格监督，使他们自觉遵守职业道德，恪尽职守，秉公执纪，公正严明，不徇私情，坚决维护党纪政纪的严肃性。对在执纪办案等工作中违反纪律的，要从严处理。要加强纪检监察机关内部的监督制约，建立健全干部轮岗、交流制度，严格执行办案回避制度。各级党委、政府要关心、爱护纪检监察干部，为他们提供必要的工作条件，解决他们的实际困难；要切实保障纪检监察干部依纪依法履行职责，对打击、报复纪检监察干部的，要严加惩处。

在新的一年，我们要更加紧密地团结在以江泽民同志为核心的党中央周围，高举邓小平理论伟大旗帜，以党的十五大精神为指导，艰苦奋斗，开拓前进，坚定不移地推进党风廉政建设和反腐败斗争，保证党的十五大作出的战略部署顺利实现。

（这是尉健行同志1998年1月20日在中共中央纪律检查委员会第二次全体会议上的报告。）

以邓小平理论为指导做好面向新世纪的人才人事工作

——在学习邓小平人才人事理论座谈会上的讲话

（1998年2月13日）

胡锦涛

在中宣部、人事部举办学习邓小平人才人事理论座谈会之际，我首先对《邓小平人才人事理论学习纲要》的出版表示热烈的祝贺。

今年2月19日，是敬爱的邓小平同志逝世一周年。我们更加深切地怀念他老人家。在这极不平凡的一年里，以江泽民同志为核心的党中央团结带领全党全军全国各族人民，化悲痛为力量，坚定地继承邓小平同志的遗志，毫不动摇地坚持党的基本理论和基本路线，把建设有中国特色社会主义事业继续推向前进。不仅保持了党和国家安定团结的政治局面，而且取得了改革开放和现代化建设的新成就。特别是香港顺利回归祖国、十五大取得成功这两件大事，极大地振奋了全党全国各族人民的爱国主义热情和把我们的伟大事业全面推向二十一世纪的奋斗精神。实践表明，在任何时候、任何情况下，只要我们坚持高举邓小平同志指明的建设有中国特色社会主义道路前进，同心同德，群策群力，扎实工作，不懈奋斗，我们就能够不断克服面临的困难，经受住种种风险的考验，我们的伟大事业就一定能够从胜利走向新的胜利。

党的十五大把邓小平理论作为党的指导思想写进党章，指出这次大会的灵魂就是高举邓小平理论的伟大旗帜，强调一定要用这个理论指导我们的整个事业和各项工作。这是十一届三中全会以来我国社会主义改革开放和现代化建设成功经验的最高总结，又是中国跨世纪发展取得成功的根本保证。随着十五大精神的贯彻落实，一个学习马列主义、毛泽东思想特别是邓小平理论的新高潮正在逐步兴起。这次学习高潮的一个鲜明特点，就在于把学习邓小平理论与学习十五大报告结合起来，既注意完整、准确地把握理论的科学体系，领会基本观点和基本精神，又从各自工作的领域对理论的有关内容进行系统钻研和理解。《邓小平人才人事理论学习纲要》的出版，体现了十五大精神的要求，适应了推动理论学习向深度和广度发展的需要，为广大干部特别是县处级以上领导干部和干部人事工作者学习邓小平人才人事理论，提供了重要的辅助材料，对于进一步做好新形势下的人才人事工作将会产生重要作用。

邓小平人才人事理论是邓小平理论科学体系的重要组成部分，是新时期党和国家人才人事工作的理论依据和行动指南。在改革开放和现代化建设过程中，邓小平同志始终十分重视人才问题，特别是在推进经济体制改革、科技体制改革和教育体制改革的重要时刻，他都强调最关心的是人才。他总是把能否解决好人才的发现、培养和使用问题，提到事关社会主义现代化事业成败的高度来认识，提出我们最终不仅要在经济上赶上发达的资本主义国家，在政治上创造比这些国家更高更切实的民主，而且要造就比这些国家更多更优秀的人才。他精辟地指出："有了人才优势，再加上先进的社会主义制度，我们的目标就有把握达到。"在邓小平同志的大力倡导下，在邓小平理论的指引下，我国干部人事工作取得了很大成绩。建立了干部离退休制度，废除了领导职务终身制；适当下放了干部管理权限，赋予企业、事业单位相应的用人自主权；打破了干部管理的单一模式，初步建立起分类管理的人事工作体制；公务员制度基本建立，考试录用、考核、辞职辞退等制度开始实施。选拔有突出贡献的专家制度、博士后研究制度、优秀专业人才享受政府特殊津贴制度等，以及"百千万人才工程"的实施，推动了人才的培养、选拔和使用，促进了"尊重知识、尊重人才"良好社会风气的形成。事实表明，邓小平人才人事理论的形成和成功实践，对于建设一支高素质的干部队伍和人才队伍，保证建设有中国特色社会主义事业的兴旺发达，具有极其重大的意义。

人才是科技进步和经济社会发展最重要的资源。即将到来的二十一世纪，是一个充满机遇和挑战的世纪。随着世界格局多极化趋势的发展，国际竞争日趋激烈。在高新技术日新月异的情况下，综合国力的竞争越来越突出地表现为人才、智力资源的开发和使用。谁拥有人才优势，谁就拥有发展的优势，就会在世界范围的竞争中处于主动的地位。历史的经验、现实的要求已经告诉我们，未来的发展将继续告诉我们，我国现代化建设的进程，在已经有了正确的理论和路线的指导，有了党的坚强领导的情况下，在很大程度上将取决于国民素质的普遍提高和人才资源的有效开发。培养同社会主义现代化建设要求相适应的数以亿计高素质的劳动者和数以千万计

的专门人才，发挥我国巨大人力资源的优势，是关系二十一世纪社会主义事业发展全局的大事。我们一定要从这样的战略高度深刻认识人才问题的极端重要性，坚定不移地以邓小平理论特别是人才人事理论为指导，不失时机地做好面向新世纪的人才人事工作，努力建立一整套有利于人才发现、培养和使用的激励机制，形成一个有利于优秀人才脱颖而出、充分发挥作用的良好环境，建设一支包括党政领导人才、经济管理人才和科技人才在内的人才大军。有了这样一个人才辈出、群英荟萃的局面，我们的伟大事业就更有把握取得成功。

做好面向新世纪的人才人事工作，必须坚持解放思想、实事求是，以改革的精神不断研究新情况，解决新问题。在党的十五大精神指引下，我国改革开放和现代化建设正呈现出蓬勃发展的新局面。这既为进一步做好人才人事工作提供了机遇，也提出了新的要求新的课题。比如，如何按照实现经济体制和经济增长方式两个根本性转变的要求，拓展人才资源开发的广度和深度，加大人才培养的力度，不断提高人才队伍的整体素质。又比如，如何适应国有企业改革攻坚和开创新局面的需要，加强企业领导班子建设和管理人员、专业技术人员队伍建设，探索创造符合社会主义市场经济发展需要的国有企业领导班子以及队伍管理的新方式。再比如，经济结构、产业结构的调整，必然带来人才结构的调整，如何根据下岗人员中专业技术人员的不同情况，通过实行人才有序流动等各种有效方式，迅速分别转移到诸如高新技术产业、信息产业、第三产业、区街企业、乡镇企业等新的经济增长点，避免人才资源的浪费，等等。我们要善于运用马克思主义的立场、观点和方法，以科学态度和创造精神，研究分析人才人事工作面临的各种新情况、新问题，破除落后的思想观念和习惯势力的束缚，积极探索，勇于实践，深化干部人事制度改革，完善人才管理方法，促进人才资源的开发和使用，使人才人事工作的水平在为改革开放和现代化建设服务的实践中不断得到提高。

做好面向新世纪的人才人事工作，关键在领导。邓小平同志讲："善于发现人才，团结人才，使用人才，是领导者成熟的主要标志之一。"希望我们的各级领导干部，特别是高中级干部，都能用以要求自己，努力成为自觉尊重和爱护人才，善于正确培养、选拔和使用人才的表率。希望各级党委和政府要舍得在人才培养上投资金、花力气，继续尽心尽力地改善各类优秀人才的工作和生活条件，为他们健康成长和施展才干创造良好的环境。

社会主义改革开放和现代化建设需要造就服务于我们这个伟大国家、伟大民族和伟大人民的一代又一代优秀人才。我们相信，在邓小平理论的指引下，在以江泽民同志为核心的中央领导下，经过各级党组织和政府的扎实工作，经过广大干部自身的奋发努力，一定会涌现出一批又一批适应伟大时代要求的各类优秀人才，从而保证把建设有中国特色社会主义事业不断推向前进。

在周恩来同志诞辰一百周年纪念大会上的讲话

（1998年2月23日）

江泽民

同志们、朋友们：

今天，我们隆重集会，纪念周恩来同志诞辰一百周年。

周恩来同志是伟大的马克思主义者，党和国家主要领导人之一，中国人民解放军主要创建人之一，伟大的无产阶级革命家、政治家、军事家和外交家。

周恩来同志的一生是辉煌的一生。他为中国人民解放事业和社会主义事业建树的卓著功勋，他崇高的精神和人格，丰碑似地屹立在中国共产党和中华民族的历史上，深深地铭刻在中国各族人民的心里。

周恩来同志出生在十九世纪末叶。那是中华民族饱经内忧外患、在灾难的深渊中苦斗的时期。一八九八年，即周恩来同志出生的那一年，德国强占胶州湾，俄国强占旅顺大连，法国强占广州湾，英国强占威海卫和九龙新界。他三岁那年，八国联军向中国发动武装进攻，占领中国的首都北京达一年之久。中华民族蒙受巨大屈辱，国家濒临灭亡边缘。

周恩来同志从少年时代起就立志救国，"为了中华之崛起"而发愤读书。他在中学的一篇作文中写道："鸦片之役，英人侵我；越南之战，法人欺我；布楚之约，俄人噬我；马关之议，日人凌我；及乎庚子，诸国协力以谋我。瓜分豆剖，蚕食鲸吞，岌岌乎不可终日。"为了救国救民，民主革命的伟大先行者孙中山先生等一批批先进的中国人，都在当时的社会条件下探索过、奋斗过，都有自己的贡献和历史的地位，但是中华民族付出巨大代价，依然苦难深重。周恩来同志一九一七年东渡日本，开始探求新的道路。他提出要"另辟'新思想'求'新学问'，做'新事情'"，"人人心中有着这个'新'字，中国才有望呢。"俄国十月革命以后，他开始接触马克思列宁主义。一九一九年四月周恩来同志从日本回国，经受了五四运动的洗礼。一九二〇年一月，他被反动政府拘捕，在狱中继续思考中国的出路问题。出狱后，他到欧洲勤工俭学，经过实际考察并对各种思潮进行比较，终于确立了共产主义的信仰。一九二一年，他在巴黎参加共产主义小组，参与发起成立中国共产党的活动，成为中国共产党最早的党员之一。

周恩来同志回国后，立即投身如火如荼的大革命浪潮。在广东，他担任黄埔军校政治部主任和中共广东区委军事部长，是我们党内最早认识武装斗争重要性和最早从事军事工作领导人之一。他建立的政治工作制度，使国民革命军面目为之一新，对保证两次东征和北伐的胜利发挥了重大作用，并由我们党创建的人民军队在长期革命战争中加以继承和发展。一九二七年大革命失败后，周恩来同志担任中共中央政治局临时常务委员会委员、中共前敌委员会书记，领导发动南昌起义，打响了武装反抗国民党反动派的第一枪。我们党领导的人民军队从此诞生。党的六大后的近两年时间内，周恩来同志实际上成为党中央工作的主要主持者。他在极端险恶的情况下机智勇敢地保卫了党的中央机关，保护了党的大批领导骨干，他为发展党在白区的秘密工作，为联系和指导各地的武装斗争，扩大红军和农村革命根据地，作出了重要的贡献。一九三一年底，周恩来同志由上海到达江西中央革命根据地，先后担任中共苏区中央局书记、红一方面军总政委、中国工农红军总政委、中央革命军事委员会副主席。他和朱德同志共同指挥了第四次反"围剿"斗争，创造了大兵团伏击歼灭战的成功经验。一九三四年秋，在"左"倾冒险主义的错误指导下，第五次反"围剿"斗争失败，中央红军被迫长征，中国革命再度处于危急关头。为扭转这种危急的局面，周恩来同志和其他同志一道，支持召开遵义会议，支持毛泽东同志的正确主张。从此确立了毛泽东同志在红军和党中央的领导地位，中国革命开始"柳暗花明又一村"的历史性转折。

从延安时期到新中国成立，周恩来同志作为毛泽东同志的主要助手，一直工作在中国民族解放和人民解放战争的指挥中心。在西安事变中，他根据党中央的方针，运筹帷幄，多方斡旋，促使其和平解决，从而实现了停止内战，团结抗日。抗战期间，他参与指导八路军、新四军出师敌后和平型关战役、台儿庄战役的筹划。他代表我们党长期在国民党统治区工作，广泛团结社会各阶层爱国人士，取得他们的信任和合作。他同国民党顽固派的倒行逆施进行了有勇有谋的斗争。抗战胜利后，为了制止内战，他率领我党代表团同国民党当局进行了针锋相对的谈判斗争。人民解放战争中，周恩来同志担任中央

军委副主席兼代总参谋长。在陕北，他同毛泽东、任弼时同志率领中央机关以大无畏的气概与敌人周旋，指挥人民解放军从战略防御转入战略进攻。在西柏坡，他协助毛泽东同志在世界上最小的司令部里部署与指挥了改变中国历史命运的战略大决战。北平和平解放后，他代表我们党同各民主党派和爱国民主人士共商建国大计，筹备召开中国人民政治协商会议，起草《共同纲领》，全力以赴地投身新中国的筹建工作。

中华人民共和国成立后，周恩来同志担任共和国政府总理长达二十六年。他既是国家建设总体蓝图的重要设计者，又是将它付诸实施的卓越组织者和管理者。他日理万机，经济、外交、国防、统战、科技、文化、教育、新闻、卫生、体育各行各业的发展，各个方面的建设，无不浸透着他的心血。

周恩来同志总理国务，组织领导国家的经济建设，是他工作的首要课题。他认为："国家面貌的改变要从经济面貌的改变做起"，"最主要的事情，就是我们人人都要关心提高我们国家的生产力"。开国之初，他和陈云同志负责领导繁重的经济恢复工作，扭转了国民党政府遗留下来的财政经济崩溃的局面。朝鲜战争爆发后，他一边协助毛泽东同志组织指挥抗美援朝，一边下大力抓水患严重的淮河治理和全国铁路的修复。他和陈云、李富春、薄一波等同志一起负责编制和实施第一个五年计划。他们几次出访莫斯科，先后达成了苏联援建我国一百五十六项重点工程的协议。这些重点工程和环绕它的几百项工程建设，为我国实现社会主义工业化奠定了初步基础。"大跃进"之后，我国面临着严重的经济困难。周恩来同志和刘少奇、陈云、邓小平同志，坚决贯彻党中央、毛主席确定的调整、巩固、充实、提高的八字方针，进行了大量艰苦的工作，使经济形势实现好转。在"文化大革命"那样混乱和艰难的环境中，周恩来同志和李先念等同志一起，坚持排除干扰，始终没有放松经济工作。在他重病期间，仍全力支持邓小平同志对经济工作和其他工作进行的全面整顿。周恩来同志不仅参与提出四个现代化的宏伟目标，而且精心组织，部署实施。他特别关注作为农业命脉的水利建设和直接关系国家现代化进程的尖端科学技术的发展。我国在解放之初还不能制造一辆汽车，而到六十年代后原子弹、氢弹、人造卫星很快相继研制成功，周恩来同志为此作出了卓越贡献。

周恩来同志是重视科学技术和尊重知识分子的典范。他提出："科学是关系我们的国防、经济和文化各方面的有决定性的因素。""我们要实现农业现代化、工业现代化、国防现代化和科学技术现代化，把我们祖国建设成为一个社会主义强国，关键在于实现科学技术的现代化"。根据毛泽东同志的意见，他和陈毅、李富春、聂荣臻同志领导制定并组织落实一九五六至一九六七年的十二年科学技术发展远景规划。这一规划提前五年于一九六二年基本完成，有效的解决了一批我国经济建设和国防建设中的重大科学技术问题，大大缩小了我国科学技术水平同世界先进水平的差距。周恩来同志还领导制定了一九六三至一九七二年科学技术发展规划。尽管规划的实施受到"文化大革命"的干扰，但仍取得不少成就。周恩来同志指出，建设社会主义"除了必须依靠工人阶级和广大农民的积极劳动以外，还必须依靠知识分子的积极劳动"，人才是一个"决定性因素"。他为发挥知识分子在社会主义建设中的积极作用，扩大知识分子队伍，提高知识分子的思想政治和业务水平，提出一系列方针政策，做了大量深入细致的工作。他在一九五六年一月中共中央召开的知识分子问题会议上作的《关于知识分子问题的报告》，在一九六二年三月广州会议上作的《论知识分子问题》的讲话，肯定绝大多数知识分子是工人阶级的一部分，是劳动人民的知识分子，希望知识分子沿着又红又专的道路继续进步。周恩来同志关于知识分子问题的重要论述，受到党内外干部群众的热烈拥护，有效地调动了广大知识分子建设社会主义祖国的积极性。

周恩来同志把经济建设和文化建设比作一辆车子的两个轮子，主张相辅而行，相互促进。他对新中国教育的性质和任务，方针和政策，教学内容和方法的改进，教育工作者思想政治和业务水平的提高，青少年学生德智体的全面发展等，多次提出重要的意见。他同许多文化界人士有着广泛的联系和交往。为了提高中国人民的卫生健康水平，他不仅参与领导制定发展卫生、体育事业的政策措施，而且兼任中央爱国卫生运动委员会主任，领导开展人民卫生工作。

周恩来同志是党的统一战线工作的卓越领导人。他为统一战线的创建和发展做了大量的工作。他是第一届全国政协副主席，第二、三、四届全国政协主席。他贯彻执行中国共产党和各民主党派"长期共存，互相监督"的方针，高举爱国主义、社会主义的旗帜，坚持中国共产党领导的多党合作和政治协商制度，经常倾听各民主党派与无党派爱国人士的意见，同他们平等对话，广交朋友，以诚相待。他善于团结一切可以团结的力量，调动一切可以调动的积极因素为社会主义建设服务。他致力于祖国统一大业，为解决香港、澳门和台湾问题，进行了大量基础性、开拓性的工作。他坚持民族团结和民族平等，参与制定并组织实施党的民族政策、宗教政策，为实现各民族的共同发展、共同繁荣进行了不懈的努力。

周恩来同志的新民主主义革命时期就卓有成效地领导了我们党的外事工作，新中国成立后他又是我国外交事业的主要奠基者之一。在党中央和毛泽东同志领导下，他以超乎寻常的精力、才能、勇气和智慧，致力于制定和贯彻独立自主的和平外交政策，领导清除帝国主义在华

的一切特权，结束一百年来旧中国历届政府丧权辱国的外交屈辱史，为我国外交事业作出了全面的杰出的贡献。周恩来同志是著名的和平共处五项原则的最早提出者，他还同印度、缅甸总理共同倡议把这五项原则作为国际关系的普遍准则。在繁忙的外事活动中，周恩来同志为促进世界和平，为维护社会主义中国的独立、主权和中华民族的民族尊严，为增进我国同世界各国特别是广大发展中国家和人民的友谊，为提高我国的国际地位，为推动广泛的对外经济文化交流，付出了艰辛劳动，作出了历史性贡献。他赢得了世界各国人民和国际友好人士的普遍尊敬。七十年代初，他协助毛泽东同志打开中美关系的大门，实现中日邦交正常化，为今天我国外交格局的形成奠定了基础。周恩来同志杰出的外交思想、丰富的外交经验、精湛的外交艺术、坦诚的外交风格，使每一个中国人引为自豪。

周恩来同志在“文化大革命”极端复杂的特殊条件下，努力维护党和国家正常工作的动转，尽可能地减少损失，保护了一大批党的领导骨干、民主人士和知识分子。一九七0年至一九七一年，他协助毛泽东同志挫败了林彪反革命集团妄图夺取最高权力的阴谋。“九·一三”事件后，他主持中央日常工作，使各方面的工作有了转机。他身患绝症，仍顽强坚持工作，并和邓小平、叶剑英、李先念等同志一起，同江青反革命集团进行了坚决的斗争。在“文化大革命”的混乱中，我国社会主义制度的根基仍然保存着，我们的国家仍然保持统一并且在国际上发挥重要影响，党、人民政权、人民军队和整个社会的性质都没有改变、国民经济虽然遭到巨大损失仍然取得了进展，粮食生产保持了比较稳定的增长，工业交通、基本建设和科学技术方面取得了一批重要成就，对外工作也打开了新的局面，都同周恩来同志的辛勤工作分不开。根据毛泽东同志的决策，周恩来同志促成邓小平同志复出，主持召开十届二中全会选举邓小平同志为中共中央副主，主持召开四届人大重申四个现代化的宏伟目标、任命邓小平同志为副总理，促成邓小平同志主持中央常务工作和代行总理职权。这不仅深深地影响了当时中国的政局，而且为未来中国的健康发展准备了条件。

周恩来同志从一九二七年起就是中共中央的核心领导成员，中华人民共和国成立后又长期担任党和国家的重要领导职务。他经历了中国新民主主义和社会主义建设中的一系列重大事件，参与了党中央各个历史时期几乎所有重大决策的制定和组织实施。可以说，周恩来同志半个多世纪奋斗的历史，是中国共产党历史的一个缩影，是新中国孕育、诞生、成长和取得崇高国际威望的历史的一个缩影。

周恩来同志善于把马克思主义的基本原理同中国革命和建设的具体实际相结合，善于发现和总结人民群众历史创造活动中的新鲜经验，善于从中华民族优秀文化遗产和世界文明中吸取智慧。他在政治、经济、军事、外交、统一战线、文化教育和党的建设等领域都有理论建树，为毛泽东思想的形成和发展作出了重要贡献。他对中国如何建设社会主义进行了艰辛的探索，提出了许多今天仍有重要启示作用的思想理论观点。

周恩来同志是中国人民的忠实儿子，是中国共产党人的优秀代表。周恩来，这是一个光荣的名字，一个不朽的名字。在他的身上，凝铸着中华民族的传统美德和工人阶级的优秀品格。他的崇高精神和人格，感召和哺育着一代一代共产党人，已经成为推进我们党和国家事业的一种巨大力量。

周恩来的精神，就是共产主义远大理想同脚踏实地的工作作风的结合。他一生遵奉着青年时代立下的誓言：“我认的主义一定是不变了，并且很坚决地要为它宣传奔走”。他在革命遇到挫折时从没有灰过心，在敌人血腥压迫下从没有胆怯过，面对自然灾害或由于决策失误造成的严重困难从没有泄气过，始终保持坚定的革命信念和旺盛的革命斗志。特别是在重大历史转折关头，他总是认准方向和目标，坚韧不拔。他坚持实事求是，要求大家按照客观规律办事。他反对好高骛远，善于在务虚与务实、目标与步骤的统一中扎实工作。在经济建设中，他反复强调要提倡“说真话，鼓真劲，做实事，收实效”，主张根据需要和可能合理地确定发展速度，既积极又稳妥，在综合平衡中稳步前进。

周恩来的精神，就是对上负责同对下负责的结合。他总是把党的利益、人民的利益摆在第一位。他是严格执行党的路线、方针、政策的模范，又是关心同志、关心群众的模范。作为人民共和国总理，他自觉地维护党中央的集体领导和毛泽东同志的领袖地位。他真诚地把自己看成人民的“总服务员”，切切实实，兢兢业业，履行着“为人民服务而死”的诺言。他每天都孜孜不倦、夜以继日地工作着，这成了他毕生勤勉的显著标志。他艰苦朴素、廉洁奉公，心里时时记挂着人民群众，只要是关系群众生老病死的事情，他总是体贴入微、关怀备至。他飞临抗洪前线，奔赴地震现场，哪里有灾情，哪里有群众的困难，就及时出现在哪里。直到临终前，他还嘱咐解决云南锡矿工人肺癌发病问题。越是功高如山，他越是谦虚谨慎，心胸似海，善于倾听各种意见，博采众长。他严于律己，活到老、学到老、改造到老。他真正做到了对工作极端负责，对同志对人民极端热忱。

周恩来的精神，就是高度的原则性同高度的灵活性的结合。无论是对敌斗争还是处理人民内部的、党内的矛盾，无论是在外交活动还是在国内工作中，周恩来同志总是善于把原则的决定性和策略、方法的灵活性统一起来。他说：正确的意见常常是要经过许多等待、迂回才能

取得胜利。这中间有许多艰苦的、细致的工作，要灵活地处理很多问题，才能使真理具体化，为大家所接受。周恩来同志思虑机智而周全，处理敏捷而缜密，是驾驭复杂局势的能手，处理危急事件的巨匠。他善于把握大局，统筹兼顾，寓刚于柔，寄理于情，显示了高超的领导艺术和丰富的政治经验。

全党全军和全国各族人民，特别是各级领导干部，都要努力学习周恩来同志的崇高精神，并努力贯彻到自己的思想和行动中去，把各项工作做得更好。

周恩来同志喜欢引述毛泽东同志《咏梅》词中的两句："待到山花烂漫时，她在丛中笑。"这寄托着他对无数为革命牺牲而没有亲眼看到事业成功的先烈们的深情，也寄托着他对党和人民事业取得胜利的欣喜和取得更大胜利的期望。今天，我们可以告慰周恩来同志的是：他离开我们二十二年来，我们的国家已经成功地走上了建设有中国特色社会主义的正确道路，并取得了举世瞩目的巨大成就。

十一届三中全会以来，邓小平理论，党的以经济建设为中心、坚持四项基本原则、坚持改革开放的基本路线，为我们指明了前进的方向。在刚刚过去的一九九七年，中国政府顺利恢复对香港行使主权，一洗香港被侵占的百年耻辱；中国共产党第十五次全国代表大会胜利召开，作出了高举邓小平理论伟大旗帜，把建设有中国特色社会主义全面推向二十一世纪的战略部署。我们的事业正处在承前启后、继往开来的重要时期。周恩来同志一生的杰出功业和伟大精神，将会继续鼓舞全党同志和全国各族人民更加紧密地团结起来，在党中央领导下，为把我国建设成为富强民主文明的社会主义现代化国家而努力奋斗！

深入学习邓小平理论
提高认识和改造世界的能力

（1998 年 3 月 2 日）

胡锦涛

党的十五大提出，要高举邓小平理论伟大旗帜，把建设有中国特色社会主义事业全面推向二十一世纪。要完成这一新的历史任务，必须不断提高全党首先是各级领导干部的领导水平和执政水平，不断增强拒腐防变的能力。实现这“一个提高、一个增强”，最重要的是坚持用马列主义、毛泽东思想特别是用邓小平理论武装头脑。马克思主义理论来源于实践，是实践经验的科学总结和升华。我们学习和掌握的根本目的，是为了应用，是以理论为指导认识世界和改造世界的实践。江泽民同志说过，理论上的成熟是政治上成熟的基础。最近他又进一步指出，能不能把理论和实际很好地结合起来，是理论上和政治上是否成熟的一个标志。这两句话，非常重要，不可分割。同志们在党校学习期间，一定要下决心刻苦学习理论，牢牢把握解放思想、实事求是这个精髓，抓住“什么是社会主义、怎样建设社会主义”这个根本问题，完整、准确地把握邓小平理论的科学体系，系统学习基本观点。同时，一定要坚持理论联系实际的原则，努力提高对理论深刻理解和正确把握的能力，提高对实践经验进行理论思考、对现实问题作出正确回答和解决的能力，提高对自己的主观世界进行认真剖析、自觉增强党性锻炼的能力，以更好地承担起肩负的历史任务。下面，我想讲三点意见。

第一，要紧密联系国际国内形势学习理论，始终保持清醒的头脑和奋发进取的精神状态

邓小平理论是马克思主义在中国发展的新阶段，是马克思主义基本原理同当代中国实际和时代特征相结合的产物，也是我们正确认识时代特征，从总体上把握好国际国内形势的科学指南。在《邓小平文选》中，有很多关于形势的精辟论述，很多新观点、新论断，就是建立在科学分析形势的基础之上的。特别是在关键时刻，邓小平同志总是以马克思主义的宽广视野和敏锐的洞察力判断形势，给全党指明正确的前进方向。十一届三中全会以来我国改革开放和现代化建设之所以能够取得举世瞩目的伟大成就，经受住国际风云变幻和国内政治风波的考验，并在前进中充满生机和活力，最根本的就是因为有邓小平理论的指导，是因为我们党运用这一科学理论正确分析和判断形势，坚决排除各种干扰，带领全国各族人民，坚定不移地沿着正确道路不断前进。在深入学习邓小平理论时，一定要认真领悟贯穿在理论体系各方面的鲜明时代精神，学会把握当代中国和当今世界发展变化的形势和大局。联系形势学习理论，通过学习理论正确认识和把握形势，这是我们的同志把自己的思想统一到党的十五大精神上来，正确理解和贯彻执行好中央一系列重大决策的一个基本前提。

关于世纪之交我们党和国家面临的形势，十五大已经作了全面概括。在中央最近召开的几次重要会议上，江泽民同志又作了进一步分析。总的来说，形势的发展对我国改革开放和现代化建设是有利的。

当前，国际形势和国际关系正在发生新的重大而深刻的变化。尽管霸权主义、强权政治仍在威胁着世界局势的稳定，但和平与发展依然是当今时代的主流。主要特点是：⑴世界格局向多极化发展的趋势更加明朗，在各个层次和领域都有新的发展。这使我国在复杂多变的国际环境中有了更大的活动空间。⑵面向新世纪，大国关系的调整进入一个引人注目的新阶段，领导人频繁接触，纷纷建立各种不同内涵的“战略关系”和“伙伴关系”。在这种调整中，虽然矛盾错综复杂，但我国仍处于比较主动的地位。⑶各国都把发展经济作为迈向新世纪的首要任务。国际经济联系日益加深，竞争也日趋激烈。对我国来说，既有压力，也有机遇。⑷科技革命突飞猛进，把世界经济带入了信息时代，深刻地影响和改变着经济、政治格局和人类社会生活。我们要加倍努力，迎接挑战。⑸广大发展中国家国力提高，国际地位和作用进一步增强。这一趋势的发展，有可能对逐步改变长期以来个别大国主宰世界事务的状况发挥不可忽视的作用。我国同周边国家及发展中国家的友好合作关系进一步发展，与发达国家的关系明显改善，这些都对我们有利。⑹中国的发展已成为维护世界和平稳定的重要因素。我国奉行独立自主的和平外交政策，坚持正确的对外工作方针和策略，去年又取得了新的成就。特别是江泽民同志以国家主席的身份对美国成功地进行了国事访问，结束了 1989 年以

来两国关系的困难局面，取得了突破性进展。尽管中美之间还存在分歧，但两国领导就面向21世纪两国关系的框架和发展方向达成重要共识，向世界表示要共同致力于建立建设性的战略伙伴关系，这是具有重要现实意义和深远历史意义的。当然，我们所处的世界是一个复杂多变的世界，不可测因素不少。对出现的种种新变动，包括去年7月份以来东南亚和东亚一些国家相继发生的金融危机，必须密切观察，认真研究，沉着应对。但总起来说，整个国际环境对我国既有严峻的挑战，更有难得的机遇。只要我们头脑清醒，善于审时度势，趋利避害，坚持正确的方针，完全可以争取到更有利于发展自己的外部环境和条件。

从国内情况看，当前改革开放和现代化建设总的形势是好的。经济适度快速增长，物价涨幅进一步回落，呈现出"高增长、低通胀"的良好发展态势。1997年经济增长8.8%，商品零售价格涨幅为0.8%，这是多年来没有过的。粮食产量达到9850亿斤，比五年前增加1000亿斤，粮食生产又上了一个新的台阶。农村经济全面发展。主要生产资料和消费品出现了供求基本平衡或供大于求的格局，长期以来困扰我们的商品紧缺现象已经改观。经济结构调整开始出现一些新的积极变化，基础产业和基础设施建设加快，中西部地区投资得到加强。我国经济发展中长期存在的一些"瓶颈"制约，得到明显缓解，增添了持续发展的后劲。对外经济技术合作与交流继续扩大，国际收支状况良好。我国进出口总额已达3215亿美元，国家外汇储备达到1399亿美元。以建立社会主义市场经济体制为目标的改革取得重大突破。国有企业改革在积极试点的基础上稳步推进，为解决难点问题积累了经验。社会保障等其他方面的改革，都有新的进展。以公有制为主体、多种所有制经济共同发展的格局进一步展开。社会主义精神文明建设取得新的成绩，社会主义民主和法制建设得到加强，民族团结和社会稳定的局面进一步巩固。

同时也要看到，在经济和社会发展中还存在不少的矛盾和问题。比较突出的是相当一部分国有企业生产经营困难，下岗和失业人员增多，就业压力加大；农业基础仍然薄弱，经济建设中盲目投资、重复建设现象比较普遍，国民经济整体素质和效益不高；金融监管比较薄弱，金融秩序在某些方面比较混乱；收入分配关系还没有理顺，城乡都有部分群众生活比较困难；人民群众对社会风气和社会治安状况不满意；一些党政机关中官僚主义、形式主义、浮夸作风比较严重，消极腐败现象还没有得到全面有效的遏制，有些方面还在蔓延滋长。这些问题，有的是多年积累下来的，有的是在改革和发展过程中出现的，也有工作方面的问题。

联系形势学习理论，以理论为指导分析形势，要善于站在全局的高度，从复杂纷繁的现象中把握各种矛盾的内在联系，抓住事物的主流、本质，了解事物发展的总趋势。这对领导干部尤其重要。现在的形势总体看是好的，但是必须看到既有好的一面，也有亟待解决的问题和隐患；既有机遇和有利条件，也面临挑战和困难。因此，决不能盲目乐观，也决不能动摇必胜的信心。经验反复告诉我们，愈是形势好，愈要头脑清醒，重视前进中的矛盾和问题，仔细寻找克服困难、解决矛盾的对策和办法。这就要有一种坚韧不拔、奋发有为的良好精神状态。全党同志首先是各级领导干部，要对建设有中国特色社会主义事业的前途充满信心；要有善于抓住机遇和敢于开拓进取的旺盛的革命斗志；要树立长期艰苦奋斗、勤俭办一切事业的思想；要坚持说老实话、办老实事、做老实人；要始终诚心诚意地为人民谋利益。我们党的事业，从来是在不断克服困难、解决矛盾的过程中迈出新步伐、开创新局面的。党的各级领导骨干，也从来是在这个过程中经受锻炼考验、一批一批成长和成熟起来的。顺利时飘飘然、忘乎所以，碰到困难时怨天尤人、萎靡不振，不是共产党人应有的精神状态。

第二，要紧密联系当前改革开放和现代化建设的实践来学习理论，更好地贯彻落实中央关于今年工作的部署

关于今年工作的指导思想、目标任务、工作方针和布局，中央已经明确了。总的要求就是：高举邓小平理论伟大旗帜，全面贯彻落实党的十五大精神，加强农业基础地位，加快以国有企业为重点的各项改革，加大经济结构调整力度，提高对外开放水平，继续推进经济体制和经济增长方式的根本转变，保持国民经济持续快速健康发展；加强民主法制建设，推进依法治国，维护社会稳定；加强精神文明建设，促进教育科学文化事业发展和社会全面进步；加强党的建设，坚持不懈地开展反腐败斗争；加强全党全国各族人民的团结，为建设有中国特色社会主义事业齐心奋斗。为保证上述要求的落实，必须努力做到统揽全局，精心部署，狠抓落实，团结一致，艰苦奋斗，开拓前进。

同志们到党校来学习，必须坚持理论联系实际的原则，做到学以致用。要以我们现在正在做的事情为中心，运用理论指导总结实践经验，研究解决面临的问题，积极推动改革开放和现代化建设事业。这个问题解决得如何，是衡量和检验理论学习成效和理论水平高低的重要尺度。

一是，坚持以十五大精神总揽全局，全面、正确、积极地贯彻党的基本理论、基本路线和中央的各项决策。中央关于今年工作的部署，是党的十五大精神的具体化。十五大精神是管总的，具有长远的指导意义。几个月来，

第十四部分　企业文化

第十五部分　“金点子”征文

第十六部分　企业风采

第十三部分　调查　实践　创新

第十一部分　反腐倡廉

第十二部分　政工干部论坛

第九部分　用人育人

第十部分　党的建设

第六部分　理论探讨

第七部分　热点透视

第八部分　时代楷模

第三部分　特约研究员会议

第四部分　政工专论

第五部分　“三讲”教育

第二部分　大事纵览

一九九七年

一九九八年

目　录

第一部分　重要文献

围绕高举邓小平理论伟大旗帜，把建设有中国特色社会主义全面推向二十一世纪这个主题，全党逐步兴起学习、贯彻十五大精神的热潮，取得了一定成效。同时也要看到，我们有些同志对十五大精神的理解还不够全面、不够准确、不够深入，在思想认识和工作中，还存在着这样那样的简单化、片面性、绝对化等现象。因此，必须继续把学习抓紧抓好，引向深入。十五大精神是邓小平理论在新形势下的运用和发展，必须把深入学习邓小平理论，同深入学习和贯彻十五大精神统一起来，进一步深刻理解邓小平理论的历史地位和指导意义，进一步深刻理解我国社会主义初级阶段的基本国情和党在社会主义初级阶段的基本路线、基本纲领，进一步深刻理解十五大为推进我国社会主义现代化事业跨世纪发展作出的一系列重大决策，进一步深刻理解面向新世纪的中国共产党肩负的重大历史责任和进一步把党建设好的重要性，为保证中央的决策和工作部署的贯彻落实打下坚实的思想基础。

二是，要坚定不移地深化改革，特别是要加快国有企业改革的步伐。今年改革的任务很重，是攻坚之年、关键之年。搞好国有企业的改革是当前经济体制改革的主要任务。中央提出，用三年左右时间使大多数国有大中型亏损企业摆脱困境，力争到本世纪末使大多数国有大中型骨干企业初步建立起现代企业制度，经营状况明显改善。这是关系我们事业成败的大事，意义重大而深远，任务艰巨而紧迫。中央已经明确提出了国有企业改革、发展的指导思想和基本方针，一定要严肃对待，全面理解和贯彻，决不能搞片面性、随意性。比如，按照“三个有利于”的标准，积极探索和发展公有制的多种实现形式，这是从我国处于社会主义初级阶段的国情出发，根据多年实践经验总结出的规律性东西。我们是社会主义国家，一定要坚持以公有制为主体，以国有经济为主导，但同时必须坚持多种所有制经济共同发展，而且公有制的实现形式也要多样化。不能只讲主体，不讲多种所有制共同发展，也不能只讲发展非公制经济，不讲以公有制为主体；不能固守公有制的单一实现形式，也不能一讲股份制就刮风，搞“一哄而起”、“一刀切”。再比如，中央强调，搞好国有企业，必须以建立现代企业制度为目标，把改革、改组、改造和加强管理结合起来，必须把加强领导班子建设这个关键抓住抓好。这些要求同样是多年实践经验的规律性总结，它们彼此联系，相互促进，缺一不可，必须全面落实。不能只强调一两个方面而忽视其他方面，也不能把某一方面同其他方面割裂和对立起来，不能搞形式主义，做表面文章。又比如，中央提出鼓励兼并、规范破产、下岗分流、减员增效和实施再就业工程，形成企业优胜劣汰的竞争机制。这是深化改革、搞好整个经济的必然要求，是考虑企业长远发展作出的重大决策，一定要坚决贯彻。在贯彻中一定要从实际出发，做深入细致的工作。特别是在实施企业兼并、破产过程中，一定要在确保国有资产不流失，真正实现转机建制目标，妥善安排下岗职工的生活和再就业等方面多下功夫，总结积累经验，求得规律性的认识。

深化金融体制改革，也是今年经济体制改革的一个重点。小平同志讲，金融是现代经济的核心。这十个字，寓意极深。国内外正反两个方面的事实证明，金融工作搞好了，可以有力地带动和影响经济全局的健康发展；金融工作一旦发生大问题，带来的危害也往往最广、最大。我们搞改革开放和现代化建设，必须认真学习金融知识，努力掌握金融工作规律，正确执行党的有关政策和国家的法律法规。负责一个地方全面工作的领导干部，如果不懂金融，又不好好学习，而是盲目蛮干，那是很危险的。关于金融体制改革，中央已经明确提出，要完善和强化中国人民银行的金融调控和监管体系，加强国有商业银行的集中统一管理，有步骤地推进区域性商业银行、城乡商业银行和信用合作社的建设，理顺和完善证券监管体系，这方面工作的目标和方针都是清楚的，关键在于认真执行。一些国家出现的金融危机对我们的同志又一次提供了经验教训，使大家进一步警觉起来。总之，推进金融改革，加强金融工作，抓紧消除隐患，防范金融风险，是一门大学问，需要老老实实地学习，认认真真地研究，把应该做的工作做好。

积极推进机构改革，是党和国家领导制度改革的一项重要任务，是政治体制改革的重要内容。邓小平同志对此有很多重要指示。上层建筑应该适应经济基础的要求。目前，我国政府机构现有的设置、职能和体制，与发展社会主义市场经济的要求不相适应的问题，已十分突出，确实到了非改不可的时候了。现在进行机构改革，不但势在必行，而且条件已经具备，时机已经完全成熟。必须坚定不移地搞好这次改革。这次政府机构改革总的目标是，适应经济发展和社会全面进步的要求，建立办事高效、运转协调、行为规范的行政管理体系，完善国家公务员制度，建设高素质的专业化的国家行政干部队伍，提高为人民服务的水平。大的原则，一是按照发展社会主义市场经济的要求，转变政府职能，实行政企分开；二是按照精简、统一、效能的原则，调整政府组织结构，实行精兵简政；三是按照权责一致的原则，调整政府部门的职责权限，明确划分部门之间的职能分工；四是按照依法治国、依法行政的要求，加强行政体系的法制建设。搞好这次政府机构改革工作，首先要把各方面的思想特别是各部门领导的思想统一到中央的精神上来，这样才能群策群力，目标一致，不折不扣地落实中央的决策。要坚持积极而又稳妥的方针，决心要大，工作要细，特别是要做好深入细致的思想政治工作，保持干部队伍的思想稳定，确保各项工作不松、不断、不乱。要按照带职分流、定向培训、

加强企业、优化结构的要求，妥善安置分流人员。这次国务院机构改革的实践和经验的积累，对地方行政机构的改革将有很大的指导和推动作用。

三是，要认真贯彻稳中求进的方针，保证国民经济持续快速健康发展。发展是硬道理，解决中国的一切问题，包括当前面临的某些突出问题，关键都要靠经济的发展。大家要重新学习领会好邓小平同志关于发展的理论，特别是经济发展必须坚持速度与效益的统一等观点，总结前几年实践中的经验教训，深入分析当前遇到的新情况、新问题，认真做好今年的工作。

要在不断提高效益和优化结构的前提下，确保今年国内生产总值增8%的速度。这个目标经过认真研究论证提出的，是积极的和切实可行的。实现这个目标，有利于保持财政收支平衡，缓解就业压力，进一步改善人民生活。尽管在前进道路上我们面临的问题和困难不少，特别是国有企业困难，国际金融风波造成了一些不利影响，但是我国有12亿人口，国内市场潜力很大，通过经济结构调整，适度增加投资和消费需求，扩大内需，开拓国内市场，是大有文章可做的。为此，要增加必要的投资，但必须使用得当，合理布局，注意效益，防止盲目铺新摊子。投资要重点用于农林水利建设，加强能源、交通、通信、环保等基础设施建设，加大企业技术改造的力度，大力发展高新技术产业，加快城镇住房体制改革，加快普通居民住宅建设。同时，要积极实施以质取胜和市场多元化战略，千方百计扩大出口，既要保持和扩大传统出口市场，又要努力开拓新的市场。在促进经济发展中，特别要进一步稳定和加强农业。农业事关全局，现在更为重要，决不能因为连续几年丰收就疏忽大意。要继续采取有效措施，确保今年农业再有一个好收成，农民收入增加，农村社会保持稳定。要稳定党在农村的基本政策，增加农业投入，加强农业科技的应用推广，切实减轻农民的负担，切实转变干部作风，进一步保护和调动农民的积极性。要从实际出发，积极推进农业两个根本性转变，优化农村经济结构，发展农业产业化经营，建立适合我国国情的粮食流通体制，进一步发展农村的好形势。总之，做好今年的经济工作，我们必须深入领会好中央的指导思想，加强对国际国内两个市场、两种资源变化情况和充分利用的研究，努力认识和掌握经济规律，严格按规律办事。力戒主观、片面，提高驾驭局势、解决前进中的复杂矛盾的能力。

四是，加强民主法制建设和精神文明建设，正确处理改革、发展、稳定三者关系。扩大民主，健全法制，依法治国，建立社会主义法治国家，是邓小平理论的重要思想，也是十五大确定的党领导人民治理国家的基本方略。在贯彻中央的有关工作部署时，要特别注意研究如何正确处理加强党的领导与坚持依法治国的关系，发扬民主与健全法制的关系，加快立法与严格执法、加强监督的关系。要坚持有法可依，有法必依，执法必严，违法必究，坚决克服执法领域存在的执法犯法，贪赃枉法等现象。建设社会主义精神文明，是建设有中国特色社会主义的重要目标和重要保证。这同依法治国是相互促进的。要很好研究新形势下精神文明建设面临的新情况新问题，在实践中积极探索，不断积累好经验、好办法，努力提高工作水平，开创两个文明协调发展的新格局。在新形势下，正确处理改革、发展、稳定三者关系非常重要。要坚持以改革为动力，不失时机地推进各方面的事业；以发展为目的，聚精会神地做好以经济建设为中心的各方面工作；以稳定为前提，高度重视做好维护社会稳定的工作。当前，在好形势下面也存在一些不稳定因素。领导同志要善于见微知著，防微杜渐，及时化解潜在的不稳定因素，及时发现和解决苗头性、倾向性问题。要特别注意正确区别两类不同性质的矛盾，认真研究和妥善处理新形势下的人民内部矛盾，继续严厉打击危害国家和人民利益与安全的各种犯罪活动，坚决扫除社会丑恶现象，维护社会稳定，为改革和发展创造良好环境。

五是，要充分认识新的历史条件下加强党的建设的极端重要性和紧迫性，增强党要管党和从严治党的自觉性。各级领导干部，都要深入学习邓小平党建理论，认真领会和贯彻办好中国的事情关键在党、关键在人的思想，认真负责地在各自岗位上抓好党的建设。这个问题解决得好，建设有中国特色社会主义事业的成功才会有坚强的组织保证。

进一步加强党的建设，必须坚决、全面、正确地贯彻党的十五大精神，牢牢把握高举邓小平理论伟大旗帜、把建设有中国特色社会主义事业全面推向二十一世纪这个主题，坚持新时期党的建设的总目标，紧紧围绕经济建设这个中心，密切联系改革、发展、稳定的工作任务，全面加强党的思想、组织和作风建设，进一步推进党的制度建设，认真执行从严治党的方针。

今年的党建工作任务很重，重点要抓好以下几方面的工作：一是要以领导干部为重点，推动全党扎扎实实兴起学习邓小平理论的新高潮。二是要以思想政治建设为重点，全面加强各级领导班子建设，特别是要继续做好地方领导班子换届工作和政府机构改革中的班子配备工作。三是要以培养选拔优秀年轻干部为重点，推动高素质干部队伍建设。江泽民同志在二中全会的重要讲话中，专门讲了干部队伍建设问题，强调干部特别是领导干部要继续加强学习；要在实践中增长才干，接受实践的锻炼；要有一个良好的精神状态；要创造一个优秀人才脱颖而出的良好环境。这些都十分重要，在干部工作中要很好地落实。四是要以推动干部能上能下为重点，加快干部人事制度改革，包括结合经济体制改革推进国有企业人事制度改革。五是以农村和企业为重点，加强和改进

党的基层组织建设。关于农村基层组织建设，要继续落实村级组织建设“五个好”的目标要求，巩固已有成果，提高整体水平。同时要按照“六个好”的目标要求，加强乡镇党委建设，使其与村级组织建设相互促进。关于国有企业党建工作，中央已经有了部署，在贯彻落实的过程中，要结合深化企业改革的实践，把原则规定具体化。对非公有制经济组织，包括私营企业、外资企业中的党建工作，要加强调查研究，区别情况，分类指导，逐步摸索出一套具体办法。六是以提高素质，增强党性为重点，大力抓好党员队伍建设。七是加强党风廉政建设，深入开展反腐败斗争。关于这方面的工作，中纪委二次会议作了部署，关键是要贯彻落实，进一步加大工作力度，取得新的阶段性成果。

加强党的建设要加强领导，真抓实干，讲求实效。这既是对各级领导干部的要求，也是做好党建工作本身的要求。要坚决克服和防止官僚主义、形式主义，反对弄虚作假、做表面文章。当前所以强调这一条，既是为了防止一些同志在好形势下头脑发热，又是为了提醒在换届中走上新的领导岗位的同志养成好的作风，把开创新局面的热情，建立在深入调查研究、吃透真实情况、了解群众意愿的基础上，建立在扎扎实实地工作和解决存在的问题的基础上。我们的同志要多在深入实际，认真研究解决现实问题上下功夫，用自己的实际行动倡导求真务实的好风气。

第三，要紧密联系自己的思想实际学习理论，牢固树立正确的世界观、人生观、价值观

干部在党校学习的过程，应该是提高认识和改造世界观能力的过程。马克思主义理论，既是改造客观世界的强大思想武器，也是改造主观世界的强大思想武器。学习理论，联系实际，要把两方面的学习和改造结合好。通过扎实深入的学习，切实加强党性锻炼，努力提高思想政治素质，当前特别要解决好四个问题：

一要更加自觉地坚持解放思想、实事求是的思想路线。实事求是是马克思列宁主义、毛泽东思想的精髓，也是邓小平理论的精髓。把握了解放思想，实事求是，就把握了马克思主义最本质的东西，也就可以较好地把握马克思列宁主义、毛泽东思想、邓小平理论的历史联系和它的统一科学思想体系。解放思想、实事求是，是伴随实践发展的一个长过程，没有止境。应该看到，经过二十年的发展，我国的改革开放和现代化建设已进入一个关键阶段，我们面临着许多过去从来没有遇到的新课题和深层次问题。比如，如何坚持和完善以公有制为主体、多种所有制经济共同发展的基本经济制度，坚持和完善以按劳分配为主体、多种分配方式并存的制度；如何更好地按经济规律办事，加强和改善宏观调控，更好地解放和发展生产力，保持国民经济持续、快速、健康发展；如何在党的领导下依法治国，建设社会主义法治国家，逐步实现社会主义民主的法制化；如何坚持两手抓的方针，实现经济、政治、文化协调发展和社会全面进步；如何充分发挥党的“三大优势”，提高党的执政水平、领导水平和拒腐防变的能力，等等。解决好这些问题，必须坚持解放思想，实事求是，冲破陈旧落后观念的束缚。实践是向前发展的，我们的思想认识必须随着实践的发展而发展，决不能停留在那些被实践证明不合乎中国实际、不合乎时代前进步伐、不合乎经济和社会发展客观规律的陈旧观念上。

二要更加自觉地实践全心全意为人民服务的根本宗旨。党领导的建设有中国特色社会主义全部工作的出发点和落脚点，就是全心全意为人民谋利益。中央反复强调领导干部要保持清醒头脑，其中一个基本要求，就是必须时刻摆正自己同人民群众之间的位置，时刻牢记为人民服务的宗旨，时刻警惕脱离群众的倾向。从总体上说，我们党同人民群众的关系是好的，大多数干部是注意联系群众的。但不是没有问题，有的地方和部门问题甚至很严重。所以我们学习理论，要解决贯彻执行党的路线方针政策上的问题，也要解决思想作风上的问题。最重要的，就是要牢固树立马克思主义的群众观点，在工作中坚持党的群众路线，时刻注意倾听群众呼声，关心群众疾苦，为群众办实事、办好事，坚决克服和防止官僚主义、形式主义，真正做到一切为了群众，一切相信群众，一切依靠群众，一切以人民的利益为重。

三要更加自觉地贯彻民主集中制。民主集中制是党和国家的根本组织制度和领导制度。对于领导干部来说，能否坚持民主集中制，是一个重大原则问题。实践证明，对重大问题的决策，凡是搞少数人或者个人说了算，把集体领导当陪衬，把集体讨论当形式，或者议而不决，决而不行，都必定影响领导工作效能，削弱班子整体合力。要增强领导班子的凝聚力和战斗力，必须提高贯彻民主集中制的自觉性，必须坚持集体领导和个人分工负责相结合的制度。在领导班子内部，必须讲原则，讲团结。讲原则是第一位的，丧失原则就不可能有真正的团结，甚至会失去领导资格。讲团结，本身也是个原则，是凝聚班子做好工作的必要条件。要把讲原则和讲团结统一起来，最好的制度保证就是实行民主基础上的集中与集中指导下的民主相结合。经过换届产生的新领导班子，要在这方面树立好形象、好榜样。主要领导同志要有决断能力，要有全局观念和民主作风，要坚持重大问题集体讨论决定。每个领导成员既要执行集体的决定，切实履行自己的职责，又要关心全局工作，积极参与集体领导。

四要更加自觉地增强拒腐防变能力。增强拒腐防变的能力，最重要的是牢固树立正确的世界观、人生观、价

值观。从一些干部出问题的教训中可以看到,放松乃至放弃世界观的改造,党性观念和公仆意识淡薄,思想防线被种种诱惑冲破,是他们逐步沉沦,最终陷入泥坑的重要原因。事实说明,不联系思想实际学习理论,思想空虚,精神贫乏,很容易陷入低级趣味,就难以抵挡利欲的诱惑。希望同志们自觉加强理论武装,加强党性锻炼,在思想上筑起一道拒腐防变的坚强防线,在反腐倡廉中起好表率作用,更好地领导和推动反腐败斗争。

中国共产党党和国家机关基层组织工作条例

第一章　总　　则

第一条　为了加强、改进党和国家机关党的工作，充分发挥机关基层党组织（以下简称机关党组织）的作用，根据《中国共产党章程》和党内有关规定，结合机关工作实际，制定本条例。

第二条　机关党组织以马克思列宁主义、毛泽东思想、邓小平理论为指导，紧紧围绕党的基本路线，结合本部门的工作任务和特点，加强党的思想、组织和作风建设，加强党内监督，坚持从严治党，充分发挥党的思想政治优势、组织优势和密切联系群众的优势，促进本部门各项工作任务的完成，为改革开放和社会主义现代化建设服务。

第三条　机关党组织协助行政负责人完成任务，改进工作，对包括行政负责人在内的每个党员进行监督。

第四条　机关党组织在上级党的委员会或党的机关工作委员会领导下工作，同时接受本部门的指导。

第二章　党组织的设置

第五条　机关党员100人以上的，设立党的基层委员会。党员不足100人的，因工作需要，经上级党组织批准，也可以设立党的基层委员会。党的基层委员会由党员大会或者党员代表大会选举产生。地级以上机关党的基层委员会。每届任期4年；县级机关党的基层委员会，每届任期3年。

第六条　机关党员50人以上的，设立党的总支部委员会。党员不足50人的，因工作需要，经上级党组织批准，也可以设立党的总支部委员会。党的总支部委员会由党员大会选举产生，每届任期3年。

第七条　机关正式党员3人以上的，成立党的支部。党员7人以上的党支部，设立支部委员会，支部委员会由党员大会选举产生；党员不足7人的党的支部，不设立委员会，由党员大会选举支部书记1人，必要时增选副书记1人。党的支部委员会和不设支部委员会的支部书记、副书记、每届任期2年。

第八条　机关党的基层委员会、总支部委员会、支部委员会书记、副书记通过选举产生，报上级党组织批准。

书记一般应由本部门党员行政负责人兼任，也可以由同级党员干部专任。党员人数和直属单位较多的机关党的基层委员会，设立专职副书记。专职书记、副书记在任期内调动，应事先征得上级机关党组织的同意。

第九条　设立机关党的基层委员会的部门，一般应设立机关党的纪律检查委员会。不设机关党的纪律检查委员会的部门，机关党的委员会中应设立纪律检查委员。

第十条　机关党组织根据工作需要，本着精干、高效和有利于加强党的工作的原则，设置办事机构，配备必要的工作人员。

机关党组织的活动经费，列入行政经费预算。

第三章　党组织的职责

第十一条　机关党的基层委员会（含不设党的基层委员会的总支部委员会、支部委员会）的主要职责是：

（一）宣传和执行党的路线、方针、政策，宣传和执行党中央、上级组织和本组织的决议，发挥党组织的战斗堡垒作用和党员的先锋模范作用，支持和协助行政负责人完成本单位所担负的任务。

（二）组织党员认真学习马克思列宁主义、毛泽东思想、邓小平理论和党的路线、方针、政策以及决议，学习科学、文化和业务知识。

（三）对党员进行严格管理，督促党员履行义务，保障党员的权利不受侵犯。

（四）对党员进行监督，严格执行党的纪律，加强党风廉政建设，坚决同腐败现象作斗争。

（五）做好机关工作人员的思想政治工作，推进机关社会主义精神文明建设；了解、反映群众的意见，维护群众的正当权益，帮助群众解决实际困难。

（六）对入党积极分子进行教育、培养和考察，做好发展党员工作。

（七）协助党组（党委）管理机关党组织和群众组织的干部；配合干部人事部门对机关行政领导干部进行考核和民主评议；对机关行政干部的任免、调动和奖惩提出意见和建议。

（八）领导机关工会、共青团、妇委会等群众组织，支持这些组织依照各自的章程独立负责地开展工作。

（九）按照党组织的隶属关系，领导直属单位党的工作。

第十二条　机关党的纪律检查委员会的主要职责是：

（一）维护党的章程和其他党内法规，对党员进行遵纪守法教育。

（二）检查党组织和党员贯彻执行党的路线、方针、政策和决议的情况。

（三）协助机关党的基层委员会加强党风廉政建设。

（四）检查、处理党组织和党员违反党的章程和其他党内法规的案件，按照有关规定，决定或取消对这些案件中的党员的处分。

（五）受理党员的控告和申诉。

第四章　党员的教育、管理和发展

第十三条　机关党组织应对党员进行马克思列宁主义、毛泽东思想、邓小平理论的教育，党的基本路线和党的基本知识教育，组织、引导党员努力学习和掌握社会主义市场经济知识、科学文化知识、法律知识和各种业务知识，使党员不断增强党性，提高素质。

第十四条　严格党的组织生活，增强党内生活的原则性，健全党员生活制度。按期召开民主生活会，认真开展批评与自我批评。经常分析党内思想状况，加强党员思想教育。认真开展民主评议党员工作，表彰优秀党员，严肃处置不合格党员。

第十五条　严格按照坚持标准、保证质量、改善结构、慎重发展的方针和有关规定发展党员。

第五章　党内监督

第十六条　机关党内监督的目的是：保证党员认真执行党的路线、方针、政策和国家的法律、法规，维护党的团结和统一，维护和执行党的纪律，保持党的先进性和纯洁性，增强党组织的凝聚力和战斗力。

第十七条　机关党组织对党员特别是党员领导干部监督的主要内容是：

（一）能否执行党的基本路线和各项方针、政策，执行党中央、上级组织和本组织的决议，与党中央保持一致，维护党中央的权威。

（二）能否参加所在党的支部和组织的生活，履行党员义务，完成党组织分配的工作任务。

（三）能否贯彻党的民主集中制，实行民主科学决策。

（四）能否坚持实事求是，认真调查研究，讲实话，办实事，求实效。

（五）能否尽职尽责，努力工作，密切联系群众，全心全意为人民服务，正确行使人民赋予的权力。

（六）能否坚持干部队伍革命化、年轻化、知识化、专业化的方针和德才兼备的原则以及有关规定，做好干部工作。

（七）能否廉洁自律，模范遵纪守法，严格按照制度办事，遵守职业道德和社会公德。

（八）能否坚持原则，敢于同各种错误倾向和违纪违法行为作斗争。

第十八条　机关党组织实施监督的主要方法是：

（一）定期检查党员参加组织生活的情况，并向全体党员通报；党员领导干部参加所在党的支部组织生活的情况，应向上级党组织报告。

（二）督促定期开好党员领导干部民主生活会。会前，收集党员、群众对领导干部的意见，如实转告本人或者在会上报告；会后，监督党员领导干部根据党内外群众提出的主要意见进行整改，并将执行民主生活会制度、开展批评与自我批评的情况和生活会上反映出的主要问题，如实向上级党组织报告。

（三）不是部门党组（党委）成员的机关党组织专职书记或者副书记，列席本部门党员领导干部民主生活会和党组（党委）以及行政负责人召开的有关会议。

（四）了解并掌握机关党员以及领导干部的思想、作风和工作情况，及时向本部门党组（党委）反映。对于群众意见较大的党员干部，要及时谈话提醒。揭露和按照有关规定查处党组织和党员的违纪行为。

（五）每年至少召开一次机关党员干部大会，听取本部门行政负责人通报主要工作情况。

（六）做好群众来信来访工作。

（七）如实向上级党组织反映本部门领导干部的思想、作风和工作情况。

第六章　思想政治工作

第十九条　机关党组织要围绕党和国家的重要工作部署以及本部门的业务工作，针对机关工作人员思想情况，做好思想政治工作。

第二十条　机关党组织在思想政治方面的职责是：

（一）加强机关以及直属单位班子和领导干部的思想政治建设。

（二）对机关工作人员进行思想政治教育。针对机关工作人员的思想政治状况，做好经常性的思想政治工作。

（三）指导机关工会、共青团、妇委会等群众组织根据各自的特点开展思想政治工作。

（四）定期向部门党组（党委）和行政负责人汇报机关思想政治工作情况，提出改进工作的意见和建议。

第二十一条　机关党组织应对机关工作人员进行党的基本理论、基本路线和方针政策教育，形势和任务教

育，职业道德教育，帮助机关工作人员树立正确的世界观、人生观、价值观，增强全局观念、法制观念和服务意识，转变工作作风，更好地为基层服务，为群众服务。

第二十二条　思想政治工作要联系实际，与解决实际问题相结合。思想政治工作要区别不同对象，采取多种方式，增强工作实效。党员行政领导干部要重视并带头做好思想政治工作。

第七章　党务工作人员队伍建设

第二十三条　机关专职党务工作人员的配备，一般占机关工作人员总数的百分之一至百分之二；机关工作人员较少或者直属单位和人员较多的部门，可以适当增加比例。机关专职党务工作人员的编制，列入机关行政编制。兼职的党务工作人员，要认真负责地做好党务工作。

第二十四条　机关党务工作人员应具备的基本条件是：党性强，作风正，有一定的马克思主义理论水平和党务工作知识，熟悉本部门的业务工作情况，得到群众信任，工作能力较强，具有敬业、奉献精神。

第二十五条　对机关党务工作人员进行培训，全面提高他们的政治和业务素质。培训要理论联系实际，讲求实效。

第二十六条　本着有利于优化结构、增强活力、相对稳定、合理流动的原则，有组织、有计划地安排党务工作人员与行政、业务工作人员之间的双向交流。

第八章　对机关党的基层组织工作的领导和指导

第二十七条　在中央直属机关、中央国家机关和省、自治区、直辖市直属机关分别设立党的机关工作委员会，领导直属机关党的工作。同时，设立党的纪律检查工作委员会，在上级党的纪律检查委员会和党的机关工作委员会的领导下，领导直属机关党的纪律检查工作。

省、自治区所辖的市和直辖市的区根据工作需要，也可以设立党的机关工作委员会和纪律检查工作委员会。

第二十八条　部门党组指导机关党组织工作的主要方法是：

(一)把机关党的工作列入党组工作议程，定期讨论、研究，提出指导性意见，发挥机关党组织在完成本部门各项任务中的协助和监督作用。

(二)通过机关党组织了解机关工作人员的思想情况，以及对重要决策和领导干部廉洁自律等方面的反映和意见。支持机关党组织对党员特别是党员领导干部进行监督。

(三)加强机关党组织领导班子和党务工作人员队伍建设。按照有关规定，解决机关党组织的工作机构设置、人员编制、经费等问题。

(四)党组成员以身作则，支持并积极参加机关党的活动，发挥表率作用。

第二十九条　各级地方党委、机关工委和部门党组(党委)要建立机关党的工作责任制，加强对机关党的工作的领导和指导。地方党委、部门党组(党委)主要负责同志要带头做好机关党的工作。

第九章　附　　则

第三十条　本条例适用于县以上各级党的机关、人大机关、行政机关、政协机关、审判机关、检察机关以及人民团体机关的党组织。

第三十一条　中共中央直属机关工作委员会、中共中央国家机关工作委员会和省、自治区、直辖市党的委员会可以根据本条例，结合实际制定实施办法。

第三十二条　本条例由中共中央组织部负责解释。

第三十三条　本条例自下发之日起施行。

在纪念真理标准讨论二十周年座谈会上的讲话

（1998年5月8日）

胡锦涛

同志们：

20年前，我们党和我国开展了一场关于实践是检验真理唯一标准问题的大讨论。这场讨论，冲破了“两个凡是”的严重束缚，推动了全国性的马克思主义思想解放运动，为具有划时代意义的党的十一届三中全会作了重要的思想准备，在党和国家的历史进程中产生了重大而深远的影响。今天，在全党和全国各族人民面向新的世纪，贯彻落实十五大精神的时候，我们纪念这场讨论，对于高举邓小平理论伟大旗帜，进一步增加解放思想、实事求是的坚定性和自觉性，创造性地运用和发展邓小平理论，解决面临的各种复杂矛盾的问题，全面推进建设有中国特色社会主义的伟大事业，具有十分重要的意义。

（一）

真理标准问题的讨论，是在我们党和国家处于重大历史性转折的背景下，在邓小平等老一辈无产阶段革命家的领导和支持下开展起来的。“文化大革命”的十年动乱结束后，我们党面临着在思想、政治、组织等各个领域全面拨乱反正的任务。但是这一进程受到了“两个凡是”的严重障碍，由于“左”的思想的长期影响和束缚，许多人还不能正确理解毛泽东思想，还不能正确区分毛泽东同志的伟大历史功绩和晚年所犯的错误，还不能从“文化大革命”的指导理论——“无产阶级专政下继续革命的理论”中摆脱出来。因此，党的事业在前进中出现徘徊的局面。针对这种状况，邓小平同志首先提出要完整地准确地理解毛泽东思想，世世代代用毛泽东思想来指导我们全党、全军和全国人民，强调毛泽东思想的精髓就是实事求是，旗帜鲜明地指出“两个凡是”不符合马克思主义，为我们党实现思想路线上的拨乱反正指明了方向。其他老一辈无产阶级革命家和党内外不少同志也逐渐从不同角度提出，要恢复和发扬党的实事求是的优良作风，正确认识与把握理论和实践的关系，把实践作为检验真理的标准。1978年5月10日，中央党校内部刊物《理论动态》首先发表胡耀邦同志审定的《实践是检验真理的唯一标准》一文。5月11日，《光明日报》以特约评论员名义，公开发表了这篇文章，新华社向全国转发，一场规模宏大、内涵丰富、影响深远的关于真理标准问题的大讨论，在全国轰轰烈烈地展开。针对当时一些同志对这场讨论不理解、甚至不接受、不赞成的情况，邓小平同志在各种场合反映强调，要坚持实事求是、一切从实际出发、理论与实践相结合这样一个马克思主义的根本观点、根本方法。他在1978年6月全军政治工作会议上的讲话，在以后视察东北三省，都对党的思想路线问题，对怎样正确看待马克思列宁主义、毛泽东思想，作了深刻而精辟的阐述，尖锐地批评了那种违背实事求是，搞“照抄照搬”的唯心主义和形而上学观点。邓小平同志以巨大的理论勇气和政治魄力，有力地推动了真理标准问题讨论的深入开展。

可以说，真理标准问题的大讨论，是十一届三中全会实现建国以来我党历史上具有深远意义的伟大转折的思想先导，是20年改革开放历程的思想先导，为我们党重新确立马克思主义的思想路线、政治路线和组织路线奠定了理论基础。邓小平同志在1978年12月13日中央工作会议上所作的《解放思想，实事求是，团结一致向前看》的讲话中，高度评价了这场讨论的伟大意义，他说：“目前进行的关于实践是检验真理的唯一标准问题的讨论，实际上也是要不要解放思想的争论。大家认为进行这个争论很有必要，意义很大。从争论的情况来看，越来越重要。一个党，一个国家，一个民族，如果一切从本本发出，思想僵化、迷信盛行，那它就不能前进，它的生机就停止了，就要亡党亡国。这是毛泽东同志在整风运动中反复讲过的。只有解放思想，坚持实事求是，一切从实际出发，理论联系实际，我们的社会主义现代化建设才能顺利进行，我们党的马列主义、毛泽东思想的理论也才能顺利发展。从这个意义上说，关于真理标准问题的争论，的确是个思想路线问题，是个政治问题，是个关系到党和国家的前途和命运的问题。”邓小平的这篇重要讲话，成为十一届三中全会的主题报告，是在“文化大革命”结束以后，中国面临向何处去的重大历史关头，冲破“两个凡是”的禁锢，开辟新时期新道路、开创建设有中国特色社会主义新理论的宣言书。

（二）

20年改革开放的进程，就是不断坚持解放思想、实

事求是的进程。无论是实现全党工作重点的转移，还是推动从农村到城市的全面改革；无论是创办经济特区，还是全面对外开放；无论是实行公有制为主体、多种所有制经济共同发展，还是深化国有企业改革、寻找公有制的多种实现形式；无论是发展社会主义市场经济，还是发展社会主义民主政治；无论是推进物质文明建设，还是加强精神文明建设；无论是发挥科学技术作为第一生产力的作用，还是"面向现代化、面向世界、面向未来"推进教育的改革和发展；无论是国防建设，还是推进祖国和平统一进程，等等，在改革开放和现代化建设的全部工作中，邓小平同志都一以贯之地倡导解放思想、实事求是，我们党都一以贯之地坚持解放思想、实事求是，从而使马克思主义的思想路线愈益深入人心，使马克思主义基本原理同当代中国的具体实际紧密结合起来，使社会主义改革开放和现代化建设不断前进。

在重新确立马克思主义思想路线的同时，邓小平同志提出了"什么是社会主义、怎样建设社会主义"这个首要的基本理论问题。1978 年 9 月，邓小平同志指出：社会主义制度优越性的根本表现，就是能够充许社会生产力以旧社会没有的速度迅速发展，使人民不断增长的物质文化生活需要能够逐步得到满足。归根结底要表现在社会生产力的发展上，人民物质文化生活的改善上。1980 年 5 月，他又说：讲社会主义，首先就要使生产力发展，这是主要的。只有这样，才能表明社会主义的优越性。社会主义经济政策对不对，归根到底要看生产力是否发展，人民收入是否增加。这是压倒一切的标准。1992 年春天，邓小平同志在视察南方的重要谈话中精辟指出：社会主义的本质，是解放生产力，发展生产力，消灭剥削，消除两极分化，最终达到共同富裕。他强调：要坚持党的十一届三中会以来的路线、方针、政策，关键是坚持"一个中心、两个基本点"。不坚持社会主义，不改革开放，不发展经济，不改善人民生活，只能是死路一条。判断各方面工作是非得失的标准，应该主要看是否有利于发展社会主义社会生产力，是否有利于增强社会主义国家的综合国力，是否有利于提高人民的生活水平。邓小平同志的南方谈话，是在国际国内政治风波严峻考验的重大历史关头，坚持十一届三中会以来的理论和路线，把改革开放和现代化建设推进新阶段的又一个解放思想、实事求是的宣言书。这一讲话，深刻解答了长期束缚人们思想的许多重大认识问题，为我们抓住机遇，把建设有中国特色社会主义事业大踏步地向前推进，提供了新的强大的思想武器。

实践标准、生产力标准、"三个有利于"标准是统一的。我们党在贯彻执行党的基本路线的实践中，始终坚持三者的辩证统一，推动了思想解放的不断深入，也推动了社会主义改革开放和现代化建设的不断深入。

20 年思想解放和社会主义现代化建设的历程，积累了丰富的经验，在如何坚持马克思主义的思想路线方面，也给我们很多深刻的启示：

第一，坚持解放思想、实事求是的思想路线，就必须以科学的态度对待马克思主义。马克思主义是科学。150 年来，马克思主义经历了各种风风雨雨的考验，始终有着强大的生命力。我们党一直把马克思主义作为指导思想的理论基础。马克思主义老祖宗不能丢，丢了就丧失根本。同时，马克思主义又是随着时代的发展、实践的发展和科学的发展而不断接受检验，不断丰富内容，不断向前发展，不断地与中国革命、建设和改革的实际相结合的。邓小平同志说："世界形势日新月异，特别是现代科学技术发展很快。现在的一年抵得上过去古老社会几十年、上百年甚至更长的时间。不以新的思想、观点去继承、发展马克思主义，不是真正的马克思主义者。"我们党正是坚持解放思想、实事求是的思想路线，把理论与实践、继承与发展结合起来，才走出了一条建设有中国特色社会主义的的正确道路，才取得了改革开放和现代化建设的巨大成就，才把马克思主义在中国发展到新阶段，形成邓小平理论这个当代中国的马克思主义。邓小平理论与马列主义、毛泽东思想一脉相承，是一个统一的科学体系。坚持邓小平理论，就是真正坚持马列主义、毛泽东思想，高举邓小平理论的旗帜，就是真正高举马列主义、毛泽东思想的旗帜。

第二，坚持解放思想、实事求是的路线，就必须尊重实践，尊重亿万人民群众的实践，不断用实践来检验理论、路线和各项方针政策。实践的观点是辩证唯物主义认识论的第一和基本的观点，马克思主义本质上是实践的科学，社会主义是一个不断向前发展的实践的运动。关于真理标准问题的讨论，就是要恢复实践的地位，承认实践的权威，在实践中来认识真理和发展真理。十一届三中全会以来我们党所确立的基本理论、基本路线、基本纲领以及其他一系列方针政策，都在实践中形成与发展，并不断在实践中得到检验，被证明是科学的、正确的，符合时代特征和中国实际的。实践是一个永无止息的发展过程，我们的认识也要随着实践的发展而发展，面向新的世纪，我们要始终坚持实践第一的观点，在实践中继续开拓前进。

第三，坚持解放思想、实事求是的思想路线，就必须不断加深对中国国情的认识，坚持一切从社会主义初级阶段的实际出发。十一届三中会以来，我们党正确分析国情，作出了我国还处在并将长期处在社会主义初级阶段的科学论断，既克服那些超越阶段的错误观念和政策，又抵制了抛弃社会主义基本制度的错误主张，在这个基础上形成了党在社会主义初级阶段的基本路线，十五大又提出了党在社会主义初级阶段的基本纲领。这是解放

思想、实事求是思想路线的最重要成果之一。我们观察和处理中国改革和发展的一切问题,我们理解和把握党的路线方针政策,都应当首先从社会主义初级阶段的实际出发,而不能从主观愿意出发、从外国模式出发、从本本上的只言片语出发。

第四,坚持解放思想、实事求是的思想路线,就必须有世界眼光,重视对当代世界经济、政治、科技、文化的研究,善于把握历史发展的潮流,走在时代前列。解放思想、实事求是,要求我们以广阔的眼界去观察和把握世界的主题和发展趋势,抓住机遇,迎接挑战,发展自己。改革开放以来,我们正是认清了和平与发展是当代世界的主题;认清了现在的世界是开放的世界,中国的发展离不开世界,中国要发展起来就必须对外开放;认清了世界各种经济体制的长短利弊,建立社会主义市场经济体制是我们的唯一选择;认清了科学技术是第一生产力,当今世界科学技术的发展日新月异,世界各国的竞争突出地表现在综合国力特别是科技创新能力上,等等,我们才制定了许多不同于过去的政策,才使人们所做的一切更加符合实际,更加符合时代要求。在跨越世纪的新征途上,整个世界还会发生许多新的变化。我们仍然必须坚持解放思想、实事求是的思想路线,正确把握当代世界的趋势,坚定不移地实行对外开放的基本国策,进一步走向世界。

第五,坚持解放思想、实事求是的思想路线,就必须大力加强社会主义民主政治建设。邓小平同志说,"民主是解放思想的重要条件"。我们要进一步扩大社会主义民主,健全社会主义法制,坚持依法治国,建设社会主义法治国家。通过社会主义民主政治建设,进一步形成又有集中又有民主,又有纪律又有自由,又有统一意志又有个人心情舒畅、生动活泼的政治局面,造成一种求真务实、开拓进取,鼓励说真话,鼓励批评和自我批评的好风气,进一步实现社会主义民主的制度化、法律化、把广大人民群众的积极性和创造性极大地发挥出来,形成推动我们事业发展的巨大力量。

(三)

现在,我们正处在世纪之交的重要历史时期,也是改革的攻坚阶段和发展的关键时期。全党和全国人民肩负着重大的历史使命。我们必须坚定不移地高举邓小平理论伟大旗帜,全面贯彻党的以经济建设为中心,坚持四项基本原则,坚持改革开放的基本路线,认真落实党的十五大提出的各项任务,努力做到统揽全局,精心部署,狠抓落实,团结一致,艰苦奋斗、开拓前进。我们今天纪念真理标准问题讨论20周年,最重要的,就是要在总结经验的基础上,更加自觉更加坚定地坚持实践标准,坚持党的解放思想、实事求是的思想路线,使我们的思想认识和精神状态提高到十五大所要求的水平和境界,提高到时代所要求的水平和境界。

首先,我们要进一步增强高举邓小平理论伟大旗帜的自觉性和坚定性,兴起学习邓小平理论的新高潮。十五大作出把邓小平理论作为我们党的指导思想的决策,是具有重大历史意义和现实意义的。在当代中国,只有邓小平理论而没有别的理论能够解决社会主义的前途和命运问题。全党同志,特别是领导干部和理论工作者,在这个问题上一定要有清醒的认识和高度的自觉性。我们要按照十五大的部署,坚定不移地用邓小平理论武装全党、教育干部和人民,兴起一个学习马列主义、毛泽东思想特别是邓小平理论的新高潮。这是党最根本的思想建设,也是进一步坚持党的思想路线的关键。在学习中,我们要联系党的十一届三中全会以来的实践,深入理解邓小平理论的科学内涵,完整、准确地把握邓小平理论的科学和精神实质,尤其是要着重领会解放思想、实事求是这个精髓。要把学习邓小平理论同总结党的历史经验特别是十一届三中全会以来的经验相结合,同正确认识形势、把握时代特征相结合,同学习各种新知识相结合。我们要更好地发扬马克思主义学风,努力在全党造成认真学习的风气,民主讨论的风气,积极探索的风气,求真务实的风气。要坚持理论联系实际,学以致用,提高马克思主义理论水平,掌握科学的世界观和方法论,增强认识、改造客观世界和主观世界的能力。

第二,我们要在科学理论的指导下,大胆实践,大胆探索,以解放思想、实事求是的精神解决新形势下的新课题、新矛盾。实践产生理论、检验理论、发展理论,理论则指导实践、推动实践、升华实践。理论与实践的相互作用,就是这样一个无限发展的辩证过程。解放思想没有止境,实事求是要始终坚持。当前,我们面临着许多新课题。比如,如何围绕促进国民经济持续快速健康发展,在国有企业改革、金融体制改革和其他改革方面有新的突破,在经济结构调整方面有新的进展,在解决前进道路上的新情况新问题方面有新的举措,在对外开放的水平方面有新的提高;如何进一步加强社会主义民主政治建设,积极稳妥地搞好机构改革和各项配套改革,正确处理新形势下的人民内部矛盾,维护社会稳定;如何加强社会主义文化建设,实施科教兴国战略,促进教育科学文化事业发展,全面提高全民族的思想道德和科学文化素质,实现两个文明协调发展和社会全面进步;如何进一步从严治党,以改革的精神加强党的思想、组织、作风建设,坚持不懈地开展反腐败执政水平,不断增强拒腐防变的能力等等。对这些问题,以江泽民同志为核心的党中央都提出重要思路和办法,我们在思想上行动上必须紧紧跟上,深刻理解,准确把握。同时在实践中继续进行探索,认真解决现实提出的问题。

第三,我们要按照十五大的要求,始终不渝地坚持邓

小平理论，并在实践中继续丰富和创造性地发展这个理论。20年前关于真理标准问题的讨论在理论上的最大作用，就是恢复了解放思想、实事求是的思想路线；20年来，我们党在理论上的最大成果，就是形成并确立了邓小平理论。这就为我们实现社会主义现代化建设的宏伟目标，提供了最根本的思想政治保证。党的十五大报告指出："坚持邓小平理论，在实践中继续丰富和创造性地发展这个理论，这是党中央领导集体和全党同志的庄严历史责任。"党的思想理论建设一定要坚持马克思主义思想路线，以我国改革开放和现代化建设的实际问题，以我们正在做的事情为中心，着眼于马克思主义理论的运用，着眼于对实际问题的理论思考，着眼于新的实践和新的发展。我们要在邓小平理论的指导下，认真研究新情况，解决新问题，注重对实践经验的总结，不断获得对我国社会主义现代化建设的规律性认识，在实践中把马克思主义不断推向前进。

同志们！在20年前的真理标准问题讨论中，在随后20年改革开放过程中，全国的思想理论工作者、新闻宣传工作者作出了重要的贡献。在新的形势下，要继续发扬勇于探索的精神，在理论学习、理论研究和理论宣传工作中作出新的贡献。让我们紧密团结在以江泽民同志为核心的党中央周围，高举邓小平理论的伟大旗帜，为把建设有中国特色社会主义伟大事业全面推向21世纪而努力奋斗！

中共中央、国务院关于切实做好国有企业下岗职工基本生活保障和再就业工作的通知

各省、自治区、直辖市党委和人民政府、各大军区党委、中央和国务院机关各部委，军委各总部、各军兵种党委，各人民团体：

近几年来，国有企业职工下岗问题日益突出，引起全社会的普遍关注。党中央、国务院一直非常重视和关心下岗职工的生活和再就业问题，明确要求各级党委和政府采取的积极措施，切实保障下岗职工的基本生活，大力实施再就业工程。通过各级党委、政府和社会各方面的共同努力，下岗职工基本生活保障和再就业工作取得了一定成效。但是，也必须清醒地看到，我们面临的形势依然严峻，做好我国企业下岗职工基本保障和再就业工作的任务还十分艰巨。当前和今后一个时期，我们要确保党的十五大提出的国有企业改革目标的实现，完成国有经济布局的战略性调整，必须进一步采取强有力的措施，切实做好国有企业下岗职工生活基本保障和再就业工作。为此，特通知如下：

一、统一思想认识，增强紧迫感和责任感

各级党委和政府要充分认识到，近年来出现职工大量下岗的现象，是计划经济条件下实行就业体制和就业政策在经济转轨过程中的必然反映，也是长期以来重复建设、盲目建设以及企业经营机制深层次矛盾多年积累的结果。我们要建立起社会主义市场经济体制和现代企业制度，不可避免要经历这样一个历史过程。从长远看，随着改革深入、科技进步和经济结构的调整，劳动力的相应调整与流动也会经常发生。要用3年左右的时间使大多数国有大中型亏损企业摆脱困境，促进国民经济发展实现良性循环，一个重要条件就是切实解决企业人员臃肿、人浮于事的问题。虽然这会对一部分职工带来暂时的困难，但从根本上说，有利于经济发展和社会全面进步，符合工人阶级的长远利益。同时，还必须充分认识到，妥善解决国有企业下岗职工基本生活保障和再就业问题，不仅是一个重大的经济问题，也是重大的政治问题；不仅是现实的紧迫问题；也是关系长远的战略问题。做好这项工作，既是社会主义制度的本质要求，也是党和政府应尽的责任。它关系着国有企业改革的成败，关系着社会稳定和社会主义政权的巩固。必须从改革、发展、稳定的全局着眼，增强紧迫感和责任感，采取一切必要的措施，切实把这件事情办好，为实现党的十五大提出的跨世纪宏伟蓝图创造良好的社会环境。

二、明确目标任务，加强宏观调控

根据国有企业改革的总体部署并考虑到社会各方面的接受能力，中央要求，当前和今后一个时期，主要解决国有企业下岗职工基本生活保障和再就业问题，把保障他们的基本生活作为首要任务，并力争每年实现再就业的人数大于当年新增下岗职工人数，1998年使已下岗职工和当年新增下岗职工的50%以上实现再就业。争取用5年左右的时间，初步建立起适应社会主义经济体制要求的社会保障体系和就业机制。

各地区、各有关部门(行业)要坚持认真负责、尽力而为、突出重点、加强调控的指导思想，围绕落实上述目标任务，制定切实可行的工作计划，明确具体目标和要求，使这项工作有组织、有计划地进行。同时，要坚持减员增效与促进再就业相结合、职工下岗与社会承受能力相适应的原则，把握好企业兼并破产、减员增效、下岗分流的节奏，加强宏观调控。要规范职工下岗程序，建立职工下岗申报备案制度。企业要充分考虑国家利益和社会责任，对本企业的职工负责到底。企业拟定职工下岗方案，应同时提出下岗职工基本生活保障和再就业的措施，在充分听取职代会意见后组织实施。为保障职工家庭的基本生活，夫妻在同一企业的，不要安排双方同时下岗，不在同一企业的，如果一方已下岗，另一方所在企业不要安排其下岗。要尽量避免全国及省(部)级劳动模范、烈军属、残疾人下岗。要普遍实行劳动预备制度，对城镇未能继续升学的初、高中毕业生，进行1－3年的职业培训。要继续鼓励和引导农村剩余劳动力就地就近转移，合理调控进城务工的规模。

三、普遍建立再就业服务中心，保障国有企业下岗职工基本生活

建立再就业服务中心是保障国有企业下岗职工基本

生活和促进再就业的有效措施,是当前一项具有中国特色的社会保障制度。各地要自下而上地建立再就业服务中心组织体系。凡是有下岗职工的国有企业,都要建立再就业服务中心或类似机构,下岗职工不多的企业也可由有关科室代管。再就业服务中心(包括类似机构或代管科室)负责为本企业下岗职工发放基本生活费和下岗职工缴纳养老、医疗、失业等社会保险费用,组织下岗职工参加职业指导和再就业培训,引导和帮助他们实现再就业。为加强再就业服务中心的组织、管理力量,可从行政机关抽调得力人员到中心工作。

进入再就业服务中心的对象,主要是实行劳动合同制以前参加工作的国有企业正式职工(不含从农村招收的临时合同工),因企业生产经营等原因而下岗,但尚未与企业解除劳动关系、没有在社会上找到其他工作的人员。对于实行劳动合同制以后参加工作且合同期满的人员,可按照《中华人民共和国劳动法》和国务院有关规定终止劳动关系;合同期未满而下岗的,也要安排进入再就业服务中心。下岗职工在再就业服务中心的期限一般不超过3年;3年期满仍未再就业的,应与企业解除劳动关系,按规定享受失业救济或社会救济。下岗职工在再就业服务中心期间的基本生活费,原则上可按略高于失业救济的标准安排并按适当比例逐年递减,但最低不得低于失业救济水平,具体标准由各地根据实际情况确定。

再就业服务中心用于保障下岗职工基本生活和缴纳社会保险费用的资金来源,原则上采取“三三制”的办法解决,即财政预算安排1/3、企业负担1/3、社会筹集(包括从失业保险基金中调剂)1/3,具体比例各地可根据情况确定。财政承担的部分,中央企业由中央财政解决,地方企业由地方财政解决。对于困难较多的中西部地区和老工业基地,中央财政给予一定的支持。国有独资盈利企业和国有参股、控股企业保障下岗职工基本生活的资金,原则上都由本企业负担。财政承担和社会筹集的资金,由财政部门按专项资金管理。资金的安排,由再就业工作主管部门同财政部门研究提出意见,然后由财政部门统一拨付。保障下岗职工基本生活的资金,一定要加强管理和监督,保证专款专用,不得挪用于其他任何方面开支。再就业服务中心的管理费用和工作人员的工资、福利等,不得在保障下岗职工基本生活的资金中列支。

四、加大政策扶持力度,拓宽分流安置和再就业渠道

我国人口众多,做好就业工作是一个项长期任务。解决这一问题的根本途径,是保持国民经济持续快速健康发展,不断开拓新的就业领域。各地区和有关部门要抓住调整和优化结构的机遇,积极培育经济增长点,继续加强基础产业和基础建设,因地制宜地发展劳动密集型产业,以利于扩大就业。要把发展第三产业,特别是商业、饮食业、旅游业、家庭和社区居民服务业等,作为下岗职工再就业的主要方向。对下岗职工从事社区居民服务的,要简化工商登记手续,3年内可免征营业税、个人所得税以及行政性收费。要把发展中小型企业、劳动就业服务企业作为促进再就业的重要途径。各国有商业银行应设立小型企业信贷部,为其发展提供必要的贷款支持。要大力发展集体和个体、私营经济,鼓励下岗职工自谋职业或组织起来就业。对下岗职工申请从事个体工商经营、家庭手工业或开办经营企业的,工商、城建等部门要及时办理有关手续,开业一年内减免工商管理行政性收费;对符合产业政策、产品适销对路的,金融机构应给予贷款。要鼓励企业主动吸收安置下岗职工,对企业利用现有场地、设施和技术发展多种经营,多渠道分流本企业富余人员和安置下岗职工的,要给予必要的政策扶持。具体政策措施,由各省、自治区、直辖市人民政府研究制定。

有条件的地区,还应安排专项资金,组织下岗职工参加市政与道路建设、环境保护、植树种草等公共工程,为下岗职工提供更多的就业机会。一些边远地区和矿区,可采用相应政策,鼓励下岗职工开发荒山、荒地、荒滩,从事农、林、牧、渔业生产。

五、加快社会保障制度改革,完善社会保障体系

要与建立社会主义市场经济体制和现代企业制度的要求相适应,在所在企业(包括个体、私营等非国有企业)以及外商投资企业的中方职工中推行深化养老、医疗、失业等社会保险制度及住房制度的改革,建立健全社会保障体制,为劳动力资源的合理配置和正常流动创造条件。

对于下岗职工无论以何种方式实现再就业或不再就业,过去的连续工龄和养老保险缴费年限与以后的缴费年限合并计算,达到法定退休年龄时,按规定享受相应的养老保险待遇。下岗职工分流安置和再就业后,在原企业的住房,已按房改政策购买的,应根据有关规定明确个人和原企业的产权关系;未购买的,可以继续租用,租金标准按当地规定执行。对生活特别困难的下岗职工子女就学,应减免学杂费。要加快建立城市居民最低生活保障制度,使下岗职工家庭的基本生活得到保证。同时,要使社会保险制度,下岗职工基本生活保障制度和城市居民最低生活保障制度相互衔接、互相补充、不断完善社会保障体系。

为了完善失业保险机制,提高失业保险基金的支付能力,从1998年开始将失业保险基金的缴费比例由企业工资总额的1%提高到3%,由企业单方负担改为企业和职工个人共同负担,其中个人缴纳1%,企业缴纳2%。

在做好国有企业下岗职工基本生活保障工作的同时，要继续深化企业职工养老保险制度改革，加快立法步伐。在确保离退休人员的基本生活，保证按时足额发放养老金，不得发生新的拖欠，对过去拖欠的应逐步予以补发，要扩大养老保险覆盖面，加强养老保险基金的收缴工作，努力提高收缴率。1998年，要在全国实现基本养老保险省级统筹，建立养老保险基金调剂机构；省、自治区、直辖市社会保险经办机构实行系统管理；中央有关部门（单位）实行养老保险行业统筹的企业改为参加地方统筹，具体实施办法请有关部门抓紧研究制定。要尽快完善养老保险基金收支两条线的管理办法，形成财政、银行、社会保险机构相互监督的机制。要将养老保险基金差额缴拨改为全额缴拨，推进社会化管理进程。要严格控制企业职工提前退休。除国务院规定的111个企业“优化资本结构”试点城市的破产工业企业和3年内有压锭任务的国有纺织企业的细纱和织布工种中符合条件的职工，可提前退休外，各地区、各部门不得自行扩大提前退休范围。

六、加强劳动力市场建设，强化再就业培训

要建立和完善市场就业机构，实行在国家政策指导下，劳动者自主择业、市场调节就业和政府促进就业的方针。要按照科学化、规范化、现代化的要求，大力加强劳动力市场建设。各地区特别是各大中城市要充分利用电视、广播等现代化信息网络，提供求职、招聘、职业指导等方面的信息和咨询服务。公共职业介绍机构要开设专门服务窗口，加强对下岗职工的职业指导，并实行免费服务。要进一步加强街道就业服务工作，对再就业难度较大的下岗职工要逐一列出名单，由专人负责帮助他们实现再就业，对用人单位要实行空岗报告、招聘广告审查等制度，鼓励用人单位优先招用下岗职工，特别是下岗女工。要认真贯彻执行《中华人民共和国劳动法》及其有关规定，不得歧视下岗职工，切实保护他们的合法权益。要加强劳动力市场的管理，监督和检查，防止乱收费等不正之风，坚决取缔非法劳动中介，严厉打击欺诈行为，维护劳动力市场秩序。

要动员社会各方面的力量，大力开展再就业培训。实行在政府指导和扶持下，个人自学、企业组织和社会帮助相结合的办法，根据下岗职工特点和社会需要，突出培训的实用性和有效性，提高下岗职工的再就业能力。对为下岗职工提供再就业培训的，可给予一定的补贴。劳动力市场建设和促进再就业的经费，由财政部门核拨。

七、切实加强思想政治工作，搞好宣传教育

要充分发挥我们党的思想政治工作优势，发扬党同人民群众同呼吸、共命运、心连心的优良传统，切实加强下岗职工的思想政治工作。各级领导机关和领导干部要不断改进工作作风和工作方法，坚决制止和克服官僚主义倾向。要深入企业、深入下岗职工家庭，及时了解和掌握下岗职工的生活状况，体察他们的疾若，听取他们的呼声，主动为他们排忧解难，决不允许采取不闻不问、麻木不仁的态度。企业经营者在抓好企业生产经营、千方百计使企业摆脱困难的同时，要积极组织下岗职工开展生产自救，努力帮助他们解决生活中的困难和问题，做好经常性的思想工作，坚持与职工群众同甘共苦，不搞特殊化。要动员全社会来关心、支持下岗职工基本生活保障和再就业工作，多为他们办好事、献爱心、送温暖，形成良好的社会氛围。要大力宣传党和政府的有关方针政策，教育下岗职工及广大人民群众理解和体谅国家困难，积极支持企业改革，自觉维护社会稳定。要注重树立并大力宣扬下岗职工自强不息、积极创业的先进典型，引导下岗职工摒弃“等、靠、要”的思想，帮助他们树立正确的择业观，使他们认识到国家政策、法律允许的范围之内，做任何工作都没有高低贵贱之分，不论从事什么职业都是光荣的，从而去主动适应社会主义市场经济的要求。

八、切实加强领导，确保国有企业下岗职工基本生活保障和再就业工作顺利进行

各级党委、政府有关部门必须把国有企业下岗职工基本生活保障和再就业工作列入重要议事日程，实行党政“一把手”负责制，并纳入政绩考核的重要内容。要结合本地区、本部门（行业）实际，抓紧研究制定贯彻本通知的具体办法，确保本通知精神落到实处，要充分发挥各民主党派、工商联和工会、共青团、妇联等群众团体的作用，群策群力，共同做好这方面的工作。要认真总结和推广好的经验与做法，及时研究解决工作中遇到的新情况、新问题，不断把这项工作引向深入。为有利于这项工作的开展，中央确定，由国务院国有企业改革工作联席会议负责指导和组织协调，具体工作由劳动和社会保障部、国家经济贸易委员会组织实施。各地区也可采取相应的组织形式，以确保国有企业下岗职工基本生活保障和再就业工作的顺利进行。

城镇集体企业下岗职工基本生活保障和再就业工作，由各省、自治区、直辖市党委和人民政府根据本地区的实际情况研究制定具体办法。

中共中央、国务院

1998年6月9日

关于在农村普遍实行村务公开和民主管理制度的通知

各省、自治区、直辖市党委和人民政府、中央和国家机关各部委、军委总政治部、各人民团体：

为了贯彻落实党的十五大关于扩大基层民主、保证人民群众直接行使民主权利的精神，推进农村基层民主建设，密切党群干群关系，促进农村的改革、发展和稳定，中央认为，有必要在全国农村普遍实行村务公开和民主管理制度。为此，特通知如下：

一、重要意义和指导思想

党的十五大指出，发展社会主义民主政治，是我国党始终不渝的奋斗目标。扩大基层民主，保证人民群众直接行使民主权利，依法实行民主管理，是健全社会主义民主制度的重要内容。农民是我们党在农村的依靠力量，也是我们国家政权最广泛、最深厚的群众基础。保护和发挥农民的积极性，历来是我们党取得革命和建设胜利的重要保证，也是推进社会主义现代化建设事业顺利进行的必要条件。实行村务公开和民主管理，使农村工作逐步走上规范化和制度化的轨道，有利于发展农村基层民主，活跃农村基层民主生活，保障农民群众直接行使民主权利，进一步扩大人民民主；有利于充分调动广大农民群众建设社会主义现代化的积极性和创造性；有利于加强农村基层组织和党风廉政建设，强化党员和群众对干部的监督，密切党群干群关系；有利于引导农村依法建制、以制治村，正确执行党的群众路线和党的政策，按章办事，做好工作。

实行村务公开和民主管理的指导思想是：以邓小平理论和党的基本路线为指导，正确贯彻落实党在农村的各项方针政策，以推行村务公开为基础，坚持实行民主选举、民主决策、民主管理和民主监督，推进农村的民主、法制建设，促进农村的改革、发展和稳定，推动农业、农村经济与农村社会的全面发展和进步。

二、村务公开的内容和方法

村务公开要从农民群众普遍关心的和涉及群众切身利益的实际问题入手，凡属群众关心的热点问题，以及村里的重大问题都应向村民公开。如新上的经济项目，村里的财产和财务收支，征用土地和宅基地审批，计划生育指标，提留统筹方案及其经营实体承包，救灾救济款物的发放，村干部年度工作目标、工资奖金和功绩过失情况及其他公共事务等等。要随着形势的发展变化和村民的要求，及时调整、充实村务公开的内容，真正做到凡涉及群众切身利益的大事，都以一定形式向村民公开，接受群众的监督。

村务公开的重点是财务公开。村级财务公开的内容，主要包括财务计划及其执行情况、各项收入和支出、各项财产、债权债务、收益分配、代收代缴费用、水电费、以资代劳情况以及群众要求公开的其他财务事项。村集体经济组织要认真执行各项财务制度。

公开的内容要简洁明了，便于群众了解。公开的形式和方式可以根据实际情况因地制宜、灵活多样，如采用张榜公布，有线广播，召集村民会议或村民代表会议等方式。各村都应在本村适当的地方，建立专门的公开栏，进行张榜公布。

公开的时间要及时。需要公开的事项要尽早向村民公开，也可以采取定期公开的形式。一般一个月或两个月一次，至少不得超过三个月。有些时限较长的事项，可以每完成一个阶段，即公布一次进展情况。每一件较大事项完成之后，要及时向群众公布结果。

要善于运用村务公开这种有效形式，切实民主监督。村务公开的目标是：让群众参与管理和监督村里的公共事务和公益事业。每一次村务公开后，党支部和村委会要及时召开党员大会、村民会议或村民代表会议，广泛听取群众的反映和意见。对群众提出的疑问，要及时作出解释；对群众提出的要求，要及时予以答复；对大多数群众不赞成的事情，应坚决予以纠正。要真正让村民参与公共事务的管理，实行有效的民主监督，不走过场，不搞形式主义。

三、民主管理的基本要求

实行民主管理，首先要坚持和完善村民会议或村民代表会议制度。人口少且居住集中的村，应定期召开村民会议；人口多居住分散的村，可定期召开村民代表会议。要明确规定村民代表会议的人员组成及其条件、职责、权利，制定议事内容和议事规则，确定活动方式、活动程序和活

动时间，并按规定严格执行。

要按照国家法律、法规和政策，结合本地实际，明确规定民主议事的内容，凡属村务管理的重大事项以及农民关注的热点、难点问题的处理，都应先召集党员大会讨论，再分别提交村民会议或村民代表会议讨论，征求党内外群众意见，按大多数人的意见实行民主决策，坚决纠正不顾群众意愿而由几个干部自行其是的做法。

要切实加强群众对村干部的民主监督。村委会班子及其成员的工作，都要由村民会议或村民代表会议进行民主评议或民主测评。对于党支部班子及其成员，应由村支部党员大会并吸收部分村民代表进行民主评议。评议或测评可结合年终工作总结每年进行一次。评议中，村党支部班子成员和村委会成员都要作述职报告，在此基础上，由评议者评出称职或不称职，由乡镇党委考核认定。两年被评为不称职的村党支部班子成员和村委会班子成员要进行组织调整。

村党支部、村民委员会以及其他需要选举产生的村级组织负责人，要根据国家有关法律以及党内法规的规定，按期实行民主选举。未经县(市、区)委批准，无故拖延选举的，要追究乡镇党委和村党支部、村委会主要负责人的责任。在选举中，要做到候选人条件、选举程序、选举办法、选举结果公开，充分发挥党内民主和人民民主，尊重选民意志，任何人不得指定选举某人或不选举某人，任何人不得以不正当方式拉选票。要坚决杜绝各种“贿选”行为的发生，一经发现，要严肃查处。

四、建立健全规章制度

建立健全村务公开和民主管理制度，实现村务公开和民主管理的规范化、制度化，使工作有序，办事有据，真正做到“有章理事”，这是做好农村工作的治本之策，也是使村干部适应新形势的需要、切实改进工作方法的重要措施。因此，要以法律、法规和政策为依据，以实际、实用、实效为原则，建立健全村民会议、村民代表会议和党员议事会制度；村党支部、村民委员会年终总结报告制度；民主评议党员、干部制度；财务管理、财务审计制度；财务公开、财务监督制度；村干部任期、离任审计制度等等。总之，凡是需要公开的村务工作和被列入民主管理范围的工作，都要依法建制，有制可依，按制办事。

各项制度建立以后，要严格按照制度办事，不得随意更改，更不允许违反制度规定。为此，各地可根据实际情况，建立村务公开、民主管理的监督评议组织并授予必要的监督权和评议权，定期或不定期地对有关村务公开和民主管理的各项制度的执行情况进行评议，评议结果要张榜公布。需要改进的，党支部和村委会应及时提出改进意见，公布于众并认真执行。

五、加强领导和督促检查

各级党委和政府要从农村改革、发展和稳定的大局出发，把实行村务公开和民主管理作为农村工作的一项重要任务和农村基层组织建设的一项重要内容，列入重要议事日程，加强领导，精心部署，采取得力措施，帮助和指导村级组织把有关制度建立健全起来，并经常检查督促各项制度的贯彻落实。各乡镇要制订规划，搞好村务公开和民主管理纳入乡村干部岗位目标责任制，把责任制度的执行情况，作为考核乡村干部政绩的重要内容，并将考核结果记入个人档案，作为评议先进和奖惩的依据。

村务公开和民主管理工作，由组织、民政部门牵头，纪检监察、人事、农业等有关部门积极配合，各司其职，各负其责，齐抓共管，使村务公开和民主管理有计划、有步骤地全面推开。已实行村务公开民主管理制度的，要完善、充实、巩固、提高；没有建立的，要尽快建立起来，并长期坚持下去。

要采取多种措施，加强推行村务公开和民主管理的宣传教育工作，使乡村干部增加民主意识和法制观念，树立主动性，认真负责地搞好这项工作。要总结推广这方面的成功经验，运用典型引路的方法，分类指导，全面推开，不断完善。要把发扬民主同依法办事统一起来，既要保证农民群众依法享有广泛的民主权利，又要加强民主法制教育，引导他们在实践中学会正确行使民主权利。要防止宗族势力和非法宗教活动干扰农村基层民主的健康发展。

要在推行村务公开和民主管理的同时，积极探索在乡镇机关建立政务公开的途径，先行试点，培植典型，逐步推广，要以乡镇机关的政务公开，促进村务公开和民主管理的广泛深入开展。

各地可根据本通知精神，结合实际，制定具体实施办法。

中共中央办公厅、国务院办公厅

认真学习邓小平教育理论
牢固树立科教兴国战略思想

（1998年6月11日）

李岚清

党的十五大的一个重要贡献，是把邓小平理论确定为全党的指导思想，号召全党、全国各族人民高举邓小平理论伟大旗帜，把建设有中国特色社会主义事业全面推向21世纪。这是我们党作出的重大历史选择。实现跨世纪的历史任务，最重要的就是要把邓小平理论作为观察世界、发展我们自己的强大思想武器，作为统领全局、贯穿各项工作的灵魂。党的十五大号召全党："要重视学习，善于学习，兴起一个学习马列主义、毛泽东思想特别是邓小平理论的新高潮。"江泽同民志强调指出，学习邓小平理论，要从广度和深度两个方面下功夫，"既要注意从总体和科学体系上领会和掌握这一理论的基本内容、基本观点和基本精神，又要注意从这一理论论述较多的若干重要领域，对有关思想理论和方针政策进行系统的学习和理解"。为了贯彻党的十五大的精神，教育部组织编写了《邓小平教育理论学习纲要》，这是把学习邓小平理论，特别是把学习邓小平教育理论不断引向深入的重要举措。

邓小平同志是我国改革开放和社会主义现代化建设的总设计师。在新时期，邓小平同志对教育事业一贯给予高度重视，为这一时期我国改革和教育事业的发展作出巨大贡献。他在探索建设有中国特色社会主义道路的过程中，始终把教育作为关系社会主义现代化全局和社会主义历史命运的战略问题来对待，亲自抓科技教育工作，作出一系列精辟的论述。《邓小平文选》一、二、三卷共收录了233篇文章，论及科技、教育的有119篇之多，其中有37篇是专门或重点论述科技、教育的。这些论著绝大部分集中在改革开放以来的近20年。《邓小平文选》第三卷，有60%的文章论及科技、教育，近1/4是专门或重点论述科技、教育的。这些宝贵文献记录了邓小平同志科教兴国的战略思想和实践，形成了具有中国特色和时代特征的、内涵丰富的教育理论。邓小平教育理论是邓小平理论的重要组成部分，是新时期我国社会主义事业发展的指导思想。

邓小平教育理论深刻揭示了社会主义初级阶段教育的本质和发展规律，全面阐明了教育与经济发展和社会全面进步之间相互依赖、不可分割的辩证关系，明确了教育在社会主义现代化建设事业中的重要地位和作用，确定了面向21世纪中国教育改革和发展的战略方向和指导方针。在改革开放和现代化建设新的实践中，邓小平同志以伟大战略家的眼光提出"教育要面向现代化，面向世界，面向未来"。将中国教育改革和发展融入改革开放和现代化建设的总体设计之中。他从社会主义现代化战略全局和中华民族命运的高度重视发展教育，提出"我们要实现现代化，关键是科学技术要能上去。发展科学技术，不抓教育不行"。他强调必须尊重知识，尊重人才，一定造成一种尊重知识、尊重人才的风气。事情成败的关键是能不能发现人才、使用人才。他针对我国人口多、底子薄的国情，指出："我们的国家、国力的强弱，经济发展后劲的大小，越来越取决于劳动者的素质，取决于知识分子的数量的质量。一个10亿人口的大国，教育搞上去了，人才资源的巨大优势是任何国家比不了的。有了人才优势，再加上先进的社会主义制度，我们的目标就有把握达到。"他对人民教师充满感情，多次强调为人民服务的教育工作者是崇高的革命的劳动者。人民教师是崇高的职业，人民教师的创造性劳动应该受到党和人民的尊重。要提高教师的政治地位、经济地位和社会地位。他强调各级领导要重视教育工作，指出"忽视教育的领导者，是缺乏远见的、不成熟的领导者，就领导不了现代化建设。各级领导要像抓好经济工作那样抓好教育工作"。他的这些肺腑之言，时时萦绕在我们耳旁，成为我国社会主义教育事业发展的理论指南。

在邓小平教育理论的指导下，1982年党的十二大首次把教育和科学列为全党三大战略重点之一；1987年党的十三大提出："百年大计，教育为本"，"必须坚持把发展教育事业放在突出战略地位"；1992年党的十四大提出："我们必须把教育摆在优先发展的战略地位，努力提高全民族的思想道德素质和科学文化水平，这是实现我国现代化的根本大计"；1997年党的十五大报告是建党以来历次代表大会讲教育问题最多、最全面、最深刻的一个报告，江泽民同志在报告中进一步提出要切实把教育摆在优先发展的战略地位，并重申了科教兴国的伟大战略，报告指出："发展教育和科学是文化建设的基础工

程。培养同现代化要求相适应的数以亿计高素质的劳动者和数以千万计的专门人才，发挥我国巨大人力资源的优势，关系21世纪社会主义事业的全局。”

20年来，在邓小平教育理论的指导下，在全党全国人民的重视和支持下，经过广大教育工作者的辛勤努力，我国教育改革逐步展开，教育工作取得了显著成责，教育事业得到迅速发展。教育提高了国民素质，培养了适应社会主义现代化建设需要的大量合格的、优秀的人才，对国民经济发展、科学技术进步和社会全面的发展作出重大贡献。但也应该看到，我国教育改革与发展还存在一些问题。有些地区和部门还没有把教育摆到应有的位置，有的同志对经济建设转到依靠科技进步和提高劳动力素质轨道上来这个战略方针认识不足，教育与经济还存在脱节现象，教育体制存在条块分割、力量分散问题。必须改变这种状况，切实落实教育优先发展的战略地位，进一步深化教育改革，使我们的教育结构和教育体制适应社会主义市场经济发展和社会全面进步的要求。不久前江泽民同志指出，“当今世界，科学技术突飞猛进，知识经济已见端倪，国力竞争日趋激烈”。要把建设有中国特色社会主义教育事业全面推向21世纪，解决我国教育改革与发展中存在的问题，培养足够数量的高素质人才，就必须认真学习和全面贯彻邓小平教育理论。现在，教育部组织一批专家，在对邓小平教育理论系统学习、全面把握的基础上，编写了《邓小平教育理论学习纲要》，这是一件很在意义的事。我相信，在首先认真研读邓小平原著的基础上，《邓小平教育理论学习纲要》会成为我们学习邓小平教育理论和重要的辅导材料。

学习和贯彻邓小平教育理论，不仅是教育界的一项历史性任务，也是全党全社会深入学习邓小平理论的迫切需要。特别是各级领导要带头认真学习和贯彻邓小平理论，包括邓小平教育理论，对此要有紧迫感和使命感，不负党和人民的重托，努力提高自身素质，尤其是马克思主义理论素质，认真学习邓小平教育理论，贯彻落实科教兴国战略，为教育的改革和发展多做实事。

学习邓小平教育理论，最根本的是学习邓小平同志运用马克思主义的立场、观点和方法，研究新情况、解决新问题的科学态度和创造精神。重点是学习他从社会主义现代化建设全局的高度重视教育、改革教育、发展教育的战略思想；学习解放思想，实事求是，从国情出发建立有中国特色社会主义教育体系的思想路线；学习他理论联系实际、脚踏实地、艰苦创业的工作方法和工作作风。

学习邓小平教育理论，还要结合建国以来我们的成绩与过失、经验与教训，尤其是十四大以来我们在各个方面取得的巨大成就和教育工作的实际。要认真研读邓小平同志的著作和党的十一届三中全会以来的重要文献。学习邓小平教育理论要注重实效，狠抓落实，不做表面文章，不搞形式主义。要掌握邓小平教育理论的精髓，要把学习邓小平教育理论落在实处，用以指导我们正在进行的社会主义教育改革和发展的实践，为实施科教兴国战略作出更大的贡献。

处在世纪之交的中国共产党和中国人民，面临着难得的历史机遇。党的十五大为我们抓住机遇，实现中华民族的伟大振兴指明了方向。只要我们在党的十五大精神指引下，在以江泽民同志为核心的党中央领导下，高举邓小平理论的伟大旗帜，坚持党的基本路线不动摇，团结起来，同心同德，不屈不挠，艰苦奋斗，就能把建设有中国特色社会主义伟大事业全面推向21世纪！

（本文是李岚清同志在学习邓小平教育理论座谈会上的讲话，标题为编者所加。）

在与国有企业下岗职工再就业先进事迹报告团成员座谈时的讲话

（1998年6月13日）

尉健行

同志们：

在党中央、国务院召开的国有企业下岗职工基本生活保障和再就业工作会议闭幕不久，中宣部、全国总工会就组织国有企业下岗职工再就业先进事迹报告团，在北京和全国部分省市进行巡回报告。报告团所到之处，受到了热烈欢迎。王兆兰、张慧英、董庚臣、蒋莎、王仁忠五位下岗职工的感人事迹，通过报告会、座谈会以及新闻媒介的宣传，在社会上引起了强列反响，得到了普遍好评。这项工作抓得很好、很及时，对推动各地贯彻落实中央会议精神，进一步做好国有企业下岗职工基本生活保障和再就业工作，起到了积极的作用。

刚才，报告团的五位同志从不同侧面，讲述了自己再就业的经历和体会，天津、上海市委的负责同志介绍了做好再就业工作的有关情况和打算，大家讲得都很好。下面，我讲点意见，供同志们参考。

国有企业是我国国民经济的支柱。深化国有企业改革，是全党重要而艰巨的任务。党的十五大提出，力争到本世纪末使大多数国有大中型企业经营状况明显改善，初步建立现代企业制度。实现这一目标，必须做好国有企业下岗职工基本生活保障和再就业工作。这关系到改革发展稳定的大局，关系到广大群众的切身利益，关系到跨世纪宏伟目标的顺利实现。实施再就业工程，要做的事情很多，必须在认真贯彻落实中央有关政策、帮助下岗职工解决实际问题的同时，充分发挥党的政治优势，大力加强思想教育工作。

榜样的力量是无穷的。近年来，随着国有企业下岗职工再就业工程的逐步推进，涌现出一大批自强自立、艰苦创业的先进人物。这些典型来自于实践，来自于群众，用先进典型的事迹和精神来教育和引导群众，比一般地讲道理更形象生动，更具有说服力和感染力，易为群众所接受，我们就是运用这些先进典型进行示范引导，使更多的下岗职工走自强自立、艰苦创业之路。

报告团的五位同志具体事迹虽然不同，但大家的经历具有代表性，体现的思想内涵和精神实质是一致的，反映了时代的要求。主要表现在以下五个方面：

一是发扬工人阶段的优良传统，识大体、顾大局。面对下岗分流、保持良好心态，不灰心丧气，不怨天尤人，正确认识实施下岗分流和再就业工作的必要性，正确对待利益关系的调整，把个人前途与国家命运紧紧联系在一起。认真学习党的方针政策，看到党和政府对下岗职工的关心，理解改革、支持改革，自觉地为国家、为社会、为企业分忧。

二是适应市场经济的要求，树立正确的就业、择业观念。面对市场经济条件下就业方式的变化，克服思想障碍，积极主动地寻找就业机会。根据市场需求、社会需要和自身条件，选择适合自己的岗位，发挥自己的才能，实现自己的价值。

三是自强自立，不怕困难，进行新的创业。面对激烈的市场竞争，不等不靠，敢想敢干，知难而进。尤其是在困难的情况下，不怕挫折，不怕失败，勇于开拓，积极进取，在新的岗位上创造新的业绩。

四是刻苦钻研，敬业勤业，提高自身素质。面对新形势对劳动者提出的新要求，努力学习业务知识，不断增强本领。不管干什么、都做到干一行、爱一行、钻一行，讲求职业道德，用自己的聪明才智和诚实劳动，去创造美好的生活。

五是发扬为人民服务和集体主义精神，组织起来共渡难关。面对下岗后遇到的各种困难，互帮互助，互惠互利，热心公益，奉献社会，主动帮助老弱病残和特困下岗职工，依靠大家的力量，想方设法开展生产自救，实现再就业。

对职工群众来说，从走下原来工作岗位到再就业，不是一件简单容易的事情，必然会遇到一些意想不到的困难，经历一个思想徘徊、观念转变、实践摸索、艰辛创业的过程。从再就业先进人物的实践经验看，在党和政府的关心，以及社会各方面的帮助和支持下，只要振奋精神、更新观念、自强自立，就能够克服暂时困难，想出有效办法，开辟再就业的新天地。

国有企业下岗职工基本生活保障和再就业工作，是当前关系改革、发展、稳定全局的头等大事。党中央、国务院对此高度重视，专门召开了会议进行部署安排，制定了系列政策措施，我们一定要认识贯彻落实，把再就业工

作扎扎实实地推向前进。这里,我想强调几点:第一,加强再就业政策的宣传教育,把政策落到实处。国有企业下岗职工基本生活保障和再就业方面的各项政策,反映了市场经济发展的客观要求,体现了社会主义制度的优越。要把再就业的政策原原本本地告诉干部职工,帮助人们学习和了解具体内容,按照政策要求自主择业,依据政策规定保障职工权益。第二,满腔热情地为下岗职工排忧解难,多办实事。要千方百计帮助下岗职工解决面临的困难,把党和政府的温暖送到他们的心坎。社会各方面都要理解、关心和帮助下岗职工,为他们献真情、送温暖,形成扶贫济困的良好社会风尚。第三,及时总结推广再就业工作先进经验,大力宣传再就业先进典型。要坚持用先进典型的成功事例引导和帮助下岗职工,使他们学有榜样、赶有目标,增强信心,看到再就业的光明前景。第四,各级领导干部一定要牢记全心全意为人民服务的宗旨,发扬党与人民群众同甘苦、共患难、心连心的优良传统,把下岗职工的冷暖挂在心上。要转变工作作风,清正廉洁,勤政为民,深入困难企业,联系困难职工,做好思想工作,为他们出主意、想办法,帮助解决实际问题。

同志们！当前,国有企业下岗职工基本生活保障和再就业工作,正按照中央的部署积极、健康、有序地推进,我们要在以江泽民同志为核心的党中央领导下,高举邓小平理论伟大旗帜,以党的十五大精神为指导,同心同德,扎实工作,努力实现中央工作会议提出的目标,为深化国有企业改革、促进经济发展、维护社会稳定,做出新的贡献。

迈向新世纪 创造新业绩

——在共青团第十四次全国代表大会上的祝词

(1998年6月19日)

胡锦涛

青年朋友们,同志们:

中国共产主义青年团第十四次全国代表大会今天隆重开幕了。这次大会是在世纪之交的历史时刻,在我国改革开放和社会主义现代化建设承前启后、继往开来的重要时期召开的。开好这次大会,对于共青团深入贯彻落实党的十五大精神,进一步团结动员广大团员青年,高举邓小平理论伟大旗帜,为把建设有中国特色社会主义伟大事业全面推向二十一世纪而努力奋斗,具有重大意义。我受党中央委托,向大会表示热烈的祝贺!向全体共青团员、全国各族青年和广大青少年工作者致以亲切的问候!

即将过去的二十世纪,是中华大地发生翻天覆地变化的一个世纪,也是中国青年运动波澜壮疾的一个世纪。在这个世纪中,中国人民在中国共产党领导下,经过百折不挠的的英勇斗争,推翻了帝国主义、封建主义和官僚资本主义三座大山,取得了民主独立和人民解放,建立了新中国。在确立社会主义制度以后,经过艰辛的探索,又成功地走出了一条建设有中国特色社会主义的正确道路。在这一历史进程中,一代又一代中国青年,发扬光荣传统,积极响应党的召唤,走在革命、建设、改革的前列,为中华民族的解放和振兴奉献青春、智慧和力量,立下了不朽的功绩。

历史充分证明:中国共产党是领导我们事业的核心力量,青年只有在党的领导下,积极投身于人民群众的伟大实践才能为祖国和人民建功立业,大有作为。青年是推动历史发展和社会进步的一支生机勃勃、积极向上的重要力量,我们党只有赢得青年,才能赢得未来,不断地从胜利走向胜利。

我们即将跨入一个充满机遇和挑战的新世纪。为争取在新世纪发展的主动权,世界各国都在加紧谋划,积极准备。党的十五大站在新的历史高度,对我国改革开放和现代化建设的跨世纪发展作出了全面部署。我们的奋斗目标是,再经过半个世纪的努力,到建国一百周年时,基本实现现代化,把祖国建成富强民主文明的社会主义国家。到那时,中国将进入世界中等发达国家行列,中国人民将达到现代化基础上的共同富裕,中华民族将实现伟大的复兴。这是反映了全国各族人民共同意愿的雄心壮志,也是需要一代又一代中华儿女付出巨大努力才能实现的雄心壮志。当前,全党全国各族人民正在以江泽民同志为核心的党中央领导下,深入贯彻落实党的十五大精神,高举邓小平理论伟大旗帜,为实现跨世纪宏伟目标而努力奋斗。跨世纪一代青年一定要大力弘扬我国青年的光荣传统,不负党和人民的期望,不辱时代赋予的使命,在把建设有中国特色社会主义伟大事业全面推向二十一世纪的实践中成长进步,贡献力量,建功成才。

要把伟大事业全面推向新世纪,青年就必须高举伟大旗帜,坚定科学信念。伟大的事业必须有科学理论和正确路线的指引。在当代中国,惟有把马克思主义同当代中国实践和时代特征结合起来的邓小平理论,才是指导我们建设富强民主文明的社会主义现代化国家和科学理论;惟有建设有中国特色社会主义的道路,才是实现中华民族全面振兴的正确道路。跨世纪一代青年应该树立的共同理想和信念,就是高举邓小平理论伟大旗帜,坚定不移地走建设有中国特色社会主义道路。这就要求青年认真学习马克思列宁主义、毛泽东思想特别是邓小平理论。党的十五大对邓小平理论的历史地位、指导意义、科学体系和时代精神作了新阐述,创造性地运用邓小平理论解决我国经济、政治、文化发展的一系列重大问题取得了新成果。这表明我们党对建设有中国特色社会主义的认识达到了新的高度。学习邓小平理论要同学习十五大报告紧密结合起来,全面正确地理解理论的科学体系和精神实质,全面正确地理解十五大作出的一系列重大决策,努力避免认识上和行动上的盲目性、片面性和绝对化。学习邓小平理论要同改革开放和现代化建设的新实践、新发展紧密结合起来,正确地认识国情、观察社会、分析形势,努力把握社会发展规律,不论是在我们的事业顺利发展的时候,还是在遇到困难的时候,都能保持昂扬的斗志和必胜的信心。学习邓小平理论要同改造主观世界紧密结合起来,不断加强思想修养,牢固树立正确的世界观、人生观、价值观。在跨越世纪的新征途上,只有青年一代坚持高举邓小平理论伟大旗帜不动摇,坚持走建设有中国特色社会主义道路不动摇,我们的事业就能薪火

相传、兴旺发达。

要把伟大事业全面推向新世纪，青年就必须努力学习实践，掌握过硬本领。当今时代，科学技术的发展日新月异，知识经济初见端倪，以经济和科技为基础的综合国力较量愈益激烈。事实表明，知识的创新、科技的发展、经济和社会各项事业的进步，关键在人才，特别要靠一代又一代年轻人才不断涌现、脱颖而出。青年是我国现代化建设的主力军，面对世纪之交的机遇与挑战，广大青年面临着繁重而又紧迫的学习任务。青年无论要成为经得起二十一世纪竞争考验的专门人才，还是要成为同现代化要求相适应的高素质劳动者，都需要坚持不懈地刻苦学习。要立足我国现代化建设的现实需要，根据自身条件，结合本职工作，找准努力方向。要有那么一种如饥似渴、只争朝夕的精神，滴水穿石、磨杵成针的毅力，永不满足、攀登不止的追求。既要打好知识基础，又要不断更新知识；既要学习前人创造的文明成果，又要追踪现代科学技术的发展；既要注重学习上的深造，又要重视能力上的提高。同时，要注意把学习书本知识与投身社会实践统一起来。在科学技术高度发达的今天，人民群众创造历史的社会实践依然是青年获得真才实学、全面提高素质的大课堂。广大青年特别是青年学生，要自觉走与实践相结合、与人民群众相结合的道路，在祖国和人民最需要的地方，在改革开放和现代化建设的第一线，积累经验，经受锻炼，增长才干，汲取从书本中无法得到的丰富营养，真正成为祖国现代化建设的有用之才。

要把伟大事业全面推向新世纪，青年就必须培养优良品德，弘扬文明新风。作为肩负历史重任的青年一代，既要有知识才干，又要有优良品德。一个青年在人生道路上究竟能有多大发展，能为人民、为社会作出多大贡献，同自身思想品德修养关系很大。在改革开放和发展社会主义市场经济的条件下，在世界范围各种思想文化相互激荡的情况下，处在人生起步阶段的青年解决好立身做人的问题，把学习科学文化与加强思想修养统一起来，把实现自身价值与服务祖国人民统一起来，对自身的成长进步至关重要。在我们的社会里，一个品德优良的人，必然是一个遵纪守法，诚实守信，用自己的双手创造幸福生活的人；必然是一个助人为乐，见义勇为，积极为社会为人民多做好事的人；必然是一个严于律己，防微杜渐，自觉抵制拜金主义、享乐主义和个人主义思想侵蚀的人；必然是一个一心为公，甘于奉献，时刻以国家和人民利益为重的人。青年应该努力成为这样精神充实、品德高尚的人。我国青年素有开风气之先的光荣传统。希望大家积极响应党和政府的号召，带头参与群众性的精神文明创建活动，带头弘扬社会公德、职业道路和家庭美德，带头倡导健康文明的生活方式，积极实践为人民服务的思想和集体主义精神，以实际行动促进社会全面进步。

要把伟大事业全面推向新世纪，青年就必须矢志艰苦创业，勇于开拓创新。实现我国跨世纪的宏伟目标，还有很多的路要走，任何时候我们都不能涣散创业意志，懈怠奋斗精神。广大青年要坚持树立远大理想与进行艰苦奋斗的统一。要脚踏实地，勤勉敬业，在各自的岗位上创造优异的成绩；在厉行节约，反对奢侈，始终保持艰苦朴素的本色；要自立自强，迎难而上，努力战胜创业征途上的种种困难；要同心同德，顾全大局，坚决维护社会政治稳定。创新是一个民族进步的灵魂，是国家兴旺发达的不竭动力。作为一个发展中国家，要想不受制于人，尽快缩小同发达国家在经济社会发展水平上的差距，尤其要坚持创新。青年人最少保守思想，最具创造活力，要努力在继承、借鉴前人和他人有益成果的基础上，解放思想，实事求是，积极创新，勇攀高峰。留学海外的青年学子，虽然远离故土，但永远是祖国的儿女。党和人民一直关注着你们，牵挂着你们，热切盼望你们学有所成，并欢迎你们回国工作或以适当方式为祖国服务。

共青团是党领导的先进青年的群众组织。长期以来，各级团组织为实现党在不同时期的历史任务作出了重要贡献，为促进广大青年的健康成长做了大量工作，发挥了重要作用。在推进建设有中国特色社会主义伟大事业的征程中，共青团应当更好地发挥党的助手和后备军作用及党联系青年的桥梁纽带作用，更好地担负起团结教育青年的重要职责。这就要求各级团组织，要始终坚持先进性与群众性的有机结合。在任何情况下都坚持党的领导，坚定正确的政治方向，自觉服从服务于全国全党工作的大局，充分发挥共青团和共青团干部的模范作用。同时，要突出团的特点，贴近青年实际，广泛团结青年，竭诚服务青年，在维护全国人民总体利益的同时更好地代表和维护青年的具体利益。要始终坚持建功与育人的有机结合。既广泛动员和组织青年在两个文明建设中充分发挥生力军和突击队作用，又引导青年全面提高素质，使他们成长为有理想、有道德、有文化、有纪律的社会主义事业建设者和接班人。要始终坚持继承与创新的有机结合。既继承和发扬长期以来形成的优良传统，又主动适应经济和社会的变革，以改革的精神认真研究新情况，解决新问题，创造新经验，全面履行各项职能，使共青团事业不断焕发出新的生机与活力。在新的形势下，共青团要更好地发挥在青联中的核心作用、对学联的指导作用、对少先队的领导作用，把更多的青少年团结和凝聚起来。实现祖国完全统一，是海内外一切爱国的中华儿女的共同心愿。共青团要大力弘扬爱国主义精神，积极引导青年为保持香港繁荣稳定，实现澳门顺利回归，最终解决台湾问题，完成祖国统一大业而不懈努力。我们的时代是开放的时代。共青团要继续发展同世界各国青年组织的交往和友好关系，努力促进人类的和平与发展。

建设一支高素质的团的干部队伍，是做好共青团工作的重要保证。在共青团的历史上，一批又一批团干部肩负党的重托，以强烈的事业心和崇高的献身精神，脚踏实地，忘我工作，把青春献给了共青团事业。长江后浪推前浪。希望广大团干部牢记江泽民同志对年轻干部的要求，刻苦学习，勤奋工作，勇于创造，自觉奉献，努力提高思想政治素质和业务工作水平，不断推动共青团事业向前发展。

青年是国家的未来，民族的希望。一个有远见的民族，总是把关注的目光投向青年；一个有远见的政党，总是把青年看作是推动历史发展和社会前进的重要力量。我们的民族就是这样的民族，我们的党就是这样的党。各级党委要一如既往地充分信任青年，热情关怀青年，严格要求青年，切实把青年的积极性引导好、保护好、发挥好。要进一步加强和改善党对共青团工作的领导，重视团的组织建设，支持共青团依照法律和自己的章程独立自主、创造性地开展工作。全社会都要关心爱护下一代，为青少年的健康成长创造更加有利的环境和条件。

青年朋友们，同志们！在党的十五大精神指引下，我国各族人民正满怀信心地向着二十一世纪进军。我国社会主义改革开放和现代化建设的总设计师邓小平同志曾高瞻远瞩地指出："下个世纪中国是很有希望的。"这一气势磅礴、铿锵有力地预言，表达了一个伟大的爱国者对祖国的无比挚爱，表达了一个伟大的马克思主义者对社会主义事业的坚定信心，也表达了一个世纪伟人对中国青年一代的期待和厚望。我们坚信，跨世纪一代青年一定能够接好老一辈传下的接力棒，创造出无愧于青春、无愧于时代的新业绩。让我们在以江泽民同志为核心的党中央领导下，高举邓小平理论伟大旗帜，紧密团结，奋发图强，朝着社会主义现代化建设的宏伟目标奋勇前进！

赢得二十世纪光荣的中国青年，也一定能够赢得二十一世纪新的光荣。青年们，加倍努力吧！

中共中央关于在全党深入学习邓小平理论的通知

党的十五大把邓小平理论确立为党的指导思想，在党章中明确规定中国共产党以马克思列宁主义、毛泽东思想、邓小平理论作为自己的行动指南，号召全党高举邓小平理论伟大旗帜，把建设有中国特色社会主义事业全面推向21世纪。党的十五大以来，社会主义改革开放和现代化建设深入发展，一个学习马克思列宁主义、毛泽东思想特别是邓小平理论的新高潮正在兴起。为进一步推动全党的理论学习，特作如下通知。

一、深入学习邓小平理论是一项重大而紧迫的任务

1.从现在起到下世纪的前十年，对于我们党和国家是至关重要的时期。我们要建立比较完善的社会主义市场经济体制，保持国民经济持续、快速、健康发展，为下世纪中叶基本实现现代化打下坚实基础。我们要继续推进政治体制改革，进一步扩大社会主义民主，健全社会主义法制，依法治国，建设社会主义法治国家。我们要切实加强社会主义精神文明建设，繁荣发展文化事业，努力提高全民族的思想道德和科学文化素质。我们要坚持“和平统一、一国两制”的方针，继续推进祖国统一大业。当前，我国改革进入攻坚阶段，发展处于关键时期。世纪格局多极化和经济全球化趋势加速发展，国际局势出现种种新变动，日新月异的科学技术进步正在深刻地改变着当代经济和社会生活。我们既面临良好机遇，又面临严峻挑战。实现跨世纪的宏伟目标，最重要的就是高举邓小平理论伟大旗帜不动摇，坚持把邓小平理论作为我们观察世界、发展自己的强大思想武器，作为统领全局、贯穿各项工作的灵魂，在建设有中国特色社会主义的伟大实践中学习和运用这一理论，丰富和发展这一理论。

2.党的十四大以来，以江泽民同志为核心的党中央，结合新的形势，着眼新的实践，对用邓小平理论武装全党的工作作出了一系列重要部署。各级领导干部带头，全党出现了学习理论的新气象。理论学习、研究、宣传紧密配合，党的理论建设出现了生动活泼的新局面。邓小平理论愈益深入人心，广大党员、干部运用这一理论解决实际问题有了新进步。理论学习不断深入，改革建设不断推进，两者紧密联系，相互促进，成为党的事业发展的一个显著特点。同时，必须清醒地看到，面对新的形势和任务，我们的党员和干部的素质特别是思想政治素质还不相适应。一些同志学习理论的自觉性不高，有些同志对邓小平理论的基本观点和党的十五大作出的重大决策在全面理解和正确把握上还有相当距离，少数领导干部学风不正的问题还比较突出。加强理论学习，重视理论指导，在党的队伍特别是高中级干部中仍然是一个迫切需要解决的重要问题。

3.每当革命和建设的重大关头，我们党总是结合不断发展的实际，加强理论学习，提高全党的马克思主义水平，这是一条宝贵的历史经验。延安时期，经过整风学习，全党在毛泽东思想的基础上达到空前的统一和团结，为夺取抗日战争和解放战争的胜利提供了有力的保证。建国初期，全党为迎接新的任务，努力学习马克思列宁主义、毛泽东思想，学习过去不熟悉的东西，顺利地完成了社会主义改造，推动了全国规模的社会主义建设。党的十一届三中全会前后，邓小平同志倡导全党重新学习。这次学习最重要的成果，是恢复和确立了解放思想、实事求是的马克思主义思想路线，为实现全党工作中心的转移，开辟建设有中国特色社会主义的新道路，奠定了重要的思想政治基础。过去20年，我们党能够经受住国际国内各种各样的考验，领导人民把改革开放和社会主义现代化建设不断推向前进，从根本上说靠的是邓小平理论的指导，靠的是全党认真学习和实践这一理论。今后，我们要战胜可以预料和难以预料的各种困难和风险，不断取得建设有中国特色社会主义事业的新胜利，仍然要靠邓小平理论的指导，靠全党深入学习、认真实践这一理论。深入学习邓小平理论，关系到党和国家工作的全局，关系到中国社会主义事业的长远发展，关系到中华民族的前途命运。全党同志一定要从我们肩负的历史责任出发，按照党的十五大要求，进一步增强学习邓小平理论的自觉性和紧迫感，努力形成学习新高潮。

二、把全党的理论学习提高到新水平

4.党的十五大对邓小平理论的历史地位、指导意义、

科学体系和时代精神作了新的阐述，创造性地运用邓小平理论解决我国经济、政治、文化发展的一系列重大问题取得了新的成果。这表明我们党对建设有中国特色社会主义的认识达到了新的高度。深入学习邓小平理论，必须同学习党的十五大报告紧密结合，在对邓小平理论的科学认识上，在运用邓小平理论解决实际问题的能力上，在改造主观世界的自觉性上都有新的提高，努力使学习和工作达到党的十五大要求的新水平。

5.深入学习邓小平理论，要紧紧围绕党的十五大的主题，在全面、正确领会和掌握邓小平理论科学体系和精神实质上下功夫，在全面、正确领会和掌握党的十五大精神上下功夫，把全党的思想和行动统一到党的十五大精神上来，把全国各族人民的智慧和力量凝聚到实现党的十五大确定的任务上来。

要深刻理解党的十五大把邓小平理论确立为党的指导思想并写入党章的重大意义。充分认识邓小平理论同马克思列宁主义、毛泽东思想是一脉相承的统一的科学体系，是马克思主义在中国发展的新阶段，只有这一理论才能解决当代中国社会主义的前途和命运问题，在思想上和工作中牢固确立邓小平的指导地位。

要深刻理解中国现在处于并将长期处于社会主义初级阶段的科学判断，准确把握基本国情。进一步明确只有社会主义才能救中国和发展中国，必须坚持而不能离开社会主义；进一步明确什么是初级阶段的社会主义，在初级阶段怎样建设社会主义，在现阶段为什么只能实现现在这样的路线和政策而不能实行别样的路线和政策。始终坚持一切从社会主义初级阶段的实际出发，善于识别及时排除各种干扰，毫不动摇地贯彻执行党的基本路线和基本纲领。

要深刻理解党的十五大关于建设有中国特色社会主义经济、政治、文化的一系列重大决策是对邓小平理论的坚持、运用和发展，具有长远的指导意义。要全面、正确地贯彻执行这些政策，特别是在坚持以公有制为主体、多种所有制经济共同发展的社会主义初级阶段基本经济制度方面，在积极探索能够极大地促进生产力发展的公有制实现形式方面，在实施国有企业战略性改组和深化改革方面，以及在推进政治体制改革和坚持两手抓、两手都要硬等方面，更要领会和把握好党的十五大精神，澄清模糊认识，避免盲目性、片面性和绝对化，把工作做得更好。

要深刻理解实现跨世纪发展的宏伟蓝图，关键在于加强和改善党的领导。按照新时期党的建设总目标，从严治党，认真解决不断提高领导水平和执政水平、不断增加拒腐防变能力这两大历史性课题，从思想、组织、作风上全面推进党的建设新的伟大工程，增强党的凝聚力和战斗力。

6.深入学习邓小平理论，首先要认真研读邓小平著作，并同选学马列著作和毛泽东著作，了解党的历史和社会主义在中国发展的实践结合起来；同学习十一届三中全会以来和国家的重要文献、江泽民同志的重要讲话，总结改革开放的新鲜经验结合起来。还要学习其他知识，特别是反映当代世界发展的各种新知识，拓宽我们的眼界。

三、坚持以领导干部为重点带动全党的学习

7.用邓小平理论武装全党，要以县级以上领导干部为重点。各级领导干部特别是中央委员和省部级干部要做学习的表率，既从总体上领会邓小平理论的基本观点和基本精神，又从各自工作的领域对邓小平理论的有关内容进行系统钻研和理解，尤其要把握解放思想、实事求是这个精髓，认真学习邓小平同志运用马克思主义立场、观点和方法研究新情况、解决新问题的科学态度和创造精神，努力提高思想水平和政治水平，树立正确的世界观、人生观、价值观。近年来新进领导班子的中青年干部，更要刻苦系统地学习邓小平理论，加强党性锻炼，增长领导才干。要认真贯彻《1996－2000年全国干部教育培训规划》，把干部理论学习的任务落到实处。

8.完善领导干部脱产进修制度。切实办好领导干部进修班、专题研究班和中青年领导干部培训班。认真落实县以上党政领导干部定期脱产进修，新进领导班子成员到党校、干校学习的规定。对其他各级各类干部的脱产进修，也要按照干部管理权限，由主管部门作出具体安排。各级党校、干校要精心安排教学计划，改进教学方法，提高教学质量。抓紧成立全国干部培训教材编审指导委员会，统筹规划教材的编审工作。

9.健全党委(党组)中心组理论学习制度。中心组的学习要同贯彻落实中央的重大决策，解决本地区、本部门改革和建设中的重要问题，加强领导班子建设紧密结合起来，每次重点学习研究一、两个问题。要重视集中学习前的调查研究，加强学习的针对性，注重实际效果。主要领导同志要带头学，亲自抓。

10.坚持领导干部在职自学制度。领导干部要根据工作需要和本人情况，制定理论学习计划，养成良好的学习习惯。要有针对性地向领导干部推荐理论学习书目和辅助材料，加强对干部自学的辅导和检查。重视发挥干部理论教育讲师团的作用。通过组织研讨、交流经验、举办报告会等，促进干部学习质量的提高。

11.建立领导干部理论学习考核制度。要认真总结近年来一些地方和部门对干部理论学习进行考核的经验，逐步形成制度。要把理论学习情况作为评议和考核干部的重要内容，把考核结果作为选拔使用干部的重要依据。对学习好的干部要给以表彰，对学习不好的要批评教育。

12. 今明两年要集中一段时间，在县级以上领导干部中深入进行以讲学习、讲政治、讲正气为主要内容的党性党风教育。着重解决坚定建设有中国特色社会主义信念，提高政治敏锐性和鉴别力，坚持党的基本路线不动摇；始终同党中央保持思想上政治上的一致，坚决贯彻执行中央的方针政策和工作部署；增强在复杂形势下承受、抵御各种风险的意识和能力，居安思危，树立长期艰苦奋斗的思想；密切联系群众，坚持反腐倡廉，正确行使人民赋予的权力等问题。县以上党政领导班子要以整风的精神开展批评与自我批评，有针对性地解决自身存在的突出问题。对于这次集中学习教育，中央组织部要会同有关部门作出具体安排，各级党委要认识组织，分级分批进行，务求取得实效。

13. 继续在广大党员中开展学习邓小平理论、学习党章的活动，使之经常化、制度化。凡有一定文化和阅读能力的党员都要努力研读邓小平原著。对文化水平低的党员要进行通俗易懂的讲解。县(市)党委党校要负责党支部书记和理论骨干的培训，基层党校要负责农村、企事业单位、街道党员的轮训。要注意区分层次，讲求实效，运用电化教育等多种形式对党员进行生动活泼的教育。

四、进一步加强对邓小平理论的研究和宣传

14. 深入的理论研究，准确的理论宣传，是促进邓小平理论学习向广度和深度发展的重要条件。要坚持把理论研究、宣传同全党的理论学习紧密结合起来，使之相互促进，不断深化。各级宣传部门和从事新闻、出版、文艺、教育、哲学社会科学研究的同志，应做到教育者先受教育，自己首先学习好，同时为研究和宣传邓小平理论作出积极贡献。

15. 重视和加强对邓小平理论的研究。要坚持把改革开放和社会主义现代化建设的重大与实践问题作为重点，密切联系马克思的历史发展联系当代世界的深刻变化，联系我国社会主义初级阶段的基本国情，努力运用邓小平理论认识和把握有中国特色社会主义经济、政治、文化建设的规律，为党和政府的科学决策服务，为两个文明建设服务。

理论研究工作要坚持“二为”方向和“双百”方针。鼓励以科学的态度大胆探索，勇于创新，坚持真理，修正错误，重在建设，不搞无谓的争论。注意区分学术问题和政治问题，对事关政治方向、重大原则的问题，要旗帜鲜明，分清事非；对思想认识问题，要积极引导，以理服人；对学术问题，要提倡不同观点的平等讨论和相互切磋。

16. 理论宣传要把握正确导向。紧紧围绕全党全国工作大局和一个时期的工作重点，针对干部群众普遍关心的热点问题和学习中的难点问题，全面、正确地宣传邓小平理论，做好释疑解惑、统一认识的工作。进一步发挥党报、党刊、国家通讯社、广播电台、电视台和重要出版单位在理论宣传中的主导作用。重视组织多学科的专家、多领域和实际工作者做好邓小平理论的宣传和普及工作。切实改进文风，深入浅出地进行宣传，及时总结和介绍先进典型和先进经验，为全党深入学习邓小平理论创造良好的舆论氛围。

五、全党必须在学风上有一个明显进步

17. 学风问题是对待马克思主义的态度问题，是关系党的兴衰和事业成败的重大政治问题。能不能坚持理论联系实际的马克思主义学风，是理论上和政治上是否成熟的一个重要标志。面对100多年来实际生活发生的剧烈而深刻的变动，面对建设有中国特色社会主义事业发展中新的矛盾和问题，党的十五大强调，马克思列宁主义、毛泽东思想一定不能丢，丢了就丧失根本，同时一定要以我国改革开放和现代化建设的实际问题、以我们正在做的事情为中心，着眼于马克思主义的运用，着眼于对实际问题的理论思考，着眼于新的实践和新的发展。这是我们党总结过去、面向未来得出的正确结论，是理论学习和整个理论建设必须坚持的马克思主义学风。

18. 十一届三中全会以来，我们党恢复和发扬理论联系实际的优良学风，极大地促进了改革开放和现代化建设的顺利进行。同时也要看到，那种照抄照搬、断章取义、搞形式主义，说的是一套做的又是一套的不良风气，仍在党内包括少数干部干部中严重存在。这些不良风气，阻碍党的路线、方针、政策的贯彻落实，败坏党的形象和声誉，窒息党的生机和活力。全党同志特别是高中级干部，必须以对党和人民高度负责的态度，同这些不良风气作斗争，坚持理论与实际、学习与运用、言论与行动相统一。

19. 弘扬马克思学风，必须坚持解放思想、实事求是的思想路线。我们党70多年的历史一再证明，党在理论上和实践上的重大发展，都是解放思想、实事求是的结果。解放思想没有止境，实事求是要一以贯之。在跨世纪的历史关头，面对艰巨任务和严峻考验，更要解放思想、实事求是，把大胆探索的勇气和科学求实的精神统一起来，以实践为检验真理的唯一标准，以邓小平同志提出的“三个有利于”判断各项工作的是非得失，以坚韧不拔、奋发有为的精神态度，研究新情况，解决新问题，创造性地开展工作。

20. 要努力在全党造成认真学习的风气，民主讨论的风气，积极探索的风气，求真务实的风气。党内学习和讨论问题，要提倡敞开思想，各抒己见，允许发表不同意见，不抓辫子，不扣帽子，不打棍子，不要随意把学习、讨论中的不同认识说成是政治倾向上的“左”或“右”。要把发扬党内民主同严格党的纪律统一起来，对党的决议和

政策如有不同意见，在坚决执行的前提下可以保留和向上级直至中央反映，但不允许在宣传媒体上公开发表，也不得在群众中散布。

六、切实加强对理论学习的领导

21.各级党委要充分认识用理论武装全党的重大意义，把这项工作作为党要管党、加强党的建设的一项根本任务来抓。要建立健全管理学习的领导责任制，坚持一级抓一级，加强督促检查。要经常分析学习情况，鼓励先进，鞭策后进。组织、宣传部门和其他有关部门，要在党委统一领导下，各司其职，密切配合，使全党的理论学习深入、扎实、持久地开展下去。

22.加强马克思主义理论队伍的建设是各级党委的重要职责。要努力培养和造就一批政治坚定、思想敏锐、学识渊博、联系实际的马克思主义理论家。特别要加强中青年理论骨干的培养工作，指导好各级党校、干校、社会科学院、高等学校制订和实施理论人才培养规划。进一步加强邓小平理论研究基地的建设，使之发挥重要作用。鼓励理论工作者深入实际，为改革和建设贡献聪明才智；对其中作出突出贡献的给予表彰和奖励。要促进广大理论工作者在党的基本理论和基本路线的基础上加强团结和协作。

23.用邓小平理论教育广大青年特别是青年学生，是关系改革开放前途和21世纪国家面貌的大事，是坚持党的基本路线一百年不动摇的长远大计。各级党委要有战略眼光，切实加强对这项工作的领导。要鼓励青年积极学习邓小平理论，树立远大理想和正确的世纪观、人生观、价值观。共青团要在广大团员和青年中深入开展学习邓小平理论的活动，加强对青年学习邓小平理论的各种组织的指导。教育部门要做好邓小平理论进教材、进课堂、进学生头脑的工作，加强教材编写工作和师资队伍建设。高等学校要开设专门课程，系统讲授邓小平理论。中等学校要把邓小平理论的基本观点贯穿到相关课程的教学中。教学要针对学生的思想实际，力求生动活泼，富有成效。

24.各省、自治区、直辖市党委，中央各部委，中央国家机关各部委党组（党委），解放军总政治部，各人民团体党组要按照本通知精神，结合自己的实际，对深入学习邓小平理论作出具体部署，认真组织实施。

中 共 中 央

1998年6月24日

在学习邓小平理论工作会议上的讲话

（1998 年 7 月 17 日）

江泽民

最近发出的《中共中央关于在全党深入学习邓小平理论的通知》，是经过中央政治局常委会议、中央政治局会议讨论通过的。中央还决定，由中央组织部、中央宣传部召开这次工作会议专门进行部署。这些都是为了贯彻党的十五大精神，推动全党深入学习邓小平理论，兴起学习新高潮，把我国社会主义改革和现代化建设更好地推向前进。中央的《通知》，对组织全党深入学习邓小平理论的有关问题都讲清楚了，现在最重要的是把文件学习领会好、贯彻落实好。今天我着重就以下四个问题讲一些意见。

一、深入学习邓小平理论，必须从国际国内大局出发增强自觉性

党的十五大号召全党兴起一个学习马克思列宁主义、毛泽东思想特别是邓小平理论的新高潮。十五大以来，中央又多次强调加强理论学习。为什么呢？因为它对于我们党和国家的前途命运，实在太重要了。

首先，这是我们党面向新世纪推进伟大事业的战略需要。在社会主义现代化建设新时期，有了邓小平理论，这是我们党最大的思想政治优势。十一届三中全会以来，我国改革开放和现代化建设取得举世瞩目的伟大成就，最根本的就是靠邓小平理论的指导。以十五大为标志，我们进入了高举邓小平理论伟大旗帜，推动建设有中国特色社会主义事业跨世纪发展的关键时期。全面完成十五大确定的历史任务，最根本的仍然要靠邓小平理论的指导。当前，以建立社会主义市场经济体制为目标的改革，已进入攻坚阶段。整个形势是好的。中央采取了一系列正确措施，加强农业基础，深化国有企业改革，精简政府机构，整顿金融秩序，调整经济结构，扩大基础设施规模，进一步开拓国内市场，千方百计增加出口，继续保持人民币汇率稳定。尽管受到亚洲金融风波的影响，我国仍然保持了社会政治稳定，经济持续增长。同时必须看到，我国整个经济正处在战略性结构调整过程中，面临的任务非常艰巨，矛盾和问题不少。在前进的道路上，我们还会遇到一些可以预料和难以预料的困难和风险。还要看到，我国现代化建设是在错综复杂的国际环境中进行的。当今世界正在继续发生重大而深刻的变化。国际格局多极化态势更加明显，经济全球化趋势持续发展，世界科技进步一日千里，知识创新速度大大加快，综合国力竞争日益激烈。这一切，为我国跨世纪发展提供了良好的历史机遇，也要求我们勇敢地迎接严峻的挑战。新的形势和任务，迫切需要全党同志努力学习邓小平理论，自觉用这一理论武装头脑。如果不能很好地学习和运用邓小平理论，就难以凝聚全党、团结人民，坚持正确的前进方向，就难以解决我们面临的复杂矛盾和问题，不断开创事业的新局面，就难以承受和抵御各种风险，保持党和国家的长治久安。

加强理论学习，它是提高干部队伍特别是领导干部队伍思想政治素质，坚持党的基本路线不动摇的根本要求。经过多年学习培训尤其是改革开放实践的锻炼，各级领导干部的素质有了很大提高，在贯彻党的基本路线，推进社会主义现代化建设中发挥了骨干作用。这是基本的方面。同时必须指出，我们党处在改革开放和发展社会主义市场经济的条件下，处在世界各种思想文化相互激荡的背景中，能不能及时识别和排除各种干扰，坚持党的基本路线和基本纲领，对全党同志特别是各级领导干部是一个严峻的考验。这些年来，大多数领导干部积极适应新形势、新任务的要求，努力学习，经受磨练，不断进步，成长起来了；也有些领导干部不求进取，无所作为，在不断发展的形势面前落后了；还有极少数领导干部在各种腐朽思想的侵袭和政治风浪的冲击下，垮掉了。这真是大浪淘沙啊！干部队伍中存在种种问题，原因不尽相同，但不重视学习，头脑里缺乏甚至没有马克思主义是共同的。现在，我们的干部队伍正处于新老交替的重要时期。一大批年轻同志走上各级领导岗位，给党的干部队伍增添了新的活力。党和人民对他们寄予厚望。年轻干部头脑一定要清醒，不要以为走上领导岗位，自己的思想理论水平、政策水平和工作能力就自然提高了。我们有些同志工作热情高，想干一番事业，这是很好的。但由于缺少理论功底，工作中往往就是论事，不善于对实际问题进行理论思考，不注意从政治上和全局上观察事物，在重大原则问题上分不清是非，有的甚至跟着错误的东西跑。

这些情况表明，提高领导干部的素质特别是思想政治素质，是一个非常突出的问题。我们的领导干部只有坚持不懈地学习和实践邓小平理论，从根本上提高自己，才能成为合格的领导者。有了一支素质较高的领导干部队伍，坚持党的基本理论路线不动摇才有可靠的组织保证。

加强理论学习，又是根据理论武装工作的实际状况提出来的。党的十四大以来，为了落实用邓小平理论武装全党的战略任务，中央采取了一系列重大举措，各级党委做了大量工作，全党出现了学习理论的新气象。理论武装从中央委员、高级干部抓起，各级领导干部带头，推动了全党的学习；理论学习同理论研究、理论宣传密切配合，逐步向广度和深度发展；理论武装工作同改革和建设实践紧密联系，促进了党的建设和我们事业的大发展。总的说来，用邓小平理论武装全党取得了重大进展，在党和国家全局工作中发挥了巨大作用。但对成绩不能估计过高，要使学习邓小平理论成为全党的自觉行动，还要做大量艰苦细致的工作。我们党有一条宝贵的经验，就是每当革命和建设处在重大历史关头，总是特别重视理论指导，总是结合不断发展的实际加强党员、干部的理论学习。现在，建设有中国特色社会主义事业正处在重大历史关头，尤其需要重视这条经验，用好这条经验。全党同志首先是领导干部，务必站在面向世界，实现中国跨世纪发展大局的高度，以强烈的历史责任感和使命感，增强学习邓小平理论的自觉性。

二、深入学习邓小平理论，必须同学习和贯彻十五大精神结合起来

高举邓小平理论伟大旗帜，把建设有中国特色社会主义事业全面推向二十一世纪，这是十五大的主题，是全党各项工作的主题，也是兴起理论学习新高潮的主题。深入学习邓小平理论，要同学习和贯彻十五大精神结合起来，紧紧围绕十五大的主题，在全面、正确地理解和掌握邓小平理论科学体系和精神实质上下功夫，在全面、正确地理解和掌握十五大精神上下功夫，把全党的思想和行动进一步统一到十五大精神上来，把全国各族人民的智慧和力量进一步凝聚到实现十五大确定的任务上来。兴起理论学习高潮，“新”就新在这里；抓理论武装工作要鼓劲，“劲”就要使在这里；衡量理论学习的成效，着眼点也要放在这里。党的十五大以来，全党认真学习邓小平理论，积极贯彻十五大精神，干部和群众思想更加解放，精神更加振奋，在深化改革中大胆探索，知难而进，呈现出为实现跨世纪宏伟目标团结奋斗的新气象。我国经济、政治、文化、外交等各项事业和党的建设都在取得新的进展。实践证明，十五大作出的各项重大决策是完全正确的，是得人心的，必须坚定不移地贯彻执行。十五大在理论和实践问题上有一系列新的突破，要贯彻落实好并不容易。从十个月来的情况看，确有一些同志对邓小平理论和十五大精神在理解和把握上，存在这样那样的片面性、绝对化和简单化。这不是贯彻十五大精神的主流，不是说全局上出了什么问题，但确实需要引起重视。

比如，对社会主义初级阶段这个最大国情的认识和把握。中国走的是社会主义道路，这是国情；中国社会主义正处在并将长期处在初级阶段，这也是国情。必须把社会主义和初级阶段这八个字统一起来认识和把握。走社会主义道路，是近代以来中国历史发展的必然和中国各族人民的正确选择。想让中国放弃社会主义，回头走资本主义道路，这是完全错误的，根本行不通的。在社会主义初级阶段，必须把发展生产力摆在首位，改革那些不适应生产力发展的生产关系和上层建筑。这种改革，是社会主义制度的自我完善，是巩固和发展社会主义的需要，绝不是搞资本主义。在任何时候、任何情况下，都绝不允许危害社会主义、损害人民根本利益的东西自由泛滥。总之，对社会主义初级阶段的基本国情和经济、政治、文化等方面的基本特点，要做到统一认识和准确把握。我们想问题、办事情、作决策，都必须从社会主义初级阶段的实际出发，而不能脱离这个实际。

再比如，坚持以公有制为主体、多种所有制经济共同发展的基本经济制度。这是十五大在理论上和实践上的新发展，是社会主义基本原则在当代中国的坚持和运用。我们干的是社会主义，国家经济的主体必须是公有制，这要坚定不移。同时，我国现阶段的生产力水平决定了必须坚持多种所有制经济共同发展，鼓励、引导非公有制经济健康发展，这也要坚定不移。如果不把这两个坚定不移统一起来，只讲一面，就会脱离社会主义初级阶段的实际，就建不成有中国特色社会主义。十五大提出公有制实现形式可以而且应当多样化，这也是一个新发展。股份制是现代企业的一种资本组织形式，有利于所有权和经营权的分离，有利于提高企业和资本的运作效率，资本主义可以用，社会主义也可以用。但股份制是公有制多种实现形式中的一种形式，不是唯一形式，不能搞“一刀切”，不要“刮风”，不要以为一搞股份制什么都能解决。

又比如，国有企业“抓大放小”。这是实施国有经济战略性改组的一项重大决策，是搞好国有企业的一条正确方针。在执行中，要全面正确理解，尊重客观经济规律，尊重群众的意愿。“抓大”，要重点抓好关系国民经济命脉的大型骨干企业。在“抓大”中，组建跨地区、跨行业、跨所有制和跨国经营的大企业集团，应以资本为纽带，通过市场促进生产要素的优化配置，增强企业的竞争的能力，不能不讲条件，以为搞得越大越好，更不能包办代替，搞“拉郎配”。“放小”是要“放活”，也是着眼于搞好整个国有经济，更好地发挥小企业的重要作用，而不是“放弃”，不是撒手不管。放活国有小企业，有改组、联合、

兼并、租赁、承包经营和股份合作制、出售等多种实现形式,不能变成只有出售一种形式,统统采取一卖了之的作法。国有企业的改制工作要积极稳妥,因企制宜,严格执行国家的有关规定,加强监督检查,防止国有资产的流失。绝不允许在“改革”的名义下利用职权化公为私。

还比如,发展社会主义民主政治。这是我们党始终不渝的奋斗目标。改革开放以来,我们从国情出发,坚持和不断完善人民民主专政的国体和人民代表大会制度的政体,更好地体现了人民当家作主,体现了社会主义政治制度的优越性,为进一步解放和发展生产力提供了更有力的政治保证。这要理直气壮地讲。我们在农村和城市扩大基层民主,保证人民群众直接行使民主权利,依法管理自己的事情,得到了人民群众的拥护。十五大提出,要进一步扩大社会主义民主,健全社会主义法制,依法治国,建设社会主义法治国家。我们正在按照十五大的要求,继续坚定地推进政治体制改革。我们政治体制改革必须从中国的实际出发,绝不能照搬西方的多党制,不能搞三权分立、两院制那一套。推进社会主义民主政治建设,必须处理好党的领导、发扬民主、依法办事的关系。党的领导是关键,发扬民主是基础,依法办事是保证,绝不能把三者割裂开来、对立起来。政治体制改革,必须在党的领导下,有步骤、有秩序地进行地进行。以为发扬民主、强调法制就不需要党的领导,这是错误的。同时,各级党委要学会在宪法和法律的范围内加强和改善党的领导。各级领导同志要敢于领导,善于领导,充分发扬民主,严格依法办事。

我讲以上这些,是希望各级领导同志通过学习,对邓小平理论和十五大精神的理解和掌握有新的提高,在履行领导职责、推动改革和建设上有新的进步。这里,我要提出一个十分严肃的问题,就是作为党的领导干部,对党的路线、方针和中央的决策,只有努力学习、正确理解、认真执行、坚决维护的义务,绝没有不执行或者随意改变的权利,更不允许口是心非,阳奉阴违。特别是在关键时刻,贯彻中央的决策更要毫不动摇。是不是做到了这一点,不能光看口头上说得怎么样,口号喊得怎么样,关键要看行动。讲政治,这就是很重要的政治;讲纪律,这就是很重要的纪律。如果由于理解上的偏差导致行动上的失误,那么在中央指出和实践证明是错误的以后,就要赶快改正,改了就好。

三、深入学习邓小平理论,必须在改造客观世界的同时努力改造主观世界

邓小平理论是一个完整的科学体系,是我们认识和改造客观世界的强大思想武器,也是我们认识和改造主观世界的强大思想武器。邓小平理论强调,改造客观世界和改造主观世界是彼此联系、相互统一、不可分割的。在邓小平同志著作中,改造主观世界的内容十分丰富。对于新时期共产党员必须改造世界观、增强党性,坚持共产主义理想和建设有中国特色社会主义信念,坚持解放思想、实事求是的思想路线,坚持全心全意为人民服务、密切联系群众,坚持身体力行共产主义道德、做建设社会主义精神文明的模范,坚持遵守党章、严守党的纪律等方面,邓小平同志都有大量论述。这对于我们改造主观世界,牢固确立马克思主义的世界观、人生观、价值观,具有重要的指导意义,我们必须认真学习和实践。

为什么要突出强调改造主观世界的问题呢?我们从事的建设有中国特色社会主义事业,是前无古人的创造性事业。如果头脑里没有辩证唯物主义、历史唯物主义的世界观,就不可能以正确的立场和科学的态度来认识纷繁复杂的客观事物,把握事物发展的规律;就不可能正确地理解和执行党的路线方针政策,避免工作中的偏差;就不可能站在时代的前列,团结和带领广大群众前进。还要看到,我们工作和生活的环境已经和正在发生深刻的变化,新事物、新知识、新思想在不断涌现,各种消极的、腐朽的东西也在随时影响着人们。只有加强主观世界的改造,才能辩别良莠,吸收好的东西,抵御坏的东西。在过去的革命战争年代,我们共产党人经常面临生与死的考验。在今天和平环境下,在发展社会主义市场和对外开放的过程中,虽然也会有生与死的考验,但大量的、经常的是权力、地位和利益的考验。这种考验也是很尖锐的。这些年,确有一些干部包括有的高级干部,忽视和放松了主观世界的改造,经不住金钱、物欲等诱惑,不仅自己身败名裂,而且给党和国家造成很大损失。中央反复强调共产党员和领导干部和要增加党性锻炼,树立正确的世界观、人生观、价值观,就是根据当前党内的实际状况提出来的。深入学习邓小平理论,一定要把改造主观世界摆到重要位置,同改造客观世界更好地统一起来。

中央的《通知》明确提出,领导干部加强主观世界的改造,要着重解决四个方面的问题:一是坚定建设有中国特色的社会主义信念,提高政治敏锐性和鉴别力,坚持党的基本路线不动摇;二是始终同党同中央保持思想上、政治上的一致,坚持贯彻执行中央的方针政策和工作部署;三是增强在复杂形势下承受抵御各种风险的意识和能力,居安思危,树立长期艰苦奋斗的思想;四是密切联系群众,坚持反腐倡廉,正确行使人民赋予的权力。解决这些问题,需要从多方面作出努力。基本的途径,还是要加强理论学习,掌握思想武器;积极投身人民群众的实践,汲取营养;坚持在严格的党内生活中自觉锤炼自己。中央决定,今明两年要集中一段时间,在县级以上领导干部中深入进行以讲学习、讲政治、讲正气为主要内容的党性党风教育;要求县以上党政领导班子以整风的精神开展批评与自我批评,有针对性地解决自身存在的突出问题。

这样做，是要推动领导干部把学习理论同改造主观世界更好地结合起来，提高思想政治素质。这件事很重要，各级党委和有关部门要认真落实，务求实效。用整风解决党内存在的问题，就是要在正确思想指导下，认真学习，总结经验，开展同志式的批评和自我批评，坚持真理，修正错误。这是我们党的好传统、好办法，今天仍然是管用的。党内不论什么人，不论职务高低，都要能接受批评，也都要勇于自我批评。领导班子更要带头正确地开展批评和自我批评。现在，有些党组织和领导班子，好人主义盛行，对错误的东西听之任之，把批评和自我评批的武器丢得差不多了。这种放弃原则、息事宁人、软弱涣散的状况必须加以纠正。我们要开展积极的健康的思想斗争，但要坚决防止过去搞政治运动的那种错误做法。

这里我还要讲一个问题，就是改造主观世界，领导干部必须形成好的思想作风。在第二期中委研讨班上，我专讲了这个问题，提了八条要求。今天我还想强调一下每个领导干部都要一分为二地认识自己，实事求是地估量自己，正确对待自己。这样，才能保持良好的思想作风，做到以下“三个正确对待”：

第一，正确对待同志。我们有些领导干部对别人要求严，对自己要求宽，好像自己什么都好，别人什么都不如自己。一些领导班子不团结，民主集中制执行得不好，常常同这种毛病有关。领导干部要心胸开阔，具有容人容事的宽阔胸襟，做到虚怀若谷。如果心胸狭隘，容不得人，听不进不同意见，自己把自己封闭起来，就会脱离集体、脱离群众，甚至成为孤家寡人。领导班子成员之间，要做到相互信任、相互支持、相互谅解，包括相互帮助克服错误和缺点，绝不能相互拆台，更不能挑拨离间、搞两面三刀。各级领导班子要唱响“团结就是力量”，主要领导同志要把一班人团结好，领导班子要把广大干部和群众团结好。

第二，正确对待组织。共产党员无论担负什么工作，都是党组织的一员。我们个人的进步和取得工作成绩，都不可能离开党组织的培养、教育和帮助。没有党的正确路线方针政策的指引，没有党组织的关心和支持，没有领导班子其他成员的配合，个人本领再高，也成不了什么大事。所以，任何时候都不能居功自傲，不能把工作成绩当成向组织讨价还价的资本，更不能把自己凌驾于组织之上。成绩越大，越要谦虚谨慎，戒骄戒躁，兢兢业业，把工作做得更好。这些年，有的人工作有了成绩，就忘乎所以，拒绝组织的教育和监督，结果摔了个大跟头。这方面的教训务必引以为戒。

第三，正确对待群众。人民群众是我们党的力量源泉，全心全意为人民服务是我们党的根本宗旨，坚持群众路线是做好领导工作的一个基本条件。所有领导干部，都是人民的公仆，绝不能高居群众之上，而要始终置身群众之中，时刻心系群众，坚定地相信和依靠群众，倾听群众呼声。越是困难的地方，越是群众意见多、矛盾集中的地方，领导干部越要到那里去。可是，有些领导干部却高高在上，不深入基层，不深入群众，不关心群众疾苦。有的地方部分群众生活还很困难，那里有的领导干部却挥霍公款，沉迷于吃喝玩乐，灯红酒绿。还有的人滥用职权，谋取私利，贪赃枉法，欺压群众。这些现象，我们党能容忍吗？中央一再讲，敌对势力从外部搞垮我们党是不容易的，真正可怕的是脱离群众，自己毁了自己。在这个问题上，全党同志特别是各级领导干部一定要高度警惕，坚决同这些坏风气作斗争。

四、深入学习邓小平理论，必须大力弘扬马克思主义学风

理论学习新高潮能不能扎扎实实地兴起来，理论武装工作能不能取得明显成效，关键在于弘扬理论联系实际的马克思主义学风。

学风问题也是党风问题，是关系党的兴衰和事业成败的一个重大政治问题。毛泽东同志历来强调要把马列主义基本原理与中国的具体实际相结合，坚持运用理论武器解决实际问题。他把树立和发扬理论联系实际的学风，称之为党领导中国革命必须解决的“第一个重要的问题”。改革开放以来，邓小平同志在新的历史条件下带领全党发扬理论联系实际的学风，开拓了马克思主义的新境界，开辟了建设有中国特色社会主义的新道路，极大地促进了改革开放现代化建设事业的发展。历史证明，学风端正，事业兴旺；学风不正，事业受损。

党的十五大强调，学习马克思主义，一定要以我国改革开放和现代化建设的实际问题，以我们正在做的事情为中心，着眼于马克思主义理论的运用，着眼于对实际问题的理论思考，着眼于新的实践和新的发展。这“一个中心，三个着眼于”，是总结过去、面向未来提出的正确结论，是党的理论联系实际学风在新的历史条件下的具体体现。从我们事业的发展来看我们干部队伍总体上是发扬了马克思主义学风的。否认这个主流，就不能说明，为什么邓小平理论能够日益深入人心，并在实践中产生巨大力量。但是不能不看到，在一部分干部包括一些领导干部身上，学风不正的现象仍然严重存在。有的缺少学习理论的兴趣和热情，认为学不学无所谓，强调没时间学，却成天忙于不必要的应酬。有的学习不刻苦，不钻研，浅尝辄止，满足于一知半解，不掌握理论的科学体系和精神实质。有的理论与实际脱节，照本宣科，不去用或者不会用理论武器解决面临的实际问题。有的断章取义，各取所需，甚至把自己的不正确理解说成是邓小平理论的原意和中央精神。有的摆样子，做表面文章，搞形式主义，甚至言行不一，说一套做一套。诸如此类的现象，

虽然表现在一部分人身上,但害己害人,误党误国,危害极大。因此,很有必要大声疾呼,坚决反对不良学风。

我们调强弘扬马克思主义学风,目的在于引导广大党员、干部认真学习好邓小平理论,掌握马克思主义的立场、观点、方法,解决我们面临的各种复杂矛盾和问题,把改革开放和现代化建设的伟大实践不断推向前进。弘扬马克思主义学风,要坚持解放思想、实事求是的思想路线,把大胆探索的勇气同科学求实的精神统一起来,以实践作为检验真理的唯一标准,以"三个有利于"来判断各项工作的是非得失,以坚韧不拔、奋发有力的精神状态,去创造新业绩,开拓新局面。

最后我再强调一下,各级党委特别是主要负责同志,要切实肩负起邓小平理论武装党员、干部,兴起理论学习新高潮的责任。要以抓好领导干部学习为重点,推动本地区、本部门、本单位的学习。坚持一级抓一级,加强督促检查,鼓励先进、鞭策后进。几年来,从中央地到地方,各级组织、宣传部门在党委领导下,做了大量富有成效的工作,中央是肯定的。今后的任务还很重,希望大家再接再厉,按照中央的要求把工作做得更好。

关于在深化国有企业改革中党组织设置和领导关系等有关问题的通知（摘要）

中共中央组织部最近发出了关于在深化国有企业改革中党组织设置和领导关系等有关问题的通知。

通知指出，党的十五大以来，各地国有企业改革的步伐加快。在建立现代企业制度，实行鼓励兼并、规范破产、下岗分流、减员增效和再就业工作中，企业党组织发挥政治核心作用，推动和促进了企业的改革和发展。但也出现了一些新问题：有些企业实施资产重组时，党组织的设置、调整跟不上；有的企业改制后，党组织的领导关系不明确；有的企业党组织对下岗职工党员的教育管理工作薄弱，等等。这些问题亟待解决。

通知在以下五个方面提出明确要求：

一、企业党组织的设置和调整要与企业改组、改制同步进行。国有企业实行改组、改制、联合、兼并或其他形式改革后，企业的组织形式发生变化，企业党组织要按照党章规定，根据企业的规模、党员人数和工作需要，经上级党组织批准，同步组建、改建或更名党的基层委员会（总支部委员会、支部委员会），选配好党组织负责人。企业内部的党组织设置，也要随着企业组织结构和党员分布状况的变化，及时进行调整。

跨地区、跨行业、跨所有制和跨国经营的大企业集体一般应设立党的基层委员会。大企业集团需成立党组的，必须经党中央或省、自治区、直辖市党委批准。设党组的企业集团的成员企业，应成立党的基层组织。

二、依法申请破产的企业，在进入破产程序至破产终结期间，党组织要认真履行职责，继续发挥政治核心作用。在特殊情况下，经企业上级党组织批准，可以设置临时党组织并指定负责人，明确职责任务，开展党的活动。企业破产终结时，报上级党组织批准，撤销原企业党组织。

三、企业改组后，党组织的领导关系要按照有利于加强党的领导和开展党的工作，有利于促进企业改革和发展的原则，根据不同情况确定。

企业实行兼并，同一地区内被兼并企业党组织一般由兼并企业党组织领导。实行跨地区兼并的，被兼并企业党组织一般由所在地党组织领导；需要由兼并企业党组织领导的，由兼并企业党组织与被兼并企业所在地组织协商确定。

国有企业实行承包、租赁或股份合作制的，企业党组织领导关系一般保持不变；需要改变领导关系的，由有关方面与原企业上级党组织协商。

四、加强对企业下岗职工党员的教育管理。企业党组织要教育下岗职工与党组织保持密切联系。参加党组活动，遵守党的纪律，积极参加培训，努力提高政治和业务素质，在带头再就业和带领职工再就业中发挥先锋模范作用。

企业下岗职工党员仍由企业党组织管理。下岗职工党员较多的企业，可在企业下岗职工再就业服务中心单独建立党组织，实行集中管理。短期外出务工经商的下岗职工党员，应办理《流动党员活动证》。下岗职工党员再就业时，要及时接转党组织关系。

企业党组织要建立下岗职工党员登记制度、专人联系和教育培训制度、查验《流动党员活动证》制度等，加强对下岗职工党员的教育、管理和监督。

五、各级党委和有关部门党组要高度重视国有企业在改组、联合、兼并和职工下岗分流再就业中的党建工作，按照中央(1997)4 号文件精神开展工作，发挥党的政治优势，保证深化国有企业改革的顺利进行。认真落实企业党建工作责任制，加强分类指导，总结推广经验，及时提出切实可行的措施。要以改革的精神，积极研究解决在深化国有企业改革中党的建设出现的新情况、新问题，大胆探索，努力实践，把企业党建工作不断推向前进。

全面推进农村改革　开创我国农业和农村工作新局面

——在安徽考察工作时的讲话

(1998年9月25日)

江泽民

今年是党的十一届三中全会二十周年,也是农村改革二十周年。安徽"大包干"的发源地,所以我这个时候来安徽看一看,就农业和农村问题做一些调查研究。

当前,全党和全国人民正在贯彻落实党的十五大提出的各项战略部署,全面推进改革开放和社会主义现代化建设。实现跨世纪发展的目标,难度最大而又非完成不可的一项任务,就是保持农业和农村经济的持续稳定增长。我国的基本国情决定了,抓住农村这个大头,就有了把握经济、社会发展全局的主动权。面对亚洲金融危机的挑战,我们必须更加重视和加强农业,把农村经济搞上去,这样才能保持经济和社会的稳定,才能增加发展的回旋余地。因此,中央十分关注农业和农村问题。下面,我就农村改革和农村工作讲几点意见。

一、认真总结并牢牢记取农村改革的基本经验

以党的十一届三中全会为标志,中国进入一个波澜壮阔的改革开放的新时期。改革率先从农村突破,进而推动城市和整个经济体制的全面改革,这是中国改革成功的路子。改革从农村开始是不偶然的,是由我国基本国情和当时农村的困境决定的。十年浩动使国民经济到了崩溃的边缘,农村的问题尤为突出,当时二亿五千万人吃不饱肚子,吃饭问题成为最紧迫的大事,不改革已经没有出路了。党的十一届三中全会重新确立了解放思想、实事求是的思想路线,把全党的工作重心转移到经济建设上来,为农村改革提供了思想前提,创造了政治环境。因此,农村改革的发生和发展就是必然的。

二十年来,在党的领导下,农村发生了一系列深刻的变革:突破了高度集中的人民公社体制,实行以家庭联产承包为基础、统分结合的双层经营体制;突破了"以粮为纲"的单一结构,发展多种经营和乡镇企业,全面活跃农村经济;突破了统购统销制度,面向市场,搞活农产品流通;突破了单一集体经济的所有制结构,形成了以公有制为主体、多种所有制经济共同发展的格局。经过改革,初步构筑了适应发展社会主义市场经济要求的新体制框架,极大地解放和发展了生产力,给农村带来了翻天覆地的历史性变化。一是农业综合生产能力大幅度提高,结束了主要农产品长期短缺的历史。粮食年总产量二十年间增加了四千亿斤,十二亿中国人吃饭的问题已经基本解决。二是农村产业结构和劳动力就业结构进行了重大调整,乡镇企业异军突起,转移了一亿三千万农业富余劳动力,农村开始了史无前例的工业化进程。三是农民生活显著改善,全国农村从总体上进入了由温饱向小康迈进的阶段。四是在农村经济快速发展的基础上,农村各项社会事业也取得了明显的进步,农民的思想观念和精神面貌发生了积极的变化。

农村改革的成功是邓小平理论的伟大胜利。邓小平同志关于农业、农村和农民问题的一系列论述,关于农村改革、发展、稳定的一系列论述,给农村改革指明了方向。在每一步关键的时候,都是邓小平同志旗帜鲜明的支持和推动改革。农村改革的历程说明,只有坚持以邓小平理论为指导,解放思想,实事求是,才能冲破旧的观念和僵化体制的束缚,进行建设有中国特色社会主义的新探索。可以说,没有邓小平理论,就不可能进行农村改革,也不可能有现在这样一整套党在农村的基本政策,更不可能有今天的巨大成就。认真总结这二十年的宝贵经验,对于全党更加自觉地高举邓小平理论伟大旗帜,坚定不移地贯彻十一届三中全会以来党的路线方针政策,进一步深化农村改革,实现农业和农村跨世纪发展的宏伟目标,具有重大意义。

第一、必须把调动农民的积极性作为制定农村政策的首要出发点。农民的积极性是发展农业和农村经济的根本。建国以来的历史经验证明,什么时候农民有积极性,农业就快速发展;什么时候挫伤了农民的积极性,农业就停滞甚至萎缩。党的十一届三中全会提出,确定农村经济政策的首要出发点,是充分发挥我国亿万农民的积极性。必须在经济上充分关心农民的物质利益,在政治上切实保障他们的民主权利。并且提出,我们一切政策是否符合发展生产力的需要,就是要看这种政策能否调动农民的积极性。这是我们花了很大代价才认识的真理。农村改革之所以获得巨大成功,就是坚持了这个正确的出发点。家庭承包经营所以能够起到这么大的作

用,就是给了农民自主权,使农民得到了实惠。在农村开展任何一项工作,实行任何一项政策,都必须首先考虑,是有利于调动还是会挫伤农民的积极性,是维护还是会损害农民的物质利益和民主权利,是解放和发展还是会阻碍农村生产力。这是我们制定农村政策必须坚持的基本准则,也是检验政策是否正确的根本标准。

第二、必须尊重农民的首创精神。人民群众是创造历史的真正动力。包产到户、乡镇企业和村民自治,都是在党的领导下我国亿万农民的伟大创造。邓小平同志讲:“我们改革开放的成功,不是靠本本,而是靠实践,靠实事求是。农村搞家庭联产承包,这个发明权是农民的。农村改革中的好多东西,都是基层创造出来,我们把它拿来加工提高作为全国的指导。”“乡镇企业容纳了百分之五十的农村剩余劳动力。那不是我们领导出的主意,而是基层农业单位和农民自己创造的。”邓小平同志这些论断概括了农村改革的实际情况。我们党坚持从群众中来、到群众中去的根本工作路线,及时总结广大农民的实践经验,形成正确的政策,用于指导和推进改革。农村每一项重大政策出台,都建立在基层和农民群众实践创造的基础上,因而具有充分的实践依据和深厚的群众基础。依靠群众推进改革,这是一条重要的经验。

第三、必须大胆探索农村公有制的有效实现形式,不断完善农村所有制结构。生产关系必须适应生产力发展的要求。农村改革实质上就是调整束缚生产力发展的生产关系。我们党领导的土地改革,曾经极大地解放了农村生产力。人民公社”一大二公“,又长期压抑了农民的积极性。农村改革以后,我们在集体经济内部,实行土地集体所有、家庭承包经营,使所有权与使用权分离,建立了以家庭承包经营为基础,统一经营和分散经营相结合的双层经营体制。同时,鼓励和引导农民发展个体、私营经济和股份合作制经济,实行以公有制经济为主体、多种所有制经济共同发展。这就在新的历史条件下,理顺了农村最基本的生产关系,使整个农村经济空前活跃起来。实践证明,改革中形成的农村基本经济制度和经营制度,符合我国社会主义初级阶段农村的实际,能够极大地促进农村生产力发展,要长期坚持不变。

第四、必须坚持农村改革的市场取向。建立社会主义市场经济体制是我国经济体制改革的目标。农村改革实际上从一开始就是朝着这个方向走的。搞家庭承包,确立了农户自主经营、自负盈亏的市场主体地位。农民有了自主权,就要按照市场需求调整产业结构,发展商品生产,这就必然带来分工分业,促进生产要素的合理流动。顺应农村经济发展的客观要求,我们及时改革农产品购销体制,鼓励农民进入流通领域,培育农产品市场和生产要素市场,从而为农村经济注入了新的生机和活力,使农村经济摆脱了自然经济的局限和计划经济的束缚,逐步走上了社会主义市场经济的轨道。坚持市场取向,不断深化改革,对于加快农业现代化具有长远和和根本性的意义。

二、按照建立社会主义市场经济体制的方向继续推进农村改革

农村改革已经取得了巨大的成就,但还远没有完成,深化农村改革的任务仍然艰巨。党的十五大提出了从经济、政治、文化等各个方面,把我们的事业全面推向二十一世纪的目标和任务,并且提出从现在起到下个世纪前十年必须解决好两大课题,即建立比较完善的社会主义市场经济体制,保持国民经济持续、快速、健康发展。这也为农村改革和发展指明了方向。要根据党的十五大精神,按照社会主义市场经济体制的目标,坚定不移地把农村改革引向深入。

深化农村改革,首先必须长期稳定以家庭承包经营为基础的双层经营体制。这是党的农村政策的基石,任何时候都不能动摇。农业以家庭经营为基础,是农业生产的规律决定的,也是生产关系一定要适应生产力发展要求的规律决定的。高级社以后农民一直要求搞家庭经营,开始是拉马退社,受到批判后就精心种自留地。人民公社时期想尽了办法,搞定额管理、评工记分、小段包工,都不灵。直到改革后搞了包产到户、包干到户,农民才满意,农业才增产。过去很长时期把农民搞包产到户的要求当作资本主义自发倾向,现在看来是不对的。实践看,家庭经营再加上社会化服务,能够容纳不同水平的农业生产力,既适应传统农业,也适应现代农业,具有广泛的适应性和旺盛的生命力,不存在生产力水平提高以后就要改变家庭承包经营的问题。我们是社会主义国家,当然不能搞土地私有制,我们实行的是土地集体所有基础上的家庭承包经营。一条是不搞土地私有,一条是不改变家庭承包经营,这就是有中国特色社会主义的农业。要把这个道理讲清楚,使各级干部真正理解为什么以家庭承包经营为基础的双层经营管理体制必须长期坚持,广大农民彻底消除将来还可能回到“一大二公”的顾虑。

稳定家庭承包经营,核心是要稳定土地承包关系。土地是农业最基本的生产资料,也是农民最可靠的社会保障。长期稳定农村土地承包关系,既是发展农业生产力的客观要求,也是稳定农村社会的一项带根本性的措施。中央的土地承包政策是非常明确的,就是承包期再延长三十年不变。而且三十年以后也没有必要再变。但为什么中央的政策在有些地方不落实呢？主要还是思想认识问题。有些同志至今仍把家庭承包经营排除在集体经济之外,没有认识到把集体的土地承包到户,实行双层经营,本身就是农村集体经济最有效的实现形式。一些地方,收回农民的承包地、多留机动地,搞高价发包,不论

动机如何，都违反了党的政策，是错误的。如果把家庭承包经营这个基础动摇了，集体经济就失去了根基。农村集体经济组织要管理好集体资产，组织好生产服务和集体资源开发，协调好利益关系，增强为农户服务的功能。壮大集体经济实力，要探索新的形式和路子，再也不能搞那种剥夺农民利益、归大堆的所谓集体经济了。少数确实具备条件的地方，可以在提高农业集约化程度的基础上，发展多种形式的土地适度规模经营，但也要群众自愿。

深化农村经济体制改革，总的目标是建立以家庭承包经营为基础，以农业社会化服务体系、农产品市场体系和国家对农业的支持保护体系为支撑，适应发展社会主义市场经济要求的农村经济体制。在整个社会主义初级阶段，必须始终把加快发展生产力作为农村工作的中心，一切政策都要有利于增强农村活力。当前和今后一个时期要着重抓好以下几方面的工作。一是进一步完善农村所有制结构。我国社会主义初级阶段不发达的特征，在农村表现得尤为突出。完善农村所有制结构，要从农村实际出发，可以放得更开一些。在发展壮大集体经济的同时，采取更灵活、更有效的政策措施，鼓励和引导农村非公有制经济有更大的发展。二是在稳定、完善双层经营体制的基础上，促进农村土地、资金、技术、劳动力等生产要素合理流动和优化组合，发展多种形式的联合与合作。三是支持农民发展各类专业服务组织，同时转变政府农业经济、技术部门的职能，建立国家、集体和农民及其合作组织相结合的农业社会化服务体系。四是深化农产品流通体制改革，逐步形成国家宏观调控下主要由市场形成价格的新机制，建立统一、开放、竞争、有序的农产品市场体系。五是改革农村投融资体制，增加对农业的投入，完善粮食储备调节、风险基金和保护价收购制度，建立农业保险制度，加快国家对农业的支持和保护体系建设。六是改革和规范农村税费制度，探索减轻农民负担的治本之策。深化农村改革是一篇大文章，我这里只是点一点题。希望各地按照中央的统一部署，从当地实际出发，继续大胆探索和实践。

经济体制改革需要同政治体制改革相互配合、相互促进。扩大农村基层民主，保证农民直接行使民主权利，是社会主义民主在农村最广泛的实践，也是充分发挥农民积极性、促进农村两个文明建设、确保农村长治久安的一件带根本性的大事。要在农村基层实行民主选举、民主决策、民主管理和民主监督。当前，重点要抓好村级民主制度建设，依法健全三项制度：一是村民委员会的直接选举制度，让农民群众选举自己满意的人管理村务。二是村民议事制度，村里的大事，尤其是与家家户户切身利益密切相关的事情，都要经村民大会或村民选出的代表讨论，不能由少数人说了算。三是村务公开制度，凡是群众关注的问题，都要定期向村民公开，接受群众监督。扩大农村基层民主，必须坚持党的领导，必须坚持依法办事，把握住了这两条就能够有领导、有秩序、有步骤地进行。乡镇政府也要切实转变职能，精简机构和人员。现在农民负担重，一个主要的原因就是靠农民负担供养的人员太多。“养民之道，必以省官为先务”。乡镇机构改革，要认真研究解决这个问题。

改革的目的是促进社会生产力的发展。农业发展从长远看最重要的，一是水的问题，一是科技问题。要认真总结经验教训，结合今年水灾之后的重建工作，切实抓好农业基本建设。一手抓水利设施、防洪工程等建设，一手抓植树种草、治理水土流失等生态环境建设，提高农业抗御自然灾害的能力。同时，下功夫解决北方农业干旱缺水的问题，大力发展节水灌溉，提高水资源的利用率。要坚持科教兴农的方针。邓小平同志指出：“将来农业问题的出路，最终要由生物工程来解决，要靠尖端技术。”现在一些发达国家，已经把基因育种工程、电子信息互联网络、卫星地面定位系统等高新技术运用于农业。我们必须有紧迫感，尽快迎头赶上。要切实抓好农业科研攻关、先进适用技术推广和农民科技培训，使农业的增长真正转到依靠科技进步和提高劳动者素质的轨道上来。

增加农民收入是一个带有全局性的问题，不仅直接关系到农村实现奔小康，还直接关系到开拓农村市场，扩大国内需求，带动工业和整个国民经济增长，从长远看还可能影响农产品的供给。现在农民收入增长缓慢的问题越来越突出，必须引起高度重视。要引导农民根据市场需求调整和优化产业结构，发展高产优质高效农业，发展贸工农一体化的农业产业化经营，提高农业综合效益。要继续大力发展乡镇企业，发展小城镇，使它们在带动农业发展、增加农民收入方面发挥更大作用。要广泛开辟农村就业空间，向农业生产的深度和广度进军，同时合理有序地转移农业富余劳动力。现在国家增加投入，搞基础设施建设，要多搞点以工代赈，多用点农民工，让农民多得点劳务收入。继续抓好扶贫开发工作，促进各地区经济协调发展，最终实现共同富裕。

三、尊重实践、尊重群众，提高领导农村工作的水平

实践的观点、群众的观点，是马克思主义的基本观点。我们党之所以有力量，我们的工作之所以有成绩，总的来说就是两条：一条是靠实事求是，一条是靠群众路线。我今天所以再次强调这个问题，因为它关系到加强和改善党对农村工作的领导，关系到正确对待农民，做好新时期的农民工作。坚持以邓小平理论为指导，尊重实践，尊重群众，这是过去二十年我们在领导农村改革的实践中获得的根本经验，也是今后推进农村改革，做好农村

工作必须遵循的原则。

第一、正确对待农村中出现的新事物，尊重农民的创造和选择。农村改革、发展中有许多新情况、新问题，需要我们去研究和解决。光坐在上面拍脑袋不行，要依靠群众在实践中去摸索，去创造。领导者的责任就是要善于发现基层和群众的创造，总结提高，加以推广。包产到户这一对农村改革发展产生重大影响的新事物，就是农民创造出来的。当时，不少同志还心有余悸，思想不通，社会上也有很多人不理解。邓小平同志高瞻远瞩地从这件事看到了中国农村改革的方向，满腔热情地给予支持。他说："农村政策放宽以后，一些适宜搞包产到户的地方搞了包产到户，效果很好，变化很快。安徽肥西县绝大多数生产队搞了包产到户，增产幅度很大。'凤阳花鼓'中唱的那个凤阳县，绝大多数生产队搞了大包干，也是一年翻身，改变面貌。"在邓小平同志的支持下，我们党制定了明确的政策，家庭承包迅速推向全国。当时万里同志在安徽当省委书记，他肯定和支持安徽农民搞包产到户的做法。如果在议论纷纷中，我们领导没有胆识，不出来支持，反而加以否定，包产到户就出不来。实际上，五十年代末、六十年代初，包产到户在安徽和其他一些地方的农村就在冒，但都被作为资本主义和右倾思想压下去了。这个教训极为深刻。正确对待农村改革和发展中出现的新事物，要坚持两条：第一，鼓励试，允许看，不争论。这是邓小平同志发明的好办法，是个高明的办法。一时看不准的事情，不要急于下结论，看一段再说。要帮助群众总结提高，加以引导。对的就坚持，不对的改正就是了。第二，坚持"三个有利于"的判断标准。对基层的一些做法，对群众中涌现出来的新东西，鼓励与否，支持与否，根本的要看是否有利于发展农村生产力，农民有没有积极性。符合这个标准的，就要给予鼓励和支持。

第二、在农村办任何事情都要从实际出发，尊重农民意愿。我国农村生产力还比较落后，农民生活还不富裕，地区发展差别很大。我们做各项工作，都必须考虑到农村的现状而不能脱离实际，都必须因地制宜、分类指导而不能搞一刀切。现在，农村工作中脱离实际、脱离群众的东西还不少。有些地方调整农业结构，不讲因地制宜，不问市场需求，从主观愿望出发，强迫农民干这干那，造成了不应有的损失。有些地方搞各种名目的达标升级，超越当地经济发展水平和农民的承受能力，条件不具备还搞高指标，增加农民负担，引起农民不满。股份合作制是搞活乡镇企业的一种好形式，应当积极稳妥地实行，但不是唯一的形式，有些地方采取搞运动的办法推行股份合作制，强迫员工入股，结果把好事办坏了。这些问题怎么出来的，根本原因是脱离实际，脱离群众。开展农村工作要把中央的方针和本地的实际结合起来，把需要和可能结合起来，把工作热情和科学精神结合起来。必须看到，农民已经成为自主经营、自负盈亏的市场主体。我们今天的工作对象与革命战争年代，与计划经济时期已经有了很大的不同。各级干部要切实转变作风，学会在市场经济条件下同农民打交道。要充分尊重农民的生产经营自主权、财产所有权，尊重农民的民主权利。要同农民商量办事，善于用说服的方法、示范的方法、服务的方法推动农村工作。办好事、办实事，也要量力而行，也要尊重群众，不能搞强迫命令。否则农民就不满意，不高兴，不赞成，不答应。这个道理做农村工作的同志都应该懂得。

第三、凡是实践证明是正确的、农民拥护的政策就不要变。我们党在二十年农村改革实践中形成了一整套基本政策，实践证明这些政策符合农村实际，符合农民意愿，符合农村生产力发展要求，必须保持稳定性和连续性。政策和策略是党的生命，是群众利益的集中体现。我们讲加强党对农村工作的领导，最重要的就是把党的方针政策贯彻落实好。现在有些做农村工作的同志，对党的农村政策不甚了了，一些群众都明白的政策我们的干部还不清楚。有些同志政策观念不强，执行政策随意性很大，不是按照党的政策办事，而是按自己的好恶办事。这种状况必须改变。要在农村干部中来一个党的基本政策的再学习和再教育。要把是否熟悉党的农村政策，严格按照政策办事，并且能够创造性地开展工作，作为衡量一个农村干部合格与否的基本标准。各级党委特别是县委，要把开展对农村干部的政策培训作为一件大事来抓。

第四、学习新知识，研究新情况，解决新问题。我们今天是在市场经济条件下，在复杂的国际环境经济中做农业和农村工作，作为领导干部，必须有新的知识结构，必须有开阔的国际眼光。当今世界经济正发生深刻的变化，特别是经济全球化和知识经济发展的趋势，应当引起我们的密切关注。这次亚洲金融危机对整个亚洲乃至世界经济产生了严重冲击，说明一个国家、一个地区的发展受国际经济大环境的影响越来越直接。我们研究农村改革、发展问题，不能脱离全国宏观经济的发展，不能脱离世界经济的潮流，不能就农业论农业。这也是解放思想，实事求是。比如，研究农村问题就要考虑，合理调整城乡经济结构、建立城乡统一的大市场问题，因为农村改革发展走到今天，已经超出了农村的范围。再比如，我国农业人均资源不足，尤其要重视智力资源的开发利用，这就要考虑知识经济对农业现代化的意义。又比如，亚洲金融危机对我国农产品进出口也有很大影响，这就要考虑如何进一步搞好农业对外开放。也还要考虑进一步开拓国内的农村市场。这样一些问题，是我们在改革初期没有遇到的。所有，做农村工作的同志，必须打开视野，加强学习，加强调查研究。不仅要了解传统农业知识，还要了解整个国民经济；不仅要了解本地区、本部门经济发展的

状况，还要了解全国经济形势乃至世界经济趋势。这样才能增强工作的自觉性，掌握领导的主动权。

农村工作要始终坚持两手抓，两手都要硬，这是我们党领导农村工作的一条基本方针。必须大力加强农村精神文明建设、民主法制建设和基层组织建设。只有两个文明都搞好，经济社会协调发展，才是有中国特色社会主义新农村。

党管农村工作，是我们的一个传统，也是一个重大原则。建设有中国特色社会主义新农村，必须加强和改善党的领导，充分发挥农村基层党组织的领导核心作用。这是做好农村工作、巩固基层政权的政治保证。在这个问题上，任何时候都不能有丝毫的含糊。省、地(市)、县委主要负责同志要亲自抓农村工作。各级党委和政府要牢固树立以农业为基础的思想，把农村工作摆在重要地位，按照党的十五大的战略部署，努力开创我国农业和农村工作的新局面。

在全国抗洪抢险总结表彰大会上的讲话

（1998年9月28日）

江泽民

同志们，朋友们，女士们，先生们：

在过去的几个月里，中国人民同历史上罕见的大洪水展开了一场波澜壮阔的斗争，表现出了气吞山河的英雄气概。现在，这场斗争已取得了全面胜利。这是中国人民创造的又一个举世瞩目的伟大业绩。

今天，我们隆重召开全国抗洪抢险总结表彰大会，就是要总结这次抗洪斗争取得的重要经验和重大成果，表彰在抗洪军民中涌现出来的先进集体和英雄模范人物以及各条战线为抗洪抢险作出突出贡献的同志，号召全国各族人民学习他们的先进事迹，把改革开放和现代化建设更好地推向前进。

现在，我代表党中央、国务院和中央军委，代表全党、全军和全国各族人民，向战斗在抗洪抢险第一线的广大干部和群众，人民解放军指战员、武警官兵和公安干警，科技工作者、医疗卫生工作者和新闻工作者，以及所有在第一线参加斗争的同志们，致以崇高的敬意！向大力支持抗洪救灾的全国各条战线的广大干部和群众、各民主党派和全国工商联以及无党派人士、各人民团体，向积极为灾区提供援助的香港特别行政区各界人士和澳门同胞、台湾同胞，海外侨胞和华人，表示衷心的感谢！

在这次抗洪期间，许多国家的领导人、政府、政党、社会团体和驻华使馆，联合国有关组织和一些国际机构、外资企业以及国际友好人士，以不同方式对我们表示了同情和支持，我代表中国政府，向他们致以诚挚的谢意！

此时此刻，我们特别要向为夺取这次抗洪抢险胜利而英勇献身的烈士们，向在这次洪灾中不幸遇难的同胞们，表示深切的思念和沉痛的哀悼！

我提议，大家起立，为他们默哀。

今年入汛以来，由于气候异常，全国大部分地区降雨明显偏多，部分地区出现持续性的强降雨，雨量成倍增加，致使一些地方遭受严重的洪涝灾害。长江发生继一九五四年以来又一次全流域性大洪水，先后出现八次洪峰，宜昌以下三百六十公里江段和洞庭湖、鄱阳湖的水位，长时间超过历史最高记录，沙市江段曾出现四十五点二二米的高水位。嫩江、松花江发生超历史记录的特大洪水，先后出现三次洪峰。珠江流域的西江和福建闽江也一度发生大洪水。湖北、湖南、江西、安徽、江苏、黑龙江、吉林、内蒙古等省区沿江沿湖的众多城市和广大农村，经济社会发展和人民生命财产安全都受到洪水的严重威胁。

坚决战胜这场洪水，是保护人民生命财产安全，保卫改革开放和现代化建设成果的一场重大斗争，也是对中国人民与天奋斗的勇气、信心和力量的一场严峻考验。

在党中央的领导下，全党、全军和全国人民紧急行动起来，特别是受灾省区的广大干部群众同前来支援的解放军指战员、武警官兵一起，团结奋战，力挽狂澜，同洪水进行了惊心动魄的殊死博斗，终于确保了大江大河大湖干堤的安全，确保了重要城市和主要交通干线的安全，确保了人民生命财产的安全，使这场特大自然灾害的损失减少到最小的程度。这是一个了不起的巨大成绩。

我们的人民，我们的人民军队，我们的广大党员和干部，以自己的英勇行动书写了中华民族发展史上新的壮丽篇章，这将作为人类战胜自然的一个壮举载入史册。当代中国人民战胜自然灾害以及各种艰难险阻的勇气和力量，是世所罕见的！

这次抗洪抢险的胜利，正以其巨大的力量，激励和鼓舞灾区人民排除万难去恢复生产、重建家园，激励和鼓舞全国人民更加奋发地去实现跨世纪发展的战略任务。它的伟大意义和深远影响，必将穿贯于我们建设有中国特色社会主义的全部历史过程。

在整个抗洪抢险中，党中央高度关注灾区群众的生命安全和切身利益，直接指挥这场斗争，始终与抗洪军民心心相连，同舟共济。入汛以来，中央就一直密切注视气候的变化和江河的汛情，及时对全国抗洪工作进行了周密部署。根据受到洪水威胁地区的实际情况，中央明确提出了严防死守，确保长江大堤安全、确保重要城市安全、确保人民生命安全的战略方针，作出了大规模动用人民解放军投入抗洪抢险、军民协同作战的重大决策。在抗洪抢险最危急的时刻，中央审时度势，正确判断，发出总动员令，要求广大军民坚定信心，坚持坚持再坚持，直到取得最后的胜利。国家防汛抗旱总指挥部坚决贯彻党中央、国务院的决策，充分准备，全面部署，果断指挥，科

学调度,争取了防汛抗洪的主动。这些重大方针决策和部署,指导和保证了抗洪抢险工作的顺利进行。

受灾省区的各级党委和政府,认真贯彻执行党中央、国务院的方针和决策,加强对抗洪抢险的领导,全力以赴做好动员和组织工作。在危急时刻和生死关头,各级领导干部纷纷奔赴现场,同广大军民一道顽强奋战。基层党组织充分发挥政治核心和战斗堡垒作用,共产党员、共青团员充分发挥先锋模范作用,他们身先士卒,以身作则,冲锋在前,撤退在后,在群众中树立了良好的榜样。

人民解放军和武警部队坚决响应党和人民的召唤,出动三十余万官兵投入抗洪抢险斗争。他们发扬一怕不苦、二不怕死的革命精神和不怕疲劳、连续作战的作风,起到了中流砥柱的作用。从坚守荆江大堤到抢堵九江决口,从会战武汉三镇到防守洞庭湖区,从保卫大庆油田到决战哈尔滨,哪里最危险,哪里任务最艰巨,那里就有人民的子弟兵。从将军到士兵,人人奋勇争先,用血肉之躯铸起了冲不垮的坚强大堤。有的干部战士献出了宝贵的生命。公安干警积极投入抗洪抢险,不畏艰苦,维护了灾区社会秩序的稳定。人民解放军和武警官兵为党和人民建立了新的历史功勋。

人民群众是夺取抗洪抢险胜利的主力军和真正英雄。在受到洪水威胁和袭击的各个地区,人民群众在惊涛骇浪面前没有惊惶失措,在失去家园和亲人的时刻没有悲观消沉,他们忍着悲痛更加斗志昂扬地迎战洪水。儿子牺牲了,父亲冲上来;丈夫殉职了,妻子顶上去。他们舍小家保大家,舍局部保全局,表现出很高的思想觉悟和高尚的情操。水利、气象、水文等方面的科技工作者夜以继日地工作,发挥了重要的技术指导作用;来自祖国四面八方的医疗卫生工作者深入抗洪前线防疫治病,保证了抗洪军民的身体健康;新闻工作者及时报道党中央、国务院的指示精神,不畏艰险、深入一线积极宣传抗洪军民的英雄事迹,弘扬正气,鼓舞斗志;通讯、铁路、交通和其他战线的同志都能把支持抗洪抢险当作首要任务,大力协同,在各自的岗位上作出了重要贡献。全国人民心系灾区,情系灾区,发扬中华民族团结友爱、互助互济的优良传统,无私地大力支持第一线军民。从白发苍苍的老人到系着红领巾的孩子,从工人、农民、知识分子到各级干部,十二亿人民团结得像一个人。中国大地上涌动起全民族同心同德、团结战斗的澎湃热潮,展现出全民族万众一心战胜洪涝灾害的壮丽画卷。

"沧海横流,方显出英雄本色。"我们的党员和干部以自己的实际行动说明,他们无愧于共产党员的光荣称号。我们的军队以自己的实际行动说明,他们是党和人民完全可以信赖的革命队伍,是保卫国家安全和人民利益的钢铁长城,是保卫改革开放和现代化建设的坚强柱石,是新时期最可爱的人。我们的群众以自己的实际行动说明,中国人民具有团结一致、顽强拼搏的光荣传统,中华民族有着巨大的凝聚力,是任何困难、任何风险都压不垮的。

我们进行改革开放,发展社会主义市场经济,一些人曾经提出一个疑问,在新的历史条件下,在社会利益多样化的情况下,中华民族会不会丢掉自己的光荣传统?中国人民还有没有强大的凝聚力?中国共产党和人民解放军还能不能保持自己的性质和宗旨?这次抗洪斗争的胜利,以无可辩驳的事实再一次回答了这个问题。中国共产党坚持全心全意为人民服务的宗旨没有变,人民解放军坚持党绝对领导下的革命队伍的政治本色没有变,中国人民坚持自己民族的优良传统的精神没有变。不仅现在没有变,将来也不会变,而且永远不能变。有这样的党,这样的军队,这样的人民,就可以创造出人间的奇迹。

艰苦卓绝的斗争,生死与共的考验,风雨同舟的经历,使党同人民群众的血肉联系,军队同人民群众的鱼水之情空前加强,全民族的大团结空前巩固。这种思想政治财富极为宝贵,我们要百倍珍惜,永远保持下去。

这次抗洪胜利再一次说明,要战胜前进道路上的各种困难和风险,实现国家富强、民族振兴和人民幸福,必须坚持中国共产党的领导。中国共产党是工人阶级的先锋队,以马克思列宁主义、毛泽东思想和邓小平理论武装自己,坚持国家和人民的利益高于一切,忠诚地为民族人民谋利益。来自于人民,扎根于人民,服务于人民,这是我们党能够制定正确的路线,最广泛地动员和组织人民去不断夺取胜利的根本原因。正因为这样,中国共产党得到了全国人民的衷心拥护,在全国人民中享有崇高的威望和强大的号召力。有了中国共产党这个领导核心,中国人民的组织程度前所未有的加强和提高起来,从而也大大加强和提高了改造社会、开发自然的创造伟力。这些年来,我们党团结和带领全国人民战胜一个又一个新的困难,取得了一个又一个新的成功。八十年代末、九十年代初,我们顶住国际国内政治风波的冲击,捍卫建设有中国特色社会主义的伟大事业,成功地经受住了一场政治风险的重大考验。去年以来,我们采取有效措施沉着应对亚洲金融危机的冲击,继续推进改革开放和现代化建设,成功地经受住了一场经济风险的重大考验。这次我们又抵御特大洪水的冲击,继续保持全国社会安定和经济发展的大局,成功地经受住了一场自然灾害风险的重大考验。我们的发展前途是光明的,但前进的道路是不平坦的,今后还会遇到这样那样的风险。全国人民共同奋斗,坚持中国共产党的领导,就完全能够从容应对征途上的各种复杂局面,战胜各种可能出现的艰难险阻。

这次抗洪胜利再一次说明,我国的社会主义制度具有巨大的优越性,能够集中力量办大事,动员和组织全国人民不断创造伟大的业绩。在我国的社会主义制度下,

人民是国家的主人，具有强烈的主人翁责任感和奉献精神，他们之间没有根本的利害冲突。凡是符合国家和人民根本利益的事业，都必然会得到他们的衷心拥护和自觉支持。这是我国社会主义制度的显著政治优势。在这次抗洪斗争中，全国各地区各部门发扬“一方有难、八方支援”和“全国一盘棋”的大团结、大协作精神，做到了局部利益服从整体利益、眼前利益服从长远利益，集聚了气势磅礴的力量。坚持发挥我国社会主义制度的优越性，就一定能够加快改革开放和现代化建设的步伐，胜利实现中华民族的伟大复兴。

这次抗洪胜利再一次说明，人民，只有人民才是创造历史的真正动力，人民是我们事业发展取之不尽的力量源泉。正是因为紧紧依靠人民，我们的党和国家才能够不断书写革命、建设和改革的伟大史诗。同以往所有的历史性胜利一样，这次抗洪抢险的胜利，归根到底是人民力量的胜利。中国人民再一次显示出同甘共苦、同舟共济的宝贵精神，再一次展现出自力更生、自强不息的豪迈气概。每一个华夏子孙都为此感到无比骄傲、无上光荣。全中国人民坚持团结，把集体的智慧和力量最大限度地集中起来，最充分地发挥出来，就一定能够继续创造出无愧于历史和时代的伟业。胜利永远属于勤劳勇敢的中国人民。

这次抗洪胜利再一次说明，要增强我国的综合国力，增强抵御各种风险的能力，必须坚定不移地贯彻执行党在社会主义初级阶段的基本路线。近二十年来，我们始终不渝地以经济建设为中心，坚持四项基本原则，坚持改革开放，促进物质文明和社会主义精神文明协调发展，经济建设和社会进步全面跃上新的台阶，社会生产力、综合国力和人民生活水平显著提高。我们的国家已经拥有比较强大的物质技术力量，我们的人民焕发出更加意气风发、朝气蓬勃的精神力量。在这次抗洪抢险中，我们打了一场漂亮的硬仗。这样的硬仗，离开必胜的勇气和顽强的斗争，离开科学技术的进步，离开综合国力的提高，是打不了的。没有经过长期努力建设和发展起来的物质基础，没有水利、气象、水文等方面取得的技术进步，要夺取这样的胜利是难以想象的。这次抗洪斗争的胜利，是我们坚持改革开放和现代化建设的伟大胜利。坚持改革开放，不断扩大对外交流与合作，认真学习和吸取人类文明的一切优秀成果，学习和吸取国外一切有利于我国经济发展和社会进步的有益经验，是我们加快实现社会主义现代化的必由之路。

在同洪水的搏斗中，我们的民族和人民展示出一种十分崇高的精神。这就是万众一心、众志成城，不怕困难、顽强拼搏，坚韧不拔，敢于胜利的伟大抗洪精神。

万众一心、众志成城，体现了中国人民的强大凝聚力。从千里长堤到首都北京，从大江南北到长城内外，从沿海省市到边疆民族地区，前方后方步调一致，举国上下齐心协力，中华民族的力量集结在一起。越是在我国革命、建设和改革的每一个重大关头，全国人民就越是充分显示出这种非凡的凝聚力。有了这种凝聚力，我们就能始终立于不败之地。

不怕困难、顽强拼搏。体现了中国人民的革命英雄主义气概。浊浪排空，惊涛击岸，每个人的世界观、人生观、价值观都面临着严峻的考验。这是生死系于一念的时刻，更是英雄辈出的时刻。在这场伟大斗争中，涌现出了许许多多奋不顾身、舍生忘死的英雄人物。高建成、吴良珠、胡继成、王占成、李长志、杨晓飞、陈申桃、包石头、宋波、董光琳、罗典苏、马殿圣等同志，就是他们的杰出代表。一个英雄倒下去，千万个英雄站起来。这种慷慨赴难、视死如归的大无畏气概，天地为之动容，世人为之赞叹。有了这种革命英雄主义的鼓舞，中国人民就能始终坚强地屹立于世纪民族之林。

坚韧不拔、敢于胜利，体现了中国人民的坚强意志和必胜信念。广大军民誓于洪水决一死战，迎着困难和危险勇敢前进，占胜了一次又一次的洪峰，始终牢牢挺立在滔滔洪水的前面。洪水涨一尺，斗志高一丈。越是情况危急，广大军民越是不屈不挠，表现出超人的勇气和惊人的毅力。有了这种勇气和毅力形成的雷霆万钧之势，还有什么艰难险阻不能克服！

一个民族、一个国家，如果没有自己的精神支柱，就等于没有灵魂，就会失去凝聚力和生命力。有没有高昂的民族精神，是衡量一个国家综合国力强弱的一个重要尺度。综合国力，主要是经济实力、技术实力，这种物质力量是基础，但也离不开民族精神、民族凝聚力，精神力量也是综合国力的重要组成部分。按照马克思主义的唯物辩证法观点，在一定条件下，精神可以变物质，精神的力量可以转化为物质的力量。强大的精神力量不仅可以促进物质技术力量的发展，而且可以使一定的物质技术力量发挥出更好更大的作用。中华民族有着自己的伟大民族精神。这个民族精神，积千年之精华，博大精深，根深蒂固，是中华民族生命机体中不可分割的重要成分。中华民族在五千年的发展中，历经磨难而信念愈坚，饱尝艰辛而斗志更强，开发建设了祖国的大好河山，创造了灿烂的中华文明，为人类文明进步作出了不可磨灭的贡献。

抗洪精神，是爱国主义、集体主义和社会主义精神的大发扬，是社会主义精神文明的大发扬，是我们党和军队的光荣传统和优良作风的大发扬，是中华民族的民族精神在当代中国的集中体现和新的发展。

抗洪精神，同我们党一贯倡导的革命精神和新时期的创业精神一样，都是我国人民的宝贵精神财富。我们世世代代都要继承和弘扬这些精神，激励我们的广大干部和群众不断从胜利走向新胜利。

当前,全国和全国各族人民正在全面贯彻落实党的十五大精神,推进改革开放和现代化建设,努力完成今年改革和经济社会发展的任务。抗洪抢险的胜利,对于进一步做好这些工作提供了强有力的推动。全党同志和全国人民都要发扬伟大的抗洪精神,积极工作,开拓前进,努力解决前进中存在的问题,满怀信心地去实现今年改革和发展的目标。

受灾地区首先要抓紧做好救灾和恢复生产、重建家园的工作。受灾地区的各级党委和政府要把这项工作作为首要任务来抓,坚持从实际出发,在科学论证的基础上制订全面规划,做到生产和生活统筹、治标和治本结合、当前和长远兼顾,全面做好救灾工作,努力完成恢复生产、重建家园的任务。

要满腔热情地关心受灾群众的生活,时时处处为他们着想。当前的紧迫任务是保证受灾群众能够安全过冬。尽快恢复和发展生产,并全力搞好卫生防疫工作,确保大灾之后不出现大疫,是取得救灾工作最后胜利的关键。要组织群众检修水毁农田,尽快恢复种植业、畜牧业和水产养殖业,把农业的损失减少到最低限度。尽快恢复电力、通讯、交通等基础设施。在工业生产的恢复中,要注意适应市场需求,结合调整结构,争取有新的提高。要综合考虑各方面的因素,统筹安排,使受灾群众早日重建美好的家园。

全国各地要大力支持受灾地区的恢复重建工作。灾区广大干部群众要继续发扬抗洪抢险那么一股劲,那么一种热情,那么一种拼命精神,自力更生、艰苦奋斗,用自己的智慧和力量,实现灾区的经济发展和社会进步更上一层楼。

洪涝灾害历来是中华民族的心腹之患,必须引起全党和全国的高度重视。这次洪灾造成了严重的损失,我们付出了很大的代价。自然灾害是件坏事,但通过同它的斗争,人们可以加深对自然规律的认识和把握,从中得出有益的结论,从而更加科学地利用自然为自己的生活和社会发展服务。这就是人与自然关系的辩证法。

我们要认真总结这次防汛抗洪的新鲜经验,进一步深化对提高防范自然灾害的能力,更好地推进经济社会发展这个重大问题的认识,以作出更科学合理的规划和部署。这项工作很重要,必须抓紧进行。

一百多年前,恩格斯就指出,人类可以通过改变自然来使自然界为自己的目的服务,来支配自然界,但我们每走一步都要记住,人类统治自然界决不是站在自然界之外的,我们对自然界的全部统治力量就在于能够认识和正确地运用自然规律。恩格斯这番话讲清了人类应如何正确处理同自然的关系,历史的事实说明,人们认识自然规律,并不总是即时即刻就能全面把握它的。规律性的东西往往要通过现象的不断往复才能更明确地被人们认知。过去没有认识的东西,今天可以被认识,今天没有认识的东西,将来可以被认识。问题是我们要善于做这项工作,自觉去认识和正确把握自然规律,学会按自然规律办事,以利把我们的经济建设和其他社会事业搞得更好,实现经济建设与生态环境的协调发展。

新中国成立以来,党和国家始终重视防范抵御自然灾害的工作,组织和领导人民兴修水利,对江河湖泊进行大规模的治理,大力开展植树造林和水土保持工作,坚持不懈地修建防洪防涝设施。在这次抗洪抢险中,我们在这些方面长期积累的工作成果就发挥了重要作用。但从总体上看,我国抗御洪涝灾害的能力还不高,在水利建设和综合治理方面还存在不少亟待解决的问题。洪涝灾害频频威胁着沿江沿湖人民生命财产的安全,这很值得我们进一步深深思考。今年发生这么大的洪水,主要原因是气候异常、降雨集中,也就是说,主要天灾造成的。当然,我们也要充分正视生态破坏严重、江湖淤积、水利设施薄弱等存在的问题,认真总经验教训,切实加以改进,使我们的防范抗御能力得到新的提高,以利更有效地减轻自然灾害的危害。加强水利建设,要坚持全面规划、统筹兼顾、标本兼治、综合治理的原则,实行兴利除害结合,开源节流并重,防洪抗旱并举。中央对进一步做好生态保护和水利建设提出了总的要求,抓紧安排,确保落实。重点是要切实改善生态环境,治理江河湖泊,加强防洪设施和水利设施建设。总之,要通过综合治理,从根本上提高我国防洪抗灾的能力。

同志们,朋友们,

在即将过去的二十世纪,中国人民在中国共产党的领导下,经过团结奋斗,从根本上掌握了自己的历史命运,创造了前所未有的光辉业绩。在即将到来的新世纪里,中国人民在中国共产党领导下,将继续高举邓小平理论伟大旗帜,沿着建设有中国特色社会主义的伟大道路前进,实现祖国的现代化,实现中华民族的全面振兴,争取为人类作出新的更大的贡献!

在国庆四十九周年招待会上的讲话

（1998年9月30日）

朱镕基

各位来宾、各位朋友、各位同志：

今天，我们欢聚一堂，庆祝伟大的中华人民共和国成立四十九周年。我代表党中央、国务院，向在各条战线辛勤工作的全国各族人民，致以节日的祝贺！向香港特别行政区同胞，向澳门同胞、台湾同胞以及海外侨胞，表示亲切的问候！向出席招待会的各国朋友，向所有关心和支持我国改革开放和社会主义现代化建设的国际友人，表示衷心的感谢！

一九九八年，是中国人民经受严峻考验并取得重大胜利的一年。

今年汛期，我国长江、嫩江、松花江流域发生了历史罕见的洪水灾害。在以江泽民同志为核心的党中央坚强领导下，广大军民万众一心，顽强拼搏，取得了抗洪抢险斗争的全面胜利。目前，救灾和恢复生产的工作全面展开，重建家园、治理江河的措施正在逐步落实。在全国人民的大力支持下，灾区人民发扬伟大的抗洪精神，自力更生，艰苦奋斗，一定能够建设更加美好的家园。

今年以来，国际金融市场动荡，给我国经济发展带来了困难和压力。党中央、国务院及时采取强有力的应对措施，在深化改革的同时，实行更加积极的财政政策，增加投入，扩大内需，国民经济保持了较快发展的好势头。农业尽管遭受严重洪涝灾害，预计全年粮食生产仍可获得较好收成。工业生产稳定发展。财政金融平稳运行。对外贸易继续增长，利用外资保持较好水平。国家外汇储备稳中有升。人民币汇率保持稳定。国有企业改革进一步深化，下岗职工的基本生活保障和再就业工作得到加强。国务院机构改革和粮食流通体制、金融体制、城镇住房制度等项改革顺利进行。严厉打击走私犯罪活动取得初步成效。反腐败斗争深入开展。科技、教育、文化、卫生、体育事业继续发展。社会主义民主法制建设和精神文明建设取得新成绩。

在复杂的国际经济环境下，中国的改革和发展能够保持这样好的局面，是来之不易的。这不仅坚定了人们对我国经济发展前景的信心，而且对缓解东南亚国家面临的困难、稳定全球经济作出了贡献。我们坚信，全国上下团结一致，再接再厉、弘扬抗洪精神，进一步做好各项工作，今年改革和发展的既定目标一定能够实现。

四十九年来特别是改革开放二十年来，我们的国家发生了翻天覆地的巨大变化。社会生产力空前发展，综合国力显著增加，人民生活明显改善。历史雄辩地证明，中国共产党是伟大、光荣、正确的党，社会主义制度具有无比的优越性和生命力，中国人民有着强大的凝聚力和创造力。在迈向二十一世纪的征途中，全国各族人民紧密团结在江泽民同志为核心的党中央周围，高举邓小平理论的伟大旗帜，坚持党的基本路线，努力奋斗，一定能够把建设有中国特色社会主义的伟大事业全面推向前进，胜利实现党的十五大提出的宏伟目标。

香港回归祖国以来的实践证明，坚持“一国两制”、“港人治港”、高度自治的方针，按照香港特别行政区基本法办事，是香港保持繁荣稳定的根本保证。中央政府坚决支持董建华先生领导的香港特区政府的工作。我们相信，在特区政府领导下，通过六百多万香港居民的共同努力，香港一定能够克服亚洲金融危机所造成的种种困难，恢复和发展经济，创造更加美好的未来。澳门将于一九九九年十二月二十日回到祖国怀抱。澳门回归的各项准备工作正在积极有序地进行，澳门一定能够实现政权的平稳过渡和顺利交接。

关于台湾问题，我们要继续贯彻“和平统一、一国两制”的基本方针和江泽民主席关于发展两岸关系、推进祖国和平统一的八项主张。我们相信，在全国各族人民包括台湾同胞、港澳同胞和海外侨胞的共同努力下，祖国的和平统一大业一定能够完成。

当前，世界多极化和经济全球化趋势进一步发展。中国政府始终不渝地奉行独立自主的和平外交政策，愿意在和平共处五项原则的基础上，同世界各国发展友好合作关系，广泛开展经济技术合作和科学文化交流，为推动建立公正合理的国际政治经济新秩序，把一个和平、稳定、合作、繁荣的新世界带入二十一世纪而共同奋斗。

现在，我提议：

为中华人民共和国成立四十九周年，为中国的繁荣富强和各族人民的幸福，为中国人民与世界人民的友谊和团结，为在座的来宾们、朋友们和同志们的健康，干杯！

在全军抗洪抢险庆功表彰大会上的讲话

（1998 年 10 月 8 日）

江泽民

同志们：

在今年的抗洪抢险斗争中，人民解放军和武警部队发挥了突击队和中流砥柱的作用，作出了巨大的贡献，建立了卓越的功勋，赢得举国上下的高度赞誉，也受到国际社会的广泛好评。

在这个隆重的大会上，我代表党中央、国务院、中央军委，向参加抗洪抢险斗争的人民解放军、武警部队官兵和民兵预备役人员，致以崇高的敬意！向受到军委、总部表彰奖励的先进单位、先进个人和英雄模范，表示热烈的祝贺！对在抗洪抢险中英勇献身的革命烈士，表示沉痛的哀悼！

在长江和嫩江、松花江领域的严重洪灾发生后，依照党中央的决策和指示，军委、总部紧急部署，组织指挥部队火速开赴灾区，在南北两大战场与灾害打了一场特殊的战争。广州、南京、济南、沈阳、北京军区和空军、海军、第二炮兵、武警部队及四总部直属单位，先后投入三十余万兵力，出动飞机二千二百多架次，车辆一万二千五百余台，舟艇一千一百七十余艘。各有关大单位的领导同志前往一线指挥。抗洪部队始终承担着最艰巨的任务，战斗在最艰险的地方，出现在最危急的关头，成为抗击长江和嫩江、松花江洪水，保卫武汉、岳阳、九江、大庆、哈尔滨等重要城市的中坚力量。我军没有辜负党和人民的期望，胜利完成了任务，交了一份出色的答卷！

在这场伟大的斗争中，我军充分展示出坚决听从党的指挥，视人民利益重于一切的高度政治觉悟。在国家财产和人民生命安全受到严重威胁的紧要关头，党中央、中央军委一声令下，各部分雷厉风行，广大官兵奋勇奔赴抗洪抢险前线。有些官兵面临部队调整精简和个人进退去留，或即将转业退伍，但都踊跃加入抗洪斗争的行列；有些官兵推迟婚期、或中断休假、或带着病痛，全身心地扑在抗洪抢险上。他们心里想的是人民群众的安危和国家财产的安全，把个人的利益抛在脑后，把个人的生死置之度外，真正做到了无私奉献。这是一种多么崇高的精神境界和高尚的思想情操！广大官兵立下的“人在堤在，誓与大堤共存亡”的豪迈誓言，生动地体现了他们对党对祖国对人民的赤胆忠心。高建成、李向群、杨德胜等二十六名同志英勇牺牲，向生命谱写了壮丽的人生凯歌，他们的英名将永远铭记在人民心中！

在这场伟大斗争中，我军充分展示出指挥果断、反应迅速、战无不胜的过硬素质。这次抗洪抢险，是建国以来我军抗御自然灾害动用兵力和装备最多的一次行动。在计划部署、组织指挥、集结开进、投入抢险等各个方面，都具有实战性质。抗洪部队采用摩托化开进、铁路输送、水路转运和大空运等多种方式，昼夜兼程，风雨无阻，全部迅速、安全、准时到位。在这样大规模的应急机动过程中，部队无一伤亡，这在军事史上也是不多见的。根据汛情险情，各级指挥员科学运筹，精心组织，及时集中兵力于重要方向和重点地段。上级指向哪里，抗洪部队就迅速到达哪里；哪里突发险情，大家就在哪里决战决胜、化险为夷。特别是应急机动作战部队，成为抗洪抢险的拳头力量。

在这场伟大斗争中，我军充分展示出英勇顽强、连续作战、不怕牺牲的战斗作风。抗洪官兵忍受长时间的烈日暴晒和洪水浸泡，在江堤上风餐露宿，夜以继日地艰苦奋战。他们的负荷量大大超越了常人所能承受的极限。在大堤发生溃口、出现管涌之时，在水位急剧上涨、排空巨浪威胁大堤之时，官兵们用血肉之躯筑起了击不退、冲不垮的铁壁钢墙。在解救被洪水围困的群众之时，我们的干部奋不顾身，让出救生衣、救生圈，把生的希望让给群众，把死的危险留给自己。我军已经历几十年相对和平的环境，官兵换了一茬又一茬。在和平安宁条件下成长起来的新一代军人，在祖国和人民召唤的时刻，能不能经得起艰难困苦的考验？这次抗洪斗争的实践表明，我们的军队仍然保持着战争年代那么一股劲、那么一股革命热情、那么一种拼命精神，仍然特别能吃苦、特别能战斗，仍然具有压倒一切困难和敌人而不被任何困难和敌人所屈服的革命英雄主义气概。

在这场伟大斗争中，我军充分展示出令行禁止、秋毫无犯的严明纪律性。抗洪部队坚决服从国家防总和当地防指的统一指挥，坚决执行上级命令，坚决完成任务。在特殊环境中，仍然努力保持严整的军容和良好的秩序。广大官兵严格执行“三大纪律、八项注意”，模范遵守群众

纪律。为了不给当地政府和群众增加负担。许多部队不住民房住帐蓬；为了保证学校按时开学，先期住在学校的部队主动提出撤出。大家严于律己，保护群众的利益，不拿群众一针一线。在凯旋回撤时，抗洪部队也不惊动群众，谢绝地方的欢送会、庆功酒，并清理打扫驻地和大堤。从广大官兵身上，人民群众看到了老红军的本色、老八路的作风，看到了我军的优良传统继续在发扬光大。

在这场伟大斗争中，我军充分展示出密切配合、官兵一致的团结协作精神。这次抗洪抢险，是诸军兵种部队以及武警、院校、民兵预备役部队联合进行的大会战。从一线到二线，从前方到后方，各级、各部门、各单位通力协作。各个部队不管来自哪里，不管担负什么任务，都能顾全大局，团结战斗。出现险情，大家争先恐后，抢挑重担；遇到困难，大家相互帮助，主动支援；有了成绩和荣誉，大家发扬风格，相互谦让。官兵患难与共，生死相依。一百一十多名将军和五千多名师团领导干部，既当指挥员又当战斗员，同广大干部战士手挽手、肩并肩，一起抗击洪水，结下了深厚的战斗情谊，谱写了官兵团结一致的新篇章。

在这场伟大斗争中，我军充分展示出全面、快速、高效的保障能力。从军委总部、各大单位到抗洪部队，一切为了抗洪，一切为了前线，急事急办，特事特办。前线需要什么就动用什么，需要多少就动用多少，在装备、通信、运输、经费、物资、生活、医疗等方面，做了大量卓有成效的工作。战时联勤保障机制紧急启动，始终保持装备物资供应不断，通信联络顺畅，给养充足。这表明我军的综合保障能力达到了新的水平。

抗洪斗争的实践再一次证明，我军是一支政治坚定、能征善战的军队，关键时刻冲得上、过得硬、靠得住，不愧为党绝对领导下的人民军队，不愧为全心全意为人民服务的子弟兵，不愧为保卫国家和人民的钢铁长城。人民解放军和武警部队在抗洪抢险中建立的功绩，党和人民永远不会忘记。

广大官兵的亲属也为抗洪抢险的胜利作出了重要奉献。儿子英勇牺牲，父亲毅然参战；家里受灾、亲人遇难，母亲仍鼓励儿子继续抗洪抢险；丈夫光荣献身，妻子继续为灾区群众捐款捐物。这些事迹感人至深，他们得到了全社会的赞誉和尊敬。

在惊涛骇浪面前，我军经受了严峻考验，也得到了全面锻炼，取得了重大收获。特别是对于加强面向新世纪的我军建设，从中可以吸取许多宝贵经验和深刻启示。全军同志要以邓小平新时期军队建设思想为指导，按照“政治合格、军事过硬、作风优良、纪律严明、保障有力”的总要求，发扬伟大的抗洪精神，努力把我军建设成为强大的现代化正规化革命军队。

要继续加强思想政治建设，确保党绝对领导下的人民军队的性质永远不变。政治工作历来是我军的生命线。在改革开放和发展社会主义市场经济条件下，全军坚持把思想政治建设摆在各项建设的首位，广泛开展学习邓小平理论的活动，深入进行“四个教育”，大力加强党的建设，使党对军队的绝对领导的原则和军队必须全心全意为人民服务的思想在官兵中深深扎根。这是全军不断提高战斗力的坚实思想政治基础。这次抗洪抢险的整个过程都贯穿了强有力的思想政治工作。各级党委和政治机关按战时政治工作的要求，运用生动活泼的形式和灵活多样的手段，用中央的指示精神统一部队思想，进行动员教育，激发了广大官兵的斗志和士气，增强了他们战胜洪水的决心和信心。在军队未来的建设中，要继续发扬我军政治工作的优良传统，不断总结新的经验，围绕坚持党对军队的绝对领导，坚持军队全心全意为人民服务这个根本问题，把新时期的政治工作做得更扎实、更富有成效。

要继续贯彻注重质量建设的方针，推动我军现代化建设的更大发展。改革开放二十年来，我军适应国际国内形势，坚定不移地走有中国特色的精兵之路，加强质量建设，武器装备有了较大改善，官兵的科学技术素质和军事素质有了较大提高。正是由于我军现代化建设取得了相当的成就，我们在这次抗洪斗争中才能够成功地大范围、远距离地调动和集结部队，组织诸军兵种协同作战，并实施及时可靠的装备技术保障和后勤保障。尤其是高技术部队和专业技术部队起到了特殊的作用。面对世界科技革命和军事发展的强劲势头，我们要抓紧深化军队的各项改革，贯彻科技强军的战略思想，以只争朝夕的精神，把军队的现代化建设更快更好地推向前进。

要继续坚持从严治军，建设全面过硬的部队。这次抗洪抢险，任务十分艰巨，环境非常艰苦，是对我军建设的一次全面检验。抗洪部队表现出惊人的意志毅力、顽强的战斗作风和高度的组织纪律性，这是在平时建设中长期磨练和培养的结果。只有平时进行严格教育、严格训练、严格管理，建立正规的战备、训练、工作和生活秩序，扎扎实实做好经常性、基础性工作，部队在关键时刻才能过得硬。未来可能发生的高技术战争，同以往的战争相比，作战强度更高，战斗节奏更快，战场环境更加残酷。我们一定要着眼于未来战争的这种特点，坚持从难、从严、从实战需要出发全面建设部队，努力培养官兵艰苦奋斗的精神和坚韧不拔的意志，锻炼官兵承受艰难困苦和战胜恶劣环境的体魄，这样才能保证我军出色地完成党和人民交给的各项任务。

要继续密切军政军民关系，巩固和发展军政军民团结的大好局面。抗洪斗争的胜利，是军政军民大团结的胜利。抗洪部队为保卫人民群众生命财产舍生忘死的英勇行动，感动和教育着群众，群众像战争年代那样支援部

队，像爱护亲人那样爱护子弟兵，到处呈现出军爱民、民拥军的生动场面。军队同人民的血肉联系空前加强，这是抗洪斗争取得的一个宝贵的政治成果。面对群众的赞誉之声，军队要更加谦虚谨慎、戒骄戒躁。我军来自于人民，服务于人民。人民离不开军队，军队更离不开人民。没有人民的拥护和支持，我军就会失去发展的深厚根基，就会一事无成。全国人民学解放军，解放军更要学全国人民。这些基本观点，任何时候都要牢牢记住。要深入持久地开展拥政爱民、拥军优属活动。只要军政军民团结坚如磐石，我们就没有克服不了的困难，就没有战胜不了的敌人。

要继续推进国防动员工作，努力提高国防动员能力。我们的国防动员工作，适应新时期军事斗争的要求，贯彻平战结合、军民结合、寓兵于民的方针，取得了显著的成绩。这次抗洪抢险，受灾省区各级党委、政府和省军区、军分区、人武部，按照国防动员的要求，在很短的时间内把人民群众紧急动员起来，组织了数百万民兵参加抗洪抢险。预备役部队迅速完成集结，投入抗洪行列。交通战备系统转入战时状态，全力保障抗洪部队和救灾物资的运输，保证军地各级通信联络的需要。各地还开设各种类型的保障网点，源源不断地供给防洪物资和生活物资。这次斗争的实践，使我们对新时期国防动员的重要作用有了更深刻的认识。要进一步加强全民国防教育，进一步完善国防动员体制，突出抓好预备役部队和民兵应急分队建设，做好国民经济动员、科学技术动员、交通战备动员等各方面的工作，为未来的反侵略战争打下坚实的基础。

在伟大的抗洪斗争中，人民解放军、武警部队和民兵预备役部队，涌现出一大批先进单位、先进个人和英雄模范。这次表彰奖励的单位和个人，是抗洪部队的突出代表。党和人民给予这些单位和个人的荣誉，既是对他们的褒奖，也是对抗洪部队全体官兵的褒奖。这是抗洪部队的光荣，也是全军的光荣。没有到第一线参加抗洪抢险的官兵也都在各自的岗位上尽到了责任。希望受到表彰的单位和个人珍惜荣誉，再接再厉，为党和人民作出新的更大的贡献。全军和武警部队要广泛深入地开展向抗洪英模的学习的活动，大力宣传他们的先进事迹，形成一个以英雄模范为榜样，争创一流工作成绩，为实现我国国防和军队现代化建功立业的热潮。

同志们，我们正在意气风发地走向新世纪。大家要继续高举邓小平理论伟大旗帜，紧密团结在党中央周围，大力弘扬抗洪精神，以更加坚定的信念和更加强饱满的热情，开拓进取，扎实工作，全面落实党的十五大提出的各项任务，把建设有中国特色社会主义伟大事业不断推向前进！

中共中央关于农业和农村工作若干重大问题的决定

（1998年10月14日中国共产党第十五届中央委员会第三次全体会议通过）

中国共产党第十五届中央委员会第三次全体会议分析了国内外形势，研究了农业和农村工作。全会考虑到：

——贯彻落实党的十五大提出的战略部署，实现我国跨世纪发展的宏伟目标，必须保持农业和农村经济的持续稳定发展。十二亿多人口九亿在农村，是我国的基本国情。农业、农村和农民问题是关系改革开放和现代化建设全局的重大问题。没有农村的稳定就没有全国的稳定，没有农民的小康就没有全国人民的小康，没有农业现代化就没有整个经济的现代化。稳住农村这个大头，就有了把握全局的主动权。

——我国改革率先从农村突破，并以磅礴之势迅速推向全国，取得了举世瞩目的伟大成就。认真总结二十年来农村改革积累的丰富经验，对于全党自觉坚持十一届三中全会以来的路线方针政策，进一步推进农村乃至全国的改革和发展，具有重要意义。

——面对当前亚洲金融危机的冲击和经济全球化的挑战，进一步加强农业，繁荣农村经济，提高农民购买力，有利于扩大内需，保持整个国民经济增长的良好势头，增加我国在国际合作与竞争中的回旋余地。在充分利用国外市场的同时，努力开拓国内市场特别是农村市场，是我国经济发展的基本立足点。

——在从温饱到小康，进而实现现代化的历史进程中，农村的经济建设和精神文明建设、民主法制建设、基层组织建设都面临许多新的问题。一些地方党的农村政策没有得到很好落实，近年农民收入增长缓慢，影响了积极性的充分发挥，农业基础设施薄弱，抗御自然灾害能力不强，人口、资源、环境压力加大。切实解决好这些问题，才能全面推进农村经济发展和社会进步，建成富裕民主文明的社会主义新农村。

全会认为，就农业和农村工作若干重大问题作出如下决定是适时和必要的。

一、农村改革二十年的基本经验

农村改革已经走过二十年光辉历程。实行家庭联产承包责任制，废除人民公社，突破计划经济模式，初步构筑了适应发展社会主义市场经济要求的农村新经济体制框架。这个根本性改革，解放和发展了农村生产力，带来农村经济和社会发展的历史性巨变：粮食和其他产品大幅度增长，由长期短缺到总量大体平衡、丰年有余，基本解决了全国人民吃饭的问题；乡镇企业异军突起，带动农村产业结构、就业结构变革和小城镇发展，开创了一条有中国特色的农村现代化道路；农民生活水平显著提高，全国农村总体上进入由温饱向小康迈进的阶段；农民的思想观念顺应时代要求发生着深刻变化，农村精神文明和民主法制建设取得了明显进步。农村改革的成就，为全国改革、发展、稳定作出了重要贡献，使广大农民看到了走向富裕的光明前景，坚定了跟着中国共产党走有中国特色社会主义道路的信心。

农村改革二十年的基本经验是：

第一，必须承认充分保障农民的自主权，把调动广大农民的积极性作为制定农村政策的首要出发点。这是政治上正确对待农民和巩固工农联盟的重大问题，是农村经济和社会发展的根本保证。调动农民的积极性，核心是保障农民的物质利益，尊重农民的民主权利。在任何时间，任何事情上，都必须遵循这个基本准则。

第二，必须发展公有制为主体的多种所有制经济，探索和完善农村公有制的有效实现形式，使生产关系适应生产力发展要求。实行土地集体所有、家庭承包经营，使用权同所有权分离，建立统分结合的双层经营体制，理顺了农村最基本的生产关系。这是能够极大促进生产力发展的农村集体所有制的有效实现形式。

第三，必须坚持以市场为取向的改革，为农村经济注入新的活力。确立农民自主经营的市场主体地位，鼓励农民面向市场发展商品生产，进入流通领域。改革农产品流通体制，主要由市场形成价格，在国家宏观调控下发挥市场对资源配置的基础性作用。加强和改善国家对粮食这一特殊商品的宏观调控，保护农民积极性，保证供给和价格基本稳定。农村经济转入社会主义市场经济的轨道，在这个新的条件下把农民的积极性引导到更高的阶段，对于实现农业的专业化、市场化、现代化具有全局性意义。

第五，必须从全局出发，高度重视农业，使农村改革和城市改革相互配合、协调发展。坚持以农业为基础，从政策、科技、投入等方面大力支持农业。首先启动农村改革，以农村的改革和发展推动城市，又以对城市的改革和发展支持农村，这是中国改革的成功之路。

农村改革的成功是邓小平理论的伟大胜利。始终坚持以邓小平理论为指导，解放思想、实事求是，这是最根本的经验。有了这个理论，才能冲破僵化体制和陈旧观念的束缚，进行建设有中国特色社会主义的新探索。继续推进农村改革，必须牢牢掌握这个强大的思想武器。

二、农业和农村跨世纪发展的目标和方针

我国社会主义初级阶段是不发达的阶段，农村尤其不发达。表现在：生产力落后，主要靠手工劳动；市场化程度低，自给半自给经济占相当比重；农业人口多，就业压力大；科技教育文化落后，文盲半文盲数量较大；农民生产水平比较低，还有几千万人没有解决温饱；城乡差别大，农村发展也很不平衡。这些特点决定了，必须始终把发展农村经济、提高农业生产力水平作为整个农村工作的中心，一切政策都要有利于增强农村经济活力，放手依靠农民改变落后面貌，不断提高农民的物质文化生活水平。

十五大提出党的社会主义初级阶段的基本纲领和下世纪第一个十年的奋斗目标，为我国农业和农村走向现代化指明了方向。从现在起到二〇一〇年，建设有中国特色社会主义新农村的目标是：

——在经济上，坚持以公有制为主体、多种所有制经济共同发展，不断解放和发展农村生产力。基本建立以家庭承包经营为基础，以农业社会化服务体系、农产品市场体系和国家对农业的支持保护体系为支撑，适应发展社会主义市场经济要求的农村经济体制；农业科技、装备水平和综合生产力能力有显著提高，农产品更好地满足国民经济发展和人口增长、生活改善的需求；农村产业结构进一步优化，城镇化水平有较大提高；农民收入不断增加，农村全面实现小康，并逐步向更高的水平前进。

——在政治上，坚持中国共产党的领导，加强农村社会主义民主政治建设，进一步扩大基层民主，保证农民依法直接行使民主权利。全面推进村民自治，完善乡镇人民代表大会制度；乡镇机构精干，以党支部为核心的村级组织健全，干群关系密切；加强法治，保持农村良好的社会秩序和治安环境。

——在文化上，坚持全面推进农村社会主义精神文明建设，培养有理想、有道德、有文化、有纪律的新型农民。加强思想道德教育，倡导健康文明的社会风尚；发展教育事业，普及九年制义务教育，扫除青壮年文盲，普及科学技术知识；发展农村卫生、体育事业，使农民享有初级卫生保健；建设农村文化设施，丰富农民的精神文化生活。

实现我国农业和农村跨世纪发展目标，必须坚持以下十条方针：

（一）始终把农业放在国民经济发展的首位。农业是国民经济的基础。大力发展农业不仅是保障人民生活的要求，也是发展工业和第三产业的需要。调整国民收入分配格局，加大对农业的投入。加强农业立法和执法，支持和保护农业。

（二）长期稳定农村基本政策。以公有制为主体、多种所有制经济共同发展的基本经济制度，以家庭承包经营为基础、统分结全的经营制度，以劳动所得为主和按生产要素分配相结合的分配制度，必须长期坚持。在这个基础上，按照建立社会主义市场经济体制的要求，深化农村改革。

（三）不放松粮食生产，积极发展多种经营。必须稳定发展粮食生产，同时又要调整农村产业结构，实行农林牧副渔并举，并且把发展多种经营同支持和促进粮食生产结合起来，确保农产品有效供给和农民收入持续增长。

（四）实施科教兴农。农业的根本出路在科技、在教育。实行农科教结合，加强农业科学技术的研究和推广，注重人才培养，把农业和农村经济增长转到依靠科技进步和提高劳动者素质的轨道上来。

（五）实现农业可持续发展。必须加强以水利为重点的基础设施建设和林业建设，严格保持耕地、森林植被和水资源，防止水土流失、土地荒漠化和环境污染，改善生产条件，保护生态环境。

（六）大力发展乡镇企业，多渠道转移农业富余劳动力。立足农村，向生产的深度和广度进军，发展二、三产业，建设小城镇。开拓农村广阔的就业门路，同时适应城镇和发达地区的客观需要，引导农村劳动力合理有序地流动。

（七）切实减轻农民负担。这是保护农业生产力，保持农村稳定的大事。坚持多予少取，让农民得到更多的实惠。农村各项建设都要尊重群众愿意，量力而行。

（八）实行计划生育基本国策。控制人口过快增长的重点在农村。大力提倡少生优育，使农村人口同经济、社会发展相适应。

（九）推进农村基层民主政治建设。经济体制改革要求政治体制改革相配合。坚持和改善农村基层党组织的领导，加强乡镇政权和村民自治组织建设，依法保障农民当家作主的权利。

（十）物质文明建设和精神文明建设两手抓。两个文明都搞好，农村经济、社会协调发展，才是有中国特色社会主义的新农村。

三、长期稳定以家庭承包经营为基础、统分结合的双层经营体制

实行家庭承包经营，符合生产关系要适应生产力发展要求的规律，使农户获得充分的经营自主权，能够极大地调动农民的积极性，解放和发展农村生产力；符合农业生产自身的特点，可以使农户根据市场、气候、环境和农作物生产情况及时作出决策，保证生产顺利进行，也有利于农户自主安排剩余劳动力和剩余劳动时间，增加收入。这种经营方式，不仅适应以手工劳动为主的传统农业，也能适应采用先进科学技术和生产手段的现代农业，具有广泛的适应性和旺盛的生命力，必须长期坚持。家庭承包经营是集体经济组织内部的一个经营层次，是双层经营体制的基础，不能把它与集体统一经营割裂开来，对立起来，认为只有统一经营才是集体经济。要切实保障农户的土地承包权、生产自主权和经营收益权，使之成为独立的市场主体。农村集体经济组织要管理好集体资产，协调好利益关系，组织好生产服务和集体资源开发，壮大经济实力，特别是增加服务功能，解决一家一户难以解决的困难。

稳定完善双层经营体制，关键是稳定完善土地承包关系。土地是农业最基本的生产要素，又是农民最基本的生活保障。稳定土地承包关系，才能引导农民珍惜土地，增加投入，培肥地力，逐步提高产出率；才能解除农民的后顾之忧，保持农村稳定。这是党的农村政策的基石，决不能动摇。要坚定不移地贯彻土地承包期再延三十年的政策，同时要抓紧制定确保农村土地承包关系长期稳定的法律法规，赋予农民长期而有保障的土地使用权。对于违背政策缩短土地承包期、收回承包地、多留机动地、提高承包费等错误做法，必须坚决纠正。土地使用权的合理流转，要坚持自愿、有偿的原则依法进行，不得以任何理由强制农户转让。少数确实具备条件的地方，可以在提高农业集约化程度和群众自愿的基础上，发展多种形式的土地适度规模经营。

在家庭承包经营基础上，积极探索实现农业现代化的具体途径，是农村改革和发展的重大课题。农村出现的产业化经营，不受部门、地区和所有制的限制，把农产品的生产、加工、销售等环节连成一体，形成有机结合、相互促进的组织形式和经营机制。这样做，不动摇家庭经营的基础，不侵犯农民的财产权益，能够有效解决千家万户的农民进入市场，运用现代科技和扩大经营规模等问题，提高农业经济效益和市场化程度，是我国农业逐步走向现代化的现实途径之一。发展农业产业经营，关键是培育具有市场开拓能力、能进行农产品深度加工、为农民提供服务和带动农户发展商品生产的“龙头企业”。要引导“龙头企业”同农民形成合理的利益关系，让农民得到实惠，实现共同发展。要充分利用现有的农产品加工、销售企业，不要盲目上新项目，避免重复建设。

要从农村经济现状和发展要求出发，继续完善所有制结构。在积极发展公有制经济的同时，采取灵活有效的政策措施，鼓励和引导农村个体、私营等非公有制经济有更大的发展。适应生产和市场需要，发展跨所有制、跨地区的多种形式的联合和合作。供销合作社、信用合作社要继续深化改革，更好地为农业、农民服务。农民采用多种多样的股份合作制形成兴办经济实体，是改革中的新事物，要积极扶持，正确引导，逐步完善。以农民的劳动联合和农民的资本联合为主的集体经济，更应鼓励发展。

四、深化农产品流通体制改革，完善农产品市场体系

进一步搞活农产品流通，尽快形成开放、统一、竞争有序的农产品市场体系，为农民提供良好的市场环境，是农业和农村经济持续发展的迫切需要。要根据各类农产品不同的特点和供求状况，采取相应的方式和步骤，改革农产品流通体制。

粮食是关系国计民生的战略物资。建立适应社会主义市场经济要求和我国国情的粮食流通体制，对于保证粮食安全、经济发展、社会稳定具有重点而深远的意义。深化粮食流通体制改革，必须把握好以下几点：第一，把立足国内保障粮食基本自给、保护农民种粮积极性、促进粮食生产稳定增长作为出发点。第二，管好粮食收购市场，保证国家掌握粮源，对于增强国家调控能力、确保市场稳定至关重要。第三，放开粮食零售市场，实行多渠道经营，形成竞争机制，以满足市场的多样化需求。第四，国家建立粮食风险基金、储备和保护价收购制度，对粮食市场进行吞吐调节，保护农民和消费者的利益。第五，国有粮食企业要深化改革，实行政企分开。当前，各地和有关部门要按照中央的部署，统一认识，坚决贯彻按保护价敞开收购农民余粮、粮食收储企业实行顺价销售和粮食收购资金封闭运行三项政策，加快国有粮食企业自身改革，确立自主经营、自负盈亏的新机制，确保粮食流通体制改革顺利实施，达到预期的目标。

棉花流通体制改革，要在国家管好储备、进出口和质量的前提下，从一九九九年棉花年度起，放开购销价格，拓宽流通渠道，逐步建立在国家宏观调控下，主要依靠市场机制实现棉花资源合理配置的新机制。烤烟、蚕茧、羊毛等工业原料，也要进一步深化流通体制改革。肉禽蛋菜果等鲜活农产品的流通，要进一步放开搞活。继续发展多种形式的初级市场，重点在农产品集散地发展区域性或全国性的批发市场，积极探索产销直挂、连锁经营、配送中心等新的流通方式。培育农民自己的流通组织，

提高农民进入市场的组织化程度。加强市场设施建设，完善信息收集和发布制度，向农民提供及时准确的市场信息。健全市场法规，维护市场秩序，反对封锁和垄断。

加强农村商业网点建设，改革农业生产资料流通体制，积极开拓农村市场。同时，要引导农村资金、技术、劳动力等要素市场规范发展。

五、加快以水利为重点的农业基本建设，改善农业生态环境

洪涝灾害历来是中华民族的心腹大患，水资源短缺越来越成为我国农业和经济社会发展的制约因素，必须引起全党高度重视。要增加全民族的水患意识。动员全社会力量把兴修水利这件安民兴邦的大事抓紧抓好。水利建设要坚持全面规划，统筹兼顾，标本兼治，综合治理的原则，实行兴利除害结合，开源节流并重，防洪抗旱并举。重大水利工程建设，应从长计议，全面考虑，科学选比，周密计划。当务之急要加大投入，加快长江黄河等大江大河大湖的治理，提高防洪能力。要大干几年，把大江大河大湖的干堤建设成高标准的防洪堤；抓紧现有病险水库的除险加固，使其充分发挥效益；下决心清淤除障，恢复河湖行蓄洪能力；抓紧三峡、小浪底等主要江河控制性工程的建设，提高对洪水的调蓄能力。要加强城市防洪工程建设和海堤建设，重视中小河整治，进一步健全气象、水文、防汛等服务体系。要坚持不懈地搞好农田水利基本建设，努力解决干旱缺水问题。加快现有大型灌区水利设施的修复和完善。鼓励农村集体、农户以多种方式建设和经营小型水利设施。制定促进节水的政策，大力发展节水农业，把推广节水灌溉作为一项革命性措施来抓，大幅度提高水的利用率，努力扩大农田有效灌溉面积。

改善生态环境是关系中华民族生存和发展的长远大计，也是防御旱涝等自然灾害的根本措施。要大力提高森林覆盖率，使适宜治理的土地流失地区基本得到整治。生态工程建设要同国土整治、产业开发和区域经济发展相结合。要把黄河长江上中游地区、风沙区和草原区作为全国生态环境建设的重点，大力植树种草，实行封山育林，加快注流域综合治理，加强水源涵养、水土保持，提高防御风沙能力，切实改变江河泥沙严重淤积、草原沙化的状况。依法保护森林资源。从现在起就要调整森工企业的的主营方向，变伐为营林，有计划地停止天然林的采伐，切实保护大江大河上游的森林植被。禁止毁林毁草开荒和围湖造田。对过度开垦、围垦的土地，要有计划有步骤地还林、还草、还湖。治理草原退化沙化碱化，加强草原建设和保护。控制工业、生产及农业不合理使用化肥农膜对土地和水资源造成的污染。加强沿海水域环境和渔类资源的保护。制定鼓励政策，推进荒山荒沟荒丘荒滩使用权的承包、租赁和拍卖，加快开发和治理，切实保障开发者的合法权益。

我国后备耕地资源不足，提高农业综合生产能力，应立足现有耕地的保护和改造。依法限制农用地转为建设用地，严格执行基本农田保护区制度。农业综合开发要以改造中低产田为重点，集中连片治理，力争平原地区大部分耕地实现旱涝保收、高产稳产，丘陵山区人均达到半亩以上高标准基本农田。因地制宜搞好山区综合开发。继续加强重要农产品的商品生产基地建设。

改革和完善农业投融资体制。以农村集体和农户投入为基础，逐步增加财政对农业的投资，引导信贷资金和社会资金更多地投向农业。扩大农业利用外资。中央和地方都要大幅度增加投入，开展大规模的水利工程、生态工程、农村公路、农村电网和粮食仓储等基础设施建设。

六、依靠科技进步，优化农业和农村经济结构

由传统农业向现代农业转变，由粗放经营向集约经营转变，必然要求农业科技有一个大的发展，进行一次新的农业科技革命。我国是农业大国，要把农业科技作为整个科技工作的一个重点，努力赶上世界先进水平。推进农业科技革命，要广泛运用农业机械、化肥、农膜等工业技术成果的基础上，依靠生物工程、信息技术等高新技术，使我国农业科技和生产力实现质的飞跃，逐步建立起农业科技创新体系。坚持基础研究同应用研究相结合，高新技术同常规技术相结合，自主研究同技术引进相结合，科学研究同成果推广相结合，制定全面规划，争取在动物品种选育、农业资源高效利用、现代集约化种养技术、农业生物灾害防治、农产品储运加工技术等方面取得突破，要改革农业科技体制调整分工和布局，突出重点，鼓励创新，联合攻关。要面向农业，面向农村，面向农民，通过试验示范，大力推广先进实用技术，突出抓好“种子工程”和旱作节水农业技术、不断提高科技对农业增长的贡献率。加强县乡村农业技术推广体系建设，扶持农村专业技术协会等民办专业服务组织。鼓励科研、教学单位开发推广农业技术，发展高技术农业企业。

调整和优化农村经济结构，要着眼于世界农业科技加速发展的趋势和我国人多地少的国情，适应国内外市场，依靠科技进步，发挥区域比较优势，增强市场竞争能力，提高农村经济素质和效益。按照高产优质高效原则，全面发展农林牧副渔各业；重点围绕农副产品加工和发展优势产品，调整、提高农村工业；结合小城镇建设，大力发展第三产业。

粮食作物要确保总产量稳定增长，提高单产，改善品质，尽快淘汰不适销品种。主要经济作物要提高质量，合理调整区域布局。“菜篮子”产品生产要推广优新品种，

降低成本，提高效益，实现均衡供给。努力创造名牌农产品。随着农业生产和居民消费水平不断提高，要及时把畜牧业放到更加重要的位置，促进种植业和加工业进一步发展。积极发展牧区畜牧业，加快发展农区畜牧业。稳定发展生猪生产，突出发展草食型、节粮型畜禽业。改良畜禽品种，提高饲养技术和疫病防治技术，发展饲料工业。加快发展水产养殖业，稳定近海捕捞，扩大远洋捕捞。

乡镇企业是推动国民经济新高潮的一支重要力量，在技术进步，产品更新换代和开拓国内外市场等方面蕴藏着巨大的潜力。当前乡镇企业处于结构调整和体制创新的重要时期，各级党委和政府要站在全局和战略的高度，对于乡镇企业积极扶持，合理规划，分类指导，依法管理。乡镇企业要适应农业产业化经营的需要，着重发展农副产品加工业和储藏、保鲜、运销业。要结合整个工业结构调整，加强技术改造和企业管理，提高产品质量，增强竞争能力。东部地区的乡镇企业要注重提高科技含量，发展高附加值产品和外向型经济。中西部地区重点发展劳动密集型和资源加工型产业，也要尽量应用新技术，提高质量和效益。积极推进乡镇企业改革。放手让群众从实际出发，探索和选择企业的经营方式和组织形式，增强企业活力，调动投资者、经营者和劳动者的积极性，确保集体资产保值增值。严禁逃废对金融机构的债务。

发展小城镇，是带动农村经济和社会发展的一个大战略，有利于乡镇企业相对集中，更大规范地转移农业富余劳动力，避免向大中城市盲目流动，有利于提高农民素质，改善生活质量，也有利于扩大内需，推动国民经济更快增长。要制定和完善促进小城镇健康发展的政策措施，进一步改革小城镇户籍管理制度。小城镇要合理布局，科学规划、重视基础设施建设，注意节约用地和保护环境。

七、推进农村小康建设，加大扶贫攻坚力度

农民过上小康生活，在我国具有划时代意义。农村实现小康，就是使广大农民温饱有余，生活资料更丰富，居住环境有一定改善，健康水平和受教育程度进一步提高。各地要从实际出发，根据当地经济发展水平和农民承受能力，扎扎实实地推进农村小康建设。

增加农民收入，减轻农民负担，是农村实现小康的基本条件，对开拓农村市场，扩大国内需求，也具有重要作用。千方百计解决好农民增收问题，始终是农业和农村工作的一项重要任务。要依靠发展生产、优化产业结构，拓宽就业门路。在搞好粮棉油等大宗农产品生产的同时，合理开发利用资源，发展多种经营；实行种养业和加工储运业相结合，提高农产品附加值；组织农民外出务工，国家投资兴建基础设施应多用农村劳动力，增加农民的现金收入。减轻农民负担要标本兼治。合理负担坚持定项限额，保持相对稳定，一定三年不变；严禁乱收费、乱集资、乱罚款和各种摊派，纠正变相增加农民负担的各种错误做法，对违反规定的要严肃处理；逐步改革税费制度，加快农民承担费用和劳务的立法。

全国农村实现小康、重点要加快中西部地区农业和农村经济发展。国家要加大财政转移支付力度，调整工业加工布局，优先安排基础设施重点建设项目，支持中西部地区经济发展。中西部地区要发挥粮棉油和畜产品等生产优势，发展农副产品加工业，成为全国主要农产品的商品基地。东部地区和大中城市郊区要提高农村经济发展水平。有条件的地方要率先基本实现农业现代化，并通过经济联合和合作，帮助和带动中西部地区农村的发展，逐步实现共同富裕。

解决农村贫困人口的温饱问题，是一项紧迫而艰巨的任务。这部分人大多生活在自然条件恶劣的边远地区，扶贫攻坚难度很大；必须加大工作力度。要坚持开发式扶贫的方针，坚持扶贫到户。大幅度、多渠道增加扶贫投入，搞好以工代赈，重点改善基本生产生活条件，发展种养业。对极少数生存条件极端恶劣的贫困人口可以有计划地实行移民开发。经济开发要同智力开发相结合，开展科教扶贫。总结推广小额信贷等扶贫资金到户的有效做法。加强扶贫资金使用的监督检查，严禁挪用，动员社会各方面力量参与扶贫，做好各部门和东部地区对口帮扶贫困地区的工作。继续落实扶贫工作到省（自治区、直辖市）的领导责任制。扶贫攻坚要坚持实事求是，不能脱离实际提出过高要求，也不能为赶进度而降低标准，更不能搞形式主义，弄虚作假。温饱问题基本解决以后，巩固扶贫成果，根本改变贫困地区面貌，仍是一项长期任务。

八、加强农村基层民主法制建设

扩大农村基层民主，实行村民自治，是党领导亿万农民建设有中国特色社会主义民主政治的伟大创造。为了更好地调动广大农民的积极性和主动性，促进农村各项改革和建设事业的全面发展，必须进一步扩大农村基层民主。

——全面推进村级民主选举。村民委员会要严格依照法律法规，坚持公平、公正、公开原则，由村民按期进行直接选举，真正把群众拥护的思想好、作风正、有文化、有本领、真心实意为群众办事的人，选进领导班子。

——全面推进村级民主决策。凡是涉及村民利益的重要事项，如村提留的收缴和使用，村干部享受误工补贴的人数和标准，从村集体经济所得收益的使用，村办公益事业需要村民负担的事项，土地承包、宅基地使用和集体

经济项目承包的方案等，都须提请全体村民或村民代表会议讨论，按多数人的意见作出决定。

——全面推进村级民主管理。依据党的方针政策和国家的法律法规，结合本地实际，全体村民讨论制定村民自治章程和村规民约，把村民的权利和义务，村级各类组织之间的关系和工作程序，以及经济管理、社会治安、村风民俗、婚姻家庭、计划生育等方面的要求，规定得明明白白，加强村民的自我管理、自我教育、自我服务。

——全面推进村级民主监督。凡是村里的重大事项和群众普遍关心的问题，都应向村民公开。村务公开的重点是财务公开。村民委员会要广泛听取群众意见，大多数群众不赞成的事情，应予纠正。经村民民主评议不称职的村干部，应按照规程程序进行调整。

搞好村民自治，制定制度是根本。重点是建立健全村民委员会的民主选举制度，以村民会议或村民代表会议为主要形式的民主议事制度，以村务公开、民主评议和村民委员会定期报告工作为主要内容的民主监督制度。村务活动要照章办事，推进村民自治的制度化、规范化。

乡级民主建设是农村基层民主的重要组成部分。要坚持和完善乡镇人民代表大会代表的直接选举制度。乡镇人民代表大会要认真履行法律规定的各项职权。乡镇政府要切实转变职能，精简机构，裁减冗员，目前先要坚决把不在编人员精减下来，做到依法行政、规范管理。乡镇政权机关都要实行政务公开，方便群众办事，接受群众监督。

发展农村基层民主，必须贯彻依法治国方略，同健全法制紧密结合。坚持有法可依，有法必依，执法必严，违法必究。要完善保障农民直接行使民主权利的法律法规。对压制和破坏民主、侵犯农民民主权利的行为，要坚决查处。加强法制教育和宣传，使农村干部增强法制观念和依法办事能力。使广大农民知法守法，履行应尽义务，用法律保护的合法权益。加强农村社会治安综合治理，严厉打击各种刑事犯罪的恶势力，为农民的生产和生活创造良好的治安环境。正确处理新时期农村人民内部矛盾，善于运行法律的、行政的、经济的思想教育手段，化解矛盾，解决纠纷，促进安定团结。

扩大农村基层民主，要在党的统一领导下有步骤、有秩序地进行，充分发挥乡(镇)、村基层党组织的领导核心作用。要及时总结和推广有利于农民群众当家作主的好经验、精心组织、分类指导，推进农村基层民主政治建设健康发展。

九、加强农村社会主义精神文明建设

农村精神文明建设的根本任务，是全面提高农民的思想道德素质和科学文化素质，为农村经济社会发展提供强大的精神动力、智力支持和思想保证。

农村精神文明建设是坚持以邓小平理论为指导，紧紧围绕发展经济、建设小康的目标，同农村经济工作、基层民主政治建设和社会综合治理相结合，以创建“文明户”、“文明村镇”为主要形式，依靠群众，立足基层，狠抓落实，讲求实效。对农民进行爱国主义、集体主义和社会主义教育，进行党的基本路线和方针政策教育，进行社会公德、职业道德、家庭美德教育。思想道德教育要贯穿到群众性创建精神文明的各项活动中去。开展国防教育，做好民兵、预备役和拥军优属工作。引导农民移风易俗，革除陋习，反对封建迷信活动，禁止“黄、赌、毒”。全面贯彻党的宗教政策，依法打击邪教和利用宗教进行的非法活动。加强农村文化设施建设，扩大广播、电视覆盖面，组织好 文化、科技、卫生“三下乡”，鼓励和支持农民业余文化体育活动。控制人口数量，提高人口质量，把计划生育工作与发展农村经济，帮助农民脱贫致富，建设文明幸福家庭结合起来。完善农村医疗卫生设施，稳步发展合作医疗，提高农民健康水平。

发展农村教育事业是落实科教兴农方针、提高农村人口素质的关键。必须从农村长远发展和我国现代化建设全局的高度，充分认识发展农村教育的重要性和紧迫性。积极推进农村教育综合改革，统筹安排基础教育、职业教育和成人教育，进一步完善农村教育体系。

抓紧实施农村尤其是少数民族地区和贫困地区的义务教育，切实解决适龄儿童尤其是女童的辍学问题。农村中小学要注重全面素质教育，在适当阶段增加农业和其他实用技术的教育内容。根据各地经济发展水平，面向社会需求，合理调整中等教育结构。积极发展多层次、多形式的职业教育，办好农业高等中等专业学校，大力发展卫星广播电视教育，为农村培养大批专业技术人才。

要十分重视农村成人教育，加大扫盲工作力度。紧密结合生产实际，组织农民学习先进实用的种植、养殖和农产品加工技术。对务工农民要加强岗位培训，提高知识水平、专业技能和安全生产知识。通过多种方式，引导农民学习和掌握商品生产、市场营销和经营管理方面的知识。

实行多渠道办学，增加农村教育投入，动员社会力量支持教育事业。要逐步改善农村办学条件，限期改造学校危房。重视农村师资培养，提倡城市教师和干部志愿到农村开展支教服务。对长期工作在少数民族地区、边远山区和贫困地区的教师，要在政治上和物质上给以鼓励，并切实改善他们的工作和生活条件。

十、加强农村基层党组织建设和干部队伍建设

建设有中国特色社会主义新农村，关键在于加强和改善党的领导，充分发挥乡(镇)党委和村党支部的领导

核心作用，建设一支高素质的农村基层干部队伍。

党的农村基层组织是党在农村全部工作和战斗力的基础，是农村各种组织和各项工作的领导核心。最近几年的集中整顿已取得明显成效，但农村基层组织建设是一项长期而艰巨的任务，必须坚持不懈地抓下去。要全面加强村党支部建设和乡（镇）党委建设，同时发挥共青团、妇女、民兵等群众组织的作用，努力提高农村基层组织建设的整体水平。农村党员要带头执行党和国家的各项政策，带领群众共同致富，在两个文明建设中发挥先锋模范作用。

农村基层干部是团结带领广大农民脱贫致富奔小康的骨干力量。为农村的改革、发展和稳定作出了重要贡献。是完全可以信赖的，但这支队伍的整体素质同新形势新任务的要求还不完全适应，有的干部不能正确领会党的农村政策，执行中随意性较大，一些年轻干部不熟悉农村改革进程和政策；有的文化水平低，思想观念陈旧、带领群众发展经济缺少办法；有的思想作风不正，办事不公，简单粗暴，甚至以权谋私，违法乱纪。这些问题必须认真加以解决。

建设高素质的农村基层干部队伍，总的要求是：深入学习邓小平理论和党的十五大精神，坚定走有中国特色社会主义道路的信念、提高贯彻执行党的路线方针政策、遵守国家法律法规的自觉性；认真实践全心全意为人民服务的根本宗旨，学会在新的历史条件下做好农民工作的方法；努力掌握社会主义市场经济知识、科技文化知识、法律知识，增强带领农民发展经济，搞好两个文明建设的本领。

提高政策水平是加强基层干部队伍建设的重要环节。党的政策是党的生命。农村基层干部应该认真学习和全面理解党的政策，执行中不折不扣、不走样；应该正确地向群众宣传解释各项政策，使之成为群众的自觉行动；应该结合实际贯彻落实政策，鼓励创造性，防止绝对化；应该模范地执行政策，要求群众做到的自己首先做好。要加强对农村基层干部的培训，建立健全定期轮训制度，充分的发挥县、乡党校的作用，编写通俗易懂的教材。要把政治理论培训同业务能力培训、实用技术培养结合起来，突出政策和法制教育，提高基层干部正确执行政策、坚持依法办事、善于做群众工作的能力。

密切党群、干群关系，是加强农村基层干部队伍建设的紧迫任务。农村基层干部必须诚心诚意为群众服务，反对脱离群众、不干实事，坚持实事求是，反对虚假浮夸；坚持艰苦创业，反对奢侈浪费；遇事同群众商量，反对强迫命令；正确行使手中的权力，反对以权谋私；努力把完成上级任务和维护群众利益统一起来，反对不顾大局和损害群众利益。对农村基层干部思想作风方面存在的问题，要加强教育，认真解决。对滥用职权、践踏法纪的，要坚决查处。要把对农村基层干部的严格要求和关心爱护结合起来。宣传、表彰和奖励实绩突出、群众拥护的基层干部。重视从优秀的村干部中培养和选拔乡镇干部。要为村干部开展工作创造良好的环境，坚持制止各种打击报复村干部的行为。要支持和鼓励机关干部、军队转业干部和大中专毕业到乡、村工作。

党管农村工作是我们党的一个传统，也是一个重大原则。全党要高度重视农业和农村工作，从中央到地方各级党委和政府都要把这项工作摆在重要地位，各行各业要大力支持农业。地、县两级要把主要精力和工作重心放在农业和农村工作上，坚定不移地贯彻执行党在农村的基本政策，把广大干部群众的积极性引导好、保护好、发挥好。正确认识新形势下的农民问题，善于用说服教育、示范引导、提供服务的方法处理同农民的关系。尊重自然规律和经济规律，实行民主科学决策，把开拓进取意识同求真务实精神统一起来，各级党委、政府和有关部门要改进领导方法和工作作风，多为基层办实事而不加重基层负担，不搞脱离实际的达标升级活动。各级领导干部要深入实际，加强调查研究，总结和推广农民在实践中创造的经验，特别是到贫困落后的地方去帮助解决困难和突出问题。

全会号召，全党动员起来，团结全国各族人民，在以江泽民同志为核心的党中央领导下，高举邓小平理论伟大旗帜，认真贯彻党的十五大精神，艰苦奋斗，扎实工作，努力开拓我国农业和农村工作的新局面，把建设中国特色社会主义伟大事业全面推向二十一世纪。

在刘少奇诞辰一百周年纪念大会上的讲话

（1998年11月20日）

江泽民

同志们、朋友们：

今天，我们在这里隆重集会，纪念刘少奇同志诞辰一百周年。

刘少奇同志是伟大的马克思主义者，伟大的无产阶段革命家、政治家和理论家，是以毛泽东同志为核心的党的第一代领导集体的重要成员，党和国家久经考验的卓越的领导人。

刘少奇同志为中国人民的解放和新中国的建设，在政治、经济、军事、外交、文化教育和党的建设等领域，都建树立了卓著的功勋。他对毛泽东思想的形成和发展，作出了重要的贡献。刘少奇同志光辉战斗的一生，同我们党和国家的历史紧密相连。他受到全党、全军和全国各族人民的爱戴，他的名字永垂史册。

刘少奇同志出生在十九世纪末，那时候，中华民族正处在半殖民地半封建社会的深重苦难中。进入帝国主义阶段的资本主义列强纷纷向中国猛扑过来，掀起了瓜分中国的狂潮。空前严重的民族危机，唤醒无数爱国志士为挽救民族危亡和寻找民族解放道路而顽强求索。刘少奇同志是他们当中涌现出来的优秀代表人物之一。

在学生时代，刘少奇同志受辛亥革命的影响，成为反对帝国主义和封建主义的民主主义者。随着俄国十月革命的胜利和中国五四运动的爆发，他同我们的党的先驱们一样，开始接受马克思列宁主义，并在这一理论的指导下，努力从当时的中国实际出发，思考救国救民的道路。一九二0年，他加入社会主义青年团，一九二一年春，他前往苏俄，进入莫斯科东方大学，学习马克思列宁主义理论，实地考察十月革命的经验，更加坚定了对共产主义的信念。这年冬季，他由青年团团员转为中国共产党党员，成为我们党最早的党员之一。从此，他矢志不移地投入我们党领导人民进行的争取民族独立和祖国富强的伟大革命斗争。

中国共产党成立初期，主要工作是宣传马克思列宁主义和发展工人运动。一九二二年九月至一九二五年春，刘少奇同志受党的委派，到产业工人比较集中的江西安源路矿，参与领导闻名全国的安源工人大罢工。罢工胜利后，他肩负起领导安源工人运动的全面工作。他同工人打成一片，把党的政治任务同工人群众切身利益结合起来，制定出适合实际的斗争策略。他组织领导安源路矿工人俱乐部和汉冶萍总工会，是当时全国最大的产业工会组织。在二七罢工失败后的低潮中，安源地区成为继续激励全国工人运动的一面旗帜。刘少奇同志也因此成为著名的工人运动领袖。一九二五年春，他在第二次全国劳动大会上当选为第一届中华全国总工会副委员长。在轰轰烈烈的大革命时代，他参加领导五卅运动、省港大罢工和武汉工人夺回英租界的斗争。刘少奇同志长期负责指导工会工作，是我国工人运动的主要领导者之一。

大革命失败后，在白色恐怖极端险恶的环境中，刘少奇同志在上海、天津、北平、哈尔滨等地坚持革命活动。他尊重实际，勇于独立思考，同“左”倾冒主义和关门主义错误进行了坚决斗争，在决定党和中国革命命运的遵义会议上，刘少奇同志作为中央政治局成员，坚定地支持毛泽东同志为代表的正确主张。一九三五年十二月瓦窑保会议制定党的抗日民族统一战线的政治路线后，刘少奇同志出任中央驻北方局代表。他总结党在白区工作的经验教训，从思想上理论上清算“左”倾关门主义和冒险主义的错误，提出白区工作的正确方针和策略，对遵义会议后党在白区工作的历史性转变起了重大指导作用。正如党的六届七中全会《关于若干历史问题的决议》指出的，刘少奇同志是正确路线在白区工作中的代表。

刘少奇同志在华北地区正确执行党的抗日民族统一战线政策，巩固和发展了党所领导的一二九运动的胜利成果。抗日战争爆发后，他担任北方局书记，深入敌后，坚持执行党中央和毛泽东同志提出的开展独立自主的敌后抗日游击战争的战略方针，放手发动群众，卓有成效地领导了华北抗日根据地和山西抗日新军的创建工作。一九三八年底，他南下担任中原局书记，组织和建立华中抗日根据地。皖南事变后，刘少奇同志临危受命，出任新四军政治委员，与陈毅同志一起，重建新四军军部，领导华中军民粉碎了国民党企图消灭新四军的阴谋，迅速改变了新四军困难处境，发展壮大了华中地区的革命力量。一九四三年春，刘少奇同志回到延安，进入中央领导核

心，成为中央书记处成员和革命军事委员会副主席。在党的第七次全会代表大会上，他科学地概括毛泽东思想的主要内容，精辟地提出毛泽东思想就是马克思列宁主义的理论与中国革命的实践之统一的思想。正是从这次代表大会起，我们党在党章中明确规定毛泽东思想为全党的指导思想。

刘少奇同志在七届一中全会上当选为中央政治局委员和中央书记处书记，成为毛泽东同志的一位主要助手。此后，二十多年，他一直工作在中共中央的领导岗位上。

抗日战争胜利后，在毛泽东同志赴重庆谈判期间，刘少奇同志代理中共中央主席。他根据形势的急剧变化，果断地主持制定"向北发展、向南防御"的战略方针，适时地指导在东北实施"让开大路、占领两厢"的战略部署。一九七四年春，国民党重兵进攻延安。中央决定毛泽东同志和周恩来、任弼时同志留在陕北领导全国解放战争和保卫陕甘宁边区的战斗，刘少奇同志任中共中央工作委员会书记，与朱德同志一起转移到华北，进行中央委托的工作。一九四七年七月，刘少奇同志在西柏坡主持召开全国土地会议，制定《全国土地法大钢》。这次会议的历史意义在于，它指引亿万农民摆脱封建土地制度的压迫，汇入伟大的新民主主义革命洪流，为全国解放的胜利提供了广泛的群众基础和物质力量。

建国前夕，刘少奇同志受毛泽东同志委托，对新中国的经济构成和经济建设进行系统的研究，提出比较完整的设想，为党的七届二中全会绘制新中国建设的蓝图作了重要的理论准备。

新中国成立后，刘少奇同志先后担任中央人民政府副主席、全国人民代表大会常务委员会委员长、中共中央副主席、中央军事委员会副主席。一九六五年连任这一职务。党中央的领导工作分成一线二线后，刘少奇同志长期主持中央一线工作。他为我国的社会主义革命和建设，作出了重要贡献。

"文化大革命"中，林彪、"四人帮"两个反革命集团制造伪证，罗织罪名，残酷迫害刘少奇同志，他不幸蒙冤致死。在最艰难的时刻，他仍然对党和人民、对共产主义的远大理想充满信心。他坚信，"好在历史是人民写的"。党和人民不会忘记刘少奇同志，他为中国人民建立的功勋将永远铭刻在人民心中。

刘少奇同志非常重视经济建设。他提出，生产事业的发展，劳动生产率的提高是全体人民一切物质福利和精神福利的基础。建国初，他为恢复和发展国民经济做了大量工作。他主持制定的《中华人民共和国土地改革法》等文件，对指导全国各地土改运动的健康发展，彻底消灭几千年的封建土地制度，实现中国农村经济和社会面貌的焕然一新，作出了重要贡献。他潜心研究合作社经济，提倡组织各种形式的合作社。在他倡导下建立的各级供销合作社组织，对建国初期恢复被战争破坏的国民经济，加强城乡物资交流，保证广大农民的生产和生活资料的供应，发挥了巨大的作用。一九五六年，当我国生产资料所有制的社会主义改革基本完成后，摆在全党面前的一个重大课，就是制定一条切合中国实际的经济建设路线。在党的第八次全国代表大会上，刘少奇同志代表党中央所作的政治报告明确指出，我国无产阶级与资产阶级的矛盾已基本解决，社会主义制度已基本建立起来，国内的主要矛盾，已经是人民对于建立先进的工业国的要求同落后的农业国的现实之间的矛盾，已经是人民对于经济文化迅速发展的需要同当前经济文化不能满足人民需要的状况之间的矛盾。党和全国人民当前的主要任务是集中力量解决这个矛盾，把我国尽快从落后的农业国变为先进的工业国。在八大路线指引下，全国的经济建设取得了很大成绩。在六十年初经济困难时期，刘少奇同志深入了解实际情况，倾听群众呼声，坚持支持和实施"调整、巩固、充实、提高"的正确方针，为我国经济重新走上健康发展的轨道做了大量卓有成效的工作。

刘少奇同志积极探索适应我国国情的社会主义建设道路。他强调，我们应该学会自己走路，应该根据中国的特点，采取适合中国情况的方法来进行建设。五十年代中期，他提出社会主义经济既有计划性，又有多样性和灵活性，要充分利用自由市场，利用价值规律来调节生产。六十年代，他进一步明确提出要按经济办法管理经济。他指导中央有关部门改革生产资料的管理和流通体制，试办托拉斯，按行业改革工业生产管理体制，收到了初步的效果。他认为，农村生产和分配的单位不能太大，如果生产关系跑到生产力的前头就会破坏生产力，主张在农业生产中实行同产量联系起来的责任制。他还主张实行全日制和半工半读两种教育制度。他的这些思想和实践，为十一届三中全会以后的经济体制改革，提供了有益的借鉴。

刘少奇同志对我国人民代表大会制度的建立和施行进行了开拓性的工作。他强调，人民代表大会制度是我国的根本政治制度，是一个有伟大功效的制度。他作为全国人民代表大会常务委员会的第一任委员长，曾经用很大的精力来建立和健全这个制度，并制定了一套行之有效的具体工作制度，其中包括建立全国人民代表大会代表视察制度，发挥人民代表大会对国家行政机关等的监督作用。他主持制定的一大批重要法律法规，对新中国法律制度的形成和发展起了重要作用。

刘少奇同志为把我们党建设成为马克思主义的政党作出了重要建树。他写的党的建设方面的著作，特别是《论共产党员的修养》和《论党》，丰富了马克思列宁主义、毛泽东思想关于党的建设的理论。中国共产党要求自己的党员，紧密结合党的阶级性质，最高理想和当前任务，

在革命的实践中努力加强个人的思想、品德和作风修养，努力在改造客观世界的过程中自觉地改造主观世界，坚持马克思主义世界观同中华民族的优良思想道德结合起来，不断提高思想政治素质。这是我们党加强自身建设的一个鲜明特点，也是我们党维护组织上的纯洁、提高凝聚力和战斗力的个重要保证。刘少奇同志的《论共产党员的修养》，就生动地体现了这个鲜明特点。这部著作教育了一代又一代共产党人，在党的建设史上产生了广泛而深远的影响，是我们党极其宝贵的精神财富。为了加强和平时期党的建设，这部著作六十年代又修订并重新发表。在进行改革开放和社会主义现代化建设的过程中，刘少奇同志关于党的许多重要思想，对我们加强新形势下党的建设，仍然具有很强的现实意义。

刘少奇同志一生不懈奋斗的历程，在我们党的历史上占有重要的地位。他留下的数百万字的著作，深刻总结了中国革命和建设的历史经验，是毛泽东思想的组成部分。他的高尚品德和情操，无论过去、现在和将来，都是中国共产党人和中国人民学习的光辉榜样。

我们要学习刘少奇同志对共产主义信仰坚定不移，对党和人民的事业赤胆忠心的精神。他几十年如一日地忘我奋斗，始终把党和人民的利益放在第一位，即使在处境异常艰难的时候，仍坚持共产党人的崇高信念毫不动摇。他说过，共产主义事业是我们的终身事业，而不是为了别的，他以自己顽强奋斗的一生实践了自己的誓言。他在对敌斗争中正气凛然、坚贞不屈，多次临危受命，出色地完成党交给的任务。他始终做人民群众的公仆，全心全意为人民服务，廉洁奉公，忠心耿耿，充分体现了共产党人的高贵品质。

我们要学习刘少奇同志一切从实际出发，坚持实事求是的精神。他善于在复杂的环境中，统揽全局，缜密分析，采取和实施切实可行的政策，并根据情况及时进行调整。在革命运动处于低潮的时期，他善于为党保存和巩固力量，以待时机；在革命运动涌起高潮的时期，他多次在关键时刻独当一面，机智果断，为党和人民事业的发展作出了具有战略意义的重要贡献。

我们要学习刘少奇同志为了党和人民的利益，勇于坚持真理、修正错误的精神。他一生光明磊落，襟情坦荡，敢于讲真话、讲实话，从不隐瞒自己的政治观点。经过切实的调查研究和深思熟虑，凡属符合实际的，符合人民利益的，他就坚持；凡属经过实践检验不符合实际的，他就勇于在工作中加以改正。

我们要学习刘少奇同志刻苦学习，善于进行理论思考和理论创造的精神。他注重把马克思主义基本原理同中国革命和建设的具体实际相结合，善于在马克思主义指导下对问题进行具体分析，大胆探索，提出自己的见解。他善于把丰富的实践经营提到理论高度，作出新的理论概括，用来指导实践的发展。刘少奇同志具有非凡的理论思维能力和理论勇气，观察问题深刻透彻，分析事物鞭辟入里，揭露矛盾尖锐泼辣，表现出一个马克思主义理论家、战略家的可贵品格。

全党同志和全国各族人民，特别是各级领导干部，要通过不断的学习，努力把刘少奇同志的崇高品德贯彻到自己的思想和行动中去。让我们高举邓小平理论伟大旗帜，在党中央领导下，按照党的十五大确定的战略部署，不断推进改革开放和现代化建设，为把我国建设成为富强民主文明的社会主义现代化国家的继续努力奋斗！

在纪念党的十一届三中全会召开二十周年大会上的讲话

（1998年12月18日）

江泽民

同志们：

今天，我们在这里隆重集会，纪念党的十一届三中全会召开二十周年。

一九七八年十二月召开的十一届三中全会，是一次很不寻常的会议。大家都记得，在粉碎“四人帮”、结束持续十年的“文化大革命”后，中国百业待举。广大干部和群众强烈要求纠正“文化大革命”的错误理论、方针和政策，彻底扭转十年内造成的严重局势，使中国从危难中重新奋起。但是，这种要求和愿望遇到严重阻碍，党和国家的工作在前进中出现徘徊的局面。中国面临一个重大历史关头。

在邓小平同志的领导下和老一辈无产阶级革命家的支持下，十一届三中全会冲破长期“左”的错误的严重束缚，批评了“两个凡是”的错误方针，明确指出必须完整、准确的掌握毛泽东思想的科学体系。全会高度评价关于真理标准问题的讨论，重新确立马克思主义的思想路线、政治路线和组织路线，作出了把党和国家的工作重点转移到社会主义现代化建设上来和实行改革开放的战略决策。邓小平同志在全会前召开的中央工作会议上发表的《解放思想，实事求是，团结一致向前看》的著名讲话，为全会确定具有划时代意义的新认识和新决策奠定了重要基础。

十一届三中全会，是建国以来我党历史上具有深远意义的伟大转折。党在思想、政治、组织等领域的全面拨乱反正，是从这次全会开始的。伟大的社会主义改革开放，是由这次全会揭开序幕的。建设有中国特色社会主义的新道路，是以这次全会为起点开辟的。当代中国的马克思主义——邓小平理论，是在这次全会前后开始逐步形成和发展起来的。十一届三中全会是一个光辉的标志，它表明中国从此进入了社会主义事业发展的新时期。

十一届三中全会的伟大意义和深远影响，已经和正在随着实践的发展越来越充分地显示出来，并将贯穿于建设有中国特色社会主义事业的全部进程。

十一届三中全会结束后，我们党在各条战线的实际工作中正本清源，有步骤地解决建国以来的许多历史遗留问题；深入总结历史经验，科学地阐述了许多从实践中提出的有关建设社会主义的理论和政策问题。为了正确地贯彻解放思想的方针，旗帜鲜明地重申必须坚持社会主义道路，坚持人民民主专政，坚持共产党的领导，坚持马克思列宁主义、毛泽东思想这四项基本原则，强调加强党的思想政治工作和社会主义精神文明建设，为现代化事业提供坚强的政治保证。大力推行改革开放的政策，农村改革率先展开。家庭联产承包为主的责任制、统分结合的双层经营体制开始在全国农村普遍实行，极大地调动了亿万农民的积极性。十一届六中全会通过关于建国以来党的若干历史问题的决议，标志着党和国家在指导思想上的拨乱反正胜利完成，标志着我们党恢复了毛泽东思想的本来面目，并在新的历史条件下继续坚持和发展毛泽东思想。

一九八二年，党的第十二次全国代表大会，提出把马克思主义的普遍真理同我国的具体实际结合起来，走自己的路，建设有中国特色社会主义，指明了新时期的前进方向。一九八七年，党的第十三次全国代表大会，根据邓小平同志的思想，系统论述社会主义初级阶段的理论，完整地概括了党在社会主义初级阶段的基本路线。确立了我国经济建设分三步走的战略部署，到下个世纪中叶基本实现现代化。十二大以后改革开放全面展开，从农村改革到城市发展，从经济体制改革到各方面体制的改革，从对内搞活到对外开放，有力地推动了经济发展和社会进步。八十年代末九十年代初，国内国际发生严重的政治风波。在这个重大历史关头，我们党紧紧依靠人民，坚定不移地坚持四项基本原则，维护国家的独立、安全和稳定，毫不动摇地坚持经济建设这个中心，继续大力推进改革开放，胜利地经受住了一场政治领域风险的严峻考验。

一九九二年，邓小平同志视察南方发表重要讲话，从理论上深刻回答了长期困扰和束缚人们思想的许多重大问题。同年召开的党的第十四次全国代表大会，确立邓小平建设有中国特色社会主义理论在全党的指导地位，确定我国经济体制改革的目标是建立社会主义市场经济体制，强调必须抓住机遇，加快我国经济社会的发展。十四大后，按照建立社会主义市场经济体制的目标，全面深化经济改革，并采取一系列宏观调控措施，促进经济又快

又好地向前发展。在加强党的建设和社会主义精神文明建设等方面也取得新的重要进展。一九九七年,党的第十五次全国代表大会,高举邓小平理论伟大旗帜,进一步阐述邓小明理论的历史地位和指导意义,进一步阐述党在社会主义初级阶段的基本路线和基本纲领,并就建设有中国特色社会主义的经济、政治、文化作出全面部署,确定了跨世纪发展的宏伟蓝图,明确回答了国际国内普遍关注的邓小平同志逝世后中国怎样前进这个重大问题。一九九八年,面对亚洲金融危机的冲击和国际金融市场的动荡,我们在复杂严峻的外部环境中保持了经济社会稳定发展的局面,经受住了一场经济领域风险的严峻考验。同时,全国上下万众一心,军民协同作战,夺取了抗洪抢险的伟大胜利,又经受住了一场来自自然界的风险的严峻考验。

十一届三中全会以来的二十年,是我们党团结和带领全国各族人民,解放思想、实事求是,同心同德、锐意进取,进行建设有中国特色社会主义的历史性创造活动的二十年。二十年来,在建国以后取得的重大成就的基础上,我们又取得举世瞩目的巨大成就。

我们探索和开辟了建设有中国特色社会主义事业的新道路,使我国社会主义制度焕发新的生机和活力,工人阶级领导的、以工农联盟为基础的人民民主专政的国家政权更加巩固。

我们确立了公有制为主体、多种所有制经济共同发展这一社会主义初级阶段的基本经济制度,实行按劳分配为主体、多种分配方式并存的分配制度。社会主义市场经济体制正在建立,市场在资源配置中的基础性作用显著增强,新的宏观调控体系框架初步形成。农村和城市的各项改革取得重大进展。经济增长方式正在由粗放型向集约型转变。

我们实行对外开放的领域和规模不断扩大,已形成全方位、多层次、宽领域的对外开放格局。进出口贸易、国家外汇储备大幅度上升。利用外资为我国建设开辟了广阔的资金来源。我国经济大踏步地走上世界的经济舞台。

我们保持国民经济持续快速健康发展,社会生产力、综合国力和人民生活水平上了一个大台阶。主要工农业产品产量位居世界前列。我们发展经济和抵御各种风险的物质技术基础大大增强。十二亿人的温饱问题已基本解决,正在进入和建设小康社会。

我们发展社会主义民主政治取得重要进展。人民代表大会制度和共产党领导的多党合作、政治协商制度以及民族区域自治制度,进一步健全和完善。广泛的爱国统一战线继续得到巩固和发展。基层民主不断扩大,农村普遍实行村民自治。法制建设取得显著成就,以宪法为基础的有中国特色社会主义法律体系逐步完善。

我们加强社会主义精神文明建设取得新的成果。坚持用邓小平理论武装全党、教育人民,广泛进行爱国主义、集体主义、社会主义教育,加强社会主义思想道德建设,开展群众性精神文明创建活动,人民群众的精神面貌发生了深刻变化。教育、科学、文化、新闻、出版、卫生、体育和其他社会事业取得长足进步。

我们顺利恢复对香港行使主权,这是历史性的胜利。严格实行“一国两制”、“港人制港”、高度自治的方针,保持香港特别行政区的繁荣稳定。澳门将于一九九九年回到祖国怀抱。祖国大陆同台湾的经济文化交流和人员往来不断发展,反分裂、反“台独”斗争取得重大胜利。实现祖国的完全统一已成为不可阻挡的历史潮流。

我们贯彻积极防御的军事战略方针,注重质量建设,依靠科技强军,走有中国特色的精兵之路,人民解放军的革命化、现代化、正规化建设全面展开,国防总体实力和防卫作战能力进一步增强。人民解放军在保卫祖国和建设祖国中发挥了重要作用。

我们坚持奉行独立自主的和平外交政策,开创了外交工作的新局面。我国同周边国家的睦邻友好关系日益加强,同广大发展中国家的传统友好合作关系进一步巩固,同发达国家的关系得到改善和发展。我们坚持反对霸权主义、强权政治,维护世界和平,促进各国的共同发展。我国的国际影响日益扩大,国际地位不断提高。

我们党提高了领导改革开放和现代化建设的能力,积累了驾驭各种复杂局势的重要经验。党的自身建设得到改善和加强,党的各级组织得到巩固和发展,新老干部的交替与合作进展顺利。我们党锻炼得更加成熟和坚强。

二十年的伟大成就,为今后的继续前进打下了坚实的基础,极大地鼓舞着全国人民以更大的信心和热情去夺取改革和建设的新胜利。

二十年的伟大成就,是我们党在妥善处理国内和对外关系中一系列重大而复杂的问题,经受住各种困难和风险的考验,不断总结实践经验取得的,是来之不易的。实践证明,十一届三中全会以来党确立的基本理论、基本路线、基本纲领和一系列方针政策是完全正确的。

二十年的伟大成就,是全国各族人民共同奋斗的结果。我代表中共中央、国务院、中央军委,向在各条战线上为改革开放和社会主义现代化建设贡献力量的广大工人、农民、解放军指战员、知识分子、干部和各民主党派、各人民团体、各界爱国人士,致以崇高的敬意!向为祖国建设和祖国统一大业作出积极努力的香港特别行政区同胞与澳门同胞、台湾同胞、海外侨胞,表示亲切的问候!向一切关心和支持中国现代化建设的外国朋友和世界各国人民,表示诚挚的谢意!

在回顾二十年辉煌历程的时刻,我们深切怀念我国

改革开放和现代化建设的总设计邓小平同志。在新时期党的基本理论、基本路线和方针政策的形成与发展中，在重大历史关头和对一系列关键问题的决策中，在改革和建设新局面的开拓中，邓小平同志以马克思主义的理论勇气、求实精神、丰富经验和远见卓识，并集中全党包括他的战友们的集体智慧，作出了创造性的伟大贡献。没有毛泽东同志的领导，就没有新中国的建立；没有邓小平同志的领导，就没有建设有中国特色社会主义道路的开创。

二十年来，我们党在领导改革开放和社会主义现代化建设中积累了丰富的经验，认真总结并结合实践的发展充分运用这些经验，对于把我们的事业继续推向前进具有重大的意义。二十年来的主要历史经验，可以概括为十一个方面。

（一）必须坚持党的马克思主义的思想路线。我们党在十一届三中全会上重新确立的思想路线是，一切从实际出发，理论联系实际，实事求是，在实践中检验真理和发展真理。这条思想路线，贯穿于二十年来我国改革开放和经济社会发展的全过程。我们党在理论和实践上的每一步前进，改革和建设的每一步发展，都是坚持党的思想路线，解放思想，实事求是的结果。

当今中国还处在并将长期处在社会主义初级阶段。我们党用了三十年的时间，经过正反两方面经验的比较，才开始认识了这个当今中国最大也是最重要的实际。从而也为我们正确认识“什么是社会主义、怎样建设社会主义”这个根本问题，深刻揭示社会主义的本质，把对社会主义的认识提高到新的科学水平，奠定了重要基础。一切从实际出发，最根本的就是一切都要从社会主义初级阶段这个最大的实际出发。我们的全部理论和实践活动只有符合这个实际，才能取得胜利。建国以后的前三十年，我们在建设社会主义的理论上和实践中发生的一些严重失误，归根到底都是由于脱离了这个实际；而十一届三中全会以来这二十年，我们在建设社会主义的理论上和实践中取得的巨大成功，归根到底都是由于符合了这个实际。解放思想、实事求是，最重要的就是要在坚持社会主义基本制度的前提下，把过去那些不符合社会主义初级阶段实际的方针政策，那些对马克思主义、社会主义原则的教条式的理解和认识，坚决纠正过来，并从这些不正确的政策和思想束缚中彻底摆脱出来，使我们的理论路线方针政策真正符合社会主义初级阶段的发展要求，真正符合马克思主义、社会主义的基本原理。这就是十一届三中全会重新确立党的马克思主义思想路线的重大意义之所在。

实践是永无止境的，认识真理不是一次完成的，一切从实际出发，解放思想，实事求是也要一以贯之。我们必须始终坚持以我国改革开放和现代化建设的实际问题、以我们正在做的事情为中心，着眼于马克思主义理论的运用，着眼于对实际问题的理论思想，着眼于新的实践和新的发展，勇于开拓前进；必须尊重亿万人民群众的实践，坚持用实践来检验、丰富、完善我们的理论路线方针政策；必须不断认识和统一把握社会主义初级阶段的基本国情和经济、政治、文化等方面的基本特点，既要防止和克服超越阶段的错误做法，又要防止和反对否定社会主义基本制度的错误主张；必须坚持把大胆探索的勇气同科学求实的精神统一起来，遵循实践、认识、再实践、再认识的认识规律，使主观认识符合客观实际，使理论随着实践的进展和时代的前进而发展。这些都是十一届三中全会来，我们在坚持贯彻党的马克思主义思想路线上取得的重要认识成果。

（二）必须全面、正确、积极地贯彻执行党在社会主义初级阶段的基本路线。这条基本路线是，领导和团结全国各族人民，以经济建设为中心，坚持四项基本原则，坚持改革开放，自力更生，艰苦创业，为把我国建设成为富强、民主、文明的社会主义现代化国家而奋斗。这条基本路线成为建设有中国特色社会主义理论和实践的总纲。二十年来，我们党所以能够领导和团结全国人民，经受住困难和风险的考验，保持社会政治稳定和经济快速发展，最根本的就是坚决排除各种干扰，坚定不移地贯彻执行党的基本路线。

实践表明，坚持党的基本路线，最重要的是要全面理解和正确处理“一个中心、两个基本点”的关系。经济建设与四项基本原则、改革开放，是相互贯通、相互依存、不可分割的统一整体。我们的经济建设，是以四项基本原则为政治保证、以改革开放为强大动力的；我们的改革开放，是以进一步解放和发展生产力、巩固和发展社会主义制度为目的的；我们的四项基本原则，是保证改革开放和经济建设沿着正确的方向前进，同时又从新的实践中不断吸取新的经验来丰富和发展的。离开经济建设这个中心任务，社会主义社会的一切发展和进步就会失去物质基础；离开四项基本原则和改革开放，经济建设就会迷失方向和丧失动力。这就是“一个中心、两相基本点”的辩证统一关系。坚持基本路线一百年不动摇，包括坚持一个中心和两个基本点都不能动摇。全面把握党的基本路线的全部内容，把经济建设这个中心同四项基本原则、改革开放这两个基本点，统一于建设有中国特色社会主义的伟大实践，贯穿于现代化建设的整个过程，我们就会不断地从胜利走向胜利。

（三）必须把集中力量发展社会生产力摆在首要地位。生产力是社会发展的最终决定力量。社会主义的根本任务是发展生产力。我们是在旧中国经济文化极端落后的半殖民地半封建社会的基地上，经过新民主主义而建立社会主义制度的。我国社会主义社会的主要矛盾，

始终是人民日益增长的物质文化需要同落后的社会生产之间的矛盾。这就要求我们必须更加重视和始终坚持发展生产力。如果生产力不发展，社会主义制度的巩固和国家的长治久安就会遇到极大的困难，社会主义优越性就会丧失最根本的经济源泉。无论遇到什么情况，都不能动摇和影响经济建设这个中心。

在现代化建设的过程中，要正确处理生产力与生产关系之间的矛盾，使生产关系适应生产力水平，并随着生产力发展的需要自觉调整生产关系。要善于抓住一切机遇，利用各种有利条件来发展生产。我们讲发展，必须是速度与效益相统一的发展，必须是与资源、环境、人口相协调的可持续的发展。科学技术是第一生产力，教育是经济社会发展之本，要面向现代化、面向世界、面向未来，坚持实施科教兴国战略，努力把经济建设转到依靠科技进步和提高劳动者素质的轨道上来。人是生产力中最活跃的因素。发展生产力，既要见物，又要见人，既要重视物质生产水平的提高，又要重视人的素质的提高。判断我们各项工作的是非得失，归根到底，要以是否有利于发展社会主义社会的生产力，是否有利于增强社会主义国家的综合国力，是否有利于提高人民生活水平为标准。这些都是十一届三中全会以来的实践已充分说明的在发展生产力中应该掌握的重要原则。

(四)必须坚定不移地推进改革开放。十一届三中全会以来的历史雄辩地证明，实行改革开放是社会主义中国的强国之路，是决定当代中国命运的历史性决策。完全可以这样说，改革开放，是新时期中国最鲜明的特征。没有改革开放，就没有建设有中国特色社会主义。

我们的改革，是社会主义制度的自我完善和发展，是在坚持社会主义基本制度的前提下，自觉地调整和改革生产关系同生产力、上层建筑同经济基础之间不相适应的方面和环节，促进生产力的发展和各项事业的全面进步，目的是更好地实现广大人民群众的利益。这种改革是史无前例的全新的事情，没有现成的经验可循。必须鼓励大胆探索，勇于创新，在实践中积累经验，对的就坚持，不对的赶快改，新问题出来抓紧解决。同时，要坚持从实际出发，先易后难，由浅入深，循序渐进，避免发生大的社会震荡。坚持城市改革和农村改革相结合，经济体制改革和政治体制改革以及其他改革相结合，坚持对内改革和对外开放相结合，使之相互推动，相得益彰。正因为这样，我国的改革取得了丰硕成果。

历史的事实已充分说明，中国的发展离不开世界，关起门来搞建设是不能成功的。实行对外开放，是符合当今时代特征和世界经济技术发展规律要求的、加快我国现代化建设的必然选择，是我们必须长期坚持的一项基本国策。在我们这样一个人口众多的发展中的社会主义大国，任何时候都不能依靠别人搞建设，必须始终把独立自主、自力更生作为自己发展的根本基点，必须把立足国内、扩大国内需求作为经济发展的长期战略方针，同时又必须打开大门搞建设，必须大胆吸收和利用国外的资金、先进技术和一切进步的东西，大胆吸收和借鉴当今世界各国包括资本主义发达国家的一切反映现代化社会化生产规律的先进经营方式、管理方法，把坚持发扬我们民族的优秀传统文化同积极学习人类社会创造的一切文明成果结合起来，把利用国内资源、开拓国内市场同利用国外资源、开拓国际市场结合起来，把对内搞活和对外开放结合起来，这样就能不断地为我国社会主义现代化建设提供强大的动力。在对外开放的过程中，必须始终注意维护国家的主权和经济社会安全，注意防范和化解国际风险的冲击，防范和抵御各种腐朽思想和生活方式的侵袭。在世界多极化和经济全球化趋势日益加强的今天，我们要进一步完善有关政策，继续坚定不移地扩大对外开放，不断丰富对外开放的形式和内容，不断提高对外开放的质量和水平。

(五)必须建立和完善适应生产力发展要求的经济制度和经济体制。十一届三中全会以来，我们通过改革，实行了社会主义公有制为主体、多种所有制经济共同发展的所有制结构，实行了按劳分配为主体、多种分配方式并存的分配制度，这是科学社会主义的基本经济原则在当代中国的创造性运用。我们努力消除过去由于所有制结构和分配制度上存在的不合理而造成的对生产力的羁绊，从而进一步解放和发展了生产力。我国是社会主义国家，必须坚持公有制为主体。同时，必须坚持多种所有制经济共同发展，积极鼓励和引导非公有制经济健康发展。不能只强调前者而不讲后者，也不能只强调后者而不讲前者，否则都会脱离社会主义初级阶段的实际，都不利于生产力的发展。公有制是我国社会主义经济制度的基础，非公有制经济是我国社会主义市场经济的重要组成部分。离开公有制为主体，就不成其为社会主义经济。发展充满活力的社会主义市场经济，既要努力增强公有制经济的实力，又要充分发挥非有公制经济的积极作用。

公有制为主体、多种所有制经济共同发展，决定了我们必须实行按劳分配为主体的多种分配方式。要把按劳分配、劳动所得，同允许和鼓励资本、技术等生产要素参与收益分配结合起来，坚持效率优先，兼顾公平。平均主义不是社会主义，两极分化也不是社会主义。允许一部分地区一部分人通过诚实劳动和合法经营先富起来，带动和帮助其他地区和其他群众，最终达到全国各地区的普遍繁荣和全体人民的共同富裕，这是我们必须长期坚持的一个大政策。它符合经济发展客观规律的要求，是社会主义优越性在经济上的重要体现。

实践已经证明，我国原有的高度集中的计划经济体制已不再适应现实生产力发展的需要，必须建立新的社

会主义市场经济体制，充分发挥市场在国家调控下对资源配置的基础性作用。市场机制和宏观调控，都是社会主义市场经济体制的重要内容，二者是统一的，不能把它们割裂开来、对立起来。既要充分发挥市场的积极作用，使经济活动遵循价值规律，适应供求变化，体现竞争原则，又要努力加强和完善宏观调控，克服市场自身存在的某些缺陷，促进经济总量平衡和结构优化，保持国民经济持续快速健康发展。在我国建立社会主义市场经济体制，是十一届三中全会以来我们总结国内外社会主义建设的经验教训，经过艰辛探索而取得的一个极为重要的改革成果，多年来争论不清的关于计划与市场的关系，从此在认识上和实践上取得了重大的突破性进展。这是我们党对马克思主义的社会主义经济理论的一个崭新的创造性发展。

（六）必须坚持建设有中国特色社会主义民主政治。我国是工人阶级领导的、以工农联盟为基础的人民民主专政的社会主义国家。人民代表大会制度和共产党领导的多党合作、政治协商制度以及民族区域自治制度，适合中国国情，鲜明地体现了有中国特色社会主义民主政治的本质和特点，具有自己的优势和强大生命力。任何时候都决不能动摇、削弱和丢掉这些制度，决不能照搬西方的政治制度模式。只有坚持和完善我国社会主义政治制度，才能始终保持国家统一、民族团结、社会稳定和经济发展。

世界上的民主，都是具体的、相对的，而不是抽象的、绝对的。任何一种民主的本质、内容和形式，都是由本国的社会制度所决定的，并且都是随着本国经济文化的发展而发展的。我们的社会主义民主，是全国各族人民享有的最广大的民主，它的本质就是人民当家作主。共产党执政，就是领导和支持人民掌握和行使管理国家的权力，实行民主选举、民主决策、民主管理、民主监督，保证人民依法享有广泛的权利和自由，尊重和保护人权。民主总是同法制结合在一起的，什么样的民主就由什么样的法制来体现和保障。社会主义民主是同社会主义法制相结合的。我们实行依法治国，建设社会主义法治国家，是党领导人民治理国家的基本方略。要努力实现社会主义民主的制度化、法律化，使这种制度和法律不因领导人的改变而改变，不因领导人看法和注意力的改变而改变。党通过国家权力机关制定宪法和法律，并自觉地在宪法和法律范围内活动，以实现党对国家的领导同依法治国的统一，保证党始终发挥总揽全局、协调各方的领导核心作用。

要积极稳妥地推进政治体制改革，这是我国社会主义政治制度自我完善和发展的内在要求，也是我们党总结历史和现实经验作出的重要决策。我们进行的政治体制改革，就是在党的领导下，发展人民民主，健全国家法制，改革政府机构，改革领导制度和干部制度，努力建设有中国特色社会主义民主政治。政治体制改革要同经济体制改革和经济文化发展相适应，有步骤有秩序地向前推进。经过二十年的实践和摸索，我们确定了政治体制改革的目标和任务，并积累了重要的经验，有中国特色社会主义民主政治，在不断发展和完善中必将愈来愈充分地显示出巨大的优越性。

（七）必须坚持物质文明与精神文明的共同进步。社会主义社会作为人类历史上崭新的社会形态，是以经济建设为重点的全面发展、全面进步的社会。经济、政治、文化协调发展，两个文明都搞好，才是有中国特色社会主义。没有经济的发展，社会发展和精神文明建设就没有物质基础；没有社会的发展和精神文明的进步，物质文明建设就没有动力，经济发展目标就难以实现。任何时候都不能以牺牲精神文明为代价换取经济一时的发展。我们党明确提出一系列“两手抓”的方针，就是为了既实现经济的持续发展，又实现社会的全面进步，完整地体现和发挥社会主义制度的优越性。

坚持全面发展、全面进步的目标，要求在搞好物质文明建设的同时，把社会主义精神文明建设提到突出的地位。要切实加强思想道德建设，努力发展教育科技文化，以科学理论武装人，以正确的舆论引导人，以高尚的精神塑造人，以优秀的作品鼓舞人，培育有理想、有道德、有文化、有纪律的公民，提高全民族的思想道德素质和科学文化素质。坚持在全社会提倡社会主义、共产主义道德，大力弘扬爱国主义精神、集体主义精神、为人民服务和勇于奉献的精神，同时把先进性要求同广泛性要求结合起来，鼓励一切有利于国家统一、民族团结、经济发展、社会进步的思想道德，使广大干部和群众不仅具有共同的理想和奋斗目标，而且保持强大的凝聚力和丰富的创造力。

（八）必须维护和保持安定团结的社会政治局面。改革是一场深刻的社会变革，必然要求进行利益调整、体制转换和观念更新。因此，要始终正确把握改革、发展、稳定的关系。发展是硬道理，解决中国所有问题的关键要靠自己的发展。改革是发展的动力，是我们走向现代化的必由之路。稳定是改革和发展的基本前提，没有稳定什么事情也办不成。实践证明，我们党确定的抓住机遇、深化改革、扩大开放、促进发展、保持稳定的基本方针是完全正确的。要始终遵循这个方针，根据不同时期的具体情况，统观全局，精心谋划，把改革的力度、发展的速度和社会可承受的程度协调统一起来，在社会政治稳定中推进改革、发展，在改革、发展中保持社会的稳定和国家的长治久安。

我们要善于审视新情况新变化，正确把握和处理经济社会生活中出现的各种矛盾。在改革开放和发展社会主义市场经济的过程中，人民内部矛盾会明显增多，有的

还会日益突出起来，这是新时期的一个需要认真研究和正确解决的重要政治课题。必须结合新的历史条件，大力加强和改进对人民群众的思想政治工作，同时积极运用经济、行政和法律等手段，及时妥善地处理人民内部矛盾，防止矛盾激化而影响社会稳定和人民团结。必须严厉打击破坏社会秩序、市场秩序和危害社会安定的各种犯罪活动，加强社会治安综合治理，创造良好的社会治安环境。要始终警惕国际国内敌对势力的渗透、颠覆和分裂活动。任何破坏我国安定团结的政治局面的行为，都是违背中国人民的意志和根本利益的，不论这些破坏社会安定的因素来自哪里，我们都必须坚持四项基本原则，旗帜鲜明地加以反对，并坚决把它们消除在萌芽状态。

（九）必须为我国改革开放和社会主义现代化建设争取一个长期的和平国际环境。我们进行改革开放和现代化建设，需要一个和平的国际环境。我们对外工作的首要任务，就是争取和平，为社会主义现代化建设服务。要实事求是地判断国际形势，恰当处理对外关系，以利抓住机遇，集中力量加快国内经济和其他事业的发展。要坚持独立自主的和平外交政策，把国家的主权和安全始终放在第一位。坚持在和平共处五项原则的基础上建立和发展同所有国家的友好合作关系。坚持睦邻友好政策，积极发展同邻国之间的关系，争取一个良好的周边环境。始终把发展和加强同第三世界即发展中国家的友好合作关系作为我国外交工作的立足点。进一步改善和发展同大国的关系，彼此相互尊重，求同存异，平等相待，互利合作。通过对话，协商解决国与国之间存在的分歧和争端。对于一切国际事务，都要从中国人民和世界人民的根本利益出发，根据事情本身的是非曲直来决定自己的立场，不屈从于任何外来压力，不同任何大国或国家集团结盟，不搞军事集团。我们一贯认为，世界是丰富多彩的，各种文化的并存和互补，是促进世界发展和进步的重要条件。历史文化和经济社会制度的差异，不应成为相互疏远和对抗的理由，而应成为相互合作、共同发展的动力。要坚持反对霸权主义，维护世界和平，努力推动建立公正合理的国际政治经济新秩序。坚持按照独立自主、完全平等、互相尊重、互不干涉内部事务的原则发展同外国政党的关系。坚持按照冷静观察、沉着应付、有所作为、决不当头的方针处理国际事务，以利抓住时机发展自己，把国内的事情办好，争取对人类进步与和平事业作出更大的贡献。这些都是十一届三中全会以来，我们对外工作坚持的重要方针政策，也是我们对外工作的重要经验。实践已经证明都是正确的。

（十）必须把实现和维护最广大人民群众的利益作为改革和建设的根本出发点。人民是我们国家的主人，是决定我国前途和命运的根本力量。党的全部任务和责任，就是为人民谋利益，团结和带领人民群众为实现自己的根本利益而奋斗。在任何时候任何情况下，党的一切工作和方针政策，都要以是否符合最广大人民群众的利益为最高衡量标准。这是我们观察和处理问题的一个根本原则。二十年来我们党领导人民进行改革和建设的各项工作，都是努力按照这个根本原则去做的，并且创造了新鲜的经验。

建设有中国特色社会主义事业，是亿万人民群众广泛参与的创造性事业。必须始终坚持党的一切相信群众、一切依靠群众，从群众中来、到群众中去的群众路线，尊重人民群众的创造，倾听人民群众的呼声，反映人民群众的意愿，集中人民群众的智慧和力量去发展我们的各项事业。在整个改革开放和现代化建设的过程中，都要努力使工人、农民、知识分子和其他群众共同享受到经济社会发展的成果。改革越深化，越要正确认识和处理各种利益关系，把个人利益与集体利益、局部利益与整体利益、当前利益与长远利益正确地统一和结合起来，把最广大人民群众的切身利益实现好、维护好、发展好，把他们的积极性引导好、保护好、发挥好。只有这样，我们的改革和建设才能始终获得最广泛最可靠的群众基础和力量源泉。

（十一）必须坚持、加强和改善党的领导。这是我们的事业胜利前进的根本保证。要把十几亿人的思想和力量统一和凝聚起来，共同建设有中国特色社会主义，没有中国共产党的统一领导是不可设想的。二十年来的实践告诉我们，在新的历史条件下，党必须认真研究自身建设中遇到的新情况新问题，善于学习和提高，善于改进和加强领导。要坚持党要管党和从严治党，用改革的精神从思想上、组织上、作风上全面推进党的建设，始终坚持党的工人阶级先锋队性质、马克思主义的指导地位和全心全意为人民服务的宗旨，坚持发扬党的优良传统和作风，并体现时代要求。这样才能不断提高党的执政和领导水平，不断增强党的战斗力和拒腐防变的能力。

提高干部队伍的素质特别是思想政治素质，使广大干部经得起执政和改革开放的考验，关系我国社会主义现代化建设的全局，是党的建设一项重大而紧迫的任务。党员干部特别是各级领导干部，必须始终把党和人民的利益摆在第一位，尽职尽责地做好工作。二十年来改革和建设的历程说明，面对新时期的艰巨任务和可能遇到的风险，严重的问题在于教育干部。必须加强党风廉政建设，使广大干部在新的形势下始终保持清正廉洁。必须努力造就一支包括党政干部、企业经营管理干部、科学技术干部、教育文化干部和其他战线干部组成的高素质干部队伍，特别要把各级领导班子建设好，从组织上保证党的路线方针政策的正确贯彻执行。必须深化干部制度改革，努力形成公开、平等、竞争、择优的用人环境，建立和完善能上能下、充满活力、促进优秀人才脱颖而出的用

人机制。各级领导干部德才兼备，各类优秀人才特别是年轻人才层出不穷，讲学习、讲政治、讲正气蔚然成风，我们党和国家事业的航船就能不断乘风破浪地驶向前方。

二十年的历史经验归根到一点，就是把马克思主义的基本原理同中国的具体实际相结合，走自己的路，建设有中国特色社会主义。二十年的历史经验，是极为宝贵的财富，全党同志一定要十分珍惜。

二十年的历史经验告诉我们，邓小平理论是指导中国人民胜利实现社会主义现代化的伟大理论。在当代中国，只有把马克思主义同中国实践和时代特征结合起来的邓小平理论，而没有别的理论能够解决社会主义的前途和命运问题。邓小平理论是当代中国的马克思主义，是毛泽东思想的继承和发展，坚持把邓小平理论作为我们观察世界、发展自己的强大思想武器，在实践中不断地学习和运用这一理论、丰富和创造性地发展这一理论。这是我们在前进道路上战胜一切困难，排除一切干扰，经受住一切风险考验的最可靠的保证。

二十年来我们取得了伟大胜利，但同我们的远大目标相比，没有任何理由自满。应该清醒地看到，我们的经济文化还不发达，综合国力和竞争能力还不强。党和国家的工作中也还存在缺点和不足，人民群众还有不少不满意的地方。在今后的前进道路上，还会遇到这样那样的困难和风险。全党同志一定要更加兢兢业业地工作，永远不辜负人民的期望。

同志们：

一百五十年前，马克思、恩格斯发表了光辉的著作《共产党宣言》，为世界无产阶级和全人类指明了赢得自身解放的伟大道路。一个半世纪以来，世界发生了巨大变化，马克思主义确定的崇高理想依然激励着亿万人民去改造世界、争取自己的美好生活。这一百五十多年间，中国也发生了巨大变化。本世纪二十年代初，中国共产党人找到了马克思列宁主义的理论武器，同中国的实际紧密结合起来，领导中国人民走上实现民族独立、人民解放和民族振兴、人民幸福的正确道路。经过长期的艰苦奋斗，我们建立和建设了伟大的人民共和国，我们党形成了毛泽东思想、邓小平理论两大理论成果。今天，尽管国际风云变幻，世界社会主义事业发生严重挫折，但社会主义在中国依然焕发出蓬勃的生机和活力，中华民族雄姿勃勃地屹立于世界民族之林。

中国人民在二十世纪进行的可歌可泣的斗争，在革命、建设和改革中取得的巨大成功，是马克思主义的一个了不起的胜利，是科学社会主义的一个了不起的胜利。

当今世界形势发展很快、很深刻，许多变化还没有最后定型。世界多极化和经济全球化趋势进一步发展。科技进步日新月异。知识经济初见端倪。综合国力竞争日趋激烈。世界经济处在深刻的调整之中。这种形势带来了新的挑战，也带来了新的发展机遇。二十年的改革开放和现代化建设，为我们在新世纪的发展创造了可观的物质技术基础，开辟了广阔的前景。团结和带领全国各族人民乘胜前进，不断进取，直至到达社会主义现代化的彼岸，是我们党崇高的历史责任。

全党同志要继续解放思想，实事求是，创造性地开展工作。建设有中国特色社会主义事业伟大而艰巨，我们没有未来的全部答案。无论是深化改革还是加快发展，都面临着一些从未遇到的新课题。必须在马克思主义指导下，进一步把理论与实践、继承与发展结合起来，大胆探索，勇于创新，不断开拓我们事业发展的新局面。

全党同志要继续加强学习，提高自己，紧跟时代前进的步伐。当今时代，是要求人们必须终生学习的时代。不实现知识的不断更新，就必定要落后。我们应该用宽广的眼光观察世界和自己的实践，坚持刻苦学习马克思列宁主义、毛泽东思想特别是邓小平理论，学习党领导人民在长期奋斗中积累的丰富经验，学习一切反映当代世界发展的新知识，学习做好工作所必需的一切知识。要在全党养成勤奋学习的风气，并把这种风气大力推广到全国人民特别是广大青少年中去。这样，我们才能更好地完成历史赋予我们的改革和建设的伟大任务。

全党同志要继续坚韧不拔，奋发有为，全心全意为祖国和人民服务。我们应该谦虚谨慎，居安思危，始终保持艰苦奋斗的优良作风；应该自强不息，勇往直前，始终保持压倒一切困难而不被任何困难所压倒的大无畏精神；应该志趣高尚，正气凛然，敢于同一切危害国家和人民利益的行为作斗争，带领广大群众为祖国富强创造出更加辉煌的业绩。

团结就是力量。在跨世纪发展的征途上，我们要进一步加强全党的团结，加强党同各民主党派的亲密合作，加强党同人民群众的紧密联系，加强全国各族人民的大团结。让我们在党中央的坚强领导下，高举邓小平理论伟大旗帜，全面贯彻党的十五大精神，坚定不移地沿着十一届三中全会以来开辟的建设有中国特色社会主义的正确道路，为推进改革开放和现代化建设，完成祖国的统一大业，促进世界的和平与发展，为实现中华民族的伟大复兴而继续努力奋斗！

第二部分

大事纵览

一九九七年

一　　月

1月1日　全国政协举行新年茶话会，李瑞环主持，江泽民作重要讲话。李鹏、乔石、李瑞环、朱镕基、刘华清、胡锦涛等同全国政协、各民主党派及全国工商联负责人、无党派民主人士，中央、国家机关有关方面的负责同志，以及首都各族各界代表欢聚一堂，共度佳节。江泽民同志在讲话中指出：1997年，将是我们党和国家发展史上不寻常的一年。我们党将召开第十五次全国代表大会，进一步就我国未来的改革、发展和稳定作出战略部署，继续带领全国人民把建设有中国特色社会主义的伟大事业全面推向新世纪。我国政府将恢复对香港行使主权，迈出完成祖国统一的重要一步。这是两件举世瞩目的大事。这是实现中华民族伟大复兴的两个主要标志。

1月1日　由中共中央文献研究室和中央电视台联合创作的大型电视文献记录片《邓小平》，在中央电视台第一套节目与观众见面。这是一部全面反映邓小平同志光辉业绩和伟大理论，真实再现邓小平同志革命生涯和伟大风采的电视文献记录片。1月13日，人民日报、中央文献研究室、光明日报、中央电视台在京联合举行座谈会，中宣部副部长徐光春在座谈会上发言。他说，观看这部电视片使人受到一次深刻的教育，是党的历史和革命传统教育，是建设有中国特色社会主义理论的教育，是爱国主义教育，是全心全意为人民服务教育，是党的解放思想、实事求是思想路线的教育，是党的基本路线教育。《邓小平》这部大型文献记录片的推出，为学习、研究和宣传邓小平建设有中国特色社会主主议理论做了件非常有意义的事。

1月2日　中宣部、国务院纠风办近日在京联合召开座谈会，交流“窗口行业”贯彻落实党的十四届六中全会精神的有关情况，研究部署了下一段“窗口行业”精神文明建设的任务。在座谈会上，来自全国各地的代表，通过经验交流、典型发言和热烈讨论形成共识：贯彻落实党的十四届六中全会精神，贵在行动，重在落实，“窗口行业”要走在前列。中宣部副部长刘云山在讲话中指出，示范“窗口”的公布只是标志着我们这项工作的开始，抓落实的任务更加艰巨。为此，提出了要狠抓落实的五个环节。中纪委副书记、国务院纠风办主任徐青在座谈会上指出，在刹风整纪的同时，必须着眼于教育，立足于防范，从根本上提高广大干部职工的职业道德水准，建立起适合各行各业自身特点的职业道德规范和有效的制约监督机制及激励机制。

1月6日——24日　省部级干部统一战线和多党合作专题研究班在中央党校举行。胡锦涛在研究班上发表了重要讲话。他强调，进一步巩固和发展共产党领导的统一战线和多党合作，是一个关系我国现代化建设全局的重大政治问题，也是一个关系民族振兴和社会长治久安的长远战略问题。做好这方面工作，有利于巩固和发展安定团结的政治局面，有利于推动建设有中国特色社会主义事业的全面发展，有利于按照“一国两制”的方针，完成祖国统一的历史事业。研究班是由中组部、统战部、中央党校联合举办。参加研究班的有何鲁丽、丁石孙、成思危等各民主党派中央和全国工商联负责人，在政府和司法机关担任省、部级领导职务的党外干部、部分省、自治区、直辖市党委及统战部负责同志，共54人。王兆国主持开学典礼。24日研究班在中南海举行结业座谈会。李瑞环出席会议并作重要讲话，指出，我们必须适应改革开放和现代化建设深入发展的需要，继承和发扬统一战线中多党合作的优良传统，这对于民主党派来说，重要的是坚持正确的政治方向，自觉树立大局意识，努力提高参政水平，为经济建设、社会发展、祖国统一多做贡献，并在这个过程中，加强党的自身建设。对于共产党和党的统战工作者来说，当前需要特别注意的是，要主动，要多联系，多沟通，多谈心，多服务，充分尊重民主党派的自主权利，虚心听取民主党派的意见建议。共产党要靠正确的政治主张和自身的模范行动去实现政治领导，靠自己的道德风范赢得党派朋友的信任。

1月8日——10日　全国老干部工作座谈会在京举行，会议回顾总结近年来的老干部工作情况，研究部署1997年的老干部工作。胡锦涛会见与会代表并讲话。他说，老干部工作是我们党的干部工作的一个重要方面。各级党委、政府都应该继续高度重视老干部工作，加强领导，扎扎实实地把这方面的工作做好。10日，全国老干部座谈会结束。中组部部长张全景在会议总结上强调，做好老干部工作的关键在认识，特别是党政主要领导同志的认识。要充分认识到，做好老干部工作，是服从全党

工作大局的需要，是继承党的优良传统的需要，是贯彻落实党的十四届六中全会精神的需要，是进一步推动新老干部合作与交替，加强领导班子建设的需要。

1月9日　江泽民会见以曾宪梓为团长的香港中华总商会访京团，并与他们进行了亲切的交谈。江泽民主席强调，在香港实行"一国两制"、"港人治港"、高度自治是国家的一项长期国策。这些方针政策既有利于600万香港同胞，也是国家总体利益之所在。香港同胞曾为香港的繁荣稳定和平稳过度作出了贡献，在实现"一国两制"、保持香港长期稳定繁荣这一宏伟目标的过程中，我们对香港同胞寄予厚望。代表团团长曾宪梓表示，一定要发扬香港工商会爱国爱港的优良传统，更加广泛地团结香港工商界人士，为香港的顺利回归和长期繁荣稳定，作出更大的贡献。

1月10日——13日　中央农村工作会议在北京举行，江泽民、李鹏、朱镕基与出席会议代表座谈并作重要讲话。江泽民指出，对农业和农村工作的领导，只能加强，不能削弱。各级党委一定要坚持把农业放在经济工作的首位不动摇。各省、区、市党委要继续坚持用很大精力抓农村工作，地、县党委要把主要精力放在农村工作上。农业上不去，农民收入不能增加，其它工作搞得再好，也不能称是合格的领导。江泽民强调指出：要坚持发扬党的优良传统和作风。各级领导一定要从自身做起，严格要求自己。每个领导干部都要联系几个不同类型的村，交一些农民朋友，使自己的工作符合实际情况，符合群众的意愿。党政机关每年都要组织大批干部深入到村，特别是后进村和贫困村，落实党在农村的各项政策，帮助农民开辟致富门路，解决群众关心的热点问题。这不仅是加强农村工作的需要，也是培养锻炼干部，改进思想作风的需要，要长期坚持下去。姜春云同志在会上作了题为《正确分析形势，统一思想认识，努力实现今年农业的持续稳定增长》的工作报告。

1月11日——17日　乔石同志在上海考察，他对上海市注重调动广大干部、群众的积极性，把精神文明建设的任务和措施落到实处表示赞赏。他说，就是要努力创造条件，包括建设必要的设施，用以提高人民群众的精神生活和文化生活的质量。乔石强调要坚持实事求是的思想路线和踏踏实实的工作作风。他说，各级干部都要努力干实事，不要讲空话。讲空话，一个很大的坏处，就是耽误时间，耽误事，这是同我们抓紧机遇的要求背道而驰的。摆在我们面前的十分繁重、十分紧迫的改革与发展的任务，只有脚踏实地，带领群众埋头苦干，克服困难，解放思想，才能把我们的事业不断推向前进。

1月13日　延安纪念党中央、毛主席进驻延安60周年，延安各界举行了丰富多彩的庆祝活动。1937年1月13日，党中央、毛主席率领红军进驻延安。抗日战争和解放战争时期，这里是中共中央所在地，毛泽东等老一辈无产阶级革命家在这里生活、战斗了十多个春秋，留下了150多处革命纪念地。60年后的今天，在王家坪"延安革命纪念馆"前的广场上，举行了隆重的"毛泽东铜像揭幕式"。陕西省主要负责同志缓缓揭下罩在铜像上的红色绸布，五米高的毛泽东全身青铜像在午后的阳光照射下格外伟岸高大。3.15米高的大理石基座正面，由江泽民题写的"毛泽东在陕北"几个大字闪闪发光。揭幕仪式过后，人们扭起陕北大秧歌，敲起延安"五鼓"，在游行车上挂起一条条横幅诉说他们的心声："永远怀念毛主席"、"永远跟党走"……

1月13日——19日　李瑞环在海南考察，他认真了解改革开放和经济建设的情况，详细询问干部群众对加快海南发展的意见和建议，还访问了新建的黎族村镇农户，同村民共同探讨发展生产，改善生活的路子。18日，李瑞环听取了省委、省政府的工作汇报，并作了重要讲话。他说，海南建省的初衷是为了开放，海南的工作主题应当是开放，海南的希望也在开放。海南要用好中央给予的政策，主动营造对外开放的良好环境，加快经济和社会的发展。海南建省九年来，积累了丰富的经验，要认真进行总结，正确的予以支持，不足的予以补充，努力把工作提高到一个新的水平。

1月13日　江泽民总书记与中央农村工作会议部分代表座谈，强调要进一步加强党对农业和农村工作的领导，保持和推进农业发展的好势头，努力实现今年农业和农村工作的基本任务。江泽民要求各级党委一定要坚持发扬党的优良传统和作风。各级领导同志一定要从自身做起，严格要求自己。每个领导干部都要联系几个不同类型的村，交一些农民朋友，使自己的工作符合实际情况，符合群众的意愿。党政机关每年都要组织大批干部深入到村，特别是后进村和贫困村，落实党在农村的各项政策，帮助农民开辟致富门路，解决群众关心的热点问题。这不仅是加强农村工作的需要，也是培养锻炼干部，改进思想作风的需要，要长期坚持下去。李鹏总理、朱镕基副总理出席座谈会并发表重要讲话。

1月14日——18日　全国宣传部长会议在京举行，会议强调，宣传思想战线要为改革、发展、稳定提供有力思想保证，为香港回归和党的十五大召开创造良好舆论氛围。江泽民总书记会见了全体代表并作重要讲话。丁关根主持会议并讲话。会议分析了当前宣传思想工作的形势，部署了1997年的工作，确定了今后宣传思想工作的指导思想，提出了宣传思想工作的总体目标，指出了宣传工作要着重抓好三个有力度、有声势的宣传教育活动。会议强调，1997年的宣传思想工作从始至终要体现这样一条主线：高高举起邓小平理论的伟大旗帜，紧紧围绕经济建设为中心，大大加强精神文明建设的力度，牢牢把握

正确舆论导向,为两件大事创造良好氛围。

1月15日　全国双拥模范城(县)命名大会在京举行,江泽民、李鹏、朱镕基等会见代表,刘华清出席会议并讲话,罗干作工作报告。江泽民指出,拥军优属、拥政爱民,是我们党、人民解放军和各族人民的优良传统和特有的政治优势,无论是在革命战争年代,还是在新中国成立后的和平建设时期,军政军民团结都显示了强大的力量。“军民团结如一人,试看天下谁能敌”,永远是一个颠扑不破的真理。刘华清指出,做好新时期的双拥工作,就是在党的领导下,用建设有中国特色社会主义的共同信念,把全国军民凝聚起来,为实现国家富强和人民富裕而共同奋斗;就是大力弘扬爱国主义精神,引导广大军民以高昂的政治热情投身建设和保卫社会主义祖国的伟大事业;就是在全社会倡导爱国拥军、无私奉献、团结向上、共同进步的良好风尚。双拥工作既是社会主义精神文明建设的重要内容,也是促进社会主义物质文明建设的重要途径。各级党委、政府和各部队,要把双拥工作作为社会主义精神文明建设的重要任务,统一部署,加强指导,抓好落实。

1月15日　江泽民总书记在北京考察国有企业,看望职工,并同企业负责人座谈时强调,国有企业为国民经济发展和国防建设作出了重大贡献,我们要正确地对待国有企业面临的新情况,坚持国有企业改革方向,加快企业改革步伐,加大国有经济的结构调整力度,实现国有企业的战略性改组。牢固树立市场观念,立足市场发展企业。他指出,要搞好再就业工程,加快社会保障体系建设。在企业改革和结构调整的过程中,要高度重视并解决好困难企业职工生活和下岗待业职工的安置问题,这不仅关系改革、发展、稳定的大局,也是我们党全心全意为人民服务的宗旨所要求的。他要求各级党委、政府和工会组织都要进一步加强组织领导,省市主要负责同志要亲自过问,直接组织,加强协调。要切实加强思想政治工作,引导广大职工正确对待企业改革发展中遇到的暂时困难。领导班子要带领广大职工顾全大局,坚定信心,振奋精神,克服困难。要关心群众生活,与职工同甘苦。

1月21日　中国法学会第四次会员代表大会在北京举行,任建新当选会长,江泽民会见与会代表。江泽民指出,依法治国,是社会文明和社会进步的重要标志,也是国家长治久安的重要保障。党的十一届三中全会以来,邓小平同志一贯倡导要发展社会主义民主,加强社会主义法制,这是我们必须长期坚持的基本方针。没有社会主义民主与法制,就没有社会主义现代化。全党同志特别是各级领导干部要始终不渝地推进社会主义民主与法制建设,努力提高领导水平和执政水平。

任建新在讲话指出,在新的形势下,中国法学会肩负的责任是重大的。我希望并相信,在党中央领导下,在全体会员的共同努力下,团结一心,开拓前进,抓紧做好各项工作,全面完成这次会员代表大会确定的任务,就一定能在推进依法治国,建设社会主义法制国家的伟大进程中,不断取得新成就,作出贡献,更好地为改革、发展、稳定的大局服务,为社会主义物质文明和精神文明建设的协调发展服务。这次会议还对中国法学会章程进行了修改。

1月21日——23日　全国留学回国工作会议在北京举行。23日,李岚清副总理在人民大会堂会见出席会议的代表时指出,党和政府历来把留学人员视为国家的宝贵财富,一贯鼓励和支持留学人员回国建功立业,欢迎和支持留学人员以多种形式为国服务。今后,国家将继续执行“支持留学,鼓励回国,来去自由”的方针,为留学人员回国工作创造良好的环境。李岚清指出,建设一个富强、民主、文明的社会主义现代化的中国,需要全党和全国人民的不懈努力,更需要青年一代的艰苦奋斗,广大留学人员具有掌握高新技术知识的优势和国际交流的经验,在实现跨世纪宏伟目标的进程中肩负着重大而光荣的历史使命,祖国和人民期望着你们再接再厉,发扬爱国、敬业、奉献的精神,矢志报国,为中华民族的繁荣昌盛作出贡献。

1月22日——24日　全国台办主任会议在北京举行,会议总结了1996年的工作和分析当前两岸关系、台湾的局势,并部署了今年的对台工作。钱其琛副总理出席会议并讲话。

1月24日　中共中央关于进一步加强和改进国有企业党的建设工作的通知播发。通知要求各省、自治区、直辖市党委,各大军区党委,中央各部委,国家机关各部委党组(党委),军委各总部、各军兵种党委,各人民团体党组,为了坚持党对国有企业的领导,充分发挥国有企业党组织的政治核心作用,促进国有企业的改革和发展,进一步加强和改进国有企业党的建设工作:一、认清形势和任务,增强搞好国有企业党建工作的责任心和紧迫感;二、坚持党对国家企业的政治领导,充分发挥国有企业党组织的政治核心作用;三、认真贯彻国有企业党建工作的指导思想和方针原则;四、明确国有企业党组织参与重大问题决策的内容、途径和方法;五、突出抓国有企业领导班子建设,大力提高领导人员素质;六、切实加强国有企业社会主义精神文明建设和思想政治工作;七、全心全意依靠职工群众办好国有企业;八、改进国有企业党组织的工作方法和活动方式,增强凝聚力和战斗力;九、各级地方党委和有关部门党组要加强对国有企业党的工作的领导和指导。

1月24日——27日　朱镕基在重庆考察。考察期间与重庆市领导和有关部门、部分国有企业负责人进行座谈。指出,目前国有企业的困难是经济结构调整过程

中必然要发生的，是有办法解决的，要坚定信念，转变观念，理清思路，统一认识，统一行动。国有企业的困难不能再靠外延扩大投入来解决。唯一可行的办法，就是实现“两个根本转变”，实行经济结构调整，走企业兼并、破产和职工再就业的路子。各地要从上到下成立职工再就业服务中心，积极开拓就业门路，热情关心职工生活，维护社会安定团结。不具备兼并、破产条件的企业也都要实行再就业工程。基本的做法是以产定人，富余人员下岗后进入本企业再就业服务中心，领取基本生活费，通过再就业服务中心逐步重新安置就业。

1月25日　中纪委、监察部就原中国人民保险公司河南省分公司党组书记、总经理周华孚贪污受贿、挪用公款、失职渎职的重大案件发出通报，要求在社会主义市场经济条件下，每个党员干部都必须切实加强思想改造，正确运用党和人民赋予的权力。

1月27日——30日　全军纪检工作会议在北京举行，中央军委副主席张万年在会上强调，江泽民总书记在中纪委第八次全会上的重要讲话，对动员和组织全党深入开展反腐败斗争，进一步加强党的建设和政权建设，推进建设有中国特色社会主义的伟大事业，有着极为重要的意义。我们要认真学习领会江泽民的重要讲话，贯彻落实中纪委第八次全会精神，以高度政治责任感，坚持不懈地抓好军队党风廉政建设。中央军委委员、总政治部主任于永波主持会议。

1月30日　中央台办、国务院台办在北京举行纪念江泽民对台讲话发表两周年座谈会。中央台办、国务院台办主任陈云林在会上说，江泽民重要讲话是两岸关系发展史上的一件大事。这个讲话精辟地阐释了邓小平同志“和平统一、一国两制”思想的精髓，提出了现阶段发展两岸关系、推进祖国和平统一进程的八项主张，在海峡两岸，在港澳地区和海外华人社会，在整个国际社会都产生了广泛的影响，受到普遍热烈欢迎。解决台湾问题，完成中国统一大业，是全体中国人民的共同心愿和崇高使命。我们将继续以邓小平关于解决台湾问题的基本思想为指导，全面、深入地贯彻江泽民重要讲话精神，推动两岸关系发展和祖国统一进程。

1月31日　胡锦涛同志代表党中央、国务院在人民大会堂向2000多位在京的老同志拜年。胡锦涛指出，中国共产党是我国社会主义现代化事业的领导核心。要牢固地树立办好中国的事情关键在党、关键在人的思想，坚持和改善党对两个文明建设的领导，紧密结合改革、发展、稳定的实践，加强和改进党的建设。要继续贯彻中央的部署，坚持新时期党的建设的总目标，抓住用基本理论武装全党这个根本，突出建设高素质干部队伍这个重点，毫不放松抓基层打基础的工作，全面推进党的建设这个伟大工程。在全党深入进行马克思主义群众观点和党的群众路线的教育，大力发扬党的三大作风和艰苦奋斗的优良传统，坚决反对各种腐朽思想和弄虚作假、奢侈浪费等不良风气，以党风的好转促进社会风气的好转。胡锦涛说，我们的老同志不仅在中国革命和建设的各个历史时期做出了巨大贡献，建立了不可磨灭的功绩，而且作为推进我国改革开放和现代化事业健康发展，维护社会政治稳定的重要力量，今天继续发挥着不可缺少的重要作用。学习老同志坚定的共产主义信念，鲜明的党性立场，崇高的奉献精神，联系群众的优良作风和丰富的工作经验，对于我们在新形势下加强两个文明建设和党的建设，仍然具有重要意义。

1月31日　国务院在中南海举行第五次反腐败工作会议，总结1996年的工作，对1997年的工作提出新的要求，推动政府系统的反腐败斗争和廉政建设。李鹏总理发表重要讲话，他指出，在发展社会主义市场经济和对外开放的条件下，加强勤政廉政建设，深入开展反腐败斗争，是党和国家政权建设的一项重要历史使命，也是对各级政府工作的严峻考验。我们必须对反腐败斗争的长期性和艰巨性有足够的思想准备。在对反腐败形势的分析和估价上，既要注意防止对腐败现象估价不足，产生麻痹松懈情绪，也要注意把腐改现象估计得过于严重，从而对反腐败斗争存在着畏难、悲观的倾向。必须坚持历史和辩证的观点，把反腐败斗争和勤政建设放到改革开放的大背景中来考虑，放到社会主义现代化事业的历史进程中来考虑，放到改革、发展、稳定的大局中来考虑，要提高认识，统一思想，认真贯彻一要坚决，二要持久，三要抓阶段性成果的方针，增强反腐败斗争的自信心和责任感。

1月31日——2月1日　香港特别行政区筹委会第八次全体会议在北京举行。王汉斌副主任委员主持会议，钱其琛主任委员致开幕词和闭幕词。会议讨论通过了《关于香港特别行政区第一任行政长官、临时立法会在1997年6月30日前开展工作的决定》、《关于设立香港特别行政区临时性区域组织的决定》和《关于处理香港原有法律问题的建议》。会议认为，上述各项决定和建议充分体现了“一国两制”、“港人治港”、高度自治的原则。会议决定，香港特别行政区筹备委员会第九次全体会议于1997年5月在北京举行。

二　　月

2月4日　中共中央举行党外人士迎春座谈会，江泽民、李瑞环、胡锦涛等中央领导同志与各民主党派中央新老领导人、全国工商联负责人和无党派人士欢聚一堂，就做好对香港恢复行使主权和中共召开十五大这两件事，以及巩固壮大爱国统一战线和坚持完善共产党领导的多党合作等话题，亲切交谈，共叙友情，共话未来。江泽民在会上作了重要讲话。江泽民强调，团结就是力量，团结就是胜利，团结是实现民族振兴、完成祖国统一的重要保证。让我们在邓小平建设有中国特色社会主义理论和中国共产党的基本路线指引下，进一步巩固和发展新时期的爱国统一战线，进一步巩固和发展中国共产党与各民主党派之间的亲密关系，齐心协力，共同奋进，去争取中国社会主义现代化事业的更大胜利，创造中华民族辉煌的未来。

2月6日　中共中央、国务院举行春节团拜会，江泽民主持，李鹏发表讲话，乔石、李瑞环、朱镕基、刘华清、胡锦涛等同首都各界4000多人出席。李鹏指出，中国的改革开放和现代化建设，需要一个和平稳定的国际环境。中国是维护世界和平与地区稳定，促进人类发展进步的重要力量。我们面临的任务是繁重的。我们在前进的道路上还存在不少困难和问题。紧紧地团结和依靠全国各族人民，是我们克服困难，完成各项任务，把现代化事业不断推向前进的力量源泉。让我们在邓小平建设有中国特色社会主义理论和党的基本路线指引下，在以江泽民同志为核心的党中央领导下，把握大局，再接再厉，同心同德，开拓前进，夺取改革开放和现代化建设的新胜利。

2月17日　李鹏邀请各民主党派中央、全国工商联负责人，无党派人士征求对《政府工作报告(征求意见稿)》的意见。各民主党派中央、全国工商联负责人和无党派人士何鲁丽、丁石孙、成思危、雷洁琼等先后在会上发言，就《政府工作报告(征求意见稿)》发表了意见。大家认为，1996年作为“九五”第一年开局良好，经济持续发展，物价涨幅下降，精神文明建设得到加强。《报告》实事求是地总结了过去一年各项事业取得的成就和存在的问题，对今年工作抓住了关键与重点，措施切实可行。大家表示赞同这个《报告》。

2月17——21日全国对外宣传工作会议在北京举行，李鹏会见出席会议的代表并作了重要讲话。这次会议的主要任务是，研究进一步围绕经济建设和今后的两件大事，加强对外宣传工作，增进世界人民对中国的了解，进一步树立我国的良好国际形象，为我国的改革开放和现代化建设创造良好的国际舆论环境。19日，李鹏在会见代表时指出，对外宣传工作是我们党的宣传工作的重要组成部分，也是对外工作的重要组成部分。希望对外宣传战线的同志们很好地总结经验，继续努力，把工作做得更好，为祖国繁荣富强做出更大贡献。

2月18日　学习邓小平经济理论座谈会在北京举行，朱镕基出席并作重要讲话。朱镕基强调，要特别注意学习邓小平同志运用马克思主义的立场、观点和方法，研究新情况、解决新问题的科学态度和创造精神。中共中央宣传部常务副部长郑必坚、中央党校副校长苏星、国家计委副主任余健明、中央文献研究室主任逄先知等同志在座谈会上结合邓小平经济理论的学习发了言。会上，出版发行《邓小平经济理论学习纲要》、《邓小平经济理论(摘编)》。

2月19日　李鹏在中南海召开座谈会，征求部分国有企业负责人对即将提请八届全国人大五次会议审议的《政府工作报告》(征求意见稿)的意见。出席座谈会的企业负责人具有广泛的代表性。他们在发言中认为，《报告》在国有企业问题上，既肯定了国有企业改革的成绩，也指出了当前存在的主要问题，对形势分析实事求是，特别是企业改革措施得力，符合实际。作为企业代表，他们对党和政府提出解决国有企业困难的思路和办法表示赞同，认为只要狠抓落实，搞好国有企业大有希望。朱镕基、邹家华、钱其琛等领导出席座谈会。

2月19日　邓小平逝世。中国共产党中央委员会、中华人民共和国全国人民代表大会常务委员会、中华人民共和国国务院、中国人民政治协商会议全国委员会、中国共产党和中华人民共和国中央军事委员会发布《告全党全军全国各族人民书》。全国人民深切悼念、缅怀邓小平同志。21日，新华社播发《邓小平伟大光辉的一生》。24日，江泽民、李鹏、乔石、李瑞环、朱镕基、刘华清、胡锦涛、荣毅仁等到医院为邓小平同志送别、护送遗体到八宝山火化。首都各界人士和群众十多万人在灵车经过的路途两旁挥泪送别。邓小平病重期间和去世后，党和国家领导人江泽民、李鹏等同志前往医院看望或以其他方式向邓小平同志的家属表示亲切慰问。25日，邓小平追悼大会在人民大会堂举行，党和国家领导人同首都各界一万人参加。江泽民致悼词，高度评价邓小平光辉、战斗的一生和建立的丰功伟绩。他说，邓小平同志留给我们的最可宝贵的财富就是他创立的建设有中国特色社会主义

理论和在这个理论指导下制定的党在社会主义初级阶段的基本路线。更高地举起邓小平建设有中国特色社会主义理论的伟大旗帜,更好地贯彻执行党的基本路线,是我们党中央领导集体坚定不移的决心和信念,也是全党全军全国各族人民的共识和愿望。他要求全党全军全国各族人民一定要继承邓小平同志的遗志,牢记邓小平同志的教导,坚定不移,满怀信心地把建设有中国特色社会主义的伟大事业推向前进。

2月19日　李鹏会见董建华,听取香港特区首届政府主要官员提名报告。20日,根据香港特区行政长官董建华的提名,国务院任命香港特别行政区第一届政府的23名主要官员。这些官员将于1997年7月1日就职。

2月19——23日　第八届全国人大常委会第二十四次会议在北京举行,乔石主持会议。会议通过了合伙企业法。国家主席江泽民当天签署了主席令,公布这部法律并于1997年8月1日起施行。会议通过了关于根据香港特别行政区基本法第一百六十条处理香港原有法律的决定,关于批准中国和保加利亚、哈萨克斯坦、罗马尼亚3个国家引渡条约的决定,关于批准中国和摩洛哥关于民事和商事司法协助协定的决定,中国和吉尔吉斯关于民事和商事司法协助条约的决定。20日,在乔石委员长提议下,常委会组成人员全体起立,为邓小平逝世默哀三分钟。

2月26日　首都各界400多位人士举行纪念台湾省人民"二二八"起义50周年座谈会,李瑞环出席会议,钱其琛发表重要讲话。他说,台湾同胞是我们的骨肉兄弟,两岸同胞的根本利益是完全一致的。"和平统一、一国两制"基本方针充分尊重台湾同胞的生活方式和当家作主的愿望,充分照顾台湾同胞的现实利益。江泽民1995年初提出的八项主张,充分体现了党和政府关怀、爱护、尊重台湾同胞,重视他们的民主要求,把台湾广大民众的利益和整个中华民族的利益结合起来的一贯立场。钱其琛希望海峡两岸中国人、海内外一切爱国者进一步团结起来,为实现中华民族的全面振兴,为完成祖国统一大业努力奋斗。

2月28日　江泽民、李瑞环看望出席全国政协八届五次会议的港澳委员并同他们座谈,听取意见和建议。江泽民指出,实现香港的平稳过渡保持香港长期繁荣稳定,是人心所向,是我们的共同愿望。有600万香港同胞的共同努力,有日益繁荣富强的伟大祖国作后盾,有12亿祖国人民的全力支持,香港一定能够平稳过渡,一定能够实现政权的顺利交接,一定能够保持长期繁荣稳定。委员们竞相发言,他们说,香港回归祖国是举世瞩目的大事,中华民族将洗刷百年的耻辱,这是海内外中国人的共同心愿。他们说,香港回归祖国,归功于邓小平先生"一国两制"的科学构想。我们永远怀念邓小平对祖国统一作出的伟大贡献。我们都是中国人,是同根生,是一家人。我们拥护"一国两制"和"港人治港",高度自治的方针。最后,江泽民希望广大香港同胞在爱国爱港的旗帜下,实现最广泛的团结,继续按照基本法和全国人大的有关决定,把筹建香港特别行政区的各项工作做好,排除一切干扰,为实现政权的顺利交接,为特别行政区7月1日起正常运作,打下良好的基础。

三　月

3月1日——14日　第八届全国人民代表大会第五次会议在北京举行。江泽民、李鹏、乔石、李瑞环、朱镕基、刘华清、胡锦涛、荣毅仁等出席会议并参加了代表们的讨论。会议审议、批准了李鹏总理的政府工作报告,审查批准了1997年国民经济和社会发展计划及中央预算,审议通过了修订的《中华人民共和国刑法》、《中华人民共和国国防法》,江泽民分别签署了这两部法律。会议通过了关于第九届全国人民代表大会代表名额和选举问题的决定,香港特别行政区选举第九届全国人民代表的办法,关于批准设立重庆直辖市的决定等一系列重要文件,还分别通过了关于全国人大常委会工作报告的决议,关于最高人民检察院工作报告的决议,关于全国人大常委会检查农业法实施情况的报告的决议,关于全国人大香港特区筹委会工作报告的决议。14日,李鹏在人民大会堂会见了采访"两会"的中外记者,并回答了记者的提问。

3月1日——12日　1日,《敬爱的邓小平同志永远活在我们心中》出版发行。2日,遵照邓小平同志及其亲属的意愿,邓小平同志的骨灰撒入祖国的辽阔大海。受中央委托,胡锦涛等中央领导同志和邓小平同志的夫人卓琳等亲属护送骨灰撒放。8日,人民日报报道:《小平同志,我们永远怀念您》一书近日发行。12日,《再道一声:小平您好》出版发行。

3月12日　2月27日至3月12日为期13天半的全国政协八届五次会议在北京举行。李瑞环主持会议,叶选平作工作报告。江泽民、李鹏、乔石、朱镕基、刘华清、

胡锦涛、荣毅仁等到会祝贺。会议通过了全国政协八届五次会议政治决议，关于常务委员会工作报告决议，关于八届五次会议提案审查情况的报告。与会代表多次列席了八届全国人大五次会议的全体会议，听取和讨论了政府工作报告等。12日，李瑞环在闭幕会上发表了讲话。李瑞环指出，建设有中国特色社会主义理论开辟了一个崭新的时代，是历史发展和社会进步的集中反映。它深刻地影响我国的政治、经济、文化等各个领域，广泛地渗透到人们的价值观念、思想方法、生活方式等各个方面，已经溶入我们的民族精神之中。坚定地、全面地、创造性地坚持建设有中国特色社会主义理论，顺应历史，顺从民心，顺理成章，一顺百顺，我们的国家就会强盛，人民就会幸福，社会就会长治久安。

3月18日　南昆铁路全线铺通庆祝大会在广西百色市举行。李鹏出席大会。南昆铁路是沟通西南与华南沿海的一条重要通道，被称为国家最大的扶贫项目，所经地区地质极为复杂，它的铺通标志着我国修筑铁路和建设桥隧的科学技术水平已进入世界先进行列。

3月21日　《伟大的军事家周恩来》出版发行，江泽志题写书名并作序，中央军委在人民大会堂为这部书出版发行举行座谈会。刘华清出席座谈会并发表讲话。这本书是解放军陆军指挥学院完成的国家哲学社会科学“八五”规划的一项重点研究课题。全书46万多字，由军事科学出版社出版发行。这本书全面系统地阐述了周恩来的军事生涯、军事实践和军事思想，褒扬了他在创建和壮大人民军队，形成和完善人民战略战术的理论，建设强大的现代化国防等方面的伟大功绩。客观、准确地反映了周恩来在我党我军历史上应有的地位和作用，以及他对毛泽东军事思想的形成和发展作出的重要贡献。

3月24日　全国哲学社会科学规划工作会议在北京举行。会议认真学习贯彻《中共中央关于加强社会主义精神文明建设若干重要问题的决议》，按照《国家哲学社会科学研究“九五”规划要点》的要求，评出了1997年度国家哲学社会科学规划基金资助拟立项目。中央宣传部常务副部长郑必坚主持开幕大会，中央宣传部副部长白克明讲了话。会议强调，哲学社会科学研究关系到有中国特色社会主义经济、政治、文化建设的全局，关系到改革开放和社会主义现代化建设的顺利进行，关系到社会主义文化与意识形态的巩固和发展，必须坚持以马克思列宁主义、毛泽东思想和邓小平建设有中国特色社会主义理论为指导。积极研究改革开放和现代化建设中的新情况、新矛盾和新问题，为党和政府决策服务，为两个文明建设服务。

3月31日　李鹏在中南海亲切会见出席中国科学院跨世纪年轻人才代表会议的全体代表。他勉励广大青年科技工作者解放思想，开拓进取，不断创新，为我国科学技术和社会主义现代化建设事业的发展作出更大的贡献。李鹏强调，人类历史的几次重大发展都是从科学技术进步开始的。因此，对于一个国家的发展、一个民族的振兴，科学技术都有十分重要的作用。李鹏指出，各级党委和政府要继续重视对青年科技人员的培养，为21世纪造就出大批德才兼备的人才。

四　月

4月3日　江泽民、李鹏、乔石、李瑞环、刘华清等党和国家领导人为浙江大学百年校庆题词。江泽民的题词是：“继承和发扬求是传统，为发展我国教育科技事业作出新的贡献”。李鹏的题词是：“发扬浙江大学求实校风，努力培养优秀建国人才。”乔石的题词是：“坚持实事求是，坚持改革开放，培养社会主义现代化建设优秀人才。”李瑞环的题词是：“大兴求是之风”。刘华清的题词是：“历经百年沧桑，再铸世纪辉煌”。中共中央政治局委员、国务院副总理李岚清，全国人大常委会副委员长卢嘉锡等出席了庆祝大会。

4月10日　《中国共产党纪律处分条例（试行）》发布，并开始试行。中纪委负责人就《中国共产党纪律处分条例（试行）》的发布实施，回答了记者提出的问题。同日，中纪委、监察部在北京召开中央、国家机关执法监察工作经验交流会。农业部、铁道部等6个单位介绍了工作经验。侯宗宾在会上提出，今年领导干部廉洁自律工作重点，是提倡节约之风，反对奢侈浪费。

4月11日　香港特别行政区行政长官办公室公布了司法人员推荐委员会成员名单。委员会的成员有：黎守律、陈兆恺、李志喜、吴斌、冯国经、陈永棋、郑维健。他们的任期为两年，即从1997年7月1日至1999年6月30日。香港特别行政区律政司司长梁爱诗为委员会当然委员。行政长官办公室表示，委员会当前的首要工作是推荐香港特别行政区终审法院首席法官人选。终审法院首席法官是香港特区司法机构的首长，也是司法人员推荐委员会的当然主席。推荐终审法院首席法官是筹备组建香港特别行政区的一项重要工作。根据香港基本法的规定，香港特别行政区终审法院首席法官，应由在外国无居

留权的香港特别行政区永久性居民中的中国公民担任。

4月12日　香港特别行政区临时立法会第四次会议在深圳举行。会议通过了《香港特别行政区临时立法会议事规则》，并据此开始审议香港特别行政区行政长官办公室提交的法案。会议还审议通过了《财务委员会、内务委员会及议员个人利益监察委员会的运作》的议案。

4月13日　乔石在乌鲁木齐接见新疆党政军领导干部。乔石指出，我们要坚决反对民族分裂，反对宗教极端势力，维护法律尊严，维护各族人民的根本利益。对于分裂祖国统一，破坏民族团结的活动，我们要时刻警惕，要严厉打击，这是当前的突出工作和今后的长期任务。对于少数民族群众合法的正当的特殊的利益，应该予以照顾，使各族人民的生活水平明显提高，各项社会事业和精神文明建设取得新进展。

4月15日——16日　中共中央办公厅、国务院办公厅召开援藏工作经验交流会，李瑞环、胡锦涛会见出席会议的全体代表，李瑞环作了重要讲话。他说，通过援藏工作，使内地包括中央各部委和西藏建立了更加密切的联系，同时也使西藏人民进一步感到中央和全国人民对他们的关心和支持。近几年援藏工作的实践充分证明，把西藏的经济搞上去，不仅是经济问题，而且是直接关系到西藏社会稳定与进步的重大政治问题；不仅是西藏本身的问题，而且是直接关系到同达赖分裂势力和国际反华势力作斗争，维护祖国统一的问题。

4月18日　中宣部、公安部、江西省委在人民大会堂联合举行邱娥国同志先进事迹报告会，首都公安民警和各界干部群众近千人参加会议。邱娥国是江西省南昌市筷子巷派出所的一名普遍民警。17年来，他在公安工作的岗位上，兢兢业业，任劳任怨，用自己辛勤汗水温暖一方民心，保护一方平安，创建一方文明，做出了不平凡的业绩。十几年中，他先后荣立一等功一次，二等功两次，多次荣获江西省优秀人民警察、劳动模范，优秀共产党员等光荣称号。他的事迹受到广大干部群众的赞扬。报告会上，邱娥国管片的领导、居民代表及邱娥国的同事、亲属先后介绍了邱娥国的事迹。公安部党组成员政治部主任祝春林宣读了公安部授予邱娥国同志全国公安系统一级英雄模范称号的命令，公安部部长陶驷驹向邱娥国颁发证书、证章。江西省委副书记钟起煌出席会议。中宣部常务副部长刘云山主持报告会并讲话。他说，邱娥国同志的事迹集中到一点，就是为人民服务，做群众的贴心人。就是想群众之所想，急群众之所急，做群众之所需。就是要学习他的这种精神，保持和发扬党的优良传统，密切党同人民群众的联系，维护党和政府的形象。

4月21日　中国人民解放军驻香港部队首批40名先遣人员进入香港。这是中华人民共和国成立以来，人民解放军部队首次踏上祖国这片神圣领土。上午11时驻香港部队官兵为首批先遣人员进入香港，举行了庄重的欢送仪式。欢送仪式由驻香港部队政委熊自仁少将主持，驻香港部队司令员刘镇武少将致欢送辞。下午1时由驻港部队副司令员周伯荣少将率领经皇岗口岸进入香港，下午2时37分抵达香港中环驻港英军威尔斯亲王军营，受到了驻港英军司令邓守仁少将及驻港英军的热烈欢迎。根据中英联合联络小组中英双方所达成的共识，中国人民解放军先遣人员的主要任务是：为中国人民解放军驻香港部队在1997年7月1日正式接管香港的防务作好一切必要的准备。

4月22日　团中央等在人民大会堂举行1996年度全国杰出青年岗位能手颁奖仪式。王明华、李斌、邢贵斌、梁宏伟、董荣、马家胜、李桂娟、舒裕、李挺和邱汝舜10人被命名为全国杰出青年岗位能手，邢振强等205人被命名为全国青年岗位能手。吴天祥等10位著名老劳模向10名岗位能手颁奖。团中央书记处书记袁纯清在会上讲话。他希望广大职业 青年向全国岗位能手学习，积极投身青年岗位能手活动，敬业爱岗，苦练技能，自觉提高综合素质，为实现跨世纪宏图伟业作出无愧时代的奉献。

4月24日　团中央、全国青联首次颁发五名青年“中国青年五四奖章”，这是团中央、全国青联授予优秀青年的最高荣誉。

4月25日——27日　中组部召开的全国机关党建工作座谈会在北京举行。会议的主要议题是：认真学习贯彻党中央关于加强党的建设的一系列重要指示精神，按照江泽民关于“讲学习、讲政治、讲正气”的要求，总结交流机关党的建设工作经验，研究提出进一步加强机关党的建设工作意见。中组部部长张全景强调，各级地方党委、各部门党组要把加强机关党建工作作为一项义不容辞的政治责任，按照“讲学习、讲政治、讲正气”的要求和中央党建工作的整体部署，进一步加强对机关党建工作的领导和指导，认真落实在新形势下加强机关党建工作的各项任务，把机关党的工作提高到新水平。27日，胡锦涛在会上发表重要讲话。他强调，讲学习，讲政治，讲正气，是把建设有中国特色社会主义事业全面推向新世纪的需要，是加强、改进党的建设和政权建设的需要，也是时代和人民对党的干部的要求。各级党委要提高认识，增强责任感和紧迫感，把开展“三讲”教育作为加强机关建设的突出任务，切实抓出成效。领导机关、领导干部应当做得更好，真正起表率作用。

4月26日　伟大的无产阶级革命家、政治家、杰出的国务活动家，坚定的马克思主义者，我国社会主义法制的主要奠基人，党和国家的卓越领导人彭真同志，在北京逝世，享年95岁。彭真同志的一生，是革命的一生，光辉的一生。他为中国人民的解放和新中国的诞生，为社会

主义革命和建设事业，为最终实现共产主义，顽强奋斗，建树了不可磨灭的历史功勋。彭真同志住院和病重期间，党和国家领导人江泽民、李鹏、乔石、李瑞环、朱镕基、刘华清、胡锦涛、荣毅仁等同志前往医院看望或以其他方式表示问候。27日，中国共产党中央委员会、中华人民共和国全国人民代表大会常务委员会、中华人民共和国国务院、中国人民政治协商会议全国委员会、中央军事委员会发布讣告。

4月28日　中共中央在北京举行纪念叶剑英同志诞辰100周年座谈会。江泽民作重要讲话，李鹏、乔石、李瑞环、朱镕基、刘华清、胡锦涛、荣毅仁出席。江泽民在讲话中指出，叶剑英同志是久经考验的共产主义忠诚战士，坚定的马克思主义者，伟大的无产阶级革命家、政治家、军事家，中国人民解放军的缔造者之一，中华人民共和国的开国元勋，长期担任党、国家和军队重要领导职务的卓越领导人。在六十多年的革命生涯中，他为中国人民的解放事业和社会主义建设事业殚精竭虑，作出了重大贡献，建立了丰功伟绩，深受全党、全军和全国人民的爱戴与敬重。他党性坚强、信念坚定，在重大和紧要的历史关头，总是挺身而出，力挽狂澜，表现出伟大的革命气魄和高超的斗争艺术。毛泽东给予他很高的评价，说他是“诸葛一生唯谨慎，吕端大事不糊涂”。周恩来也引用“疾风知劲草，板荡识诚臣”来赞誉他。江泽民强调，我们要学习他的伟大思想和崇高风范，把我们的祖国建设的更加繁荣富强。当日《叶剑英》画册、《叶剑英军事文选》出版发行。

4月29日　胡锦涛出席庆祝五一国际劳动节大会并会见十大杰出工人和五一劳动奖状章获得者代表，发表重要讲话。他指出，我们所从事的建设有中国特色社会主义事业，是前所未有的壮丽事业。我们所处的时代，是改革开放的时代，是人才辈出，群星灿烂的伟大时代。同志们在平凡的工作岗位所创造的不平凡的业绩，再一次生动地表明，工人阶级不愧为我们国家的领导阶级，不愧为改革和建设的主力军；也再一次有力地证明，我们党全心全意依靠工人阶级的指导方针是完全正确的。胡锦涛希望广大职工进一步增强责任感、使命感和紧迫感，大力发扬艰苦奋斗创业精神，在推动两个根本转变特别是国有企业改革和发展中发挥主力军作用；自觉倡导时代新风，社会主义精神文明建设中发挥模范带头作用；不断增强大局观念，在维护社会政治稳定中发挥中流砥柱作用。胡锦涛等领导还会见了香港工会联合会庆回归访京团与港澳工会“五一”参观团成员，并与大家给影留念。

五　　月

5月3日　江泽民、李鹏、乔石、李瑞环、荣毅仁等为杭州大学百年校庆题词。江泽民的题词是：“发扬求是育英精神，为科教兴国作出新的贡献”。李鹏的题词是：“办好杭州大学，实施科教兴国战略”。乔石的题词是：“百年树人，教育为本，求是育英，开拓创新”。李瑞环的题词是：“弘扬百年传统，迎接世纪挑战”。荣毅仁题词是：“求是育英，开拓创新”。

5月4日　江泽民会见“中国青年五四奖章”获得者，胡锦涛参加会见并与青年代表座谈，并与他们合影留念。江泽民指出，获奖者艰苦创业的先进事迹和无私奉献的精神，是值得广大青年和广大干部、群众学习的。榜样的力量是无穷的。要在全社会大力发扬崇尚先进、学习先进的良好风尚。江泽民希望共青团员和广大青年，在党中央的领导下，高举邓小平建设有中国特色社会主义理论的伟大旗帜，坚持党的基本路线，继承和发扬“五四”的优良传统，努力学习，严于律己，扎根基层，艰苦奋斗，创造无愧于时代，无愧于党和人民要求的辉煌业绩。胡锦涛与获奖者和优秀青年代表座谈时指出，做伟大时代的创业者，必须掌握科学理论，全面提高素质。做伟大时代的创业者，必须立足本职岗位，矢志艰苦奋斗。做伟大时代的创业者，必须倡导文明新风，自觉维护稳定。他希望广大青年进一步增强责任感、使命感和紧迫感，继承和发扬“五四”光荣传统，大力弘扬江泽民倡导的新时代创业精神，把爱国之情，报国之志化作艰苦创业的实际行动。并强调全党全社会都要关心和支持青年工作，为青年一代健康成长、建功立业创造良好的社会环境。

5月6日　中共中央举办《“一国两制”与香港基本法》法制讲座，江泽民作重要讲话。江泽民指出，依法治港，是我们实施依法治国的重要组成部分。维护香港基本法的权威，就是维护国家法制的权威。这是全国人民的共同责任。这次讲座是近年来中央举办的第五次法制讲座。主讲人是中国社科院法学研究所研究员吴建璠，他以《“一国两制”与香港基本法》为题，重点讲了4个方面的问题：“一国两制”的伟大构想及其法律化；基本法是在香港实行“一国两制”的法律基础；实施香港基本法的若干问题；严格按照基本法办事，维护香港的长期繁荣稳定。党和国家领导人江泽民、李瑞环、朱镕基、刘华清、胡锦涛等听了当天的讲座。

5月7日　胡锦涛会见机构改革会议暨邓小平行政

管理体制和机构改革理论研讨会代表时强调，深化行政管理体制和机构改革，加强机构编制管理是一件大事，各级党委、政府一定要统一思想，提高认识，加强领导，按照中央的部署，有计划有步骤地积极推进改革进程。这次会议深入学习研讨了邓小平行政管理体制和机构改革理论，回顾总结了几年来我国的行政管理体制和机构改革工作，表彰了作出突出成绩的先进集体和个人，研究部署了今后的工作。

5月8日　江泽民、李鹏、乔石、李瑞环分别为商务印书馆建馆100周年题词。江泽民的题词是："承先启后，继往开来"；李鹏的题词是："辞源开新宇，名著集大成"；乔石的题词是："继承发扬我国出版事业优良传统，为社会主义现代化建设再立新功"；李瑞环的题词是："传播知识，推进文明，造福大众"。当天朱镕基在中南海会见了出席商务印书馆100周年座谈会的代表。朱镕基说，我们党和国家历来非常重视出版事业，许多领导人都曾亲自主持过编辑出版工作。商务印书馆对中国几代人的成长起了很大作用，是我国现代出版业的先锋。他希望同志们，精益求精，多出精品，为社会主义两个文明建设作出更大的贡献。

5月13日　江泽民、乔石、李瑞环、朱镕基、刘华清、胡锦涛等党和国家领导人在人民大会堂亲切会见出席第二次全国自强模范暨扶残助残先集体和个人表彰大会的全体代表。会见结束后，江泽民、李瑞环等领导同志与部分代表座谈，江泽民作了重要讲话。座谈会由国务委员、国务院残疾人工作协调委员会主任彭珮云主持。江泽民在听取了大家的发言后说，人总是要有一点精神的。一个民族更要有自己的精神。自尊、自信、自强，是中华民族几千年来赖以生存和发展的伟大精神。正是依靠这种精神及其产生的巨大创造力，中华民族在人类历史上很早就兴旺发展起来，一直屹立于世界民族之林，为人类文明作出了不可磨灭的贡献。

5月13日　李瑞环会见霍英东率领的香港广东社团庆回归委员会访京团时强调，我们的一切工作都要着眼于香港的平稳过渡和长期稳定繁荣。香港回归祖国是一件了不起的历史性大事，标志着中华民族洗雪百年耻辱，标志着中国的日益强盛。所有的中华儿女都为此而欢欣鼓舞。他表示相信，掌握了自己命运的香港同胞，一定能管好香港，在这块土地上创造出新的奇迹。香港广东社团庆委会主席霍英东说，中国人国向来注重祖籍，热爱家乡。作为中国人，我们有责任把国家建设好。

5月14日　江泽民在人民大会堂会见了以霍英东为团长的香港广东社团庆回归委员会访京团一行。江泽民首先对霍英东率团来访表示热烈欢迎。他说，我国政府将于今年7月1日恢复对香港行使主权，这是中华民族洗雪百年耻辱的一件大事，是我们按邓小平提出的"一国两制"伟大构想，为完成祖国统一大业迈出的重要一步。江泽民强调在香港实行"一国两制，港人治港，高度自治"是国家的一项长期国策。这些方针政策，既有利于香港六百万同胞，也是国家总体利益所在。江泽民表示，"一国两制"伟大构想的成功实现和不断完善，离不开香港各界同胞的共同努力。他希望香港同胞继续努力，为建设香港更美好的明天做出新的贡献。全国政协副主席霍英东表示，香港广东社团将继续努力，支持特别行政区政府的各项工作，开展多项有益活动，为确保香港平稳过渡、政权顺利交接和实现长期稳定繁荣作出贡献。

5月17日　江泽民、李鹏、乔石、李瑞环为同济大学建校90周年题词。江泽民的题词是："发扬严谨求实团结创新的校风，努力培养社会主义事业的建设者和接班人"。李鹏的题词是："九十年桃李满天下，再攀高峰振兴科技"。乔石的题词是："发扬优良传统，深化高教改革，培养跨世纪优秀人才，为社会主义现代化建设作贡献"。李瑞环的题词是："同心办学，济世育才"。

5月21日　中宣部文艺局、人民日报文艺部邀请首都文艺界部分同志座谈，纪念毛泽东《在延安文艺座谈会上的讲话》发表55周年，会议强调，在新的历史条件下坚持《讲话》指引的方向，坚持党的文艺思想、文艺路线、文艺方针，努力发展和繁荣社会主义文艺。与会同志重温了毛泽东同志《在延安文艺座谈会上的讲话》精神，结合学习邓小平《在中国文学艺术工作者第四次代表大会上的祝辞》和江泽民《在中国文联第三次全国代表大会、中国作协第五次全国代表大会上的讲话》，紧密联系当前文艺工作的实际，指出这三篇重要文献所集中体现的我们党的文艺思想、文艺路线、文艺方针，是我们党对马克思主义文艺理论的独特贡献，将长期对我们的文艺事业发挥指导作用。中宣部副部长刘忠德主持座谈会。

5月22日　江泽民会见出席北京军区第七次党代会全体代表时强调，要坚持以邓小平建设有中国特色社会主义理论和新时期军队建设思想为指导，认真研究我军建设面临的新情况新问题，把握好新形势下军队建设的特点和规律，努力把我军的革命化、现代化、正规化建设提高到一个新水平。他特别强调，要坚持把思想政治建设摆在首位，加强各级党组织建设，加强对高中级干部的教育管理，加强"四个教育"，保证党对军队的绝对领导。

5月22日——23日　全国人民代表大会香港特别行政区筹委会第九次全体会议在北京举行。王汉斌副主任委员主持会议。钱其琛主任委员致开幕词和闭幕词。会议通过了《香港特别行政区第一届立法会的具体产生办法》、《关于对〈中华人民共和国香港特别行政区基本法〉附件三所列全国性法律作出增减的建议》和《关于香港特别行政区有关人员就职宣誓事宜的决定》。

5月24日　李瑞环、胡锦涛在人民大会堂会见出席中华海外联谊会成立大会暨第一届理事会的全体代表和理事。李瑞环发表讲话。他指出，在悠久的历史发展过程中，我们积累了很多经验和教训，其中重要的一条就是要团结。只要团结起来，共同奋斗，我们就能办到其他国家和民族所能办到的一切事情，就能创造出无愧于我们伟大民族、无愧于祖先的成就。他希望本着联谊会的宗旨，积极工作，为实现统一祖国，振兴中华做出更大贡献。

5月24日　香港特别行政区临时立法会在深圳举行第八次全体会议，一致同意任命49岁的李国能为香港特区终审法院首席法官。香港特区终审法院的筹组工作进入了重要阶段。在香港特区设立终审法院是落实"一国两制"、"港人治港"、高度自治方针政策的重要体现。香港特区第一任行政长官董建华获得中央政府任命后随即展开了筹组特区终审法院的工作。1997年4月11日，特区行政长官办公室公布了司法人员推荐委员会成员名单，并明确指出，该委员会当前的首要工作是推荐香港特区终审法院首席法官人选。5月20日，委员会一致推荐李国能出任香港特区终审法院首席法官，特区行政长官董建华对此决定表示欢迎。

5月24日——29日　乔石在河南、山西考察工作，在考察中乔石强调，必须以更大的决心和魄力推进国有企业改革，必须切实抓紧，采取从根本上解决问题的实际措施。他说，任何改革都不可能有现成完善的经验可以套用，只能深入到群众中去，带领群众大胆试验，探索解决问题的办法。要继续根据企业的实际，分别不同情况，具体问题具体解决。他希望国有企业改革继续加快步伐，勇于突破，取得新的进展。

5月25日　江泽民等党和国家领导人亲切接见荣获我国电影"华表奖"的部分电影工作者和一些老电影艺术家。江泽民指出，建设有中国特色社会主义的宏伟事业，为广大电影工作者提供了施展才华的广阔舞台，迫切需要文艺工作者去描绘、去反映、去引吭高歌，去加以诗情画意的表现。他希望大家坚持深入生活、贴近群众，努力向生活学习、向群众学习，了解改革开放和现代化建设的伟大实践，体验人民群众的历史性创造活动，把握社会发展和艺术发展的规律，创作出更多的无愧于人民和时代的优秀作品，用艺术给人们以欢乐，提高人们的思想境界。

5月25日　江泽民、李鹏为祝贺同济医科大学建校90周年题词。江泽民的题词是："坚持严谨治学优良传统，培养优秀医药卫生人才"。李鹏的题词是："发扬优良传统，培养四有医学人才"。

5月26日　中央精神文明建设指导委员会成立并举行首次会议，江泽民、李鹏在会上作重要讲话，胡锦涛出席会议。根据党的十四届六中全会决议，中央决定成立中央精神文明建设指导委员会。此会是党中央指导全国精神文明建设工作的议事机构，主要职责是督促检查各地、各部门贯彻落实党的十四届六中全会精神和中央关于精神文明建设的一系列方针、政策的情况，协调解决精神文明建设主要是思想道德和文化建设方面有关问题，总结推广交流先进经验。江泽民在讲话中指出，人类社会发展的历史证明，一个民族，物质上不能贫困，精神上也不能贫困，只有物质和精神都富有，才能成为一个有强大生命力和凝聚力的民族。江泽民强调，必须坚持用党的基本理论、基本路线教育干部和群众，在全体人民中牢固树立建设有中国特色社会主义的共同理想，深入开展爱国主义、集体主义 、社会主义和艰苦创业精神的教育，加强以为人民服务为核心的社会公德、职业道德和家庭美德建设，大力培养"四有"新人，提高全民族的思想道德和科学文化素质，努力为改革开放和现代化建设提供强大的精神动力和智力支持，创造良好的社会环境。李鹏在讲话中强调，精神文明是搞好改革开放和现代化建设的重要保证，也是我们进行改革开放和现代化建设的重要目标。

5月29日　中国人权发展基金会首届理事会在人民大会堂举行。李鹏为大会题词，乔石、朱镕基分别打电话向大会表示祝贺。李鹏的题词是："寻求世界人权观共同点，维护发展中国家人权观，主张对话，不搞对抗，反对以人权为借口干涉别国内政。"中国人权发展基金会名誉会长黄华、会长吕东、顾问朱穆之等在会上讲话。

5月29日　江泽民在中央党校省部级干部进修班毕业典礼上发表讲话。他在讲话中阐述了四个问题：关于邓小平建设有中国特色社会主义理论；关于社会主义初级阶段；关于经济发展和经济体制改革；关于党的建设。他指出：在社会主义改革开放和现代化建设的新时期，在跨越世纪的新征途上，一定要高举邓小平建设有中国特色社会主义理论伟大旗帜，用这个理论来指导我们的各项工作，这是党从历史和现实中得出的不可动摇的结论。他强调：旗帜的问题至关紧要。旗帜就是方向，旗帜就是形象。在邓小平逝世后，我们全党特别是高级领导干部在这个问题上尤其要有高度的自觉性和坚定性，无论遇到什么困难，什么风险，都不动摇。把我们的事业全面推向二十一世纪，就是要在世纪之交的历史时刻，抓住机遇而可丧失机遇，开拓进取而不可因循守旧，经济体制改革要有新突破，政治体制改革要继续推进，精神文明建设要切实加强，这三个方面围绕现代化经济建设这个中心，相互配合，相互促进。

六　月

6月6日　《毛泽东评点二十四史》线装影印本出版。毛泽东对《二十四史》的圈点、评注，是一个伟大的革命家、政治家、思想家对我国悠久历史的审视，真实记录构成了这套影印线装书特有的文献价值、版本价值、学术价值和艺术价值。中央档案馆组织专家学者对原书进行了整理、校勘，并全部用原件影印制版，较好地再现了原书原貌。经中央文献研究室、新闻出版署和中央档案馆批准，由线装书局出版发行。全书共分850册，分80函，大16开型线装装帧。

6月10日　《周恩来年谱(1949—1976)》出版，它为人们研究和学习周恩来，研究我国建国以来党和国家的历史，提供了丰富、翔实、准确的材料。周恩来同志在政治、军事、外交、经济、统战、科技、教育等方面提出的许多重要思想，是毛泽东思想的组成部分；他的高尚品德和党性修养为全党树立了光辉榜样。他为中国人民立下了丰功伟绩。研究和学习周恩来同志，对于坚持毛泽东思想和邓小平建设有中国特色社会主义理论，鼓舞人们为社会主义改革开放和现代化建设事业而奋斗，具有重要意义。由中共中央文献研究室编写的《周恩来年谱(1949—1976)》，由中央文献出版社出版发行，全书156万字，分上、中、下三卷。

6月11日　胡锦涛在中南海同中组部第二期青年专家座谈。胡锦涛在座谈时指出，要进一步深刻认识我国社会主义初级阶段的基本国情，坚定建设有中国特色社会主义的共同理想和信念，为把改革开放和现代化建设伟大事业全面推向新世纪而扎实奋斗。胡锦涛强调，建设有中国特色社会主义事业的成功，需要一代又一代人的不懈努力，需要各行各业的人们立足本职做好工作，需要大力倡导求真务实、艰苦奋斗的作风。座谈会上，交通部公路规划设计院高级工程师张剑飞等9位同志先后发言，说了他们参加国情考察活动的感受和体会。

6月11——14日　第六次全国高校党建工作会议和全国中小学德育工作会议在北京举行，江泽民会见与会代表。中共中央政治局委员、国务院副总理李岚清作重要讲话。李岚清指出，当前和今后一个时期学校党建和德育工作的中心任务，就是要继续高举邓小平建设有中国特色社会主义理论伟大旗帜，紧密团结在以江泽民为核心的党中央周围，坚持党的基本路线，全面贯彻党的十四届六中全会《决议》精神和《中共中央关于进一步加强和改进学校德育工作的若干意见》，进一步加强党的建设、思想政治工作和德育工作，促进青少年学生健康成长。江泽民主席在会见代表时提出，教育战线的同志们要坚持用马列主义、毛泽东思想和邓小平建设有中国特色社会主义理论武装干部、党员和全体师生，不断加强党的建设和精神文明建设，坚持社会主义办学方向，努力培养德、智、体等方面全面发展的社会主义事业的建设者和接班人。这是学校工作的一项根本任务，直接关系到科教兴国战略的成功，关系到国家的前途和命运。会议期间，国家教委主任朱开轩做了报告，会议结束时中组部部长张全景讲话，他强调要认真贯彻落实高校基层党组织工作条例，把高校党建工作提高到新水平。

6月11日——14日　李鹏在四川考察工作。在考察时指出，掌握文化科技知识，提高人的素质是贫困地区改变落后面貌的重要条件，要大力开展教育扶贫，科技扶贫。要把扶贫工作落实到乡、到村、到户，把有限的资金真正用到最需要的地方。他强调，只要我们坚定信心，脚踏实地，齐心协力，扎实工作，在本世纪末，解决我国5000多万贫困人口的温饱问题大有希望。

6月15日——18日　李鹏在重庆视察工作并出席重庆直辖市领导机构挂牌揭幕仪式。在考察时李鹏强调，重庆直辖市的设立，翻开了重庆历史发展的新篇章。重庆市各级党委、政府和全市各族人民，要以设立直辖市为契机，正确处理四个方面的关系，努力开创新局面，建设繁荣富裕、文明进步的新重庆。

6月18日　首都举行学习邓小平"和平统一、一国两制"理论与实践座谈会，丁关根、钱其琛在会上讲话。会议在人民大会堂香港厅举行，中共中央和国务院有关部门的负责人及首都理论界的专家50多人，参加了座谈会。丁关根主持会议。他说，在香港即将回归之际，认真学习和深入领会邓小平同志关于"和平统一、一国两制"的理论，对于我们更高地举起邓小平建设有中国特色社会主义理论的伟大旗帜，焕发全民族的爱国主义精神，把改革开放和社会主义现代化建设事业向新世纪全面推进，具有极其重要的意义。钱其琛在讲话中指出，邓小平同志创造性地提出了"一国两制"的伟大构想，通过中英谈判，圆满地解决了香港问题。在长达13年的香港过度期内，我们高举"一国两制"的旗帜，逐步开展了筹组香港特别行政区的工作。在这个历史过程中，小平同志："一国两制"这个独创性的理论，经过实践的检验，充分显示了它的科学性和所具有的强大生命力。

6月21日　李先念纪念馆在他的故乡湖北省红安

县开馆。党和国家领导人江泽民、李鹏、乔石、李瑞环等分别为李先念纪念馆题词。江泽民的题词是:“光辉业绩留芳千古,革命精神激励后人。”李鹏的题词是:“李先念同志光辉业绩永垂青史,革命精神激励后人。”乔石的题词是:“赤胆忠心功冠千秋,光明磊落德昭后世。”李瑞环的题词是:“伟业永存。”陈云同志生前为纪念馆题写了馆名。

6月24日　李鹏在中南海与出席试点企业集团工作会议代表座谈。李鹏指出,发展企业集团不仅是我国经济发展的需要,也是世界经济发展的趋势。要按照建立现代企业制度的方向,把企业改革同改组、改造和加强管理结合起来,使企业集团在国民经济发展和结构调整中发挥更大的作用。李鹏认真听取了8个企业集团的负责人汇报后指出,搞好企业集团最重要的是转变观念,以市场为导向,切实推进两个根本性转变。李鹏说,企业集团要处理好母公司与成员企业的关系。李鹏强调,搞好企业集团,要有一个好机制、一个好产品,而关键是要有一个好的领导班子。领导班子要带头贯彻党中央、国务院的方针、政策,进一步提高自身素质,认真对待和正确使用手中的权力,接受群众的监督。

6月29日　在江泽民率领中国政府代表团赴香港出席香港政权交接仪式前夕,党和国家领导人在人民大会堂为代表团送行。江泽民在送行仪式上说,香港回归祖国,是永载中华史册的民族盛事。中央决定组成具有广泛代表性的代表团赴港参加庆典活动。这一重大行动,显示了全国各族人民和一切爱国人士紧密团结,体现了举国上下欢庆香港回归的喜悦心情,表达了中央人民政府和全国人民对香港特别行政区政府和香港同胞的巨大支持,表明了我们对保持香港长期繁荣稳定具有坚强的信心。李鹏、钱其琛、王汉斌、张万年等代表团成员出席了送行仪式。乔石、李瑞环、朱镕基、刘华清、胡锦涛、荣毅仁为代表团送行。

6月30日　江泽民率领中国政府代表团抵达香港,出席香港政权交接仪式。这是中国最高领导人首次踏上香港的土地。先期到达香港的代表团成员、国务院副总理兼外交部部长钱其琛,新华社香港分社社长周南,香港特区首任行政长官董建华等特区政府主要官员和香港各界代表数百人热烈欢迎代表团的到来。英国外交国务大臣德里克·法彻特也到机场迎接。

6月30日午夜至7月1日凌晨　中英两国政府香港政权交接仪式在港隆重举行。江泽民主席庄严宣告:中国对香港恢复行使主权。7月1日凌晨,中华人民共和国香港特别行政区政府成立暨特区政府宣誓就职仪式隆重举行。上午,香港特别行政区成立庆典在香港会议展览中心新翼举行。江泽民发表讲话。下午,国务院在人民大会堂隆重举行庆祝香港回归招待会。当晚,中共中央、全国人大常委会、国务院、全国政协、中央军委举行首都各界隆重庆祝香港回归祖国大会,江泽民发表讲话。7月1日零点至8时38分,中国人民解放军驻香港部队全部顺利抵达营区,接管香港防务。7月1日,零时零分,五星红旗升起在中华人民共和国外交部驻香港特别行政区特派员公署的办公大楼前。6月30日至7月1日京、津、沪、渝等大城市隆重举行庆祝香港回归祖国活动。

七　　月

7月1日　首都各界庆祝香港回归祖国大会在北京工人体育场举行。

江泽民在会上讲话指出:香港回归,标志着中国人民洗雪了香港被侵占的百年国耻,开创了香港和祖国内地共同发展的新纪元;标志着我们在完成祖国统一大业的道路上迈出了重要一步;标志着中国人民为世界和平、发展与进步事业作出了新的贡献。

7月2日　香港特别行政区基本法委员会成立,乔石发表讲话指出,我国政府已经对香港恢复行使主权,香港重新回到了祖国的怀抱。这是一件举世瞩目的大事,是中华民族振兴史上的一件盛事,是祖国统一进程中一个重要的里程碑。从今天起,香港特别行政区基本法开始实施。基本法贯彻了邓小平同志“一国两制”的伟大构想和“港人治港”、高度自治的方针,是香港长期繁荣和稳定的根本保障。只要坚定不移地贯彻执行基本法,通过广大人民群众的努力奋斗,香港的未来一定会更加美好,更加辉煌;香港的长期繁荣稳定,将对我国的现代化事业发挥重要的作用,也将对祖国的完全统一产生巨大的影响。

7月7日　首都各界在卢沟桥畔的中国抗日战争纪念馆隆集会,纪念“七七事变”60周年。江泽民为抗战馆题词:“高举爱国主义旗帜以史育人,弘扬中华民族精神振兴祖国”。刘华清、丁关根、尉健行、何鲁丽等领导同志参加了纪念活动。

7月11日　香港特别行政区筹委员会第十次全体会议在北京举行。乔石发表重要讲话。本次会议是筹委

会结束工作前的最后一次会议。会议由钱其琛主任委员主持。筹委会副主任委员兼秘书长鲁平就筹委会各项工作的完成情况作了报告。香港特别行政区第一任行政长官董建华,临时立法会主席范徐丽泰在会上发言。最后,钱其琛作重要讲话,并宣布筹委会的工作结果。会后,江泽民、李鹏、乔石等会见出席会议的香港特别行政区筹委会全体委员,江泽民发表重要讲话。

7月11日　中央台办、国务院台办在北京举行座谈会,学习江泽民关于庆祝香港回归祖国的系列重要讲话。与会者在发言中一致表示江泽民的讲话,深刻揭示了香港回归祖国的历史必然,重申了中国共产党和政府坚持"和平统一、一国两制"方针,推进祖国完全统一的决心,也充分体现了祖国大陆方面对发展两岸关系的诚意。香港顺利回归祖国,不仅证明了"一国两制"的现实可行性,也证明了"一国两制"是实现祖国和平统一的最好办法。台湾当局应该冷静思考,顺应祖国统一的大趋势,回到"一个中国"的原则立场上来,共同为祖国的完全统一,中华民族的振兴作出努力。

7月23日　平津战役纪念馆建成开馆仪式在天津举行。江泽民、李鹏、刘华清、张震、张万年、迟浩田,分别为纪念馆题词。张万年出席了开馆仪式并为纪念馆开馆剪彩。江泽民的题词是:"平津战役中英勇牺牲的烈士永垂不朽"。李鹏的题词是:"加强革命传统教育,激发爱国爱党热情"。刘华清的题词是:"平津战役的胜利是人民战争的伟大胜利"。张震的题词是:"平津战役,历史丰碑"。迟浩田的题词是:"伟大的决策,历史的丰碑"。

7月25日　解放军新时期建设成就展在北京开幕,江泽民等为展览题词。江泽民的题词是:"加强军队的革命化现代化正规化建设　走有中国特色的精兵之路"。刘华清的题词是:"加强质量建设　走有中国特色的精兵之路"。张震的题词是:"贯彻新时期军事战略方针　立足现有装备提高打赢高技术条件下局部战争的能力"。张万年的题词是:"发扬人民军队优良传统,大力推进我军全面建设"。迟浩田的题词是:"发扬我军优良传统,密切军政军民关系"。展览的序以"英明的领导光辉的历程"为题,以下分六部分:第一部分,把思想政治建设摆在全军各项建设的首位,经受住和平环境和改革开放的考验;第二部分,贯彻新时期军事战略方针,提高现代技术特别是高技术条件下的防卫作战能力;第三部分,以改革促进后勤建设,提高现代条件下作战的综合保障能力;第四部分,加速国防科技工业改革和发展,提高武器装备研制能力与水平;第五部分,牢记人民军队宗旨,服务服从于国家建设大局;第六部分,扩大军事交往,促进和平与友谊。结尾着重展现我军紧密团结在以江泽民为核心的党中央、中央军委周围,阔步迈向21世纪。

7月31日　中共中央、国务院、中央军委在北京举行大会,隆重庆祝中国人民解放军建军70周年。江泽民发表重要讲话,李鹏、乔石、李瑞环、朱镕基、胡锦涛、荣毅仁等出席,刘华清主持大会。江泽民在讲话中指出,要实现我们的宏图大业,要维护我们国家的统一和安全,要促进世界的和平与稳定,我们必须有一支强大的军队,有一个巩固的国防。全军同志一定要高举邓小平建设有中国特色社会主义理论伟大旗帜不动摇,进一步认清国际国内形势,居安思危,增强责任感和使命感,全面加强军队建设,走有中国特色的精兵之路,努力开创我军革命化、现代化、正规化建设的新局面。

八　月

8月1日　江西省、南昌市党政军民在南昌纪念中国人民解放军建军暨南昌起义70周年。江泽民为南昌"八一"起义纪念馆题词:"军旗升起的地方"。迟浩田出席纪念大会并讲话。迟浩田强调,我军70年的历史告诉我们,党对军队的绝对领导是人民军队胜利发展,永远立于不败之地的根本保证。

8月1日　中共中央在中南海怀仁堂召开党外人士座谈会,征求各民主党派和无党派代表对党的十五大报告征求意见稿的意见。江泽民主持会议并发表重要讲话。李瑞环、胡锦涛、温家宝等同志出席会议。江泽民指出,当前我国改革和建设进入了一个新的关键时期,要求我们进一步把各个方面的力量团结起来,凝聚起来,为实现共同的目标而努力。这就需要进一步巩固和发展新时期的爱国统一战线,巩固和发展全体社会主义的劳动者、一切拥护社会主义的爱国者和一切拥护祖国统一爱国者的最广泛联盟。党外人士就进一步提高对邓小平建设有中国特色社会主义理论历史地位和指导意义,加强党风廉政建设,加大反腐败斗争的力度,加强爱国主义教育,重视科技等问题提出了建议和意见。

8月7日　中共中央文献研究室编辑的中国共产党三代中央领导集体核心的专题文集《毛泽东邓小平江泽民论世界观人生观价值观》一书,由人民出版社出版。这是为了进一步贯彻落实党的十四届六中全会确定的我国社会主义思想道德建设的基本任务,引导人们树立建设

有中国特色社会主义的共同理想和正确的世界观、人生观、价值观。这本书收录毛泽东、邓小平、江泽民的文稿共154篇。其中江泽民《讲学习、讲政治、讲正气》等文稿是第一次公开发表。这些文稿是我们党认识世界、改造世界特别是改造主观世界和加强党的建设的强大思想武器，是进行思想道德教育的基本教材。

8月18日　党中央国务院对遭受1997年11号台风袭击浙江、上海、福建的灾区十分关注。江泽民、李鹏向奋战在抗风抢险第一线的干部群众、解放军指战员、武警官兵、公安干警表示亲切慰问，同时希望灾区各级党委政府认真组织抗风抢险工作，全力以赴，努力把灾害造成的损失减少到最低程度，尽快恢复生产，重建家园。20日，乔石委员长打电话给浙江省领导同志，详细询问灾情，了解救灾情况，对参加抗灾救灾的广大军民致以亲切慰问。

8月22日　《邓小平新时期军队建设思想研究丛书》出版，江泽民为丛书题写总书名并题词。江泽民的题词是："努力学习邓小平新时期军队建设思想，积极探索新形势下军队建设的特点和规律。"这套丛书是经解放军总政治部批准，由国防大学组织沈阳军区、济南军区、总后勤部、海军、空军、国防科工委以及南京政治学院、后勤指挥学院、海军指挥学院、空军指挥学院联合编写的。《丛书》共分为10个分册，近200万字，由国防大学出版社出版。

8月25日　《毛泽东诗词集》和《毛泽东诗词手迹》线装本出版。江泽民同志题写书名。《毛泽东诗词集》线装本是根据中共中央文献研究室编辑、中央文献出版社1996年9月出版的《毛泽东诗词集》刊印的。共收入毛泽东创作的旧体诗词67首，是历年来出版的毛泽东诗词集中所收诗词最多的版本，也是目前国内最具权威性的毛泽东诗词集。中共中央文献研究室和中央档案馆合编的《毛泽东诗词手迹》线装本，收入的大都是毛泽东书写他所喜爱的自作诗词的手迹，是他的书法瑰宝。本书共收毛泽东46首诗词的手迹112篇，绝大部分是中央档案馆的馆藏珍品，其中约三分之一是第一次公开发表。

8月26日　中华全国青年联合会、中国青少年发展基金会与人民日报等首都十家新闻单位联合主办第八届"中国十大杰出青年"评选活动。经投票正式揭晓，内蒙古自治区中蒙医院蒙医五疗科主任乌兰、福建省实达电脑集团股份有限公司总裁叶龙、中国广播艺术团演员冯巩、国家体委训练局中国羽毛球队总教练李永波、清华大学材料科学与工程系教授李建保、浙江省中国中经工业集团公司董事长吴国迪、第二炮兵某部副营长沈方泉、甘肃省天水市北道区科委科技开发中心主任赵满堂、武警山东总队济南市支队三大队副大队长战连传、海南省国营西联农场场长简纯林当选为"十杰青年"。

8月27日　中宣部、总政治部召开电视电话会议，表彰231对军民共建先进单位。会上颁发了江泽民总书记题写的"军民共建社会主义精神文明先进单位"奖匾。中央军委委员、总政治部主任于永波在会上宣读了中宣部、总政治部《关于表彰军民共建社会主义精神文明先进单位的决定》。中宣部常务副部长刘云山在会上宣读了中宣部、总政治部《关于组织部队参加创建文明城市文明村镇文明行业活动的意见》。受表彰单位代表在会上发言表示，要更加深入扎实地开展军民共建活动，为进一步加强社会主义精神文明建设、巩固和发展军政军民团结的大好局面做出新的更大的贡献。总政治部副主任周子玉主持会议。

8月29日　中共中央纪律检查委员会决定开除陈希同党籍。中纪委会同有关部门对陈希同的问题进行了审查，现已查明，原中央政治局委员、北京市委书记陈希同利用职务之便，收受、侵吞大量贵重物品；腐化堕落，大量挥霍公款；利用职权支持亲属和身边工作人员等经商，谋取非法利益；严重失职，对王宝森违法犯罪活动负有重大责任。陈希同严重违反了党的纪律，给党和国家造成了极其恶劣的影响，完全丧失了一个共产党员的条件。根据《中国共产党章程》和《中国共产党纪律处分条例(试行)》的有关规定，中纪委决定并经中央批准，开除陈希同党籍。鉴于陈希同的有些问题触犯刑律，中纪委建议司法机关依法处理。检察机关已对其依法立案侦查。

8月30日　黑龙江垦区开发建设50周年庆祝大会在哈尔滨举行。江泽民总书记为黑龙江垦区开发建设50周年题词："发扬北大荒精神，继续开创农垦事业发展的新局面"。李鹏总理为大会发去贺信并题词："发挥黑龙江垦区优势，加快商品粮基地建设"。国务委员陈俊生出席大会并讲话。陈俊生说，黑龙江垦区在创造了巨大的物质财富的同时，还创造并培育出以"艰苦奋斗、勇于开拓、顾全大局、无私奉献"为主要内容的北大荒精神。这种精神集中体现了几代拓荒者高度的政治觉悟、崇高的思想境界和奋发向上的精神风貌，是解放军的光荣传统和南泥湾精神在新的历史时期的发扬光大。会上垦区40年以上的老垦荒战士代表被授予"功勋章"。这次大会是农业部和黑龙江省政府共同召开的，黑龙江省委书记徐有芳，农业部副部长刘成果、白志健以及有关部委等领导出席大会。

九　　月

9月5日　国家教委、中宣部在北京联合召开教育改革与发展成就座谈会。国家教委主任朱开轩发表讲话，回顾总结教育改革与发展成就时指出，党的十四大以来的5年，是我国教育改革全面推进，教育事业蓬勃发展的5年，是全党重视教育，全社会尊师重教可喜局面逐步形成的5年，为我国21世纪教育事业奠定了坚实的基础。与会代表一致认为，以江泽民为核心的党中央高举邓小平建设有中国特色社会主义理论的伟大旗帜，坚持党的基本路线，实施“科教兴国”战略，确立教育优先发展的战略地位，使我国教育事业进入了新的发展阶段，有力地推动了经济建设与社会进步。座谈会由中宣部副部长徐光春主持。国家教委党组书记陈至立等出席。

9月6日　中央宣传部、国家计委、国家经贸委、国家体改委和国家统计局联合主办的“辉煌的五年——十四大以来经济建设和精神文明建设成就展”在北京展览馆隆重开幕。江泽民、李鹏、乔石、李瑞环、刘华清、荣毅仁等中央领导为展览会题词。江泽民的题词是：“为建设有中国特色社会主义事业而奋斗”。李鹏的题词是：“辉煌的五年，光明的未来。”乔石的题词是：“抓住历史机遇，加快改革步伐；开拓新局面，创造新成就。”李瑞环的题词是：“抓两个文明，促社会进步。”刘华清的题词是：“展示新成就，开创新局面。”荣毅仁的题词是：“加快发展，振兴中华。”10日，江泽民、李鹏、乔石、刘华清、胡锦涛等中央领导同志观看了展览。

9月6日——9日　中国共产党第十四届中央委员会第七次全体会议在北京召开。会议由中央政治局主持。江泽民总书记作重要讲话。会议决定，中国共产党第十五次全国代表大会于9月12日在北京举行。全会讨论通过了中央委员会向党的十五大的报告，讨论并通过了《中国共产党章程修正案》，决定将这两个文件提请党的十五大审议。全会还审议通过了中纪委关于陈希同问题的审查报告。这次全会在民主、团结的气氛中，就我国改革开放和社会主义现代化建设跨世纪发展的若干重大问题，进行了热烈讨论，为十五大的胜利召开作了充分的准备。

9月6日——9日　中央纪律检查委员会第九次全体会议在北京举行。中央纪律检查委员会常务委员会主持了会议。中央政治局委员、中纪委书记尉健行在会上讲话。全会审议通过了《中央纪律检查委员会向党的十五次全国代表大会的工作报告》，并提请党的十五大审议。全会要求，各级党委、纪委和全体党员要高举邓小平建设有中国特色社会主义理论的伟大旗帜，在以江泽民为核心的党中央领导下，进一步加强党风廉政建设，深入开展反腐败斗争，为实现党的十五大的战略部署作出新的贡献。

9月12日——18日　中国共产党第十五次全国代表大会在北京举行。江泽民代表十四届中央委员会向大会作题为《高举邓小平理论伟大旗帜，把建设有中国特色社会主义事业全面推向二十一世纪》的报告。大会选出新一届中央委员会和中央纪律检查委员会，通过关于十四届中央委员会报告的决议，关于《中国共产党章程修正案》的决议和关于中央纪律检查委员会工作报告的决议。江泽民、李鹏、乔石、李瑞环、朱镕基、刘华清、胡锦涛等大会主席团常委会成员出席了开幕和闭幕大会。大会号召，全党同志高举邓小平理论伟大旗帜，在党中央的领导下，团结和带领全国各族人民，满怀信心地把建设有中国特色社会主义伟大事业全面推向21世纪。

9月12日下午　江泽民参加十五大上海代表团讨论，听完代表发言后，江泽民向来自第一线的代表表示感谢。他说，你们的发言我很受感动。你们在党的基层建设中做了许多有效的工作，为国家的繁荣和上海的发展作出了很多贡献。希望大家继续努力，取得新的更大的成绩。上海有人才优势、技术优势，要把这些优势发挥好。在当今世界，综合国力的竞争主要在于科技、科技的竞争主要在于人才。你们一定要在培养人才上继续下大功夫。江泽民最后说，现代科学技术发展很快，新知识层出不穷。我们一定要干一行，爱一行，活到老，学到老。

9月13日　李鹏参加十五大北京代表团的讨论。他指出，党的十五大提出，公有制应当有多种实现形式，一切符合“三个有利于”的所有制形式都可以而且应该用来为社会主义服务，这是又一次思想解放，对统一认识，促进我国经济上新台阶将产生重要作用。李鹏听了代表们的发言，最后说，我相信，公有制实现形式的多样化，必将进一步巩固和发展公有制经济，推动我国经济的全面发展。

9月13日、14日　乔石、李瑞环、朱镕基、刘华清、胡锦涛参加十五大各代表团讨论。乔石参加十五大浙江代表团讨论时说，十五大是中国共产党在世纪之交召开的具有历史意义的盛会，必将对21世纪中国的发展产生深远的影响。我们只要理论密切联系实际，扎扎实实地干，21世纪的中国一定会更加欣欣向荣。李瑞环参加十五

大天津代表团讨论时说，旗帜的问题至关重要，它标志着我们党在世纪之交的关键时期所选择的方向和道路，关系到十二亿中国人民的切身利益，国际社会也将据此判断中国未来的走向。朱镕基参加十五大陕西代表团讨论时说，当前国民经济最重要的任务还是加速国有企业改革，搞好大中型国有企业。关键在于实行“两个根本转变”、认真进行产业结构调整、切实搞好“三改一加强”。眼下迫切的工作，第一是再不要搞重复建设，否则只会使现有企业减产停产越来越严重。第二要搞好领导班子调整建设，没有合格的会经营、懂管理的人才，什么企业都办不好。第三要进一步鼓励兼并、规范破产、下岗分流、减员增效、实施再就业工程。只要按照这个路子走下去，扎扎实实干三年，就能使大多数国有大中型亏损企业走出困境，进而办成现代企业。刘华清参加十五大解放军代表团讨论时说，在新的历史条件下，发扬我军优良传统，就是要始终坚持党对军队的绝对领导，坚持全心全意为人民服务的宗旨，坚持革命理想、革命精神和革命纪律，坚持实事求是、艰苦奋斗的作风，自觉抵制拜金主义、享乐主义、个人主义和腐朽思想文化的侵蚀，使官兵始终保持政治上的坚定和思想道德上的纯洁，保证在以江泽民为核心的党中央、中央军委领导下，永远忠于党、忠于人民、忠于国家、忠于社会主义。胡锦涛参加十五大西藏代表团讨论时说，这次大会的主题确定为高举邓小平理论伟大旗帜，把建设有中国特色社会主议事业全面推向21世纪，合党心，顺民意，体现了时代的要求和人民的意愿。相信这次大会一定会进一步团结动员全党全国各族人民，沿着邓小平开创的建设有中国特色社会主义道路，把改革开放和现代化建设事业继续推向前进。

9月13日　中国共产党第十五届中央委员会第一次全体会议在北京举行并发表公报。江泽民主持会议并作重要讲话。会议选举生产中央领导机构，江泽民任中央委员会总书记、中央军委主席，江泽民、李鹏、朱镕基、李瑞环、胡锦涛、尉健行、李岚清任中央政治局常委，胡锦涛、尉健行、丁关根、张万年、罗干、温家宝、曾庆红任中央书记处书记，尉健行任中纪委书记。当日，中共十五大选举产生的中纪委举行第一次会议。

9月19日上午　江泽民、李鹏、朱镕基、李瑞环、胡锦涛、尉健行、李岚清会见中外记者。江泽民发表讲话指出，高举邓小平理论伟大旗帜是这次大会的灵魂，把邓小平理论确立为全党的指导思想，是这次大会的最主要成果。这对于我们实现邓小平提出的“三步走”的战略目标，在下个世纪把中国建成富强民主文明的社会主义国家，必将产生重大而深远的影响。江泽民说，在世纪之交，面对前所未有的挑战和机遇，我们对实现下个世纪的宏伟目标，充满信心。我相信，中国将更加美好。我们祝愿世界将更加美好。

9月19日　江泽民在中南海怀仁堂会见解放军和武警部队出席党的十五大的全体代表。江泽民在讲话中指出，要把十五大精神变成推动国家发展的强大动力，关键在于抓好贯彻落实。希望同志们回去以后，把大会精神传达好、宣传好、学习好、落实好，团结和带领全军和武警部队官兵以更加积极的姿态，投入建设有中国特色社会主义事业的伟大实践。大家作为十五大代表，要时时处处严格要求自己，做群众的表率，发挥带头作用，为加强军队的革命化、现代化、正规化建设作出新的贡献。张万年、迟浩田、刘华清、张震同志也参加了会见。

9月20日　总政治部发出通知，要求全军和武警部队认真传达学习党的十五大精神。张万年副主席代表军委就传达学习作了具体部署，提出了明确要求。各级党委和政治机关要把传达学习十五大精神作为当前和今后一个时期部队首要的政治任务，精心部署，抓好落实。传达学习分两步进行：第一步，按照中央和军委的要求，尽快把大会精神传达到全体官兵和职工、家属。第二步，以江泽民的报告为主要内容，集中时间进行深入学习，领会精神实质。

9月20日　中共中央办公厅发出关于认真学习党的十五大精神的通知。通知要求各级党委，认真学习十五大文件，把广大干部群众的思想统一到十五大精神上来，把全国各族人民的力量凝聚到实现十五大确定的各项任务上来。对此要高度重视精心组织，切实抓好。一、要重点抓好江泽民同志报告的学习。县以上领导干部特别是高级干部要认真研读江泽民的报告，全面准确地领会精神实质，牢牢把握十五大的主题，明确十五大提出的纲领、任务和方针政策。二、学习要紧密联系实际。坚持理论联系实际，多做艰苦踏实的工作，认真解决当前经济和社会生活中的突出矛盾和问题。注重工作实效，不做表面文章，不搞形式主义。三、各级党委要切实加强对学习的领导。党的宣传部门、理论队伍和新闻单位首先要学习好，同时要在党委统一领导下，加强对十五大精神的宣传。

9月22日　政协第八届全国委员会常务委员会第二十二次会议在北京开幕。会议主要议程是学习和贯彻党的十五大精神。李瑞环主持会议并作重要讲话。李瑞环指出，中共十五大为人民政协发展提供了新的机遇，展示了良好的前景。让我们在邓小平理论的指引下，在以江泽民为核心的中共中央领导下，同心同德为全面完成十五大提出的各项任务，把人民政协的工作提高到一个新的水平而努力奋斗。温家宝受中央委托，在会上介绍了中国共产党第十五次全国代表大会精神。叶选平、吴学谦等参加会议。

9月23日　中组部召开学习贯彻十五大精神暨中组部党建研究所成立10周年座谈会，胡锦涛发表重要讲

话。他指出，贯彻十五大精神，要认认真真地学，实实在在地干，把广大干部群众的思想统一到十五大精神上来，把全国各族人民的力量凝聚到实现十五大确定的各项任务上来。胡锦涛强调，要实现十五大确定的各项任务，坚定不移地高举伟大旗帜，卓有成效地推进伟大事业，需要我们从各方面做好工作，关键在于坚持，加强和改善党的领导，围绕新时期党的建设的总目标，从思想上、组织上、作风上全面加强党的建设。最根本、最重要的一条就是要高举邓小平理论伟大旗帜，坚持不懈地用这一理论武装全党，首先是武装领导干部，在思想上和工作中牢固确立邓小平理论的指导地位。不仅要深入学习掌握理论，更重要的是切实用理论武装头脑，统一思想，指导工作，提高解决实际问题的能力。胡锦涛还对党建理论工作者带头学习、宣传和贯彻十五大精神提出了要求。

9月29日　国务院侨办、港澳办、台办联合在人民大会堂举办国庆招待会。乔石、朱镕基、李瑞环、尉健行、李岚清出席招待会。钱其琛致祝酒词，他指出，中华人民共和国诞生48周年，中国的改革开放走过了近20个年头，我国的面貌发生了巨大的变化。围绕建立社会主义市场经济体制的各项改革取得突破性进展；对外开放形成多层次、全方位格局。国民经济持续、快速、健康发展，提前5年实现了翻两番的战略目标，国家综合国力进一步增强，人民生活显著改善，有中国特色社会主义文化建设取得了明显进展。我国的国际地位和在国际事务中的影响日益提高和增强。历史证明，建设有中国特色社会主义道路，是实现民族振兴、国家富强和人民幸福的唯一的康庄大道。钱其琛最后指出，中国是爱好和平的国家，中国的发展有利世界和平与稳定，中国的发展不会对任何国家构成威胁。中国政府和人民愿意与全世界一切爱好和平的国家和人民一道，共同推动世界的和平、稳定和繁荣、共同推进人类进步的伟大事业。钱其琛希望海外侨胞、港澳同胞、台湾同胞和华人朋友，一如既往，继续为世界了解中国，中国走向世界，为中华民族全面振兴的新纪元的到来发挥更大作用。

9月29日　画册《共和国十大将》出版座谈会在北京举行。江泽民主席为这本画册题写书名。中央政治局委员、书记处书记、中央军委副主席张万年出席座谈会并讲话。刘华清同志为画册写了前言。

9月29日　中共中央召开党外人士座谈会，江泽民发表讲话。江泽民强调，建设有中国特色社会主义，是一项前无古人的伟大事业，需要凝聚全国各族人民的智慧和力量，共同努力奋斗。当前，面对改革攻坚和开创现代化建设新局面的艰巨任务，需要加强全国各族人民的团结，加强中国共产党同各民主党派和无党派人士的团结，加强同一切爱国力量的团结，最大限度地调动一切积极因素，克服前进道路上的一切困难，把我们的事业全面推向新世纪。当天下午，在党的十五届一中全会上新当选的七位中共中央政治局常委江泽民、李鹏、朱镕基、李瑞环、胡锦涛、尉健行、李岚清，在中南海怀仁堂与各民主党派中央、全国工商联负责人、无党派代表人士亲切见面座谈，共同庆祝中共十五大的胜利召开和即将到来的国庆佳节，畅谈祖国的建设和发展。

9月30日　国务院在人民大会堂举行盛大招待会，热烈庆祝中华人民共和国成立48周年。江泽民、李鹏、乔石、朱镕基、李瑞环、刘华清、胡锦涛、尉健行、李岚清、荣毅仁出席招待会。李鹏发表讲话。他指出，国有企业改革是当前和今后一个时期经济体制改革的重点，要加大工作力度。这项工作政策性强，各地要从实际情况出发，尊重经济规律，尊重群众意见，扎扎实实地去做，并且注意不断总结经验，积极加以推进。继续深化金融工作，防范金融风险。要进一步加强社会主义民主和法制建设，积极推进机构改革。深入开展勤政廉政建设和反腐败斗争，切实抓好社会治安的综合治理。各级政府和领导干部要更加关心群众疾苦，特别是关心那些生活上有困难的工人、农民，帮助他们解决困难。我们相信，在邓小平理论指导下，在江泽民为核心的党中央领导下，各族人民团结奋进，明年一定能够取得改革开放和社会主义现代化建设的新成绩。

十　月

10月6日　江泽民、李鹏、乔石题词祝贺《中国日报香港版》创刊。江泽民主席的题词是："贯彻一国两制方针，为香港读者服务"；李鹏总理的题词是："努力办好中国日报香港版"；乔石委员长的题词是："加强信息交流，促进香港长期稳定繁荣"。全国人大常委会副委员长雷洁琼、全国政协副主席万国权为该报题字，香港特别行政区近10位知名人士也为该报题字。《中国日报香港版》是香港回归祖国后经中央政府批准的第一份在香港出版印行的内地英文报纸，用英文报道中央政府的方针、政策，内地及香港的政治、经济、社会、文化等方面的最新动态。主要发行香港、澳门和东南亚，已在香港设立编辑部等相应机构。中国日报社当天在香港君悦酒店举行

《中国日报香港版》创刊酒会，全国政协副主席安子介，全国人大常委会委员曾宪梓，新华社香港分社副社长张浚生、香港特区临立会主席范徐丽泰、行政会议召集人钟士元等出席酒会，中国日报社总编辑朱英璜及香港各界人士数百人出席了酒会。

10月8日　江泽民、李鹏、李岚清为祝贺中国农业科学院建院40周年题词。姜春云到会并讲话。江泽民的题词是："服务农业主战场，攀登科技新高峰"。李鹏的题词是："依靠科技进步，促进农业发展"。李岚清的题词是："进一步加强农业科研开发工作，大力推进科技成果的产业化和推广应用，为我国农业现代化事业作更大的贡献。"姜春云说，中国农科院走过了40年的光辉历程，在农业科研和人才培养两个方面，都取得了丰硕成果。我国农业和农村经济能有今天的发展水平，是与广大农业科技人员的辛勤工作，创造性劳动分不开的。中国农科院院长吕飞杰讲话，表示要再创中国农业科学院新世纪辉煌。会上表彰了曾获国家级农业科技一等奖的代表，宣布由梅方权任主任的中国农业科技信息网开通，姜春云为开通仪式剪了彩。

10月8日——11日　乔石在湖北考察工作。在考察时乔石强调，要紧紧抓住历史机遇，在邓小平建设有中国特色社会主义理论的指引下，解放思想，深化改革，努力把社会主义现代化建设推向前进。乔石十分重视高新技术产业的发展。他对东湖新技术开发区获得较快发展和良好效益感到满意。他说，要继续发挥武汉科技力量比较雄厚的优势，积极引进，努力钻研先进技术，大力促进科研成果的产业化，提高产业的档次。他强调，计算机技术和信息产业的发展将对世界经济和人类生活产生巨大和深远的影响。

10月10日中央军委主席江泽民签署命令颁发新的共同条令和警备条令。重新修订的共同条令和警备条令，坚持以毛泽东思想、邓小平理论和江泽民主席关于军队建设一系列重要论述为指导，贯彻新时期军事战略方针，吸引近年业军队建设和改革的成功经验，充分反映了新形势下军队建设和管理的客观规律，是治军带兵的基本法规和全军人员必须严格遵守的共同准则。新条令的颁发施行，对于在新的历史条件下，保证党对军队的绝对领导，保证党的十五大精神在全军的贯彻落实，全面贯彻质量建军方针，巩固和提高部队战斗力，具有十分重要的意义。

10月14日　李鹏总理主持召开国务院第63次常务会议。国务院三峡工程建设委员会副主任郭树言汇报了三峡工程大江截流前验收情况。会议批准于1997年11月8日实现长江大江截流。李鹏在国务院三峡工程建设委员会会议上说，大江截流的胜利实现具有重大的政治、经济意义，这将是十五大之后一件振奋人心的大事，一件展示社会主义建设辉煌成就的大事。它将使全国人民更加关心和支持三峡工程，增强建设好三峡工程的信心。它将向全世界表明，中国人民有能力兴建当今世界上最大的水利水电工程。李鹏号召，三峡工程全体参建单位和库区各级政府要以党的十五大精神为指针，在以江泽民为核心的党中央领导下，高举邓小平理论的伟大旗帜，团结一致，艰苦奋斗，建设好三峡工程，同时把三峡库区建设成经济繁荣、环境优美、人民安居乐业的新型经济区。

10月15日　全国纪检监察系统召开电视电话会议。中央政治局常委、中央纪委书记尉健行在会上指出，各级党委、政府和纪检监察机关，要以十五大精神为动力，进一步加大反腐败工作力度，继续扎实抓好中央纪委第八次全会部署的各项工作，特别要着重贯彻江泽民关于艰苦奋斗的重要讲话精神，坚决落实党中央、国务院关于党政机关厉行节约制止奢侈浪费行为的各项规定，务必在今冬明春取得新的成效，推动党风廉政建设和反腐败斗争的深入进行。尉健行强调，深入学习十五大精神，要在反腐败工作上见行动，出成效。用实实在在的成果，让广大干部群众看到我们党反对腐败的决心，增强同腐败现象作斗争的信心。要继续紧紧抓住群众反映强烈的突出问题，纠正部门和行业不正之风。各级党委、政府和纪检监察机关以及有关业务主管部门要坚决按照中央的要求，切实负起责任。要加大工作力度，制定具体标准，加强监督检查，严肃执行纪律。只要各级领导机关和领导干部锲而不舍，一抓到底，抓出成效，坚持数年，艰苦奋斗、勤俭办事的良好风气就一定会在全党全国进一步形成，促进党风廉政建设和反腐败斗争不断深入。

10月17日——19日　胡锦涛到天津农村考察。详细了解农村经济发展和农村基层组织建设的情况，他强调指出，要紧密结合农村实际，深入学习贯彻十五大精神，坚持党的基本路线和党在农村的基本方针政策不动摇，加强农村基层组织建设不放松，抓住机遇，乘势而进，为实现农村跨世纪发展的目标而奋斗。各级党委要从社会主义现代化建设的全局高度和实现跨世纪宏伟目标的战略高度，充分认识加强农村基层组织建设的重要性、长期性和紧迫性，始终不渝地重视抓基层、打基础的工作，紧紧围绕经济建设这个中心，紧密结合新的形势和任务，努力把农村基层组织建设工作提高到一个新的水平。

10月21日　中宣部、人事部、中直机关工委、中央国家机关工委、中共北京市委、北京市人民政府联合举行"人民满意的公务员"事迹报告会。被授予"人民满意的公务员"荣誉称号的河北省平山县西柏坡乡乡长王韶华等10名同志，被请到人民大会堂主席台向首都各界5000多名公务员做事迹报告。他们的感人事迹赢得了热烈的掌声。人事部长宋德福宣读了人事部授予王韶华等10

名同志记一等功奖励的表彰决定。国务委员李贵鲜发表讲话,并为王韶华等10名"人民满意的公务员"颁发奖励证书。李贵鲜在讲话中说,这些同志是全国公务员的杰出代表,广大公务员要向他们学习,要学习他们密切联系人民群众,切实关心群众的疾苦,为人民群众多办实事、好事。要学习他们甘当人民公仆,勤政廉政,艰苦奋斗,无私奉献。密切党和政府同人民群众的联系,一定要自觉抵制和克服腐败现象,这是国家公务员必须具备的政治素质。必须时刻牢记,我们手中的权力是人民赋予的,只能用来为人民群众谋利益,决不能谋私利。中宣部常务副部长刘云山主持了报告会。

10月21日 中央政治局常委、书记处书记胡锦涛会见人民满意的公务员。会见时胡锦涛说,国家机关的公务员,无论从事何种工作,无论职位高低,都是人民的勤务员,都要坚持和实践全心全意为人民服务的宗旨,把人民群众满意不满意作为自己全部工作的出发点和归宿,把人民利益放在大于一切,高于一切,重于一切的位置上。人民满意的公务员代表发言表示,要珍惜党和人民给的荣誉,再接再厉,更好地为人民群众做实事好事。胡锦涛听了他们的发言后说,任何一个公务员,都要坚持用权为民,决不能以权谋私,手中权力愈大,责任就愈重,就愈应当具有高度的责任感,努力做到为党分忧,为国奉献,为民造福。要把实践全心全意为人民服务的宗旨贯彻到履行岗位职责的全部活动之中,坚持依法用权,严格照章办事,尊重和保障人民群众的合法权益,自觉接受人民群众的监督,并且坚决同滥用权力,假公济私,损公肥私,欺压群众的行为作斗争。要坚定地相信和依靠群众,经常同群众保持密切的联系。

10月22日 中央纪委、监察部在北京举行新闻发布会,公布贵州省政协副主席常征受贿案。常征利用自己的地位和影响1995年、1996年两次共计收受贿赂人民币7万元,受贿数额大,错误性质严重,受到开除党籍,撤销省政协副主席职务和省政协委员、常委资格。随着改革开放的深化和市场经济的发展,能否经受住金钱的考验,是摆在领导干部面前的严峻课题。每个党员领导干部都要自觉地按照"讲学习、讲政治、讲正气"的要求,加强思想道德修养和党性锻炼,增强拒腐防变的能力,经受住金钱的考验,永葆共产党员的先进本色。

十 一 月

11月1日 全国党校第二次教学工作会议在北京召开。胡锦涛在会前就学习邓小平理论和党校的工作,专门对中央党校负责同志作了重要讲话。作为培养领导干部和理论骨干、学习研究宣传邓小平理论的重要阵地,各级党校正在进一步深化教学改革,努力在这一新高潮面前充分发挥自己的作用。

11月1日 中国人民大学建校60周年。党和国家领导人江泽民、李鹏、乔石、李瑞环、李岚清为中国人民大学校庆题词。江泽民的题词是:"高举邓小平理论伟大旗帜,培养跨世纪优秀建设人才"。李鹏的题词是:"认真贯彻党的教育方针,培养现代化事业合格人才"。乔石的题词是:"培养跨世纪优秀人才,为建设有中国特色社会主义作更大贡献"。李瑞环的题词是:"坚持解放思想,忽忘实事求是"。李岚清的题词是:"继续深化教育改革,努力提高教育质量和办学效益,为培养更多的跨世纪优秀人才做贡献"。中国人民大学的前身,是1937年在延安建立的陕北公学,以及后来的华北联合大学、北方大学和华北大学。1950年10月中国人民大学正式诞生。它是中国共产党创办的第一所新型正规大学,现在已发展成为一所以社会科学为主的综合性全国重点大学。

11月3日 中央政治局常委、国务院副总理朱镕基在中央政治局委员、上海市委书记黄菊和市长徐匡迪等陪同下,带领国务院有关部门负责同志到上海纺织企业调查研究,并召开了上海、江苏、浙江、山东等三省一市负责同志的座谈会,听取三省一市纺织行业压锭减员,调整结构的情况汇报,探讨、研究帮助纺织行业摆脱困境的政策措施。在分析造成国有企业困难的主要原因时,朱镕基说,一是重复建设严重,市场供过于求,二是历史包袱沉重,企业负债率高,三是富余职工多,退休人员负担重。要克服这些矛盾和困难,关键在于实行"两个转变",认真进行产业结构调整,切实搞好"三改一加强",坚决走"鼓励兼并、规范破产、下岗分流、减员增效,实施再就业工程"的路子。这是一条必由之路,一项根本的措施,也是历史经验教训的总结,除此没有别的路可走。座谈会还研究了必须采取的政策措施,首先要实行国家、地方、企业共同负担的办法,采取灵活有效的措施着力妥善安置富余职工,要尽快建立和完善社会保障体系,同时采取必要的行政和经济手段。要坚持走群众路线,充分发挥工人阶级主人翁精神,保证目标的实现。

11月4日 中央政治局委员、国务院副总理姜春云会见第二届中国杰出青年农民。会见时姜春云说,全国青年农民要认真学习党的十五大精神,认真学习科学文化知识和市场经济知识,在农村改革发展中创一番事业,

为实现我国农业的商品化、专业化、现代化做出更大的贡献。姜春云说，十五大制定了我国改革开放和现代化建设的宏伟蓝图，进一步强调要强化农业基础地位，把农业放在经济工作的首位，对农业和农村的发展提出了明确的要求。要实现这些宏伟目标，需要培育，造就一支规模宏大、高素质的农业劳动大军。

11月4日　第九届“半月谈思想政治工作创新奖”获奖者座谈会在北京举行。中央政治局委员、书记处书记、中宣部部长丁关根会见全体获奖者和《半月谈》杂志社的同志，并讲话。丁关根指出，统一思想，凝聚力量，完成任务，需要加强思想教育工作。思想教育工作，既是精神文明建设的重要内容，又是物质文明建设的有力保证。重视思想教育工作，是我们党的优良传统和政治优势。在改革开放和现代化建设的新征途上，我们一定要把思想教育工作放在重要地位，只能加强，不能放松。越是改革开放，越要加强思想教育工作。思想教育工作做好了，改革开放就会搞得更有成效。他强调，思想教育工作，各级党委要做，各级领导干部要做，从事宣传思想文化教育工作的同志要做，每个党员都要做。做好思想教育工作首先要从自己做起，特别是领导干部要严于律己，以身作则。要心理想着群众，贴近群众生活，了解群众心情，体现群众意愿，尊重人、关心人、理解人，注意把思想教育工作同解决群众关心的实际问题结合起来。

11月5日　中宣部、公安部、中华见义勇为基金会联合举办第五次全国见义勇为表彰大会在北京举行。117名见义勇为、匡扶正义的中华民族优秀儿女在北京受到党和政府的隆重表彰。尉健行在人民大会堂会见了代表，他代表党中央、国务院向见义勇为先进分子致亲切的问候和崇高的敬意。他说，党的十五大对我国改革开放和社会主义现代化建设跨世纪的发展作出全面部署。为了完成历史的重任，必须有一个稳定的社会治安环境。为了维护安定团结的政治局面和良好的社会治安秩序，我们要坚持专门工作和群众路线相结合的方针，既要充分发挥公安政法机关的职能作用，又必须充分发动群众，依靠群众，进一步落实社会治安综合治理的各项措施，大力倡导人民群众见义勇为的精神。

11月1日——5日　中共中央政治局常委、国务院副总理李岚清在四川重庆考察。在考察过程中，李岚清听取了四川、重庆两地十多所高校校长、党委书记的工作汇报，并与他们座谈高校的发展与改革。李岚清说，江泽民总书记在十五大所作的报告，是历次党代会讲教育最多、最全面、最深刻的一次报告，学习、领会、贯彻十五大精神，教育战线要走在前面，教育改革与发展的力度要加大。要认真落实以江泽民为核心的党中央提出的科教兴国的历史重任，只有培养出同现代化要求相适应的数以亿计高素质的劳动者和数以万计的专门人才，十五大提出的各项跨世纪战略任务才能实现。

11月6日　胡锦涛会见中组部第八期党员专家邓小平理论研究班学员。他强调指出，科技战线上的共产党员尤其是党员干部，要按照十五大的要求，继续深入学好邓小平理论，在思想上和工作中牢固确立邓小平理论的指导地位，在两个根本转变中当好先锋，在两个文明建设中作好表率，为实施科教兴国战略勇挑重担。

11月6日　中华全国新闻工作者协会成立60周年纪念大会在人民大会堂举行。会上宣读了江泽民、李鹏、乔石、李瑞环、刘华清、荣毅仁等党和国家领导人的题词。江泽民的题词是：“建设一支政治强、业务精、纪律严、作风正的新闻队伍。”李鹏的题词是：“热烈祝贺中国记协六十周年，发展繁荣新闻事业”。乔石的题词是：“坚持实事求是，密切联系群众。”李瑞环的题词是：“着眼人民，跟上时代”。刘华清的题词是：“坚持正确导向，提高引导水平。”荣毅仁的题词是：“大力发扬党的新闻工作的优良传统。”丁关根代表党中央向中国记协和全体新闻工作者表示祝贺和感谢。

11月7日——10日　国务院在湖北宜昌召开三峡工程移民暨对口支援工作会议。李鹏在会上作重要讲话。他指出，在三峡建设工程中，必须重视提高建设队伍的整体素质，包括政治与业务技术素质。从事三峡工程的建设者和库区移民干部，要继续发扬艰苦奋斗，无私奉献的精神，谦虚谨慎、依靠群众、清正廉洁、一身正气，不仅要把三峡工程建成一流的工程，还要培养出一支全心全意为人民服务的优秀干部队伍。

11月8日　三峡实现大江截流，江泽民发表重要讲话。江泽民指出，今天，我们在长江三峡兴建的这一世界上规模最大、综合效益最广泛的水利水电工程，将对我国国民经济的发展起到重大促进作用。它是一项造福今人、泽被子孙的千秋功业。它体现了中华民族艰苦创业、自强不息的伟大精神，展示了中国人民在改革开放中改天换地、创造未来的宏伟气魄。

11月10日　我国第一所培训高级法官的高等学府国家法官学院成立。江泽民为国家法官学院题写了院名。乔石、罗干、李贵鲜出席了当天的成立典礼。中央政法委员会书记、最高人民法院院长任建新在典礼上讲话。他说，党的十五大确定实行依法治国，建设社会主义法治国家的基本方略，人民法院的任务更加繁重，责任更加重大。这给审判队伍的政治素质、业务素质提出了更高的要求。国家法官学院的成立，是新时期加强法制建设和发展司法工作的需要，是贯彻法官法的需要，标志着人民法院的教育培训工作掀开了新的一页，必将把法院干部教育培训工作推向新的发展阶段，对加强法院干部队伍建设，不断提高司法水平，一定会发挥重大作用。国家法官学院坐落在北京市通州区，是最高人民法院为培养造

就跨世纪的高水平审判专业人才，在原全国法院干部业余法律大学和中国高级法官培训中心基础上建立的。

11月13日　黄埔军校同学会第二次会员代表会议在北京举行，李瑞环会见全体代表并讲话。他说，黄埔同学会是邓小平亲自批示成立的。十几年来，在发扬黄埔精神，联络同学感情，促进祖国统一，致力振兴中华等方面做了大量工作，在海内外产生了良好影响。他说，当前，我们国家形势很好。香港顺利回归标志着我们在完成祖国统一大业的道路上迈出了重要一步。澳门回归在即。海峡两岸统一是所有中华儿女的共同愿望，是不可阻挡的历史潮流。希望黄埔同学会在已有成绩的基础上，加倍努力，发挥特有的作用，继续为完成祖国的统一大业做出更大的贡献。参加会见的领导同志还有张万年、钱其琛、王兆国、何鲁丽，以及肖克等老同志。

11月11日——14日　全国公安机关工作会议在杭州举行。公安部纪委书记罗锋在会上强调，要把公安机关的党风廉政建设和反腐败工作提高到关系党和国家生死存亡的高度，统一各级领导和全体民警的思想。各级公安机关在党风廉政建设和反腐败斗争的实践中，积累了一些宝贵经验，但当前工作中存在的问题也不容忽视，主要表现在，有些腐败现象没有得到遏制，特别是有的公安机关和少数民警在执法活动中利用职权徇私枉法、贪赃枉法、敲诈勒索、索贿受贿案件仍相当突出，少数地方公安机关有令不行，有禁不止，插手经济纠纷，非法扣押人质的案件时有发生，公安机关党风廉政建设和反腐败工作面临的形势仍很严峻。公安部部长陶驷驹强调，在新的历史条件下，公安机关必须主动适应深化改革、扩大开放、加快发展的新形势，以贯彻落实党的十五大精神为动力，不断加大公安工作的改革力度，努力建立与社会主义市场经济相适应的公安工作运行机制，队伍管理机制和警务保障机制。

11月14日　由江西省委组织的“忘我工作无私奉献的好专员”吴成生事迹报告团在中组部作报告。中组部部长张全景在报告会上指出，我们学习吴成生同志，就是要学习他时刻把人民利益放在高于一切的地位的公仆情怀。各级领导干部，要像吴成生同志那样，时刻把群众的冷暖挂在心上，把人民拥护不拥护、赞成不赞成、高兴不高兴、答应不答应作为我们想问题、办事情、做工作的出发点和落脚点，切实为人民群众办好事办实事。吴成生同志生前任江西省吉安地区行署副专员，今年2月6日因病去世，被广大群众誉为“忘我工作、无私奉献的好专员”。张全景说，宣传吴成生同志的先进事迹，弘扬吴成生同志的崇高精神，对于在广大党员干部中继续开展以讲学习、讲政治、讲正气为主要内容的党性党风教育，对于以思想政治建设为重点，进一步加强各级领导班子和干部队伍建设，将产生积极的推动作用。

11月17日　首都举行座谈会，纪念毛泽东“希望寄托在你们身上”讲话发表40周年。刘华清、李岚清出席座谈会。1957年11月，毛主席赴苏联参加十月革命40周年庆典和世界共产党工人党代表会议。11月17日，毛主席在莫斯科大学礼堂，面对几千莘莘学子发表了著名讲话：“世界是你们的，也是我们的，但是归根到底是你们的。你们青年人朝气蓬勃，正在兴旺时期，好像早晨八九点钟的太阳。希望寄托在你们身上。”李岚清说，毛主席的讲话是对新中国第一代留学生的希望、鼓励和鞭策。他以无产阶级政治家的胸怀，放眼世界，把握未来，将革命事业中国的希望寄托于青年。今天，跨世纪的一代已站在世纪之交的交点，历史将赋予跨世纪的一代更为光荣而重大的使命。广大中青年留学人员和跨世纪一代是跨世纪的建设者，是我们未来事业的骨干。李岚清强调，要“培养同现代化要求相适应的数以亿计高素质的劳动者和数以千万计的专业人才，发挥我国巨大人力资源的优势，这关系21世纪社会主义事业的全局。”因此，我们强调希望寄托在你们身上，希望寄托在千百万有志气、有抱负的跨世纪一代青年的身上。在完成这一伟大历史任务的进程中，知识分子作为工人阶级的一部分，将发挥重要作用。要加强学习，提高自己，努力成为先进思想的传播者，科学技术的开拓者，社会主义物质文明和精神文明的建设者，“四有”公民的教育者。同广大工人、农民在一起，为中华民族的振兴建功立业。当代青年，特别是下一世纪的建设者，要向老一辈学习，弘扬创业、爱国精神，肩负起民族的期望，再创跨世纪的辉煌。

11月17日——19日　全国金融工作会议在北京举行。江泽民、李鹏、朱镕基在会上作了重要讲话。胡锦涛、李岚清出席会议。会议的主要任务是以邓小平理论和党的十五大精神为指导，对解决金融改革和发展中的重大问题作出具体部署。会议的目的，是正确估量当前经济、金融形势，充分认识进一步深化金融改革和整顿金融秩序，防范和化解金融风险的重要性和迫切性，明确做好这项工作的总体要求，指导原则、主要任务和重要措施。做到统一思想认识，统一行动步伐，坚定决心，增强信心，加强领导，狠抓落实，加快建立现代金融体系和金融制度，依法规范和维护金融秩序，保证金融安全、高效、稳健运行，开创金融改革和发展的新局面。会议要求各级党委、政府和各部门务必把思想和行动真正统一到中央的决策和部署上来。要树立全局观念，严格遵守和维护党的纪律。

11月25日——12月1日　中央政治局常委、中央纪律检查委员会书记尉健行在河北考察。在考察过程中尉健行指出，村务公开是农村民主制度建设的重要内容，是干部接受党员和群众监督的有效措施，可以在全国农村普遍实行。尉健行深入到农村企业，同农民、工人和基

层干部交谈。大家谈,村务公开推进了农村基层民主建设,改善了干群关系,干部增强了服务意识,加强了工作责任感;群众提高了民主监督意识,增强了对干部的信任感,不但许多疑难问题容易得到解决,而且有力地推动了农村各项工作的进行,促进了社会的稳定;把农村政务置于广大群众监督之下,有效抑制了一些干部以权谋私行为的发生,推进了党风建设;实行村务公开密切了农村基层党组织同农民群众的联系,加强了党支部的核心领导作用,同时在党组织的领导和支持下,村务公开又得到充实和加强。尉健行要求尚未实行村务公开的农村,都应当从实际出发建立这项制度,首先选择群众最关心的热点问题,采取简单明了、方便群众了解的形式向群众公开,接受群众的监督,同时要认真做好思想政治工作,逐步使村务公开的内容、形式、程序、标准、时间以及民主监督的方式等做到规范化、制度化。

十　二　月

12月1日　毛泽东与二十四史学术研讨会在人民大会堂举行。李瑞环出席会议并讲话。李瑞环强调,我们要学习毛泽东读史用史,爱书读书的精神,使勤读书、多读书成为习惯,成为风气。他说,毛泽东的历史功绩源于他对中国国情的掌握、对中国社会性质的分析,对中国革命任务的确立,在一定程度上,也得益于他对中国历史的研读。一部中国现代革命史,是毛泽东在马克思主义指导下继承、弘扬中华民族优秀文化传统的历史,是毛泽东善于总结历史经验、以史为鉴、积极创造新的历史的过程。我们重新回顾毛泽东重视历史、学习历史、研读历史、运用历史的伟大实践,就会再一次感受到中华文明的巨大魅力与生命力,就会激励我们更加热爱民族优秀文化,大力弘扬民族优秀文化,积极建设有中国特色社会主义文化。《毛泽东评点二十四史》影印线装本共850册,是中央档案馆整理、线装书局出版的。

12月1日——4日　胡锦涛在全国妇联七届五次执委会上强调,妇联组织贯彻落实党的十五大精神,首先必须高举伟大旗帜不动摇,坚持用邓小平理论指导妇联的全部工作。胡锦涛指出,妇联围绕大局开展工作,当前要着重抓好三个方面的事情。一是积极配合党委政府做好科教兴农和扶贫攻坚工作。二是切实帮助下岗女职工实现再就业。要以高度的政治责任感和紧迫感,积极协助有关部门,把这项事关改革、发展、稳定大局的工作做得更细致、更深入、更扎实。要大力加强对下岗女职工的就业形势,就业政策的宣传教育工作,积极引导下岗女职工转变观念,振作精神;要搞好职业培训,帮助他们提高职业技能;要拓宽就业门路,疏通就业渠道,增加就业岗位,使更多的下岗女职工得到就业的机会。三是要把家庭美德建设这项贴近群众、贴近生活、贴近实际的精神文明建设的基础性工作抓好,进一步促进全社会文明风尚的形成。

12月4日　中央委员、候补中央委员学习邓小平理论和十五大精神研讨班在中央党校举行。胡锦涛在研讨班开学典礼上讲话。他指出,高举邓小平理论伟大旗帜,学习和贯彻十五大精神,很重要的是要增强当代中国共产党人的历史责任感。这种历史责任,就是继承和发展一个多世纪以来包括孙中山领导的事业在内的中国人民的伟大奋斗成果,把毛泽东、邓小平等老一辈革命家开创的社会主义伟业全面推向二十一世纪,在社会主义的基础上实现中国的现代化和中华民族的全面振兴。这样才无愧于先烈、无愧于人民、无愧于后代。各级领导干部特别是高级干部,都应该具有并不断增强这种历史责任感,以更大的信心和热情去夺取新的胜利。

12月6日　胡锦涛在全国总工会十二届五次执委会上发表讲话。胡锦涛指出,工会围绕大局开展工作,必须突出工作重点,发挥自身优势,在最需要工会发挥积极作用,又最能体现工会组织特点的领域里大显身手。他要求工会把广大职工进一步动员起来,组织起来,在深化国有企业改革特别是实现企业扭亏增盈中充分发挥主力军作用。胡锦涛强调,能不能妥善安置好下岗职工是国有企业改革成败的关键。要把大力实施送温暖工程和再就业工程,作为一件关系改革、发展和稳定的全局性大事来抓。要满腔热忱地关心下岗职工的生活,切实为困难职工提供帮助。胡锦涛指出,实现再就业是解决下岗职工生活困难的根本出路。工会组织要进一步在拓宽就业门路,搞好职业培训、开展职业介绍、疏通就业渠道和引导职工转变就业观念、鼓励下岗职工自谋职业等方面加大工作力度。要深入到下岗职工比较多,矛盾比较集中的地方,疏导情绪,化解矛盾,尽力为职工排忧解难,积极配合党委和政府,努力把这方面的工作做得更好。

12月8日　中央政治局常委、书记处书记、全国总工会主席尉健行在全总十二届五次执委会上作了题为《深入学习贯彻党的十五大精神,在全局中更好地发挥工会组织的作用》的重要讲话。他指出,各级工会要积极动员和依靠职工群众推进国有企业改革和发展。要教育和引导职工深刻认识改革的必要性、重要性,以主人翁的态

度为国有企业的改革和发展献计出力。尉健行强调，工会要重视劳动关系的调整，进一步突出维护职能。当前要特别重视职工下岗和一些职工的生活困难问题。工会要同党政和社会各方面一起，把解决下岗职工再就业和生活困难作为一件关系改革、发展和稳定的全局性大事来抓。从坚持党的全心全意为人民服务宗旨的高度，来认识做下岗职工工作的重要性；深入到职工特别是下岗和困难职工中去，关心他们的疾苦，倾听他们的呼声，发现问题及时反映，把问题解决在基层，矛盾化解在萌芽状态。他要求各级工会，要以高度的责任心和深厚的感情，倍加关心特困职工的生活。

12 月 9 日　国务院副总理钱其琛在钓鱼台国宾馆会见香港特别行政区行政长官董建华。董建华向钱其琛报告了香港回归以来的政治、经济情况。钱其琛对香港特别行政区政府的工作表示肯定。他指出，特区政府按照基本法的规定，有条不紊地处理内外事务，增强了港人和国际社会对香港前途的信心。

12 月 10 日　国务院总理李鹏在中南海紫光阁听取了香港特区行政长官董建华的述职报告。李鹏总理对香港回归后，“一国两制”、“港人治港”、高度自治付诸实施，经济上繁荣稳定的局面得以保持表示高兴，对董建华领导的特区政府所取得的工作成绩表示赞赏。李鹏说，香港回归以来，特别行政区政府的工作是富有成效的，中央政府充分相信港人能够管理好香港，充分尊重与全力支持香港特区行政长官和特区政府的工作。他还向董建华介绍了内地的社会、经济发展情况。他指出，随着我国改革开放事业不断向前推进，香港特区的发展前景将更加广阔。

12 月 10 日　国务院副总理朱镕基在中南海会见香港特别行政区行政长官董建华。董建华向朱镕基介绍了香港特别行政区成立以来政治、经济等方面的情况。朱镕基对香港特区目前的良好局面表示高兴，对特区政府在董建华先生领导下成功而有效地应对东南亚金融风波的冲击表示赞赏和支持。

12 月 11 日　江泽民主席在中南海听取了香港特别行政区行政长官董建华上任后的第一次述职报告。江泽民指出，香港特别行政区成立近半年来，社会、政治情况稳定，经济上虽然受到东南亚金融风波的影响，但仍比较稳健。港人继续保持原有生活方式，并享有广泛的民主自由。这一切表明，香港特别行政区正在基本法所规定的“港人治港”、高度自治的轨道上顺利运行。与此同时，香港居民对“一国两制”的方针政策的理解正在日益加强，对中央贯彻这些方针政策的决心也有了切实的体会。这是令人欣慰的。他表示相信，有祖国的强大支持，香港一定会发展的更好。

12 月 14 日　全国法院院长会议在上海举行。最高人民法院院长任建新在讲话中强调，今后一个时期人民法院的总任务是：严肃执法，全面推进各项审判工作，积极进行法院改革，高标准、严要求地建设好法官队伍，努力提高司法水平，开创人民法院工作的新局面，为改革、发展、稳定服务，为把建设有中国特色的社会主义事业全面推向 21 世纪提供可靠的司法保障。任建新强调，人民法院建设特别是队伍建设，对保证审判任务的完成至关重要。建设一支高素质的法院干部队伍，是摆在各级人民法院面前一项紧迫而繁重的任务。到世纪末，全部法官都要达到大专以上文化水平，各高级法院和沿海开放地区法院的法官要基本达到法律本科以上文化水平。

12 月 18 日　国务院总理李鹏、副总理朱镕基在人民大会堂接见了出席全国人事厅局长会议的代表。李鹏在发表重要讲话指出：为适应建立社会主义市场经济体制的需要，我国人事制度进行了深刻改革，发生了很大变化。推行国家公务员制度，有利于吸引各类人才，形成竞争激励机制，并使公务员队伍不断更新，我们更进一步完善这一制度，使人才能够脱颖而出，要教育广大公务员牢记全心全意为人民服务的宗旨，使他们具有良好的作用和思想道德情操，热爱并熟悉本职工作。李鹏最后希望人事工作在即将到来的 1998 年取得更大成绩。

12 月 19 日　中央纪委、监察部发出通知，通知要求各级党政机关和领导干部做厉行节约，反对奢侈浪费的模范，带头遵纪守法；同时，要管好下级单位及其工作人员，切实负起党风廉政建设的领导责任。各级纪律监察机关要加强监督检查，注意发挥舆论监督、群众监督的作用。对有令不行，有禁不止，违反制止奢侈浪费若干规定的行为，要按照有关规定严肃查处；对顶风违纪情节严重，影响恶劣的典型案件，要从严处理并公开报道。

12 月 21 日　胡锦涛在全国组织工作会议上发表重要讲话。他强调各级党委和组织部门要深入学习贯彻十五大精神，高举邓小平理论伟大旗帜，以高度的历史使命感和政治责任感，以解放思想、实事求是、开拓进取、知难而进的精神状态，以脚踏实地、埋头苦干、求真务实、联系群众的工作作风，做好面向新世纪的党建工作和组织工作，为把建设有中国特色社会主义事业全面推向 21 世纪，提供更加坚强的组织保证。他要求所有共产党员和干部都要旗帜鲜明地学习、支持先进，坚定不移地反对歪风邪气，努力在全党形成一种积极向上的风气。

12 月 22 日　江泽民在全国组织工作会议上发表重要讲话，强调 21 世纪将是充满机遇和挑战的世纪，要巩固和发展好的形势，解决前进道路上面临的问题，完成我国跨世纪发展的各项任务，一靠正确的理论和路线的指导，二靠广大人民群众的团结奋斗，三靠党的各级组织坚强有力。这三条中，干部是一个重要的决定因素。面对新世纪，全党干部首先是几千名高级干部、几万名中级干

部要肩负起重大的历史责任。

李鹏、朱镕基、李瑞环、胡锦涛、李岚清等领导同志出席了会议。会议开始前，江泽民等领导同志亲切会见了出席全国组织工作会议的全体代表，并同大家合影留念。

同日，国务院总理李鹏在人民大会堂接见全国审计工作会议，暨全国审计机关先进集体和先进工作者表彰大会代表，并发表讲话指出：目前，我国正处在建立社会主义市场经济体制的过程之中，各种立法不完善，人们的法制观念还不够强，经济领域还存在不少漏洞。一些人钻法律的空子，贪污受贿，侵吞国家财产。因此，越是发展市场经济，越要加强审计监督。希望各级党委、政府都要充分认识审计工作的重要性，进一步关心、重视和支持审计工作，切实加强领导。

国务委员李贵鲜、罗干和国务院副秘书长崔占福以及国家审计署的负责同志参加了接见。

12 月 22 日—— 24 日　全国外资工作会议在北京举行。会议中心议题是总结改革开放以来利用外资工作经验，放眼 21 世纪，进一步解放思想，实事求是，统一认识，振奋精神，开创利用外资工作新局面。

江泽民、李鹏、朱镕基、李岚清接见会议代表。江泽民作了重要讲话，李岚清在会上讲了话。江泽民强调，坚持实行对外开放，是邓小平理论的重要组成部分，是我们实现现代化和民族振兴的必由之路。开放也有风险，但只要我们注意及时总结验，道路就会越走越宽广。希望同志们加强学习，扎实工作，增强工作中的预见性、科学性，防止盲目性、片面性，把对外开放和利用外资的工作搞的更好。

12 月 24 日　江泽民在北京考察国有企业，在看望慰问职工时强调，只要坚持解放思想，实事求是，在实践中勇于探索，国有企业不仅可以搞活，而且会不断发展壮大。他指出：全党和全国上下首先是各级领导干部，要抓住现在宏观经济运行良好的有利时机，坚定信心，扎实工作，努力实现十五大提出的国有企业改革和发展的目标。他强调，我们的各级领导干部首先是高中级干部必须增强责任感，必须及时了解情况，夜以继日地加倍工作，满腔热情地帮助困难企业职工和下岗待业职工解决困难，决不可以忽略和放松，更不允许采取漠然视之，无所作为的态度。谁在这个问题上掉以轻心，敷衍塞责，就是对党和人民最大的失职。

12 月 25 日　江泽民、李鹏参加全国政法工作会议并发表了重要讲话。江泽民强调，各级党委、政府和各级政法部门要坚持以十五大精神为指导，进一步增强为全党全国工作大局服务的自觉性和坚定性，加强研究政法工作的新情况，总结新经验，解决新问题，努力把政法工作提高到一个新的水平。他指出，搞好各项工作归根到底人的因素是最根本的。政法工作要不断开创新的局面，必须进一步全面提高政法干警的思想、作风、纪律和业务素质。

李鹏在讲话中指出，要全面准确地贯彻落实十五大精神和中央经济工作会议精神，在改革开放中按经济规律办事，逐步解决经济领域中深层次的矛盾和问题。要高度关注并切实解决社会热点问题，关心群众生活。深化改革，加快发展，维护稳定，要依靠广大人民群众的力量。人民群众的利益是我们一切工作的根本出发点和归宿。

12 月 26 日　首都各界纪念江泽民主席《为促进祖国统一大业的完成而继续奋斗》重要讲话发表三周年。钱其琛作重要讲话，当日，政协台港澳侨联、中国和平统一促进会、台盟、台湾研究会和在京台胞等座谈讲话发表三周年。27 日，各民主党派中央和全国工商联集会纪念江主席对台重要讲话发表三周年。31 日，香港各界知名人士举行题为《推进统一大业》座谈会。

12 月 29 日　中央委员、候补中央委员学习邓小平理论和十五大精神研讨班结业式在北京举行，江泽民出席并讲话。江泽民指出，重视理论问题，在我们党的队伍中，在我们党的高级干部队伍中，是一个需要进一步提起注意和认真解决的问题。十五大高度重视理论指导的问题，把理论旗帜当做统领全局、贯穿各项工作的灵魂，这是十一届三中全会以来近 20 年成功经验的最高总结，又是跨世纪发展要取得成功的最根本保证。所以，坚持邓小平理论，在实践中继续丰富和创造性地发展这个理论，这是党中央领导集体和全党同志的庄严历史责任，是我们党的中央委员会全体同志的庄严历史责任。

12 月 26 日—— 30 日　朱镕基考察京九铁路沿线地区，看望贫困农民下岗职工。朱镕基在三省农村走访了 7 户农民，详细询问了他们的脱贫门路，实际收入和税费负担。他说，干部包扶贫困户，除了国家政策和扶贫经费的支持外，自己还要下功夫、花代价，是真正的责任制，很实在，很有效。朱镕基在江西赣州考察了江铃齿轮厂，并看望下岗职工。他说，下岗分流，不吃大锅饭，有利于发挥每个人的聪明才智，开辟更多的就业门路，发展社会需要的各种服务业。只要大家统一认识，齐心协力，安排好下岗职工的基本生活和逐步再就业，国有企业一定能够渡过暂时的困难，建成现代企业制度。

12 月 30 日　尉健行在人民大会堂举行的先进典型代表座谈会上发表讲话。他指出，各级党组织要按照党的十四届六中全会的要求，把学习和宣传先进典型作为精神文明建设的一项重要工作切实抓好，要通过大力宣传先进典型使学习先进、崇尚先进在全社会蔚然成风，使先进典型的高尚精神成为全社会的共同财富，不断提高全民族的思想道德素质，使越来越多的人跨入先进的行列，培养出更多的“四有”公民。

一九九八年

一　　月

1月1日　全国政协举行新年茶话会，江泽民作重要讲话。江泽民强调，当前特别要注意组织和调动各方面的力量，切实安排好群众的工作和生活，维护城乡社会稳定。他要求各级干部特别是领导干部，一定要坚持学习马列主义、毛泽东思想特别是邓小平理论，并在实践中创造性地加以运用，进一步解放思想，实事求是，抓住机遇，开拓进取；一定要努力吸收新知识，研究新情况，思考新问题，善于把中央的路线方针政策同本地本单位的实际紧密结合起来，依靠人民群众，脚踏实地，扎扎实实地工作。

1月7日——9日　中央农村工作会议在北京举行。江泽民总书记9日下午在会见出席这次会议的代表时强调说，要加强基层干部队伍建设，既要抓好对现有干部队伍的培训，提高他们的素质，又要注重培养新的人才。人的因素是最根本的，没有人才，什么事都很难办好。各级领导机关都要努力为基层服务，帮助基层解决实际问题，而不要增加基层负担。要扩大基层民主，健全村级民主选举制度，实行村务和财务公开，加强对干部的民主监督。他最后希望大家在新的一年里，把农业和农村工作做得更好。

1月12日——15日　全国宣传部长会议在北京举行。会议强调，新的一年，宣传思想工作总的要求和工作目标是：在以江泽民同志为核心的党中央领导下，高举邓小平理论伟大旗帜，积极、全面、准确、深入地学习、宣传、贯彻党的十五大精神，以科学的理论武装人，以正确的舆论引导人，以高尚的精神塑造人，以优秀的作品鼓舞人，把全党思想统一到十五大精神上来，把全国各族人民的力量凝聚到实现十五大确定的各项任务上来。理论武装工作要兴起新高潮，精神文明建设要有新面貌，多出优秀作品工作要有新起色，宣传文化事业的改革开放要有新举措，队伍建设和法制建设要有新进展。

会议期间，江泽民、李鹏、朱镕基、胡锦涛、尉健行等中央领导同志会见全体代表。江泽民发表重要讲话，充分肯定了宣传思想工作取得的成绩，提出了新的要求和希望。

中共中央政治局委员、书记处书记，中宣部部长丁关根主持会议。

1月13日　尉健行在北京会见全国检察机关先进集体、先进个人代表。他在会见时强调，检察机关要把建设一支高素质的检察队伍作为一项紧迫的重要任务来抓。首先要从领导干部抓起。坚持讲学习，讲政治，讲正气，深入开展思想政治教育，用邓小平理论和党的路线、方针、政策武装广大干警，牢记全心全意为人民服务的根本宗旨，一切从人民利益出发，进一步稳定干警的政治素质和业务素质。对存在的一些问题，特别是司法腐败现象的危害性必须有足够的认识。对队伍中的违纪案件，要下决心严肃查处，进一步提高广大干警廉洁奉公、严肃执法的自觉性和自律能力。

1月13日　李鹏总理在人民大会堂接见全国海关关长会议代表。李鹏指出，在社会主义市场经济体制建设不断推进，对外开放进一步扩大的新形势下，海关的职能不能消弱，只能加强。他要求全国海关干部职工提高自身的政治素质和业务素质以及职业道德水平，并且尽快普遍采用更加先进的现代化监管手段，把全国的海关工作提高到一个新的水平。

1月15日　李鹏接见中国石油天然气总公司工作会议的代表。他强调，石油系统在过去几十年间形成了一整套优良传统和作风，包括“铁人精神”、“三老四严”作风，并在新时期涌现出“新铁人”王启民、王为民等。他希望石油系统继续发扬优良传统和作风，在创造更多物质财富的同时，进一步加强精神文明建设，加快石油工业的发展，为祖国的繁荣昌盛作出更大贡献。

1月15日　《罗荣桓军事文选》出版座谈会在人民大会堂进行。江泽民主席出席会议并发表重要讲话。中央军委副主席张万年主持座谈会。中央军委委员、总政治部主任于永波在座谈会上发言。他说，罗荣桓同志的光辉业绩，革命精神、思想方法、工作作风和伟大人格，是我军的宝贵财富。全军同志特别是各级政治干部要努力向罗荣桓同志学习，在迈向21世纪的征程中，紧密团结在以江泽民为核心的党中央、中央军委周围，高举邓小平理论伟大旗帜，为把我军建设成为强大的现代化、正规化革命军队而奋斗。

1月15日——17日　全国精神文明建设工作会议在北京举行。会议主题是高举邓小平理论伟大旗帜，深入学习贯彻党的十五大精神，总结贯彻落实十四届六中全会的经验，研究部署1998年的工作任务，推动精神文

明建设向新的更高目标迈进。尉健行在会主讲话，要求各部门各人民团体要在动员人民群众、开展思想教育、加强社会管理、营造舆论氛围、活跃文化生活等方面，发挥自身优势，共建精神文明。要按照“政治强、业务精、作风正”的要求，努力造就一支高素质的精神文明建设工作队伍。

1月16日　中央社会治安综合治理委员会在北京举行1998年第一次全体会议。中央政治局委员、书记处书记罗干出席会议。中央政法委书记、中央综合治理委员会主任任建新在会上讲话。他说，各级综治委的成员单位多数是司法机关和行政执法机关，要把反腐倡廉作为自身建设的一项重要任务，严格执法，严厉惩治腐败分子，坚决纠正执法不严的现象。各级党委、政府要为综治办配备得力的干部。同时不断提高他们的理论水平和思想作风、纪律、业务素质，以更好地胜任工作的要求。

1月17日　中共中央政治局常委、国务院副总理李岚清在全国高等教育管理体制改革经验交流会上发表讲话。他指出，高教管理体制改革要加大力度、加快进程，建立起与社会主义市场经济体制以及科技进步和社会发展相适应的高等教育管理体制。各地方、各部门以及各有关高校的领导同志，要进一步提高认识，统一思想，树立全局观念，排除各种思想障碍，把高校管理体制改革继续推向深入。

1月19日　总政治部日前发出通知，要求全军深入开展学雷锋活动，推进部队精神文明建设。

1月20日　胡锦涛代表党中央、国务院向出席迎春茶话会的老同志拜年，向全国的离退休老干部致以亲切的问候和崇高的敬意。胡锦涛指出，要牢牢把握十五大的主题，按照党的建设新的伟大工程的总目标，全面加强党的建设，在不断提高领导水平和执政水平、不断增强拒腐防变能力上下功夫，充分发挥党的思想政治优势、组织优势和密切联合群众的优势。各级党委要按照中央的要求，乘势而进，狠抓落实，努力开创党的建设和组织工作的新局面。要坚持“党要管党”的原则，认真执行从严治党的方针，坚决改变党内存在的纪律松驰和软弱涣散的状况，努力在全党形成积极向上、扶正袪邪的良好风气。

1月20日　全军纪检会议在北京举行。张万年在会上强调要把军队党风廉政建设引向深入。他指出，推动反腐倡廉工作深入发展，要加大教育管理力度，切实把高中级干部管住管好；加大专项治理力度，集中解决存在的突出问题；加大落实制度规定的力度，真正做到严格照章办事；加大研究探索的力度，把握新形势下党风廉政建设的特点和规律。中央军委委员、总政治部主任于永波主持会议，就会议精神的传达贯彻提出了要求。

1月20日　中共中央纪律检查委员会第二次全体会议在北京举行。会议的主要任务是，以邓小平理论和党的十五大精神为指导，研究部署1998年的党风建设和反腐败工作，进一步提高思想认识，加大工作力度，坚定不移地推进党风廉政建设和反腐败斗争，努力取得新的成效。

1月22日　江泽民在中纪委二次全会上发表重要讲话。强调指出，党的十五大已作出了把建设有中国特色社会主义事业全面推向21世纪的战略部署，现在全党全国的主要任务就是，高举邓小平理论伟大旗帜，进一步解放思想，实事求是，抓住机遇，开拓进取，紧紧围绕经济建设这个中心，努力使经济体制改革有新的突破，政治体制改革继续深入，精神文明建设得到切实加强，各个方面相互配合，实现国民经济持续快速健康发展和社会全面进行。

李鹏、乔石、朱镕基、李瑞环、胡锦涛、李岚清等领导出席会议，尉健行主持会议。

1月21日　江泽民总书记为“中国青年志愿者”题名，并热情勉励广大青年服务社会弘扬新风。

1月22日　李瑞环邀请全国性宗教团体领导人举行迎春座谈会。李瑞环提出，要认真贯彻党的宗教信仰自由政策，坚持“四个维护”，把广大信教群众的力量最大限度地凝聚到落实十五大精神，建设有中国特色社会主义的伟大事业中来。

1月22日　公安部新闻发言人宣布，经国务院批准，我国又有16个县(市)对外国人开放。至此，我国对外国人开放地区已达1330个。

1月24日　中共中央举行党外人士迎春座谈会，江泽发表讲话。江泽民指出，我们要继续加强学习。首先要学好马列主义、毛泽东思想特别是邓小平理论，同时要学习现代化建设需要的各种知识。有了正确的理论武装，有了丰富的知识，思想境界提高了，工作本领增大了，我们就能从容地应付各种挑战，驾驭事业发展的进程。江泽民还强调指出，群众路线是我们根本的工作路线，也是我们各种事业取得胜利的法宝。只要坚持把人民群众的智慧和力量充分发挥出来，一切事情都比较好办。我们建设有中国特色社会主义事业就能始终生机勃勃地向前发展。

1月24日　解放军总政治部发出通知，要求全军和武警部队认真贯彻军委领导的指示，学习彭楚政同志的先进事迹和高尚精神，促进部队的思想政治建设。特别是高中级干部，要自觉向彭楚政同志学习，牢记我党我军的宗旨，忠于党和人民的事业，时刻把群众的冷暖疾苦放在心上，自觉为党分忧，为民解困；发扬艰苦奋斗精神，保持革命军人的政治本色，以昂扬的精神状态，立足本职，建功立业；保持共产党人的高尚情操，艰苦朴素，廉洁自律，不谋私利，克己奉公，抵制酒绿灯红的消极影响和腐朽思想文化的侵蚀，维护党在人民群众中的崇高形象，做

人民的好公仆。

1月27日　中共中央、国务院在人民大会堂举行1998年春节团拜会，党和国家领导人江泽民、李鹏、朱镕基、李瑞环、胡锦涛、尉健行、李岚清等同首都各界4000多人聚一堂，共庆中国人民的传统佳节。李鹏总理发表讲话。他强调，我们要坚持解放思想、实事求是的思想路线，继续推进经济体制和经济增长方式的根本转变，加强农业基础地位，加快以国有企业为重点的各项改革，加大经济结构调整力度，提高对外开放水平，促进国民经济持续快速健康发展。继续加强社会主义民主法制建设和精神文明建设，积极发展教育、科技、文化等各项事业，坚持不懈地开展反腐败斗争，巩固团结稳定的政治局面，促进社会全面进步。

二　　月

2月5日　国务院召开第六次反腐败工作会议，李鹏发表重要讲话。李鹏指出，我们必须清醒地看到，当前的反腐败工作中还存在一些不容忽视的问题，领导干部廉洁自律的规定还不够落实，违纪违法案件特别是大案要案，在一些领域呈上升趋势，纠风工作的成果还不够巩固。现实说明，反腐败仍然是一项长期而艰巨的任务。各级政府要进一步统一思想，加大工作力度，使反腐败斗争取得更大成效。

2月7日　纪念周恩来同志诞辰100周年大型文献片《周恩来外交风云》摄制完成，近日将在全国上映。10日，大型文献纪录片《周恩来》将播出。当日，周恩来百年诞辰纪念展览《人民的好总理》在中国革命博物馆开幕。13日，浙江省暨绍兴市各界代表和海内外来宾隆重举行纪念周恩来同志诞辰100周年大会。16日，周恩来遗物陈列馆暨铜像在淮安落成；江泽民题写的“周恩来同志”5个大字镌刻在铜像的基座上。17日，江苏纪念周恩来百年诞辰。当日，周恩来生平和思想研讨会在北京举行，胡锦涛等出席。18日，统一战线各界人士举行纪念座谈会，缅怀周恩来为统战事业作出的丰功伟绩。李瑞环、荣毅仁等出席。

2月9日——10日　公安部在北京召开全国公安机关加强队伍建设和反腐败工作会议，研究部署公安机关下一段的队伍建设和反腐败工作。

2月10日　首都新闻界召开纪念邓小平同志逝世一周年、《邓小平论新闻宣传》一书出版座谈会。13日，由江泽民总书记作序、人事部编辑的《邓小平人才人事理论学习纲要》一书，由人民出版社出版。当日，邓小平人才人事理论座谈会在北京举行。当日，新华社报道：中宣部、人事部近日发出“关于认真学习《邓小平人才人事理论纲要》的通知，16日，中央电视台把电视文献纪录片《邓小平》VCD盘交给中央档案馆永久收藏。17日，《邓小平理论宝库》出版发行，邓小平逝世周年纪念邮品面世。

2月14日　江泽民参观电子工业部“数字化产业最新成果小型展览”。江泽民听取了电子工业部部长胡启立和党组书记、常务副部长刘剑峰的汇报后指出，在世纪之交，全球信息化进程明显加快，我们要迎接21世纪的挑战，就必须重视发展信息产业。各级领导干部应当认真学习和掌握有关信息产业的知识，以适应社会主义现代化建设新形势的需要。

2月13日　江泽民、李瑞环、胡锦涛在中南海怀仁堂亲切会见全国统战部长会议代表。江泽民会见时发表讲话。他说，全党同志特别是各级领导干部对形势应有全面清醒的认识，一定要坚定信心，团结一致，加倍工作，善为筹谋，坚决按照十五大的战略部署，把建设有中国特色社会主义事业继续推向前进。

2月14日　国务院副总理朱镕基在天津考察再就业工作时指出，解决下岗待业职工的生活和再就业问题，是深化国有企业改革的基础条件。能不能在3年内力争大多数国有大中型亏损企业实现摆脱困境的目标，关键在于下岗人员能否得到妥善安置，这项工作直接关系到国有企业改革的成败，各级党政领导干部都要给予高度重视，加大工作力度，切实建成有中国特色的社会保障体系。朱镕基指出，当前出现的下岗职工较多的现象，是我国经济发展中必然要经历的一个历史过程，没有这个过程，就不能进入社会主义市场经济，国有企业就不能建成现代企业制度。职工下岗现象并不是企业改革造成的，而是经济建设和经营机制深层次矛盾多年积累的结果。朱镕基要求各级党委和政府的一把手要亲自抓再就业工作，要派得力人员做再就业工作，要抽调一部分高素质的人员，建立再就业服务的常设机构，努力把再就业工程办好，保证国有企业改革的顺利进行。

2月22日　毛主席纪念堂举办《人民的好总理》大型书画展。23日，新华社报道：《周恩来在上海》和《周恩来的世纪》出版。24日，《周恩来传》出版发行，邓小平生前题写了书名。当日，中央统战部举行活动，缅怀周恩来丰功伟绩。25日，电视剧《周恩来在上海》在北京首映，李鹏为电视剧题写片名。26日，首都民族工作者纪念周

恩来百年诞辰。27日，第二届周恩来研究国际讨论会在天津举行。

2月23日　周恩来同志诞辰一百周年纪念大会在北京隆重举行。江泽民同志发表重要讲话。李鹏主持大会。乔石、朱镕基、李瑞环等出席。

2月24日　纪念《共产党宣言》发表150周年暨《画说〈共产党宣言〉》出版座谈会在中国人民大学召开。中宣部、中央党校、中央编译局、国家教委、新闻出版署、新华书店和中国社科院、中国人民大学、北京大学的同志及部分专家学者出席了座谈会。

2月25日——26日　中国共产党第十五届中央委员会第二次全体会议在北京举行。出席这次全会的有，中央委员192人，候补中央委员149人。有关负责同志列席了会议。中央政治局主持会议。中央委员会总书记江泽民作了重要讲话。

2月26日　中共中央在中南海怀仁堂举行民主协商会，向党外人士通报国务院机构改革方案。江泽民主持了民主协商会；朱镕基介绍了国务院机构改革方案的有关情况，胡锦涛就拟推荐的国家机构领导人员人选名单和全国政协领导人员人选名单作了说明。

李鹏、李瑞环、尉健行、李岚清、荣毅仁及部分全国人大常委会副委员长、全国政协副主席、各民主党派中央、全国工商联负责人和无党派代表人士出席了会议并在民主和谐的气氛中热烈发言。

2月28日　天津市新建的周恩来邓颖超纪念馆前广场，隆重举行纪念周恩来百年诞辰暨周恩来邓颖超纪念馆落成开馆仪式。江泽民为纪念馆题写馆名，李鹏、李瑞环、李岚清分别为纪念馆题词。

三　月

3月3日——14日　中国人民政治协商会议第九届全国委员会第一次会议在北京人民大会堂举行。叶选平在会上做了报告，指出：实现中共十五大提出的宏伟目标和各项任务，是海内外中华儿女的共同心愿和历史使命，需要各方面力量同心同德，群策群力，共同奋斗。人民政协作为中国共产党领导的多党合作和政治协商的爱国统一战线的组织、机构，应当适应新形势新任务的要求，加强自身建设，加强组织建设和思想政治工作。高举邓小平理论伟大旗帜，在跨世纪的征程上写好人民政协的新篇章。

3月14日　政协主席李瑞环作了报告，指出：面对新形势、新任务，我们要始终注意坚持党的领导，服务国家大局，保持政协特点，贴近群众生活，走群众路线。人民群众是国家的主体，国家的一切成就都离不开人民群众的智慧和创造。要使我们的干部真正认识到，他们的一言一行不仅是个人的事情，而且关系到人民群众的切身利益。要把全心全意为人民服务作为工作的主旨，要不断提高干部队伍的素质，要认真落实中共中央精神，要坚持在前进中开拓，在开拓中前进，解放思想，大胆探索，勇于创新，有所作为。

3月5日——19日　中华人民共和国第九届全国人民代表大会第一次会议在北京人民大会堂举行。

江泽民、乔石、朱镕基、李瑞环、刘华清、尉健行、李岚清、荣毅仁等国家领导人出席会议。李鹏总理作政府工作报告，他在报告中指出，我国改革开放和社会主义现代化事业的奋斗目标，是把祖国建成富强、民主、文明的社会主义国家。在发展市场经济和对外开放的条件下，要加强社会主义精神文明和民主法制建设。要用邓小平理论武装广大干部和群众，进一步提高建设有中国特色社会主义的自觉性。广泛开展群众性的精神文明建设活动，提高全民族的思想道德水平。

3月3日　胡锦涛在中央党校春季开学典礼上讲话强调，各级领导干部要刻苦学习邓小平理论，坚持理论联系实际的原则，努力改造世界观，自觉增强党性锻炼的能力。胡锦涛指出，学习理论要紧密联系国际国内形势，要对建设有中国特色社会主义事业的前途充满信心。要紧密联系当前改革开放和现代化建设实践，把深入学习邓小平理论同贯彻十五大精神统一起来。要紧密联系思想实际，要运用理论武器在改造客观世界的同时，改造主观世界，牢固树立正确的世界观、人生观、价值观。要更加自觉地坚持解放思想、实事求是的思想路线，更加自觉地实践全心全意为人民服务的根本宗旨，更加自觉地贯彻执行民主集中制，更加自觉地增强拒腐防变能力。不断增强党性锻炼，提高思想政治素质。

3月8日　全国人大代表、中共中央政治局常委李瑞环与天津代表团一起审议李鹏总理《政府工作报告》时强调指出，完成《政府工作报告》提出的各项任务，各级领导干部尤其要注意群众位置，重视研究问题。李瑞环指出，群众是国家的主人，是改革开放的主人，离开群众的智慧和力量，离开群众的理解和谅解，我们就会一事无成。在我们的思想中，在我们的工作的各个方面，有没有群众的位置，群众的位置摆得对不对，始终应当引起高度重视，要注意党和政府对群众的关心，要注重各级领导干部和群众的关系。要对干部进行历史唯物主义和党的密

切联系群众优良传统的教育。各级干部要在工作中形成研究问题的风气，切实改进工作作风，为群众的利益着想，为群众排忧解难，反腐倡廉，这样才能赢得群众的信任和支持。

3月8日　李岚清参加湖北代表审议时强调，当前我国经济发展遇到新的挑战和机遇，我们要进一步扩大对外开放，发挥自身优势，不断增强国际竞争力，保持国民经济持续、快速、健康发展。李岚清指出，要大力发展科技教育事业，进一步提高人的总体素质；转变传统计划经济带来的不适应社会主义市场经济的观念和体制；改革政府机构，转变行政职能，依法行政；搞好社会主义精神文明建设，完善法制，搞好社会治安和勤政廉政建设，提高办事效率。

3月8日　胡锦涛参加九届人大一次会议贵州团审议政府工作报告时强调指出，要加快中西部地区发展，关键要加强领导班子建设，全面提高干部队伍素质。要解放思想，更新观念，保持好的干群关系，调动一切积极因素，团结一切可以团结的力量，把各项工作做的更好。

3月10日　江泽民主席参加九届全国人大一次会议解放军代表团的全体会议。江泽民指出，面对国家的改革和发展的新形势，我们必须加速军队的现代化建设，要加强军队的质量建设，坚定不移地走有中国特色的精兵之路，强调要依靠科技强军，建设一支现代化的军队，一个现代化的国防，努力实现国防和军队现代化建设的历史任务。

江泽民强调指出，全军各级领导干部要努力学习马克思主义的领导方法和现代管理科学，不断提高组织管理水平。要坚持用邓小平理论和党的十五大精神武装官兵头脑，模范地执行党的路线方针政策，坚决听从党中央、中央军委的指挥，始终保持军队的高度稳定和集中统一，出色地完成党和人民赋予的各项任务。

江泽民指出，要加大党风廉政建设和反腐败的力度。抓紧抓好领导干部廉洁自律工作，要切实加强思想政治工作，提高党员干部拒腐防变的自觉性，要保持干部队伍的纯洁健康，保持人民军队艰苦奋斗的政治本色。

四　月

4月9日　尉健行近日在四川考察时强调，各级领导干部要从讲政治的高度，认真落实党中央、国务院关于制止奢侈浪费八条规定，以良好的党风、政风带动社会风气的好转。

尉健行指出，各级领导干部要坚持以邓小平理论和党的基本路线为指导。在思想作风方面，采取党的做好思想政治工作的方法，帮助干部提高认识，端正思想作风。要加强党风廉政建设和反腐败斗争的力度，反对腐败要坚持标本兼治的方针，防止腐败的滋生漫延。要加强党的建设和党的纪律检查工作，完善民主管理、民主监督制度。要充分调动群众的积极性，维护群众的合法权益，引导群众在改革、发展、稳定中发挥工人阶级的主力军作用。

4月29日　李鹏在九届全国人大常委会第二次会议上的讲话时强调，为实现党的十五大提出“到2010年形成有中国特色社会主义法律体系”这一任务，必须加强立法工作，提高立法质量。要发扬民主，坚持走群众路线。

李鹏指出，维护宪法和法律的尊严，坚持在法律面前人人平等，坚持有法可依、有法必依、执法必严、违法必究，是党和国家的事业兴旺发达的必然要求。中国共产党是我国社会主义事业的领导核心，只有中国共产党才能领导中国人民建设有中国特色社会主义和实现现代化。法律不是从天上掉下来的，也不是人们头脑中固有的，而是党把握社会发展的客观规律，总结社会实践的经验，集中人民的意志，领导人民通过立法机关制定的。是党的路线、方针、政策的定型化。我们要把坚持党的领导、发扬人民民主和严格依法办事统一起来，从制度和法律上保证党的基本路线和基本方针的贯彻实施。

4月13日——17日　中共中央总书记、国家主席、中央军委主席江泽民在重庆考察工作时强调指出，深入贯彻十五大精神，是全党最重要的任务。必须坚持用邓小平理论武装全党，指导我们整个事业和各项工作；必须坚持党的基本路线，以经济建设为中心，坚持改革开放和四项基本原则；必须全面贯彻党在社会主义初级阶段的基本纲领，从国情出发，从实际出发，坚持两手抓，建设有中国特色的社会主义经济、政治、文化。要正确处理改革、发展、稳定的关系，认真研究和解决两个文明建设中遇到的新情况、新问题，克服困难，开拓前进，把中央确定的各项工作任务落到实处，各级领导要精心组织，狠抓落实。要加强基层组织建设、民主法制建设和精神文明建设。

4月14日　中共中央政治局常委、国务院副总理李岚清在海南省创办经济特区十周年庆祝大会上讲话中指出，面对世纪之交的新形势和新任务，广大干部和群众要坚持解放思想，实事求是，认真学习和领会邓小平同志的思想。要认真落实科教兴国战略，大力培养和吸引高素质的专门人才，努力提高各级干部、各类专业人员和广大劳动者的素质，加快科技进步和创新。要继续深化政府机构

改革，全体干部要坚定信心，励精图治，埋头苦干，在思想作风和工作作风上有一个大的转变，把各级政府建成高效廉洁的政府。

李岚清强调，要进一步加强社会主义精神文明建设和民主法制建设，要坚持两手抓、两手都要硬，改革开放越是深入，越要加强社会主义精神文明建设，要认真执行依法治国的方略，发展社会主义民主，健全社会主义法制。要进一步加强党的建设，坚持我党全心全意为人民服务的根本宗旨，关心群众疾苦，倾听群众呼声，为群众多办实事，要加强党风和廉政建设，深入开展反腐败斗争。要大力加强社会治安综合治理，创造良好的社会环境。

4月29日　江泽民主席在考察北京大学时强调，实现我国跨世纪发展的宏伟目标，要求我们必须紧紧围绕经济建设这个中心，坚定不移地实施科教兴国战略。这是我国改革开放和现代化建设发展的必然要求。江泽民指出，实现国家的繁荣昌盛和民族的振兴，需要培养同时代潮流和现代化要求相适应的大批人才。科技的发展，知识的创新，越来越决定着一个国家、一个民族的发展进程。创新，很根本的一条就是要靠教育，靠人才。

五　　月

5月2日　“面向21世纪的高等教育大学校长论坛”在北京举行。李岚清出席并发表讲话。他指出，自人类进入文明时代以来，“教育”这个名词便在人类生活中占据了越来越重要的地位。高等教育发展的核心是学术和人才，在传统与现实、历史与未来、科学与人文、理论与经验、个人与社会之间的关系中，起着十分重要的作用。迎着21世纪的曙光，人们正在迎接的机遇和挑战。其中知识，包括科学和技术，将在新的世纪里比在人类存在的以往任何时期都将发挥更多更大的作用，已成为人们的共识。中国政府认为中国现代化建设必须依靠教育，教育必须为中国现代化建设服务，并把发展中国的科学和教育事业作为头等重要任务，制定了“科教兴国”的战略。可以预言，中国的高等教育在21世纪一定会在中国的发展中发挥应有的作用。

5月3日　胡锦涛在中南海怀仁堂亲切会见“中国青年五四奖章”获得者和青年志愿者代表，并与他们座谈。胡锦涛指出，今年是全面贯彻落实党的十五大精神的第一年，也是完成“九五”计划的关键一年。他希望广大青年继承和发扬“五四”光荣传统，进一步增强责任感和紧迫感，振奋精神，坚定信心，为完成今年改革、发展、稳定的各项任务作出更大贡献。

在谈到青年一代如何才能在建设有中国特色社会主义的伟大事业中建功成才时，胡锦涛勉励广大青年要勤奋学习，艰苦创业，甘于奉献，投身实践。希望各级党委和政府务必把青年工作当作一件大事来抓，全社会都要努力为青年一代的健康成长创造良好的环境和条件。

5月4日　北京大学在人民大会堂喜庆百年华诞。党和国家领导人江泽民、李鹏、朱镕基、李瑞环、李岚清和各界人士一起参加庆典。江泽民发表重要讲话，他指出，北京大学作为我国重要的教育学术文化阵地，为祖国培养了一代又一人优秀人才，在社会科学和自然科学领域创造了许多重大成果，为我国的革命、建设和改革事业作出了重要的贡献。他希望北大同学和所有高等院校的大学生，坚持学习科学文化与加强思想修养的统一。要刻苦学习，掌握现代科学文化知识。这是成才的重要前提。要学有专长，同时努力拓宽知识面，用人类社会创造的一切优秀文明成果丰富和提高自己。求知与修养相结合，是中华民族的一个优秀文化传统。没有好的思想品德，也不可能把学到的知识真正奉献给祖国和人民，也就难以大有作为。青年时期注重思想修养，陶冶情操，努力树立正确的世界观、人生观、价值观，对自己一生的奋斗和成就将会产生长远而巨大的作用。

5月4日——6日　全国宣传部长座谈会在北京举行。丁关根主持会议并讲话。他对进一步做好宣传思想工作提出六点要求。一要心系人民，心系大局。要团结鼓劲，弘扬正气。在宣传的导向、基调、内容上要很好地体现人民群众的利益，体现改革发展稳定大局的要求。二要集中心思，集中精力。要牢记党和人民的嘱托，把全部心思和精力用在党的事业上，用在为人民服务上，把工作抓紧抓细抓深。三要精心筹划，精心组织。重点任务要目标明确，计划周密，措施到位，责任到人。一定要认真细致，讲究实效。四要加强调研，加强信息。领导干部一定要深入实际，调查研究，摸清情况，心中有数。要建立健全信息网络，增强工作的预见性、前瞻性。五要把握政策，把握好度。一切宣传都要符合党的方针政策，坚持唯物辩证的观点，做到客观、准确、全面。六要严格把关，严格纪律。要对党极端负责，对人民极端负责，坚持原则，守土有责。对中央的决策指示，必须坚决贯彻执行，有令必行，有禁则止。

5月8日　纪念真理标准讨论20周年座谈会在人民大会堂举行。胡锦涛出席会议并发表了讲话。他代表党中央所作的讲话深刻阐述了真理标准问题讨论的重大历

史意义和现实意义，系统总结了20年来我们党在坚持解放思想、实事求是的思想路线方面积累的丰富经验和深刻启示，对在新形势下继续坚持这一思想路线，努力实现跨世纪的历史任务，提出了明确要求。

5月8日　中纪委、监察部在北京召开中央和国家机关落实制止奢侈浪费八条规定经验交流会。会议要求中央和国家机关要认真贯彻江泽民总书记关于艰苦奋斗的重要讲话精神，把制止奢侈浪费工作进一步引向深入，务求今年取得明显成效，在全国起表率作用。

5月8日　中央军委发出通知，要求全军和武警部队认真学习成都军区某炮兵团落实军委主席江泽民关于军队建设的“政治合格，军事过硬，作风优良，纪律严明，保障有力”五句话总要求，加强全面建设的基本经验，进一步推动“五句话”的深入贯彻落实，提高部队建设的整体水平。通知要求，各级党委、领导和机关要站在实现国家和军队跨世纪发展宏伟目标的高度，进一步提高对落实江主席“五句话”总要求重大意义的认识，认真学习炮兵团的基本经验，坚持用“五句话”统揽和规范各项工作，把握部队建设的正确方向，积极适应新形势，研究和探讨新时期治军的特点和规律，以更加昂扬的精神状态，更加扎实的工作。

5月11日——6月2日　第二期中央委员、候补中央委员学习邓小平理论和十五大精神研讨班在中央党校举行。胡锦涛和江泽民先后在开学典礼和结业式上发表重要讲话。胡锦涛指出，当今世界政治经济形势的新变化，国内改革开放和现代化建设的新发展，我们面临的繁重而艰巨的任务，都迫切要求各级领导干部特别是高级干部切实加强学习，尤其要进一步把邓小平理论的学习引向深入，努力达到十五大要求的新水平。江泽民强调，在跨世纪的征途上，我们要战胜各种困难和风险，不断取得事业的新胜利，仍然要靠邓小平理论的正确指导。领导干部特别是高级干部一定要坚持不懈地刻苦学习邓小平理论，在推动全党兴起理论学习新高潮中起好带头和表率作用，在贯彻落实十五大提出的各项任务中更好地履行领导职责。

5月12日　中共中央在中南海怀仁堂举办第七次法制讲座，江泽民发表重要讲话。他强调，要把依法治理金融作为贯彻依法治国方略的重要内容，从完善立法、严格执法、加强监管和广泛宣传金融法律知识，严厉打击各种金融违法犯罪活动等方面切实加强金融法制建设。江泽民希望各级领导干部提高对金融工作重要性的认识，继续抓好中央文件精神的贯彻落实。要努力学习金融知识和金融法律，懂得不能做什么必须做好什么。要支持银行严格履行职责，依法经营。支持司法部门严格金融执法，保证金融安全、高效、稳健运行，促进国民经济持续快速健康发展和社会稳定。

5月13日　中宣部、教育部联合发出通知，要求全国各高校开设“邓小平理论概论”课。这是贯彻党的十五大精神，根据李岚清副总理最近提出的高校学生加强邓小平理论学习的要求而采取的一项重要举措。

5月14日——16日　中共中央、国务院召开下岗职工生活保障和再就业工作会议。江泽民发表重要讲话，朱镕基作总结发言。江泽民指出，实行减员增效、下岗分流，减轻国有企业的负担，帮助下岗职工搞好就业，从根本上说都是为了把经济更快地搞上去，为最终实现包括职工群众在内的全体人民的共同富裕创造更有利的条件。要向国有企业职工特别是下岗职工说清楚，使他们认识到个人牺牲一些眼前利益，是为了企业和国家发展的全局，也是为了自己将来生活得更好。总之，下岗职工的基本生活保障和再就业工作，事关职工群众的切身利益，事关坚持党的全心全意依靠工人阶级的方针，事关经济发展，社会稳定和国家长治久安的大局。全党同志和各级干部必须从这样的高度来认识。增强紧迫感和自觉性，满腔热忱和极端负责地切实做好这项工作。李鹏、朱镕基、胡锦涛、尉健行、李岚清出席会议。朱镕基主持会议。

5月15日——18日　全国检察机关深入开展教育整顿工作会议在北京举行。尉健行出席会议并讲话。他要求检察机关贯彻从严治检方针，抓好队伍教育整顿，更好地担负起宪法和法律赋予的神圣使命，在服务大局，维护稳定，惩治贪污贿赂、渎职犯罪等工作中取得更大成果，让党中央放心，让人民满意。

5月18日　中宣部、全国总工会在人民大会堂联合举办国有企业下岗职工再就业先进事迹报告会。中宣部常务副部长刘云山主持了报告会并在会上讲话，对五位代表的创业精神给予了高度评价。他强调指出，宣传思想工作部门要在各级党委和政府的领导下，充分发挥自己的优势，加强思想引导工作。要宣传各地、各部门妥善安排下岗职工生活和拓宽就业门路的成功做法；要针对职工的思想认识和实际问题，做好理顺情绪、化解矛盾、平衡心理的工作，引导更多的适应新的形势。

5月26日　据人民日报报道：中纪委决定开除原齐齐哈尔市委书记王树斌党籍，检察机关此前已将其依法逮捕。王树斌身为党员领导干部，本应该牢记党的宗旨，恪尽职守，廉政为民，他却利用党和人民给予的权力，收受贿赂，严重违法违纪，败坏了党和政府的声誉。这起案件又一次向广大党员干部特别是各级领导干部敲响了警钟。

5月26日　最高人民法院宣布认可台湾法院民事判决在祖国大陆的效力，在遵守“一个中国”，不违反国家法律的基础原则，不损害社会公共利益的前提下，人民法院经过审查，予以认可。对台湾地区仲裁机构的裁决的

认可,也同样适用这项规定。

5月28日　新华社讯,用优秀影视片对广大青少年进行爱国主义教育和素质教育,已成为国家、社会加强青少年思想道德建设工作的重要措施。党中央、国务院领导十分关心影视教育工作。江泽民曾在北京儿童电影制片厂《关于儿童电影事业的情况报告》上批示:"儿童教育至关重要。童年时代所受教育的好坏,往往影响一个人的一生,希望有关部门大力支持,齐心协力搞好儿童教育。"

5月28日——29日　国有企业党建工作座谈会在北京举行。张全景在会上强调要进一步加强和改进国有企业党的建设工作,必须把做好国有企业下岗职工基本生活保障和再就业工作摆在突出位置,作为头等大事来抓。

5月29日　全国禁毒展览在中国人民革命军事博物馆开幕。江泽民近日题词:"禁绝毒品,功在当代,利在千秋。"

六　　月

6月1日　胡锦涛、李岚清会见少年儿童及儿童工作者代表,要求全党全社会从党和国家前途命运高度切实重视少儿工作。全国妇联和中国儿童少年基金会在京表彰全国十佳园丁、十佳春蕾女童。

6月5日　人民日报报道,中国空间技术研究院着眼未来,面向21世纪培养高素质人才。经过20年的努力,该院已形成学科专业齐全,管理体制配套的硕士、博士、博士后高层次人才培养体系。自己培养的研究生已成为我国空间事业的中坚力量。为确保研究生教育工作的质量,他们努力探索具有自身特点的研究生教育之路。同时,也为该院科技人员的知识更新、继续深造提供了条件。从而创造出了一个适合科研单位的培养研究生的教学管理新模式。

6月9日　朱镕基在中南海主持召开国家科技教育领导小组第一次会议。朱镕基指出,我们要深入贯彻江泽民同志关于知识经济和建立创新体系的重要批示精神。他说,知识创新非常重要,要结合国民经济发展的需要和已经具备的条件进行整体规划,集中力量、重点突破。国家要在财力上支持知识创新工程的试点,要加大对科技和教育的投入。国务院副总理、国家科技教育领导小组副组长李岚清出席会议。

6月13日　尉健行在人民大会堂接见国有企业下岗职工再就业先进事迹报告团成员,并与大家进行座谈。尉健行指出,国有企业是我国国民经济的支柱。深化国有企业改革,是全党重要而艰巨的任务。党的十五大提出,力争到本世纪末使大多数国有大中型企业经营状况明显改善,初步建立现代企业制度。实现这一目标,必须做好国有企业下岗职工基本生活保障和再就业工作。这关系到改革发展稳定的大局,关系到广大群众的切身利益,关系到跨世纪宏伟目标的顺利实现。实施再就业工程,要做的事情很多,必须在认真贯彻落实中央有关政策、帮助下岗职工解决实际问题的同时,充分发挥党的政治优势,大力加强思想教育工作。

6月15日　人民日报纪念创刊五十周年。江泽民、李鹏、朱镕基、李瑞环分别题词及致电表示祝贺。江泽民的题词是:"坚持正确舆论导向,积极宣传党的理论路线方针政策,发挥全国报纸排头兵作用。"李鹏的题词是:"办好人民日报,宣传改革开放,反映群众愿望,振兴社会主义经济。"朱镕基致电表示祝贺。李瑞环的题词是:"坚持正确方向,尊重新闻规律,发扬创造精神。"中宣部部长丁关根到会祝贺并讲话,指出,在我们党领导的建设有中国特色社会主义的伟大事业中,宣传思想战线是一条极其重要的战线。

6月16日　政协第九届全国委员会常务委员会第二次会议在北京举行。李瑞环出席会议,李岚清在会上作了题为《实施科教兴国战略迎接二十一世纪的机遇与挑战》的报告。在谈到教育问题时,李岚清指出,根据党的十五大提出的教育事业发展与改革的方针和各项任务,针对教育工作中存在的各种问题,在今后教育事业的改革和发展方面,要着重把握好以下几个问题。一是要坚持普及义务教育和扫除青壮年文盲,全面提高国民素质。二是要大力发展职业教育,促进教育与经济社会发展密切结合。三是要稳步发展高等教育,培养跨世纪的高级专门人才。四是要形成新的高等教育管理体制的基本框架。

6月16日　九届全国人大常委会在人民大会堂举办第一次法制讲座。著名宪法学专家、中国人民大学教授许崇德作了题为《我国宪法与宪法的实施》讲座。李鹏在讲座开始时说,党中央非常重视法律知识学习,几年来已经举办了七次法制讲座。江总书记在讲座上要求广大干部,特别是各级领导干部一定要带头学好法律知识。

6月16日　纪念张太雷同志诞辰100周年座谈会在北京人民大会堂举行。胡锦涛出席会议。张太雷是中国

共产党早期的重要领导人之一，是中国共产主义青年团的创始人之一和青年运动的卓越领导人，是广州起义的主要领导人。他壮烈牺牲在广州起义战场时，年仅29岁。书记处书记曾庆红在座谈会上讲话。他说，张太雷同志以高度的原则性和策略的灵活性，克服种种困难，使党的正确方针政策得以贯彻和实施。他为中国共产党的发展壮大，为中国革命的胜利，建立了不可磨灭的历史功勋。座谈会是由中央党史研究室、共青团中央、中共江苏省委共同主办的。

6月18日　中宣部等联合在北京举行学习和宣传哈尔滨市公安局道外分局东莱派出所的先进事迹报告会。20日中宣部部长丁关根会见报告团全体成员。

6月19日　全国职工职业道德“双十佳”王涛等10人受表彰，尉健行接见“双十佳”全体代表。

6月19日　国务院第二次全体会议在北京举行。朱镕基主持会议。朱镕基指出，各部门必须加强领导，精心组织、周密部署，以改革的精神和高度的政治责任感，做好人员定岗和分流工作。既要积极又要稳妥。一要明确责任。落实“三定”工作的任务主要在部门。各部门必须把这项工作放在重要位置，主要负责同志要负总责，并指定一名领导同志分工具体抓。二要坚持党性原则。人员定岗和分流，必须严格按照中央的规定和要求办事。要在充分发扬民主的基础上，由部门领导集体讨论决定。三要有针对性地做过细的思想工作，发扬党的政治优势。要给大家讲清楚，机关干部是国家的宝贵财富，无论是留在机关还是分流，都是改革的需要，工作的需要，没有高低之分、优劣之别。要教育干部服从党的需要，服从全局利益，服从组织安排，顾全大局。

6月19日——25日　中国共产主义青年团第十四次全国代表大会在北京举行。19日开幕式在人民大会堂举行，党和国家领导人江泽民、李鹏、朱镕基、李瑞环、胡锦涛、尉健行、李岚清等到会祝贺。24日，江泽民与团中央新一届领导成员和团十四大部分代表座谈。在座谈时江泽民强调指出，我们历来高度重视青年，始终把青年看作祖国的未年和民族的希望。毛主席曾生动地把青年比作早晨八、九点钟的太阳，指出青年是整个社会力量中的一部分最积极最有生气的力量。邓小平同志也指出，青年一代的成长，是我们事业必定要兴旺发达的希望所在。在革命、建设和改革的各个时期，我们党和老一辈革命家对青年人既热情关怀、高度信任，又严格要求、积极引导，使广大青年不断地茁壮成长，也从而使党的事业始终充满蓬勃的生机和活力。胡锦涛主持座谈会并讲了话。

6月20日　文化部等联合在人民大会堂举行纪念田汉诞辰100周年座谈会。李岚清出席座谈会。丁关根在会上讲话，指出：我们纪念田汉同志，就是要缅怀他在革命文艺事业中的光辉业绩，研究和继承他为我们留下的丰厚的思想艺术遗产，发扬他忠诚党的事业，热爱祖国和人民的崇高精神。这对于我们进一步繁荣文艺事业，建设有中国特色社会主义文化，具有重要意义。

6月24日　中组部等在京召开学习邓小平党建理论座谈会。胡锦涛出席会议并讲话。胡锦涛强调，学习邓小平党的建设理论，要紧密联系20年来我国改革开放和现代化建设以及党的建设的生动实践，努力对理论作完整、准确的把握；要紧密联系邓小平党的建设理论重要观点、论断提出时的背景和条件，对理论作历史的、辩证的理解；要紧密联系邓小平理论的整个科学体系和精神实质，对邓小平党的建设理论的内涵作系统的、深入的钻研。这里最根本最重要的，是要认真学习邓小平同志运用马克思主义立场、观点和方法，研究、解决改革开放条件下党的建设遇到的新问题的科学态度、创造精神和革命风格。

6月27日——29日　全国农村基层组织建设经验交流暨表彰大会在北京举行。27日，胡锦涛在会上发表了题为《适应跨世纪发展需要把农村基层党组织建设得更加坚强有力》的重要讲话。胡锦涛强调，要以思想政治建设为重点，继续加强乡村领导班子建设，大力提高农村基层干部素质。要着重解决好三个突出问题：一是深入学习邓小平理论和十五大精神，坚定走有中国特色社会主义道路的信念，提高执行党的革命路线和方针政策，遵守国家法律法规的自觉性。二是认真实践全心全意为人民服务的根本宗旨，学会在各项工作中贯彻党的群众路线，发扬艰苦奋斗的优良传统。三是努力掌握社会主义市场经济知识、法律知识、文化科技知识，提高建设农村两个文明，带领农民群众致富奔小康的本领。

七　月

7月1日　中共中央发出《关于全党深入学习邓小平理论》的通知。通知指出，各级党委要充分认识用邓小平理论武装全党的重大意义，把这项工作作为党要管党、加强党的建设的一项根本任务来抓。要建立健全理

论学习的领导责任制，坚持一级抓一级，加强督促检查。组织、宣传部门和其他有关部门，要在党委统一领导下，各司其职，密切配合，使全党的理论学习深入、扎实、持久地开展下去。通知强调，要深刻理解实现跨世纪发展的宏伟蓝图，关键在于加强和改善党的领导。按照新时期党的建设总目标，从严治党，认真解决不断提高领导水平和执政水平、不断增强拒腐防变能力这两大历史性课题，从思想、组织、作风上全面推进党的建设新的伟大工程，增强党的凝聚力和战斗力。

7月3日　第七次全国高校党的建设工作会议在人民大会堂举行。胡锦涛、尉健行、李岚清、丁关根等中央领导同志会见与会代表并出席开幕式。李岚清发表讲话，他指出，加强高等学校党的建设和思想政治工作，加快高等教育改革和发展，对于实现党的十五大提出的战略任务关系重大。高等教育战线的同志要增强历史责任感和时代紧迫感，振奋精神，扎实工作，开创我国高等教育事业改革与发展的新局面。李岚清强调，当前加强学校思想政治工作的一个重要任务，是要充实和加强高校思想政治工作队伍，选拔那些政治上强、思想作风好、理论和业务水平高的优秀教师做专职或兼职思想政治工作，充分发挥政治辅导员的重要作用。

7月3日　朱镕基在人民大会堂就当前国内和国际经济形势，向京津高校师生代表和出席第七次全国高校党建工作会议的代表近万人作了报告。朱镕基指出："科教兴国"是党中央制定的国家发展战略，为了全面贯彻落实这一战略，国家将采取各种措施，增加投入，来保证这一战略的实施。他希望大学生们奋发努力，刻苦学习，掌握本领，为把我国建设成一个强大的社会主义现代化国家作出应有的贡献。

7月4日　在第七次全国高等学校党的建设工作会议上，中组部、中宣部、教育部党组对北京大学、清华大学等37所1993年至1998年党的建设和思想政治工作先进高等学校进行了表彰，并颁发了奖牌和物质奖励。教育部部长陈至立代表三部委党组在会上作了主题报告，提出当前教育战线的主要任务。

7月4日——5日　朱镕基亲临江西省九江市长江防洪第一线，代表党中央、国务院和江泽民总书记慰问正在日夜奋战抗洪救灾的干部、群众和人民解放军、武警官兵，并对长江防汛抗洪工作作了部署，要求确保长江大堤万无一失。

7月6日——9日　朱镕基视察湖北、湖南两省的防汛抗洪工作。并指出，要切实做好救灾工作，组织群众发扬自力更生精神，积极开展生产自救，重建家园。朱镕基还详细了解了沿途各地国有企业下岗职工基本生活保障和再就业工作情况。指出，做好国有企业下岗职工基本生活保障和再就业工作，事关改革、发展、稳定大局。各级党政领导必须采取积极措施，切实保障国有企业下岗职工的基本生活。下岗职工要自立自强，转变择业观念，适应社会需要找职业，在新的工作岗位上发挥自己的聪明才智。

7月5日——9日　江泽民在新疆考察。江泽民对近年来新疆改革和发展取得的成就和进步给予了充分的肯定。江泽民强调，要把党的十五大精神贯彻落实，把我们的各项工作做好，关键看我们的各级干部特别是领导干部的素质和工作水平。为了适应新形势新任务，领导干部的素质要有新的提高。一是要不断提高各级干部的理论素质和知识水平。二是要不断加强干部队伍的思想政治建设，增强各级干部特别是领导干部的政治敏锐性和政治坚定性。三是要大力发扬党的优良传统，在各级干部中树立一个好的思想作风。四是要大力加强基层建设，认真做好对广大群众的思想工作和组织工作。

7月7日——14日　李鹏在吉林进行立法调研考察国有企业，并强调立法工作要进一步发扬民主走群众路线。李鹏还根据目前人民群众普遍关心、社会反映强烈的国有企业经营状况、职工下岗分流、再就业和社会保障等问题，召开部分国有企业负责人座谈会、了解情况。他强调，要处理好改革、发展、稳定三者之间的关系。

7月9日　中共中央大型企业工委正式成立并在北京举行大型企业领导同志参加的工委工作会议。中央政治局委员、国务院副总理、中央大型企业工委书记吴邦国到会作重要讲话。吴邦国指出，企业工委是党中央的派出机关，主要职责是：负责管理国务院监管的大型国有企业和国有控股企业中党的领导干部，以促进党的路线方针政策和党中央、国务院的有关精神在大型国有企业的贯彻落实；根据社会主义市场经济体制和建立现代企业制度的要求，研究探索改革和加强大型国有企业党的领导班子建设；完成中央交办的其他有关工作。

7月13日——15日　党中央、国务院召开的全国打击走私工作会议在北京举行。13日，江泽民接见与会代表并发表讲话，指出，严厉打击走私犯罪活动，是党中央、国务院为保障经济健康发展、维护社会稳定和国家安全利益的一项重要部署。希望各级党委、政府和社会各方面都要按照中央的要求，迅速行动起来，上下一心，团结奋战，坚决搞好这次反走私联合行动和专项斗争的战役，保证改革开放和现代化建设的顺利进行。

朱镕基、尉健行、李岚清参加了接见。15日，朱镕基在闭幕会上作了重要讲话。

7月14日　中共中央办公厅、国务院办公厅发出关于党政机关领导干部不兼任社会团体领导职务的通知。目前，在党政机关还有相当数量的县(处)级以上党政领导干部在社会团体中兼任领导职务。为了适应我国政治体制改革和经济体制改革以及机构改革的需要，加快政

府职能的转变，发挥社会团体应有的社会中介组织作用，党政机关领导干部不兼任社会团体领导职务。

7月16日　中纪委、中组部、中宣部联合在北京召开学习姜云胜先进事迹座谈会。尉健行在座谈会上发表讲话强调，姜云胜以廉洁奉公、勤政为民的实际行动，实践着一个共产党员对人生价值的追求，在党员干部中树起了一面“勤政廉政为人民”的旗帜。广大党员干部尤其是领导干部要向姜云胜同志学习，努力做一名勤政廉政的好公仆。

7月17日　学习邓小平理论工作会议在北京举行。江泽民在会上发表了重要讲话。江泽民强调，高举邓小平理论伟大旗帜，把建设有中国特色社会主义事业全面推向21世纪，这是十五大的主题，是全党各项工作的主题，也是兴起理论学习新高潮的主题。深入学习邓小平理论，要站在面向世界、实现中国跨世纪发展大局的高度，以强烈的历史责任感和使命感，增强学习的自觉性。深入学习邓小平理论，要把改造主观世界摆到重要位置，同改造客观世界更好地统一起来。深入学习邓小平理论，关键在于弘扬理论联系实际的马克思主义学风。

中共中央政治局常委胡锦涛、尉健行、李岚清出席了会议。这次会议是中央决定由中组部、中宣部联合召开的。会议的主要任务是，以邓小平理论和党的十五大精神为指导、学习贯彻《中共中央关于在全党深入学习邓小平理论的通知》，进一步动员全党兴起学习邓小平理论的新高潮。

7月18日　人民日报报道：《毛泽东邓小平江泽民论为人民服务》近日出版。

7月21日　中组部在石家庄召开建立公开选拔领导干部考试题库座谈会，提出科学设置命题，严密组织考试。

7月21日——22日　解放军四总部在北京召开会议，传达贯彻全国打击走私工作会议精神，对全军落实中央打击走私重大决策作出部署。江泽民出席会议并发表重要讲话。他指出，全军同志必须从维护改革、发展、稳定大局的高度，从加强军队建设的高度，从保证国家长治久安和人民军队永不变色的高度，充分认识反走私工作的重要性和紧迫性。在全国打击走私的斗争中，军队一定要走在前列，为全社会树立榜样，进一步推进全军的党风廉政建设。

中共中央政治局委员、书记处书记、中央军委副主席张万年、迟浩田等参加会议。

7月24日　中央精神文明建设指导委员会在北京召开全体会议。中共中央政治局委员、书记处书记、中央文明委主任丁关根在会上发表讲话。丁关根强调，精神文明建设工作一定要服务中心，服务大局。无论是开展“讲文明树新风”主题系列活动，还是三大创建活动；无论是开展思想道德教育，还是宣传先进典型，都要同完成改革发展任务相结合，同维护社会稳定相结合。一定要注重多办实事，注重思想教育。要把工作的着眼点始终放在解决群众迫切需要解决的问题上。

7月26日　总政治部发出通知，要求驻灾区各部队做好抗洪救灾中的政治工作。

7月27日　国务院办公厅根据朱镕基总理的指示，发出通知要求各部门认真贯彻江总书记关于防汛工作重要指示，全力以赴支持各地防汛抗洪抢险救灾工作。

7月28日　胡锦涛在中纪委、政法委召开的电话会议上发表重要讲话。他指出，中央最近决定，军队、武警部队和政法机关一律不再从事经商活动，这是在新形势下加强共产党的建设、政权建设和军队建设，深入开展反腐败斗争中的一项重大举措。尉健行对政法机关贯彻中央决定作了全面部署。

7月29日　胡锦涛参观全国禁毒展览，他参观时强调，要把禁毒这件利国利民的大事办好。30日，为期两个月的全国禁毒展览结束，参观人数达166万。

7月31日　北京市高级人民法院对陈希同贪污、玩忽职守案进行了公开宣判：以贪污罪判处陈希同有期徒刑13年；以玩忽职守罪判处陈希同有期徒刑4年，两罪并罚，决定执行有期徒刑16年。赃物没收上缴国库。

7月31日　中组部人事部联合发出通知，通知提出党政机关推行竞争上岗。通知着重强调了参加竞争上岗人员应具备的基本条件和资格：机关参加竞争上岗的人员，应具有国家公务员或机关工作者身份；企业、事业单位人员参加党政机关推行竞争上岗要注重实效，保证质量，力戒形式主义和简单化。对通过公开竞争上岗的人员，要放手使用，加强管理；对竞争中发现的德才素质较好，因职数限制原因未能上岗的人员，可作为后备人选积极加以培养；对不能继续担任原领导职务的落岗人员，区别不同情况另行分配适当工作，并注意做好思想工作。

7月29日——31日　朱镕基在内蒙古、山西考察工作。在考察时他强调，要正确认识当前形势，采取更加有力的措施，加快基础设施建设，积极推进国有企业改革，切实做好国有企业下岗职工基本生活保障和再就业工作。

八　　月

8月2日　全国省级人大政府政协换届工作结束。新一届领导班子结构得到改善，成员素质提高，整体功能增强。党中央对这次换届十分重视，专门下发了《关于做好地方领导班子换届工作的通知》。从具体工作看，主要有三个特点：一是充分发扬民主，严格执行《党政领导干部选拔任用工作暂行条例》，以改革精神做好换届人事安排工作。二是坚持把依法办事与按政策办事统一起来，通过法律程序贯彻党委主张、解决选举中遇到的问题。三是加强领导，改进思想政治工作，严肃换届工作纪律。

8月3日　中直机关召开工作会议要求各级党组织把深入学习邓小平理论作为第一位任务，全体党员特别是党员领导干部要进一步增强学习的紧迫感和自觉性。通过学习理论把广大党员干部的思想和行动统一到十五大精神上来，把大家的智慧和力量凝聚到十五大确定的各项任务上来。中直机关的党员干部要始终同党中央保持思想上、政治上的高度一致，在理论学习上为全党作出表率。

8月4日——9日　全国思想政治工作科学专业委员会第五次特约研究员会议在山东烟台市召开。这次会议是由全国思想政治工作科学专业委员会、全国育人用人科学专业委员会和济南铁路局共同举办的。出席会议的代表百余人，分别来自全国20多个省市、自治区。会议主题是研讨新形势下提高干部素质，特别是提高政工干部的素质和加强党对企业的政治领导权问题。

8月4日　北京市公开招聘高级管理技术人才。积极推进干部人事制度改革，努力建设高素质的党政干部，企业经营管理干部和科学技术干部队伍，吸引各方面的优秀人才进入首都经济建设主战场。市委、市政府在北京国际会议中心召开动员大会，对这次公开选拔招聘工作进行部署。市委书记贾庆林、国家人事部部长宋德福、中央组织部副部长李铁林到会讲话。

8月5日　国家防汛总指挥部召开第三次全体会议。国务院副总理、国家防汛抗旱总指挥温家宝主持会议，进一步部署防汛抗洪救灾工作。温家宝要求各级党委、政府要认清当前的严峻形势，充分估计困难，思想丝毫不能麻痹，工作丝毫不能松懈，认真贯彻落实江总书记和朱镕基总理关于防汛抗洪工作的指示，进一步加强领导，动员广大军民，团结奋战，夺取今年抗洪斗争的全面胜利。

8月6日　解放军总政治部下发《全军和武警部队抗洪救灾政治工作情况通报》，通报要求：一、进一步用江泽民的重要指示统一思想，继续把抗洪救灾作为当前的头等大事来抓。二、不间断地进行思想发动，始终保持部队高昂的战斗士气。三、大力宣传表彰先进人物和事迹，充分调动部队抗洪救灾的积极性。四、要注意关心爱护部队，切实解决抗洪救灾中官兵生活上的实际问题。五、各级党委和政府机关要切实加强对抗洪救灾中政治工作的领导。各级领导要深入第一线，及时解决和发现问题。各级政治机关要通力合作，主动把各自的工作做深做细做实。要重视做好家庭受灾官兵的思想工作，尽力帮助他们解决实际困难。

8月8日——9日　在长江防汛最紧要的时刻，朱镕基总理代表党中央、国务院再次赴湖北长江抗洪第一线。察看长江大堤防守情况，慰问日夜奋战的广大干部群众，人民解放军和武警官兵、公安干警。他传达了党中央和江总书记最近关于长江抗洪抢险工作的指示，强调当前长江防汛形势形势十分严峻，沿江各地要把抗洪抢险作为当前头等大事，全力以赴抓好。要坚决严防死守，确保长江大堤的安全，不能有丝毫松懈和动摇。

8月9日　李岚清在火炬计划十周年经验交流会上发表讲话。他指出，世纪之交，世界经济发展出现了新的规律和特点。江总书记在不久前的重要讲话中指出，当今世界，科学技术突飞猛进，知识经济已见端倪，国力竞争日趋激烈。未来的经济增长将更加依赖于知识的不断创新，及时吸取和有效应用，产品和服务中蕴涵的知识量成为竞争的重要基础，知识资源的快速扩张则成为经济可持续发展的关键。科学技术知识是最重要的知识资源，高技术产业将成为未来知识经济的支柱产业。

8月9日　中组部发出通知，要求高度重视国有企业改革中的党建工作。通知提出五个方面的明确要求：一、企业党组织的设置和调整要与企业改组、改制同步进行。二、依法申请破产的企业，在进入破产程序至破产终结期间，党组织要认真履行职责，继续发挥政治核心作用。三、企业改组后，党组织的领导关系要按照有利于加强党的领导和开展党的工作，有利于促进企业改革和发展的原则，根据不同情况确定。四、加强对企业下岗职工党员的教育管理。五、各级党委和有关部门党组要高度重视国有企业在改组、联合、兼并和职工下岗分流再就业中的党建工作，按照中央(1997)4号文件精神开展工作，发挥党的政治优势，保证深化国有企业改革的顺利进行。

8月12日　中宣部召开会议，总结前一段抗洪抢险宣传报道工作，对当前和今后一段时间抗洪抢险的宣传报道工作作出进一步部署。丁关根强调，各级宣传部门和新闻单位要增强政治意识、大局意识、责任意识，认真做好抗洪抢险的宣传报道工作。

8月13日　教育部师范教育司组织编写的面向全国中小学教师教育的《邓小平理论概论》，由东北师范大学出版发行。本书全面阐述了邓小平理论体系，从政治、经济、文化、改革与开放、外交、和平统一祖国等方面介绍了邓小平理论的产生，发展、成熟，主要内容和历史意义。

8月13日　中国职工思想政治工作研究会在山西太原市召开科技发展与思想政治工作现场研讨会。与会专家认为，思想政治工作一定要与其他要素形成合力，在推进科技发展中奋发作为。思想是行动的先导，要把“科教兴国”的国策和“科技兴企”的战略落实到实处，必须努力扫除阻碍高新技术发展的各种思想障碍。思想政治工作一定要发挥积极有效的作用，思想政治工作者要切实掌握广大职工的思想动态，找准思想障碍症结，有的放矢；要区分对象，抓住重点，在当前尤其要做好企业管理人员和科技人员的思想工作。大家认为，随着科技的迅猛发展，思想政治工作者一定要以极大的热情关注科技发展形势，把握人们思想脉搏，及时有效地加以引导，扶优抑弊，化消极为积极。

8月13日　江泽民赴湖北抗洪抢险第一线指导抗洪斗争。他亲切慰问广大军民，勉励他们继续发扬不怕疲劳、连续作战的精神，再接再厉，团结奋斗，坚定信心，决战到底，坚持坚持再坚持，就一定能夺取抗洪抢险斗争的最后胜利。

8月13日　李瑞环在听取全国政协相关负责同志关于开展抗洪救灾捐款活动汇报时指出，中华民族有着扶危济困、乐善好施的传统美德。改革开放二十年来，群众生活水平有了很大提高。适当开展一些群众性的自愿捐献活动，不仅可以增强战胜自然灾害的物质力量，更可以增强人民的团结，增强全民族为振兴中华而奋斗的精神力量。

8月14日　江泽民签署中央军委命令授予高建成“抗洪英雄”荣誉称号。高建成在与洪水搏斗的两个多小时中，连续不断地进行现场鼓动，高喊：“党员和干部在，我们一定能够冲出去！”并奋不顾身，先后救出8名群众和战士，最后因体力不支被洪水卷走，献出了宝贵的生命。他在国家和人民群众生命财产安全受到严重威胁的关键时刻，舍生忘死保护群众和战友，用生命谱写了一曲抗洪抢险的壮丽凯歌。命令要求奋斗在抗洪抢险斗争第一线的广大指战员，全军广大官兵向高建成同志学习。

8月14日　长江流域等地灾情时刻牵动着中直机关广大干部职工的心。中直机关各级党政领导紧急动员，迅速部署救灾。广大干部职工踊跃参加，积极捐款，向灾区人民奉献爱心。

8月15日　受江泽民总书记委托，李鹏专程前往黑龙江抗洪第一线，察看汛情，看望军民，号召坚决贯彻党中央国务院和江泽民总书记的指示精神，全力以赴，夺取抗洪斗争最后胜利。

8月17日　党中央国务院委托温家宝到荆州抗洪第一线指挥。江泽民发布命令沿线部队全部上堤，沿江百万军民全力以赴，坚守大堤。

同日，党中央国务院高度重视救灾防病防疫工作。江泽民指示积极防治绝不能让疫情蔓延。朱镕基主持国务院常务会议研究部署救灾防病工作。李岚清召开会议检查救灾防病防疫工作落实情况。

8月20日　全国总工会在北京召开电视电话会议，要求全国2800多个县(市、区)工会以邓小平理论为指导，深入贯彻党的十五大精神，以改革的精神进一步理清思路，明确重点，振奋精神，创造性地开展工作。

8月20日　中国科协第三届青年学术年会在人民大会堂举行。本届年会的主题是：“科技增强国力，青年开创未来——携手走向辉煌的新世纪”。来自全国各省、自治区、直辖市和港、澳地区，以及在世界十几个国家学习、工作的700多名优秀青年科技工作者共聚一堂，就大家共同关心的当代科学前沿和高新技术问题进行学术交流，探讨跨世纪科技发展和实现祖国美好蓝图的大计。

8月21日　党和国家领导人江泽民、李鹏、朱镕基、李瑞环、胡锦涛、尉健行、李岚清等在北京人民大会堂会见20位杰出科学家和34位优秀教师。会见结束后，李岚清等领导同志与科学家和教师座谈，请大家为科教兴国战略献计献策。李岚清强调，各级领导，特别是主要领导要带头重视科技和教育，各级党政领导干部都要真正从行动上而不是仅仅在口头上认真贯彻科教兴国战略和各项方针政策；千方百计增加科技和教育投入，努力改善科技和教育工作者的工作和生活条件，充分发挥他们在我国经济和社会发展中的作用，实行产学研相结合，加速科技成果转化，为经济建设和社会发展服务；进一步深化科教体制改革，加强科教界的团结与合作，形成合力；大力培养科技人才，使一批又一批的优秀青年科技人才脱颖而出，提高科教队伍的整体素质。

8月21日　李瑞环到湖北察看汛情，慰问军民。李瑞环代表党中央、国务院，代表江泽民总书记，向战斗在千里荆江大堤上的全体军民表示崇高的敬意和亲切的慰问。他说，你们用自己的血肉之躯，顶住了各次洪峰的冲击，保卫了沿江人民的生命安全，维护了国家发展和稳定的大局，你们英勇拼搏、团结奋斗，向全世界展示了中国人民的英雄气概，为祖国争了光。你们的精神将成为我们今后搞好各项工作的强大动力。党感谢你们，全国人

民感谢你们。他希望大家，坚决贯彻江总书记的重要指示精神，发扬不怕艰苦，不怕疲劳，连续作战的作风，坚定信心，再接再厉，夺取最后的胜利。

8月25日——26日　胡锦涛到黑龙江、吉林察看汛情灾情，转达党中央、国务院和江泽民总书记对奋战在嫩江、松花江两岸数百万抗洪军民的亲切问候，希望大家树立必胜信心，不怕疲劳，连续作战，坚持严防死守，做到“三个确保”。夺取抗洪斗争的最后胜利。

8月27日　中宣部、总政治部举行学习“抗洪英雄”高建成先进事迹座谈会。会上、军队地方英模代表及高建成生前所在部队领导、战友和湖北省嘉鱼县的领导，共同畅谈了学习“抗洪英雄”高建成的体会。8月1日高建成带领部队在湖北省嘉鱼县簰洲湾执行抢险救灾任务中，为抢救人民群众和战友而英勇献身。8月12日，中央军委授予高建成“抗洪英雄”荣誉称号。8月14日，江泽民在湖北视察长江抗洪抢险工作时，对高建成的先进事迹给予高度评价，称赞他和他的战友们是真正的英雄，是新的历史时期“最可爱的人”。中宣部副部长刘鹏在座谈会上讲话。

8月30日　人大常委会举行第二次法制讲座，李鹏主持讲座并讲话。中国社会科学院法学所研究员李步云以《依法治国，建设社会主义法治国家》为题，讲了三方面的内容。他说，社会主义法制应当建立在社会主义民主的基础上，要坚持社会主义法制的民主原则，实现民主的法制化和法制的民主化；要树立法律的极大权威，任何组织和个人都必须严格依法办事；要进一步健全和完善司法体制和程序，切实保证案件审理的客观、公正、廉洁和高效；建设现代法律文化，提高广大干部和民众的理论水平和法制观念，全面推进依法治理。

李鹏作了从学习邓小平理论，加强民主法制建设的讲话。他指出，要在全面、正确领会党的十五大精神上下功夫，最重要的就是要发扬理论联系实际的学风，坚持解放思想、实事求是的思想路线，运用邓小平理论，结合十五大精神来指导各项工作，解决发展、改革和稳定中的实际问题，把建设中国特色社会主义事业推向前进。

8月31日　中国妇女第八次代表大会在北京人民大会堂隆重开幕。党和国家领导人江泽民、李鹏、李瑞环、胡锦涛、尉健行、李岚清等到会祝贺。这是本世纪我国妇女界的最后一次盛会。来自祖国各地、各条战线的1300多名各族各界妇女代表，肩负着6亿多姐妹们的嘱托，来到首都北京出席这一盛会。

胡锦涛代表党中央致祝词。他强调，妇女是我们国家的半边天，建设有中国特色社会主义事业，必须有妇女这支伟大力量的广泛参与和不懈奋斗。他希望各族各界妇女，自强不息、艰苦奋斗，为深化改革和促进经济发展贡献更大的力量；身体力行，扶正祛邪，为推动社会主义精神文明建设多作努力；加强学习，提高素质，更好地适应现代化建设的需要，在全面推进伟大事业的进程中，建立新功业，弘扬新风尚，取得新进步，同全国人民一道昂首阔步迈向新世纪。

陈慕华主持会议，顾秀莲作工作报告。

九　　月

9月1日　胡锦涛在中央党校秋季开学典礼上发表重要讲话。他强调，各级领导干部要紧密联系当前实际，带头深入学习和自觉运用邓小平理论，力求在对邓小平理论的科学认识上有新提高，在运用邓小平理论解决实际问题的能力上有新提高，在改造主观世界的自觉性上有新提高。

中央党校今年秋季开学新招收学员950人，加上原在校学员155人，开学后在校学员达1105人。

9月2日　朱镕基总理在东北考察灾区重建工作。他在考察中指出，嫩江、松花江抗洪斗争已取得决定性胜利，但在退水时丝毫不能麻痹和松懈，务求夺取全胜。同时要适时把工作重点转移到灾后重建上来，动员群众，自力更生，团结奋斗，恢复生产，重建家园。他强调，当前首先要确保受灾群众安全过冬，确保大灾之后无大疫，确保灾区学生及时上学，并尽快恢复正常的生产生活秩序，为实现全年经济发展目标努力奋斗。

9月2日　中宣部召开中央主要新闻单位负责人会议，商讨并部署近期宣传报道工作。会议指出，9月份在继续做好抗洪抢险、防病防疫、生产自救、重建家园宣传报道的同时，重点宣传经济建设和改革开放的成就，激励干部群众为实现今年经济发展目标而奋斗。要做好打击走私、再就业工程、粮食购销体制改革、国有企业改革、增发1000亿元国债、加强基础设施建设、解放军武警部队政法机关不再从事经商活动，以及中国妇女第八次全国代表大会、教师节等工作的宣传报道工作。

会议指出，要振奋精神，增强信心，努力工作，增产增收，千方百计确保今年国民经济增长8%目标的实现。

会议强调，新闻宣传战线一定要在以江泽民为核心

的党中央领导下，坚持党的基本理论和基本路线，坚持团结稳定鼓劲，正面宣传为主的方针，牢牢把握正确舆论导向，坚持为人民服务，为社会主义服务，为全党全国工作大局服务。

9月4日　中组部发出通知要求基层党组织和共产党员在恢复生产重建家园中充分发挥党组织战斗堡垒作用和共产党员先锋模范作用。要心系灾区，继续发扬一方有难、八方支援的精神，想灾区之所想，急灾区之所急，在努力做好本地工作的同时，采取各种行之有效的方式，尽心尽力地支援灾区重建家园。通知要求各级党组织和全体党员要紧密团结在以江泽民为核心的党中央周围，以抗击特大洪水的坚强意志和奋力拼搏、自强不息的大无畏精神，夺取灾区恢复生产、重建家园的新胜利，为实现全年经济发展的目标而努力奋斗。

9月4日　江泽民在江西视察抗洪救灾工作时发表《发扬抗洪精神，重建家园，发展经济》的讲话。他指出，当前，随着汛期的逐渐过去和洪水的逐渐下退，在继续做好抗洪抢险最后阶段工作的同时，全国受灾地区的工作重点将逐渐转到救灾工作和恢复生产，重建家园上来。受灾地区的各级党委和政府要集中力量抓好落实，全党全国必须全力支持灾区。把受灾群众切实安置好，把恢复生产、重建家园的工作切实做好，不仅对促进受灾地区的经济发展和社会稳定，而且对保持和发展全国改革开放和现代化建设顺利前进的局面，都具有重大意义。我们能够取得抗洪抢险斗争的全面胜利，也一定能够取得恢复生产、重建家园的全面胜利。江泽民最后要求各级党委、政府和有关部门，要认真总结这次抗洪抢险斗争的经验，大力宣传先进人物和先进集体的典型事迹，在全社会广为弘扬万众一心，众志成城，不怕困难，顽强拼搏，坚韧不拔，敢于胜利的伟大抗洪精神。

9月5日　李岚清为出席中国妇女第八次全国代表大会的代表作《实施科教兴国战略，迎接二十一世纪的机遇与挑战》的报告。报告讲了四个问题：一、抓住机遇，迎接挑战，全面实施科教兴国战略。二、落实科学技术是第一生产力的科学论断，关键在于科技创新和成果转化。三、进一步办好各类教育，提高国民整体素质，大力培养跨世纪的优秀人才。四、实施科教兴国战略，关键在领导，既要增加有效投入，又要深化改革。李岚清希望广大妇女代表继续以高度的责任感、使命感和时代的紧迫感，为实现科教兴国战略，努力开创科技、教育事业振兴和繁荣的新局面作出更大贡献。中国妇女第八次全国代表大会为期6天，在人民大会堂胜利闭幕。会议认真总结了5年来在邓小平理论指导下，中国妇女运动的新经验、新成就、新发展，提出了到2010年中国妇女发展的总目标，今后5年中国妇女运动的指导思想和主要任务，修改了《中华全国妇女联合会章程》，选举产生了全国妇联新一届领导机构。

9月6日　江泽民在黑龙江考察，在考察时他指出，要采取有力措施，抓紧恢复和发展生产。江泽民要求，各级领导干部要深入灾区，团结带领灾区群众，苦干实干，恢复生产，重建家园。要深入灾区群众家庭，了解群众的疾苦，帮助他们解决实际困难。要牢记全心全意为人民服务的宗旨，珍惜在抗洪抢险斗争中得到进一步巩固和发展的同人民群众的血肉联系。在困难的时刻，我们更要通过身体力行，赢得人民群众的信赖，密切党群干群关系。

9月7日——12日　朱镕基总理先后到湖北、江西、湖南、重庆和四川考察，听取了五省市负责人对灾后重建、治理水患、发展经济的意见和建议，共同研究做好这些工作的主要措施。朱镕基强调，在灾后重建工作中，既要着力解决当前的实际问题，又要着眼未来、从长计议，把迅速恢复生产生活秩序同治理江河水患、实现长远目标紧密结合起来。受灾地区各级党委、政府都要抓住和充分利用重建的机会，遵循自然规律和经济规律，抓紧制定科学、合理的规划，根据需要和可能，区别轻重缓急，分步组织实施。他要求从现在起，长江、黄河中上游地区全面停止天然林采伐，恢复生态植被，减少水土流失，防治地质灾害，逐步退田还湖。下决心，坚韧不拔地致力于整治河山这个利在当代、泽被子孙的千秋伟业。

9月10日　江泽民等党和国家领导人在中南海同全国妇联新一届领导班子成员及妇女八大部分代表座谈。江泽民强调，在当今中国，只要广大妇女坚持以党的基本理论和基本路线为指导，解放思想，实事求是，自强不息，艰苦奋斗，就一 定能够在建设有中国特色社会主义的伟大事业中，创造出无愧于时代的光荣业绩。

胡锦涛主持座谈会，尉健行等出席会议。

9月10日　庆祝教师节暨优秀教师表彰大会在人民大会堂举行。李岚清指出，党的十五大重申并进一步强调了实施科教兴国的重大战略意义，教育事业的发展面临着新的机遇和挑战。李岚清希望全国广大教育工作者响应江泽民总书记的号召："弘扬万众一心，众志成城，不怕困难，顽强拼搏，坚韧不拔、敢于胜利的伟大抗洪精神"，在以江泽民为核心的党中央领导下，高举邓小平理论伟大旗帜，推进教育改革和发展，为实现科教兴国大业努力奋斗。

9月14日　伟大的无产阶级革命家、政治家、军事家，坚定的马克思主义者，党、国家和人民军队的卓越领导人杨尚昆同志，因病医治无效，于1时17分在北京逝世，享年92年。杨尚昆同志的一生，是光辉的、战斗的一生。他为中国人民的解放事业，为社会主义革命和建设事业，建树了不可磨灭的历史功勋。杨尚昆同志住院和病重期间，党和国家的领导人江泽民、李鹏、朱镕基、李瑞

环、胡锦涛、尉健行、李岚清同志前往医院看望。

9月16日　首都千余名教育工作者和理论工作者在北京景山学校集会，纪念邓小平“教育要面向现代化，面向世界，面向未来”题词发表15周年。李鹏为纪念活动题词：“景山学校要全面贯彻‘三个面向’的教育方针，为培养新时代建国人才奠定良好的基础”。李瑞环为大会发来贺信：“‘三个面向’是邓小平教育理论的重要组成部分，是我国教育改革和发展的战略指导方针。希望你们更好地坚持‘三个面向’，解放思想，实事求是，更新教育观念，深化教育改革，进一步提高教育质量，谱写教书育人的新篇章。”

纪念大会由中国教育学会，北京市教育学会和景山学校联合举办。

9月18日　中央精神文明建设委员会办公室在北京召开电话会议。会议要求认真贯彻江泽民总书记的重要指示，以抗洪抢险斗争取得伟大胜利的生动事实和先进人物的英雄事迹为最好教材，深入开展群众性思想道德教育，把弘扬伟大抗洪精神作为精神文明建设的突出任务，切实抓紧抓好。

中宣部常务副部长、中央文明办主任刘云山在会上讲话。

9月18日　《建设有中国特色社会主义若干理论问题学习纲要》由学习出版社出版。中宣部办公厅在《关于〈建设有中国特色社会主义若干理论问题学习纲要〉出版的通知》中指出：这本书以邓小平理论和党的十五大精神为指导，对建设有中国特色社会主义若干理论问题应该把握的基本观点，从理论和实践的结合上作了比较准确的阐述，可作为广大党员干部深入学习邓小平理论和党的十五大报告的辅助材料，也可供广大群众阅读。

这本书由中宣部理论局组织编写，中央有关部门的领导同志和有关专家学家帮助审阅了内容。

9月20日　胡锦涛同中组部第九期党员专家邓小平理论研究班学员座谈。胡锦涛强调，改革开放20年来的历史和当前的实践充分说明，邓小平理论是指导我们事业不断前进的伟大旗帜、光辉的旗帜、胜利的旗帜，是我们党团结带领人民群众战胜一切困难和风险的强大思想武器。

座谈会由中组部副部长王旭东主持。中组部副部长李铁林等出席了座谈会。

9月21日——26日　江泽民在安徽考察，就农业和农村问题进行调查研究。他要求全党全国必须更加重视农业和农村工作。他指出，实现跨世纪发展的目标，难度最大而又非完成不可的一项任务，就是保持农业和农村经济的持续稳定增长。我国的基本国情决定了抓住农村这个大头，我们就有了把握经济社会发展全局的主动权。面对亚洲金融危机的挑战，我们必须更加重视和加强农业，把农村经济搞上去。

9月22日　九届全国人大常委会在人民大会堂举办第三次法制讲座。李鹏主持并讲话。全国人大法律委员会、研究员刘政，以《我国人民代表大会制度的特点及其历史发展》为题，讲了三方面的内容：人民代表大会制度的内涵和特点；新中国成立后人民代表大会制度的发展过程。李鹏在讲话中指出，坚持和完善人民代表大会制度是建设有中国特色社会主义政治的一个重要内容。

9月22日　各民主党派中央领导人在北京隆重举行“各民主党派响应中共‘五一’口号，为建立新中国而奋斗五十周年纪念座谈会”，李瑞环出席座谈会并作了讲话。李瑞环指出，目前，处于世纪之交的中国各族人民，正在按照中共十五大的部署，高举邓小平理论的伟大旗帜，把建设有中国特色社会主义事业全面推向前进。在这一伟大进程中，具有光荣历史传统的各民主党派肩负着新的使命，我们的多党合作经受着新的考验。希望各民主党派围绕中心，服务大局，切实发挥好参政党的作用。

八个民主党派领导人在会上作了书面发言。座谈会由全国政协副主席中央统战部部长王兆国主持。

9月26日　中组部部长张全景在国家行政学院第三期国有企业领导干部培训班结业式上指出，搞好国有企业的关键，是建设一个好的企业领导班子。张全景对加强国有企业领导班子建设提出了具体要求。第一，要加强思想政治建设，使企业领导人员形成一个好的思想作风和工作作风。要坚持不懈地学习邓小平理论，学习社会主义市场经济知识、现代科学技术知识、金融知识、企业管理知识。第二，要振奋精神，创造性地开展工作。企业领导干部要有知难而进，开拓进取的精神；要有不断深化改革，开拓市场，加强管理，降低成本，注重技术创新和提高产品质量、改善服务的思路；要有从严治厂，真抓实干，艰苦奋斗的行动。第三，要坚持党的群众路线，紧紧依靠工人阶级。国有企业领导干部必须尊重和保证职工代表大会等形式参与企业管理，自觉接受职工群众的监督。要做好下岗职工基本生活保障和再就业工作。第四，要增强党的观念，发挥企业党组织的政治核心作用。企业的领导干部要正确处理个人与集体、个人与党组织的关系，坚持民主集中制的组织原则，积极配合和支持党组织抓好企业党的建设，使企业党组织的作用得到充分发挥。第五，要发扬艰苦奋斗的优良作风，坚持勤俭办企业。重点国有企业领导干部要廉洁自律，自觉同职工群众同甘苦、共患难，自觉抵制各种腐朽思想和生活方式的侵蚀。

9月28日　中共中央、国务院在北京人民大会堂举行全国抗洪抢险总结表彰大会，江泽民总书记发表重要讲话。他强调，全党大力弘扬万众一心、众志成城，不怕

困难、顽强拼搏、坚韧不拔、敢于胜利的伟大抗洪精神。

9月29日　中组部、中宣部等六个单位联合在北京隆重举行报告会。在抗洪抢险英雄模范事迹报告会上，8位来自抗洪第一线的英雄报告团成员，向首都近万名各界群众和解放军、武警官兵作了首场报告，感人至深，催人奋进。

9月29日　国务院侨办、港澳办、台办举行国庆招待会，李瑞环、胡锦涛出席。钱其琛在会上致祝酒词。他指出，随着香港回归和澳门即将回归祖国，实现海峡两岸和平统一的历史任务摆在所有中华儿女的面前。我们将一如既往地与台湾同胞一道，与港澳同胞和海外侨胞一道，为早日实现祖国和平统一的民族大业而共同奋斗。

9月30日　国务院总理朱镕基在人民大会堂举行盛大招待会，热烈庆祝中华人民共和国成立49周年。江泽民、李鹏、李瑞环、胡锦涛、李岚清出席，朱镕基发表讲话。他指出，目前，救灾和恢复生产的工作全面展开，重建家园、治理江河的措施正在逐步落实。国际金融市场动荡，给我国经济发展带来了困难和压力。党中央、国务院及时采取有力的应对措施，在深化改革的同时，实行更加积极的财政政策，增加投入，扩大内需，国民经济保持了较快发展的势头。

十　月

10月3日　人民日报报道，改革开放使中国工业经济步入了大改革、大发展的阶段，从1978年到1997年，工业以年均12%的增长速度取得了举世瞩目的发展成就，工业综合实力明显增强。到1997年底，全部工业企业资产总额已达近11.6万亿元，比1978年增长7.6倍；实现利税7602亿元，增长7.3倍。

10月7日　中宣部等五部举办1998防汛抗洪形势报告会。总结抗洪经验，弘扬抗洪精神，把我国水利建设推向新阶段。水利部部长钮茂生作了专题报告，他指出，当前我国水的问题可以概括为三大威胁，即洪水的威胁，干旱缺水的威胁和水环境恶化的威胁。我们要全面正确认识我国的基本国情和水情，从政治、经济和社会发展全局认识水利问题。

10月8日　全军抗洪抢险庆功表彰大会在人民大会堂举行。江泽民发表重要讲话，指出在这场伟大的斗争中，我军充分展示出坚决听从党的指挥，视人民利益重于一切的高度政治觉悟；充分展示出指挥果断，反应迅速，战无不胜的过硬素质；充分展示出英勇顽强、连续作战、不怕牺牲的战斗作风；充分展示出令行禁止、秋毫无犯的严明组织纪律；充分展示出密切配合、官兵一致的团结协作精神；充分展示出全面、快速、高效的保障能力。

朱镕基、李瑞环、胡锦涛、尉健行、李岚清等同六千多名官兵及群众代表出席，张万年主持，迟浩田宣读荣誉称号和记功的命令。于永波宣读表彰通报。

10月9日　中国电视事业暨中央电视台诞生40周年大会在北京举行。江泽民、李鹏、朱镕基、李瑞环题词或到电视台祝贺。李岚清出席并讲话。江泽民的题词是："更好地发挥电视媒体的作用，为改革开放和社会主义现代化建设服务"。李鹏的题词是："把中央电视台办成中国和世界沟通的桥梁和纽带"。朱镕基10月7日视察了中央电视台，对中国电视事业暨中央电视台诞生40周年表示祝贺。李瑞环的题词是："念念不忘观众。"李岚清、丁关根等领导同志为中央电视战线工作40年的职工代表颁发荣誉证书。

10月12日——14日　中国共产党第十五届三中全会在北京举行。江泽民、李鹏、朱镕基、李瑞环、胡锦涛、尉健行、李岚清出席会议。中央政治局主持会议。江泽民发表重要讲话。会议审议通过了《中共中央关于农业和农村工作若干重大问题的决定》。全会认为，农业、农村和农民问题是关系我国改革开放和现代化建设全局的重大问题。完成十五大确定的我国跨世纪发展的宏伟任务，必须进一步加强农业的基础地位，保持农业和农村经济持续发展，保持农民收入的稳定增长，保持农村社会的稳定。全会号召，全党动员起来，团结全国各族人民，在以江泽民为核心的党中央领导下，高举邓小平理论伟大旗帜，认真贯彻党的十五大精神，艰苦奋斗，扎实工作，努力开创我国农业和农村工作新局面，全面推进建设有中国特色社会主义伟大事业。

10月17日　江泽民会见来京述职的董建华。江泽民指出，香港人是完全能够管理好香港的，中央政府坚决支持香港特别行政区按照基本法的规定实行"港人治港"、高度自治。江泽民希望香港各界人士在爱国爱港的旗帜下团结起来，与特区政府和衷共济，群策群力，共同克服目前面临的暂时的经济困难。

10月20日　人大常委会举办第四次法制讲座，李鹏主持并讲话。他指出，立法体制是一个国家政治体制的重要组成部分，是由这个国家的国体、政体、国家结构形式、历史传统、经济文化发展水平等因素决定的。建立一个科学的立法体制具有重要意义。

10月20日　朱镕基为工会十三大作经济形势报告。尉健行出席会议。朱镕基在报告中着重介绍了我国目前的经济形势。他说，为了实现今年国民经济增长目标，缓解亚洲金融危机带来的不利影响，中国政府采取了扩大内需，拉动经济增长，积极调整经济结构等政策，推动国民经济持续、稳定、健康发展。

10月23日　中宣部等五单位举行形势报告会，中央财经领导小组副秘书长兼办公室主任华建敏在会上作学习十五届三中全会精神开创农业和农村工作新局面的报告。他指出，首先要进一步提高在当前国际国内新形势下做好农业和农村工作重要性的认识，用全会精神来统一思想。其次，要做到三个坚持不动摇。

10月23日　中央军委在北京举行座谈会，隆重纪念彭德怀同志诞辰一百周年。江泽民出席并发表重要讲话，高度评价彭德怀的不朽历史功勋，强调党和国家老一辈领导人的革命精神和实践经验，是我们的宝贵精神财富，全党、全军和全国人民要始终坚持学习，继承和发扬，使之成为推进改革开放和现代化建设的强大精神力量。

10月24日　全总十三届一次执委会在北京召开，尉健行在会上强调学习邓小平理论，做好工会工作。他要求各级工会干部必须努力加强自身的思想作风建设。进一步加强学习，形成学习的良好风气，最重要的是学习邓小平理论，学习党的十五大精神；保持良好的精神状态，树立信心，振奋精神，不断推进各项工作；切实转变工作作风，越是困难的地方，越是矛盾集中的地方，工会干部越要到那里去，站到基层与职工群众之中，同他们一起研究分析问题，一起商量解决问题的办法；进一步兴起深入基层调查研究之风，善于用服务的方法推动问题的解决，善于用典型引路打开工作局面。

10月25日　朱镕基总理出席国务院在广州召开的八省(区)打击走私和骗汇工作座谈会，并发表重要讲话。他指出，要加强海关、公安、工商等缉私执法队伍思想建设和组织建设。首先要抓好各级领导班子建设。要把那些政治坚定、廉洁奉公、忠于职守、坚持原则、不怕牺牲的干部选拔到领导班子中来，对那些不称职甚至徇私舞弊的人要坚决调整和撤换。

10月26日　江泽民邀请全国总工会新一届领导班子成员和中国工会十三大部分代表到中南海座谈。江泽民指出，全心全意依靠工人阶级，是我们党一贯坚持的根本方法。在跨世纪的征程上，我们要继续坚定不移地贯彻这个方针，充分发挥工人阶级的主人翁作用和伟大力量。在党中央的领导下，有着光荣传统的中国工人阶级，一定会更高地举起邓小平理论伟大旗帜，深入贯彻党的十五大精神，团结一致，艰苦奋斗，为建设有中国特色社会主义的伟大事业再立新功。

胡锦涛主持座谈会。尉健行在会上介绍了全总新一届领导班子成员。

10月26日　国务院办公厅转发五部委文件，要求做好灾区农村劳力安置和有序流动工作。各有关地区和部门，特别是灾区各级政府，必须高度重视，统一思想认识，加强组织领导，通力合作，抓好落实，确保社会稳定和灾区后重建工作的顺利进行。

10月27日　中国法学会在北京举行推进依法治国进程研讨会，全国政协副主席、中国法学会会长任建新出席会议并讲话。会议要求运用邓小平理论的宽广视野观察世界，坚持解放思想、实事求是的思想路线，发扬理论联系实际的学风，贯彻“双百”方针，大胆探索、勇于实践，不断创新，将理论研究同立法、司法、执法、普法的实践结合起来，不断提高研究水平，多出研究成果。

10月28日　尉健行会见第三届中国十大杰出检察官，勉励他们弘扬秉公执法的正气，为党和人民再立新功，以崭新的面貌迎接新世纪的到来。

10月29日　朱镕基在国家科教领导小组第二次会议上强调，经济建设切实转到依靠科技进步和提高劳动者素质的轨道上来，必须落实科教兴国战略。教育和科技事业要走改革创新之路，全面提高全民族的素质和创新能力。

10月30日　国务院召开全国进一步做好增收节支工作电视电话会议。李岚清在会上发表重要讲话。他要求全国税务、财政部门广大干部职工紧急行动起来，在各级党政领导的大力支持和各部门的积极配合下，进一步做好增收节支工作，确保今年全国工商税收比上年增收1000亿元，确保财政预算的完成。指出，各级政府领导是国家的干部、党的干部、人民的公务员，要有全局观念、全局意识。

10月29日——11月4日　人大常委会第五次会议在人民大会堂举行。经过7天的紧张工作，九届全国人大常委会第五次会议圆满完成各项议程。李鹏主持闭幕会并发表讲话。他指出，我国的改革开放和现代化建设，要求切实加强党的领导。党的领导如何加强？很重要的一个方面，就是要通过人民代表大会的法定程序，把党的主张变成法律，成为全体人民共同遵守的国家意志，从制度上、法律上保证党的基本路线和基本方法的贯彻实施，保证发挥党在各项事业中的领导核心作用。

10月30日　国务院办公厅举办科技知识讲座，李岚清在讲座结束后讲话。他指出，随着科学技术的发展，知识半衰周期越来越短，政府工作人员要不断充实新的知识，这就需要努力学习，自觉进行终身学习。

中国工程院院士、计算机专家汪成为作了题为《信息技术的昨天、今天和明天》的科技知识讲座。

十　一　月

11月5日——6日　澳门特别行政区筹备委员会第四次全体会议在广东省珠海市举行。会议由全国人大常委会副委员长、澳门特区筹委会副主任委员谢非主持。国务院副总理、澳门特区筹委会主任委员钱其琛致开幕、闭幕词;政务、法律、经济和社会文化四个小组分别向大会报告工作情况,筹委会秘书长陈滋英作关于本次全会将要审议通过的几个文件的说明。钱其琛指出,“一国两制”构想最早是针对台湾问题提出来的,而它成功实践是从香港回归开始的。澳门回归将是落实“一国两制”方针,实现祖国统一的又一范例。

11月5日——7日　中宣部、中央文明办在山东省文登市召开全国农村精神文明建设工作座谈会。会议提出,今后要认真贯彻党的十五届三中全会精神,紧紧围绕经济建设的中心,着力为农民办实事,引导农民奔小康,把农村精神文明建设推向前进。

11月8日——11日　李瑞环在福建考察工作。他深入到企业和经济开发区,了解生产经营情况和职工生活情况,听取干部群众对当前经济工作和对外开放的建议。在谈到重视农业问题时,李瑞环强调,要尊重农民的首创精神,及时总结来自基层的经验,善于用经验来指导工作,这是我国农村改革获得成功的一条基本经验,也是今后仍要坚持的一个基本工作方法。

11月9日　江泽民在北京人民大会堂会见《中华文化通志》部分编委和作者,江泽民指出,中华文明是人类社会宝贵财富。我们应该继承和发展中华文明的优秀传统,同时积极吸取世界各国人民创造的优秀文化成果,更好地为我们从事的伟大事业服务。

11月9日　中纪委、中宣部联合发出通知,要求各地、各部门认真组织广大党员干部特别是领导干部深入学习《邓小平论党风廉政建设和反腐败》一书重要论述。通知要求,全党同志在深入学习邓小平理论的时候,要集中一段时间,认真学习邓小平关于党风廉政建设和反腐败的论述,深化对反腐败斗争的认识,特别要深刻领会邓小平同志关于反腐败斗争与改革开放、经济建设的辩证关系的思想。

11月10日　中纪委、中组部、中宣部办公厅发出通知,要求加强党纪教育,组织党员干部观看《中国共产党纪律处分条例(试行)》电视系列片。通知说,深入学习并切实贯彻落实好《条例》,对于增强全体党员的纪律观念,严肃党纪,加强党风廉政建设,推动反腐败斗争的深入开展,具有十分重要的意义。

11月12日　尉健行看望监察学会第二届会员代表并讲话。他强调,纪检监察机关要以邓小平理论和党的十五大精神为指导,认真总结实际工作经验,努力加强理论和政策研究,为做好纪检监察工作,推进党风廉政建设和反腐败斗争做出更大贡献。

11月13日　朱自清百年诞辰纪念座谈会在北京人民大会堂举行,江泽民总书记亲笔题词。朱自清的儿子朱乔森代表亲属在会上发了言。参加会议的中央党校、中央党史研究室、中央文献研究室等负责人,以及文化教育界专家学者各界人士200余人。

11月13日　为纪念刘少奇同志诞辰100周年,中共中央文献研究室推出一批反映刘少奇生平和思想的著作:《刘少奇传》、《刘少奇教育文选》、《刘少奇》画册、《历史伟人刘少奇——纪念刘少奇诞辰一百周年论文集》。

11月14日　中组部、中央统战部、国家民委组织的少数民族和民族地区挂职锻炼干部培训班结业座谈会在北京举行。会议强调,加强少数民族和民族地区干部的培养,是促进民族地区社会稳定和经济发展的迫切需要,也是建设高素质干部队伍的现实需要,同时是深化干部制度改革的需要。希望少数民族和民族地区干部通过挂职锻炼,不断地促进思想解放和观念更新,创造性地把学到的经验和知识,运用到工作实践中去,为民族地区的经济和各项发展作出新的贡献。

11月15日　党中央国务院作出决定,对中国人民银行管理体制实行改革,撤销省级分行、跨省(自治区、直辖市)设置九家分行。温家宝讲话强调,抓紧配备分行领导班子,认真履行中央银行职能,主动争取各方面的支持和配合。

11月16日　李岚清为党外人士作了题为《实施科教兴国,迎接21世纪的机遇与挑战》的专题报告。报告分为四部分:一、抓住机遇,迎接挑战,全面实施科教兴国战略;二、落实科学技术是第一生产力的科学论断,关键在于科技创新和成果转化;三、进一步办好各类教育,提高国民整体素质,大力培养跨世纪的优秀人才;四、实施科教兴国战略,关键在领导,既要增加投入,又要深入改革。

11月16日　全国党史系统纪念十一届三中全会20周年学术讨论会暨全国党史研究室主任会议在上海举行。会前,江泽民致信中央党史研究室,对党史工作作了重要指示。他希望各级党委重视党史工作,充分发挥党史资政育人的作用。从事党史工作的同志,要看到自己

肩上的责任，拿出更多的成果，来纪念十一届三中全会20周年。

11月16日——18日　中国职工思想政治工作研究会第十次年会在北京举行。会议强调，要切实加强企业思想政治工作，进一步理顺思想，化解矛盾，调动一切积极因素，化消极因素为积极因素，把职工群众的思想统一到党的十五大精神上来，把职工群众的力量凝聚到完成十五大确定的各项任务上来，努力开创企业改革和发展的新局面。受中共中央政治局委员、书记处书记、中宣部部长丁关根的委托，中宣部副部长刘鹏代表中宣部向这次年会表示祝贺。中国职工思想政治工作研究会副会长兼秘书长，求是杂志社总编辑戴舟在会上作了会务工作报告。

11月17日　纪念党的十一届三中全会二十周年全国党校理论研讨会在北京举行。会议的指导思想是：以邓小平理论和十五大精神为指导，认真总结十一届三中全会以来我国改革开放和现代化建设的丰富经验，深入研讨十五大坚持和发展十一届三中全会以来的路线、方针、政策上的重大贡献，研讨建设有中国特色社会主义的重大理论和实践问题，在20年改革开放成就的基础上，把建设有中国特色社会主义理论和实践引向深入。中央党校常务副校长郑必坚在会上作了题为《历史性考验和当代中国马克思主义》的主题报告。会议认为，我们处在伟大的时代，各级领导的理论学习，应当努力做到"四结合一提高"，即理论同实际相结合，同现代化知识、历史知识相结合，同把握国际国内两个大局发展变动相结合，同改造客观世界和改造主观世界相结合，提高到十五大所要求的新水平。会议由中央党校副校长刘胜玉主持。

11月19日　刘少奇生平和思想研讨会在人民大会堂举行。胡锦涛出席，尉健行讲话。他指出，刘少奇十分重视加强执政党的建设，在实践中提出了一系列重要思想。他提出执政党必须重视加强对党的干部特别是领导干部的教育、管理和监督，党的干部必须牢固树立坚定的共产主义信念，始终把党和人民的利益放在第一位，全心全意为人民服务，彻底批判特权思想，站在人民头上称王称霸的思想、主观主义和命令主义的思想、官僚主义思想。他深刻阐明了民主集中制原则，丰富和充实了党的民主集中制建设理论，深刻揭示了保持党内正常生活的客观规律的要求，闪耀着辩证唯物主义和历史唯物主义的思想光辉。

11月23日——25日　中宣部召开全国宣传部长座谈会，总结1998年宣传思想工作，部署近期任务，研究1999年工作。中宣部部长丁关根出席会议并讲话。会议强调，要坚持团结稳定鼓劲、正面宣传为主的方针，牢牢把握正确舆论导向。要紧紧围绕党的十五大的主题，把全党的思想和行动进一步统一到十五大精神上来，把全国各族人民的智慧和力量进一步凝聚到实现十五大确定的各项任务上来，为促进改革发展，维护社会稳定提供良好的舆论氛围和有力的思想保证。

中宣部常务副部长刘云山主持座谈会。

十　二　月

12月1日　由中共中央党史研究室编写的《中国共产党新时期历史大事记(1978.12——1998.10)》一书，由中共党史出版社出版。

12月2日　由中共中央文献研究室编辑的《邓小平思想年谱(1975——1997)》、《邓小平论十一届三中全会》，在党的十一届三中全会召开20周年之际由中央文献出版社出版。

12月2日　国务委员、国务院秘书长、中共中央国家机关工委书记王忠禹在中央国家机关党的工作会议上指出，机关党的建设工作必须以邓小平理论和十五大精神为指导，紧密联系改革开放和现代化建设以及各自工作领域的实际，认清形势，把握大局，抓住关键，积极探索。他希望广大党务工作者全面提高自身素质，增强责任感和紧迫感，进一步加强和改进机关党的建设，把党建工作提高到一个新水平。

12月7日——9日　中共中央、国务院在北京召开中央经济工作会议。江泽民、朱镕基作重要讲话，李鹏、李瑞环、胡锦涛、尉健行、李岚清等出席。

会议提出，要加强和改善党对经济工作和其他工作的领导。明年，深化改革，促进发展，保持稳定，任务十分繁重。为此，中央要求，全党全国必须统一思想，坚定信心，抓住机遇，知难而进，团结一致，艰苦奋斗。会议强调指出，全党要加强对改革开放和现代化建设全局的认识。要在中央的统一领导下，充分发挥各方面的积极性。各地区、各部门都要自觉服从和顾全国家大局，确保政令畅通，把中央的方针政策落到实处。要关心群众生活，注意工作方法，善于在经济工作中走群众路线，做到群策群力。要发挥政治优势，保障经济社会健康发展。继续贯彻"两手抓，两手都要硬"的方针，坚持不懈地推进社会主义民主法制建设、精神文明建设和党风廉政建设，为改革

和建设创造更加良好的环境。

12月10日　《世界人权宣言》发表50周年纪念会在北京举行，江泽民主席致信祝贺，并指出，我们要继续加强民主法制建设，依法治国，建设社会主义法治国家，进一步推进我国人权事业，充分保障人民依法享受人权和民主自由权利。我们愿与国际社会一道，为缔造一个公正合理、和平繁荣的世界作出自己的贡献。

12月10日　中国工业经济联合会全国会员代表大会在北京举行，江泽民、李鹏分别为大会题词。江泽民的题词是："办好工业经济联合会为我国工业现代化作出新的贡献。"李鹏的题词是："发挥行业联合组织作用，为实现工业现代化服务。"

12月10日　中组部、中宣部、国家经贸委在北京联合召开学习傅万才同志座谈会，以进一步推动向傅万才同志学习活动在全国广泛深入开展。宋平同志出席座谈会并讲话。他指出，我们的国有企业大有希望，关键是要有一个好的班子，有一个好的主要领导人。厂长、党委书记素质要高，要能够把一班人团结起来，依靠广大职工，把大家的积极性激发出来，调动起来。傅万才同志的事迹和吉林化纤的经验给全国的国有企业克服困难，走出困境树立了信心。中组部部长张全景主持座谈会并讲话，他要求，各级党委(党组)要把开展向傅万才同志学习活动作为加强党的思想政治建设，加强国有企业领导班子建设的一项重要内容，结合总结近年来国有企业领导班子考核、建设工作的经验，认真安排，统一部署，抓紧抓好。中宣部副部长徐光春、国家经贸委副主任郑斯林也先后在座谈会上就如何进一步深入学习和宣传傅万才的先进事迹讲了话。

12月11日　李鹏在全国人大常委会办公厅召开的座谈会上强调，必须进一步加强社会主义民主法制和人民代表大会制度的宣传报道，更好地发挥新闻媒体在民主法制建设中的作用，努力造就一支高素质的从事民主与法制宣传报道的队伍，积极推进依法治国方略的实施。中宣部部长丁关根出席了座谈会并讲话，他指出，要通过宣传报道，使国内外，使干部和群众，对人大工作有更全面、更深入的了解，对人大通过的法律有更全面、更深入的了解，对我国社会主义民主政治制度有更全面、更深入的了解。

12月11日　全国省区市党委组织部长会议在北京召开，胡锦涛发表重要讲话。他指出，明年党的建设工作，要坚决按照党的十五大精神和中央关于明年工作的总体部署，坚持党的建设总目标和从严治党的要求，把深入学习邓小平理论摆在首位，紧紧抓住领导班子和干部队伍建设这个关键，加大党的制度建设特别是干部人事制度改革的力度，强化党风廉政建设和反腐败斗争，毫不松懈地抓好党的基层组织建设，认真解决当前党的建设中存在的突出问题，使党的凝聚力、战斗力得到新的增强，为实现全年改革和建设的任务提供坚强的政治和组织保证。

12月11日　中纪委召开座谈会，纪念中共十一届三中全会召开20周年，同时纪念中纪委及地方各级纪律检查机关恢复和重建20周年。尉健行出席座谈会并发表重要讲话。他强调，我们要更加自觉地以邓小平理论为指导，在以江泽民为核心的党中央领导下，坚定不移地坚持党的基本路线，深入贯彻党的十五大精神，坚持不懈地加强党风廉政建设，深入持久地开展反腐败斗争。

12月11日　中央国家机关在北京召开纪念十一届三中全会20周年座谈会。国务院秘书长、中央国家机关工委书记王忠禹在会上强调，中央国家机关各部门要紧密地团结在以江泽民为核心的党中央周围，高举邓小平理论伟大旗帜，认真落实党的十五大精神，全面贯彻党的十一届三中全会以来所形成的一系列正确的路线、方针和政策，按照党中央和国务院的部署，完成明年经济和社会发展的各项目标，完成好明年在中央国家机关开展的以"三讲"为主要内容的党性党风教育和党的建设的各项任务，继续把中央国家机关各项事业推向前进。

12月11日　中宣部等五部门举办形势报告会。新华社澳门分社社长王启人作了题为"澳门回归问题"的报告。他介绍了澳门问题的由来；澳门过渡期最后阶段的形势和任务；"一国两制"理论在澳门问题上的实践与思考；并表达了对澳门顺利回归祖国的坚定信心，在京干部1200多人参加报告会。

12月13日　中宣部等五部门在北京人民在会堂联合举行形势报告会。国务院总理朱镕基作了关于中央经济会议精神和当前形势的报告。他在报告中介绍了中央经济工作会议确定的1999年经济工作的总体要求、重点工作和需要把握的重大问题，介绍了1998年我国经济发展和经济体制改革取得的重大成果，分析了当前经济运行中遇到的主要问题和采取的对策。朱镕基指出，明年改革、发展和稳定的任务十分繁重。我们要按照中央经济工作会议的部署，振奋精神，坚定信心，同心协力，开拓进取，把明年的经济工作做得更好，以优异的成绩迎接建国50周年，为实现跨世纪的宏伟目标打下坚实的基础。

12月14日　中共中央举行社会保障与法制建设讲座。江泽民主持，他强调社会保障工作直接关系全心全意为人民服务的宗旨，关系维护人民群众切身利益，关系保证改革开放和经济建设稳定发展的大局。他要求各级党委和政府要从这样的高度，充分认识搞好社会保障的重要意义，加强对这项工作的领导，不断把社会保障事业推向前进。当前，我们的建设任务很繁重，各项改革都在深化，特别是国有企业改革进入攻坚阶段，做好社会保障工作尤为重要。大家一定要把中央对国有企业下岗职工

的基本生活保障、城市居民的最低生活保障，以及一部分遇到困难的离退休人员的生活保障的政策和要求，坚决落实好，切不可疏忽大意。

李鹏、朱镕基、李瑞环、胡锦涛、尉健行、李岚清参加讲座，听取了中国人民大学法学院龙翼飞教授《社会保障与法制建设》的讲座。

12月14日　全国省区市党委组织部长会议在北京闭幕。中组部部长张全景在会上提出要求，在新的一年里，各级组织部门要以邓小平理论为指导，按照党的建设的总目标，坚持从严治党的方针，突出重点，狠抓关键，加大改革力度，深入调查研究，扎扎实实地做好各项工作，为改革、发展、稳定，实现跨世纪的宏伟目标提供坚强的组织保证。张全景强调，要认真贯彻十五届三中全会精神，把农村基层组织建设提高到新水平，要进一步加强和改进国有企业党的建设工作，把加强国有企业领导班子建设，作为企业党建工作的关键来抓。

12月15日　北京市10个城区人民代表换届选举投票日。江泽民、李鹏、朱镕基、李瑞环、胡锦涛、尉健行、李岚清等党和国家领导人分别在各自选区参加选举活动，选举所在地的区级人民代表。

12月16日　中纪委、中组部、中宣部等四部在北京联合召开贯彻落实党风廉政建设责任制规定的座谈会。尉健行在会上讲话，指出：各级党委、政府和各级领导干部要充分认识实行党风廉政建设责任制的重要性，以高度的政治责任感切实抓好党风廉政建设责任制的贯彻落实。尉健行要求，贯彻落实党风廉政建设责任制，各级领导干部要起表率作用，从自身做起，带头执行责任制。要加强领导，认真做好宣传、教育工作，使各级领导班子和领导干部切实领会《规定》精神，增强责任意识。要组织广大党员干部特别是党员领导干部以整风的精神深入进行以“讲学习、讲政治、讲正气”为主要内容的党性党风教育，把惩治腐败同加强思想教育结合起来，引导党员干部树立正确的世界观、人生观和价值观，强化廉洁从政意识，增强贯彻执行党的路线方针政策的自觉性。

12月17日　中组部在北京召开纪念党的十一届三中全会20周年座谈会。中组部部长张全景在会上指出，加强党的建设，关键在党委。继续推进面向新世纪的伟大工程，必须紧紧抓住思想政治建设这个根本，始终不渝地坚持用邓小平理论武装全党，教育党员和干部。必须牢牢抓住领导班子和干部队伍建设这个关键，全面提高广大干部特别是各级领导干部的素质。

12月18日　党的十一届三中全会20周年纪念大会在北京隆重举行。江泽民发表重要讲话。李鹏主持大会。朱镕基、李瑞环、尉健行、李岚清和首都各界6000人出席。江泽民在讲话中指出，党的思想、政治、组织等领域的全面拨乱反正，是从这次全会开始的。伟大的社会主义改革开放，是由这次全会揭开序幕的。建设有中国特色社会主义的新道路，是以这次全会为起点开辟的。当代中国的马克思主义——邓小平理论，是在这次全会前后开始逐步形成和发展起来的。二十年的历史经验归结到一点，就是把马克思主义的基本原理同中国的具体实际相结合，走自己的路，建设有中国特色社会主义。

12月20日　中组部、中宣部就学习江泽民同志在党的十一届三中全会20周年纪念大会上的重要讲话，向各省、自治区、直辖市党委，中央各部委，中央国家机关各部委党组(党委)，各人民团体党组联合发出通知。要求各地组织广大党员干部认真学习贯彻落实。

12月21日　中宣部、中央党校、中央文献研究室、解放军总政治部联合召开纪念党的十一届三中全会20周年理论研讨会。胡锦涛出席会议并与会议代表合影留念，向入选论文作者颁发证书。

12月23日　江泽民与全国政法工作会议代表座谈。他强调，党政领导要承担起维护稳定的政治责任，政法机关要确保改革开放建设顺利进行。朱镕基在座谈会上讲话，尉健行出席。

12月24日　朱镕基在海南考察。在考察工作时指出，要继续认真贯彻落实小平同志关于创办经济特区的思想和中央确定的一系列重要方针、政策，总结经验，汲取教训，抓住机遇，奋力拼搏，坚持从实际出发，充分发挥环境、资源优势，扎扎实实地推进改革开放和现代化建设，真正把海南这个宝岛建设好。

12月25日　在毛泽东同志诞辰105周年之际，中央文献研究室编辑出版大型多媒体只读光盘《毛泽东》。今天在人民大会堂举行出版座谈会。尉健行出席并讲话，指出毛泽东的名字、思想、精神和品格，具有强大的感召力和凝聚力，永远鼓舞着中国共产党人和各族人民，继续推动中国历史的前进。

12月25日　国务院副总理李岚清与教育部直属高校工作咨询委员会第九次全体会议的代表座谈时指出，在迎接21世纪的挑战和实施科教兴国战略，高等院校承担着十分重要的历史使命，高校必须继续通过深化改革，加快自身建设与发展，充分发挥在知识创新、人才培养和科技发展方面的作用，在实现祖国现代化的宏伟目标中作出更大的贡献。李岚清还就教育思想和内容、教学方针和方法等都要作重大变革，要适应创新人才的培养，开展远程教育、实现教育手段现代化，高考改革等发表了意见。

第三部分

特约研究员会议

新形势下深入学习邓小平理论的意义、背景和基本精神

全国思想政治工作科学专业委员会常务理事会

党的十五大的灵魂和主题是高举邓小平理论的伟大旗帜，把建设有中国特色社会主义事业全面推向21世纪。十五大以来，以江泽民为核心的党中央，结合新的形势，着眼新的实践，对用邓小平理论武装全党的工作作出了一系列重要部署，全党出现了学习理论的新气象。为了进一步推动全党的理论学习，中共中央于1998年6月发出了《关于在全党深入学习邓小平理论的通知》。不久，江泽民总书记在中组部、中宣部召开的深入学习邓小平理论工作会议上发表了重要讲话，省部级和军队的主要领导及组、宣部长都参加了会议，表明党中央对这次学习的高度重视。为什么党中央在新形势下反复强调要深入学习邓小平理论，其重大意义和政治背景是什么？深入学习邓小平理论应在哪里下功夫？怎样正确认识邓小平理论和毛泽东思想的关系？这些都是深人学习邓小平理论中党员干部关心的问题，本文拟就这些问题，谈点认识和学习体会。

一、深入学习邓小平理论的重大意义和政治背景

新形势下强调深入学习邓小平理论，这是党中央治党治国的一项战略决策，是全面正确贯彻十五大精神和实现跨世纪发展目标的根本保证，也是坚定不移地走中国特色社会主义道路的理论保证。在当前，党中央之所以反复强调全党特别是领导干部要深人学习邓小平理论，其重大意义和政治背景可以概括为五句话20个字：统一思想、解决难题、造就干部、团结稳定、实现目标。

统一思想，就是通过学习把全党思想统一到十五大精神上来，全面正确地贯彻十五大提出的社会主义初级阶段的基本纲领。在《通知》公布的当天，人民日报发表了《统一思想、凝聚力量》的社论，表明“统一思想”是深入学习邓小平理论首先要解决的一个重大问题。为什么在十五大闭幕半年后的今天还要强调“统一思想”呢？因为在贯彻十五大的过程中，在一些问题上存在着思想不统一的问题，因而影响了对十五大精神全面正确的贯彻执行，给群众造成了种种误解和疑虑，甚至使一些人对走有中国特色社会主义道路发生怀疑。思想认识上的不统一，主要表现在四个问题上：一是在理解和贯彻“调整所有制结构”问题上，有些人认为十五大提出的“调整所有制结构，就是要改革社会主义所有制，其实质是要建立以非全民所有制为主体的经济结构，也就是建立以个人所有制为主体的经济制度。”二是在理解和贯彻“公有制实现形式多样化”问题上，有些人认为，“实现形式多样化，就是在多样化的过程中把公有制逐步私有化。”三是在理解和贯彻“抓大放小”的问题上，有些人认为，“放小就是放开非公有化，公开拍卖国有企业。”四是在理解和贯彻“建立现代企业制度”问题上，有些人认为，“建立现代企业制度的核心是产权明晰，公有制无法使产权明晰，只有把产权私有化了才能真正做到明晰。”由于在经济改革问题上对十五大精神产生上述错误理解，所以，有的领导干部在向党员和群众宣讲十五大精神时，就不负责任地乱讲，说什么“学习十五大，加快私有化”“私有化的主要办法就是‘卖’，早卖早觉悟，晚卖晚觉悟，不卖没觉悟。”个别地方的负责人甚至提出，要“差的送，好的卖，实行非公有化一步到位”；并说，“不这么改就是不觉悟，不称职”，“不觉悟不称职就要腾位置。”在这种思想认识的指导下，在一些地方出现了“卖企业”之风，使国有资产大量流失，引起群众强烈不满。

解决难题，就是要通过学习增强解决改革中遇到的各种难题的信心和办法。这次中央强调深人学习邓小平理论，就是要求党员干部在“用”字上下功夫，在落实上下功夫，在解决难题上下功夫。这是衡量学习是否深入的重要标志。现在，改革已经进人攻坚阶段，领导干部面临的问题一大堆，一些问题积重难返，需下大决心、花大气力才能解决。在当前，需解决的难题主要表现在以下五个方面：一是要增强人们搞好国有企业的信心，千方百计把国有企业搞活搞好；二是要增强党员干部搞好党风和廉政建设的信心，使反腐败斗争不断取得胜利；三是增强人们的社会主义信念和信心，坚定不移地走中国特色社会主义道路；四是增强精简机构的信心，保证政府机构改革取得成功；五是增强全党建设高素质干部队伍的信心，促使领导干部自觉改造主观世界和提高自身素质。另外，还要解决社会分配不公和社会治安问题、下岗职工生

活困难和再就业问题、切实加强和改进党对企业的政治领导问题、尽快克服和解决"一手软、一手硬"的问题、从理论上澄清一些糊涂认识和大是大非问题,以及东南亚、日本金融危机和各种自然灾害所带来的问题,等等。这些问题只有深人学习理论才能澄清和解决。

造就干部,就是通过学习造就大批既有较高理论水平和政治觉悟,又懂经营会管理和善于治党治国的领导干部。十五大以后党中央之所以强调这个问题,是针对领导干部队伍的现状和存在的问题讲的。首先从高级领导干部的情况看,十五大新选中央委员占全体中委的51.4%,这些同志思想进步,开拓进取,有很高的文化水平和工作能力,然而他们的理论水平却跟不上形势发展的需要,有不少人没有系统地学习过马列主义、毛泽东思想和邓小平理论。尽管他们现在的地位高了、权力大了,但理论水平却跟不上。所以十五大以后,党中央组织他们分期分批地到中央党校学习理论。其次,从中级和基层领导干部的情况看,很多同志成天忙于业务和事务工作,不大重视理论学习,有的同志连马克思主义的 A、B、C 都说不清楚,少数人甚至连马克思主义与反马克思主义的界限都划不清楚。还有不少同志,不能全面正确理解和把握邓小平理论的科学体系和精神实质,往往是只言片语的学习,断章取义的理解,必然在群众中造成误导和思想混乱。比如有人说,邓小平讲的社会主义初级阶段,"实际上就是前资本主义阶段"。还有人把邓小平讲的"不要什么都问姓资姓社"的正确思想,篡改成什么都"不要问姓资姓社"的错误论断。甚至有的把邓小平理论的哲学基础概括为"三论",即"猫论"、"摸论"、"不论"(不争论)。这反映了一些领导干部理论水平低下。若不大力提高他们的理论水平,怎么能担负起领导改革和建设的重任。实践证明,身居高位,手握大权,若不用邓小平理论武装头脑,不断提高理论水平,轻者就会犯错误,重者就会迷失方向,丧失立场,甚至会走向深渊。总之,这次中央强调学习邓小平理论,一个重要目的就是要造就一批高素质的干部队伍,同时也要清洗那些混在干部队伍中的蛀虫,纯结党的干部队伍。

团结稳定,就是通过学习提高觉悟,使全党紧紧团结在以江泽民为核心党中央的周围,并通过全党的团结实现全民族的大团结,营造一个生动活泼、团结稳定的政治局面。应该看到,西方敌对势力并没有放弃"分化"的政策。所谓分化,就是要分裂党、分裂民族和分裂社会主义国家。他们利用出版、电台等现代传媒工具,散布丑化党的领袖的书籍和新闻,挑拨一、二、三代人之间的关系和中央领导核心的团结,挑拨党的领导与人民群众之间的关系和团结。面对这种情况,只有通过学习才能掌握马克思主义的望远镜和显微镜,识破西方敌对势力的图谋。我们还应该看到,十五大以后全国的政局越来越稳定,然而也存在着不稳定的因素。首先是亏损企业越来越严重,下岗职工有几千万人,近几年还会有几百万职工继续下岗失业,他们集体上访"要工作、要饭吃",得到社会的同情,这个问题解决不好就是一个不安定的因素。其次是高中生的升学问题和大学生的毕业分配问题压力越来越大,已有一百多万大学生失业,这个问题解决不好也是一个不安定的因素。再次是政府机关和党群机关都要精简人员,有大量干部要调整或下岗。这个问题若解决不好,同样是一个不安定的因素。第四是军队裁减 50 万和每年有大量的复员转业军人的安置问题,这些人懂点军事又会打枪,若解决不好更是一个不安定的因素。以上四个问题如果孤立存在是没有危险的,但现在是四个问题同时存在,一有导火线,就会发生"四碰头",影响社会的稳定,甚至会出大乱子。所以,现在比任何时候都应该强调稳定团结,正如邓小平同志所说的"稳定压倒一切"。实践证明,政治上的稳定,组织上的团结,都是以思想上的统一为前提的。新形势下强调学习理论,就是为了实现思想上的统一,组织上的团结,政治上的稳定,以保证中国特色社会主义事业长治久安的发展。

实现目标,就是通过学习疑聚力量,形成一种合力去实现十五大确定的任务和社会主义现代化建设的目标。我们党的奋斗目标,有当前的目标,近期的目标,中期的目标和远大的目标。当前的目标就是把两个文明建设都搞上去。当前迫切的任务是确保今年经济增长 8%,争取三年使大型国有企业首先摆脱困境。近期目标是在经济上达到小康水平,在政治上基本实现以法治国。中期目标是把我国建设成为社会主义现代化国家。远大目标是解放全人类,实现共产主义崇高理想。实现目标需要坚定的信念和信心,需要强大的精神动力,我们只有通过学习科学理论,才能获得这种信念、信心和动力。这就是党中央反复强调学习理论的深远意义。

二、完整准确地理解和掌握邓小平理论的基本精神

深入学习邓小平理论,一定要在全面正确理解和把握邓小平理论的基本精神上多下功夫。体现邓小平理论基本精神的要点可以讲很多方面,其中最主要的应抓住以下五个方面的问题:

第一,要抓住邓小平理论的主题,搞清楚什么是社会主义和怎样建设社会主义。特别要搞清楚什么是初级阶段的社会主义和在初级阶怎样建设社会主义。关于什么是社会主义的问题,马列主义和毛泽东思想早已从理论上作了初步论述,认为社会主义是为工人阶级及其人民大众谋利益的思想体系,它的表现形态主要有三个方面:一是理论形态,即社会主义理论。所谓社会主义理论,就是为工人阶级和人民大众谋利益的科学理论。二是运动

形态，即社会主义运动。所谓社会主义运动，就是为工人阶级和人民大众谋利益的实践活动。三是制度形态，即社会主义制度。所谓社会主义制度，就是为工人阶级和人民大众谋利益的基本制度。社会主义制度是它的经济制度、政治制度和文化制度有机统一体。社会主义经济制度是以公有制为基础、实行按劳分配、人与人是同志式互助合作关系的经济制度；社会主义政治制度是在共产党的领导下工人阶级和人民大众当家作主的政治制度；社会主义文化制度是在马克思主义指导下具有高度精神文明的文化制度。社会主义制度是人类进化到现代社会而产生的一种进步的社会制度，因而它能推动现代社会生产力全面地向前发展。这就是马列主义、毛泽东思想的科学社会主义观。自从社会主义从空想变为科学以后，千千万万共产党人为实现它而流血奋斗。现在，我们党不仅领导中国人民在贫穷落后的国度里建立了社会主义制度，而且进行了卓有成效地社会主义现代化建设，取得了举世瞩目的成就。然而，我国仍处于社会主义初级阶段，生产力和文化等方面还不发达，进行社会主义革命和建设，一定要从初级阶段这个实际出发。

第二，要抓住邓小平理论的精髓，搞清楚解放思想和实事求是的真切含义。实事求是既是毛泽东思想活的灵魂，也是邓小平理论的精髓。邓小平同志在这方面的贡献，一是把解放思想和实事求是紧密结合在一起，作为新时期党的思想路线来指导全党的工作，不仅卓有成效地进行了拨乱反正，而且卓有成效地进行了改革开放，开创了社会主义现代化建设的新局面。二是对解放思想进行了高度理论概括，认为解放思想就是打破人们的精神枷锁，使主观与客观相符合。这是运用毛泽东实践论思想阐述解放思想而得出的科学结论。解放思想的前提是要有勇气打破精神枷锁，这种精神枷锁主要是形形色色的教条主义。一种是来自“左”的教条主义，一种是来自右的教条主义。这两种教条主义都使主观与客观相背离，其共同特点是脱离中国的实际情况，照搬别国的模式。比如，过去对我们党危害最大的“左”倾教条主义，主要是脱离中国的国情照搬苏联的社会主义模式，在企业改革中照搬苏联“一长制”的模式。又比如，如今对我国改革开放危害甚大的是来自右的新教条主义，主要是脱离中国的国情照搬西方市场经济的模式，在企业改革中照搬美国现代企业制度的模式。老教条主义打着革命的口号推行其“左”倾主张；新教条主义主要打着改革的旗号推行其右倾主张。所以，我们要掌握邓小平理论的精髓，做到实事求是，就必须反对形形色色的教条主义，使主观认识真正符合客观实际。有的人学习邓小平理论没有在领会基本精神上下功夫，而是想当然地解释解放思想，甚至把解放思想理解为胡思乱想，个别领导还把那些敢于胡思乱想的人当成改革家，加以提拔重用，教训是很深刻的。

第三，要抓住邓小平理论的基础，全面领会社会主义初级阶段的基本理论、基本路线和基本纲领。把社会主义初级阶段的基本理论、路线和纲领列为邓小平理论的基础，这是十五大报告提出的一个新论断。全面正确掌握邓小平理论的基本精神，就必须深刻理解这一理论的基础，搞清楚社会主义初级阶段基本理论、基本路线、基本纲领的科学含义。

关于社会主义初级阶段基本理论的含义。这个问题十三大报告早就作了明确的解释：第一，它是社会主义，而不是别的什么主义。第二，它是社会主义的初级阶段，不能越过这个阶段而跃进到中级或高级阶段。这里，关键是要搞清楚“初级阶段”的含义。初级阶段这个词，是十月革命胜利后列宁在《左派幼稚病》一书中首先提出来的。列宁认为，社会主义制度建立以后，我们还不能一下子进入共产主义的中级阶段和高级阶段，只能处于它的最初阶段或初级阶段。毛泽东继承发展了列宁的思想，认为在中国搞社会主义，前边会有一个序幕——新民主主义，最终的奋斗目标是共产主义，中间有一个很长的发展阶段是社会主义。而社会主义自身的发展也必须经过三个阶段，即不发达阶段、较发达阶段和发达阶段。其中不发达阶段需要一百年或者更长的时间。邓小平在新形势下进一步丰富和发展了毛泽东这一光辉思想，明确把社会主义的不发达阶段概括为社会主义初级阶段。他说，社会主义的初级阶段，即社会主义的不发达阶段。主要表现在四个方面不发达：一是生产力不发达；二是文化不发达；三是生产关系不成熟；四是上层建筑不完善。十五大报告把初级阶段的特征进一步概括为九个方面，使其更加具体、更具有时代特点。

关于社会主义初级阶段基本路线的含义。基本路线问题，人们对它的核心内容“一个中心、两个基本点”，已经有深入的了解，认为这个路线讲的是一个中心，而不是两个中心；是两个基本点，而不是一个基本点；中心离不开两个基本点，两个基本点要为中心服务。然而，这些内容只是基本路线的核心内容，而不是它的全部内容。基本路线那段话，全面来讲，包含着四项内容：一是规定了实现基本路线的主体和领导者，主体是全国各族人民，领导者是中国共产党，而不能抛弃党的领导和团结各族人民谈贯彻基本路线；二是规定了基本路线的核心内容，这就是“以经济建设为中心，坚持四项基本原则，坚持改革开放”，这一点已经深入人心；三是规定了初级阶段搞现代化建设的基本方针，即“自力更生，艰苦创业”。这就是毛泽东常说的搞建设“要自力更生为主，争取外援为辅”，不能把两者颠倒过来。要做到自力更生，就必须把立足点放在艰苦奋斗上，不能在创业的过程中贪图享乐。四是规定了初级阶段的奋斗目标，即把我国建设成为“富

裕、民主、文明的社会主义现代化国家。”这就是基本路线规定的现代化建设目标。由此可见，基本路线规定的目标不只是搞经济建设，而三大建设的统一，即以社会主义经济建设为中心的物质文明建设，以马克思主义为指导的精神文明建设，以社会主义民主法制为内容的政治建设。这三位一体的社会主义现代化建设，正是坚持“一个中心、两个基本点”所要达到的目的。所以，要全面正确理解党的基本路线，既要抓住它的核心内容，又不能忘记其它三项内容。否则，在实践中就不能正确贯彻党的基本路线。

关于社会主义初级阶段基本纲领的含义。这是江泽民在十五大报告中提出的一个新概念。初级阶段的基本纲领包括经济、政治、文化三个方面，它是初级阶段基本路线在这三个方面的展开和具体化。社会主义初级阶段的经济，其目标就是建立和发展社会主义市场经济，不断解放和发展生产力。为此就要在改革中坚持和完善社会主义公有制为主体、多种所有制经济共同发展的基本经济制度；坚持和完善社会主义市场经济体制，使市场在国家宏观调控下对资源配置起基础性作用；坚持和完善按劳分配为主体的多种分配方式，通过先富带后富，逐步走向共同富裕；坚持和完善对外开放，积极参与国际合作与竞争，保证我国经济持续、快速、健康发展。社会主义初级阶段的政治，它的基本内容就是在共产党领导下和人民当家作主的基础上，依法治国，发展社会主义民主，建设社会主义法治国家。为此就要在改革中坚持和完善工人阶级领导的、以工农联盟为基础的人民民主专政；坚持和完善人民代表大会制度和共产党领导的多党合作、政治协商制度以及民族区域自治制度。只有这样，才能巩固社会主义政权，实现社会安定团结，政府廉洁高效，全国人民团结和睦、政治局面生动活泼而稳定。社会主义初级阶段的文化，它的基本内容就是在马克思主义指导下实现培育有理想、有道德、有文化、有纪律公民的目标，发展面向现代化、面向世界、面向未来、民族大众的社会主义科学文化和教育事业。为此，就要在改革和建设的全过程中，坚持用科学理论、科学知识武装全党和教育人民，努力提高全民族的思想道德素质和科学文化素质；坚持为人民服务的方向和百家争鸣的方针，重在建设，繁荣学术和文艺；坚持“两手抓、两手硬”的战略方针，加强和改进党的思想政治工作，不断提高党员、干部和群众的素质，创建适应社会主义初级阶段的精神文明。总之，深入学习一定要全面把握社会主义初级阶段的经济纲领、政治纲领和文化纲领，其中经济纲领是基础，而政治和文化纲领是这个基本纲领的重要组成部分，三者是不可分割的有机整体。必须把三者统一起来全面加以贯彻。

第四，要抓住邓小平理论的本质，坚决走中国特色社会主义道路。走什么道路的问题，是马克思主义理论要回答的一个根本性问题。中国走什么道路？毛泽东早就作了回答，他认为“只有社会主义才能救中国”。邓小平总结了改革开放的实践经验，认为社会主义不仅能救中国，而且能发展中国。这里所说的社会主义，不是一般意义上的社会主义，而是有中国特色的社会主义。邓小平理论的本质，就是指引全党坚定不移地走中国特色社会主义道路。如果在学习中抓不住这一本质，而只是在枝节上或只言片语上做文章，那就要犯极大的错误。要走中国特色社会主义道路，就必须对社会主义本质和“特色”的含义，有一个正确的理解。否则，就很难坚定不移地走这条道路。

关于社会主义本质问题，是邓小平探索中国特色社会主义道路过程中一直很重视的问题。早在 1980 年他就提出了“社会主义本质”这个概念。1985 年 8 月，他在一次讲话中针对有些人对改革的担忧，明确指出搞活经济不会伤害社会主义本质。1992 年春，他在南巡讲话中对社会主义本质作了全面的概括。他说：“社会主义的本质，是解放生产力，发展生产力、消灭剥削，消除两极分化，最终达到共同富裕。”“五句话”是一个统一的整体，从总体上综合体现了社会主义的本质。但这五句话的要害是“两句话”，即发展生产力，走共同富裕的道路。因为解放生产力是为了发展生产力；消灭剥削、消除两极分化是走共同富裕道路的前提条件。有人也许会问，社会主义本质里讲的是“削灭剥削，消除两极分化”，而现实中是“允许剥削、贫富差距拉大”，这怎么理解？这个问题要从中国国情和社会主义初级阶段来找答案，因为我国是从贫穷落后的半封建半殖民地的国度里通过新民主主义走向社会主义的，现在仍然处在初级阶段，我们的社会主义还是一个不合格的社会主义。不合格的社会主义的一个重要表现，就是存在着剥削和贫富差距问题。邓小平关于社会主义本质的论述，是指合格社会主义的本质。我们今天允许剥削，是为了吸引资金和技术，加速实现现代化，为将来消灭剥削创造条件，这就叫“退一步是为了进两步”。这就是历史的辨证法。在初级阶段，我们不能不实行这样的政策。

关于“特色”二字的科学含义问题，是完整准确理解和把握邓小平理论的一个关键性问题。“中国特色社会主义”这一科学概念，是针对脱离国情照搬别国社会主义模式的教条主义讲的。“中国特色社会主义”，这既同原苏联、东欧的社会主义有着很大的不同，又同国际共产主义运动中出现的形形色色伪社会主义有着根本的原则区别。“中国特色社会主义”中的“特色”二字，其科学含义可以用三句话十二个字来概括，即“国情特色”、“时代特色”、“本质特色”。所谓“国情特色”，是指中国特色社会主义充分体现了中国国情的基本特征，其实质是强调要从中国国情的实际出发搞社会主义。中国的国情特点很

多,主要有三方面;一是中国社会主义社会是在半封建半殖民地条件下通过武装夺取政权并采用赎买政策和平过渡到社会主义的。这就是说,中国没有经过资本主义发展阶段,因此,社会主义制度建立后它的生产力和商品经济,市场经济都不发达。资本主义的政治制度可以逾越,但商品经济和市场经济却不可逾越。我国进入社会主义时期以后,必然要经历一个共产党领导发展商品经济和市场经济的阶段,其目的是要推动生产力的迅速发展。二是中国的社会主义建设是在“一穷二白”、“人口多、底子薄”的基地上开始起步的。因此,中国实现社会主义现代化要比一般国家困难得多、艰巨得多、复杂得多。在进行经济建设的步伐上,既不能慢腾腾,又不能急于求成,必须坚持一定的高速度,每隔几年上一个新台阶。在抓住机遇加快经济建设步伐时,必须坚持好中求快的原则,切实做到又快又好地建设社会主义。三是中国社会主义社会还处在初级阶段,这个阶段不是短时间的,而是相当长的历史阶段,至少需要上百年的时间。这个国情特点决定了我们必须坚持党的基本路线一百年不变的重大原则。应指出,社会主义初级阶段不是泛指任何国家进人社会主义以后都会经历的起始阶段,而是特指我国在生产力落后、商品经济和市场经济不发达条件下建设社会主义必然要经历的特定阶段。因此,执政党必须制定适应这个特定阶段的大政方针政策,不能制定超越这个阶段的方针政策。否则,就会犯“左”的错误,同时,也不能倒退回去搞什么“补资本主义课”,“补民主主义课”,否则就会犯右的错误。实践已证明,只有认识这个国情特点,我们在实际工作中才能理解和执行现阶段党的路线、方针、政策,防止“左”、右错误倾向的干扰。时代特色,是指中国特色社会主义理论深刻地反映了新时代的新要求,科学地回答了新形势下的新课题。搞清楚这个问题,是深刻认识建设有中国特色社会主义理论是马列主义、毛泽东思想在当代新发展的重要问题。“时代特色”主要表现在两方面;一是指这个理论是在“和平与发展是当今世界两大主题”的国际条件下提出和形成的。世界要和平,国家要发展,经济要繁荣,生活要提高,这是全世界各国人民的普遍呼声,也是我国各族人民的迫切要求。和平与发展,重点是发展经济。只有经济建设搞上去了,国家才能强盛。这个理论反映了新时代我国各族人民的迫切要求,符合世界发展的大趋势。二是指这个理论是在中共执政几十年后中国已进入社会主义现代化建设新时期的国内条件下提出和形成的。很显然,这个理论在建国初期不能形成,只有在进入社会主义建设时期积累了丰富经验之后才能形成。特别是进入改革开放的新时期,邓小平同志在不断总结实践经验中越来越深刻的地认识到,搞社会主义现代化必须坚持以经济建设为中心,坚持四项基本原则这个立国之本,坚持改革开放这个强国之路。这个理论反映和适应了当代中国历史发展的大趋势。新时代必然有新的经验教训,新的经验教训必然有新一代领导人来进行科学总结和理论概括,新的理论概括必然产生一些新的概念,如“一个中心、两个基本点”,“三个有利于标准”、“科学技术是第一生产力”、“两手抓、两手硬”、“一国两制”、“社会主义市场经济”、“社会主义本质”,等等。这些新的理论概念,不但马列著作中没有,毛泽东著作里也没有,是新时代的产物。本质特色,是指中国特色社会主义的本质属性。就是说,这个理论是以马列主义、毛泽东思想作为理论基础的,是马克思主义的科学社会主义学说在当代的新发展。邓小平多次强调,老祖宗不能丢,马列主义、毛泽东思想不能丢,丢了就要犯历史性的大错误。我们在这里之所以强调要认清它的“本质特色”,目的是要把它同资本主义思想体系和形形色色的伪社会主义加以区别,以便在国际国内复杂的斗争中坚定不移地走中国特色社会主义道路。

第五,要抓住邓小平理论关于怎样建设中国特色社会主义的战略措施,特别是在初级阶段怎样建设社会主义的战略措施。邓小平总结了社会主义建设和改革开放的经验教训,逐步形成了一套治国方略。概括起来,主要有以下八个方面的内容:一是通过“一国两制”和平统一祖国的战略构想;二是坚持“两手抓、两手硬”的治国战略方针;三是通过“三步走”实现社会主义现代化目标的战略步骤;四是通过建立社会主义市场经济发展社会生产力的战略手段;五是通过“依法治国”建立社会主义法治国家的战略性政治体制改革;六是通过“科教兴国”实现四个现代化的战略性途经;七是通过“韬光养晦”积蓄力量、壮大国力的国际外交策略;八是通过“改善党的领导加强党的领导”的根本性战略措施。邓小平提出的这一系列战略性措施,基本上解决了在初级阶段怎样建设社会主义的问题。当然,随着实践的发展,这些战略性措施会不断地丰富和发展。以江泽民为核心的党中央,正在运用邓小平同志提出的这些战略策略建设有中国特色的社会主义,迎接新的挑战,夺取新的胜利。

三、邓小平理论是对毛泽东思想的继承和发展

为了全面正确理解和掌握邓小平理论的基本精神,还必须正确理解和把握邓小平理论与毛泽东思想的关系。江泽民同志指出,邓小平理论是马克思主义同当代中国实践和时代特征相结合的产物,是毛泽东思想在新的历史条件下的继承和发展,是当代中国的马克思主义,是马克思主义在中国发展的新阶段。这段论述,是对邓小平理论与马列主义、毛泽东思想关系的科学概括,完全符合历史事实。从十五大报告对本世纪的历史回顾来看,毛泽东不仅是中国共产党、中国人民解放军和中华人

民共和国的伟大缔造者，而且是社会主义现代化建设的伟大探索者。毛泽东在中国共产党执政后曾领导中国人民进行了二十多年的艰苦奋斗，不仅奠定了社会主义现代化建设的政治、经济和文化基础，而且对形成建设有中国特色社会主义理论也奠定了根基，作出了不可磨灭的贡献。主要有以下六个方面：第一，提出了人民民主专政的理论，强调在政权建设上既不能照搬俄国的苏维埃体制和杜马体制，也不能照搬西方的议会体制，而应从中国国情特点出发建立共产党领导的多党合作体制和人民代表大会体制。第二，提出了解放和发展生产力的理论，强调社会主义的根本目的和任务是解放、保护和发展生产力。第三，提出了发展社会生产力必须处理好十大关系和正确处理人民内部矛盾的理论，强调正确处理十大关系的目的是要调动各地区、各行业建设社会主义的积极性；正确处理人民内部矛盾的目的是为了调动各部门人民群众建设社会主义的积极性。可见，毛泽东把调动积极性作为社会主义现代化建设的根本问题来抓。第四，提出了以经济建设为中心的思想和四个现代化的奋斗目标。第五，提出了鉴别大是大非的六条政治标准和改革开放的初步思想，强调六条政治标准的核心是坚持共产党的领导和走社会主义道路；强调要把改革和现代化建设结合起来，并制定了"一化三改"的过渡时期总路线。在经济体制改革中，提出了发展社会主义商品生产和商品交换的思想，强调"价值规律是个大学校"；在对外开放问题上，他一直主张既要同社会主义国家和第三世界各国建立外交外贸关系，又要同资本主义国家建立外交外贸关系，想尽一切办法同外国做生意，吸收国外的资金、技术和人才。在毛泽东逝世时，我国已经同111个国家建立了外交关系，并且成为联合国的常任理事国，这是我国实行对外开放政策最基本的一个条件。第六，提出了既要抓经济建设又要抓思想政治工作的思想，强调政治工作是一切经济工作的生命线，同时又强调政治工作要为经济建设服务。以上六个方面的思想，为建设有中国特色社会主义理论的形成奠定了坚实的基础。然而，这些正确思想在"文化大革命"中受到歪曲，在实践中也发生过失误，教训是很深刻的。

以邓小平为核心的第二代领导集体，在继承毛泽东艰辛探索的基础上，又总结了新时代国际和国内社会主义建设正反两方面的历史经验，特别是总结了我国改革开放的新鲜经验，逐步形成了建设有中国特色社会主义的科学理论体系，创造性地丰富和发展了马克思主义的科学社会主义学说。突出表现在以下四个方面：第一，把解放思想和实事求是紧密结合在一起作为党的思想路线的基本内容，作为新时期制定党的路线方针政策的科学基础，因而在新的实践基础上既继承了前人的光辉思想又突破了一些过时的陈规，从而开拓了马克思主义的新境界。第二，在坚持科学社会主义基本原理的基础上，抓住搞清楚"什么是社会主义、怎样建设社会主义"这个基本理论问题，深刻揭示了社会主义的本质，从而把对社会主义的认识提高到一个新的水平。第三，坚持用马克思主义的世界观、方法论和宽广眼界观察世界，对当前时代特征和国际形势变化进行正确分析，强调和平与发展是当今世界两大课题；强调西方在新的国际条件下正在打一场没有硝烟的第三次世界大战。这些新的科学论断，为我国制定改革开放政策和外交政策提供了理论依据。第四，在总结实践经验的基础上，第一次从政治、经济、文化、军事、教育等方面，比较系统地初步回答了中国这样文化比较落后的国家如何建设社会主义，如何巩固和发展社会主义的一列基本问题，其中包括建设社会主义的总指导思想问题，各个历史时期的任务和奋斗目标问题，推动社会主义现代化建设的基本动力问题，如何进行社会主义现代化建设的方针政策和基本途径问题，以及党在社会主义现代化建设中的领导地位、作用和党的自身建设问题，等等。总之，邓小平新时期在理论上的最伟大贡献，就是形成了建设有中国特色社会主义理论的科学体系。以江泽民为核心的第三代领导集体，在改革开放的新实践中继续发展了毛泽东、邓小平等老一辈无产阶级革命家所开创的伟大事业。正是从这个意义上讲，建设有中国特色社会主义的理论和实践，开始于以毛泽东为核心的第一代领导集体，形成于以邓小平为核心的第二代领导集体，继续发展于以江泽民为核心的第三代领导集体，并且随着社会主义事业的实践和发展，而不断丰富和发展。由于以邓小平为核心的第二代领导人处于第一代和第三代领导人的中间，承上启下，并且在新的历史飞跃中对建设有中国特色社会主义理论科学体系的形成贡献最大，所以用邓小平同志的名字来命名是理所当然的。十五大的一个重要历史贡献，就是在党章上明确写着马列主义、毛泽东思想和邓小平理论是我们党的指导思想。马列主义、毛泽东思想和邓小平理论是一脉相承的。我们高举邓小平理论的伟大旗帜，就是高举马列主义、毛泽东思想的伟大旗帜。我们今天深入学习邓小平理论，一定要同学习马列主义、毛泽东思想结合起来。

（这是张蔚萍教授代表常务理事会在第四次特约研究员会议上的专题报告，第五次年会时就新形势下学习邓小平理论的意义和背景又讲了一次。收入《年鉴》时，将两次年会讲的合在一起，既体现新精神，又精减了文字，特作说明。）

新形势下提高政工干部素质的几个问题

——在第五次特约研究员会议上的专题报告

赵荫华

这次会议的主题研讨提高政工干部素质问题,我首先就这一问题谈几点意见。

近几年来,江泽民总书记反复强调,建设一支高素质的干部队伍是党的建设的一项重要任务。政工干部是一支特殊的干部队伍。这支队伍在改革开放和现代化建设中,为宣传党的路线、方针、政策,培养"四有"新人,勤勤恳恳,兢兢业业,任劳任怨,忠于职守,经受住了考验,为党的事业作出了贡献,无愧为"党最可信赖的队伍之一"。

改革开放20年来取得了举世瞩目的成就。当前,我国改革进入攻坚阶段,发展处于关键时期,稳定面临许多新情况、新问题。为了维护社会政治稳定,促进改革开放和现代化建设顺利推进,适应新形势的迫切需要,发挥党的政治优势和优良传统,增强思想政治工作的针对性和有效性,必须高度重视提高政工干部的素质。

第一、新形势下提高政工干部素质是一项重要而紧迫的任务

重视干部队伍建设是党的优良传统。毛泽东同志早在抗战时期就讲过:"政治路线确定之后,干部就是决定因素。"邓小平同志在新时期反复强调:"正确的政治路线要靠正确的组织路线来保证。中国的事情能不能办好,社会主义和改革开放能不能坚持,经济能不能快一点发展起来,国家能不能长治久安,从一定意义上说,干部就是决定因素。这个正确的论断,在当前和今后一个时期,更具有重要意义。"因为"正确的路线和政策要靠干部去贯彻落实,人民群众要靠干部去组织和动员,党内和社会上存在的影响凝聚力、战斗力的问题要靠干部去研究和解决。"党的十五大,已经确定了面向21世纪全面推进建设有中国特色的社会主义事业的宏伟目标。要实现我们的宏伟目标,需要几代人锲而不舍地奋斗和努力,需要我们党的各级领导干部,更需要政工干部的艰苦努力。当前,改革力度不断加大,各种矛盾相对集中,思想政治工作要为改革和建设服务,只有提高政工干部的素质,才能适应实现宏伟目标的需要,才能适应克服暂时困难,保证改革开放顺利进行的需要,才能适应正确处理人民内部矛盾,维护社会政治稳定的需要。因此,我们要从改革、发展、稳定大局的高度深刻认识着力提高政工干部素质的重要意义。

提高政工干部的素质,不仅具有重要的意义,而且具有现实的紧迫性。在我国各条战线的政工干部有上千万,据统计政工师约有400万之多。这支队伍的素质总体上讲较高。当前,随着改革开放,尤其是社会主义市场经济体制的建立和发展,不仅引起人们经济生活的重大变化,而且引起人们生活方式、思想观念的重大变化。在这种新的情况面前,有一部分政工干部素质远远不适应新形势的需要。突出表现在以下几个方面:

一、理论水平不能适应发展。邓小平理论是毛泽东思想的继承和发展,是马克思列宁主义发展的新阶段。深入学习完整准确的掌握邓小平理论是当前最大的任务。我们的政工干部中大多数都能够加强学习,但是也有一些学习和理解不够深入、系统。因此,在某些基本原则问题上还讲不清楚,对党的路线方针政策的理解、宣传不够准确。

二、思想政治素质不能适应变化。世界形势由两极冷战对峙的格局正向多极化发展。和平与发展成为当前世界两大主题。在西方推行"接触政策""和平演变"战略的新条件下,怎样打经济战?又怎样打思想政治战?在国内"伟大变革"形势下,市场经济的负面影响,已使有些干部无产阶级的世界观、人生观、价值观淡化了,有的甚至发生了异化。不讲政治立场,不讲政治观点,不讲政治纪律,政治敏感性和政治鉴别力钝化,在日益繁忙的经济工作面前,不能从政治的高度去分析、处理问题。在这种情况下,个别政工干部感到迷茫,仅凭原有的思想觉悟认识水平已经显得力不从心,有的政工干部自己的理想信念也发生了动摇和怀疑,事业心由"强"变"弱"了,个人利益由"轻"变"重"了。

三、工作作风和工作方法不能适应形势。有的政工干部在思想观念上落后于实际,甚至落后于群众;在工作作风和工作方法上存在主观主义、形式主义、官僚主义、命令主义,严重影响了政工干部的形象和思想政治工作的效果。我国改革开放进入攻坚阶段,发展处在关键时期,稳定面临许多新情况、新问题,尤其是部分国有企业生产经营困难,下岗职工增多,人民生活还有许多具体困难。思想政治工作为经济建设这个中心服务,需要广大

政工干部发扬优良传统，结合当前实际，有针对性地做好思想政治工作，起到排忧解难、化解矛盾，推进改革和建设事业的作用。

四、科学文化知识素质不能适应。有一部分政工干部科学文化知识水平较低，而且知识老化，结构不合理；当代世界科技发展日新月异，新的知识层出不穷，但对科技知识却了解很少；面对市场经济，大多数政工干部对市场经济知识了解不多，难以在市场经济中开拓、发展和取胜，有碍于充分发挥思想政治工作在推动物质生产力和精神生产力中的巨大作用。

这些情况说明，在新的形势下，提高政工干部素质不仅很必要，而且还十分紧迫。政工干部的素质修养，不仅是个人修养问题，而且直接关系到思想政治工作的效果和威力，关系到社会主义精神文明建设，提高政工干部的素质修养，必须引起全党和整个政工干部的高度重视。

(一)教育者必须先受教育

政工干部担负着对广大群众进行思想政治教育的光荣任务，既是教育者，又是管理者，担负着传播共产主义、社会主义、爱国主义、集体主义思想，协调党和群众以及人与人之间的关系，组织各种思想政治教育工作，保证党的路线方针政策的贯彻执行和各项任务的完成等光荣职责。这个光荣的地位和职责，决定了"教育者必须先受教育"。我们党的优良传统，每当重大历史转折关头，或者要贯彻一项新的任务、新的决策时，从中央到地方，从领导部门到基层组织，总是要先对干部进行说服教育工作，使他们首先认清形势，明白道理，统一认识，提高觉悟。然后再由他们去教育群众，团结群众，带领群众一道争取革命和建设事业的胜利。政工干部由于他们所处的地位和担负的职责，我们党总是要求他们对党的路线、方针政策学得多一点，学得好一点，学得深一点。在"革命觉悟、各方面的知识、认识客观事物的能力，总要比人家高一点，多一点，强一点，走在前面一点"。其原因就是毛泽东同志说的，"因为他们是教育者，是当先生的，他们就有先受教育的任务"。

一个政工干部，如果自己对马列主义、毛泽东思想、邓小平理论一知半解，或者只懂得一些基本知识，遇到实际问题不会分析，不会解释，就很难向工人和人民群众讲清马列主义、毛泽东思想、邓小平理论的基本原理，提高受教育者用马列主义的立场、观点、方法分析现实问题的能力。同样，一个政工干部，自己缺乏共产主义的远大理想和坚定信念，对党的路线、方针、政策缺乏理解，甚至抵触，就必然不能很好地向广大群众进行理想教育，宣传好党的路线、方针、政策，带领群众去实践党的路线、方针、政策。你要说服人家对我们的社会主义有信心，首先你自己要有信心。如果你自己动动摇摇，没有信心，怎么能够提高人家的信心？因此要教育别人，首先要教育自己，要塑造人家的灵魂，首先要塑造自己的灵魂，要宣传马列主义、毛泽东思想、邓小平理论，传播共产主义思想体系建设社会主义精神文明，自己先要接受这方面的教育。必须坚持教育者先受教育的这一原则。

(二)身教重于言教

思想政治工作的效果和威力，主要来自马列主义、毛泽东思想、邓小平理论和我们党的路线、方针、政策的正确，同样也来自政工干部的宣传教育、自身的表率作用和模范行动。

政工干部以身作则，表率作用是做好思想政治工作的重要条件。思想政治工作者必须身体力行，用自己的模范行动来引导和影响受教育者，思想政治工作者的言行一致，身体力行，是一种最强有力的思想政治工作。有理想的人谈理想，有纪律的人谈纪律，最具有说服力。政工干部不能说的是一套，做的又是一套，那样即使你说得再好，也不会有多大的威力和效果。政工干部要能做到以身作则、言传身教，自己能够起表率作用，就要求政工干部本身有良好的政治思想素质，高尚的政治品格和道德情操，真正做到是教育者又是模范实践者。

要使思想政治工作取得实效，关键在于思想政治工作者的高度政治觉悟和强烈的责任感。有了这一点，他的主观能动性才能充分得到发挥，创造出生动活泼、丰富多彩的教育形式和教育方法来。反之，如果对这项工作没有深刻认识，不热爱，不认真，只考虑个人得失，没有一点牺牲精神，那就很难发挥主观能动性和创造性，思想政治工作势必不能取得好的效果。政工干部除了要有高度的政治觉悟和强烈的责任感外，还必须要有广博丰富的知识、一定的表达能力和组织能力，因此，要加强和改善思想政治工作，必须提高思想政治工作者的素质修养。

(三)新的形势提出了更高素质的要求

自十一届三中全会以来，由于党的工作重点转移到经济建设上来，实行对外开放，对内搞活经济等方针政策，由计划经济转为建立社会主义市场经济体制，这些重要变化使一些传统观念受到越来越大的冲击。价值观念、市场观念、竞争观念、时间观念、效益观念、利润观念、人才观念、物质利益观念等在人们思想上逐步树立和加强起来，给思想政治工作带来了许多新的特点、新的教育内容、教育形式、教育方法，需要重新学习，重新创造，实际生活又给我们提出了许多新的理论、新的课题，需要我们去探讨、去思考，我们的思想政治工作对象也在发生很大的变化，他们的政治素质、文化水平、专业知识正在不断变化和提高；社会交往、信息渠道、国际交往日益增多，各种思想观念相互碰撞，这种状况给思想政治工作既带来有利条件，又在一定程度上增加了难度，需要我们进一步加强预见性、警觉性、原则性、示范性，需要我们更新观念，跟上时代步伐，增加知识，提高本领。目前大家都要

求思想政治工作要理论联系实际，讲清现实问题，要渗透到业务中去。要“晓之以理，动之以情，导之以行”，要“寓教育于知识之中”等等，所有这些都使思想政治工作具有很大的开拓性，需要我们进一步去研究，去创新，这就对所有思想政治工作者的素质修养提出了新的更高的要求。

毛泽东同志指出：“情况是在不断的变化，要使自己的思想适应新的情况，就得学习。即使是对马克思主义已经了解得比较多的人，无产阶级立场比较坚定的人，也还是要再学习，要接受新事物，研究新问题”。提高素质是永无止境的，现今的时代是科学技术突飞猛进的时代。因此，提高素质修养不能一劳永逸，不能自我满足，它将随着时代的发展和工作的需要，其要求也会愈来愈高。为了担负起建设社会主义物质文明和精神文明光荣而艰巨的任务，所有政工干部都应当高度自觉地十分注意提高自己的素质修养。

第二，新形势下提高政工干部素质的基本要求

在新形势下，提高政工干部素质应该按照党对干部一贯坚持的德才兼备的原则，贯彻“四化”方针，改革开放以来，尤其是江泽民总书记关于“努力建设高素质干部队伍”的要求，来努力提高政工干部的政治素质、思想素质、作风素质，知识素质。

一、提高政治素质

政工干部必须带头增强党性观念。为此必须努力做到以下五点：

1. 树立马克思主义的世界观。坚持用马列主义、毛泽东思想特别是邓小平理论武装头脑，提高马克思主义理论水平，树立正确的世界观、人生观、价值观。在社会主义市场经济体制下，要克服市场经济的负面影响，克服拜金主义、利己主义、享乐主义倾向，在提高政治觉悟上狠下功夫。

2. 讲学习、讲政治、讲正气。坚持正确的政治方向，坚定不移的政治立场，鲜明的政治观点，严明的政治纪律，保持敏锐的政治观察力和鉴别力。在改革开放和社会主义市场经济条件下要做到改革不改向，改革不变质。思想政治工作为经济工作服务，但在日益繁忙和复杂的经济工作中，要站在工人阶级和广大人民群众的立场来观察和处理问题，要坚持四项基本原则，在政治上同党中央保持高度一致，要树立远大的共产主义理想和对党和共产主义事业的坚定信念，坚定不移地进行马列主义、毛泽东思想、邓小平理论的教育，抵制形形色色封建主义、资本主义腐朽思想和生活方式的侵蚀，不论是胜利还是失败，处于顺境还是逆境，都能满怀信心，开拓奋进。

3. 坚持全心全意为人民服务的宗旨。党中央反复强调领导干部要保持清醒头脑，其中一个基本要求，就是牢记为人民服务的宗旨。我们的政工干部队伍要密切与人民群众联系，尊重工人阶级的主人翁地位和当家做主的民主权利。政工干部要在思想和实际工作中坚持群众观点，坚持群众路线，时刻注意倾听群众呼声，关心群众的疾苦，把党对人民群众的关怀和温暖送到群众的困难之时，特别要响应党中央的号召，要花大力气认真做好下岗职工的工作。

4. 要有坚强的政治品德。主要是忠于人民、忠于党、忠于社会主义祖国、热爱真理、坚持真理；坚持对党负责和对人民负责的一致性；具有鲜明的原则性；襟怀坦荡，光明磊落，表里如一，言行一致；无私的奉献精神，等等。政工干部的政治品德极为重要，不仅是个党性问题，而且直接关系到思想政治工作的成效。只有具备了良好的政治品德，才能把广大教育对象团结吸引在自己的周围，按照党所指定的航向，带领大家一道前进。

5. 提高政策水平。主要是要有深刻认识和理解党的政策、执行党的政策的水平，能够按照党的政策结合实际情况正确区别和处理不同性质的矛盾，正确区分政治问题、思想意识问题、认识问题和一般学术问题的界限，有效地做好思想政治教育工作。政策水平高就能善于区别认识问题与思想意识问题、政治问题与学术问题、动机问题与方法问题的界限，在把握好正确的政治方向和坚持马克思主义基本原则的前提下鼓动思想政治工作对象独立思考，勇于探索，大胆创新，同时又要把思考、探索、创新中出现的问题引导到正确的轨道上来。

二、提高思想素质

思想素质主要包括思想认识、道德情操、思想品质等等。思想政治工作要求政工干部以身作则、言传身教。思想政治工作者在一言一行中自然流露出来的思想境界、道德情操、品德素质、精神风貌是影响受教育者的一个重要因素。

1. 要有良好的思想认识和道德情操。主要是有发扬共产主义精神，全心全意为人民服务，忠实地做好人民的公仆，树立人民利益高于一切的观念，克服个人主义思想，正确处理个人利益同他人利益、同集体利益、同党和国家的利益之间的关系，用共产主义的精神和态度对待自己，对待他人，对待工作，对待社会。思想政治工作者应当身体力行，表里如一，做实践共产主义思想原则和道德品质的模范，做实践社会公德、职业道德和家庭美德的模范。当前，政工干部特别要具备强烈的事业心和责任感，要坚持不懈，扎扎实实，下苦工夫，在事业上要有所作为，要有不做出成就决不罢休的抱负和自我牺牲精神。政工干部要象毛主席《纪念白求恩》一文中所要求的，努力做一个高尚的人，纯粹的人，有道德的人，脱离了低级趣味的人。在改革开放的新形势下重温毛主席的教导更加重要。为此就要树立正确的幸福观、理想观、荣辱观、

美丑观、伦理观，做一个真正的共产主义者。

2. 思维品质。主要是指思维能力。政工干部面对各种不同的教育对象和极其复杂的思想问题，必须很好地掌握辩证唯物主义和历史唯物主义观点，具有良好的思维能力。如要具有思维的独立性，能在工作中根据实际情况独立思考，出主意想办法，创造性地开展思想政治工作。要具有思维的灵活性，能跟上时代和事物的发展变化，及时改变旧的观念，根据变化了的情况提供解决问题的措施和办法，要具有思维的全面性，善于全面辩证地分析事物，既要将对象同具体环境、条件联系起来分析，又要将其作为一个过程在发展中加以考察，力戒片面性。要具有思维的敏锐性，能善于透过现象看到本质，这对于发现、分析、解决问题极为重要。要具有思维的预见性，能根据所处实际情况和事物发展趋势，预测未来可能出现的思想情况，把思想政治工作做在前面等。具备了良好的思维品质，对做好思想政治工作极为重要。

三、提高作风素质

良好的思想作风和工作作风对于做好思想政治工作同样重要。作风是思想、工作、生活上一贯表现的态度和行为，它也是思想素质的重要组成部分。我们党在长期革命实践中形成的优良作风——如党的三大作风和其他一贯倡导的优良作风，是政工干部学习和修养的基本内容，其中要特别坚持和发扬亲身实践的作风。

1. 实事求是的作风。一切从实际出发，处理问题要先调查研究，按照客观规律办事，具体问题具体分析，不主观武断，不以偏概全，不以感情代替政策，凡事不夸大不缩小，不见风使舵，工作踏实，不图虚名，不做表面文章，务求实效。

2. 密切联系群众的民主作风。密切联系群众，了解群众，关心群众，信任群众，做群众的知心人，遇事同群众商量，善于集中群众的智慧，充分发动群众的创造性、积极性、主动性，平等待人，不独断专行。这样不仅可以调整各方面的关系，还能向群众学习，吸收群众中丰富的智慧和营养。

3. 批评与自我批评的作风。谦虚谨慎，戒骄戒躁，勇于承担责任，不文过饰非，虚心听取群众意见，经常检讨，善于总结经验，接受教训，改正自己的缺点，改进自己的工作。对于犯错误的同志，要以“治病救人”的态度勇于提出善意的批评，帮助同志改过错误。

4. 严以律己的作风。正人先正己，要求别人做的，自己先做到，要求别人不做的，自己先不做，不能对别人马列主义，对自己自由主义。心胸开阔，宽以待人，善于团结大多数人，甚至反对自己的人，这样就能使受教育者心悦诚服。

5. 艰苦奋斗的作风。艰苦奋斗，勤俭节约，勤奋工作，刻苦学习；不为虚名，不为利，不怕苦，不怕难，具有坚韧不拔的革命精神和开拓奋进永远向前的进取精神。

只有政工干部自己首先具有良好的思想作风、工作作风，才能带领干部群众养成良好的思想作风、工作作风。

四、提高知识素质

知识素质指政工干部所必备的理论知识，专业知识和辅助知识。政工干部是马克思主义的信仰者，是为共产主义和社会主义事业终生奋斗的人，应以传播马列主义，宣传党的路线、方针、政策为己任。同时还要掌握其它科学知识、经济知识。具体来说主要有以下四个方面：

1. 努力掌握马列主义的基本知识，基本理论，包括哲学，政治经济学，科学社会主义，党的建设和党的历史等方面的知识。当前，尤其注重掌握邓小平理论。这既是政工干部工作指导的理论基础，又是政工干部知识素养的基本功。

2. 钻研思想政治工作的专业知识，包括思想政治工作学的基本理论和基本规律，以及相关的心理学、伦理学、社会学、管理学、行为科学和企业文化等方面的知识。注重知识结构和知识更新，在知识经济的时代，尤其注重当代新知识，包括当代经济，当代科技，当代国际政治，当代国防，当代思潮。

3. 要学习生产经营知识和科学管理知识，成为两用人才，这样才能把思想政治工作做到生产经营和管理中去，才能善于使思想政治工作结合经济工作一道去做。

4. 抓好辅助知识的学习。辅助知识包括中外历史，语言学，逻辑学，文学艺术。这些知识对于基础理论和专业知识的运用和发挥有不可替代的作用。

五、提高能力素质

能力，就是运用于工作实际的各种技能和艺术。只有正确掌握和灵活运用各种技能和艺术，才能使思想政治工作做得更有实效。政工干部的能力素质主要包括以下几个方面：

1. 分析研究能力。包括调查研究能力和理论研究的能力。调查研究能力主要是指对企业现状、当前形势和职工心态的分析研究，如对现实和社会的调查、分析能力，善于观察、了解、分析教育对象，将了解的情况加以总结、归纳上升为理论，指导思想政治工作的更好进行等。理论研究能力是指能够独立开展思想政治工作这门学科的研究，理论联系实际，推动学科的发展。

2. 组织能力。思想政治工作方面的组织能力，就是要善于在教育中发现和培养骨干，并通过他们团结群众，发动和组织各种活动，完成思想政治工作的任务。同时还包括能够独立主持集体活动和召开会议的能力。高一步的要求还应具备一定的决策能力和指挥能力，决策能力主要是指善于出主意、想办法，综合各种情况提出方案，作出决策，推动下层去完成教育任务的能力。指挥能

力，主要是指能够调动、组织人才配合党的中心工作，完成思想政治工作既定的目标的能力。

3. 创造能力。这是高一层的要求。在新的历史时期，需要大批开拓型人才，去开创社会主义现代化建设的新局面。在新形势下如何进一步加强社会主义精神文明建设？如何更好地改进思想政治工作，使之取得更大的成效？等等，都需要政工干部去实践，探讨和创新。政工干部应当具有事业心和胆略，脚踏实地地去开拓思想政治工作的新局面。在加强社会主义精神文明建设中建功立业，为培养“四有”人才贡献力量，以此来推动社会主义现代化建设事业向前发展。

4. 自我调剂能力。包括调节知识结构和调剂心理因素两方面。只有根据不同教育对象不断调节自己的知识结构，才能适应新形势对政工干部提出的新要求，才能适应不同工作对象提出的不同要求。要做到：胜不骄，败不馁，愤不怒，急不躁，永远保持清醒的理智。要有自我调节能力，必须有自我认识的能力，即正确认识自己，既看到自己的长处，也看到自己的不足，以便发扬长处，改进不足，以达到自我完善。

5. 表达能力。包括文字表达能力、语言表达能力和形象表达能力。表达能力是实现思想政治工作任务的手段，没有表达能力，就难以做好思想政治工作。文字表达能力是指能够把教育内容见诸于文字，通过报刊、广播、文件等影响工作对象。语言表达能力，是指谈话的艺术，通过报告、谈话、座谈、个别谈心等抓住工作对象的心理，循循善诱说服工作对象。文字和语言表达能力的关键，是要深入地分析问题，解剖问题，讲清道理。形象表达能力教育内容见诸电影、图片、图表、幻灯和艺术作品，通过艺术的魅力来影响受教育者。

第三，新形势下提高政工干部素质的几个重要措施

素质的提高不是一蹴而就的。提高政工干部素质是一项长期而艰巨的任务。重要的是各级党委和行政领导要高度重视，政工干部自身要有强烈的紧迫感，同时，不断研究、探索提高政工干部自身素质的有效途径。根据实践经验，提高政工干部素质要努力做到“四要”。

一要加强学习。学习包括向书本学习和向实践学习。思想政治工作是一项融多科知识于一体的工作，它要求政工干部有深厚的基础理论知识，娴熟的专业知识，知识结构合理，知识面广，知识内容新。向书本学习就是要刻苦读书。当今世界科学技术日新月异，新知识层出不穷。现在提倡继续教育，终身教育，说明人需要不断学习。书籍是人类知识的结晶，是人类文明的载体。通过读书，可以了解人类知识发展，可以了解迅猛变化的世界。通过读书，政工干部增强理解马克思主义、毛泽东思想、邓小平理论的精神实质，提高理论水平、工作水平、决策能力。因此，提高素质要求政工干部坚持不懈地刻苦读书。读书学习是提高政工干部修养的重要途径。读书对政工干部素质提高不可能立杆见影，却润物无声。只有坚持读书才能提高政工干部的抵御能力、辨别能力，明辨是非界限，在光怪陆离、五彩斑斓的社会现实中，才能坚持正确的政治方向，才能辨别假象丑恶和真善美，才能严格自律，出淤泥而不染，才能克服空虚无聊，走向充实。通过读书可以提高觉悟，对现实正确的分析批判，树立正确的世界观、人生观、价值观。无数事实证明，经过读书思考树立起来的建立在现实基础上的世界观是理性的，经得起考验，我们应该牢记革命导师的教导：“学习、学习、再学习”。对于学习什么？江泽民总书记强调：“学习社会，学习科学地总结人民群众在实践中的创造。还要读书，读科学的书，有价值的书。最重要的是学习马列主义，毛泽东思想，中心内容是学习邓小平同志建设有中国特色的社会主义理论。同时要学习社会主义市场经济知识，现代科学和管理知识，学习做好工作所必备的各种知识。”

向实践学习。在实践中提高政工干部素质是一条根本途径。我们党在新民主主义和社会主义革命、建设的实践中，锻炼和造就了一批又一批优秀的政工干部。今天，我们正在进行建设有中国特色的社会主义的伟大实践，也是一所锻炼和提高政工干部的伟大学校。我们的政工干部要勇于到改革和建设的第一线去，到基层去，到艰苦和困难多的地方去，到党和群众最需要的地方去，在实践中锻炼自己，提高自己，增长才干。实践证明，只学习书本知识不勇于实践，是永远成熟不起来的。有了正确理论的指导，就要在实践中锻炼，在计划经济向市场经济伟大变革中保持“变革不变向”、“变革不变质”，在实践中锻炼得更加成熟，更加坚强。

二要加强培训。提高政工干部素质，除了靠政工干部自觉的学习，积极参加实际工作锻炼。很重要的办法就是要重视和搞好政工干部的培训工作。近年来，政工干部培训已经取得了比较明显的成绩。据统计，全国已有各种层次的政工干部培训。一、全国范围已有几十所大专院校，开设了思想政治专业，为高校和企业培训思想政治工作专职干部；二、有 20 余所各类成人管理干部学院和政治学院设立了思想政治教育系（或专业），为本系统培训思想政治工作干部。三、有不少地方已经开始实行政工干部继续教育制度；四、除一般培训外，已设立思想政治工作的硕士研究生、博士研究生点，并开始培训。成绩是主要的，但是从总体上看，正规培训，系统培训比较薄弱。加强政工干部培训，适应改革、发展、稳定的需要，要抓好以下几项工作：一要建立健全培训机构，推进政工干部培训制度化、法制化的建设。二要科学设置培

训课程和内容。三要加强政工干部培训师资建设。

三要加强管理。事实说明，提高政工干部素质不仅需要政工干部自觉学习，组织培训，而且要加强学习掌握管理本领。只有把教育和管理结合起来，才能有效提高政工干部素质。加强管理，切实搞好管理工作中的“硬件”和“软件”建设。“硬件”建设指机构、编制、经费及运行机制和制度等加强管理的硬措施。“软件”指管理知识、管理程序、管理规则，包括对管理的认识等。从目前的情况看，政工干部管理“软”、“硬”件都需加强，尤其需要加强管理的科学化。

四要加强个人修养。个人修养在任何时候都是很重要的，在深化改革扩大开放和建立社会主义市场经济的新形势下，加强个人修养尤其重要。如果不加强个人修养，轻则就会犯错误，重者可能违法乱纪，走向腐败和犯罪的道路。据中纪委统计，1990 年到 1992 年，受处分的党员就有 60 多万，其中处局级干部就有 1605 人，省部级干部 79 人。在这些受处分的党员干部中，最严重的就是腐败问题。据国家反贪局介绍，1990 年立案审查的案件不足一万件，1993 年增加到三万件，1995 年猛增到六万件。这是导致国有资产流失和国有企业亏损的重要原因。这些事实告诉我们，在“伟大变革”的年代，若不自觉加强个人修养，就可能在“变革中变向”甚至在“变革中变质”。那么，如何加强个人修养呢？就要时刻注意加强党性纪律，严格要求自己，严格自律，遵纪守法，提高自己的政治觉悟，克服拜金主义、享乐主义、利己主义对自己的侵蚀和影响，抵制一切资产阶级腐朽思想和生活方式对自己的侵蚀和影响，要吾日三省吾身，听取群众的批评和监督，真正做到艰苦奋斗，开拓创新，勤奋工作，清正廉洁，保持革命气节。我们应当像周恩来总理那样：“活到老，学到老，改造到老。”只有这样，才能在改革开放的“伟大变革”中，越锻炼越坚强，永葆共产党人的本色！

（作者系原国家经委副主任、中国职工政研会副会长）

关于建立现代企业制度条件下坚持党对企业的政治领导问题

——在第五次特约研究员会议上的专题报告

张蔚萍

为了贯彻落实党的十五大提出的加快推进国有企业改革的战略任务，必须加强党对国有企业的政治领导。《中共中央关于进一步加强和改进国有企业党的建设工作的通知》中指出："坚持党对国有企业的政治领导，是一个重大原则问题，任何时候都不能动摇。"那么，为什么要坚持党对国有企业的政治领导？党对国有企业政治领导的内容和实质是什么？在建立现代企业制度中怎样坚持党对国有企业的政治领导？这是国有企业改革中人们很关心的问题。本文拟对这些重大问题加以探讨。

一、坚持党的政治领导是建立有中国特色现代企业制度的本质要求

中共中央在加强和改进国有企业党建工作的通知里明确指出："坚持党对国有企业的政治领导，发挥国有企业党组织的政治核心作用，充分依靠和调动职工群众的积极性，这是我们的政治优势，是建立有中国特色现代企业制度的本质要求。"为什么说加强党的政治领导是建立有中国特色现代企业制度的本质要求？这就要从中国特色现代企业制度的 A、B、C 说起。

首先，要搞清楚什么是企业和现代企业制度。人们成天讲企业，究竟什么是企业？中外理论工作者特别是经济学家认识并不一致，甚至存在着原则性的分歧。西方的古典经济学家认为，企业是进行商品生产经营的单纯经济组织。现代西方经济学家对企业的解释分为两派，一派认为企业是单纯的经济组织，另一派则认为企业首先是经济组织，同时是社会基本细胞。强调企业有两种功能：一种是经济功能（这是主要的）；一种是社会功能（这是不可少的）。我国的理论工作者和经济学家对此也有两种不同见解：一种认为企业是进行商品生产经营的单纯经济组织，强调它只有经济功能和经济属性。另一种认为对企业要做具体分析，强调社会主义的国有企业，既是进行商品生产经营的经济组织，又是工人阶级集居和劳动的社会基层单位。因此它有两种功能和属性，一种是经济功能和经济属性，一种是社会功能和社会属性，包括具有一定的政治功能和政治属性。按照这种观点，国有企业首先要抓物质文明建设，同时要抓精神文明建设，这是社会主义企业的本质属性决定的。

明确了什么是企业之后，还要明确什么是企业制度。这里所说的企业制度，不是指企业的具体操作规程和具体制度，而是指确定企业地位、性质和运行机制的制度体系。那么，为什么在企业制度前边还要加上"现代"二字呢？"现代"二字有两方面的含义：其一，是指现代化社会大生产的意思。就是说，企业制度要适应现代化社会大生产的需要，这是从社会生产力发展到现代化这个新水平的角度讲的。其二，是指现代市场经济的意思。就是说，企业制度要适应现代市场经济的要求。这是从经济运行机制发展到当代这个新阶段的角度讲的。西方一些经济学家认为，只有产权明晰、管理科学的企业制度才能适应现代化社会大生产的需要和现代市场经济的要求，所以称之为"现代企业制度"。我们党根据中国的实际情况，吸取西方现代企业制度的精华，把现代企业制度的内容概括为"产权清晰、权责明确、政企分开、管理科学"。这应该说是现代企业制度的共性。

中国特色现代企业制度，是现代企业制度共性与中国国情特性相结合的产物。这里所说的"中国国情特性"，主要是指共产党的领导、公有制为主体和全心全意依靠工人阶级。所谓中国特色的现代企业制度，就是适应现代化社会大生产需要和社会主义市场经济要求的、既具有产权清晰、权责明确、政企分开、管理科学这些共性，又具有公有制为主体、坚持党的政始领导和全心全意依靠工人阶级这些特性的企业制度体系。由此可见，坚持党的政治领导是中国特色现代企业制度题中应有之义，它充分体现了中国特色现代企业制度的本质属性。

二、坚持党的政治领导是总结国有企业改革经验教训而得出的科学结论

国有企业改革能否成功，主要看我们能否抓住国有企业的根本问题和关键环节。这十多年的国有企业改革，我们党曾不断地变换其着力点，最初认为国有企业的主要问题是缺少自主权，因而改革的中心问题是围绕着扩大企业自主权来展开，从放权让利到推广承包制，起了一定的作用，但并没有从根本上解决国有企业的问题，亏

损面却越来越大，资金流失越来越严重。之后，又认为国有企业的根本问题是经营机制问题，于是就在改制上做文章，把转换经营机制作为改革的重点，目的是要把企业推向市场。再之后，又认为国有企业的根本问题是企业制度问题，提出了以建立现代企业制度为重点的改革。然而对“产权清晰、权责明确、政企分开、管理科学”这四项内容的重点和关键问题却认识不一致，开始过多强调了产权改革，使其它方面的改革没有得到应有的重视，后来又提出了科学管理是关键，强调要把改制、改组、改造与加强管理结合起来，这表明我们党在国有企业改革认识上的深化。从实践经验上看，凡是搞的好的企业，一般都是党的领导力量强，领导班子好，职工积极性高，因而能适应千变万化的形势，能拿出高质量的产品，能有很强的竞争力。这个事实告诉人们，企业的活力在很大程度上是由人来决定的，国有企业改革的根本问题是人的问题，关键是企业的领导班子和调动职工积极性的问题。马克思主义认为，现代企业管理是以人为核心的管理，是以提高经营管理者、科技工作者和职工素质为核心的管理。在我们中国，这一切都离不开党对企业的政治领导。应该说，企业改革中调整所有制结构和解决经营机制问题，都是很重要的。但如果总是在这个圈子里做文章，抓不住根本问题和要害问题，那是很难把国有企业搞活搞好的。

以江泽民为核心的党中央很早就注意到在抓经济体制改革中抓企业的根本问题，不断探索企业党的地位作用问题。大体上经历了以下几个过程：首先，针对着淡化党的领导所造成的危害，于1989年冬制定了中央九号文件，强调要坚持企业党委的政治核心地位，全心全意依靠工人阶级办企业。还针对着“中心”大或“核心”大的争论，在十四大党章中进一步肯定了党委在企业的政治核心地位，不再提厂长是企业的中心。后来，在《公司法》中又对企业党委的政治核心地位加以肯定，使其有了法律依据。其次，针对着把政治核心与政治领导对立起来的观点，明确指出政治核心的实质是政治领导，强调执政党的政治领导是路线方针政策领导、思想领导与组织领导的统一。如果只讲路线方针政策领导，不讲思想和组织领导，那就必然把政治领导架空。为了统一全党的认识，中共中央于1997年3月10日在全国各大报纸公布了《进一步加强和改进国有企业党的建设工作的通知》，其第二部分旗帜鲜明地提出要“坚持党对国有企业的政治领导”。再次，针对着空讲政治领导不承认党的政治领导权的言行，于1995年8月16日在湖南省委的一份调查报告和文件中明确指出要坚持党对企业在政治上的领导权，强调“党对企业在政治上的领导权决不能丧失。对于这一点，各级领导要在思想上明确，在行动上认真加以贯彻。”为了贯彻江泽民的指示，中共中央于1998年6、7月份决定成立中央企业工委和金融工委，直接领导大型企业的党委。在保证党的路线方针政策认真贯彻的前提下，着重解决党管干部的问题。

由以上情况可以看出，江泽民总书记很重视党对企业的政治领导。当然，这种认识和贯彻落实有一个很长的过程。先从“保证监督”到“政治核心”；再从“政治核心”到“政治领导”，直到提出“政治领导权”问题。可以说，这是江泽民在我国国有企业改革中，对企业党的地位作用不断探索中得出的科学结论，也是总结苏联、东欧国有企业改革教训中得出的科学结论。它既符合马克思主义党的学说的基本原理，又符合毛泽东建党学说和邓小平建党理论的基本原理。

三、在建立现代企业制度中怎样坚持党对企业的政治领导

首先，必须正确理解党的领导的科学含义，纠正在实现党的领导问题上的误区。

党的领导是一个内涵丰富的复合概念，它包含着如下四层意思：一是指引的意思，即指方向引路的意思，党主要通过制定路线方针政策为群众指方向引路。二是保证的意思，即采取各种措施保证党的路线方针政策的贯彻和党的奋斗目标的实现。三是协调的意思，即通过各种手段协调工、农、兵、学、商及党、政、工、团等组织的关系，使其同心同德、团结一致，形成历史合力。四是服务的意思，即全心全意为被领导者服务，使其真心实意地跟着党走。这四层意思互相制约，密切不可分割，但各有各的功能。一般来说，指引是前提，保证是基础，协调是关键，服务是实质。实践证明，只有全面正确理解党的领导的科学含义，才能在实践中真正实现党的领导。

为了走出在实现党的领导上的种种误区，必须树立五个正确观念，纠正一些错误观念。其一，必须树立党的领导是指引、保证、协调、服务相统一的正确观念，纠正那种把党的领导简单化为保证监督的片面性观念；其二，必须树立党的领导是政治领导、思想领导和组织领导相统一的正确观念，纠正那种把党的领导简单化为只是贯彻路线方针政策的片面性观念；其三，必须树立党的领导是中央、地方、基层三级委员会相统一的正确观念，纠正那种否定基层党委领导作用的错误观念；其四，必须树立党的领导一定要抓好对中心任务实行坚强领导的正确观念，纠正那种否定党对中心任务进行领导的错误观念；其五，必须树立党的领导是要对各行各业实行领导的正确观念，纠正那种借口本行业特殊否定党的领导的错误观念。实践证明，只有正确理解党的领导的科学含义，走出在实现党的领导中的种种误区，才能把党的领导同行政指挥加以区别，才能切实有效地坚持和改善党的领导。

其次，必须全面认识党的政治领导权的科学含义，紧

紧抓住实现党的政治领导权的三个基本环节。

中国共产党是执政的大党，坚持党的政治领导权是理所当然的事情。从现实情况看，党在国家政权系统、在军队系统、在高等教育系统、在广大农村，都落实了党的政治领导权，然而在工人阶级集居和劳动的国有企业里，工人阶级先锋队组织的政治领导权还没有落实，甚至公开宣传这个问题都不能做到。企业改革中把执政党在企业的地位作用搞到这种地步，导致工人阶级地位下降，积极性严重受挫伤，企业经济效益下滑、困难重重，腐败滋长，国有资产流失，却没有引起一些领导者高度重视。有的人总是效仿西方，在改制上做文章，没有重视中国的国情特征，没有抓住国有企业改革中科学管理和党的领导这个带有根本性的问题。江泽民同志很早就察觉到这个问题，强调在建立现代企业制度中要抓住科学管理和领导班子这个关键环节，强调党对企业在政治上的领导权决不能丧失。为了贯彻江泽民同志关于坚持党对企业政治领导权的思想，必须对政治领导权的科学含义有个正确的理解。这里，首先对政治领导的含义要有一个正确的理解。政治领导有广义和狭义两种理解，广义政治领导是指路线方针政策领导、思想领导和组织领导三者的统一；狭义政治领导只是指的路线方针政策领导。我们党是执政党，政治领导是广义上的政治领导。如果不讲思想领导和组织领导，孤立地讲路线方针政策领导，那就必然将政治领导架空。在新的历史时期，邓小平同志认为最大的政治是现代化建设(中心是经济建设)。因此，政治领导的重点要抓现代化建设(包括经济建设)，如果政治领导不涉及到这个“最大的政治”，那就谈不上真正的政治领导。

在正确理解政治领导含义的基础上，还必须对领导权的含义有一个全面的理解。马克思主义领导学说告诉我们，领导权是领导权威和领导权力的有机统一，两者缺一不可。如果用现代科学技术上的术语来说明，领导权威是领导权的软件部位，领导权力是领导权的硬件部位。软件和硬件相结合，才能形成领导权。什么是领导权威？领导权威是领导者素质的综合表现，即领导者的思想政治素质、道德作风素质和知识才能素质在行为中的综合表现。领导权力是由领导者的决策权、用人权和舆论权共同组成的，缺少任何一个要素都不能形成强有力的领导权力。

根据对领导权的上述理解，所以，我们在实现党对企业的政治领导权时，一定要紧紧抓住以下三个基本环节，即出主意、用干部、造舆论这三个环节。出主意，是指一个企业的大主意要党委拿，而不是个人拿。当然，个人的主意是很重要的，但个人的主意只有变成党委集体的意志时，才能减少决策的失误，或者避免决策的失误，并保证决策有效地贯彻执行。党委要善于出好主意，不要出馊主意，这样才能在决策过程中提高党委的威信。用干部，是指要把那些德才兼备的能坚决贯彻党委决策的干部选拔在重要岗位上。为此，党委就要善于识才，善于育才，善于爱才，善于把各种人才优化组合。造舆论，是指要善于把党委的决策和推选的人才，通过各种舆论工具传播到党员、干部和群众之中，使他们赞成党的主意，拥护党推选的人才。要抓住以上三个基本环节，党委书记及其领导班子成员，：必须具有较高的素质，必须在各方面以身作则，必须时时处处注意自己的形象塑造，这样才能在群众中有威望和权威，保证权力行使的有效性。

第三，必须建立多样化的企业领导体制，认真处理好党委政治领导与企业决策机构的关系。

在建立现代企业制度的过程中，我国的企业应实行什么样的领导体制？这只有从分析中国的国情和研究世界企业领导体制发展的大趋势中才能得出科学的结论。在社会主义初级阶段，我国的生产力和经济文化发展是不平衡的，所有制的实现形式是多样的，这种不平衡性和多样性，决定了企业领导体制的多样性。再从世界各国企业领导体制的发展大趋势看，早已从单一的厂长负责制，进化到多样化的集团决策与个人负责相结合的董事会管理下的总经理负责制。这就要求我们在企业改革中建立多样化的领导体制。当然，这种多样化的领导体制绝不是“无限多”，更不是谁想怎么搞就怎么搞，而是依据邓小平在《党和国家领导制度的改革》中提出的企业领导体制形式为指导，并根据十多年来企业改革的成功经验，参照西方现代企业制度的好经验，大体有以下七种企业领导模式：

第一种是公司管理委员会领导下的总经理负责制。公司管理委员会是企业的最高权力机构，由职工代表大会和股东代表大会各自选举的成员共同组成，管委会处于国家和企业的联结部位(上对国家负责，下对企业负责)，又是企业内部党、政、工的结合点，使所有者、经营者和劳动者的职责更明确，关系更密切。党委主要通过对公司管理委员会实行政治领导和发挥政治核心作用，来实现党的政治领导权。管委会内部实行民主集中制，管委会主任由民主选举产生。第二种是董事会领导和监督下的经理(厂长)负责制。董事会由股东代表大会选举产生，是企业的决策机构，党委主要通过它的成员参加董事会、监事会在决策和监督中发挥政治核心作用，实现党的政治领导权。第三种是企业集团委员会领导和协调下的总经理负责制。这适合于“强强联合”的特大型企业。企业集团联合委员会是最高权力和决策机构，上直接对国家负责，下直接对企业集团负责，党委主要通过在企业集团委员会设立党组、兼任行政职务来发挥政治领导作用。第四种是党委领导下的厂长(经理)负责制，这是八大党章肯定了的一种领导体制，只要党政分工和民主集中制

搞得好，这种体制仍然适合一些国有企业。第五种是董事会直接领导的生产经营负责制，一般都是董事长兼总经理，这种体制的优点是决策快、执行快、效率高，缺点是风险大，容易出现个人专断，它要求董事长必须有综合素质，既有决策能力，又有指挥能力，并善于按照民主集中制原则办事。这种一肩挑的体制，在西方企业中只占3%左右，在我国也不能超过5%。第六种是职代会领导和监督下的厂长负责制。厂长一般都是通过主管部门聘任和职工代表大会直接选举产生，党委主要通过领导职代会和推荐优秀党员干部担任厂长来发挥政治领导作用。第七种是厂务委员会协助下的厂长负责制，这种领导体制在私人企业和民营企业比较普遍。

总之，无论采取那一种领导体制形式，关键是要加强领导班子建设，提高领导者的素质，同时还要解决实现党的政治领导的基本途径和组织形式。在当前实行公司制、股份制的过程中，很重要的一个环节，就是要解决好“老三会”与“新三会”的关系。在国有独资和控股企业，解决这个问题主要有三条基本途径：一是党委书记兼董事长，或两者交叉任副职；二是党委主要成员参加董事会，在董事会内部形成一个强大的力量，必要时可设立党组，专门管理和领导董事会里的共产党员。三是重大问题包括重要人事问题，一般通过党委会议、党委扩大会议或党政联席会议作出决定，然后按法律程序分头贯彻执行。在贯彻执行的过程中，党委要积极维护决策机关和执行部门的权威，处理好领导者，决策者和执行者三者之间的关系。这些关系处理好了，党的政治领导就能够进一步得到加强。

四、建设好高素质的领导班子是坚持党的政治领导的关键问题

党委要在建立现代企业制度的过程中充分发挥政治领导作用，关键要把党委领导班子自身建设好。如果党委领导班子不过硬，甚至软弱涣散，那是无法坚持党的政治领导的。

怎样建设好高素质的领导班子呢？

首先，要选好党委和行政一把手。这是建设好高素质领导班子的关键。这些年来，国有企业出问题，主要是党委和行政一把手出了问题。党、政一把手应是两手抓两手硬的德才兼备的复合型干部，而不是一手软一手硬的有德无才或有才无德的低素质干部。培养和选拔高素质的一把手是一项很艰巨的任务，既要上级重视，又要建立有效的选拔任用机制，把委任制、选举制和竞争机制结合起来。这几年，我们在干部制度的改革中试行了“双推双考”办法，扩大了选人视野，使党性强、才能卓越，素质全面的人才脱颖而出。然而，前一段实行竞争上岗制度的，一般都是领导班子的副职干部，正职仍然由上级委派，因而不能解决“一把手”的竞争上岗和监督无力问题。所以，选人用人机制改革，关键是要做好“一把手”的竞争上岗问题。这是当前解决问题的金钥匙，看我们敢不敢和善于不善于运用这把金钥匙。

其次，要提高领导班子成员的整体素质。这是增强领导班子战斗力的基础。所谓提高领导班子成员的整体素质，就是既要发挥每个成员的特长和优势，又要使每个成员都成为德才兼备的干部。为此，就要从三个方面努力提高；一要努力提高他们的思想政治素质，这是建设高素质领导班子的重点问题，一定要解决好这个重点问题。二要提高他们的道德作风素质，这是保持领导班子崇高威望的重要一环，也是防止和抵制腐败滋长的重要一环。三要提高他们的科学文化素质和知识才能素质，这是增强领导班子决策能力的基本条件，任何时候都不能忽略这一条。实践证明，有了好的一把手，又有班子成员的有力配合，那么这个领导班子就有很强的战斗力。

再次，要搞好领导班子成员的优化组合。这是增强领导班子战斗力不可缺少的重要条件。这里讲的优化组合，主要有以下三个方面的问题：一是年龄的优化组合问题，还是要坚持老、中、青三结合的原则。老、中、青的年龄是相对而言的，中央、地方和基层的要求也是不一样的。按照年青化的要求，领导班子还是要以中、青年为主。二是知识的优化组合问题，既要突出业务重点，又要注意知识的全面性与合理配置，使其适应千变万化的市场竞争形势。三是心理和气质的优化组合问题，使各种气质的人合理地科学地结合在一起。这是防止内耗、提高工作效率不可忽视的一个重要因素。

第四，要切实搞好领导班子的民主集中制建设。民主集中制是保持共产党先锋队性质的根本组织原则。领导班子是党组织的核心，这个部位是否贯彻民主集中制，直接关系着党的性质是否会变质的问题。这些年来，一些领导班子的主要成员特别是一把手，个人专断、为所欲为，使领导班子内部的民主集中制遭到了严重破坏。为了保证民主集中制的贯彻，必须首先强化领导班子成员特别是“一把手”的民主集中制意识，同时还要建立切实有效的制度，包括建立上级组织严格监管下级组织的责任制，坚持集体领导与个人负责相结合的基本制度，坚持领导干部的双重组织生活制度，强化同级纪检部门有效检查同级党政领导的制度，以及领导班子成员定期向全体党员报告工作和群众民主评议领导干部的制度，等等。只有把教育、管理和民主评议这几个环节抓好了，民主集中制就能切实贯彻执行，党的政治领导就能不断得到加强。

（作者系中共中央党校教授、博士生导师）

自觉运用邓小平理论指导新时期思想政治工作

——在第五届年会闭幕式上的小结

戴焰军

在全国上下认真贯彻落实党的十五大精神的热潮中，在纪念党的十一届三中全会召开的十周年之际，在全党、全国进一步掀起学习邓小平理论新高潮，各项改革正向纵深发展的形势下，我们召开了全国思想政治工作专业委员会第五届年会。来自各地的一百多名特邀研究员和与会代表，带着各自的经验、体会、认识，带着对思想政治工作的关注、热情，也带着各自的问题、困惑、疑虑，会聚一堂，热烈交流，积极探讨，至今天，已经圆满地完成了大会预定的议程。现在，我受专业委员会常务理事会委托，对这次会议作小结。

一、会议的特点

1. 这次会议研讨的内容更加广泛、深入。大家虽然带来了很多工作中所遇到的新问题，但不是就问题议问题，更不是简单地发牢骚，吐怨气，而是以积极的态度，联系整个改革的大形势、大背景，认真分析问题的起源，研究解决问题的对策。大家根据自己在新的条件下的新的工作体会、新的认识，把讨论不断推向深入。对许多带有共性的问题，大家集思广益，找规律，出对策，相互启发，相互切磋，在认识上获得了很大的提高。

2. 研讨问题更加系统化。在研讨中，大家注意系统地提出和思考问题，而不是孤立地、片面地去谈论问题。如干部队伍的素质问题，这是我们这次研讨会的主题之一，大家在讨论中不但谈及干部自身素质，而且联系干部制度，从人自身素质的提高与制度的改革二者结合的角度来考虑问题，提出了一些很有价值的意见。另外，就素质来讲，知识结构、心理素质等各方面。就领导干部来讲，不仅考虑到领导干部的个体素质，而且涉及到领导班子的整体素质，领导班子成员各方面素质的有机结合与合理搭配等。再如企业党建问题，大家在讨论中，联系到整个社会发展的情况，联系到国际国内的政治、经济形势，联系到历史的状况和未来发展的方向，把企业党建这样一个问题，放到一个横的和纵的大背景下来考虑，所以提出的问题、措施、意见也就更加全面、更加实际、更加具有说服力。特别是对建立现代企业制度条件下，坚持党的政治领导的必要性、内容和关键环节，讨论得更深入；许多党委书记介绍了这方面的经验，也指出了存在的问题，还提出了解决的办法和措施，大家感到这是这次会议的一个重大收获。

3. 研讨的又一个重要特点是大家更加注意从理论与实践的结合上来探讨问题。十五大召开快一年了，十五大把邓小平理论作为全党的指导思想写进党章，并对邓小平理论作了科学的概括和阐述，号召全党深入地学习邓小平理论。而且十五大精神本身就是邓小平理论的体现。从这次会议的研讨中，可以看出，大家在学习邓小平理论方面的确是下了功夫的。讨论中，大家以邓小平理论作思想武器来分析和认识问题，眼界更加开扩，思路更加明晰，认识更加深刻。特别是对目前改革中所涉及的一些深层次问题，大家不仅有正确的认识，而且对政工干部应起的作用，面临的任务，甚至完成这些任务所应具有的条件，所应采取的措施和方法，都有较为清醒的了解。这也从一个方面说明，邓小平理论对于我们搞好思想政治工作的重要意义。

二、今后的工作

我们今后的工作，用一句话来概括，就是要自觉地运用邓小平理论来指导新时期的思想政治工作，使我们的工作更好地适应形势的需要，再上一个新的台阶。

1. 要深入扎实地学习邓小平理论，全面准确地掌握邓小平理论。

中央最近发出通知，要求全党和全国人民，特别是各级领导干部深入、广泛地学习邓小平理论，掀起学习新高潮。这不是套话，而是现实形势发展的需要。具体来说，一是进一步统一思想，团结全党和全国人民，把建设有中国特色的社会主义建设事业全面推向前进的需要。我们正在做的是前人从来没有做过的事，要保证我们事业的成功，首要就需要全党全国上下统一，步调一致，而这种统一的指导思想，就是邓小平理论。因为，邓小平理论是马克思主义在当代中国发展的新阶段，是当代中国的马克思主义，是形成于改革开放，并由改革开放的过程所验证了的。唯一能够指导中国改革开放和整个建设事业取得成功的理论。二是解决当前一系列现实问题的需要。

改革进入攻坚阶段,许多深层次的问题逐步暴露出来,需要我们用新的思路去考虑,用新的方法去解决,面对新的情况,新的问题,不论是从认识论,还是从方法论的角度看,学习理论都是非常重要的。有了正确的理论指导,方能减少我们工作中的盲目性,提高自觉性。三是造就大批干部的需要。江泽民同志在多次讲话中都反复指出干部、特别是领导干部学习理论的重要性。随着时代的发展和形势的需要,越来越多的中青年陆续走上各级领导岗位。这些同志年富力强,有干劲、有热情、有专业知识、有开拓精神,但是,其中也有许多人在理论上缺乏系统的学习,理论根底不够扎实,这对于担负跨世纪的领导重任是很不利的,早在延安时期,毛泽东同志就提出,要有一二百个真正的、系统地懂得马克思主义的人,现在,就我们事业的发展,担负的任务来看,则需要成千上万个这样的干部。总括以上几个方面,我们不难看出,在当前,认真学习邓小平理论,不仅是十分重要和必要的,而且是非常迫切的。

学习邓小平理论,在当前要特别注意:第一,坚持理论联系实际。十五大报告中特别提出学风问题,这是一个老问题,也是一个常说常新的问题,只有树立起一个理论联系实际的好学风,理论才能真正发挥作用,成为一种有力的武器。第二,要全面准确地理解和掌握邓小平理论。邓小平理论作为当代中国的马克思主义,是一个科学的体系,所以在学习中一定要警惕那种只讲一点,不及其余的片面的、实用主义的态度。第三,要把学习邓小平理论与学习贯彻十五大精神结合起来,党的十五大精神,是邓小平理论的具体体现。所以,只有把二者紧密结合起来,方能把学习真正落到实处。

2. 要进一步加强交流,增强理论探索的风气。我们是一个学术团体,自成立以来,就有一个好的传统,那就是研究和探讨问题的传统,这几年,我们出了三本《年鉴》,编了论文集,很多研究员还写出了不少很有价值的论文和专著。今后,随着形势的发展,我们还会面临许多新情况、新问题,都需要我们以邓小平理论作指导去进行积极的、广泛的、深入的探讨。我们这次年会所收到的五十多篇论文,大部分都是联系当前现实进行研究探索的,这个风气要得到进一步发扬光大。在这方面,我们还有一个很大的优势,那就是相互交流,除了每年一度的年会,每年一册的《年鉴》,还有我们从去年起办的《政工通讯》,这些都给我们提供了一个很好的交流阵地。我们要充分利用这个阵地,把对现实问题的研究探讨不断推向深入。

我们的学会能有今天的成果,靠的是大家的共同努力,今后要有更大的成果,自然仍要靠大家的共同努力,希望大家为办好学会,多出主意,多想办法,多提意见,多做贡献。愿我们明年的年会能有更多的研究成果,愿我们能够通过学会的活动为社会做出更多的贡献。

(作者系中央党校马克思主义研究室主任)

全国思想政治工作科学专业委员会第四次特约研究员会议纪要

全国思想政治工作科学专业委员会第四次特约研究员会议于1997年8月6日至9日在珠海市召开。这次会议是由全国思想政治工作科学专业委员会和珠海市建设委员会共同主办的。全国思想政治工作科学专业委员会主任、中共中央党校思想政治工作研究室主任张蔚萍教授、中共珠海市委副书记雷于兰、中共珠海市委宣传部副部长陈柏年、中共珠海市委组织部副部长卓观豪、中共中央宣传部理论局办公室主任黄中平、中共中央政策研究室综合局局长张勤德到会先后发表讲话，来自20多个省、市、自治区的一百多名党政领导、专家、教授和特约研究员参加了会议，并提交论文40余篇。会议根据江泽民同志5月29日在中共中央党校的讲话精神，联系我国改革开放实际，特别是国有大中型企业改革实际，深入探讨当前新形势下如何高举邓小平建设有中国特色社会主义的理论旗帜，切实加强党的建设和思想政治工作，促进精神文明建设新发展的问题。围绕这个主题，张蔚萍教授作了“高举伟大旗帜，切实加强新形势下党的建设和思想政治工作”的专题报告，着重讲了三个方面的问题：(一)高举邓小平理论的伟大旗帜，完整准确掌握邓小平理论的基本精神；(二)加强领导班子建设，努力提高领导干部的素质；(三)在建立现代企业制度中一定要坚持党对企业的政治领导。

代表们围绕大会的主题，进行了小组讨论和大会发言，其研讨内容主要有以下五个方面：

一、关于新形势下高举邓小平理论伟大旗帜的必要性和重大意义

党的十四大确立了邓小平建设有中国特色社会主义理论在全党的指导地位。这一理论立足我国改革开放和社会主义现代化建设的生动实践，总结建国以来我国社会主义发展成功和失误的历史经验，总结国际经验，第一次比较系统地初步回答了中国这样经济文化比较落后的国家如何建设社会主义、巩固和发展社会主义的一系列基本问题，继承、丰富和发展了马克思主义。近二十年来，在这一理论的指导下，我们开创了改革开放和现代化建设的新局面，经济发展，政治稳定，民族团结，社会进步，成就举世瞩目。实践充分证明，这一理论是科学的、伟大的理论，是中华民族振兴的强大精神支柱。在当代中国，只有这个理论能够解决社会主义的前途和命运问题；只有高举这一理论的伟大旗帜，我们的伟大事业才能不断取得伟大胜利。从历史的比较和国际的观察中我们越来越深刻地认识到，邓小平理论是当代中国的马克思主义，是马克思主义在中国的新阶段，是指导中国人民在改革开放中胜利实现社会主义现代化的正确理论。在我国社会主义改革开放和现代化建设的新时期，在跨世纪的新征途上，高举邓小平理论的伟大旗帜，继续沿着这个理论指引的方向和道路前进，这是时代向我们提出的必然要求，是全党和全国人民抓住机遇、不断开拓进取的必然要求。我们这个占世界人口近四分之一的大国坚定不移地推进社会主义现代化建设，无论对中国的繁荣昌盛还是人类进步事业的发展，都具有重大的现实意义和深远的历史意义。

二、关于高举邓小平理论旗帜与高举马列主义、毛泽东思想旗帜的关系问题

江泽民同志指出：邓小平建设有中国特色社会主义理论作为马克思主义同当代中国实践和时代特征相结合的产物，是毛泽东思想在新的历史条件下的继承和发展，是当代中国的马克思主义，是马克思主义在中国发展的新阶段。这段论述，是对邓小平理论与马列主义、毛泽东思想关系的科学概括，完全符合历史事实。中国共产党诞生以来，领导全国各族人民推动中国社会不断向前发展，是同马列主义传播到中国并在中国得到巨大发展密不可分的。毛泽东同志创造性地把马列主义基本原理同中国具体实践结合起来，集中全党智慧，创立了毛泽东思想，引导我国人民走上了取得新民主主义革命胜利和建立社会主义制度的正确道路，取得了建设社会主义的巨大成就。毛泽东同志不仅是中国共产党、中国人民解放军和中华人民共和国的伟大缔造者，而且是社会主义现代化建设的伟大探索者。毛泽东领导中国人民进行了二十多年的艰苦奋斗，不仅奠定了社会主义现代化建设的政治、经济和文化基础，而且对形成建设有中国特色社会

主义理论也奠定了根基，作出了不可磨灭的贡献。主要有以下六个方面：第一，提出了人民民主专政的理论，强调在政权建设上既不能照搬俄国的苏维埃体制，也不能照搬西方的议会体制，而应从中国国情特点出发建立共产党领导的多党合作体制和人民代表大会体制。第二，提出了解放和发展生产力的理论，强调社会主义的根本目的和任务是解放、保护和发展生产力。早在党的七大时毛泽东就指出："中国一切政党的政策及其实践在中国人民中所表现的作用的好坏、大小、归根到底，看它是束缚生产力的，还是解放生产力的。"全国解放后，当社会主义改造基本完成时他又指出："社会主义革命的目的是为了解放生产力"。党的八大以后，他在《关于正确处理人民内部矛盾问题》一文中进一步指出："我们的根本任务已经由解放生产力变为在新的生产关系下面保护和发展生产力。"第三，提出了发展社会生产力必须处理好十大关系和正确处理人民内部矛盾的理论，强调正确处理十大关系的目的是要调动各地区各行业建设社会主义的积极性；正确处理人民内部矛盾的目的是为了调动各部门人民群众建设社会主义的积极性。可见，毛泽东把调动积极性作为社会主义现代化建设的根本问题来抓。第四，提出了以经济建设为中心的思想和四个现代化的奋斗目标。早在1949年召开党的七届二中全会时，他就明确指出了进城以后要坚持"以生产建设为中心"。八大前夕，他又强调说，社会主义时期的主要矛盾是人民日益增长的物质文化生活需要同落后的生产之间的矛盾，今后我们的主要任务是向自然开战。1959年，他又提出了社会主义现代化的中心内容是"工业现代化、农业现代化、科学文化现代化和国防现代化"，强调实现四个现代化是一个很长的历史过程，并提出分五步走的设想。第五，提出鉴别大事大非的六条政治标准和改革开放的初步思想，强调六条政治标准的核心是坚持共产党的领导和走社会主义道路；强调要把改革和现代化建设结合起来，并制定了"一化三改"的过渡时期总路线。在经济体制改革中，提出了发展社会主义商品生产和商品交换的思想，强调"价值规律是个大学校"。在对外开放问题上，他一直主张既要同社会主义国家和第三世界各国建立外交外贸关系，又要同资本主义国家建立外交外贸关系，想尽一切办法同外国做生意，吸收国外的资金、技术和人才。在毛泽东逝世时，我国已经同111个国家建立了外交关系，并且成为联合国常任理事国，这是我国实行对外开放政策最基本的一个条件。第六，提出了既要抓经济建设又要抓思想政治工作的方针原则，强调思想政治工作是一切经济工作的生命线，同时又强调政治工作要为经济建设服务。以上六个方面的思想为建设有中国特色社会主义理论的形成奠定了坚实的基础。然而，这些正确思想在"文化大革命"中受到歪曲，在实践中也发生失误，教训是很深刻的。

邓小平同志在继承毛泽东艰辛探索的基础上，又总结了新时代国际国内社会主义建设正反两方面的历史经验，特别是，总结了我国改革开放的新经验，逐步形成了建设有中国特色社会主义的科学理论体系，创造性地丰富和发展了马克思主义的科学社会主义学说。其主要体现在以下四个方面：第一，把解放思想和实事求是紧密结合在一起作为党的思想路线的基本内容，作为新时期制定党的路线方针政策的科学基础，因而在新的实践基础上既继承了前人的光辉思想又突破了一些过时的陈规，从而开拓了马克思主义的新境界。如提出了社会主义初级阶段的理论、路线和纲领，提出了建设社会主义市场经济的科学论断，提出了"三个有利于"标准和两个文明建设一起抓的战略方针，提出了"一国两制"实现祖国和平统一的战略构想等等。第二，在坚持科学社会主义基本原理的基础上，抓住搞清楚"什么是社会主义，怎样建设社会主义"这个基本理论问题，深刻揭示了社会主义的本质，从而把对社会主义的认识提高到一个新的水平。第三，坚持用马克思主义的世界观、方法论和宽广眼界观察世界，对当前特征和国际形势变化进行正确分析，强调和平与发展是当代世界两大课题；强调西方在新的国际条件下正在打一场没有硝烟的世界大战。这些新的科学论断，为我国制定改革开放政策和外交政策提供了理论依据。第四，在总结实践经验的基础上，第一次从政治、经济、文化、军事、教育等方面，比较系统地初步回答了中国这样经济文化比较落后的国家如何建设社会主义，如何巩固和发展社会主义的一系列基本问题，其中包括建设社会主义的总指导思想问题，各个历史时期的任务和奋斗目标问题，推动社会主义现代化建设的基本动力问题，如何进行社会主义建设的方针和基本途径问题，以及党在社会主义现代化建设中的领导地位、作用和党的自身建设问题，等等。总之，邓小平同志新时期在理论上的最大贡献，就是形成了建设有中国特色社会主义理论的科学体系，我们党把它称为邓小平理论。

以江泽民同志为核心的党中央在改革开放的新实践中继承发展了毛泽东、邓小平老一辈无产阶级革命家所开创的伟大事业。正是从这个意义上讲，建设有中国特色社会主义的理论和实践，开始于以毛泽东为核心的第一代领导集体，形成于以邓小平为核心的第二代领导集体，继承发展于以江泽民为核心的第三代领导集体，并随着社会主义事业的实践和发展，而不断丰富和发展。可以这样说，在当代中国，马列主义、毛泽东思想、邓小平理论是一脉相承的统一的科学体系。马列主义、毛泽东思想一定不能丢，丢了就丧失了根本。同时必须明确，马克思主义是不断发展的，不可能一成不变。高举邓小平理论的旗帜，正是基于马克思主义是发展的学说，基于马克

思主义一定要同时代发展和各国实际相结合，基于邓小平理论是马列主义、毛泽东思想的继承和发展。总之，坚持邓小平理论就是真正坚持马列主义、毛泽东思想；高举邓小平理论的旗帜，就是真正高举马列主义、毛泽东思想的旗帜。

三、关于完整准确把握邓小平理论的基本精神问题

完整准确把握建设有中国特色社会主义理论的基本精神，不是背多少语录、多少条条，而是要抓住这个理论的基本要点，深刻领会它的精神实质。最主要应抓住以下五个方面的问题：第一，要抓住这个理论的主题，搞清楚什么是社会主义和怎样建设社会主义；第二，要抓住这个理论的精髓，搞清楚解放思想和实事求是的真切含义；第三，要抓住这个理论的基础，全面领会社会主义初级阶段的基本路线和基本纲领；第四，要抓住这个理论的本质，深刻理解邓小平关于社会主义本质和社会主义根本原则的新概括；第五，要抓住这个理论关于如何建设社会主义的战略措施，即“一国两制”的战略构想、“两手抓、两手硬”的战略方针、“三步走”的战略步骤以及健全民主法制、加强军队建设、加强和改善党的领导等战略措施。实践证明，这几个方面理解深了、掌握好了，邓小平建设有中国特色社会主义理论的精神实质就基本把握住了。

深刻领会邓小平建设有中国特色社会主义理论的基本精神，还必须科学理解“特色”二字的深刻含义。“中国特色社会主义”这一科学概念，同国际共产主义运动中出现过的“民族社会主义”、“民主社会主义”等形形色色的所谓社会主义，有着根本性的原则性的区别。这一科学概念的含义集中反映在“特色”二字上。这“特色”二字的基本精神表现在三个方面：一是指它的“本质特色”，即它本质上属于马克思主义科学社会主义学说范畴；二是指它的“国情特色”，即它带有浓厚的中国国情的基本特色；三是指它的“时代特色”，即它具有鲜明的当今时代特征。本质特色，是指中国特色社会主义的本质属性，就是说，这个理论是以马列主义、毛泽东思想作为理论基础的。认清它的“本质特色”，目的是要把它同资本主义和形形色色的伪社会主义加以区别，以便在国际国内复杂的斗争中坚定不移地坚持社会主义方向。国情特色，是指中国特色社会主义充分体现了中国社会主义历史和现实的主要特色。搞清楚这个问题，是深刻理解建设有中国特色社会主义理论的关键问题。时代特色，是指中国特色社会主义理论深刻地反映了新时代的新要求，科学地回答了新形势下的新课题。搞清楚这个问题，是深刻认识建设有中国特色社会主义理论是马列主义、毛泽东思想在当代新发展的重要问题。“特色”二字的基本含义是“本质特色”、“国情特色”、“时代特色”三者的有机统一。我们在学习过程中，只有紧紧把握住邓小平建设有中国特色社会主义的基本要点，深刻领会基本精神，才能真正达到用这一理论武装头脑和增强社会主义信念的目的，使党员、干部和群众都自觉地团结在以江泽民同志为核心的党中央周围，坚定不移把建设中国特色社会主义的伟大事业推向21世纪。

四、关于新形势下怎样加强领导班子建设和提高干部素质的问题

江泽民同志在论述新形势下加强领导班子建设的内容和目标时明确指出：“要以思想政治建设为重点，把各级领导班子建设成为坚决贯彻党的基本理论和基本路线，全心全意为人民服务，具有领导现代化建设能力的坚强领导集体”。这个论述体现了毛泽东和邓小平的建党理论，又有很强的现实针对性。我们党历来重视领导班子建设和干部培养问题。毛泽东同志在抗日战争时期就讲过：“政治路线确定之后，干部就是决定的因素。”邓小平同志在新时期也反复强调说：“正确的政治路线要靠正确的组织路线来保证。中国的事情能不能办好，社会主义和改革开放能不能坚持，经济能不能快一点发展起来，国家能不能长治久安，从一定意义上说，关键在人”。在新形势下，我国需要大批德才兼备的、两手都过硬的“复合型”领导干部，尤其需要大批既懂党务懂马克思主义理论，又懂经营、会管理，熟悉本行业务的“复合型”领导干部。然而，从现实情况看，各级领导班子最缺乏的是这样一些领导干部，这是造成“一手软、一手硬”的重要原因。因此，加强领导班子建设特别是选好“班长”，就必须在培养德才兼备的、两手都过硬的“复合型”人才上多下功夫。当然，加强领导班子建设仅仅靠选好“班长”还是不够的，还必须努力提高领导班子全体成员的整体素质；还必须搞好领导班子成员在年龄结构、知识结构和心理素质上的合理组成。只有这样，整个领导班子才能形成一种合力，在领导改革开放和现代化建设的过程中，才能具有较强的凝聚力和战斗力。

加强领导班子建设的根本还是提高领导干部素质。而要提高领导班子成员的素质，既要依靠党组织认真来抓，又要依靠个人自觉努力。要抓教育，应把教育重点放在主要领导干部身上。毛泽东早就说过，教育人的人首先要受教育。邓小平同志也强调首先要把掌权的领导干部教育好。江泽民同志针对干部队伍存在的问题明确指出：“严重的问题是教育干部”。这就告诉我们，新形势下抓教育的重点是干部，而进入领导班子的干部，则是重点之重点。实践证明，这些人是掌舵的，有地位、有权力、影响大，把他们教育好了，整个事业就带动起来了。同时，还要抓好对干部的管理，切实搞好管理工程中“硬件”和“软件”建设。实践证明，只有把教育和管理结合起来，才

能有效提高他们的素质。管理包括"硬管理"和"软管理"两个方面。所谓"硬管理",主要是指机构、编制、经费及运行机制和制度等。这是加强对领导干部管理的硬件措施。所谓"软管理",主要是指对管理重要性的认识,以及管理知识、条文、程序、规则等。这是加强管理的前提条件。从干部管理的现状看:"软件"和"硬件"工程建设都存在与新形势不适应的状况,需要强化和科学化,这里,关键是提高管理人员自身素质。这是加强对领导干部管理工作必须高度重视的一个问题。另外,还要抓好培训工作,建立和健全领导干部培训机制。现在,我们党逐步建立和健全了党校培训体系,并正在健全行政学院、成人教育学院培训体系,使越来越多的领导干部受到培养和训练,这对提高领导干部素质起了积极作用。

五、关于建设现代企业制度,发挥企业党组织政治核心作用问题

建立现代企业制度,是发展社会主义市场经济的必然要求,是我国国有企业改革的基本方向。在建立现代企业制度过程中,国有企业中党组织政治核心处于什么地位,如何发挥国有企业党组织政治核心作用,仍是大家关注的一个热点问题。从目前的实践经验看,不管企业制度如何变,一些基本原则必须把握住。那就是:党对企业的政治领导权不能动摇;党在企业中的政治核心作用必须发挥;党管干部的原则不能变。因此,坚持企业党组织政治核心地位和充分发挥党组织的政治核心作用,是我们在新形势下必须认真研究和解决的新课题,也是能否成功地建立我国现代企业制度的关键。

1.坚持企业党组织政治核心地位,是实现党对企业在政治上的领导权的需要。中国共产党是执政党,是中国社会主义事业的领导核心。中国共产党不仅在政治上要领导国家政权,而且在经济上要领导国家经济建设。在我国,国有企业是国家经济建设的基础,党必然要领导企业。党领导企业除制定路线方针政策外,还要通过企业的党组织来落实和实现。从这个意义上说,企业党组织是企业的政治领导核心。但是近几年来,有人竭力推崇西方资本主义的企业管理模式,抛开党是企业的政治领导核心这个根本原则谈建立现代企业制度。甚至有人说,企业既然是经济组织,为什么还要设置党的组织。一方面片面夸大厂长的作用,强调厂长对两个文明建设全权负责;另一方面却否定党组织的政治核心地位和作用,贬低职工的主人翁地位。这就造成了企业中党组织的领导削弱,党政摩擦加大,厂长和职工的关系紧张。这种现象很不利于企业持续、快速、健康的发展。十三届四中全会以后,党中央针对"弱化"和"淡化"企业党组织的现象给企业建设造成的危害,明确提出企业党组织是企业的政治核心。肯定了党组织在企业中政治核心地位,党的十四大通过的党章,用党规党法的形式把这一原则确定下来。国务院在《全民所有制工业企业转换经营机制条例》中,把确立企业党组织的政治核心地位,作为企业转换经营机制过程中必须遵守的重大原则之一。后来在《公司法》中,用法的形式肯定了企业党组织的政治核心地位。这表明党中央和国务院在这个重大问题上是很明确和坚定的。我们党决定在社会主义企业里,既要坚持厂长负责,确定厂长对生产经营的行政指挥权,又要坚持党组织在企业中的政治核心地位,确保党的政治领导,全心全意依靠工人阶级,以便同心协力办好社会主义企业。可见,无论在什么情况下,在企业设置党组织并使它发挥政治核心作用,是实现党对企业政治上的领导权的重要途径和需要,也是关系到巩固党的执政地位的重大政治问题。

2.坚持企业党组织的政治核心地位,是建立有中国特色现代企业制度的重要保证。党的十四届五中全会强调指出,国有企业要走出一条具有中国特色的改革和发展的路子,而建立现代企业制度是我国国有企业改革和发展的方向。我国的国有企业是社会主义性质的企业,是我国国民经济的主要支柱,是以公有制为主体。从这个意义上讲,我国建立的现代企业制度是公有制为主体的现代企业制度。坚持公有制为主体是社会主义的一个根本原则,是社会主义现代企业制度区别于资本主义现代企业制度的根本标志。因此,我国建立现代企业制度,必然属于有中国特色的社会主义范畴,既要借鉴和吸收国外一切发达国家的企业先进的管理经验,更要和我国社会主义的基本政治制度相联系,在政治上体现中国特色,决不能照搬资本主义的企业制度,更不能认为只有资本主义企业制度才是现代化企业制度。

我国的国有企业既是进行商品生产经营的经济实体,又是我们党的阶级基础——工人阶级最集居和劳动的社会基层单位。在我国有几十万个国有企业,拥有职工1亿多人,它们是国有企业的主人。办好国有企业,这是我国办企业的优良传统,也是我国建立现代企业制度的一大特色。《全民所有制工业企业法》和《全民所有制工业企业转换经营机制条例》中,已经用法规的形式把工人阶级在国有企业中的主人翁地位和全心全意依靠工人阶级办企业的问题明确肯定下来。这是我们建立现代企业制度的法律依据和必须遵循的一条根本原则。如果违背了这条原则,那就不是中国特色的现代企业制度。前一段时间里,有人竟在所有制问题上大作文章,似乎只有私有化才是国有企业的唯一出路,还有人在解释现代企业制度时,完全照搬西方的那一套,把工人阶级看成是雇佣劳动者,排斥工人进入企业的决策权力机构,不允许工人代表参与企业决策,这是完全错误的。实践证明,只有在建立现代企业制度的改革中坚持公有制为主体,坚持

全心全意地依靠工人阶级，坚持党对企业的政治领导权，才能保证我国国有企业社会主义性质和方向，同时也是建立有中国特色现代企业的重要保证。

3、坚持党对企业的政治领导，充分发挥企业党组织的政治核心作用。坚持党对企业的政治领导，充分发挥企业党组织政治核心作用，是建立中国特色现代企业制度的本质要求。在我国，党组织的政治核心作用是通过中央、地方、基层三级组织作为一个整体而体现出来的。国有企业是我国社会的一个基层单位，企业党组织是工人阶级政党的基层组织的主体部分，是发挥党的政治核心作用的组织基础。发挥企业党组织政治核心作用，一是党组织要把握好企业发展的战略目标和政治方向；二是企业党组织要为企业发展提供强大的精神动力和智力支持；三是要增强党组织在职工中的吸引力和凝聚力。如果企业党组织不能发挥政治核心作用。那么，中央和地方的政治领导就会悬在空中，全党的政治核心地位就会落空。当然党的政治领导和核心作用在企业中的体现是多方面的，既有基层党组织的作用，又有行政机关和群众团体中的党员干部的作用，也有广大党员的先锋模范作用，但主体还是国有企业中的党组织的作用。

怎样才能发挥企业党组织政治核心作用，首先，企业党组织领导班子成员特别是党组织的负责人，必须懂经济会管理，了解和掌握企业改革、生产经营以及市场变化情况，注意听取各方面的意见，力求使提出的建议和意见切合实际，科学可行，切实增强参与重大问题决策的能力充分体现党组织的政治核心作用。其次，企业党组织要坚持党管干部的原则，这是实现党对企业政治领导权的组织保证。党管干部，就是党制定和贯彻执行正确的干部路线、方针、政策，推荐和决定重要的干部人选，并对干部进行教育、管理和监督。第三，企业党组织要努力靠加强和改善企业党组织的自身建设，不断提高领导人员的思想政治素质和水平。党委中的一些成员依法进入企业领导机构，在获得了更好地发挥政治核心作用的有利条件的同时，更重要的是必须全面提高自身素质，以适应形势和任务的需要。第四，企业党组织要紧紧围绕企业生产经营开展党的活动，要有针对性地开展思想政治工作，协调好行政与职工、群众组织的关系，调动一切积极因素，把人心凝聚到搞好企业改革和生产经营上来。以增强企业党组织工作的实效性。这是企业党组织工作的根本出发点和落脚点。从中我们可以看到，建立现代化企业制度是一个长期而又复杂的过程。在这个过程中，势必要触及旧体制下形成的深层次矛盾和利益格局，由此产生的各种矛盾和摩擦，各种思想问题和实际问题，也必然影响人们参与改革的积极性和主动性。在建立市场经济的过程中，一方面会促使人们的思想观念，心理状态和行为方式产生向上的变化，另一方面也会使一些消极现象沉渣泛起，影响社会的稳定和发展。另外企业作为市场竞争的主体在日益激烈，充满风险的竞争中要求获得生存和发展，关键在于企业能否以强烈的历史责任感和现实紧迫感，以高度的理性自觉和拼搏精神，抓住机遇，奋发进取。这些问题既需要强有力的思想政治工作来解决，同时也对思想政治工作提出了改革的新要求，这就需要在建立现代企业制度中加强党的建设，充分发挥企业党组织的政治核心作用。在讨论中，代表们还特别提出，在建立现代企业制度过程中，要建立与现代企业制度相适应的思想政治工作责任体系，构建与现代企业制度相适应的思想政治工作运行机制，形成与现代企业制度相适应的思想政治工作操作思路，完善与现代企业制度相适应的落实机制。企业思想政治工作只有不断加强和改进，才能适应两个根本转变和改革发展的需要，才能使思想政治工作再度走向辉煌。

在这次会议上，全国思想政治工作科学专业委员会副主任赵中天教授主持会议，并代表专业委员会对本次年会及学会一年来的工作做了简明的总结。与会代表认为，这次年会开得及时、开得成功，对迎接十五大召开，加深理解和贯彻十五大精神，将有重要的现实意义。

（胡秀荣整理）

全国思想政治工作科学专业委员会第五次特约研究员会议纪要

全国思想政治工作科学专业委员会第五次年会，于1998年8月4日至9日在山东烟台召开。这次会议是由全国思想政治工作科学专业委员会、全国育人用人科学专业委员会和济南铁路局共同举办的。出席这次年会的代表百余人，他们分别来自全国20多个省市、自治区。这次会议的主题是研讨新形势下提高干部素质特别是政工干部的素质和加强党对企业的政治领导权问题。

出席开幕式的有原国家经委副主任、现中国职工思想政治工作研究会副会长、中国企业管理协会副会长、国家计划委员会顾问赵荫华；原铁道部组织部部长刘殿文；济南铁路局党委书记刘振华和局长彭开宙；青岛分局党委书记李秀颖和局长王松亭；中共烟台市委副书记杜昌祚；以及两个专业委员会的领导同志。开幕式由全国育人用人科学专业委员会副主任兼秘书长王向东教授主持。

在开幕式上，全国思想政治工作科学专业委员会主任、中共中央党校思想政治工作研究室主任、博士生导师张蔚萍教授作了热情洋溢的开幕词，并代表专业委员会常务理事会对一年来的工作作了总结和汇报，对专业委员会的近期工作作了部署。济南铁路局局长彭开宙代表合办单位向大会表示热烈祝贺。中共烟台市委副书记杜昌祚同志代表烟台人民对年会的召开表示热烈的祝贺，并介绍了烟台的历史，以及改革开放以来的成就。

会议期间，赵荫华同志作了《新形势下提高政工干部素质的几个问题》的专题报告，张蔚萍教授作了《关于建立现代企业制度条件下坚持党对企业的政治领导权问题》的专题报告。围绕大会主题，济南铁路局党委、青岛铁路局党委、中国石化总公司直属机关党委、黑龙江省旅游局等单位领导作了专题发言，与会代表在分组讨论的基础上，有十多位同志作了大会发言。

现将年会讨论发言的主要观点综述如下：

一、关于提高政工干部素质的问题

与会代表认为，政工干部是干部队伍的重要组成部分，新形势下提高政工干部素质是一项重要而紧迫的任务。首先，中国共产党历来重视干部队伍建设，当前从改革、发展、稳定大局的高度，认识干部队伍素质存在着理论水平不能够适应发展的需要；思想政治素质不能够适应变化的需要；工作作风和工作方法不能够适应形势的需要；科学文化知识素质不能够适应新时代的需要。强调重视政工干部素质，提倡教育者必须先受教育，身教重于言教。其次，提出了新形势下应从四个方面提高政工干部素质。第一，提高思想政治素质。强调政工干部必须带头增强党性观念；必须树立马克思主义的世界观、人生观和价值观；必须讲政治、讲学习、讲正气；必须坚持全心全意为人民服务的宗旨；必须有良好的政治品质和道德情操，培养良好的思想品质。第二，提高作风素质。强调新形势下要继续发扬党的三大作风和其它优良作风。其中特别要坚持和发扬实事求是的作风；密切联系群众的作风；批评和自我批评的作风；严以律己的作风；艰苦奋斗的作风和民主的作风。第三，提高知识素质。包括四个主要方面：努力掌握马列主义的基本知识和基本理论；刻苦钻研思想政治工作的专业知识；认真学习生产经营和科学管理知识；还要了解心理学、教育学、行为学、企业文化等辅助知识。第四，提高能力素质。主要有以下五个方面的能力：一是分析研究能力；二要组织活动能力；三是开创新局面的创造能力；四是文字、口头等表达能力；五是适应变化的自我调节能力。

大家认为，提高干部素质特别是政工干部的素质，一定要采取切实有效的措施，落实到实处。为此就要调动个人和组织两个方面的积极性。从组织上讲，要做到四抓：一应抓教育，重点抓领导骨干的教育；二应抓培训，把正规培训与业余培训结合起来；三应抓管理，重点管好领导骨干；四应抓监督，把组织监督与群众监督结合起来。从个人角度讲，应做到四要：一要勤于学习；二要勇于实践；三要善于总结；四要不断提高。在讨论中大家特别强调了加强学习的重要性，希望采取多种渠道加强学习。有的代表提出了加强学习的主要渠道：一是选送学校系统学习；二是在职分批分期进入各级党校和干部管理学院学习；三是日常结合工作实际和遇到的问题自觉学习，养成读书的习惯。

与会代表就建设高素质干部队伍的关健环节和选拔

任用好干部问题进行了热烈的讨论。认为当前影响干部选拔任用的主要因素是：一是机制不完善；二是干部选拔标准有片面性；三是任人唯亲严重；四是用人范围狭窄；五是孤立静止看干部。因此，第一，要选好“一把手”，使领导班子有个好班长；第二，要建立健全公开、平等、竞争、择优的用人选人机制；第三，要建立健全科学考核、能上能下的机制；第四，要建立以需求为导向，多形式、快节奏、高效率的干部教育培养机制；第五，要建立多种形式的干部监督、约束机制。

与会代表还认为，对干部的要求，首先是德的要求，其次是才的要求。提高干部素质，要摆正做人与做官的关系；要摆正学习理论与干工作的关系；要健全干部的教育培训机制、实践锻炼机制、监督管理机制、风险责任机制、交流、考核与奖励、竞争机制。

二、关于坚持党对企业的政治领导权问题

与会代表围绕着建立现代企业制度条件下坚持党对企业的政治领导权问题进行了热烈讨论。大家认为，中央文件提出“要坚持党对国有企业的政治领导”和江总书记批示“党对企业在政治上的领导权决不能丧失”，都表明党中央很重视在建立现代企业制度中坚持党对企业政治领导问题。这里有三个问题要明确：第一，坚持党对企业的政治领导权，是建设有中国特色现代企业制度的本质要求。同志们认为，中央文件里讲的“中国特色现代企业制度”，是现代企业制度的共性(产权清晰、责权明确、政企分开、管理科学)与中国国情特性相结合的产物。这里所说的“中国国情特性”，主要是指共产党的领导、公有制为主体和全心全意依靠工人阶级。所谓中国特色现代企业制度，就是适应现代社会大生产需要和社会主义市场经济要求的，既具有产权清晰、责权明确、政企分开、管理科学这些共性，又具有公有制为主体、坚持党的政治领导和全心全意依靠工人阶级这些特性的现代企业制度体系。由此可见，坚持党的领导是中国特色现代企业制度题中之义，它充分体现了中国特色现代企业制度的本质属性。第二，在建立现代企业制度中怎样坚持党对企业的政治领导权。大家认为，张蔚萍教授讲的“要正确理解党的领导的科学含义、纠正在实现党的领导问题上的五大误区”很重要，特别是要正确理解江总书记关于政治领导权的科学含义和实现领导的三个基本环节。我们党是执政党，政治领导不仅是指路线方针政策，而且包括思想领导和组织领导。相当长时间，讲党的政治领导不敢谈“权”字。江总书记的批示使我们解放了思想。领导权是领导权威和领导权力的有机统一。领导权威是领导者素质的综合外在表现；领导权力是决策权、用人权和舆论权的高度集中表现。如果说前者是软件，后者则是硬件，两者缺一不可。因此，坚持党的政治领导权，既要提高领导者“思想政治、道德作风、知识才能等基本素质，又要抓住“出主意、用干部、造舆论”三个基本环节。第三，在建立现代企业制度中必须加强科学管理和领导班子建设。大家一致认为，这是企业改革的关健性、根本性问题，以往的企业改革，在这个问题上下功夫不够，今后一定要抓住这个关键性和根本性问题。这样国有企业改革一定能成功！

与会代表还结合各自工作实际，畅谈了实现党对企业的政治领导权的体会和经验。济南铁路局党委书记刘振华以《学习贯彻中央4号文件，进一步加强企业党的建设》为题，结合济南铁路局工作实际，提出进一步加强党的建设，是国有企业摆脱困境，建立现代企业制度的保证；进一步加强党的建设，必须坚持正确的指导思想；进一步加强党的建设，必须努力解决发挥政治核心作用中的难点问题。青岛铁路分局党委书记李秀颖以《在深化转机建制中发挥党组织的政治核心作用》为题，提出面对铁路企业深化转机建制、加快走向市场的新形势，充分发挥党组织的政治核心作用、战斗堡垒作用和党员的先锋模范作用，为青岛分局深化转机建制提供政治、组织和思想保证，推动了分局的改革和经济的发展。陕西省公路物资供销公司党委书记马敬礼认为充分发挥党组织核心作用，在本公司的生产经营活动中，在凝聚人心，提高人的素质上狠下功夫，为公司实现从计划到市场，从封闭到开放，从单一经营到多元发展提供了有力的组织保证、思想保证、智力保证、人才保证，并为企业的改制和发展奠定了良好的基础。还有很多同志在发言中反映，《中共中央关于进一步加强和改进国有企业党的建设工作的通知》和江泽民关于“党对企业在政治上的领导权决不能丧失”的批示这么重要，可是企业一些行政领导根本不重视，甚至不知道。建议中央组织部和中央办公厅发个文件，要求省市党委和主管企业的部门，把贯彻落实情况做一详细汇报。

三、关于当前国有企业的思想政治工作、人们的价值观问题

与会代表提出目前一些国有企业思想政治工作“收效不大，作用难发挥，地位明显下降”。其原因是多方面的，单就思想政治工作本身而言，是由于安于现状，被动应付，缺乏应有的活力等因素造的。具体来讲，第一，企业主要领导人对思想政治工作认识不够统一；第二，部分政工干部不适应市场经济的要求；第三，思想政工作方式单调，方法单一；第四，在绩效评估上存在很大的随意性；第五，一些党组织对思想政治工作领导不够得力。此外，思想政治工作所处的不利环境也有关系。同志们提出了增强思想政治工活力的基本对策：第一是重视提高企业领导者的综合素质；第二坚定不移地坚持为提高经济效

益服务；第三要采取有效措施加强企业政工干部队伍建设；第四要把质量管理运用到企业政工领域中；第五要把思想政治工作与企业文化结合起来。搞好国有企业思想政治工作不仅是理论问题，而且更是一个实践性的课题。江苏石勘探局提出"在实践中发展，在发展中实践"，防止思想政治工与经济工作出现"两张皮"现象，坚持思想政治工作"四进、四到、四出"，即进班子、到成员、出工作思路；进班组、到人头、出生产干劲；进市场、到客户、出经济效益；进邻里、到家庭、出团结氛围。

在加强改进新形势下思想政治工作中，与会代表还就人们的价观念问题进行了讨论。大家认为，价值观是人生观的重要组成部分，是思想政治教育的重要内容。有代表对新形势下大学生价值观基本情况作了调查。调查情况反映出当代大学生思想观念的基本况是：政治观上主流积极，也存在困惑和偏见；理想和现实之间在着矛盾；道德观上陷入误区；金钱观上出现冲突；对社会倡导的价值观表现出复杂的心态。在发言中，有的同志还对上述冲突与困惑的原因进行分析：第一是历史动因的延伸；第二是西方文化的冲击和封建残余的影响；第三是改革开放对传统观念、文化的冲击，社会环境的变化；第四是理想与现实的反差等等。坚持正确的价值导向，第一要将个体现实性与社会整体性结合起来；第二要提高青年的思想道德和科学文化素质，要将道德规范性与利益进取性结合起来；第三要将索取合理性与奉献主导性结合起来；第四要将物质必需性与精神崇高性结合起来。

代表们还对一年来专业委员会的工作进行了讨论。认为我们的学会在人员和物质条件极困难的条件下，做了大量的工作，真是难能可贵。许多代表表示在力所能及的条件下要给以支持和帮助。大家一致认为，自己的学会自己办，每个成员都要关心它、帮助它。大家希望尽心尽力地做工作；同心协力把《中国思想政治工作年鉴》办好；还要求对不起任何作用的特约研究员进行教育，并采取必要的组织措施。同时，还希望吸收一些新成员，特别是年轻的特约研究员和会员，以壮大学会的力量。

在闭幕会上，思想政治工作专业委员会副秘书长、中央党校马列主义研究室主任戴焰军对会议作了小结，并对下一年的工作提出了几点要求和希望，对学习邓小平理论的意义作了论述。应同志们的要求，张蔚萍教授还在闭幕式上讲了当前中央强调学习邓小平理论的意义和背景问题。指出这次中央强调深入学习邓小平理论，是以江泽民为核心的党中央治党治国的战略决策；是全面正确贯彻十五大精神和实现跨世纪目标的根本措施；是实现建设有中国特色社会主义现代化事业的理论保证。其具体背景可以用五句话 20 个字加以概括，即"统一思想、造就干部、解决难题、团结稳定、实现目标"。会议历时三天，开得紧凑热烈，大家一致认为收获很大，提高了认识，鼓舞了干劲，增强了信心。

（王莉整理）

第四部分

政工专论

用强有力的思想政治工作推动企业的改革和发展

——中宣部常务副部长刘云山答记者问

五年前,江泽民总书记在接见中国职工思想政治工作研究会成立十周年座谈会的代表时,就加强和改进全党全社会的思想政治工作发表了重要讲话。在全党全国人民认真学习贯彻十五大精神的今天,如何进一步发挥思想政治工作的优势,调动广大干部职工的积极性,推动企业的改革和发展?带着这样的问题,《政工师指南》杂志记者走访了中宣部常务副部长刘云山同志。

问:据我们了解,目前企业改革和发展的任务十分繁重。在推动企业走向振兴的过程中,是否应当进一步发挥好思想政治工作的作用?

答:善于做思想政治工作,是我们党的真正优势,是我们党的传家宝。革命战争年代是这样,改革开放的今天同样是这样。十一届三中全会以来的实践充分证明,改革的深入,经济的发展,社会的稳定,都离不开强有力的思想政治工作。二十年来,在党中央和地方各级党委的正确领导下,广大企业思想政治工作者认真贯彻执行党的方针政策,紧紧围绕改革开放和经济建设这个中心,结合企业生产经营和职工的思想实际,做了大量富有成效的工作。企业思想政治工作,对推动企业改革和生产经营,促进企业两个文明建设的协调发展,发挥了不可替代的重要作用。

五年前,江泽民总书记在接见参加中国职工思想政治工作研究会成立十周年座谈会的代表时,曾语重心长地讲了一段话。他说:“愈是深化改革、扩大开放,愈是发展社会主义市场经济,就愈要适应新的形势,全面加强和改进全党全社会的思想政治工作。”十四届六中全会《决议》强调,思想政治工作是我们党的优良传统,是精神文明建设的基础性工作,是促进两个文明建设协调发展的基本保证,只能加强不能削弱。党的十五大报告在阐述政治体制改革、文化建设和党的建设等问题时,都讲到要加强思想政治工作。由此可见,党中央对思想政治工作是非常重视、十分关心的。在改革开放和现代化建设的过程中,要打好国有企业改革的攻坚战,我们就必须始终按照江总书记的要求,切实加强和改进思想政治工作,认真落实“以高尚的精神塑造人”的任务,为实现跨世纪宏伟目标做出新的努力。

问:在当前新的形势下,开展企业思想政治工作总的要求是什么?

答:今年是贯彻落实十五大精神的第一年。全党宣传思想工作要在以江泽民同志为核心的党中央领导下,积极、全面、准确、深入地学习、宣传、贯彻十五大精神,坚持以科学的理论武装人,以正确的舆论引导人,以高尚的精神塑造人,以优秀的作品鼓舞人,把全党的思想统一到十五大精神上来,把全国各族人民的力量凝聚到实现十五大确定的各项任务上来。思想政治工作部门要在各级党组织的领导下,按照这个总的精神,结合自己的实际,把学习、宣传、贯彻十五大精神作为首要任务,抓紧抓实抓好。企业思想政治工作总的要求,就是要把握好两句话、八个字,即“统一思想、凝聚力量”。统一思想,就是把职工的思想统一到十五大精神上来;凝聚力量,就是把职工的力量凝聚到实现十五大提出的各项任务上来。一句话,就是要服务改革、服务发展、服务稳定,即服务党和国家的工作大局。

问:学习、宣传、贯彻十五大精神,是一项十分繁重的任务,需要付出长期艰苦的努力。从当前企业的实际需要看,做好这方面的工作,应当从哪一方面努力。

答:学习、宣传和贯彻十五大精神,必须紧密联系实际,特别是联系企业改革和发展的实际,联系干部职工思想的实际,增强针对性,找准工作的着力点。所谓着力点,就是我们工作需要着重使劲的地方。从当前看,主要应当在以下几个方面下功夫:

一是着力帮助职工增强信心。改革开放的二十年,是我国历史上发展最快、最好的时期,各方面取得了举世瞩目的成就。但在前进的过程中,也确实遇到了不少困难和问题。比如,在国有企业改革方面,现在就有一些人存在畏难情绪,信心不足。据有关部门调查,当前企业干部职工存在这样或那样的担心和顾虑,如有的担心调整所有制结构,国有企业处境会更加艰难;有的担心资产重组,将会拖垮优势企业;有的担心调整分配政策,将会使人与人之间的关系更为复杂;还有的担心下岗分流、减员增效,将会导致更多的职工没活干等,都表明目前职工中确实存在信心不足的问题。我们思想政治工作的任务,

就是要帮助职工克服畏难情绪,努力增强信少。这就需要我们用十五大精神,帮助职工正确分析形势,客观看待困难,了解国有企业产生这些困难的原因。要看到,这中间既有历史遗留的问题,也有体制转换的因素,结构调整的影响。要通过宣传介绍党和政府的方针政策、国有企业改革与发展的成功范例,使职工看到国有企业本来的优势,看到困难企业重振的希望,认识到搞好企业的最终出路,还在于继续把改革引向深入,使企业真正进人市场。

二是着力帮助职工转变观念。大家知道,改革是一场深刻的革命,涉及到经济基础和上层建筑的许多领域,必然以人的思想解放、观念转变为先导。党的十一届三中全会以来,邓小平同志一再强调要解放思想、实事求是,其实质就是解决观念转变的问题。解放思想、转变观念,不是一蹴而就、一劳永逸的事情。必须随着改革的推进,不断认识新情况,研究新问题,寻找新办法,才能使人们的思想不断突破旧框框的束缚,更加符合实际,符合社会主义市场经济的要求。我们要积极发挥思想政治工作的宣传、导向作用,以十五大精神为指导,引导职工消除理论上的困惑、思想上的疑虑、心态上的失衡,从旧观念中解放出来,树立与新形势相适应的新思想、新观念,并使这些新思想、新观念转化为促进企业改革的动力。当然,观念转变是一件艰苦的事情、长期的事情,对干部职工来说,也是一件非常痛苦的事情。但观念转变又是一项根本性、基础性的工作,必须要做。比如,现在企业职工下岗的增多,各种思想问题也随之产生,这就要求我们帮助解决实际困难,也要帮助他们转变就业观念、择业观念。观念变了,思想问题就比较好解决,再就业的障碍也会减少。

三是着力帮助职工提高素质。随着社会主义市场经济的发展,市场竞争越来越激烈。这种竞争,既表现在产品方面,更反映在人才方面。可以说,谁拥有一支高素质的职工队伍,谁就掌握了竞争的主动权。对一个职工来说,谁的素质高,谁就会在市场经济大潮中取得胜利。现在我们讲优胜劣汰,对一个企业来说是这样,对一个职工来说也是这样。所以,帮助职工提高素质,是一个非常现实的问题。近些年,不少企业在这方面有着十分深刻的认识和感受,许多职工也有切身的体会。有关部门组织的青年岗位能手、中华职业技能竞赛,有些地方开展的“学科学、学技术、学文化”活动,之所以受到普遍欢迎,就是因为这种活动适应了形势发展的要求,满足了企业和职工的需要。企业思想政治工作应当在这方面创造条件,提供机会,为提高职工的思想道德和文化科技素质,做更多的实事。

问:当今信息社会,各种现代传播媒介对人们思想产生了深刻影响。在这种情况下,思想政治工作的方式方法如何适应这种变化呢?

答:随着经济的快速发展,改革开放的不断深入,人们接受信息的渠道越来越多样化。在这种情况下,思想政治工作必须主动适应形势的变化发展。在总结经验的基础上不断开拓和创新。其中十分重要的一条就是,要注意保持清晰的工作思路,按照党组织的要求,精心设计,周密安排,集中精力,抓住重点。从当前情况看,要抓好两个重要环节:一是抓活动,二是抓调研。

抓活动,是加强和改进企业思想政治工作的一条成功经验。过去讲思想政治工作要寓教于乐和寓教于活动之中,说的就是这一条。我们应当在征求广大职工群众意见的基础上,设计一些有影响、能够实实在在地帮助广大职工解决实际问题的活动,精心安排,精心组织,用活动来影响职工、教育职工、带动职工。这几年,中宣部组织的一些群众性精神文明建设活动,坚持把解决群众关心的问题,作为工作的重点,急群众所急,想群众所想,尽力为群众办实事、办好事,收到了很好的效果。比如,去年在江泽民总书记亲自倡导下组织开展的“讲文明、树新风”活动,就是瞄准实际工作中比较突出的、与老百姓切身利益密切相关的环境卫生、交通秩序、文明言行、服务质量这四个问题展开的,有针对性的抓了近半年时间,各地花了很大力气,下了很大功夫,效果比较明显,群众非常拥护。又如,我们组织的文化、科技、卫生“三下乡”,也是一个非常具体的活动。这个活动,就是瞄准广大农民需要看病、需要科技、需要文化生活这几个现实问题来展开的,通过这个活动,把十个部门的力量动员起来,农民群众高兴、满意,反响强烈。再如,我们组织开展的“百城万店无假货”活动,也是瞄准老百姓深恶痛绝的假冒伪劣问题来进行的。通过两年时间的努力,帮助广大消费者解决了不少实际问题,对规范市场行为、整顿流通秩序、加强职业道德建设,产生了积极的影响。实践证明,只要是看准了的事,对精神文明建设有利的事,就下决心设计一些活动载体,一件一件地去抓,下大力气去做,这样就能引起群众的共鸣,受到社会各界和老百姓的欢迎。各级政研会作为群众组织,也要注意学习和借鉴这些有益的经验,把党和政府关注的重点、企业改革发展的难点、职工群众关心的热点,作为工作的着力点,切合实际地设计、组织一些职工关注和欢迎的活动。这样,工作才能进入主渠道,得到领导的重视、企业的支持、职工的认可,取得更好的实效。当然,组织活动要少而精,防止形式主义。

抓调研,是做好思想政治工作的前提。当前,企业有许多现实问题需要我们去了解、去分析。比如,企业改组改制、减员增效,对干部职工思想有什么影响?亏损企业、下岗职工的思想政治工作应当怎样去做?农民工、临时工在职工队伍中的比例越来越大,企业思想政治工作

如何适应这种变化？而对新的形势，企业思想政治工作需要进行哪些改进？等等。这些问题，都是企业思想政治工作中的重要课题，需要深人调查，找出对策。思想政治工作部门要根据本地区、本行业、本单位的实际情况，在不同的阶段列出若干重点调研项目，集中力量组织攻关，争取拿出高质量的成果，为党政领导提供决策服务。

问：实践证明，思想政治工作方式的改进，工作效果的增强，一个十分重要的因素是需要这支队伍素质进一步提高。您对此怎样看？

答：的确是这样。总的来说，我们企业思想政治工作队伍是一支政治强、业务精、作风正的队伍。但随着形势的发展变化，也存在着一些不适应的地方。这就要求我们通过培训、考核等多种机制，包括搞好企业政工专业职务评定工作，进一步加强企业政工队伍的建设，提高这支队伍的整体素质。提高素质，关键是政工干部自身加强学习。当前，科学技术日新月异，新的事物层出不穷，繁重的学习任务摆在我们的面前。中央领导同志最近在各种场合反复强调这个问题，应当引起我们的足够重视。江泽民总书记在全国组织工作会议上讲，我们提出讲学习、讲政治、讲正气，是把学习放在第一位来强调的。这是为什么？因为这三个讲里面，讲学习最重要，学习是个前提。对各级干部来说，当前一个很重要的任务，就是带头学习。对宣传干部、政工干部来说，学习尤为重要。我有个观点，对宣传干部来说，学习本身就是工作，或者说学习是我们的一个重要组成部分，这如同学校教师备课一样。所以，宣传思想战线的同志、企业政工干部要把学习摆到重要的位置，带头形成一种认真学习的风气，求真务实的风气，努力学习、善于学习，不断充实自己、提高自己。

我们的学习，最重要的内容是马列主义、毛泽东思想特别是邓小平理论。十五大明确提出，要在全党兴起学习理论的新高潮，政工干部要在这方面做表率。今年，是党的十一届三中全会召开20周年，真理标准问题讨论20周年，各级政研会要抓住这些纪念活动的有利时机，把学习邓小平理论推向一个新的高潮。要把学习邓小平理论与学习十五大报告结合起来，在理解邓小平理论的历史地位、指导意义和精神实质上有新的进步，在全面、准确、系统把握邓小平理论科学体系上有新的认识，在运用邓小平理论回答解决职工思想的实际问题上有新的提高。其次，要注意学习发展社会主义市场经济所需要的新知识，特别是现代企业管理知识、金融知识、法律知识和科技知识，以及历史、文学、心理学、教育学等方面的知识，多掌握一些影响人们思想行为的本领，成为既懂思想政治工作，又懂经济工作的“复合型”人才。另外，还要深入实际，与群众交朋友，尊重群众的首创精神，虚心向群众学习，从实践中、群众中吸取营养。这样，才能开阔视野，启发思路，争取工作的主动权。现在，农村中有一些基层干部不帮助农民群众解决实际问题，与农民群众的关系搞得很紧张。在企业中，也同样存干部与职工群众的关系问题。尽管企业领导干部每天都在企业中活动，但也有一些人不愿与职工接触、联系，不深入一线帮助职工解决实际困难。在这方面，企业的政工干部要注意身体力行，主动地到职工当中去，了解职工的喜怒哀乐，了解他们的实际需要，有针对性的开展工作。

问：我们注意到，企业改革和发展遇到不少困难，职工思想问题也比较多，一些同志在工作中或多或少地表现出畏难情绪。对此，我们应当注意些什么？

答：在实际问题多、工作难度大的情况下，需要我们自身保持一种良好的精神状态。江泽民同志在十五大报告中强调：“要抓住机遇而不可丧失机遇，开拓进取而不可因循守旧。”这里强调的“抓住机遇”、“开拓进取”，讲的就是精神状态。因此，我们要继承和发扬好的传统、好的作风，保持求真务实、埋头苦干的精神状态，开拓创新、奋发进取的精神风貌，淡泊名利、甘于奉献的精神境界，在新的征程中，团结拼搏，建功立业。我们应当看到，往往越是改革任务十分繁重的时候，有些同志就越容易忽视思想政治工作和精神文明建设。因此，在这种情况下，就越需要我们加倍努力，越需要我们有一个好的精神状态。这样，才不会使我们的思想政治工作和精神文明建设受到忽视、遭到削弱。让我们大家团结起来，振奋起来，坚守岗位，履行职责，以良好的精神状态做好工作，无愧于党，无愧于人民。

努力做好新形势下的思想政治工作

舒惠国

思想政治工作，是一门重要的领导艺术，是我们党的重要政治优势，是我们必须始终重视并认真做好的一项重要工作。

党的十五大确定了我国跨世纪的行动纲领，开辟了我国改革和发展的新阶段。在当前和今后一个时期，我们要围绕经济建设这个中心，经济体制改革要有新的突破，政治体制改革要继续推进，精神文明建设要切实加强。实现这一战略部署，需要做多方面的艰苦工作，尤其需要坚持和发扬我们的政治优势，做好思想政治工作。江泽民同志指出："愈是深化改革，扩大开放，愈是发展社会主义市场经济，就愈要适应新的形势，全面加强和改进全党全社会的思想政治工作。"强而有力的思想政治工作，对于消除市场经济的一些负面影响，振奋民族精神；对于理顺群众情绪，化解社会矛盾；对于统一思想，凝聚人心，组织和动员全党全社会力量，群策群力，共同排除前进道路上的艰难险阻，从而为改革和发展事业提供持续的动力支持和稳定的社会环境，把建设有中国特色社会主义伟大事业全面推向二十一世纪，具有十分重大的作用。

首先需要肯定的是，这些年来，全党在加强和改进思想政治工作方面做了大量卓有成效的工作，对促进改革、发展和稳定作出了重要贡献。然而，在有些地方有些干部中，也出现了一些不相协调的情况。有的同志认为，现在搞市场经济强调按经济规律办事，强调利益原则，思想政治工作"不管用了"、"不灵了"。于是，忽视乃至放弃思想政治工作，或者把思想政治工作当作口号，嘴上喊喊，不见行动，有时即使做做，也是马虎草率，应付了事。上述情况虽属少数，但已直接影响到党群干群关系，个别地方由此已经引发了一些群体性事件，影响了改革和经济建设的顺利进行。对此，我们要高度重视。我们要做好市场经济条件下的领导工作，固然要注重运用经济手段，也要运用法律的、行政的手段，更要运用思想政治工作的手段。即使直接领导和管理经济工作，也一刻离不开思想政治工作。因为任何人都是既有物质需求又有精神追求的血肉之躯。"心者，身之帅也"。只有做好思想政治工作，才能从思想上有效地将群众凝聚和团结起来。就是在当今西方国家，企业管理也已由"见物不见人"、将工人纯粹当作"机器"的管理转向"以人为本"的管理。我们共产党人，更要十分注重用思想政治工作调动各方面的积极性，为加快社会主义现代化建设服务。

做好思想政治工作，首先必须增强群众观点

思想政治工作，说到底就是群众工作。做好这一工作，取决于我们对群众的基本态度和基本观点。人民群众是历史的真正创造者，是我们党的力量源泉和胜利之本。我们进行的建设有中国特色社会主义事业正是人民的事业。群众，也只有群众，才是我们事业成功的根本保证。因此，在任何情况下，我们都必须做到"一切为了群众，一切依靠群众，一切相信群众"。这是我们做好思想政治工作和其他一切工作的出发点和落脚点。只有树立这样的基本观点，我们才能摆正对群众的基本态度，才能摆正思想政治工作的位置。值得注意的是，有的同志推崇所谓的"能人"、"精英"，片面夸大他们的作用，认为不再需要发动和依靠群众。有此想法，一些干部便在感情上日益疏远群众，在作风上日益脱离群众，结果，他们不仅做不好思想政治工作，个别的甚至成了群众的对立面。可见，牢牢树立群众观点，实为做好思想政治工作的根本。

做好思想政治工作，重在教育和引导群众

改革，必然涉及到利益关系的再调整。改革愈是深入到攻坚阶段，社会矛盾就愈显复杂而尖锐。当前，反映在社会经济生活中的热点问题不少，它们大都与群众利益息息相关，比如：下岗职工再就业、反腐败、减轻农民负担、社会治安等问题，人民群众十分关注。有些群众确有不少怨气，说牢骚怪话的，上访告状的，时有发生。实际上，问题与矛盾并不可怕。可怕的是一些干部不能合情合理地正确对待，不能通过过细的思想政治工作来化解。对群众反映的问题，或麻木不仁、听之任之，甚者回避矛盾、文过饰非，白白丧失解决矛盾的有利时机，以致问题

由小变大,酿成事态;或简单粗暴,甚者视群众为“刁民”,用“铁的手段”来欺负群众,人为地激化矛盾,酿出乱子。有些干部之所以不能正确地对待群众,根本原因在于自身素质低,缺乏正确分析问题、解决问题的能力,少数干部甚至本身就有问题。我们任何时候都不要忘记,各级干部都是人民的公仆,只有服务群众的责任,没有欺压群众的权力;只有化解问题的责任,没有激化矛盾的理由。群众有了困难、遇到问题,不找我们找谁?我们不解决谁解决?尤其是当一些群众有怨气、有过激行为时,我们更要头脑冷静,正确对待,妥善处理。俗话说“无风不起浪”,群众有怨气,有过激行为,大凡都有这样那样的原因。比如,有的生活发生困难,有的权益遭到损害,有的受到不公正对待,等等。对此,我们要设身处地为群众着想,做细致的思想政治工作,既坚持原则,明辨是非,又晓之以理,动之以情,将工作做到群众的心坎上,工作一次二次不行,就三次四次,直到群众心里信服为止。当然,有时群众中可能会有个别不通情达理乃至胡搅蛮缠的人,但只要不违法,对他们也主要是个教育、引导的问题。我们有时难免还要受些委曲,甚至挨群众的骂,但只要为了工作,为了大局,只要对群众有“将心比心,非亲胜亲”的情感,受点委屈又算得了什么?总之,我们就是要用一颗滚烫的善良之心来教育和引导群众,关心和帮助群众,而切忌草率从事,采取强制措施乃至非法手段,激化矛盾。这样,群众就会信任我们,拥护我们,并同我们一道齐心协力共渡难关。

做好思想政治工作,不能“空对空”,要与解决实际问题结合起来

首先就要深入实际,和群众打成一片,了解民情民意,把准群众的脉搏和情绪,针对群众思想中的“兴奋点”和“疑惑点”,有的放矢地做好思想政治工作,解决群众的思想问题。同时,要下力气帮助解决群众关注的切身利益问题。思想问题,往往是切身利益问题的反应,当前,群众中存在的切身问题不少,随着改革的深化,新的问题还会不断出现。譬如,全国还有6000万左右尚未解决温饱问题的农民群众,他们的生活很困难。再譬如,由于种种原因,一些国有企业效益不佳,职工生活遇到较大困难,尤其是相当部分多人下岗的职工家庭,生活还很艰难。对于这些涉及到群众切身利益的困难和问题,我们就要真心诚意千方百计地帮助解决。在这个问题上,“光打雷不下雨”固然不行,“雷声大雨点小”同样也不行。当然,解决群众的切身问题需要一定的时间,但只要我们心里想着群众,只要我们真正把群众看作自己人,推心置腹地讲明困难,说明情由,群众是会理解和谅解我们的。

“桃李不言,下自成蹊。”思想政治工作离不开言教,但身教重于言教。真所谓“其身正,不令而行;其身不正,虽令不从。”任何一个优秀、高明的领导干部,都善于发挥身教的独特魅力和功效。做到全心全意为人民服务,与群众同甘共苦,这是几代优秀共产党人始终不渝的选择。它体现了一种崇高的人格力量。在半个多世纪的革命与建设征途中,这种品格就象“无声的号令”,吸引和激励着千百万群众,团结在我们党的周围。邓小平同志曾深刻地总结说:“为什么过去很困难的局面我们都能渡过?根本的问题是我们的干部、党员同人民群众一块苦。”这是一笔弥足珍贵、享用不尽的精神财富,特别需要我们发扬光大。然而,走近现实,为什么一些领导干部做思想政治工作,虽然能言善辩,头头是道,但总是说服不了人?一个重要原因,就是自身形象差,说的是一套,做的又是一套,“对人家马列主义,对自己自由主义”,不仅教育别人腰杆不硬,底气不足,甚至还引起群众反感。可见,做好思想政治工作,关键在于各级领导干部自身要正,要言行一致,表里一致。坚持和发扬艰苦朴素的优良传统,从日常生活做起,无论穿衣戴帽、还是言谈举止,都要注意自己的形象,让群众可亲可近。只要我们干部的思想行为端正了,能身先士卒,当好表率,与群众同甘苦,共患难,做到吃苦在前,享受在后,全心全意为人民服务,那么群众就会真心实意地拥护我们,我们的事业就会无往而不胜。

(作者系中共江西省委书记)

致力于思想政治工作的现代化

——全国政研会会长袁宝华访谈录

杨文上　王丹石

在邓小平同志为《思想政治工作研究》题写刊名暨杂志创刊十五周年前夕，记者采访了全国政研会会长袁宝华同志，他就当前形势下如何做好思想政治工作和杂志的宣传报道工作回答了我们的提问。

问：今年是邓小平同志为《思想政治工作研究》题写刊名暨杂志创刊十五周年。在这样一个有纪念意义的时候，您对会刊有什么要求？

答：两个"十五周年"，很有纪念意义。你们要我讲几句话，我也确实应该讲几句话。思想政治工作重在深入实际、解疑释惑、活血化瘀、凝聚人心，这是其威力之所在，也是多年来《思想政治工作研究》杂志的吸引力之所在。当前，进一步加强十五大精神的宣传，通过讲政治讲奉献来增强凝聚力，提高编辑队伍素质，以及适应市场经济寻找杂志新的宣传报道重点和发行的增长点等等，都是杂志社的重要工作，需要我们全力以赴，抓紧抓好。

纪念小平同志为杂志题写刊名，重要的一点就是，要把邓小平理论中关于思想政治工作的重要观点很好地宣传一下，比如"两手抓，两手都要硬"的观点，加强社会主义精神文明建设的观点，培养"四有"新人的观点等等。

我们抓精神文明建设，培养"四有"新人，实质就是要实现人的现代化，而人的现代化首要内容是思想观念的现代化。我们要建设现代化的社会主义国家、企业要建成现代企业制度，推行现代化的企业管理，"现代化"三个字已经深入人心。可是如果没有人的现代化，没有具有现代化思想观念的人，其它一切都是空的。经济体制改革的目标是增强企业活力，发展生产力。活力的源泉是什么？就是劳动者的积极性、智慧和创造力。没有观念的现代化，在现在这种形势下积极性和创造力都发挥不出来，企业能有什么活力？我们的思想政治工作是做人的工作的，应该责无旁贷地努力培养人们现代化的思想观念，无论是做好思想政治工作还是办好《思想政治工作研究》杂志，都必须在"现代化"上面做文章。

问：思想政治工作自身是否也面临着如何现代化的问题？

答：当然，要促进别人的思想观念现代化，首先就要实现自身的观念现代化。思想政治工作是我们党的政治优势，是优良传统。对这种传统的优势，我们要很好地总结整理，看看哪些是应该坚持和发扬的，哪些是应该改进创新的，哪些是应该抛弃的。咱们的老毛病，往往是舍不得抛弃一些不合时宜的东西，认为这些东西曾经是很有效的，曾经也是很现代化的，不愿意扔。对此我们还是要实事求是，做一点价值判断。"现代化"本身也是一个发展的概念，六十年代有六十年代的现代化，七十年代有七十年代的现代化，八十年代有八十年代的现代化，不可能一成不变。思想观念现代化的过在，就是思想观念新陈代谢的过程。如果我们的头脑被那些落后的观念盘踞着，就不可能吸收新鲜的、合时宜的东西。对于当前的思想政治工作，可以说，抛弃那些不合时宜的东西比什么都重要！我们的政工部门和政工干部就是要进行思想观念上的新陈代谢，吸收新鲜的好的东西，以我为主，为我所用。不如此，就没有前途。

紧接着思想观念现代化的一点，就是思想政治工作的内容要现代化。你的内容要跟得上时代，跟得上中央的方针政策，跟得上建设社会主义市场经济所带来的巨大变化。跟不上这些变化，总是搞老一套，你就会被淘汰。你们杂志社提出在今后一段时期要重点宣传十五大精神，提得很好！十五大精神就是时代精神——有中国特色社会主义的道路我们探索了四十年，社会主义市场经济的道路探索了十多年，十五大的成就就是把这些探索的成果理论化。我们的思想政治工作就是要引导，人们拥护这条道路，并且坚信第三代中央领导集体能够带领我们在这条道路上前进。

实现工作内容现代化，还要求我们，思想政治工作必须要有超前性、预见性。"安全第一，预防为主"，这句话对思想工作也适用，不能，总是在出了问题之后才当"救火队"，而是要把工作做在前面，增强群众对改革的心理承受力。比如现在的职工下岗分流成为社会关注的焦点，可谓"人人说下岗，家家谈就业"，思想工作当然也集中到这方面去了。而有些地方，见微知著，早在两三年前东北企业开始发不出工资的时候，就预见到了今天的下岗问题，工作起来就很主动。类似的例子很多。深圳康佳曾经到西安去兼并一个企业，这个企业事先也没向职

工通报，结果职工群起反对，说你把我们给卖了。反对兼并的结果，是继续处于困境、发不出工资。而同时的牡丹江的一个厂子，欢迎康佳去兼并，事前做了充分的思想工作，很顺利地走出了困境。两相对比，做不做思想工作，思想工作能不能跟上改革，跟上变化；能不能有超前性，效果大不一样。

第三点，就是要实现方法上的现代化。这个现在讲得很多，大家在工作中也深有体会。过去那种一般性的灌输、做大报告不行了，你必须结合群众关心的热点、结合群众的具体需要、结合业务知识和文化知识来开展思想教育，寓教于学，寓教于乐。方法上要坚持多样化、多渠道。人的思想观念多样，兴奋点不同，迫使我们在方法上要多样化，而且各种渠道都要加以利用。比如世界杯足球赛，很多人都很关注，像这样的渠道我们就应该学会利用——商业广告可以利用，思想政治工作为什么就不能？

除了思想观念上、工作内容上和方法上的现代化，思想政治工作的组织机构也要现代化。什么意思呢？就是要使我们的工作更大限度地群众化，把广大群众的注意力吸引过来，让他们关注我们这项工作，参与这项工作，让群众自己教育自己。只有从机构上解决这个问题，才能从根本上彻底解决“两张皮”，才能使思想政治工作与现代企业制度的发展同步，保持和发挥这项工作的战斗力。

问：为推进以上四个方面的现代化，我们政研会及杂志应当做些什么工作？

答：“研究会的生命在于研究”，这句话我们经常挂在嘴边。研究些什么？课题很多，其中重要的一个，就是我在上面讲的这四个方面的现代化。应该把“思想政治工作如何实现现代化”作为一个专门课题来研究，通过研究开拓我们的视野，激活大家的思维，增强企业政工的活力，使之更好地为经济建设这个中心服务。在目前国有企业普遍面临困难的时刻，我们要更好地发挥思想政治工作的作用，大力提倡奉献精神、敬业精神、艰苦奋斗精神、团结互助的集体主义精神，使每个职工都明确自己肩负着振兴国企的神圣使命，提高他们再创新业的信心、责任和荣誉感。新形势下的新问题很多、很复杂，而且随着社会的发展，新问题还会不断涌现，这对我们是挑战更是机遇。政研会要加强研究，深化研究；《思想政治工作研究》杂志要加强宣传报道，大力推广研究成果和典型经验，积极引导对热点、难点、疑点问题的探讨。思想政治工作任重道远！政研会和杂志任重道远！

记者：谢谢您接受我们的采访！祝您健康长寿！

宝华同志：谢谢你们的良好祝愿！祝政研会和杂志社的同志们再创新的辉煌，把《思想政治工作研究》办得更好！

思想政治工作要适应新形势
迎接新挑战　开拓新领域　解决新问题

徐惟诚

党的十五大是一次极其重要的会议，会议高举邓小平理论的伟大旗帜，规划了我们党跨世纪的宏伟蓝图，也为中国的社会主义企业如何发展指出了前进的方向。我们做思想政治工作的同志要抓住这样一个好机遇，进一步解放思想，改进我们的思想政治工作，使思想政治工作能适应历史发展的要求，适应人们思想进步的需要。

现在，做思想政治工作有许多有利的条件：我国经济发展持续稳定，绝大多数中国人都感到自己的生活一天一天改善了，去年银行利率下调三次，但是银行没有出现一次取款高潮，这就说明老百姓相信政府，人心是稳定的。我国去年除了十五大之外，又办了一件大事——香港回归，全国人民都高兴，百年国耻一朝洗雪，海外华人高兴，全世界发展中国家的人民也高兴。我国的外交关系也处理得相当之好，江总书记访美，叶利钦访华，李鹏访日，这是全方位的外交。这证明了一个真理：弱国无外交，发展是硬道理。你发展了，你有实力了，就可以在国际上争取到更有利的态势，保证我们的事业进一步发展。

国有企业的改革是当前社会各个方面关注的热点之一。经过十多年的探索，国有企业已经有了相当大的前进。党的十五大在理论上又有新的突破，中央下了决心，要用三年左右的时间，把国有企业改革基本上纳人到市场经济体制框架，就是现代企业制度的框架里面，从总体上初步走出困境，这是很鼓舞人的，也是很艰巨的。这就要求思想政治工作适应新形势的需要，不断地改进方法，充实新内容，运用新思路。要高举邓小平理论的旗帜，真正把邓小平理论贯彻、运用到思想政治工作中来。说现在思想政治工作不好做了，或者思想政治工作已经削弱了，这是不符合事实的。否则，怎么理解今天十几亿中国人民都拥护邓小平理论？怎么理解现在中国上上下下这么稳定？我们今天的思想政治工作与过去相比已经大不一样，已经有了很大的变化。解放初期，你去问工人，他所知道的国家大事、世界大事是从哪儿来的？百分之九十是听支部书记讲的。那个时候有几种报纸啊，全国一直到“文化大革命”开始的时候，一共只有一百六十几种报纸，发行量很小，广播的覆盖率也很小，电视很少有人看见过。有些地方一直到七十年代，老百姓从来没有看见过电影。现在不同了，全国刊号的报纸有两千多种；地方刊号的还有六千多种。全国刊号的杂志六千多种，地方的还有一万多种；电视台、广播电台各有两千多座，还有有线广播。现在去问工人、老百姓，他的消息从哪儿来？大部分是从大众传媒得来。什么美国跟伊拉克打仗，什么股票危机、金融危机，老百姓都知道，支部书记还没知道呢，他已经知道了。所以这个时候必然出现一个现象，叫做小气候顶不过大气候。说这些信息都是正确的思想工作，也不见得。也有黄色录相等许多不正确的思想影响，但主导的方面还是积极的。有一些影响小一点，有一些影响大一点。像《渴望》这种电视片，播放的时候，万人空巷，连小偷都少了。不但在中国，在河内播放也是这样。现在，思想工作已经成为一个整个社会化的网络。这样说，并不是要减轻我们企业党组织、企业思想政治工作干部的责任，而是我们看到这样一个形势，怎样利用这种新的形势去做工作，就可以事半功倍，做得更好。

有好的形势，也出现了一大堆新的问题、新的挑战。过去想像不到的问题，现在迫使我们 一定要做出回答，而这些问题往往是我们自己都回答不了的。这就麻烦了。老百姓得到的消息，有的我们还没有得到，老百姓不明白的事，有的我们也不明白。那么，我们的思想工作就难办了，恐怕困难就在这个地方。所以，要加强思想政治工作，很重要的就是政工干部、党的干部首先要能够真正懂得党的理论、党的路线、方针、政策，能够分析形势，能够帮助老百姓、帮助群众看清楚自己的利益在什么地方。有许多概念，过去我们老用，但是可能也没弄明白这个概念的意思，就这么用下来了。现在就需要重新弄明白一点，比如“觉悟”二字，什么叫觉悟高？过去很简单，谁的觉悟高 呢？提拔干部时他让给别人，这个人就觉悟高，放弃自己的利益就觉悟高。现在按这个解释，有可能少数人能接受，多数人接受不了。“觉悟”这个概念在中国原来是没有的，应该认真想一想，这个概念到底是什么含义。中国过去是儒家思想，没有“觉悟”这个词，这个词从印度来，从佛教来。然后中国的儒家知识分子利用佛家的哲学思想来解释人生，就引出“觉悟”这两个字来。

“觉”就是睡觉醒过来了，“悟”就是本来不明白现在明白了。醒过来了，明白了，就叫觉悟。所以，“觉悟”这个概念，并不是简单地放弃自己的利益，而是明白过来，使人能够做出最佳选择，就叫做觉悟高。本意应该是这样。我们这批人参加革命，我们说我们觉悟高，为什么呢？因为革命是最佳的选择，我们当然是觉悟高了。那么其中我们有许多伙伴在革命过程中牺牲了自己的生命，他们觉悟高，他们活得有价值，他们的人生价值发挥到最光辉的地方，他们的选择是正确的，这叫觉悟高。我们帮助群众提高觉悟，提高什么呢？并不简单地说要他放弃自己的利益，少拿钱就好。不是这样，要这样谁跟你走？而是要帮助老百姓看明白世界上的事情，看明白得越多、越透彻，他就越能选择自己正确的行为。如果我们这样实事求是地去做工作，就不会受到老百姓反对。比如说，现在中国炒股票的人多得很，看见别人赚了、发了眼红，觉得自己不炒不踏实，也要去炒。你怎么办？你说炒股票不是工人玩的，他接受不了，别人能玩我为什么不能玩，你不让我发财啊？有一次我碰到一个工人炒股，我跟他讲，至少我给你提三条建议，接受不接受在你。一条，拿自己的钱炒，别拿别人的钱炒，更不能拿公款炒，这样亏得起，不至于发生危机；第二条，炒股是投机性的，投机你当投资办，你选长线股买，企业连续两年分红利的水平比存银行划算，就是不卖，也吃不了亏；第三，如果炒的长线股涨了，涨到一定程度赶快卖掉，不要想明天还涨，见好就收；此外还有第四条，不要拿你全部的钱去炒，也不要只买一种股票，这样赚钱不会太多，亏本也不会太大。你这样跟他讲，不管他信不信，最后他都会觉得你这个书记讲得有道理，第一，你是正确的；第二，你是替他打算的，你在他心目当中就是有威信的。我认为这也是帮助人提高觉悟。所以，有一堆新的问题需要我们好好研究。

现在我们碰到的新问题相当多，最大的问题就是建立现代企业制度，转变企业经营机制。这个转变很深刻，转变的程度、方式有很多种变化。于是工人就要提出问题了：工人阶级还是不是主人翁了？对工人阶级是领导阶级这一概念怎样作正确的理解？不管怎么转制，中华人民共和国是工人阶级领导的、工农联盟为基础的人民共和国，这是不变的。工人阶级还是领导阶级，这一点是不变的。过去我们对工人是企业主人的理解，确实有狭隘的地方。工人阶级作为国家的领导阶级，是整个国家的主人，我们十二亿中国人，每一个人都是这九百六十万平方公里土地的主人，但不是这九百六十万平方公里他一个人说了算。这样一个主人的概念是很不容易理解的。如果理解为我在这个厂，这个厂就归我所有，这是不准确的。现在有的企业合资了、独资了、外资了，那么我们还是不是主人？还是主人。主人的概念不是指所有制、所有权意义上的主人，而是指政治意义上的主人。它是通过全体人民的意志制订的法律来实施管理的，这个法律体现了包括每个人在内的全体人民的意志。管理人可能是某一个人，例如违反交通规则要由交通警察来管，并不是说只有警察是主人，警察执行的是全体人民意志制订的法律，他是按照所有人的意志去管理的。这样一种共同作主人的概念，要帮助人明白，是有些难度的。我们还要弄明白怎样共同作主人。共同作主人，作领导阶级，他就有主人的责任，领导阶级的责任。为什么工人是领导阶级，因为他是劳动者，因为他和先进的生产力相联系，因为他是共同在一起劳动的，有最强的组织性、纪律性，所以工人阶级是中国的领导阶级。工人阶级作为领导阶级的地位不会因为生产资料所有权的转移而变化。当然，只是这样讲，还是讲大道理，还解决不了具体问题和具体矛盾。主人翁这样一个抽象的概念，实际上是同许许多多具体的事情相联系的，这些具体的事情就包括企业里要减人下岗、福利分房、看病报销、养老保险等等，一堆这样的问题。如果我们没有正确的认识，不能够正确地解释和引导，帮助人去作正确的抉择，那么，思想政治工作的领导权也就丧失了。

现在最引起人们议论的是企业的职工下岗问题：“我不是不劳动，是你们不给我劳动的机会”。这个观念转变是一个很艰苦的过程。中国的国有企业，有的搞得好，有的搞不好。所有搞得好的企业，最起码有两个共同点：一是产品适销对路，卖得掉。二是降低产品成本，卖掉了能赚钱。达到这样的标准，企业的改革才叫作符合实际情况的改革。所以要降低单位产品的工资含量，要从根本上去研究这个问题。我们铁路用人用得太多，大概平均一公里 30 个人，而美国平均一公里一个人。因为我们的车站太多，有一个车站就要用全套人马。铁路为什么要那么多车站？因为我们过去讲的是要为农民服务，为小站运输。实际上，铁路不是为小站运输服务的工具，短距离运输应该让给公路，铁路应该承担长距离大宗货物的运输。如果这样一想，小站就可以取消，成本就降低了。所以从根本上讲，就是减人、增效，一部分劳动力转移，这是符合生产力发展要求 的。因为多余的劳动力在那里不能创造更多的价值，不能进行有效劳动。现在把它剥离出来，就是把它从束缚中解放出来，是对劳动力的解放，是对生产力的解放。你说这样是解放，但是这些人没饭吃怎么办？就要创造劳动就业机会，创造新的劳动岗位，出路应该在这个地方。什么叫就业机会？就是产品要卖得掉。社会总财富增加了，需求就会上升，需求愈上升，就业机会就愈多。至于谁能就业，那就要靠竞争了。完全用安排的方法来解决就业是解决不了的，所以要有预见。我过去介绍过上海锦江集团的经验。几年以前，上海锦江饭店女服务员的工资都是每月 1000 元以上，但是饭店党委号召她们学一门第二技术，准备将来转业。

当时我就说，这是思想政治工作极好的做法，这是为老百姓着想的，不是跟客观规律对着干。任何人，再伟大的人，跟客观规律对着干都没有好结果。领导群众，就是要领导群众看清规律，帮助群众适应规律，在这个规律当中得到最大的好处。我们现在大城市中，有一部分人观念已经有所变化了，但是和市场经济发达国家人的观念相比较，还有相当大的差距。美国人有句口头语：一辈子不换8个工作岗位不算男子汉。现在，上海人思想解放一点，这两年大概安排了80万人就业，它的作法也比较好，把下岗工人转到再就业委员会托管。原来在厂里老惦着你给我安排工作，到了再就业委员会，天天讲怎么再就业，观念大变，变成社会化管理了。北京职工观念也有了相当大的变化，过去有许多事情，北京的工人是绝对不肯做的，现在也开始变了，但没有完全变。所以观念转变还有个相当长的过程。所谓工人阶级要作为领导阶级、作为国家主人，第一个条件，他是劳动者，不是那种想要少劳动多拿钱的人，而是愿意做一切他可能做的劳动，而且要做得最好，这才是领导阶级。我们要帮助工人阶级恢复这个优良品质，有了这样的品质，我们整个社会才会更加蓬勃，整个社会的需求就会更多地涌现出来，整个社会的就业岗位也会更多。现在还有一个问题，就是明明有一些就业岗位，看不见，不光是工人，连领导者也看不见。我到一些小城镇，包括一些大村子，有人开一个早点铺子，村子里的老百姓早饭也不开伙，因为他觉得在早点铺买了吃划算，省了做早饭的时间可以多干活，增加收入。群众的需求是各种各样的，社会的需求是大量存在的，劳动的机会绝对不是没有，现在是劳动力不解放，要解放思想，要转变观念。现在广东人新的开发项目是到农村去投资，北京有一批城里人到农村去干活，农村人到城里找工作，就是寻找各种新的生产门路。但是如果没有下岗，恐怕这些新的生产门路一个也找不到，中国的经济就发展不了。总体上讲，这是使中国经济社会蓬勃发展的唯一健康正确的道路。当然其它还有一大堆问题，养老保险、住房、医疗保险等，都需要有新的观念来解释。而且，光解释不够，还要引导人们在这种观念转变中去寻找、得到自己最大的利益。我们这样做思想工作时，除了要帮助人们在观念上适应之外，还要帮助人解决具体问题。最重要的是帮助人学习新的技能，把学习技术、学习新的知识引进到我们思想政治工作中来，使人们掌握适应社会变动的本领，这既为转岗准备条件，也为本企业的技术进步准备了条件。

转变观念之外，我认为还有一条，就是我们思想政治工作要开拓新的领域，或者说是开拓多种所有制和多种所有制形式下的企业思想政治工作。乡镇企业产值已经占了全国三分之一以上，但是乡镇企业的思想政治工作参差不齐；三资企业有多种形式，有的外方老板就很重视思想工作，有的就把我们排斥在门外，这里面的工作怎么做？现在除了股份制还有股份合作制，这里的思想政治工作又怎么做，这都是新课题。企业内部的人员组成也发生了很大变化，思想方法、行为方式也发生了很大变化，发生最大变化的是企业营销人员。既然面向市场了，在满天跑的情况下怎么做思想工作？还有很多企业有一大批外来工、农民工，这些人有的是有合同的，有的是转包再转包，包工头带的，有的叫外协工，这批人已经成为生产的主力，在有的企业里已占40%以上，企业产品的质量好坏很大程度上掌握在他们手里，用什么方法能够有效地对这批人作思想政治工作，这也是我们急需拓展的新领域。

综合起来讲，现在是加强企业思想政治工作的一个极重要时机，也是改进企业思想政治工作的一个极重要时机。我们加强和改进企业思想政治工作，一定要牢牢把握思想政治工作是为了促进生产力发展的原则，实事求是，一切从实际出发，真正眼睛看实际，而不是只凭条条来办事。邓小平说，发展是硬道理。共产党人搞革命，搞社会主义、共产主义，都是为了发展社会生产力。有利于发展社会生产力的办法才是好办法。一定要牢牢把握住时刻为群众的利益着想，这样我们才能够不脱离群众，才能使得我们的思想政治工作为群众所接受。因为我们思想政治工作本身就是为群众谋利益的，也就是共产党为人民服务的根本宗旨。要在我们的工作中牢牢地记住：要造就一代新人，造就有理想、有道德、有文化、有纪律的工人阶级队伍，使得我们的民族、我们的企业能够在二十一世纪的世界风云中，创造出更加伟大的业绩。

（作者系全国政研会常务副会长）

科技发展与思想政治工作

徐惟诚

我在这里讲三个问题。

一、思想政治工作应该为推动科技进步服务

小平同志的论断“科学技术是第一生产力”,是对马克思主义的丰富和发展。在他之前没有人这样说过,他说得非常准确。知识经济时代的到来对我们这个民族提出了严峻的挑战,当然也给我们提供了很好的发展机遇。应该说,在和知识经济相对应的这个工业社会的发展历程中,中国是落后的。这种落后状况至今没有完全改变。

我们的铁路部门一公里用 37 人,美国是 1.3 个人,这是一个相当大的差距。其他各行各业都有类似的差距,都是非常严峻的。我们自己采出来的油没有从外国买来的便宜。我们的工资没有人家高,这是可以肯定的,但成本为什么比人家高？一个重要的原因是科学技术不如人家。

当今世界科学技术水平和教育水平的竞争越来越激烈。我们能不能在当今世界站住脚,能不能持续发展我们的经济？重要的是要看科技进步快不快。我们前一段的经济发展中有科技进步的作用,但是更多地依靠的是外延扩大再生产。只靠这种方法要达到持续发展恐怕是不可能的。我们必须依靠科技进步,依靠全民族科学文化水平的提高,来保持我国的国民经济在下个世纪仍然能够持续、快速、健康地发展,使中国在世界民族之林中、在世界科学技术竞争中站住脚跟。这一任务当然要求思想政治工作为之作出艰巨的努力。

我们的基本路线确定了要以经济建设为中心。思想政治工作必须为这个中心任务服务。面这个中心任务的完成,是要依靠科技进步的。我们中国近代受帝国主义的欺凌,人家船坚炮利。日本侵略中国时钢铁年产七百多万吨,而中国在 1949 年钢铁年产量才 19 万吨。解放后我们进行社会主义改造,经过艰苦努力,奠定了工业发展的基础,有了自己的铁路,自己的飞机大炮,爆炸了原子弹,火箭也上了天。现在面临的问题是我们的水平仍然太低。我们最落后的地方农民人均年收人才不到 500 元。美国的农民一年的收入至少 10000 美元。

这种差距经过我们的努力有可能缩短,稍微一放松又有可能扩大,因为当前世界科学技术发展的速度极快。有材料说一个大学毕业生知识的半衰期大概只有 5 年。在这种态势下,落后就要挨打,不是军事意义上的,是经济意义上、政治意义上的。

当前我们面临的使国有企业三年摆脱困境的任务,同样要依靠科技进步。减员增效,下岗分流,实现再就业,其中实现再就业是关系改革成败的一个关键问题。再就业中,我们讲得比较多的是择业观念的转变。思想政治工作要针对这个问题来做。还有一个方面是提高职工的技术能力。我们有一大批工人,或者只有一门技术,其它的都不懂;或者就没有技术,让他干哪一行都不能胜任,不经过技术培训就就不了业。这个问题的难度不在前面那个观念转变问题之下。

减员的目的是增效,这更需要依靠科学技术的采用。这就需要提高国民素质,除了提高平均的知识水平之外,还需要造成一种不断追求新知识的心态。在应试教育之下,上小学是为了上中学做准备,上中学是为了考大学做准备。学生读书读得很苦。最大的危害在于,只要有一天可以不读书了,离开学校了,他就再也不想看书了。这对于我们民族的危害是极大的。

要改变这样的心态,牵涉到每个单位的人才观念和培养人才的观念。不能说每个单位的领导对人才都不重视,但也不能说都很重视。我们还没有形成一种大家都来追求新知识的局面,也没有形成一种大家都不断创新的局面,很少有单位每年能涌现出大量的合理化建议并得到很好的重视。

企业的思想政治工作必须针对企业的科技进步所遇到的思想障碍,做出有效的努力。这种思想障碍是相当普遍的:

第一,对于科技进步不了解,不了解这种进步对于企业发展的用途。

第二,对于科技进步表现出一种不信任。

第三,有一部分人有抵触情绪。普通工人怕科技进步会使他失掉工作,增加下岗机会。也有相当一部分科技人员有抵触,因为他们所学的东西在新的科技环境下不能再用了。于是,对于他不熟悉的技术横挑鼻子竖挑

眼。

第四，对科技进步投入不足。企业很不容易做长远打算，在利润增加的时候，一般会大幅度地提高工资，很难做到大家继续束紧腰带，为今后可能出现的利润下降做准备。太原钢铁厂在去年全国钢铁企业都不景气的时候它的效益还可以，为什么？在全国的钢铁企业都景气的时候，有的企业工资提高了好几级，太钢不提高，拿出钱来搞技术改造。当初要下这个决心是很难很难的。

第五，工艺纪律不适应。新的技术对工艺纪律的要求往往更严格，这种变化要求工人一丝不苟，24小时完全一个样，这也是非常难做到的。比如书刊印刷，同样的图书，用同样的纸张和油墨，颜色会不一样。为什么意大利人只买我们的白绸，不买我们有颜色的红绸呢？因为我们做不到同一个批号颜色完全一样，人家就可以做到。我们的许多思想工作，还没有深入到工艺纪律的领域中去。

最后还有一个最根本的，科技进步也是需要艰苦奋斗精神的，艰苦奋斗不是表现在穿打补丁的衣服，吃粗茶淡饭上，而是表现在能够排除一切困难，表现为严格、严谨、一丝不苟、专心致志。这是对我们艰苦奋斗的优良品质的继承，又是一种发展。这些都需要思想政治工作来为它做出新的努力。

二、认真研究高科技对思想政治工作提出的新问题

这些问题有些是需要我们回答的，有些是需要我们应对的，也有许多新的有利条件需要我们掌握住，进而更好地加以运用，有的带来若干负面的问题、新的矛盾，需要我们加以解决。

科学技术的发展是人类进步的一个伟大的动力。人类的发展从愚昧、野蛮的状态进入到文明时代，是和科技进步分不开的。人学会制造工具，学会运用火，这使人告别了动物界。人所运用的工具材料从石器到青铜器，再到铁器，这样的变化同时标志着人类社会发展阶段的不同和人类社会阶级划分状况的不同。中国人的四大发明：造纸术、印刷术、指南针、火药，对于整个现代文明起着支撑的作用。如果人类没有发明造纸术，那么知识就不可能用这样的方式来传播、记录，也就绝对不会有今天的各种文明成果。如果没有印刷术，交流水平的提高、劳动力的发展也无从谈起。

当代工人阶级就是科技进步的产物，今后的科技进步肯定会有更大的发展，也会对人类社会、人的社会生活、人的互相交往产生更大的影响。马克思当年就对科学技术的每一个进步给予很大的重视，我们作为马克思主义者，今天不应该对科技进步的状况无所了解。我们要研究、了解科学技术新的进步对于人的正确世界观的形成，究竟起怎么样的作用；怎样帮助人们开阔眼界，增强征服自然、创造幸福生活的信心；怎样促进人类生活的社会化和人的素质的提高；怎样帮助人们向人的全面发展的方向前进。

除了这些方面我们也必须清醒地看到每一个进步同时也带来许多新的问题。最近我看到一个美国人写的文章，说美国在第二次世界大战之后已经经历了四代人，这一代人是在计算机前长大的，这一代人的思维方式有自己的特点。

举一个很小的生活当中常见的例子：过去总是做父母的告诉孩子这样不行那样不行。孩子想不通时，有的问题父母能解释出来，也有的总是解释不清楚。父母就说：你不懂，长大了就懂了。现在在美国或在中国的城市里孩子玩电脑比父母精，有的孩子就会对父母说：这个你不懂。

孩子对大人说“你不懂”，我们不能小看这句话，这句话意味着长辈在幼辈面前威信的动摇。这必然会引起其它的问题，影响到道德传递。人类社会的道德是一代一代传下来的，首先在家庭是受父母的教导，以父母为榜样得来的。长辈的权威动摇以后，对道德传递会发生什么影响，我们还要观察。

由此想到我们思想工作。解放初期一个工人90%的信息是从党支部书记的报告中得来的，或者是从“读报会”上得来的，所以支部书记很有权威。现在一般的工人70%的信息是从大众传媒中得来的，20%的信息是从周围人的口中听来的，从支部书记那里得来的不到10%。现在一些人已经上网了，虽然是少数，但今后会是现在的很多倍。从网上可以得到很多信息，几乎什么资料都可以找到。面临这样的挑战，我们政工干部该怎么办？

另外还有一个美国人提出来：电脑是要花钱的，越是性能高的电脑越贵。而且电脑的更新速度很快，需要不断地加以更新。那么有钱的人掌握的信息量就很大。相反，穷人根本接触不到这些，这样会不会使贫富差距更严峻？

从有人类文明史以来，各种思想家不断解释人类社会的种种矛盾、矛盾的表现形式以及解决矛盾的方案。这种种矛盾当中最集中的矛盾就是物质财富的分配，就是马克思所讲的用什么方式分配、占有、使用生产资料。这是指的物质财富，这个问题的解决方式是多种多样的。但对于知识财富占有的不平等这个问题似乎还没有被充分研究过。不但在一个社会的人群之间有知识财富的差异，而且在国家之间，这种差异是不是会悬殊？会不会造成严峻的后果？现在已经可以感受到，谁掌握了信息传播源和信息传播载体，谁就有能力来影响整个社会的大多数。由少数人提供的经过选择的思想资料，使得大多数人必然产生某种观念。而且科学技术越发达，这种可

能性就越大。这是一个很可怕的现象。

我们的思想政治工作，比如爱国主义教育，已经受到了来自于发达的资本主义社会的挑战，这种挑战，在未来会不会更严峻？目前已经出现了在某些方面凌驾于政府之上的跨国公司。在这样的跨国公司里打工的人，会是一种什么样的心态？这时候我们的爱国主义教育应该怎样进行才更有效？

人类的发展包括物质生活的进步，文化的进步，也包括社会民主程度的提高。美国发展到今天这个阶段出现了一个现象：美国人的一切开支都是在信用卡里面的，一切收入都是进入银行帐户的。每一个人都有一个社会号码，到银行存取款都要用这个号码，而且全部在银行的电脑帐户里面。这样个人的经济收支是没有秘密可言的。在最重要的经济生活方面人的隐私权不存在了，会不会影响人的自由？

关于工人阶级的状况，最近看到一个统计数字：在美国社会白领的人数已经超过蓝领人数，占52%，可能还会继续增加。在这种状况下企业内的思想工作会有什么变化？我们过去习惯的做法是把工作的重点放在"蓝领"工上，这种做法在以技术人员为主的地方未必合适。我见过一些知识分子，说起单位的领导人口气相当不恭维。因为这些领导人净说外行话还以内行的姿态出现，很被人家瞧不起。不懂就说不懂，可能还好一点，但许多领导人又不大愿意承认自己不懂。这样的人怎么能有领导权？能代表知识分子的利益？如果我们代表不了他们的利益怎么能称作"和先进生产力相联系的政党"？同时我们又看到，至少在有些国家，这些白领阶层自己不认为自己是工人阶级，而是中产阶级。我们应当怎样处理这样一种现象？

除此以外，还有人的行为、人的爱好、人的接受信息方式，随着科技发展还会出现许多变化。比如说在一个时期中出现的高雅音乐没人听，"通俗音乐"有很多听众；名著没有人看，武侠小说、"言情小说"、"快餐式"的小说大量流行。怎样看待这种现象？是不是"人心不古"，越来越落后，只能听其自然？还是必须扭转这个趋势？人类当然不会一代比一代落后。但是随着工业化的发展，世界各国几乎都会有一个"通俗文化"流行阶段。这是因为中世纪的生产是不需要有文化的劳动力的，所以文化被剥削阶级所垄断。工业社会就不同了，它有两个需要：一个是需要劳动力具有初等文化，提出了普及国民教育的要求，但只能是初等教育；第二，工业社会的劳动方式和自然经济是不同的，自然经济是自己为自己劳动，劳动是自己的事，是不定时的。而工业社会不管剥削多么残酷，总而言之是一种定时劳动，劳动者或多或少有一些余暇时间。因此，就产生了适应初等文化水平，能够填补劳动者的余暇时间的通俗文化，这是一个有规律的现象。

了解这样一种规律性的现象，我们就可以知道：在这样的历史阶段，通俗文化出现的必然性并不等于文化的内容必须是颓废的。我们就可以引导新潮流并且逐步提高人们的品味。这类问题以后可能会相当多地出现。在电视机面前长大的人，对于读书的习惯和在书本面前长大的人是不一样的，思维方式也不一样。现在日本社会卡通读物成为最普通的读物，许多人没有耐心去仔细看那些文字，而是对形象感兴趣。未来在电脑前长大的人思维方式又会不一样。我们的思想工作一定要与这种变化相适应。

科技向前发展，人又会对新的科技产生依赖，这就造成了科技对人类报复的条件。人类会不会成为自己创造的新的科学技术的奴隶，就像人创造了货币，又成为货币的奴隶一样？我们的许多思想工作都是为了让人懂得怎样运用货币而不成为货币的奴隶。对于电脑会不会出现同类的问题？我们目前对这个问题看得还不是很清楚。

大概十年前，美国出现了一次股市暴跌，叫做"黑色星期一"。那一天美国股市暴跌500多点，引起全世界的恐慌。所有的经济学家都没有预测到这一种带经济危机性的现象。但是它居然发生了。这使许多人来思考一个问题：为什么有那么好的预测研究手段，却看不见这一现象出现的苗头？研究的结果之一，是认为这是一次电脑对人类的报复。每一个股票交易市场开关的时间是一定的，但是从全世界的角度，股票交易是24小时都在进行的。没有一个人能够24小时都参与交易。但是电脑发明后，这一点就可以做到了，可以让电脑代替人，按照一定的预设程序，做出反应，24小时参与交易。第一个这样做的人肯定会发财的。但是会有越来越多的人这样做，这时候就会出问题了。股市上出现了一个小信号，就会有至少一台电脑作出反应，使这个信号放大一倍，其它电脑也会产生连锁反应，而且反应速度极快，发生一种"雪崩效应"，这时候人没有别的办法，只好跟着它跑，成为了自己设计的程序的奴隶。现在世界上已经有一种办法来对付这个问题，就是"涨停板"、"跌停板"，让你有机会冷静下来思考。

人类的每一个科技进步对自然界造成损害后，自然界都对人类进行过各种不同的报复。我们人类现在最大的进步就是信息科学上的进步，是不是也会招致报复？人类有什么好办法来减少自身的损害？这也是我们需要研究的问题。

三、努力利用科技进步的成果改进思想政治工作

各行各业都在利用科技进步的成果推动自己的工作。思想政治工作也不应当例外，或者说更不应当例外。但实际上好象运用得还相当不够，甚至比其他部门还要

落后。

正像大家所指出的,科技进步的成果有助于人们奠定唯物主义世界观,开阔眼界,激励志气,树立信心,培养正确的思维方法。这些方面同志们在发言中已经介绍了许多好的经验。我们还需要利用新的科技作为分析问题的手段,作为思想工作管理的手段。

当前,需要特别注意利用新的科技作为教育和影响人的手段,作为一种新的提供信息的手段。在这个问题上我个人是有许多经验教训的。比如说卡拉 OK 传到中国来,办的第一个歌厅我就去了,看了以后我认为它在中国流行不起来。但是两三年以后到处都是卡拉 OK 歌厅了,青年人很喜欢,可是唱的都是港台歌曲,因为没有我们的歌。后来我们自己才想到出了一套《中华大家唱》曲库,一下子把卡拉 OK 的市场用健康歌曲占领了三分之一。港台唱片商也来摹仿我们。这个事情我们至少晚做了好几年。这样的教训给我们一个启示:对于新的科技手段不能漠不关心,而是应当掌握它运用它,才能领导新的潮流。我们不做,别人就会去做。有人用计算机下乡算命,使迷信披上科学外衣,赚了不少钱。

有的单位经常有一批工作人员在外地从事野外工作,如果能把他们的工作和生活场景制成录像带给家属看,把家属的生活情况的录像带到他们的工作地点,运用这种先进的信息传递手段,使二者互相影响,就可能比其它手段更有用。太原铁路局的软件,每天赚多少钱亏多少钱一目了然。这也是企业思想工作的一个好工具。进入市场经济是以企业为单位进入的。企业在市场当中竞争,要依靠全体职工的努力。最大的一个困难就是市场中的各种信息在企业内部没有办法传递到位。如何使市场竞争中的信息在企业内部向全体职工传递到位,这是当代企业思想政治工作的一个最重要的内容。能够做到传递到位了,思想政治工作为企业的经济建设服务就成功了。

总之,新的技术手段为思想政治工作做得更活跃、更深入提供了新的手段。我们要努力探索怎样去运用它。越用,我们对这些手段就越熟悉,越是能开发出它的潜力来,越能使我们的思想政治工作做得有声有色。

（作者系全国政研会常务副会长）

邓小平在新时期对思想政治工作理论的重大贡献

戴　舟

伟大的马克思主义者邓小平同志曾长期担负政治工作的领导，对思想政治工作不仅十分重视，而且具有十分丰富的经验。进入社会主义改革开放和现代化建设的新时期，他同样极为重视思想政治工作，围绕思想政治工作的地位作用、指导思想、目标任务、方针原则、方法途径、队伍建设、组织领导等基本问题，作了一系列重要论述，是建设有中国特色社会主义理论的重要组成部分。

邓小平同志在关键时刻总是提醒全党重视和加强思想政治工作。十一届三中全会前后，在实现历史性的伟大转折关头，他提出并大力推动在全党开展解放思想、实事求是的教育，要求"各级党委和每个党支部，都来鼓励、支持党员和群众勇于思考、勇于探索、勇于创新，都来做促进群众解放思想、开动脑筋的工作"。在改革刚刚起步，各方面都面临着复杂的任务时，他指出："现在我们已经看到存在不少问题，我们还会遇到许多现在预料不到的问题。为了完成这个任务，为了保证全党思想上行动上的一致，必须有效地加强和改善我们党的思想政治工作。"改革从农村向城市发展，并在全国展开以后，他又针对削弱党的作用，忽视思想政治工作，导致资产阶级自由化思潮泛滥，社会上丑恶现象沉渣泛起等情况，强调指出："在工作重心转到经济建设以后，全党要研究如何适应新的条件，加强党的思想工作，防止埋头经济工作、忽视思想工作的倾向。""思想政治工作和思想政治工作队伍都必须大大加强，决不能削弱。"1989年春夏之交那场政治风波前后，他先后几次一针见血地指出：十年来"最大的失误是在教育方面，思想政治工作薄弱了"。"要加强对人民进行思想政治工作"。1992年初，他视察南方发表重要讲话，身体力行地做全党的思想工作，在反复强调"抓住时机，发展自己，关键是发展经济"的同时，一再叮嘱"要把我们的军队教育好，把我们的专政机构教育好，把共产党员教育好，把人民和青年教育好"。

邓小平同志关于思想政治工作的理论的论述十分丰富、深刻。

他科学地深刻地阐明新时期思想政治工作的地位作用，反复强调思想政治工作是我们党的优良传统和政治优势，思想政治工作只能加强，不能削弱。他以"改革，现代化科学技术，加上我们讲政治，威力就大多了"的著名论断，把新时期的思想政治工作提到突出的地位。

他科学地深刻地阐明新时期思想政治工作必须以马克思列宁主义、毛泽东思想为指导，反复强调完整、准确地理解马克思列宁主义、毛泽东思想的科学体系，掌握它的实质，即立场、观点和方法，用马克思主义基本理论武装干部，教育党员和人民。

他科学地深刻地阐明新时期思想政治工作的任务与目标，反复强调中国的事情能不能办好，关键在人，我们的目标是培育有理想、有道德、有文化、有纪律的"四有"新人。他反复强调新时期的思想政治工作为社会主义现代化建设服务，就要把着重点放在培养人、教育人上，不断提高全民族的思想道德素质和科学文化素质，努力造就适应社会主义改革开放和现代化建设所需要的全面发展的"四有"新人。

他科学地深刻地阐明新时期思想政治工作必须坚持为经济建设这个中心服务的总方针，反复强调社会主义现代化建设是最大的政治，各项工作，包括思想政治工作，都要服从于和服务于经济建设这个中心，坚持为党的基本路线服务，并提出以对实现四个现代化是否有利，作为衡量思想政治工作好坏的根本标准。

他科学地深刻地阐明新时期思想政治工作的内容，反复强调要坚持四项基本原则，坚持改革开放；反复强调必须教育全党和全国人民牢记"基本路线要管一百年，动摇不得"；反复强调爱国主义、集体主义、社会主义和艰苦创业精神教育；反复强调发扬"五种革命精神"；反复强调进行正确的世界观、人生观、价值观教育。

他科学地深刻地阐明新时期思想政治工作必须坚持解放思想、实事求是，一切从实际出发的思想路线，反复强调思想教育一定要联系实际；反复强调要针对每个单位、每个人的不同情况去做思想工作；反复强调要鼓实劲，不鼓虚劲；反复强调工作要落到实处，务求实效，不要搞本本主义和形式主义；反复强调要用事实来说话，不搞空洞说教。

他科学地深刻地阐明新时期思想政治工作必须贯彻党的群众路线，反复强调思想政治工作要坚持马克思主

义的群众观点，以正确的态度对待群众，注意倾听群众的呼声，任何工作和事情都要把群众拥护不拥护、赞成不赞成、满意不满意、高兴不高兴作为根本标准和尺度；反复强调把思想政治教育同关心群众利益、解决群众的实际问题结合起来。

他科学地深刻地阐明新时期思想政治工作，既要继承优良传统，又要不断改进创新，反复强调："时间不同了，条件不同了，对象不同了，因此解决问题的方法也不同"；反复强调思想政治工作要做得有针对性，细致深入，群众乐于接受。

他科学地深刻地阐明新时期思想政治工作队伍建设必须大力加强，反复强调思想战线上的战士都应当是人类灵魂工程师；反复强调配备政工干部要注意质量；反复强调政工干部"要以身作则"，起模范作用；反复强调思想政治工作应该发动各方面的力量、不同岗位的人员都来做，真正形成一支宏大的思想政治工作队伍。

他科学地深刻地阐明怎样加强对新时期思想政治工作的领导，反复强调"党的领导机关除了掌握方针政策和决定重要干部的使用以外，要腾出主要的时间和精力来做思想政治工作，做人的工作，做群众工作"，并明确提出："我们说改善党的领导，其中最主要的，就是加强思想政治工作"；反复强调"党要管党，一管党员，二管干部"，做好思想政治工作，"最重要的条件，就是凡是需要动员群众做的，每个党员，特别是担负领导职务的党员，必须首先从自己做起"。"党是整个社会的表率，党的各级领导同志又是全党的表率。"

邓小平新时期思想政治工作理论，在他创立的建设有中国特色社会主义理论体系中，占有重要地位。这些理论，既坚持了我们党的优良传统和一贯主张，又包含着邓小平结合新时期的实践概括和提出的许多具有鲜明时代特征的新思想、新论点，是对毛泽东思想关于思想政治工作理论在新的历史条件下的继承和发展，是新时期思想政治工作的根本指针。回顾党的十一届三中全会以来我们党的思想政治工作的加强与改善等，无不与这一方针的指引紧密相联。

江泽民同志在邓小平同志追悼大会上的悼词中指出："邓小平同志留给我们的最可宝贵的财富，就是他创立的建设有中国特色社会主义理论和在这个理论指导下制订的党在社会主义初级阶段的基本路线。"要继承邓小平同志遗志，把建设有中国特色社会主义的伟大事业全面推向新世纪，我们就必须坚定不移地高举邓小平理论的伟大旗帜，始终不渝地坚持用这一理论武装全党，教育干部和人民。毫无疑义，这是党的思想理论建设的一项长期的具有战略意义的重大任务。

要搞好用邓小平理论武装全党工作，对于经过前一时期普遍学习的各级干部来说，需要进一步从广度和深度上下功夫。一方面要从把握科学体系上深入学习和全面掌握这一理论的基本内容、基本观点和基本精神；另一方面又要对若干重要领域的思想理论和方针政策进行深入、持久的学习和理解。为适应这种需要，中国职工思想政治工作研究会编写了《邓小平新时期思想政治工作理论学习概要》一书，这是很有意义的。它对于深入理解、切实把握邓小平建设有中国特色社会主义理论及其关于思想政治工作理论的精神实质，将会有很大的帮助。正如江泽民同志在为《邓小平经济理论学习纲要》一书所写的序言中指出的："深入学习邓小平建设有中国特色社会主义理论，首先仍然是要坚持认真研读原著，在学好原著上下功夫。同时，把若干方面的理论学习纲要作为重要辅助材料，这也将有助于深入地理解和把握邓小平建设有中国特色社会主义理论的科学体系和精神实质，增强贯彻执行党的基本路线、基本方针、基本政策的自觉性和坚定性。"我认为，这个精神对《邓小平新时期思想政治工作理论学习概要》也适用。

学习的目的全在于应用。我们学习邓小平建设有中国特色社会主义理论及其新时期思想政治工作理论，其目的就在于更好地指导客观世界和主观世界的改造。我们要牢记邓小平同志的教导，努力加强和改进新时期的思想政治工作，在以江泽民同志为核心的的党中央领导下，为把我国建设成为富强、民主、文明的社会主义现代化强国而努力奋斗。

（作者系《求是》杂志总编辑）

关于新形势下加强和改进思想政治工作的几个热点、难点问题

张蔚萍

新形势下思想政治工作要不要加强和改进，能不能加强和改进，如何加强和改进，这是我们每个政工干部很关心的问题。对于这个问题，江泽民总书记和朱镕基总理最近都反复强调，改革已进入攻坚阶段，现在比任何时候都更要加强党的思想政治工作。根据江总书记、朱总理的讲话精神，中共中央办公厅、国务院办公厅于4月28日联合下发了《关于做好当前思想政治工作的意见》。这个文件很好，其最大的特点就是体现了党的十五大报告精神，结合了我国当前的政治经济形势的特点和需要，有很强的针对性，切合实际，内容丰富。

现在还要不要加强思想政治工作？党的十五大召开以后，一些人误认为十五大报告没有专门讲加强思想政治工作问题，似乎今后的思想政治工作不重要了。其实不然，十五大报告中关于有中国特色社会主义的文化建设这部分，实际上讲了思想政治工作的重要性和内容；特别是报告着重讲了以学习马列主义、毛泽东思想和邓小平理论为主要内容的理论建设；讲了以贯彻党的基本路线和坚持走社会主义道路为内容的政治建设；讲了以“三讲”即讲学习、讲政治、讲正气为内容的党性教育；讲了以“三观”即世界观、人生观、价值观为内容的思想建设。理论建设、政治建设、思想建设实际上都是精神文明建设的内容，都是思想政治工作的内容。十五大报告把思想政治工作提高到建设有中国特色社会主义组成部分的高度，这应该说是对思想政治工作重要性认识上的深化。十五大报告讲的文化建设是大文化建设概念。毛主席在《新民主主义论》一书里就提出了新民主主义政治、新民主主义经济、新民主主义文化。现在的提法是建设有中国特色社会主义的经济、政治、文化，讲文化建设是从建设有中国特色社会主义伟大事业的组成部分角度讲的，实际上是讲了思想政治工作。此外，还讲了以“三德”即家庭美德、社会公德、职业道德为内容的伦理道理建设；讲了以“五风”为内容的党风建设，即理论联系实际、密切联系群众、批评与自我批评、发扬民主、艰苦奋斗的作风；讲了廉政建设的问题。所以，十五大报告中的文化建设，是思想道德建设与科学文化建设两部分组成的中国特色社会主义的文化建设纲领，是大文化建设概念。

在讨论党的十五大报告时，就有人提出，思想政治工作要不要单独写一段？讨论的结果认为，加强改进思想政治工作几句话说不清，需要十五大以后实践一段时间，针对出现的新问题单独搞一个有针对性的文件。这次中央办公厅、国务院办公厅下发的《关于做好当前思想政治工作的意见》，就是一个有针对性的文件。小平同志讲过，两个文明建设都搞上去了，都超过西方发达资本主义国家，才是真正的社会主义。文件的制定和贯彻，表明党中央高度重视思想政治工作，把新形势下加强思想政治工作的重要性、紧迫性及如何加强问题都讲得很充分。

一、新形势下加强思想政治工作的重要性和紧迫性

（一）加强思想政治工作的重要性

对于这个问题党内有两种不同的看法，一种是认为要加强；一种是认为不要加强。比如有的人说：现在是搞市场经济一切靠市场，不必再找共产党，市场经济可以解决一切问题，思想政治工作没有多大作用。其理由是美国、新加坡都没有搞思想政治工作，他们的经济一样都搞得挺好，于是产生了不需要思想政治工作的错误想法。中央办公厅、国务院办公厅《关于做好当前思想政治工作的意见》第一部分就回答了要不要思想政治工作的问题。这实际上就是江泽民同志在1993年思想政治工作座谈会上明确回答的问题。江泽民同志指出，越是深化改革、扩大开放，越是发展社会主义市场经济，就越是要全面加强和改进全党全社会的思想政治工作。思想政治工作只能加强，不能削弱。江泽民多次指出，以任何借口淡化、削弱和取消思想政治工作的言论和做法都是根本错误的，十分有害的。这次中央办公厅、国务院办公厅下发的文件里又专门回答了这个问题，指出“高度重视思想政治工作，是我们的优良传统。党的十一届三中全会以来的实践一再证明，越是深化改革，扩大开放，发展社会主义市场经济，越要重视思想政治工作”。这表明党中央对市场经济条件下要不要加强思想政治工作的态度很明确。朱镕基同志在几次讲话中都希望党委的同志要做好当前的思想政治工作，并指出现在这项工作比任何时候都重

要。文件的第一部分中讲到，“在当前改革力度不断加大，各种矛盾相对集中的情况下，加强思想政治工作更具有特别重要的意义。必须把思想政治工作深入到改革、发展、稳定的各项工作中去，切实抓紧抓好。这是统一全党思想、凝聚人民力量，实现十五大确定的跨世纪宏伟目标的需要；是克服暂时困难，保证改革攻坚顺利进行的需要；是正确处理人民内部矛盾，维护社会稳定的需要。”这就要求我们从改革、发展、稳定大局上认识其重要性。

1. 改革的需要。建立社会主义市场经济和建立中国特色的现代企业制度等改革事业，现在已经进入了攻坚阶段，关键是要把国有企业搞好、搞活。这是一个国际性的、世界性的大课题。原苏联、东欧等社会主义国家在这个问题上的改革都失败了，因而导致经济基础垮了，进而导致上层建筑不稳固，以致最后上层建筑也垮了，于是亡党亡国，社会主义国家没了。所以“攻坚”的关键就在于国有企业能不能搞活、搞好。

从当前的情况看，改革的“攻坚”面临两大问题：一个是能否开辟一个搞活搞好国有企业的新路子问题；一个是能否取得反腐败斗争胜利的问题。腐败也是障碍国有企业改革顺利进行的因素，一定要坚决持久开展反腐败斗争。江泽民同志指出，这是严重的政治斗争。朱镕基同志谈到这一问题时说，他准备了100口棺材，99口是给贪官的，一口是给自己准备的，即准备牺牲。可见其决心之大。所以，我们要与党中央一起，打好这场攻坚战。苏联、东欧改革起步较早，但在攻坚战中都失败了。我们一定要打赢。现在是更需要我们这支队伍的时候了。我们要营造好的舆论，增强对党中央的信任，增强对社会主义必胜的信心，增强对共产主义的信念，对马列主义、毛泽东思想、邓小平理论的信仰。信心、信任、信念、信仰，这“四信”不能动摇，这是深层次的思想问题，我们要认真解决这些问题，要为大家鼓劲，这比爬雪山、过草地还要艰难。列宁讲，要使别人有信心，首先自己要坚定。否则就难以开展工作。

2. 发展的需要。发展是硬道理，改革的目的就是为了发展社会生产力，实现跨世纪宏伟纲领。发展社会生产力，有两个方面的内容：一是发展物质生产力，二是发展精神生产力。思想政治工作是做物质生产力中最积极最活跃的因素人的工作，它是推动物质生产力发展的可靠保证；思想政治工作者是精神生产力的主导性因素，在推动精神生产力发展中发挥着重要作用。所以，无论是发展物质生产力还是发展精神生产力，都离不开党的思想政治工作，这是我国发展社会生产力的基本特点。现在，我们有一个难以解决的问题，就是怎样解决好下岗职工就业问题。要彻底解决下岗再就业问题，最根本的就是要发展经济，在发展中求生存，要开辟新的就业门路，调整产业结构，要教育职工从发展的角度看局部，这也是为了工人阶级的长远和根本利益。为了大家的长远和根本利益，我们现在做点牺牲是可以的。除了工人下岗，现在还有干部精减问题。有些干部不理解地说，既然领导讲我们干部是宝贵财富，那为什么还要精减宝贵财富呢？其实中央不是不管，而是我们的干部有一个需要进一步培训提高问题，以适应结构调整、队伍精减。

3. 稳定的需要。现在下岗问题带来的人民内部矛盾很突出，中央领导同志讲，现在就怕“四碰头”：一是下岗职工多，大约有几千万；二是政府部门干部精减大约一半；三是部队裁军50万；四是失业的大学生有100多万。这四种情况在什么情况下才会碰头？一种情况是金融危机和人民币贬值，这是一根导火线。所以，我国人民币不能贬值。现在民众存款一共有4万多亿，存钱一是为了养老，二是为了买房子，三是为了孩子上大学，四是办婚丧事。如果人民币一贬值，就涉及每个人的利益，就必然会影响稳定。还有一种情况就是腐败继续滋长问题，这是另一根导火线。腐败不解决，就会引起人民群众对党的怀疑，对干部的不信任。我们一定要解决这两根导火线问题，否则就会“碰头”，就会激化矛盾，就会发生社会动荡。这次下发的文件为什么是中央办公厅、国务院办公厅联合下发，就是因为党中央和政府都重视这个问题。因此，所有的人都要做好思想政治工作，光靠党委还不够，行政人员也要去做思想政治工作，同时要采取强有力的措施，切实解决二根导火线的问题，确保社会稳定。在这两根导火线中，现在腐败问题比较突出。1990年国家反贪局立案审查的案件不到1万件，1993年猛增到3万件，1995年猛增到6万件，腐败发展速度比生产力发展速度快多了，而且1993年以后，处以上干部的腐败案件猛增，1994年因腐败而处分的县处级以上干部有3854人，1995年增加到5333人，1996年增加到63582人，1997年县处级以上干部增加的数字惊人，仅局级干部就1673人。对此，中央领导同志极为气愤，若不跟这些腐败分子作斗争，经济基础就巩固不了。所以，腐败问题一定要解决，反腐败是一场严重的政治斗争，关系着党的生死存亡。江泽民同志讲，我们这支队伍是党最信任的队伍之一，改革、发展、稳定尤其需要这支队伍去做工作，发挥作用。

(二)加强思想政治工作的紧迫性

文件明确指出，我们不仅要充分认识加强思想政治工作的重要性，而且要充分认识加强思想政治工作的紧迫性。要引导人们从国内外大环境变化的大格局中提高认识。

首先，从国内大环境的变化中看，我国正处在深化改革扩大开放的“伟大变革”中。为了保证党员、干部和群众在“变革中不变向”、“变革中不变质”，必须加强党内的思想政治工作。如果放弃这种工作，广大党员干部和群

众就可能在深化改革和扩大开放的变革中迷失政治方向，丧失政治立场，轻者会犯错误，重者则会走向背叛社会主义事业的道路，这绝不是危言耸听，而是从国际共产主义运动和我国改革开放的经验教训中得出的科学结论。

自从党的十四届三中全会以来，我国的伟大变革已进入关键时刻，这个关键时刻，主要表现在以下两个方面：一是我国已进入传统计划经济向社会主义市场经济转变的关键时刻；二是我国正处在20世纪末向21世纪过渡的关键时刻。大家都知道，市场经济有两重性，既有积极的一面，又有消极的一面。积极的一面，主要表现在能把经济搞活，能推动生产力发展，能使人们观念更新；消极的一面，主要表现在它有盲目性、滞后性和自发性。特别是这种自发性、能促使人们产生一种自发势力，从而把市场经济条件下人们已经强化了的金钱观念推向极端，产生和滋长享乐主义；把市场经济条件下人们已经强化了的个人利益观念推向极端，产生和滋长拜金主义；把市场经济条件下人们已经强化了的享乐观念推向极端，产生和滋长利己主义。这三种主义是资产阶级人生价值观的核心内容。所以，在向市场经济转变的关键时刻，人们头脑里容易产生和滋长资产阶级人生价值观。这就是市场经济的负效应所带来的严重问题。一旦这种人生价值观控制了某些党员干部的头脑，就容易产生和滋生不正之风和腐败行为。在这个关键时刻，只有坚持思想政治工作，才能使党员领导干部在伟大变革中头脑清醒、方向明确、立场坚定，从而做到“变革不变质，变革不变向”。

从国际共产主义运动的历史看，跨世纪的关键时刻，对共产党人和人民群众都是一次最严峻的考验。只有加强思想政治工作，才能使党员干部和群众有一定的政治觉悟，自觉经受这种考验。自从1848年《共产党宣言》发表以来，国际共产主义运动已有150年的历史，这期间有许多高潮和低潮，其中大的高潮和低潮有三次。三次大的高潮：第一次高潮的主要标志是巴黎公社运动；第二次高潮的主要标志是列宁领导的十月革命运动；第三次高潮的主要标志是毛泽东领导的中国新民主主义革命的胜利和向社会主义的成功过渡，以及社会主义阵营的形成。从历史经验看，国际共产主义运动是曲折向前发展的，这可以说是它的发展规律。既然是规律，有了高潮就必然有低潮，其间大的低潮也有三次：第一次低潮的主要标志是马克思、恩格斯逝世以后，伯恩斯坦修正主义的演变。在这次低潮中，很多国家的共产党领袖都叛变了，就连列宁曾称作为“伟大的马克思主义者”的普列汉诺夫（俄国社会主义工党的领袖）也叛变了。资产阶级宣布社会主义失败了。第二次低潮的主要标志是第二次世界大战最艰苦的年代，希特勒的军队直打到莫斯科城郊，各国资产阶级制造事端，迫害共产党人，党内出现了投降主义思潮，社会主义国家面临着被消灭的危险。第三次低潮的主要标志是苏联和东欧社会主义国家发生和平演变，国际社会主义运动受到严重挫折，帝国主义宣布共产主义大失败。早在第一次低潮出现以后，在一片悲观声中，列宁保持清醒的政治头脑，坚持马克思主义旗帜。他总结了经验教训，认为在低潮中容易出现三种情绪：第一种是悲观失望情绪，对社会主义事业和共产党丧失了信心；第二种是消极颓废情绪，厌倦政治而崇拜金钱、权力、色情和享乐、腐败滋长泛滥；第三种是背叛情绪，轻者背叛了自己入党时的誓言，不愿再为社会主义和共产主义奋斗，重者则叛党叛国，公开投向资产阶级怀抱，为资产阶级出谋划策，分化瓦解党的队伍。所以，在社会主义运动处于低潮时期，对共产党人是一次严峻的考验，很多人在低潮中经不起这种考验。任何事物都是一分为二的，低潮的时候，也是真正的英雄人物和伟大领袖出现的时候，正是由于他们带领人民渡过了低潮，迎接了高潮的到来。

有的同志问，我们现在正处于什么时期？应该看到，我们现在正处于第三次高潮之后的第三次低潮时期。自从20世纪60年代，由于苏联东欧一些领导人在总结历史经验时否定党的历史，丑化党的领袖，在改革中改了向，变了质，腐败滋长泛滥，彻底脱离了民众，再加上西方推行和平演变战略，从而使苏联和东欧一大批社会主义国家，走向了亡党亡国之路。现在可以说，国际社会主义运动正处在第三次低潮最低谷阶段。在这最低谷阶段，列宁所说的那三种情绪像瘟疫一样威胁着党员干部和群众的头脑。有人说，悲观者有，消极腐败者有，背叛者不会有吧，至少高层不会有吧。其实不然，对社会主义背叛的人，不仅基层有，高中层也有。比如基层有一位乡办公司的总裁兼党委书记（原是村总支书记）说：“我入党30年，当领导20多年，现在才真正悟得一条真理，最有用的是权力和金钱，其他一切都是胡扯蛋”。在这种思想支配下，他违法乱纪，腐败堕落，走向了犯罪的泥潭。又比如，曾经担任过人民日报总编的胡绩伟等人，他们叛逃到国外以后，在文章和演讲中说：“社会主义不能救中国，唯有和平演变为资本主义才能救中国。”有一位曾经是中央委员，担任过某省的省委书记，他叛逃到美国后也说：“我追随共产党几十年，可以说是共产主义的忠实信徒，我为什么背叛，共产主义如果能救中国的话我能背叛它吗？”我们一位老共产党员、著名文艺评论家魏巍，认为他们的演讲和文章是“叛徒的劝降书”。历史经验教训告诉我们，在低潮最低谷阶段，任何一个党员干部都面临着最严峻的考验！中央强调加强思想政治工作，就是要用马克思主义武装党员干部和群众的头脑，使大家自觉经受这种考验。要看到，有低潮必然会有高潮，这是规律，谁也不能违背。国际国内的一些著名专家认为，低潮即将过去，高潮一定会到来，21世纪是社会主义运动在全世界复兴

的世纪！

其次，从国际大气候的变化中看，我国正处在当代世界风云变幻的历史条件下。为了使我们党在世界风云变幻中经受住各种风险的考验，必须加强思想政治工作。这样，我们在国际交往和斗争中，才能立于不败之地。应该看到，“风云变幻”的国际形势向我们提出了两大挑战：一是在“和平与发展是当今世界两大主题”的条件下，我们善于不善于同西方打市场经济战？二是在西方推行和平演变战略的条件下，我们会不会同他们打思想政治战？西方的国际战略专家总结了第二次世界大战以来的经验教训，认为资本主义世界要彻底战胜共产主义世界，单靠打军事战是不行的，必须把重点放在经济战上。为什么这样讲呢？一则这符合当代世界发展变化的大潮流，二则这是西方的优势，东方的劣势。打经济战的战场在哪里？在市场。谁能占领市场，谁就能赚钱，谁就有经济实力，谁就能最后取胜。因此，在当代打经济战主要是打市场经济战。会不会打市场经济战，关键要有清醒的头脑和过硬的本领。打市场经济战的基本本领是要学会搞市场竞争，即善于谋略决策和经营管理，善于发现和运用人才，善于发展科技并转化为生产力，善于抓住时机和提高经济效益。我们国家搞市场经济，仅仅几年的时间，而西方已有几百年的时间，在这方面我们还是小学生。所以，我们必须努力学习和研究市场经济，尽快提高自己的本领。应该说，我们已有一批领导骨干初步掌握了一些本领，在经济战中打了胜仗。然而，还有很多领导干部没有学会这种本领，特别是没有学好并掌握搞社会主义市场经济的本领，没有学好在市场经济条件下搞好国有企业的本领，再加上其他原因，致使国有企业大面积亏损，国有资产大量流失。据统计，1982 年至 1992 年，国有资产已流失 5000 亿，1993 年以后，资产流失速度不仅没有减慢，而且急剧加快，每年仍以 1000 多亿元的速度流失。有的人把搞市场经济简单化为“产权清晰”，而把“产权清晰”又简单化为改变所有制，实行私有化。此风如果继续滋长，必然导致国有资产的更快流失。所以，能否在这场市场经济战中取胜，这对我们党是一场严峻的考验！我们一定要保持清醒头脑，经受住这场严峻考验！

西方不仅在经济上同我们打市场经济战，而且在政治上同我们打和平演变战。这两个方面互相配合，很有成效。对于这一点，毛泽东同志早在五、六十年代就已察觉到了，并提出了一些防范措施。到了八、九十年代，西方加紧对社会主义国家推行和变演变战略。邓小平同志以政治家的锐利眼光看透了西方的图谋。他说：“西方国家正在打一场没有硝烟的第三次世界大战。所谓没有硝烟，就是要社会主义国家和平演变。”（《邓小平文选》第 3 卷第 344 页）西方在新的形势下怎样搞和平演变呢？据说他们要打三个战役，第一、二战役主要是瓦解苏联、东欧等社会主义国家。第三战役主要是瓦解中国和东方如朝鲜、越南及古巴等社会主义国家。当苏联和东欧发生剧变以后，从九十年代初，他们就把主攻方向对准了中国等社会主义国家。开始想借助苏联东欧剧变的冲击波很快地把中国搞垮。这个梦想失败后，就改变为打持久战的战略，想用 10 年、20 年把我们搞垮。邓小平及时识破了西方政治战略的这种变化，在 1992 年南巡讲话中说：“帝国主义搞和平演变，把希望寄托在以后几代人身上。”（《邓小平文选》第 3 卷第 380 页）他还说：“江泽民同志他们这一代可以算是第三代，还有第四代、第五代。我们这些老一辈的人在，有分量，敌对势力知道变不了。但我们这些老人呜呼哀哉以后，谁来保险？”（同上）这就是邓小平同志在最后交代里的谆谆告诫和表示的担忧。那么，西方敌对势力在九十年代以后对中国推行和平演变战略有什么变化和特点呢？第一，由“攻心——夺权——私有化”老三步曲变成“攻心——私有化——变权”新三步曲。他们强调“要强化攻心战，彻底消除毛泽东的影响”。他们认为中国共产党第三代领导人从苏共丧失政权中吸取教训，已采取措施把政权和军权掌握在共产党的手里，至少 10 年之内没有一派能取代共产党，在这种情况下鼓动自由主义者夺取政权是愚蠢的。西方一些人还认为，中国现在大讲搞市场经济，完全可利用中共搞市场经济推行私有化战略。只要私有化战略实现了，不仅社会主义意识形态丧失了基础，而且社会主义政权也丧失了存在的基础，等到后几代人掌权的时候，共产党的红色政权就不夺自变。所以，他们想尽一切办法，在思想上鼓吹资产阶级个人主义；在政治上鼓吹资产阶级民主主义；在经济上鼓吹私有化。第二，由实现“两化”发展到搞“六化”。所谓“两化”，就是西化和分化，即搞全盘西化和分裂主义，使其内部不团结不统一，直到四分五裂。所谓“六化”，就是在“两化”的基础上，又增加了“四化”，即：淡化、腐化、丑化和溶化。淡化，是指淡化政治、理想、公有制和共产党领导等观念。我们国内一些人，受到西方这种思想的影响，提出了“共产主义理想是远的，无产阶级政治是空的，科学技术是硬的，黄金钞票是实的”等论调，要人们“不想远的，丢掉空的，掌握硬的，大捞实的”。散布这种论调，不管主观愿望如何，实际上适应了西方淡化马克思主义政治的图谋。腐化，是指利用市场经济的负效应和给外资的优惠政策，“钻中国法规的空隙，赚中国人的钱，腐蚀中共的干部，再赚更多的钱，搞垮中共的经济基础，进而搞垮中共的上层建筑”。丑化，是指利用共产党领袖的工作失误和当前揭露腐败分子的罪行，添枝加叶加以丑化，甚至无中生有，造谣中伤党的领袖人物和领导骨干，使其在民众中威信下降，进而脱离群众，失去民心。溶化，是指用西方的哲学和社会学说，取代马克思主义的学说，鼓吹马克思主义过时了，毛泽东犯错误了，邓小平

的讲话不是理论等，特别是企图用西方的“趋同论”，取代马克思主义矛盾论；用西方的“信息社会论”，取代马克思主义的共产主义学说；用西方的经济学说，取代马克思主义政治经济学；用西方的社会政治学说，取代马克思主义的科学社会主义学说。以上的“文化”，是西方敌对势力推行“和平演变”的新策略。其要害是要动摇人们对马克思主义的信仰和共产主义的信念，以达到人们对共产党信任的丧失和对社会主义信心的丧失。这样人们的精神支柱就会坍塌，进而削弱其物质支柱，最终导致社会主义大厦的倾斜和倒塌。面对西方这场“没有硝烟的第三次世界大战”，我们必须加强对党员干部以“讲学习、讲政治、讲正气”为内容的党性教育，研究反对和防止“和平演变”的总体战略和措施，使领导干部自觉地在当代世界风云变幻中经受和和平演变风险的考验，巩固和发展社会主义现代化建设事业。同时还要加强对群众的思想政治工作，提高全民族的觉悟和素质，以增强他们抵制西方的能力。只要党员、干部和群众的觉悟和素质普遍提高了，我们就能取得这场伟大变革的最后胜利。

二、新形势下加强思想政治工作的可能性和基本条件

前边主要讲了新形势下要不要加强思想政治工作的问题，其目的是为了增强我们的自觉性和责任感。这部分主要讲新形势下能不能加强的问题，其目的是为了增强我们加强和改进思想政治工作的信心和决心。对于新形势下能不能加强思想政治工作的问题，党内和社会上存在着两种截然不同的认识：一种认为能够加强；另一种则认为不能够加强。为什么有的人认为不能加强呢？他们讲了以下理由：其一，“一手软一手硬”是事物发展的规律，社会主义建设时期经济工作是硬任务，思想工作是软任务，这是建设规律决定的，所以思想政治工作永远硬不起来。其二，“一手硬，一手软”在改革十多年中已经形成为一种习惯势力，改变这种习惯势力是极难的。其三，思想政治工作与发展生产力毫无关系，政工干部的劳动不创造价值，他们已成为改革的障碍。有人说：“深化改革何时就深到底了？只要什么时候把政工干部取消那就深到底了。”如果把上述观点概括起来就是两句话：一不需要，二不可能。很显然，这些观点是极其错误的，是新形势下加强思想政治工作的思想阻力，必须给以澄清。

新形势下不但要加强思想政治工作，而且能够加强思想政治工作。为什么这样说呢？

（一）我们党有加强思想政治工作的光荣历史和优良传统

在党的创立时期和大革命时期，我们做思想政治工作的条件极其艰难，但我们党仍能加强思想政治工作。“唤起工农千百万，同心干”，把旧社会搞得天翻地覆。此后，无论在土地革命战争时期和抗日战争时期，还是在解放战争时期，尽管当时的物质条件极差，但我党坚持把思想建设放在首位，坚持政治工作是各项工作的生命线，从而把千千万万的农民小资产阶级革命者培育成为不怕困难、不怕牺牲的共产主义战士，并赢得了亿万人民的拥护和支持，保证了革命的胜利。建国以后，无论是国民经济恢复时期和社会主义改造时期，还是社会主义革命和建设时期，尽管我们走了曲折的道路，思想政治工作受到了各种错误思潮的干扰，但我们党总是不断排除各种干扰，不断加强和改进思想政治工作，使思想政治工作在革命和建设中显示出强大的生命力和战斗力。总之，党的思想政治工作史，是一部由弱到强向前发展的历史，是不断克服困难和排除各种干扰得到加强的历史，当前不能因为遇到一些困难和挫折，就认为不能加强了。

（二）我们党在新时期仍然出现了一批加强思想政治工作的成功典型，创造了许多成功的经验。

这些典型和经验证明，市场经济条件下思想政治工作是能够加强的，其经验和理论是不断丰富和发展的。具体表现在以下八个方面：1. 指出思想政治工作不仅是经济工作的生命线，而且是一切工作的生命线，强调思想政治工作是推动社会生产力持续发展的可靠保证；2. 指出思想政治工作是一门治党治国的科学，强调做好新形势下的思想政治工作必须掌握它的基本规律；3. 指出思想政治工作的根本任务是培育“四有”新人，现阶段的主要任务是调动人们建设社会主义的积极性，强调当前的首要任务是用邓小平理论武装人们的头脑；4. 指出新形势下的思想政治工作既要抓基本路线教育，又要抓爱国主义、集体主义、社会主义教育，强调要把思想政治教育与科学文化教育结合起来；5. 指出在社会主义市场经济条件下必须坚持“两手抓”的方针，强调思想政治工作要为社会主义现代化建设服务；6. 指出在整个改革开放的过程中都必须坚持思想政治工作的优良传统和正确原则，强调思想政治教育一定要同物质利益相结合；7. 指出要大胆借鉴西方思想教育和管理的经验，学会运用心理学、管理学、行为学、人际关系学和企业文化等科学知识做好思想教育工作；8. 指出要建立科学的领导和管理体制，不断加强政工队伍建设，“走出一条改进中求加强”的新路子。以上丰富发展说明，党的思想政治工作经验在逐步系统化和理论化，正在形成一门新的科学。中央一位领导同志讲：“思想政治工作是一门科学。中国什么科学能达到世界最先进的水平？我看思想政治工作这门科学能达到。”有了这门科学，我们在新形势下加强思想政治工作就有了科学依据。

（三）我们党有马克思主义思想政治工作学说的指导和党中央对思想政治工作的高度重视

思想政治工作是伴随着共产党的诞生而产生的。马

克思、恩格斯在领导无产阶级革命的过程中创立了党的思想政治工作学说。列宁和毛泽东丰富发展了这一学说，形成了一套较完整的科学理论体系。邓小平在改革开放中进一步发展了这一科学理论体系：强调思想政治工作要坚持以马克思主义为指导；要坚持为党的"一个中心，两个基本点"的基本路线服务；要坚持"四有"教育，努力培育"四有"新人；要坚持实事求是的原则和党的群众路线；要坚持在继承优良传统的基础上不断创新；要坚持党对思想政治工作的领导和加强政工队伍建设。有了马克思主义关于思想政治工作的学说特别是邓小平关于新形势下加强思想政治工作的理论，我们在深化改革扩大开放中加强和改进思想政治工作就有了行动指南。这是我们能够加强的理论武器。以江泽民为核心的党中央，高举邓小平理论的伟大旗帜，高度重视加强和改进思想政治工作，制定了一系列关于加强农村、企业、高校和事业单位思想政治工作的文件。实践证明，路线正确，中央高度重视，这是新形势下思想政治工作能够加强的政治保证。

(四)我们党有一支久经考验的政工队伍

现在我们党的专职政工队伍在全国大约有400万。这是一支宏大而坚强的队伍，这支队伍的政治素质很好，对党和人民的事业忠心耿耿。尽管这些年来他们遭到西方敌对势力的丑化，也受到一些人的非议和贬低，而他们仍然坚守岗位，是一支坚不可摧的队伍。这支队伍的业务素质，近几年来也有很大的提高，正在研究和掌握思想政治工作的基本规律，探索新形势下加强思想政治工作的新路子。有了这支坚不可摧的政工队伍，加强思想政治工作就有了可靠的组织保证。

我们说新形势下党的思想政治工作能够加强，并不是说不努力就可以自发的加强，而是说要经过自觉的艰苦奋斗，创造一些必备的过硬条件，才使这种可能性变成现实。那么，当前应创造哪些必备的过硬条件呢?

1. 必须从上到下、各行各业、各类党员干部都高度重视，从而在全党形成一个加强思想政治工作的合力。这里，有三个问题必须加以强调：其一，不仅中央领导要高度重视，而且省、地、县和基层党委的领导都要高度重视；其二，不仅党的各级领导干部要高度重视，而且行政、业务部门的领导干部也要高度重视；其三，不仅各级领导口头上要高度重视，而且更重要的是行动上要高度重视。这样，才能在全社会造成一个加强思想政治工作的大环境和大气候。

2. 必须采取切实有效的措施，把加强思想政治工作落到实处。这里所说的有效措施包括两个方面：一是有效的软措施；二是有效的硬措施。所谓软措施，就是加强思想政治工作的软件工程，包括召开会议，制定文件，发出号召，提出口号，理论研讨，舆论宣传等。所谓硬措施，就是加强思想政治工作的硬件工程，包括硬的编制，硬的制度，硬的体制，硬的队伍，硬的办法，硬的投资等。这里最关键的是要有一支过硬的高素质的政工队伍，同时还要有过硬的投资。美国推行"和平演变"，他们认为这是颠覆社会主义国家的软件工程。这项软件工程之所以能硬起来，除了有硬编制、硬队伍之外，最重要的就是有硬投资做物质保证。拿"美国之音"来说，1984年前后，其日常活动经费约4000万美元，八十年代末增加到1.5亿美元，九十年代初猛增到3亿美元。为了实现"美国之音"现代化，美国政府一次性投资10亿美元。雄厚的物质基础，再加上高额的物质待遇，吸引了大批专家、教授从事"和平演变"战略的研究和实施。这个事实告诉我们，要让软的一手硬起来，必须采取硬措施。

3. 必须建立科学的领导体制和管理体制，使加强思想政治工作有可靠的制度和体制保证。党的思想政治工作必须由党来领导。党要领导思想政治工作，它自身必须有领导地位。为此，就要建立科学的领导体制，确立党委的政治领导地位。我国的高等学校，在改革中曾一度试行校长负责制，结果使党的领导削弱和思想政治工作削弱，这是造成1989年学生参与北京政治风波的重要原因。这场风波平息之后，我们党总结了经验教训，恢复了党委领导下的校长负责制，不仅高校党的领导地位巩固了，而且高校的思想政治工作加强了，有力地保证了高校改革的顺利进行。现在，军队、地方、高校、农村党的领导地位都确立起来了，唯有领导阶级集居的企业党的领导地位还没有完全确立起来，这是当前加强企业思想政治工作亟待解决的问题。所以，建立科学的企业领导体制，确立企业党委的政治领导地位，是新形势下加强企业思想政治工作的一个重要条件。除了建立科学的领导体制外，还要建立科学的管理体制，即建立在各级党委统一领导下，党政同心协力、专职队伍与兼职队伍相结合、党政工团等组织齐抓共管的全方位管理体制。只要这个管理体制建立起来了，那么加强思想政治工作就有了可靠的体制保证。

4. 必须创造一个良好的社会环境和舆论环境，使加强和改进思想政治工作有一个可靠的客观条件。环境是人们思想形成和变化的客观影响源。有了良好的社会环境和舆论环境，必然促进人们好的思想和道德风尚的形成，这对于加强新形势下的思想政治工作是极其有利的。不然的话，在本单位做了艰苦的思想工作，到社会上就被不良风气抵消了。在这种情况下，加强思想政治工作是极为艰难的。良好的社会环境，主要是由优良的党风、良好的道德、严明的法纪、友善的人际关系等因素构成的。良好的舆论环境，主要是由良好的新闻宣传、正确的理论导向以及有利于加强思想政治工作的社会舆论等因素构成的。实践证明，创造良好的社会环境和舆论环境，关键

在于加强党的领导，重点在于把握好舆论导向和实现党风的根本好转。只要党的领导坚强有力，党的优良作风发扬光大，再加上舆论导向正确和党纪国法严明，那么就会逐渐形成一个良好的社会环境和舆论环境，促进全党全社会思想政治工作不断加强。

总之，具备了上述四个基本条件，党的思想政治工作在新形势下就一定能够加强。当然要看到，创造四大基本条件是不容易的，是政工部门人力不能及的，需在全党共同努力和奋斗才能做到。

三、新形势下加强思想政治工作的对策和措施

如何加强思想政治工作？这是新形势下需要回答的又一重大课题。根据中央文件精神和现实面临的问题，应采取如下对策和措施：

（一）必须明确新形势下思想政治工作的主要任务和教育内容

思想政治工作的主要任务，就是运用科学理论和科学知识培育人，提高人的素质。具体来讲，就是用马列主义、毛泽东思想和邓小平理论培育“四有”新人，提高全民族的素质。在当前，主要是用邓小平理论武装党员、干部的头脑，教育人民群众，提高党员、干部和群众的素质。所以做思想政治工作，主要是在培育人和提高人的素质上下功夫。这是思想政治工作同经济工作、技术工作不同的地方。

为了实现培育人和提高人的素质的任务，必须全面掌握思想政治教育的基本内容。这项基本内容有两个方面：一是党内教育的内容；二是党外教育的内容。从党内思想政治教育的内容看，主要是以马列主义、毛泽东思想和邓小平理论为内容的理论建设；以马克思主义世界观、人生观和价值观为内容的思想建设；以基本路线和讲政治为内容的政治建设；以发扬理论联系实际、密切联系群众、批评与自我批评为内容的党风建设。在当前，重点是要抓好县处以上领导干部的党性、党风教育，使领导干部在领导改革和建设的过程中自觉地改造主观世界。

从党对群众进行思想政治教育的内容看，主要应坚持两个结合：一是坚持“两基本教育”（基本理论教育和基本路线教育）与“三主义教育”（爱国主义、集体主义、社会主义教育）相结合。重点要抓好爱国主义教育，激发人们的爱国热情，建设好自己的祖国——社会主义祖国。二是坚持日常性教育与科学文化教育相结合。日常性教育主要是形势任务教育、改革开放教育和方针政策教育等。一句话，结合党的中心任务和中心工作进行教育。当前，主要是用党的十五大精神教育人。在抓日常性教育的同时，还要抓科学文化知识教育。因为我们培育的人是全面发展的人，又红又专的人。有一些同志，不把学习科学文化知识看成是思想政治工作的内容，因而在教育中忽视了思想政治教育与科学文化知识教育相结合。在新形势下，群众的求知欲望很高，忽视科学文化知识教育就要脱离群众，也不利于全面提高人民群众的素质。所以，在思想政治工作中，一定要注意上面讲的两个结合，在两个结合上多下功夫，做好文章。

（二）必须坚持新形势下思想政治工作的正确方针和基本原则

做好新形势下的思想政治工作，首先必须坚持正确的方针。这里所说的正确方针，既包括宏观指导方针，又包括具体工作方针。所谓宏观指导方针，是指各行各业共同遵循的战略方针，即“两个文明建设一起抓”的战略方针。作为政工干部，虽然直接抓精神文明建设，但抓精神文明建设要在推动物质文明建设上使劲；抓思想政治工作要为党的基本路线和现代化建设服务。所谓具体工作方针，是指做好思想政治工作自身应遵循的方针，即疏通引导的方针。疏通，就是发扬民主，广开言路，集思广益；引导，就是循循善诱，把各种各样的思想引向正确的轨道。疏通和引导是辩证的统一，疏通是引导的前提，引导是疏通的目的。我们在做思想政治工作的过程中，要善于在疏通中引导，在引导中疏通，做到有疏通有引导。这样才能正确贯彻这一方针。

如果说坚持正确方针为做好思想政治工作指明了方向，那么，坚持正确原则则是做好这项工作的行为准则。根据思想政治工作学说的基本原理和中央文件的精神，总结改革开放以来的经验教训，我们要做好新形势下的思想政治工作，有以下八条基本原则必须坚持：1. 要坚持理论和实际相结合的原则。所谓理论和实际相结合，有两层意思：一层是一定要掌握科学理论，因为它是行动的指南；另一层是一定要从实际出发，实事求是，因为只有这样理论才能富有强大的生命力。当前贯彻这一原则，最重要的就是要善于运用理论回答现实存在的热点、难点问题，解惑释疑。2. 要坚持发扬民主与正确指导相结合的原则。这里所说的发扬民主，是指在思想政治教育中要倡导民主精神、民主作风和民主方法。关键是要让人们各抒已见，畅所欲言。这里所说的正确指导，是指在广泛发扬民主的基础上积极认真地做好指导工作。近几年来出现的协商对话、民主评议、答职工问、辨论会等，就是发扬民主与正确指导相结合的新形式。3. 要坚持思想政治工作结合经济业务工作一道去做的原则。这是毛泽东在五十年代提出的一个原则，现在仍然有生命力。这里所说的“一道去做”，是指思想政治工作要贯穿于经济业务工作的全过程，要渗透到经济业务工作内部的各个环节。为此，思想政治工作应主动深入到经济业务活动中去，主动同经济业务部门沟通情况和交换意见，主动帮助经济业务干部了解政工的业务知识，使其在布置、检

查、总结经济业务工作时,也布置、检查、总结思想政治工作。4. 坚持解决思想问题与解决实际问题相结合的原则。这里所说的解决思想问题,既包括解决思想认识问题,又包括解决思想意识问题。解决这些问题,一定要同解决实际困难和矛盾以及给群众办实事紧密结合起来。一个好的政工干部,他始终把教育群众和为群众服务密切结合起来,从而赢得群众的信任和拥护。5. 坚持言教与身教相结合、身教重于言教的原则。这里所说的言教,包括语言教育和文字教育两种形式。言教主要靠真理的力量,以理服人。这里所说的身教,主要是指教育者的高尚人格和模范行动。身教主要靠人格的力量,以模范行为影响人。一般来说,身教和言教都重要,两者一定要紧密结合。然而在新的形势下,身教更重要,一定要坚持身教重于言教的原则。6. 坚持批评与表扬相结合,以表扬为主的原则。辩证唯物主义告诉我们,事物发展总是不平衡的,既有先进,又有后进;对于一个人来说,自身既有积极因素,又有消极因素。批评是为了抑制消极因素,表扬是为了激励积极因素,两者一定要结合。那么为什么要坚持以表扬为主呢?因为每个人身上虽然优点与缺点总是长期并存,但一般情况下积极因素居主导地位。以表扬为主,就是要求政工干部善于用人们自身的积极因素去克服消极因素。无论是表扬还是批评,都要把握好“量度”、“准确度”,选好时机和场合,这样就会取得好的效果。7. 坚持思想教育与物质利益相结合的原则。我们党历来重视两者的结合,在以经济建设为中心的今天,人们的物质利益观念日益强化,更要强调两者的结合,以便达到从精神动力和物质动力两个方面去调动人们的积极性。8. 坚持耐心教育与严格纪律相结合的原则。思想教育首先要耐心,而耐心源于爱心,有了爱心就能自觉做到耐心。然而教育不是万能的,还必须有严格的纪律相结合。其实,执行纪律也是一种特殊的教育。只有两者结合,才能提高教育效果。

(三)必须掌握思想政治工作的科学方法和方式

要做好新形势下的思想政治工作,还必须掌握其科学的工作方法。所谓思想政治工作的科学方法,就是指符合人们思想与行为的变化规律以及思想政治教育和管理规律的方法。这些科学方法,随着实践的发展而不断丰富新的内容。概括起来,主要有六个方面的内容:1. 要掌握以理服人与以情感人相结合的方法。以理服人,就是依靠真理说服人,而不是以势压人。为此,就要注意因人施教,说理透彻,讲究说理的艺术。以情感人,就是指教育者与被教育者之间要建立真挚的感情,依靠这种感情去影响人、感染人,以达到有效传播真理的目的。为此,就要尊重人,理解人,关怀体贴人。掌握这种方法的关键是要做好情理结合,情真理切,这样才能提高教育效果。2. 要掌握抓两头带中间与抓中间促两头相结合的方法。抓两头,就是指既要抓先进的一头,树立先进典型,推广先进经验,又要抓后进的一头,做后进的转化工作,鞭策后进前进。在一般情况下,抓了两头,就会把中间大多数群众带动起来。然而在有些单位,却出现了抓两头带中间带不动的局面,这就要从抓中间入手,促进先进一头更先进,推动后进一头向先进转化。为此,就要研究中间层群众的心理特征,有针对性地进行教育工作。3. 要掌握运用心理学一把钥匙开一把锁的方法。心理学是研究人的心理活动及其规律的科学。人们心理活动是复杂的,大体分为认识、感情、意志三个过程。实践经验告诉我们,在掌握了人们一般心理过程的同时,还要特别掌握其个性心理特征,这样才能做到对症下药,一把钥匙开一把锁。在掌握人们的个性心理活动规律时,还要预防和克服逆反心理,这是运用心理学做思想政治工作必须注意的一个问题。4. 要掌握有意识教育与无意识教育相结合的方法。思想政治工作大量的是有意识教育。所谓有意识教育,就是指教育的政治目的和意图明确,使被教育者按照教育者指引的方向,自觉地改造自己。如进行爱国主义教育和基本路线教育等,都是有意识教育。所谓无意识教育,是指受教育者在接受教育的过程中,没有意识到自己在受教育,而是在寓教于学、寓教于乐、寓教于活动之中,不知不觉地受到了教育。这种教育方法在人们逆反心理严重的情况下,其教育效果极佳。5. 要掌握自我教育与互相教育相结合的方法。在群众性的思想政治工作中,特别要倡导自我教育。所谓自我教育,就是人们在学习科学理论和科学知识的过程中,自觉地联系自己思想和工作实际,进行自我改造、自我反省、自我修养的教育活动。然而自我教育却离不开互相教育,即离不开教育者与被教育者之间、领导与群众之间、群众与群众之间的互相帮助和互相影响。我们经常采用的组织生活会、座谈会及谈心活动等,都是互相教育的好形式。6. 要掌握大环境与小环境相结合的科学方法,做思想政治工作,一定要有一个好的大环境和小环境。所谓大环境,是指整个社会环境,包括社会风气、社会活动和社会治安等。做思想政治工作,一定要善于利用大环境中的积极因素,如利用纪念抗战50周年和香港回归祖国这些社会活动,对群众进行爱国主义教育等。所谓小环境,就是指本单位的工作、生活、学习、治安、教育、文化、卫生等实践活动。环境对人是一种潜移默化的教育,营造好的环境,有助于搞好思想政治教育。家庭环境是社会环境的细胞,营造好的环境,一定要重视营造一个好的家庭环境。

做好思想政治工作不仅要有上述科学方法,而且必须采取正确的途径和方式,讲究工作艺术。几十年来,我们党创造了如下行之有效的方式和艺术:一是报告、演讲的方式和艺术;二是开会、讨论的方式和艺术;三是个别

谈心的方式和艺术;四是评比、奖惩的方式和艺术;五是协调人际关系的方式和艺术;六是批评、表扬的方式和艺术,等等。实践证明,善于运用这些方式和艺术做工作,对提高思想政治工作效果是非常重要的。

(四)必须加强党的领导和政工队伍建设

加强党的领导是搞好思想政治工作的根本保证。为此,党委和党员行政领导干部就要高度重视,切实把思想政治工作摆在议事日程的重要地位。一定要按照中央精神和本地实际对每年的思想政治工作作出安排部署;一定要定期对思想政治状况进行分析研究,做到心中有数;一定要及时把当地最突出、群众反映最强烈的问题理清楚、排出来,谁主管谁负责解决;一定要建立思想政治工作责任制、一级抓一级、一级带一级,分层包干,责任到人,加强督促检查,狠抓工作落实;一定要在党委统一领导下,党、政、工、团都动手做思想政治工作,各负其责,形成合力;一定要加强党的自身建设,充分发挥基层党组织的战斗堡垒作用和党员的先锋模范作用,尤其是主要领导要亲自出马,带头做好思想政治工作。只要上述这几点都做好了,党对思想政治工作的领导,一定能够加强。

加强党对思想政治工作领导的前提,是要确立党委的领导地位。从全国情况看,地方、军队、高校、农村党的领导地位已经确立,领导体制也已建立,现在的关键问题,是企业党的领导地位和领导体制如何确立的问题。中央1997年4号文件已经明确指出,要加强党对企业的政治领导,江总书记也已批示,要坚持党对企业的政治领导权。现在关键的关键是要统一认识,狠抓落实。有的人至今还受到“厂长是中心”和“一长制”思想的影响,或者受西方企业制度的影响,不积极贯彻中央文件的精神和江总书记的批示,这是学习理论和统一认识中必须解决的一个重大问题。应该指出,中央文件讲的政治领导,不是狭义的政治领导、而是体现执政党的地位的宏观政治领导。就是说,这里讲的政治领导是路线方针政策领导,思想领导与组织领导的有机统一。江总书记讲的“政治领导权”,是指政治领导权威与政治领导权力的有机统一。领导权威是领导者基本素质在行为中的外在表现;领导权力是决策权、用人权、舆论权三位一体的综合表现。坚持党的政治领导权,既要有领导权威,又要有领导权力,两者缺一不可。根据毛泽东建党学说,实现党的领导权,既要在提高领导班子素质上下功夫,又要在“出主意、用干部、造舆论”上下功夫。这样就能把领导权牢牢掌握在党的手里。从十多年改革的实践看,凡是党的领导权掌握好的企业,两个文明建设都搞的好,能经得起各种风险的考验。所以,在改革中一定要坚持党对企业的政治领导权,绝不能丧失党对企业的政治领导权。

加强党对思想政治工作的领导,还必须加强政工队伍建设。这里有两个问题必须重点加以强调:1. 要正确认识和评定政工干部的劳动价值。政工干部的劳动,是一种脑体兼有的综合性、奉献性的复杂劳动。这种劳动性质决定了它有三个特点:一是潜在性和周期性比较长;二是综合性和间接性比较突出;三是塑造性和奉献性比较强。他们像蜡烛一样,燃烧自己,照亮别人。所以,政工干部所创造的价值,不是一般意义上的价值,而是有很高的社会价值。首先,就劳动价值的形态来看,可分为精神形态的价值和物质形态的两个价值方面,前者是直接的,后者是间接的。就劳动效能来看,它同时具有现实价值和潜在价值两种类型。总之,政工干部同其他岗位上的干部一样,他们的劳动也为社会创造价值,应给他们一视同仁的待遇,这对稳定政工队伍是大有好处的。2. 要下功夫下大力提高政工队伍自身的素质。这是政工干部实现其价值的决定性因素,也是在新形势下搞好思想政治工作的内在因素。提高政工干部的素质,应在以下四个方面努力:一要提高他们的思想政治素质;二要提高他们的道德作风素质;三要提高他们的科学文化素质;四要提高他们的知识才能素质。只有全面提高了政工干部的素质,再加上其他条件的具备,党的思想政治工作在新形势下一定能够加强,一定能够在改革和建设中继续发挥它的生命线作用和保证作用。

(作者系中央党校思想政治工作研究室主任、教授、博士生导师)

毛泽东思想政治教育理论给我们的启示

杨静云

毛泽东在中国革命的伟大实践中，开创了无产阶级思想政治教育理论的新阶段。在这个阶段中，他把马克思列宁主义的基本原理融进了中国共产党的思想政治教育实践。在总结丰富的实际经验的基础上，加以理论概括，形成了一套有关思想政治教育的理论基础、地位作用、方针原则、内容方法的完整论述，同时，提出了许多精辟的见解和具有独创性的思想。譬如，关于思想等第二性的东西在一定条件下可以具有决定性的反作用的思想；关于政治工作是一切经济工作的生命线的思想；关于世界观的转变是一个根本的转变的思想；关于树立全心全意为人民服务的人生观的思想；关于把共产主义宣传与当前纲领实践结合起来的思想；关于调动一切积极因素，化消极因素为积极因素的思想；关于全党都要加强政治思想工作的思想，等等。正因为毛泽东把思想政治教育理论系统了和大大深化了，因此，毛泽东阶段成为继马克思恩格斯阶段和列宁斯大林阶段之后的、无产阶级思想政治教育理论发展的又一个极为重要的阶段。今天，我们学习和研究毛泽东的思想政治教育理论，不仅是要展现这一理论的价值，从而给它以应有的历史地位；更重要的，是为了使这一理论很好地为现实服务。学习和研究毛泽东思想政治教育理论的现实意义就在于：其一，历史是不能割断的，毛泽东的思想政治教育理论反映和代表着我们的过去，了解了过去，就会加深我们对当前问题的理解和思考。其二，毛泽东思想政治教育理论中包含的许多原理、原则和科学方法，是有普遍意义的，无论现在还是今后，对于我们都具有重要的指导作用。总之，我们应当继承毛泽东思想政治教育理论财富，以加强党在新时期的思想政治工作。

紧密结合新时期党的思想政治工作实践，学习和研究毛泽东的思想政治教育理论，从中能够获得哪些重要的启示呢？主要的体会是：

一、必须坚定对思想政治工作重要战略地位的认识

要实现党的路线，完成党肩负的历史任务，就必须加强思想政治工作，这是毛泽东的一贯主张。今天，全党、全国人民正面临着深化改革，扩大开放，建立社会主义市场经济体制，加快现代化建设的新形势，思想政治工作只能加强，不能削弱；思想政治工作者肩上的担子不是轻了，而是更重了。因为，在社会主义现代化建设过程中，既要搞好物质文明建设，也要搞好精神文明建设，做到两只手都要硬。党的“一个中心、两个基本点”的基本路线一百年不动摇，就必须坚持党的四项基本原则，就必须坚持思想政治工作。加强思想政治工作是建设有中国特色社会主义的迫切需要和客观必然，是贯彻执行党的基本路线的可靠保证，是实现社会主义、共产主义远大理想的必需条件，是调动广大群众社会主义积极性、协调人际关系的基本方法，是凝聚全体人民的重要途径，是建设社会主义现代化，办好各项事业的内在要求。

思想政治工作必须为党的总路线总方针服务，这是我们党和毛泽东对思想政治工作战略地位的一个基本认识，也是思想政治工作的根本指导方针。在当前，思想政治工作就必须为党的“一个中心、两个基本点”的基本路线服务。思想政治工作者必须提高执行党的基本路线的自觉性，强化为经济建设服务的意识，自觉地服从和服务于经济建设，推动经济建设的发展，推动社会主义市场经济体制的建设与发展。思想政治工作不能游离于经济建设这个中心之外，也不能搞“自我中心”、两个中心或多中心，妨碍和干扰经济建设的发展。思想政治工作必须紧密结合经济工作，各项业务工作一道去做，而不能搞“两张皮”，搞空头政治，脱离实际的思想政治工作。在新的历史时期，思想政治工作为全党的中心工作服务，为经济建设这个中心服务，就是要以邓小平建设有中国特色的社会主义理论为指针，全面贯彻党的基本路线，为改革开放和经济建设，为推行和建立社会主义市场经济体制，提供强大的精神动力、智力支持和思想保证，提供良好的社会舆论环境和文化条件。

党的十四届三中全会作出的《中共中央关于建立社会主义市场经济体制若干问题的决定》中指出：必须“坚持两手抓，两手都要硬的方针，加强以培养有理想、有道德、有文化、有纪律的新人为目标的社会主义精神文明建设。各级党委和政府要发挥思想政治工作优势，加强对

宣传思想和文化工作的领导。要加强对邓小平同志建设有中国特色社会主义理论的研究工作，加强以马克思主义为指导的哲学社会科学研究工作。要广泛深入生动地开展爱国主义、集体主义、社会主义教育，开展中国历史特别是近代史、现代史和中华民族优良传统的教育，提高民族自尊心、自信心和自豪感，发扬艰苦奋斗精神，把亿万群众的巨大创造力凝聚到建设有中国特色社会主义伟大事业上来。积极倡导在社会主义市场经济条件下坚持正确的人生观和文明健康的生活方式，加强社会公德和职业道德的建设，反对拜金主义、极端个人主义和腐朽的生活方式。……”这就是在新的历史条件和新的形势下，党交给我们的光荣而又艰巨的任务。宣传理论、思想政治教育战线的同志，应当进一步解放思想，振奋精神，奋发图强，开拓进取，为社会主义思想政治工作的加强做出新的贡献。

二、必须坚持以邓小平理论为指导

思想政治工作必须以马克思主义为指导。必须坚持用马克思主义理论武装全党，教育和影响广大人民群众，这是毛泽东历来强调的，是思想政治工作的基本任务。在当前，必须着重强调以当代中国的马克思主义——邓小平理论为指导。邓小平同志一贯强调的社会主义物质文明与精神文明要“两手抓，两手都要硬”的战略方针，维护国家的独立和主权，发扬民族自尊心、自信心、发扬爱国主义、集体主义、社会主义精神，把我们伟大的中华民族振兴起来，发展起来的基本精神；邓小平同志关于坚持党的四项基本原则的论述；关于加强党的领导和党的建设的论述；关于防止和平演变的论述；关于要警惕右，主要是防止“左”的论述；关于加强廉政建设，反对腐败的论述；关于干部革命化、年轻化、知识化、专业化的论述；关于培养有理想、有道德、有文化、有纪律的“四有”新人和社会主义接班人的论述；关于学马列要精，要管用的论述；关于大胆吸收和借鉴人类社会创造的一切文朋成果的论述，都对我国社会主义现代化建设事业，对我国社会主义精神文明建设和思想政治工作有着极为重大的指导意义。我们必须在邓小平建设有中国特色社会主义理论指导下，把思想政治工作做得更好。

爱国主义、社会主义是凝聚中华民族、推动中国社会主义现优化伟大事业发展的强大精神动力。在学习邓小平理论过程中，除了紧紧抓住和围绕“解放思想，实事求是”这一思想理论精髓；只有社会主义才能救中国，只有社会主义才能发展中国这一反复强调的主题；“一个中心、两个基本点”的基本路线；“两手抓，两手都要硬”的战略方针等重大思想理论观点外，思想政治工作者还要特别注意引导广大群众特别是广大青年认真学习邓小平关于社会主义同爱国主义相统一的科学论述，深刻学习领会邓小平同志反复强调的爱国主义精神，增强民族自尊心、自信心、自豪感，维护国权、国格，用光辉灿烂的中国历史、中国人民前仆后继的奋斗史教育广大人民、广大青年，发展社会主义，建设强大的中国，为人类做出更大的贡献。

三、必须继承和发扬党的思想政治工作的优良传统

我们党和毛泽东同志领导中国人民在长期的革命和建设事业中，进行了广泛深入的思想政治教育和动员组织人民群众的工作，积累了丰富的思想政治工作经验，形成了优良的思想政治工作传统，成为革命和建设事业的宝贵财富。善于做好思想政治工作，这是我们党的一大优势，是我们的传家宝，应当十分珍视，万万不能丢掉。思想政治工作，作为党的全局工作的一个重要组成部分，在党的事业中曾经发挥过强大的威力，产生过巨大的作用，这是举世闻名的。在建国后的年代里，我们取得了巨大胜利，也有严重的挫折，有右的干扰，也有“左”的错误，思想政治工作在艰难曲折中前进，但必须肯定，仍然发挥了巨大的作用，我们必须实事求是地加以肯定。办亚运、争奥运，坚持四项原则，拥护改革开放，现代化建设事业的发展，也从来没有离开过思想政治工作的艰苦努力和有力的作用。实践是检验真理的唯一标准。实践告诉我们，必须十分珍视并且要坚持发扬党在长期斗争实践中形成的优良思想政治工作传统。

当然，时代不同了，历史发展了，我们面临着新形势，有许多新情况、新问题、新特点，完全照搬过去当然是不行的。我们需要适应以经济建设为中心、建立社会主义市场经济体制的新形势，需要研究新情况，解决新问题，创造新经验。思想政治工作在继承的基础上要创新，要改革，要发展，这是必须的；但创新、改革、发展不能隔断历史、丢掉我们的优良传统。那种把过去的政治工作统统斥之为“老一套”、“保守、落后”，认为已经“过时了”，“统统不管用了”的观点是完全错误的，十分有害的。

四、必须吸收借鉴世界各国的一切先进文明成果

早在民主革命时期，毛泽东就在思考建设一个具有中国特色的先进的思想文化体系问题。他认为，建设这个先进的思想文化体系的一个重要途径，就是“大量吸收外国的进步文化，作为自己文化食粮的原料”，当然，这种吸收“决不能生吞活剥地毫无批判地吸收”，而要去其糟粕，取其精华。当前，深化改革，扩大开放，推进社会主义现代化建设事业，特别是建立社会主义市场经济体制，要求我们必须坚决贯彻党的解放思想、实事求是的思想路

线。开放,不仅是发展国际间交往的需要,而且是吸收国际上一切有益经验的需要。邓小平同志指出:"社会主义要赢得与资本主义相比较的优势,就必须大胆吸收和借鉴人类社会创造的一切文明成果,吸收和借鉴当今世界各国包括资本主义发达国家的一切反映现代社会化生产规律的先进经营方式、管理方法。"近代世界和中国的历史都表明,拒绝接受外国的先进科学文化,任何国家任何民族要发展进步都是不可能的。闭关自守只能停滞落后。我们坚决摒弃维护剥削和压迫的资本主义思想体系和社会制度,摒弃资本主义一切丑恶腐朽的东西,但是必须下大决心,用大力气,把当代世界各国包括资本主义发达国家的先进科学技术,具有普遍适用性的经济行政管理经验和其他有益文化学到手,并在实践中加以检验和发展。不这样做就是愚昧,就不能实现现代化。闭关锁国、故步自封、因噎废食,拒绝接受世界各国的有益经验,这只能导致我国长期贫穷落后,我们过去是吃了这种苦头的。

社会主义作为一种崭新的社会制度,需要在继承和利用资本主义社会已经创造出来的全部社会生产力和全部优秀文化成果的基础上,结合中国的实际进行新的创造,才能顺利建设成功。我们要贯彻解放思想、实事求是的思想路线,一个很重要的方面,就是要求我们摆脱过去的一些片面的认识,大胆利用国外主要是资本主义国家的资金、人才和先进技术,大胆吸收和借鉴世界各国包括资本主义发达国家在内的一切反映现代化社会生产规律的先进的经营方式和管理方法。同样,在精神文明建设方面,也应当大胆吸收和借鉴世界各国,包括资本主义国家在内的那些人类共同的,具有普遍适用性的精神文明成果。当然我们决不能照抄照搬外国的模式,在意识形态、精神文明方面,尤其不能如此,尤其需要我们保持清醒的头脑。但这也决不意味着在精神文明建设方面,我们就不需要对外开放,就不需要吸收、借鉴、学习外国的有益经验。在这方面,我们同样应该作到"洋为中用"、"博采众长"、为我国的现代化建设事业服务。

五、必须发挥中华民族传统文化的优势

毛泽东在思考建设中国新的思想文化体系的时候,非常鲜明地把体现中华民族精神特性的民族文化,看作新思想文化体系的主体。他认为,我们要建立以马克思主义为指导的新思想文化形态,但必须将马克思主义与中国的具体特点相结合,并通过一定的民族形式才能实现。就外国文化与中国民族文化的关系而言,他认为,前者是"流",而后者是"源"。当前,在建设社会主义的精神文明,切实加强思想政治工作的过程中,我们同样必须继承和发扬中华民族的传统美德,弘扬灿烂辉煌的具有五千年悠久历史的民族文化。我们的精神文明必须扎根于中国的土壤,吸收中国传统道德的丰富营养。中国的民族文化源远流长、博大精深、影响深远。我们必须继承和发展中华民族这个丰富的文化宝藏,发挥这个优势,和社会主义的时代精神相结合,在继承的基础上,不断创新,不断前进。

发挥中华民族传统文化的优势,并使之适应社会主义市场经济,与时代精神相结合、相嫁接,实现传统道德现代化,使中华民族的传统文化不断创新和发展,这不仅是社会主义精神文明建设,加强思想政治教育工作的重要内容,也是广大宣传理论、思想政治工作者的重要任务。推动和实现传统道德的创新、发展和现代化,是一项十分艰巨复杂的文化道德建设工程,需要以马克思主义的思想理论为指导,对传统文化道德去粗取精、取其精华、去其糟粕,进行精选、加工、整理、宣传教育工作,需要我们进行不懈的努力。这就需要在建设有中国特色社会主义理论和现代教育科学理论指导下,通过社会教育、学校教育、家庭教育把现代化了的传统道德内容灌输给人民群众和青少年一代,从而提高他们的社会道德水平,加强全社会的精神文明建设。

(作者系北京市委党校党委书记、教授)

知识经济与思想政治工作

孙其昂

知识经济以其对社会经济的巨大影响已成为当今社会中的一个热门话题，受到社会各界的广泛注意。那么，它对思想政治工作有何影响呢？知识经济条件下思想政治工作的地位作用是什么、采取何种对策呢？

知识经济对思想政治工作的影响

在知识经济时代，思想政治工作在格局不发生根本性变化的情况下而在许多方面发生重要变化，形成知识经济时代思想政治工作的特有条件。

知识经济进一步改变思想政治工作的文化环境。思想政治工作具有政治规定性，它的最好的文化环境是政治文化环境。思想政治工作的主流文化环境，在政治运动年代，是政治文化环境：在经济建设为中心年代，是物质文化环境：在知识经济年代，将是知识经济文化环境。知识经济文化环境中，在继续突出物质利益的同时，知识、知识产品、知识分子、知识生产者、知识价值观、教育、智能等要素将得到强化。与此同时，“阶级政治”要素将进一步淡化，“经济政治”、“知识政治”大行其道而成为思想政治工作主要面对的政治课题。改革开放以来思想政治工作薄弱的原因之一是不适应物质文化环境。在面对知识经济时代的到来，思想政治工作将进一步受到环境变化的考验。思想政治工作要适应知识经济时代，必须坚持正确的政治主张和方向，改变自己的行为方式，主动适应知识经济社会的文化环境。

知识经济进一步改变思想政治工作的客体。思想政治工作的客体是指思想政治工作所面对的客观事物，如对象、目标、任务、社会事件等。知识经济对我们现有的劳动方式、生活方式、思维方式，包括经营管理乃至领导决策都将产生重大影响。知识经济的发展将改变社会成员的社会地位，进而促进社会结构的转变，影响社会准则的变动。到了知识经济时代，知识成为发展经济、实现富裕的关键因素，知识活动将成为获取和分配财富的主要活动。这样，知识、教育等要素成为人们关注的重点，也成为一种政治问题（现在城镇居民已经把子女教育成为他们关心的第一位问题）。因此，与现在相比，思想政治工作在知识经济条件下面对的客体有很大的不同，要求思想政治工作既有敏感性，又有判断力，及时作出有效处理。

知识经济进一步推进思想政治工作的开放。思想政治工作的开放，是指思想政治工作系统的双向开放性，一方面是指思想政治工作向外开放，接纳外部因素的进入；另一方面是指思想政治工作进入更大的社会系统。现在的思想政治工作不再是企业、学校、机关等社会团体内部封闭式的运行，而是在与外部有着即时的、活跃的物质、信息和能量的交换中动态进行的。这种开放是以社会开放为前提的，也是改革开放以来的重大成果和现代思想政治工作的重要待征。思想政治工作现在不仅是在国内开放，而且与国际社会有了广泛的信息交流。其原因在于我国实行开放政策、发展交通通讯和提高人的素质。知识经济将进一步推进思想政治工作的开放，使之在国内外种种因素影响下开展工作，要求具有更快的反应能力。

知识经济进一步改变思想政治工作的评价体系。知识经济时代的基本政治条件不会发生变化，因此，社会中根本性标准即基本原则不会发生变化。包括工业经济时代确立的财富标准，也将仍然是知识经济时代的标准。但是，在知识经济的影响下，许多事物的标准将会发生变化。以效率标准为例。工业经济时代的效率标准是劳动生产率，知识经济时代的效率标准是知识生产率。劳动生产率，即以每个人单位时间生产的产品数量作为衡量经济的主要标准，强调量的增加；所谓知识生产率，是指生产知识并把知识转化为技术、转化为产品的效率，实质是创新能力。知识生产率取决于知识的开发与传播，包括开发、教育、培训等。这样，社会对思想政治工作的评价和思想政治工作对事物的评价都将改变，在知识经济时代，进一步将聚焦在对“科教兴国”、“科技是第一生产力”、“尊重知识、尊重人才”的评价上。

知识经济时代思想政治工作应有的对策

在知识经济时代，思想政治工作负有重要的使命，应当找到对策，发挥积极作用。

1. 思想政治工作要发挥重要作用。认识知识经济

以及知识经济时代的思想政治工作，要正确理解“知识”的含义。在知识经济中，知识的含义比较广。根据《以知识为基础的经济》一书的划分，知识包括四大类：知道是什么(Know－what)、知道为什么(Know－why)、知道怎样做(Know－how)和知道是谁(Know－who)。阿尔温·托夫勒则早在1990年就认为，知识不仅仅包括理论与实际经验的概括，还包括信息、数据、图象、态度、价值观以及其它一些象征符号。知识“所包括的远不止象科学技术和教育这样一些传统内容。它还涉及到一个国家的战略思想、从外国获得情报的能力、语言、对其它文化的一般了解程度、自身的文化和意识形态对世界的影响、通信系统的多样性以及通过其流通的新的思想、信息和形象的范围等等。所有这些或是增长或是削弱了一个国家的力量，同时决定着发生某种冲突和危机时，这个国家能调动使用何种质量的权力。”上述可见，知识经济包含着思想政治工作。在知识经济体系中，思想政治工作本身是知识的一部分，又要发挥思想政治工作知识的力量。就知识而言，又有显性知识和隐形知识两大类。知识经济中难以驾驭的部分是隐性知识部分，这正好是思想政治工作的长处，可以发挥其独特作用。

2. 思想政治工作要坚持正确方向。历史经验一再表明，每当巨大的社会思潮出现时，对思想政治工作都会造成巨大冲击。思想政治工作面对的首要问题往往是要不要坚持思想政治工作、要不要坚持政治方向以及怎样坚持政治方向。要不要坚持思想政治工作，前面已从理论上作了肯定的回答。

3. 思想政治工作中要依靠知识的力量。思想政治工作要依靠真理的力量和人格的力量，也需要依靠知识的力量。知识说服人，这是做好思想政治工作的重要条件。思想政治工作没有知识的优势，就很难有工作的优势。

4. 思想政治工作要重视创新。创新能力是知识经济的灵魂，也是思想政治工作的灵魂。在社会瞬息万变、问题层出不穷、情况错综复杂的条件下，只有依靠创新来出色地做好思想政治工作，以满足需要。

5. 做好以人为本的文章。知识经济的关键在于人才和人才的作用。知识经济不仅重视人才的作用，而且人才个体活动和作用的特点更加显著，个人的社会自由度也提高了。这样，若没有制度规范和价值观调节，一个人有了知识，掌握了信息技术，不仅不能克服改革开放中已经出现的“道德危机”，而且可能造成更大的后果。思想政治工作要加强知识经济中人的研究和教育，着眼于提高人的素质。

6. 宣传知识经济是思想政治工作的一项重要工作。宣传知识经济是思想政治工作的一部分，不是外加的工作。思想政治工作应当积极宣传知识经济的知识，引导人们正确理解知识经济及其社会效应，激发人们对知识经济的热情，抓住机会，迎接挑战。

7. 大力采用先进技术提高思想政治工作的“生产力”。改革开放以来，电子计算机等先进技术得到了飞速发展，在许多领域得到了应用，但思想政治工作在这方面落后了。在知识经济时代，思想政治工作若不能采用先进技术，就会削弱战斗力。因此，思想政治工作要大力采用包括电脑、网络在内的各种现代技术手段，借助于“第一生产力”提高思想政治工作“生产力”，提高思想政治工作的效果。

8. 推进思想政治工作科学化。思想政治工作人人在做，但科学的思想政治工作不是人人会做。提高思想政治工作的水平有赖于思想政治教育学的学科建设和思想政治工作者的知识化。面对知识经济的浪潮，应乘势而上，大力开展思想政治工作理论研究，发挥马克思主义理论和思想政治工作理论的先导作用。应重视思想政治工作者的继续教育和终生学习，提高学历层次、文化水平和创新能力，提高运用信息技术的能力，真正建成一支高水平的政工队伍。

（作者系河海大学人文学院副院长）

注意做好国企改革中的思想政治工作

王天才

国有企业改革是我国经济体制改革的中心环节，它既是关系到社会主义市场经济体制建立和国民经济发展的重大经济问题，也是关系到社会主义命运的重大政治问题。因此，搞好国有企业改革不仅是全党的重要任务，而且也是国内外人们关注的焦点和热点问题。党的十五大在国有企业改革理论上有了重大突破，明确了国有企业改革的方向，使国有企业改革在实践上实现了突破性进展，改革势头迅猛。同时，随着国有企业改革的深化，国有企业从计划经济向社会主义市场经济过渡激发出来的深层次矛盾日渐显现，加之东南亚金融危机和国内市场疲软，部分企业破产停产，部分职工下岗分流，使国有企业改革难度增大。在这个关键时刻，充分发挥思想政治工作的优势，注意做好思想政治工作，用十五大精神统一广大国有企业干部职工的思想，凝聚力量，增加信心，振奋精神，打好国有企业改革的攻坚战，努力完成党的十五大提出的国有企业改革任务就显得特别重要和迫切。正如江泽民同志指出的："愈是深化改革，扩大开放，愈是发展社会主义市场经济，就愈要适应新的形势，全面加强和改进全党全社会的思想政治工作。"

我党在不同的历史时期，有不同的中心任务。思想政治工作就紧紧围绕党的中心任务工作。当前的工作重点就是深化国有企业改革，用三年时间使绝大多数国有企业走出困境。因此，思想政治工作就应当紧紧围绕国有企业改革来进行。要针对国有企业干部职工思想中存在的各种问题，做好理顺情绪、化解矛盾、凝聚人心，推动改革，维护稳定的工作。要为国有企业深化改革排除前进道路上的障碍，提供良好的社会心理环境和持续的思想动力支持。在深化国有企业改革中一定要加强思想政治工作，这是因为：

加强企业思想政治工作
是发展社会主义生产力的要求

国有企业改革的目的就是发展社会生产力，增强社会主义的综合国力，提高人民生活水平。要发展社会生产力，就必须激活生产力各要素，使它们都充分显现活力，创造新的社会生产力。在社会生产力体系中，具有劳动能力的人是社会生产力诸多要素中的主体性要素，是最具有能动性和创造性的要素。我们这里所说的具有劳动能力的人是既包括体力劳动的劳动者，也包括参与生产过程的脑力劳动者。作为生产力主体要素的劳动者，不仅要不断提高劳动技能、提高科学文化素质，而且要在科学的世界观、人生观、价值观指导下不断提高劳动生产的积极性和创造性，这就需要经常不断地，有效地进行思想政治工作。

我国国有企业的广大职工，包括企业中的体力劳动者和脑力劳动者，是我国工人阶级的主体力量，也是我国劳动大军中整体素质最高、最有战斗力的部分。他们在政治上是国家的主人，在企业中是生产的主体，不仅是我国国民经济财富的主要创造者，也是改革开放的支柱力量，对国有企业深化改革的成败，对整个社会的稳定起着举足轻重的作用。加强国企改革中的思想政治工作，调动劳动者的积极性和创造性，才能促进社会生产力的发展。

加强企业思想政治工作
是建立现代企业制度的要求

建立"产权清晰，权责明确，政企分开，管理科学"的现代企业制度，是国有企业改革的方向。在国有企业现代企业制度的诸要素中，无论是产权问题、权责问题，还是管理问题，都同企业职工，包括管理层的职工有着密切的关系。产权问题涉及企业是谁的和职工为谁干的问题。国有企业当然是国家的，职工为国家干，即使为国家干，也有处理国家、企业、个人的关系问题。而国有控股企业、合资企业，包括职工入股的企业，都有个利益关系问题，处理不好，就可能影响职工的积极性。让职工入股当然是个好方法，可使职工的利益跟企业利益更一致了，企业跟职工的关系更紧密了。但决不是职工一入股就没有任何思想问题了。对于职工来说，虽然持有企业一定股份，但他毕竟不是一个完全的所有者，他主要还是以劳动者身份参与企业的生产过程。因此不能认为职工入了股就一切问题都迎刃而解，思想政治工作就可有可无了。现代企业的管理制度更加科学化，已从对"物"的管理为

主转到对“人”的管理为主。以“物”为主的管理忽视“人”的价值；以“人”为主的管理重视“人”的价值。人是有思想的，人的行为是受思想支配的，制度的约束只能在一定范围内起作用，经济手段的效果是有限的，有时往往有许多副作用。因此在建立现代企业制度中就不能只见“物”不见“人”，要在现代企业管理制度中体现尊重人、理解人和关心人的原则，把思想政治工作做为现代企业民主管理的重要方法运用好。

加强企业思想政治工作
是国有企业改革的现实需要

经过二十多年的改革开放实践，国有企业干部职工的改革意识、市场意识、竞争意识、风险意识等大大增强，对改革的承受力无论在心理上还是在实际上也大大增强。国有企业只有深化改革才有出路，才能发展的思想已经成为人们的共识。这是国有企业广大职工思想的主流，也是国有企业深化改革的群众思想基础。同时，我们也不能不看到，国有企业职工同国有企业改革的关系最密切，在深化国有企业改革，加快企业技术进步和调整国有企业结构过程中，一部分国有企业实行兼并破产、减人增效，部分企业职工下岗分流是不可避免的。虽然这有利于形成企业优胜劣汰的竞争机制，有利于经济发展，符合工人阶级的长远的和根本的利益，但下岗，会给职工带来生活上的困难和极大的心理上的压力。许多职工在这方面的心理准备是不充分的，难免会出现这样那样的思想问题。如有的对改革产生疑问；有的对国有企业前途忧心重重；有的悲观失望，产生激愤怨恨情绪；有的还会有过火的言行。对于群众中出现的这些问题，各级领导都要冷静分析，充分理解，认真工作。要按照中央要求在帮助下岗职工解决生活困难，抓好再就业工程的同时，做好耐心细致的思想政治工作。通过有效的思想政治工作，使职工群众加深对国企改革意义的理解，正确认识当前困难，提高自身素质，转换就业观念，勇敢地投身到再就业的竞争中去，走出一条自强之路。改革深化不是不要思想政治工作，而是需要更有效的思想政治工作。

国有企业思想政治工作
也要在内容、形式、方法上实行改革

思想政治工作不是脱离经济基础的一成不变的独立存在物，它是为经济基础服务的，它必须随着经济基础的变化而变化。国有企业从传统的计划经济体制向社会主义市场经济转变，从粗放型向效益型转变，转换经营机制、建立现代企业制度，就决定了思想政治工作也必须从过去计划经济时代高度集中、高度统一的模式中解放出来，从思想政治工作的内容、形式、方法到机制等各个方面实行改革，以适应新形势的需要。

从内容上说，首先要用邓小平建设有中国特色的社会主义理论教育国有企业干部和职工群众，形成共同理想和精神支柱。当前，要努力宣传党的十五大关于国有企业改革的理论和方针政策，使职工了解国企改革的总体思路。特别要把企业改革的具体方案交全体职工讨论并经职代会通过后实施。这是当前做好国企改革的重要思想政治工作，是搞好改革工作的大前题。只有全体职工思想认识基本一致了，改革信心增强了，并积极投入到改革实践中来，改革才能顺利进行。这次全国范围内纺织行业的压锭减员工作的顺利实施，就是和成功地做了大量深入细致的思想工作分不开的。遗憾的是，我们还有不少地方和国营企业的领导不懂得这个道理或不愿作艰苦细致的思想政治工作，不尊重广大职工的民主权力，在决定职工命运的重大改革决策时，根本不征求职工意见就宣布执行，遭到职工的强烈反对而使矛盾激化，造成不应有的损失。最近媒体报导的北京某酿造厂停产事件就是最能说明问题的例证。其次，确定思想政治工作内容要坚持实事求是的原则。要坚持从实际出发，是什么病吃什么药，不能百病一方，对谁都是那么几下子。要以国有企业改革中碰到的具体思想问题为对象，根据不同情况确定工作内容，分层次有针对性地开展工作。

从形式上说，国有企业思想政治工作要坚持多样性原则。现阶段我国的所有制形式是多元的，人们的价值取向是多向的，信息来源也是多源的，思想政治工作也应该是多种形式的。要从开大会、作报告、政治学习等传统的以集中灌输为主的方式转换到灌输与疏导相结合，以疏导为主的方式上来。要充分利用社会上和企业里的各种传媒、文化教育设施和多种教育形式，尽量扩大思想政治工作的载体多形式的“润物细无声”的方式开展思想政治工作。

国有企业思想政治工作是一个复杂的系统工程。特别是在当前的转轨时期，思想政治工作既具有特殊重要性又具有相当的难度。企业思想政治工作不仅企业党委要做，企业的各级管理人员和各种组织都应该去做，要形成新的思想政治工作机制，建立思想政治工作责任制度，形成以企业管理系统为网络，以企业管理人员为骨干的新的思想政治工作格局，把国有企业思想政治工作在企业生产经营和深化改革的各个方面同企业的现代管理制度结合起来，同国有企业改革运作结合起来，在不断深化改革、不断规范管理中加强思想政治工作，创造出新形势下的思想政治工作思路和方法，造就出具有符合社会主义市场经济要求的道德观念、价值观念、思想意识、敬业精神和科技文化素质的一代新的职工队伍，使国有企业改革顺利进行。

（作者系中共青海省委宣传部副部长）

加大思想政治工作科技含量

张明达

21世纪将是一个知识经济的时代，谁掌握了现代科学技术，谁就掌握了知识宝库的钥匙，谁就掌握了市场竞争的主动权。以信息化为主要特征的知识经济时代的到来，将形成一个巨大的浪潮冲击企业的各个领域，也必将给企业思想政治工作提出新的课题。

首先，科技发展给改进和加强企业思想政治工作带来了极好的机遇：其一，科学技术的发展为社会科学、包括思想政治工作理论的发展提供了理论依据。近代西方社会的理论、思想、价值观念、社会规范等都是和现代科技的发展联系在一起的，马克思主义包括思想政治工作理论也会随着科学技术的发展而发展。其二，科学技术的发展为改进思想教育方法和手段提供了物质条件。比如，计算机技术的发展和普及，必将使过去的一些思想政治工作方法和手段发生根本性的变化，电脑将在企业思想政治工作中扮演一个重要角色。其三，职工队伍科学技术素质的提高为更好地接受科学理论提供了思想基础。信息论、系统论、控制论等等的出现，使人们学会了从系统的观点、整体的观点去看待问题和处理问题。科学技术的发展为职工成才创造了良好的外部环境和内在动力。

同时，科学技术作为“双刃剑”，也给企业思想政治工作提出了严峻挑战：例如，知识就是资本，知识参与竞争，出现了知识私有与重理想、信念、道德、责任感的价值取向的冲突。技术就是财富，技术参与分配，出现了凭技术吃饭同强调团结友爱、互学互帮、共同进步的冲突。科技就是发展，科技参与投资，出现了保护专利与技术垄断同强调大局意识、整体协调的冲突。科学管理就是效益，知识参与管理，出现了智力管理同权威管理的矛盾，同强调服从需要、服从上级相冲突。知识就是享受，科技进入家庭，出现了增长知识同更容易接受消极思想的矛盾，强调一元化价值导向与价值取向多元化相冲突。

近年来，我们根据科技发展带来的机遇和挑战，对加大思想政治工作的科技、信息、文化含量进行了重点研究，在运用新科技加强思想政治工作方面，也做了一些探索。我们感到，面对新的课题，要着重在以下五个方面下功夫：

一是要运用现代化工具，进行电化教育，克服教育形式的呆板性。目前，武钢利用拥有数万用户的闭路电视系统，进行形势任务、企业文化、先进典型以及科技知识等方面的宣传教育；在理论教育中加强了电视录像片的利用；电视显示屏也在公司和部分单位发挥出教育功能，现代化工具丰富了我们的思想政治教育形式。

二是要运用现代信息，进行超前教育，克服教育内容的滞后性。大众传媒的日益现代化，使信息广泛地渗透到社会生活的各个领域，影响着人们的思维方式和价值观念。充分利用先进的信息传播网络，发挥信息的教育功能，才能将思想政治工作的滞后服务变为超前服务。

三是要运用现代科技成就，进行示范教育，克服教育方法的单一性。多年来，我们不断改进思想政治工作的方法，如运用社会统计方法，大面积地跟踪调查职工队伍的思想状况，加强了思想政治工作的针对性。

四是要运用自然科学研究的管理原理，进行课题攻关，克服教育手段的盲目性。管理科学的发展，使自然科学、技术科学、社会科学成果的融合运用越来越多，进一步增强了企业思想政治工作与现代企业管理的融合趋势。近年来，武钢借鉴自然科学课题研究和项目管理的基本程序和方法，组织思想政治工作的课题攻关活动，进行了一些有益的探索，取得了初步成效。

五是要运用现代大众传媒网络，进行社会化教育，克服教育渠道的封闭性。随着各种大众传播媒介的发展，利用先进的传播网络，如电视、广播、报刊、互联网等建立开放性的社会化教育网络体系，使企业的思想政治工作减少“政府化”行为，这是加强和改进企业思想政治工作的重要途径。

（作者系武汉钢铁集团公司党委书记）

第五部分

“三讲”教育

中共中央关于在县级以上党政领导班子、领导干部中深入开展以讲学习、讲政治、讲正气为主要内容的党性党风教育的意见

（1998 年 11 月 21 日）

按照党的十五大和《中共中央关于在全党深入学习邓小平理论的通知》(中发[1998]11 号)的部署，今明两年要集中一段时间，在全国县级以上党政领导班子和领导干部中，深入进行以“讲学习、讲政治、讲正气”为主要内容的党性党风教育。

一、深入开展“三讲”教育的必要性和重要性

在县级以上党政领导班子和领导干部中，用整风精神开展以“三讲”为主要内容的党性党风教育，是贯彻党的十五大精神和中央的部署，深入学习邓小平理论，加强领导班子建设，提高领导干部素质的一项重要举措。党内外干部和群众对此十分关注，热切希望把这件大事办好。近几年来，在各级领导干部中进行过“三讲”教育，收到一些效果，但是同目前形势和任务的要求相比还有很大差距，一些需要解决的突出问题还没有得到解决。

当前，全党和全国各族人民高举邓小平理论伟大旗帜，认真贯彻落实党的十五大精神，满怀信心地为实现我国跨世纪发展的宏伟目标努力奋斗。我国的改革已进入攻坚阶段，经济发展正处于关键时期，国际局势出现种种新变动。尽管受到亚洲金融危机的强烈冲击，又遭受了历史罕见的特大洪水灾害，我国仍然保持了国民经济持续平稳发展和社会政治稳定，总的形势是好的。但是，必须清醒地看到，摆在我们面前亟待解决的矛盾和问题还很多，任务繁重而又艰巨。在迈向新世纪的征途上，我们既面临难得的机遇，又面临严峻的挑战，还可能遇到这样那样的风险和困难。新的形势和任务，对县级以上党政领导班子、领导干部的素质特别是思想政治素质和驾驭复杂局面、解决现实问题的能力，都提出了新的更高的要求。通过深入开展学习教育，把“讲学习、讲政治、讲正气”的要求真正落到实处，全面提高各级领导班子的素质，对于确保党的基本理论、基本路线、基本纲领、基本方针的全面贯彻，确保改革开放和现代化建设的顺利进行，确保跨世纪发展目标的实现和国家的长治久安，都具有十分重要的意义。

我们党的领导干部队伍总体上是好的，是不断进步的。但也必须看到，有相当一部分领导干部的思想政治素质还不适应或者不完全适应形势任务的要求。主要表现在：有的忽视马克思主义理论的学习，不能完整准确地掌握邓小平理论及其精神实质，甚至断章取义，搞实用主义；有的对社会主义、共产主义的理想信念动摇，缺乏政治敏锐性和政治鉴别能力，在重大原则问题上分不清是非，甚至跟着错误的东西跑；有的急功近利，搞形式主义，弄虚作假，沽名钓誉，甚至不择手段，争权夺利；有的违反民主集中制，无视组织纪律，放弃党性原则，奉行好人主义和庸俗的关系学，甚至庇护犯罪；有的当官做老爷，对群众的疾苦漠不关心，贪图享受，挥霍浪费，以权谋私，纵容亲属胡作非为，甚至徇私枉法，贪污受贿，腐化堕落等等。领导干部中存在的这些问题，情况和程度虽有不同，但都是不讲学习、不讲政治、不讲正气，放弃世界观改造和党性修养的结果，都严重妨碍党的路线方针政策和当前工作重大决策的贯彻执行，损害党和政府同人民群众的关系，削弱党组织的凝聚力和战斗力。如果听任这些错误思想作风蔓延下去，将会毁坏建设有中国特色社会主义事业，造成极其严重的后果。

总之，在县级以上党政领导班子和领导干部中深入进行以“三讲”为主要内容的党性党风教育，用整风的精神，认真解决党性党风方面存在的问题，是十分必要也是非常迫切的。各级党委(党组)务必统一认识，以高度的政治责任心，足够的领导精力，良好的精神状态，把这次“三讲”教育切实抓紧抓好。

二、开展“三讲”教育的基本要求

这次“三讲”教育总的要求是，推动县级以上党政领导班子和领导干部深入学习邓小平理论和党的十五大精神，提高政治素质，加强党性修养，端正思想作风，增强在改造客观世界的同时改造主观世界的自觉性，努力从以下四个方面收到实际效果。

(一)坚定建设有中国特色社会主义的信念，提高政治敏锐性和政治鉴别能力，坚持党的基本路线不动摇，始终同党中央保持思想上、政治上的高度一致，增强大局观念，从实际出发创造性地贯彻中央关于当前深化改革、扩大开放、促进发展、保持稳定的一系列决策和部署。防止

和克服在方针政策、重大原则问题上搞片面性、绝对化，以及阳奉阴违、自行其是等错误思想和做法。

（二）全面贯彻执行民主与集中相结合的组织制度、领导制度和工作制度，正确认识和处理上级与下级、个人与组织、“班长”与领导班子成员之间的关系，加强党的团结。纠正和防止违反民主集中制，把个人凌驾于党组织之上，独断专行、各自为政、拒绝党的教育与监督等错误思想和行为。

（三）认真实践全心全意为人民服务的宗旨，坚持从群众中来到群众中去的群众路线，正确行使人民赋予的权力，保持清正廉洁，密切同人民群众的联系。克服官僚主义，反对以权谋私以及损害国家、集体和人民群众利益的各种腐败现象。

（四）大力弘扬求真务实、言行一致的优良作风，说老实话，办老实事，当老实人。纠正和防止追逐个人名利，弄虚作假，欺上瞒下以及只图形式、不重实效等不良习气。

“讲学习、讲政治、讲正气”，是建设团结、坚强的领导班子和高素质干部队伍的长期任务。虽然不可能通过一次集中教育将目前党性党风方面存在的问题全部解决，但通过这次学习教育，一定要下决心解决领导班子和领导干部中存在的突出问题，尤其是群众意见大、影响当前改革和建设工作的问题，努力做到思想上有明显提高，政治上有明显进步，作风上有明显转变，纪律上有明显增强，更好地担负起把建设有中国特色社会主义伟大事业全面推向新世纪的历史重任。

三、开展“三讲”教育必须遵循的原则

这次“三讲”教育，要以邓小平理论和党的十五大精神为指导，紧密联系改革、发展、稳定的实践，紧密联系干部的思想实际和工作实际，以整风的精神来进行。要立足于思想教育，把党性分析、自查自纠与民主评议结合起来。在开展学习教育的过程中，要注意把握好以下原则：

（一）必须始终立足于学习提高。“三讲”教育，是结合新的实际对领导班子和领导干部进行的一次马克思主义理论的自我教育。要大力弘扬理论联系实际的学风，深入学习邓小平理论、党的十五大报告和中央的有关文件，认真回顾近几年改造客观世界和改造主观世界的实践，总结各自的经验教训，坚持正确的，纠正错误的，努力从世界观、人生观、价值观上解决问题。要把学习理论、武装头脑同整顿思想、改进作风结合起来并贯穿于教育活动全过程。

（二）必须紧紧围绕全面贯彻党的基本路线，把开展“三讲”教育同推动当前工作结合起来。各级领导班子要根据各自的职责任务，按照贯彻落实党的十五大精神、搞好当前各项工作对领导班子和领导干部的要求，促进“三讲”教育的深入；通过“三讲”教育的深入开展，促进影响改革、发展、稳定的现实问题的解决，巩固和发展好的形势。绝不能脱离我们正在进行的改革开放和现代化建设工作实际，孤立地搞“三讲”教育。

（三）必须充分发扬党内民主，坚持群众路线。领导班子、领导干部的思想和工作状况，有什么优点和长处、缺点和问题，广大干部和群众是清楚的。要坚定地相信和依靠他们推动领导班子和领导干部“讲学习、讲政治、讲正气”，搞好对领导班子和领导干部的民主评议，还要把领导班子和领导干部思想作风整顿的情况告诉他们。切忌关起门来搞教育，更不允许压制民主、打击报复。

（四）必须认真开展批评和自我批评，进行积极的、健康的思想斗争。领导干部的情况不同，存在的问题不同，解决问题的具体形式也可以有所不同，但都必须拿起批评和自我批评这个武器，发扬“坚持真理，修正错误”的优良传统。无论是批评还是自我批评，都要讲政治，不纠缠细枝末节；都要实事求是，不文过饰非；都要真正解决问题，不走过场。要坚持按照“团结——批评——团结”的公式解决问题，严禁泄私愤、借机整人，决不允许重复过去搞政治运动那种“左”的错误做法。

四、开展“三讲”教育的步骤和方法

这次“三讲”教育，采取自上而下的办法，分级分批进行。中央直属机关、中央国家机关和省、自治区、直辖市及其直属机关在试点基础上展开，明年上半年结束，地、市、县明年底基本完成。一个领导班子开展学习教育的时间，一般为两个月左右。安排活动时，可以有分有合。大体步骤和基本方法是：

（一）思想发动，学习提高。动员领导干部一定要以积极认真的态度搞好学习。这是开展好“三讲”教育的前提和基础。要深入学习党的十五大报告和《中国共产党章程》，学习毛泽东、邓小平、江泽民同志有关“讲学习、讲政治、讲正气”的论述，学习《党政领导干部选拔任用工作暂行条例》（中发〔1995〕4号）、《中国共产党党员领导干部廉洁从政若干准则（试行）》（中发〔1997〕9号）等有关文件，掌握思想武器，树立正确的态度，真正按照“讲学习、讲政治、讲正气”的要求来参加“三讲”教育。

（二）自我剖析，听取意见。在学习提高的基础上认真进行反思，找出领导班子特别是本人在党性党风和工作上存在的主要问题，从世界观的深处进行剖析。个人总结材料形成后，印发同级领导班子和下级主要领导成员征求意见。同时，发动和组织本单位干部、群众，对领导班子及每个成员进行畅所欲言的民主评议，并将评议意见和提出的问题如实反馈给本人。有违法违纪问题的干部，要自觉向组织交待清楚。主动讲清问题的，可以从轻处理。

(三)交流思想,开展批评。在领导班子内部开展谈心活动,有话讲在当面,不搞自由主义。经过充分准备,党委(党组)集中几天时间召开会议,开展认真负责、实事求是的批评和自我批评,坚持与人为善,互相帮助,增强团结,共同进步。对确有问题不认真进行自我批评,或者讳疾忌医、拒绝帮助的,主要领导同志和上级要及时指出,促其改正。

(四)认真整改,巩固成果。针对反映出的主要问题,集中分析研究,落实整改措施,系统总结经验,完善相关制度,巩固学习成果,促进“三讲”教育经常化、制度化。要在适当范围向干部、群众通报结果。

五、加强对“三讲”教育的领导

各级党委(党组)要把这次深入开展“三讲”教育作为事关大局的一项重要任务来抓。一级抓一级,一级带一级。党委主要负责同志要承担起第一责任人的责任,既要以身作则,带头学习,带头剖析自己,又要切实加强具体指导。党委(党组)全体成员都要尽职尽责,严以律己,同心同德,搞好“三讲”教育。地、市以上党委要成立领导小组,由有关部门抽调力量组成精干高效的办事机构,及时了解情况,掌握政策,督促检查,推动工作。对工作进行中出现的新情况、新问题,要及时研究解决。

中央、国家机关各部委,地方各级党委(党组)要制订工作方案,精心组织实施。要重点抓好县以上党委、政府、人大和政协领导班子的学习教育。在开展教育前,要深入调查研究,摸清情况,抓住主要问题,有针对性地加以解决。要把这次“三讲”教育活动同对干部的深入考察、考核结合起来。对法院、检察院和执法部门的领导班子,要根据其不同职能和特点提出要求。国有大中型企业和事业单位领导班子、领导干部的教育,由主管部门根据实际情况进行安排,不要求与党政领导班子的教育活动同步进行。在离退休的县级以上领导干部中,也要根据他们的具体情况安排学习。

要运用典型教育干部,广泛开展向抗洪抢险英模和其他先进人物学习的活动,弘扬正气;解剖反面教材,汲取经验教训,克服歪风邪气。对于在“三讲”教育中暴露出来的违法违纪问题,由纪检监察机关按照规定程序处理。

“三讲”教育工作每走一步,都要脚踏实地,讲求实效,坚决杜绝形式主义。上级党委对下级党委开展教育的情况要加强督促检查。可以派巡视组下去了解情况,必要时上级领导干部要下去具体指导。发现教育工作不得力的,要明确指出,责令纠正;有不足之处的,要及时帮助弥补;走了过场的,要严肃批评,重新进行。各地区、各部门“三讲”教育结束后,要向上级党委写出专题书面报告。军队的“三讲”教育,由解放军总政治部作出部署。

高度重视理论武装和学风问题

王伟光

最近,中央发了《中共中央关于在全党深入学习邓小平理论的通知》,强调了全党深入学习邓小平理论的极端重要性,强调了在理论学习中解决学风问题的极端重要性。理论武装就是用邓小平理论武装全党,武装全党的干部,特别是高级领导干部;学风问题就是在用邓小平理论武装全党的过程中,必须解决对待马克思主义、邓小平理论的根本态度问题,即树立理论联系实际的马克思主义学风。

一、高度重视理论武装的极端重要性

毛主席说,政治路线确定之后,干部就是决定的因素。今天,理论旗帜已经定了,就是高举邓小平理论的伟大旗帜;政治路线已经定了,就是坚定不移地贯彻党的基本路线;大政方针已经定了,就是踏踏实实地落实党的十一届三中全会以来一系列的方针、政策和措施。那么,能不能坚定不移地把理论旗帜高高地举起来,坚定不移地把路线、方针、政策贯彻下去,全面夺取建设有中国特色社会主义事业的伟大胜利,关键在于干部、关键在于领导干部。因为我们党是执政党,我们党的各级干部担负着领导改革开放,领导社会主义建设事业的重要责任。干部的素质怎么样,直接关系到我们的事业能不能成功,直接关系到改革开放能不能不断取得胜利。干部的全面素质包括政治素质、理论素质、道德素质、文化素质和实践素质,其中最重要的是政治素质,即在思想政治上和党中央保持一致,要有明确的政治方向,坚定的政治立场,高度的政治觉悟,清醒的政治嗅觉。政治素质主要来自于理论素质,来自于对马列主义、毛泽东思想、邓小平理论的理解、学习、把握和运用。江泽民同志在十五大报告中指出:“实践证明,作为毛泽东思想的继承和发展的邓小平理论,是指导中国人民在改革开放中胜利实现社会主义现代化的正确理论。在当代中国,只有把马克思主义同当代中国实践和时代特征结合起来的邓小平理论,而没有别的理论能够解决社会主义的前途和命运问题。”毛泽东同志于1939年在延安发起学习运动时说过:“我们队伍里也有一种恐慌,不是经济恐慌,不是政治恐慌,而是本领恐慌。”对照今天干部的素质状况来讲,“本领恐慌”首先应是邓小平理论学习的“恐慌”,是具备不具备运用邓小平理论解决社会主义改革开放事业一系列实际问题的领导能力的“恐慌”。在当前,能否高举邓小平理论,创造性地运用邓小平理论,推进有中国特色的社会主义建设事业,是衡量一个干部素质高不高,有没有真本领的重要标准,也是关系到社会主义改革开放事业成败的关键问题。所以,用邓小平理论武装全党,是一项战略性的任务。

在抗日战争的关键时刻,毛泽东同志说:“如果我们党有一百个至二百个系统地而不是零碎地、实际地而不是空洞地学会了马克思列宁主义的同志,就会大大地提高我们党的战斗力量,并加速我们战胜日本帝国主义的工作。”(《毛泽东选集》第二卷第533页)毛泽东同志从担负主要领导责任的观点上,把提高党的战斗力量,把战胜日本帝国主义的关键,放在解决一百至二百个干部是否学会了马克思主义这个基本问题上,可见理论武装的极端重要性。毛泽东同志所说的“学会了”,有两个重要的前提条件:一是系统地而不是零碎地;二是实际地而不是空洞地。也就是说,要系统地掌握马克思主义的立场、观点和方法,并且要能够理论联系实际地运用马克思主义的立场、观点和方法,来解决当时中国抗日战争的实际问题。毛泽东同志不仅强调了系统地学习马克思主义的极端重要性,而且还强调了解决理论联系实际的学风问题的极端重要性。他把解决一、二百个高级干部理论联系实际地、系统地掌握了马克思主义的问题,提到这样一个高度来认识,可见,毛泽东同志对理论武装与学风问题是多么的重视。那么,用毛泽东同志的这句话指导我们今天的实际,就可以说,如果我们有更多的领导干部系统地而不是零碎地,实际地而不是空洞地掌握了邓小平理论的话,就会大大地提高我们党的战斗力,就会大大地加快建设有中国特色社会主义事业的步伐。

学习邓小平理论,用邓小平理论统一全党的认识,运用邓小平理论解决我国改革开放的一系列实际问题,必须解决三个认识问题。

第一、树立高举邓小平理论旗帜不动摇的坚定性。必须坚定不移地相信,只有邓小平理论,才能指引我们遵

照正确路线不断开拓改革开放的新局面，才能指导我们沿着正确轨道不断推进建设有中国特色社会主义事业的进程。对高举邓小平理论伟大旗帜的认识必须要有一种坚定性，要明确地认识到邓小平理论正确、管用，离开了它不行。粉碎“四人帮”之后，当时国民经济已处于即将崩溃的边缘，中国面临着向何处去的问题，正处在十字路口。一是走歪路，放弃社会主义，走资本主义道路。中国的国情、世界的“世”情，是不允许走这条路的，要走这条路历史是不允许的，中国人民是不答应的。一是走老路，搞“两个凡是”，按照阶级斗争年年讲，月月讲，天天讲的既定方针办。照“左”的理论、路线、方针走下去，事实证明，是行不通的。1976——1978年，我国经济两年徘徊不前，并没有从“文化大革命”的阴影中走出来。一是走新路，走老路不行，走歪路更不行，必须开辟一条正确的新路。1978年党召开了十一届三中全会，彻底纠正了毛泽东同志在社会主义建设时期和文化大革命中所犯的“左”的错误，彻底否定了“左”的理论和路线，提出了十一届三中全会以来正确的路线、方针、政策，形成了邓小平理论。按照正确的理论、路线、方针、政策，干了20年。事实雄辩地证明：十一届三中全会以来取得了伟大成绩，发展了生产力，基本上解决了全国人民的吃饭问题，解决了人民生活水平提高、国家兴旺发达的问题。走建设有中国特色社会主义的新路.才是中国唯一的出路。近20年的实践证明，只有依靠邓小平理论这面旗帜，才能把我们引导到社会主义建设的正确道路上来，只有邓小平理论才能解决今天中国向何处去的问题。二十年前的反面教训也证明了没有邓小平理论，我们的事业是一事无成的。有了这种认识，才有政治上的坚定性，才能坚定不移地坚信邓小平理论。

真正树立高举邓小平理论旗帜不动摇的坚定性，要具备三个勇气：政治勇气、理论勇气、实践勇气。什么叫政治勇气？就是不管刮什么风，高举邓小平理论伟大旗帜坚定不移。没有坚持邓小平理论的坚定性，今天打雷，明天下雨，就会摇摆不定。回顾20年来社会主义改革开放的实践可以看到，每当关键时刻，对理论旗帜的认识总是会有杂音，杂音往往来自于缺乏坚定性。1989年我国发生了一场风波，东欧出现剧变，有人产生了社会主义到底行不行，社会主义还有没有希望，中国还能不能搞社会主义等等怀疑，甚至有人对社会主义完全丧失信心，认为社会主义已经到头了，应该搞资本主义，应该西化，应该私有化。这是右的倾向。也有少数人持“左”的看法，认为现在的理论、路线不行了，还是要讲“阶级斗争一抓就灵”那一套，希望回到老路上去。在这个关键时刻，邓小平同志坚决肯定十一届三中全会以来确定的路线、方针、政策是正确的，认为现在的任务是向前看，坚持以经济建设为中心，坚定不移地沿着建设有中国特色社会主义道路走下去。政治上的勇气来自理论勇气，理论上有了勇气，政治上才能更坚定，这就是说，必须从理论上彻底搞清楚邓小平理论是唯一正确的。邓小平同志讲：“不管是对现在还是对未来，我们讲的东西不是从小的角度讲的，而是从大局讲的。”领会邓小平理论，必须从长远的、战略的眼光来看问题，必须紧紧抓住解放思想、实事求是这个精髓。思想路线正确了，从长远的、战略的眼光看问题，在政治上才能更加坚定。有了政治勇气就有了理论上的勇气，理论上有了勇气反过来会更加坚定政治勇气。第三个勇气是实践的勇气，有了政治勇气、有了理论勇气，实践才有勇气。政治勇气、理论勇气最终要落在实践勇气上，实践的结果反过来又会加强政治勇气和理论勇气。实践勇气来自于理论勇气，来自于政治勇气；同时证实和支持理论勇气，坚定和支持政治勇气。

第二，具备学习邓小平理论坚持不懈的自觉性。各级干部担负着十分繁重的经济建设和其它各项工作任务，任务重，压力大，越在这个时候，越要保持清醒的头脑，越要认真学习邓小平理论。邓小平理论通俗易懂，博大精深。在学习过程中，广大干部深深认识到：邓小平理论越看越有味道，越琢磨道理越深。在工作中会遇到一系列问题，哪些该干，哪些不该于，要搞清楚。要胜利完成各项工作任务，离开用邓小平理论武装是不行的。有了这个主心骨，无论任何困难局面，任何复杂情况，都能做到泰然处之，方寸不乱。邓小平理论是我们干一切事业，完成一切工作，处理一切问题的主心骨。领导干部学习邓小平理论，必须从工作实践中切实感到紧迫性，树立自觉性。哪一个干部不认真学习邓小平理论，不学习一切新鲜的知识如现代科技、现代管理知识等，那他就会落伍。

第三，要有学习邓小平理论勇于实践的创造性。邓小平理论是创造性地运用马列主义、毛泽东思想与中国实践相结合的产物。没有创造性，就没有建设有中国特色的社会主义事业；没有创造性，马克思主义就没有生命力；没有创造性，工作也就不可能做得有声有色。有这样三句话讲得很好：“不如马克思，不是马克思主义；‘等于’马克思，也不是马克思主义；超过马克思，才是马克思主义。”第一句话，不如马克思，不是马克思主义，这句话好理解。第二句话，“等于”马克思，也不是马克思主义。马克思在一百多年前讲的话，今天又重复一遍，这叫等于马克思主义。在中国革命和中国共产党历史上，这种自称“等于”马克思主义的人给中国革命带来的损失很大。在中国共产党历史上，自称是百分之百的布尔什维克主义的王明到了瑞金中央苏区，不相信山沟沟里会有马克思主义。他自称自已是百分之百的布尔什维克主义，否定毛泽东同志的正确路线，推行极“左”路线，结果，百分之百的布尔什维克主义使中央红军损失百分之九十，革命

根据地损失百分之百。可见,在某种条件下,“等于”马克思主义的危害比不懂得马克思主义的人危害更大。第三句话,超过马克思,才是马克思主义。什么叫超过马克思主义,用牛顿的话讲,就是要站在巨人的肩膀上,继承巨人,又超过巨人。马克思主义、列宁主义、毛泽东思想、邓小平理论,这是马克思主义发展的四个阶段。中国革命成功以后,中国怎样依靠社会主义制度解决贫困问题,然后,实现社会主义现代化。对这个题目,前人没有解决好,邓小平同志解决了。经过 20 年的努力,现在全国基本解决了温饱问题,而且,向小康迈进。经济迅猛发展,社会政治稳定,人民生活不断改善。关键在于思想对头、理论对头、路线对头。思想对头不对头,理论对头不对头,路线对头不对头,路有没有走对,这是关键。邓小平同志解决了在落后的中国如何建设社会主义的问题,而且已经取得了举世瞩目的成就,所以叫邓小平理论。这就叫发展,叫创新。

邓小平同志去世后,党的十五大又创造性地运用邓小平理论回答了当前改革开放中的一系列问题,这就是创造性地运用邓小平理论。伟人邓小平去世了,怎样高举邓小平理论的伟大旗帜呢?第一是要继续高举邓小平理论伟大旗帜,坚定不移地用邓小平理论武装全党,即学好、理解好邓小平理论;第二是运用邓小平理论创造性地解决中国改革开放过程中深层次的问题,创造性地发展邓小平理论。十五大报告的创造性就在于:第一次把邓小平理论写进党章作为我们党的指导思想;第一次全面地提出社会主义初级阶段的政治、经济、文化建设的基本纲领;第一次明确地指出社会主义的公有制实现形式是多样化的,股份制可以搞,股份合作制可以搞,混合经济也可以搞。社会主义所有制形式也可以多样化,私营经济可以搞。个体经济也可以搞,外资进来也可以,非公有制经济是社会主义市场经济的重要组成部分。什么叫创造性?创造性就是既要继承马克思主义老祖宗最基本的立场、观点、方法,又要不囿于马克思主义老祖宗的本本,一切从实际出发,解放思想,实事求是。实事求是,首先是思想一定要解放。任何一个干部如果完全照书本来办事,就很难发展经济,很难提高人民的生活水平。学习邓小平理论,必须解决一个创造性地工作、创造性地实践的问题。一个领导干部要做好本身的工作,必须把邓小平理论与本地区、本单位的实际创造性地结合起来开展工作。

二、理论武装首要的是解决好学风问题

江泽民总书记在第二期中央委员和候补委员学习邓小平理论和十五大精神研讨班结业式上讲到:要深入学习邓小平理论,弘扬理论联系实际的马克思主义学风;学风是关系到党的兴衰和事业成败的重大政治问题,一个党委、一个领导干部能否坚持理论联系实际的马克思主义学风,是理论上政治上是否成熟的一个重要标志。所以,学风问题是原则问题,是根本性问题。

为什么这么强调学风问题,这要从我们党重视理论说起。我们的党是极其重视理论对实践指导意义的党。没有马克思主义的指导,就没有中国共产党,就没有中华人民共和国,就没有今天的改革开放。中国无产阶级的先进分子接受了马克思主义,建立了中国共产党,从此,中国开始了新民主主义革命。在此之前,中国是个任人宰割的半封建半殖民地的落后国家,八国联军可以随意践踏,帝国主义可以随意瓜分。多少仁人志士都想解决中国独立富强问题,从康有为的戊戌变法到孙中山的辛亥革命,直到孙中山去世,如何解决中国的繁荣问题,他们没有找到一条出路。这个出路是从哪里找到的呢?那就是毛主席讲的,十月革命一声炮响,给我们送来了马克思主义。正因为有了马克思主义的指导,才有今天。所以,我们党把马克思主义、列宁主义写进党章,作为指导思想;又把马列主义和中国革命相结合的产物毛泽东思想写进党章,作为指导思想;党的十五大把当代中国的马克思主义——邓小平理论写进党章,作为指导思想。我们党是以马克思主义理论作为指导的党,我们党极端重视理论,极端重视理论的指导作用。正因为如此,所以才有一个如何对待马克思主义理论的态度问题。

什么是学风问题?它不是一般小学、中学、大学的学习方法问题,也不是学术研究人员搞社会科学、自然科学的研究方法问题,而是对待马克思主义的根本态度。毛主席讲:“学风问题是第一位重要的问题。”江泽民总书记讲:“学风问题是对待马克思主义的根本态度问题。从本本出发,还是从实际出发,这是对待马克思主义的两种截然不同的态度。”学风问题是第一位重要的问题,它关系到用邓小平理论武装全党是真武装还是假武装的问题,学习邓小平理论是真学习还是假学习的问题,运用邓小平理论指导实际是真用还是假用的问题。究竟以什么态度对待马克思主义?一是坚持和发展马克思主义,把马克思主义普遍真理与实际相结合,在实践中发展马克思主义。这是我们党所采取的正确态度。二是否定马克思主义。什么叫否定马克思主义呢?这就是今天有人鼓吹的“过时论”。在他们看来,马克思列宁主义是一百年前的主义,一百年前的理论,已经过时了;毛泽东思想是指导革命夺取政权的理论,也已经过时了。这种态度叫反马克思主义的态度。三是主观主义地对待马克思主义。毛泽东同志讲的主观主义,包括经验主义、教条主义两种形式,其共同特征都是主观与客观相脱离,理论与实际相脱节。主观主义第一种表现形式是经验主义。经验主义认为还是经验对头,理论是没用的,认为在新的历史条件下,理论没用,还得靠经验去办事。轻视理论,看不上理

论,这就是经验主义。第二种表现形式是教条主义。教条主义就是把马克思主义当作本本,当作教条,脱离本国、本地区、本单位的实际,把马克思主义当作包治百病的灵丹妙药,当作宗教教条,恒古不变,这就是教条主义。对待马克思主义,采取本本主义、教条主义的态度,实际上是从另一方面否定马克思主义。我们重视理论对实践的指导作用,就有一个如何对待马克思主义理论的态度问题,这就叫学风。

学风问题至关重要。毛泽东同志 1942 年在《整顿党的作风》中有这样一段话:现在我们的路线是正确的,我们的工作也是有成绩的,但我们党是没有问题了吗? 从某种意义上讲,问题还相当严重。那么是什么问题呢? 毛泽东同志讲:学风中的主观主义,党风中的宗派主义,文风中的党八股。学风不正,说到底是党风问题。学风不正,主要危险是教条主义。教条主义是什么? 就是理论脱离实际,就是理论同实际分开,完全照本本办事。

用毛泽东同志的话对照我们今天,理论已定,这就是邓小平理论作为党的指导思想写进党章。路线已定,党的基本路线已经定了。依据这条路线,二十年的改革开放已经取得了巨大成绩。理论已定、路线已定、大政方针已定,工作成绩显著。现在有没有问题呢? 不能说现在没有问题。人民群众对我们的主要意见是党风不正,腐败比较严重。造成党风不正,腐败比较严重等问题,其中有一个重要原因,就是学风不正。学风不正,危害太大。党的十四大、十五大反复强调,要用邓小平理论武装全党。理论武装是根本问题,只有解决了干部的理论武装问题,邓小平理论才能真正落到实处。理论武装能否取得实效,关键取决于干部是否有一个好的学风;如果没有好学风,理论武装就可能落空。

中央《通知》对当前学习邓小平理论中存在的问题作了分析,认为“面对新的形势和任务,我们的党员和干部的素质特别是思想政治素质还不相适应。”有三种表现:

第一是学习邓小平理论自觉性不高。人人都说工作忙,灯下读书见几人? 人人都说学习邓小平理论重要,但晚上有多少人真正挤出时间读书、又有多少时间出去应酬? 人的精力是有限的,一天工作下来、应酬下来,又有多少精力能坚持读邓小平的书呢? 学习邓小平理论缺乏自觉性,这是当前学习中存在的一个主要问题。

第二是学习邓小平理论理解不全面,抓不住实质。我们学习邓小平理论的目的,是要用邓小平理论来解决实际问题,而不是背诵邓小平理论的个别论断、个别词句。邓小平理论实质是什么呢? 邓小平理论的实质、精髓就是八个字——解放思想,实事求是。学习邓小平理论,要看怎样坚持解放思想、实事求是的思想路线,怎样应用邓小平理论的立场、观点、方法来认识问题、解决问题。目前学习上比较大的问题,就是认真把握精神实质不够,对邓小平理论缺乏全面理解。有的地方传达十五大精神,传达到基层,就剩下两个字:一个叫“卖”,一卖就灵;一个叫“股”,一股就灵。把十五大最重要的高举邓小平理论伟大旗帜的精神实质变成了一卖就灵、一股就灵。

第三是学风不正。主要表现在:一是,形式主义。图形式,造声势,只做表面文章,不认真读书研究问题,表面搞得轰轰烈烈,实际学得不怎么样,这叫形式主义。二是,实用主义。对我有用的就学,对我没用的就不学,断章取义,用我所需,不是全面地理解、全面地落实邓小平理论。三是,教条主义。一切从本本出发,脱离本国、本地区、本部门、本单位实际。四是,经验主义。轻视邓小平理论的指导作用,觉得邓小平理论讲的是大实话,一看就懂,关键在于一切从自己的经验出发。五是,言行不一,表里不一。学是学、做是做,言行不一致,里外不一致。

学风问题说到底就是党风问题。学风不正,党风不正,文风不正,改革开放就搞不好,社会主义现代化建设就搞不好,理论武装就是空的。因此,学风问题是极端重要的。

三、学风问题的关键是理论联系实际

学风问题的关键是什么? 是理论联系实际,有的放矢,学以致用。毛泽东同志在延安整风时说,知识有两门:一门叫书本知识,一门叫实践知识。什么叫知识分子? 毛泽东同志说,马克思是大知识分子,因为他既参加了实践,又创造了理论,这就叫大知识分子。毛泽东同志说理论联系实际,就是要用马克思主义之箭去射中国实际之的。理论是箭,实践是靶子,叫做“有的放矢”。学以致用,要明确学习的目的是干什么。学习不是为了显示自己的才华,是要解决实际问题。毛主席讲:“如果你能应用马克思列宁主义的观点,说明一两个实际问题,那就要受到称赞,就算有了几分成绩。被你说明的东西越多,越普遍,越深刻,你的成绩就越大”。(《毛泽东选集》第二卷,第 815 页)马克思主义学得怎么样,要看有没有用马克思主义的立场、观点和方法来说明和解决问题,说明的问题越多,表明马克思主义学得越好。学习邓小平理论必须解决好学风问题,解决学风问题的关键在于解决理论联系实际问题,又在于是不是能坚持有的放矢和学以致用这两条,是不是能运用邓小平理论思索、分析和解决实际工作中的问题。学习邓小平理论必须大力弘扬理论联系实际的马克思主义学风,这是对待马克思主义的正确态度。如果不解决学风问题,光讲学习理论就是空洞的。

理论联系实际,主要联系两个实际:一是联系工作实际,叫做改造客观世界;一是联系思想实际,叫做改造主观世界,解决世界观问题,在改造客观世界的同时改造主

观世界。联系工作实际有三个方面:第一,联系世界大局的实际,联系全党全国工作大局的实际。任何一个地区、一个单位的领导同志,都要服从全党的大局、全国的大局,乃至要明了世界的大局。领导干部必须从全党全国的大局来看问题,从世界的大局来看问题。今天,我们全党的大局是什么?就是建设有中国特色的社会主义,必须从全国、全世界的大局出发,才能认清全党工作的大局。只有这样,才能把邓小平理论搞懂、弄明白。第二,联系本地区、本部门、本单位的实际。这就是怎么样把邓小平理论贯彻到本地区、本部门、本单位的实际工作中去。作为一个地区、一个部门、一个单位的领导,更要联系本地区、本部门、本单位的实际,有针对性地做好工作。第三,联系个人的工作实际。个人的工作实际同全国大局的实际,同本地区、本单位、本部门的工作实际是一致的,同时又有一定区别。领导干部不仅要领会好大实际、中实际,还必须解决好本人具体工作的小实际。联系思想实际也有两个方面:一方面,联系个人的思想实际。个人的思想实际,是指个人的世界观、人生观、价值观、道德品行、思想状况、个人素质等方面的问题。另一方面,联系社会普遍性的思想实际。全局普遍性的思想实际,就是党内和社会上流行的社会风气、群众情绪、干部思想状况等方面的问题。不联系思想实际,不解决世界观、人生观、价值观问题,是不行的。必须联系这些实际,来学习邓小平理论。联系工作实际也好,联系思想实际也好,解决这两个实际问题,一是要解决能力问题,即提高思想理论素质,提高运用马列主义、毛泽东思想、邓小平理论的立场、观点、方法创造性地工作的能力;二是要解决思想道德素质问题,树立马克思主义的世界观、人生观、价值观问题。解决两个实际归到一点,都要解决树立马克思主义世界观、方法论的问题。这就必须解决好学风问题。

理论武装和弘扬学风,这两个问题是两位一体、不可分割的一个问题。解决理论武装问题,必须首先解决好弘扬学风问题,切实做到理论联系实际,只有这样,才能真正解决好理论武装的问题。

(作者系中央党校副校长、教授)

提高领导干部思想政治素质的重大决策

——关于开展"三讲"教育访中央党校张蔚萍教授

俞 滨

1998年12月5日,中共中央召开电视电话会议,对在县级以上党政领导班子、领导干部中深入开展以"讲学习、讲政治、讲正气"为主要内容的党性党风教育进行了动员部署。与此同时,中共中央就开展"三讲"教育问题专门发了文件,要求各级党委认真贯彻执行。为了更好地领会、宣传和贯彻中央关于深入开展"三讲"教育的基本精神,我们趁中共中央党校思想政治工作研究室主任、博士生导师张蔚萍教授来浙江讲学之际,专门访问了张教授。

问:以"讲学习、讲政治、讲正气"为内容的"三讲"教育已经进行了两三年,现在党中央为什么还要强调进行"三讲"教育呢?请您谈谈在新形势下深入开展"三讲"教育的目的和意义。

答:关于新形势下深入开展"三讲"教育的目的和意义,中央文件已经讲得很清楚。我理解,"三讲"教育是深入学习邓小平理论和贯彻十五大精神的继续,其主要目的是为了更深入地学习邓小平理论,更好地贯彻十五大精神,更全面地推进建设有中国特色社会主义伟大事业,更直接地推动党的建设这项新的伟大工程的发展。这一切都要求我们党下大力量加强领导班子的思想政治建设,提高领导干部的思想政治素质,特别是县处以上领导干部的思想政治素质。党中央强调,开展"三讲"教育,这是新形势下加强领导班子思想政治建设和提高领导干部思想政治素质的中心环节,必须切实抓好。

应该看到,我国现在正处在跨世纪的重要历史关头,我们既面临着难得的机遇,又面临着严峻的挑战,还会遇到一些风险和困难。新的形势和任务,对各级领导干部运用马克思主义理论正确观察判断形势,驾驭复杂局面,提高解决现实问题的能力,提出了新的更高的要求。从总的方面看,我们这支领导干部队伍是不断进步的好队伍,但在领导干部的素质特别是思想政治素质方面,还存在着这样那样的不适应,甚至还存在着一些严重的问题。所以,深入开展"三讲"教育,对于从整体上提高领导班子和干部队伍素质特别是思想政治素质,坚持党的基本理论和基本路线不动摇,增强党组织的凝聚力、战斗力和密切党群关系,以及维护全党的团结和国家政局的稳定,确保我国跨世纪宏伟目标的实现,都具有重大的现实意义和深远的历史意义。

问:深入开展"三讲"教育不仅有着重大而深远的意义,而且有着刻不容缓的紧迫性。现在,仍有不少领导干部对这种紧迫性认识不足,总认为这是一项"软任务",因而在教育中容易走过场。为了提高领导干部深入开展"三讲"教育的自觉性,请您结合干部队伍现状和当前的国内外形势,深入地谈谈"三讲"教育的紧迫性问题。

答:我赞同你的说法,只有认识到深入开展"三讲"教育的紧迫性,才能提高开展"三讲",教育的自觉性,防止走过场。这里,我想从国内外大环境的变化这个角度讲一讲。

首先,深入开展"三讲"教育是国内大环境变化对党员领导干部提出的迫功要求。现在,我国已进入改革和建设的新阶段,全国正处在建立社会主义市场经济的"伟大变革"的关键时刻。我们的党员领导干部,无疑应走在这场"伟大变革"的最前列。并且在"变革中不变向"、"变革中不变质"。这就要求我们自觉加强思想政治建设,不断提高思想政治素质。否则,就跟不上"伟大变革"的形势,或者在变革中迷失方向,丧失立场,甚至腐化堕落,走向犯罪道路。党中央正是根据国内大环境的这种变化提出深入开展"三讲"教育的。从我们这支领导干部队伍的现状看,大都是在20年来改革开放和现代化建设历史进程中锻炼成长起来的,对改革和建设作出了重大的贡献,这是党的领导干部队伍的主流,必须充分肯定。但是,这支领导干部队伍中也存在着一些突出问题,有的还相当严重。主要是:(1)有的理想信念动摇,对建设有中国特色社会主义认识不足,缺乏信心,一遇到问题和困难就摇来摆去,甚至对党离心离德,为自己谋划所谓退路。(2)有的政治观念淡薄,政治立场模糊,甚至缺乏起码的政治判断能力,是非不分,好坏不辨,或者在原则问题上态度暧昧,患得患失,回避矛盾,推卸责任。(3)有的从个人和小集团的利益出发。实用主义地对待中央的政策,无视国家利益和法制、政令的统一,甚至利用职权保护和参与犯罪。(4)有的跑官要官,任人唯亲,在干部中拉拉扯扯,在班子内勾心斗角,搞无原则的纠纷,甚至为达到个人目

的，不择手段，挺而走险。(5)有的作风飘浮，弄虚作假，沽名钓誉，热衷于形式主义；有的铺张浪费，追逐奢靡之风，严重侵害群众的利益。更有甚者，私欲恶性膨胀，贪赃枉法，索贿受贿，腐化堕落。从近几年查处的一些问题看，的确令人发指，触目惊心。据中纪委统计，仅在1990至1992年三年间，受处分的党员干部就有60多万人，其中县处级以上干部16005人，省部级干部79人。1993年党中央关于建立社会主义市场经济的决定公布以后，改革逐渐进入攻坚阶段，广大党员干部正在为打好这场“攻坚战”进行拼搏，出现了很多优秀党员和先进人物。然而，在这个关键时刻，也有一些人经不起考验，贪污受贿案件猛增，到1995年以后，反贪局每年立案审查的案件竟达9万件，比1990年增加了5倍。又据国家有关部门统计，1982年至1992年，我国的国有资产已流失5000多亿，1993年以后，每年仍以1千多亿的速度流失，总计已流失了1万多亿。这是人民的血汗啊！若不采取有效措施，社会主义经济基础就会削弱和动摇。对于这种情况，党政领导有着重大的责任。我们能做些什么事情呢？最根本的就是把领导班子自身建设好，把党员领导干部的思想政治素质进一步提高，把住领导干部人生道路这个“总开关”。这个问题解决了，其他问题就好解决了。正是出于这个目的，党中央重新提出深入开展“三讲”教育，这是从思想政治上保证这场“伟大变革”取得胜利的根本条件，也是防止苏联、东欧悲剧在中国重演的根本措施。

其次，深入开展“三讲”教育是保证党员领导干部在国际“风云变幻”中经受各种风险考验的战略措施。中共中央加强党的建设的决定中对我国所处的国际大气候作了生动的描述，指出我国正处在“当代世界风云变幻的条件下”。当今世界“风云变幻”的重要特点，就是两极冷战对峙的世界格局正在向多极化发展。和平与发展是当今世界的两大课题。这是我国走向世界发展自己的大好时机。以江泽民同志为核心的党中央紧紧抓住这个时机，进一步调整了我国与西方特别是美国的关系，努力建立面向21世纪的建设性战略伙伴关系，其目的是为了维护世界和平，推动我国社会主义现代化建设的发展。这个决策是正确的、英明的，具有深远的意义。然而世界并不太平，社会主义和资本主义的根本矛盾并未解决。因此，在调整国际关系、发展自己的同时，党员领导干部应保持清醒的政治头脑，时刻警惕“西方国家正在打一场没有硝烟的第三次世界大战。所谓没有硝烟，就是要社会主义国家和平演变。”(《邓小平文选》第3卷第344页)为了加深对邓小平这个重要思想的理解，有必要研究一下西方是怎样“打一场没有硝烟的第三次世界大战”的。据美国一位著名学者讲，西方近二十年对社会主义国家主要采取了“攻心——夺权——私有化”三步战略，打了三个战役：第一战役主要是演变波兰、匈牙利、南斯拉夫；第二战役主要是演变苏联和整个东欧社会主义国家；第三战役主要是演变中国等社会主义国家。一、二战役已经取得决定性胜利，第三战役也初见成效。开始，西方某些政界要人想借着苏联、东欧“和平演变”的“冲击波”很快把中国搞垮。这个梦想失败了。现在主张“打持久战”，搞所谓“接触”政策，想用十年、二十年演变中国的后几代人。邓小平同志早就察觉到西方敌对势力的图谋，明确指出：“帝国主义搞和平演变，把希望寄托在我们以后的几代人身上……我们这些老一辈的人在，有分量，敌对势力知道变不了。但我们这些老人呜呼哀哉后，谁来保险？”(《邓小平文选》第3卷第380页)以江泽民同志为核心的党中央，已经采取了防范措施，牢牢掌握着党政军的领导权。于是，西方敌对势力就调整了“和平演变”战略，提出了“攻心——私有化——变权”的新战略。西方一些学者认为，所谓和平演变，就是采取无硝烟而有吸引力的外部手段，诱导共产党内部领导干部中的不坚定分子和个人主义者，使其不知不觉地变、舒舒服服地变、心甘情愿地变，以建立资本主义在全世界的一统天下。“无硝烟战争”主要有两种：一是经济战，二是攻心战，两者相互配合。经济战主要是发挥西方的资本优势、科技优势和管理优势占领市场，挤垮社会主义国有企业和集体企业，动摇其经济基础；攻心战主要是运用现代传媒工具动摇共产党人的信仰、信念、信心，使其精神支柱彻底坍塌。这样，几十年之后，中国特色社会主义大厦“就像《红楼梦》里讲的，刹那间，哗啦啦大厦倾。为了实现他们的新三步战略，西方敌对势力又提出了西化、分化政策，在此基础上，又搞什么“淡化无产阶级政治”，“溶化马克思主义理论”，“腐化共产党干部”，“丑化共产党机关”，最终达到“演变社会主义国家”的目的。面对西方正在进行的这场“没有硝烟的第三次世界大战”，党员领导干部必须以高度的责任感对待它。这里，最关键的问题是把领导班子自身建设好，首先把思想政治建设搞好。开展“三讲”教育就是为了这个目的。正是从这个意义上讲，开展“三讲”教育是保证各级领导干部在当代国际“风云变幻”中经受风险考验的战略性措施。

问：经您这样一讲，开展“三讲”教育的确很重要、很迫切。那么，这次开展“三讲”教育的重点和要求是什么？应遵循那些指导思想和原则？

答：中国共产党已是在全国执政的大党，党员已经有6000多万人。党的组织分布在全国各地，有相当多的党员在党政机关担任了领导职务。据统计，全国县处以上领导干部大约有40多万人，他们代表人民掌握和行使着各种权力，党和国家的命运在很大程度上就掌握在他们的手里，他们的素质特别是思想政治素质如何，关系到党和国家事业的兴衰成败。所以，这次“三讲”教育的主要对象是县级以上各级领导干部，重点是抓好县以上党委、

政府、人大和政协领导班子。总的要求是:通过“三讲”教育,推动县级以上领导班子和领导干部深入学习邓小平理论和贯彻十五大精神,提高政治素质,加强党性培养,端正思想作风,增强在改造客观世界的同时改造主观世界的自觉性。为此,就要特别努力做到以下四点:一要坚定建设有中国特色社会主义的信念,提高政治敏锐性、政治鉴别力,增强大局观念,同党中央保持高度一致;二要全面贯彻民主集中制,纠正和防止违反民主集中制的错误思想和行为,加强党的团结,自觉接受监督;三要密切联系群众,正确行使权力,克服官僚主义,反对腐败现象;四要大力弘扬求真务实、言行一致的优良作风,纠正和防止各种不良风气。总之,要努力做到思想上有明显提高,政治上有明显进步,作风上有明显转变,纪律上有明显增强。

为了搞好“三讲”教育活动,还必须在工作中坚持中央确定的指导思想和原则。尤其要正确把握好以下五个问题:一是要下定决心,有针对性地解决领导班子和领导干部党性党风方面存在的突出问题,特别是群众意见大、影响当前改革和建设工作的问题。“三讲”教育从一开始就要严防流于形式,走过场。二是要始终立足于教育提高干部。在整个“三讲”教育的全过程,都必须把学习理论、武装头脑同整顿思想、改进作风结合好。对中央提出的“三讲”教育必读篇目,要认真学习,深刻领会。要坚持理论联系实际,不仅要联系工作的实际,也要联系思想实际,决不能搞“空对空”。要认真查摆存在的问题,运用理论武器进行深入分析,分清思想是非,找准问题根源,总结经验教训,真正在思想上得到提高。三是要充分发扬党内民主,坚持走群众路线。在“三讲”教育中,要把党性分析、内查自纠与民主评议很好地结合起来。要坚定地相信群众,依靠群众,虚心听取群众的意见,自觉接受群众的评议和监督。切忌关起门来搞教育,更不允许压制民主,打击报复。同时,要注意按照党内政治生活准则办事,依据法律法规办事,防止出现过去政治运动中那种“大民主”。四是要勇于开展负责任的批评和自我批评,进行积极的健康的思想斗争。无论批评还是自我批评,都要有对党对人民高度负责的态度,不马虎敷衍;都要讲政治,不纠缠于细枝末节;都要实事求是,不文过饰非;都要真正解决问题,不走过场。五是要紧紧围绕全面贯彻党的基本路线,抓住经济建设这个中心,把开展“三讲”教育与推进当前工作结合起来。不能脱离正在进行的改革开放和现代化建设,孤立地搞“三讲”;也不能借口工作忙而不认真搞“三讲”。衡量和检验“三讲”教育搞得怎么样,归根到底要看是不是有力地保证了党的路线方针政策的贯彻执行和中央重大决策的落实,是不是有力地推进了建设有中国特色社会主义各项事业的发展。

问:明确了“三讲”教育的重点、要求和指导原则之后,还应当明确“三讲”教育的基本内容。请您结合中央文件精神和实际问题,具体谈谈讲学习、讲政治、讲正气的主要内容及其基本精神。

答:明确讲学习、讲政治、讲正气的内容,是领导干部进行党性锻炼的前提条件。如果对其内容都不清楚,那怎么自觉进行党性修养呢。应该说,大多数领导干部对“三讲”的具体内容还是明确的,然而要完整准确掌握它的基本精神,的确是不容易的一件事。下边,我想就此谈点个人的认识和学习体会。

讲学习,这是新形势下对党员领导干部进行党性党风教育首先要抓好的一个问题。讲学习既包括学习科学理论,又包括学习科学知识,两者要密切结合。在当前,学习科学理论特别重要的是学习邓小平理论。党中央强调,学习邓小平理论要在全面正确把握它的基本精神上多下功夫。为此,就应抓住五个基本要点:第一,要抓住邓小平理论的主题,搞清楚什么是社会主义和怎样建设社会主义,特别要搞清楚什么是初级阶段的社会主义和在初级阶段怎样建设社会主义;第二,要抓住邓小平理论的精髓,科学理解解放思想和实事求是的含义,全面掌握党的辩证唯物主义的思想路线;第三,要抓住邓小平理论的基础,正确把握社会主义初级阶段的基本理论、基本路线和基本纲领,特别要全面正确地贯彻“一个中心、两个基本点”的基本路线;第四,要抓住邓小平理论的本质,完整准确理解有中国特色社会主义中“特色”二字的科学含义,特别要正确理解邓小平关于社会主义本质“五句话”的深刻含义;第五,要抓住邓小平关于怎样建设社会主义的战略措施,包括“一国两制”和平统一祖国的战略构想,“两手抓、两手硬”的战略方针,“三步走”实现社会主义现代化目标的战略步骤,通过“社会主义市场经济”推动社会生产力持续快速发展的战略途径,以及“改革开放”、“以法治国”、“科教兴国”、“韬光养晦”、“巩固国防”和在“改善中加强党的领导”的一系列战略措施。以上几点,体现了邓小平理论的基本精神,只有掌握这些基本精神,才能提高领导干部的理论水平和思想觉悟。

讲政治,这是对党员领导干进行党性党风教育的重大问题。江泽民同志说:“我们讲的政治,是马克思主义的政治,是建设有中国特色社会主义的政治。”马克思主义的政治,其基本内容就是建立和建设工人阶级政党,建立和巩固社会主义政权,制定和贯彻正确的政治纲领、政治路线和政策,等等。江泽民同志在新形势下强调讲政治,除了上述基本内容外,还具有新形势下时代特色的具体内容,即讲政治方向、政治立场、政治观点、政治纪律、政治鉴别力、政治敏感性。党中央要求我们在学习和贯彻这些内容时,一定要努力做到:第一,要有坚定正确的政治方向。具体表现在三个方面;一是要有坚定的共产主义信念,始终不忘记入党时的誓言;二是要坚决走有中

国特色社会主义道路,在任何情况下都不能背离这条道路;三是要坚持党的基本路线一百年不变,在任何时候都不能忘记“一个中心”和“两个基本点”。第二,要有坚定不移的政治立场,具体表现在两个大的方面:一是要坚定地站在党和国家的立场上,毫不动摇地维护党和国家的利益;二是要坚定地站在人民大众的立场上,为广大群众说话、办事、谋利益,同甘共苦。第三,要有鲜明的政治观点。任何时候对党都不能隐瞒自己的政治观点,赞成什么、反对什么,一定要旗帜鲜明。第四,要有严明的政治纪律。其基本要求是严格遵守党章,认真按照党章办事,特别要在政治上同党中央保持一致,自觉接受党组织的教育、管理和监督。第五,要有较高的政治敏感性和鉴别力。具体表现在:政治目光锐利,观察能力强;政治头脑清醒,分析能力强;政治嗅觉灵敏,分辨是非能力强。这样,就能够透过现象看到本质,不易被假象所迷惑。

讲正气,这是对党员领导干部进行党性风教育的关键性问题。党员领导干部只要有了一身正气,歪风邪气、不正之风和腐败问题就会一扫而光,党在群众中的威望就会大大提高。讲正气最重要的就是发扬党的理论联系实际、密切联系群众、批评与自我批评、艰苦奋斗、民主集中制和清正廉洁等优良作风。这些优良作风是党的科学世界观在党员行为中的集中表现。讲正气最根本的是做好领导干部的灵魂塑造工程,党组织最艰巨的任务是帮助党员干部塑造美好的心灵。讲正气的关键环节是领导干部以身作则,带头发扬党的优良作风;同时还要采取有效的措施,加强对党员领导干部的监督。为此,党中央在《党和国家机关基层组织工作条件》的第五章,专门规定了对党员领导干部监督的八项内容和主要措施。只要做好这些,正气就会压倒邪气,党的优良作风和光荣传统就会发扬光大,我们就会得到人民群众真心实意的拥护和爱戴,社会主义现代化建设就一定能够取得伟大的成功。

问:深入开展“三讲”教育,既要明确基本要求和基本内容,还要采取切实有效的措施。您认为应采取哪些有效的措施?

答:措施问题,是把“三讲”教育落到实处的重要问题。邓小平同志曾经说过,十年最大的失误是忽视思想政治教育。至今这个问题还没有彻底解决。依我看,忽视思想政治教育,最重要的是忽视了对领导干部的思想政治教育。一般来说,领导干部是教育人的人,谁来教育领导干部特别是一、二把手,这还是一个正在解决的难题。这里既有思想认识问题,又有实际措施问题。关于如何采取有效措施教育领导干部,胡锦涛同志在这次电视电话会上专门讲了这个问题。他说,为了保证这次“三讲”教育取得扎扎实实的效果,各级党委(党组)务必切实加强领导。省、地、县都要建立工作责任制,一级抓一级,一级带一级,层层抓落实。党委(党组)书记要承担起第一责任人的责任。各地各部门都要在深入调查研究和搞好试点的基础上,制订切实可行的工作方案,精心组织实施。在实施中要注意分类指导,抓好重点单位和薄弱环节,加强督促检查。要把这次“三讲”教育同对干部的深入考察、考核结合起来。要搞好舆论宣传和引导工作,营造“三讲”教育健康发展的良好氛围。

根据中央文件的精神,总结以往的经验教训,我认为除了上述基本措施以外,还要从党组织和领导干部个人两个方面去努力,调动组织和个人两个方面的能动性。

首先,从党组织讲,要认真做好三抓,即抓学习、抓培训、抓管理。抓学习,就是要认真学习革命导师和党中央的有关论述,完整准确地领会其精神实质。学习贵在坚持,贵在联系实际。不仅要联系工作实际,指导我们改造客观世界;而且要联系思想实际,指导我们改造主观世界,像周恩来同志那样,“活到老,学到老,改造到老”。抓培训,就是通过党校等途径举办以“三讲”为中心内容的培训班,使领导干部集中一段时间受到党性党风的专门教育,清理自己的思想,净化自己的灵魂,增强中国特色社会主义必胜的信念和信心。抓管理,就是要建立和健全领导干部管理机制,使领导干部置于党的管理之下。领导干部不论职务高低,都要接受党的管理,切不可因为职务高了,而把自己变成无人管理的特殊党员,更不能把自己凌驾于党委之上。根据多年来的经验,抓管理必须坚持党管干部的原则;必须坚持管理与监督相结合的原则;必须坚持从严管理的原则。

总之,党组织只有把这“三抓”融为一体,坚持不懈地抓下去,以“三讲”为内容的党性党风教育,就一定能取得好的效果。

其次,从领导干部个人讲,应努力做到“三要”:一要自觉修养,二要艰苦奋斗,三要善于总结。所谓自觉修养,就是在学习和实践的过程中、自觉改造自我,以便牢固确立马克思主义的世界观、人生观、价值观。作风是一个党员干部的世界观、人生观、价值观在行为中的外在表现。有什么样的思想就会有什么样的作风。所以自觉修养是领导干部形成优良思想作风的有效途径。艰苦奋斗,就是要树立不怕艰难困苦的精神和勇往向前的奋斗精神。坚信一切业绩都是艰苦奋斗得来的,而不是别人恩赐的。要知难而上,善解难题,敢作敢为,开创新局面。有了这样的精神,就会自觉地接受“三讲”教育,就能不断地增强党性,改进作风。善于总结.就是善于亲自动手总结工作和学习中的经验教训,从中找出带有规律性的东西,以便掌握真理,指导工作,开拓前进。实践证明,只有善于总结,才能在学习和实践中有所突破、有所创造、有所提高、有所进步。

(作者系《政工师》杂志主编、高级政工师)

深入学习邓小平理论 自觉维护党中央权威

韩喜凯

在我们进入建设有中国特色社会主义事业跨世纪发展的关键时期，面对各种矛盾错综复杂的国际国内形势，从理论与实践的结合上深刻领会、全面把握马克思主义权威观，做到自觉服从并坚决维护以江泽民同志为核心的党中央的权威，对于更高地举起邓小平理论伟大旗帜，加强党的集中统一，巩固党的执政地位，顺利推进改革开放和现代化建设伟大事业，具有十分重要的现实意义和深远的历史意义。

一、维护中央权威是马克思主义的科学结论

权威问题，是马克思主义理论宝库中的一个重要问题。马克思曾经指出，必须绝对保持党的纪律，否则将一事无成。恩格斯专门写了《论权威》一文，系统阐述马克思主义权威观。他强调，权威是社会生活的客观存在，也是社会发展的必然要求，党需要有权威，没有权威，就不可能有任何一致。列宁认为，工人阶级为了取得彻底解放，是需要权威的。他在《共产主义运动中的"左派"幼稚病》一书中，深刻阐明群众、阶级、政党、领袖之间的辩证关系，丰富和发展了马克思主义权威观。毛泽东同志高度重视维护中央领导集体的权威，多次强调一切行动听指挥，步调一致才能得胜利。邓小平同志把马克思主义权威思想运用于中国改革开放和现代化建设实践，反复重申中央要有权威；任何一个领导集体都要有一个核心，没有核心的领导是靠不住的，要有意识地维护这个核心。从马克思、恩格斯、列宁，到毛泽东、邓小平，对党的权威建设的认识是不断深化的。维护党的权威，维护党的领导集体的权威，维护党的领导集体核心的权威，三者是一致的，是有机统一的。党的领导集体的核心，是党团结和巩固的象征。维护党的权威，首先必须维护党的领导集体的权威，维护领导集体核心的权威。在今天，坚决维护以江泽民同志为核心的党中央的权威，是马克思主义权威观在当代中国的具体体现，是新的历史条件下把马克思主义权威理论同我们党的建设实践相结合的必然结果。

自觉维护中央权威，一切行动听指挥，是我们党的光荣传统。正是有了这个传统，不论战争年代，还是改革开放和现代化建设时期，我们党都始终保持了思想、政治和行动的高度统一，团结和率领全国人民战胜各种艰难险阻，取得一个又一个的伟大胜利。在艰苦卓绝的战争年代，我们党面临强大敌人，如果没有以毛泽东同志为核心的第一代领导集体的坚强领导，没有全党自觉维护中央权威，要取得胜利是不可能的。在改革开放和现代化建设新时期，我们党面临错综复杂的矛盾，如果没有以邓小平同志为核心的第二代领导集体的坚强领导，要冲破"左"的思想束缚和排除右的干扰，开创建设有中国特色社会主义的伟大事业，也是不可能的。在迈向新世纪的征程中，会遇到种种复杂矛盾和风险，全党只有紧密团结在以江泽民同志为核心的党中央周围，同心同德，齐心协力，才能把我们的事业继续推向前进。这是我们党七十多年革命和建设的成功经验，是我们党由胜利走向更大胜利的政治优势。

维护中央的权威和集中统一领导，是由我国的基本国情决定的。我国是一个拥有十几亿人口的多民族国家，幅员辽阔，生产力不发达，经济发展不平衡，各地情况千差万别，要维护国家的统一，人民的团结，社会的稳定，经济的发展，中央权威至关重要。我国正处于并将长期处于社会主义初级阶段，自然经济半自然经济占很大比重，封建主义和小生产习惯势力在社会上还有广泛影响。没有权威，很难统一全国人民的意志。近代中国，列强宰割，军阀混战，四分五裂。只有在中国共产党领导下，才把全国人民凝聚起来，实现了中国的空前统一。历史证明，党的强有力的领导，是实现民族振兴的组织保证。如果没有一个有权威的中央领导集体的坚强领导，各自为政，各行其是，就不会有稳定的政治局面，国家就会分裂，社会就会一盘散沙，陷入无政府状态。能否自觉维护中央权威，是关系党和国家兴衰成败的重大政治问题。

二、以江泽民同志为核心的党中央是经过实践检验的坚强领导集体

从 1989 年十三届四中全会到现在，以江泽民同志为核心的第三代领导集体担负起治党治国治军的历史重任，全面开创建设有中国特色社会主义新局面，在经济、

政治、军事、文化、外交等各个领域，都展示了高瞻远瞩、深谋远虑、科学决策、胆识过人的领袖风范，显示出极大的政治魄力和高超的领导艺术。

1989年以来的9年，是极不平凡的9年。1989年春夏之交的政治风波，以后的苏东剧变，西方敌对势力“围墙”中国，社会主义中国的前途命运面临重大挑战。但是，在以江泽民同志为核心的党中央领导下，我们经受住了国际国内风云变幻的严峻考验，夺取了社会主义现代化建设的新胜利。经济实现了持续快速健康发展，避免了大起大落。改革正以前所未有的广度和深度，大踏步前进。在纷繁复杂的国际环境中，坚持独立自主的和平外交政策，不屈从于任何压力，使我国国际影响日益扩大，在国际事务中作用日益增强。香港顺利回归祖国，洗雪了百年国耻。面对亚洲金融危机，及时采取应对措施，有效遏制了对我国经济的不良影响，在稳定国际经济中发挥了重要作用，赢得国际社会的广泛赞誉。特别在世纪之交的历史时刻，成功召开党的十五大，以江泽民同志为核心的党中央运用邓小平理论创造性地解决我国改革与发展中的一系列重大问题，在新的历史条件下丰富、完善和发展了邓小平理论，使我们党对建设有中国特色社会主义的认识达到了新高度，为我国跨世纪发展制定了行动纲领和宏伟蓝图。实践充分证明，以江泽民同志为核心的党中央政治上坚定，理论上成熟，作风上民主，工作上务实，具有非凡的统揽全局、驾驭复杂局面的能力，是以毛泽东、邓小平为核心的第一代、第二代领导集体所开创的伟大事业的忠实继承者和脚踏实地、奋发有为的开拓者，是一个完全可以依赖、能够领导全党和全国人民把建设有中国特色社会主义事业继续推向前进的坚强核心。今年，又领导广大军民取得抗洪斗争的伟大胜利。有了这样一个领导集体和领导核心，是我们党和人民的幸事，我们的党一定会更加团结巩固，我们的国家一定会更加兴旺发达。

当前，我们正处于跨世纪发展的重大历史关头，改革进入攻坚阶段，发展处于关键时期，稳定面临许多新情况、新问题，前进道路上还有大量难以预料的困难和风险。国际形势错综复杂，世界继续发生重大而深刻的变化，多极化趋势更加明显，综合国力竞争日益加剧。我们既面临良好的历史机遇，同时也面临前所未有的挑战。新的形势和任务，迫切要求我们必须坚决维护以江泽民同志为核心的党中央的权威，这是我们的事业繁荣兴盛的基本保证。

三、从政治高度自觉维护中央权威

与以江泽民同志为核心的党中央保持高度一致，自觉维护中央权威，是广大党员、干部特别是领导干部的神圣职责。如果说讲政治，这就是最大的政治；如果说讲纪律，这就是最大的纪律。

要认真学习邓小平理论。学习邓小平理论和与党中央保持一致是相通的。能否全面、正确地领会和贯彻邓小平理论，能否全面、正确地领会和贯彻十五大的各项决策，是对各级领导干部是否与中央保持一致的最重要最实际的检验。学习邓小平理论必须同学习江泽民同志重要讲话、学习十五大精神紧密结合起来，在把握精神实质上下功夫，深刻理解以江泽民同志为核心的党中央对邓小平理论的丰富、完善和创造性发展，从而更加自觉地维护以江泽民同志为核心的党中央的权威，进一步增强政治上的坚定性。

要牢固树立全局观念。维护中央权威，必须维护大局，服从大局。这对于全党同志特别是各级领导干部来说，是一项重大的政治责任。我们党制定的政策、措施，体现了全国人民的共同利益、长远利益，同时也充分考虑了地方利益、目前利益。但各地发展是不平衡的，有些事情从局部看可行，从全局看不可行，要求中央决策处处照顾到地方局部利益是不现实的。当局部利益同全局利益发生矛盾时，必须把全局利益放在首位，无条件服从全局利益，决不能有令不行，有禁不止，自开门户，各干一套，以损害全局利益来满足本地本部门本单位的局部利益。要像江泽民同志所指出的，作为党的领导干部，对党的路线、方针和中央的决策，只有努力学习、正确理解、认真执行、坚决维护的义务，绝没有不执行或者随意改变的权利，更不允许口是心非，阳奉阴违。特别是在关键时刻，贯彻中央决策更要不折不扣，毫不动摇。我们要善于从党的工作大局中找准自己的工作位置，既要着眼于本地，更要着眼于大局，把两者有机地结合起来，在维护好大局、服务于大局的过程中，把本地区、本部门的工作做好。

要进一步树立纪律意识。无产阶级政党必须有铁一般的纪律，否则，就会失去凝聚力和战斗力。我们党不存在不受纪律约束的特殊党员。在任何时候，在任何条件下，都要遵守纪律，这是对党员的基本要求。我们讲纪律，维护中央权威是最起码的纪律要求。我们要坚持个人服从组织，少数服从多数，下级服从上级，全党服从中央的原则。这四个服从，核心是服从中央。执行中央决定，不能打折扣，不能搞“变通”，不能打“擦边球”，对党的各项制度一定要不折不扣地坚决服从，坚决照办。

要正确处理维护权威和创造性地开展工作的关系。维护中央权威和创造性地开展工作是统一的’。创造性地开展工作，是在党的方针政策指导下进行的。而党的方针政策只有通过创造性地开展工作才能得到很好的落实。在不同的地区和部门；具体情况不同，维护党的权威，确保政令畅通，不能机械地照搬照抄，而应该善于结合本地区、本部门的具体实际加以落实，既体现出中央统一部署和决策的基本要求，又显示出本地区、本部门的特

色。看一个党组织和党员干部是否同中央保持一致,很重要的是要看他能否结合本地区、本部门的实际创造性地开展工作,使中央的方针决策真正落到实处。把维护党的权威和创造性开展工作有机结合起来,关键要吃透上情,摸准下情,全面把握党的决策的精神实质和本地具体情况,保证工作既不脱离中央决策,又不脱离客观实际。决不能借口"创造性"而片面理解、甚至歪曲中央决策,搞实用主义,也不能借口地方的"特殊性",搞"上有政策,下有对策"。创造性地开展工作,照抄照搬不行,脱离和背离党的决策也不行。只有坚持全面正确地贯彻中央政策不走样,因地制宜地加以落实,才称得上工作的创造性。

要处理好分权与集权的关系。正确处理好分权和集权的关系,既维护中央权威,又调动地方积极性,是关系到全党能不能形成团结统一的整体的问题。强调中央权威,是要在保证中央宏观调控权威的基础上更好地发挥地方的积极性。江泽民同志在党的十四届五中全会上的讲话中明确指出,"在新形势下必须更好地坚持发挥中央和地方两个积极性的方针。总的原则应该是:既要体现全局利益的一致性,又要有统一指导下兼顾局部利益的灵活性;既要维护国家宏观调控权的集中,又要在集中指导下赋予地方必要的权力"。要按照这个要求,正确处理好集权和分权的关系。宏观调控权在中央,地方的权力是中央赋予的,行使地方权力必须以维护中央权威为前提。地方要在中央宏观指导下,正确运用中央赋予的权力。不能以"分权"为由,各行其是,搞分散主义。不能无视中央的宏观调控政策,片面追求地方利益,搞地方保护主义。

要正确处理维护党的领导和发展民主政治的关系。发展社会主义民主政治,是我们党始终不渝的奋斗目标,也是十五大提出的总体要求。但是,我们的政治体制改革,必须以维护中央权威、加强党的领导为前提。我们党和国家实行民主集中制,在党内和人民内部既要充分发扬民主,又要在民主的基础上实行集中。不讲民主,是错误的;任何以发展民主政治为名,削弱中央权威和党的集中统一领导的作法,也是错误的。只有在党的领导下,才能保证 民主政治建设健康顺利地发展。

(作者系中共山东省委副书记)

毛泽东思想是邓小平理论的根基

邱建中

纵观我们党领导人民革命和建设的历史，重温毛泽东的一系列重要著作和我们党一系列重要历史文献，我们领悟到，对建设有中国特色社会主义，我们党长期在进行探索，提出了一系列科学的观点、思想和论断。这正如江泽民同志所指出的，邓小平理论是毛泽东思想在新的历史条件下的继承和发展。从1981年6月27日党的十一届六中全会通过的《关于建国以来党的若干历史问题的决议》对建国三十二年历史的基本估计，对毛泽东同志的历史地位和毛泽东思想的评价看，从1997年9月12日江泽民所作的党的十五大报告对本世纪的历史回顾来看，毛泽东不仅是中国共产党、中国人民解放军和中华人民共和国的伟大缔造者，而且是社会主义现代化建设的伟大探索者。毛泽东不仅领导中国人民取得了新民主主义革命的胜利，而且领导中国人民进行了二十多年的社会主义革命和建设，不仅奠定了社会主义现代化建设的政治、经济和文化基础，而且对形成建设有中国特色社会主义理论也进行了一系列探索和实践，奠定了根基，作出了不可磨灭的贡献。

第一，提出了人民民主专政的理论

1939年5月4日，毛泽东在《青年运动的方向》的演讲中，提出了“人民民主主义共和国”的口号，把“建立人民民主主义制度”看成是实现社会主义的第一步。随后，毛泽东在《新民主主义论》和《论联合政府》中进一步提出，新中国应当“建立一个以全国绝大多数人民为基础而在工人阶级领导之下的统一战线的民主联盟的国家制度”，“这是一个真正适合中国人口中最大多数的要求的国家制度”。1947年共产党与工人党情报局出版《争取人民民主，争取持久和平》杂志，也使用了“人民民主”的概念。1949年3月，毛泽东在党的七届二中全会的报告中，明确提出了“无产阶级领导的以工农联盟为基础的人民民主专政”的主张。同年6月，他在《论人民民主专政》一文中又指出：“总结我们的经验，集中到一点，就是工人阶级（经过共产党）领导的以工农联盟为基础的人民民主专政。”新中国成立时，我们的国家政权就是按照人民民主专政的原则组成的。1954年9月通过的我国宪法载明：“中华人民共和国是工人阶级领导的、以工农联盟为基础的人民民主国家。”

第二，提出了解放和发展生产力的理论，强调社会主义的基本目的和任务是解放、保护和发展生产力

早在1934年1月，毛泽东在第二次全国工农代表大会上发出“关心群众生活，注意工作方法”的号召，要“提高农民的劳动热情，增加农业生产；保障工人的利益；建立合作社；发展对外贸易；解决群众的穿衣问题，吃饭问题，住房问题……”1940年1月，毛泽东在《新民主主义论》中提出，要建立一个政治上自由、经济上繁荣、文明先进的新中国。1945年4月24日，毛泽东在党的七大的政治报告《论联合政府》中指出：“中国一切政党的政策及其实践在中国人民中所表现的作用的好坏、大小，归根到底，看它对于中国人民的生产力的发展是否有帮助及其帮助之大小，看它是束缚生产力的，还是解放生产力的。”“中国工人阶级的任务，不但是为着建立新民主主义的国家而斗争，而且是为着中国的工业化和农业近代化而斗争。”1956年1月25日，毛泽东在最高国务会议第6次会议上的讲话中，明确提出“社会主义革命的目的是解放生产力。”1957年2月27日，毛泽东在最高国务会议第十一次（扩大）会议的讲话《关于正确处理人民内部矛盾的问题》中进一步明确指出：“我们的根本任务已经由解放生产力变为在新的生产关系下面保护和发展生产力。”

第三，提出了发展社会生产力必须处理好十大关系和正确处理人民内部矛盾的理论

1956年4月25日，毛泽东在中共中央政治局扩大会议上发表《论十大关系》的讲话，以苏联的经验为鉴戒，总结了我国的经验，提出了调动一切积极因素为社会主义服务的基本方针，对适合我国情况的社会主义建设道路进行了初步探索。讲话指出：“提出这十个问题，都是围绕着一个基本方针，就是要把国内外一切积极因素调动起来，为社会主义事业服务。”“我们一定要努力把党内党外、国内国外的一切积极的因素，直接的、间接的积极因

素,全部调动起来,把我国建设成为一个强大的社会主义国家”。毛泽东在《关于正确处理人民内部矛盾的问题》的讲话中,强调指出:“我们提出划分敌我和人民内部两类矛盾的界线,提出正确处理人民内部矛盾的问题,以便团结全国各族人民进行一场新的战争——向自然界开战”。可见毛泽东把调动人民群众的积极性作为社会主义现代化建设的根本问题来抓。

第四,提出了以经济建设为中心的思想和四个现代化的奋斗目标

早在延安时期,毛泽东就说过,夺取全国胜利并且巩固政权以后,全党的工作才能转到以经济建设为中心上来。到1949年3月,召开党的七届二中全会时,毛泽东在报告中强调,在全国胜利的局面下,党的工作重心必须由乡村移到城市,城市工作必须以生产建设为中心。指出:“城市中其他的工作,例如党的组织工作,政权机关的工作,工会的工作,其他各种民众团体的工作,文化教育方面的工作,肃反工作,通讯社报纸广播电台的工作,都是围绕着生产建设这一个中心工作并为这个中心工作服务的”。1954年6月14日,毛泽东在中央人民政府委员会第三十次会议上《关于中华人民共和国宪法草案》的讲话中提出,“我们的总目标,是为建设一个伟大的社会主义国家而奋斗。”到1959年冬,毛泽东又完整地提出了社会主义现代化的中心内容是实现“工业现代化、农业现代化、科学现代化和国防现代化”,强调实现四个现代化是一个很长的历史过程,并提出了分五步走的设想。1962年1月30日,毛泽东在扩大的中央工作会议上的讲话中,进一步提出“至于建设强大的社会主义经济,在中国,五十年不行,会要一百年,或者更多的时间。”

第五,提出了对外开放的观念,主张向外国学习,主张既要同社会主义国家和第三世界各国建立外交外贸关系,又要同资本主义国家建立外交外贸关系,想尽一切办法同外国做生意,吸收国外的资金、技术和人才

早在1934年1月,毛泽东就提出了“发展对外贸易”的方针。建党二十八周年时,毛泽东发表纪念文章《论人民民主专政》,文中指出:不要国际援助“要取得自己的胜利是不可能的。胜利了,要巩固,也是不可能的。”同时毛泽东也主张可以同资本主义国家做生意,可以向他们借钱,但这不能看成这是资本主义国家对我们的援助。到1951年,毛泽东在《论十大关系》中提出,“我们的方针是,一切民族、一切国家的长处都要学,政治、经济、科学、技术、文学、艺术的一切真正好的东西都要学。但是,必须有分析有批判地学,不能盲目地学,不能一切照抄,机械搬运。他们的短处、缺点,当然不要学”。“外国资产阶级的一切腐败制度和思想作风,我们要坚决抵制和批判。但是,这并不妨碍我们去学习资本主义国家的先进的科学技术和企业管理方法中合乎科学的方面。”1956年8月24日,毛泽东在会见中国音乐家协会的负责同志的谈话中,再次提出“要向外国学习科学的原理。学了这些原理,要用来研究中国的东西。”。“应该学习外国的长处,来整理中国的,创造出中国自己的、有独特的民族风格的东西。”我们国家在和平共处五项原则基础上,积极发展外交关系,到毛泽东逝世时,我国已同111个国家建立了外交关系,并且成为联合国的常任理事国,这是我国实行对外开放政策的最基本的一个条件。

第六,提出了鉴别大是大非的六条政治标准,强调六条政治标准的核心是坚持共产党的领导和走社会主义道路

为了贯彻百花齐放、百家争鸣的方针,帮助人民发展对于各种问题的自由讨论,毛泽东在《关于正确处理人民内部矛盾的问题》一文中提出:“在我国人民的政治生活中,应当怎样来判断我们的言论和行动的是非呢?我们以为,根据我国的宪法的原则,根据我国最大多数人民的意志和我国各党派历次宣布的共同政治主张,这种标准可以大致规定如下:(一)有利于团结全国各族人民,而不是分裂人民;(二)有利于社会主义改造和社会主义建设,而不是不利于社会主义改造和社会主义建设;(三)有利于巩固人民民主专政,而不是破坏或者削弱这个专权;(四)有利于巩固民主集中制,而不是破坏或者削弱这个制度;(五)有利于巩固共产党的领导,而不是摆脱或者削弱这种领导;(六)有利于社会主义的国际团结和全世界爱好和平人民的国际团结,而不是有损于这些团结。这六条标准中,最重要的是社会主义道路和党的领导两条。”六条政治标准,六个有利于,与“一个中心、二个基本点”,与四项基本原则,与“三个有利于”,是相吻合,完全一致的。

第七,提出了尊重知识、尊重人才的观点,强调科学技术在我国现代化建设中具有关键性作用

早在1939年12月1日,毛泽东为中共中央起草了一个大量吸收知识分子的决定,决定指出:“共产党必须善于吸收知识分子”,“没有知识分子的参加,革命的胜利是不可能的。”1942年2月1日,毛泽东在中央党校开学典礼上的演说中提出:“因为我们中国是一个半殖地半封建的国家,文化不发达,所以对于知识分子觉得特别宝贵。”到1956年1月,毛泽东在最高国务会议第六次会议上的讲话中,明确提出:要改变我国经济和科学文化的落后状况,迅速达到世界的先进水平,“决定一切的是要有干部,

要有数量足够的、优秀的科学技术专家”。1956年1月，党中央召开了关于知识分子问题的会议，强调科学技术在社会主义建设中的重要作用，号召全国人民“向科学进军。”周恩来在《关于知识分子问题的报告》中，分析了国际现代科学技术突飞猛进和我国科学文化的落后状况，指出“科学是关系我们的国防、经济和文化各方面的有决定性的因素”，“只有掌握了最先进的科学，我们才能有巩固的国防，才能有强大的先进的经济力量。”在《关于正确处理人民内部矛盾的问题》一文中，毛泽东还提出：从根本上改善同知识分子的关系，“帮助他们解决各种必须解决的问题，使他们得以积极地发挥他们的才能。”1957年10月，毛泽东在党的八届三次全委扩大会议上又提出：“无产阶级没有自己的庞大的技术队伍和理论队伍，社会主义是不能建成的。”号召全党同志要学习马克思列宁主义，学习技术科学，学习自然科学。1963年1月29日，周恩来在上海市科技工作会议上，更加鲜明地提出：“我们要实现农业现代化、工业现代化、国防现代化和科学技术现代化，把我国建设成为一个社会主义强国，关键在于实现科学技术的现代化。”1961年7月，经中共中央批准，《关于自然科学研究机构当前工作的十四条意见))在全国试行，广大科学技术人员的积极性和创造性空前高涨，科学技术事业踏踏实实地向前发展。到1965年底，全国专门的科学研究机构，由建国初期的30多个，发展到1714个，专门从事科学研究的人员，由建国初期的不足500人，发展到120000人。

第八，提出了既要抓经济建设又要抓政治工作的思想，强调政治工作是一切经济工作的生命线，同时又强调政治工作要为经济建设服务

早在第二次国内革命战争时期，我们党就已经明确地把思想政治工作比作“生命线”。1934年2月召开的中国工农红军第一次全国政治工作会议上，当时的总政治部主任王稼祥、中央军委主席朱德、苏区中央局书记周恩来等，都在会议上明确指出：“政治工作是我军的生命线。”1944年4月，留守兵团政治部在西北局高级干部会议上提出的经毛泽东修改过的政治工作报告指出：“我们认为政治工作是我们军队的生命线，无此则不是真的革命军队。”思想政治工作作为“生命线”，对军事工作是如此，对于经济工作和其他工作同样如此。1955年，毛泽东在《中国农村的社会主义高潮》这本书的按语中，提出了“政治工作是一切经济工作的生命线”的著名论断。1958年2月，毛泽东在《工作方法六十条(草案)》中提出：“把党的工作的重点放到技术革命上去”，同时进一步论述了党的思想政治工作对于经济工作、技术工作的重大意义。他指出：“思想工作和政治工作是完成经济工作和技术工作的保证，它们是为经济基础服务的。”他还号召“政治家要懂业务。懂得太多有困难，懂得太少也不行，一定要懂得一些，”这样，才能做好政治工作，才能做好经济工作和其他工作。

第九，提出了从思想上加强党的建设的观点，强调党员不但要在组织上入党，而且要在思想上入党，经常注意用无产阶级思想改造和克服各种非无产阶级的思想

1929年12月，毛泽东在为红军第四军第九次党的代表大会写的决议中，列举了“单纯军事观点”、“极端民主化”、“非组织观点”、“绝对平均主义”、“主观主义”、“个人主义”、“流寇思想”、“盲动主义残余”等党内错误思想的表现，分析了产生根源，提出了纠正方法。1937年9月7日，毛泽东发表《反对自由主义》一文，列举了自由主义的十一种主要表现，分析了自由主义的危害性、来源、本质，号召“我们要用马克思主义的积极精神，克服消极的自由主义”。毛泽东针对历史上党内斗争中存在过的“残酷斗争、无情打击”的左倾错误，提出“惩前毖后，治病救人”的正确方针，强调在党内斗争中要达到既弄清思想又团结同志的目的。他创造了在全党通过批评与自我批评进行马克思列宁主义思想教育的整风形式。建国前夕，鉴于我们党将成为领导全国政权的党，毛泽东在党的七届二中全会上及时告诫全党，“因为胜利，党内的骄傲情绪，以功臣自居的情绪，停顿起来不求进步的情绪，贪图享乐不愿再过艰苦生活的情绪，可能生长”。“可能有这样一些共产党人，他们是不曾被拿枪的敌人征服过的，他们在这些敌人面前不愧英雄的称号；但是经不起人们用糖衣裹着的炮弹的攻击，他们在粮弹面前要打败仗。”“务必使同志们继续地保持谦虚、谨慎、不骄、不躁的作风，务必使同志们继续地保持艰苦奋斗的作风。”建国以后，毛泽东多次告诫全党要保持这样的作风，警惕资产阶级思想的侵蚀，反对脱离群众的官僚主义。

第十，提出了实事求是的思想路线，强调从实际出发，理论联系实际，把马克思列宁主义普遍原理同中国革命具体实践相结合

毛泽东从来反对离开中国社会和中国革命实际去研究马克思主义。1930年5月，他为反对红军中的教条主义思想发表了《反对本本主义》一文，指出：“马克思主义的‘本本’是要学习的，但是必须同我国的实际情况相结合。我们需要‘本本’，但是一定要纠正脱离实际情况的本本主义”。强调调查研究是一切工作的第一步，没有调查就没有发言权。1941年5月，毛泽东在延安干部会议上作了《改造我们的学习》的报告，深刻指出：主观主义是共产党的大敌，是党性不纯的一种表现。他说“只有打倒了主观主义，马克思列宁主义的真理才会抬头，党性才会

巩固，革命才会胜利。”毛泽东的这些精辟论断冲破了教条主义的束缚，使人们的思想得到一大解放。《实践论》、《矛盾论》、《人的正确思想是从哪里来的》等毛泽东的哲学著作和其他许多包含着丰富哲学思想的著作，从总结中国革命的经验教训中，深刻地论述和丰富了马克思主义的认识论和辩证法。他着重阐明辩证唯物主义认识论是能动的革命的反映论；他全面系统地论述了辩证唯物主义关于认识的源泉、认识的发展过程、认识的目的、真理的标准的理论；他特别指出认识的是非即认识是否符合客观实际，最终只能通过社会实践来解决。他说：“一个正确的认识，往往需要经过由物质到精神，由精神到物质，即由实践到认识，由认识到实践这样多次的反复，才能够完成。”“所谓实践是真理的标准，所谓‘生活、实践底观点，应该是认识论底首先的和基本的观点’，理由就在这个地方”。毛泽东阐述和发挥了马克思主义辩证法的核心——对立统一规律。特别是他论述中国革命战争问题的重要著作，提供了在实践中运用和发展马克思主义认识论和辩证法的最光辉的范例。他使哲学真正成为无产阶级和人民群众认识世界和改造世界的锐利武器。

毛泽东还提出党与民主党派实行“长期共存、互相监督’，在科学文化工作中实行“百花齐放、百家争鸣”，“一百年，一万年，我们也不会侵略别人”，落后就要挨打，“价值规律是个大学校”，“社会实践是检验真理的唯一标准”。刘少奇提出许多生产资料可以作为商品，朱德提出要注意发展手工业和农业多种经营，邓子恢提出农业中要实行生产责任制，等等。所有这些观点、思想和论断，为建设有中国特色社会主义理论的形成奠定了坚实的基础。然而，受错综复杂的国际国内、党内党外环境的影响，有些思想后来发生了变化，特别是有些正确思想在“文化大革命”中受到歪曲，在实践中发生了失误，甚至是严重的失误，教训是十分深刻的。尽管如此，毛泽东思想为形成建设有中国特色社会主义理论，为形成邓小平理论奠定了根基，这是我党历史的结论，是中国革命和建设实践的结论。

以邓小平为核心的中国共产党第二代领导集体，在继承毛泽东为核心的第一代领导集体艰辛探索的基础上，又总结了新时代国际和国内社会主义建设正反两个方面的历史经验，特别是总结了十一届三中全会以后我国改革开放的新鲜经验，逐步形成了建设有中国特色社会主义的科学理论体系，突出表现在以下四个方面：第一，把解放思想和实事求是紧密结合在一起作为党的思想路线的基本内容，作为新时期制定党的路线方针政策的科学基础，因而在新的实践基础上既继承了前人的光辉思想又突破了一些过时的陈规，从而开拓了马克思主义的新境界。第二，在坚持科学社会主义基本原理的基础上，抓住搞清楚“什么是社会主义、怎样建设社会主义”这个根本问题，深刻揭示了社会主义的本质，从而把对社会主义的认识提高到一个新的水平。第三，坚持用马克思主义的世界观、方法论和宽广眼界观察世界，对当前时代特征和国际形势变化进行正确分析，强调和平与发展是当今世界两大课题；强调西方在新的国际条件下正在打一场没有硝烟的第三次世界大战。这些新的科学论断，为我国制定改革开放政策和外交政策提供了理论依据。第四，在总结实践经验的基础上，第一次从政治、经济、文化、军事、教育等方面，比较系统地初步回答了中国这样文化比较落后的国家如何建设社会主义，如何巩固和发展社会主义的一系列基本问题，形成了建设有中国特色社会主义理论的科学体系。在社会主义的发展道路问题上，强调走自己的路，不把书本当教条，不照搬外国模式；在社会主义的发展阶段问题上，作出了我国还处在社会主义初级阶段的科学论断，强调这是一个至少上百年的很长历史阶段；在社会主义的根本任务问题上，指出社会主义的本质是解放生产力，发展生产力，消灭剥削，消除两极分化，最终达到共同富裕；在社会主义的发展动力问题上，强调改革也是一场革命，也是解放生产力，是中国现代化的必由之路；在社会主义建设的外部条件问题上，指出和平与发展是当代世界两大主题，必须坚持独立自主的和平外交政策，为我国现代化建设争取有利的国际环境；在社会主义建设的政治保证问题上，强调坚持社会主义道路、坚持人民民主专政、坚持中国共产党的领导、坚持马克思列宁主义毛泽东思想；在社会主义建设的战略部署问题上，提出基本实现现代化分三步走；在社会主义的领导力量和依靠力量问题上，强调中国共产党是社会主义事业的领导核心，党必须密切同广大人民群众的联系，不断改善和加强自身建设；在祖国统一问题上，提出“一个国家、两种制度”的创造性构想……所有这些表明，邓小平理论发展了毛泽东思想，邓小平理论相对于毛泽东思想是马克思主义在中国发展的新阶段。

毛泽东思想为邓小平理论奠定了根基，邓小平理论继承和发展了毛泽东思想，毛泽东思想、邓小平理论都是马克思列宁主义与中国革命和建设实际相结合的理论成果，马克思列宁主义、毛泽东思想、邓小平理论是一脉相承的科学体系。所以我们说，在当代中国，高举邓小平理论旗帜，决不是排斥和抛弃马克思列宁主义、毛泽东思想；坚持邓小平理论，就是真正坚持马克思列宁主义、毛泽东思想；高举邓小平理论的旗帜，就是真正高举马克思列宁主义、毛泽东思想的旗帜。

（作者系中共江苏省委干部理论教育讲师团副团长）

以邓小平价值观为指导加强领导干部世界观改造

董承耕

党的十四届六中全会指出:“建设物质文明关键在党,建设精神文明关键也在党。”最近江泽民同志也强调,树立正确的价值观,无论过去、现在和将来,对于每个干部和党员来说,都是首要的问题。邓小平同志是当代伟大的马克思主义者,他的价值观是马克思主义价值观的重大发展,是建设有中国特色社会主义理论的重要思想基础,是指导我国两个文明建设的税利武器,也是我们改造世界观,振兴中华的强大精神支柱。由于领导干部是精神文明建设的参与者、组织者和领导者,在精神文明建设中占有极为重要的地位。因此,各级领导干部认真学习邓小平价值观的基本思想的特点,带头坚持以邓小平价值观为指导,加强世界观改造,这对于提高干部队伍素质,加强党的思想建设,紧紧把握精神文明建设的重点和难点,促进社会主义精神文明建设的深入发展都具有重要的理论和实践意义。

一、邓小平价值观的基本思想

邓小平同志基于建国以来革命和建设的经验教训,从60年代开始,就十分重视价值问题,并广泛运用马克思主义的价值理论指导我国改革开放和各项建设事业。其基本内容有:

1. 以人民为价值主体,这是邓小平价值观的核心

在价值观中,谁是价值的主体?是个人还是人民群众,决定了价值观的性质。把个人作为价值主体的就属于个人主义价值观,以人民为价值主体的则属于马克思主义的价值观。邓小平同志运用马克思主义关于人民群众是历史创造者的基本观点研究价值观问题,把社会、国家、人民作为价值和价值评价的主体。凡是对社会主义社会、国家和人民有益的、有意义的、有作用的就是有价值,益处大的就是价值大,否则就是价值小或无价值。例如,他在经济上,强调要使生产力大幅度发展;在政治上,强调要保持社会稳定;在对待少数民族问题上,强调要对少数民族有利;在文化工作上强调,要把最好的精神食粮贡献给人民等等,都是要求把人民作为价值的主体。

正因为邓小平确立以人民为价值主体,所以他始终坚持一切从人民利益出发,号召党和国家的干部要对人民负责,为人民造福,取信于民;要经常想一想,我们给人民究竟做了多少好事;我们一定要根据现有的有利条件加快发展生产力,使人民的物质生活好一些,使人民的文化生活精神面貌好一些。

邓小平同志确定以人民为价值的主体,并不否认个人的利益和价值。他指出,在社会主义社会中,国家、集体和个人的利益在根本上是一致的,只有把三者利益比较好地结合起来,才能调动各方面的积极性。同时,又指出,当个人利益与国家、集体利益发生矛盾时,个人利益要服从国家和集体利益。所以,邓小平以人民价值主体的价值观,是以集体主义为基础的集体利益和个人利益相统一的价值观。

2. 实事求是、讲求实效,这是邓小平价值观的精髓

价值是由什么确定的,这是价值观要回答的首要问题和基础。邓小平同志运用了马克思主义关于实事求是的思相对价值问题作了新的概括,认为一个客体的价值如何,必须从实际出发,实事求是,以客体对主体的实际效益、效果、影响来确定。例如,他在工作中十分注意“拿事实来说话”,看实际效果如何?好的就坚持,不好的就纠正等等,就是以讲求实效来确定客体价值的具体体现。

邓小平同志根据这一思想,要求党政各级领导干部,在工作中不仅要求“真”,使主观与客观相符合,按客观规律办事,而且要求“实”,把求“是”与求“实”结合起来;不仅要看主观的动机,而且必须顾及效果,把动机与效果有机统一起来;不仅要立足眼前,还要着眼未来,把对人民的眼前利益与长远利益结合起来。

邓小平同志提出的从实际出发,以实际效果来确定价值的思想,有着十分重要的意义。它不仅揭示了价值的实质,回答了什么是价值这个价值观中的最基本问题,而且从根本上解决了价值的客观性和科学性问题,使哲学价值理论建立在科学的基础上,并与实用主义价值观划清了界限,这是对于马克思主义价值观的一大贡献。

3. 以共同富裕为价值的根本目标,这是邓小平价值观的主题

价值目标具有导向性,激励性和支柱性的功能,所以价值目标问题在邓小平的价值观中,占有重要地位。邓

小平同志提出了以实现人民共同富裕作为价值的根本目标，并把这一根本目标分解为三个层次：

第一层次是共产主义的远大价值目标。他反复指出，我们干的是社会主义事业，最终目的是实现共产主义事业。强调要加强对青少年一代的共产主义远大价值目标的教育，要特别教育下一代、下两代树立共产主义的远大理想。因为共产主义是实现人民共同富裕这个价值总目标的最美好的社会。

第二个层次是分三步走，实现四个现代化的战略目标。邓小平同志指出，我们实现四个现代化要分三步走：第一步在80年代，以1980年为基数，使国民生产总值翻一番；第二步是到本世纪末再翻一番，把贫困的中国变成小康的中国；第三步在下世纪中叶再翻两番，达到中等发达国家的水平。邓小平这一宏伟目标，体现了长远目标和近期目标的统一。

第三个层次是各行各业都要树立明确的战略目标。邓小平同志要求各地区、各行业都要根据全党全国总的战略目标，提出自身明确的战略目标，把党和国家的目标与各单位、各部门、各地区的目标有机地结合起来，从而形成了一整套价值目标体系。这既是邓小平价值观中最光辉的篇章之一，又体现了邓小平同志高超的领导艺术。

4. 以“三个有利于”为价值评价的根本标准，这是邓小平价值观的重要内容

价值评价是价值观中运用最为广泛的重要内容。它直接体现了价值本质，因此，对价值评价的标准看法是否正确，直接关系到衡量一种价值观是否科学重要的标志。

邓小平同志对价值评价作过许多论述，内容十分丰富，他不仅对政治、文化、科学、教育等提出了一系列具体的价值评价标准，而且又在这个基础上提出了衡量一切工作成败的“三个有利于”的根本价值标准。这是邓小平关于价值评价思想中最精彩的部分，他把生产力标准、国力的标准，人民利益的标准有机统一起来，集中体现了以社会、国家、人民为价值和价值评价主体的价值观，体现了马克思主义价值观的实质，科学解决了价值这一极为复杂的问题，从而确立了社会主义的价值导向，为我国建设有中国特色社会主义的发展道路、路线、方针、体制、机遇等选择指明了方向。

5. 提出一系列适应社会主义市场经济发展的价值观念，这是邓小平价值观的重要创新

价值观念是价值观中的重要问题，是价值观的具体体现，对于社会、经济、政治和文化生活有重大的影响。

邓小平同志不仅重视弘扬优良的传统价值观念，如尊重知识与人才、尊师重道，苦干实干等价值观念；阐发关于建设有中国特色社会主义价值观念，如社会主义信念、共同富裕目标、“三个有利于”标准、集体主义原则、爱国主义思想等价值观念的内涵，而且还对建立适应社会主义市场经济发展需要的新的价值观念，如开拓创新、改革开放、时间效率、信息效益、竞争机遇等都作了大量的论述。更可贵的是邓小平同志对新时期价值观念建设提出了许多重要原则。他认为，在发展社会主义市场经济条件下的价值观念建设，必须树立新的与社会主义市场经济相适应的价值观念，弘扬我国优良的传统价值观念，强化社会主义的价值观念，抵制各种腐朽落后价值观念，只有把这几者结合起来，才能有力地促进新时期价值观念建设。从而，为新时期形成健康向上的价值观念奠定了基础。

二、邓小平价值观的主要特点

邓小平同志运用马克思主义哲学价值论的基本思想，在指导我国改革开放和社会主义现代化建设，以及创立有中国特色社会主义理论过程中，得到很大的丰富和发展，从而形成了邓小平价值观的许多显著特点，其主要是：

1. 价值观与真理观、历史观的高度统一

马克思主义认为，真理是主观对客观事物本质和规律的正确反映，而人们的认识是否具有真理性只能通过实践来检验。所以，真理的本质在于求“真”。马克思主义的历史观认为，社会生产是社会存在和发展的基础，人民群众是生产力的主体，是物质财富和精神财富的创造者，因此，历史唯物主义的根本任务在于引导人民群众求“富”。邓小平的价值观是实事求是，讲求实效的价值观，它的基本精神在于求“实”，使人民大众取得最大的实际效益。

邓小平同志的价值观善于把三者结合起来，他不仅重视毛泽东同志提出的实事求是中的求“真”的思想，而且又进一步强调求“实”和求“富”。认为求“真”是前提，求“实”是手段，求“富”是目的，如果只强调求“真”，而忽视求“实”，也无法证实真和假，达到求“真”的目的，；同时如果求“真”不与求“富”结合起来，那求“真”也失去意义。建国以后，我们曾经经历过重视求“真”，忽视价值，忽视实际效益，忽视提高人民群众生活水平所造成的严重后果。因此，邓小平同志十分重视把求“真”、求“实”、求“富”三者结合起来。他以实事求是，讲求实效来确定客体的价值，把人民作为价值和价值评价的主体，把“三个有利于”作为价值评价的根本标准，把实现人民共同富裕作为价值的最高目标等光辉思想，充分体现了价值观、真理观和历史观的高度统一。这是对马克思主义实事求是，群众路线的进一步发展。

2. 世界观与方法论的高度统一

邓小平同志的价值观是邓小平哲学世界观的重要组成部分，它能给人们树立正确的价值观念和价值导向，为人们观察和分析问题提供科学的思想方法，具有重要的

方法论意义。因此,世界观和方法论的有机统一,也是邓小平价值观的一个重要特点。

邓小平同志的世界观与方法论的有机统一,突出表现在他对客体的价值分析上。他不仅要人们分析事物的性质,更重要的是在分析事物性质的基础上进而分析客体的价值,看它对社会,国家和人民有多大的价值,然后作出价值选择。如对待“三资”企业问题,他通过价值分析后认为,多吸引外资,外方固然得益,最后必然还是我们自己得益。因此“三资”企业是社会主义经济的有益补充,归根到底是有利于社会主义的,我们不能排拆“三资”企业。同样,我们今天在文化领域不再提文化属于政治这样的口号,也是他经过价值分析后认为,提这样的口号容易成为对文艺横加于干涉的理论根据,对文艺的发展利少害多,所以不能再提这样的口号。

其实,邓小平同志在领导我们改革开放和现代化建设的进程中,到处充满着这种价值分析。构成建设有中国特色社会主义理论的主要观点,如社会主义的发展论、初级阶段论、本质论、市场经济论、改革论、公有制主体论、精神文明建设论、一国两制论、时代特征论,以及党的基本路线、方针和政策等等的提出都与他进行认真的、反复的价值分析分不开的。因此,他的价值观充分体现了世界观和方法论的高度统一。

3. 价值观与世界观、人生观的高度统一

马克思主义认为,世界观、人生观和价值观是互为联系密不可分的。因为世界观所研究的基本问题是主观与客观、主体与客体的关系问题,它包含着人生的目的、意义(人生观)和客体对主体的有用性(价值观)等看法。可见,世界观包含着人生观和价值观;而人生观和价值观是世界观的重要组成部分和表现形式。而且同属于世界观重要组成部分的人生观与价值观又是相互关联着的,如价值观中有关人生的价值问题,就是人生观的核心,所以,价值观和世界观、人生观有着密切的关系。

作为一代历史伟人的邓小平同志正是坚持把这三者高度统一起来的光辉典范。他创造性地把实事求是概括为无产阶级世界观的精髓,而建设有中国特色社会主义正是他运用实事求是这个世界观观察和解决中国当代问题的结晶,也是广大人民群众最根本的价值追求。邓小平同志认为共产党员的人生观最鲜明地体现在“全心全意为人民服务”的宗旨上,而为建设中国特色社会主义而奋斗,反映了中国各族人民的根本利益,体现了广大人民群众的意志和愿望,是我们党全心全意为人民服务根本宗旨的生动体现,也是无产阶级价值观的核心所在。同时,邓小平同志还认为价值观的根本问题说到底奉献与索取的问题。当今共产党员和革命者的价值观核心,就是为建设有中国特色的社会主义而无私奉献。可见,邓小平同志在建设有中国特色社会主义的基础上,把世界观、人生观、价值观高度统一起来。

三、领导干部要以邓小平价值观为指导,在改造世界观上下功夫

通过分析邓小平价值的基本思想和主要特点,我们不难看出,邓小平价值观是我们广大干部群众,尤其是党和各级领导干部改造世界,建设高素质干部队伍的锐利思想武器。而且,加强领导干部世界观改造,也是邓小平价值观基本思想的重要组成部分和其特点的必然要求。同时,我们要看到,我国实行改革开放,发展社会主义市场经济,既有力推动了生产力的发展,又使领导干部的价值观发生了深刻的变化。虽然这种变化的主流是积极的,要充分肯定。但也产生了一些消极的影响,如,有的领导干部出现了价值目标短期化,价值取向利已化,实现价值手段实用化,价值评价标准功利化等现象。因此,当前领导干部以邓小平价值观为指导,加强世界观改造要着重在以下几个方面下功夫:

1. 坚定建设有中国特色社会主义信念,反对价值目标上的实用主义。实事求是,讲求实效是邓小平价值观的精髓,它的主题是以共同富裕作为价值根本的目标,而且,又是分为层次的,其最高层次是实现共产主义远大理想,而中、近期的价值目标则表现为建设有中国特色的社会主义。这一价值目标是邓小平运用实事求是,讲求实效的价值观,对当代中国社会进行了深入的反复的价值分析后提出的科学结论,是我们通过共产主义的必由之路,它深刻反映了我国广大人民群众最根本的价值追求。因此,我们各级领导干部在积极响应江泽民主席号召,讲学习、讲政治、讲正气的时候,就是要以邓小平的价值观为指导,把坚定建设有中国特色社会主义的信念,并终身为之努力奋斗,作为改造世界观的主要内容。为此,在思想上要牢固树立起实事求是的认识路线,处处从建设有中国特色社会主义这个大局面出发,反对形形色色的实用主义价值观。做到“三个克服”:一是克服只顾在有限任期内眼前的个人政绩,不顾人民的长远利益,一味追求急功近利的短期行为;二是克服只顾个人或小团体的局部利益,不顾国家的大局,弄虚作假,瞒上欺下的作风;三是克服只顾“五子登科”即以“票子”(钞票)、“位子”(名位)、“车子”(高级交通工具)、“房子”(超面积的高级装饰的套房)、“孩子”(或妻子工作)是否都得到满足为价值追求,不惜牺牲党的事业的各种错误做法。

2. 坚持全心全意为人民服务的宗旨,反对“三个主义”。以人民为价值主体这是邓小平价值观的核心,也是马克思主义关于人民群众是历史创造者原理的价值观理论中的创造性运用。这个价值观的出发点和归宿点就是要求我们,特别是党和各级领导干部要树立全心全意为人民服务思想,并通过自己工作实践,努力为社会主义社

会、国家和人民办实事、办好事,使人民得到幸福。因此,我们的领导干部以邓小平价值观为指导改造世界观,就是要把握邓小平价值观这一核心,坚持全心全意为人民服务的宗旨,正确对待“钱”、“权”、“色”。做到“三个树立、三个坚持、三个反对”:一是树立领导就是人民公仆的意识,坚持一切从人民的根本利益出发,反对个人主义,决不把公仆变为主人;二是树立领导就是服务的意识,坚持为官一任,造福一方,反对拜金主义,决不把权力私有化、商品化、家长化;三是树立领导干部就是“孺子牛”的意识,坚持为人民鞠躬尽瘁,死而后已,反对官僚主义,决不沾染脱离群众的习气,滋长以权谋私和特特殊化腐败作风。从而真正做一个人民的勤务员,成为人民群众信得过的能起表率作用的高素质的领导干部。

3. 树立艰苦奋斗、无私奉献的精神,反对贪图享受的思想。发扬艰苦奋斗、无私奉献的精神是邓小平以人民为主体,实事求是,讲求实效价值观的内在要求。邓小平同志认为,每个共产党员和革命者既然选定了全心全意为人民服务,不惜牺牲个人的一切为实现共产主义奋斗终身的价值目标,也就必然选择了艰苦奋斗和无私奉献的价值观。同时,艰苦奋斗、无私奉献也是实现无产阶级价值目标的根本途径和手段,离开了艰苦奋斗和无私奉献,要实现任何有意义的价值目标都无从谈起。正是因为这样,在革命战争年代这种精神曾经鼓舞着千千万万共产党人,革命志士英勇奋斗,前赴后继,从而实现了推翻三座大山,解放全中国的奋斗目标。同样,在和平建设时期,这种精神仍然鼓舞着许许多多共产党人任劳任怨,埋头苦干,为国家经济建设和社会发展做出了巨大贡献。因此,在建设有中国特色社会主义这个艰巨而复杂任务的伟大历史时期,各级领导干部必须以邓小平的价值观为指导,认真改造世界观,树立艰苦奋斗和无私奉献的精神,反对享乐主义,自觉做到“四个坚持,四个抵制”:一是坚持勤俭节约的优良传统和作风,自觉贯彻江泽民同志所倡导的“64”字创业精神和中央有关规定,坚决抵制和制止各种奢侈浪费行为;二是坚持科学、健康、文明的生活方式,自觉地实行与我国国情相适应的适度消费原则,坚持抵制用公款大吃大喝和那种落后的腐朽的奢侈的“愚昧消费观”;三是坚持大公无私,先苦后乐的高尚的革命情操,自觉遵守最近由党中央颁布的《廉政准则》的有关规定,坚持抵制各种腐败行为;四是坚持为党和人民的事业奋斗不畏艰险,勇于献身的精神,自觉忠于职守,讲究道德风尚,处处秉公办事、不徇私情、一身正气,坚持抵制金钱、美色的诱惑和市场经济条件下的负面影响。只有这样才能使我们党的各种领导干部在改革开放、发展社会主义市场经济和执政两大考验面前,立于不败之地。

(作者系福建省社科院副院长)

用邓小平理论武装头脑是高校工作首要任务

朱常宝

今年夏天，为把邓小平理论的学习和研究提高到新水平，中组部、中宣部联合召开了学习邓小平理论工作会议。江泽民同志在会上作了重要讲话。中共中央还发出了在全党深入学习邓小平理论的通知。如何在邓小平理论指导下搞好各项工作，就成为摆在高等学校面前的重要课题。本文认为，在当前形势下只有抓好用邓小平理论武装头脑工作，把邓小平理论的学习和研究提高到新水平，才能推动高校各项工作的开展，而要做到这一点就必须抓好邓小平理论的“三进”(进头脑，进教材，进课堂)工作。

一、用邓小平理论武装头脑的重要意义

几年来，高等学校邓小平理论的宣传、教育工作已经取得不少成绩，这是有目共睹的。但也必须看到，这种情况是不平衡的。例如，在少数同志当中还存在着学习的自觉性不够高，以及学习上的形式主义等问题，因此，在当前进一步强调用邓小平理论武装广大干部师生的头脑，把学习、研究邓小平理论的工作提高到一个新水平就有着十分重要的现实意义。’

第一，这是全面贯彻十五大精神，实施科教兴国战略的需要。

由于在一些师生当中对邓小平理论特别是对党的十五大作出重大决策在全面、正确理解和把握上还有一定距离，包括对社会主义初级阶段性质的认识问题、社会主义道路和发展方向问题、所有制改革问题，人生价值观问题等等。这些问题的存在表明一些干部教师的思想政治素质，还不能适应党的十五大提出的任务与要求。特别是党的十五大提出了“实施科教兴国的战略”，提出了“发展教育和科学，是文化建设的基础工程”。不久前，江泽民同志又指出：“科学技术突飞猛进，知识经济已见端倪，国力竞争日趋激烈”，高等学校作为教育中心，科研中心，要在多出人才，多出科研成果，特别是高科技成果方面发挥重要作用。掌握邓小平理论对于我们正确把握知识经济条件下教育面临的机遇和挑战，真正实施科教兴国战略，可以提供强大的思想武器。

第二，这是改革处于攻坚阶段，发展处于关键时期的需要。

当前，我们正面临复杂多变的国际国内环境中，国际局势出现种种新变动，科技发展和社会变化改变着我们的经济和社会生活，世界范围内各种思想文化相互激荡，都会反映到高等学校的干部师生中来。特别是，改革到了攻坚阶段时，必然要涉及社会各阶层、各个群体的利益，肯定会打破原来的利益格局，并做新的调整，不同利益群体的思想和情绪也肯定充分表现，物质利益的矛盾和经济生活中的问题将会不断出现，在这种情况下，要把人们团结起来，就只有依靠我们学习和运用邓小平理论，用正确的思想和科学的方法来协调彼此之间的利益关系。更为重要的是，社会主义大学在办学体制、模式、学制、专业设置等方面，如何适应市场经济体制的需要，是一个十分紧迫和现实的问题，一方面我们要通过办学实践进行摸索，另一方面也要用邓小平的教育思想进行指导，这样才能取得良好的办学效益和社会效益。

第三，是广大师生在新形势下树立科学的世界观和人生观的需要。

高等学校是知识分子聚集的单位，文化层次比较高，思想活跃，善于独立思考，这是他们的优势和长处。但是如果不用科学的理论武装头脑，不用辩证唯物主义和历史唯物主义作为思想武器，他们也会走偏方向，甚至会误入歧途。以学生来说，青年学生在校读书期间，正是他们世界观的形成时期，他们思想比较敏感，容易接受新事物和新思想，但是，由于他们涉世不深，缺乏社会生活经验，容易被错误的思潮所迷惑，如果不用科学的理论武装他们，就容易在思想上偏离正确轨道。再以教师来说，高校教师队伍目前至少有如下特点；1. 具有较高的文化水准、科学意识和一定的理论修养：2. 思想活跃，善于开动脑筋，易于接受新思潮、新观念，具有较强的敏感性，喜欢独立思考，有一定的独立见解，但认识事物也往往受情感支配，表现出鲜明的个性：3. 有一定的自律意识和合作精神，但自我意识较强：4. 有为教育事业而努力奋斗的敬业精神和献身精神，但在市场经济大潮冲击下，受社会经济生活的影响，也使一部分教师过于看重物质利益的得失，有时思想上会出现波动。因此，我们对教师的思想

工作中,就要善于抓住他们的特点,发挥他们的长处,克服其弱点,此时,引导教师深入学习邓小平理论则具有特殊的意义。马克思曾经说过:在改造客观世界的生产活动中,“生产者也改变着,炼出新的品质,通过生产而发展和改造着自身,造成新的力量和新的观念。”毛泽东曾明确指出:“无产阶级和革命人民改造世界的斗争,包括实现下述任务:改造客观世界,也改造自己的主观世界——改造自己的认识能力,改造主观世界同客观世界的关系。”世界观和人生观,是对世界,也是对人生的根本态度、根本观点问题,任何人都不能不面对,不能不选择,这是不以人们的主观意志为转移的。在改革开放和建立市场经济体制的新形势下,这个问题更为突出。而要树立和完善科学的世界观和人生观,我们就必须用马列主义、毛泽东思想和邓小平理论来武装自己的头脑。

二、搞好邓小平理论的“三进”工作是当务之急,重中之重

邓小平理论,是马列主义、毛泽东思想的继承和发展,是当代中国的马克思主义,它与马列主义、毛泽东思想相并列,成为中国共产党的指导思想。邓小平理论的这一历史地位和本质特点,决定了解决好邓小平理论“三进”即进头脑、进教材、进课堂,是现阶段我国高等学校思想政治教育改革的重中之重和关键环节。能否解决好这个问题,实质上是党的指导思想能否在高等院校思想政治教育中占居主导地位的问题。

第一,认真解决好邓小平理论进头脑的问题。

实现邓小平理论进头脑,既是邓小平理论进教材、进课堂的基础和前提,也是邓小平理论进教材、进课堂的归宿,在“三进”中占居核心的地位。

1、邓小平理论必须进高校各级领导的头脑。高等学校能否高举邓小平理论伟大旗帜,首先取决于高等学校各级领导对邓小平理论认识和掌握的程度。只有领导从思想上认识到邓小平理论的伟大意义,从而自觉地、坚定不移地把邓小平理论作为高等学校办学的指导思想,才能形成邓小平理论“三进”的指挥中枢,才能对邓小平理论“三进”工作进行全面部署、系统安排,才能常抓不懈、持之以恒。

2. 邓小平理论要真正进入教师队伍头脑。众所周知,教师队伍担负着教书育人的重大任务,学生能否掌握邓小平理论,教师的言传身教对学生都具有巨大的影响力和感染力。因此,广大教师对邓小平理论的坚信程度和掌握的状况,对学生影响极大。对此,广大教师应该有一个清醒的认识,应当以高度的时代责任感和历史责任感,学习、了解、掌握邓小平理论。只有这样,才能无愧于在高等学校用邓小平理论去武装广大青年学生的光荣历史使命。

3. 邓小平理论要进广大学生的头脑。由于高等院校的根本任务是培养社会主义的建设者和接班人,而高等院校广大青年学生只有做到政治上合格、业务上过硬、身体健康,才能真正体现党的教育方针。现阶段,能否用邓小平理论武装头脑,是广大青年学生政治上是否合格的主要标准。

上述三个方面的有机统一,构成了邓小平理论进头脑的总体要求。可见,这是一个系统工程,三个环节缺一不可,缺少第一个环节,就失去了基础和前提;缺少第二个环节,就失去了关键;失去了第三个环节,我们的政治课教学也就失去了意义。由此可见,只有把这三者紧密地结合起来,才能真正解决好邓小平理论进头脑的问题。

第二,认真解决好邓小平理论进教材的问题。

邓小平理论进教材,既是邓小平理论进课堂的基础,也是邓小平理论进头脑尤其是进广大青年学生头脑的重要条件。要真正解决好邓小平理论进教材的问题,必须做好以下几个方面的工作:

1、要根据教学对象选择教材深度,提出具体教学目的要求。对不同层次、不同专业的学生在采编教材时,在教材深度、教学要求、课程设置等方面要有所区别,使所选用的教材易于被学生理解掌握。

2. 要处理好马列主义、毛泽东思想与邓小平理论的关系。马列主义揭示了无产阶级解放事业发展的最一般的客观规律;毛泽东思想是马列主义的普遍原理与中国革命实际相结合的产物,解决了人民当家作主的问题,并对社会主义建设作了初步探索;邓小平理论是当代中国的马克思主义,是对毛泽东思想的继承和发展,它解决了怎样巩固、发展社会主义的问题。只有正确认识和处理好它们三者之间的关系,才能正确认识和把握在马克思主义发展的历史长河中邓小平理论的历史地位和作用,从而明确在社会主义改革开放和现代化建设发展过程中,学习、运用马列主义、毛泽东思想,重点必须是学习邓小平理论;在学习邓小平理论的同时,也必须学习马列主义、毛泽东思想。只有这样,才能真正做到把马列主义、毛泽东思想、邓小平理论当作一个有机的整体,用以指导我们的事业。

3. 邓小平理论是发展的理论,还存在发展完善的问题。我们不应该把它看作是僵化不变的教条,应该随着实践的发展不断充实它、完善它。现在,我们党第三代中央领导集体对邓小平理论的概括、阐发和丰富,都属于对邓小平理论的发展和完善的范畴。因此,在编写教材时,应该对这些做出明确透彻的说明。

第三,认真解决好邓小平理论进课堂的问题。

邓小平理论进课堂,是邓小平理论进头脑、进教材的必然要求。实践证明,高等学校作为传播知识、传播真理的阵地,课堂是最重要的形式和途径。解决好邓小平理

论进课堂的问题,就是要以课堂为主阵地,以教材为主要载体,发挥教师的主导作用,使之成为邓小平理论进入广大青年学生头脑的中心环节。要做到这一点,需注意以下几个问题:

1、在课堂教学中,教师要对邓小平理论充满坚定的信念和极大的热情。只有这样,才能感染和影响学生,取得良好的教学效果,邓小平理论也才更易于被学生所接受。同时,应积极创造条件带领学生多参加一些社会实践活动,深入生活,了解社会,让学生深刻认识在邓小平理论指导下,改革开放政策给我国社会带来的巨大变化。所有这些,目的都在于调动教师和学生的积极性,使课堂教学有声有色,增强教学效果。

2. 在邓小平理论进课堂时,对一些疑难问题要重点讲解,澄清一些错误认识。邓小平理论,继承和发展了马列主义、毛泽东思想的基本原理,反映了建设有中国特色社会主义的客观规律。我们要善于以确凿的事实、充分的说明,教育青年学生正确认识国家的现状,充分认识我们的成绩是主流,是巨大的,存在问题是支流,并正在克服之中,从而把对邓小平理论的学习与运用这个理论解决实际问题结合起来。

综上所述,邓小平理论“三进”是一个有机统一的整体,三者之间缺一不可,密不可分,相辅相成,互相影响。进头脑是进教材、进课堂的基础和目的:进教材是进头脑的具体体现和必然结果,同时又是进头脑、进教材的有效形式。在新时期,我们要把这三者有机地结合起来,使邓小平理论真正成为高等学校广大干部、师生的行动指南,指引他们为我国社会主义现代化建设做出应有的贡献。

三、加强党的领导是做好用邓小平理论武装头脑工作的保证

要把学习和研究邓小平理论的活动提高到一个新水平,切实做好邓小平理论的“三进”工作关键在于加强党的领导。为此:

1. 要把此项工作列入党委的议事日程,应成立邓小平理论“三进”工作的领导小组,党委要委派一名领导全面负责此项工作,定期召开会议,做到有布置、有进度、有检查,把此项工作落到实处。

2. 要建立健全校系两级中心组学习制度。用邓小平理论武装师生头脑,首先是领导干部要带头学习。校系两级干部担负着坚持社会主义办学方向,推进教育体制改革的重要任务。其理论素养和政策水平不仅直接关系到学校的改革与发展,而且对师生的理论学习起着示范作用。为此,必须把建立健全校系两级中心组学习制度作为兴起理论学习新高潮的重点工程。要使理论学习活动由虚变实,由软变硬,由抽象变具体,由枯躁变生动。

3. 切实加强思想理论队伍建设。要充分发挥“两课”在思想理论教育方面主渠道、主阵地作用,关键要有一支思想上、业务上过硬的理论队伍。这支队伍要勇于结合实际情况,大胆改革,探索新的行之有效的教学方法。学校要在有关政策上有意识向此支队伍倾斜,创造条件提高他们业务水平和能力,调动“两课”教师的积极性,增强他们的教学责任感和改革的自觉性,使他们感到从事思想理论宣传教育工作同样是个光荣、有奔头的事业。

(作者系中共华北电力大学(北京)党委副书记)

在“三讲”中提高领导干部的思想政治素质

陈光林

当前,我们正处于把改革开放和社会主义现代化建设全面推向21世纪的重要时期。面对新世纪,我们党肩负着重大的历史责任,我们广大干部首先是各级领导干部肩负着重大的历史责任。江泽民同志多次强调领导干部要讲学习、讲政治、讲正气,要成为会治党治国的政治家,对各级领导班子特别是县以上领导班子和领导干部提出了加强思想政治建设、提高思想政治素质的重大任务。全面提高领导干部的素质,首先和根本的是提高思想政治素质。

一、在政治上要坚持“三个坚定不移”

对领导干部来说,政治立场、政治观点、政治方向问题,是生命和灵魂的东西。讲政治有具体的内容和要求,最重要的是与以江泽民同志为核心的党中央保持高度一致,努力做到高举邓小平理论旗帜坚定不移,贯彻党的基本路线和基本纲领坚定不移,执行党的十一届三中全会以来的方针政策坚定不移。

高举邓小平理论旗帜坚定不移。我们所说的政治方向,首先和根本的,是要解决好高举什么旗帜的问题。每个领导干部在高举邓小平理论旗帜问题上必须态度十分鲜明,要真正地坚持用邓小平理论武装自己的头脑。应当看到,在实践中,高举邓小平理论的旗帜,有一个是不是真正高举、真正坚持的问题。如果把邓小平理论与马列主义、毛泽东思想割裂开来,甚至对立起来,就不可能真正高举、真正坚持邓小平理论。在当代中国,马列主义、毛泽东思想、邓小平理论,是一脉相承的统一的科学体系。十五大创造性地发展了邓小平理论,学习邓小平理论,要同学习十五大报告紧密结合起来,努力使自己的学习和工作达到十五大所要求的新水平,避免认识上和工作中的片面性、绝对化和简单化。

贯彻党的基本路线和基本纲领坚定不移。党的十一届三中全会以来所形成的“一个中心、两个基本点”的基本路线是邓小平理论的中心内容。十五大提出的社会主义初级阶段的经济、政治、文化纲领,深刻地揭示出有中国特色社会主义的内容和特征,是党的基本路线的深化和展开,是邓小平理论的重要内容,丰富和发展了邓小平理论。坚持这个纲领,就能在各个领域各条战线,更好更具体更深入地贯彻党的基本路线。

执行党的方针政策坚定不移。贯彻执行和落实好党的十一届三中全会以来的一系列方针政策,是调动广大干部群众积极性,推进社会主义现代化建设各项事业全面发展的可靠保证。政策落实,是把党的基本理论和基本路线转化为群众实践的最基本的一个层次。保持党的基本政策的稳定不变,就能把群众的积极性引导好、保护好、发挥好,事业的发展就不会发生大的波动,群众的情绪就会比较稳定,社会就比较安定。不能形势一好,就要变政策。好的政策一变,就会挫伤群众积极性。这是历史的教训,值得记取。

二、在思想理论上要确立“三个基本观点”

党中央号召全党要重视学习,善于学习,兴起一个学习马列主义、毛泽东思想特别是邓小平理论的新高潮。理论上的清醒和坚定是政治上的清醒和坚定的基础。领导干部必须首先带头学好邓小平理论,完整、准确地把握邓小平理论的科学体系,从总体上领会理论的基本观点和精神实质,又从各自工作的领域对理论的有关内容进行系统钻研和理解。这里,有三个最基本的理论观点是必须牢牢确立、领会和把握好的。

社会主义初级阶段理论的观点。我国国情的最大实际,就是现在处于并将长期处于社会主义初级阶段。搞清楚“什么是社会主义、怎样建设社会主义”,首要的基本的问题就是要搞清楚什么是初级阶段的社会主义,怎样在初级阶段建设社会主义。面对改革攻坚和跨世纪发展的艰巨任务,我们解决种种矛盾,澄清种种疑惑,开创新局面,关键在于对社会主义初级阶段的基本国情要有统一认识和准确把握。离开了这个最大实际,我们就会犯“左”的或右的错误。十五大报告,从九个方面,深刻揭示了社会主义初级阶段的内容和特征,使社会主义初级阶段理论更科学、更系统、更深刻,这是需要我们认真学习、领会和把握的。

社会主义本质论的观点。邓小平理论的核心内容,就是抓住“什么是社会主义、怎样建设社会主义”这个根本问题,并深刻地揭示社会主义的本质,把对社会主义的认识提高到新的科学水平。我们在改革开放前所经历的

曲折和失误，改革开放以来在前进中遇到的一些困惑，归根到底都在于对这个问题没有完全搞清楚。理论认识上没有完全搞清楚，实践上就具有很大的盲目性。新时期的解放思想，关键也是在这个问题上解放思想。十五大报告，在社会主义所有制结构理论、分配理论、流通理论、改革理论等一系列重大理论问题上的突破。从根本上说是对社会主义本质的认识有了新的提高和发展。在改革和实际工作中，新情况、新问题不断涌现，研究新情况、处理新问题必须从实际出发，有新思路、新办法，否则，我们就不能沿着正确的方向和道路前进。

“三个有利于”的观点。邓小平同志运用马克思主义的历史唯物论，创造性地提出“三个有利于”的判断是非的根本标准，给解放思想、推动实践以有力的思想武器。要全面理解和把握这个标准，把生产力、综合国力、人民生活水平同社会主义这个大前提有机统一起来，这样坚持“三个有利于”，就是坚持了马克思主义的历史唯物论，就能把巨大的精神力量转化为物质力量，推动现代化建设事业沿着正确的道路顺利进行。

三、在工作要求上要经得起“三个检验”

要经得起实践的检验。实践的观点，是马克思主义认识论的首要的和基本的观点。认识来自实践，指导实践，在实践中受到检验，在实践中发展。我们的工作计划、目标任务是否正确，需要靠实践来回答、检验。一个领导者个人的认识总是受到一定的局限，总是不完全、不全面的。但是，只要树立起实践第一的观点，一切从实际出发，接受实践的检验，正确的就坚持，错误的勇于改正，我们的事业就少受损失和挫折。坚持实践的观点，尊重实践，勇于实践，是邓小平理论和邓小平精神风范的一个突出特点。学习邓小平理论，一定要学习他那种尊重实践，勇于实践，在实践中前进的品质和风格。

要经得起人民群众的检验。党的性质，国家政权的性质，决定了我们的工作必须从人民群众的根本利益出发，以人民群众拥护不拥护、答应不答应、高兴不高兴、满意不满意作为出发点和落脚点。一切为了群众，一切依靠群众，从群众中来，到群众中去的群众路线，是我们党的根本工作路线，也是重要的领导方法、工作方法。在实践中，绝不要去做违背人民群众根本利益、侵犯人民群众利益的傻事、蠢事。作为领导干部，必须牢固树立群众观点，尊重群众的意愿、实践和创造，善于问计于群众，总结群众在实践中创造的新鲜经验，用群众的创造来引导群众前进。

要经得起历史的检验。我们的工作，一定不要图一时的热闹，不要摆花架子，不要从主观想象出发，要尊重历史、尊重规律，从事物的内在规律出发，遵循事物发展的规律去推动事物前进。这方面，我们也是有许多经验教训的。工作中的短期行为要不得，急于出政绩的漂浮虚假作风要不得，形式主义的东西要不得。领导干部要做老实人，办老实事，求真务实，讲求科学精神和科学态度。

四、在党性修养方面要确立“三个正确对待”

正确对待组织。个人服从组织，少数服从多数，下级服从上级，全党服从中央，这是党的组织纪律，是党的凝聚力、战斗力的根本保证。我们只有尽职尽责、全力以赴做好工作的义务，而无向组织讨价还价的权利。一个人的作用、能力，也只有在党组织的领导下才能得到正确发挥，一切违背组织意愿的邪门歪道，都是不可取的、错误的，也是党的纪律不容许的。不听组织招呼和劝告，置组织纪律于不顾，一意孤行，必然犯错误，既损害了党的利益，也葬送了自己。

正确对待同志。有些单位，班子成员之间不能很好地团结共事，甚至闹不团结，一个重要原因是一些领导干部在班子中不能正确对待同志，往往看个人优点多，而看别人优点少、缺点多。有的往往是出于个人意气。无事生非，闹无原则纠纷。更有甚者，自己不愿干事，别人干了他却说三道四，妄加指责。不能正确对待同志，还表现为同志有了缺点，不批评，不帮助。更有甚者热衷于吹吹拍拍，拉拉扯扯，甚至发展到团团伙伙，亲亲疏疏，不以原则论是非，人情大于原则。一个单位，如果此风抬头，将危害无穷。每个领导干部在班子团结方面都负有责任，应从大局出发，在坚持党的基本理论、基本路线、基本纲领的基础上，紧密团结，彼此之间真诚相待、互相学习、互相尊重，多理解、多支持、多补台，大事讲原则，小事讲风格。在班子中，“班长”要心胸开阔，光明磊落，充分发扬民主，以身作则，以理服人，以德服人，尊重大家的意见，支持大家的工作，特别要善于团结有不同意见甚至反对过自己的同志一道工作。

正确对待自己。正确对待自己，实际上是个世界观问题。我们有些同志，往往在个人利益问题上，想得太多，看得太重；自我评价不够客观、全面；有的在金钱物欲面前经不起诱惑，不能自重、自省、自警、自励。这些都是危险的。我们必须在改造客观世界的同时，努力改造自己的主观世界，按照党章规定、党员标准和领导干部标准，严格要求自己，牢牢树立正确的世界观和人生观，保持共产党人的崇高理想、思想境界和道德情操，谈泊名利，克己奉公，多想事业，多想群众，为党和人民贡献自己的一切。

（作者系中共山东省济宁市委书记）

新形势下讲政治的内容、要求和基本精神

维 平

讲政治是共产党的传统,是马列主义、毛泽东思想和邓小平理论的重要内容。江泽民同志说:"我们讲的政治,是马克思主义的政治。"马克思列宁主义讲政治,其基本内容就是建立和建设无产阶级政党,建立和巩固无产阶级政权,制定正确的政治纲领、政治路线和政策,始终坚持和加强党的政治工作。列宁认为,党的政治局的主要任务就是制定政治纲领、路线和政策,从事政治工作。政党不讲政治就是不务正业。毛泽东继承和发展了马列主义的这些正确思想,强调建党要把思想政治建设放在首位,政治工作是一切工作的生命线。邓小平结合改革开放的实践,提出要把改革、科技和讲政治结合起来,这样我们的威力就更大了。他特别强调,当前最大的政治就是进行社会主义现代化建设。这些论断都是对马克思主义政治内容的丰富和发展。可见,江泽民同志讲政治的基本内容,就是讲政党、讲政权、讲政治工作、讲现代化建设。不过,这一次讲政治,除了坚持马列主义、毛泽东思想和邓小平理论关于讲政治的基本内容外,还具有新形势下时代特点的具体内容。他指出:"我这里所说的政治,包括政治方向、政治立场、政治观点、政治纪律、政治鉴别力、政治敏锐性。"这六条具体内容,是马克思主义政治在当前的具体运用,是从党的建设特别是思想政治建设这个角度讲的。

江泽民同志不仅明确提出了新形势下领导干部一定要讲政治的六条特定内容,而且对怎样坚持讲政治提出严格的要求。作为党员领导干部,在学习和贯彻每项内容时,一定要努力做到以下几点:

第一,一定要有坚定正确的政治方向

坚定正确的政治方向,具体表现在:一是要有坚定的共产主义理想和信念,始终不忘记入党时的誓言。共产党人不讲共产主义理想和信念就不是名符其实的共产党人。当然,实现共产主义理想有一个很长的历史过程,必须把现阶段的奋斗目标和最终奋斗目标统一起来,走向任何一个极端,都是政治方向不正确不坚定的。二是要坚决走中国特色社会主义道路,在任何情况下都不能背离这条道路。当然,社会主义自身的发展,是有阶段的,一步一步向前进的。按照毛泽东的设想,社会主义自身的发展必然经过两个大的阶段,即不发达阶段和发达阶段,只有经过这两个阶段才能进入共产主义社会。邓小平坚持和发展了毛泽东的这个思想,把社会主义的不发达阶段概括为社会主义初级阶段,认为这是需要几代人的努力才能完成的艰巨任务。他还对什么是初级阶段的社会主义和在初级阶段怎样建设社会主义作出了系统理论概括,把社会主义理论推向了一个新阶段。三是要坚持党的基本路线一百年不变,在任何情况下都要坚持以经济建设为中心,坚持四项基本原则,坚持改革开放的政策。要明确:党的基本路线是一个中心,不是两个中心或多个中心;是两个基本点,不是一个基本点;一个中心离不开两个基本点,两个基本点要为中心任务服务。当前,只有努力做到以上三点,才能坚持坚定正确的政治方向。

第二,一定要有坚定不移的政治立场

所谓政治立场,就是在政治上站在谁的一边,替谁说话和办事,维护谁的根本利益。政治立场问题是一个人的根本政治态度和政治行为问题。党员干部坚定不移的政治立场,主要表现在两个大的方面:一是要坚定不移地站在党和国家的立场上,全心全意为党和国家办事,毫不动摇地维护党和国家的根本利益。无论有人监督还是无人监督,都能自觉地做到这一点。这里,关键是要做到关心党、爱护党、建设党。像关心爱护母亲一样地关心党的前途命运,像爱护眼睛一样爱护党的威望和形象,像组织部门一样地积极主动建设党。天下兴亡,匹夫有责,党的兴亡每个党员干部都有责任。建设党绝不是组织部门几个人的事,是全党共同要做的事。二是要坚定不移地站在人民大众的立场上,为人民大众说话办事,全心全意为人民大众谋利益。要在思想上明确:社会主义的伟大事业,是党领导人民群众创造的,而不是几个少数人创造的,英雄人物是人民群众创造历史中的杰出代表,而不是高居人民之上的救世主;社会主义国家的权力永远属于人民,我们是人民的公仆和勤务员,而不是骑在人民头上的老爷。我们是代表人民掌权的,而不能把权力窃为私有;共产党人在任何时候,他的"一切言论行动,必须以合

乎最广大人民群众的最大利益，为最广大人民群众所拥护为最高标准。”总之，要坚定不移地站在人民大众一边，为人民大众谋利益，而不能站在少数人一边，只为少数人和小集团谋利益。

第三，一定要有鲜明的政治观点

马克思曾经说过，共产党人从来不隐瞒自己的政治观点。他认为隐瞒自己的政治观点是可耻的。马克思、恩格斯在无产阶级革命尚未取得胜利、资产阶级还占统治地位的条件下，就旗帜鲜明地宣布要夺取政权、推翻资产阶级统治，建立社会主义，最终实现共产主义。正是在这个鲜明政治观点和政治口号的鼓舞下，共产党人前赴后继，终于在20世纪的初期和中期，相继取得社会主义革命的胜利，把社会主义理论变成现实。可是，当共产党已经成为执政党，并且取得社会主义革命和建设的伟大胜利以后，一些党员干部的政治观点却不鲜明了，甚至连自己是共产党员并且要为社会主义和共产主义奋斗终生都不敢理直气壮地讲了。有的领导干部不问政治，把郑板桥“难得糊涂”诗句写在床头上，作为座右铭。如果一个领导干部在政治上旗帜不鲜明，甚至政治上糊涂，那就必然带出一群“糊涂兵”，群众特别是青年就不知前进的方向，从而发出“我不知道，我不知道”的呐喊。所以，领导干部讲政治，一定要有鲜明的政治观点。赞成什么，反对什么，对政治前途充满信心，这在任何时候都是很重要的。在改革开放的今天，尤为重要。

第四，一定要有严明的政治纪律

政治纪律严明，这是我们党的优良传统。只有政治纪律严明，组织纪律才会严明。现在一些地区和单位组织纪律不严明，一个重要原因就是政治纪律不严明。所以，讲政治的一个重要内容和要求，就是要在党内形成严明的政治纪律。严明的政治纪律，最基本的是要遵守党章，按照党章办事。这里，有以下两个方面要特别注意：一是共产党员必须在政治上同党中央保持一致，绝不能在政治上各行其事，也不能搞上有政策，下有对策。当然，在政治上同党中央保持一致，严格贯彻党的路线方针政策，绝不是搞本本主义，而是要结合本地区、本单位实际情况创造性执行。如果对有些政策有意见和建议，或者某些政策规定不合实际，应直接给上级和中央反映，在中央未采纳之前，可以请示上级灵活执行。这同“上有政策、下有对策”是两码事。二是共产党员包括领导干部，必须在政治上同党组织保持一致。在重大政治问题上，不能随便公开发表同党组织相对立的意见，更不能搞反对党组织的政治派别。在党内搞政治派别活动，这是严重违反党的政治纪律的，是绝对不允许的。现在，有些党员干部一旦掌握了大权，就把自己凌驾于党的政治领导之上，这也是违背党的政治纪律的一种表现。政治纪律和组织纪律是一致的，两者都严明才能保证革命和建设取得胜利。从历史上看，严明纪律是保证革命胜利的关键性问题。比如，在井冈山的艰苦岁月，“三大纪律八项注意”在革命取得胜利和巩固根据地方面起了关键性的作用；又比如，在解放战争时期，毛泽东提出的“加强纪律性，革命无不胜，”在保证解放战争取得伟大胜利方面也起了关键性作用。那时，党和军队的纪律很严明.辽沈战役中某个部队急行军一天未喝水，虽然口渴难忍，但路过农民的苹果园时，有时苹果擦肩而过，却没有一个人去摘群众的苹果。现在，有些党员干部胆子大得很，什么都敢摸、都敢拿。这是政治纪律和组织纪律不严明的表现，是腐败滋长的重要原因。所以，在改革开放和建立市场经济的条件下，严明纪律是一个重大问题。“加强纪律性，改革无不胜”，这是迫切需要解决的一个重大政治问题。

第五，一定要有较高的政治鉴别力

政治鉴别力的强弱，这是衡量党员领导干部政治水平高低的重要标志。现在，一些领导干部政治鉴别力很弱，很多重大政治是非问题分不清，连什么是马克思主义和什么是反马克思主义、什么是公有制和什么是私有化、什么是社会主义民主和什么是西方议会民主、什么是唯物辩证法和唯心主义形而上学、什么是社会主义思想和什么是封建主义、资本主义腐朽思想、什么是文明健康的生活方式和什么是消极颓废的生活方式都分辨不清楚。正是针对这种情况，江泽民同志在《关于讲政治》中明确提出在以上七个方面，要注意分清其基本界限。如果在这个重大问题上是非不分、美丑不分，那些同党的主张背道而驰的议论和行为，就会滋长泛滥，危害中国特色社会主义事业健康发展。

第六，一定要有较高的政治敏感性

提高政治敏感性，是提高政治鉴别力的一个重要因素。政治鉴别力很强的人，往往政治敏感性也强。两者是密切相联的，不可分割的。政治敏感性强，主要表现在以下三个方面：一是政治嗅觉灵敏.警觉性高，能够透过现象看到本质，不容易被一些假象迷惑。否则，就政治嗅觉迟钝，往往被一些表面现象或假象迷惑，因而看不到问题本质。比如原苏共一些党员干部，由于政治嗅觉迟钝，警觉性差，对戈尔巴乔夫搞的“民主社会主义”的实质看不透。苏联巨变以后，戈尔巴乔夫的幕僚们说，我们本想提出搞西方民主政治或议会、杜马，但考虑到社会主义在苏联很多人中影响很深，我们当时说服了决策者不要公开提出搞西方民主政治或议会、杜马等口号，而采用“民主社会主义”这个口号，等到苏共解散了，就可以放弃这个口号，公开打出搞议会、杜马或西方民主政治的旗帜。

这个历史教训告诉我们，讲政治一定要讲提高政治敏感性和警觉性。二是政治目光锐利，观察能力强。透过现象看本质，不仅要嗅觉灵敏，而且要目光锐利，观察力强。为此就必须做到以下两个方面：一要勤于观察，事事留心，因而能及时发现问题；二要善于观察，敏锐地注意到事物的细节和特征，进而与有关事物进行对比和联想，这就能发现问题的机密和要害。实践证明，观察能力强的人，不容易被欺骗，不容易吃亏上当。所以，在当代世界风云变幻和错综复杂的社会环境中，提高政治敏感性非常重要。三是政治头脑清醒，分析能力强。从实践经验看，分析能力强的人一般都政治头脑清醒。马克思主义认为，任何事物的本质和规律性都是可以认识的，这就要靠人的分析能力。人们的分析能力，从广义上讲，包括分析和综合两个方面。分析就是解剖事物的内部结构，如果不解剖构成事物内部结构的各种要素，不找出主要矛盾和矛盾的主要方面，就无法认识事物的本质和规律。分析和综合是统一的。恩格斯说："思维既把互相联系的要素联合成一个统一体，同样也把意识的对象分解为他们的要素。没有分析就没有综合。"这就告诉我们，提高分析能力，既包括解剖事物要素的能力，又包括综合事物要素的能力，是两种能力的统一。毛泽东同志说："我们看事情必须看它的实质，而把它的现象只看作入门的向导，一进了门就要抓住它的实质，这才是可靠的科学的分析方法。"虽然现象反映着本质和规律性，然而并不是所有的现象都反映着本质和规律性。只有反复出现的现象才反映事物的本质和规律性。所以，在分析的过程中要特别注意那些反复出现的现象。深入实际，调查研究，有利于我们做到这一点。

新形势下讲政治最根本的问题是要解决好党员干部的人生观和世界观的问题，核心问题是要提高思想政治素质，树立全心全意为人民谋利益的人生观和辩证唯物主义、历史唯物主义的世界观。只有树立了这样的人生观和世界观，才能相信群众、依靠群众，一切为了群众，很好地为群众服务，从而得到人民群众真心实意的拥护和爱戴，正确解决好党与群众的关系，使我们党永远立于不败之地。这就是新形势下讲政治的精神实质。我们在进行以讲政治为核心内容的党性教育中，一定要科学理解讲政治的内容和要求，真正领会讲政治的基本精神。这样，我们就能自觉地讲政治，把讲政治与搞经济统一起来，保证我国的现代化建设健康顺利地向前发展。

为了把讲政治与搞经济统一起来，还必须正确认识和处理政治与经济的关系。我认为，正确理解二者的关系，应该讲两句话：一是经济是基础，经济决定政治；二是政治是上层建设，政治对经济有强大的反作用。具体来说，政治来源于经济，又反作用于经济，既指导经济，又为经济服务。从政治存在的形态看，可以从两个方面去理解和把握：一是政治作为一个相对独立的东西，或者说叫"经济外的政治"；二是政治存在于经济之中，即经济本身的政治，或者说叫"经济中的政治"。

关于"经济外的政治"，是指经济之外独立存在的政权(包括政法)、政党、政治意识、阶级斗争、人民内部矛盾中的政治问题等。正确认识和处理经济外的政治与经济的关系，主要是指要处理好巩固政权与发展经济的关系，加强政党建设与发展经济的关系以及加强政治工作与发展经济的关系。同时也包括处理好一定范围内的阶级斗争与经济建设之间的关系，处理好人民内部矛盾与发展经济的关系。实践证明，正确处理好经济外的政治与经济的关系，是保证社会主义现代化建设发展的一个基本条件。现在，人们一般讲政治与经济的关系，主要是指政权、政法、政党、阶级斗争和政治工作与经济的关系。多数人是能理解经济外的政治对经济的重要作用的。然而，对经济中的政治的作用，相当一部分人是看不到的。

关于"经济中的政治"，用列宁的话来说，就是指"经济方面的政治"或者叫经济自身的政治。经济中的政治的作用，直接决定着经济发展的方向(例如，是向社会主义发展还是向资本主义发展)，决定着经济本身的性质(例如，是搞公有制经济还是搞私有制经济)，决定着经济领导权即经济工作归谁领导或者说由谁支配。这三个方面，主要体现在党制定的经济方针、政策和国家法律、法规上。比如，党的政策是向资本主义经济倾斜，还是向公有制经济倾斜；比如，国有经济中要不要坚持党的领导权。在这个问题上，理论上不明确，实践上就难以明确。现在，国有企业这个经济实体，要不要坚持党的政治领导权问题，还是一个有争议的问题。最近，一些马克思主义的理论工作者明确提出要坚持党在国有企业的政治领导权，得到了中央领导同志的支持，强调党在企业的政治领导权绝不能丧失！我看提得很及时，很正确。那么，什么是政治领导权？我认为，政治领导权是政治领导权力和政治领导权威的有机统一。只讲一个方面，党在企业的政治领导权便无法实现。所以，坚持党在经济中的政治领导权，是实现党对经济工作的正确领导的政治保证。现在存在的问题，主要是有些人忽视经济中的政治，甚至排斥经济中的政治。有人竟然提出把企业变成单纯的经济组织，而且还说这样做是社会主义市场经济的客观要求，这实际上是排斥经济中的政治，最终必然导致排斥企业党的政治领导。这是违背马克思列宁主义基本原理的，必须坚决予以纠正。否则，就会偏离正确的政治方向，即使经济得到一时发展，最终也会出问题。

长期以来人们一直认为"经济为中心"和"政治占首位"两者是对立的。应该承认，正确解释"经济为中心和政治占首位"问题，的确是个理论难题，也是现实生活中难解决的一个热点问题。我认为，首先要消除在这个关

系问题上的理解误区。应该说,“经济为中心”是指一个历史时期经济建设是中心任务,“政治占首位”是指一定历史时期政治是完成中心任务头等重要的政治保证。比如说,没有人民政权的巩固,你怎么搞社会主义经济建设?从这个意义上讲.政治占首位。有人说,政治占首位主要是指要站在政治的高度观察问题和解决问题。因为不从政治上观察和解决问题,就不能维护工人阶级的政治统治.因而就不能完成经济建设任务。从这个角度来讲,政治是完成经济任务的首要前提。有人说,政治占首位就是政治工作是经济工作的生命线的意思,它保证着经济工作的性质和方向。我认为,这观点是正确的。也有一种说法,政治占首位也就是政治是经济的统帅和灵魂。这里应该把统帅和灵魂理解为指导才确切些。如果理解为政治凌驾于经济之上就不科学了。还有人说,经济是多数人的利益,政治是少数人的政治。我认为,把政治说成是少数人的政治是错误的,我们讲的政治是人民的政治而不是少数人的政治。总之,我们只有从上述种种认识迷雾中清醒地走出来,才能真正理解政治和经济的关系,才能澄清在这个关系问题上的糊涂观念,才能以辩证的思维去把握政治与经济之间的相互关系,从而正确把握党中央在新形势下讲政治的基本精神,自觉地提高自身的思想政治素质,以适应新形势变化对我们提出的新要求。

“讲政治”是造就企业高素质领导班子的关键

冯 敏

一、企业领导干部讲政治是时代发展的迫切需要

江泽民同志指出:“搞好国有企业特别是大中型企业,既是关系到整个国民经济发展的重大经济问题,也是关系到社会主义制度命运的重大政治问题”。说重大经济问题,人们容易理解和认识;讲重大政治问题,有些人就产生疑惑。这个问题在强调企业领导干部讲政治中必须搞清楚。我们国家已经进入了改革与发展的关键时期,时代要我们必须坚持两个文明共同进步,经济与社会协调发展,要搞好“两个根本性转变”,建立以科学管理为标志的现代化企业制度,这些重大战略目标都要求企业领导素质与之相适应,我国企业特别是领导干部素质建设也进入了关键时期。随着改革与发展的推进,企业的地位与作用在国民经济发展中越来越重要。从物质视角认识,国有企业决定国民经济的发展速度,决定国家长远利益,决定广大人民生活等,可见影响之巨大。从政治视角认识,国有企业不仅是现代化建设的物质基础,而且是社会主度制度生产关系的基础。生产资料所有制问题,是任何社会存在和发展的基础问题,是生产关系总和的核心和基础,决定着生产、分配、交换、消费的性质,决定着人们在生产过程中的地位,决定着社会关系的性质和社会的性质。可见生产资料公有制,是同旧制度具有决定意义的差别。我们建设有中国特色社会主义,“特”在哪里?就特在要体现以公有制为主体,以国有经济为主导;以公有制为主体的按劳分配原则,最终实现共同富裕;提高劳动者觉悟,体现高度文明。失去公有制的主体地位和国有经济的主导作用,就不可能有社会主义制度,就不可能建设有中国特色的社会主义。从造就高素质经营管理队伍视角认识,在实施《纲要》中实行经济体制从传统的计划经济体制向社会主义市场经济体制转变,经济增长方式从粗放型向集约型转变,这是优质高效发展经济的牛鼻子,企业承担着这“两个根本性转变”的繁重任务。没有一支高素质的企业经营管理队伍是绝然实现不了两个转变的。培养造就一支懂政治、善经营、会管理的队伍是实现“两个根本性转变”的需要,是发展社会主义市场经济的需要,是实现三步走的宏伟战略目标的需要,是一项重大而紧迫的任务。由此可见,企业领导干部讲政治,是社会主义企业性质的内在要求,这对于顺利实现跨世纪的宏伟目标,积极推进有中国特色的社会主义事业,都具有十分重要的现实意义和长远的战略意义。因此,企业领导干部讲政治是造就高素质领导班子的关键,是搞好企业两个文明建设的龙头工程,应当作为企业工作的第一道工序放在突出的地位,首先抓紧抓好。

二、企业领导干部讲政治的主要内容和主导方向

企业领导干部讲政治,涉及面广,内容丰富,主要地应把握好以下五个方面:一是始终坚持社会主义公有制经济的主体地位和发挥国有企业的主导作用,始终发挥好党组织的政治核心作用,加强党对企业的政治领导;二是坚持两个文明一起抓,切实做到“两手抓,两手都要硬”,任何时候、任何情况下都要以生产经营为中心,绝不能以牺牲精神文明为代价,换取一时的经济发展;三是坚持以为人民服务为核心,以集体主义为原则的社会主义思想道德,理直气壮地大力支持一切正确的东西,表彰先进,弘扬正气,营造企业积极向上、健康文明的舆论环境和新型的人际关系;四是全心全意依靠工人阶级办好企业,真正做到维护工人阶级主人翁地位,支持、奖励对企业贡献大的职工先富起来,同时提倡富起来的职工帮助未富起来的职工,最终达到职工生活水平的共同提高;五是研究和把握国家经济发展大局,正确处理好国家、集体和个人三者之间的利益关系,坚持企业道德,维护经济秩序,建设有中国特色的社会主义企业。以上五条,既是国有企业讲政治的内涵,也是整顿与提高企业领导班子素质的基本内容。造就高素质的企业领导班子,最根本的就是要保证企业的社会主义方向。企业的社会主义方向有其特定的内容:企业的领导权必须牢牢掌握在共产党手中;必须全心全意依靠工人阶级;必须坚持发挥以公有制为主体的作用,大力发展社会主义生产力;必须坚持企业行为遵守国家产业政策和法律法规,等等。社会主义企业的性质,必然规定了企业领导者必须讲政治。

三、着力在培育高素质企业领导班子上下功夫、见成效

企业领导干部讲政治,就是要树立以马列主义、毛泽东思想、邓小平理论的立场、观点、方法为指导的世界观;以实践党的全心全意为人民服务的宗旨为指导的人生观;以集体主义精神为原则导向的价值观。要求我们的企业领导干部必须树立良好的思想素质。所谓良好的思想素质,就是要有坚定的理想、信念、世界观、人生观、价值观等;必须树立良好道德素质。所谓良好的道德素质,就是要具备社会公德、职业道德、家庭美德、个人品德。这些社会主义企业品质的规定和必然要求,使所有的企业领导干部都必须按照讲政治的要求下功夫、花气力,加强党性锻炼,提高理论、业务、管理、政治等素质。为此,要做到“五个必须”:

第一、必须坚定地提高领导者的理论素质。要提高理论素质,必须重视理论学习。理论是对客观世界、客观事物的理论概括,揭示事物的本质和发展规律,是认识世界和改造世界的工具和武器。马克思主义把科学看作是历史发展的杠杆,最高意义上的革命力量。一个民族要想站在时代的高峰,就不能没有理论思维;一个企业领导干部要想在市场经济中立于不败之地,就不能没有理论素质。掌握了理论,才能把握全局,才能深刻地认识自己所肩负的政治责任和社会责任,才能目光锐利,明辨事非,才能脱离低级趣味,抵御各种物欲诱惑,才能坚定政治信念,树立高尚精神境界,才能成为政治上清醒的坚强的领导者。当前的理论学习,主要是学好马列主义、毛泽东思想特别是邓小平理论。要把握邓小平理论的科学体系,最主要把握三点,这就是一个精髓、一个本质、一个核心。一个精髓就是“解放思想、实事求是”,就是我们认识一切当代重大问题的哲学基础;一个本质就是邓小平概括的社会主义的本质;一个核心就是“一个中心、两个基本点。”这既是我们党的基本路线,也是邓小平理论最核心的部分。要更高地举起邓小平理论的伟大旗帜奋勇前进。

第二、必须坚定地提高领导者的政治素质。政治素质对企业领导干部的政治品质、人格行为都具有决定性、导向性作用。培养政治素质,首先要有明确的政治观点。从企业领导干部的队伍情况来讲,一些同志确实存在着单纯地从经济角度上看问题、想问题,埋头抓经济、抓业务,不看政治方向,不抓思想政治工作,只注重本部门、本单位的利益,甚至为了实现小集团的利益而不惜损害全局利益。这都说明了培养企业领导干部政治素质的极端重要性和迫切性。如何树立明确的政治观点和坚定的政治方向,作为企业领导干部,首先要坚持上面讲述的企业领导干部讲政治的五条,再就是全面正确地理解党的基本理论、基本路线、基本方针,保证在企业里贯彻落实不走形、不变样。三是要充分发挥我们党政治工作的优势,贯穿到经济工作的各个方面和全过程,把企业各方面的积极因素都调动起来。

第三、必须坚定地提高领导者的道德素质。企业领导干部办企业一靠真理,二靠人格。人格就是具备了道德素质。企业领导干部的职业道德,同样包括职业理想、职业责任、职业纪律和职业技能。企业领导干部的职业理想和职业责任以贡献社会造福人类为已任,就是要生产出满足人们日益增长的物质需要的产品,“为官一任,造福一方”“活一方经济,福一方人民,兴一方教育,建一方文明。”职业技能就是知人善任,敬业乐群,行家里手,全局观念等等。作为企业领导特别应该坚持全心全意依靠工人阶级办企业的思想,树立群众观念,转变工作作风,把职工群众当成企业的主人,把职工群众的智慧当成办好企业的财富,把做好人的工作作为管理工作的第一道工序,把职工的冷暖放在心上,解决职工的实际问题,这样的领导道德无疑是强大的企业凝聚力。

第四、必须坚定地提高领导者当好公仆的素质。要尽心竭力地履行好岗位之责,这就要做好我们企业领导干部的定位工作。每个企业领导干部都要清醒地认识自己是一名光荣的共产党员,是人民的公仆,是企业职工的当家人,要把企业首先当成自己的家,大家的家。党和职工把我们放到领导岗位,职位越高,权力越大,责任越重,要坚持党的事业第一,坚持企业和职工的利益第一,清正廉洁,公道正派,淡泊名利,严于律己,率先垂范,要求群众做到的,自己首先做到,以模范行动影响人、带动人,关心群众,做群众的贴心人,诚心诚意为职工谋利益,以先锋模范作用带头树立良好的企业风气。

第五、必须坚定地提高领导者的经营管理素质。企业的兴衰与领导者的管理素质息息相关,要求领导在有理想、懂法律、明政策、管方向的基础上,还必须具有较丰富的社会主义市场经济知识,善经营会管理,敢于和善于参与国内外市场的竞争,要尊重职工群众的权益,乐于接受职工监督,谦虚谨慎,不骄不躁,善于和领导班子成员合作共事。同时还要使企业党政领导、经济管理领导、科技和各门类专家领导从总体上实现三支队伍的有机结合和努力具备三大要素条件,这是高标准,严要求和努力奋斗的方向目标。这样在领导者个人素质上或企业班子整体上,就形成了又红又专的高素质队伍结构,就可以实现从政治、经济、科技总体上的有机结合和密切配合,这是企业领导讲政治比较完满的境界和效果。

(作者系青海省社会科学界联合会副主席)

论把讲政治贯彻落实到基层

孙太国

江泽民总书记一再提醒党的领导干部一定要讲政治。社会主义现代化建设这个伟大政治的实践和胜利，总是要通过成千上万的基层单位和亿万人民群众的努力奋斗才能实现。因此，应当把讲政治这个重大问题、重要精神贯彻落实到基层。

最近中共中央发出通知，在全党深入学习邓小平理论，进行以讲学习、讲政治、讲正气为主要内容的党性党风教育。党的十四届六中全会决议也明确强调：“思想政治工作是我们党的优良传统和政治优势，是精神文明建设的一项基础性工作，是搞好两个文明建设的基本保证，在这个新形势下，只能加强，不能削弱。各级党委要把这项工作摆到重要位置，经常研究本地区、本部门、本单位的思想政治状况，用有力的思想政治工作促进各项业务的完成。机关、企事业单位、农村、学校、街道的党组织要切实做好思想政治工作，努力把精神文明建设的任务落实到基层。”

一、讲政治，就要学政治，认真抓好政治教育

我们现在讲的政治，就是马列主义政治，就是中国特色的社会主义政治。指导这政治的理论基础，是马列主义与中国社会实践相结合的具有中国特色的社会主义理论。只有用这一理论武装，指导广大基层干部和人民群众的实际行动，社会主义现代化政治才能落实到实处。讲落实首先是组织广大干部群众深入学习邓小平理论，只有通过全体基层干部认真学习并能够及时地向人民群众认真“灌输”才能实现。目前，普遍存在的社会现象是相当一部分基层干部对政治学习漠不关心，认为政治无用，经济实惠，对政治理论不感兴趣，不能全面地系统地理解中国特色社会主义理论的基本内容，主要精神为何物，只是跟着空喊着“中国特色社会主义理论”这个口号，普遍存在着放弃政治学习，放松政治思想教育的问题，基层干部中群众中政治气氛愈来愈淡薄，讲政治的人越来越少。不迅速严肃地改变这种现象，其后果是危险的。面对这种社会现实，基层干部一定要给自己提出这样的任务：“第一，是学习；第二，是学习；第三，还是学习。”下苦功夫，长久坚持，刻苦学习，特别是要学习马列主义毛泽东思想，建设有中国特色的社会士义理论和党的路线方针政策。斯大林说：“工作人员的政治水平和马克思列宁主义觉悟程度愈高，工作本身的效率也愈高，工作也就愈有成效。反过来说：工作人员的政治水平和马克思列宁主义觉悟程度愈低，工作中的延误和失败也愈多，工作人员本身也会愈加变为鼠目寸光的小人，堕落成为一些只图眼前利益的事务主义者，而他们也就愈蜕化变节。这要算是一个定理。”只有基层干部早学些，多学些，学明白，先正确自我的政治观点，坚定政治方向，才能对群众进行深入有效的政治教育。这种教育是任何文化宣传媒介的教育所不能代替的。无论什么时候，都要重视对群众的政治教育，要把变化了的政治，要把当今最大的政治，要把最大政治的理论及其体现的路线政策，结合本单位的实际，舍得花功夫，生动明白地给群众宣传解释，使群众真正理解它的意义、做法以及同自己利益的关系。群众一旦知道了真理，有了共同的目的，有了积极性，有了创造性，群众就会齐心来做，一切事情就好办了。

二、讲政治，就要严格纪律，同党中央保持一致

讲政治，就必须讲纪律。所谓讲纪律主要包括政治纪律、组织纪律、经济纪律、群众纪律、外事纪律、保密纪律等等。法律、法令、制度规定也是一种特殊的纪律。讲纪律，就是要求大家遵守纪律，按照纪律规定的要求去做，就要坚决克服形形色色、各种各样违反纪律的错误行为，就要准确地运用纪律强制性手段同破坏纪律的人和事做斗争。要把讲政治、讲纪律落实到基层、就必须加强党纪教育，加强纪律建设，严明党的纪律，增强执行党纪的自觉性。目前，一些基层单位，一部分党员纪律观念淡薄，视党纪党规、法纪法规为儿戏；对党的路线方针政策不求甚解，一知半解，曲解更改，自作主张，自行其是；上有政策，下有对策，更有甚者，私欲膨胀，脱离群众，心存侥幸，贪赃枉法，违法乱纪，成了时代和人民的罪人。

基层单位，基层党组织，忠诚的共产党员，应该坚定不移，旗帜鲜明地维护党的纪律，长久不懈地同各种无视、废弛、违反纪律的现象做斗争，这是落实讲政治之必

要,保证现代化事业胜利的必要。社会主义现代化建设的实践证明,广大人民群众的切身经验确信,以江泽民同志为首的党中央的政治领导是正确的。每个党员、每个基层领导、每个基层单位,唯一的责任和义务,就是要把党的领导,党和国家的路线方针政策、法律法规决定,结合本单位的实际,带领群众落实到实处,落实好,这是讲政治的重中之重,讲纪律的要中之要。这也是同党中央在思想上和行动上保持一致。这种一致,对一个基层来说也就是要做到从单位实际出发,严格执行上级组织决定,同中央保持一致三者的统一。当基层情况、上级决定、批示要求与中央的政治领导,中央的路线相悖时,基层领导、共产党员,要保持清醒的头脑,坚定政治立场,必须在贯彻落实中央政治领导、路线政策、国家法律法规决定的前提下,去认识基层情况的特殊性,解决好特殊问题,贯彻执行好上级组织领导的批示要求,万万不可借口基层单位某些情况特殊,推托上级组织领导的批示要求而违背中央和国家的统一意志,这是党纪国法所不能允许的。如果没有意志的统一,如果没有全体共产党员行动上完全的和绝对的统一,党内铁的纪律是不可思议的。每个基层的领导,每个共产党员都应明白和党中央保持一致,这必须是完全的、绝对的,高度的一致,除此之外的所谓一致是不行的。

三、讲政治,就要加强党的领导,建设好基层领导班子

坚持党的领导,这是马克思主义关于社会主义政治的一个基本原则。党的领导主要是政治、思想和组织的领导。对基层来说,党的领导主要体现在:(一)是对党的路线方针、国家法律政策的贯彻落实;(二)是基层党组织的领导和政治核心作用、党支部的战斗堡垒作用、共产党员的先锋模范作用;(三)是基层党组织对基层群众组织的领导和支持;(四)是参与基层行政、生产、管理等重大问题决策及实施监督;(五)是坚持党管干部。扎扎实实地搞好这些工作,应该说在基层体现了党的领导。党的领导,主要是通过领导班子来实现,基层讲政治,首先要把基层领导班子建设好。当前,基层领导建设,首先要选好班长,这是基层领导班子建设的关键,班长的政治素质是最重要的,班长政治方向明确,政治立场坚定,政治纪律严明,“子帅以正,孰敢不正”。班长选好了,班子建设就有了希望。其次,基层班子群体要结构科学化,其年龄结构、专业结构、智能结构、协调素质等要合理,既不可堆积又不可偏废某一方面,才能提高效率,减少内耗;使用整体效能大于个体效能之和。个体和整体的素质都要符合“革命化、年轻化、‘知识化、专业化”的要求,都要不断修养提高个体和整体的思想政治素质。再次,基层领导班子必须重视党的基本理论、基本路线、基本知识的学习,必须作风正派,团结一致、联系群众、埋头苦干,廉洁奉公,敢于并率领群众同一切违纪违法的人和事,同形形色色腐败蜕变现象,同各种懒、贪、软、散问题作不懈的斗争。第四,基届领导班子每个成员,必须以普通党员、普通群众身份生活在基层组织之中,不能作“特殊党员”、“特殊百姓”,要严格执行民主集中制原则,实行集体领导和个人分工负责相结合。即使行政领导负责的基层,其决策和领导也是一个民主集中制的过程。“立国大计、廉政为先”、“官廉则政举、官贪则政危”。清正廉洁,勤政廉政,反腐倡廉,反懒倡勤,这是古今中外所有国家都是非常重视的一个重大政治问题。勤政廉洁,端正党风,预防和反对腐败蜕变,虽则关健在上层和高级干部,但也必须从基层做起,这也是基层组织和领导工作的重要政治。对基层组织和领导来说,重要的要做好以下四点:第一,要清除“腐败难免论”的错误认识。第二,充分认识腐败现象的严重性和党内不正之风的严重性,当前存在的一个重要问题是对这两个严重性的认识不足。第三,严以律己,从我做起,从现在做起,清正廉洁,勤政廉政。第四,持久端正党风,坚决反对腐败。只要每个基层组织和共产党员都认真讲政治,重视警惕,积极防治,腐败现象必将最终得到克服。

四、讲政治,就要发展经济,改善群众生活

马克思主义、社会主义政治的一个基本观点,就是发展经济,不断满足人民群众日益增长的物质文化生活需要。政治问题说到底,都是围绕人们的经济利益需求展开的,是为经济服务的,由经济决定的。政治是经济的集中表现。政治和经济是统一的。没有离开政治的经济,也没有离开经济的政治。经济建设自然也是社会主义现代化政治的中心任务。只有经济发展上去了,许多根本问题才好解决。在当前和今后相当长的时间里,基层组织和领导在发展生产、繁荣经济方面,要特别注意以下四个问题:(一)是要尽快提高对社会主义商品生产和市场经济发展认识,尽快实现从产品生产,计划经济到商品生产、市场经济的转变。商品生产和市场经济的发展是历史规律,绝不以哪个行业、集团、单位、个人意志而转变。市场和计划,商品和产品是有本质区别的。只有用优质商品尽快地认识市场,在变化中更多更省地占有更大市场,才能发展经济,不被市场竞争所淘汰。(二)是有些农村,工厂等基层单位,应把脱贫致富,解决温饱问题,把扭亏增盈、解决职工工资资金问题,作为最大的政治来讲,来落实。吃饭穿衣住宿问题,虽则是生活问题,但这是人民群众也是国家的最大问题。它直接关系到这些基层单位的兴衰存亡,直接影响着单位内部领导与群众,群众与群众,群众与政府和党组织之间的关系。如果这个问题解决不好,那就要出乱子,就会发生许多新的政治问题。

(三)是要依靠科学技术发展生产振兴经济。科学技术是第一生产力。生产落后,经济亏损实质上是科技和管理的落后。科学技术是发展经济的钥匙、杠杆。运用先进的科学技术于商品生产,经济管理,就是能够成倍地提高经济效益。科学技术的提高,对基层单位来说,要抓住两个重要途径。一个引进科技人才带来科学技术,一个立足本单位提高科技的培养。把这两个方面,自始自终结合起来,改革开放,请进来走出去,用科学技术认识市场的变化,驾驭市场的变化,超越市场的变化,甚至用科学的技术的结晶创造出新的人们必需而又喜爱的商品占领市场,从而创造出市场新变化。这样往复不断,循环上升发展,基层单位的生产,经济就会处于主动不败之地。(四)是要注意改善群众生活。讲政治的目的,就是要更好地建设有中国特色的社会主义道路,使我们的国家富强起来,使人民群众过上更富裕的好日子。所以,讲政治,也就是为了人民群众的利益。作为一个基层单位,那就要正确处理好国家、集体、个人三者利益的关系,把三者利益统一起来,兼顾起来。在发展生产,提高经济效益的前提下,一定要注意改善人民群众的生活。并把群众的生活实实在在地放在基层领导和共产党员的心上。要让群众的生活随着社会主义现代化的进程,一天比一天过得好,一天比一天过得文明。不可把少数人先富起来同走共同富裕的道路对立起来,要积极有效地采取遏制措施,防止社会分配上的贫富悬殊,两极分化。少数人富起来,多数人贫困,不是社会主义政治的目的。

五、讲政治,就要充分发扬民主,让群众真正当家作主

发扬民主,改进作风,是做好基层工作的保证,又是加强党组织自身建设的需要,这是在当前形势下每个党员干部必须首先应该做到的。如果一个基层单位的领导缺乏民主作风,听不进别人的建议和意见,即使再有魄力和工作能力,也不可能搞好工作。毛泽东曾经指出:“要造成一个既有集中又有民主,既有纪律又有自由,既有统一意志又有个人心情舒畅,生动活泼的那样一种政治局面”。这可以说是对我国社会主义现代化民主政治的高度概括。我党在执政的40多年中,教训之一是由于受到党内“左”的指导思想的影响,而没有重视发展党内民主,相反,党内民主生活逐步受到破坏,导致“文化大革命”的发生。目前我们正在进行社会主义的政治体制改革,其目标是建立社会主义民主政治。在这个过程中,我们特别强调坚持和发扬民主集中制,并通过大量扎实有效的基层工作,取得了很大成绩。然而,在实际生活中,仍有个别干部不能很好地贯彻执行民主政治。特别是随着经营机制的转换和企业承包责任制的实行,有的承包单位负责人便认为只要承包了,就是我说了算,于是大权独揽,包办一切事务,致使基层领导班子内耗严重,引起各种矛盾激化。为什么会出现这种现象,根本原因就是由于我们党面临执政的严峻考验,改革开放和发展经济的严峻考验。在新形势下针对新问题、新矛盾,我们要把着力点放在发扬民主政治,改进工作作风,真正让人民群众当家作主。(一)是要重视注意群众情绪,群众思想动向,大力开展调查研究工作。要实现科学决策,首先要发扬民主,进一步推动决策民主化。这就要求我们基层领导干部要发扬民主作风,倾听群众呼声,注重思想调研,坚持党的群众路线,充分发挥群众的首创精神,及时总结来自基层的丰富经验,认真听取各方面的意见。在调研中,要提倡“讲真”精神、“讲真话”本身体现一种民主,只有讲真话才能保证广大群众真正当家作主,才能把广大人民群众的心声和呼声反映到基层党组织中来,为领导科学决策提供可靠的信息和依据。(二)是要充分发挥职代会的作用。职代会是职工群众行使民主权力的机构,是贯彻全心全意为人民服务,全心全意依靠工人阶级的方针,强化民主管理,调动职工群众积极性的重要形式,是密切党与群众的扭带和桥梁。在发展社会主义市场经济的条件下,尽管企业管理运行机制发生了变化,但工人阶级的主人翁地位没有变。因此,要特别注重发挥工人阶级的集体智慧和职工主人翁的作用。通过召开职代会、座谈会等多种途径,了解职工群众的意见和建议,提高决策的科学性,增加工作的透明性,保证企业沿着正确的方向发展。实践证明,只有党的领导干部自觉地转变工作作风,充分发扬民主政治,实行民主管理,才能造成一个平等、民主、团结、稳定、发展的政治局面,保证社会主义现代化政治贯彻落实到基层。

(作者单位:山东胜利油田经济法律政研会)

第六部分

理论探讨

对集体主义、个人主义的历史思考

林 泰 张 磊

我们党一贯倡导集体主义、反对个人主义,改革开放以后仍是如此。邓小平同志反复强调要全心全意为人民服务,个人利益服从国家和集体的利益,批评形形色色的个人主义。江泽民同时把爱国主义、集体主义、社会主义教育"三位一体、相互促进"作为时代精神的主旋律,1997年通过的《中共中央关于加强社会主义精神文明建设若干重要问题的决议》把"社会主义道德建设要以为人民服务为核心,以集体主义为原则","反对和抵制拜金主义、享乐主义和个人主义"写进了党的决议。但是,改革开放以来,某些"新伦理学"为个人主义正名之声不断,他们认为"个人利益是人们思想行为唯一原始的出发点","计划经济要求集体主义,市场经济要求个人主义",甚至把人们"只能恒久地为自己,偶尔为他人"奉为客观规律,有的还认为:"个人主义不是利己主义",应译为"自强主义","我们反对利己主义,同时提倡自强主义";个人主义不但通行于资本主义社会,而且和共产主义社会的"每个人的自由发展"的"目标是相通的";对个人主义不能批判,而且应该"提倡"。总之,在社会主义初级阶段,发展社会主义市场经济条件下,要不要和为什么要倡导集体主义、反对个人主义;集体主义和个人主义的科学内涵是什么? 人们对此有极为不同的看法,本文就是对这一问题的几点理论思考,提出来和学术界的同仁一起探索。

个人主义的演化及其内涵

"个人主义"与"自私自利"确实不能简单地划等号。个人主义是资产阶级的价值观,"自私自利"自从私有制和剥削阶级诞生就有了,"人不为己、天诛地灭","人为财死,鸟为食亡"的思想有两千年以上的历史了,韩非的趋利避害"人无不为己",杨朱的"拔一毛而利天下,不为也";魏晋时期出现的纵欲任情主义(主张人应该尽情享受,他人不过是达到个人这种目的的手段);小生产者的"个人自扫门前雪,休管他人瓦上霜"等等,都比资产阶级的历史早得多。

资产阶级个人主义,一般认为是从文艺复兴和宗教改革时期伴随着资产阶级的产生开始启动的,这时它没有叫个人主义,而是以人文主义的形式表现出来,主张以个人为本位,倡导个性解放和人的价值尊严,反对封建专制和神权禁欲主义,对历史发展起了推动作用。

17、18世纪是资产阶级与封建阶级斗争最激烈的时期,也是个人主义发展最迅速的时期。17世纪,它的代表人物:首先是英国哲学家托马斯·霍布斯。他的思想被称为"原子个人主义",认为"社会不过是一堆不停运动着的相互碰撞的原子",旨在实现各个个人的目标。他从人的本性是自私的观点出发,论证"人对人是狼"和"一切人反对一切人的战争",每个原子都在损害其他原子的情况下追求权利和财富。霍布斯的理论很快受到英国哲学家约翰·洛克的批判。洛克在《政府论》中全面阐述了西方的政治道德理论,他从"自然人权"及"契约论"出发,论述了个人的自由、平等、权利及其价值等并将个人权益问题提到了政权的高度。洛克的观点被视为近、现代个人主义的政治思想基础。

马克思曾说:"与个人主义原理相适应的是18世纪"。在18世纪,个人主义得到了全面的发展。其代表人物包括法国"百科全书"派的人本主义启蒙思想;法国思想家C.D.S.孟德斯鸠的"三权分立"学说,论述了个人主义与资本主义政治法律思想及制度的关系;英国哲学家大卫·休谟的"利己心才是正义法则的真正根源"的"人性论";英国古典经济学家亚当·斯密的"看不见的手"的经济道德理论等。他们的中心思想都是从社会以个人为本位,导出个人主义,但他们在其著作中都没有使用"个人主义"这个词。"个人主义"概念最早是德国哲学家康德使用的。他在1798年的《人类学》中指出:"个人主义包括三种不同的狂妄:理性的狂妄、鉴赏的狂妄和实践利益的狂妄。""道德的个人主义者是这样的人,他把一切目的都局限于自身,他只看见对他有利的东西的用处,……只把意志的最高确定性基础放在有利的东西和使自己内心幸福的东西之中,而不是置于义务观念之中。"据此指出"人是目的,而不仅仅是手段"。这就是个人主义典型的论点之一,"个人目的论"。

从17~19世纪初,西方资产阶级思想家从不同角度提出个人主义思想,是不系统甚至是不明确的。虽然康德最早使用了"个人主义"这个词,但他并没有将其作为

资产阶级意识形态系统地进行论述。西方的某些思想家认为，首先系统地使用“个人主义”这个术语的，是19世纪20年代中期的克洛德·亨利·圣西门的追随者。圣西门主义者首先创造了“个人主义”术语，用以描述他们反对的自由竞争的社会，然后又发明了“社会主义”一词用于描述中央计划的社会。个人主义用以表达同社会主义思想的根本对立。《美国科林大百科全书》写道：“个人主义概念，首先出现在资产阶级革命后的法国，常常是被社会主义者、自由主义者、修正主义者用来描述个人得益的罪恶和反社会冲动的”。更多的思想家认为，最早对资产阶级个人主义进行系统论述的是法国政治思想家夏尔·阿列克西·德·托克维尔。他在1840年出版的法文版《论美国民主》下卷中，用个人主义(individualisme)这个词表示一种同利己主义(egoisme)相区别的思想体系。1.强调个人是目的，认为同社会相比，个人具有最高价值。2.强调个人的民主与自由。3.从个人出发，维护财产私有的社会制度。此后，个人主义作为资产阶级价值观念，作为一个系统的思想体系，逐渐成为资产阶级意识形态的一块重要基石。

个人主义在资本主义的发展过程中，人们对它褒贬兼有、毁誉不一。在美国，“个人主义主要是在美国的社会实践中获得积极含义的”。它起初唱着对资本主义和自由民主的颂词而出现的，经过几百年的发展，先后形成了新英格兰个人主义、边疆个人主义、超验个人主义、实用主义个人主义等不同流派。个人主义已成为美国的历史特征，美国人的主导价值观。美国加州大学社会学系教授罗伯特·N·贝拉等著：《心灵的习性——美国人生活中的个人主义和公共责任》一书中写道：“我们尊崇个人尊严，确切地说，我们信奉个人的神圣不可侵犯性。任何可能破坏我们自己思考，自己判断，自己决策并按照自己认定的方式生活的东西，不仅在道德上是错误的，而且是亵渎神明的。我们最远大、最崇高的理想——不仅对于我们自己，而且对于我们所关心的人，对于我们的社会和全世界——与我们的个人主义息息相关。……无论是作为个人还是作为社会，我们所具有的某些最深刻的问题，也是同我们的个人主义密不可分的。我们并不是说美国人应当抛弃个人主义——因为那将意味着放弃的个人主义密不可分的。我们并不是说美国人应当抛弃个人主义——因为那将意味着放弃我们最深刻的民族特性”。但在法国，个人主义更多地是作为贬义词出现的。在法国，“个人主义这个术语的最先使用，其法语是Individualisme，来自于欧洲人对法国大革命及其思想来源，即启蒙运动的思想冲动。”《法兰西学院词典》把个人主义界定为“普遍利益对个人利益的服从。”在法国，“直到现在，个人主义这一术语仍然包含着许多从前的、令人不快的涵义”、“个人主义的发展意味着社会统一体的松散，因为自我主义日益明显地占据着优势”；洛易·弗约是很有影响的天主教教士，1843年也写道：“法兰西需要宗教，宗教会带来和谐、统一、爱国精神、信赖、美德……”。“流行于法兰西的瘟疫是众所周知的，人人都称之为‘个人主义’(individualisme)，不难看出，一个国家如果个人主义盛行，那么它就不再能处于正常的社会状态，因为社会是精神和利益的统一，而个人主义则是一种无以复加的分裂。人人为我，我为人人，那就是社会；每个人都只是追逐着他自己，因此，每个人都与所有的人为敌，那就是个人主义”。在法国，个人主义被看作是任何社会都必须付出的罪恶代价，这种与美国不同的对个人主义观念的理解，直至今日仍影响着法国人的思想。1968年12月31日戴高乐将军在新年广播讲话中，也在规范的法国意义上使用了这个词。他说：“我们必须克服精神上的不适，尤其要克服由个人主义所引起的不安。这种不适是现代机械主义和实利主义文明的固有特征”。他声称“个人主义是道德病的主要原因”。从上述阐述中可以看出，即使在资本主义社会，都是搞市场经济，也不像有些“新伦理学家”所描绘的那样，一律把个人主义奉为积极的主导价值观。

尽管在资本主义社会对个人主义褒贬不一，但在有一点上，多数人的看法是一致的，即个人主义是和集体主义、社会主义相对立的思想体系。这一点无论在维护资本主义或主张社会主义、集体主义，反对个人主义的人中都是如此。美国哲学家约翰·斯图雅特·穆勒在《纽曼(Newman)的政治经济学》中称“社会主义是个人主义的敌人”为了避免“战胜个人主义”必须反对和遏制社会主义。奥地利经济学家、诺贝尔奖获得者A·哈耶克自称是——个真正的个人主义者。他在《个人主义与经济秩序》一书中明确指出：个人主义这一社会理论就是“私人产权制度”的理论，并从多方面论述了“社会主义或集体主义”是“个人主义的敌人”。帕尔格雷夫的《政治经济学辞典》(1896年)也讲道：“个人主义的主要特征是，(1)资本的私有财产，……竞争，一种个人之间在获取财富方面的对抗，……”“个人主义的自然对立面是‘集体主义’或者说是‘社会主义’。”特别需要指出的是，在社会主义者中，个人主义被拿来与一种理想的、合作化的社会秩序进行典型的对比。这种社会秩序被描述为“联合”和“和谐”、“社会主义”或“共产主义”；个人主义则指自由放任的经济竞争，资本主义的无政府状态，社会原子化和剥削。伟大的空想社会主义者罗伯特·欧文，在说明他的合作社会主义理想时认为：“要引起这些变化，必定有……一种新的社会组织。这种社会组织所依据的是有吸引力的联盟的原则，而不是令人厌恶的个人主义……”。皮埃尔·勒鲁用个人主义这个词指一种政治经济学原理，即“人人都只是为了自我，人人追逐财富，穷人则一无所有”。这种原理导致社会的原始化，使人成为“贪婪的狼”。他进而强调，

"社会正进入一个新的时代,在这里,法律的一般倾向将不再把个人主义,而是把联合作为它的目标"。康斯坦丁·佩克尔也认为,"补救的办法就在于联合,因为社会的陋习和弊端就来自于个人主义"。而乌托邦主义者艾蒂安·卡贝则写道:"自世界诞生以来,两大制度造成人类的分裂和两极化。这两大制度就是个人主义的制度(或自我主义、或个人利益)和共产主义的制度(联合、普遍利益或公众利益)"。奥古斯特·布朗基断言,"共产主义是个人的保护者,而个人主义是他的根绝者"。综上所述,无论是什么倾向的思想家都把个人主义和资本主义私人财富的竞争联在一起,而与社会主义、集体主义、联合相对立。奇怪的是,唯独在我国,某些以新潮自诩的"思想家"竟说个人主义是和共产主义社会的"每个人的自由发展"的目标是相通的。他们根本不懂得"每个人的自由发展"是在"自由人的联合体"中实现的,而"自由人的联合体"正是"代替那存在着阶级和阶级对立的资产阶级旧社会的"未来共产主义社会的形式,是集体主义思想的社会基础,从而也是否定资产阶级个人主义的社会形式。

个人主义的实质及理论失误

综上所述,我们不难看出,个人主义是与资本主义相适应,并在资本主义的发展中逐步形成发展的一种思想体系。它是一种以自然人性论为基础的,把个人的利益、自由、权利、潜能等放在首位的价值观。和私有制和阶级剥削阶级诞生以来就有的"自私自利"相比较,它有自己的特殊表现形式:它反对封建贵族和僧侣的等级特权、世袭特权那种自私自利和人身依附的奴役制度,标榜天赋人权,人人都有追求自由、平等、幸福、财产的权利,主张个性解放和实现自我价值,体现了资产阶级自由竞争,自由买卖劳动力和为开拓个人资本的进取精神。它不只是道德观,而是一种以私有财产制度为基础的,包括经济(财产制度)、政治(民主、自由)、社会(个人与社会关系)、伦理等的全面的价值观。这从前面所引述的托克维尔等各种流派思想家的言论中都可以得到证实。钱满素在《爱默生和中国——对个人主义的反思》中讲:"浪漫主义是感情上的个人主义,自由主义是思想上的个人主义,多元化是社会领域的个人主义,放任主义是经济领域的个人主义,民主则是政治上的个人主义",也是把个人主义作为一种全面的价值观来看待。

但是,不能夸大个人主义与自私自利的区别,因为它们毕竟都是私有制基础上的价值观。不同私有制价值观有不同形式,但是,在本质上都是以"利己"为中心。托克维尔在《论美国的民主》一书中确实把人个主义表示为一种与利己主义相区别的理论。甚至认为个人主义是个新奇的词汇,美国人认为这个词代表"正确理解的自利",并不是"羞耻"。说我们的父辈只知道自我中心(自私自利),"并没有'个人主义'这个词,它是我们所铸造出来的"。但他同时又是以一种轻蔑的口气使用这个词,称之为"温和的利己主义"。他认为"正确理解的自利原则并不见得很高尚,但它简单明了,它并不以伟大事业为目标,但是毫无困难地达到他所追求的目标",并指出"个人主义是一种只顾自己而又心安理得的情感,它使每个公民同其同胞大众隔离,同亲属和朋友疏远","利己主义可使一切美德的幼芽枯死,而个人主义首先会使公德的源泉干涸。但是,久而久之,个人主义也打击和破坏其他一切美德,最后沦为利己主义。"他断言,个人主义"不仅使每个人忘却他的祖辈,而且使他看不到他的后代,也使他与他的同代人相疏离;它使他只能依靠自己,最后使他完全蛰居于孤寂的自我心灵之中"。美国哥伦比亚大学教授罗伯特·尼斯贝特认为:"美国人终于像孔德、托克维尔、涂尔干那样明白了:个人主义已经将社会组织分散瓦解成一片散沙,……若从坏的方面来说,则是一片被孤独邪恶、以掠夺为生的人们所占据的热带丛莽"。美国加州大学社会学系教授罗伯特·贝捡甚至认为"个人主义可能已经变异为癌症","不推翻资本主义私有制,'癌症'就不能根除。"

有些"新伦理学家"把在西方资本主义社会都有很大争议的个人主义价值观作为指导市场经济改革的唯一理论,有复杂的社会根源。但究其在理论上的失误,则都源于"个人本位主义"。他们把抽象的、孤立的人类个体看成社会的基本单位,而社会只不过是许多这样的人类个体的简单集合,从而得出"利己目的是人们思想行为唯一原始出发点"的结论。马克思主义认为:"社会不是由个人构成,而是表示这些个人彼此发生的那些联系和关系的总和。""人的本质并不是单个人所固有的抽象物,在其现实性上,它是一切社会关系的总和"。社会的细胞当然是众多的个人,但不是抽象的、孤立的单个人的简单集合,而是通过一定的社会关系组织起来的。形象地说,就好像人体是由众多细胞联结而成,但不是细胞的简单集合,而是通过骨骼、血液循环、消化、神经、生殖等诸多系统把细胞联结起来,从而形成人的有机体,不同系统中细胞是不同质的。同样,在个人与社会的关系中,一定社会关系把众多个人联结起来,不同社会关系中个体有不同的性质,是社会关系规定着个体的质,社会关系才是组成社会的更基本的单位。所以,马克思主义并不否认个人利益,但是不承认脱离一定经济、社会关系的抽象的、孤立的私人利益。马克思说:"对于各个个人来说,出发点总是他们自己,当然是一定历史和关系中的个人,而不是思想家们所理解的纯粹的个人。"私人利益总是同一定的社会关系联结在一起的,不同社会关系中的私人利益是不同质的,反映这种利益追求的价值观也是不同质的。个人利益,有剥削他人的个人利益,相应地就有"把自己

的快乐建立在他人痛苦之上”的损人利己思想；也有小生产者的个人利益，相应地就有“个人自扫门前雪，休管他人瓦上霜”的独善其身的价值观；还有联合劳动中的个人利益，相应地就有“只有在集体中才可能有个人自由”的集体主义思想。所以，是一定的社会关系规定着人们对一定利益的追求以及相应的价值观的本质，而不是什么抽象的、孤立的单个人的存在和利益规定着人只能产生“自私”和“利己”的价值观。这个观点明确了，就能够懂得，没有永恒不变的抽象的人的本质，只有由不同历史时代具体的社会关系所制约的人的本质。为什么原始社会产生的是以部落、氏族为基本单位的“群体本位主义”，而不是“自私”；奴隶、封建制社会不但有适应私有制和剥削阶级要求的“人不为己，天诛地灭”的极端自私自利的主导价值观，还会伴生以等级制为特征的“整体主义”思想。资产阶级个人主义则是源于资本主义私有制的生产关系，它是资产阶级反封建的锐利武器，也是其追求剩余价值的必要武器。与之相伴生的还有受剩余价值规律支配的企业“团体主义”和代表一国“总资本家”的“国家主义精神”。此外，在每个时代的人民中，总还会闪烁出与当时统治阶级主导价值观不同的某些“人民性”的思想精华。而社会主义集体主义则是社会化大生产和工人阶级的产物，它反映的是工人阶级和劳动人民在社会化大生产基础上的联合，以社会公有制代替私有制为目标，代表着工人阶级和全人类解放的利益。与之相伴生的还有被压迫民族要求民族独立与发展的民族主义精神。由此可见，历史上有多种社会制度，多种社会关系，因而也有多种价值观，并不是只有“利己主义”、“个人主义”的价值观：那种抽象的、孤立的个人利益也不能成为“人们思想行为唯一原始的出发点”，“恒久地为自己，偶而为他人”也绝不是什么永恒的客观规律。这些错误思想的根本理论失误都在于“个人本位主义”，把社会看作众多抽象的、孤立的人类个体的简单集合，不懂得人的本质“在其现实性上，是一切社会关系总和”的思想。现在，公有制为主体的社会主义制度已经是一种现实的社会存在，它虽然相比于资本主义制度还很弱小，但是他却代表着历史的未来。相应地，与这种制度相适应的集体主义价值观，虽然现在还不能为人们普遍接受，但它随着社会公有制和工人阶级的壮大、发展，也必将逐步深入人心，成为社会的主导价值观。某些“新伦理学”的观点并不新，只不过是资产阶级启蒙学者“天赋人权”、“个人本位主义”的复版，而只有集体主义价值观才真正代表着中国社会主义初级阶段的社会主体和发展方向。

集体主义产生的历史条件及其内涵

在近代社会化大生产和无产阶级的基础上，产生了“消灭私有制”和建立社会所有制的社会主义、共产主义理想，同时，也产生了无产阶级集体主义或社会主义集体主义的思想。即马克思、恩格斯所说的：“只有在集体中个人才能获得全面发展其才能的手段，也就是说，只有在集体中才能有个人自由”，“在真实的集体的条件下，各个个人在自己的联合中并通过这种联合获得自由，”这种个人的生存、解放以社会、阶级的生存、解放为前提的思想。集体主义思想和其他思想一样，也是一定社会关系的产物，而不是人的某种与生俱来的自然本性。集体主义产生的先决条件是这样一种社会关系，众多根本利益一致的人们联合起来，能形成更大的力量，带来更大更高的利益(价值)。按照系统论的观点，即在优化的系统中 1＋1＞2，系统的整体大于系统内各部分的简单相加。笔者理解，这种集体就是真实的集体。由于真实的集体利益代表着集体内众多的个人利益，而且形成了超越众多个人利益简单集合的集体利益。所以，它必然要求：只有在集体中才能实现个人的发展和自由的思想；集体利益高于个人利益的思想；在必要时为了集体利益而牺牲个人利益的崇高精神。这种集体主义思想和“个人主义”的思想是完全对立的，和那种以“冒充的集体”、“虚幻的集体”，例如封建主义的国家、君主或法西斯主义所标榜的“整体主义”思想，也是完全对立的。在那种“整体主义”中，“个人自由只是对那些在统治阶级范围内发展的个人来说是存在的，他们之所以有个人自由，只是因为他们是这一阶级的个人。从前各个个人所结成的那种虚构的集体，总是作为某种独立的东西而使自己与各个个人对立起来；由于这种集体是一个阶级反对另一个阶级的联合，因此对于被支配的阶级来说，它不仅是完全虚幻的集体，而且是新的桎梏”。那种剥削阶级所标榜的“整体主义”，其实质只不过是剥削阶级一己私利的另一种表现形式。

集体主义思想在历史上曾经以朴素的形式多次出现过。例如，在原始社会的“群体本位主义”中包含着“原始集体主义”的思想；在被压迫阶级斗争的联合中，在被压迫的民族的抗争中，在一定时期也有过某些集体主义思想的表现形式，虽然是不系统、不稳定的表现形式；在某些集体的竞技项目中，局部地也有某种集体主义的思想表现。(当然，这只是就集体竞技项目本身的范围而言，超出这个范围，从更大的社会关系的角度考察，一个球队是人民的国家办的，还是私人老板办的，则决定了它是为国家、人民服务，还是为私人资本增值服务。)但是，只有社会化大生产和无产阶级以及他们所代表的社会公有制的理想社会才能产生社会主义、共产主义的集体主义思想。它以无产阶级和全人类的解放为最高目标，代表着无产阶级和劳动人民的根本利益，代表着社会生产力和生产关系发展的必然方向。也只有在社会化大生产充分发展，社会公有制占绝对统治地位的社会中，社会主义集体主义思想才能取代自私观念，成为该社会的思想上层

建筑，占绝对统治地位的价值观。如同私有观念在私有制的不同发展阶段，有原则的统一性和表现形式的差别性一样，集体主义思想的根本原则也是确定的、统一的，其表现形式在不同历史条件下也是有差别的。无产阶级革命中的集体主义，把阶级的生存、解放和牺牲精神放在首位；社会主义建设中的集体主义，把建设性的奉献提到首位；而共产主义的集体主义则把人的自由而全面的发展提到首位。现在，我国处于社会主义初级阶段，公有制已占主导地位，相应地要求集主义思想成为主导价值观，但是由于几千年剥削阶级私有观念根深蒂固的影响；由于非公制的多种经济成份的存在和发展，以及与之相适应的私有观念；由于公有制实现形式的多样性和多层次性以及与之相伴生的小团体主义、本位主义；由于世界资本主义体系在科技、经济乃至意识形态领域还相对强于社会主义体系，……在这种历史条件下，集体主义思想还不可能为人们普遍接受，个人主义、自私自利的思想还有其存在的土壤。我们必须正视这个现实，在思想政治教育中注意区分层次，引导人们各按步伐，共同前进。但也正是因此，我们必须坚持把国家、人民利益放在首位而又充分尊重个人正当利益的思想导向，使集体主义真正成为社会的主导价值观，使社会主义的经济基础不断巩固和发展。

倡导集体主义的历史反思

中华人民共和国建立已经近半个世纪了，需要对社会主义初级阶段几十年倡导集体主义价值观的历史经验给以科学的总结，这对于进一步弘扬集体主义，使之真正成为社会主义的主旋律，有极重要的理论和现实意义。

首先，要加强和完善真实集体的建设，为弘扬集体主义创造良好的社会条件。社会主义初级阶段“集体”的状况是相当复杂的。建国以来，公有制和工人阶级不断壮大，人民民主专政日益巩固，总的来看，我们的国家是代表人民利益的共同体，许多公有制企事业，特别是大型国有企事业能够把国家、人民利益放在首位，正确处理国家、集体、个人的关系，体现了“真实的集体”的性质。当然，正如现阶段的公有制和共产主义的全社会所有制相比，只是公有制的初级形式一样，现阶段的代表国家和人民现实利益的集体和共产主义社会的“自由人的联合体”相比，也只能说是“真实的集体”的初级形式。但它属于“真实的集体”的范畴是没有问题的，否则我们就不可能倡导集体主义。

另外，在社会主义初级阶段还有许多“不真实的集体”，甚至还有“冒充”的集体存在。譬如，在我国有为数不少的戴红帽子的私营企业，它们也以集体的形式出现，但实质是代表私人利益的，这应当属于“冒充的集体”的范畴。另外，在我国，由于封建社会的长期影响，有的单位搞家长制、一言堂、甚至封建专制，假“集体”的名义，推行并不代表集体内众多个人利益的意见。文化大革命中“四人帮”以集体的名义倒行逆施，就是这方面的总代表。有的基层单位，也有这种情况，其实质实际上是封建的“整体主义”

除此之外，在社会主义初级阶段，还有大量“不完善的集体”。这种集体有代表人民利益和集体内众多个人真实利益的一面。但是也不尽如此。譬如，计划经济体制下，由于权力过分集中而带来的官僚主义，就不能代表人民和集体内众多个人的真实利益。在改革过程中，许多地方、部门、单位在为国家和人民办事的过程中掺杂有部门、地方保护主义和小团体主义，这不代表人民利益，也违反自己集体内众多个人的根本、长远的利益。另外，有的单位在为集体办了很多好事的过程中，也搞了一些劳民伤财、形式主义的活动等等。正如改革是社会主义制度的自我完善与发展一样，改革公有制的实现形式，从根本上说，也是改革不完善的集体，使之向真实的集体的方向发展。

这样分析和概括社会主义初级阶段“集体”的状况是否科学，可以研究。这样写出来，也是为了和同道们一起探索。但有一点是可以肯定的。那就是，在社会主义初级阶段，以集体的名义出现的，并不一定都是真实的集体。要想弘扬集体主义必须首先加强真实集体的建设，没有真实集体的建设，集体主义思想就是无本之木，无源之水。在现阶段，集体主义弘扬到什么程度，首先取决于真实的集体建设的状况。

其次，要弘扬“只有在集体中才能有个人自由”的思想，更好地发挥人们的才能和创造精神。几十年来，我们对集体主义的宣传和导向总的是正确的，它哺育了一代又一代能够把国家和人民利益放在首位的社会主义新人，这是我国革命和建设能够披荆转棘、胜利前进的思想保证。但面对改革开放和社会主义现代化的新形势，确实需要对集体主义的宣传教育进行反思，使之更科学，更全面，更有利于发挥人们创造性奉献的社会主义积极性。具体说，历史上有三种状况：

在革命战争年代，集体主义的宣传教育把服从集体的需要和在必要时为集体利益而牺牲个人利益的崇高精神放在首位。当时这样做的是完全正确的，没有刘胡兰、董存瑞、黄继光、邱少云等烈士的无私奉献和牺牲的精神，革命战争就不可能取得胜利。就是在社会主义改革和建设的今天，仍然需要这种无私奉献精神。至于在抗洪抢捡，守卫边疆，与邪恶势力斗争，乃至脱贫致富等的斗争中，还特别需要在必要时为国家、人民的利益牺牲个人利益乃至生命的崇高精神。事实上也确实涌现了像王铁人、焦裕禄、蒋筑英、孔繁森等许多先进人物，奏响了社会主义建设新时期集体主义的凯歌。但是，和平建设时

期，我们的主要任务已从破坏旧世界变为建设新世界，对人们主要要求是做建设性的奉献，环境也没有革命战争时期那样险恶了，在这种社会条件下，我们在继续发扬上述光荣传统的同时，已经有条件把马克思、恩格斯"只有在集体中，个人才能获得全面发展其才能的手段，也就是说，只有在集体中才可能有人自由"的思想放在更突出的地位，在坚持把国家和人民利益放在首位的前提下，更好地发挥每个人的个性特长和创造性，关心他们正当的个人利益，使人们能够在实现集体的价值中实现个人的价值。集体主义的原则没有变，但宣传教育的尺度应当随着时代的前进做得更全面一些。

在计划经济体制下，我们也是把服从集体需要放在集体主义教育的首位。那时，企业的主要任务是完成国家下达的计划，没有自主经营、自负盈亏的权利和义务，平均主义和大锅饭的体制也使企业没有多少独立的利益。所以好厂长的标准只是完成或超额完成国家计划，完成计划当然需要一定的创造精神，但并不要求他们有太多的自主性。其他方面也是如此。譬如教育事业也是按国家计划培养人才，大学生的基本要求之一是服从国家分配，那时没有双向选择，择业的自由度是很小的。所以，有些人把"听活、出活"作为当时好干部的重要标准，对人才自主创造精神的要求不突出。这种状况有两重性，一方面，它在一定程度上反映了把国家和人民利益放在首位的集体主义要求，但另一方面它限制或削弱了人才的主动性和创造精神。当领导意见不能真正代表国家人民利益时，这方面的问题就更为突出。现在，我们正在建立和发展社会主义市场经济体制，社会主义市场经济，以公有制为主体，国有制为主导，在社会主义国家宏观调控下，以市场作为资源配置的主要方式，以实现人民共同富裕为最终目的。相应地，在价值观上必然要求把人民、国家利益放在首位的社会主义集体主义思想占主导地位。这一点并不因体制的改变而改变。但是，市场经济要求企业自主经营，自负盈亏，自我发展，自我约束，企业有了自己独立的利益，相应地也要求企业自身有更多的自主性和创造性。教育工作适应这种需要，也把培养创造性人才作为自己重要的目标之一。事实证明，"发展社会主义市场经济……也有利于增强人们的自立意识、竞争意识、效率意识，民主法制意识和开拓创新精神，使社会主义的优越性进一步发展出来。"这就要求在体主义的宣传教育中，把为国家、集体的自主创造精神放在更突出的位置。

当然，我们所宣传的自主创造精神是集体主义的自主创造精神。它和个人主义的，以个人为中心的自主创造精神完全不同，它要求把国家和人民利益放在首位的前提下，充分发挥个人和团体的自主性和创造性。市场机制是有两重性的，一方面，它要求人们开拓创新，搞活经济：另一方面，它也有追求个人和小团体狭隘利益的自发性和盲目性。所以，"在发展社会主义市场经济条件下，更要在全体人民中提倡为人民服务和集体主义精神，……反对和抵制拜金主义、享乐义和个人主义。……引导人们对社会负责、对人民负责，正确处理国家、集体和个人的关系，反对小团体主义、本位主义，反对损公肥私、损人利己。""形成把国家和人民利益放在首位而又充分尊重个人合法利益的社会主义义利观。"只有这样，市场经济才能在为人民服务的轨道上进行。过去，受"左"的失误的影响，某些宣传教育，如文化革命中所宣传的那样，把任何对个人利益的追求，包括正当的、合法的、与集体无害的个人利益，都当作个人主义或自私自利，把任何对个人价值的追求都当作个人名利思想，把任何对个人的物质鼓励都说成修正主义，并加以批判，这就严重伤害了广大人民群众的积极性。社会主义的优越性之一，就是它能够把社会利益和个人利益从根本上一致起来，真正作到"人人为我，我为人人"，。只有剥削阶级的旧社会才把 代表它们的所谓社会利益和广大人民群众的个人利益相对立，如封建整体主义，用"整体"否定个体；资本主义社会崇信 "人人为自己，上帝为大家"等。毛泽东同志讲："马克思列宁主义的基本原则，就是要使群众认识自己的利益，并且团结起来，为自己的利益而奋斗"。邓小平同志也说："不讲多劳多得，不重视物质利益，对少数先进分子可以，对广大群众不行，一段时间可以，长期不行。革命精神是非常宝贵的，没有革命精神就没有革命行动。但是革命是在物质利益的基础上产生的，如果只讲牺牲精神，不讲物质利益，那就是唯心论"。

总之，我们应当随着时代的前进，坚持和发展集体主义的思想。集体主义的根本原则没有变。但应当认真学习、领会马克思、恩格斯"只在集体中，个人才能获得全面发展其能的手段，也就是说，只有在集体中才可能有个人的自由"的思想，并且结合中国社会主义初级阶段社会主义建设和发展社会主义市场经济的实际宣传这种思想。现在青年普遍关心个人的成长、发展，希望实现个人的价值，对这种要求应当给以积极的支持和正确引导。有两种个人发展观和自由观。一种是集体主义的，它要求把"真实的集体"的利益放在首位，在实现整体的更大更高的目标中，充分发挥个人的自主创造精神，实现个人的发展。而且，这种自主创造精神和个人发展只有在"真实的集体"中才能充分实现。实际生活中这种自由和发展的实例是不胜枚举的。集体体育竞技项目中，球星的个性、特长以及他的自主创造精神是非常突出的，但它首先是为集体的目标奋斗的，没有集体目标的成功，个人价值也不能真正实现。而且没有整体的配合，没有好的教练、陪练和其他服务，再好的球星也难以发挥作用。现代科技发展，集体攻关项目愈来愈多，目标也愈来愈宏伟，只有

把杰出科技专家的突出作用和广大科技工作者组成优化的系统,集体协作,才有可能攻克难关,攀上高峰。现代社会化大生产,优秀的管理者与企业内各部分的优化组合更是企业成功的基本条件。另一种是个人主义的发展观和自由观。它以个人为中心,认为个性发展和自主创造精神是不受社会条件制约的,强调整体利益就会束缚、抑制个人的自主创造精神,这种发展观和自由观不符合现代科技和社会化大生产的要求。有的人总以为集体主义是否定个人发展,遏制个性,束缚人的自由和自主创造精神,只有个人主义才能发展人的个性、特长和创造精神,就是受这种思想的影响。文章开头所引的,要倡导个人主义并把个人主义译为“自强主义”,认为个人主义“是和共产主义社会每个人的自由发展”的“目标是相通的”人,实际上就是这种思想的一个代表。目前受这种思想影响的人不是个别的,这一方面是由于个人主义思想的历史影响更深更长,在现实中,也有它的社会基础;另一方面,也由于某些集体主义的宣传教育有片面性,把集体价值和个人价值截然对立,没有宣传“只有在集体中,个人才能获得全面发展其才能的手段,也就是说,只有在集体中才可能有个人自由。”这种集体主义的自由、自强的思想,从而把个人发展、自由和创造精神的旗子让给了个人主义。集体主义宣传教育的重要任务之一,就是要在加强真实集体建设的前提下,科学地而不是片面地宣传集体主义所要求的个人发展观、自由观,弘扬人们为国家、集体的自主创造精神,并帮助人们从个人主义发展观、自由观的思想束缚下解放出来。

（作者林泰为清华大学人文学院原副院长、教授、博士生导师）

探索舆论导向规律

张松清

正反两方面的历史经验反复证明："新闻宣传必须坚持党性原则，坚持实事求是，把握正确的舆论导向。"这是江泽民同志在十五大政治报告中代表中央对我党关于新闻宣传工作方针的总体阐述，这是马克思主义新闻思想在世纪之交的历史转折关头的深刻体现，具有深远的历史意义与强烈的现实针对性。

这是因为坚持党性原则与实事求是，才能把握正确的舆论导向，才能发挥舆论对人们导向、凝聚、激励、评价的作用，引导、激励、动员、组织群众为认识和实现自已的利益而奋斗；促使实际生活中各地区、各部门、各层次群众既充分发挥各自的功能，又不偏离大方向、又能形成合力发挥导向作用，向共同目标迈进；因此，江泽民同志早在视察人民日报时就强调：舆论导向是党和人民之福，舆论导向错误是党和人民之祸。这是当前探索新闻舆论导向基本规律的主要价值。否则，不坚持党性原则就不会有正确的方向，不坚持实事求是就不会有科学的路线，要把握正确的导向，政治方向与思想路线这两个方面缺一不可。因此我们在新的历史时期探索舆论导向规律要始终坚持党性原则和实事求是这个马克思主义活的灵魂。

社会上存在一些不利于开展正确的舆论引导的认识。一类认识属于新闻无科学论者，他们试图从否定新闻具有科学性的角度来否定实事求是路线在新闻宣传中的运用。这种观点的主要危害在于不承认新闻学具有科学性、规律性，因为"科学是反映自然、社会、思维等的客观规律的分科的知识体系"，而新闻工作无规律可循，也不必费心地研究作风、文风来提高宣传艺术与精神感染力，只需机械地简单地重复一些政治口号。另一类是新闻西化论者，他们试图取消新闻的党性原则，认为应使新闻代表人民监督党，因为党会犯错误而人民不会；这两种认识都脱离了社会主义新闻实践，也不符合马克思主义经典作家对党的新闻工作的一系列论断。因此，十五大报告关于新闻工作的论述具有强烈的现实针对性。

在学习十五大报告中结合在新华社系统 15 年的新闻实践，我们认为江泽民同志的政治报告中关于新闻宣传工作的观点本身包含着当前认识舆论引导规律内在逻辑，两个坚持与一个导向是方向、方法与结果的关系，相互联系、辩证统一、不可分割：一、坚持新闻的党性原则才能从根本上坚持新闻的真实性原则，党性与新闻真实性是辩证的统一体，坚持新闻的党性原则是实现新闻宣传主观与客观统一的必由之路。新闻西化既然是从西方的政治偏见出发引导舆论，必然导致新闻宣传在内容上脱离党性原则、在形式上有悖于民族传统，使主观思想脱离客观实际；二、新闻宣传只有坚持实事求是才可能坚持新闻的党性原则，才可能把握正确的舆论导向，实现政治方向与新闻规律的统一。新闻有很深的学问，不同的阶级遵循不同的规律为本阶级的正确的舆论引导，反之则可能使正确的舆论引导悬空；三、把握正确的舆论导向是新闻的党性原则与实事求是的思想路线的统一，也是实现反"左"防右与端正"三风"的必然要求。端正"三风"（作风、文风和学风），尽量避免"左"右摇摆才能把握正确的舆论导向。

坚持新闻的党性原则
是新闻主客观统一的必由之路

新闻工作的党性是无产阶级的阶级性在新闻工作中的具体的体现。我们强调坚持党性原则的重要性，是因为党的新闻工作是党的整个事业的一个重要组成部分，而有的人在这样根本性的问题上竟然发生疑问，有的甚至主张所谓人民性高于党性。我们党是工人阶级的先锋队，代表工人阶级和最广大人民群众的根本利益，除了工人阶级和人民群众的根本利益以外，没有自己的任何私利。坚持党性原则就是要求新闻宣传在政治上必须同党中央保持一致，同人民群众保持最广泛最深刻的联系，旗帜鲜明地坚持不懈地反对资产阶级自由化。只有站在这样的立场上新闻工作者才可能实现新闻报道主观与客观的统一，科学地揭示真实。因为，新闻的真实性，就是要在新闻工作中坚持党的一切从实际出发、实事求是的思想路线。正如江泽民同志所说，我们坦率地指出新闻的真实性是一致的。马克思主义新闻学与资产阶级新闻学的根本分野在于，承不承认新闻的阶级性、党性，无产阶级不掩饰新闻的阶级性，认为新闻必须为无产阶级政治服务，党性、阶级性与新闻的真实性是统一的；西方传播

学强调新闻的客观性否定阶级性，认为真实性等于客观性，却无法解释为什么在西方许多报道中有明显的主观性。辩证唯物主义告诉我们，新闻事实是第一性的，新闻记者、编辑和播音员用书面、画面、版面语言和口播对它进行反映是第二性的，反映的过程就是主观与客观统一的过程。自然、社会中发生的种种现象没有经过传播机构的采编播人员的主观反映就不成其为新闻报道，不能被受众认知，而主观反映客观新闻事实过程中的立场、观点、方式、方法不可能不打上主观的烙印，同时，主观的反映又不能脱离新闻事实而存在，因此新闻事实与主观选择存在于新闻作品这个同一体中，无产阶级新闻学认为坚持新闻的党性原则是实现新闻报道主观与客观统一的必由之路。这是把握舆论导向的重要规律之一。

在新闻实践中记者不同的政治立场必然在新闻报道中打下烙印。远在二战中，同样是日本军队侵入中国这件事，中美等盟国的新闻报道称"日军侵华"，而当时的日本新闻界则称之为"建立大东亚共荣圈"；近在海湾战争，同样是美军轰炸伊拉克这件事，美国新闻界称"美军严惩萨达姆"，伊拉克通讯社则报道"美国入侵伊拉克"。从中不难看出新闻的倾向和记者的观点。甚至在经济信息、体育新闻中有时也能反映记者的主观判断。不同的政治、经济、军事、社会集团的不同利益，不可能不在新闻报道中打上不同的印记。与民共其乐者，人必忧其忧。新闻工作者与群众同呼吸共命运才可能获得群众的支持。了解到真实的情况，形成正确的倾向与观点，反过来再引导群众。

达到对领导机关与对群众负责的统一。这种统一是党性原则的体现，这是因为党没有自己的特殊利益，坚持党性原则要求新闻工作者必须同人民群众保持最广泛最深刻的联系，经常具体地分析具体的问题，从群众的实践中吸取智慧力量，就可能避免将坚持党性原则与到领导机关摸风、跟风、刮风混为一谈。毛泽东同志在《论十大关系》中曾说"有些人对任何事物都不加分析，完全以'风'为准。今天刮北风，他是北风派，明天刮西风，他是西风派，后来又刮北风，他又是北风派。自已无主见，往往由一个极端走到另一个极端。"摸风、跟风、刮风恰恰是既不对领导机关负责，又不对群众负责，从而也是新闻工作者没有为自己负责，没有当好党和人民之间的桥梁。城市改革初期在企业改革中要改革用工体制，有人就简单地将之归结为"砸三铁"，甚至要"以三铁对三铁"，过激的行为在一个阶段内激化了企业中的干群关系，有的企业中甚至出现工人杀厂长事件。实际工作千差万别，对各地区、行业、企业不能不加区别地报道"一砸就灵"、"一包就灵"等，这是改革早期人们一度出现的认识的肤浅化倾向。反之，十四大、十五大以来新闻宣传战线从实践中获得了认识的升华，使当前企业改革中的舆论引导比较注意"吃透两头（上头、下头）"，国有企业改革力度大于过去任何时期而人们普遍能坦然面对，这虽然与人们心理承受力增强有一定关系，但也不能说与及时开展正确的舆论导向（如各新闻媒体在报道"抓大放小"的同时积极加强了对"再就业工程"的报道）没有关系。而且，舆论的作用正是从思想上、心理上对人们进行正确的引导，"拿笔杆子是实行领导的主要方法"，"报纸真的同实际、同群众联系好了，报纸办好了，对领导是最大的帮助"。这是关系人心向背的民心工程。

达到总体与具体的统一。新闻报道中难以避免的一种现象是，只见树木不见森林，观点加例子，似是而非，根本问题在于如何实现总体与具体、现象与本质的统一。现实生活纷繁复杂，要找几个事例来证明某个观点并不难，难的是这个观点是否与这个事例具有同一性，这个特殊中是否包涵了普遍性，这个现象中是否透露了本质。"一叶障目，不见泰山"，尽管这一叶、这个点确实存在，但从总体上来看却背离了真实性。不仅要做到所报道的单个事情的真实、准确，尤其要注意和善于从总体上、本质上以及发展趋势上去把握微观报道则在具体中包涵了整体，使总体与具体达到高度的统一，引导广大人民群众充分认识到党的基本路线代表着人民的根本利益。引导干部群众正确认识国际、国内形势，全面准确地贯彻执行党的基本路线。

达到扬善与抑恶的统一。在西方的新闻观看来，狗咬人不是新闻、人咬狗才是新闻，表彰光明面不是新闻、揭露阴暗面才是新闻。这种新闻观是反辩证法的。中国古人就告诉我们，祸福相依，福兮祸之所倚、祸兮福之所依。对福与祸都不可视而不见，都要实事求是，这是违背还是坚持新闻的真实性原则的问题。"新闻的真实性，就是要在新闻工作中坚持党的一切从实际出发、实事求是的思想路线。我们坦率地指出新闻工作的阶级性和党性原则，因为我们新闻工作的阶级性和党性同新闻的真实性实际是一致的，""社会生活中有光明面，也有阴暗面，阴暗面的情况，性质也各不相同。"，应严格加以区别，有喜报喜、有忧报忧，表彰先进、批评落后、伸张正义。因为不扬善不足以振奋人心，不抑恶不足以伸张正气。使表扬与批评、揭露都形成一个完整的过程，既有利于舆论监督的开展、提高报纸的威信，又有利于向积极方面诱导，"这样的批评与自我批评才有力量，才说明是为了改进工作，而不是消极的。要写出生动的过程，而且有结果。"

达到民族性与世界性的统一。毛泽东早在1956年同音乐工作者谈话时认为，说中国民族的东西没有规律，这是否定中国的东西，可以先学外国的东西再来搞中国的东西，但中国的东西有它自己的规律。鲁迅也认为愈是具有民族性的东西便愈是世界的。这是一切宣传文化事业的基本规律。而新闻西化论的实质是取消民族性进

而取消新闻的党性。我们强调民族性与世界性的统一是因为世界是一个大系统,只有充分参与这个系统的循环才能保持新闻作风文风学风的民族特色与民族气派,自我封闭不能参与大系统的信息、能量循环就会日趋萎缩。在沿江、沿海改革开放中先行一步的上海、广东等地新闻事业比较富有活力,既具有坚定的党性原则、优良的民族传统,又具有开放性,这可能与较早参与这种经济文化系统循环不无关系;而在经济文化的系统循环中党性与民族性达到了更高层面上的统一、民族性与世界性达到了更高层面的统一,从而使群众更加喜闻乐见。

坚持实事求是才能
坚定政治方向遵循新闻规律

实事求是是马克思主义的精髓。实事,是指客观存在的事物,求,是指我们去研究,是,指规律性。社会主义新闻工作只有坚持实事求是才能坚定正确的政治方向、坚持党性原则,才能遵循新闻工作的客观规律。因此在新闻工作中坚持实事求是是政治方向与新闻规律的统一。新闻无学论者尽管有时也闪烁其辞地承认新闻工作的客观规律,但却将正确的政治方向与无产阶级新闻学规律相对立,其要害是打着“左”的旗号取消实事求是的路线,从而使正确的舆论导向悬空,从而试图从“左”的方面取消“以正确的舆论引导人”。尽管这种“左”的手法已被新闻界绝大多数人识破并予以抵制,但因为这种观点是打着坚持的旗号行取消之实,促使舆论脱离群众,具有较大的欺骗性。反之,愈是坚定政治方向遵循新闻规律舆论引导愈有效,俞是脱离政治方向空谈规律愈有害,愈是脱离规律空谈政治愈无效。“讲政治包括政治方向、政治立场、政治观点、政治纪律、政治敏锐性、政治鉴别力。”“讲政治也 绝不是简单重复一些政治口号,不是搞空头政治,而是要使政治着正确的方向更好更有秩序地进行”。政治同新闻业务结合、统一,才能坚持实事求是、坚持正确的舆论导向。

正确的舆论导向首先是方向上的针对性正确,而没有坚定正确的政治方向,就不可能有正确的、科学的针对性。对此,要坚定不移地抓五个关键环节:1、用党的基本理论、基本路线和基本方针指导新闻实践;2、在政治上与江泽民同志为核心的党中央保持高度一致;3、密切联系群众、反映群众的愿望和呼声;4、遵守党的政治纪律和各项纪律;5、自觉抵制“西化”“分化”和资产阶级新闻观点,这五个环节的核心是“为社会主义服务、为人民服务”,历史上任何新闻都不可能具有超阶级性,都不可能不为本阶级的政治服务,都不可能不为本阶级的群众服务。这是无产阶级与资产阶级新闻的共性。为无产阶级政治服务、讲政治方向,在当前就是要服从服务于经济建设这个中心,因为政治是经济最集中的体现,这是马克思主义的基本观点。而经济新闻里面有政治,这也是马克思主义经典作家新闻实践中所具体体现出的价值取向。恩格斯18岁时写的第一篇通迅《乌培河谷来信》针对早期资本主义表面繁荣掩盖下无产阶级日益贫困倾向,揭露了乌培河谷这个德国资本主义发达的地方,工人工资微薄、劳动条件恶劣,处于可怕的绝境,“只消过上两三年这样的生活就会在肉体上和精神上把他们葬送掉,五个人中就会有三个人因肺结核死去。”这尽管只是一条河谷的经济报道,但在政治上具有极强的针对性,锋芒直指资本主义制度的本质。因此,可以说不光是政治报道具有政治针对性,许多经济报道、社会报道等也或鲜明或隐晦地存在针对性。马克思主义经典作家历来注重用笔杆子进行战斗,认为革命有两条战线,一条是实际斗争战线,二是思想斗争战线。批判的武器虽然不能代替武器的批判,但是理论一旦能够掌握群众也会变成巨大的物质力量。在这个意义上马克思把“批判和实际斗争看作是同一件事情”。增强舆论导向的针对性还是领导方法问题。开会是一种方法,但到会者有限;个别谈话是一种方法,但只能是“个别”;最广泛的领导方法是针对实际工作中的问题,用笔杆子说话,即如五四运动的创导者们所称的吾以吾手写吾心,“用笔写出来传播就广,而且经过写,思想提炼了,比较周密。所以用笔领导是领导的主要方法,这是毛主席告诉我们的。出报纸、办广播、出刊物和小册子,能做到密切联系实际,紧密结合中心任务,这在贯彻领导意图上,就比其他方法更有效、更广泛,作用大得多。

正确的舆论导向其次是导向的有效性。有效性与方向性是一个问题的两个方面不可分割。这里面侧重强调有效是防止“左”的新闻无学论者用空头政治使正确的舆论导向悬空、无效,从而变成完全“正确”的废话,使党的方向路线无法为群众所掌握。毛主席过去讲过,“新闻工作,要政治家办报”目的是为了宣传、教育、动员群众为政治任务服务,而当前最大的政治是经济建设,“强调讲政治,并不意味着简单地重复一些政治口号,搞一些空洞的东西。要讲究宣传艺术,增强吸引力、感召力说服力,报纸办得生动活泼,喜闻乐见。”这就要求新闻工作者钻研舆论引导的学问、规律,因为“新闻工作有很深的学问,涉及方方面面的知识,一个称职的新闻工作者必须始终保持坚定政治方向,努力做到知识广博,视野开阔,才能在新闻领域里得心应手,纵横驰骋”。“社会主义新闻事业同社会主义的文学、艺术、出版事业一样,虽然各有自己特点和具体发展规律,但是它们作为意识形态领域的组成部分,都要为社会主义服务,为人民服务”按照新闻事业的发展规律积极贯彻“两为”方针,必然为增强舆论引导的有效性开辟通道。首先,任何事物都均非无规律可循,而是缺少发现。社会主义新闻工作有很深的学问,新闻无学的判断客观上会阻断人们对规律的探索;其次,要

当群众的学生。不是高高在上地引导群众，而是从群众中吸取智慧经过提炼、加工、反复再到群众中去，否则，对牛弹琴式的引导必然以其昏昏、使人昭昭、引导无效；再次，舆论引导社会、监督社会，为了减少无效性增加有效性，同时还要接受监督。不能排除有的新闻从业人员中存在以稿谋私、从而影响新闻真实性，进而影响新闻的有效性。而增强监督可以对此加以有效的防止。第一是党的监督，第二是群众监督，第三是民主党派监督，这样有利于舆论的自律。社会主义新闻工作者不是无冕之王，党的新闻工作是党的工作的重要组成部分。党的新闻工作者"一怕党，二怕群众，三怕民主党派，总是好一些。谨慎总是好一些。"

舆论的正确导向取决于方向的正确性与导向的有效性的有机结合。道理很明显，不讲政治方向的引导愈有效愈有害，空讲政治方向不讲新闻工作的规律愈空导愈无效，二者的有机结合则是愈引导愈有效。正、反、合这个过程中只有到了"合"的阶段才达到"以正确的舆论引导人"。空谈误国，实干兴邦。所以误导与空谈二者都不是实事求是。而实事求是，说老实话本来是我们党的传统。江泽民同志最近强调指出，要大力倡导说实话、办实事、鼓实劲、讲实效的作风，坚决制止追求表面文间，搞花架子等形式主义。形势主义的花架子、表面文间、不讲实话、不求实效表现在新闻写作上就是政治新闻模式花、经济新闻概念化、社会新闻表面化。相反，实现导向的有效性与方向的正确性的结合，新闻才能发挥武器的作用。1956年夏天，波兰工业城市波兹南发生了工人罢工事件，赫鲁晓夫认为这是反苏，要派兵镇压；新华社波兰分社记者报道认为这是波兰人民要求独立，反对大国沙文主义倾向，基本上是正义行动。中央采纳了新华社记者的看法，后来毛主席派周总理访问波兰，代表我党妥善处理这一事件：中国共产党和中国政府坚决反对苏联出兵。周总理在波兰访问时专门接见了写报道的这位新华社记者，对他的工作进行了热情的鼓励。当时，如果新华社记者做表面文章进行空导，或者提不出正确观点进行误导，都可能影响中央对这一事件进行判断。从中也可以看出，在阶级社会消灭之前，新闻总是有阶级性的，资产阶级所说的"新闻自由"本质上是不存在的，完全客观的报道是没有的，即使是在社会主义国家同一阵线内部也没有，正确的舆论是主观与客观的统一，主观便包括不同的立场、观点、方式与方法。然而，无产阶级不能割断历史，而应吸收人类文明的一切成果。西方记者的客观表现手法的确在很大程度上使其报道在与不用客观手法的一些报道在争夺受众中处于有利地位，常常是用他们的观点剪裁客观事实再用"客观"的手法表现出来，具有较大的迷惑性，特别是对并非国际国内问题观察家的一般受众来说易受其误导。为此，中国共产党的第三代领导十分重视、严格要求新闻以正确的舆论引导人。为此，中国共产党在新华社视察指出：当前，国际形势错综复杂，国内建设和改革任务也相当繁重。新的形势、新的任务，对新闻宣传战线的同志们提出了新的更高的要求。在国内宣传方面，要引导干部群众正确地认识国际、国内形势，全面准确地贯彻执行党的基本路线，坚定不移地建设有中国特色的社会主义。在对外宣传方面，要全面地完整地反映中国共产党和中国政府的对内对外政策，正确反映社会主义中国在国际上的形象，为国内的现代化建设创造一个良好的国际环境。

为此，在坚定正确的政治方向的前提下增强新闻报导的有效性，必须运用马克思主义的立场、观点去认识、选择客观事实，通过客观手法表达正确的认识，才能达到影响受众的目的。缺乏正确的观点或缺乏客观的手法，都不可能以正确的舆论引导人，即都没有达到实事求是。

把握正确的舆论导向需要反"左"防右

新闻规律反复显示，"左"与右都是脱离党性原则、违背实事求是路线，从而影响正确的舆论导向，其表现形式是作风、文风、学风不正，使新闻在引导舆论中容易左右摇摆；反之，作风、文风、学风端正，主观与客观比较容易统一，舆论引导也就不易左右摇摆，因此，反"左"防右与端正"三风"是统一的。

搞好正确的舆论引导有许多技术措施，但反"左"防右与端正"三风"是根本。正如邓小平《在武昌、深圳、珠海、上海等地的谈话要点》所说"现在，有右的东西影响我们，也有'左'的东西影响我们，但根深蒂固的是'左'的东西。有些理论家、政治家，拿大帽子吓唬人，不是右，而是'左'。'左'带有革命的色彩，好像越'左'越革命。'左'的东西在我们党的历史上可怕呀！一个好好的东西，一下子被他搞掉了，右可以葬送社会主义，'左'也可以葬送社会主义。中国要警惕右，但主要是防止'左'"。在舆论引导中反"左"防右与端正作风、文风和学风问题不是凭空臆想的，而是新闻史上常新的课题，必须警钟长鸣、不可松懈。反"客里空"问题就是延安时期提出的"三风"不正的典型问题。新闻界从延安时代开始反"客里空"运动起，至今已经半个世纪，今天仍然面临着反"客里空"的任务；我在新华社系统工作15年，年年都听到要求采编人员深入实际、深入群众的呼声，新华社党组正式提出"抓作风、改文风"也已5年但发展仍不平衡。可能在相当长的历史时期内，不正的"三风"将以种种新形式不断地表现出来，仍是新闻领域需要反击的对象。

第一，"三风"不正这种有害内容在不同时期以不同形式顽强地进行表现。早在1931年毛泽东就提出，"《时事简报》不能靠扯谎吃饭，例如，红军缴枪一千说有一万，白军本有一万说只有一千。这种离事实太远的说法，是

有害的。"1958 年不少地方虚报粮食产量争放高产"卫星",这是公认的历史事实,杜绝"官出数字,数字出官"现象也需要一个历史过程,这个过程中新闻工作者需要始终同"客里空"作风进行不懈的斗争。

第二,"左"右摇摆、"三风"不正仍是表象,根本上是需要解决新闻关注群众利益问题。近年来一些记者深入群众,写出的关于农民负担问题、白条子绿条子问题和车匪路霸问题等的报道,由于关注了群众的利益而受到领导机关到基层群众的一致好评。"一切从人民的利益出发,而不是从个人或小集团的利益出发;向人民负责和向党的领导机关负责的一致性,这是我们的出发点。共产党人必须随时准备坚持真理,因为任何真理都是符合人民利益的;共产党必须准备随时修正错误,因为任何错误都是不符合人民利益的"现有不是处在"学也,禄在其中"的时代,群众不会不顾利益去"正道明谊"。必须引导群众在关注利益中受教育。因为实践已经证明,人们奋斗所争取的一切,都同他们的利益有关。70 年的革命历史经验反复证明,凡是新闻贯彻正确的任务、政策和采取正确的工作作风,都是和当时当地的群众要求相结合,都是联系群众的;凡是执行错误的任务、政策和采取错误的工作作风,都是和当时当地的群众要求不相适合,都是脱离群众的。

第三,转变"三风"需要提高新闻工作者的政治与业务素质。因为"学风和文风也都是党的作风,都是党风"。因此,新闻工作者要打好理论根底与业务根底。"在打好思想政治和业务根底上,老老实实下一番真功夫、苦功夫"。这方面毛泽东同志是我们新闻工作者的楷模。毛泽东一生为新华社写的许多消息、评论是新闻"三风"的典范:1949 年 4 月 22 日为新华社写的消息《我三十万大军胜利南渡长江》,全篇连电头、标点只有 206 字,主体、现场一气呵成"长江风平浪静,我军万船齐发,直取对岸"。还有《评战犯求和》、《中原我军解放南阳》等许多名篇。这些新闻实践体现了毛泽东对文风的看法:"报上的文章'短些,短些,再短些'是对的。'软些,软些,再软些'要考虑一下。不要太硬,太硬了人家不爱看,可以把软和硬两个东西统一起来。文章写得通俗、亲切,由小到大,由近到远,引人入胜……这是形象思维,群众爱看"。战后因为我党是执政党,报纸文风差一点可以靠红头文件推销,战争年代没有好的文风则完全不能生存。各级条条块块发文件推销的报纸、杂志绝对是没人看的东西,否则各级领导机关决不会发文件;而且畅销的报纸、杂志也需要层层推销。从充分依靠群众的高度看,如果新闻从依靠文件与群众建立联系转向依靠文风、作风与群众建立联系,新闻就会更加紧密地成为党联系群众的桥梁。在这些方面文艺界为我们新闻界提供了借鉴。现在有的电影导演推出贺岁片,不管其初衷是不是"希望不靠红头文件却又能拿到很高的票房收入"。文艺界这种探索对并非娱乐业的新闻业特别是严肃的新闻报刊来说,是非常艰巨的任务,但正是"因为艰巨,就要始终进取。""用先进的思想、科学的理论、高尚的精神和正确的舆论,去宣传群众、武装群众、教育群众、鼓舞群众,为实现自己的根本利益而奋斗"。

(作者系中央党校 97 级一年制理论宣传干部培训班学员)

论党的思想政治工作的基本矛盾

戴耀荣

党的思想政治工作基本矛盾的问题，是思想政治工作学学科中的一个基础性的理论问题，或者说是思想政治工作学的“ABC”。深入研究这个问题，具有重要的理论和现实意义。

从思想政治工作学学科建设的角度来考察，思想政治工作基本矛盾的问题是这门学科赖以建立的、区别于其他学科的、具有思想政治工作特性的、规定思想政治工作本质的特殊矛盾，它是思想政治工作学一系列基础理论问题中的最基础的部分，是思想政治工作学学科研究的一个起点性的基础理论问题。

从思想政治工作实践的角度来考察，尤其是对新时期以来的思想政治工作的正反两个方面的实践经验来考察，思想政治工作基本矛盾是区别于党的其他工作的特有的矛盾，它不仅是一个理论性问题，而且也是一个实践性很强的问题。思想政治工作之所以是我党的优势，是一切工作的生命线，以及党委必须集中精力抓思想政治工作，等等，都是由这个基本矛盾和这个基本矛盾所规定的思想政治工作本质所决定的，讲到底，是由于这个基本矛盾运动及其展开所决定的。多年来，思想政治工作受冲击、遭淡化，尽管有多方面的复杂原因，但仔细剖析，可以看到，“冲击论”和“淡化论”的种种观点，就其认识和理论的根源而言，都在这个问题上存在着种种模糊认识或错误看法。搞清楚这个问题，对于构筑抵御“冲击论”和“淡化论”的思想理论长城，具有重要意义。

一、关于思想政治工作基本矛盾

思想政治工作基本矛盾是思想政治工作固有的、内在的、客观存在的矛盾；是思想政治工作过程中诸多矛盾中最主要的矛盾；是规定思想政治工作全过程及其发展趋势的本质矛盾。它贯串于、存在于思想政治工作全过程的始终，是事事、处处、时时都存在的矛盾，因而它是一个最普遍、最常见、最普通、又是最深刻、最重要、起着主导或导向作用的矛盾。

思想政治工作基本矛盾可以表述为：无产阶级思想政治意识与资产阶级、封建阶级等非无产阶级思想政治意识的矛盾，或科学社会主义思想体系与非科学社会主义思想体系的矛盾；还可以有以下含义大体相同的表述法。诸如：

无产阶级立场、观点、方法与非无产阶级立场、观点、方法的矛盾；

无产阶级思想观点、政治立场与非无产阶级思想观点、政治立场的矛盾；

无产阶级世界观、人生观、价值观与非无产阶级世界观、人生观、价值观的矛盾；

共产主义思想体系与非共产主义思想体系的矛盾；

马列主义、毛泽东思想与非马列主义、非毛泽东思想的矛盾，在当代中国，就是邓小平建设有中国特色社会主义理论与非邓小平建设有中国特色社会主义理论的矛盾，或邓小平理论与非邓小平理论的矛盾；

当然，还可以有其他类似的表述法。

以上表述是思想政治工作实践经验的理论概括。思想政治工作发展史证明，无产阶级政党与无产阶级的思想政治工作是同步产生、同步成长和同步发展的，它们是共命运的。从无产阶级政党诞生起，杰出的无产阶级的思想家、理论家、政治家，先进的共产党人，他们都不仅亲自投身于无产阶级革命运动和科学社会主义实践，而且都同步地、极其认真地进行了大量的思想政治工作，即进行了广泛的无产阶级思想政治意识和科学社会主义、共产主义思想体系的宣传和传播工作，批判各种非无产阶级、非科学社会主义的种种思潮。马克思、恩格斯、列宁、毛泽东、邓小平等老一辈无产阶级革命家，以及以江泽民同志为核心的中共第三代领导集体，无不身体力行，从自己做起，十分重视在党内和党外，在军队和地方，在干部和群众中，广泛地组织学习、宣传、灌输、传播科学社会主义、共产主义思想体系，批判、纠正、克服各种错误思潮及其思想影响。无论是过去还是现在，无产阶级政党所进行的各种思想工作、理论工作、政治工作，包括各种不同内容和形式的思想政治教育工作，诸如，形势任务宣传教育，党的路线、方针、政策的宣传教育，等等，都离不开这个基本矛盾所规定的内容，都表现为这个基本矛盾运动的展开和具体化。

如果对思想政治工作这个基本矛盾及其规定的本质

有一个清醒的、稳固的认识，则对“党的思想政治工作是一切工作的生命线”的提法，必然坚定不疑，决不会象前段有的同志那样，认为“生命线”提法是“左”的提法。是所谓“导致多年来思想政治工作产生‘左’的理论根源”，等等。不难理解，我党的一切工作，之所以有生命力，最根本的原因是：人们有科学社会主义理论的指导，能自觉意识到所进行的工作，是科学社会主义具体实践的一个组成部分，一句话，自觉地意识到是在干科学社会主义！人们不可能自发地倾向科学社会主义，如果我们党不做思想政治工作，或思想政治工作被淡化、被否定，那就自觉不自觉地背离或离开了科学社会主义理论和实践。这样，人们进行每一项具体工作，就没有正确的指导思想和灵魂，就没有科学社会主义的理想、目标和方向，而自觉不自觉地陷入迷失方向的事务主义泥坑，这还有什么生命力可言呢？即使他还能积极工作，有时也可以取得某些成就，但从根本上来说，是带有极大的盲目性，必然苍白无力。这里，人们可以清晰地看到，思想政治工作之所以是“一切工作的生命线”，并不是由于思想政治工作是万能的，是至高无上的，而是由于思想政治工作能使人们具有科学社会主义理论的指导，由于思想政治工作这个基本矛盾在运动着，在起作用着。一句话，是由于这个基本矛盾运动的展开和具体化，才表现了具有强大的生命力。

人们还可以清晰地看到，“生命线”的提法与“高于一切、大于一切、统帅一切”的提法没有必然的、内在的联系。思想政治工作本身不能直接代表或全等于科学社会主义，它决不能“高、大、全”，但它却担负着宣传和传播科学社会主义的重任，确实处于很重要地位和发挥着很重要作用。“生命线”的比喻，其根本含义是：在一切工作中，由于加强了思想政治工作，使科学社会主义思想体系，能像一根红线那样，渗透于党的一切工作之中，使之有正确的指导思想、目标和方向。因而使党的各项工作，具有极大的生命力、战斗力和活力。反之，如果削弱乃至否定党的思想政治工作，党的一切工作，就必然失去方向，失去生命力、战斗力和活力。因此，人们认为，使科学社会主义思想体系的红线渗透到党的各项工作中去的思想政治工作，确实具有“生命线”的重要意义。

这里要提到，究竟什么是思想政治工作基本矛盾，目前还有许多不同的见解和提法。有人认为，思想政治工作基本矛盾是：“思想政治工作主体意识形态与客体思想行为的矛盾”；“先进科学思想与落后错误思想的矛盾”；“社会要求的，思想政治意识与对象现实的思想政治意识的矛盾”；还有提“理论与实践的矛盾”；“目标与现实的矛盾”；“手段与目的的矛盾”，等等。尽管人们在论述或解释这些矛盾时，大都涉及到“无产阶级思想政治意识”、“科学社会主义思想体系”、“马列主义、毛泽东思想”等内容，但终究这些提法在文字上回避了“无产阶级思想政治意识”、“科学社会主义思想体系”、“马列主义、毛泽东思想”等，因而，这些提法没有把这个最基础的理论问题讲清楚；讲到底，讲到根本，讲得鲜明。人们不能不认为这些提法，容易引起歧义，不够准确。诸如，思想政治工作的“主体意识”是不是就是指“无产阶级思想政治意识”，人们可以有不确定的理解和解释。事实上对于什么是“主体意识”或“主体思想”，无论在国内或在国外，都有不同的规定和解释。对于“先进科学思想”，“社会要求的思想政治意识”，究竟是指什么样的“思想”和“意识”呢，怎样才算是“先进科学”的和“社会要求”的呢，不同的人们和不同的社会也有不同规定和不同的理解和解释。至于“理论与实践”、“目标与现实”、“手段与目的”等等，究竟是指什么样的“理论”、“目标”、“目的”呢，更是不确定的。

有人认为，把思想政治工作基本矛盾定为“无产阶级，思想政治意识与非无产阶级思想政治意识的矛盾”，是不是阶级性太强烈了，会不会把任何思想上和认识上的“先进与落后”、“是与非”的矛盾，都归结为阶级矛盾。这是一种误解。人们当然不能把思想政治工作过程中的所有矛盾都套上“无产阶级思想政治意识与非无产阶级思想政治意识矛盾”，这个矛盾只是指思想政治工作的基本矛盾，而决不是指全部矛盾。但是，我们也不能否认思想政治工作中所遇到的各种矛盾，确实与这个基本矛盾有联系，为这个基本矛盾所规定，并受其制约。诸如，某些思想认识上的先进与落后、是与非的矛盾，如果直接表现为思想观点和政治立场的内容，那显然是这个基本矛盾的反映；有的矛盾虽不直接表现为思想观点和政治立场的内容，不具有鲜明的阶级性，不应套上阶级性的矛盾。但由于这些矛盾是人们不同的世界观、人生观、方法论所引起的，因而也不能否认，它们与这个基本矛盾有联系，归根结蒂也是这个基本矛盾的反映，或受这个基本矛盾制约。

至于有没有思想认识上的矛盾与这个基本矛盾毫无联系呢，这是有的。诸如，纯属科学技术领域里的是与非的矛盾；纯属个人生活领域里的不同情趣爱好的矛盾，等等，它们一般不带有思想意识形态性，不带有政治性和阶级性，也不能套上立场、观点、方法等矛盾的帽子，因而它们不属于“无产阶级思想政治意识与非无产阶级思想政治意识的矛盾”范围。但是，这些矛盾基本上已不属于思想政治工作的领域了。它们的矛盾一般也不称为“先进与落后”的矛盾，纯属个人生活领域里的不同情趣爱好的矛盾，一般也不存在“是与非”关系。解决这种矛盾的方法，也各不相同：纯属科学技术上领域里的矛盾，主要靠科学家们的科学技术实践和科学技术水平的提高来解决；纯属个人生活领域里的不同情趣爱好的矛盾，主要靠人们的生活经验积累和知识水平的提高来逐步解决。显

然，它们已不属于思想政治工作领域，思想政治工作者，对于这些矛盾，也不必多论是非，多加干预，否则会带来负面影响。

二、关于思想政治工作的本质和本质特征

思想政治工作的本质是思想政治工作基本矛盾决定的，它是思想政治工作基本矛盾运动中表现为内在的、一贯的、稳定的部分和方面。

思想政治工作的本质特征，是思想政治工作本质直接的、必然的体现和反映，是思想政治工作特有的、显著的征象和标志。思想政治工作的本质特征是思想政治工作的本质决定的，归根结蒂也是思想政治工作基本矛盾决定的。

思想政治工作本质可以表述为：无产阶级政党，以无产阶级思想政治意识（或科学社会主义思想体系等）来教育本阶级和人民群众，不断地批判、克服、纠正资产阶级、封建阶级和各种非无产阶级思想政治意识的影响，为实现党的纲领、路线，即为实现社会主义，最终实现共产主义而奋斗。当然，只要科学地反映思想政治工作基本矛盾运动的内容，还可以有其他类似的提法。这里的核心内容是：引导人们接受科学社会主思想体系．动员人们参加科学社会主义革命实践。

思想政治工作本质特征可以表述为：无产阶级的思想性和无产阶级的政治性。这里的“思想性”，是指无产阶级的思想理论性和意识形态性；这里的“政治性”，是指无产阶级的党性、阶级性和革命实践性。

认识和掌握思想政治工作的本质和本质特征，思想政治工作者就能坚持科学社会主义的旗帜，在工作中自觉地做到坚持无产阶级思想性和政治 性的统一，即坚持无产阶级革命理论性与革命实践性的统一；坚持无产阶级意识形态性与党的路线、方针、政策性的统一；坚持宣传教育中的科学性与无产阶级党性的统一。思想政治工作者重视并努力做到这三者的统一，就能从根本上提高自己的思想、理论、政治和党性水平；提高自己的政策和业务水平，乃至提高工作方法和工作艺术水平。

有的同志把思想政治工作的本质特征或一般特性表述为：“综合性”“广泛性”，“浸透性”，“积累性”，“潜在性”，还有其他一系列“性”的提法，等等。诚然，这一系列的“性”，确实反映了思想政治工作的某些现象、某个过程、某一侧面的某些特性或特点。但是作为思想政治工作本质特征是不准确的，因为它们与思想政治工作的本质没有直接的、必然的联系，它们也不是思想政治工作特有的征象和标志。这些“性”，只有与思想政治工作的基本矛盾和本质联系起来考察，才能显示它们的重要意义。

近年来出现的淡化、削弱、否定思想政治工作的现象，其主要表现是淡化、削弱、否定思想政治工作这个基本矛盾及其规定的本质，它们直接的、大量的表现为淡化、削弱、否定思想政治工作的思想性和政治性这个本质特征。诸如：认为摒弃“以阶级斗争为纲”，就应淡化、削弱、否定思想政治工作的政治性内容；坚持“以经济建设为中心”，也应淡化、削弱、否定政治性内容；说现在人们对理论、对政治厌倦了，思想政治工作为了“适应”和“吸引”他们，就应该淡化、削弱、否定思想政治工作的理论性和政治性的内容；甚至还认为要改进思想政治工作，就要把“思想政治工作”的“政治”两字去掉，似乎淡化、削弱、否定“政治”，才是新时期改进思想政治工作的关键或途径。前一段，党中央提出要“讲政治”，持这些观点的同志，就担心“左”的思潮又要回潮，甚至认为这是“左”的表现。他们除了对什么是“政治”，理解得较狭隘，即把“政治”仅理解为“阶级斗争”外，对思想政治工作的思想性即理论性、意识形态性也持淡化、否定的态度，认为理论是空的，意识形态是虚的，办实事才是真的。他们对“虚事实办”就是这样理解的，这样就把“理论”和“意识形态”都“虚”掉了。他们还认为，经济战线或其他科学技术等专业性较强的战线的思想政治工作，理应淡化政治性、理论性和意识形态性。他们这一系列看法的特点是：忽视或否定共产党的思想政治工作，是一个思想性、理论性、意识形态性很强的工作；是一个党性、阶级性、政治性很鲜明的工作。其实，共产党的思想政治工作的这些本质性的特征，是一个常识性的问题，是众所周知的事实。

至于企业思想政治工作，近年来淡化、削弱、否定思想政治工作的政治性的主要观点是：认为过去企业思想政治工作是“以宏观政治为主”，而企业属微观经济，新时期改进企业，思想政治工作，就要“从‘以宏观政治为主’转到‘以微观经济为主’的轨道上来”。还认为，过去由于是“以宏观政治为主”，企业思想政治工作领域太狭窄了，应该拓宽，拓宽到搞产品宣传、广告宣传；拓宽到企业外的消费者和企业用户中去，这样企业思想政治工作就社会化了，领域就扩大了，所以提出要从所谓“从过去的‘小宣传’转到现在的‘大宣传’上来”，等等。当然，作为改进思想政治工作的一种探索，我们不能过多的求全责备。而且在这些观点和提法中，也不是没有一点合理的内核。对于过去的企业思想政治工作是不是属于“以宏观政治为主”，并称之为“小宣传”等，实不能苟同，这里暂且不论。对于“大宣传”，采用这个提法的大多数同志，也不是按上述的意思来理解，而是把它纠正过来，理解为“党政工团齐抓共管，专职兼职大家来抓”，这样理解显然是正确的。但是从总体上讲，从根本上讲，认为新时期思想政治工作应“从‘以宏观政治为主’转到‘以微观经济为主’的轨道上来”，以及“从过去的‘小宣传’转到现在的‘大宣传’上来”的提法，是不准确的，因而也是不正确的。他们把思想政治工作的思想性和政治性的内容，片面地理解

为“宏观政治”，而这种“宏观政治”与“微观经济”又是不能结合的，只能是摒弃“以宏观政治为主”，代之“以微观经济为主”；同时又把党的“经济宣传”，片面地理解为“经济业务宣传”，于是，把“以微观经济为主”，又理解为以搞企业的产品宣传和广告宣传为主，以及向消费者和企业用户的宣传为主了。近年来事实证明，这种把“宏观政治”与“微观经济”对立起来的观点和提法，不管人们自觉还是不自觉，在客观上起了淡化、削弱、否定思想政治工作的思想性和政治性的不好作用，给企业思想政治工作带来不好的影响。

这些观点和提法之所以不正确，就其认识和理论根源来说，也是忽视和否认思想政治工作的这个基本矛盾、本质和本质特征所致。

这里，给了人们的一个重要启示：思想政治工作也有一个方向和导向的问题，如果忽视和否认思想政治工作这个基本矛盾、本质和本质特征，也同样会发生偏差。

至于一些同志提出，“思想政治工作是企业管理一部分”，“思想政治工作是企业文化一部分”，或者提“一体化”，甚至提出“要合并到企业管理、企业文化”中去，等等，如同上述，作为改进思想政治工作的一种探索，这种观点和做法，也不是没有一点合理的内核。诸如，它们间是有许多联系点、结合点，乃至共同点，“企业管理”和“企业文化”，作为企业思想政治工作的一种载体、途径，还是应该充分运用的，它们确实是企业职工思想政治工作与企业经济工作结合的好形式，或比较好的切入点之一，也比较地适合企业的特点。“企业管理”和“企业文化”在企业的全部工作中，有其应有的重要地位和作用。它们都有自己的工作特点和领域，作为一门学科，也有各自的特殊的基本矛盾作为自己的研究对象。同样，思想政治工作也有自己的工作特点和领域，有自己的特殊的基本矛盾。如果认为思想政治工作的某一方面或某一部分，是企业管理和企业文化的某一方面或某一部分，即在某些工作领域里，它们间存在着某些交叉、重叠部分，这是符合实际的。但仔细剖析，它们也不能完全等同，完全重叠，不能“一体化”，更不能合并。因此，提“思想政治工作是企业管理和企业文化的一部分”，或者提“一体化”，乃至认为应被“合并”，这是不正确的。如果真是这样，那思想政治工作还有什么存在的必要呢，思想政治工作还有什么固有的地位作用呢，思想政治工作是“生命线”的提法还要不要或能不能坚持呢，思想政治工作究竟还是不是一项相对独立的工作呢，还是不是一门相对独立的学科呢，等等，这些都存在问题。试想，企业思想政治工作最重要的内容和活力之一，就是对企业领导人员进行马列主义、毛泽东思想和邓小平理论的教育，对党员领导人员还要进行党的基本理论和增强党性的教育，这些内容能合并到企业管理和企业文化中去吗？能由企业管理和企业文化去承担吗？

这里可以清楚看到，人们之所以会出现上述观点，就其认识和理论根源来说，是自觉不自觉地忽视或否认思想政治工作的基本矛盾是“无产阶级思想政治意识与非无产阶级思想政治意识的矛盾”，或“科学社会主思想体系与非科学社会主思想体系的矛盾”，忽视否认思想政治工作的本质是“引导人们接受科学社会主思想体系，动员人们参加科学社会主义革命实践”，忽视否认思想政治工作的本质特征是“无产阶级的思想性和政治性”，即“无产阶级的理论性、意识形态性和无产阶级的党性、政治性和革命实践性”。

（作者系上海经济管理干部学院教授）

论职业道德建设

刘海英

我党一贯重视职业道德建设。党中央召开的重要会议上，多次提出要加强各行各业的职业道德建设。十四届六中全会再一次强调，在全面加强社会主义精神文明建设中，“当前要以加强职业道德建设，纠正行业不正之风为重点”，“大力倡导爱岗敬业、诚实守信、办事公道、服务群众、奉献社会的职业道德”。我在抓行业精神文明建设10年里，深深体会到，职业道德建设具有法律、行政、经济手段，乃至一般思想政治工作不可取代的独特作用。

一、职业道德建设是精神文明建设的重要内容

精神文明包括思想道德和教育科技文化。思想道德在精神文明建设中占有主导的核心地位。它决定了社会主义精神文明建设的性质和方向。“思想道德”中的“道德”即社会道德，主要指社会公德、职业道德和家庭美德。在现代社会中，职业道德是一种高度社会化的角色道德，是社会道德体系中的一个具有行业特色、起中坚作用的道德层面。从一定意义上讲，社会道德是由多元化的职业道德组成的。对行业来说，思想道德或精神文明建设的重头戏就是职业道德建设。也可以这样说，职业道德建设是精神文明建设的一个重要突破口，抓好了职业道德建设，就能推动、带动整个精神文明建设的开展。

因为在现代社会生活中，几乎每一个成年人都或曾经在不同的岗位上工作或工作过。职业活动是人们社会生活的主要内容，无非是工作性质不同，如有的从政，有的生产，有的服务。服务行业中有的行医，有的经商，有的修理，等等。如果各行各业的人们都能遵守“爱岗敬业、诚实守信、办事公道、服务人民，奉献社会”的职业道德，都能在各自的岗位上“当好官”、“做好工”、“服好务”，即都能全心全意为人民服务，人与人之间的关系将是个“我为人人，人人为我”的和谐的新型人际关系，我们的社会将是个文明有序的社会。这些正是社会主义精神文明建设重要内容和重要任务。所以，加强职业道德建设就是加强精神文明建设。

在行业精神文明建设中，提高对职业道德建设重要意义的认识，坚持不懈地抓下去，必有收获。这已被我部系统10年职业道德建设成效所证明。我部10年来结合行业特点连续颁发了3个《全国建设系统职业道德建设三年规划》，第一个三年规划要求职工做到应知应会，第二个三年规划要求制定不同行业、不同岗位、不同工种的职业道德规范，第三个规划主题是通过“育文明职工，建文明单位，创文明行业”，并先后组织编写了涉及10多个行业的两套职业道德教材。各地建设系统都根据本地情况制定了实施意见。凡是严格按照3个三年规划，认真抓好教育、规范、机制3个重要环节的地方、行业和企业，都取得了显著的成效：队伍整体素质有了明显提高，涌现出许多国家级、省部级和市级先进群体和模范个人；行业风气明显好转，许多省建委(厅)年年被地方评为先进系统或行风建设先进单位；加强了市场竞争实力，两个效益得到提高。国有企业良好形象已经形成，许多行业被地方政府评为达标行业或纳入第一批创建文明行业名单，等等。这些成绩的取得，是我部通过抓职业道德建设这一中心环节，推动和带动整个系统行业精神文明建设所取得的。

二、职业道德建设是发展社会主义市场经济的重要保证

社会主义市场经济，是指在社会主义条件下的市场经济，即是在社会主义国家宏观计划调控下的、以公有制为基础的、主要运用市场手段配置社会资源的经济运行机制。社会主义市场经济，作为一种经济体制，它是一个完整的科学概念。这个科学概念有8个字组成，前4个字——社会主义，反映了这种经济体制的本质；后4个字——市场经济，指明了这种经济体制的运行手段。可见，社会主义市场经济，是社会主义基本制度这种本质与市场经济这一手段两者的有机结合。我们运用这种手段的目的是要推动生产力的发展，走共同富裕的道路。但在运用这一手段时，必须明确“手段”是为“本质”服务的。但市场经济这种“手段”能否真正为“本质”服务，关键是参与竞争的主体能否推崇信誉至上、诚实守信等职业道德原则。遵守职业道德原则不但是企业在市场行为中立于不败之地所必需，也是社会主义市场经济成败的关键。

随着社会主义经济的发展，越来越多的人逐步认识到，加强职业道德建设是保证社会主义经济生活正常运

转的重要条件。但是也有的同志认为，市场经济是竞争的经济，竞争的目的是追求利益最大化，职业道德建设是“利他”性的，“利他”的结果是牺牲自己的利益。

由私有制所决定，市场经济中人们经济活动的全部出发点和目的就是无限制地追求个人私有利益，但由社会主义公有制所决定，社会主义市场经济中人们的个人利益同社会整体利益具有根本一致性。社会主义市场经济的目的是促进生产力的发展，增进人们的物质文化利益，改善和提高人民的物质文化生活水平。社会主义职业道德是以为人民服务为核心，集体主义为原则。所以个人利益包容在社会整体利益之中，在发展社会主义市场经济过程中，增进了社会整体利益的同时，也保证了个人利益的实现。

道德是“利他”的，但道德还有“利己”的一面。苏联著名教育家普列汉诺夫说过：“道德是意味着或多或少的献身”。康德则认为，道德之所以招来如此大的美名，就是因为它伴随着巨大的牺牲。一个有道德的人，在他履行对他人、对社会的义务时，并不是为了追求某种权利和补偿，而是要以高尚的境界和自觉的道德行为，去对待社会给予的权利和补偿。以上说明，道德确实都是一种奉献，从一定意义上讲也是一种牺牲。职业道德，作为社会道德一部分，也有共性，即职业道德有“利他”性。徐虎10年如一日在做好本职工作的同时，利用每天晚上7时以后的业余时间，义务为住户修理水电，年三十晚上也不能与家人吃团圆饭。他上有年迈多病的双亲，下有上学的女儿，都需要他。李素丽把乘客当亲人，尽职尽力做好本职工作的同时，用心为需要帮助的每一个乘客提供方便。他们的行为是无私利他的，他们的服务对象受益了，可对他们自己是一种牺牲。也正因为如此，他们高尚的道德修养和道德行为，表现着巨大的道德力量，他们深受人们的爱戴，获得最高荣誉。这种爱戴和荣誉是金钱买不到的。如果从市场经济角度看，他们无私利他精神也是市场经济行为者的道德原则，是市场经济完善与发展的人格保证，是市场竞争的力量。人们把对他们的信任扩大到对他们所在单位的信任，有利于他们所在企业参与市场竞争。可见，职业道德具有利他利己双重性，或者说，主观上“利他”，客观上“利己”。

良好的职业道德是企业竞争的法宝。良好的职业道德一方面反映出职工对企业、国家、用户的负责精神，另一方面在“对他”负责的过程中，又建立起企业、国家、用户“对我”的信任和由此产生的良好企业形象，而这种对“我”的信任和由此产生的良好企业形象，是强劲的竞争力，客观上具有“利己”性。如：建设部的建筑行业标兵、天津市第三建筑公司项目经理范玉恕，在建筑市场“僧多粥少”的情况下，他的队伍却有干不完的活。全国劳动模范、全国十大杰出工人、中建一局职工余孝德因众多的业主，非余孝德不给工程，干脆成立了“孝德建筑公司”。范玉恕、余孝德的共同特点是具有强烈的社会责任感和诚实守信、信誉至上的职业道德。他们领导的队伍以低成本、短工期、高质量赢得了信誉，赢得了市场，树立了良好的企业形象。从范玉恕、余孝德领导的企业对业主那么大的吸引力来看，随着社会主义市场经济的成熟，任何企业要想稳定地占领市场，任何个人要想在市场上立得住，必须有良好的职业道德。

三、法制建设必须有职业道德建设相配合

法制是强制的道德，道德是自觉的法制。法制与道德不仅是互相依存的，而且各有自己的独特职能，谁也代替不了谁。从许多职业活动中，不难看出职业道德具有不可取代性。有些问题是法制手段治不到、行政手段管不了、经济手段罚不着，需要用道德力量去评判，去抑恶扬善。人们在职业活动中，必须要有一定的“内心立法”来自制自律。国务院纠风办领导曾指出：加强职业道德建设，是把反腐倡廉和纠正行业不正之风的关口前移到干部、职工的思想内部设防。这个“设防”就是内心立法。

职业道德，实际上就是从事一定职业的人们在职业活动中，应遵循的职业准则和行为规范的总和。通过多种形式学习教育，制定完善行为规范，建立健全约束、监督、激励机制，使社会主义的职业道德转化为人们内心信念，在职业活动中就有一种稳定的职业良心和职业责任感、使命感，就能自觉地按职业道德需求去规范自己的行为。由这种道德力量产生的内在约束力会更强，具有稳定性和治本性。不讲职业道德，就好象许多人都拥在一条小胡同口，谁也挤不进去，结果只有靠交通警用电棍疏导。如果各行各业都不讲职业道德，社会将会乱成一团。再说，即使建立了完善的法律体系，如果执法人不讲职业道德，也难于依法行事，国家还是达不到法治。

新加坡政府领导者治国之道，是把占百分之七十以上华人带去的包括职业道德在内的中华民族传统美德，和西方法制中对治国有利的部分结合起来。对绝大多数人民用教育手段，用道德的力量引导人民，提高国民素质，只对极少数“害群之马”绳之以法，使道德和法制相互补充，共同在提高国民素质和增强国家实力方面发挥各自的独特作用，取得了良好的效果，将一个贪污舞弊成风的政府转变为一个国际上公认的廉洁政府，并带出一支廉洁自律的公务员队伍。

我们是社会主义国家，要建立的是社会主义市场经济。只有加大道德建设力度，各行各业都能重视职业道德建设，用职业道德规范干部、职工的行为，同时建立、健全社会主义法制，加大执法力度，这样才能确保社会主义市场经济的健康发展，确保社会的稳定和发展。

（作者系中国建设职工政研会副会长兼秘书长）

试论三代领导集体关于政工干部素质建设的基本理论

王　莉

在中国共产党领导中国革命和建设的实践中，毛泽东、邓小平、江泽民三代领导集体创造性地运用马克思主义，形成了独具特色的中国共产党思想政治工作理论，极大地丰富和发展了马克思主义思想政治工作理论宝库，本文拟就三代领导集体对政工干部素质建设的基本理论作一些探讨。

第一代领导集体关于政工干部素质的基本理论

毛泽东等老一辈无产阶级革命家把马列主义思想政治工作学说与我党的恩想政治工作实践相结合，首创了中国共产党关于政工干部素质建设的基本理论、其内容有以下四个方面：

第一，提出教育者首先受教育的思想。毛泽东认为、"我们的文学艺术家、我们的科学技术人员，我们的教授、教员、都在教育人民、教学生。因为他们是教育者、是当先生的、他们就有一个先受教育的任务。在这个社会制度大变动的时期、尤其要先受教育……。我们当然只能一面教，一面学、一面当先生，一面当学生。要作好先生，首先作好学生。""要教育人民，必须自己先受教育。要给人民营养、必须自己先吸收营养。"广大政工干部要教育群众，首先要教育自己。

第二，对政工干部基本素质提出了具体要求。1932年《中国工农红军政治工作暂行条例》（草案）对政工于部的政治条件、工作能力作出了十分详尽的要求。比如：《中国工农红军政治指导员工作暂行条例》中明文规定政工干部的任务："政治指导员是红军战士政治工作的指导者和进行者，须担任政治教育完全的责任。"要完成这样的任务、在政治上"必须非常了解中国共产党，苏维埃政权及工农红军的组织、任务和目的"、在军事方面"应有相当的军事知识，并须时常学习军事知识。"在具体的工作中"政治指导员进行政治工作全凭本身直接接近群众和熟识红军战士的情绪、能力、质量等、因此政治指导员必须了解全连人员的姓名、籍贯、社会出身、个性、工作能力及政治认识能力等等。"1941年中央宣传部《关于党的宣传鼓动工作提纲》中、强调宣传工作是党的工作的有机部分，明确提出宣传家与鼓动家的品质和素养的要求。"对一个布尔什维克的宣传家的要求：(1)对无产阶级事业的忠实、通晓马列主义学说，深刻了解党的路线与政策；(2)有政治的眼光，善于揭破敌人的一切欺骗，有了很高的革命警惕性；(3)自我学习的精神；(4)不是教条式的解说马列主义，而是创造性的解说马列主义。""对一个鼓动家的要求：(1)了解党的路线政策；(2)有鼓动的能力、不管他是用激昂、比喻、幽默来达到都可以；(3)熟悉群众的语言；(4)与群众有密切的联系，了解群众的生活和心理。"

第三、提出政工干部模范作用的思想。严于律己、以身作则、言教与身教相结合，身教重于言教，这是政工干部的威力所在。早在1932年《中国工农红军政治工作暂行条例》（草案）中就提出"政治指导员不论在执行自己的职务上和个人行动上，均须做全体军人的模范，并在言论和事实上来表现。……"在抗日战争时期、周恩来就明确指出"政治工作人员本身必须在思想上政治上行动上能够做全体官兵的模范，忠实于革命主义、以百折不挠的意志，艰苦耐劳的作风，去影响全体官兵；以谦逊和睦的态度，推动政治工作的前进、发展政治工作的效果。一切高傲的出风头的空谈的恶习、以至贪污腐化的生活、必须克服与排除。"。毛泽东提出："共产党在八路军和新四军中，应该成为英勇作战的模范，执行命令的模范，遵守纪律的模范，政治工作的模范，内部团结统一的模范。"刘少奇认为："只有自己首先站在正确的立场上、才能纠正人家不正确的立场；只有自己是完全正派的，然后才能矫正别人的不正派。所谓'必先正己、然后才能正人'。"朱德认为，政治工作要融入军事工作中以身作则，"首先是干部的以身作则、亲自动手。"邓小平认为，"……政治干部更要强调以身作则，我们过去在战争年代就是这样。那时，你打仗不勇敢、怕死，你不同战士心连心、不联系实际，不联系群众、做政治工作就没有人听。政治干部不能说的是一套，做的又是一套。"提倡和要求政工干部模范作用的思想对于发挥政工干部的作用起了保证作用。

第四，提出了政工干部选拔的途径和培养的方法。周恩来认为，为"使政治机关有达到其政治工作目的与任务的保障"，"必须慎重"选择与培养政工干部，"必须集中

全国优秀的政治工作人才、必须不断培养全国前进的青年干部，分到全国军队的政治工作组织中去，才能保障政治工作任务的完成。”通过“改造宣传人员的成分的方法，除清地方政府选派进步分子参加红军宣传队之外，从各部队士兵中挑选优秀分子(尽可能不调班长)为宣传员。政治部应经常以作出训练宣传队的计划，规定训练的材料、方法、时间、教授人等，积极以改进宣传员的质量。”提出培养政工干部的方法第一是理论学习，认为学习理论是每一个党员的责任，政工干部要“成为学习的榜样。”第二是在实践中学习、向实践的主体工农群众学习。“军事政治工作人员要使自己的教育与宣传鼓动达到目的、必须深入队员群众之中，……”

第二代领导集体对政工干部素质建设理论的丰富

以邓小平为核心的第二代领导集体，从建设有中国特色社会主义的大局出发，结合新的实践、继承、丰富和发展了第一代领导集体关于政工干部素质建设的理论。

第一，指出提高政工干部素质是改进思想政治工作的迫切需要。早在80年代，邓小平就反复指示，要加强思想政治工作队伍建设，提高政工干部的素质。1983年6月《国营企业职工思想政治工作纲要(试行)》中明确指出：“由于种种原因，这支队伍在许多方面还远远不能适应新形势、新任务的需要。主要是年龄偏大，文化水平偏低(约有三分之一的干部文化程度在初中或初中以下)，思想政治工作必须具备的专业知识不够。”为此，提出要建设一支素质高的企业思想政治工作干部队伍、强调这是改进思想政治工作的需要。1986年9月《中共中央关于社会主义精神文明建设指导方针的决议》指出：“要努力适应新时期的需要，开创思想政治工作的新路子。……要建设好一支精干的思想政治工作队伍。”1987年I月《中央军委关于新时期军队政治工作的决定》明确提出；“提高政治干部队伍素质，是加强和改进政治工作的重要一环。”

第二，提出了政工干部队伍“四化”的基本方针。1983年，《国营企业职工思想政治工作纲要(施行)的通知》明确提出了政工干部必须实行“四化”的问题。所谓“四化”，就是指“革命化、年轻化、知识化、专业化”。后来又讲政工干部必须做到“四要”：一要热爱政治工作；二要提高实际工作能力；三要处处起到模范作用；四要敢于坚持原则。中央强调：“思想政治工作人员要服从党和人民的需要，处处起到模范带头作用，发扬献身精神，努力提高思想理论和业务水平。”这些论述都是“四化”的具体体现。邓小平认为：我们党之所以要求政工干部必须具有“四化”素质，是因为他们“都应当是人类灵魂的工程师。”在贯彻政工干部队伍“四化”方针中、邓小平鉴于政工干部专业知识缺乏这一状况，特别强调要努力钻研几门专业。他说：“我们绝大多数思想理论工作者都应该钻研一门到几门专业，凡是能学外国语、要学到毫无困难地阅读外国的重要社会科学著作。……因此，我们的思想理论工作者必须下定决心，急起直追，一定要深人专业，深入实际，调查研究，知彼知己、力戒空谈。”他还反复强调说，党务工作也好，思想理论工作者也好，各行各业都要有自己的基础知识和业务专长。不能认为只有做经济、技术各种人员才能有专业化问题。我们各行各业的干部，首先是领导干部、不受一点业务知识的基础训练，不具备业务专长，不成为内行，那是做不好工作的。当然，仅仅有专业知识还不够，还必须有较强的思想觉悟和政治立场。

第三，提出了政工干部培养经常化、正规化、制度化的思想。党中央在改革开放一开始就提出：要对现有的思想政治工作干部进行培养和提高，同时还要结合当前的机构改革和企业整顿，进行必要的调整和充实。为了培养提高政工干部的水平，必须强调“应有一个全面的规划，使这一工作逐步走上经常化、正规化、制度化。”

第三代领导集体对政工干部素质建设的新要求

政工干部是我党干部队伍中一支“最可信赖的队伍”。据统计、各条战线上的政工干部约有400万。90年代以来，江泽民多次强调提高党政干部素质，尤其是采取有力措施，使政工干部素质建设朝着革命化、专业化、正规化方向发展。

第一，从战略高度提出建设高素质的干部队伍的问题。1996年6目，江泽民在纪念中国共产党成立七十五周年座谈会上的讲话中，明确提出：“七十五年来，我们有一条基本的经验，这就是：党领导的事业要取得胜利，不但必须有正确的理论和路线，还必须有一支能坚决贯彻执行党的理论和路线的高素质干部队伍。”要巩固和发展好形势，解决前进道路上面临的问题，完成跨世纪发展的各项任务，“干部是一个重要的决定因素”。因为“正确的路线和政策要靠干部去贯彻落实，人民群众要靠干部去组织和动员、党内和社会上存在的影响凝聚力，战斗力的问题要靠干部去研究和解决。”

第二，对改革开放的新情况，提出党政干部素质的要求。首先，分层次提出干部素质要求。党的十四届四中全会上，第三代领导集体对党的高级领导干部提出要努力成为会治党治国的马克思主义政治家的要求；对县以上的党政领导干部特别是年轻干部提出了加强培养的要求。希望他们从思想、政治、作风和能力等方面全面提高自身素质。其次，明确提出了干部素质的基本内容。“第一，要有远大的共产主义理想、坚持正确的政治方向，坚

定地走建设有中国特色社会主义道路,坚决贯彻执行党的基本理论、基本路线和各项方针政策;第二,努力实践党的全心全意为人民服务的宗旨、密切联系群众、特别是工农群众,坚决维护人民群众的利益;第三,解放思想、实事求是。一切从实际出发、善于开拓前进,具有唯物辨证的思想方法和工作方法;第四,模范遵纪守法、保证清正廉洁,发扬艰苦奋斗精神、自觉拒腐防变、坚决反对消极腐败现象;第五,刻苦学习,勤奋敬业、不断加强知识积累和经验积累,具备做好本职工作的专业知识和能力。”这五条内容,不仅是领导干部素质建设的基本内容,也是政工干部素质建设的内容。

第三,根据现代化事业发展的需要,提出了政工干部素质建设要走专业化、科学化道路。《企业思想政治工作人员专业职务试行条例》以党的文件的方式确认“思想政治工作是一门专业,也是一门科学”。《条例》对企业思想政治工作专业职务的名称和档次、专业职务的设置和职责、资格评审和职务聘任、工资福利和其他待遇作了详细而明确的规定。为贯彻执行《条例》,中宣部、中组部、人事部、劳动部、财政部联合作出《关于企业思想政治工作人员专业职务试行条例的若干规定》、对评聘范围、各档次的比例限额、评聘程序、工资待遇作了规定。企业思想政治工作人员专业职务评聘是以江泽民为核心的第三代领导集体对政工干部队伍建设的重大举措和贡献、使政工干部素质建设走上革命化、专业化、正规化的轨道。这有利于确立思想政治工作这门科学的专业地位和体系,有利于促进思想政治工作队伍的革命化、专业化、正规化建设,有利于提高政工干部的政治业务素质和开拓、进取精神。有利于提高企业思想政治工作的水平,使这支队伍在企业两个文明建设中更好地发挥作用。

由以上论述可以看出,我们党的三代领导集体经过几十年的实践和总结,已经形成了关于政工干部素质建设的基本理论体系。这个理论体系,是党的思想政治工作学说的重要组成部分。在社会主义市场经济条件下,研究这个理论体系,对于提高政工干部素质、加强政工干部队伍建设,有着重要的现实意义。

(作者单位:中共中央党校)

简论邓小平思想政治工作理论的层次结构

毕　德

最近,江泽民同志在一篇重要讲话中指出,深入学习邓小平理论要在全面、正确地理解和掌握邓小平理论科学体系和精神实质上下功夫。邓小平思想政治工作理论是邓小平理论的重要组成部分,是一个内涵深刻、内容丰富、具有鲜明时代特征的、系统的理论体系。对其层次结构进行分析,对其主要内涵进行归纳,对于我们全面、正确地理解和掌握邓小平思想政治工作理论的科学体系和精神实质肯定有很大帮助。从层次结构上看,本文认为邓小平思想政治工作理论主要包括三个层面:

实事求是是邓小平思想政治工作理论的灵魂,是第一个层面

实事求是贯穿于邓小平思想政治工作理论形成和发展的全过程。改革开放初期,邓小平同志从思想政治工作的实际出发,一方面冲破"左"的束缚,恢复思想政治工作的优良作风和正确地位;另一方面,提出了思想政治工作要在加强的基础上努力改进的思想。随后,面对资产阶级自由化思潮的泛滥,邓小平提出了克服思想战线上软弱涣散状况,坚持两手抓、两手都要硬的思想。整个改革开放以来思想政治工作的理论与实践都是在实事求是思想的指引下进行的。

实事求是还贯穿于邓小平思想政治工作理论的各个方面。没有实事求是,就没有新时期思想政治工作正确地位的确立;就没有新时期思想政治工作方针、原则、方法、内容的提出;就没有新时期思想政治工作的蓬勃发展。邓小平指出:实事求是,一切从实际出发、理论与实际结合是马克思主义的根本观点、根本方法。他认为"思想政治工作究竟能不能解决问题,问题解决得是不是正确,关键在于我们是否能够理论联系实际,是否善于总结经验,针对客观现实,采取实事求是的态度,一切从实际出发。"(《邓小平文选》第二卷第113——114页)

不断加强新形势的思想政治工作是邓小平思想政治工作理论的基本问题,是第二个层面

思想政治工作是我党的政治优势和传家宝。在以经济建设为中心的形势下,思想政治工作还重要不重要?1980年8月,邓小平指出:"我们一定要把思想政治工作放在非常重要的地位,切实认真做好,不能放松。"他还提醒全党,在工作重心转移到经济建设以后,全党要研究如何适应新的条件,加强党的思想工作,防止埋头经济工作,忽视思想工作的倾向。思想政治工作和思想政治工作队伍必须大大加强,决不能削弱。与此同时,邓小平同志又指出,加强思想政治工作,并不是重复过去那套"左"的作法,而是要适应新形势、新任务,不断创新,把继承优良传统与改革创新结合起来,研究新情况,解决新问题,创造新办法,总结新经验。由此可见,邓小平同志一贯重视加强和改进思想政治工作。

围绕怎样在改进中加强新时期思想政治工作所展开的一系列论述,是第三个层面,也是邓小平思想政治工作理论的主要内涵。

在地位和作用上,邓小平在继续强调思想政治工作的"生命线"地位及"服务"、"保证"作用的同时,又提出了思想政治工作是我们的"真正优势"和"看家本领"的重要思想,强调要从多方面的改进中加强新形势下的思想政治工作。

第一,思想政治工作要把着力点放在培养人、教育人上,不断提高干部群众的思想道德素质和科学文化素质。邓小平指出,中国的事情能不能办好,社会主义和改革开放能不能坚持,经济能不能快一点发展起来,国家能不能长治久安,从一定意义上讲,关键在人。在人的素质的基本要求中,最根本的是共产主义理想,有道德,有文化,守纪律。

第二,思想政治工作要以经济建设为中心,为党的基本路线服务。邓小平认为,社会主义现代化建设是我们当前最大的政治。能否实现四个现代化,决定着我们国家的命运、民族的命运。离开经济建设这个中心,就有丧失物质基础的危险,其它一切任务都要服从这个中心,围绕这个中心,决不能干扰它,冲击它。思想政治工作一定要服务于经济建设这个中心。

第三,促进安定团结是思想政治工作一项经常性的基本任务。邓小平指出,没有安定的政治环境,没有稳定的社会秩序,什么事也干不成。"加强思想政治工作,改进宣传工作,已经成为保证这次调整的顺利实现、巩固安定团结政治局面的一项极端重要的任务。"宣传、教育、理

论、文艺部门的同志们,要从各方面来共同努力,这些方面的工作搞好,可以在保障、维护和发展安定团结的政治局面方面起非常大的作用。

第四,在内容和方法上,也要不断改进。邓小平认为,基本路线教育、理想信念教育、爱国主义教育、艰苦创业教育、民主法制教育等思想政治工作的主要内容;说服教育、言传身教、批评与自我批评等方法应是新形势下思想政治工作的主要方法。

关于基本路线教育,他指出,基本路线要管一百年,动摇不得,这方面的道理要讲够。关于理想信念教育,他认为理想和信念是中国革命胜利的精神动力。没有这样的信念,就没有凝聚力。在改革开放的新形势下,更需要教育引导广大党员、干部、群众,特别是青少年,树立远大的理想和坚定的信念。关于爱国主义教育,他指出必须发扬爱国主义精神,提高民族自尊心和民族自信心。否则,我们就不可能建设社会主义,就会被种种资本主义势力所侵蚀。关于艰苦创业教育,邓小平指出:“艰苦奋斗是我们的传统,艰苦朴素的教育今后要抓紧,一直要抓六十到七十年。”关于民主法制教育,邓小平认为我们过去对民主宣传得不够,实行得不够,制度上有许多不完善。“加强法制重要的是要进行教育,根本问题是教育人。”

关于说服教育的方法,邓小平指出,不能搞运动,方法以教育引导为主。思想政治工作不能采取强制的、压制的方法和行政命令的方法,对人民群众的思想问题、认识问题,要坚持说服教育。关于言传身教的方法,邓小平指出:“现在需要全国的干部,首先是高级干部起模范带头作用,把我们党的艰苦朴素、密切联系群众的传统作风很好地恢复起来,坚持下去。”“最重要的条件是凡是需要动员群众做的,每个党员,特别是担负领导职务的党员,必须首先从自己做起。”关于批评和自我批评的方法,邓小平认为“解决思想战线混乱问题的主要方法,仍然是开展批评和自我批评。”当然,进行批评和自我批评应该站在马克思主义的立场上,不能站在“左”的立场上。

第五,在队伍建设和组织领导上,应在继承的基础上不断改进。邓小平认为,思想战线上的战士,都应当是人类灵魂的工程师,思想政治工作队伍必须大大加强,决不能削弱。在新的历史时期,“整个思想战线的工作都需要加强。我们要把这个问题郑重地提到全党面前,提到中央和地方各级党委的重要议事日程上来。”因此,各级党委尤其是党委主要领导同志,要密切注视和研究思想战线的形势和问题,采取切实有效的办法改进这条战线的工作。由此可见,邓小平同志高度重视思想政治工作队伍建设和组织领导。

总之,邓小平思想政治工作理论的上述三个层面,组成了这一理论的层次结构。这三个层面相互依存、相互联系,构成了一个有机的统一体。实事求是是灵魂,是这一理论的哲学基础。加强和改进新时期思想政治工作是这一理论的基本问题,就象一根红线贯穿于邓小平思想政治工作理论之中。围绕这一基本问题所展开的关于思想政治工作的一系列论述则构成了邓小平思想政治工作理论的主要内涵。从层次结构上看,这三个层面浑然一体,形成了比较严密的邓小平思想政治工作理论体系。学习和研究邓小平思想政治工作理论,必须全面、正确地把握其理论体系和精神实质,从而更好地指导思想政治工作的伟大实践。

论军队政治工作的本质、地位和作用

杨春长、王洪、姜连举

军队政治工作的本质、地位和作用，是军队政治工作理论与实践中的基本问题，正确地认识和把握它，对于政治工作有着重要的意义。几十年来，随着我军政治工作实践的发展，对这些基本问题的认识也在逐步丰富和发展。在改革开放、发展社会主义市场经济的今天，有必要对这些基本问题进行再思考再认识。

一、政治工作本质的内涵在实践中不断丰富和发展

任何事物都是现象和本质的统一，事物的本质决定事物的状态和发展趋势。我军政治工作作为一种长达70多年的社会实践活动，具有其特殊的本质。揭示和掌握这一本质，对于探索我军政治工作的特点和规律，认清地位和作用，掌握其内容和方法，是非常必要的。

关于我军政治工作的本质，多年来有各种表述。现在，比较趋于一致的看法，是1995年军委颁发的我军《政治工作条例》所规定的："中国人民解放军的政治工作，是中国共产党在军队中的思想工作和组织工作。"事物的本质一般说来是稳定的，但随着实践的发展，本质也会随之变化，同时，人们对它的认识也是逐步深化和完善的。政治工作的本质也是这样。

本质就是事物的根本性质，是组成事物基本要素的内在联系。事物的本质是由它本身所固有的特殊矛盾所决定的。正如毛泽东同志在《矛盾论》中所阐明的："任何运动形式，其内部都包含着本身特殊的矛盾。这种特殊的矛盾，就构成一事物区别于他事物的特殊的本质。"和事物的现象比较起来，本质具有普遍、稳定、深刻的特点，它往往看不见，摸不清，只有靠理性思维才能把握。本质、实质和性质三个概念的内涵基本上是一致的，只不过说法不同，角度不同。政治工作的本质也可以说是政治工作的性质和实质。

我们认为，我军政治工作的本质应表述为："军队政治工作，是中国共产党在军队中的思想工作、组织工作和相关的政策制度建设等实践活动。"其理由是：

（一）揭示政治工作本质必须符合逻辑规则。"工作"从本意上讲不是理论形态，而是一种实践形态，其上位概念是实践活动。政治工作是一种有目的的社会实践活动，将政治工作的本质定位在"实践活动"上比较确切。否则，说政治工作的本质是思想工作和组织工作，等于说工作的本质是工作，一则同义反复，二则也容易使人感到是在分解政治工作名词，从现象到现象，而没有深入到事物的本质。

（二）揭示政治工作本质必须说明政治工作的内在矛盾。事物的特殊的矛盾决定事物的本质。军队政治工作的本质是这一事物内部的矛盾所决定的。由于军队是阶级斗争的产物，是执行政治任务的武装集团，是阶级、政党、国家为实现自己的政治目的，维护自己的利益而建立的暴力组织，是国家政权的重要成份。任何统治阶级及其政党为使军队能忠实有效地为本阶级服务，都需要在军队中进行一系列的思想政治教育、组织工作等实践活动，这就是通常所说的军队政治工作。军队政治工作作为一种实践活动，包括实践的主体和客体，也就是政治工作的主体和对象。主体就是统治阶级及其政党，客体和对象就是军队官兵。这就是军队政治工作这一客观事物的内在矛盾，而这对矛盾就规定了军队政治工作的一般本质，即一定的阶级、政党和国家，为了从政治上领导和控制军队，最大限度地提高军队战斗力，使其能有效地发挥作用，而在军队中所进行的各种政治性实践活动。而无产阶级军队的政治工作有其特殊的本质，这一特殊本质是由其特殊矛盾决定的，这一特殊矛盾双方就是无产阶级及其政党和无产阶级军队。它决定了无产阶级军队政治工作的特殊本质是通过思想教育、组织协调和制度建设，向军队灌输无产阶级的意识形态、政治主张，保证无产阶级政党对军队的绝对领导，提高部队战斗力，保证军队自觉地为无产阶级利益和政治任务服务的实践活动。同理，我军政治工作是无产阶级军队的政治工作。它除了具有军队政治工作的一般本质之外，还有特殊本质，这个特殊本质是我军政治工作的特殊矛盾决定的，这一特殊矛盾就决定了我军政治工作的本质是党在我军中的一系列政治性实践活动。

（三）揭示政治工作本质必须完整涵盖政治工作的基本要素及其内在联系。如前所述，事物的本质是组成事物的基本要素的内在联系，构成我军政治工作的本质的基本要素除了主体和客体之外，还包括联系主客体的方式方法和手段，也就是上文所说的"实践活动"的具体内容。必须明确规定"实践活动"的内涵。因为，党在军队

中的实践活动很多，除政治工作外，还包括军事工作、后勤工作、装备工作等等。因此，确定我军政治工作的本质，不能仅仅说是一种实践活动，必须要说明是什么内容的实践活动，其内涵究竟有哪些，以区别于其它性质的实践活动，这样才能科学揭示我军政治工作的本质，使人们能准确把握和运用。

思考我军70年政治工作实践，借鉴以往对这一问题的认识，政治工作实践活动方式方法和手段主要由三部分组成，即思想引导、组织调控和制度约束，这三种方式互为条件，相辅相成，共同发挥作用。

思想引导，就是通过向军队官兵宣传党的指导思想即马克思主义、毛泽东思想和邓小平理论，宣传党的政治纲领、路线、方针和政策，灌输无产阶级世界观、人生观、价值观，引导广大官兵自觉地听党的话，跟党走，为人民扛枪，为人民打仗，始终保持政治上的坚定性和思想道德的纯洁性，努力为实现党的纲领和任务而奋斗。

组织调控，就是通过在军队中建立一定的政治性组织如党团组织、政治机关等等，形成严密的组织系统，充分运用组织的功能，开展多种形式的活动。如党团活动、干部人事配备、瓦解敌军、群众工作等等，协调处理军内、军政、军民、友军、敌军的关系，保证党对军队的绝对领导及各项任务的完成。

相关的政策制度建设，这是为军队政治工作本质赋予的新内涵，增添的新内容。过去谈到政治工作的本质，往往就是党在军队中的思想工作和组织工作这两方面内容。根据几十年我军政治工作实践，根据新时期尤其是改革开放、发展社会主义市场经济大环境对军队政治工作提出的新要求，我们认为有必要在政治工作本质内涵中增加政策制度建设的内容，这也是依法制军的必然要求。政治工作的对象是人，要从思想上去教育人，引导人，要通过组织来管理人，还要通过建立健全并落实政策制度，运用这些去约束人，激励人。这后一条尤为重要，可以说是思想教育、组织协调发挥作用的前提和保证。思想工作、组织工作和制度建设虽有联系，但是涵盖不了制度建设。试想，我们教育官兵要服从党的绝对领导，但如果没有党委制，政治委员制、政治机关制这三大制度来保证，党对军队绝对领导这是一句空话。我们教育战士保卫祖国是每个士兵应尽的义务，无私奉献、勇于牺牲是革命军人的高尚品德，但没有兵役法、国防法和惩治军人违反职责条例等来保证和约束，教育的效果就难以持久。我们教育干部献身国防，克尽职守，如果没有军官服役条例，转业干部安置条例等制度做保证，也不会得到满意的结果。正如邓小平同志所说的那样："领导制度、组织制度问题更带有根本性、全局性、稳定性和长期性。""制度好可以使坏人无法任意横行，制度不好可以使好人无法充分做好事，甚至走向反面。"

政策制度建设包括两个方面，一是建立健全，二是贯彻执行。经过几十年的努力，我军政治工作已形成一整套行之有效的制度。当年，毛泽东同志曾说："红军所以艰难奋战而不溃散，支部建在连上是一个重要原因。"这就是讲制度的重要性。好制度一定要坚持。但是，根据新时期的特点，必须不断完善，有所创新。至于执行制度，还存在着很多问题。政治工作要科学化，要发挥威力，必须实现制度化。建立制度和执行制度这两方面的工作都亟须加强。将政策制度建设纳入政治工作的本质内容，既是实事求是，又有利于依法从严治军，有利于加强和改进新时期的政治工作。

二、必须摆正政治工作的地位

在我军的发展史上，政治工作占有极其重要的地位，每一步的发展壮大，都离不开政治工作。在深入进行改革开放，发展社会主义市场经济和面临高技术局部战争挑战的新形势下，军队政治工作的地位显得更加重要。这关系到能否坚持人民军队的性质，保持高度的集中统一，提高战斗力，关系到能否实现"政治合格，军事过硬，作风优良，纪律严明，保障有力"的总要求。

我们认为，政治工作的地位应表述为：政治工作是我军的生命线，它从政治上、思想上和组织上决定着军队的生存、发展、胜利等根本问题。政治工作的地位与作用很难分清，后面在讲政治工作作用时也涉及到地位问题。正确认识我军政治工作的地位，并在实践中摆正位置，对于新时期加强我军全面建设具有重大的意义。摆正政治工作的地位，需要解决好三个方面的问题：

（一）科学地位，不可越位。政治工作是我军的生命线，这是我党领导中国革命的历史经验的总结，毛泽东同志在1944年就指出："共产党领导的革命的政治工作是革命军队的生命线。"1955年，他又强调指出："政治工作是一切经济工作的生命线。"1981年，党的十一届六中全会通过的《关于建国以来党的若干历史问题的决议》，又重申和肯定了"思想政治工作是经济工作和其他一切工作的生命线"的科学论断。回顾我军70多年的艰苦历程，之所以能在艰苦卓越、纷纭复杂的斗争中，始终不改变正确的政治方向，不改变人民军队的性质，打败国内外一切强大的敌人，我军建立了坚强有力的政治工作。然而，我们也应清醒地看到，从红军、八路军时期，到"十年文革"期间，曾出现过分强调政治工作的地位，把政治工作摆到不适当的位置，导致了"突出政治"等错误倾向。历史的经验教训表明，凡是能够正确认识并摆正政治工作地位时，我军就顺利发展，从胜利走向胜利；反之，就受挫折，给军队建设带来损失。如果不适当地强调政治工作的地位，搞什么"高于一切"、"大于一切"、" 先于一切"、"重于一切"，"冲击军事"等，到头来必然影响军队建设，也必然严重影响政治工作的地位、声誉，使人们厌烦它。

（二）确保到位，不能错位。1989年4月，邓小平同志

就指出:“毫无疑问,学校应该永远把坚定正确的政治方向放在第一位。”1980年8月,他还指出:“我们一定要把思想政治工作放在非常重要的地位,切实认真做好,不能放松。”在改革开放的历史条件下,思想政治工作和思想政治工作队伍都必须大大加强,决不能削弱。“要防止埋头经济工作,忽视思想工作的倾向。”后来,江泽民同志也反复强调,高校要把教育放在首位:越是改革开放,越要加强思想政治工作;要把思想政治建设摆在党的建设的首位;把思想政治建设摆在军队各项建设的首位。随着改革开放和社会主义市场经济的不断深入发展,政治工作遇到了一系列新情况、新问题、新挑战。面对新环境、新任务,一些同志产生了种种模糊认识,对政治工作的地位、作用产生了怀疑,误以为实行改革开放,发展社会主义市场经济,讲究物质利益原则和利益驱动,国家以经济建设为中心,军队以现代化建设和军事训练为中心,政治工作没有地位了。因而自觉不自觉地轻视、放松和削弱了政治工作,造成政治工作不到位、漏位甚至错位的现象。这种政治工作不到位的现象,在我军70多年的历史上,也曾经出现过,其结果与“左”的影响一样,都给政治工作带来了严重影响,给军队建设造成了很大损失。

江泽民同志指出,在改革开放和发展社会主义市场经济的新形势下,军队政治工作必须加强,不能削弱。虽然新时期军队政治工作的环境、任务发生了变化,新的《政治工作条例》把“两个服务”工作的地位。强调政治工作的“服务、保证”作用,这不是一般意义上的服务和保证,是从更高的政治内涵上提出的,关系到党和国家的前途及现代化建设的大目标,关系到我军的性质、方向和军队“三化”建设目标的实现。强调服务的保证,实质上也是强调政治工作的生命线地位,从根本上讲是一致的。要排除右的思潮干扰,确保政治工作到位,必须在思想认识上首先到位,确实把生命线地位真正落到实处。

(三)立足有为,不必争位。政治工作有为,才能有位。斯言极是。任何一项工作的地位,都不是靠争抢得来的,而是靠实践干出来的。军队政治工作的地位也是如此,在很大程度上是靠卓有成效的实际成果赢得的,而不是与军事、后勤等工作争高论低确立的。

面对改革开放和发展社会主义市场经济的实践,我军建设出现了许多新情况新问题,政治工作是在全新的大背景下展开,也有许多困难需要克服,一系列问题需要解决。立足实践有作为,不在工作中争位置,克服困难,解决问题的实践过程,也是确立政治工作地位的过程。要真正做到这一点,在实际工作中需注意以下几个问题:首先,不能只谈看法,不想办法。当工作中出现了急需政治工作去解决的问题时,人们想得到的不仅是你有什么看法,而是想从你那里得到有效办法。而现在的实际工作中,遇到问题是提看法的多,拿具体办法的少。部队官兵在现实中碰到的一些回答不了、解决不好的问题,一般都不是政治工作自身造成的。政治工作要有所作为,必须在想办法、求实效上下功夫。其次,不能只研究问题,不解决问题。我们倡导政治工作要研究新情况,解决新问题,研究问题的目的和落脚点在于解决问题。在实际工作中,那种研究问题与解决问题脱节的现象,使政治工作处于被动的地位。再次,不能只继承,不创新。继承与创新是我军政治工作的一个老课题,虽然我们强调在继承的基础上创新,但现在政治工作的改革创新还远远不够。政治工作要有所作为,有所前进,出路在于创新,沿着改革、创新的道路走下去,政治工作才能永葆活力,使“生命线”地位名副其实。

三、政治工作的作用的再认识

对政治工作作用的认识和表述,现在只讲服务、保证,侧重于微观,而对其宏观的重大作用则讲得不够。随着社会环境、政治背景、军队建设形势、任务的变化,人们对政治工作的认识也在不断改变,有时高度重视、对其作用估计过高;有时不够重视甚至轻视、忽视,对其作用估计不足;有时虽然思想认识上有足够的重视,但囿于社会形势的变化,对政治工作作用的实际表述、提法上又不尽科学、准确。因此,需要本着实事求是的科学态度,对政治工作的作用进行正确的评价。我们认为,政治工作的作用应表述为:政治工作对于国家的“四化”建设和军队的“三化”建设,具有重要的服务、保证作用,对军队沿着正确的方向前进,具有重要的制导作用,它是实现党对军队的绝对领导、巩固和提高部队战斗力的根本保证,是中国人民解放军的生命线。政治工作的作用是宏观与微观的统一。宏观的作用主要是关系军队生命的,微观的作用主要表现在平常的服务、保证作用方面。违背实际地抬高、拔高政治工作的地位、作用,是肤浅的、有害的;依据客观实际科学地阐述并维护政治工作的地位、作用,则是革命事业所必需的。

下边,着重论述一下对政治工作“服务、保证、”作用的再认识问题。

从1987年以后,我们经常讲,政治工作的“服务、保证”作用,即两个服务,四个保证:服务于国家的改革开放和社会主义现代化建设,服务于军队的革命化、现代化、正规化建设,从政治上、思想上、组织上保证党对军队的绝对领导和人民军队的性质,保证以培养有理想、有道德、有文化、有纪律军人为目标的军队社会主义精神文明建设,保证军队内部的团结和军政军民团结,保证军队战斗力的提高和各项任务的完成。

提出政治工作的“服务、保证”作用,是“文化大革命”之后,在政治工作理论与实践方面拨乱反正的结果,是一种新的进步与发展,在新时期军队建设中发挥了很大的积极作用。然而,在实际工作中,我们也常常听到、感到,对这样的表述,还有必要继续深入探讨、研究。概括地说,我们认为,对政治工作作用的这种表述,不是不对,而

是不够。“服务”作用，主要体现的是主位与从属的关系。“服务”可多可少，可此可彼。“保证”作用，主要体现的是目的与条件的关系。“保证”至关重要，不可或缺，它是逻辑学中讲的“必要条件”，其作用就是没它不行，有它未必行。打胜仗，政治工作是保证，没它不行；但是，它仅是“必要条件”，并非“充分条件”，有了它未必就能胜利，因为还有其他必要条件，还有其他保证因素。现在，我们把政治工作生命线的作用仅仅具体化为“服务、保证”作用，确实很不够，因为只是“服务、保证”，并不能充分反映“生命线”的特殊重要作用。“生命线”对于军队不只是“必要条件”，而且是“充分条件”即这个条件就关系着军队的“生命”。政治工作的生命线作用，不仅直接关系军队的兴衰，而且关系着军队的存亡。70年建军史已证明这个铁则。

应该肯定政治工作的“制导作用”。政治工作的“制导作用”就是政治工作对广大干部、群众思想和组织的引导与控制（控制论讲的“控制”）。这里既包括思想导向，又包括组织管理，还包括政策制度的调节。对这种提法，我们曾征求过一些专家的意见。他们认为，这种提法、含义确实反映了实际，是准确的，就是有些生疏。新概念，只要准确，就会有生命力，就能逐步地约定俗成。

军队的良性运行，是依靠党中央、中央军委自觉地实施多种控制来实现的。根据受控领域不同，大致有政治控制、军事控制、思维控制；按照控制方式不同，也可划分为硬控制或称刚性控制（如通过权力、法律、条令条例、纪律）和软控制或称弹性控制（如通过思想、信仰、信念、道德、舆论、习俗等）。军队能否良性运行，不断前进，取决于在党的领导下，广大官兵的思想、言论和行为是否协调有序。取决于在党的领导下，广大官兵的思想、言论和行为是否协调有序。协调有序就能顺利发展，否则就会发生混乱。可见，对广大官兵思想、言论和行为的引导、控制亦即制导是何等重要。广大官兵都是有思想、会思维、有目的的能动的主体，由于个人的主观条件（思想觉悟、军事、文化教养素质等）不同，所从事的实践的具体内容不同，他们的思维都有各自的内容和特点，在认识、情感、意志上都千差万别，要达到广泛认同，组织有力，团结一致，绝对离不开政治工作的制导（控制、引导）。资本主义国家对其军队的制导形式非常精巧，它充分利用资本主义的意识形态、政权力量对军队进行控制。社会主义是迄今为止最先进的社会制度，是要消灭阶级、阶级差别，解放全人类的事业，它要求所有人充分发展自己的个性和才能，要求其军队成员思想意志的高度统一。

在深入改革开放、发展社会主义市场经济的新形势下，人们面对各种利益关系的不断调整，不稳定因素相对地增多，因此，更加需要充分发挥政治工作的制导作用。许多思想家认为，人的最大需要就是追求自由与幸福。这种自由与幸福，有个体的，有群体的；有小集团、小群体的，有大众的、全人类的。共产党人追求的是无产阶级的解放和全人类的幸福，因而认为，一切人的自由发展是每个人自由发展的条件。思想政治工作就是围绕这个宗旨进行的。人们在追求自由与幸福的过程中，自然会有各种各样的竞争。对有限的利益，进行平均分配，貌似公平而实质不公平。把公平与效率科学地结合起来，才能促进社会的发展。讲求效率，发展社会主义市场经济，需要鼓励合理的竞争。这样就会产生许多矛盾。

政治工作的制导作用，不是消极的，制导还意味着向正确方向的调控与引导，具体说就是它还具有开发动力、激励斗志的作用。无论工作对象是个体或群体，只要政治工作的制导作用发挥好了，就能充分调动人们的积极性、创造性。作为思想政治工作对象的人，潜力很大。自然人、肉体人，其所有脂肪做不了几块肥皂，所有铁元素打不了几颗钉子，所有铜元素连一个钱币也铸不成。可是人这种万物之灵，一经教化、制导，就会产生神奇的价值。

一个人的人生价值，关键在于其对社会的奉献程度。人生价值是由其对社会的奉献同其必要取得和实际索取的比值来确定的。在通常的社会生活中，人们从社会的必要取得差不多，因而可以把此项看作一个常量。于是，人生价值就可以根据奉献和索取的关系来判断。对社会的奉献越多，取得越少，人生价值就越大。奉献就要靠人的精神状态与知识、能力水平。思想政治工作的制导作用发挥好人，就能有效地提高人的思想觉悟，最大限度地调动人的潜能，使人不断向光明、正确的方向前进，促进人们努力学习、工作，使人生价值增值。

（作者单位：中国人民解放军军事科学院）

试论思想政治工作艺术

孙继文

多数政工干部及其领导者，都希望在工作中，能得心应手、驾驭自如。要达到这个程度，必须善于掌握和运用工作艺术。思想政治工作艺术的运用体现其工作人员和领导者实践活动的精华，要使自己的工作进入"艺术"境界，需对思想政治工作艺术的科学涵义和本质特征以及怎样提高自身工作的艺术水平，有一个较系统的认识和理解。

思想政治工作艺术的科学涵义

思想政治工作艺术的科学涵义应当从两个方面加以深刻理解。一方面，从思想政 治工作者的主观能动性的角度看，思想政治工作艺术体现思想政治工作者驾驭思想政治教育工作的高超技能。另一方面，从思想教育活动作为客观实践活动的角度看，思想政治教育的艺术，主要表现为丰富多彩的工作技巧和卓有成效的工作方式。这些富有高超艺术性的工作方式和技能的熟练、技巧的应变，是很难模式化的，然而在特定的时间、地点和环境下，这些工作技能和技巧，具有不以人们意志为转移的客观性。这种客观性表现在：假如人们轻视或拒绝接受体现思想政治工作艺术的工作方式和技巧，就会很明显地减弱思想政治教育的效果。

由此可见，思想政治工作艺术体现了思想政治教育活动主观和客观两个方面的辩证统一。作为高超的思想政治工作技能和工作艺术体现思想政治工作者个人的主观能动性；作为创造性的工作方式、技巧和工作艺术又体现思想政治工作实践所达到的某种客观艺术境界。

思想政治工作艺术的本质特征

从思想政治工作的长期实践看，它的艺术性主要有以下四方面的基本特点。

首先，思想政治工作的艺术体现思想政治工作者做思想政治工作的应变能力，具有随机制宜的特点。随机制宜，就是思想政治工作者，在运用思想政治工作艺术技巧时，必须实事求是，从实际出发，因人、因地、因时丽宜，根据思想政治工作的特定需要而采取相对应的方式和方法。思想政治工作中随机的"机"是多种多样的：有天时、地利、人和、事件、情况和势态等等。制宜也是多姿多彩的：可以迎难而上，也可以另辟蹊径：可以请求支援，也可以等待时机；可以顺水推舟，也可以不予理采等等。至于思想政治工作者采取哪种工作艺术，运用奏效，则由自取。比如，领导者的决策艺术就体现随机制宜的特点。工作中各种随机的偶发性事件，如突然的危机、意外的变故，形势的剧变，常如从天而降，使其猝不及防。这就需要领导者在很短时间内拿出主意、想出办法，即而在各种不同的方式方法中加以分析、判断、替换、修改、筛选，进行决策。如果领导人能够从容镇定，应付自如，就能化繁为简、化险为夷，变被动为主动；相反，如果领导者惧形于色，不知所措，势必前功尽弃，使成功的希望顿时化为乌有。上述足见，决策中领导人的随机制宜是闪炼着才能、智慧、胆识之光的高超艺术。

其次，思想政治工作艺术体现思想政治工作者善于把握事物的分寸，工作恰如其分，实施恰到好处，因而具有适度性的特点。哲学公理告诉我们，任何事物都有量的规定性和质的规定性，度是质和量的统一，是事物保持它的质的数量界限。世界上任何事物的产生、发展和变化都有自己的极限、临界点，超出一定限度，事物的发展，就会走向反面。思想政治工作也不例外，如果思想政治工作者的对策没有达到解决问题的程度，出现通常所说的"过犹不及"或者"欲速不达"，超出了工作的"度"，就会事倍功半。比如，领导者批评下级，分寸把握不准，火候没有抓住，要么无限上纲，让下属无法接受，要么轻描淡写，使下属不能引以为戒，结果都无法达到批评教育的目的。高明的领导人则不然，他们处理问题善于掌握火候，注意分寸，恰到好处，做到适度，善于使自己的工作在"过"与"不及"之间运用技巧和艺术。实践证明，凡是真正了解工作艺术适度性的思想政治工作者，往往具有很高的分析洞察力和灵活性。他们的主要特点既不在于强硬，也不在于放任，而是善于分析和估计各种决定他的适当行动的诸种力量，并且依照准确的估计，采取有效的行动。

再次，思想政治工作艺术的运用因人而宜，总是具有鲜明的个性化特征。一方面，思想政治工作艺术的运用

与工作者的个人素质育着密切的关系，思想政治工作艺术的运用水平，因工作者个人素质的不同，表现出一定的差异性。我们在工作中可以看到，沉默寡言、不擅长交际的工作者与性情开朗、具有交往能力的工作者相比较，处理人际关系的艺术水平则是大不相同的。另一方面，由于个人的性格、气质、能力的差异，不同的工作者运用思想政治工作艺术的特点和风格也迥然不同。有的工作者善于思考，卓有远见；有的慧眼识人，会用人；有的善于发动群众，具有一定的组织才能；有的稳重刚健，百折不挠；有的善于协调沟通人际关系；有的多才多艺兼施并用。

最后，思想政治工作艺术丰富多彩、千姿百态、生动活泼，具有多样化的形式、类别和层次。这种多样性也是思想政治工作艺术的本质特性之一。从领导层次上看，思想政治工作艺术可以分为高层工作艺术、中层工作艺术和基层工作艺术，也可以分为宏观工作艺术和微观工作艺术。从工作活动的类别上看，思想政治工作艺术可以划分为组织艺术、协调艺术、决策艺术、用人艺术、激励艺术、控制艺术、争取民心艺术、调查研究艺术以及处理人际关系艺术等等。从思想政治工作艺术的产生和发展的历史过程看，这种工作艺术既采取过古朴粗犷的形式，又被赋予现代完备成熟的形式。从思想政治工作的实践看，不同的工作者处理同类思想问题，会采取截然不同的艺术方法，甚至同一位工作者处理同类问题，也会因地因时和条件的不同而运用各种不同的工作方式和艺术。总之，多样化的工作艺术为每一个时期的思想政治工作实践增添了绚丽多姿的色彩。

思想政治工作达到“艺术”境界的条件分析

思想政治工作艺术的核心问题，是提高思想政治工作者的素质问题。广大政工干部如果具有比较高的政治觉悟、优良的道德品质、渊博的知识素养、较强的组织能力和工作能力，就能成为优秀的政治工作人才，把思想政治工作提高到一个新的水平。

思想政治工作者的素质，是指从事思想政治工作的人员所必须具备的政治、品德、知识、才能等方面的基本条件。

首先，思想政治工作者，要发挥好艺术水平，必须具备很好的政治素质。政治素质主要是指政工干部所必须具备的政治立场、思想政治观点等方面的基本要求。

一是必须具有坚定的政治立场。思想政治工作是党的事业的一个非常重要的组成部分，是一项党性、科学性和艺术性很强的工作。因此，思想政治工作者必须具有坚定的政治立场和坚强的党性，就是要时刻站在无产阶级人民大众的和党性的原则立场上，全心全意为人民办实事、谋利益、排忧解难，积极宣传、热情解释党的路线、方针和政策，把大好形势和实际困难，都实事求是地告诉群众，同群众一起发展大好形势，共同克服前进中的困难。要自觉地维护党的纪律，同一切违背党的路线、方针、政策的言论和行为进行坚决的斗争。只有自己首先具有坚定的政治立场，才能理直气壮地对广大群众进行宣传教育工作、运用思想政治工作方式和技巧、发挥出思想政治工作艺术水平，引导他们站在党和人民的立场上，为实现党的宏伟目标而努力。

二是必须具有正确的思想观点。最主要的是树立辩证唯物主义和历史唯物主义的基本观点，树立全心全意为人民群众服务的基本观点以及群众路线的基本观点等。只有认真地进行世界观的改造，提高自己的思想觉悟和认识能力，使主观认识符合客观事物的发展规律，才能达到比较准确地反映客观世界，认识客观世界，才能运用马克思主义的立场、观点和方法分析周围环境和人们的思想，努力做好本职工作。

三是必须在政治上同党中央保持一致。思想政治工作是一项经常性任务，就是要教育广大党员和群众贯彻十五大精神和党的路线、方针和政策，与党同心同德，为完成党的任务而奋斗。因此，政工干部首先要保持政治上的清醒和坚定，同党中央保持一致，时时处处作群众的表率，绝不能对党的路线方针政策采取阳奉阴违或上有政策、下有对策那一套。

其次，思想政治工作者要有高尚的品德素质。品德素质主要是政工干部在道德品质方面应当具备的基本条件。

一是必须具有正确的人生观。人生观是人在一生活动中的一种巨大的精神力量。树立正确的人生观，对于每一个干部特别是政工干部来说，都是首要的问题。这个问题不解决，或解决得不牢靠，不论搞革命，还是搞建设，是不可能兢兢业业的，也不可能做出什么成绩来。无产阶级人生观的基本特征，是符合社会发展规律、反映人民群众根本利益和要求的，是以全心全意为人民服务作为确定人生目的和人生价值的根本原则的。要树立这种高尚的人生观，就必须反对拜金主义、享乐主义、自私自利和极端个人主义的人生观。只有这样，才能坚持党性原则，发挥思想政治工作艺术水平，做好工作。

二是必须具有高尚的道德品质。它突出地表现为毫不利己，专门利人，大公无私，公丽忘私的精神。广大政工干部都应该树立无产阶级的道德理想，自觉做到热爱人民群众，为民办事，甘当公仆；热爱劳动，通过劳动实践，垂炼道德品质，树立社会主义劳动态度：爱护公共财产，维护社会公道；热爱本职工作，遵守职业道德；使家庭和睦、邻里亲善，信守家庭美德，热爱科学，钻研科学，坚持真理，发展真理；热爱伟大的社会主义祖国，在保证改革事业的健康发展中努力拼搏。只有这样，才能教育并带动广大群众树立崇高的道德理想。

三是必须心胸开阔、襟杯坦白，言行一致，热情助人。这就要求对同志要真诚相见、坦率相处、宽以待人，乐于助人；对自己要严格自律，说到做到，表里如一。切忌偏私虚伪，拨弄是非，破坏团结等恶劣的品质和作风。这样才能处理好同群众的关系，取得信任和支持，做思想政治工作才能取得较好的效果。

四是必须谦虚谨慎，大度待人。这是政工干部的一种美德。要求领导当楷模，首先政工干部要成为群众的楷摸。因此，政工干部必须谦虚好学，诚恳待人，谨慎处事。如果盛气凌人，群众就会敬而远之，你就无法做群众的思想政治工作。所以，政工干部必须尊重群众、接近群众，听取群众的不同意见，体察实情，才能运用思想政治工作艺术做好工作。

其三，思想政治工作者要有丰富的知识素质。知识素质主要是指政工干部所必须具备的理论知识、专业知识和辅助知识。

一是理论知识。主要应当具有马克思主义基本理论知识，即哲学、政治经济学、科学社会主义、党的历史和党的建设等。其中，最根本的是要学好邓小平理论。这些基本理论是思想政治工作学的理论基础，也是政工干部知识素质的基本功。政工干部能否做好思想政治工作，思想政治教育能否见成效，很大程度取决于理论水平的高低。所以必须努力学习马列主义毛泽东思想和邓小平理论，并运用基本理论和思想政治工作方法艺术，做好思想政治工作。

二是专业知识。主要应当具备思想政治工作学的基本原理和业务知识，同时还包括与思想政治工作密切相关的心理学、教育学、伦理学、社会学、法学、管理学等专业知识。学习这些专业知识，有利于掌握人们的认识、感情、意志、个性等心理特征。深入了解人们的社会关系、经济条件、家庭状况和文化素养等，掌握人们的思想和行为活动的客观规律。这样，才能创新工作方法和艺术，做好人们的思想政治工作。

三是辅助知识。主要应具有历史学、语言学、逻辑学、文学艺术以及现代新兴学科方面的知识。还包括政工干部所在单位的有关科学技术、生产、业务等方面的知识。掌握这些方面的知识就能开阔视野，增长经验，提高工作能力，发挥艺术水平，做好思想工作。

其四，思想政治工作者要有较强的才能素质。才能素质主要是指政工干部必须具有的组织才能、表达才能、写作才能以及科学的工作方式方法和艺术。

一是组织才能。就是要具有能够动员和组织各方面的力量去开展工作的才能。主要体现在：能组织调动本单位、本部门的力量，发挥所有工作人员的作用；能出谋献策，协助党政领导做好思想政治工作；能协助领导组织各方面的力量，如工会、共青团、民兵、妇联等方面的力量，共同来加强和搞好思想政治工作；能组织群众性的宣传队伍，运用群众的智慧和力量来一起做好思想政治工作；能组织本战线、本系统、本行业、本企业的政工队伍，抓重点、抓难点，解决问题。

二是表达才能。政工干部要具有三种表达能力：第一是文字表达能力。要求能写出文理通顺，生动活泼，文情并茂的宣传稿、讲演稿、报刊文章。第二是口头表达能力。如作报告、搞演讲、会议发言，言词要明快，谈吐要干净，要以情感人，形象幽默，悦耳动听，赏心醒目。第三是一定的艺术表达能力。如吹拉弹唱、编导演奏，能书会画等。实践证明，有了这些才能，就能有效地做好思想政治工作。反之，作报告干瘪无味，写文章呆板生硬，就很难做好思想政治工作。

然而，这些才能都不是轻易就能具备的，都需要在实践中不断磨练，方能逐步取得。广大政工干部要自强、自信，努力发扬我党思想政治工作的光荣传统，创造性地运用新的方式方法和艺术，开拓思想政治工作新局面，为保证跨世纪宏伟目标的实现而努力奋斗。

（作者系中共云南省委党校党建部副主任）

论思想政治工作的经济功能

江　涛

长期以来,人们对思想政治工作的政治功能和它在思想建设中的作用,已经有了相当程度的认识,但对思想政治工作在经济建设中的巨大效应却认识不高,这是至今有些地方思想政治工作不能到位的一个重要因素。因此,加强思想政治工作,还应该换个角度,即不但从政治角度,而且要从经济建设的角度来认识思想政治工作的价值。本文基于这一认识,通过探讨思想政治工作的经济功能,特别是生产力功能和经济管理功能,来认识思想政治工作的价值。

思想政治工作是经济建设的精神资源

没有资源就没有经济的发展。经济资源,除了生产资料等物质资源外,一个完整的经济形态还应具备人的精神资源。如果一个经济实体只拥有某些物质资源,而忽视思想建设,缺乏甚至没有精神资源,这必将导致经济结构中物质资源与精神资源的失衡,使经济管理混乱,职工思想空虚,职业道德等素质下降,生产经营上出现短期行为等等。改革开放的实践证明,发展社会主义市场经济经济离不开思想政治工作这个精神资源,思想政治工作是建立中国特色社会主义市场经济的重要条件,也是改革计放和持续发展的时代要求:

首先,从我国经济建设的目标来看,我国经济建设的目标是增强社会主义国家的综合国力。综合国力不仅表现为一个国家的物质实力,还应该包括一个国家和民族的精神实力。精神实力是综合国力的一个重要组成部分,任何一个民族如果仅靠物质力的支撑而没有坚固的精神力量作保证,那就迟早要导致民族大厦的倾斜和坍塌。综合国力中的精神实力包括:文化力、教育力、信仰力、道德力、理论力、感召力、人格力以及民族的凝聚力等因素。一个国家的物质力量不足所带来的后果足这个民族的贫穷与落后,而一个国家的精神力量不足所造成的是整个民族信仰的危机、精神支柱的倾斜、道德行为的颓废、价值观念的扭曲,精神生活的空虚和行为方式的变态。物质力量的增强依靠经济建设,而精神力量的增强则要靠包括思想政治工作在内的精神文明建设。

其次、人的理想、信念是人发挥社会作用的重要因素,是经济发展的有机组成部分。社会要全面发展,不但要重视智力投资,而且要重视提高劳动者的思想境界和道德风貌。精神力量在一定条件下为广大群众所掌握,可以转化为物质力量。就会促进经济发展和社会进步。社会经济发展与人的发展互为前提。人不仅是经济活动的主体,同时也是政治主体、历史主体和道德主体,人只有实现了包括政治思想道德素质在内的素质的全面发展,才能有效地掌握现代的生产方式,才能成为经济发展的强大动力和社会变革的倡导者、参与者。

第三,从人的行为特征来看思想政治工作的价值定位。行为学认为人的一切行为都是为了获得最大化的满足和最大化的追求,如对金钱和物质财富的不断追求和对信仰及精神生活的不断追求。需要强调的是,后者常为人们所忽视,不少人认为人都是自私的。其实不然,利他主义、为社会尽义务、对信仰的追求等也是人的一种需要。这两种最大化动机常常约束、支配着人的行为,人们往往要在财富价值和非财富价值之间进行权衡,不断地在这两者之间寻找并调整着自己的均衡点。由于财富价值可以向非财富价值转化并在转化过程中使人的精神境界得到升华,对非财富价值的追求可以靠牺牲或放弃财富价值而得到一定程度的实现,如通过为“希望工程”捐款可以实现利他主义的价值需要。但非财富价值的实现不能总是以牺牲个人财富为代价。思想政治工作的作用应定位在改变和调整财富价值追求和非财富价值追求之间的平衡点,刺激人们对非财富价值的需求,使为社会服务思想、理想信念、意识形态等非财富价值在个人选择中占有重要地位。由此可见,在现代市场经济的氛围中,思想政治工作的价值应在塑造和调节人的这种双重动机和追求中去寻找。

第四,人作为劳动者、生产者,不但要有知识、有能力、有智慧,而且应该有道德、有纪律。科学技术是资源,道德精神也是资源,而且是有着巨大潜能的社会资源,重视精神动力作用,是人类社会的进步,也是社会经济发展的趋势。西方一些发达国家在现代化过程中已经较早地认识到这一点。西方一位企业家说:“观念的东西不能改变世界,但它可以改变人,而人是能够改变世界的”。一

位日本企业家也认为人的“思想比金钱更多地主宰着世界，好的思想可以产生金钱，当代人的格言是思想比金钱更厉害”。因此，他们主张通过技术教育和道德教育相结合的办法来培养和改善自己的劳动者和管理者。

思想政治工作对生产力的发展具有动力功能

人是生产力的主体，是生产力中最积极、最活跃的因素。人只有具备了较高的科学文化水平，丰富的生产经验，先进的劳动技能，并且充分发挥了自身的主观能动性，才能在现代化的生产活动中发挥更大的作用，实现发展社会生产力。一方面，自然科学只有变为人的知识和技能，人才有能力进行先进技术的发明创造并物化到生产工具和劳动对象上，应用在生产过程中，创造出更大的生产力。另一方面，人在生产和科学技术中发挥作用，个仅要有知识技术及发明创造能力，还要有科学的世界观，正确的方法论，高尚的道德品质，正确的服务方向，强烈的事业心等等。从世界各国实现现代化的成功经验看，在发展生产的过程中，越是现代化，人的素质就越重要。因此，要发展生产力，就要全面提高人的素质。思想政治工作能够提高人的素质，从而促进生产力的发展。

思想政治教育对生产力发展的推动作用，虽不像科学技术那样直接、明显，但它渗透在三个方面之中，对生产力发展具有巨大的动力作用。

1.具有推动生产关系变革的功能。通过思想政治教育，使人们认识到变革旧的生产关系，建立新的适合生产力发展的生产关系的必要性。马克思讲：“理论一经掌握群众，也会变成物质力量”。列宁进一步发展了这一思想：“没有革命的理论，就没有革命的行动。”通过生产关系变革推动生产力发展时，首先必须有先进的理论和思想准备，而先进理论和思想准备的实现要通过思想政治教育去完成。在变革生产关系的过程中通过思想政治教育使生产者具有坚定的思想政治信念、坚韧不拔的思想政治品质去完成生产关系的变革，从而推动生产力的发展。虽然这种推动作用是间接的，但对生产力的发展是极为重要的。

2.具有激发生产者的主动性和创造性的功能。从一般意义上讲，思想政治工作的一个主要作用，在于使人们具有良好的思想品质和行为。联系生产力的内涵来认识思想政治工作的这一作用，可以具体理解为通过思想政治教育，激发和调动劳动者在其发展过程中的主动性和创造性，以加速生产力水平的提高和发展。具体讲，就是通过思想政治教育，使劳动者掌握正确认识和改造世界的观点和方法，培养起改造客观世界所必须具备的思想品质和行为，调动和激发起劳动者从事生产活动的积极性、主动性和创造性，以便更好地去改革生产工具和认识劳动对象，从而推动生产力的发展。

3.具有强化生产者科技意识的功能。从智力的广义内涵看，智力一般指人认识、理解客观事物并运用知识、经验等解决问题的能力，包括记忆、观察、想象、思考、判断等能力。培养智力的教育一般指文化科学技术知识的教育。但是，从广义上看，智力又在一定方面包涵着思想政治教育的内容。思想政治教育做好了，一方面使劳动者对掌握科学技术的目的性和重要性有明确认识，调动起劳动者掌握专业技术知识的自觉性和积极性；另一方面可以培养劳动者掌握专业技术知识所必须具备的思想品质，如正确思维、认真刻苦、不怕困难、持之以恒等等。思想政治工作在这里所起的作用影响到劳动者掌握科学技术知识的广度、深度和速度。从这个意义上讲，思想政治教育在科学技术转化为生产力从而促进生产力发展的过程中起着重要的推动作用，对生产力的发展也具有直接的动力价值。无数事实说明，思想政治工作是推动生产力发展不容忽视的精神动力。

思想政治工作为经济发展提供正确的认识环境

我们在研究社会经济发展问题时，既要看到发展所需要的内部原因，也要高度重视环境条件对其发展的作用。在影响经济发展的种种外部条件中，思想政治工作所形成的思想认识环境是一个极为重要的方面。

1.思想政治工作能够优化人们的思想认识状况。

根据唯物辩证法的基本原理，思想意识受生产力和生产关系所构成的生产方式的规定和制约，但是思想意识又具有相对独立性。这种相对独立性表现为思想认识与生产力发展的不同步性和相关性。两者的不同步性是指思想认识环境有时滞后于生产力发展的需要从而阻碍生产力的发展，有时超前于生产力的发展从而促进生产力的发展。前者就需要通过思想政治教育改变阻碍生产力发展的思想认识环境，后者也要通过思想政治教育来巩固和发展有利于生产力发展的思想认识环境。两者的相关性是指生产力在其发展过程中必须在原有的社会思想文化的基础上才能得以发展，但继承哪些要首先解决思想认识问题，即通过思想政治教育形成有利于生产力发展的一些思想认识环境。这就反映了生产力发展和思想认识的相关性问题。也说明了要想促进生产力的发展，必须通过思想政治工作形成有利于生产力发展的思想认识环境。

2.思想政治工作能够改善人们的社会心理环境。

在历史唯物主义者看来，社会心理属于思想意识范畴，它直接与日常生活中人们的思想政治相联系，表现为人们的感情、风俗、习惯、信念等思想意识倾向，在形式上表现为个人心理、集体心理、阶层心理、阶级心理和民族

心理等等。社会心理影响着经济的发展，经济发展在客观上要求有一个适合自己发展的良好的社会心理环境。而良好的社会心理的形成在很大程度上要依靠思想政治教育，即通过多样化的思想政治教育方式形成有利于经济发展的社会心理环境。实行改革开放以来，我国经济得到前所未有的发展。但不可否认，社会主义信念的淡漠，形形色色的个人主义价值观的存在，不同阶层人们在一些问题上所产生的心理不平衡，在一些地方存在的落后的风俗和习惯仍然影响着经济的进一步发展。改善这些不适合经济发展的社会心理环境，在很大程度上要靠深入的思想政治工作 。

3.思想政治工作有利于形成良好的社会道德环境。

道德是调整人们之间以及个人与社会之间关系的行为规范的总和，包括伦理思想和在伦理思想指导下的行为。虽然一定的社会生产方式是一定社会道德派生的基础，但社会道德同样反作用于生产方式，包括生产力。生产力在其运动和发展的过程中，劳动者在处理一些人与人、人与社会之间的关系时，自觉或不自觉地都在一定程度上遵循一定的道德规范。这种多元道德准则，用生产力与道德关系界定，可分为有利于生产力发展和不利于生产力发展的两类道德。思想政治教育在这方面的作用就是通过自己的功能，巩固和发扬有利于生产力发展的道德准则和行为，克服和纠正不利于生产力发展的道德准则和行为。具体讲，就是通过思想政治教育，使人们按照生产力发展所需的道德规范去处理人们之间和个人与社会之间的关系。

思想政治工作是现代经济管理的重要环节

在社会主义市场经济条件下，从经济管理的需要看，思想政治工作是现代经济管理的一个重要环节。

第一，思想政治工作的任务体现出了现代管理思想。现代管理学认为，现代管理，实质上是以人为核心的管理，是以提高人的素质和调动人的积极性为核心的管理。思想政治工作就是做人的工作，它的主要任务就是提高人的素质和调动人的积极性。因此，思想政治工作的任务体现了现代管理的核心思想。可以说，它是实现现代管理不可缺少的重要环节和条件。有的人讲经济管理，看不到人的因素，见物不见人，这是一种过时的管理观念，是以物为核心的旧管理观念。只有改变这种观念，才能重视思想教育工作在现代管理工作中的重要意义和作用。

第二，思想教育是经济管理的一个基本方法。任何一种管理行为都要通过一定的管理方法来实现。思想教育是经济管理行为中最基本的方法之一。现代行政和经济管理主要是采用命令、章程、监督、计划、指标等方式和手段实施管理，这是一种借助于权力的管理形式；而思想政治工作则主要是采用平等说理、真情感化、典型示范、精神鼓励、思想引导、原则导向、作风培养、思想宣传等方式实施管理，这是一种人格化的管理形式。这两种不同的管理形式体现出各自不同的管理艺术和技巧。应当肯定，在经济管理活动中，我们必须坚持物质利益原则，但是物质利益原则不是万能的。在生产、经营活动中，劳动者和经营者之间有许多问题，仅仅依靠物质利益原则是难以解决的。只有大力发扬思想政治工作的优势，采取正确的思想教育方法才能奏效。即使在贯彻实施物质利益原则时，也必须切实加强人们的思想教育。因此，我们必须十分重视思想教育在经济管理中的作用，自觉运用正确的思想教育方法，加强经济管理。

第三，思想政治工作的一些功能与现代管理诸多功能互相渗透。现代管理包含组织、决策、协调、激励、沟通等职能属性，思想政治工作也具有这些属性。其内容包括几个组成部分：教育、宣传、鼓励、协调、组织。其中组织工作和协调工作都是管理行为。如宣传工作，主要是用革命理论启发群众，用正确道理说服群众，用真诚感情关心群众，用物质和精神鼓励群众，用英雄模范引导群众，用民主和公仆作风联系群众，等等。这些既是我们党团结、组织和领导群众的具体内容，又是我们党历来倡导的科学管理方法。毛泽东同志曾指出：“不反对官僚主义的工作方法而采取实际的具体的工作方法，不抛弃命令主义的工作方法而采取耐心说服的工作方法，那末，什么任务也是不能实现的。”毛泽东同志所称的“工作方法”，实质上就是“管理方法”这一概念在不同历史时期、不同民族内的异用。又如协调工作，主要是协调各组织各部门之间利益和社会关系；制订党的路线、方针、政策；按德才兼备的原则和干部“四化”要求，做好组织工作；做好整党建党、纪律检查、统一战线、少数民族工作；领导好各群众团体工作等。这些内容与现代化管理中的组织、协调、决策、沟通等职能十分相近，并且互相渗透，密不可分。

邓小平同志曾经极具前瞻性地指出，应该从物质文明和生产力发展的高度去认识思想政治工作的重要性。他说：“没有精神文明，没有共产主义思想，没有共产主义道德，怎么能建设社会主义？”“不加强精神文明的建设，物质文明的建设也要受破坏，走弯路”。思想政治工作做的是人的工作，直接目的就是调动人的积极性，用当代发展理论的术语来说，就是要最大限度地发挥人力资源的作用。因此，具有中国特色的新的发展方式要求我们应该站在经济发展的高度，来研究思想政治工作的作用，特别是要下力气探讨思想政治工作对经济发展所具有的价值。

（作者系中央党校研究所副研究员、博士）

简论新时期共产党人的利益观

李俊伟

当代中国正处于社会转型时期。改革开放的进一步深入和市场经济的逐步确立，引起了人们利益关系的重大变化，从而引发了人们思想观念，尤其是利益观念的深刻变化。认真思考和研究人们利益观念的现状，特别是研究共产党人利益观念的现状，强调共产党人在新的历史时期继承和发扬优良传统的重要性，研究新时期共产党人利益观的核心问题，对于共产党员树立正确的世界观、人生观、价值观，发挥共产党人在两个文明建设中的先锋模范作用，具有迫切的理论意义和现实意义。

利益与利益实现

从马克思主义哲学观点出发，利益作为一个社会关系的范畴，是与人类社会共存的客观存在，是人们通过社会关系表现出来的不同需要，是人们生存、享受和发展的物质需要和精神需要的最直接表现，其中物质需要是最基本的利益形式。

马克思主义认为：第一、利益是思想的基础，利益决定思想，"'思想'一旦离开'利益'就会使自己出丑"。第二、利益追求是人类活动的原动力。"一切政治斗争，归根结底都是围绕着经济解放而进行的"恩格斯针对英法两国封建贵族、资产阶级和无产阶级斗争情况，指出："这三大阶级的斗争和它们的利益冲突是现代历史的动力，至少是这两个最先进国家的现代历史的动力。"一部人类历史就是各种利益交互作用的发展史。正是人们对利益的不断追求，构成了人类活动的真实动因，推动着社会历史的进步和发展。"利益…这就是一切创造活动的源泉和动力"，它"推动着民族的生活"。第三、利益的生活基础是生产方式。马克思主义认为，每一个生活的经济关系首先是作为利益关系表现出来的，认为只有从生产关系出发，才能说明利益的本质和历史作用。

利益的形成不是取决于人们的主观愿望或设计，而是取决于人们的物质生活条件。利益追求是多种多样的，只要有人的生存、享受和发展有关的诸如生命、衣食住行、异性、健康、钱财等对象性的存在都属于利益范围。它具体包括物质利益和精神文化方面的利益，其中物质利益是最基本的利益，精神文化方面的利益是在物质利益的基础上形成和发展的，并受物质利益的制约和影响。

按照利益分配划分，可能分为个人利益和社会利益。个人利益是其基本细胞，正如马克思所说的"每个人的出发点是他们自己"。个人利益的丧失，将是整个生活动力体系遭到破坏。但是，个人利益具有社会性，个人利益"当然是处于既有的历史条件和关系中的自己"。个人利益的追求目标及其实现手段是由当时生产力状况及其生产关系的形式决定的，"是由不以任何人为转移的社会条件决定的"。在不同的生产关系中，在不同的社会政治、经济制度中，个人利益和社会利益的分配、实现是不同的。

在资本主义社会，生产资料归私人占有，在生产关系的生产、交换、分配、消费过程中，个人利益始终占据中心的位置，每个人从个人利益出发去从事生产或生活。但在现实中又遇到许多困难，这就需要他人来帮助，帮助者总是出于对自己有利的考虑，从而在出于自利的相互需要中，产生了共同的利益。在资本主义社会初期，这种相对于封建束缚的个性解放是进步的，这种个性的解放、人的积极性的提高，才使资本主义制度诞生不久就极大地推动了整个社会生产力的发展。但历史已经一再证明，对个人利益的过分强调和对社会利益的漠视。会造成社会利益与个人利益的整体丧失。

在社会主义制度下，生产资料基本上归全体劳动人民或集体占有，这是形成共同利益的前提。由于社会主义制度还是向共产主义过渡的社会形式，在社会主义时期就出现了三种利益形式：国家利益、集体利益和个人利益。如何认识和处理这三者之间的关系至关重要。首先要看到，国家利益、集体利益和个人利益在根本上是一致的。其次还要看到，国家利益、集体利益及个人利益之间存在着矛盾。如何协调这三者的关系和解决这种矛盾，是发挥人民群众积极性和创造性的一个根本问题。社会主义的物质利益原则就是要正确处理国家利益、集体利益和个人利益之间的关系，兼顾各个方面的利益，调动各个方面的积极性。

共产党人的利益观

共产党人应当怎样看待和正确处理各种利益关系？

这在我们党章中已经有明确的规定:“党除了工人阶级和最广大人民群众的利益,没有自己特殊的利益。”邓小平同志指出:“中国共产党的含义或任务,如果用概括的语言来说,只有两句话:全心全意为人民服务,一切以人民利益作为每一个党员的最高准绳。”坚持人民的利益高于一切,全心全意为人民谋利益,个人利益服从集体利益,这就是共产党人的利益观。

共产党人的利益观是共产党人如何处理现实生活中各种利益关系的总的观点和看法,是共产党人世界观、人生观、价值观的表现,是共产党人精神世界的集中反映。共产主义运动不同与任何其他阶级的运动。正如马克思所说:“过去的一切运动都是少数人的或者为了少数人谋利益的运动,无产阶级的运动是绝大多数人的,为绝大多数人谋利益的独立的运动。”毛泽东指出,“共产党人的一切言论行动,必须合乎最广大人民群众的最高的利益”。一个人的能力有大小,但只要有“毫不利己专门利人的精神”,“毫无自私自利的精神”,他就是一个“有利于人民的人”,“一个高尚的人,一个纯粹的人,一个有道德的人,一个脱离了低级趣味的人”。刘少奇同志深刻指出:“为了党的、无产阶级的、民族解放和人类解放的事业,能够毫不犹豫地牺牲个人利益,甚至牺牲自己的生命。这就是我们党说的‘党性’或‘党的观念’、‘组织观念’的一种表现,这就是共产主义道德的最高表现,就是无产阶级政党原则性的最高表现,就是无产阶级意识纯洁的最高表现。”

在改革开放、建立社会主义市场经济的形势下,如何正确处理各种利益关系,这是摆在全党同志面前的一个新课题。邓小平同志作了深刻论述。首先,必须承认人们的物质利益。“为国家创造财富多,个人的收入就应该多一些,集体福利应该搞得好一些。不讲多劳多得,不重视物质利益,对少数先进分子可以,对广大群众不行,一段时间可以,长期不行。革命精神是非常宝贵的,没有革命精神就没有革命行动。但是,革命是在物质利益的基础上产生的,如果只讲牺牲精神,不讲物质利益,那就是唯心论。”其次,在分配中既要贯彻按劳分配的原则,克服平均主义,又要体现社会主义本质,实现共同富裕,提出了以先富带动后富,最终实现共同富裕的构想。第三,按照统筹兼顾的原则来协调各种利益关系。邓小平同志说:“我们从来主张,在社会主义社会中,国家、集体和个人利益在根本上是一致的。”但是,在改革的逐步深化中,势必会涉及到一些人利益的得失,甚至会发生利益冲突。处理的方法是,一方面要坚持统筹兼顾的原则;另一方面,党员干部要带头作出表率,要牺牲个人、局部和暂时利益。邓小平同志在《坚持四项基本原则》的讲话中指出:“在社会主义制度下,个人利益要服从集体利益,局部利益要服从整体利益,暂时利益要服从长远利益,或者叫做小局服从大局,小道理服从大道理。我们提倡和实行这些原则,决不是说可以不注意个人利益,不注意局部利益,不注意暂时利益,而是因为在社会主义制度之下,归根结底,个人利益和集体利益是统一的,局部利益和整体利益是统一的,暂时利益和长远利益是统一的。我们必须按照统筹兼顾的原则来调节各种利益的相互关系。如果相反,违反集体利益而追求个人利益,违反整体利益而追求局部利益,违反长远利益而追求暂时利益,那末,结果势必两头都受损失。”第四,要和一些错误思想作斗争。邓小平同志多次指出要“批判和反对资产阶级损人利己、唯利是图、‘一切向钱看’的腐朽思想。”同时又指出:“每个人都应该有他一定的物质利益,但是决不是提倡各人抛开国家、集体和别人,专门为自己的物质利益奋斗,决不是提倡各人都向‘钱’看。要是那样,社会主义和资本主义还有什么区别?我们从来主张,在社会主义生活中。国家、集体、个人的利益在根本上是一致的,如果有矛盾,个人的利益要服从国家和集体的利益。为了国家和集体的利益,为了人民大众的利益,一切有革命觉悟的先进分子必要时都应当牺牲自己的利益。”

江泽民同志在庆祝中国共产党成立七十周年大会上的讲话中指出:“共产党员和党的组织不能只顾个人或本单位、本地区致富,还要关心和帮助其他群众或其他地区共同致富。共产党员不能以权谋私,不能为了谋取个人利益和小团体利益而损害国家和人民的利益。否则,就违背了党的宗旨,就没有资格做一名共产党员。”“要坚持人民的利益高于一切,正确处理局部利益和整体利益的关系,眼前利益和长远利益的关系,国家、集体、个人利益的关系,坚决反对个人主义、本位主义和‘一切向钱看’的思想和行为。”江泽民强调:“在发展社会主义市场经济的新形势下,对共产党员来说,要讲理想、讲大局、讲奉献,讲全心全意为人民服务,讲个人利益服从集体利益,局部利益服从全局利益。”

在新的历史条件下,特别是面对物质利益的强烈诱惑和刺激,面对各种复杂的社会关系,一些共产党员逐渐忘记入党的初衷,忘记入党时的誓言,忘记共产党员的人生追求。于是,理想信念淡薄,单纯追求物质利益,有的党员甚至与民争利。正如江泽民同志指出的,有些干部为了本地区、本部门、本单位的利益乃至个人利益,而不惜损害国家和人民的全局利益,少数人以权谋私、行贿受贿、贪污腐化。这些现象败坏党的声誉,损害党群关系,同党的宗旨是不相容的。如果一个民族、国家的人们,只讲个人利益、个人奋斗,而不讲国家利益、社会贡献,那么这样的民族和国家就不能自立于世界民族之林。

树立正确利益观的途径

共产党不仅要具有正确的利益观,而且要有树立这

种正确利益观的途径和方法。概括起来有以下几点：

第一，加强共产党员世界观、人生观、价值观的教育。利益观归根结底是由一个人的世界观、人生观、价值观所决定和影响的。通过"三观"的教育，提高广大党员干部的认识能力和思想觉悟。能够正确认识人生的意义、人生的价值，使人们学会正确处理各种利益关系。首先，通过学习马列主义、毛泽东思想、特别是邓小平理论，不断提高理论水平和认识能力，通过学习使人们认识到，在社会主义市场经济条个下，以经济建设为中心，但是只要我们党和国家的性质不变，我们倡导的利益观就不会发生变化，就要求我们共产党员必须做到全心全意为人民服务，必须按照共产党员的要求去正确地处理各种利益关系。其次，通过大量的思想政治教育，提高党员干部的思想觉悟和道德水平。我国正处于社会主义的初级阶段。在这个阶段，旧社会遗留下来的各种腐朽、愚昧、落后的思想、观念和习俗还会长期存在；在改革开放、发展社会主义市场经济的条件下，人们在思想上也会产生这样那样的问题和矛盾；风云变幻的国际环境，也容易引起一些人，还会在具体利益、对问题的认识方面存在种种差异和矛盾。对于诸如此类的问题，都需要通过党的思想政治工作，用科学的世界观、方法论，去教育人、启发人，解决人们的立场和思想问题，纠正各种谬误和偏见，帮助人们正确处理国家、集体和个人三者之间的关系，协调人与人之间的关系。在整个社会生活中，发展和生产力水平的提高，人们不仅对物质利益更加关心，而且对政治、道德、精神、文化上的需要也越来越强烈。思想政治工作的一项重要任务就是不断引发利益观，开展全社会的强大舆论攻势，大力弘扬正气，形成正确达到健康向上的舆论导向，引导广大党员干部学习先进模范人物的无私奉献为人民服务、先人后己的献身精神，集体利益高于个人利益、大公无私的利益观。同时，还要注意发挥反面典型的警戒作用，深入剖析一些犯罪分子是怎样为了个人利益或小集团的利益而逐渐偏离正确的人生轨迹，使广大党员干部引以为戒。通过全社会精神文明建设，最终促进全社会讲大事、识大体、顾大局的良好风气的形成。

第二，强化监督和制约机制。首先，要尽快建立健全比较合理、公正、透明的政策法规体系。在最近几年中，由于未能对权力机构的公职人员及时进行法律的规范和约束，一些党员尤其是领导干部以权谋私，假公济私，将国家的财产、物资转化为部门所有、单位所有、甚至个人所有，这些共产党员成为某一团体的代言人，丧失了一个共产党员的基本标准。因此，在社会主义市场经济条件下，为了使市场参与者在市场活动中有法可依、有章可循，合法利益得到保障，违法行为受到制裁，更为了防治和杜绝公职人员利用职权之便以权谋私、行贿受贿等不法行为，抓紧制定那些有关市场经济的法律，有关党风廉政建设方面的法律。正如邓小平同志所说的"国家和企业，企业和企业，企业和个人等等之间的关系，也要用法律的形式来确定：它们之间的矛盾，也有不少要通过法律来解决。"用法律的手段处理利益关系，在新的历史时期就更加重要。遵守法律法规的要求来处理各种利用关系，是党员的最低标准。其次，要严格执法，对违犯政策法律规定，侵害国家、局部、个人正当利益的行为，要依据政策和法规给予行政的、经济的或法律的制裁。对违法犯罪人员过分容忍、优柔寡断、息事宁人，就会助长歪风，保护坏人，损害党、国家和人民的利益；面对违法犯罪案件，执法如山，敢于碰硬，就能长人民志气，树法规权威，保护党、国家和人民的利益。这是共产党员在社会主义市场经济条件下正确处理各种利益关系的最起码要求。

第三，全体党员特别是领导干部要以身作则作出表率。在社会主义市场经济条件下，在人们正确的利益观尚未最终形成，错误的利益观在不断肆虐的情况下，领导干部以身作则树立表率具有十分重要的意义。邓小平同志曾强调指出：最重要的条件，就是凡是需要动员群众做的，每个党员，特别是担负领导职务的党员，必须从自己做起。我们党是执政党，党员领导干部手中或多或少都掌握一定的权力，用权谋公，还是以权谋私，是真正衡量每个领导干部利益观的体现。要树立以权为公、用权为民的观念，通过手中的权力，一心为人民谋利益。特别是在对待党和人民的利益问题上，提倡什么，反对什么，要十分明朗。邓小平同志指出："领导干部，特别是高级领导干部以身作则非常重要。群众对干部总是要听其言，观其行的。"在新的历史时期，领导干部要以党的全心全意为人民服务的宗旨不断校正自己的利益取向。清正廉洁，严于律已，一切从人民利益出发，不仅能赢得人民群众的尊重和信赖，而且更重要的是可以使正确的利益观教育真实可信，从而收到实效。

试论干部的公仆属性

国万忠　刘士儒　于树胜

党的十五大提出，要把建设有中国特色社会主义事业全面推向21世纪。实现这一宏伟目标，关键是坚持、加强和改善党的领导。加强党的建设的首要任务，就是要不断提高各级干部特别领导干部的综合素质和执政水平，不断增强拒腐防变的能力，搞好党的干部队伍建设。解决好干部队伍建设问题的突破口，是以思想政治建设为重点，使广大干部特别领导干部正确认识到干部的公仆属性。

一

《中国共产党党章》第六章第三十三条对我党的干部本质特征进行了科学的概括："党的干部是党的事业的骨干，是人民的公仆。"这也成为区别于 任何剥削阶级政党官员的根本标志。"仆"与"主"相对，主仆关系是服务与被服务的关系。作为人民公仆的中国共产党的干部与广大人民群众之间是一种服务与被服务的关系，也就是说我党的广大干部要时刻为人民群众的利益而努力工作、竭诚服务。其服务性质主要表现在干部的领导职能、指导职能和推动职能等三个职能工作中。关于干部的领导职能，是指广大干部率领和引导着群众一同前进。中国共产党建党77年来，由小变大，由弱而强，时刻以广大人民群众的根本利益为己任，始终站在革命的最前沿，历经多次磨难而不衰，终于推翻了压在中华民族身上的"三座大山"，建立了新中国，进入了社会主义，并使我国的综合国力和人民生活水平大幅度提高。在曲折、奋进的革命斗争中，中国共产党与中国各族人民结下了血肉相联的深情厚谊，成为人民群众利益的忠实代表，赢得了人民群众的信任、爱戴和支持。作为党的事业骨干的我党广大干部是党联系人民群众的桥梁和纽带，他们在领导我国各族人民进行革命斗争、社会主义建设中，吃苦在前，享受在后，无私奉献着自己的一切，生命不止，他们便为人民群众的利益和党的事业奋斗不止、服务不息。而在资本主义社会中，作为领导的官员和广大群众之间是一种压迫、强制、剥削和反压迫、反强制、反剥削的对立性的关系，官员在领导群众的过程中没有服务群众的理念，而只是服务于少数大财团大资本家等资产阶级，他们代表着人数占小部分的资产阶级的意志，统治、压迫着大多数的无产阶级。关于指导职能，是指各级干部在方向性、导向性的路线、政策上，给予群众以指点和引导，使之沿一定方向发展、前进。中国共产党的干部是人民群众的公仆，是其利益的忠实代表，他们凡事依据党和人民的利益和意志判断是非曲直，为人民群众指引正确前进的方向，使之沿着建设有中国特色社会主义的方向走上光明大道，最终达到全国各族人民的共同富裕。而资产阶级政党的官员的工作均为追求资本家的利润最大化，他们总是想尽一切办法来欺诈、剥削广大的无产阶级，尽力为资本家来敛财聚资。关于推动职能，中国共产党的干部以追求人民共同富裕为目的，对于人民群众中存在着的一小部分消极分子和中间派或习惯惰性，主动给其一个外界作用力，使其按正确的社会发展规律、沿着社会主义发展方向奋斗前行。而资产阶级政党的官员则是有意识地误导群众，给其渗透、灌输错误的观念、思想，为资本家的富裕、资产阶级的兴旺而扭曲社会意识形态，使其逆社会发展规律而行，为资本主义精心地编织着"皇帝的新装"。从以上这三种干部（资产阶级称为官员）主要职能的相互比较中，我们可以清楚地看到，资产阶级政党的官员其属性与无产阶级政党的干部属性截然相对。作为无产阶级政党的中国共产党的干部则始终以人民群众的利益为出发点和落脚点。以人民群众"拥护不拥护、赞成不赞成、高兴不高兴、答应不答应"为标准，领导、指导、推动着广大人民群众沿着正确的社会主义发展方向前进，俯首甘为人民的公仆，全心全意为人民服务。在这个意义上，我们才能正确认识我党的干部是服务于人民群众利益的公仆。

二

当前，我党干部队伍中的绝大多数同志是好的，是无愧于"公仆"称号的。焦裕禄、孔繁森、马恩华、李润五等党的好干部，他们心中始终装着人民的疾苦，从未考虑过个人的恩怨得失，全心全意为人民服务，实践着干部的公仆属性，对这样的干部人民将永远记住他们、爱戴他们。坚持"太行山道路"十多年如一日的河北农业大学的干部

们同全校师生一起，想农民所想，急农民所急，“捧着一颗心来，不带半根草去”，为太行山地区的人民带来了富裕和文明，多次受到党和政府的高度称赞和表彰，农民也自发地为他们歌功颂德，修碑立传。我们党的干部队伍中还有千千万万个这样的同志，默默无闻地为人民的事业奉献着自己的聪明才智。但是，我们还应看到，党的干部队伍中确实还隐藏着一些不和谐音符，在破坏、损伤着我党宏伟建设的美丽乐章。

正确地认识干部的公仆属性，是各级干部特别领导干部实践好公仆属性的前提。实践干部的公仆属性，就是要正确地处理好干部与群众的关系问题，这是一个根本的政治问题。江泽民总书记多次强调“领导干部一定要讲政治”就是指的这个问题。从根本上讲，干部所要坚持的正确的政治方向，就是代表人民群众利益的建设有中国特色社会主义方向；正确的政治立场，就是人民群众的立场；正确的政治观点，最基本的就是马克思主义的群众观点；严格的政治纪律，最重要的是维护全党全国人民的最高利益，同党中央保持高度一致。总之一句话，党的干部要摆正自己与群众的关系，要时时刻刻、处处地地以人民群众利益为重，全心全意为人民服务。

三

广大干部特别是领导干部在实践干部公仆属性的过程中，应主要处理好干部与群众服务中的四大关系。(1)上与下的关系。对上还是对下？即对上级领导负责还是对群众负责。现实中，有的只重视上级领导下达的任务，只要上级满意就行，而不顾下面群众的实际情况，如瞒报成绩等；有的则以群众利益为借口，凡事总想和上级讨个说法，来个上有政策下有对策。这两种情况都是不可取的，实质上，上级领导和人民群众的利益是根本一致的，不能将两者割裂开来、对立起来，因为我党是人民群众根本利益代表者，其共同利益指向都是建设有中国特色社会主义，达到共同富裕。(2)“能人”与群众的关系。对少数“能人”还是广大群众？有的认为市场经济是“能人”经济，到21世纪的知识经济时代，掌握高科技的人将对社会产生较大贡献，服务的对象应由战争时期的老百姓转向现代的“能人”们。实质上，这种思想已背离了马克思主义的基本原理。马克思主义的历史唯物观告诉我们，人民群众才是真正的历史创造者，“能人”的根是扎在人民土壤之中的，将其两者割离开来对待，则好比于空气中找觅羊毛的价值，皮之不存，毛将焉附？每个“能人”都是从广大人民群众中吸取充足营养后才成长发育起来的，如果干部只重“能人”而脱离群众这一坚厚基础、坚强后盾，那么，党领导的社会主义事业将举步维艰，甚至出现退后。这种现象和教训是不乏其例的。(3)局部与整体的关系。对局部还是整体？地方保护主义、小团体主义是这个矛盾体处理不当所产生的不良后果。我们的干部特别领导干部，在决策每一件事之前，一定要先用广大人民群众的利益去衡量一下得失、利弊，不能只囿于自己所在的小圈子、小集体中，要有全国、整体大局意识，要将局部利益和整体利益统一起来。否则，为小集体的局部利益而不顾全局利益，就可能成为党和人民群众的罪人。(4)眼前与长远的关系。对眼前还是长远？对这对矛盾的处理主要集中在干部执政的初期。新官上任，一心想为当地人民谋点幸福，创造些财富，于是便大兴土木建各种开发区、多方出击吸引外资，或看到某项目短期有好的效益，便不进行市场调查盲目上马，结果是开发区内荒地成片，企业项目半途下马，造成大量人力、物力、财力的浪费。因此，各级干部在遇到某一事情时，一定要凭着对人民负责的公仆意识，认真调查研究其长远利益与眼前利益的相互关系，审时度势，既不能因眼前利益而搞短期行为，也不能过度担心长远利益而错失良机。

广大干部特别领导干部要正确认识实践好干部的公仆属性，首先，还是需要经常性地系统地学习、领会、掌握马克思主义尤其是邓小平理论。江泽民同志多次重申，只有理论上的坚定，才会有立场、行为上的坚定，才会成为政治上的坚定者。作为党的干部一定要在学习理论上起表率作用，并用干部的公仆意识时常提醒自己，除掌握好马克思主义理论外，还要注意及时地补充相关的专业知识，以迎接知识经济的到来。其次，各级干部要自觉地进行党性分析，即按照《中国共产党党章》和党中央提出的各项要求来解剖自己、检讨自己，使自己成为“一个高尚的人，一个纯粹的人，一个有道德的人，一个脱离了低级趣味的人，一个有益于人民的人”。第三，各级干部要敢于接受监督和进行自我监督。江泽民同志在《领导干部一定要讲政治》中说：“现在有的干部职务升了，权力大了，对自己的要求却放松了；权力一大，直接监督他的人少了，利用他、为他抬轿的人多了。如果自己不警惕，组织上又不及时教育和监督，就很容易出问题，甚至出大问题”。各级干部一定要警钟长鸣，敢于接受他人和组织的监督，更重要的是敢于进行自我监督，因为内因是变化的根据。只有做到这三点，各级干部才能真正地认识、实践好干部的公仆属性，带领人民群众完成新的历史任务，从胜利走向新的胜利！

（作者单位：河北农业大学）

市场经济条件下企业思想政治工作的新思路

张雅芬

在社会主义市场经济体制建立和发展的过程中，企业的思想政治工作如何才能适应市场经济发展的客观要求，为经济发展和社会全面进步提供精神动力与智力支持，是摆在我们面前亟待解决的重要课题。

一、正视困难，客观分析市场经济条件下企业思想政治工作面临的新问题

伴随着社会主义市场经济体制的逐步建立，企业的思想政治工作的主体与客体均发生重要变化。虽然总的趋势是适应改革开放，积极向上的，但也不可忽视所面临的新情况、新问题、新挑战。分析研究这些新变化、新问题是克服各种困难做好思想政治工作的重要基础和前提。

第一，体制的变革使企业思想政治工作的难度加大。

一是改革开放以来，市场经济的发展，引起社会经济生活的迅速变化。也使企业与职工同社会的经济联系日益增多，理想信念、道德标准、价值取向日益多元化。这对于统一思想，确立符合杜会主义的强大精神支柱、崇高的思想道德和科学的价值观增加了难度。二是党的工作转移到以经济建设为中心的轨道上之后，部分领导不重视思想政治工作，错误地认为思想政治工作不如物质刺激见效快，产生“干部靠钱管、工人为钱干”、“一切向钱看”的倾向使企业思想工作一度处于无人问津的状态。三是长期以来，人们已习惯于计划经济体制下那种“企业没压力、经营者没动力、职工捧着铁饭碗没危机感”的状况，如今市场竞争的风浪使企业经营者压力重重，特别是实行一部分地区、一部分人先富起来的政策后，地区之间、行业之间、职工各个之间的收入差距逐步扩大，贫富悬殊的现象产生，使部分职工对市场经济持怀疑否定态度。产生种种心理上的不平衡感；四是改革开放以来，由于利益格局的变化，企业与国家之间，企业与企业之间，职工与企业之间产生新的矛盾。有的企业片面追求利润，不顾国家利益甚至出现挖国家墙角的现象。特别是受行业差距拉大和社会上拜金主义、极端个人主义及享乐主义的影响，人们的需求欲望受到消极、病态的刺激，损人利己、弄虚做假、损害消费者利益的思想和行为也滋长起来。五是企业改革的深化，产业结构的调整、企业经营机制的转变，使国有企业在激烈的市场竞争中面临很大的困难，生产经营步履艰难，职工的生存与发展受到威胁，有的甚至难以为继，致使企业领导和职工忙于应付解决维持生计的实际问题，不同程度地放松了思想政治工作。思想政治工作本身也因缺乏必要的物质保障而难以有效地开展，这一切无疑加大了企业思想政治工作的难度。

第二，工作方法的滞后使企业思想政治工作制约因素增多。

企业思想政治工作在新的形势下不同程度地受到传统方法旧框框的束缚，其表现是：在思维方式上，不注重从整体上多向联系，充分发挥思想工作的政治优势；在指导思想上，不能主动服从服务于经济建设这个中心，一味强调以我为中心；在工作目标上，不是在提高职工整体素质上下功夫，而只片面注重职工政治素质的培养；在工作重点上，往往以务虚的政治教育为主，不结合生产经营活动中的实际做思想工作；在工作态度上，总是依靠简单的居高临下的说教方式，不注重在尊重人、理解人、关心人上下功夫；在工作方法上，不注意采取积极的疏导方式，而是就事论事、消极防范；在组织力量上，一般只是依靠少数政工干部搞“小政工”，不注重发动各方面的力量形成齐抓共管的“大政工”。因此，思想政治工作受到不同程度的影响。

第三，企业领导者行为失范使企业思想政治工作严重失效。

对外开放，吸引外资和借鉴外国先进技术、管理经验以及优秀文明成果，同时，腐朽没落的观念和生活方式也会乘虚而入，侵蚀着我们党和国家的健康肌体，严重冲击了企业思想政治工作。一是有的企业领导放弃了马列主义、毛泽东思想和邓小平理论的学习，共产主义信念动摇，忘记了自己担负的带领职工建设两个文明的重担。虽口头喊的是廉洁奉公，艰苦奋斗，而实际行动中，却千方百计的为个人或小团体谋私利，在企业经营不善、资金紧张的情况下，仍购置豪华轿车、高级公寓、“大哥大”等。这种言行不一的思想作风损害了企业领导自身形象，使

群众损失去了对思想政治工作的信任。二是有的企业干部由于放松了世界观的改造，法纪观念谈漠，利用企业"合资"、"改制"之机，将大量国有资产挪入"小金库"或个人腰包，在群众中造成不良影响。三是极少数企业干部陷入拜金主义、享乐主义的泥潭而不能自拔，大肆侵吞公款。有的甚至在企业经营不善，企业严重亏损、工人不发工资的情况下，依然出入高级宾馆、饭店、唱卡拉OK，找"三陪"小姐，乘机出国旅游，所谓"吃喝嫖赌全报销"。

上述三种新情况、新问题的存在警示我们，思想政治工作并非可有可无，而是企业经济工作及其他一切工作的"生命线"，必须提高认识摆正位置，将新时期企业思想政治工作的地位与作用提到领导工作的议事日程抓紧抓好。

二、摆正位置，提高对市场经济条件下企业思想政治工作地位与作用的新认识

第一，加强新时期的企业思想政治工作，是促进社会生产力提高的有效途径。马克思主义认为：在社会生产力的三要素(劳动者、劳动工具、劳动对象)中，人的因素是最重要的，是企业活力的来源，任何企业经济效益的取得，都要通过物化劳动的结合。思想政治工作是以人为对象的，它通过改变和形成人的思想观念提高觉悟，树立崇高理想和坚定的信念，提高改造主观世界的自觉性，调动起工作的积极性和创造性；并使之通过劳动过程转化为物质形态。人的有目的的精神动力就是创造社会生产力的不竭源泉，它在补偿物质动力缺陷方面具有巨大的威力。一个集体需要精神动力来维系共同理想，一个企业需要精神动力来创造一种团结奋斗的氛围。而企业思想政治工作的功能，在于统一人们的认识，增强企业的凝聚力和战斗力，激发干部职工的劳动积极性和奉献精神，这实际上就是一种间接的生产力。

第二，加强市场经济条件下企业思想政治工作是深化企业改革，建立现代企业制度的重要保证。

党的十五大提出的一项重要战略任务，就是要加快推进国有企业改革，力争到本世纪末大多数国有大中型企业初步建立现代企业制度。实现这一战略任务的过程，也就是我国的企业制度进行深刻变革的过程，它必将触及深层次矛盾，带来权力分配、利益格局、产业结构、发展思路、管理方法、运行机制、机构人员等各方面的调整和改变。部分干部职工对企业改革的深刻内涵缺乏理解，思想上产生各种障碍也是在所难免的。这就需要我们充分发挥思想政治工作的宣传、教育导向作用，引导职工充分认识改制是企业生存和发展的唯一出路，而改革成本要由国家、企业、个人共同承担。企业思想政治工作者通过提供优质服务，帮助广大干部职工消除理论上的困惑、思想上的疑虑、心态上的不平衡，自觉投身改革，保证改革健康顺利地发展。

第三，加大新时期企业思想政治工作的力度，是化解矛盾、理顺情绪、维护社会稳定不可缺少的重要措施。

目前，我国的改革正处于攻坚阶段，这一时期，全方位的经济结构调整与产业升级使国有企业面临着分化、调整、兼并、重组、破产等问题，企业职工也面临着下岗、失业与重新择业的严峻考验。这对于长期在计划经济体制下习惯于吃大锅饭、端"铁饭碗"的企业职工而言，无论思想与生活都将产生强烈的震荡和冲击。如不及时引导，企业职工由思想上的震荡所产生的过激行为，必然会导致一些突发事件的发生促使矛盾不断的升级，严重影响了社会的稳定。

因此，必须充分运用思想政治工作的各种形式，因势利导向广大职工讲清经济结构调整的意义。宣传相关的政策，消除和澄清职工心中的各种误会和疑虑，稳定其情绪，继而引导其客观地看待下岗分流。树立新的就业观、择业观，努力提高自身素质和能力，以新的姿态和精神面貌迎接市场经济的洗礼和挑战。这样才能避免由改革的阵痛所带来的动荡，使改革和经济发展始终在有序的状态下良性循环。卓有成效的思想政治工作能成功地化解经济结构调整中的各种矛盾，增强企业职工的忧患意识和社会责任感，为企业改革和发展创造良好社会环境。

第四，改进市场经济条件下企业思想政治工作，是帮助干部职工解放思想更新观念，提高企业干部职工综合素质的迫切需要。

长期以来，企业的干部职工受传统观念的影响，对党的十五大关于经济理论与经济政策的创新与突破缺乏理解。对调整所有制结构、资产重组、"抓大放小"、"按生产要素分配"及股份制等等存在忧虑与担心。如调整所有制结构，担心国有企业会发生自下而上的危机；实行"抓大放小"，担心私有化泛滥；对下岗分流，减员增效，担心下岗失业；按生产要素分配，担心贫富悬殊两极分化问题加剧等等。虽然人们的出发点和愿望是良好的，但这将成为不利于改革的消极因素。因此，必须运用思想政治工作教育干部职工进一步解放思想，树立起与社会主义市场经济相适应的开放观念、竞争观念、择业观念、风险观念、创新观念、法制观念和社会道德观念，树立把自身价值与社会价值融为一体的观念，为企业和国家分忧解难，共同创造为企业参与市场竞争的宽松环境和思想氛围，为改革的新突破和经济的迅速发展，奠定坚实的思想基础。

三、结合实际，探索市场经济条件下企业思想政治工作的新方法

第一，做好新时期的企业思想政治工作，必须坚持的基本原则。一是坚持以经济建设为中心，为经济建设服

务的原则。当前要围绕着建立现代企业制度,深化国有企业改革来进行。二是坚持解放思想、实事求是,一切从实际出发的原则。要依据客观情况不断变化的动态趋势,研究新动向、发现新问题、探索企业思想政治工作的新规律。三是坚持"以人为本"的原则。把企业思想政治工作的重点放在培养人、教育人上,通过思想教育,造就一支适应社会主义市场经济要求的有理想、有道德、有文化、有纪律的职工队伍。四是坚持全心全意依靠工人阶级的原则。对于企业步入市场经济仍后所面临的困难要讲清,不遮掩、不粉饰,相信广大职工依靠群众,把克服困难的努力变为群众的自觉行动,国企改革才具有良好的群众基础。五是身教重于言教的原则。坐而论不如起而行,思想政治工作的有效性取决于领导干部自身行为的示范性,企业领导只有不断加强思想道德修养,坚决杜绝吃喝玩乐、铺张浪费等不良风气,自觉抵制腐朽思想的侵蚀,廉洁自律、率先垂范、公道正直,其言教才有感召力、说服力,才能影响并带领群众,为企业发展做出应有的贡献。

第二,明确新形势下企业思想政治工作的主要内容。首先,要扎扎实实地搞好社会主义基础文明教育。即要把以文明礼貌、助人为乐、奉献爱心为中心内容的社会主义道德教育和以遵纪守法、扶正祛邪为中心内容的社会主义法制教育结合起来。其次,要深入细致地进行职业文明教育。一是针对职工在生产、经营、管理、服务过程中反映出来的问题,进行依法经营、公平竞争、提高效益的市场主体教育;二是结合学科学,练技术、创名牌活动,进行知识经济与科技兴国、兴企教育;三是结合"两个根本性转变与企业的改组、改制、改造,进行工人阶级的历史责任感,使命感教育;四是结合企业文化建设,对职工进行培育企业精神,增强主人翁意识教育。再次,认认真真地抓好社会主义精神文明教育。一是要进行以学习邓小平理论为核心内容的中国特色社会主义理论和实践教育;要结合党的基本理论,基本路线系统进行世界观、人生观、价值观教育。二是要广泛开展知我中华、爱我中华为中心内容的爱国主义教育;三是要进行以热爱集体、奉献社会为主要内容的集体主义教育;四是要进行以自力更生、艰苦创业、勤俭节约为主要内容的党的优良传统作风教育。

第三,在社会主义市场经济条件下企业思想政治工作要做到五个结合。

一是思想政治工作与企业文化建设相结合的方法。企业文化反映了企业物质文明与精神文明建设的水准,它关系到企业的生存与发展。把思想政治工作与企业文化建设融为一体,能培育出个性鲜明、独具特色的企业精神,形成企业整体的价值观、道德观和行为准则,塑造良好的企业形象,从而在激烈的市场竞争中稳操胜券。

二是思想政治工作与企业管理有机结合的方法。市场竞争要求企业整体素质的提高,这是必然使企业的思想政治工作成为企业目标管理的重要内容,变软任务为硬指标,纳入企业管理范畴,进一步强化管理的功效。同时,思想政治工作在正规化、科学化的基础上实现与现代企业制度的接轨,找到更为广阔的用武之地。

三是把思想政治工作与解决职工实际困难相结合的方法。在改革不断深化的过程中,职工的思想问题往往与实际困难紧紧相伴。为此,思想政治工作要在思想上给工作对象帮助启迪的同时,还要辅之以物质上的关心、生活上的照顾,为职工群众排忧解难,使职工在自己切身利益得到实现的过程中感到企业和党的温暖,从而更好地接受思想教育,增添克服困难的勇气和力量,并把自身利益和企业的经济效益融在一起,树立厂荣我荣、厂衰我耻的生存观,与企业同舟共济,合力推动企业改革。

四是把思想政治工作的系统性与职工群众自我教育活动的灵活性相结合的方法。根据企业实际需要,积极开展主题鲜明、格调高雅、形式灵活、引人入胜的文体活动。寓教于乐,让职工在人的活动中受到思想上的启迪,精神上的振奋,从而增强企业的凝聚力和向心力。企业的思想政治工作会收到事半功倍的效果。

五是把企业领导的自身建设与建立完善的监督机制结合起来。没有监督的权力必然滋生腐败已是不争的定论,必须把企业领导的自身建设与完善的监督机制结合起来。领导者自身要自觉改造主观世界,防微杜渐,企业内部也应建立起反应敏锐、运转有效、相对独立的监督系统,有效地防止企业领导任何形式的以权谋私、滥用权力、渎职和权力无为等,使腐败现象丝毫没有藏身之处,企业思想政治工作定会效率倍增。

总之,改革开放和社会主义现代化建设已赋予企业思想政治工作崭新的时代内容,只要我们奏响时代的主旋律,不断开辟新视角,运用新载体,企业思想政治工作就能在市场经济条件下依然保持旺盛的生命力和战斗力。

(作者系中共四平市委党校理论研究室主任、副教授)

关于思想政治工作本质的综述

许 强

“思想政治工作是经济工作和其他一切工作的生命线”,然而时至今日,这条被写进《关于建国以来党的若干历史问题的决议》的“生命线”本质到底是什么,众说纷纭。80年代初,借思想政治工作学这门学科建设的东风,各路专家对这个向题曾经展开过一场热烈的讨论。1992年,倍感思想政治工作学的基础理论比较薄弱的理论工作者们又进行了一次大讨论。现在看来,这两次讨论的成果是丰硕的,但却没有结果——一个令人信服的关于思想政治工作本质的界定。

我们知道,凡是最能体现一事物特色、对该事物的存在起决定性影响的属性就是该事物的本质属性,也就是平常我们所说的事物的本质。一般说来,理论工作者在界定思想政治工作的本质属性时往往从两个方面来考虑:一是从思想政治工作的各种属性间的关系以及思想政治工作与其它事物间的关系来考虑。本质属性必须是思想政治工作诸属性中最一般的属性,又是反映思想政治工作区别于其它事物的显著标志,它能够把思想政治工作和其它事物区分开来,构成之所以成为思想政治工作的根据,它最集中、最突出地反映了思想政治工作的质;二是本质属性必须在诸属性中能充当理论体系的逻辑起点,能合理地说明其它属性。因此,清楚准确地对思想政治工作的本质进行界定是思想政治工作学基础理论建设的重要环节,是保证思想政治工作的发展方向及准确把握思想政治工作规律的前提和基础,有重要的理论意义和实践意义。

理论研究者比较一致的看法是,思想政治工作的属性可以是多样的,但本质属性却只能有一个,具体的表述有以下几种:

一、政治属性论

大多数军队政治工作和理论工作者持这种意见,所不同的是,军队理论工作者多将思想政治工作(思想工作)作为军队政治工作的一个手段。比较有代表性的观点是《政工信息》刊载的《党的思想政治工作的本质和地位作用》一文对思想政治工作的本质的表述,“就广泛意义上来讲,思想政治工作的本质,是一定的政治集团,为了实现一定的政治目标,有目的有计划地对人们施加意识形态和心理影响,以期转变人的思想政治品德,引导人的行为的工作。而党的思想政治工作是以社会主义、共产主义思想体系教育人民,启发人民的社会主义、共产主义思想觉悟,树立正确的人生观和世界观,提高认识世界和改造世界的能力,为实现党的当前和长远的目标而奋斗的实践活动”。显然,这种观点认为思想政治工作是为一定的阶级或政党服务的,实现它的政治目标即政治内容贯穿思想政治工作的始终,政治性是其本质属性。

二、转化论

“我认为思想政治工作的本质属性可以这样来表述:用马克思主义的立场、观点、方法转化非马克思主义的立场、观点、方法。正如我们可以把认识的本质属性简称为反映一样,也可以把思想政治工作的本质属性简称为转化。”沈思言在他的那篇题为《转化是思想政治工作的本质属性》的论文中不仅表述了上面的观点,而且对思想政治工作本质的“政治属性”论和“管理属性”论不以为然,认为并不是所有的思想问题和认识问题都可以归结为“马克思主义的”和“非马克思主义的”问题,也不是所有的思想政治工作活动都集中于解决“马克思主义的”和“非马克思主义的”之间的矛盾。

三、管理论

王黎光、肖培和张耀宗三人合著的《思想政治工作也是“管理”》一文认为,“思想政治工作是一种特殊的管理。它属于上层建筑,又要建立在牢固的物质基础之上,它是与物质管理不能分开的特殊管理手段”。自从这篇文章于1984年11月14日在北京日报发表以后,他们的观点多次被其他理论工作者引用。当然,每次都是作为被批判的靶子出现的。这种观点是试图从管理学的角度对思想政治工作的本质进行连释,把思想政治工作看成是对人的思想和行为的管理,是以“政治管理”和“生产管理”为主要形式的物质运动。

四、“人”学论

李禹新在《思想政治工作是“人”学》一文提出,“可以

说,思想政治工作是一门研究和正确引导人的需求的学科,是激励和调动人的积极性、创造性、主动性的学科。这是该学科不同于其它学科的最本质的特点"。臧乐源、刘示范在合著的《关心人——思想政治工作的灵魂》一文中指出,"关心人,是思想政治工作的一个极重要的范畴,是其根本的出发点和归宿,是贯串思想政治工作过程始终的灵魂……我们的思想政治工作是做人的工作的,应当把全心全意为人民服务作为自己的根本宗旨,作为自己的根本出发点和归宿。这就是我们思想政治工作的性质,或者说是思想政治工作质的规定性"。这种从党的全心全意为人民服务宗旨推导出来的结论,是对长期以来存在于思想政治工作领域里"事无巨细皆属政治"的"左"的倾向的强有力的反动。

五、精神生产论

史沫在《思想政治工作三题》文中是这样表述作为实践的"思想政治工作"的概念的:"思想政治工作是一种精神生产实践活动,即所谓'精神产业'"。他认为,作为"精神产业"的思想政治工作和物质生产实践以及其它社会实践相比,有许多特点。第一,它不但有相对独立的实践领域,而且渗透在一切物质生产和其它社会实践活动之中。第二,作为精神产业,它具有如下特征:它的"生产工具"主要是工作者的思维、情感、语言等"软件";它的生产过程,不仅受工作者本身素质特点的制约,也受工作对象素质特点的制约;它的"产品"(人的精神世界)虽然也有相对的统一要求,但具体"型号"却因人而异,往往具有个人的特点和风格;它的"产品"首先是直接满足人们的精神需要,主要是以积极性为标志的人们的精神状态,以立场、观点、方法为核心的认识和改造主客观世界的能力。正如作者自己在这篇文章中所说的,这个概念得益于马克思对人类生产实践的分类的启发,人类生产实践包括物质生产、精神生产和人自身的生产三大部门。思想政治工作在作者看来是属于精神生产领域的。

六、认识论属性论

蔡伯元、方云光在合著的《思想工作认识论》中对思想工作(思想政治工作)的本质作了这样的阐述:"我们认为,思想工作就其内容指向、要素构成、运作的内在机制而论,可以说,本质上是认识论问题"。他们的观点基于这样的两点理由,第一、思想工作的内容指向,是人的思想认识。思想工作的聚焦点,是要通过思想理论教育,及其它多种活动,解决人的思想认识问题。这不仅是要帮助人们分辨具体问题的是与非,尤其是要帮助人们建立合理的思想认识定势,使人们在社会运动与自身能动之连接中,准确地把握自身,不断强化主体觉悟,焕发内在活力。在这里,不论是进行工作,还是解决问题,关键皆有赖于遵循认识规律。第二、思想工作系统,是一个特定的认识系统,认识功能,是这个系统运作的基础。

也有些理论工作者认为思想政治工作的本质属性可以是二重的。

(一)政治属性和管理属性论。陈秀兰在《思想政治工作的本质属性及其作用的思考》一文中对思想政治工作的本质属性是这样论述的:"思想政治工作众多属性中,有二个基本属性,就是社会政治属性和经济管理属性。所谓社会政治属性,是指它在本质上是属于政治工作,是政治工作的一部分,是为社会政治制度和党的政治任务服务的属性。所谓经济管理属性,是指它对经济工作具有直接的管理和调节职能的属性。"很显然,这样的观点是在试图调和"政治属性论"和"管理属性论"这两种观点。

(二)政治属性与非政治属性论。在《论思想政治工作的二重属性》一文中,作者程国定这样写道,"在唯物辩证法看来,世界上任何事物都可以分解为互相对立又互相统一的两个方面,无不具有二重性,只是在不同的具体条件下内容不同、形式不同而已。事实上思想政治工作正具有这样的二重性,而这正是它的本质属性。"在他看来,作为本质属性的二重性的内涵主要表现在以下三个方面:"一、它既具有由生产关系、社会制度决定的社会属性,又具有由生产力、社会化大生产所决定的自然属性。二、既具有政治属性,又具有管理属性。所谓政治属性,是指它在本质上属于政治工作,是政治工作的一部分,是为社会政治制度和党的政治任务服务的。所谓管理属性,是指它对经济工作的全过程具有直接管理和调节职能的属性。三、它既具有党性、阶级性属性,又具有群众性、人际性属性。"他同时还认为思想政治工作二重性在本质上是统一的,表现在以下三点:一是目的的一致性,二是内容的兼容性,三是任务的相同性。

对十一届三中全会伟大历史意义的再认识

郑传芳

1978年12月召开的中国共产党十一届三中全会，在党和历史上谱写了光辉的一页。二十年来，我们党的事业蓬勃发展和我国社会发生翻天覆地的变化，使党的十一届三中全会的伟大历史意义得到进一步的体现和展示。对党的十一届三中全会的伟大历史意义进行深入的分析和全面的把握，有利于我们高举邓小平理论的伟大旗帜，坚定不移地贯彻执行党的基本路线和基本纲领，把建设有中国特色社会主义事业全面推向21世纪。本文对十一届三中全会的伟大历史意义，做如下初步的再分析。

一、党的十一届三中全会是建国以来我党历史上具有深远意义的伟大转折

在党的十一届六中全会上通过的《中国共产党中央委员会关于建国以来党的若干历史问题的决议》中，对十一届三中全会实现建国以来我党历史上的伟大转折，做了深刻的阐述。《决议》指出："一九七八年十二月召开的十一届三中全会，是建国以来我党历史上具有深远意义的伟大转折。全会结束了一九七六年十月以来党的工作在徘徊中前进的局面，开始全面地认真地纠正'文化大革命'中及其以前的'左'倾错误。这次全会坚决批判了'两个凡是'的错误方针，充分肯定了必须完整地、准确地掌握毛泽东思想的科学体系；高度评价了关于真理标准问题的讨论，确定了解放思想、开动脑筋、实事求是、团结一致向前看的指导方针；果断地停止使用'以阶级斗争为纲'这个不适用于社会主义社会的口号，作出了把工作重点转移到社会主义现代化建设上来的战略决策；提出了要注重解决好国民经济重大比例严重失调的要求，制订了关于加快农业发展的决定；着重提出了健全社会主义民主和加强社会主义法制的任务；审查和解决了党的历史上一批重大冤假错案和一些和重要领导人的功过是非问题。全会还增选了中央领导机构的成员。这些在领导工作中具有重大意义的转变，标志着党重新确立了马克思主义的思想路线、政治路线和组织路线。从此，党掌握了拨乱反正的主动权，有步骤地解决了建国以来的许多历史遗留问题和实际生活中出现的新问题，进行了繁重的建设和改革工作，使我们的国家在经济上和政治上都出现了很好的形势。"

十一届六中全会《决议》的这些论述，是从十一届三中全会所解决的问题和会议的主要内容来阐述其历史功绩和历史意义的。这些论述符合历史实际，经得起历史检验，是完全正确的。当然，十一届六中全会是在1981年6月召开的，与三中全会只相隔两年半的时间。如果我们从更长一段的历史时期来考察，即从1978年至1998年这二十年来中国社会所发生的巨大变化，来分析十一届三中全会的"伟大转折"，就有更为深刻的认识。比如，我们党从以阶级斗争为纲转向以经济建设为中心，从以大批判为社会发展动力转向以改革为社会发展动力，从以"两个凡是"为指导工作的最高准则转为以"三个有利于"为检验党的工作正确与否的根本标准，从坚持"反修防修"转为实施"科教兴国"战略，从以"语录"治国转为实行依法治国，从领导干部职务终身制转向领导干部职务任期制，从计划经济转向实行社会主义市场经济，从坚持单一的公有制经济转为实行以公有制为主体多种所有制经济共同发展，从贫穷愚昧落后转向实现富强民主文明，从闭关自守转向对外开放，从思想僵化脱离实际转向思想解放实事求是，从轻视知识歧视人才转为尊重知识尊重人才，从坚持"无产阶级专政下继续革命"转为实现四个现代化，从每隔三五年来一场政治大运动转向从经济、政治、文化全面建设社会主义等等。当然，这些转变的实现有一个探索和奋斗的过程，不是一两天、一两年就能马上实现的，但毕竟这些转变是从十一届三中全会开始的。时代进步的潮流就象冰雪消融，江河奔流，日月经天，是势不可挡的。

上述重要转变归结起来主要是：1.党的工作中心的转变，即从抓阶级斗争转为抓经济建设；2.党的工作方式的转变，即从主要抓政治运动转为两手抓两手都要硬，物质文明和精神文明一起上；3.党的领导干部制度的转变，即从党的领导干部职务终身制转向实行领导干部职务任期制；4.党的领导方式的转变，即从以党代政、党政不分转为党政分工明确，党的领导坚强有力，坚持和改善了党的领导；5.党的基本路线的转变，即从"阶级斗争天天讲、

月月讲、年年讲"的基本路线转为实行"一个中心、两个基本点"的基本路线；6.党的基本纲领的转变，即从坚持"无产阶级专政下继续革命"的基本纲领转为实行在经济上、政治上、文化上全面建设社会主义的基本纲领；7.党的社会主义建设模式的转变，即从"左"的僵化的脱离国情的社会主义建设模式转为改革开放的充满生机活力的符合社会主义初级阶段国情的建设有中国特色社会主义的正确模式。从上述这些方面的转变来看，十一届三中全会为我国社会主义建设打开了全新的局面，开辟了一个新的时代，党的事业从此走上了健康发展的大道。

总之，二十年来我国改革开放所取得的伟大成就，使我们有可能从更为广阔、更为丰富和更为深远的角度来认识党的十一届三中全会的伟大转折的历史意义。

二、党的十一届三中全会在党的指导思想上开始实现从毛泽东思想到邓小平理论的新飞跃

毛泽东思想和邓小平理论都是马克思列宁主义与中国革命和建设具体实践相结合的产物，是中国共产党人坚持和发展马克思列宁主义所取得的两个重大理论成果。我们党在1945年召开的七大上，就把毛泽东思想作为我们党的一切工作的指针，在毛泽东思想的指导下，中国革命和社会主义建设都取得了巨大的成就。但后来为什么又有邓小平理论的产生并被确认为党的指导思想写进党的十五大的党章呢？这主要是由于：1.党的事业不断向前发展，党的指导思想也要随之加以丰富和发展，党的指导思想不能永远停留在一个水平上；2.毛泽东晚年背离了他自已所创立的毛泽东思想的科学原则和正确轨道，发动了长达十年之久的"文化大革命"，提出了"无产阶级专政下继续革命"的一整套"左"的理论和方针，使党的事业遭受了严重挫折，显然由毛泽东本人在晚年来继续坚持毛泽东思想并发展毛泽东思想是不可能的；3.邓小平代表党和人民的意志，顺应社会历史发展的潮流，解放思想，实事求是，勇于拨乱反正，敢于坚持改革开放，善于总结经验教训，科学地回答和解决我国社会主义建设实践中出现的各种新情况和新问题，开创了一条建设有中国特色社会主义的正确道路，形成了一个建设有中国特色社会主义的科学理论，把马克思主义发展到一个全新的阶段，实现了马克思主义与中国实际相结合的又一次飞跃。所以，邓小平理论必然要作为党的指导思想而被全党所确认。这也就是我们党在把马克思主义中国化的过程中产生两大理论成果的基本原因。当然，确立邓小平理论作为党的指导思想，并不等于否定毛泽东思想的历史地位和指导作用，也不是用邓小平理论来取代毛泽东思想，毛泽东思想仍然是我们党的行动指南。

邓小平理论作为我们党的指导思想是在党的十五大得到进一步的确认并写进党章，但这个理论的形成并发挥指导作用是从十一届三中全会就开始的。我们可以从以下三个方面来分析。1.邓小平理论的精髓——解放思想、实事求是，是在这个时期提出来的。邓小平在为准备党的十一届三中全会而召开的中央工作会议上的总结讲话《解放思想，实事求是，团结一致向前看》实际上成为党的十一届三中全会的主题报告。江泽民总书记在党的十五大的政治报告中也指出："1978年邓小平《解放思想，实事求是，团结一致向前看》"这篇讲话，是在'文化大革命'结束以后，中国面临向何处去的重大历史关头，冲破'两个凡是'的禁锢，开辟新时期新道路、开创建设有中国特色社会主义新理论的宣言书。"解放思想、实事求是的重新提出和阐述，标志着邓小平建设有中国特色社会主义理论的精髓和灵魂已经具备和形成。十一届三中全会重新确立解放思想、实事求是的思想路线，也说明邓小平理论的精髓和灵魂已经为党中央所肯定和接受。2.邓小平理论的一些主要基本点也是在这个时期提出来的。比如，关于实践是检验真理的唯一标准，关于党的工作中心应转移到社会主义现代化建设上来，关于让一部分人、一部分单位、一部分地区先富起来，关于按照客观经济规律办事，关于在自力更生基础上积极发展同世界各国平等互利的经济合作，关于努力采用世界先进技术和先进设备，关于大力加强科学和教育工作，关于多方面改革同生产力发展不相适应的生产关系和上层建筑、改变一切不适应的管理方式、活动方式和思想方式，关于对经济管理体制和经营管理关于正确分析和对待新时期的阶级斗争问题，关于维护和发展安定团结政治局面，关于现代化建设也是一场广泛深刻的革命，关于认真解决党政企不分、以党代政、以政代企问题，关于充分发挥中央部门、地方、企业和劳动者个人四个方面的主动性、积极性、创造性，关于正确评价毛泽东同志和完整准确掌握毛泽东思想的科学体系，关于坚持不抓辫子、不扣帽子、不打棍子的"三不主义"，关于保障民主、加强社会主义法制建设，关于健全党的民主集中制、健全党规党法、严肃党纪问题，关于加强思想教育，关于加快实现祖国统一大业，关于发展党纪问题，关于加强思想教育，关于加快实现祖国统一大业，关于发展国际反霸统一战线维护世界和平等等。十一届三中全会的这些论述，这些基本观点的提出，也标志着邓小平理论开始形成。3.邓小平理论的指导也是从这个时期起开始产生巨大作用的。从十一届三中全会开始，我们党就是按照邓小平所提出的正确意见和主张来搞拨乱反正和改革开放的。我们党走上了一条建设有中国特色社会主义的正确道路，党的工作不断上新的台阶，开创了社会主义现代化建设的全新局面，开辟了改革开放和集中力量进行社会主义建设的历史新时期，这是邓小平理论指导的结果，也是邓小平理论指导的结果，也是邓小平理论科学性和威力性的生动体现。

从以上三个方面来看，完全可以说明，在党的指导思想上，十一届三中全会开始实现了从毛泽东思想到邓小平理论的飞跃。这种飞跃是对毛泽东晚年“左”的错误和华国锋坚持“两个凡是”“左”的错误的坚决否定，是对毛泽东思想的恢复、继承、丰富和发展，是对马克思主义的创新，也是我们党在思想理论上的进一步成熟。

党的十一届三中全会在党中央领导核心的新老交接上实现了从以毛泽东为代表的第一代中央领导集体向以邓小平为代表的第二代中央领导集体的重大过渡

党中央领导核心的新老交接问题，也是事关党的事业成败的一个关键性工作。毛泽东晚年在选择接班人的问题上，由于指导思想上的错误，又背离了党的民主集中制的原则，可以说是历经坎坷，终遭失败。在党的九大上，林彪被选为毛泽东的接班人并写进了党章，这在党的历史上是史无前例的。林彪在战争年代有过显赫的战功，从50年代后期起在党内又积极支持毛泽东的政治主张，在毛泽东发动“文化大革命”方面起了推波助浪的作用。但林彪在党的九大上被确定为毛泽东的接班人之后，并没有与毛泽东同心同德，也没有完全支持毛泽东关于知识青年上山下乡、关于干部下放劳动等“斗批改”的某些主张，并急于抢班夺权，最后是仓惶出逃，机毁人亡，葬身沙海。在党的十大上，王洪文被选为中共中央副主席，应该说这是毛泽东在林彪事件发生后选择的又一位新的接班人。王洪文没有象林彪那样在战争中出生入死，他没有显赫战功，他只是上海一家普通工厂的很普通的级别很低的保卫干部，他是在特殊年代特殊的政治气候下，作为特殊的“优秀人才”“脱颖而出”的，他也是被江青这样特殊的“伯乐”所相中并推荐的一匹特殊的野马，即他是靠“打砸抢”和造反起家的。尽管王洪文踌躇满志，照了标准象，也想在毛泽东之后登上党的最高领导的宝座，成为党和国家的最高领导人。但由于这样的人没有治党治国治军的能力，除了“打砸抢”、搞阴谋诡计和吃喝玩乐外，没有别的本事。所以他虽然进入中央最高领导核心工作，但最后也还没有完全得到毛泽东的赏识。毛泽东在逝世前，也没有把党的最高领导权交给他。而且靠这样政治气候和政治行为被历史推上政治舞台的人，一旦党和人民不需要并要彻底结束这样的政治气候和政治行为，那么象王洪文这样人的下场也就可想而知了。1976年10月，王洪文同江青、张青桥、姚文元一起被隔离审查，后又镗锒入狱，被人民送上审判台，这也是历史发展的必然。毛泽东在逝世之前，是选择华国锋作为党的接班人的。华国锋为人忠厚，虽没战功，但有在基层长期工作的经历。从华国锋后来的表现来看，是对毛泽东忠心耿耿的，是属于“你办事我放心”这种类型的人。华国锋在粉碎江青反革命集团的斗争中有功，以后也做了有益的工作。但是，他推行和迟迟不改正“两个凡是”的错误方针，压制1978年开展的对拨乱反正具有重大意义的关于真理标准问题的讨论，拖延和阻挠恢复老干部工作和平反历史上冤假错案的进程，在继续维护旧的个人崇拜的同时，还制造和接受对他自己的个人崇拜。很明显，由华国锋来领导纠正党内的“左”倾错误特别是恢复党的优良传统是不可能的。从第一代中央领导集体向第二代中央领导集体的过渡，对华国锋来说，本来是有机遇也是有条件的，毛泽东在逝世前已经为他辅平了道路，人民群众在“四人帮”刚粉碎时对他也寄予厚望。但华国锋的悲剧在于，他没有也不可能把毛泽东晚年错误思想与毛泽东思想区别开来，没有也不可能把对毛泽东个人的忠诚与对党和人民的忠诚结合起来，没有也不可能从党和人民的根本利益出发来履行好作为党的最高领导人应尽的职责。华国锋显然不能顺应历史发展的潮流，不能反映亿万人民的意志，不能带领中国共产党人开创一条新的社会主义建设的正确道路。虽然他也当上党中央主席和中央军委主席这两个党内军内的最高职务，但他毕竟无法成为第二代中央领导集体的杰出代表，无法得到全党、全军和全国人民的拥护，终于在1981年6月召开的十一届六中全会上辞去党内军内第一把手的职务。“文化大革命”中先后出现的三位接班人，两位成为反革命，一位犯严重“左”的错误，不能胜任党中央的最高领导人的工作，无法开创社会主义现代化建设的新局面，这不能不说是党在培养和选择接班人方面的沉痛历史教训。

邓小平不是毛泽东选定的接班人，他在1976年被第三次打倒时，毛泽东认为他要“翻案”，是“靠不住”的人。但实际上邓小平是一位对党和人民事业、对国家和民族前途命运高度负责靠得住的党的忠诚战士，也是对毛泽东思想、对毛泽东同志本人高度负责的党的领导人。在1977年7月召开的十届三中全会上，邓小平再次复出，被恢复原来担任的职务。邓小平出来工作后，他不是为了做官，而是要为党和人民做点工作。他说，既然当了，就不能做官，不能够有私心杂念，不能够有别的选择。邓小平以他的远见卓识、丰富的政治经验和高超的领导艺术，在千头万绪中抓住决定性环节，从端正思想路线入手进行拨乱反正。他强调实事求是是毛泽东思想的精髓，反对“两个凡是”的错误观点，支持开展真理标准问题的讨论，为党的十一届三中全会的召开作了思想准备。1978年12月召开的十一届三中全会，在邓小平的领导下，重新确立了党的正确思想路线、政治路线和组织路线，作出实行改革开放的决策，随后又旗帜鲜明地强调必须坚持四项基本原则，党的“一个中心、两个基本点”的基本路线开始形成。十一届三中全会成为建国以来党和国家历史的伟大转折，邓小平也经过这次全会成为党的第二代中

央领导集体的核心。显然,邓小平在党的工作处于十分困难和徘徊的情况下,在国家和民族的发展处于十分关键的时候,能够挺身而出,解决了当时党的事业的发展迫切需要解决的问题,停止了"文化大革命"的"左"倾错误,纠正了"两个凡是"的错误方针,确立了党的正确路线,提出了改革开放的有力措施,平反了党内部分重大冤假错案,实现了党的工作中心的转变,使我们党从长期"左"倾错误的困境中走了出来,并开始对建设有中国特色社会主义新的道路的全面探索。十一届三中全会后,邓小平领导我们党总结建国以来的历史经验,以巨大的政治勇气和理论勇气,坚持科学地评价毛泽东同志历史地位和毛泽东思想科学体系,根本否定"文化大革命"的错误实践和理论,同时又坚决顶住否定毛泽东同志和毛泽东思想的错误思潮。所以,可以说邓小平是对毛泽东个人和毛泽东思想高度负责的党的领导人。邓小平在历史发展的关键时候,能够力挽狂浪,为党的事业发展指明正确的方向,他解决了华国锋没有也不可能解决的问题,体现出非凡卓越的治党治国治军的能力。所以,他成为党中央第二代领导核心的杰出代表,是党的历史发展的必然结果,是亿万人民的郑重选择,是党心所向民心所向。

江泽民总书记在邓小平同志追悼大会上的悼词中指出:邓小平不仅以他创立的光辉的革命理论指引着我们,而且以他在长期革命实践中锤炼出来的鲜明的革命风格感召着我们。他的崇高品格和风范,体现在他全部革命实践活动中,体现在他"三落三起"的经历和他勇敢地开拓中国社会主义发展新道路的进程中。当他受到错误打击、处于逆境的时候,他从不消沉,总是无私无畏,不屈不挠,沉着坚韧,对党对人民无限坚贞,对我们事业的未来抱乐观主义。他总是由此更加深刻地思索中国革命的经验教训和根本规律问题,发奋要有新的更大作为。正因为这样,他才能顺应历史和时势的要求,在经历逆境之后重新起来担当重任。特别是他在"文化大革命"中的起落,更引起他对"什么是是社会主义、怎样建设社会主义"的深刻反思,从而使他在十一届三中全会以后,毅然决然地领导全党全国人民开拓建设有中国特色社会主义的新道路。江泽民总书记的上述讲话,也指出了邓小平能够成为第二代中央领导核心杰出代表的主观原因。

邓小平在长期的革命斗争生涯中有着传奇般的经历。他是我们党内为数不多的既在资本主义国家留学过又在社会主义国家留学过的老一辈无产阶级革命家。他接触过资本主义的文明和社会主义的文明,对两种社会制度国家的发展状况都十分了解,这为他既坚持社会主义制度又勇于改革开放、善于学习国外一切先进的科学的东西打下了重要的思想基础。邓小平又是我们党内唯一参加过"八七"会议、遵义会议和十一届三中全会,经历过中国革命和建设三次重大历史转折的久经考验的党的领导人。这使他炼就了在困境中拼搏、在失败中崛起的大无畏革命精神和善于解决党内矛盾、克服党内危机、使党的事业转危为安转败为胜的高超艺术和雄才奇略。邓小平又是我们党内唯一的一位历经坎坷,被三次错误打倒,"三落三起"的党的忠诚战士。邓小平在逆境中没有改变对党的事业的信念,没有对组织产生怨气和敌对行为,他委曲求全,忍辱负重,顾全大局,他从党内政治生活不正常的痛苦中,认识到发扬党内民主、健全党的民主集中制和加强国家法制建设的极端重要性,使他能够勇于从党和国家的领导制度上进行改革。邓小平传奇般的革命生涯和他高尚的革命品格,为他能够成为第二代中央领导核心和杰出代表奠定了重要条件。

十一届三中全会在党中央领导核心的新老交接上实现了从以毛泽东为代表的第一代中央领导集体向以邓小平为代表的第二代中央领导集体的重大过渡,这也是一个具有深远意义的重大历史功绩。我们在考察十一届三中全会的伟大历史意义时,不能不看到这一点。

综上所述,党的十一届三中全会是建国以来我党历史上具有深远意义的伟大转折,十一届三中全会在党的指导思想上开始实现从毛泽东思想到邓小平理论的新的飞跃,十一届三中全会在党中央领导核心的新老交接上实现了从以毛泽东为代表的第一代中央领导集体向以邓小平为代表的第二代中央领导集体的重大过渡,这就是十一届三中全会的伟大历史意义。

(本文作者为福建师范大学党委副书记、副教授、博士研究生)

关于国有企业法人治理结构运行状况的思考

王新松

在邓小平1992年南方重要谈话精神指引下，我国国有企业改革的目标指向由政策调整转为制度创新。1995年，中央明确把建立现代企业制度作为经济体制改革的重点，以此建立与市场经济体制相适应的微观基顾。1997年党的十五大进一步明确指出按“产权清晰、权责明确、政企分开、管理科学”的要求建立现代企业制度，是国有企业改革的方向。据此，国有大中型企业逐步实行了公司制改造，相当一批国有大中型企业由工厂制改为了公司制，企业内部的组织领导体制也就由以前的厂长书记搭配，“中心”、“核心”模式，演化为以董事会、监事会和经理层为组合的法人治理结构。同时，党委、纪委、工会在公司的经营决策活动中仍然发挥重要作用。改制后，少数公司改组为股份有限公司，大多数改为有限责任公司，本文主要以后一类公司作为研究和思考的对象。

一、公司法人治理结构和基本状况

据对已改制的国有有限公司的调查，在人员职位配置上，共同地把董事长、党委书记、总经理、监事会主席作为公司的正职对待，均属主头。而这些职务的具体担任情况，分为以下四类：A、董事长兼书记、总经理、监事会主席；B、董事长兼总经理，监事会主席兼党委书记、C、董事长、总经理、监事会主席兼党委书记；D、董事长、总经理、党委书记、监事会主席（一般兼纪委书记）。在法人治理结构中，有的班子成员董事与正副总经理职务分离数比例在30—50%，而有的则完全重合。

二、法人治理结构运作轨迹的简要描述

1、关于人事任免：一般来说，法人治理结构（并含班子所有成员）中的正副职均由上级主管部门决定任免，只不过涉及经理层人员时，按《公司法》的规定，由董事会履行固定的程序。但当涉及到大型企业时，情况就较为复杂一些。如以省管大型企业为例，公司的正职均由省委组织部决定任免，然后根据党政职务分类，分别由省委组织部代表省委、省经贸委代表省政府下文至公司的主管厅局，然后该厅局转发文至公司，最后公司董事会还得履行对总经理聘免的程序，并办文。

在公司中层干部任免上，财务、审计、人事部门负责人以及子公司的执行董事或参股公司的产权代表由董事会聘免或委派，其余根据党政职位分类由党委任免或由总经理聘免。

2、关于决策程序：这个问题目前还很不规范统一，大致是根据决策的内容不同，凡属行政范围的日常经营决策，以经理办公会形式作出；重大决策提交党委会，最后上董事会形成决议。凡属非行政范围的以党政联席会或党委扩大会的形式，再视情况上董事会。有的在董事会决定前，还提交职代会讨论。超出董事会职权范围的，由董事会报出资部门审批。

3、关于职权划分：虽然《公司法》中有明确的规定，但在实际运行中这是一个很难划清的问题。往往各公司均制订了董事会、经理层、监事会的工作规则。但大多照抄《公司法》而流于抽象无法操作。这就靠各正职个人素质及协调能力来掌握。而在这里最易于发生矛盾的，是董事长与总经理。前者是法定代表人，自然要执掌大权；而后者是实际运作人，必须享有较充分的权力。一般来说，董事长兼总经理的，不会出现权力之争；倘若董事长长期在本公司又不兼总经理，则二者之间容易发生摩擦。

三、法人治理结构运行现状的利弊

改制后的法人治理结构功能相对于以前的厂长负责制或“两心”体制，应当说是更有利于企业的生产经营和各项工作开展的。一是它在企业内部开始形成制衡机制，促进了决策的民主化、科学化、程序化，有利于克服国有企业长期来存在的个别领导人独断专行、鲁莽决策而导致重大失误的现象，同时也有利于企业的廉政建设。二是它强化了党对企业的绝对领导权。这一方面体现在上级党委不仅通过派书记，而且通过选派董事长，以合理合法的方式，从政治上和资产上有效实现了对企业的领导权；另一方面，企业的党委领导人通过兼任董事长、监事会主席等，进入法人治理结构，有效克服了党政两张皮，在经营管理中能更好地贯彻党委意图。三是有利于培养企业管理者。由于法人治理结构有几套班子，扩大了领导层的职数，同时职务又有分类，这使企业里有更多

的人能进入到领导层,并通过不同类职务的轮岗,得到较全面的锻炼。特别是在这种比较规范的领导体制中,能使领导成员的个体素质得到提高。

但是,在现实运行中,法人治理结构的弊端也反映出来。一是效率不高。各套班子既然有自己的存在,必然要开会议,特别是董事会主要是通过会议来行使权力的。由于班子成员交叉兼职的多,故常常陷入会议,而不能自拔。二是体制不到位,形成摩擦。由于董事会与经理层是同一个上级部门任免的"同级干部",故董事会不可能行使《公司法》规定的权力,特别是董事和副经理同属班子副职,均得听命于作为正职的董事长和总经理。有的班子经理层与董事是完全重合的,在作出一项决策时,先在经理办公会上受总经理意志的支配作出一种表态,但在董事会上又受董事长意志的支配需要作出相反的选择。三是由于班子人数多,不仅影响效率,而且对企业中下层"精兵简政"、"减员增效"有负面的示范效应。四是由于法人治理结构从干部配置上就决定了不能按《公司法》的规定运作,因而在现实中很容易出现人治代替法治、情治代替理治的现象。即使在西方规范的公司里,人治现象也难避免。据美国德克萨斯州大学研究人员对221个大公司的首席执行官和外部董事的调查,表明"首席执行官把人际影响行为作为一种替代性权力而使用。"

四、改进法人治理结构现状的建议

应当清醒地看到,我们是在"有中国特色社会主义"这个大的历史条件下,来建立"中国特色现代企业制度"的,那么它的法人治理结构也就必然有其特殊性。我们的国有企业不可能也不必完全照搬西方国家大公司的法人治理结构的模式。但是,实事求是地说,如果我们真要建立起与市场经济相适应的现代企业制度,就不能不把改善国有企业法人治理结构的状况作为一个重要的切入点。因为现代企业与非现代企业区分的根本标志,是企业的权力结构及其不同运行机制。笔者认为,当务之急有以下几点应予考虑。

第一,改变按党政干部管理办法管法人治理结构的做法,建立党管干部原则与市场配置经营管理者相结合的新的人事制度。党管干部原则应主要体现在由组织选派董事长、董事,党委书记以兼职方式进入法人治理结构,对聘任的经理层人员考察选拔等方面;市场配置应主要体现在破除干部等级制,不拘一格在本企业以及社会上招聘经理层人才,按出资状况配备董事,并按经营业绩给予法人治理结构成员相应的报酬,竞争上岗等。要推行年薪制。要通过报酬来体现经营者的价值。当然,这种报酬也要靠市场体现出差异。如美国第三层电信设备公司、高露洁公司和孟山都公司三位首席执行官1997年的现金报酬分别为35万美元、385万美元、183万美元。报酬的形式也可以多样,如给股份、授予购股权等。可口可乐的首席执行官罗杰·恩里科1996至1997年间从董事会得到的购股权上获利就达1700万美元。要按业绩给报酬,而不能按党政干部一样实行薪水制。相信通过聘任方式和报酬方式的改革,将会有力促进经营管理者走职业化、社会化的路子。

第二,法人治理结构各套班子的管理层次化到位,责权利明确。首要的是要还权于董事会、压责任于董事会。那种以"党管干部"名义把各套班子全收给上级主管部门管理的做法,实际上是按党政干部级别管理办法管企业干部的做法的延伸,是十分有害的,影响班子的功能,权责不到位。例如,在工厂里,厂长既是法人代表,又是唯一的行政一把手,实际操作者,责权是一致的。但改制后公司里,董事长是法人代表,但既不是唯一的行政正职,又不是实际操作者,对经理层无法实施有效监控,权力虚化;反之,总经理也有类似的苦衷。这导致了谁都有责谁都无权负责的怪圈。因此,必须做到真正由董事会负全责来聘任和管理经理层人员,经理层只须对董事会负责。与此相联系,利益机制上,董事会成员、监事会成员的报酬,由出资部门决定,经理层的报酬由董事会决定。这样,利益驱动环环相扣,经理层期望完成董事会的目标得到较高的报酬,董事会期望通过对经理层的有效监控实现资产收益指标,而从出资部门得到较好的报酬。

第三,会议序列化。由于运作不规范,在一些公司里,存在会议堆砌现象。即经理办公会研究的内容,上交至党委会研究,再又上交到董事会研究。应把这种直线式变为分叉式。到党委会的不到董事会,到董事会的不经党委会。否则,这里将有可能遇到两难选择:要么党委通过了的事,董事会例行通过,董事会成了橡皮图章:要么,党委会通过了的,董事会予以否决,则对党委是不严肃的。而且从内在运行上看,董事会与党委不存在层级关系。这样还可以精简会议,减少繁文缛节,提高效率。

第四,任职适当分类和整合。一是董事会经理层尽量不要交叉任职,形成分离层,这样董事会与经理层的相互制衡机制才能真正建立起来;二是在前述第一、第二条建议尚不能实施的情况下,可以让主头兼职,以董事长兼总经理、监事会主席兼党委书记为好。这实际上是对厂长、书记体制的一种回归,应是过渡性的。此外,特别要提出的是,由于改制公司多是由工厂改成的国有独资公司,法人治理结构成员基本上是企业内部人员,这不利于制衡机制的形成。因此,要进一步通过国有公司相互可以考察将稽察特派员作为公司的外部特别董事,参与决策过程。这将会更有效地保障国有资产的保值增值。

(作者系湖南省轻工集团总公司 副总经理兼岳阳纸业集团董事长)

第七部分

热点透视

全面理解和贯彻十五大精神正确把握国有企业改革方向

《人民日报》特约评论员

最近一个时期,在国有企业改革过程中,一些地方偏离党的十五大精神和中央确定的国有企业改革方向,刮起了“卖企业”之风。中央和国务院领导同志严肃指出了这种错误倾向。1998年7月,国务院有关主管部门就制止出售国有企业成风的问题专门发出通知。但是,到目前为止,并没有引起应有的重视,有的同志甚至还不以为然。“卖企业”之风非但没有停止,还有进一步蔓延之势,已经影响到国有企业改革与发展的大局。对此,必须引起各级党委、政府的高度重视,采取有力措施,坚决煞住这股歪风。

“卖企业”之风的突出表现,就是把“放开、搞活国有小企业”简单地理解为一个“卖”字,采取行政办法和搞运动的方式强制出售和变相出售国有小企业甚至大中型企业,搞“一卖了之”。个别地方提出:“目前,出售、转让是放小的主要任务”,“十五大的精神就是卖,而且要快卖”,甚至声称“不改不卖就是不称职,就要让位子”;还出现了一些诸如“不私有化解决不了国有企业的问题”等论调;一些地方热衷于搞形式,不顾实际情况,采取开大会、发公告、定进度、压任务的办法,限期出售、到处兜售国有企业。甚至出现严重的违法、违纪现象。例如:在出售企业过程中,对国有资产七折八扣,最后所剩无几,实际上搞成了半卖半送、名卖实送、假卖真送;把连年盈利的好企业也悉数卖掉,甚至卖给实力、规模均与其相差悬殊的个体企业;资产评估弄虚作假,人为压低资产价格,搞定向出售;自卖自买,造假帐册,私下交易,化公为私;不少“买主”玩弄“空手道”;自己不掏一分钱,而是用被购买企业资产做抵押套取国家银行贷款买国有企业;采取各种手段悬空、逃废银行债务;企业出售后,把职工简单推向社会,等等。种种现象表明,“卖企业”的问题已经发展到十分严重的程度。

“卖企业”之风直接误导了国有企业改革,已经造成了不良后果。社会主义必须以公有制经济为主体的基本原则被忽视、淡忘了。人们的思想被搞乱,企业的正常生产经营秩序被打乱,国有资产大量流失,银行债权被随意冲销,职工的合法权益失去保障,影响了社会的安定。如果不坚决煞住“卖企业”这股风,势必影响到经济社会发展的大局。对此,各级领导一定要有清醒的认识。

煞住“卖企业”之风,不是说国有企业都不能出售。问题的实质在于:“卖企业”成风的地方,往往在指导思想和工作方法上存在很多误区。

——**认识上的片面**。十五大报告明确我国社会主义初级阶段的基本经济制度是坚持以公有制为主体、多种所有制经济共同发展。这两个方面是统一的整体,只强调任何一面而放弃另一面,都会脱离实际,偏离邓小平理论。片面夸大私有经济的作用,贬低公有制经济的主体地位,引出一个“卖”字当头,显然不符合十五大精神。江泽民总书记最近明确指出:“放小'是要'放活',也是着眼于搞好整个国有经济,更好地发挥小企业的重要作用,而不是'放弃',不是撒手不管。放活国有小企业,有改组、联合、兼并、租赁、承包经营和股份合作制、出售等多种实现形式,不能变成只有出售一种形式,统统采取一卖了之的作法。”但一些地方把这样严肃复杂的国有小企业改革问题,片面地归结为一个“卖”字,只想“一卖了之”,这是“卖企业”成风的重要根源。

——**理论上的误导**。近些年,社会上流传着很多似是而非的企业改革“理论”。诸如:“国有企业要摆脱困难,就必须改变所有制”、“资产不量化到个人就不会有积极性”、“小企业改革只有卖才能解决问题”等等。这些观点在理论上站不住脚,实践上也未见有好效果。形成目前国有企业困难的原因是多方面的,主要是长期重复建设造成的结构不合理,导致企业开工不足;政企不分,政府对企业干预过多,企业无法面向市场自主经营,缺乏适应市场竞争的机制;冗员过多,企业职工吃大锅饭,效率低下;一些企业领导人素质不高,因循守旧,不思进取;加上企业无本经营,债务沉重,当前又受国际金融危机影响等等。决不能说国有企业的问题就是由所有制造成的,更不是只有卖给私人才能搞活。很多国有企业的实践证明,只有认真解决上述问题,在“三改一加强”上下功夫,扎扎实实搞好结构调整,才能真正把企业搞活。而一些地方领导人受那些错误“理论”的误导,对能否通过“三改一加强”搞活国有企业产生了怀疑,片面认为“一股就灵”、“一卖就灵”,甚至把国有小企业当成负担,采取统统

卖掉的办法甩“包袱”。结果,企业没搞活,职工被随意推向社会,“包袱”实际上并没有甩掉。例如,一些国有企业,本来生产经营情况很好,有的地方政府非要把企业强制低价出售给经营者。这种做法,造成经营者和职工思想上的混乱,企业正常生产秩序被打乱,经营状况迅速下滑,没多长时间就把这些好端端的国有企业给弄垮了。有一个市,几十户国有企业一窝蜂出卖后几乎全部倒闭。这些事实,难道还不能说明问题吗!

——**工作上的偏差**。长期以来,一些同志习惯于计划经济和行政干预,工作方法简单化、绝对化,热衷于用一刀切、搞运动来推进工作。国有小企业改革必须从实际出发,因地制宜、因厂制宜,一厂一策。而在“卖企业”成风的地方,往往不顾企业具体条件,忽视职工群众意见,不管企业经营情况好坏,一律用行政命令,强制出售。这种做法,使“卖企业”之风越刮越烈,企业改革工作越搞越乱。

特别需要指出的是,有的地方刮风卖企业,实际上搞成了明卖实送,甚至假卖真送,严重损害国家利益。国有资产归全体人民所有,不属于任何小团体所有,国家代表全民行使所有权,任何机构和个人都不能违反国家规定处置国有资产,变相出售国有企业。“卖企业”成风的地方,那里的领导早就把国家利益、国家观念、法制观念忘掉了。随意处置企业国有资产,在资产评估中大做手脚,对国有资本金七折八扣,这种行为实质上是在大挖国家墙脚,把国家财产化为私有。某城市236户国有企业,改制前帐面净资产7.3亿元,按地方政府规定,经资产评估、冲销资产损失、对净资产进行各项扣除后,净资产变为负6.61亿元,其中的资不抵债企业由27户增加到207户。如果再考虑支付现金优惠折扣等等,这种卖法儿,不仅是送,政府还要倒贴,以至于连买的人都觉得太便宜了。还有,为给买方提供优惠,由政府替企业背债,形式上银行债权落实了,实际上政府根本无力还债,造成“千年不赖,万年不还”的事实,最终承担风险和损失的还是国有银行,这种行为同样是挖国家墙脚。更为严重的是,在出售国有企业时,某些人利用职权自卖自买,搞幕后交易、假卖真送,借改制之机靠损公肥私发财当老板,有的已把国有企业变成“家族”式企业。这些腐败行为,有的已构成严重犯罪,引起广大职工群众的强烈义愤。此风不煞,此错不纠,政策不允许,群众不答应,国有资产和银行债权失去保障,国有企业改革如何顺利推进?

国有企业改革是一个长期的过程,需要做细致的工作,做艰苦的努力。在放开、搞活国有小企业过程中,要特别注意解决好职工安置、债权债务落实、防止国有资产流失、推进结构调整、促进小企业发展等问题。各级党委和政府要对前一阶段国有小企业改革的经验教训进行认真总结,对的继续坚持完善,不对的紧决纠正,有什么问题就解决什么问题。当务之急,是要采取有力措施煞住“卖企业”之风,保证国有小企业改革的健康发展。有关部门要抓紧制定出售国有企业的具体规定,规范国有企业改制程序。各级党委和政府要切实加强对这项工作的领导,严明纪律,严格把关。我们相信,只要全面理解和贯彻十五大精神,正确把握国有企业改革的方向,按照中央“抓大放小”的战略部署,满怀信心、扎实工作,国有企业改革是完全可以搞好的。

科学、准确地理解和坚持党的思想路线

——纪念真理标准讨论20周年

吴雄丞

重新确立党的思想路线的历史功勋

二十年前关于真理标准问题的讨论，在我们党和国家的历史上留下了非同寻常的光辉一页。一个看似极为普通的哲学常识性问题，却成为了当时党和国家的历史性重大课题，这是由特定的历史条件与任务所决定的。

"文化大革命"结束以后，中国面临向何处去的重大历史抉择。我们党能不能在思想、政治、组织等各个领域全面拨乱反正，把过去搞乱了的东西端正过来，恢复马克思列宁主义、毛泽东思想的本来面貌？我们能不能围绕着"什么是社会主义，怎样建设社会主义"这个主题，重新审视长期形成的一些观念，使我们的思想从那些已被实践证明为不合乎中国实际、不合乎时代进步要求、不合乎经济和社会发展客观规律的条条框框中解放出来，并在实践中探索一条中国式的社会主义改革开放和现代化建设的新路？这将决定着中国的走向和面貌。可是，这一历史进程受到了"两个凡是"的严重障碍。如果不冲破长期"左"的指导思想的束缚和"两个凡是"的禁锢，就不能纠正和改变"文革"的错误路线，我们的事业也就寸步难行，无法前进。

真理标准问题大讨论的伟大历史意义就在于：它推动了全党同志重新学习认识依赖于实践这个"认识论的第一和基本的观点"，在实践是检验真理的唯一标准上统一认识，重新确立解放思想、实事求是、一切从实际出发的思想路线；从而为确立马克思主义的政治路线和组织路线，实现全党工作重点的转移，开辟建设有中国特色社会主义的新道路，提供了重要的思想理论准备，并对我国社会主义新时期的整个历史进程产生了深刻的影响。

邓小平同志明确指出："不要小看实践是检验真理的唯一标准的争论，这场争论的意义太大了，它的实质就在于是不是坚持马列主义、毛泽东思想。""真理标准问题的讨论是基本建设，不解决思想路线问题，不解放思想，正确的政治路线就制定不出来，制定了也贯彻不下去。""如果按照'两个凡是'，我就不能出来工作，更不用谈别的问题了。""只有解决好思想路线问题，才能提出新的正确政策，首先是工作重点的转移，还有农村政策、对外关系政策，以及相应的一整套建设社会主义的政策。""从这个意义上说，关于真理标准问题的争论，的确是个思想路线问题，是个政治问题，是个关系到党和国家的前途和命运的问题。"

可以说，真理标准问题的大讨论，是十一届三中全会实现建国以来我党历史上伟大转折的思想先导，是20年来改革开放和社会主义现代化建设伟大进程的思想先导。在20年拨乱反正、全面改革和社会主义现代化建设的全部工作和历程中，实现全党工作重点的转移，推行家庭联产承包责任制，发展乡镇企业，创办经济特区、引进外资、全面对外开放，提出社会主义市场经济理论，实行公有制为主体、多种所有制经济共同发展，建设社会主义民主政治和推进政治体制改革，坚持两手抓，两手都要硬的方针，实施科教兴国战略和可持续发展战略，用"一国两制"构想实现祖国统一，等等，都是一以贯之地坚持了解放思想、实事求是的思想路线结出的硕果。因此，必须高度评价、充分肯定真理标准问题的讨论和重新确立党的思想路线的伟大历史功勋。这是因为，"不解放思想，不实事求是，不从实际出发，理论与实践不相结合，不可能有现在的一套方针、政策，不可能把人民的积极性统统调动起来，也就不可能搞好现代化建设，显示出社会主义制度的优越性。"

认识是一个过程，思想解放永无止境

十一届三中全会以来，我们在理论上的每一个重大突破，每一项重大政策措施的出台，每一项成就和进步的取得，都是与坚持党的思想路线及发挥其作用分不开的。坚持解放思想、实事求是，是一个持续不断的过程，决不可能一劳永逸。

马克思主义认识论指出，人类的认识是一个过程。不要以为我们的认识是一成不变的，其实认识是思维对客体的永远、没有止境的接近。思想和客体的一致是一个过程，是从现象到本质、从不甚深刻的本质到更深刻的本质的深化的无限过程。客观世界不断地发展变化，新事物层出不穷，需要人们不断地去认识。认识每前进一步，都需要在新的条件下，解决好思想与实际相符合、主

观与客观相一致的问题，一万年以后，也还必须如此。这就要求人们不断地研究新情况，解决新问题，思想永远不能停滞和僵化。解放思想、实事求是、从实际出发，绝不是一次做得好了就可以永葆终生的，而是要求人们不断地去开拓、探索、创新。

古今中外的历史经验表明，每当社会发生重大变革的历史关头，那些曾被视为天经地义、神圣不可侵犯的传统所有制关系和传统思想，就愈益成为压抑着人们的沉重精神枷锁。如果不触动它，冲破它，推倒它，人们就无法接受新思想，变革社会的行动就难以付诸实现。因此，思想的变革和思想解放从来都是社会大变革的先导，是推动社会历史前进的强大力量。虽然由于不同时代的历史条件和民族的差别，思想解放的内容有着很大的区别与不同的特色，但是，人类社会历史发展中的每一个重大转折，总是伴随着一次次的思想解放；社会历史的持续发展，同样伴随着不断地永无止境的思想解放。这是一个带有规律性的现象。

建设有中国特色社会主义的事业任重道远。我们已经走出了一条光明大道，但前面的路并不都是平坦的，还会有各种困难和风险。当前和今后，我们每前进一步，都还会遇到新的问题、新的矛盾，都需要我们坚持解放思想、实事求是的思想路线，坚持实践标准。这是我们党永葆蓬勃生机的法宝，是把建设有中国特色社会主义伟大事业全面推向21世纪的强大思想动力和保证。因此，在走向新世纪的新形势下，面对许多新的艰巨课题，我们必须增强解放思想、实事求是的坚定性和自觉性，把大胆探索的勇气同科学求实的精神统一起来，坚持以实践为检验真理的唯一标准，不断研究新情况，解决新问题。开拓新局面，在总结新的实践经验基础上形成新的理论成果。党的十五大报告指出："坚持邓小平理论，在实践中继续丰富和创造性地发展这个理论，这是党中央领导集体和全党同志的庄严历史责任。"这也是胜利实现党的纲领任务的精神支柱和力量源泉。

科学、准确地理解和坚持党的思想路线

今天，我们纪念真理标准问题大讨论，最重要的就是要高举邓小平理论伟大旗帜，进一步解放思想，实事求是，积极、全面、准确、深入地学习宣传贯彻落实十五大的精神，实现十五大确定的各项任务。做好这件大事，就是最好的纪念。

江泽民同志最近反复强调指出，一定要在全面、正确地理解和掌握邓小平理论的科学体系和精神实质上下工夫，在全面、正确地理解和掌握十五大作出的一系列重大决策上下工夫，努力使自己的学习和工作达到十五大所要求的新水平，避免认识上和工作中的盲目性、片面性和绝对化。对此我们切不可掉以轻心，必须认真领会，切实贯彻。

在坚持党的思想路线问题上，首要的就是必须科学地准确地把握它的基本涵义，并一以贯之地付诸行动。在这个问题上，容不得任何假冒伪劣的东西藏身。按照马列主义、毛泽东思想特别是邓小平同志的论述，需要认真学习把握以下几点：

第一，实事求是，一切从实际出发，理论联系实际，坚持实践是检验真理的标准，这就是我们党的思想路线。应该说党的这条思想路线是毛泽东同志确立的，他在领导革命的大部分时间内是坚持这条思想路线的，但有一段时间被抛开了，使党和国家的事业、形象都带来了很大的危害。我们说"重申"或"重新确立"，就是要把这条思想路线恢复起来。

第二，党的思想路线就是马克思、恩格斯创立的辩证唯物主义和历史唯物主义的思想路线，毛泽东同志用中国语言概括为"实事求是"四个大字。千万不要把"实事求是"四个字的内容，理解得过于狭窄和简单化了，它是马克思主义哲学基本原理的高度综合。既是唯物论，又是辩证法，还包含了历史唯物论。它既包括了一切从实际出发，尊重客观规律，认识依赖于实践；也包括了承认世界运动发展的辩证法，尊重人民群众的实践及其作为历史主体的地位；既包括了客观、全面、发展地看问题的要求，又包括诸如实践的观点、矛盾的观点、生产的观点、阶级的观点、群众的观点等在内，同时还包含了无产阶级的党性原则。坚持实事求是，做一个彻底的唯物主义者，就要敢于面对客观现实，无所畏惧，坚持真理，修正错误，敢讲真话，做老实人，办老实事，对党负责，对人民负责。

第三，解放思想与实事求是是统一的，不能将两者割裂和对立起来，更不能把解放思想简单化地解释为敢想敢干，怎么想就怎么干。邓小平同志反复指出："我们讲解放思想，是指在马克思主义指导下，打破习惯势力和主观偏见的束缚，研究新情况，解决新问题。""解放思想，就是使思想和实际相符合，使主观和客观相符合，就是实事求是。"江泽民同志强调指出："解放思想和实事求是是统一的。""只有解放思想，才能达到实事求是；只有实事求是，才是真正的解放思想。"思想解放或不解放，要看是否真正做到了实事求是，是否符合实际，离开了实事求是的"思想解放"，只图哗众取宠，甚至不负责任的胡思乱想、胡编乱侃，不是真正的思想解放。

第四，解放思想决不能偏离四项基本原则的轨道，决不能偏离社会主义大方向。邓小平同志指出："我们贯彻这条思想路线，就要反对教条主义，反对修正主义，坚持四项基本原则。离开坚持四项基本原则，就没有根，没有方向，也就谈不上贯彻党的思想路线。""提倡实事求是是决不能离开马列主义、毛泽东思想的基本原理"，"如果像'西单墙'的一些人那样，离开四项基本原则去'解放思

想’，实际上是把自己放到党和人民的对立面去了。”“现在的问题是，要更多地宣传坚持四项基本原则。对‘左’的错误思想不能忽略，它的根子很深。重点是纠正指导思想上‘左’的倾向，但只是这样还不能解决问题，同时也要纠正右的倾向。”“解放思想，也是既要反‘左’又要反右。”“不彻底纠正‘左’的错误，坚决转移工作重点，就不会有今天的好形势。同样，不认真坚持四项基本原则，就不能保证安定团结的局面，还会把纠‘左’变成‘纠正’社会主义和马列主义，也不会有今天的好形势。”在学习宣传十五大精神中，社会上流行一种所谓改革开放20年“贯穿一条反‘左’主线”：“冲破姓社姓资”、“冲破姓公姓私”、“冲破所有制崇拜”的思潮，有着明显的以偏概全色彩，是不符合邓小平理论和十五大精神的。只要把他们的言论同邓小平同志的论述和党的文献相对照，是非真伪即可分辨。

第五，把握实践标准，必须坚持科学态度。判定认识或理论是否真理，不是依主观上觉得如何而定，而是依客观上社会实践的结果如何而定。只有实践才是检验真理的唯一标准。但是，需要注意的是，切忌把实践标准简单化。从辩证唯物主义的观点来看，实践作为检验真理的标准，既有绝对性的一面，又有相对性的一面。实践标准是绝对的，因为任何认识是否具有真理性，归根到底只能依靠实践来检验，没有别的东西能代替它；今天的实践水平不能做出判断，终将为今后的实践所证实或否定，这就是实践标准的绝对性和至上性。实践标准是相对的，因为现实的一定历史阶段的实践总是具体的，不免有其局限性，它不能完全证实或驳倒它那个时代提出的一切理论和认识；对于那些人类现实的实践活动暂时还达不到的领域的预见与假说，实践是不可能做出确定的检验的。在实际工作中，还常常有这样的情形：某一认识或方案，从一定时间、局部实践检验来看是正确的，但从长远的、全局的实践检验来看则是不可取的，这就有“小道理服从大道理”的问题。这就是实践标准的相对性和非至上性。列宁说：“实践标准实质上决不能完全地证实或驳倒人类的任何表象。这个标准也是这样的‘不确定’，以便不让人的知识变成‘绝对’，同时它又是这样的确定，以便同唯心主义和不可知论的一切变种进行无情的斗争。”此外，还需要注意的是，实践是检验真理的唯一标准，是从最终的意义上说的，在探索真理的过程中，并不排除在一定环节上需要借助于逻辑证明。逻辑证明是运用已知的正确理论和认识，通过逻辑推理，确定另一个认识和理论的是否正确。应该肯定逻辑证明在检验认识的真理性过程中的作用，承认其重要性和有效性，但是它不能代替实践标准。

第六，“实事求是”四个大字说起来容易，做起来很难。这里有一个想不想实事求是，敢不敢实事求是，会不会实事求是的问题。要切实坚持实事求是，必须解决好世界观和人生观问题。我们共产党人立志为共产主义奋斗终生，全心全意为人民服务，就要把党的利益、人民的利益看得高于一切，就必须自觉地实事求是，坚定不移地实事求是，在任何时候都敢于实事求是。与此同时，要学习辩证唯物主义和历史唯物主义，要善于吃透“两头”，学会全面地发展地把握实际，学会从本质上、总体上、发展趋势上研究实际，学会“去粗取精，去伪存真，由此及彼，由表及里”的加工制作方法。陈云同志经常讲：要“不唯上，不唯书，只唯实”，还提出了“交换、比较、反复”的“六字方法”、以及“要用90%以上的时间去作调查研究，用不到10%的时间去决定政策”的决策方法。这些都值得认真学习和记取。

我们要充分认识党的十五大在进一步推动思想解放进程中的历史地位和伟大意义。在跨越世纪的新征途上，一定要高举邓小平理论的伟大旗帜，坚持解放思想、实事求是的思想路线，在新的实践的基础上继承前人又突破陈规，开拓新境界，解决新问题，探寻新规律，在全面推进伟大事业的同时，创造性地丰富和发展理论。江泽民同志最近强调指出：“创新是一个民族进步的灵魂，是一个国家兴旺发达的不竭动力。”人类已进入信息时代，世界科学技术的发展日新月异，知识经济已初见端倪，现在我们更要十分重视创新。要大力弘扬创新精神，建立创新体系，增强创新能力，让创新之花开遍中华大地，结出丰硕的果实，推动我国社会主义事业更快更好地发展。

（作者系中共中央党校教授）

关于市场经济的几个理论问题

吴振坤

关于市场经济的研究,这几年有不少进展。下边我就市场经济的几个理论问题谈点见解,敬请同志们指教。

一、市场经济是经济运行的一种形式

邓小平同志是我国社会主义市场经济理论的创始者。他关于市场经济理论的论述非常丰富,在邓小平理论和邓小平经济理论中占有突出重要的地位。他认为,市场经济和计划经济都不是社会经济制度,不是区别社会主义与资本主义的标志;市场经济与社会主义之间不存在根本矛盾,市场经济作为一种方法和手段,资本主义可以利用,社会主义也可以利用。邓小平同志这些重要论述,为我国实行市场经济开辟了道路,奠定了坚实的理论基础。

市场经济在世界上已经存在四百多年了。但是,在这么长的历史时期里,许多资产阶级学者,一直存在一种偏见,认为市场经济是资本主义的专利品,是资本主义的经济制度,社会主义不能搞。我们社会主义国家许多学者也把市场经济看作是资本主义的经济制度,而把它与社会主义完全对立起来。邓小平同志关于市场经济的创造性论述,突破了资产阶级的偏见和传统观念,破除了这种长期性的历史性的误会。

这种历史性的误会,关键在于没有搞清楚市场经济的内涵及其产生和存在的历史条件。

市场经济既是资源配置的一种方式,又是经济运行的一种形式,它与社会经济制度没有直接关系,不是由社会经济制度决定的。为了讲清楚这个问题,我们需要从人类社会发展三大系列说起。第一个系列是社会制度发展系列,这就是:原始社会→奴隶社会→封建社会→资本主义社会→社会主义社会和未来的共产主义社会。第二个系列是劳动交换形式,又可叫社会经济形式发展系列,这就是:自然经济→社会化商品经济→产品经济。第三个系列是经济运行基本形式发展系列,这就是:自给自足运行形式→市场经济运行形式→计划经济运行形式。这三大发展系列是什么关系呢?历史已经证明,从原始社会,到奴隶社会,再到封建社会,都是自然经济占绝对统治地位;而在这三个不同的社会制度下,社会经济形式却是同一的,都是自然经济。这就表明,三个社会存在同一种自然经济,显然不是由社会制度决定的,而主要是由低下的生产力水平决定的。与三个社会中的自然经济形态相适应,它们都采取自给自足的运行形式。显然经济运行形式也不是由社会制度决定的,而是直接由社会经济形式决定的,在这里自然经济决定了与它相适应的自给自足的运行形式。商品经济存在了几千年,在这么漫长的历史过程中,商品生产和商品交换只是个别地区的局部现象,只是一些小商品生产者从事的活动,所以叫小商品经济。到了资本主义社会,马克思说“占统治地位的社会的财富,表现为‘庞大的商品堆积’”。这时商品经济已经社会化了,覆盖全社会。由于商品经济社会化了,市场交换成为普遍形式,市场成为全社会范围的资源配置的中心,实现了资源配置市场化。这样社会化商品经济必然采取市场经济运行形式。在这里,市场经济不是由资本主义制度决定的,而是由社会化商品经济决定的。我们社会主义社会曾长期实行产品经济和计划经济体制。在社会主义初期,由于缺少社会主义建设经验,搬用苏联模式,搞计划经济体制,在客观上有一定的必然,并在当时起过一定作用,但实际上,这是一种超阶段的冒进行为。商品经济充分发展是社会主义不可逾越的阶段。我们党的十二届三中全会第一次提出社会主义经济是商品经济,放弃了产品经济。社会主义商品经济也是一种社会化的商品经济。社会主义社会化商品经济不仅应当而且也必然采取市场经济运行形式。1992年,党的十四大作出了实行社会主义市场经济的英明决定。正如邓小平同志指出的:市场经济作为资源配置方式和经济运行形式,不仅资本主义可以用,社会主义也可以用。至于产品经济和计划经济体制,那是未来共产主义才能实行的。

上述这一切集中说明,市场经济不是资本主义的经济制度,不是资本主义的专利品。前不久,欧盟已不得不承认中国实行市场经济的现实,公开声明中国是市场经济的国家。

造成这种长期性、历史性误会的另一个重要原因在于市场经济是随同资本主义一起产生和发展的,所以被

认为是资本主义的专利品。市场经济随同资本主义一起产生和发展,这是历史事实,但市场经济产生的真正原因不在于资本主义私有制度,而在于社会化商品经济。由于资本主义社会化大生产采取了社会化商品经济形式,似乎市场经济是由资本主义造成的。事实上,正是社会化商品经济决定着与它相适应的市场经济这种运行形式,因而市场经济便与社会化商品经济一起产生,并一起发展。只要存在社会化商品经济,就必然存在与它相适应的市场经济。当然,资本主义私有制制度对商品经济和市场经济的发展起了巨大推动作用。但这与市场经济由资本主义决定和产生是两回事。

二、市场经济是当代社会资源配置方式的发展方向

资本主义在其发展的几百年的历史中,虽然发生过种种问题,但市场经济作为资源配置的主要方式一直发挥着积极作用,推动着社会生产力的不断发展。

我国改革开放近20年的实践也证明,最早实行市场取向改革的地方,经济发展速度就快。正如十四大报告指出的,凡是"市场作用发挥比较充分的地方,经济活力就比较强,发展态势也较好。"我国沿海地区经济发展实践充分证明了这一点。

邓小平同志在总结多年的实践经验的基础上明确指出:实行市场经济就更能解放生产力,加速经济发展。

市场经济从历史上到现今所以在生产力的发展上能起着长期不败的积极推动作用,就在于它拥有一整套的有内在利益和竞争的刺激的、充满生机和活力的经济机制和经济体制。所以,我们认为实行社会主义市场经济是我国发展生产力的最佳选择。

三、关于市场经济的基本理论

要实行社会主义市场经济,首先要了解市场经济的基本理论。根据自己多年的研究,我把市场经济的基本理论概括为"六个基本"。

一是市场经济的基本涵义。市场经济是通过市场机制配置资源和引导经济运行的经济形式,这个定义有两层涵义:第一,市场经济是以市场为基础自动实现社会资源配置的一种主要方式;第二,市场经济是社会化商品经济运行的基本形式。

二是市场经济的基本要求。这些要求有以下十条。1. 生产要素商品化。一切生产要素都要作为商品进入流通,等价交换。2. 产权关系独立化。一切作为市场主体的企业都要拥有自己的独立的产权。3. 经济关系市场化。这个要求的实质,就是要变自然经济为市场经济。4. 生产经营自由化。企业在国家法律允许的范围内可以自由选择自己的经营方向和范围。5. 商品服务价格市场化。这就是由市场供求关系决定商品和服务价格。6. 追求盈利最大化。这是企业生机和活力的关键所在。7. 企业行为契约化。企业一切经济往来需要签订合同。8. 保障事业社会化。保障事业不应由企业而应由社会举办。9. 宏观调控间接化。国家调控市场,市场引导企业。10. 经济活动法制化。一切经济活动都按法律规定运行。这十个方面的要求,是实行市场经济的必备条件,要逐步创造形成。

三是市场经济的基本规律。主要有五大规律:价值规律、供求规律、竞争规律、市场主体利益导向规律和按比例分配社会劳动规律。

四是市场经济的基本机制。这就是市场机制,它是在市场经济中起主导作用的机制。

五是市场经济的基本功能。有五大功能:1. 利益刺激功能;2. 信息传递功能;3. 资源配置功能;4. 市场导向功能;5. 优胜劣汰功能。

六是市场经济的基本特征。有六大特征。1. 市场主体的自主性;2. 市场关系的平等性 ;3. 市场体系的完善性;4. 市场行为的竞争性;5. 市场发展的开放性;6. 市场运行的有序性。

市场经济的这"六个基本",是市场经济的一般共性,因而是市场经济的基本理论。

社会主义市场经济除包含一般共性外,还包含社会主义制度特性。我们党的十四大报告指出:"社会主义市场经济是同社会主义基本制度结合在一起的"。我们党的十四届三中全会的《决定》重申:"社会主义市场经济体制是同社会主义基本制度结合在一起的"。据此,我认为,社会主义市场经济,就是与社会主义基本制度相结合的,在国家宏观调控下利用市场机制配置资源和引导经济运行的一种主要经济形式。这就是社会主义市场经济的科学内涵。

我国正在以江泽民同志为核心的中国共产党领导下建立社会主义市场经济体制。社会主义市场经济体制的基本框架是由五大支柱支撑起来的。一是作为市场主体的企业;二是市场和市场体系;三是国家宏观调控;四是合理的个人分配制度;五是多层次的社会保障体系。这五大支柱中,前三个更为重要,特别是前两个最为重要。建立社会主义市场经济体制,首先必须把企业改革好,市场建设好。到本世纪末,我们要初步建立社会主义市场经济体制,并将在这个基础上使之不断完善和发展。

(作者系中共中央党校教授)

解决国有企业问题的“钥匙”是什么？

编者按：1997年，中央政策研究室张勤德同志在参加贵州省国有企业党委书记工作研究会期间，请几位书记围绕如何搞好国有企业的问题进行了座谈。会上，他们都强调自己说的是“交心话”。张勤德同志认为，不管他们的看法是否全面、正确，都是值得重视的。

刘绍汉（贵州航空工业总公司党委副书记）：

咱们既然是内部探讨问题，发言就应当放开点，说点“交心话”。国有企业到了现在这一步，可以说是非常关键的时候了，太需要面对现实，真正按实事求是的原则办事了。

我认为，解决国企问题的“钥匙”，是把管理放在更加突出的地位。有的材料讲，一些国有企业亏损，管理不善的因素占50%以上，还有的说占80%。据我了解，贵州的情况也差不多。这说明，体制上的改革很重要，但是假如像一些企业那样把改革和管理对立起来，甚至放松管理，则既不利于管理，又不利于改革。因此，我们务必进一步解放思想，从而正确处理改革与管理的关系，下定决心按照江总书记提出的“三改一加强”的要求，在当前突出抓一下管理问题。

朱再昌（贵阳铁路分局党委书记）：

我看“钥匙”是把企业党委由“参政党”变成“执政党”。管理为什么上不去？老实说，主要是厂长的问题。一些厂长管理不善，又在于他们没有得到必要的制约。几十年正反两方面的经验证明，制约厂长，单靠上面或下面不行，最有效的还是厂党委。党委要正确地制约厂长，只是参与企业重大问题的决策，即处于“参政党”的地位，显然搞不好。我们党是国家的执政党，在农村、军队、科教文卫等各条战线都处于执政地位，为什么单单在企业这个工人阶级最集中的地方处于“参政党”的地位？政治是经济的集中表现，因而它总是领导经济的。胡锦涛同志根据小平同志的有关论述，强调“经济建设是中心，党的建设是关键”是很对的。党的领导，就包括政治领导。党委要是都真正像江泽民同志说的那样发挥政治核心作用，用好政治领导权，国企的亏损面肯定会小得多。

叶海增（中建四局党委副书记）：

在我看来，关键是要提高工人阶级的地位。不少人反映，现在一些工人干活，十分劲能使出七分就算不错的了。他们的积极性为什么不高？主要是经济地位、政治地位都降低了。社会上不三不四的人发大财，一些“大款”吃喝嫖赌，神气得很，工人一个月才几百块钱，还有些连吃饭都成了问题，心理能平衡？不仅如此，“大款”们在社会上的地位也相当高，还成为广播电视和文艺作品的主角，而工人则备受冷落。这也叫人气不顺。厂长们有的“有责无心”（即有责任而没有责任心），有的成了“穷庙里的富方丈”，有的则像旧社会的“老板”那样对待工人。对他们工人们的意见很大，却由于种种原因而撤换不了。这样，工人怎么能不觉得自己的主人地位是空的？社会主义公有制本来有巨大的优越性，可惜让这些人给糟蹋了，不能充分发挥出来。因此，不把全心全意依靠工人阶级落实在行动上，国企问题就总也解决不了。

韩庆彬（林东矿务局党委书记）：

以上几位同志的意见都有道理，但我觉得深层次的问题，是在于要真正全面地坚持公有制的主体地位，使这种主体作用发挥出来。社会主义制度是个整体。生产资料公有制是基础，但它需要其他制度来保证、来体现。假如在分配上不以按劳分配为主体，在政治上不保证人民当家作主，在思想文化上不以爱国主义、集体主义、社会主义为主旋律，公有制的主体地位和作用就难以全面地体现出来。一个国有企业也是这样，公有制的主体地位和作用，要在主体、主人、主旋律相互促进的良性循环中来实现。不从根本上解决好这个问题，国有企业怎么能真正搞好？

刘撖成（水城钢铁公司党委书记）：

要说深层次的问题，我认为关键是全面、正确、积极地掌握和运用小平同志关于社会主义及改革开放的理论。有些人以凡是符合“三个有利于”的就“姓社”，即就是社会主义为依据，公开宣传私有化，结果造成了混乱，动摇了一部分人的社会主义立场和信心。实际上，小平

同志在南方谈话里讲,深圳姓社不姓资,是因为公有制占主体。这是把公有制占主体当作了社会主义的重要标准。改革是社会主义制度的完善和发展。假如否定公有制的主体地位,那就不是改革而是"改向"了。只要按照社会主义改革的本意搞改革,努力使以公有制为基础的整个社会主义制度不断得到完善和发展,就一定能搞好国有企业。

潘长久(有色七建公司党委书记):

从宏观上看,重复建设和"大而全、小而全"是造成国有企业困难的最主要原因。对此,我们是深有体会的。当前,一些产品严重积压,可是生产这些产品的项目还在大批上马,这样下去,会对生产力的发展造成多大影响?所以,必须严格从紧控制工业项目,决不能再搞新一轮的重复建设,以免继续造成盲目乱闯、两败俱伤的后果。

任谅怀(贵州经济技术开发区工委书记):

现在搞社会主义市场经济了,我们的政策即使不向国有企业倾斜,起码应保证它和私营企业、"三资"企业的公平竞争地位。私营、"三资"企业享受那么多优惠政策,国有企业背着那么多包袱,承担那么大的"改革成本",有些人反过来却说公有制造成了国企的亏损,这太不讲道理了。实行公平竞争,需要下决心采取一些实际措施。例如,可不可以使私营企业偷税逃税率从80%降到50%以下,拿这笔钱使一些国有企业的历史包袱减轻一点?当然,要保证公平竞争,这是治标的办法,要治本,必须讲政治。真正把问题提到政治立场、政治方向的高度,公平竞争的问题就好解决了,国有企业就容易搞好了。

应当怎样理解邓小平在姓“社”姓“资”问题上的思想

存 言

近年来在我们党内和社会上一直流传着一种说法，认为邓小平不赞成而且反对问姓“社”姓“资”。说什么邓小平南方谈话给我们党和国家带来了第二次思想解放，就是破除了姓“社”姓“资”的束缚。谁问姓“社”姓“资”就是否定和反对改革。果真如此吗？党的十五大报告在谈到邓小平理论时指出：“这一理论，集中体现在十一届三中全会以来邓小平著作以及党和国家的重要文献中。”只要认真读一读邓小平的原著就可以看出，邓小平并非反对问姓“社”姓“资”，而且在一些重要问题上，特别注重澄清姓“社”还是姓“资”的问题。

在正式出版的邓小平著作中，只有一处明确谈到姓“社”姓“资”问题的文字。这就是视察南方谈话中的如下一段话：“改革开放迈不开步子，不敢闯，说来说去就是怕资本主义的东西多了，走了资本主义道路。要害是姓‘资’还是姓‘社’的问题。判断的标准，应该主要看是否有利于发展社会主义社会的生产力，是否有利于增强社会主义国家的综合国力，是否有利于提高人民的生活水平。”从这段话中不难看出，邓小平并不是反对问姓“社”姓“资”，而是说应当正确地判断姓“社”姓“资”，不能无端地怀疑和担心特区及整个改革开放姓“资”不姓“社”。紧接着邓小平又说，“对办特区，从一开始就有不同意见，担心是不是搞资本主义。深圳的建设成就，明确回答了那些有这样那样担心的人。特区姓‘社’不姓‘资’。从深圳的情况看，公有制是主体，外商投资只占四分之一。”这就表明，他认为是需要搞清特区姓“社”还是姓“资”的，而且认为鉴别姓“社”姓“资”的一个重要标志就是看公有制是否占主体。

邓小平在他的著作中多次讲过：“我们干的是社会主义事业，最终目的是实现共产主义。”“在改革中坚持社会主义方向，这是一个很重要的问题。我们要实现工业、农业、国防和科技现代化，但在四个现代化前面有‘社会主义’四个字，叫‘社会主义四个现代化’。”“有些人脑子里的四化同我们脑子里的四化不同。我们脑子里的四化是社会主义的四化。他们只讲四化，不讲社会主义。这就忘记了事物的本质，也就离开了中国的发展道路。”这就明确宣告：我们搞的四化必须是姓“社”的四化，不能是离开中国社会主义发展道路的四化！

可以证明邓小平赞成问姓“社”姓“资”还有一个明显的佐证：今年2月16日《光明日报》发表的吴邦国同志怀念邓小平同志的文章，有几处提到1992年小平在上海谈姓“社”姓“资”问题。时任上海市委书记的吴邦国陪同小平视察，是小平谈话的第一见证人。我们不妨把该文有关内容抄录于下：

“小平同志沉思了一会儿，意味深长地指着离子注入机问我们，你们说这台设备是姓‘社’还是姓‘资’？当我们正在发楞的时候，小平同志接着说，这台设备原来姓‘资’，因为是资本主义国家生产的；现在它姓‘社’，因为在为社会主义服务。‘资’可以转化为‘社’‘社’也可以转化为‘资’。对外开放就是要引进先进技术为我所用，这台设备现在姓‘社’不姓‘资’。”“小平同志说，到本世纪末，上海浦东和深圳要回答一个问题，姓‘社’不姓‘资’。两个地方都要做标兵。要讲综合国力，讲社会生产力，要回答改革开放有利于社会主义，不利于资本主义。姓‘社’还是姓‘资’？现在不是争论很多嘛。这是个大原则。要用事实来回答。”“你们闵行开发区在很短的时间内就收回了投资，是原投资的2.8倍，这就是事实。但这还不够，还要用上百、上千的事实来回答，回答改革开放姓‘社’不姓‘资’，有利于社会主义，不利于资本主义。”

上面这些话清楚地表明，邓小平不仅不反对问姓“社”姓“资”，而且认为姓“社”还是姓“资”是一个大原则，要求我们通过积极正确的改革开放实践，以有利于社会主义、不利于资本主义的事实来回答改革开放姓“社”不姓“资”。在他看来，我们搞社会主义，需要弄清楚什么是属于社会主义的东西，什么是属于资本主义的东西。但不能脱离开对具体情况的具体分析抽象地谈论改革开放姓“社”还是姓“资”，更不能无端地怀疑和担心改革开放是走资本主义道路。判断姓“社”还是姓“资”也不是只看一种事物本身的性质，还需要把它放到我国当前特定环境条件之下，看其存在和发展的客观作用是有利于社会主义还是有利于资本主义。并不是任何东西本身都有“社”、“资”属性。对于像西方资本主义国家生产的离子注入机这类东西，其本身不具有“社”、“资”属性，而是属

于人类共同的文明成果的东西。我们用它来为社会主义服务，也就意味着它现在姓“社”了。即使对于那些本身属于资本主义性质的东西，例如外商投资，我们也不应因其姓“资”而一概排斥。只要可以用来为社会主义服务，对发展社会主义有利，也可以引进和利用。我们大胆引进和利用这些东西的做法本身不姓“资”，而是姓“社”，属于社会主义的改革开放措施。党的十四大报告中讲：“加快我国经济发展，必须进一步解放思想，加快改革开放的步伐，不要被一些姓‘社’姓‘资’的抽象争论束缚自己的思想和手脚。”同小平的上述思想是完全 一致的。也是强调不要被脱离开具体分析的“抽象争论”束缚我们改革开放的手脚，而应注意通过科学的具体分析来正确地判断姓“社”姓“资”；通过积极正确的改革开放实践，用有利于社会主义不利于资本主义的实践来回答改革开放姓“社”不姓“资”。

对邓小平关于“争论”与“不争论”思想的几点认识

张建民

邓小平理论是科学，它始终严格地以客观事实为根据。科学的理论要求我们用科学的态度和方法去对待它。一段时间以来，有些同志抓住邓小平在南方谈话中所讲的“不搞一争论”，就断言邓小平同志主张不论什么问题都不搞争论。这种态度不符合党的十五大提出的学习邓小平理论要“完整准确地把握”、“对有关内容要作系统钻研和理解”的要求，这种结论也不合乎邓小平关于争论问题的思想实际。深入学习邓小平理论，坚持用邓小平理论指导改革开放和现代化建设的实践，有必要较为全面、系统地学习和领会邓小平关于“争论”与“不争论”的思想。

一

纵观《邓小平文选》一、二、三卷，邓小平既有关于要争论的主张，也有关于不搞争论的论述，其思想内涵是十分丰富的。

据初步统计，在革命战争年代，邓小平曾两次谈到争论问题。第一次是1941年讲共产党应正确对待三三制抗日民主政权中的政治争论，他说：“既然三三制是几个革命阶级的专政，有各抗日阶级抗日党派的代表参加，就必然有各个不同的政见不同的立场，也就必然有政治上的争论”。对于这种政治上的争论，邓小平认为不要怕，因为它就是民主政治斗争的开展，“是好现象”，“因为它可以真正表露某些党派的实质，使群众认清其面貌”，还会使群众认识到“我党的主张是正确的”。允许争论，并且通过争论，才会形成“敢于讲话，讲所欲讲”的局面，达到“政府威信和工作效率都会大大提高起来”的目的。第二次是在庆祝刘伯承同志五十寿辰时，邓小平谈了他与刘伯承之间感情融洽、工作协调后说：“我们偶然也有争论，但从来没有哪个固执已见，哪个意见比较对，就一致地去做”。在这里，邓小平没有把争论看成是一件坏事，因为双方都是“一切从国家、人民和党的利益出发，而不是以个人的荣誉地位出发”，而只有那种“意气之争，遇事总以为自己对，人家不对，总想压倒别人，提高自己，一味逞英雄”，才会“害党误事”。可以说，这段时期，邓小平是认为只要出发点和立场正确、方法得当，必要的争论是应该的。

全国革命胜利以后，在社会主义建设时期，邓小平在不同场合，针对不同问题多次谈到要争论，也几次谈到要不搞争论。那么，邓小平在一些什么问题上主张争论，或者说是认为争论有必要、是好事呢？

第一，在不同思想观点问题上应该进行争辩。邓小平同志一贯“不赞成搞大民主”，就是不搞“大规模的风潮和闹事”，但主张“要有小民主”，即“认真执行宪法所规定的民主制度，使人民自由发表意见的权利和其他民主权利受到应有的尊重和保障”。因此，各种不同的思想观点“进行争辩”，“让各种意见表达出来”是必要的。

第二，对待科学、教育、经济等如何发展要允许争论。早在1962年，邓小平就指出：“至于理论上、学术上的问题”，“那是不论什么时候都可以自由讨论的”。1977年，邓小平在谈到科学工作时说：科学是实事求是、老老实实的学问，是不允许弄虚作假的。而在“四人帮”的破坏下，压制讨论，互相封锁，“我们现在不同意见的争论、讨论不是太多了，而是太少了”，“我们要坚持百家争鸣的方针，允许争论”。同年，邓小平在谈到有些人不同意他关于科学和教育工作的意见时又说：“对我的讲话，有人反对，这不要紧。一个方针政策，总会有人反对和不同意的。他们敢讲出来就好，可以展开辩论嘛”。1979年，在谈到大家对经济问题有不同看法时更明确提出：“我主张采取辩论的方法，面对面，不要背靠背，好好辩论。真理就是辩出来的”。

第三，关于真理标准问题，争论的意义大得很。在十一届三中全会前夕的中央工作会议上，邓小平说：“目前进行的关于实践是检验真理的唯一标准问题的讨论，实际上也是要不解放思想的争论。大家认为进行这个争论很有必要，意义很大。从争论的情况看，越看越重要”。如果说以上还是“大家认为”的话，那么，接下来邓小平便以他特有的政治敏锐性将这一争论的重要性提到一个更高的角度来认识，他指出：“关于真理标准问题的争论，的确是个思想路线问题，是个政治问题，是个关系到党和国家的前途和命运的问题。”第二年他再说：“不要小看实践是检验真理的唯一标准的争论。这场争论的意义太大

了,它的实质就在于是不是坚持马列主义、毛泽东思想”。

第四,关于改革的方向是要继续争论的。邓小平坚持认为,我们的改革一方面是一场新的革命,是为了解放生产力;另一方面,它又不是要改掉社会主义的根本制度,而是社会主义制度的自我完善,我们的改革是坚持社会主义方向的改革。但有些人所主张的改革则是要改掉社会主义方向,是要走资本主义道路,因此,邓小平认为两种改革观“这个问题还要继续争论的”。所以,四项基本原则要长期讲下去,反对资产阶级自由化要长期进行下去。

同时,邓小平在另外一些问题上又是主张不争论的。这些问题,一方面是指国际间、不同国家的政党之间不搞意识形态的争论。如1980年他对意大利共产党总书记贝林格说:“我们两党之间过去的争论一风吹了”,就是结束过去,今后不搞了。1989年在会见美国官员时又说:“中美不能打架,我说的打架不是打仗,而是笔头上和口头上打架,不要提倡这些”。这里所说不能提倡笔头上和口头上打架,当然主要说的是意识形态的争论不要搞。1990年,面对苏联国内的剧烈震荡,邓小平表示:“不管苏联怎么变化,我们都要同它在和平共处五项原则的基础上从容地发展关系,包括政治关系,不搞意识形态的争论”。另一方面是在改革开放的途径、措施和步骤等问题上,邓小平主张不争论。他说:“不搞争论,是我的一个发明”。为什么这里的“不搞争论”不是泛指,而是特指改革开放中的具体做法呢?一是从语句的前后环境来看,邓小平是在论述改革开放的胆子如何更大一些,步子更快一些时,特别是在提出“对办特区从一开始就有不同意见”、“计划多一点还是市场多一点”、“什么时候突出地提出和解决贫富差距”以及“搞农村家庭联产承一开始好多人不愿干而是看”等问题之后,才提出“不搞争论”的。他的想法是不搞争论,干起来再说,让实践去证明,“农村改革是这样,城市改革也如此”。所以,完整地看,他是指对改革的途径、措施和步骤等不要先搞无谓的争论而不去动手真干,并不包括对改革的方向、改革中应坚持的根本原则也可不争论。二是从邓小平的一贯思想主张来看,无论是对科学教育文艺、还是对政治思想,他都是坚持“百花齐放、百家争鸣”的,是敢于和善于同一切错误思想观点进行斗争的,很难想象他会得出一个什么事情都不搞争论的结论来。

二

为什么邓小平主张在有些问题上要争论呢?

首先,这是为了端正学风,坚持党一贯倡导的“双百方针”,调动各方面的积极性。邓小平在谈到学风问题时说:“这些年来,由于‘四人帮’的破坏,在学风方面出了不少问题,例如压制讨论、互相封锁。”为了繁荣科学、发展教育,应该多开展一些“不同意见的争论、讨论”,“不同学派之间要互相尊重,取长补短”。“对于学术上的不同意见,必须坚持百家争鸣的方针,展开自由的讨论”。他还多次表示:“我们要永远坚持百花齐放、百家争鸣的方针”,“目的就是创造条件调动全民的积极性,使中国人的聪明智慧充分发挥出来”。

其次,进行必要的争论,是为了解放思想,恢复和发扬实事求是的思想路线。邓小平指出:“如果我们不注意,不搞百花齐放、百家争鸣,思想要僵化起来,马克思主义要衰退,只有搞百花齐放、百家争鸣,各种意见表达出来,进行争辩,才能真正发展马克思主义,发展辩证唯物主义”。在粉碎“四人帮”后不久,为了解决思想路线问题,以便尽快实现党和国家工作重点转移,面对“两个凡是”,邓小平按照马克思主义观点,针锋相对地提出“实事求是”,支持真理标准问题的讨论。他认为,要建设符合自己实际的社会主义,要制定出符合中国实际的路线、方针、政策,在当时条件下首要的是解放思想、实事求是,而解放思想实事求是这一思想路线的恢复和确立,又只有通过真理标准问题的讨论来实现。理论要通过实践来检验,这本是马克思主义的常识,“现在对这样的问题还要引起争论,可见思想僵化”。因此,“真理标准问题的讨论是基本建设,不解决思想路线问题,不解放思想,正确的政治路线就制定不出来,制定了也贯彻不下去”。“通过实践是检验真理唯一标准和‘两个凡是’的争论,已经比较明确地解决了我们的思想路线问题,重新恢复和发展了毛泽东同志倡导的实事求是、理论联系实际、一切从实际出发的思想路线”。

再次,是为了探索发展的好路子。如在科学和教育方面开展不同意见的争论,是为了“使我们少犯错误”,“使我国的科学教育事业兴旺发达起来”。又如在经济方面,邓小平认为,“大家对经济问题的看法不一致,这是很自然的。我们这么大一个国家,我们有了这么大一个雄心壮志,究竟怎么搞比较顺,比较能够经得起风险,比较能够克服困难、克服障碍,求得比较快的发展,这个问题只能靠大家的集体智慧来解决”。所以邓小平“主张采取辩论的办法”。在辩论中,中央各部门把设想摆出来,各省市的同志也把自己的设想摆出来,“梳几个辫子,权衡利弊,该怎么办就怎么办”,“得出比较好的办法”。他还说,为了“寻求一条合乎中国实际的、能够快一点省一点的道路”,“希望经济战线上做实际工作和做理论工作的同志,和衷共济,通力合作,取长补短,调查研究,反复讨论”,以便拿出“切实可行的方案来”。针对“四人帮”的一些错误言论,邓小平反复争辩:“贫穷不是社会主义”,“不发展生产力不是社会主义”,“闭关锁国不是社会主义”。

最后,是为了反对资产阶级自由化。针对有些人打着改革的旗号,妄图取消共产党的领导,破坏社会主义根

本制度的现象,邓小平指出:“某些人所谓的改革,应该换个名字,叫作自由化,即资本主义化。他们‘改革’的中心是资本主义化。我们讲的改革与他们不同,这个问题还要继续争论的。”针对有些人认为搞现代化就是“把资本主义一套制度都拿过来”,邓小平说:“我多次解释,我们指的四个现代化有个名字,就是社会主义四个现代化”。“只讲四化,不讲社会主义,那就忘记了事物的本质,也就离开了中国的发展道路”。“在这个问题上我们不能让步”。当有人攻击并企图取消共产党的领导时,邓小平反复说明没有中国共产党就没有新中国,也没有社会主义的今天。当有人攻击并企图削弱人民民主专政时,邓小平果断表示:人民民主专政不能丢,没有这个政权,就没有社会的稳定。当有人攻击并企图砍倒毛泽东思想旗帜时,邓小平坚定地反复指出:毛泽东思想是马克思主义与中国实际相结合的产物,我们要世世代代高举毛泽东思想伟大旗帜。

那么,邓小平为什么在另外一些问题上又主张不搞争论呢?

首先,在国际间不搞意识形态的争论,主要为了尊重各国人民的历史选择。国际间进行意识形态的争论,实际上是对别国党、别国人民指手划脚、发号施令,这不合乎国际关系准则。邓小平说:“各国党的国内方针、路线是对还是错,应该由本国党和本国人民去判断。最了解那个国家情况的,毕竟还是本国的同志”。所以各种争论都应“一风吹”,不搞了。“我们反对人家对我们发号施令,我们也决不对人家发号施令。这应该成为一条重要的原则”。邓小平还以我们党的历史、本人的经历说明:国际间不同政党进行意识形态争论,实际效果也是不好的。如他说,“过去我们对意共发表过一些不正确的意见”。又如在1989年他特别指出:“六十年代前半期,中苏两党展开了激烈的争论。我算是那场争论的当事人之一,扮演了不是无足轻重的角色。经过二十多年的实践,回过头来看,双方都讲了许多空话”。“现在我们也不认为自己当时说的都是对的”。

其次,邓小平主张在改革的途径、措施、步骤等问题上不搞争论,一是为了争取时间干。邓小平是崇尚实际、反对空谈的。1983年他曾批评当时在经济建设和经济改革中“议论得多,行动不快”。1989年动乱刚刚平息后,他就指出:第二代领导集体的当务之急是“聚精会神地做几件使人民满意,高兴的事情”,“如果在这个时候开展一个什么理论问题的讨论,比如市场、计划等问题的讨论,提出这类问题,不但不利于稳定,还会误事”。到南方谈话时就更明确说:“不争论,是为了争取时间干。一争论就复杂了,把时间争掉了,什么也干不成”。二是因为我们所干的是全新的事业,无现成经验和模式学,不可能争论清楚了再干。邓小平说:“我们现在所干的事业是一项新事业,马克思没有讲过,我们的前人没有做过,其他社会主义国家也没有干过,所以没有现成的经验可学”。在这种情况下,单靠口头笔头争论永远解决不了问题。三是为了让实践去检验。既然我们所干的是全新的事业,无现成东西可学可搬,那么,检验一切途径、措施和步骤的得失成败,就只能是实践,而不是事前的争论,“只能在干中学,在实践中摸索”,就需要“不争论,大胆地试,大胆地闯”,究竟对与错、是与非、得与失,全由实践去评判。如办经济特区,搞农村生产责任制,利用市场、股票等,要是等争论清了再干,恐怕时至今日仍会是纸上谈兵,口头打架。由于大胆闯、坚决试,现已由实践证明都是符合于和有利于中国特色社会主义事业的前进和发展的。

三

综上所述,在争论这个问题上,邓小平既有关于要争论的思想,也有关于不搞争论的思想。就是说,在发展科学、发扬民主和一切重大原则问题上,邓小平是主张争论的,通过争论繁荣科学教育,发展民主和坚持原则立场。因为争论就是一种宣传、一种思想工作、一种坚持;争论中为了说服对方,就要调查和研究,于是就有提高和发展;争论又是一种比较和鉴别,通过争论,明辨是非,取得共识,总结前进,正如毛泽东同志所说,真理是在同谬误作斗争中间发展的。不能设想,当错误思想泛滥时,党的领导人和理论工作者都无动于衷,不去斗争。但是,进行争论时,邓小平要求“不能搞大民主形式”,“不能妨碍安定团结”,“要结合实际”、“合乎党的原则和决定”。而在国际间、不同国家的政党之间,邓小平是主张不搞意识形态争论的,因为这不合乎国际关系准则,不合乎马克思主义原则,实践证明效果也不好。对改革开放中一切只能由实践来检验的途径、措施和步骤的是非得失,邓小平也是主张不搞争论的。争论还是不争论的选择是由具体对象决定的,具体情况具体分析,该争则争,不该争则干了再说,一切从实际需要出发。最近,中共中央发布了关于在全党深入学习邓小平理论的通知,其中指出:“理论研究工作要坚持‘二为’方向和‘双百’方针。鼓励以科学的态度大胆探索,勇于创新,坚持真理,修正错误,重在建设,不搞无谓的争论。注意区分学术问题和政治问题,对事关政治方向、重大原则的问题,要旗帜鲜明,分清是非;对思想认识问题,要积极引导,以理服人;对学术问题,要提倡不同观点的平等讨论和相互切磋。”《通知》的这些话,正是邓小平理论的精神的体现。

认识邓小平理论中既有关于要争论的思想,又有关于不搞争论的思想,有着重大的现实意义。

首先,它将有利于我们完整准确地把握邓小平理论的基本观点和基本精神,还其本来面目,而不致于断章取义,以偏概全。一方面,我们不能抓住其中关于要争论的

思想而得出邓小平主张什么东西都要争论的结论,不能仅凭其中关于不搞争论的思想就得出邓小平主张什么都不争论的判断。另一方面,我们也不能机械地从时间顺序上去断定什么邓小平在前期主张争论,在后期主张不搞争论,而是应全面地系统地来领会和把握其全部思想内涵。

其次,它有利于我们大胆地开展积极的思想斗争,坚决捍卫改革开放和现代化建设的社会主义方向。一段时间以来,有些人打着"不搞争论"的旗号,说什么"争论的不干事,干事的不争论",实质上是要别人不争论,自己则到处散布一些或"左"或右的错误言论,混淆视听。如他们随意歪曲邓小平南方谈话精神是"不要问姓社姓资",随意歪曲党的十五大精神就是"不要分姓公姓私",国企改革就是一个"卖"字;他们把坚持社会主义道路、反对资产阶级自由化打成是极"左",把坚持公有制的主体地位、主导作用也归为极"左",按照他们的观点,"纠正极'左'就会变成'纠正'马列主义,'纠正'社会主义"。只让自己放,不让人家回击,这些人的'不争论'口号下体现的是一种霸道作风。其实"不争论"也是有前提的,就是不允许一些错误思想来干扰我们建设有中国特色社会主义。"不争论",是指不搞无谓的争论,而不是任凭错误思想泛滥而不去开展批评和斗争。对于"左"的错误,或是有的倾向,我们都应勇于开展积极的思想斗争,在斗争中坚持马克思主义,坚持社会主义的根本原则和发展方向。

再次,它又告诉我们,在社会主义改革开放和现代化建设的新的实践中,特别是在当前各项改革的攻坚阶段,要继续扎实干、大胆试、大胆闯。对于十一届三中全会以来党中央从社会主义初级阶段实际出发所制定的一整套路线方针政策,我们不应再去争论,而应毫不走样地、扎扎实实地去实践,鼓实劲地去贯彻;对于党组织已明确决定了的事,就应坚决地去执行,而不应再议论再三、犹豫不行;对于那些尚未决定且无现成样板模式可学可套的发展途径、措施和步骤等,就不要企望坐下来争论清楚再动手,而应大胆地去试,大胆地去闯,在试和闯的过程中总结、提高、前进;对于国际间不同政党依据本国具体情况所作出的历史选择,也不应该去评头品足、说三道四,而是应集中精力扎扎实实干好自己的事,"发展才是硬道理",通过我们持续稳定的发展,显示出中国特色社会主义伟大事业的强大生命力和巨大优越性。

正确理解“抓大放小”的方针

——评一些地方出现的出售国有小企业成风的错误倾向

韩　公

前不久，国家经贸委就一些地方出售国有小企业成风的问题，发出专门通知，认为这是一种错误倾向，要求予以制止。这个通知是有针对性的。

前一段时间，在全国不少地方，出售国有小企业(包括大中型企业)确实形成了一股风，而且来势很猛，声势很大。其主要表现是：把出售作为“放开搞活”国有小企业的首选形式、主要形式，甚至唯一形式；把实现国有小企业非国有化和非公有化，以及加快国有资本从国有小企业和竞争性较强的行业退出，作为改革的重要目标；把个体、私营业主或有购股能力和经营能力的个人作为“选择买主的重要对象”；为了早卖、快卖，不惜以搞运动的方式召开动员大会、限定时间、规定指标、强迫命令、层层召开产权交易会、拍买会，甚至发布政府公告，掀起出售高潮；为了多卖、好卖，竞相采取浮动竞价式出售、零价出售、先破后售等形式，半卖半送，又卖又送。

这股出售之风骤然而至，不仅一些地方的众多国有小企业“城头变幻大王旗”，而且许多大中型企业也被卷入；不仅工业企业正在易主，商贸、物资、建筑企业也要变姓；至于城乡集体企业更是偃倒风下。

显然，这股出售国有企业之风，是一种私有化行为，它从根本上偏离了中央关于国有企业改革的正确部署，不符合邓小平理论和党的十五大精神，发展下去，必然危及国有经济的生存，危及公有制的主体地位，危及广大劳动群众的根本利益，危及社会主义制度的根基。如不制止，确实如中央领导同志所言，后患无穷！

为什么一些地方对出卖国有企业如此起劲呢？深入考察，就会发现，风起之处，不外三种作用力在推动。

一是错误理论观点的蛊惑。多年来，借口国有企业管理体制上的弊端和经营上的困难，任意贬损其形象甚至根本否定其存在必要的错误理论，一直通过某些报刊和“学术”会议等途径在社会上广为传播。前几年，多是讲“国有不如集体，集体不如私营”，“国有经济名义上是全民所有，实际上是全民所无”；主张国有企业改革的“实质”和“全部问题的关键”是改变其公有制性质。为了促使国有经济尽快“变姓”，近年来，又集中在出售上做文章，制造出诸如什么“退出竞争领域论”、“价值形态论”、“吃苹果论”、“自行车论”等等。所谓“退出竞争领域论”是说，国有企业之所以大面积亏损，是因为国有经济战线太长，国家完全没有必要经营几十万家国有企业，也不可能经营好，主张只在基础领域保留少数大企业，其他中小企业的国有资本应该退出竞争领域。怎么退出呢？“出售是基本取向”。这种理论的实质是很清楚的。在社会主义市场经济条件下，没有竞争的领域几乎很少，许多基础行业也存在竞争。如果国有资本从竞争领域退出，那就等于基本消灭了国有经济。“竞争领域”，大部分都是加工企业，其产品在整个生产链条上处于下游位置，利润大，易赚钱；“基础领域”的企业则相反。国有资本退出竞争领域，那就等于是，赚钱的事让非国有或非公有经济成分干，赔钱的事让国家干，国家赔了钱，又说国有经济根本搞不好，不应该发展国有企业。这不是故意将国有经济推向不利地位又落井下石吗？通过政企分开，实现所有权和经营权的分离，国有企业完全可以成为独立的市场竞争主体，克服国家直接经营的弊端，成为富有活力的经济细胞，因此，国有资本完全没有必要退出竞争领域。所谓“价值形态论”是讲，出售国有企业，只是使国有资本由实物形态变为价值形态，并不影响国有经济的性质，而且国家还可以用出售企业所得到的钱再建新的企业。这种理论似是而非。虽然财产的价值形态和实物形态是可以互相转化的，但掌握货币和掌握企业是不同的。50年代，我们通过对资本主义工商业的改造，赎买了民族资本，难道能说此后民族资本主义经济还以价值形态继续存在吗？价值形态只有以实物形态为后盾，能够等量地体现在实物形态上，才能在经济生活中发挥实际的作用。公有制的主体地位必须有坚实的物质内容，而不能只是一堆货币泡沫。再说，主张大量出售国有企业，一个重要理由就是认为国有企业必定搞不好。那么，卖掉之后，还有什么必要重新建立国有企业呢？可见，这种理论根本不能自圆其说。事实上，前一段时间，出售国有企业成千上万，而真正由地方财政收回的变现资金并没有多少，用变现资金投资兴建新的国有企业就更少。这说明，“价值形态论”在实践上也是行不通的。“自行车论”是说，“国有企业就像公家的自行车——除了铃不响，浑身都响。

而私人的自行车，除了铃响，浑身都不响”。以此比喻国有经济是一种无人负责的经济，只有卖给私人才能搞好。这是一种轻薄，是一种污蔑。无论是在计划经济时期抑或是市场经济条件下，都有不少搞得很好的国有企业，如国务院刚刚表彰的邯钢、海尔等国有企业，就是善于在激烈的市场竞争中不断发展壮大自己的成功典型。而“自行车论”恰恰从反面说明，搞好国有经济，需要大力培养与国有经济性质相适应的具有强烈社会主义公有制意识的生产经营者，而不能让国有经济落到那些私欲薰心的人手里。所谓“吃苹果论”是讲，一筐苹果，一部分烂了，应该先吃好的，否则会总吃烂的。其用意是，出售国有企业，应该乘其还有活力时就出手，待其陷入困境后，就卖不上好价钱。这是“靓女先嫁”的另一种说法。这种理论由于把出售作为不允讨论的前提，根本不想在保持国有经济性质的基础上去努力搞活搞好企业，只是“先嫁”“后嫁”的问题，因而也就没有评价的必要。

这种种奇谈怪论尽管毫无道理，但其消极作用却不可低估。当我们一些地方领导同志大讲国有企业的改革就是“原则上实现非国有化”，“以出售为主要内容”，放开“就是把国有小企业的产权最大限度地出售给有购股能力的个人”，就是“加速非国有化的步伐”，就是“要大造声势，尽快出手”，“迅速形成一个拍卖高潮”的时候，我们不难发现上述种种错误理论观点的影子。这说明，要制止出售国有企业这股风，必须澄清这些错误理论观点的影响。

二是一些地方领导干部片面理解十五大精神。十五大提出，在社会主义初级阶段，坚持公有制为主体、多种所有制共同发展的基本经济制度，这是社会主义原则在当代中国的坚持和运用。然而，有些人却由此得出了错误的结论，认为十五大“冲破了‘姓公’‘姓私’的障碍”。在这种认识的支配下，有的地方“以公有制为主体”的观念和责任大大淡化，片面强调大力发展非公有制经济，有的地方甚至提出与十五大精神完全不同的、“建立起多种经济成分并存、平等竞争、共同发展的完备的社会主义市场经济体制”的、没有公有制主体地位的改革目标。有的报刊甚至说：“不妨承认非国有经济为主体”。有的地方的同志认为，当地经济之所以和沿海发达地区有差距，“主要是国有经济比重太高”。主张“让国有资产有序退出，让非公有制经济低成本扩张”，这样就“可以迅速降低国有资产比重”。有个市提出，“市属一级企业中的三类及类外企业，必须坚决快速放掉，不能拖过今年”。有一个省要求“力争一年内使80%的国有资产从国有小企业退出”。有的地方领导干部甚至讲：“十五大精神就是卖”，“十五大以后，就是要把企业都卖给个人”，声称“除了人大、政协、党委、政府不能卖之外，其他都可以卖”。

这些做法和说法的确令人震惊。十五大报告白纸黑字，怎么能从中“领会”出这样的“精神”来呢？十五大报告在论述社会主义初级阶段的基本经济制度时，明确指出：“第一，我国是社会主义国家，必须坚持公有制作为社会主义经济制度的基础；第二，我国处在社会主义初级阶段，需要在公有制为主体的条件下发展多种所有制经济；第三，一切符合‘三个有利于’的所有制形式都可以而且应该用来为社会主义服务”。在这里，“公有制为主体”作为前提，“社会主义制度”作为原则，是明明白白的，怎么能说十五大是冲破了姓“公”姓“私”的障碍呢？关于国有企业改革的方向，十五大强调“产权清晰、权责明确、政企分开、管理科学”四句话，这是一个完整的、需要全面落实的要求，不可偏废。孤立地把“产权制度改革作为工作重点”，进而把实行非国有化作为改革的原则，显然是不符合十五大精神的。关于放开搞活国有小企业，十五大重申了改组、联合、兼并、租赁、承包经营、股份合作制、出售等七种形式，并没有要求把出售作为首选形式，更没有要求作为唯一形式，怎么能说十五大精神就是一个“卖”字呢？毫无疑问，正是一些领导干部在理解和把握十五大精神上的片面性、绝对化和简单化，直接导致了出售国有小企业成风的错误倾向的出现。不纠正这种错误观念，用不了多长时间，几代社会主义建设者用血汗铸起的国有企业的家底就会被折腾得一干二净。

三是少数人发财欲望的驱动。面对苏联解体、东欧剧变、国际共产主义运动处于低潮；面对国有和公有制经济比重的连年下降、非公有制经济的迅猛发展以及社会上越来越多的大款巨富的涌现；面对以权钱交易为主要特征的腐败现象的蔓延，一些人从他们自己的立场和观点出发，认定中国必然要走向资本主义。因此，早就盘算着如何为自己准备“后路”，极力寻找发财的机会。有些人把出售国有企业看作是继“双轨制”、“承包制”之后“最后一次发大财的机会”；有些人内外勾结，长期对国有企业实施恶意经营，捞取了不少不义之财，也想借国有企业出售之机洗钱“正名”，“浮出水面”。有些人经营国有企业多年，为企业的发展立下了汗马功劳，但财产、收入远不如个体、私营老板，感到“亏得慌”，认为国有企业理应归自己所有和支配。这些人是出售国有企业之风的积极鼓吹者。为什么有些地方对国有企业高价低估、不估而售，甚至以给所谓“有经营能力的人”赠大股、贷巨款的方式促使其购买呢？为什么有的企业不卖给愿出高价的国有企业，却以低价甚至零价与个体老板成交，搞定向转让、私相授受、半送半卖呢？为什么有些地方卖企业总是几个人背后商议决定，竟不让职工询问买主是谁，买主的钱从哪里来，搞“黑箱操作”呢？为什么当职代会代表对出售自己的企业提出不同意见时，有的政府领导竟然讲出“你们企业好比我手中的杯子，产权是我的，不是你们的，我想送给谁就送给谁，我想卖给谁就卖给谁，我想把

它摔了就把它摔了，你们职代会无权干涉”的昏话呢？从这里，我们确实能够强烈地感受到，在一些地方掀起的出售国有企业的风潮中，裹挟着一股贪婪的个人发财欲。

国有企业绝不应成为“掏金者”的乐园，谁想怎么处置就怎么处置，那是绝对不行的。企业党组织、工会、广大职工，要勇敢地担负起维护国有资产的庄严政治责任，同侵吞国有资产的种种行为进行坚决的斗争。对已经发生的严重的化公为私、侵吞国有资产的行为，企业党组织、工会有权要求上级组织重新组织清查、评估和审计，以确保国家财产不受损失。

当然，对于多数主张和推动大规模出售国有企业的同志来讲，并不见得有多么复杂的个人动机和多么自觉的“理论”。他们往往是这么一种情况：针对当地国有企业的困境，觉得办法也想了不少，功夫也用了很多，但仍然不能有效改变局面，从而对搞活搞好国有企业失去了信心，认为与其继续背着这个“包袱”，还不如卖给私人，一甩了之。这样，企业缺资金，自己想办法，职工发不了工资，去找老板，政府也没有责任。于是，果断“出手”，以出售求“解脱”。这种想法显然是不对的。国有经济的发展壮大，为我们国家和民族的强盛作出了不可磨灭的历史贡献，为全国人民带来了巨大的福利，数以几十万计的国有企业，是国家财政的主要源泉，在保障亿万职工群众的生产生活、保证社会公平、维持社会稳定方面发挥着不可替代的重要作用，是国家和人民的宝贵财富，应该百倍爱护和珍惜。只因有些企业遇到困难就把它们看作是一种包袱，企图一卖了之，甩掉这个“包袱”，那是不负责任的表现，也是极其短视的。大规模出售国有企业，必然造成国有资产的更大流失，迅速扩大社会成员之间的收入差距，加剧社会分配不公，导致失业、待业队伍剧增，影响人民群众生活水平的提高，损害职工群众的切身利益，从而引发社会不稳定。那样，不但甩不掉“包袱”，而且还会背上更沉重的包袱。

国有经济是我国经济发展的主导力量，国有企业是国民经济的支柱，搞好国有经济是全党重要而艰巨的任务，是每一个领导干部的重大政治责任。我国经济体制改革的目标是建立社会主义市场经济体制，重要的是要使国有企业和整个公有制经济在市场竞争中不断发展壮大，始终保持公有制经济在国民经济中的主体地位和国有经济的主导作用，如果失去公有制的主体地位和国有经济的主导作用，也就不可能建设有中国特色的社会主义。因此，搞好国有企业既是关系到整个国民经济发展的重大经济问题，也是关系到社会主义前途命运的重大政治问题。党的十五大提出调整和完善所有制结构，加快推进国有企业改革，一个基本的精神，就是要更有效地坚持和发展公有制的主体地位，搞好整个国有经济，支持、鼓励和帮助城乡多种形式集体经济的发展，同时在这个前提下，鼓励、引导个体、私营等非公有制经济的健康发展。绝不是要大量地改变国有企业的性质，实行什么非国有化甚至非公有化。放开搞活国有小企业，目的是为了使众多的国有经济的细胞摆脱旧机制的束缚，适应社会主义市场经济体制的要求，充分地活起来，好起来，绝不是要把它们都“放弃”，“搞没”，不存在了。试想，如果整县整市的国有企业都卖掉了，变成私人所有，省一级区域只保留那么十几家、几十家国有企业或国有控股企业，各地、各行业都不去积极维护公有制的主体地位，那全国范围的公有制主体地位还有什么保证？大量的中小型国有企业和一般的大企业以及集体企业都卖掉了，剩下的极少数国有大企业的服务对象变了，生存环境变了，处在非公有制经济的汪洋大海之中，成为零星孤岛，还有什么生命力可言。公有制作为社会主义经济制度的基础，是一个体系，靠的是群体作用。公有制的主体地位既有量的规定，也有质的规定，仅靠少数大企业是不能承担起社会主义公有制的基础这个巨大责任的。出售国有企业这股风所以是一种错误倾向，要害就在于它的发展蔓延，完全有可能导致公有制主体地位的落空，可能走上和俄罗斯一样的私有化道路。当然，党中央、国务院的态度是坚定而明确的，是不允许也不会让这种危险成为现实的，广大干部和职工群众也是坚决反对和抵制这种错误倾向的。中央领导同志多次严肃批评了一些地方出售国有企业成风的错误倾向，本文开头提到的国家经贸委的专门通知，以及农业部《关于当前深化乡镇企业改革有关问题的通知》都是为了贯彻中央精神，纠正这方面的错误倾向。不少企业的党组织和广大职工群众通过召开职代会等各种方式有效地遏制了一些地方卖企业之风的蔓延。这说明，中国决不会步俄罗斯的后尘。

国有企业当前所面临的困难不是所有制造成的，主要是由于盲目重复建设，导致工业产品供过于求，国有企业开工不足，职工大量下岗；国有企业富裕人员太多，管理落后，效益低下；政企不分，行政干预，乱提目标，使企业生产不能面向市场，资源不能得到合理分配；特别是领导班子建设不力，用人不当，管人不严。为此，中央提出了明确的原则：第一，不能再搞重复建设；第二，大力加强企业领导班子建设；第三，减人增效，实施再就业工程。为此，还制定了实现“两个根本转变”、“三改一加强”和“十六字”方针。这是我们搞好国有企业改革的最根本办法，是十五大精神的直接体现，各地应该结合自己的实际，切实把功夫下在这个方面。各级领导一定要增强信心，振奋精神，以对党和人民高度负责的态度，充分走群众路线，紧紧依靠企业党组织和职工群众，加强领导班子建设，按照十五大精神，保证企业的改革和发展健康进行。

正确理解十五大精神

——兼议"冲破姓'公'姓'私'"说

薄 澜

党的十五大提出了对国有经济进行战略性调整，进一步鼓励和支持非公有制经济的发展，充分发挥它们在经济发展中的作用。在这个问题上的确有一个解放思想的问题，但如果把这归结为冲破姓"公"姓"私"的障碍，则是荒谬的。

现阶段所以需要鼓励和支持私人经济发展，进一步发挥它们的作用，这是由现有的生产力状况决定的。我国的生产力总的来说还是很低的，作为主体地位的国有经济和其他公有制经济还没有足够的资本和设备，不可能在不断提高劳动生产率的前提下把现有的劳动力都组织到公有经济中来。在这种条件下，如果不鼓励和支持个体、私人经济利用他们的资本从事生产和流通，要等到国有和公有经济有能力来吸收这些劳动者，大量的劳动力将会无所事事，找不到发挥作用的场所，资源也得不到开发。这是生产力的极大浪费。这会阻碍生产力的发展和社会财富的增长，人民生活水平得不到提高，也不利于社会的稳定。这种情况长期存在，将会损害社会主义的形象，体现不出社会主义制度的优越性，肯定是不利于社会主义制度的巩固和发展的。鼓励私人经济的发展，虽然看起来是非公有制经济增多了，比重在一定时期也会增大，但从总体上看，它能起到巩固、稳定社会主义社会的作用，归根结底是有利于社会主义的。只要加强对个体、私人和外资企业的监管和引导，头脑保持清醒，坚持公有制的主体地位，坚持社会主义国家政权的领导，生产力的发展和社会财富的增长就是社会主义制度的加强。这正是十五大作出的重要决策的出发点和归结点，一切都是为了有利于社会主义的巩固和发展。

只要我们不存偏见，认真学习文件，这一精神是很清楚的。十五大报告提出，以公有制为主体、多种所有制经济共同发展是社会主义初级阶段的一项基本经济制度，这表明了对非公有制经济重要作用的充分肯定。同时，报告着重强调必须坚持国有经济的主导作用和公有制的主体地位，强调增强国有经济的控制力和竞争力；指出公有资产占优势，要有量的优势，更要注重质的提高，强调说："只要坚持公有制为主体，国家控制经济命脉，国有经济的控制力和竞争力得到增强，在这个前提下，国有经济比重减少一些，不会影响我国的社会主义性质。"报告中提出了股份制可以成为公有制的一种实现形式，目的是利用股份制这种现代企业资本组织形式的筹集社会闲置资金的作用，以增强公有制的主体地位和国有经济的主导作用，加快公有制经济的发展。报告中强调了国有经济掌握控股权的重要性。这表明在我们国家里，股份制可以被利用来成为国有经济发展自己的一种形式和手段。

这些内容在文件中都写得明明白白，掌握它的精神并不困难。党的政策是一方面充分重视非公有制经济在现阶段我国经济发展中的重大作用，鼓励和支持它们的发展，同时，特别关注在发展中不断增强公有制的主体地位和保持、增强国有经济的支配力和主导作用。这一切归根结底都是为了加快经济建设的速度和社会主义在我国的最终胜利。虽然强调了非公有制经济在现阶段的重大作用，但其目的是为了社会主义的利益，推动社会主义公有制的巩固和发展，为社会主义服务。

但有些人说：十五大报告的"主要贡献之一，就是冲破了姓'公'姓'私'问题上的疑惑"。说这种思想解放带来了理论上的解放，而所谓理论上的解放就是现在"改革的锋芒已经公开地指向所有制了"。他们认为，社会主义的最根本的特征，不是公有制，而是劳动者成为所有者。

这样我们就很清楚了，他们所反对的"左"的内容原来就是指坚持社会主义公有制，包括国家所有制和集体所有制，认为这些公有制形式没有使劳动者成为所有者。

这种观点并非自今日始，但它是不正确的。全民所有制或国家所有制，就是表明生产资料归全体社会成员共同所有；集体所有制表明生产资料在一个小集体范围内归集体全体成员共同所有。公有制并不像一些人所描绘的是"劳动者一无所有"，而是表明这里每个人对生产资料的所有关系上是完全平等的。这种平等体现在任何个人都无权凭借对生产资料的占有获取特殊的经济利益和占有别人的劳动成果；每个人的收入都只能来自对社会的劳动贡献。这就是公有制的最具体的体现。公有制的另一个具体体现就是对生产资料管理权的平等。由于目前还存在着脑力劳动和体力劳动之间的分工，在管理

权的实施上二者还存在着重大差别。但这是由现有的生产力水平和劳动者的科学素养决定的，而在所有制方面，在全体成员平等参与管理上则不存在任何障碍。

但他们认为这种公有制必须改掉，要建立另一种“劳动者所有”的制度。试问，除了社会主义公有制外，还会有什么样的“劳动者所有”制呢？那就只能是把生产资料划归每一个成员私人占有了。可是在劳动过程已经社会化了的大规模生产已经确立的今天，这怎么可能呢？他们的思想实际上反映的是一种小私有者的观点。这种观点在像宝钢、燕化、一汽、二汽、大亚湾核电站、京九铁路等等现代化大企业的职工中，是不会也不可能引起任何共鸣的。受这种小私有者思想束缚的人，正如马克思所深刻指出的，他们除了私有制以外，不知道或不理解还会有别的什么属于全体社会成员共同所有的所有制形式。如果用这种思想来“改革所有制”，实际只能改革成资本主义私有制。

在他们看来，我们目前经济上存在的一切困难和问题都来自社会主义公有制，特别是国家所有制。公有制没有效率，阻碍了生产力的发展，按照“三个有利于”的标准，必须把它改掉。他们的这种判断显然是不符合事实的。是的，国有经济在转换机制和结构调整过程中出现一些困难，效益不理想，发展速度不够快等，但这不能靠非国有化来解决问题。现实有着很好的样板，改掉公有制，实行非国有化的俄罗斯，已经使得国民经济遭受到前所未有的巨大破坏，破坏的程度甚至超过30年代的资本主义世界大危机，至今未能恢复正常。稍为认真地客观地看待问题，真正用“三个有利于”的标准来判断是非，对这种所谓冲破姓“公”姓“私”的“解放思想”，是不难得出应有的结论的。

分析一下许多年来我国经济的发展，尽管国有经济的发展还不尽如人意，但它的优越性是很明显的。国有经济是适合社会化大生产发展要求建立的，它对资本主义私有制的根本优越性已经展现出来。改革开放以来，即使处于体制转轨时期，它仍然获得了快速发展，也证明了这一点。如果通过深化改革，国有经济的结构得到调整和优化，国有企业逐渐掌握了在市场海洋里搏击的本领，并逐步摆脱过重的债务包袱和历史上形成的社会负担，处于市场上公平竞争的环境，它对其他所有制经济的优越性将会更鲜明地表现出来。现在许多搞得好的国有大中型企业已经昭示了这一点。

从宏观的和国际环境来看，社会主义公有制经济的优越性就更加明显。在建立社会主义市场经济体制的改革过程中，我国从总体上保持了国民经济的持续、稳定发展，未陷入混乱。从思想理论上来说，很重要的一条，就是我们没有听信那些从西方抄来的经济自由主义者的鼓噪，放弃国有制和计划手段。几年来，我们一方面把一切应由市场来配置资源的经济活动，逐渐地都转为由市场调节，大大增强了经济的活力；同时我们又清醒地认识到市场的自发性、盲目性和滞后性，坚持了国有经济在国民经济中的主导作用，加强和完善宏观的计划调控，有计划地把资金投入到加强农业，发展能源、交通、通讯等建设上去，保证了国民经济的健康发展。当前，东南亚和东亚各国纷纷在金融危机中落马，陷入长期的经济危机中，而我国仍能稳定屹立，进行建设。原因很清楚，就是我们在改革过程中，坚持了国有经济的主导作用和发挥计划在配置资源上的重要作用，较早地强化了国家的计划指导，排挤经济泡沫，严格管理外债和控制资本项目的对外开放，这样才有我们今天的大好局面。这是人人都明白的不可否认的事实。

以上分析可以说明，一些人一再鼓吹的“第三次思想解放”是要冲破姓“公”姓“私”的障碍，这是在歪曲宣传十五大精神，是很危险的。实际上，这种宣传在一些地方、一些干部中已经产生了思想上的混乱，作出了一些不当的工作决策。例如有的地方的领导人把十五大报告理解为“发展私有制、实行私有化的动员会”，有的地方把十五大报告看成是“实行全面股份化的动员令”，说什么推行股份制“已不是星星之火，也不是方兴未艾，而是如火如荼，将成燎原之势”，“不改没有出路”，拉开了大搞股份化运动的架势。还有的地方领导人说什么“十五大的精神就是卖（指国有企业），快卖”。有一个市把本市的利税大户、全省最大的酒业公司卖给该公司的董事长，国营企业的董事长一夜之间变为私营企业主。这是典型的化公为私的行为。而他们却说“地方国企非走民营道路不可，迟走不如早走，早走不如现在就走。企业应该趁兴旺的时候，先走一步”。可见，歪曲宣传党的基本理论和方针会造成怎样的后果，这方面的教训应当说是不少的。

我们再次强调江泽民同志所要求的，用科学的理论武装人，而不要用错误的理论误导人。这是有关国家前途命运的政治方向的大问题，不可以不问不闻，随心所欲的。

私有化思潮剖析

郭志琦　张胜利　徐则荣

邓小平同志指出:“四项基本原则首先要求坚持社会主义,难道我们能够不坚持社会主义吗?不坚持社会主义,还有什么安定团结,还有什么社会主义的四个现代化?”他还指出,在改革中,“坚持公有制为主体”,“这就是坚持社会主义”。但是,一些年来,特别是近年来,在一些报刊杂志上屡见直接的或变相的否定公有制这一社会主义根本原则,鼓吹私有化的言论。概括起来主要有如下几点:

一、私有制优越论

贬低公有制经济特别是国有经济,宣扬私有经济优越性。这类言论不少,其中主要的有两点。一是认为“公有制天生效率低,效益低”。为什么呢?有人从产权理论去论证,说什么国有产权监察费用极其昂贵,监督激励作用低下,国家权力选择代理人只从政治利益考虑,而非经济利益考虑,因而国有产权下的外部性很大。“相比之下,在私有产权下,私产所有者在作出一项行动决策时,他就会考虑未来的收益和成本倾向,并选择他认为能使他的私有权利的现期价值最大的方式,来作出使用资源的安排;而且他们为获取收益所产生的成本也只能由他个人来承担,因此,在共有产权和国有产权的许多外部性就在私有产权下被内在化了,从而产生了更有效地利用资源的激励。”正是从上述资产阶级产权理论出发,有人宣称:“在适当的法律下,还是自然资源国有,其他生产要素个人所有的所有制好。”因为“现代工业社会最能促进经济发展的就是这种所有制”。而“国有制在世界范围走到了尽头,国有制已到了最后被否认的阶段”。因此,“只有彻底消灭公有制,实现私有化,才能提高经济效益”。今日中国,私营经济“代表的是中国最先进的生产关系,具有中国最先进的生产能力”,“私营经济是振兴中国经济的希望所在”。甚至认为公有制把我国搞得“民不聊生”。

认为私有制是一种长治久安的制度。他们说:“私有财产制度是治乱的制度,其治乱的功能是一种竞争的制衡作用,用人的私欲制衡人的私欲。……私有制可以找到一个最强大的压制损人利己私欲的原动力。因此社会能长治久安。”

对这些颠倒黑白、思想混乱的谬论,本不值得一驳。然而,这些与1989年资产阶级自由化泛滥时出笼的《中国的希望——私有制宣言》惊人相似的言论,今日竟然能够又一次公开地进行鼓噪,却不能不让人深思和警觉。

二、不能兼容论

主张市场经济与社会主义公有制不能兼容的人认为,计划经济是以明确企业产权国有为前提的,市场经济则要求明确企业产权民有或私有为条件,只有真正排除行政干预的民营企业,才能有以市场为导向而不是以国家为导向的市场经济。“市场经济必然导致公有制的瓦解”,因为“国有经济与市场经济的矛盾不可调和”,“市场经济与公有制是对立的,在公有制基础上只能搞‘模拟市场’,不可能搞真正的市场经济”。因此,在中国要么坚持公有制,要么实行市场经济,二者必居其一。

市场经济与社会主义公有制不能兼容,是一些论者近年才提出来的,他们在开始时主张或赞成在中国搞市场经济时,并没有这样提出问题。当党的十四大确定以建立社会主义市场经济为改革目标后,不能兼容的论调却逐渐增多起来。由此,人们不难看出,他们当初之所以热衷于搞市场经济,鼓吹市场化,不过是想借此来一步一步地实现其瓦解公有制、推行私有化的意图而已。对此,有人已说得十分明白:“在中国私有化是必由之路,是必然趋势。苏联的今天就是中国的明天。”“市场化就等于私有化”,“国有企业要搞市场经济将不得不走向私有化”。有的人虽然没有把话说得这么公开,但他们只讲市场经济一面,不赞成或反对在我国的市场经济前面加上社会主义四个字,不讲坚持公有制的主体地位是我国社会主义市场经济的基本标志,其真实原因,恐怕也在于此。

三、以卖代改论

为搞活国有企业,党中央提出通过改组、联合、兼并、租赁、承包和股份制、股份合作制、出售等办法解决国有企业的困境。但一些人则一味鼓吹卖,把卖作为主要形

式，甚至作为唯一形式，我们姑且把这称之为以卖代改。下面的一些说法，便可证明这一点。如提出：除"为数不多的非竞争性企业以外的绝大多数国有企业都应卖掉"；"中小国有企业如何改？其实就一个字：卖！——可以卖给其他非国有企业，也可以卖给个人"；对国有小型企业实行"以卖为主"的方针，"一般说来，'包'不如'租'，'租'不如'卖'"；"靓女先嫁"，"出卖国有企业也应先卖好的"，并说在全国96000个国有企业中，占90%的小型企业"可考虑采取拍卖、折股分红等办法……把企业产权有偿转让"；等等。

为了给"以卖代改论"或"以卖为主论"进行辩护，有人提出了"形态转换论"，说什么"出售国有资产，不过是把资产的实物形态改为价值形态，并不改变资产的归属和公有制的主体地位"，"即使把国有资产全部卖掉，公有产权也没有流失一个铜板"，并列举了卖可以使国有资产保值增值、解决国家财政困难等诸多好处。"以卖代改论"者虽然说得天花乱坠，娓娓动听，其实都是搞私有化的辩护词！如果拍卖国有企业可以使国有资产保值增值，可以解决国家的困难，可以保证公有经济为主体和社会主义国家富裕起来，那么推而广之，将国家一切资源和财产都拍卖，不是更可以保证公有制为主体，使国家迅速富强起来吗？恐怕只有头脑不健全的人，才相信这种花言巧语！

四、细分到人论

持细分到人论的人认为，全民所有制企业即国有企业之所以"缺乏动力"和"向心力"，其原因是所有者"缺位"、"产权虚置"。由此提出"把全民财产量化到个人，使人人持股成为真正的主人"；"将来的社会主义公有制的基本形式就是劳动者个人所有制"，"每个劳动者都应该是有产者"。在他们看来，"个人应直接占有"，只有国有财产个人化，才能提高效率。人们不禁要问：彻底改掉全民所有制，"全面实行国有财产个人化"，这还能称作"社会主义公有制"吗？由此，他们认为，在坚持公有制为主体的前提下国企改革的路子是走不通的，也就不难理解了。

五、主体换位论

是以公有制为主体，还是以私有经济为主体，这是关系到是否坚持社会主义的根本原则问题。然而一些人却极力鼓吹主体换位论，即认为中国经济必须民营化，私有经济应当是主体，公有经济才应当是补充。

例如，有人公开提出国有企业民有民营化的口号，认为造成中国经济混乱和效率低落的"根本原因是没有实行私人财产为基础的民营制"，而私有制是"被全世界上百个国家数千年历史证明最有效最简单的一个方案……以这种观点来看今天的改革，可以说改革中的问题比人们想象的简单得多，解决的办法也比人们想象的容易得多，这就是彻底实行私有、民营"。因此，"实行国营企业民营化是使改革成功之唯一出路"，"如果不搞私有制，一切放权和自由化措施都会导致社会动乱"。"所以私有民营不但是中国发展经济的需要，也是政治上长治久安（'安定团结'）的需要。"在他们看来，"私营经济有特殊的活力"，不仅"可能成为社会主义经济的主导成分"，而且"可以在规模和数量上成为经济的主体"。

主体转换了，还是社会主义吗？这是稍有一点政治常识的人都能回答的。因此，那些还不愿或不敢公然提出中国要实行资本主义的人，便极力为私营经济涂脂抹粉，说什么在社会主义下，私营经济也具有社会主义因素。有人干脆就说我国当前的私营经济基本上是社会主义性质的，因为"社会主义就是有利社会民生的制度，若民营化有利，则民营化就是社会主义"。有人则故意混淆私有经济与公有经济的界限，极力向中国人民兜售美国新自由主义经济学家弗里德曼的名言："真正的私有制是彻底的公有制"。离开公有制的主体地位侈谈社会主义，这是货真价实的假社会主义。

六、退出竞争和盈利行业论

一些人从建立所谓的真正市场经济的立论出发，极力主张国有经济退出竞争行业和盈利行业，把这些地盘统统让给非国有经济。他们说："国有企业只应在少数资源垄断行业、公共福利事业保留就行了，应该从竞争性行业中退出，让给非公有制去经营"；"改革国有制经济就是要尽量减少国有企业"，"改革就是要尽量缩小国有企业的经济范围"；"调整国有经济的规模和布局，逐步从一般竞争领域转向'市场失灵'领域并相应缩小规模"；"在产业布局上，国有企业要有计划地退出竞争性领域，把竞争性领域的国有资产转移给非国有企业"，等等。

他们的这些言论实在莫名其妙。他们口口声声讲一切要以"三个有利于"作为判断改革措施的根本标准，那么国有企业为什么要退出盈利行业呢？在竞争性行业中，国有企业不也有相当数量是盈利的吗，又为什么要退出呢？要国有经济转向"市场失灵"领域，就是说各国有企业不盈利或亏损，这又如何解决国有企业的困难呢？可见，一些人主张的退出论，并不是要搞活、搞好国有企业，而是意在削弱乃至取消公有制的主体地位，为实现主体换位创造条件，铺平道路。

七、"社会公正＋市场经济"论。

最近，某些人提出"社会主义的基本特征是社会公正＋市场经济"，有人甚至把这种观点说成是"充分发挥"了的邓小平思想。其目的，说穿了，无非是想以此来否定公

有制是社会主义基本特征这一马克思主义论断,要人们不必再坚持这一社会主义根本原则。对此,有人说得十分明白:“用公有制和非公有制区分社会主义和资本主义是区分不清楚的。如果要区分社会主义和资本主义有什么不同的话,关键就是看能不能把社会公平和市场效率结合起来。”须知,生产资料所有制的性质是判断社会性质的根本标志,如果用什么社会公平和市场经济来区分社会主义与资本主义,那只能越说越糊涂。现代资产阶级经济学家中不少人是很重视社会公平问题的,也主张通过市场经济解决效率问题,通过政府调节(如税收和转移支付等手段)解决社会公平问题。我们看到,发达资本主义国家的市场经济比我国的市场经济程度要高得多、发展得多,也都在不同程度地注意通过各种办法解决社会公平问题,特别是社会党人执政的发达资本主义国家甚至对国民实行“从摇篮到坟墓”全包下来的社会保障。难道能说这些资本主义国家已是社会主义国家了吗?!

上述列举的这些奇谈怪论表明,近年来在我国确实存在着一股私有化思潮在不断泛起。它之所以是错误的,原因就在于:

第一,它脱离了中国的国情。众所周知,目前我国还处在社会主义初级阶段。在中国,真要建设社会主义,那就只能一切从社会主义初级阶段的实际出发,而不能从主观愿望出发。我们既不能超越初级阶段去追求“一大二公三纯”,也不能把初级阶段的社会主义拉向倒退。私有化思潮的鼓吹者不顾我国人民已经根据历史发展规律选择了社会主义道路并取得了伟大成就这一基本国情,只说初级阶段而不要社会主义,这非但不能振兴中华,反会使中国成为西方大国的附庸。

第二,它离开了邓小平理论和十五大精神。邓小平理论和十五大要我们坚持社会主义公有制为主体,私有化思潮的鼓吹者则遵循西方资产阶级经济学家的理论,极力鼓吹私有化,攻击公有制;邓小平理论和十五大要我们搞社会主义的市场经济,他们则认为市场经济就是市场经济,社会主义这四个字可以不要,甚至认为这几个字是思想保守、束缚改革的口号;邓小平理论和十五大要我们在坚持公有制前提下重视公有制实现形式的研究,他们则离开公有制这个前提,提出什么“不论公有私有,能促进发展就行”;十四大、十五大要我们采取改组、联合、兼并、租赁、承包、股份制以及股份合作制、出售等多种办法解决国有企业的困境,他们则主张一“卖”了之,到处刮卖风,等等。对这些离开邓小平理论,与十五大精神完全背道而驰的言论必须旗帜鲜明地加以反对。

第三,它离开了人民大众的根本利益。只有社会主义才能救中国、发展中国。坚持社会主义,这是人民大众根本利益之所在。只有坚持公有制为主体、多种所有制经济共同发展的初级阶段的社会主义,才有可能迅速发展我国的生产力,改善人民的生活,逐步实现共同富裕。而搞私有化则只能是在中国重新造成两极分化,形成一个新的资产阶级,使改革走向邪路。

第四,它迎合了国内外反社会主义势力的阴谋。无数事实证明,国内外反社会主义势力都希望通过改革在中国实现私有化,复辟资本主义。逃到外国的自由化分子一再叫嚣什么“一党专制与公有制是共生的,要结束一党专制,就不能不瓦解公有制”。国际反社会主义势力为了推行“和平演变”的战略,也积极鼓吹在社会主义国家搞私有化。据《华盛顿时报》报道,有的西方国家制定的推翻共产党政权的计划第一条,就是“帮助私有部门超过和压倒国有部门”。私有化鼓吹者的言论正好是迎合了国内外反社会主义势力的阴谋的。

(作者单位:西北政法学院经贸系)

怎样理解“中国特色”?

劳 农

在学习邓小平理论的过程中,有不少同志对有中国特色社会主义的“中国特色”不理解,有的甚至产生种种误解和疑惑。如有的认为是搞社会主义搞不下去了,没办法了才加上“中国特色”;有的认为是打着“中国特色”的旗号,搞资本主义那一套;有的还引证说,你不见旧社会的那些东西都出来了吗?等等,这些模糊认识和错误观点严重影响对邓小平理论精神实质的理解。同时,国内外一些别有用心的人,也乘机进行种种歪曲,他们胡说什么“中国特色”是“脱离社会主义轨道”,是“渐进的和平演变”,是“共产党领导下的资本主义”,等等,不一而足。这些恶毒的宣传,严重影响着我党我国的形象,决不能等闲视之,必须给以正确的回答,予以还击,以正视听。

我们知道,普遍性与特殊性的统一是马克思主义哲学的一条基本原理。科学社会主义理论是普遍性的东西,我国的国情、我国的具体情况是特殊性的东西,两者的有机结合和统一就是有中国特色的社会主义。由此可见,“中国特色”就是中国的国情、中国的具体情况。在中国搞社会主义,就要符合中国的国情,符合中国的具体情况。这就是中国社会主义的特殊性,那么这种特殊性又具体表现在什么地方呢?

首先是起点的特殊。马克思、恩格斯设想的社会主义是在发达资本主义基础上经过无产阶级革命实现的。而“我国进入社会主义的时候,就生产力发展水平来说,还远远落后于发达国家”,即没有实现经济的社会化、市场化、现代化。

其次是现状的特殊。我国的现状仍然没有达到马克思恩格斯所设想的实现社会主义的社会生产力水平。“从五十年代中期我国进入社会主义初级阶段开始到现在,经过四十多年特别是近二十年的发展,我国生产力有了很大提高,各项事业有了很大进步。然而总的说来,人口多、底子薄、地区发展不平衡,生产力不发达的状况没有根本改变;社会主义制度还不完善,社会主义市场经济体制还不成熟,社会主义民主法制还不够健全,封建主义、资本主义腐朽思想和小生产习惯势力社会上还有广泛影响。我国社会主义社会仍然处在初级阶段”。我国的现状就是这样的。“虽说我们也在搞社会主义,但事实上不够格。只有到了下世纪中叶,达到了中等发达国家的水平,才能说真的搞了社会主义,才能理直气壮地说社会主义优于资本主义。现在我们正在向这个路上走。”

再次是道路的特殊。马克思恩格斯在《共产党宣言》中说:“资产阶级的生产关系和交换关系、资产阶级的所有制关系,这个曾经仿佛用法术创造了如此庞大的生产资料和交换手段的现代资产阶级社会,现在像一个巫师那样不能再支配自己用符咒呼唤出来的魔鬼了”。矛盾激化,暴发无产阶级社会主义革命,这时,资产阶级社会已为社会主义制度的建立和发展创造了一切物质条件。而我国,是在共产党的领导下,经过几十年的革命战争,推翻帝国主义、封建主义和官僚资本主义三座大山,从新民主主义走上社会主义道路的,在邓小平建设有中国特色社会主义理论和党的基本路线指引下,通过改革开放、建立社会主义市场经济体制,充分发挥市场机制的作用,大力发展社会生产力,为此,十五大报告指出,“一切反映社会化生产规律的经营方式和组织形式都可以大胆利用”。“在社会主义条件下经历一个相当长的初级阶段,去实现工业化和经济的社会化、市场化、现代化”。按照党的基本纲领建设富强民主文明的社会主义现代化国家。

这就是“中国特色”的具体表现。有中国特色社会主义就是符合中国国情、符合中国具体情况的社会主义,它是科学社会主义理论结合当代中国国情,符合中国具体情况的社会主义,它是科学社会主义理论结合当代中国国情创造性地运用和发展,是在东方这个文明古国建设社会主义实践经验的科学总结。

《交锋》(书)隐瞒了什么?

陈守礼

近来本刊收到我国四面八方纷纷投来的与《交锋》交锋的文稿。这些文稿写得有理有据有情。但本刊篇幅有限,只能发表其中少许一些,以飨读者。这篇文稿的作者附了一封给本刊编者的信,兹摘录如下:"我是一个新四军老兵,是一个有近六十年党龄的老共产党员。为什么一个老人还不多休息休息,而要在这炎热的盛夏冒着酷暑,经历多少不眠之夜写这篇文章呢?这是因为我为千百万革命先烈深感不平!深感不平!当年的记忆犹新,他们南征北战,历尽千辛万苦,以鲜血和生命为代价,才换来了一个没有剥削、没有压迫的,以公有制为基础的社会主义新中国。可是,《交锋》以解放思想、反"左"、为幌子,大肆污蔑、糟踏、攻击以公有制为基础的社会主义新中国以及中国共产党,图谋在中国复辟资本主义制度,开历史的倒车。这是对功劳盖世的无数先烈们的莫大侮辱。可是,先烈们已不能复活,不能再站起来回答《交锋》作者的无理攻击。我,是一个幸存者、后死者,我又怎能不为先烈们说一些公道话呢?!"

——《当代思潮》编者

《交锋》今年一月初在《中国改革报》上发表时,就已提出它的所谓"政权更替"论,这是全书的要害问题。两个月后出书时,却隐瞒了这一整节文章。现将其抄录如下:

"政权"是否等于'国家'?'万言书'用下面这句话开头:'我国当前仍然存在不利于国家安全的一些因素。为了接受"八九风波"的教训,避免重蹈东欧苏联无产阶级政权倾覆的覆辙,我们必须对影响我国国家安全的因素进行认真的分析'。所以,它的作者下决心'分析其中若干在未来十年内对我国国家安全有长期影响的深层因素'。关于苏联倾覆的原因,我们在后面还要谈到,现在只说这段话里的一个逻辑是否成立,也即,'政权'就是'国家'。这个逻辑,多少年来一直沿用,乃是天经地义,所以,政权的安危也就是国家的安危。政权倾覆也就是国家灭亡。实则中国历史上无数次政权的更替,都只是少数人的沉浮枯荣。民族依然存在,国家依然进步,人民照样吃穿住行,照样喜怒哀乐。所以,政权固然可以领导国家,但是却从来不能等同于国家。"(《中国改革报》1998年1月22日)

对此,必须指出如下五个方面的严重问题:

第一,这是《交锋》作者公开发表在报纸上的一个基本政治观点,是一个根本错误的政治理论观点。如果作者在出书时认识到自己错了,加以改正,当然是可以的,但必须郑重其事地检讨和消除影响。可是,作者未作任何交代或说明。这就只能被认为在出书时有意隐瞒了这一节重要文章,有意欺骗读者,这是欲盖弥彰,必须加以指出和批评。

第二,作者在回答"万言书"担心我们的人民民主专政的政权有可能蹈苏联无产阶级专政的政权被倾覆的覆辙时,竟荒唐地说,"历史上无数次政权的更替,都只是少数人的沉浮枯荣。民族依然存在,国家依然进步",这就公然抹煞了中国共产党领导的人民当家作主的社会主义性质的政权同历史上一切只代表少数压迫者、剥削者利益的政权之间的本质区别。作者竟把不管什么性质的政权"被倾覆"、"被更替",通统说成"都只是少数人的沉浮枯荣"之事,请问作者:1927年蒋介石发动反革命政变夺取了政权,在该政权统治下,难道也是"民族依然存在,国家依然进步"吗?那时东北沦陷、华北危急,民族存亡不是成了问题吗?那时的国家有何"进步"可言?1949年,毛泽东宣布:中华人民共和国成立了!"我们的民族将再也不是一个被人侮辱的民族了,我们已经站起来了。"(《毛泽东选集》第5卷第5页)从此,我们的国家取得了极大的进步。难道这也"只是"涉及"少数人的沉浮枯荣"吗?作者竟把"中国历史上"这两次"政权更替"划了个等号,真是荒谬绝伦!

第三,《交锋》作者用"政权不等于国家"来证明"政权倾覆"不等于亡国。这是并不高明的骗术。这不但违背马列主义基本原理,也违背了一般人的常识。

国家不单纯是民族与地域概念,国家和阶级一样,是一个历史范畴。国家是随着私有制、阶级的产生而出现的,是阶级矛盾不可调和的产物。只从表面上看,似乎国家是代表全社会的,实际上,国家是经济上占统治地位的阶级的国家,是这个阶级用来巩固自己的经济、政治地位、镇压被统治阶级的暴力工具。

古今中外,历史上从来没有什么抽象的国家和抽象的政权。具体的国家都是由具体的政权来体现;具体的政权都是由具体的阶级所掌握。不同阶级掌握的政权所体现的是不同性质的国家。比如以蒋介石为代表的中国大资产阶级和大地主阶级掌握的政权所体现的是半封建半殖民地性质的旧中国;由中国无产阶级(通过共产党)所领导的人民当家作主的政权所体现的是社会主义性质的新中国。只有在中国搞资产阶级自由化的先生们才不承认马克思主义的这个基本原理和普通的常识,还说什么"不爱社会主义不等于不爱国"。邓小平同志批评说:"有人说不爱社会主义不等于不爱国。难道祖国是抽象的吗?不爱共产党领导的社会主义新中国,爱什么呢?"(《邓小平文选》第2卷第392页)这岂不也完全适用于对《交锋》的"抽象国家"论的批驳吗?

第四,《交锋》的作者在出书时虽然隐瞒了上述一整节文章,但它的"政权更替"论的基本观点依旧在书中暴露了出来。请看,《交锋》又一段奇文:

20世纪50年代初期,共产党在夺取了大陆中国的政权之后所做的第一件事,就是义不容情地消灭了原有的私营经济。这个步骤由1950年对官僚资本(《中国改革报》1998年1月15日发表时,此处为"大企业主")的大规模的没收开始,到1956年对小企业主的强制性的兼并最后完成,整个的过程,被共产党叫作"对城乡资本主义的社会主义改造"(《交锋》第255页。下面凡引《交锋》的文字,只注页码)。

对这段奇文我们有如下四点评论:

1. 它是在用台湾国民党人士的政治立场和口气讲话。它不说"1949年新中国成立后",而用敌对势力惯用的语言说:"20世纪50年代初期,共产党在夺取了大陆中国的政权。"讲"大陆中国的政权",这就意味着不承认中华人民共和国是代表全中国的唯一合法政权。讲"大陆中国的政权"也意味着还有一个"台湾中国的政权",所谓"两个政治实体",也是台湾一些人士的主张。作者自我介绍说自己的"专业是为《人民日报》撰写社论和评论员文章"的,竟使用这样的"语言"著书立说是何用意?

2. 它把蒋宋孔陈等官僚资产阶级分子的企业说成为"原有的私营经济"之中的"大企业主",为他们的"私营经济""被共产党""义不容情"地"大规模的没收"并改成公有制鸣不平。在出书时,虽已把在报纸上发表时说的"大企业主"四字改为"官僚资本",但仍把官僚资产阶级分子的企业说成"私营经济"。这是为发还蒋家皇朝四大家族的成员原先被"没收"的财产制造舆论(东欧一些国家资本主义复辟后已有这样做过的例子)。

3. 它把我们对民族资产阶级的企业实行的和平改造、赎买政策,说成是"强制性的兼并",也为之鸣不平。并把官僚资产阶级同民族资产阶级相提并论,混为一谈,称前者为"私营经济"中的"大企业主",称后者为"小企业主"。这是有意抹煞两者的根本区别,混淆两类不同性质的矛盾,挑拨民族资产阶级同共产党之间团结合作的关系。

4. 我们说共产党领导的新中国,没收了官僚资产阶级的企业,和平改造了民族资产阶级企业,"基本上完成了生产资料所有制的社会主义改造",建立了公有制,并使公有制成了我们国家的"经济基础",国家也因此而取得很大进步。可是《交锋》作者却咒骂我们这个公有制,说什么"所谓'公有',其实只是最有权力的人所有","搞了几十年计划体制的'公',总说'公有'好,可是怎么样?民不聊生。"(第338、258页)作者的结论是:"'大一统'公有制的误国误民以及只能造福于少数人,莫有更甚。"(第264页)这就比上述所言把新中国与旧中国划等号又进了一大步,已把共产党领导的以公有制为基础的新政权说成了比历史上被更替过的、比蒋家皇朝的旧政权更坏了。按作者如此说来,不言而喻,就应该更替共产党领导的这个政权了。所以,作者不但不会为国内外反动势力图谋使共产党领导的这个政权"被倾覆"、"被更替"、"亡党亡国"而忧,相反,认为这个政权"被倾覆"、"被更替"后"民族依然存在,国家依然进步",应该促使这个政权快快"被倾覆"、"被更替",以改变"误国误民"、"民不聊生"、"只造福少数人"的局面。有被"更替"者下台,自会有"更替者"上台。这就是((交锋》的"政权更替"论的实质。

第五,《交锋》作者用"左"来吓唬不愿人民政权"被倾覆"、"被更替",不肯拱手让出政权者。作者也知道,中国共产党绝大多数党员和以江泽民同志为核心的党中央是肯定不会同意人民政权"被倾覆"、"被更替"的,是绝不会让出由千百万革命先烈用鲜血换来的人民当家作主的政权的。所以,它又使出其杀手锏,说重视和捍卫人民的政权者是极"左"分子。它攻击讲"资产阶级自由化和反资产阶级自由化斗争的焦点、中心,还是个政权问题"者,是"林彪的思维方式"(第186页)。这是否定、攻击马列主义基本原理和我国的立国之本四项基本原则。作者用"左"这个大帽子吓人,妄想叫中国共产党和中国人民不再把政权看作重要问题、核心问题,不要再坚持和巩固我们社会主义性质的政权,以便有人来实现"更替"。可是,我们党的绝大多数党员把捍卫人民政权视作核心问题,江泽民同志也明确指出,我国现阶段的阶级斗争,"集中表现为资产阶级自由化同四项基本原则的对立,斗争的核心依然是政权问题。"难道这也是"林彪的思维方式"吗?我们决不能忽视作者的这一严重的挑战。

显然,《交锋》的谬论,同我们党一贯的原则立场是根本对立的。邓小平同志说:"我们有优势,有国营大中型企业,有乡镇企业,更主要的是政权在我们手里。"我们要"依靠无产阶级专政保卫社会主义制度……,要用专政的

手段来巩固政权”,“运用人民民主专政的力量,巩固人民的政权,是正义的事情,没有什么输理的地方”。江总书记在十四大报告中说:“任何怀疑、削弱、否定党的执政地位和领导作用的观点和做法都是根本错误和十分有害的。”十五大报告又重申我们要在“中国共产党领导下……坚持和完善工人阶级领导的人民民主专政”。而《交锋》正是与邓小平同志、江总书记大唱反调,他们恰恰是怀疑、削弱、动摇,并要取消共产党的“执政地位和领导作用”,要“更替”共产党领导的政权。他们的矛头究竟是指向谁?他们是向谁挑战?毛主席教导我们:“总结我们的经验,集中到一点,就是工人阶级(经过共产党)领导的以工农联盟为基础的人民民主专政。这个专政必须和国际革命力量团结一致。这就是我们的公式,这就是我们的主要经验,这就是我们的主要纲领。”对于《交锋》向人民政权的挑战,我们决不可掉以轻心。

南　街　归　来

魏　巍

对河南临颍县的南街村，我是闻名久矣。张爱萍老将军的诗句"山穷水尽焉无路，柳绿花红南街村"，更牵动了我的心。看了南街村的录像带和介绍南街村发展过程的小册子《理想之光》，便越发心向往之。然而迟至今年春夏之交，才算偿还了这一夙愿。

在南街村我整整盘桓了四天。在这四天中，我和几个朋友一起，参观了他们的几个村办工厂和机耕队，漂亮的南街学校和幼儿园，设施齐全的居民楼，还有医院和敬老院。我们同南街村的党委书记王洪彬、村主任王金忠以及其它干部和居民进行了亲切的交谈。我们一直沉浸在兴奋愉悦之中。现在，一座为全体居民所共同享有的真正共同富裕的现代化村落，已经货真价实地矗立在我们的眼前。能不使人惊叹吗？能不使人感慨、折服吗？"如果全国的乡村都能像南街村这样，该有多好呵！"这就是几个朋友的心声，也是我的心声。

随着南街村影响的扩大，议论日渐多起来。包括一些经济学家，对南街现象作出了各式各样的分析。我想不管怎么说，唯物论者总要先承认客观事实。至少在以下三个问题上，我以为是无可争辩的：

一、这里真正做到了物质文明与精神文明双丰收

据介绍，南街之路是逼出来的。15 年前，他们也采取其它村庄的做法，把两个村办企业承包给了两个"能人"。几年过后，承包人发了财，群众吃了亏。大家开始大骂村干部不负责任，告王洪彬的大字报直贴到县委门口。这样，一向受到群众尊重的王洪彬不能不反思了。经过酝酿讨论，他召开了党支部会议，讲明了收回企业承包权、对土地实行自愿上交集体经营的想法，支部成员一致赞同，群众听了拍手欢迎。从此，南街村又开始走上集体致富之路。自 84 年开始，经过群众奋发努力，辛勤经营，年产值达到 70 余万。此后每年即响箭般地连续上升。85 年 130 多万，86 年 320 多万，87 年 730 多万，88 年 1400 多万，89 年 2100 多万，90 年 4100 多万，91 年突破亿元大关，92 年 2.1 亿，93 年 4.2 亿，94 年 8.02 亿，95 年 12 亿，97 年 16 亿。利税从 84 年的 7 万多元，猛增到 97 年的 8000 多万。从以上数字看来，这是何等神奇的速度！简直是一步一重天，一年翻一番。问题是这种神奇的速度是从哪里来的？为什么同样一个南街，同样是南街的人，搞个人承包搞得山穷水尽，天怒人怨；而一旦走上集体致富之路，却蓦地里豁然开朗，柳暗花明了呢？实际上这是一个生产关系的问题。个人承包只是个人或少数人得利，大家吃亏的办法，是群众所不欢迎的；而集体致富的道路则是大多数人都乐于接受的，因而才能激发起极大的劳动热情。南街村的事例，对先进生产关系可以大大促进生产力，作了最生动的说明。—在社会主义建设的事业中，物质文明同精神文明本应是相辅相成地向前推进的。但遗憾的是，在许多地方，经济发展是上去了，但精神文明却滑了坡。有的地方甚至不惜以牺牲精神文明为代价，来换取经济的暂时攀升。结果造成了社会风气败坏，拜金主义风行，资本主义社会的种种丑恶现象几乎应有尽有，社会犯罪日甚一日，有增无减。尽管领导上对"两手都要硬"一再强调，却收效甚微。正是在这种氛围中，我们来到南街，有如迎面扑来一阵清风，使人有耳目一新之感。这里不仅物质文明上去了，精神文明也上去了。即使不说构成社会主义精神文明的那些基本方面，如共产主义式的奉献精神蔚然成风，以及人与人之间的友爱和睦关系等等，仅就治安一项来说，也是使人艳慕的。连续十余年，全村没有发生一起较大的刑事案件；全村 700 余户，没有一户安防盗门的；全村 26 个企业都只有门楼，没安大门；村里 30 多个建筑工地也没有围墙。事实上南街村已经做到了路不拾遗，夜不闭户。来南街村的人莫不感慨良多，盛赞这里是"桃花源"，是喧嚣的大千世界的一块"净土"。然而，王洪彬是不赞成这个说法的。他说任何地方都不是真空，南街村之所以能够这样，是经过许多斗争和艰苦工作的结果，今后也丝毫松懈不得。我认为他的话比较符合实际。物质文明与精神文明的双丰收，都要从南街村正确的方向和艰辛的努力中去寻找答案。

二、真正做到了共同富裕

大家都知道，低工资高福利的分配制度是南街村的

特点。按照南街村的说法，也就是工资制加供给制。从1986年起，随着南街村生产的发展，就逐步增加了供给部分。从86年到94年，由最初的水电免费发展到了14项公共福利。如煤、气、食用油、面粉、节假日改善生活的食品，以及儿童入托、学生上学直到大学毕业，一切费用均由集体负担；文化娱乐、人身保险、防疫、医疗费、计划生育、农业税、农村各项提留也由村里负担。这就从基本的生活保障上解除了人们的后顾之忧，使南街村开始过上了舒心的日子。

从93年起，南街村开始兴建高标准的住宅楼。大套三室一厅，92平方米，小套二室一厅，72平方米。室内统一配备了中央空调，54厘米平面直角大彩电，高档家具齐全，卧室摆好了席梦思床、高低柜、床头柜。炊具有双芯液化气灶，抽油烟机。卫生间设备齐全，每周供两次热水。仅每套居室配套下来就近8万元。这些居民楼都已按人口多少，免费分给村民。我曾亲自到这些居民楼中座谈访问。室内设施确实漂亮，决不次于北京一些处级干部的住房。谈起话来，主人们自然称心如意，眉开眼笑。我们也到幼儿园和南街学校去过。幼儿园办得决不在我们大机关幼儿园之下。南街学校孩子们的食堂，更漂亮得使人感到惊愕。那一排排定做的，不高不低的桌椅，都是明光锃亮的钢制品，开饭时每个孩子都在自己固定的座位上免费就餐，餐后还有专门洗涮消毒的设备。在这里上学，家长不再有任何经济负担。不仅学杂费全免，连校服和课本都由村里提供。在这里没有一个孩子失学和辍学的。南街村的孩子们简直生活在天上了，使我们这些从旧社会走过来上不起学、买不起书的苦孩子，真是感慨万分。

南街村的敬老院，和该村的免费医院面对面住在一个院里。老人们出门就可以看病，或者不出门，只打一声招呼，医生们就可应声而至。从这些细微处都可以看到领导人的用心。老人们分别男女，每两人一个居室，以便相互照顾。衣服被褥定时有人拆洗，所以都很整洁。大厅里放着一个大彩电，这是他们共同活动的场所。这里多半都是无儿无女的孤寡老人，也有人是和儿女不和情愿住在这里来的。他们在一起亲密相处，颇像一个家庭。我们去敬老院访问的时候，他们正在就餐，吃的是白面馍和河南人爱喝的胡辣汤。同他们谈起话来，他（她）们都感到无忧无虑，生活自在，并说这是托共产党的福，也盛赞南街村的领头人。南街之行，深感"幼有所教，壮有所用，老有所养"，已不是空话，而成为活生生的现实。

从现有南街村的分配制度看，基本上仍是按劳分配。但从通常按劳分配的观念看，其基本的生活资料方面按需部分也许会使人觉得稍许多一些。不过这是有理由的。王洪彬等人长期生活在农村，对农民的理解自然比较深，农民比较实际，不喜欢空泛的道理。按王洪彬的话说，就是要"搞一些有形的东西，把先进的理论与看得见、感受得到的东西有机结合起来，才能增强吸引力和说服力，逐步把共产主义思想渗透到群众当中去。"当然更根本的前提是，随着南街村生产的发展，使他们已经具备了坚强的实力，能够在群众的基本生活资料方面给以必要的满足。果然这样的实践效果很好，不仅大大激发了群众的劳动热情，而且鼓舞了对共产主义美好未来的向往，相对的私心也减少了。南街村的经济之所以能够每年以翻番的速度增长，从这里是可以找到答案的。

但是，正是这样一个先进的有效的分配制度却遭到某些人的讥笑，说他们是"一大二公"，"吃大锅饭"。如果我的记忆不错，某些人，确曾猛批了一阵"一大二公"和"吃大锅饭"。可是我们冷静下来想一想，说"一大二公"不好，难道"一小二私"就好？是不是"越小越私"就越好呢？如果是这样，我们不仅需要退回到资本主义，还得退回到封建时期的自然经济去。其次，把毛主席在世时的分配制度笼统地说成是"吃大锅饭"，也是不对的。那时我们实行的是八级工资制，是正确实行了按劳分配原则的，只不过级差不大，也许这更合乎中国的国情。为了批倒这个"吃大锅饭"，有些人公然说，工人吃工厂的"大锅饭"，工厂又躺在国家身上"吃大锅饭"。试问，工厂的大锅饭，国家的大锅饭是从哪里来的？是政府领导人从家里带来的吗？难道不都是工人、农民的劳动成果吗？其实，现在看来，某些人之所以把"大锅饭"批臭，不过是为了在分配制度上大大地拉开距离，在人民内部制造人为的鸿沟罢了。而这样做的目的，是因为他们相信只有刺激人的私欲才是激发个人积极性的内在驱动力，这同我们提高社会主义觉悟促进社会发展的思路完全南辕北辙。至今这种拉开距离、扩大差别的作法、所造成的人与人之间的重重矛盾、隔阂和对立，是大家都看得见的。毛主席在《读社会主义政治经济学批注和谈话》中说："反对平均主义，是正确的；反过头了，会发生个人主义。过分悬殊也是不对的。我们的提法是既反对平均主义，也反对过分悬殊。"看来毛主席的看法是有远见的。

我看，在生产发展的基础上，在客观条件许可的范围内，多兴办一些社会集体福利事业，使群众多得到一些实惠，没有什么可责备的。在同书上毛主席又说，"社会主义社会不搞社会集体福利事业，还成什么社会主义？"、在这本书上，毛主席对有关"按劳分配"的问题，有一系列的论述。一方面他肯定教科书所说的"生产工作者的报酬也不可能一样，而应当符合于劳动的数量和质量"这个原则是对的；一方面，他又指出教科书"彻底实行按劳分配"的提法有"带来个人主义危险"。也就是说，他不赞成把"按劳分配"绝对化和凝固化，还要着眼在社会的发展。他在读斯大林《苏联社会主义经济问题》谈话记录中也说："他（指斯大林）讲社会主义经济问题，好处是提出了

问题，缺点是把框子划死了，想巩固社会主义秩序，不要不断革命。母亲肚里有娃娃，社会主义社会里有共产主义萌芽，没有共产主义运动，如何过渡到共产主义？”按照现在南街村经济发展的情况看，比之人民公社时代，已不可同日而语了，在现在的条件下，其按需部分稍稍多一些，是符合毛主席论述的精神的。

三、这里没有腐败

腐败问题，至今已成为全国上下最难办、最头疼的问题。公众相聚，友朋相见，没有不涉及这个问题的。多年前陈云同志就提出过党风问题，是执政党的生死存亡问题。现在就腐败问题泛滥的深度和广度说，确实已大大超过那个时期了，到了关键时刻了。尽管上下都想了很多办法，又制订了不少法律条文，虽不能说没有收效，但何时能够有一个根本好转，还是很渺茫的。而在这种情景下，南街村却可以理直气壮地说：这里没有腐败。

人都知道，南街村干部的最高工资是 250 元，被称为“二百五干部”。“二百五”者，“傻子”之谓也。他们正是有意来提倡这种共产主义式的“傻子精神”。我曾对王洪彬同志说，“你们这一条，倒符合巴黎公社的原则”。恩格斯在《法兰西内战》导言中曾说：“为了防止国家和国家机关由社会公仆变为社会主人——这种现象在至今所有的国家中都是不可避免的，——公社采取了两个正确的办法。第一，它把行政、司法和国民教育方面的一切职位交给由普选出来的人担任，而且规定选举者可以随时撤换被选举者。第二，它对所有的公职人员，不论职位高低，都只付给跟其它工人同样的工资。”后面这一条，就是为了从根本上切断一切升官发财的道路。南街村的做法，是有意无意符合这种精神的。现在南街村的一些技术人员工资有的上千元，不是远远超过干部的工资了吗！

当然仅仅依靠这一条，想保住干部的清廉自持是不够的。因为今天实行的是市场经济，他们的干部不可能不同外界接触，其形形色色的诱惑是不可免的。于是他们又规定了一个“外圆内方”政策。在同外面交往中，为了在市场经济中求生存、求发展，容许在坚持原则性的同时采取灵活性，随俗应时，通权达变；但是，回到南街，必须把交往中收受的礼品、礼金如数上缴。“一丝不苟干南街事，一尘不染做南街人”，就是他们的口号。当然，仅仅依靠这些规定也仍然是不够的。因此，他们除了以毛泽东思想育人，不断提高干部、党员的觉悟之外，还找到一个最可靠的办法，这就是发扬民主，开展批评自我批评，提倡群众对干部的公开监督。这也正是当年毛主席在延安回答黄炎培的问题，也就是共产党如何避免历史兴衰“周期率”的问题时所提出的办法。值得大书一笔的，就是 1994 年南街村的整风。由村党委带头动员全村群众，动真过硬地揭查挖自己身上存在的不正之风。随后王洪彬首先在全村 200 多名党员、干部的大会上公开作了检查。他说：“以权谋私方面，严格地讲，我身上确实有。我让大家住楼哩，结果我又盖了三间房子。因为啥盖？因为父母搬过来了，原有的三间住不下，我想再盖三间和父母住在一起。前十几年没少惹父母生气，没有行孝，现在自己四十多啦，再不行点孝，父母都七十多了。所以我以权谋了个私。……另外，官僚主义方面，近两年我认为比过去严重了，这个问题，我身上很突出，今后要下决心解决。”在王洪彬的带动下，其他党委成员也都纷纷作了自我检查。然后把所有录音分发给下属七个支部进行民主评议。民主评议不过关的，还要继续查挖，直到过关为止。最后将查出的问题，分别进行批评教育、退赔和处理。这次整风收效极大，深刻地教育了干部，调动了群众的积极性，密切了干群关系。对巩固与发展南街村事业，起了重大作用。南街村之所以能够消除腐败，保持干部的清廉作风，这是有决定意义的。我想，这对全党也有借鉴价值。

这篇短文，远不是对南街村的全面论述。但仅就上述三项成就来说，南街村也不愧是二十年改革开放中的佼佼者。尽管从经济水平上说，有如南街村者不乏其例，而上述三点做得如此完美，却是很罕见的。这样来看，南街村完全可以称为改革开放中最优秀的典型之一。

当然，勿庸讳言，南街村是以建设共产主义小社区为目标相标榜的。依我看，这没有什么关系。我们完全不必像害怕火一样地害怕共产主义。我听说不久前，日本也有一个试验共产主义的村庄——山口岸村，曾派出代表团到南街村访问。既然资本主义国家都不干预进行共产主义的实验，我们是共产党领导的国家，当然更可以进行共产主义的实验了。二十年来，我们办了许多特区，何不也办几个这样的实验区，以百花齐放精神使其各现异彩呢！一些人对南街村横加指责，简直荒唐之至。把南街村说成是极左，不是把“左”抬高到天上去了吗？共产主义社会是人类最美好的理想，是共产党人鞠躬尽瘁追求的目标，全人类，尤其是中国人是决不会放弃这一理想的。我奉劝某些人，在闲暇无事的时候，静下心来，对南街村的成就以及获得这些成就的真正原因深长思之，这是大有好处的。

笔者在南街村只呆了四天，所见所闻毕竟有限。不妥不周之处，还望南街村的同志和其它朋友指正。

（作者系著名作家）

东南亚金融危机的政治分析及防范金融危机的政策建议

许 毅 欧阳宗书

1997年7月以来,一场来势凶猛、持续不断的金融风暴无情地席卷了东南亚,它对有关国家经济的损伤大大地超出人们的意料,对人民切身利益的冲击远远超过了他们的承受能力。时至今日,也难说风暴已经停息。风暴在使得有关国家几十家银行和金融机构倒闭及上千家企业或企业集团破产的同时,更使得失业人员迅速增加,人民生活水平下降,人民信心发生危机。种种迹象显示:金融危机在给这一地区经济造成巨大损失的同时,也引发出种种政治和社会危机,有可能威胁到部分国家政局和社会的稳定。中国有句古话,叫做"城门失火,殃及池鱼"。在国际经济一体化尤其是国际金融市场一体化的今天,这句古语更成为一种带有规律性的经济现象。面对愈演愈烈、离自己国门愈来愈近的金融风暴,国际社会普遍给予了高度关注,并纷纷根据本国国情采取了相应的监控手段和防范措施,中国自然也不例外。虽然我国因政局稳定、经济实力雄厚、货币稳定、外汇储备充足等原因,避开了金融风暴的袭击,成为东亚唯一没有受到很大影响的国家。但是,我国并未因此而沾沾自喜,相反,党中央、国务院居安思危,未雨绸缪,对此一直是高度重视并作出了一系列重要决定,有关部门的政策研究机构和学术单位的专家学者对此也一直在跟踪研究。不过,纵观学术界蔚为可观的研究成果,我们不难发现,大多是偏重事态发展的信息介绍和技术分析,这自然是必要的,也是有益的,但是仅仅停留在此还是不够的。我们认为,应该历史地、客观地、全面地、深层次地研究这一问题,除了要密切跟踪危机的事态发展外,也要冷静地追溯金融危机的历史根源;除了要从国际互联网和英美杂志上及时获取信息和参考国际货币基金组织和美国经济学界的观点外,更要独立地按照马克思主义理论来分析、思考和解决问题;除了要把东南亚金融危机放在国际经济总体的大背景中加以分析研究外,也要区分各国之间的政治制度、经济制度和意识形态的差别;除了要进行实证分析外,更要立场鲜明把它提到"讲政治''的高度加以观察分析。

一、强权政治与金融危机

(一)国际金融风暴涉及全世界,但受害者主要是发展中国家和新发达国家,发达国家却稳收渔利。

这场金融风暴从泰国刮起后,便迅速席卷全球,东南亚国家和地区及南美国家和地区的一些发展中国家和少数新发达国家,成了此次风暴的重灾区;波兰、俄罗斯等东欧国家也遭难,澳洲亦受影响;华尔街、伦敦以至欧洲其余股市虽也受到一时性的影响,但瞬息即过。这次风暴波及的新发达国家,主要是日本和韩国。例如在日本,拥有百年历史的证券业四巨头之一的山一证券、银行业排名第十的全国商业银行北海道拓殖银行和证券业排名第十的三洋证券公司,都因陷入困境而破产。受风暴冲击最严重的新发达国家,当然是韩国。韩国整个国家的金融状况几乎陷入混乱的境地,以至不得不接受国际货币基金组织条件极为苛刻的援助。在这次全球性的金融风暴中能够稳坐钓鱼船并大发横财的国家就是美国。虽然1997年10月27日是华尔街"黑色星期一",但是10月28日,道·琼斯指数劲升337点,日升指数也创历史纪录。1998年2月10日,纽约股市又大幅反弹,道·琼斯30种工业股票平均价格指数上升115.09点,终盘创下8295.61的新高,打破了1997年8月6日创下的8259.31点的历史纪录。除道·琼斯指数外,标准普尔500种股票价格指数、纽约证券交易所市场指数、以技术股为主的纳斯达克股市指数以及以小公司为主的美国股票交易所综合指数也均大幅上升。1997年,美国金融服务业创造的利润已远远超过传统工业创造的利润。可以说,它发的就是全球性金融危机的财。当金融危机的国家(地区)储备耗尽、货币贬值、外资撤离、陷入困境后,求助的只能是国际社会的援助。此时,所谓的国际社会组织——国际货币基金组织便出面组织附有苛刻条件的国际借贷,逼这些国家就范。这些条件通常包括紧缩银根、提高银行利息、压缩财政开支、推进企业私有化进程、任其部分银行与企业关闭破产、严格贷款条件、开放投资市场等;许多已上马的基建及工厂不得不停工,美资则趁低收购,以控制该国经济命脉。据美国《华盛顿邮报》日前透露的部分情况,可口可乐公司已经购买了泰国一家瓶装厂半数的股份,通用电器下属的资本公司吃进了一家泰国金融公司一半的控股,通用汽车公司正在商谈兼并韩国大宇公司

下属的汽车业务，索洛斯集团正在物色可投资购买的亚洲地区证券，万国宝通银行收购了曼谷市立第一银行，而戈德曼—萨斯也同时在进行购买房地产投资的选择。正如1997年11月20日《信报》一篇题为《东亚覆巢无完卵，美国走运有斩获》的评论所指出：东亚金融危机或未完全过去，但我们已从两个层面得知美国是这次危机的客观“赢家”。在政府层面，美国通过国基会对各成员国危机援助的慷慨承诺，进一步扩大了对这些国家财金政策的影响力，其作为世界经济的“龙头大哥”地位进一步确立；在市场层面，美国以其当今之旺盛财力，必大举收购金融危机蹂躏的经济中的公司资产。1998年2月17日美国《华尔街日报》一则消息的开头有这么一句话：“亚洲痛苦就是美国消费者的福气”，可谓是真实地道出了美国人坐井落石的丑恶心态。

(二)国际经济一体化是历史的发展趋势，但强权政治和霸权主义的全球战略也是客观的存在。

从国际经济一体化的发展史来看，金融风暴出现后，受害者主要是发展中国家(包括少数发达国家)，受益者是发达国家，特别是美国，这种情况不足为奇。今日的国际经济一体化，自产生之日起，便与资本主义的殖民扩张及强权政治相伴随。从某种意义上说，国际经济一体化的历史就是帝国主义殖民扩张的历史。追本溯源，国际经济一体化的进程从资本主义原始积累时便开始启动。16世纪初资产阶级通过征服殖民地、残杀土著居民、搜掠黄金和财物、贩运奴隶、进行掠夺性的殖民贸易、进行商业战争等强盗式行径来完成他们最初的货币财富积累。正如马克思所说：“美洲金银产地的发现，土著居民的被剿灭、被奴役和被埋葬于矿井，对东印度开始进行的征服和掠夺，非洲变成商业性地猎获黑人的场所：这一切标志着资本主义生产时代的曙光”。在这个基础上，“各国人民日益被卷入世界市场网，从而资本主义制度日益具有国际的性质”。随着资本主义生产方式的确立，市场经济已成为普遍形式，封建割据和行会制度等束缚已经被打破以后，资本主义便进入自由竞争阶段，19世纪60年代和70年代是其高峰期。马克思在《政治经济学批判》中深刻地指出：自由竞争“从历史上看在一国内部表现为把行会强制、国家调节和国内关税以及诸如此类的事情取消，在世界市场上表现为把闭关自守、禁止性关税或保护关税废除，总之，从历史上看它表现为对资本以前各生产阶段所固有的种种界限和限制加以否定”。在自由竞争阶段，资本主义商品输出已经广泛地发展起来，它是资本主义国家占领世界市场和对殖民地、附属国进行不等价交换、实现对殖民地、附属国人民剥削的一种重要手段。19世纪末20世纪初，资本主义发展到了帝国主义阶段，国际经济一体化主要表现为帝国主义的资本输出对整个世界的剥削和统治。资夺输出使金融资本的势力范围从国内扩展到国外，在世界范围内形成了一个金融资本的剥削网，造成了金融资本对全球的统治。在20世纪，帝国主义对殖民地和附属国的征服和统治，除了依靠暴力外，还在很大程度上利用资本输出来进行。帝国主义国家通过生产资本的输出，不仅控制了落后国家的经济命脉，而且直接加强了对这些国家的政治控制。帝国主义国家通过借贷资本的输出，建立起落后国家在财政上对自己的依赖关系，也使这些国家不仅在经济上而且在政治上依附自己。凡此种种，都有力地证明，国际经济一体化虽是历史趋势，有经济快速发展的一面，但由于主控权始终掌握在发达国家资本帝国主义者手中，所以，无论是国际商品市场一体化，还是国际金融市场一体化，受益者当然是发达国家。他们占有发展中国家的广大市场，利用这些国家的劳力和资源来促进自己经济的发展，缓和自己国内的矛盾；而发展中国家虽有促进经济快速发展的一面，但始终只能处于被动、受剥削的地位。这种所谓国际分工对发展中国家是极为不利的，在这种利益分配的格局中，只要发达国家兴风作浪，发展中国家必定会遭殃。二战以来，西方发达国家之所以没有发生大规模的经济危机，重要的原因之一，就是以金融手段实行强权政治和霸权主义，将危机转嫁到了发展中国家。这种不见硝烟的经济战，其残酷性不逊于暴力战争，而且愈演愈烈，这种趋势将在21世纪以新的形式出现，请拭目以待。

(三)二战以来，美国始终处于世界霸主地位，操纵着国际金融市场，东南亚金融风暴与美国的操纵密切相关。

一次世界大战前夕，美国的工业生产额虽然已位居世界之首，但对外贸易和资本输出额都还落在英、德等国的后面，并且还是一个债务国。一次世界大战迅速改变了资本主义国家经济地位的格局。德国是战败国，经济地位一下子落到其它国家之后。英、法两国虽是战胜国，但由于经济遭到严重破坏和殖民地人民的觉醒、民族独立运动的掀起，老殖民主义在世界中的霸主地位明显地下降了。相反，美国在世界大战中发了战争横财，使自己的经济实力获得了迅速的发展。大战结束后的1919年，美国的国外投资已达到70亿美元，比战前猛增了一倍；同时，美国还拥有100亿美元的战债，它已由战前的债务国变为债权国。而英、法、德等国则变成了美国的债务国。20年代末，美国的国外投资增至172亿美元，而对外贸易额曾一度高于英国。斯大林在1925年就正确地指出：“资本主义世界金融势力的中心，全世界金融资本剥削的中心，已经从欧洲移到美国。”

二次世界大战使资本主义各国的力量对比发生了新的巨大变化。作为战败国，德、日、意不仅遭到军事上的失败，而且它们的经济和生产能力也遭到严重破坏。英、法两个战胜国的经济地位也比战前大大削弱了。与此同

时,美国的垄断资本利用它的区域优势在战争中再一次发了横财,它的强权政治从而进一步得到加强,它在资本主义世界中的霸主地位从此奠定。美国在资本主义世界工业生产中的比重,在1948年达到53%,1949年,美国拥有资本主义世界近70%的黄金储备;1945年,美国的出口额已占资本主义国家出口总额的40%以上,它的资本输出总额也超过了英国,居资本主义世界的首位,美元已成为最强的国际货币。在资本主义国家中,美国在经济实力方面已成为战后世界最大的超级大国。今天,虽然世界已走向多极化,但从经济实力来讲,美国的世界霸主地位并末动摇,世界金融市场的霸权已牢固地掌握在美国手中。1994年墨西哥金融危机与美国的操纵有关。这一点,美国人自己也不讳言。1997年7月21日《华尔街日报》发表文章指出,从部分程度上讲,墨西哥的问题是在联邦储备委员会1994年2月开始提高利率——以便把资金从新兴市场收回到美国去时开始出现的。格林斯潘先生的几句话就可能停止美国股票和证券市场的乐观情绪,并迫使世界范围内的利率上升,从而给大多数脆弱的发展中国家带来特别沉重的负担。此次东南亚金融风暴的爆发,同样与美国操纵有关。香港《文汇报》发表乐亭的署名评论指出:东南亚诸国这场灾难,是以索罗斯为首的美国一群金融投机者肆意制造的。这群人虽然在国际上挂着商人的招牌,从事经济活动,然而其最终目的,却有明显的政治企图。这也和当年东印度公司贩运鸦片一样,都是政经双赢的经济侵略。索罗斯等人这次在东南亚大展拳脚,是一次预谋已久的突然袭击。他们的"成功",博得美国上层人士的喝彩。美国政府也公然支持他们。去年8月中,东盟会议期间,马来西亚总理马哈蒂尔在会上对索罗斯等人的行径严加谴责。在场的美国国务卿奥尔布赖特即刻站起来为其辩护。评论还指出:美国政府为什么支持索罗斯一伙的行径,看一看近两年来东南亚政治形象的变化,就会明白。东南亚诸国,本来是美国的盟邦,但近两年来和美国的关系趋淡;本来不是中国的盟友,近两年来和中国关系趋善,这是美国政客们不愿见到的。马来西亚总理马哈蒂尔更是多次指出并抨击美国在这场金融危机中所扮演的不光彩角色。1997年8月24日,马哈蒂尔重申,"马来西亚及其他受影响的东南亚国家耗费了四十年的时间建立起经济基础,而索罗斯这名'蠢人'却持着大量的钱来摧毁这些国家的经济。我们并不反对投机,但是,我们反对操纵及颠覆行为,尤其是那些可以操纵物价起跌的有钱人;他们从那些刚崛起的国家榨取金钱,从而导致这些国家的穷人更加穷困。"他说,"并不只是指马来西亚,其他国家也因为这种行为而受害,特别是这些国家的穷人尤为痛苦。"又如1997年8月22日马哈蒂尔说:"马来西亚将和其他受货币投机活动打击的国家联成一气,争取把索罗斯颠覆货币市场的行为列为一种国际罪行。这种行为导致穷人们受害;损失了原有收入的10%-26%,因此它是一种罪行;美国政府目前并不认为索罗斯犯罪,因为受苦的是亚细亚国家(即东南亚国家和地区)而不是美国。"

二、居安思危,未雨绸缪

由于1993年后,我国政府采取了一系列正确措施,实现了经济"软着陆",控制了通货膨胀,外汇储备充足,人民币币值稳定,东南亚金融危机虽然从我国擦肩而过,但我国却未受到很大的影响。然而,它对我国的教育和启示却是生动和深刻的。1997年12月16日,中共中央总书记江泽民在会见新加坡总理吴作栋时说:"这次出现的金融动荡原因很复杂,我们理解有关国家在这方面的困难。这一金融动荡也给了我们不少有益的启示:——1.经济安全应该包括金融安全;2.在改革开放的同时,应该保持自身合理的经济结构,基础设施与制造业应该协调发展;3.要健全和加强金融监管;4.要保持外债的适度规模和合理结构;5.开放资本市场和金融服务要量力而行,逐步推进。"江总书记的谈话为我国发展金融业、防范金融风险指明了方向。

确实,中国的银行体系并非十分健全,基本的经济结构也并非完美无缺,事实上,存在的问题不少,有些甚至较为严重。美林证券研究报告指出,中国银行体系技术上已破产。此话虽然失之偏颇,但这的确说明中国银行体系暴露了不少严重问题。我们认为,银行体系和基本经济结构主要存在的问题有:第一,我国在持续稳定高速发展过程中已经出现了结构失衡,最突出的是在经济增长下的市场全面疲软,这决不是需求不足的现象,而是结构失衡。第二,盲目投资不合理项目,大而全,小而全,造成巨大的经济损失。第三,银行系统不良贷款的比重越来越大,触目惊心,特别是各部门、各地区重重叠叠用国家资金建立的金融机构,不但不能分散风险,相反成了社会主义的腐蚀剂,是形成"王爷经济"、"诸侯经济"的经济基础,有可能成为国内兴风作浪的"索罗斯瘟疫"。第四,相当一部分国有企业没有走出困境,资产重组、集团化难度不小。第五,下岗问题日益严重,再就业工程任重道远。第六,赤字债务化、债务消费化的潜在危机正日益增大,而且没有引起人们的重视就更加危险。第七,股票上市不规范,包装上市、捆绑上市(有人说垃圾股上市,鸡毛满天飞),股市呈熊市趋势,牛市难以出现。第八,外资踌躇,引进困难,增长点看不清楚。我们认为,总的来看,形势确实很好,问题虽然不少,困难很大,但是只要认识一致,正视困难,实事求是,认清矛盾,明辨是非,措施还是有的,前途还是光明的。因此,我们决不能因一时避开了这次金融危机的冲击而沾沾自喜,而应该居安思危,未雨绸缪。为防范金融危机,长治久安,我们认为应当采取以

下措施。

(一)实行银行国有化、金融集中化、证券规范化。

鉴于当前国家银行商业化与资本化、银行信贷资金泡沫化代替了生产流通，大量信贷资金涌入证券市场，成为双刃剑，一方面引起信贷资金泡沫化，造成股市波动；一方面对产业投资、企业流通资金采取从紧政策，严重影响企业的周转和技术改造，以至影响整个国民经济的健康发展。这就要按党中央要求的市场经济必须同社会主义基本制度结合起来的要求，实行银行国有化、金融集中化、证券规范化。第一，对非国有银行实行国控。第二，没收财务公司，实行国有化，或冻结业务。第三，由财政银行组成“财团”，划分支持监控范围，把500强国有企业列为重点对象。第四，强化国有企业投资监督管理，恢复中国建设银行为国家投资银行，合并国家开发银行、进出口银行、中国农业发展银行归建行统一领导，因为对基本建设投资的监控，中国建设银行已积累了几十年的经验并有中国独创的经验，其他银行都无此基础。第五，把银行不良资产挂起来，停息整顿，不能在混乱时期忙于核销，为国有资产流失放开闸门，把银行拖垮。第六，清查银行资产，禁止一切银行从事证券买卖。第七，把证券公司和国债经营机构合并组成独立经营的证券体系，暂停或限制期货、期权买卖。第八，把房地产公司独立起来，实行监管，不准炒买炒卖，民营放开，但必须清理整顿，合格者发给执照，不合格者取缔，暂时不再新批开业。

(二)协调财政政策和金融货币政策。

财政政策、货币政策是整个宏观经济政策体系中最具有战略意义的主要制导部分。在发达的市场经济国家，宏观调控就是依靠财政和银行两大手段进行的。我国在改革开放以前乃至80年代初，国有企业的流动资金和基建投资主要是由财政提供的，后来为了要求国有企业成为自负盈亏的经济实体，实行了拨改贷，把财政宏观调控的重担交由银行来承担。经过二十年的运行，财政、银行的地位搞错了位置，据统计，目前我国银行不良贷款数目惊人，毫无疑问，除泡沫经济外，国有企业投资的负债经营是主要的原因。由于投资失控，不良贷款的猛增已严重影响商业银行改革的进程，并孕育着很大金融风险。因此，在当前的情况下，重建财政、银行的职责分工，运用财政信用这个间接筹集建设资金的手段，加大财政调控力度，缓解银行非金融压力，加强国家银行对市场的调控力度，有效地运用社会资金，从而有效地协调财政政策和金融政策，为建立健全市场秩序服务。协调财政和货币政策要通过两者之间的结合部来实现。第一，按照三步走的远景目标制定科学合理的生产力发展总政策(产业政策和技术进步政策)是基础，生产力发展政策是促进或制导经济运行的总政策，必须科学化、系统化。第二，加快研究制定符合我国国情的国民经济核算体系和资金流量表的编制工作，注意发挥金融体系统一监测国民经济运行的优势，建立对国民经济形势综合分析的科学体系，建立综合财力分配政策(按社会三大基金、六项扣除来考虑制定)和政府预算采取直接与间接筹资的复式预算，改进财政管理方法，将决策置于科学基础之上。第三，运用财政授融资方式作为国有独资集团的投资渠道，建立、健全固定资产投资责任制和重建国家监管体系(包括股票发行和债券、基金的监管)，考虑建立社会主义的财银结合的“财团”。第四，随着国民收入分配格局的调整，逐步增加企业定额流动资金投入，财政银行共同协调管理定额流动资产的积累。第五，明确财政银行在财政赤字弥补方式中的职责，财政部门坚持财政赤字债务化、债务生产化，保证国债用于国企技改，坚决消灭经常项目的赤字和纠正债务消费化。应当制定和规范全社会统一规模控制手段，统筹协调，保证国债不引起货币供应扩张。第六，规范财政信用运行机制，将国家保险公司的收入(除保留必要的风险基金外)和单纯储蓄不贷款的邮政储蓄以及内外债(包括引进外资)规划财政信用投资范围，把这部分资金由财政拨给政策性银行，投入到符合财政信用政策的活动方面去，如要免收利息，应采用财政贴息办法。第七，严格控制货币供应量，创造价格调整的合适环境，减少财政补贴负担。第八，实行医疗、养老、失业优抚保障资金统一规范管理，规范保险公司业务。

(三)开放资本市场要慎之又慎。

墨西哥金融危机和东南亚金融危机为我们提供了一个深刻的经验教训，这就是骤然开放一个未成熟的金融市场尤其是资本市场是十分危险的。按照国际通行做法，一般是先放松经常项目的外汇管制，再逐步放松资本项目的外汇限制。从我国的实际情况来看，如果不保持对资本项目的外汇管理，就会形成无控制的资本流入、流出，冲击国内金融市场，影响甚至破坏整个宏观经济的平稳发展。虽然我国经常项目已实行自由兑换，但由于尚未入关，所以索罗斯打不进来。我们争取入关，但在目前条件尚不完全具备的情况下，入关的风险比不入关要大，因此在入关条件方面必须慎重。中国的资本项目何时对外开放，一定要慎之又慎，一定要从墨西哥和东南亚金融危机中吸取教训，要严格遵照江总书记的指示：“开放资本市场和金融服务要量力而行，逐步推进。”否则的话，由此引发的金融危机，不但会对整个经济改革与发展造成冲击，而且会导致社会动荡和政治危机。

(四)确保人民币汇率稳定。

东南亚国家货币急剧贬值，给中国的对外贸易带来严峻的挑战，从而造成人民币汇率贬值的强大压力。但在目前的情况下，中国决不能仿效东南亚国家通过贬值货币来增强出口竞争力。第一，这样做会以邻为壑，使东南亚诸国雪上加霜。第二，会对香港构成压力。第三，会

影响全国人民信心,制造混乱,扰乱自己的阵脚。第四,贬值固然可以增强出口竞争力,但进口货物的价格也同时上升,将引发通胀。第五,在人民币不贬值的情况下,通过出口退税可以减轻出口压力。中国的工业增值税是17%,现在出口退税仅退到9%,因此还有余地,应从全国利益出发全力以赴,要算大账,不要算小账。第六,有助于提高中国的国际声誉。

(五)讲政治,树信心。

面对着国际上银行和金融机构的倒闭、企业的破产、失业人员的增加、货币的贬值、物价的上升等突如其来的经济困难,泰国、印尼等国的人民怨声载道,纷纷上街游行示威,抗议政府管理无能,要求解决生活困难。结果,令社会和政局不稳、外资及国民信心丧失,从而进一步地加深了风暴的危害。我们一定要从中吸取教训,高举邓小平理论伟大旗帜,紧密地团结在以江泽民同志为核心的党中央周围,坚持党的基本路线,加快社会主义经济建设的进程,关心群众尤其是下岗工人的疾苦,提高人民的物质文化生活水平,维护来之不易的团结稳定的大好社会和政治局面,从而将社会主义事业全面推向21世纪。此外,讲政治还要求我们在国际经济一体化的今天,一定要保持清醒的政治头脑,站稳自己的阶级立场,警惕强权政治和霸权主义的种种侵袭手段。正如小平同志所说:"发达国家欺侮落后国家的政策没有变。中国自己要稳住阵脚,否则,人家就要打我们的主意。世界上希望我们好起来的人很多,想整我们的人也有的是。我们自己要保持警惕,放松不得。"这次东南亚金融危机就给了我们一次生动而深刻的政治教育:在东南亚国家政治和社会稳定面临严峻挑战的时刻,以美国为首的一股西方势力却在利用这些国家的经济困难,推行西方价值观和政治模式。他们鼓吹亚洲目前的政治模式和经济发展模式已经过时,诱压亚洲实行西方的自由化,按美国的模式来改变所谓的人权状况。在一些国家的民众因经济危机而对政府缺乏信心的时候,西方的这种煽动是极恶毒的。早在1989年,邓小平同志就一针见血地指出:"他们那一套人权、自由、民主,是维护恃强凌弱的强国、富国的利益,维护霸权主义者、强权主义者利益的。"

(六)正确处理自力更生和争取外援的关系。

列宁曾经说过:"社会主义共和国不同世界发生联系是不能生存下去的,在目前情况下应当把自己的生存同资本主义的关系联系起来。"党中央对改革开放也极为重视,并把它作为党的一项长期的国策。这当然是十分英明和正确的。但是,在争取外援的同时,一定要讲究原则和分寸。这个原则就是毛主席提出的"自力更生为主,争取外援为辅"和江总书记提出的"我们这样的社会主义国家搞现代化建设,必须处理好扩大对外开放和坚持自力更生的关系,把立足点放在依靠自己力量的基础上"、"在自力更生的基础上扩大对外开放"。邓小平同志也深刻地指出:"历史证明,越是富裕的国家越不慷慨,归根到底,我们要靠自己来摆脱贫困,靠自己发展起来。主要靠自己,同时不要闭关自守,可以多方面找朋友。"从实际情况来看,我国自有的资金不算少,关键是没有很好地集中起来,用在刀刃上。我们一定要把分散的资金集中起来,防止和克服泡沫经济,把有限的资金用于国有企业的改造,调整经济结构,实现经济转型,培植新的经济增长点。我国的科技力量也不弱(尤其是军事工业的科技人才)也没有很好地利用。关键是没有抓,没有给予投资,他们是有力无处使!我们认为,没有新科技的开发,就没有开放,就难以使国有企业在社会主义市场经济中发挥主体和主导作用。过分依赖外援,对外依存度过高,只能让外资牵着鼻子栽跟头。在这方面,东南亚为我们提供了经验教训,不能不引以为鉴。让我们铭记小平同志的谆谆教诲:"走自己的路,建设有中国特色的社会主义,中国才有希望。要让外国人看到中国政局是稳定的。""否则,只能是看着美国人的脸色行事,看着发达国家的脸色行事,……那还有什么独立性啊!"

世界向何处去?

安平生

当东欧变色,苏联崩溃时,全世界的反共英雄们欣喜若狂,以为共产主义失败了,今后就是资本主义的一统天下。世界各国共产党内部也不同程度地出现了信仰危机。正在这个关键时刻,邓小平站出来说:“我坚信,世界上赞成马克思主义的人会多起来的,因为马克思主义是科学。它运用历史唯物主义揭示了人类社会发展的规律。封建社会代替奴隶社会,资本主义代替封建主义,社会主义经历一个长过程发展后必然代替资本主义。这是社会历史发展不可逆转的总趋势,但道路是曲折的。资本主义代替封建主义的几百年间,发生过多少次王朝复辟?所以,从一定意义上说,某种暂时复辟也是难以完全避免的规律性现象。一些国家出现严重曲折,社会主义好像被削弱了,但人民经受锻炼,从中吸收教训,将促使社会主义向着更加健康的方向发展。因此,不要惊慌失措,不要认为马克思主义就消失了,没用了,失败了。哪有这回事!”这里谈谈我学习邓小平这一论述的体会。

一

正如达尔文发现生物界的发展规律一样,马克思发现人类历史的发展规律。剩余价值的发现和唯物史观的创立,为这一科学奠定了基础。马克思主义不仅能正确认识过去和现在,而且能预知未来。我们共产党人之所以信仰共产主义,并愿为它的实现贡献自己的一切,就是立足在这一科学认识之上的。马克思、恩格斯创建科学共产主义理论,列宁把它变为现实。十月革命开辟了人类历史的新纪元,即建立了没有人剥削压迫人的新社会。中国共产党就是在这一历史背景下建立起来的,这和欧洲社会民主党成立时的历史背景是完全不相同的。

中国共产党之所以有无限的生命力,为任何反动势力所打不垮,从根本上说,就是因为我们掌握和运用了马克思主义的科学理论。共产党员和党外进步人士一旦用这一科学理论武装起来,就会产生无所畏惧的无产阶级革命精神。“砍头不要紧,只要主义真。”这是夏明翰烈士从容就义前写下的话。在战场上,每当处境不利时,只要喊一声共产党员跟我来,就把敌人冲垮,许多战役,担任牵制敌人的少数部队,明知自己有牺牲的可能,也甘愿付出自己的生命。在中国人民解放军中,这样的无名英雄不可胜计。在和平建设时期,不计个人名利,日夜操劳,一心扑在祖国社会主义现代化建设事业上,同时又深知天下并不太平,内忧外患时刻困扰着我们的党和国家,因而坚守自己的岗位,做好自己份内工作的同志难道还少吗?近几年来,腐败之风到处蔓延,人民不满之声随处可闻,然而,在今日中国,为国为民,一身正气,坚信马克思主义是科学,堪称中华民族的脊梁的大有人在。今日的中国,不是古代战国末期的楚国,“众人皆醉我独醒”的悲剧是不存在的。中国的未来,就寄托在他们身上。

二

苏联、东欧剧变的性质是什么问题呢?邓小平认为那是“暂时复辟”,是“严重曲折”。从柏林墙倒塌算起,资本主义在那些地方的复辟已经有八、九年的历史了。八、九年在人类历史上只是一瞬间,但人们却看到了社会急剧变化的现象。

在此期间,原来被推翻的剥削阶级的代表人物怀着复仇心理登上政治舞台。他们不仅实行白色恐怖,而且疯狂破坏社会主义的国有经济和集体经济。他们认为只有摧毁这个经济基础,形成一个中产阶级,即资产阶级,他们的江山才能稳固。在美国专家的策划下,他们制定了旨在复辟资本主义私有制的“休克疗法”。起初,一些国家一上台的新领导人信心十足,以为找到了治国的良策,于是就大刀阔斧地干起来,例如俄罗斯就是这样。可是出乎他们的意料,俄罗斯的通货膨胀率一下数以千位计,人民手中多年积蓄的卢布几乎一夜之间变成了一张张废纸。全国平均每人发放一万卢布的的股票,说是可以自由投资,也迅速地集中在少数人手中。全国国民生产总值到1997年9月底猛降了57%。到1998年5月底情况进一步恶化,全国企业有一半倒闭,生产力只维持在1991年的三分之一的水平。

一个国家的生产力水平在如此短的时间内大幅度地滑落,在人类文明史上是绝无仅有的。苏联在卫国战争时期,受到德国法西斯的严重破坏,国民生产总值才下降了25%。美国在本世纪20年代末和30年代初遭遇资本

主义有史以来最大的一次经济萧条，国民生产总值也只减少了36%。是什么原因造成俄罗斯的国民经济损失这样大呢？人类历史从封建社会过渡到资本主义社会，虽曾有过多次封建王朝的复辟，但两种社会制度都是私有的剥削制度，因而，所引起的社会震荡相对较小。人类社会由资本主义转变为社会主义，这是从剥削制度变为没有剥削的制度，是空前伟大的革命变革，如今要把社会主义公有制倒退到资本主义私有制，其结果必然是对社会生产力的大破坏。

在此期间，美国霸权主义的面目淋漓尽致地暴露在世人的面前。苏联解体了，戈尔巴乔夫已被钉在历史的耻辱柱上。俄罗斯代替苏联出现在世界舞台。他们以为只要变社会主义公有制为资本主义私有制，就可以重振大国雄风，迎来一个经济繁荣时期。谁知以美国为首的西方大国就是不答应。它们要把俄罗斯变成西方的消费品市场和廉价的能源资源产地，决不允许俄罗斯成为可以同它们抗衡的力量。美国决不让世界上有第二个超级大国出现，同它争霸天下。你是社会主义国家，它当然要反对；你是资本主义国家，它也决不允许你强大。世界上一切事情都得以美国垄断资产阶级的利益为转移，这就是美国当政者的哲学。

严峻的现实使俄罗斯逐渐醒悟过来。他们设想把独联体十五个国家联合起来，组成一个松散的类似西欧经济共同体那样的同盟。即使这样，美国也设置了重重障碍。美国说组织经济同盟可以，但乌克兰和波罗的海三国不在其内。中亚地区也是美国利益所在的新边疆。北约东扩已成定局。俄罗斯还有什么重振大国雄风可言呢？这就是"暂时复辟"的后果。

三

有些人同邓小平的论述相反，不但不承认苏联、东欧原来的社会主义国家发生了资本主义复辟，而且认为列宁领导的俄国十月社会主义革命从根本上就错了，毛泽东在中国搞社会主义革命也错了。他们说，社会主义革命只能在生产力高度发展的国家发生，像俄国、中国的资本主义经济这么落后，在这个基础上怎么能建成社会主义国家？苏联亡党亡国就是出于这个原因。十月革命的故乡完结了，中国的社会主义命运还能长久吗？在他们看来，世界社会主义的历史是一部完全失败的历史。

其实，他们的这一套论据并不是什么新东西。远在80年前，俄国十月革命成功之后，第二国际的英雄们（包括孟什维克苏汉诺夫之流）就是以"俄国生产力还没有发展到可以实行社会主义的高度"为理由来反对在俄国建立社会主义制度。列宁写了《论我国革命》那篇著名文章来回答这个问题。列宁说："他们都自称为马克思主义者，但是对马克思主义的理解却迂腐到无以复加的程度。马克思主义中有决定意义的东西，即马克思主义的革命辩证法，他们一点也不理解。"列宁的结论是：面对第一次帝国主义大战所造成的那种革命形势，"我们为什么不能首先用革命手段取得达到这个一定水平的前提，然后在工农政权和苏维埃制度的基础上赶上别国人民呢？"

历史的进程完全证明了列宁论断的正确。从俄国十月革命胜利到德国法西斯发动对苏联的侵略战争，其间不到23年，而集中力量进行社会主义现代化经济建设的时间仅为13年半，但就在这段时间内，一个资本主义经济发展比较落后的国家变成了欧洲一流的社会主义工业化国家。在第二次世界大战中，打败德国法西斯的决定性力量是苏联，而苏联依靠的是具有强大生命力的社会主义制度。大战结束后，苏联依靠自己社会主义制度的力量，迅速把国民经济恢复到战前水平，并沿着社会主义方向继续前进。斯大林虽有错误，但他的伟大功勋能完全否定吗？十月革命开创的人类历史的新纪元能一笔抹杀吗？历史就是历史，谁歪曲了它，将来总有一天要还它以本来面目。

中国的历史事实再次证明，在资本主义社会经济比较落后的国家，只要有革命形势，无产阶级政党领导人民先夺取政权，然后依靠革命政权促进生产力的发展，这是一条光明大道。在中国共产党领导下，社会生产力有过二次大的发展。

一是通过解决土地问题和小城镇改革，调动了农民、工人的积极性，使农业生产力达到一个新的水平。在战争中，我军一面打仗，一面生产，实行劳武结合。毛泽东号召自己动手，丰衣足食，各解放区都开展了大生产运动。我们不仅解决了战时的财政负担，还适当地改善了人民的生活歌颂南泥湾大生产运动的那首革命歌曲，至今唱起来仍然鼓舞人们迎难而上的信心和勇气。

二是新中国成立以后。蒋介石统治中国22年没有给我们留下什么现代化的设施基础。我们党主要依靠工人、农民和知识分子，节衣缩食，勤俭建国，在当时苏联提供的156个工业建设项目的支援下，开始了中国社会主义现代化的大规模建设。尽管其间有曲折，但初步建成了独立的比较完整的工业体系和国民经济体系。根据有关部门的统计资料，1950年至1979年，工业总产值年均增长13.3%，我国拥有两弹一星也是在这个时期开始实现的。农业中的粮食产量由1949年1.13亿吨增长到1979年3.374亿吨，全国现有水利灌溉设施的7.5亿亩基本农田也主要是在这一时期建成的。

三是党的十一届三中全会以后。我们党总结了正反两方面的经验，制定了新的历史时期党的基本路线，即一个中心，两个基本点。邓小平理论就是在这一历史时期形成的。邓小平既看到了社会主义制度的优越性，又看到了管理机制方面存在的弊端，因而下定决心，实行改革

开放。中国的改革开放是社会主义制度的自我完善。近20年来，国民经济确实有了长足发展，人民生活确实有了显著改善。这是令举世为之瞩目的成就。

在十月革命的光芒照耀下，不只中国革命和社会主义建设取得了阶段性的胜利，还有一些国家的革命和社会主义建设也取得了可喜的成绩。广大第三世界国家同西方发达国家的矛盾存在着，发展着。最近亚洲发生的金融风暴危机，谁受害？谁得利？国际货币基金组织以那样苛刻的条件加以处理，能不引起反美浪潮吗？哪里有剥削压迫，哪里就有反抗，这条客观规律是不以人们的意志为转移的。对于世界的前途，我们没有根据持悲观的态度。

四

西方要把苏联、东欧原来的社会主义国家消化掉，决非易事。这些地区人口4.2亿，分裂为许多小国，当然便于西方分而治之，纳入西方社会。可是实际情况远非如此简单。以德国为例，德国的柏林墙可以拆掉，但至今“德国人并没有拆除头脑中的墙”。尽管社会主义存在某些毛病，东德人怀念过去社会主义制度的好处是永远抹杀不了的。德国《法兰克福报》1996年9月20日报道说：“民主和社会市场经济至今没有令多数东德人信服，这种说法是对的。”“1990年春夏两季77%的东德人对社会市场经济抱有好看法”，而到“1995年7月和8月，持有这种看法者只有34%”。该报还进一步指出：“在全国各地，人们都听到这样的解释：东德人对民主和社会市场经济感到失望。”东德人的这种怀旧情绪并非天上掉下来的，而是扎根于自己的切身体会，即把资本主义和社会主义作了比较而得出的结论。

资本主义把社会主义吃掉了一块，但消化不了。美国麻省理工学院教授斯特·瑟罗克在他的《21世纪的角逐》中说：“由共产主义向资本主义过渡是相当困难的”，“看来，建设共产主义要比退回到资本主义更容易”。这个话不是很具有讽刺意味吗？

五

社会主义终将代替资本主义，这不只是人们的良好愿望，而是资本主义固有矛盾发展的必然结果，是不以人们的意志为转移的。

第二次世界大战结束以后，由于冷战的驱动和科学技术日新月异的进展，资本主义世界的社会生产力有了较大的发展，这同资本主义的生产关系形成尖锐的矛盾，因而一再爆发震惊世界的生产过剩危机。这就是人们常说的世界市场早已处于饱和状态。这样的周期性的危机在资本主义历史上曾经出现过多次。资本主义本身也有一定的自我调节能力，但有限。尽管资本主义自身出现了许多新的变化，然而社会化大生产与资本主义私人占有之间的基本矛盾始终是自己无法解脱的。

世界市场是当代很大的问题。谁占有世界市场谁就有可能统治世界。当今有资格争夺世界市场的只有三家：美、欧（以德法为轴心）、日。第二次世界大战以后，主宰世界市场的是美国。由于资本帝国主义国家间发展不平衡规律的作用，后起的战败的欧、日的崛起面临着要求重新分配世界市场的问题。它们三家都是全球性的资本帝国主义，谁的生存和发展都离不开世界市场。

资本主义社会经历了几百年的历史，到上世纪末和本世纪初已经进入资本帝国主义阶段。帝国主义是垄断的资本主义。据联合国贸发会议组织发表的1995年《世界投资报告》称：全世界4万多家跨国公司及其所属的25万家子公司的国际销售额已逾52000亿美元，超过了全世界的贸易额47000亿美元。当今世界贸易、投资以及高科技几乎无不掌握和控制在跨国公司手里。但国际垄断组织跨国公司的出现，并没有消除你死我活的竞争，相反，已经发生并将孕育着规模更大和更加激烈的竞争。美、欧、日三家为争夺世界市场的斗争日益表面化和白热化。它们之间现在是既争夺又妥协，但从长远观点看，由于世界市场终究是有限的，资本贪婪扩张的属性是无止境的，因而它们之间的根本利害冲突难以解决。西方七国首脑会议开得越来越不景气，就是这一矛盾深化的反映。这个矛盾在资本主义自身范围内是无法解决的。

150年前，马克思、恩格斯发表《共产党宣言》时，指出无产阶级的历史使命是以社会主义代替资本主义。列宁把马克思主义的理论变为现实。毛泽东及其战友们，为建立中华人民共和国，为取得社会主义建设的巨大成就，为中华民族屹立于世界民族之林，打开了一条胜利之路。中华人民共和国进入联合国，是被请进去而不是哀求得来的。毛泽东是伟大的马克思主义者，也是伟大的民族英雄。邓小平在苏联从历史舞台上消失以后，以伟大无产阶级革命家的气魄，高瞻远瞩地指出：“社会主义经历一个长过程发展后必然代替资本主义。这是社会历史发展的不可逆转的总趋势，但道路是曲折的。……因此，不要惊慌失措，不要认为马克思主义就消失了，没用了，失败了。哪有这回事！”这给了真正的共产党人和广大的人民群众以极大的鼓舞。

十五大通过的《中国共产党章程》指出：“中国共产党以马克思列宁主义、毛泽东思想、邓小平理论作为自己的行动指南。”我们正沿着这一正确的方向不断向前迈步，尽管我们在前进中还存在这样那样的问题。世界上没有任何反动势力能够阻止中国人民沿着自己开创的有中国特色的社会主义道路胜利前进！

“向政权进军”的俄罗斯大财团

张　捷

在今天俄罗斯的社会生活中，一批在私有化进程中迅速崛起的大财团正在起着愈来愈大的作用。俄罗斯老百姓把控制这些财团的金融和工业巨头们称为“寡头”。根据俄罗斯和西方报刊报道，最大的财团有以下6个：

一、别列佐夫斯基的伏尔加汽车经销公司和联合银行，该集团联合其他集团拥有俄罗斯最大的石油公司之一——西伯利亚石油公司51%的股份，此外它是俄罗斯公共电视台最大的私人股东，并控制一系列重要的报刊。别列佐夫斯基拥有30亿美元的个人资产，在美国《福布斯》杂志公布的1997年全球最富有的200人排行榜上名列第97位。

二、波塔宁的联合进出口银行集团，它控制了70余家特大型企业，其中包括西伯利亚远东石油公司、诺里尔斯克镍业公司等。他拥有个人资产18亿美元。

三、古辛斯基的桥集团，该集团控制了50余个企业以及大量新闻媒体，被称为“新闻媒体大王”。

四、霍多尔科夫斯基的梅纳捷普集团，它控股的俄罗斯工业公司下属30个分公司，此外，它买下了俄罗斯第二大石油公司——尤科斯石油公司的78%的股份。

五、阿文和弗里德曼的阿尔法集团，拥有阿尔法银行、俄罗斯最大的水泥公司阿尔法水泥公司、阿尔法埃科公司等大企业。

六、斯摩棱斯基的首都储蓄银行，此银行为全俄八大银行之一。除银行业外，斯摩棱斯基还从事石油、有色金属的开采和加工、建筑等行业。

这就是人们常说的六大财团和七大巨头。此外，还有实力可与其抗衡的天然气工业公司和卢克石油公司。天然气工业公司是俄罗斯和世界最大的天然气公司之一，探明的天然气储量占世界的30—40%，开采的天然气占世界的25%。它和卢克公司一起领导帝国银行，并单独买下厂国家储备银行的57%的股份。这两家银行在全球大银行中分别排名第十三和第十四。天然气工业公司原由切尔诺梅尔金领导，他从政后，改由维亚希列夫任董事长。卢克石油公司是俄罗斯最大的石油公司，其开采量相当于尤科斯公司和西伯利亚石油公司开采量的总和，董事长为阿列克彼罗夫。

以上所说的金融和工业巨头，用日本《每日新闻》的一篇报道的说法，“都是在共产党体制瓦解后，乘俄罗斯经济混乱之际大发横财的企业家和暴发户”。他们在政府出售和拍卖国有中小型企业以及对国有大型企业实行股份制时，用各种手段，巧取豪夺，把本来属于全民的大量财富据为己有。因此他们完全是私有化的产物，别列佐夫斯基公开承认们掌握的宣传机器，尤其是利用独立电视台、俄罗斯公共电视台和一些发行量大的报刊，为它们支持的竞选者大造舆论，同时造谣攻击它们反对的候选人。在这方面古辛斯基表现得特别积极，他让他的独立电视台台长马拉申科直接参加竞选班子，负责竞选中的宣传工作。就这样，大财团在这次竞选中，如同某些报刊所说的那样，“创造了一个政治上的奇迹”，取得了胜利。别列佐夫斯基在一次谈话中得意地说：“俄罗斯商人们对叶利钦总统取得胜利来说，起了决定性的作用，这对谁来说都不是秘密。这是一场为我们的切身利益而进行的战斗。”《福布斯》杂志甚至称别列佐夫斯基为“克里姆林宫的教父”。

竞选胜利后，某些寡头进入了新组建的政府，开始直接掌权。波塔宁出任政府第一副总理，主管经济部、反垄断委员会和国家财产部。据“七人集团”成员之一阿文透露，波塔宁的决定，是他们集体研究后决定的，因为他们认为政府里应该有自己的人。另一寡头别列佐夫斯基被任命为负责国家安全事务的重要机构安全会议的副秘书，而此人据说具有俄罗斯和以色列双重国籍，而且同黑手党关系密切，所以此项任命本身就具有讽刺意味，无怪乎一家美国刊物挖苦说，这是让狐狸来看管小鸡。

在寡头们当中，别列佐夫斯基可以说是对政治最感兴趣的一个，同时也是他们之中的“思想家”。根据他的自述，他从1995年底起就把主要注意力放在政治上，因为他认为“巩固在政治方面已取得的东西，是比积累愈来愈多的财富更为重要的任务”。他针对有人认为企业界对国家的影响不应太大的看法提出，一方面资本应当具有高度的独立性，不受国家干预，另一方面企业家应当加强他们在国家中的作用。他认为今天俄罗斯国家的强大支柱是大资本家。他说，目前俄罗斯还存在着“共产主义复辟和再一次分配财产的危险”，保持政权至关重要。

别列佐夫斯基和波塔宁在担任公职期间利用职权谋取私利,发展本财团的势力,他们的这些做法一方面引起了公众的反对,另一方面激化了财团之间矛盾,因此不久被解除职务。但是他们仍通过各种方式保持着政府内的影响。波塔宁与丘拜斯结为盟友,而别列佐夫斯基则成为总统办公厅主任尤马舍夫(此人原为别列佐夫斯基控制的《星火画报》的副主编,曾替现任总统写过两本书)的顾问,并与总统的女儿塔吉雅娜·季亚钦科有着密切关系。今年4月他又进入政界,成为独联体的执行秘书。

据报刊透露,别列佐夫斯基对1998年3月俄罗斯政府的大改组起了重要作用。据说在改组前,他作为尤马舍夫的顾问提出了解散政府、着手进行下届总统选举的准备和安排好"能当选"的后继者的建议。3月24日,即在解散政府后的第二天,他在对英国《金融时报》记者的谈话中说,他的观点与总统的观点恰好吻合。由此可见,寡头们已在通过幕后活动影响政局了。新组成的政府虽以"不受寡头集团左右"为标榜,但是其成员中仍有大财团的人,例如曾在尤科斯石油公司工作、后任梅纳捷普银行副董事长的格涅拉洛夫被任命为重要的燃料动力部部长。《经济与生活报》主编雅库京在谈到寡头们在新政府成立后的心情时说:"那些金融和工业集团的寡头们则为新政府的成立以及为新政府中有自己的熟人而感到欣喜,他们面带微笑,高兴地搓动着双手,而后将自己的利益报到最前面。"

两个多月以前,俄罗斯政权为了摆脱金融危机,曾求助于大财团。总统于6月2日邀集十大企业家,其中包括上面提到过波塔宁、古辛斯基、霍多尔科夫斯基、弗里德曼、斯摩棱斯基、维亚希列夫、阿列克彼罗夫等7人以及统一动力系统的新领导人丘拜斯、俄罗斯信贷银行行长马尔金和苏尔古特。

这些金融和工业巨头之所以能在短时间聚敛大量财富,还有一个重要原因,这就是他们与政府有密切的联系。其中的一些人本来是政府高级官员以及党和共青团的干部。例如阿文当过盖达尔政府的外贸部长,他的副手曾任苏联国家计委副主席。阿列克彼罗夫在苏联解体前夕任石油部代部长,他利用职权挑选俄罗斯全国最好的油田和石油加工企业以及最优秀的技术人员,组建了他的卢克石油公司。桥集团控制的独立电视台台长马拉申科曾是苏共中央机关的高级干部。梅纳捷普集切领导人霍多尔科夫斯基曾任共青切莫斯科市委第二书记,他的副手莫纳霍夫原为第一书记。另一方面,这些寡头在政府里有他们的"自己人"。联合进出口银行总裁波塔宁广泛结识政府高级官员,除丘拜斯外,他与曾负责对外经济联系的副总理达维多夫、前财政部长费多罗夫是"好朋友",当年他在创建银行时曾得到他们的鼎力相助。有些俄罗斯经济学家把人员上与政府有密切联系这一点作为俄罗斯新资本主义的重要特点之一。

俄罗斯大财团目前已有相当大的经济实力。它们拥有包括全国最大的私营银行联合进出口银行在内的许多大银行,有着雄厚的金融资本;它们控制了一大批关系国家经济命脉的大企业,这些企业分布于能源、采矿、金属冶炼、化工、建筑等部门。以石油工业为例,它们掌握的四大石油公司(卢克石油公司、尤科斯公司、西伯利亚石油公司和西伯利亚远东石油公司)的开采量占全国的70%以上。1996年10月39日别列佐夫斯基在接受英国《金融时报》记者的采访时说,六大财团控制着俄罗斯经济的50%左右。如果加上其他财团,那么这个比例还要大。最近波塔宁在同意大利《新闻报》记者谈话时也说,10-15位最大的企业家"保证着一半以上的全国总产品的生产"。现在各财团的势力正在向各个方面扩张。正在兼并愈来愈多的中小企业和控制尚未完全实行私有化的大型企业,它们在俄罗斯整个国民经济中所占的份额将变得愈来愈大。

上面提到过,俄罗斯的大财团在其形成过程中为了进行原始积累,曾借助政府某些高级官员的"合作"。随着经济实力的增长和社会影响的扩大,它们已不满足予以往的"求助于人"的做法,在政治上有了新的要求。它们财大气粗,仗着手中掌握的金钱,利用被它们控制的舆论工具和收买的黑手党的子弹,开始直接干预政治和影响政局。大财团的这种"向政权进军"的图谋,到1996年就已十分清楚地显示出来,其具体做法一是寻找代理人,二是直接从政。它们在1996年总统选举中的表现以及选举获胜后的做法,充分说明了这一点。

1996年总统选举前的形势,对俄罗斯新资产阶级来说是比较严峻的。在头年12月的议会选举中。俄共取得了重大胜利,成为杜马的第一大党。,不久,俄共领导人久加诺夫宣布参加总统竞选,根据当时的民意测验来看,他当选的呼声很高。寡头们觉察到共产党有重新上台的可能,便联合起来。决定采取行动来阻止这种事情的发生。据英国《金融时报》透露,1996年1月,六大财团的七大巨头利用在瑞士达沃斯参加"世界经济论坛"的机会,在幕后成立了一个"重新塑造自己国家前途的联盟",这就是所谓的"七人集团"。他们决定支持叶利钦竞选总统,帮助组织了一个以丘拜斯为首的十人竞选班子,并为竞选活动提供了大量经费。卢克石油公司和尤科斯石油公司等大石油公司的领导人阿列克彼罗夫等人以所谓的"石油工业家联合会"的名义发表呼吁书,恳请叶利钦参加总统竞选,并答应给予大力支持。阿列克彼罗夫还亲自领导秋明地区的竞选活动。在竞选过程中,各大财团凭借他们雄厚的财力开展各种活动,动员公司总裁鲍格达诺夫开会,寻求他们的支持。寡头们在会见时说了一些可作多种解释的话,诸如"我们大家已经赚了这么多

钱,也该考虑考虑国家了”等等,口头上表示支持政府所作的努力,同时提出了不少要求,其中包括要求重新审查政府就经济问题作出的重要决定。会见后十大企业家发表了《俄罗斯工商界代表的呼吁书》,再次表明了他们的态度和重申了他们的要求。俄罗斯《生意人报》在谈到大企业家们的要求时说:“现在对寡头们来说,有比钱更重要的东西。他们需要的是资本家的地位,而且是能够接管政权和实际参与通过国家的决定的地位。这可以为他们的资本以及他们本人提供在国内的安全保障和在国际金融界的威望。”

最近,俄罗斯政府为增加财政收入采取了某些措施,如加强税收征管和追缴欠税,这就触犯了大财团的利益,使得它们同政府之间的矛盾有所激化。其中最突出的例子是政府与天然气工业公司之间的对抗。这种情况在很大程度上也影响了大财团与总统的关系。俄罗斯政治研究所所长马尔科夫在题为《寡头们反对总统》一文(发表在《消息报》上)中说,寡头们现在反对叶利钦是因为“他们已不担心共产党上台了,而觉得叶利钦的政权是个累赘”。对他们来说,“叶利钦是一个自主性极强的人,不愿接受监督,行为难以预料”,而他们需要的是一个“能被驾驭的总统”,希望政府是一个“能接受监督的政府,只要政府服从克里姆林宫而不是大公司,寡头们就要同任何一个这样的政府斗争到底”。于是他们通过各种方式公开表示不再支持叶利钦竞选下届总统,并且通过新闻媒体进行限制他的权力的宣传。

实际上,寡头们从自身的利益出发,早就在考虑2000年的总统选举了。今年年初他们在达沃斯聚会时就提出了这个问题。2月,别列佐夫斯基在一次谈话中指出,“重要的是要使下次总统选举能保证连续性”,这里所说的“连续性”指的是方针政策的连续性。他对叶利钦已不感兴趣,大谈他的可能的继承者。在他看来,共产党人久加诺夫当然不合适,列别德也不行。他还反对那位对私有化表示过不满的莫斯科市长卢日科夫,担心他一旦上台会改变私有化的结果。于是他把切尔诺梅尔金看作可供选择的继承人。他作这样的选择是有一定道理的,因为第一,切尔诺梅尔金当了5年总理,参与制订现行政策,并且是这一政策的积极推行者,让他当总统,自然可以保证政策的“连续性”;第二,上面说过,切尔诺梅尔金曾是天然气工业公司的领导人,据报刊透露,在该公司实行股份化时,他得了5%的股票。如果属实,他就有可能拥有几十亿美元的个人资产。因此他与其他寡头们有着共同的利益。值得注意的是,波塔宁也和别列佐夫斯基持相同的看法。他在上面提到过的对意大利《新闻报》记者的谈话中也表示不再支持叶利钦竞选,他说:“我认为叶利钦如果竞选第三任总统,就会造成复杂的局面。许多人当然不会不支持他。但是我觉得俄罗斯需要有一个能保持一定连续性的新领导人。”

现在寡头们已开始在这方面采取实际行动了。受别列佐夫斯基控制的《独立报》的总编特列季亚科夫于7月10日发表了一篇纲领性文章,题目就叫做《关于政权问题》。俄罗斯不少报刊说,这篇文章是别列佐夫斯基授意的。文章提出了成立“临时国务委员会”的设想,这个委员会可由议会两院主席、最高法院院长、总检察长、政府总理、议会党团领导人、企业界代表、各地区代表组成,现任总统如提交放弃竞选下届总统的、经过公证的书面声明,也可参加,否则由总统办公厅主任代替。委员会的任务是在3个月内完成议会选举和总统选举,它对任何人和任何机关妨碍选举的决定拥有否决权,并有权修改选举法。就实质而言,文章提出的是一个政变计划。它表达了大财团企图完全掌握国家高权力的迫切心情。

从以上所述可以看出,大财团“向政权进军”已到了一个关键时刻。它们在这几年政权进军过程中的表现说明,这些大财团不会满足于经济上的发展,当它们具有一定的实力后,必然要谋求政治权力,其目的是为了利用政权的力量巩自己的地位和保护既得利益,进一步攫取多的财富。它们先是寻找代理人,让代理为它们的利益服务,而当代理人不再完全听命于它们和不能完全满足它们的要求时,便准备把他一脚踢开。这些寡头们野心勃勃,波塔宁曾经这样说过,当他们觉得自己有力量管理国家时,就应进入议会和政府,从那里来实行管理。他们已做过亲自出马的尝试。由于这些金融和工业巨头们是在资本主义复辟的条件下完全靠侵吞和掠夺苏联社会主义建设的成果起家的,他们比老资产阶级更加贪婪,剥削更加残酷,具有更大的腐朽性和寄生性。他们所要建立的政权不可避免地是腐朽反动的、反共反人民的大资产阶级专政。

第八部分

时代楷模

王选的选择

王宏甲

他叫王选，是北大教授。

请注意，他的贡献不只是在技术方面。在为自己先进的科学技术开辟道路的岁月中，这位戴眼镜的教授不得不去“攀登”产业和市场——我所以使用“攀登”一词，因为要把技术转化为产品，事实上比科研更难。

然而，要真正认识王选，还得首先忘掉他的成就和荣誉。还得从他人生中第一次乃至以后的一次次选择说起。

前三次选择：站在事业的起跑线上，似乎预感到有一种神圣的使命，我国汉字精密照排技术等待他去跨越

高考前填志愿，王选填了三个：北京大学数学系、南京大学教学系、东北人民大学数学系。家在上海，没有一个志愿填上海。你可听见，五十年代青年的心声……那是一个对新中国无限憧憬的年代，胸怀祖国，奔赴远大的前程，是许多人心中真正的志愿。

“我一生中第一次大的抉择，发生在大学二年级下学期。因为，我要选择专业了。”王选说。

我不怀疑，这是决定一个19岁的青年将来干什么的重大抉择。当时，班上最热门的选择是纯数学，力学次之。计算数学，是一个分支学科，北大刚有这门专业，连教材都还缺乏，可称冷清而荒凉。当学生的，谁不想多学点东西？王选就选了这个“冷门”。你会不会问，为什么？

多年后，王选看到一位美国心理学家写的一个公式：

I + we = fully I

眼前突然一亮，他觉得这个美国人把自己多年来选择前程的一种方式“抽象”出来了。在这个式子中，I代表我，we代表我们，相加之和就等于“完善的我”。

他说他选择计算数学是看了我国1956年1月刚刚制定的十二年科学发展远景规划，看到规划中把原子能、自动控制、计算技术列为重点发展科学。

1958年王选大学毕业，时值我国掀起研制计算机热潮。由于计算机人才奇缺，王选当初选择的正是这个专业，学校正需要用人，这使王选未受“右派”父亲株连而被留校当助教，并成为设计硬件的主力之一。这大约是王选首次从自己的人生选择中收获到好处。

这使他拚命地想把“我”融化到“我们”中去。1961年他作出了成年后的第二选择：“从硬件转向软件，但不放弃硬件，而是从事软硬件相结合的研究”

这其实是选择了“跨领域”研究。多年后我们也可能发现，这好处远远不只是计算机领域。没有“跨领域”研究，王选就不会是今天的王选。所以他把这次选择看作：“这是我一生中最重要的抉择。”

他还说：我当时有种“茅塞顿开”之感。人生处在这样的时刻，就是处在将要作出大的发明创造的前夜了。没想到就在这年夏天，饥饿加上连续的劳累，终于把他击倒。他的病辗转首都几家医院，持续一年，久治不愈，生命一天天微弱。

在病中，他以惊人的毅力、卓越的总体设计，与北大许卓群、陈堃銶、朱万森等人一起，进军计算机高级语言编辑系统的研究，为我国推广计算机高级语言做出了宝贵的贡献。这一贡献被载入了中国电子计算机发展史。

1975年，他38岁了，仍“病休在家”。人生还能做些什么？就在这年，他作出了一生中第三次重大抉择。

这是一件同每个中国人都有关系的事。

中国是印刷术的故乡。毕升约在11世纪40年代发明了活字印刷术，第一代产品是用细胶泥刻烧成的泥字，后人又搞了木字、铜字、铅字。活字印刷，已有近千年的历史。

如今，随着电子计算机和光学技术的发展，西方结束了由我国毕升发明的活字印刷术，采用了“照排技术”。当代印刷技术发生的革命性变化，将比过去一千年里产生过的作用更加显著。我国如果仍停留在铅印阶段，怎样跟上世界步伐？

1974年8月，经周恩来总理批准，我国开始了一项被命名为“748工程”的科研，这项科研分三个子项目：汉字通信、汉字情报检索和汉字精密照排。

当王选听说“748工程”，已是1975年，他最感兴趣的“汉字精密照排”，国内也已经有5家在研制，都实力雄厚。王选此时正“病休”在家，能做什么？

他动员起自己还很虚弱的身体，日复一日地挤公共

汽车去中国科技情报所查阅外文杂志。他看到,世界上第一台照排机是"手动式"的,1946年在美国问世。50年代,美国发展了"光学机械式"二代机。1965年德国推出"阴极射线管"三代机。1975年英国正在研制的"激光照排"四代机即将问世。

再看我国,正在研制照排系统的5家,分别选择了二代机和三代机。"我怎么选择?"王选选择了越过二代机和三代机,直接研制西方还没有产品的第四代激光照排系统。

他的选择似有凌云气概,可是,这有可能做成吗?

由于我国基础工业落后,搞二代机、三代机都有一系列很难过关的尖锐问题。王选其实是以别无选择的方式向自己的大脑要出路:他开创性地以"轮廓加参数"的数学描述方法,研究出一整套高倍率汉字信息压缩、还原、变倍技术,从而使机械部分变得简单。

但是,他的方案在一个论证会上被认为是"数学游戏","梦想一步登天",被淘汰了。当时,王选在会上,身体虚弱得连说话的力气都不够,方案是已成为他的妻子的陈　　代为介绍的。

所幸的是,"748工程"没有轻易放过王选的"数学游戏",在1976年9月8日被正式认可。

由于王选的选择曾被认为"梦想一步登天",这使他想起"顶天立地"一词,后来的实践则使他越来越看到,当代科研开发,就应该尽可能选择"顶天"的技术。欲顶天,就得选择技术上的跨越。因此,王选人生中"第三次选择"最宝贵的地方,亦即具普遍意义的所在,不在于选择了"第四代激光照排系统",而是选择了"技术上的跨越"。

国门初开,国外的照排设备接踵而来。我们的技术如果不尽快变成产品,将会成为废物。于是有了他的第四次选择:决战市场

国门刚刚打开,西方人来了。最早到来的就是世界上最先发明了第四代激光照排机的英国蒙纳公司,他们定于1979年夏在北京、上海展示英国制造的"汉字激光照排系统"。不久,日本人、美国人搞的汉字照排系统也接踵而至。

早先,王选一心只想努力研制出好设备,就能为祖国、为社会所用……现在看到,国门一开,世界突然就顶到你的鼻子前面来了。就像一觉醒来,发现英国人、日本人都端着先进武器堵在你的房门口了。如果你的技术不能尽快变成产品,就会变成废物,根本无法进入市场。

也在这时,王选作出了他一生中第四次重大抉择:决战市场。

1979年8月11日,《光明日报》头版头条以通栏大标题赫然登出:"汉字信息处理技术的研究和应用获重大突破",报道了北京大学激光汉字编辑排版系统主体工程研制成功的喜讯。

就在此时,王选心里比谁都清醒:"我们决定见好就收,不再致力于这种样机的试制和生产,而只是对付鉴定会。"这不啻是惊世骇俗的决定。"从1979年9月起,我把主要精力放在Ⅱ型机上。"

英国蒙纳公司延至10月,到底在京、沪两地召开了展示会。我国政府有关部门把是否引进"蒙纳系统"的问题摆上议事日程,有关会议一个接一个召开。时任国家进出口管理委员会副主任的江泽民,于1980年2月给国务院几位副总理写了一封亲笔信,信中写道:北大等单位对中文激光照排设备的研制,有几项技术指标已达到国际先进水平,应予积极扶持,以便继续试验使其完善,将来在国内推广。在具备一定条件之后,还可打入国际市场。

此时,另一项艰巨的任务就是设计和调试软件。这项工作一直是由陈堃銶负责。当时没有软盘、没有显示器,总量达4万多行的程序全用汇编语言写出,其艰难是今天从事软件开发的青年们难以想象的。终于,在1980年9月15日上午排出《伍豪之剑》,这是中国在告别铅字的历程中排出的第一本书,这是检验照排系统功能的一个重要标志。1980年10月25日,邓小平就此对北大激光照排系统作了"应加支持"的批示。

1981年7月,他们研制的样机通过了部级鉴定。大家都很高兴,王选却对大家说:"我们的成果是零。"

这年初夏,陈堃銶发现自己便血,以为是痔疮,继续忙于软件调试没去医院。鉴定会后是暑假,她本该有时间休息的,可是……至少6年来,她都放弃了节假日休息。这个暑假,她又忙于Ⅱ型机整个软件的换代工作,直到10月5日才抽空去医院看病。6日,陈堃銶被确认为:直肠癌!

手术前夕,王选去看她,大家也去看她。还没走进病房,就听到她与同室病友一起在唱50年代的苏联歌曲:正当梨花开遍了天涯/河上飘着柔漫的轻纱/喀秋沙站在峻峭的岸上/歌声好像明媚的春光……

1984年,中国以更坚决的步伐把改革开放又推进了一大步。松下电器、奔驰汽车、IBM电脑等大量舶来品潮水般涌进国门。美、英、日等国研制的汉字照排系统,也以比从前更进步的技术,形成"联军"似的战斗力,向中国的报社、出版社、印刷厂发起进攻。

此时,"748工程"10年了。该是到了与多国公司决战的时日,王选研制组却几乎没有招架之力。

虽然,他早于1979年就选择了逐鹿市场。他发明的"轮廓加参数"描述法,还使他在1982年成为中国大陆第一个获得欧洲专利的人。这项专利可证明欧洲人处理汉字照排技术没有超过王选的。拥有世界领先技术,却眼睁睁看着外国系统在我国长驱直入……这是什么现实?

时间分秒前进的声音已有如大军开进的脚步……转眼间，我国有几十家出版社、报社、印刷厂购进了5种不同品牌的美、英、日照排系统。参加北大“748工程”的协作单位，也有提出撤走协作人员的，王选的硬件组从最初热热闹闹的9人，走得只剩下王选和吕之敏两人……是在这一时期，王选对自己的“第四次选择”有了更深入的认识，这注定了他必将在此产生出一个重大选择。

华光，华光，在最艰难的日子里，他们为自己的产品命名“华光”，意为中华之光。

1985年，随着春节的爆竹声，华光系统经千淘万漉，终于在新华社正常运行。5月，通过国家级技术鉴定。此后，华光系统被评为1985年中国十大科技成就之一，1986年获日内瓦国际发明展览金牌，1987年获国家科技进步一等奖。王选心中仍不踏实，他说自己有种“负债心理”，感觉不到有什么成就。

“我经常反问自己，我们到底对国家是有功还是有过？我们得了这么多奖，如果将来市场都被外国产品占领了，那么你的功劳在哪儿呢？国家投资到哪儿去了呢？”

1987年，《经济 日报》成为我国第一家勇试华光Ⅲ型机的报纸，完成该系统的总承厂是山东潍坊计算机公司。《经济日报》因此一举成为全国最漂亮，出版速度最快的报纸。

熔化铅字的曙光亮起来了，一场必将引发的我国印刷术第二次革命，很快就要在中国大地成燎原之势。1987年我国首次设立印刷业个人最高荣誉奖——毕升奖，这一崇高奖项差不多就像是为王选而设的，王选获得了这一最高荣誉奖。此时，可以松一口气了吗？没有。向Ⅳ型机出击的日夜早于1984年末就出发了。

人民日报社买的两套美国HTS照排系统，到1989年，经该公司长期调试，仍故障频频，效率太低，无法使用，最终成为“死机”，美国HTS系统的价格是当时华光系统的15倍，如此昂贵的设备竟是这样一个结果，谁也没有料到。

王选伸出了援助之手，带领若干技术骨干到人民日报社，对美国HTS系统进行改造，将“死机”救活。

美国HTS公司的总裁在离开中国前，向中方表达了他对中国人的杰出发明的敬意，并说：为搞中文激光照排系统，他们付出了惨重的代价。“今后，地球上再没有HTS公司了。”

1989年，华光Ⅳ型机开始在国内新闻、出版、印刷业波澜壮阔地前进。这年底，所有来华的研制照排系统的外国公司，全部退出中国大陆市场。

也许，我们这个民族艰难太久了，我们有在艰难中创造奇迹的本领。如何对待成功，恐怕是更大的难题。

“北大”与华光系统总承厂的合作，是一种技术转让关系。在一台照排系统售价近百万元的时候，后者付给前者的技术转让费是每售一台给一万元。这已经是很低的价格了，后来连这点钱也迟迟不支付，以至发展到北大方面不得不诉诸法律，通过法庭来解决。

王选曾这样写道：“有人对高校与企业的合作做过一个统计，凡只有技术合作和转让合同而没有经济实体的，最后大多数都‘离婚’，原因之一是知识和技术的价值未得到应有的体现。”

王选不得不面对着他人生中的第五次重大选择。

他的第五次选择未见端倪，又突然面对着人生中的第六次重大选择：让年轻人的思想开出鲜花

1993年春节期间，像往年一样，王选闭门搞设计。年后，他的一位硕士研究生回来，王选把设计给他看。

“王老师，你设计的这些都没有用。”学生刘志红25岁，看过后对导师说：“IBM的PC机主线上有一条线，你可以检测这个信号。”

王选愣住了。因为他明白了，自己苦苦钻研了两个星期的设计，被学生一句话否定了。

这是王选一生中 极其重要的一个事件。

“本来，我以为自己做一线的工作可以做到60岁。”现在，犹如看见一个海边的黄昏，往事潮水般在夕照中涌来……从投身这项科研至今18年了，他奉献了所有的寒暑假，所有的节假日，“18年来可以 说一口气都没有歇过。”他为自己始终能站在这个领域的最前沿感到自豪。可是，“今天，我看到，在我自己最熟悉的领域，我已经不如年轻人了。在我不那么熟悉的领域，岂不是更差！”

他作出了一生中第六次重大选择：让年轻人干！让年轻人的思想开出鲜花。

就在这一年，王选把几位不同年龄段的年轻人同时推上研究室主任的位子，可证明他实施这一选择开始迈出大步。

肖建国(36岁)任彩色系统研究室主任。阳振坤(27岁)任栅格图像研究室主任。汤帜(27岁)任文字处理研究室主任。

值得看一看他的学生，如果说王选从前研制的主要成果是照排设备，今后的成果是“人”，能创造高科技成果的人。

肖建国28岁就读于北大计算机系统研究生班，王选发现了他的创造力，在当时的副校 长陈佳洱的帮助下，留下了他，并竭力扶持他，使他先后主持完成了大屏幕中文报纸组版系统和彩色照排系统的软件设计。被任命为彩色系统研究室主任后，他又主持完成了彩色调频挂网算法并实现高保真彩色印刷，从而实现了彩色技术的又一重大突破。今天，肖建国已是 博士生导师，方正技术

研究院常务副院长。王选还总是这样向人介绍："现在研究院的技术总管不是我，是肖建国。他在技术管理以及同经营部门配合方面都比我做得好，上了一个新台阶。"

阳振坤24岁成为王选的博士生，王选把一个研制新一代栅格图像处理器的博士论文题目交给了他。这使阳振坤很惊讶，RIP(即栅格图像处理器)前五代都是王选老师亲自主持研制的。作为照排系统的"心脏"，那是我国照排系统取得辉煌成功的关键。现在，阳振坤是个刚刚进门的博士生，王选为他选择的课题是要他来超越王选……这可能吗？

阳振坤成功了。1994年，阳振坤的大脑里突然萌生出奇想：能不能开发纯软件RIP呢？彻底抛弃RIP里的硬件，完全由软件来支撑，这不啻是个非常大胆的奇想，意味着对王选"欧洲专利"的彻底超越。

是惊，是喜？王选曾期望年轻人思想开花，现在，他终于看到了奇景，听到花开的声音。自己所该做的就是：支持。

今天，阳振坤主持研制的第七代纯软件RIP，已被王选郑重命名为：方正世纪RIP。阳振坤已是方正技术研究院副院长，一个前途远大的栋梁之材。

汤帜是王选的硕士生，也是他的博士生。诚如王选所期望的，正是汤帜提出并成功地主持研制出"面向对象技术"的飞腾排版软件，进而再次提出并实现了"软插件"体系，这一技术被王选誉为"我们打开日本市场的一张王牌"。

这些新技术均得益于年轻人在第一线能随时随地积极地思想。当年轻人能确切地感到、看到自己是在为国争光，是在创造历史，焕发出的创造力，是别的报偿不能替代的。

作为教授，王选已是中国科学院院士(1991年)，第三世界科学院院士(1993年)，中国工程院院士(1994年)。他说："我忽然成为计算机界的权威。一年戴一顶院士桂冠，一下了成了三院士。这时我57岁了。可惜，在我年轻最需要的时候，没有得到承认。在高新技术领域，年轻人有明显的优势，55岁以上的专家创造的高峰期绝对已经过去了，哪里有57岁的权威呢？"

我们看到，王选作出的人生第六次抉择，是他人生中最灿烂的抉择。

随后，他的第五次选择水到渠成：研究所与方正集团胜利会师，为先进技术找到一条远航的巨船

1994年是748工程二十周年。4月22日，《西藏日报》由方正系统印出，至此，所有省级报纸均"告别铅与火"。北大开创的这项高技术产品拥有了全国内地99%的报业市场。

这样，我们看到，我国内地的报业、印刷厂，没有经历过第二代、第三代照排机的历程，从当今最落后的铅排，一下子跳到具世界先进水平的激光照排，真的实现了"一步登天"。

现在，我们可以来看看，王选20年前选择"技术上的跨越"，意义究竟有多大。

你知道王选曾说，从科研走向市场的过程堪称"九死一生"。我看这"九死一生"还可以读作，我国大部分科技成果没有成活。比如，过去20年，我国彩色出版领域一直是由外国彩色电子分色机垄断。我国花了近20年时间仿制，仿制出一代，马上被国外的新一代所淘汰，始终未能进入市场。

再比如，比王选更早开始研制照排系统的5个单位，哪一家都不是技术力量差，也不是不努力，仅仅只是由于选择了重复研究国外已有的技术，最后不得不全军覆没。

我国的优秀人才是很多的，以王选的学生为例，在搞彩色出版系统时，他指导学生再次选择了"跨越"——跨过国外彩色电子分色机的技术路线，直接研制开放的彩色系统——他的学生同样获得成功，从而把垄断我国彩印市场20多年的外国电子分色机全部淘汰。

这样，我国出版系统不但"一步登天"跨入激光照排，也以相同的方式，直接过度到先进的图文合一编排彩报；电子"远程传版"技术，则使我国各大报在没有广泛采用传真机远传"报版"的情况下，得以直接使用"照排系统"及时远传到各大城市的印刷点同时出报……所有这些，都因为王选选择了"顶天的技术"，或说"技术上的跨越"，从而使整个民族的新闻出版、印刷业全面实现了划时代的跨越。

1994年3月，王选到台湾访问，参观了国民党中央日报社，看到他们的设备，不禁问："这不是蒙纳系统吗？"

对方说："是的，是英国产品。"

王选就知道：我们也可以在台湾的出版领域"收复失地"。

国民党的《中央日报》要用大陆的设备，毕竟是不容易的。但是，他们决定用了。他们的一位负责人对王选说："你们的江泽民听到北大用先进技术武装国民党的《中央日报》，一定会很不高兴。"

王选回答说："我们的江泽民听到这事，一定会很高兴。"

1995年元宵节的晚上，党和国家领导人在人民大会堂邀请在京的著名专家 学者共度元宵，王选把这事告诉了江泽民主席。江主席果真很高兴，对王选说："你们要把这事做好，促进两岸交流。"

两个月后，江泽民想起这事，又问："北大方正台湾《中央日报》的进展怎么样？"

王选说："我们已经进去了。"

当港、澳、台都用上方正彩色系统,可以说,在汉字照排印刷领域收复失地的奋斗,实现了“全国山河一片红”。

在这同时,方正系统又挺进到了马来西亚的《亚洲时报》、《光华日报》、《星洲日报》、《南洋商报》,以及美国《世界日报》、《星岛日报》等华文出版业。方正系统正以无比锐利的先进技术将挺进到全球一切华文世界……王选的声誉正使他走到哪儿都是一个著名的活广告。此时,研究所与方正集团仍处于“分立”状态,王选如果听从所里年轻人的要求,自办公司,有一定的优势。可是,王选为什么就不 肯自办公司呢?

“我不善于搞经营。”王选说。他并且认为,他领导下的研究所的骨干也不善于搞经营。开拓市场并不比开发技术容易。方正集团有一批人精于此道。方正系统拥有广阔的市场,同时是方正集团内企业家和众多经营能手开拓市场的结果。“只有两者紧密结合并最终走向一体化,才是正确的选择。”

1995年6月,张玉峰出任北大方正集团公司总裁,一个新的局面出现。王选建议研究所全员汇入公司——这就是王选人生中的第五次选择。“方正技术研究院”成立于7月1日,这是王选与张玉峰精诚合作办成的一件大事。至此,研究所与公司 两支队伍胜利会师。

王选有一个说法,叫“顶天立地模式和一条龙体制”。王选领导的北大计算机科学技术研究所是国家重点实验室,硕士点与博士点、博士后流动站,以及国家工程研究中心,堪称“四星级”单位。这“四星”均属“顶天”范畴,加上“集团公司”才真正做到“顶天产地”。前述的“四星”汇入方正集团,北大方正就成了所谓“五星级企业”,建成这种从尖端科研到售后服务都浑然一体的一条龙体制,就有了飞腾之势。他们随后推出的一个排版软件就叫“飞腾”。

今日方正,还为银行、政府、企业、商场提供系统集成业务,其中全国已有三分之一的省政府采用了方正的办公自动化系统。1996年全国优秀系统集成商评比中,方正名列第一。

今天,北大方正集团 已经在国外成立了5个海外公司:日本方正、美国方正、加拿大方正、新加坡方正、马来西亚方正。在非汉文方面,已进入日本市场,并将于1999年 启动韩文和阿拉伯文的开发。

一个国家科研水平高,国家不一定富强。一个国家的企业发达,则表明对科技的研究开发和使用能力已达到无可置疑的高水平。

由于王选是“三院士”,是杰的科学家,他的 成功非常容易被看成是科技方面的成功。其实,我们只有看到王选对企业的重视和贡献,才算真正看见王选。

六次选择之外的故事

王选的故事已经很让人敬佩了,有一个人可以与他比肩。

还记得陈堃銶吗?那一年在病房里唱“正当梨花开遍了天涯”……手术后,医生说她体质太弱,癌细胞都没有力气扩散。她休息了一年,又继续一直工作到今。我至今没有能够采访她,因为她不愿意。但是这并不能阻止我对她的尊敬。

那一年,她去十三陵分校,看望病情日趋严重的王选,对他说:“你不能在这里等死。”然后把完全无助的王选带回北大,跟王选结婚。作为妻子,才可以照顾这个岌岌可危的生命。

王选渴望阳光,他害怕总躺着。新娘每天就在椅子上铺一床棉被,让棉被搭在椅背上,然后把王选安置在椅子上,王选就倚靠在椅背上面对阳光喘息……什么叫爱情,看不见王选将来还能有什么成就,甚至不知道这个生命能坚持多久,只知道应该爱惜这个生命。非常爱惜这个生命,这算不算爱情?

“那时,看不见事业的前途,也看不见身体的前途。”王选告诉我,“如果仅仅是看不见事业的前途,身体好,可能还 好办。但是,身体的前途也看不见。如果没有陈堃銶,我扛不过来,真的扛不过来。”

你知道王选早年是学硬件的,陈堃銶则是学软件的。她一直是华光系统和方正系统软件总负责人。国家科技进步一等奖获得者,博士生导师,某项英国专利的发明人之一。肖建国是她的研究生。作为我国计算机软件的先驱者之一,陈堃銶在事业上的贡献也是有目共睹的,巨大的!

她的一位叫尹伟强的博士告诉我:“陈老师退下来后,许多事儿交给别人去管了,唯独还负责研究生的培养。”

王选和陈堃銶的故事,不但让我们看到成就,更让人看到境界。人生能从世人追求的有,逐渐化为无,就是真正的升华和高尚了。

我坚信,世上有比科技更宝贵的东西。在这里,我想引爱因斯坦在本世纪30年代给他所钦佩的一位长者的信中的话,献给王选老师和陈堃銶老师,以表达我真诚的敬意。

我怀着无比敬仰和爱戴之情紧紧地同您握手。没有人能像您这样,把如此深奥渊博的知识、才能,同严于律己的自我克制精神融为一体,在默默无声地为社会服务之中寻求自己生活的真正乐趣。我们大家衷心地感谢您,不仅因为 您所取得的成就。

人类真正的进步的取得,依赖于发明创造的并不多,而更多的是依赖于像您这样的人的良知良能。

……

智牵油龙建奇勋

——记“新时期铁人”王启民

人民日报记者 董 伟 朱竞若

大庆、铁人,共和国历史上永远值得骄傲的名字。

当年,王进喜让地球也要“抖三抖”的一声吼,把中国贫油的帽子甩到了太平洋。

70年代,大庆原油年产量突破5000万吨,跨入世界特大油田行列,而后持续高产稳产20年,创造了世界油田开发史上的奇迹。去年7月,李鹏总理来到大庆,听到这个奇迹能够保持到2010年,高兴地说:如果这个目标能够实现,我给你们四个字——“功德无量”。

原油的高产稳产,凝结着几代油田职工的心血,也托出他们中间的杰出代表——王启民。这位现任大庆石油勘探开发研究院院长的高级知识分子,从油田开发初期到如今,先后主持了38项重大专题研究和试验任务,取得成果38项,对原油的高产稳产做出了卓越贡献,被大庆誉为“新时期铁人”。

实践求真知,敢为天下先。凭着这股精神,王启民和他的同事们创造了一个又一个奇迹

大庆,这个60年代震惊世界的地方,由于地质情况异常复杂,开采过程一波三折。

油田从一开始就是注水开发,采用国际上通用的“温和注水,均衡开采”。可是,到了1964年,出现了注水三年,水淹一半,采出程度5%的严重局面。按如此含水上升速度,大庆,这个举世瞩目的大油田的开发效果就会很差。

油田开发面临着严峻考验。

这是王启民从北京石油学院毕业,来到大庆的第三年。“天当房地当床,棉衣当被草当墙,野菜包子黄花汤,一杯盐水分外香,五两三餐保会战,为革命吃苦心欢畅。”大庆工作生活条件艰苦,因整天吃住在水泡旁的涝洼地里,王启民此时已落下终生不愈的类风湿强直性脊椎炎,瘦弱的身躯微微佝偻着,然而,与每一个奋斗在荒原上的大庆人一样,他心中激荡着一腔报国宏愿。当时,上上下下都在学习毛泽东的《矛盾论》和《实践论》,王启民学得深学得透,他用两论的方法观察研究注水开发,形成了与西方传统理论不同的独到见解。此刻,他不顾人微言轻,站出来发表了自己的见解。他认为,大庆油田油层多,且厚薄层的渗透率相差极大,呈典型的非均质状态。我们要利用油层与油层之间,同一油层的不同部位的非均质特点,因势利导,逐步化解,转移接替,才能保证油井高产。

王启民这番见解意义非凡,局领导马上表态:“你两论学得好,讲得很有道理,要快拿出证据。你带个小组,大胆地试一试。”

王启民和另外两个同志选了一口含水已达60%的油井进行实验,结果,油井日产量由原来的30多吨增加到60多吨,而含水则保持稳定。油田推广了他们的经验,一批日产百吨的高产井诞生了,一条中国自己的注水开发油田的新路子被趟出来了。

王启发虽说:“当年我们这些毛头小伙子夸言‘跨过洋人头,敢为天下先’,确实始终是我们这一代大庆知识分子身上激荡的精神。”“非均质”理论后来成为大庆油田开发的具有指导意义的理论,其经典性和现实意义都是无可替代的;而“因势利导,逐步化解,转移接替”的开采方式,不但控制了含水上升,而且最终使原油产量攀上了5000万吨的高峰。在国家最需要石油维持国民经济的1966年至1967年间,王启民等人根据“非均质”理论推进了“转移接替”开采方式,使大庆油田的原油产量在1976年达到5030万吨,跃入世界特大型油田行列,王启民也由此在1978年获得首次全国科技大会奖。

王启民与大庆油田共同迈向辉煌的高峰。

“什么时候精神都不能趴下。咬牙挺过来,人生和科研都会出现新天地。”为实现理想,王启民无数次含笑负重

1984年,已担任油田勘探开发研究院副总地质师的王启民,又受命承担大庆油田1986年—1995年第二个5000万吨稳产10年的规划方案编制任务。

石油工业的血液,经济的命脉,根据国民经济发展的需要,国家要求,这个10年年产5500万吨不能降。

从哪里寻找稳产的突破口呢?从此,王启民办公桌上多了两块特殊的岩芯,胶结致密,渗透性差,像煤矿中的矸石,它们来自特殊的储层。这类一般在20厘米以下

的油层被认为没有开采价值，没有被列入国家矿藏储量表内，称为表外储层。这种表外储层在大庆油田十分发育，每口井都有，每个油层都有，单个看微不足道，但加在一起却很肥。如果开采出来，等于为国家又找到了一个大油田。

科学研究也需要丰富的想象力。依据原油多是异地生油层运移过来的原理，王启民提出用水驱的办法加上其他工艺，是能够把它采出来的。

说干就干，在油田领导的支持下，1984 年末，王启民打下了三口实验井，然而等待他的却是有生以来的第一次失败：三口井全部报废，直接经济损失 300 万元。王启民心情沉重了好久。但是，形势严峻，没有退路，1986 年，在局领导的支持下，制定了更为详细的计划，王启民等又冲上第一线。

他们在南部开辟了一个小型实验区，共部署了 19 口油井，终于取得了第一步的成功。

1988 年，他又带领实验组选择了最差的油层——含钙表外储层，去冲击目前开采界限以下禁区中的禁区，进行"敲骨吸髓"式的开发。他们采用节约高效的新式布井方法，突破了禁区，使表外储层不能开采成为历史。

为了这一天，王启民不知道咬了多少次牙。他有个绰号叫"王罗锅"，多少年来，他的腰就没有直过，有时疼得钻心，他就数着天上的星星挺过去。为了这一天，王启民和他的战友们整整奋斗了 7 年，解剖、研究了 1500 多口井。

开采表外储层禁区的突破，不但为大庆原油稳产 5000 万吨提供了保证，而且有重大的经济价值。经反复测算，表外储层的储量达 7 亿多吨，开采出来可为国家增加 2000 多亿元财富。

"为国争光，为中国人争气"的强烈愿望和民族意识是王启民等大庆知识分子工作时最真情的流露和永恒的动力，无论什么时候，大庆人心中装的最多的是国家

在国家、民族这个问题上，大庆人有最沉重的感情负担和深切的责任感。

进入 90 年代，大庆油田全面进入高含水开发阶段。这时，如果沿用世界上采用的"提液稳油"的办法，年产液量将激增 1.62 亿吨，这会大大降低生产效益。

可是，大庆必须稳产，这是关系到国民经济发展大局的问题——每一个大庆人心中都能掂出它的分量。

国家领导人找到了大庆的领导，大庆石油管理局的领导又找到了王启民："能不能稳产？"目光中露出焦灼和期盼。作为油田"活地图"和"活字典"的王启民，心中早有一本帐，他点点头，并拿出了一张绘制好的油田高含水后移 5 年地图表。

稳油控水——作为重大战略方针，在 1991 年被提出来。这一巨大系统工程，将涉及到以沉积相为重点精细地质描述和可采储量预测等一系列配套技术及上百个攻关课题。全油田几万名科技人员和广大职工的积极性都被调动起来。

王启民的脑袋里装的都是如何"稳油"，怎样"控水"。一次，春节搞晚会，院里排话剧，缺一个院长的角色，同志们让他去演，可是，王启民忘记了角色真的当起了院长，在台上大讲"稳油控水"。开始时同志不知怎么回事，反应过来后开怀大笑，笑他们痴迷的院长。

经过集思广益的严格论证，王启民提出了"三分一优"的具体做法和调整原则。这样就打破了油田高含水后期要实现稳产必须大幅度提液的传统观念，使"稳油控水"有了可行的操作性。中国石油天然气总公司总经理王涛闻讯来到大庆，看到他们把每个含水上升率控制在 1% 以内，高兴地说："我要给你们做个磨盘大的金质奖章！"

到 1995 年底，'稳油控水"获得巨大成功，与国家审定的"八五"油田开发指标相比，5 年累计多产原油 610.6 万吨，累计增收节支 150 亿元。这标志着大庆人又攀上了一个新的油田开发的世界高峰，因为世界上同类油田高产稳产的最长年限仅为 12 年。

1996 年，5000 万吨以上稳产第三个 10 年的战役拉开了序幕。这一年 8 月，王启民担任了研究院院长，带领全院科技人员为实现"功德无量"的油田二次创业目标而继续拼搏。现在全油田正在广泛开展向"新时期铁人"王启民学习的热潮。大庆石油管理局命名王启民为"新时期铁人"，并号召全油田向他学习。

王启民说："大庆油田和科技开发是一个系统工程，不是一个人的力量所能完成的。我的作用太微不足道了。"确实，面对弓着腰瘦弱的王启民，你很难把他与大庆的辉煌历史联系在一起。可是，你透过深夜的灯光看着王启民忙个不停的身影，就会觉得正是这星星点点的灯光终于汇成巨大的能量，让世界震惊，让中国骄傲。

王涛：新一代产业工人的楷模

人民日报记者　龚达发　杜若原

东风汽车是中国民族工业的骄傲。这些由1万道工序、2万个零件铸造的钢铁之躯，是10万东风人奉献给我国现代化大业最庄重的礼物。

今天，我们向读者介绍的主人公，就是从现代汽车工业熔炉成长起来的一位普通工人，他的名字叫王涛。

敬业篇——“好好干活是我的天职”

一场纷纷扬扬的大雪，使鄂西北汽车城十堰早已银妆素裹。

东风公司总装配厂领导摆起庆功宴，慰劳连续苦战三天、如期完成月生产任务的汽车调整工们。大家四处寻找，就是找不到三天三夜没回家的主将王涛。

一个多小时后，大家在厂内一台新八平柴上找到了疲惫至极的王涛。他睡在新车驾驶室的卧铺上，盖着棉大衣，发出轻轻的鼾声。大家谁也不忍心叫醒他：“让他多睡会儿吧。”同志们轻手轻脚地离开了……那顿饭，是个残缺的筵席，时间是1992年12月1日中午。

王涛是个调整工，这是汽车生产的最后一道工序。每一台新车下线，调整工要按工艺要求查阅随车装配卡片，有遗留问题的得维修、调整，再检查启动油路、灯光、制动、挂档、外观，一切正常、无可挑剔后再入商品车库。

十堰垭子口是通向神农架的第一道门户，正是风口，山脚下，百二河水库的寒风嗖嗖刮来，四面透风的简易工棚如同冰窖，晚上，调整班的工人有的家里孩子小，有的是刚结婚的小青年，王涛让他们都回去了，只剩下他和工友李金贵留守在垭子口。

第三天凌晨2时，王涛趁验车的间隙休息片刻。三天没有好好合过眼了，脑袋一会就耷拉下去了。没一会儿，他又操起工具一瘸一拐走向下一台车。

王涛上这台车的前保险杠时上了5次才上去，面色苍白，表情很痛苦。李金贵赶忙上去扶住王涛：“王工，你的腿怎么了？不太方便吧。”王涛很吃力地回答说：“没什么，脉管炎又犯了。”经李金贵要求，王涛才脱下了左脚棉鞋和厚厚的毛线袜子，挽起裤腿，露出红肿紫乌的下肢和脚趾，脚中趾已烂掉了半截。李金贵一阵心酸：“都病成这个样子了，你还挺着……你回去休息吧，剩下的活我顶着。”“那哪行呢，再过几个小时就完事了。”拖着病腿，王涛一直支持到12月1日中午11时20分，直到最后一辆八平柴入库。

王涛说：“再辛苦的工作总得有人去干，好好干活是我的天职。”在调整工这个岗位上，王涛从未出过一起质量事故，15年装配新车15万辆；如果将它们排成队，可能把鄂西北的十堰市与首都北京连接起来。

进取篇——“干一行就得干出点名堂来”

“丁……丁……”去年一天夜里10时，王涛家里的电话铃响了。原来是齐齐哈尔一用户购买了一台八平柴后，想趁晚上车少人稀往回赶。可刚出十堰收费站，由于经验不中，车没电，启动不了。该用户一番周折打听到王涛家的电话号码，来请教的。

王涛在电话里问清情况后，当即告诉他：“可能是你下车时不小心把前围 总成与车架线束的接头松脱，你把它重新接上看看。”果然十分钟后，用户来电话感谢，说按王涛说的方法，手到病除。

王涛像这样为用户作出“电话诊断”，谁也说不清有多少次。多年来他勤奋好学，练就一身汽车调整的真功夫，成为汽车调整专家。王涛的文化底子并不厚，十年非常时期高中毕业还得打点折扣，但自从他踏进总装厂大门开始，人们就发现这个年轻人肯钻，喜欢动脑筋。

王涛当了调整工以后，发现查找线路故障非常麻烦。有时为了查某根线是否有电得把仪表盘全部卸下，王涛发明了一种简易电笔，即把一个与汽车电压相符的灯泡两极接上线，用两端去测试，有电，灯泡就亮。原理虽然很简单，要发现它还必须是有心人。

如今，调整工每人都揣着这样一支试电笔，后来这个小发明传到社会上，有人申请了专利做出更精致的汽车试电笔来，还卖到王涛徒弟那里。王涛的徒弟一看哈哈大笑：“这个小玩艺我师傅早就发明了。”王涛还先后发明了卸方向盘的小拉力器、卸仪表盘的弯头起子、特殊自攻丝力、换四通保护阀的“内避套”等。这一个个小发明，如同一串串坚实的足印，印出王涛锐意进取、立足岗位成才的轨迹。

王涛说:“技不压身,多一门技术多一项本领,多解决一些实际问题”。只要是与汽车有关的技术王涛都想学。

对王涛来说,握惯了扳手的那双大手再拿起笔,显得分外沉重。但王涛想,脚总会比路长,人总会比山高。他终于拿起笔,开始了把自己的经验变成铅字的艰难工程。

为了写书,他如饥似渴地自学起来。白天调车,晚上一到家脱掉油腻的工作服,就开始钻进书的海洋。他买回大量的汽车书籍,从最基础的《电工学》、《汽车电工学》、《机械制图》学起。一步步走入汽车的殿堂,王涛思路豁然开良,逻辑思维也日趋成熟。他开始把主攻方向转为汽车电路。他把一张密密麻麻的汽车电路图及其排气制动电路、燃油电路、水温报警系统电路、发动机转速系统电路等 17 种电路图,挂得满屋子都是。

经过两个多月的煎熬,10 万字的《EQ1141G 平头车调整方法和常见故障 30 例》书稿脱手,不久即被东风公司列为调整工培训的必备教材,并将其命名为“王涛工作法”。1996 年,东风三吨带卧车投产后,王涛又及时写出 20 万字的《EQ1061T2D2 调整和常见故障的排除》一书,用以指导生产。这两种都是平头车,技术复杂,王涛因此成为名副其实的“平头车调整大王”。

王涛不求一枝独秀,他把技术毫不保留地传给同事们。经过他的指导,青年工人蒋显斌写出了一本《六档变速箱常见故障排法》。王涛所在的班人人都有文明职工、技术能手等称号。年轻的调整工们调车水平由最初两天一台车,到后来一天两台车,即使平头车日产达 100 辆时,也没有因为调整工的技术素质而影响生产进度。

王涛的工作得到企业和社会的充分肯定。十几年来,王涛连续获得公司级、市级、省、部级劳模、技术能手等称号 20 项,1995 年又荣获全国“五一”劳动奖章。

王涛终于实现了自己的誓言:“干一行就要干出点名堂来。”

奉献篇——“当工人要为企业分点忧”

王涛认为,立身做人,关键在做人。他说:“我是企业的人,首先要爱企业,企业在我心中的地位至高无上。”

1992 年底,王涛已从调整工提拔为装配工段长。公司刚投产的新产品——8 吨平头柴油车因调整人手紧,坐等提货的客户越来越多。王涛看在眼里,急在心头。他向车间主任提出:“调整任务这么紧,我想回调整班,工段长就不当吧?”主任没同意。王涛恳求说:“我的专业是调整,和大家一起干,对厂里作用更大些。工段长就让其他同志干吧!”

在企业遇到困难的时刻,王涛主动牺牲了个人的利益。从工段长到调整工月收入少了 40 元,名利两失,而且工作更累。有人说他“太傻”,王涛却有自己的道理:“这两个位子哪个更需要我呢? 我认为是调整工。咱们虽然是工人,也得为企业分点忧。”

铁道部某局在宝成复线秦岭隧道施工时,8 吨平柴车装 18 吨以上,致使其中一台车附梁被砸断、传动轴弯曲,“趴了窝”。东风公司西安服务站又无法解决,不得不向改装厂求援。

次日一大早,王涛和老胡开车上路,赶到西安已是第二天凌晨 1 时。天刚亮,他们就往秦岭工地赶。

不巧的是工地早 6 时到晚 6 时封山。挨到晚时,他们才得以进山。但车行一半,走不动了。此时离车辆停泊地还有 10 公里,怎么办? 王涛鼓起劲说:“我们抬着进去吧。”

他们一前一后,抬着 38 公斤重的传动轴,在陌生的秦岭山区腹地,摸黑深一脚浅一脚地负重前行。晚上 9 时他们终于到达目的地。浑身湿透了的王涛来不及歇口气,就找到了用户。用户见这两位深夜来客汗流浃背,肩膀已被传动轴磨红了,感动得不知说什么好,连忙安排他们休息。但王涛哪顾得上休息,立即检查车况,更换传动轴,忙完已是第二天凌晨了。看着他们血红的双眼,施工队长再三劝留王涛休息,但王涛又向用户承诺:保证 3 天之内用上车。就这样,王涛 和老胡开车早上 6 时前出山,当晚赶回十堰。第三天,修复的车辆果然出现在工地投入运营。

这三天,千里秦岭之行,王涛只睡了 5 个小时,但他金子般的承诺在用户身上兑了现,东风人热情及时的服务和良好的形象让用户永远铭记在心。

多年来,王涛 或在骑车回家的路上,或外出途中路遇抛锚的车辆,主动上前替用户排除故障而不留姓名的事实在太多了。他虽然与车主素昧平生,但总是有求必应,分文不取。

这几年,国内汽车行业陷入困境,东风公司因产业结构调整更是困难重重,福利少了,奖金拿不上。有人对王涛说,凭你的技术到汽车修理厂“挣外快”一点不成问题,何必总死守那份工资呢? 王涛说:“我由农村招进东风公司时还是一个无半点技术的毛头孩子,如今我的一切都属于东风公司。”

把个人的命运同企业的命运紧密相连,这就是王涛最可贵的主人翁精神。王涛告诉记者:“虽然一个工人左右企业的能量不大,但如果每个人都在岗位上努力工作,奋发图强,那就能推动企业摆脱困境、走向兴旺!”

大江中永生

——记“抗洪英雄”高建成

新华社记者　孙茂庆　新华社通讯员　张农科　候家才　《人民日报》记者　郭　嘉

8月12日，中央军委江泽民主席签发命令，授予在抗洪抢险中为救群众和战友英勇牺牲的空军某高炮团指导员高建成“抗洪英雄”荣誉称号，并号召全军官兵向他学习。

8月13日上午，当长江第五次洪峰向湖北荆江逼近的关键时刻，江主席来到了长江大堤，来到了抗洪军民中间。江主席在讲话中，深情地提到了高建成，高度赞扬高建成在危难时刻和生死关头，把人民的利益放在首位，把个人的利益置于脑后，把生的希望让给他人，把死的危险留给自己的高尚精神和可贵品格，称赞高建成和他的战友是真正的英雄，是新的历史时期最可爱的人！

青春谱写英雄壮歌

8月1日晚8点，紧依长江大堤内侧的湖北嘉鱼簰洲湾民垸发生险 情，人民群众的生命财产危在旦夕。上级命令空军高炮某团一连指导员高建成所在营火速前去抢险。

3分钟后，高建成与连长黄顺华迅速集结68名官兵分乘5辆卡车向险堤急驶而去。

车外不见星月，一片漆黑。高建成坐在第四辆车上，神色凝重。此时，他顾不上连续多日高烧不退的病痛折磨，顾不上思念在遭受水灾的湖南老家中年近八旬的老母亲，也顾不上为没能带4岁女儿去看病而歉疚，他一心想的是快速前进，赶到险段。

车行十几分钟后，道路上突然出现接二连三奔跑的群众，他们有的推着车子，有的提着包袱，神色慌张……不好，前面有情况。怎么办，是按照命令继续前进，开赴险段，还是和群众一道撤退？往前进，洪水无情，什么险恶情况都可能发生……然而“人在提在，誓与大提共存亡”的誓言使高建成和战友们一致选择了前进，抢险！救人！

洪水很快漫上了道路，部队沿着横七竖八插满树杆、竹竿的路桩，开足马力朝中堡村险段驶去。

当高建成和战友们赶到离险堤仅100多米时，浸泡多日已变得松散的堤垸突然决口。顷刻间，滚滚巨浪夹杂着厚厚的泥沙，排山倒海般向人和车压来。

“大家不要慌！”高建成击掌高叫：“有连长和我在，有党员、干部在，即使我们牺牲，也要保护大家安全！”紧接着，他和连长迅速指挥战士们做好自救、互救装备：：把迷彩服和鞋子脱掉，只穿短裤；把仅有的15个救生衣、15个救生圈分发给 不会游泳的战友和被水围困的群众；迅速打开车窗爬到车顶……

黄顺华知道高建成这些天一直打吊针身体很弱，就不由分说地将一件救生衣套在他身上。洪水在凶猛地上涨，浊浪滔天，人随汽车左右摇晃，洪水眼看着漫过了车顶。

高建成和连长把背包带拴在树上，将一个又一个战士转移到树上。这时，高建成扭头看见不会水的新兵赵文源愣在一旁，便脱下自己的救身衣套在他身上，同时叫过一个会游泳的班长带他到树上去，高建成见一个60多岁的老大爷一手牵着一个老太太，一手扶着肩上的包袱，在洪水中沉浮，立即和大家一齐把他们拉上车。一排浊浪袭来，高建成和其他几名战友都被抛向滔滔洪水中。昏昏沉沉中，高建成漂了80多米，喝了几口水；那满是油污和怪味的污水使他作呕，多日的劳累和病痛折磨使他疲惫不堪。按他的水性，完全可以游到一棵树上休息、求生，然而他没有。他在水中奋力拼搏，试图寻找抢救失散的战友和群众。

夜色漆黑，高建成在湍急的洪水中一边游一边大喊：“水中有人吗？”突然，身边响起微弱的呻吟声：“我是刘楠。”高建成奋力游到他身边，拉住他的一只胳膊，向树丛中游去。些时，刘楠已无力爬到树上，高建成也筋疲力尽。他和刘楠在水中时沉时浮。高建成边游边鼓励小刘：“一定要顶住！”正说着，一个浪头打来，高建成借势用肩膀把刘楠顶到树上。刘楠带哭腔喊：“指导员，你也上来吧！”高建成摆摆手，转身就要游走。刘楠哭喊着说：指导员，穿上救生衣“说着，解下救生衣递给高建成。

高建成没来得及去接救生衣，就听到附近有人呼救。他循声游去，抓住正在下沉的战士何董华的左手，拖着他一起游。水中的高压线杆一根根倒下，变压器在水中爆炸，击起耀眼的火花。高建成拖着小何不顾一切地游着。一米、二米……终于游到了一棵树旁。虚弱的小何被高

建成猛地一推,抓住树枝得救了,高建成却被洪流挟卷而去……

8月2日早晨,脱险的官兵终于在距离大堤决口3公里处见到了已经牺牲了的指导员。官兵们悲痛万分,声声呼唤着“指导员——指导员。”但作答的只有洪水的咆哮声。

官兵成长进步的“导航灯

在高建成的遗物里,有一大摞战士家长写给他的信。记者摘录了其中一封:

高指导员:您好!

首先我以黄孝圣大哥的身份,代表全家向您表示感谢!

孝圣这次回来,谈到他今后的理想、抱负时,我们听了都十分高兴。他这种“以连为家、立志部队、献身国防“的精神,确实是一个革命军人应有的风范,我们全家决定做他的后盾。希望指导员在以后的工作和学习上继续做他的引路人。使他逐步成为一个对国家、对部队有用的人,此中恩情,我们永志不忘。

黄孝圣的大哥:孝龙

1998年6月7日

在8月1日一连官兵与洪水英勇搏斗的危急时刻,班长黄孝圣见6名同志只有4件救生衣时,毫不犹豫地把自己作为突击队员用的救生衣脱给新战士刘军伟,自己却凭体力与洪水搏斗,因消耗过大,带着班里的几名战士漂流150米后身体开始下沉。新兵马志文想凭救生圈的浮力拉他一起漂流,被他拒绝了。他上气不接下气地说:“你,不会游泳,如果带上我,咱俩全完了,你快走。”说完,又用尽全力将马志文向前推去,自己却再也没有浮上水面……

高建成、黄孝圣两人同时牺牲,我们已无法直接了解高建成是怎样帮助教育黄孝圣的,但是,从这封信可以看出高建成对黄孝圣的影响,他的确是年轻战士人生道路上的“导航灯”。

侦察班长张云忘不了,是高指导员将自己从绝望中引向了火热的生活。张云的父亲因肾病两次手术花去29万多元,厂里只给报一部分医疗费,家里欠了一大笔债。父亲在来信中流露出悲观情绪,想见张云一面后了此一生。

张云觉得父亲落到这一步,是厂长不近人情,决定回去出这口气。高建成了解到这一情况后,立即给张云的父亲打长途电话,耐心劝他要积极与疾病作斗争。稳定张云父亲的情绪后,高建成又做张云的工作。他对张云说,现在许多工厂都很困难,要体谅工厂的难处,尤其不能感情用事。张云明白道理后,高建成又到营里为张云请假,让他回去看望父亲。张云临行前的那个晚上,高建成连夜写了三封信,一封给张云的父亲,两封分别给张云父亲所在工厂和街道。第二天,高建成送张云到车站时塞给张云300元钱,还千叮万嘱一定要处理好家事,并提醒他每隔两天给连里打一次电话。

张云的父亲读了高建成的信感激万分。街道和工厂接到高建成的信后,经过协商妥善解决了张云父亲的医疗费用问题。提起这件事,张云激动地说:“指导员不仅帮助我家解决了实际困难,也在我即将走上人生岔路时,给我指明了正确的方向。”

新兵武向阳一上炮位操作就紧张,训练成绩一直上不去。高建成运用心理学原理,制订了一个帮助武向阳消除心理障碍的措施:第一,要求武向阳的班长在开班务会时,让小武第一个发言;第二,连队上政治课或组织其它活动时,干部多向他提问;第三,连队干部跟班训练时,对他进行具体帮助。一段时间后,武向阳终于克服了训练中的心理障碍,训练成绩提高很快。

8月1日晚,亲眼目睹一连官兵在洪水中英勇搏斗、舍生忘死保护群众和战友生命悲壮场面的某军分区政委曾凡铭赞扬说:“这个连队的兵带得好,关键时刻过得硬!”

凝聚兵心的“吸铁石”

8月1日,在与滔滔洪水的殊死搏斗中,高建成舍生忘死救群众、救战友,20天过去了,他生前爱事业、爱战友的一幕幕往事浮现在官兵眼前。

1984年9月,高建成怀着对蓝天的憧憬从湖南湘阴一个农家走进军营,成为一名飞行员。他驰骋蓝天200多小时后,因身体原因不得不放弃驾驶杆,来某高炮团改做技术工作。一天,高建成突然接到让他到空军政治学院学习的通知。这意味着他将改行做政治工作。这时他妻子鲁蓓分娩不久,需要人照顾,希望他留下来。他对妻子说,这次组织派我去学习,意味着我将由技术工作改做政治工作,很有意义。

1995年,高建成以全优的学习成绩,满怀信心地回到连队任副指导员。他把在学校学到的东西运用到连队工作中,在副指导员的岗位上干得很出色。一年后,团里提升他到气象站任指导员。

气象站是团直属的一个小单位,人数不多,问题却不少。高建成到任后,与新站长一起和官兵广泛谈心,找到气象站问题的症结。两个星期后,他针对党支部战斗堡垒作用不强等问题,依据《军队基层建设纲要》,提出要发挥党支部的战斗堡垒作用、党员的先锋模范作用和思想骨干的带头作用的要求,确定气象站“一年打基础,二年上台阶、三年创先进”的奋斗目标。他还在站里带头倡导“五种风气”——以站为家的风气、恪尽职守的风气、埋头苦干的风气、争先创优的风气、尊干爱兵的风气。

目标凝聚官兵心，标杆感召官兵行。经全站同志的共同努力，气象站的风气正了，作风纪律严了，周围的荒地变成了绿油油的菜地，乱石坡变成了训练场，站里的各项工作经常受到团里的表扬。

团党委看到了气象站一年多来可喜的变化，决定把高建成调到承担新兵基础训练任务的一连任指导员。高建成上任时，当时的团政委杨丙森语重心长地对他说，一连已经两年先了，又荣立过集体二等功，把这样的先进连队带好，你和连长的担子不轻啊！高建成当即表示："请团首长放心，我和连长一定要好好配合，决不让连队掉下来！"政委听了，高兴地说："好，我要的就是你这句话！"

高建成从1997年10月任一连指导员到牺牲，以出色的工作实践了自己的诺言。记者到一连采访时，看到高建成生前所写的20多本党的十五大精神专题教育、时事政治教育、法制教育等讲课提纲，足有20多万字。字里行间渗透着一位挚爱政治工作的优秀基层政工干部对事业的不懈追求。

记者翻开一册《连队政治教育考试登记本》，里面有高建成参加连队5次政治教育考核的成绩：学习党的十五大精神一、二专题，94分；尊干爱兵教育，97分；革命人生观教育，94分；时事政治教育，94分；法律常识教育，93分。今年2月，连队进行深化经济体制改革专题教育时，他撰写的教育提纲成为全营指导员讲课的范文。

高建成就是这样热爱和坚信政治工作，他每到一个单位，那里的政治工作就做得有声有色，充满活力。

炊事班的同志忘不了，今年3月份新兵下连不久，高建成发现泔水桶里一连几天都倒有不少剩饭菜。有人对他说："一定要把'败家子'查出来，好好整治整治！"高建成紧锁眉头没吭声，他心里纳闷：勤俭节约、艰苦奋斗的老传统在连里一直坚持得不错，泔水桶为什么会出现这么多剩饭菜呢！他在骨干会上说："别急，没有调查就没有发言权，等我把情况弄清楚再说。"

高建成花了几天工夫找新战士聊天拉家常，终于弄清了原因。原来，炊事班的同志考虑至今年补入连队的新兵中，来自湖南、陕西的占多数，炒菜时就有意将每道菜都加些辣椒。可炊事班同志的这番好意却苦了河南、广东等地入伍的新兵，他们怕吃辣椒又不敢开口提意见，实在辣得受不了，就把饭菜倒进了泔水桶。

情况弄清楚后，高建成不仅没有批评那些新兵，还在全连大会上向不吃辣椒的新战士道歉，并要求炊事班，今后做菜要照顾到各地入伍战士的不同饮食习惯，每顿起码要有一两道菜不放辣椒。打那以后，泔水桶里再也看不见剩饭剩菜了。

高建成就是这样，时时处处替战士们着想。盛夏，他怕战士训练体力消耗过大，精心调制加盐开水送到训练场；隆冬，他打着手电一个房间一个房间为战士掖被子，给哨位战士送去棉大衣，就连战士被马蜂蜇了，他都急着跑前跑后找药水……一桩桩，一件件，无不体现着高建成对战士的一片爱心。

那还是高建成刚到气象站工作时，他发现战士们洗被套、床单等大件衣物在脸盆里揉不开洗不净，费时费力，就把自己结婚时买的一台洗衣机抬到站里给战士们用。如今，尽管这台洗衣机已经用坏了，但战士们一直舍不得扔掉，他们说，看见它，就好像看见了指导员。

连长黄顺华至今还保留着高建成留给他的"三件宝"：

加宽的床。今年夏天，黄顺华妻子带孩子来队探亲，三口人挤在一张只有90厘米宽的床上，妻子、小孩都嫌挤。高建成听说后，找来几块木板，锯成与床同长，钉上支架，拼在床边。黄顺华训练回来看到加宽的床，心里热乎乎的。

一张凉席。天气渐渐热了，黄顺华床上还没铺凉席。高建成利用外出办事的机会，悄悄给黄顺华买了一张凉席铺在床上。

一个坐垫。冬天，高建成让岳母给连长做了一个厚厚的棉坐垫，悄悄为黄顺华绑在椅子上。

没想到，这三件东西竟成了高建成留给黄顺华的永久纪念。

司务长常春对高建成的热心肠感受更深。大个子常春长相不错，人也厚道，只是不爱说话，见了几个对象都吹了。高建成为常春找对象费了不少心。他了解到，常春每次去见对象时，屁股还没坐稳，开口就说"我没房子"、"工资也不高"等，结果吓得姑娘见一面就没了影。高建成一方面教他与对象初次见面应该怎样说话，另一方面教他在见面的方式上作些"技术处理"。高建成还让妻鲁蓓向女方详细介绍常春的人品和在连里的表现。在高建成和鲁蓓的帮助下，一位姑娘终于把"绣球"抛给常春。可是，高建成这个热心的"红娘"却没来得及参加常春的婚礼就走了。常春谈起这些就悲痛万分。

高建成就是这样以他真挚的爱温暖着战友的心，在连队形成了一个无形的"磁场"，团结带领全连官兵谱写一曲曲团结奋斗、无坚不摧的颂歌。

挥泪继承烈士志，英勇无畏战洪峰。今天，浩浩长江滔滔东去，巍巍大堤岿然矗立。抗洪英雄高建成这个不朽的名字，永远镌刻在全军将士和全国人民心中，激励着抗洪军民，鏖战千里江堤，不惜用热血和生命筑起惊涛拍不毁、浊浪冲不垮的钢铁长堤。

高建成，你与祖国山河同在，在大江中永生！

“南京路上好八连”班长——公举东

新华社记者　黄秋生　贾　永　《人民日报》记者　王　科

1996年4月28日上午，在上海考察的中共中央总书记、国家主席、中央军委主席江泽民亲切会见了“南京路上好八连”班长公举东。

江泽民同志满面笑容地握着公举东的手，深情地说：“你的事迹我知道了。你作为一名大学生，国家干部不当，到部队甘当普通一兵，而且干得很出色。你要再接再厉。希望全军涌现更多像你这样的好战士！”

这天下午，江泽民在会见驻沪部队领导干部时，再次称赞了公举东。他说：我今天见到了“好八连”的公举东同志。他的事迹对部队的同志也好，对地方的同志也好，对战士，对干部，都是一个很好的教育。

百万学生竞相学习，70万企业班组长纷纷效法。公举东——当代青年的楷模

1996年冬季征兵，华东地区出现了前所未有的大学生“参军热”，上海、江苏、浙江、福建、安徽、江西等省市，报名应征的大中专毕业生多达1万余人。南京军区征兵部门对541名今年步入军营的大学生调查后得出这样的答案：公举东是他们走向绿色方阵的引路人。

从公举东的人生追求中受到激励、得到启迪的，又何止这些踊跃接受祖国挑选的热血青年。

刚刚过去的一年，几乎每一个上海人都记住了两个响亮的名字：徐虎和公举东。前者的行动，让人们重新认识了普通岗位的平凡伟大；后者的追求，为当代青年树立了人生的榜样。

今天，在这座有着1000多万人口的现代化都市，持续了整整一年的学习公举东活动方兴未艾。虽然公举东没有惊天动地的壮举，没有曲折离奇的故事，他的事迹却震撼了申城广大青年。共青团上海市委发出通知，号召全市团员青年学习公举东，树立正确的人生观、价值观、世界观。上海70万企业班组长响应劳模班组代表的倡议，带领500万职工像公举东那样当好排头兵，争当创业先锋，争当文明职工。上海市公安局、邮电局、外经贸委、航空公司等数十家窗口行业的职工以公举东为榜样，争当服务明星。

公举东奉献军营、完善人生的理想和事迹，在大中专院校中产生了强烈共鸣。18所院校聘请他为校外德育辅导员，30所高等学府邀请他与学生共话人生。他说，4年军旅生涯，丢掉的是羸弱，升华的是灵魂；抹去的是困惑，坚定的是信念；告别的是抑郁，燃烧的是火焰。莘莘学子从公举东身上，再次领悟到了人生的真谛和价值，把“穿军装的人生讲师”、“当代青年的人生楷模”的称呼，献给这位在艰苦环境中铸造人生辉煌的表率。百万大学、中专、技校、职校和初高中学生，把奋发学习、立志成才，随时接受祖国挑选作为向公举东看齐的行动。华东师范大学几位主动到农村支教的应届毕业生说：同是当代大学生，公举东能够放弃舒适的工作到部队当普通一兵，我们没有理由对分配去向患得患失。

公举东用他的行动和精神，召唤着一批又一批青年扬起理想的风帆。事实上，公举东的影响早已超出大上海，也超出了青少年。他的家乡山东省像宣传孔繁森、韩素云那样宣传这位齐鲁骄子，在城乡叫响了以公举东为榜样，讲政治、讲理想，讲奉献的口号；共青团中央授予他“新长征突击手”、号召全国团员青年学习这位优秀大学生士兵。

一年成为合格战士，3年带出4个先进班。公举东——新时期的优秀士兵

作为“好八连”历史上第一个大学生士兵，公举东从1992年底放弃山东临沂教育学院组织人事处干事那舒适的工作岗位，毅然走上参军报国之路那天起，他的第一心愿和追求是当一名无愧于这个光荣集体的合格战士。可是，成为“好八连”合格战士的路程比他预想的要艰难得多。从大学校园走进绿色军营，连长、指导员、排长、班长乃至连队的每一个老兵都成了他的老师。入伍之初，不习惯，苦和累，他早有思想准备。让他寝食不安的是，自己体质体能差，训练总是步人后尘。第一次投弹，抢拼足劲只掷出24米，不及格；3000米长跑，中途就呕吐眩晕退下阵来，单杠训练，一上杠就像只秤砣吊在杠上……

“当兵不练武，不算尽义务，武艺练不精，不算合格兵。”公举东横下一条心，向身体的极限发起挑战。

每天早、中、晚，他给自己“开小灶”，强化体能训练，

强度超出别人3倍以上。长跑从徒手到绑沙袋，再到既绑沙袋又背手榴弹，常常一跑就是十几公里。8个月间，公举东从一个文质彬彬的书生锻炼成了小老虎似的士兵。连队组织5公里越野考核，他一个人扛两枝枪还遥遥领先；连队进行单杠第二练习基础动作比赛，他创造了连续卷身上杠263次的警备区纪录。苦练加巧练使公举东所有的训练课目都跻身优秀行列，军事素质名列连队前茅。当年9月，他被选送到团骨干集训队集训，结业考核时夺得6项第一，并被评为优秀学员，年底就当了新兵班长。公举东在日记本写上：这一年是人生的一次脱胎换骨！

走上班长岗位后，公举东给自己定下了更高的标准，思想上做表率，行动上做标杆，立志让全班战士都成为"政治思想强，军事技术精，作风纪律严，完成任务好"的优秀士兵。3年中，他带出了4个先进班。他总结的"情真、心细、敏捷、灵活、借力、解惑、示范"的"带兵要诀"和"提醒法、鼓励法、感召法、转移法、代替法、合力法、借力法、升华法"等"带兵八法"，被推广到上海警备区所属部队。刘华清、张震、迟浩田等军委领导在"好八连"考察时，都对公举东给予高度评价，称赞他是了不起的大学生士兵。

90年代的士兵见多识广，思想活跃。公举东当班长后，拿出自己的50多本存书，动员战友们把个人书籍集中起来，又从自己每月的津贴费中拿出一部分钱，在班里办起了藏书158册的小书库。他带领全班广泛涉猎政治、文艺、哲学、现代军事和名人传记，指导大家写了1360多篇读书笔记和学习心得，战友们借助知识的力量明晰了立身做人的道理，插上理想的翅膀。

"只有未尽了的情，没有焐不热的心"。公举东像兄长一样，把真情厚爱倾注在战士身上。班里一个训练怕吃苦的战士在一次长跑中不慎扭伤了脚。公举东连续一星期为这个战士端热水烫脚、推拿按摩。有一天连队停水，无法洗脚。这个战士无论如何不让班长为他按摩，说："脚太臭了。"公举东说："没关系，只要你脚伤好得快，早日恢复训练，比什么都强。"边说边帮这个战士脱下鞋子，把脚抱在怀里按摩。精诚所至，金石为开，这位战士被感动得哇地哭出声来："班长，我的脚早就好了，我太对不起你了……"从此，这个战士像换了一个人似的，成了训练尖子。

公举东像"一盏灯"引导战士成长，更像"一团火"温暖着战士的心窝。战士住院，他去陪床；战士考学，他给辅导；战士家中受灾，他悄悄寄去自己的津贴费。单是去年，他就从津贴费中挤出260多元帮助战士家中解燃眉之急。

一个深夜，公举东看到新战士洪亮把被子蹬到了地下，便悄悄给他盖好，并把自己治感冒的药片找出放在桌子上。翌日晨，洪亮果真有点鼻塞，公举东把感冒药和一杯水递过去："快吃下去。"公举东从件事受到启发，此后每当战士生病有用不完的药，他都收集起来，分类存放，建起了班里的小药箱。根据卫生员的提示，及时给患病和受伤的战友用药，战士们称赞小药箱派上了大用场。

知识、爱心和表率，它们使公举东有一种号召力，周围的战友中性格孤傲的亲近他，见多识广的佩服他，调皮的服从他。他所带的36名战士中，14人立功入党，5人考上了军校，16人担任了正副班长，28人次被评为优秀士兵，他带的班连年受到嘉奖，去年底又荣立集体三等功。服役4年间，公举东荣立一等功、三等功各一次，被评为优秀党员、优秀思想工作骨干、学雷锋标兵，并荣膺南京军区"十佳优秀士兵标兵"。

192场事迹报告感染30万听众，102次连史讲解打动6万参观者。公举东——"好八连"精神的优秀传人

"好八连，天下传。为什么？意志坚。为人民，几十年……"当年，毛泽东、邓小平分别为"好八连"作诗、题词。公举东入伍的第一年，适逢"好八连"命名30周年，一直关怀着这个光荣连队成长的江泽民同志给予了"好八连"新的勉励："艰苦奋斗代代传，一尘不染三十年"。

牢记三代中央领导核心的题词，公举东把"艰苦奋斗不忘本，全心全意为人民"当作自己的座右铭，续写着光荣连队的新篇章。

公举东入伍后有人对他放着数百元工资不拿，去当每月只有几十元津贴的士兵感到不理解。夜阑更深，公举东在笔记本的扉页上写下了肺腑之言："只有接受祖国的挑选，把自己的一切奉献给党，才能实现真正的人生价值。"成为"好八连"的一兵后，每当同学、亲友、同事来信告知加薪、提升、分房和晋升职称等喜讯时，他一一道贺，并没有失落感。他始终认准"爱军习武岗位神圣，报效祖国无尚光荣"。一个诗人在《好兵公举东》的诗篇中写道：他用实践告诉世界：当兵的人是大写的人，想发财的不要来，图享乐的不要来，怕吃苦的不要来，怕吃亏的不要来！

"好八连"的连史室就像一面镜子，公举东经常对照检查自己的不足。为了当一个名副其实的"好八连"士兵，他下决心与8年的吸烟史告别。为了养成艰苦朴素的好习惯，每月发下来的津贴费，他首先存下20元，寄一部分资助失学儿童拿一部分买公用书籍，可供自己支配的每月只有7元至8元日用品开支。当兵4年，部队发什么他就穿什么，有时解放鞋破得不成样子，他补一补当训练鞋穿。

节约一粒米、一度电、一滴水是"好八连"坚持了几十年的好传统。

前年4月新兵下连后，有的战士常常不经意间把饭

粒掉在餐桌上。一天午饭时,趁着大家还没有吃完饭,公举东悄悄地到炊事班称了0.5公斤米,让全班9个战士数一数这0.5公斤米有多少粒,答案是25115粒。公举东又要大家算一算:如果每人每顿饭掉一粒米,全国一个月浪费多少公斤粮食。算出来的结果让大家吃了一惊:2146692公斤。公举东趁热打铁说:"这可是10万人一个多月的口粮啊! 咱国家人口多、耕地少,作为"好八连"的新一代,咱们可不能丢了连队的好传统,忘了国家的大目标啊!"大家默默地把残落的饭一粒粒放在嘴里,慢慢咀嚼着。从此,班里再未发生过浪费现象。

当兵以后,公举东为上海各界作报告192场,直接听众近30万人。不少是夫妇带着子女举家前来听报告的,有的人还投书电视台和上海警备区求购公举东事迹报告的录像带。人们说,公举东不愧是光荣连队的新一代,他的事迹让我们看到了好八连精神的延伸。

"好八连"常年照顾着南京路的30个孤寡老人。公举东当班长后,主动把照料连队共建点3位孤寡老人的事揽了下来,拆洗被褥、买米换气,时不时还推着老人们逛新区、看街景。1995年4月,东浜居委会的蒋林乃老人得了脑溢血,公举东带着战友孙进连续一个月每天两次到医院伺侯老人。老人大小便失禁,一天要换几次屎尿垫子,每一次公举东都用毛巾一点点地擦去老人身上的污物。老人面部偏瘫进食难,公举东俯在身边一勺一勺地轻轻喂,一顿饭下来要折腾一个多小时,老人不能言语,但感动的泪水却时常在眼内打转。接老人出院那天,医务人员说"侬好福气,养了一双孝顺的孙子"。老人颤巍巍地举起右手摇了摇:"哪里是我的孙子,他们是好八连的兵啊!"

公举东常对班里的战友说:"咱们进了八连的门,就是八连的人,走到哪里都要把时时刻刻为人民的好连风带到哪里。"他资助了4年的失学儿童已经顺利升入初中。荣立一等功后,部队和地方奖他的2500元,他全部捐给了希望工程和共建点的孤寡老人。

公举东深知好八连精神在新的形势下对青年一代的昭示意义。他撰写了上万字战友们继承连队光荣传统的故事,其中8篇被收入畅销上海的《商街今昔》。在担任连史讲解员的3年时间里,公举东为13所中小学和连队义务培养了41名"好八连传统讲解员"。由他讲解的好八连连史,深深打动了102批慕名前来的6万余名参观者。

"好八连"培养了公举东,公举东为"好八连"的旗帜增添了新的光彩。

情系灾区的劳模颜景策

《人民日报》记者　钱玉涛

今年入汛以来，我国长江、松花江、嫩江流域遭受严重水灾，洪水滔滔，牵动着亿万人民的心。山东淄博一位老共产党员，以高度的责任心和使命感，把抗洪抢险当做他自己的事情，急灾区所急，想国家所想，无私捐助几次抗洪物资运抵一线，为国家防总解了燃眉之急，他就是全国"五一"劳动奖章获得者、经济哲学家、淄博市经济开发联合运输部总经理颜景策。

无偿捐助的两个专列3400平方米石料，仅用9小时就组织装运完毕，奔赴江西九江，可谓神速。谈起其中艰辛，参加的同志们说，颜总带领我们大家打了一场献爱心的——

看不见洪水的攻坚战

8月16日晚，中央电视台举办的《我们万众一心》大型赈灾义演一直持续到午夜。奋战在长江一线的解放军官兵、武警部队抗洪将士的身影一直在颜景策这位老党员眼前浮现。他不禁想起了七十年代他带领铁路职工在黄河沿线抗洪救灾的情景，他划着橡皮船在水中转移受灾的老百姓，连续奋战的场面……而现在长江水位不断攀升，九江险段不断出现重大险情，面临决口的危险，这一切不禁使他忧心忡忡。他在不断思考：在特大灾害面前我该怎么做？抗洪前线最需要什么，我就应该做什么。颜景策想到了捐款，可又一想，钱再多，贴到堤上也堵不住决口。有些急需物资有钱，也不能立即买到，现在最急需的是能防止决口的东西。对，往抗洪一线运石头。单位有两列自备车，淄博有石矿。捐石料，我有优势也有把握做好。颜景策想到这里，一个捐助计划已在他脑海里形成。

8月17日早一上班，他立即召集职工会议，说了他的想法，征求大家的意见。淄博市经济开发联合运输部历来就有赈灾救困的优良传统，同志们立即对老总的计划表示赞同。接着，颜景策立即通过市防汛抗旱指挥部办公室和省防汛抗旱指挥部办公室向国家防总呈递捐助报告：如果长江抗洪需要石料，我们立即用我们的自备列车无偿捐助3400立方米石料。

在等待国家防总对报告批复的同时，颜总和他的员工们紧锣密鼓地开始了石料的准备和列车的调度工作。为保证石料质好量足，颜景策在同淄博柳泉石矿联系的同时，还与山东铝厂取得了联系，准备好了充足的石料。同时向铁路分局领导汇报了自己的想法，得到大力支持。青岛分局的有关部门积极支持，精心调度，两列自备车停装，卸空待命。做好这一切，8月18日一大早，颜景策和市防办的同志来了柳泉石矿后，检查石料的质量和规格，当看到石料质好量足时，市防办的同志非常高兴。他们立即返回办公室，颜景策写了第二个报告，10点30分向国家防汛总部发了第二个电传报告——"石料已备好两个列车，共5400吨。车已准备好，等待命令，令到后即可装车发车。"

就在他们呈递报告的同一天。国家防总正在紧急筹集料石。国家防总接到他们10点30分的报告，立即于18日中午12点16分给予了批复，指示将淄博市经济开发联合运输部捐助的这批石料直接运往江西九江，并代表灾区人民向他们表示衷心的感谢。18日下午1点10分接到批复后，颜总等不及吃午饭，立即离开餐桌取车赶往洪山车站指挥装车。在车上立即联系分局有关部门和洪山车站以及柳泉石矿——一场繁重、紧张的战斗开始了。

事后淄博洪山火车站的站长说："颜总是一个真正的好党员，他本身就是一本极好的政治学习教材。他跟工人们在一起，不像一个大老板，倒像一位极负责任的老工人。这样的领导干部，令我们大家肃然起敬。他的人格魅力，感染着我们大家，我们像有使不完的劲。"以后他们又在职工大会上要求全站职工向颜总学习。

就这样，在颜景策的指挥下，大家紧密合作，第一列火车在8月18日下午5点20分开出，接着，他们再挑灯夜战四个小时，第二列火车也于当晚9时40分装完。10点25分一声长鸣，悬挂着"一方有难，八方支援"、"誓夺抗洪抢险的最后胜利"大红横幅的列车风驰电掣般地向九江抗洪一线奔去。

颜总和同志们吃完晚饭已是午夜了，可就在这时8月19日0点17分他们接到了省防汛抗旱总指挥部连夜发来的感谢信……。颜总并向防汛办的领导表示，如果

抗洪前线还需要石料我们继续办,一定办好。

淄博市防汛指挥部接到省防指紧急电报,国家防总急调16万平方米土工布支援松花江抢险一线,时间紧、任务重,他们立即想到请颜景策担任现场指挥。颜景策和运输部同志们火速赶到现场——

机智稳健　再显身手

8月23日下午四时,淄博市接到命令,松花江、嫩江流域防汛物料告急,紧急调拨16万平方米土工布连夜送往黑龙江哈尔滨市。

市防汛办公室的领导马上想起请颜总来办这件事情,他是铁路上的老领导,又曾在土工布生产厂家齐鲁丙纶担任过领导职务。也曾多次建议用该厂土工布支援抗洪前线,请他来指挥一定没有错。

抗洪就是无声的命令,是压倒一切的政治任务。正在接受治疗的颜景策立即抖擞精神,带领单位的同志火速赶往齐鲁丙纶厂。

来到这里,已是下午四点半,他发现装运力量严重不足,这样肯定延误时间,就会误了大事。他立即向淄川区政府和有关部门领导提出立即调集足够的运输工具和装车劳力。当即向部队求援人力、运输部门解决车辆。很快四十多辆运输车辆先后赶到运输现场,正准备吃晚饭的驻军某部二百多名官兵听到消息也火速赶到现场,抢装抢运。

在装车问题上又出现了难题,火车站接到的命令一是用棚车装载,二是晚9点车皮才能到,相距还有四个小时。土工布卷长达4.5米,棚车门小,无法装,勉强用,装起来很难,大大延长了发车时间,面对此情此景,在铁路工作几十年的颜景策大手一挥,果断的说:“马上换成敞车来装,压缩时间尽快发车,出了问题我承担,运送抢险物资要紧！担点风险也值得”。

由于作了大量积极认真细致的组织工作和淄博市、区政府以及部队首长的关怀支持下,在铁路及有关部门的紧密配合下,16万平方米土工布从接到国家防总命令到全部装完,仅用五个小时。淄博市副市长闻讯赶到时,火车已经准备出发,可颜总却累得腿都站不住了,副市长紧紧握着颜景策的手,激动地说:“颜总,前几天捐助两列石料,办了件大好事,给淄博市增了光,你又带领大家打了这个大胜仗,非常感谢!”

作为一个党员,无论在何岗位,都应该体现一个党员应具有的素质和作用,都应牢记党的宗旨,为党分忧,全心全意为人民服务”。颜景策是这样说的,也是这样做的。就在去年的除夕——

他把温暖送到张北灾区

去年春节前,张家口市张北县遭遇重大震灾。颜景策通过电视、报刊了解到灾民的生活十分困难时,心急如焚。他马上与张家口市取得联系,得知那里防寒衣急需,面粉供应不上,老百姓正为除夕饭发愁时,颜总的眼圈红了,他对单位的同志们说:“我们单位效益好,但时刻不要忘记我们的钱是国家给的,党给的,只有把钱用在党关注的事上,为党分忧,为民解难才能发挥更大更好的作用!”

这时,还有两天就过年了,淄博市经济开发联合运输部决定购买了三万斤面粉支援灾区,颜景策拿出自己的积蓄,买了800件崭新的防寒服表达心愿。颜总和同志们一起准备好这些物资已是腊月二十七的清晨了。由于连日的疲劳,颜总的心脏病发作了,可他还是执意要亲自把捐赠物资送到张北灾区的人民手中。医生不得不提醒他:“颜总,你的心脏病很危险,需要休息,要是真去了,恐怕就回不来了。”可就是在这种情况下,他还是坚持将运输捐赠的救灾物品的车送到滨州市才返回。

颜景策是一个企业家,他领导的企业连续5年人均创利税超百万元,他又是一个经济理论家,他撰写的《颜氏经营哲学》受到国家领导人和经济学术界的高度重视,一时成为舆论界关注的热点;可是只有熟悉他的人才知道,他又是一个为党分忧的人,是一个心中时刻装着人民群众的人。

颜总的同事和朋友讲起他的事来如数家珍。每次机关捐赠,他都是最多的,一般都比规定捐款的数多20倍占单位七十人的三分之一。九二年他单位一职工家属去世,当时他正因工伤住院,他硬是被人扶着,迈着刚解去石膏的腿来到其家中拿出200元钱表示慰问。九O年一位职工的家人服毒药,得知后他马上赶到医院帮忙抢救,直到看着病人醒过来,安排好了才离开,并自己拿出了300元钱表达心意……

这样的事情在颜总几十年的工作生活中真是太多了,对他来讲都是一些平平常常的事情。

从参加工作的第一天,从加入中国共产党的那一天,他就把自己的一切献给了党和人民,把一颗金子般的心捧给了社会。他的人生格言是:牢记党的宗旨,永做人民公仆,工作自我超越,生活自我满足,争做合格党员。颜景策,这位有着四十二年党龄的老党员,不仅用自己的聪明和智慧取得了常人所难以达到的业绩;也用一颗火热的心和高尚的人格赢得了大家的爱戴。

你与长江干堤同在

——记抗洪钢铁战士、一等功臣吴良珠

刘福享　汪应祥　乔林生

中国人民解放军的钢铁战士吴良珠，这位普通的军士在不知道病情的情况下，拖着肝癌晚期的身子，竟在抗洪抢险第一线战斗了55个日夜，开汽车、垒堰堤、堵渗漏、背砂袋，直到昏倒在大堤上。他用生命的全部力量，去模范地实践党中央的号令，去恪尽一个军人的神圣职责，闻之令人动容。

这是多么好的战士！这是多么可爱的人！这是英雄辈出的人民子弟兵中又一位杰出的代表！

一位在长江干堤安庆段参加抗洪抢险战斗的战士倒下了。此时此刻，他躺在安徽省军区105医院的急救室里，处于生命垂危状态。医务人员和他的家人正日夜守候在他的身旁。吴良珠，好战友，你才26岁，你要像抗击洪水那样同病魔博斗，你不能这样匆匆地走啊！

视祖国和人民的利益高于一切

心里装着祖国和人民的战士一定是无私无畏的人。

6月下旬到8月下旬，是八百里皖江大堤最紧张的抗洪阶段。吴良珠是安庆军分区专业军士、汽车驾驶员。他在55个日日夜夜里，平均每天要跑车300公里以上。路不好走，经常是一整天一整天地颠簸行进，往返于各个抢险指挥部和险工险段之间，送一线指挥员、送急电、送物资、送记者……仅车胎就换了4次，每天的睡眠时间只有两三个小时。

小吴的家乡同马大堤巩固圩也遭受了水灾。村里人都在搬家，乡亲们捎来口信；良珠，你父母都70多岁了，身体又不好，你要早点回来看看啊！

第一次路过家门，是小吴送安庆军分区政委徐如栋到一个险段紧急处理塌方、渗漏问题。徐政委歉意地说："小吴，你看，到了你家门口，却回不去。"吴良珠回答得十分干脆："抗洪任务这么急，我怎么能回去呢！"后来，吴良珠先后3次开车经过村口，车上的领导考虑到小吴家的实际情况，主动劝他回去看看，可他一次也没有回家。后来，当他得知家中的财产受到很大损失时，只淡淡地说了一句："大家都一样啊！"

定于今年10月份结婚的吴良珠，在整个抗洪抢险的55天中，只给离他只有几公里的对象王慧桃打过一次电话。

8月13日晚，多次联系没有消息，焦急不安的王慧桃终于听到小吴急促的声音："最近抗洪形势非常紧张，晚上我还要上大堤巡查，等抗洪结束后，我再和你联系。"说完，电话就挂断了，两个人通话总共不到1分钟。

按理说吴良珠只要把车开好就行了，但他既是驾驶员，又是战斗员，哪里有险情，哪里就有他拼搏的身影。7月27日，同马大堤杨湾闸闸口东西两侧同时出现渗水，在大堤内外洪水落差巨大的压迫下，碗口粗的水柱向闸处喷涌而出。此闸一破，将直接威胁下游20多个乡镇80多万人口的生命财产安全。紧急关头，小吴和战友们一道投入战斗。他垒堰筑堤，探漏堵涌，与肆虐的洪水搏斗了整整48个小时。险情排除后，精疲力竭的吴良珠倒在大堤上睡着了。7月31日，沟口电站出现特大管涌。接到险情报告后，安庆军分区立即组织人员上堤抢险。领导上考虑到小吴连日征战，极度疲劳，命令他在家休息。他执意不肯，说："正值抗洪的节骨眼上，多一个人就多一份力量。"跟随部队赶到现场，小吴奋不顾身跳进齐腰深的洪水中，传递砂袋。刚开始他和战友们的速度不相上下，干到最后，砂袋传递过来时，他的速度明显地慢了下来。当他最后一次接过砂袋时，一头栽倒在洪水里。

同洪水作最后搏斗

连续超负荷、大强度的劳累，使潜伏在吴良珠体内的病魔发作了。身边的战友们发现，他的饭量一天比一天减少，经常用手抚摸肚子。军分区领导多次劝他到医院检查，可他每次只到部队卫生所拿一点止痛药就了事。问他情况，他总是说："胃有点不舒服，没关系。我年轻，睡一觉就好了。"

8月3日上午8时，小吴因发高烧在打吊针。当时院内只有小吴开的一台车在家，当他听说中央电视台的两名记者急着要赶往抢险救灾现场，便不顾一切，拔去吊针，驾车直奔广济圩大堤。傍晚，小吴拖着疲惫的身体回到营区，接着输液。医生严肃地对他说："吴良珠，你这是拿自己的生命开玩笑。"

8月10日，小吴冒着40摄氏度的高温战斗在江调圩

上。1小时后,他腹部疼痛不止,连站立都困难。他咬紧牙关,用草包顶住腹部,待疼痛感稍轻些,又振作精神干开了。结果,一位民兵发现他累倒在堤脚的砂包上。那天回到军分区已是晚上。半夜,战友赵胜伟一觉醒来,发现小吴不在床上,便四处寻找,见他蹲在车库旁的大树边,双手紧紧抵住腹部,发出轻微的呻吟声。小赵关切地问他:"怎么回事?半夜三更跑出来?!"小吴说:"肚子有点疼。"

那几天夜里紧急电报特别多,吴良珠主动承担往抗洪指挥部送急件的任务,白天得不到休息的他就更紧张了。战友赵胜伟要求接替吴良珠。吴良珠不让说:"你的车况不好,又不熟悉路线,还是我跑吧!"8月16日,中央军委主席江泽民发布命令,要求抗洪部队官兵全部上堤死守。军分区徐政委见忙了一天的小吴晚上只喝一碗汤,不忍心喊他出车。小吴知道情况后,坚决要求出车,并且说:"长江大堤的路我熟悉,我去速度快。"于是,他和分区领导先后来到广济圩和枞阳江堤,在大堤上一直干到深夜3点多种才回到营区。这时,小吴发现车子的油不多了,想到明天还要上堤,又顾不上休息,赶到加油站,一直忙到凌晨4时才休息。次日一大早,他又上了广济圩大堤。下午1时20分,小吴和战友们一起参加另一地段抢险战斗,刚迈出几步,他的腹部剧烈地疼痛起来,一头栽倒在大堤上。

钢铁战士钢铁意志

8月21日,安庆军分区门诊部的医生送吴良珠转院检查治疗。临上救护车前,小吴左手按住腹部,右手从上衣口袋里掏出身上仅有的10元钱,对战友涂潜生说:"早上听广播,全国人民都在捐款支援灾区,我也表示一点心意吧!"小涂不拿他的钱,吴良珠说:"我这一去恐怕回不来了!"说着,他双眼溢满泪水。

8月22日,105医院外科主任吴建斌打开吴良珠的腹腔,他惊呆了:只见肿瘤像葡萄一样遍布整个肝区,其中一个比拳头大的肿瘤已经破裂,出血700毫升,肝腹水有3000毫升。在场医生简直不敢相信,这样危重的病情,居然在长江干堤上战斗了55个日日夜夜,这需要钢铁般的意志和多么坚强的毅力啊!手术无法进行,吴主任帮小吴清理了腹腔积血积水,又把刀口重新缝上。

消息传回安庆军分区,分区领导、干部战士、职工家属失声痛哭。谁能料想到一向结实如牛的吴良珠如今病成这个样子。人们说:"他是累成这样的啊!"

当天下午4时,吴良珠从昏迷中醒来。本单位的虞伟根协理员对他说:"分区那边有事,我不能陪你了,让杨助理员陪你。"吴良珠听了忙问:"是不是江堤又发生险情了?"虞协理员连忙安慰他:"大堤没事,你就安心养病吧!"虚弱不堪的吴良珠叮嘱虞伟根:"别忘了回去代我向抗洪的战友们问好!"

分区政委徐如栋赶到合肥看望吴良珠。吴良珠说:"政委,你不要为我太担心了,大堤上还有很多事需要你忙,你回去吧!"回想和吴良珠一起在抗洪一线度过的日日夜夜,望着吴良珠一起在抗洪一线度过的日日夜夜,望着吴良珠不成形的面容,徐政委当场泣不成声。

8月23日,安徽省军区党委作出决定,批准给吴良珠记一等功并报请南京军区授予他荣誉称号。

8月25日,安徽省委书记卢荣景急匆匆来到病房,他抚摸着吴良珠的身体,激动不已,高度赞扬这位英雄战士在抗洪抢险战斗中挺身而出,用自己的生命、自己的身躯,保卫了长江大堤,保卫了我们人民的生命财产安全。他说,全省军民都要向吴良珠同志学习。

目前,105医院的医务人员正在尽一切努力抢救吴良珠的生命。皖江两岸的父老乡亲在呼唤吴良珠:你是人民的好儿子,你要与养育了你的滚滚皖江水一样生生不息;军营内外的战友在呼唤:你是我们的好兄弟,你要与你保卫了55个日日夜夜的皖江干堤同在啊!

试飞英雄——邹延龄

新华社记者　孙茂庆　中央人民广播电台记者　彭东海　《人民日报》记者　郭嘉

1993年6月9日，中共中央总书记、国家主席、中央军委主席江泽民来到秦巴山区考察。在陕西飞机制造公司飞机组装厂房里，江泽民主席听说眼前这架乳白色运八C型飞机是我国自行设计生产的，非常高兴。公司总经理介绍说："这种飞机是我们中国自己的试飞员飞出来的，目前已装备到陆海空三军部队，还出口到国外。"

"哪里的试飞员飞的？"江泽民问。

"空军的，首席试飞员叫邹延龄。"

江泽民点头称赞："好，发展国防和航空工业就是要靠我们自己的力量。"

江泽民主席的亲切勉励，使陕飞公司员工深受鼓舞，令邹延龄和他的战友倍感光荣。

邹延龄，一个视试飞事业重于生命的人，一个富有传奇色彩的中国空军试飞员。

邹延龄说："中国人制造的飞机，要靠我们自己来飞。外国人敢飞的，我们敢飞；外国人不愿飞，我们同样要飞。"

10年前的一个冬夜。空军驻中南某城市航空兵某师师长办公室里，师长滕兴彪正在跟师技术检查主任邹延龄谈话："你真的想好了，要去陕西飞机制造公司的试飞大队当试飞员？"

"想好了，师长。当国产飞机试飞员是我早有的心愿，我飞了近20年，飞过8种机型，没有一种是国产运输机。听说运八是国产运输机中最大的，搞几年了，由于试飞力量不足，影响飞机交付使用，我想去试一试。"

"试飞有风险，你有思想准备吗？"师长关切地问。"这我想了，我自信能当个好试飞员。"

就这样，邹延龄来到了陕飞公司，开始了他的试飞生涯。

凝聚着共和国几代运输机研制人员心血和汗水的运八C型飞机是一种气密型飞机，是目前国产大型运输机，它与几年前在海湾战争中大显身手的美国C——130"大力神"运输机属同一量级。然而，要让运八飞机尽快装备部队，尽快打入国际市场，必须按照中国民航有关标准进行一系列高难风险科目的试飞，拿到中国民航总局颁发的合格证。

"失速性能试飞"是航空界公认的一级风险试飞科目。公司只好雇请国外某航空公司试飞员带领邹延龄试飞。这位试飞员有5万多小时的试飞生涯，算是王牌试飞员，几个起落下来，很快飞完了"小吨位失速"。可当工厂要求那位国外试飞员继续试飞"大吨位失速"和"全载重失速性能"时，这位世界运输机试飞权威拒绝了。他以中方不具备试飞这一风险科目的条件为由，揣着厂方付给他和机组的巨额技术咨询费和合同风险金回国了。

临走前，那位试飞员善意地对邹延龄说，我的两个飞行同伴就是飞这种科目见上帝的。作为试飞员，在没有把握的时候，要坚决拒绝！

然而，邹延龄不能拒绝。他知道，共和国的航空工业急需发展，国防现代化更需要大型运输机。

"中国人制造的飞机，要靠我们自己来飞。外国人敢飞的，我们敢飞；外国人不愿飞，我们同样要飞。"在军地双方联席会议上，邹延龄主动请缨。

"大吨位失速"试飞确有风险，如果在空中稍有失误，飞机就会像秤砣一样往下栽。

此时此刻，大家的心情难以平静，不少同志包括设计人员都不止一次地问邹延龄："老邹，有没有把握？"

邹延龄说："有六成的把握吧，有这个把握就可以干了！"

那些日子里，邹延龄来到飞机设计部门与专家一起分析失速机理，从国外同类飞机失速试飞的录像中仔细辨别每一次失速的细小区别，把各种可能发生的险情都想到了。

1990年11月26日，秦岭脚下的某机场起飞线上，消防车、救护车和装载应急抢险队员的卡车一字排开，人们目送邹延龄机组登上飞机。

6000米高空上，邹延龄操纵着全重61吨的运八C型机，顺利做完了巡航状态和起飞状态的失速试飞，接着进入难度最大的着陆状态失速试飞。飞机放下起落架，襟翼增大至35度。邹延龄提醒机组：飞机开始减速。

300、250、200公里……当时速减至170公里时，飞机出现飘摆、抖动。邹延龄清楚，这是飞机失速的前兆，此

时可恢复正常状态返航。但邹延龄很快意识到，飞机仍有减速的余地。他镇定自若，命令机组："各号位注意，密切协同，有突破的可能！"

飞机速度在剧烈的抖动中一公里一公里地减少，而危险却在一分一分增大！

当时速指针指向 159 公里，飞机进入极限失速状态。此刻，机头急剧下沉，飞机向左滚转，急速呈自由状态向下坠落。如果在 12 秒钟内不能改出，后果不堪设想。邹延龄屏住呼吸，急速蹬舵、压杆，将正在下坠的飞机迅速改平，加大油门，飞机重新跃入蓝天。为获得更加可靠的数据，邹延龄和机组及机上科研人员一起又将空中失速动作连续了 21 次。

"大吨位失速"试飞成功了。邹延龄把国外试飞员在同类飞机上试飞的每小时 172 公里的"失速特性"，减小到每小时 159 公里！这非同寻常的 13 公里，不仅表明中国的运八飞机有着比国外同类飞机优越的性能，而且填补了国产运输机试飞史上的空白！

飞机落地了，众人悬着的心也跟着落了下来。年逾七旬的运八 C 型飞机总设计师徐培林一把抱住邹延龄，喜泪横流！公司随即将这一喜讯电告千里之外的航空工业部。航空工业部驰电赞扬延龄机组以超人的胆量和技艺，飞出了运八飞机失速特性的极限，飞出了中国军人的志气！

邹延龄说："试飞不是傻飞，敢干不能蛮干，探险就得冒险，冒险必须掌握高科技"。

运八飞机由数万个零部件组成，需进行数百次性能试飞，这要求试飞员必须具备一定的理论功底和高超的飞行技术，才能拿到数以万计的科研数据。

邹延龄常说："试飞不是傻飞，敢干不能蛮干，探险就得冒险，。一个合格的试飞员，既要有对国家巨额财产高度负责的态度，还要有勇于向高科技未知领域挑战的精神。"为此，他把学习作为一种必需、一种追求、一种境界，以惊人的毅力，刻苦学习高科技知识，努力掌握高科技知识。

邹延龄虚心好学的精神，曾感动了当初来华的那位国外王牌试飞员。这位试飞员一拉驾驶杆，一蹬舵，能准确报出有多少公斤的力，与仪器测量几乎一致。邹延龄十分注意体会他的操作要领。为了弄清试飞中的一个"荷兰滚"动作，他特意请那位试飞员吃饭，亲自下厨为他做了几道好菜。对方被他的好学精神所感动，认真向他传授了"荷兰滚"的技术要领。事隔几年，那位国外试飞员再次来华时，邹延龄告诉他："你原来在华飞过的科目，我又重新飞了一遍，结果进一步修正了你所作的 5 个结论中的 3 个。""邹先生，你很了不起，我愿意与您这样的强手交朋友！"对方竖起大拇指说。

陕飞公司的同志至今还记得，试飞盘旋失速这一风险科目时，机组在外地，试飞站和设计所的科研人员离邹延龄的住处较远。一天，已是凌晨两点了，邹延龄绕过很长一段围墙来到设计人员的住地，敲开了飞机设计所副所长欧阳绍修和试飞站站长白松柏的房门，说："明天就要试飞了，你们算出的飞机向右盘旋失速时，坡度向右继续增加的结论正好与我论证的相反。"邹延龄把自己琢磨多时的演算过程告诉了欧阳绍修和白松伯，两位科研人员对他的论证既折服又感动。试飞结果，与邹延龄论证的完全相同。

运八航测机试飞时，邹延龄敏锐地发现，这种航测机驾驶的布局不合理，有的部件不符合未来空战的要求。于是，他找到有关设计部门领导，说："这是我们国家生产的第一架航测机，我们要尽其所能，将它改进得更合理化、完善些。"

在他的参与下，科研人员努力攻关，航测机驾驶舱的布局操作起来得心应手。而最使邹延龄满意的是航测机应急地平仪的改进，它能使飞机在空中发生故障而没有任何电源充电的情况下，保持持续飞行 13 分钟！"13 分钟，这是一架飞机在未来空战中的生存能力啊！"邹延龄兴奋地说。

1993 年 3 月，由邹延龄试飞的这架航测机圆满完成了国家和军队交给的重大航测任务，35 条航线都是一次进入成功，航摄验收合格，飞出了国产航测机的性能，从此结束了没有国产航测机的历史。

邹延龄和战友们就这样不断攀登高科技，飞出了运八 C 型飞机的许多极限，改写了 5 项原设计指标和试飞纪录，创造了运八飞机试飞史上的 16 个第一。

邹延龄说："我是军人，运八需要我，我也离不开运八，我要把运八新型机送上蓝天。"

作为军用运输机的试飞员，邹延龄深深懂得，中国军队的武器装备发展与世界先进国家相比还有相当大的差距，要尽快缩小这个差距，为国防现代化锻造强劲的翅膀！

"发动机空中停车再启动"是风险科目中的险中之险。要求飞机升空后在规定的不同状态下，人为地关闭一台发动机，等到 3 分钟后，再重新启动。这是一级风险科目，航空界称这一科目为"飞行禁区"，在国内运输机试飞史上无人涉足。

邹延龄决定向这一风险科目挑战。然而，正当邹延龄和战友们抓紧做试飞准备的时候，兄弟单位在某型飞机试飞这一科目时，不幸机毁人亡。领航员刘兴的妻子王杰就在这个飞机制造公司工作，她听到自己的丈夫也要飞同样的科目，立马打电话叮嘱刘兴："你飞了大半辈子没有出事，咱们现在啥也不图了，就图个平安，我求你

了……”

在场的邹延龄接过刘兴的电话，说：“小王，你放心，试飞前我们认真做好了准备，不会出事的，……我先飞，小刘后飞好吧！”

放下电话，邹延龄笑着问刘兴：“你敢不敢飞？”

“你敢飞我就敢飞，不就是陪你再走一趟死亡线吗？”这位东北汉子坚定而风趣地说。

1993 年 9 月 12 日，邹延龄与机组梅立生、刘兴、王景海、李惠权四人组成的“蓝天探险队”，毅然向这片吉凶莫测的航线飞去！

机场上所有的人心都提到嗓子眼儿，北京、上海、西安、株洲等地的 50 多名专家来到现场，焦虑地观看这一决定运八 C 型飞机前途和命运的试飞。

13 时 48 分，伴随着一颗绿色信号弹在空中划出的一道灿烂光弧，邹延龄驾机升空了。当飞机升到 4000 米高空时，邹延龄命令：顺浆（即关闭发动机）！机械师李惠权扳动顺浆手柄。顿时，机舱外发出“哗”的一声，右侧的 4 号发动机转速瞬间为“0”，飞机以 3 台发动机继续飞行。

按规定，发动机必须停车 3 分钟，待充分冷却后才能重新启动。若启动不起来，右侧 4 号停车的发动机会产生 2000 公斤至 6000 公斤的负拉力，造成“风车”状态，使飞机像拧麻花一样栽下去，造成灾难性后果。难熬的 3 分钟啊，如同 3 年般漫长！随着邹延龄一声“启动”的命令，机组 4 名成员十几秒钟内完成了 21 个动作，只听舱外传来“轰”的一声响，启动成功！

运八 C 型机的后舱门原是三扇内开式大门，改成大卡车可以直接开进开出的两扇货桥式大门后，对飞机的空投空降能力产生了不利影响。

“能不能降低飞机空投空降时速度，最大限度地减少因高速强气流对伞兵的伤害？”经过深思熟虑，邹延龄把这个设想告诉飞机设计人员时，得到的回答是：“试试看。”很显然，谁也不能担保修改设计后不会出事。邹延龄说：“试飞、试飞，不试咋行？”为了伞兵作战胜利，冒点险也值！经过努力，他们终于飞出了小于 300 公里时速的最佳空投速度和平衡性能，把伞兵集结时间缩短了 1/4。

紧接着是进行空投物资试飞。邹延龄向机长梅立生提出：“将设计的空投高度继续降低。”

“这个想法太大胆了。你有把握吗？”科研人员表示担心。

邹延龄回答：“我在一则资料上见过国外一种先进运输机，超低空空投时距地面只有几十米。我想我们的运输机性能不会比它差。俗话说，‘要知道，经一遭’，等着看我的！”

8 月的中原机场，烈日当空。远远望去，跑道尽头暑气蒸腾。随着引擎的轰鸣声，邹延龄操纵飞机开始下降高度，很快便以时速 290 公里，高度 50 米，对准空降场。“打开后舱门！”随着邹延龄的口令，人们看到，抵达空投点上空的飞机尾部伸出一块倾斜的铁舌，将 500 公斤的沙袋成功地空投到地面。接着，指挥车、卡车、大炮……好似“母鸡下蛋”一样落在空降点，无一损伤！

飞机安全降落后，在机场目睹了这次试飞全过程的一位领导欣喜地拍着邹延龄的肩膀：“老邹，你了不起！这么低的高度能一次成功，你用胆魄和智慧，为我们的战车和大炮插上了翅膀！”

邹延龄出名了，国内外的一些试飞协会和航空公司“瞄”上了他，并许以丰厚待遇争着“抢”他，可邹延龄有自己的追求和目标。他告诉记者，运八“家族”即将增添新成员，运八需要他，他不会离开运八，他要亲手把运八新型机送上蓝天。

邹延龄，新时期的试飞英雄，祖国和人民期待着你再铸辉煌！

做人民的儿子

——记湖北省阳新县民政局局长王贤田

《人民日报》记者　罗　盘

湖北阳新县是全国闻名的贫困县、烈士县、水灾多发县。在民政局长的岗位上，王贤田始终把群众的需要放在首位，心甘情愿做人民的儿子，先后多次被评为优秀共产党员、先进工作者。不久前，中共湖北省委作出决定，号召全省广大党员干部向他学习。

灾害面前挺身而出

王贤田担任县民政局局长8年，阳新经历了5次特大水灾。危难时刻，他总是挺身而出，把灾民的事当成最大的事来办。

1994年7月11日，一场特大暴雨突降阳新。晚上11点，他拿起雨伞就要出门。妻子拦不住，又放心不下，就与丈夫一起走出了家门。此时，全城断电，一片漆黑，街道水流汹涌，许多房屋倒塌，夫妻俩在齐腰深的雨水中搀扶着艰难行进。为了妻子的安全，他就近把妻子推到岗亭上，说："就在这里等我！"说完就独自一人在水中摸索前行，几次被洪水冲倒，几次掉进深坑，终于赶到了民政局办公室，马上组织救灾工作。

今年长江流域再次遭受了百年不遇的特大洪涝灾害，阳新的灾情非常严重。这时，王贤田不巧旧病复发，县委让他去外地住院治疗。可他再三请求，硬是在长江大堤上连续战斗了近两个月。

时刻牵挂群众冷暖

王贤田常常这样说："身为民政局长，当你拿起饭碗吃饭的时候，要想一想群众有没有饭吃，有没有水喝。只有时刻把群众的冷暖挂在心上，才能做一个让人民满意的公务员。"

早在1975年，他奉养一位孤寡老人，同老人的父子关系一直保持了18年，直到老人去世。现在，王贤田家还赡养着一位名叫明花的老太太。无依无靠的明花老人，原来靠讨饭为生，王贤田知道后便把她接到这里来住。明花老人这一住就是26个年头。多年来，王贤田共赡养4位老人，还先后帮助过70多位有困难的老人和孤儿。

王贤田的家是幢潮湿、破旧的平房，家里有一个明显特色：家什陈旧且少，但床却很多，每间房里至少一张床、一间大点的房间摆着三张床，客厅也有床。这些床是供来访的贫困群众住的。8年中，他这个贫困县的民政局长，在自己家无偿为来访群众提供吃、住1000多人次。民政局的同志提议给他一点补贴，他说："群众找上了门，让他们吃顿饱饭，睡个好觉是应该的，如果要补贴，那就变味了。"

自家的事能省则省

当民政局长8年来，上级先后奖给王贤田4500元奖金，他全都用于帮助特困群众、孤寡老人和有困难的学生。

有一次，他因病到黄石市治疗了一个月，可回来报销的单据仅400多元。原来，他根本没有在医院住，而是借住在朋友家里。王贤田的妻子虽不识字，却十分支持他的工作。妻子长期生活在农村，民政局的老局长看不过去，将他的妻子安排到殡仪馆做清洁工。今年，民政系统实行减员增效，他的妻子又带头下了岗。女儿1996年从财贸学校毕业，局里的同志说，民政局正缺财会人员，就安排在局里算了，王贤田说："别人的女儿可以，我的女儿不行。"至今，女儿还在待业。可是，王贤田却为从小收养的一名孤女优先安排了工作。王贤田7岁丧母，16岁丧父，是姐姐一手养大的。姐姐的子女都在农村，又是重灾户，可他从来未多发过一分钱。

这几年，阳新民政事业大发展，民政局宿舍楼先后盖了两栋，而王贤田与家人商量仍住在殡仪馆旁边一处阴暗潮湿的平房里。白天，这里哀乐阵阵；晚上，这里列车隆隆。县领导早就有意给他换处新居，可他说，住在这里，那些"穷亲戚"来得方便；至今仍未迁走。

王贤田就是这样，一心想着人民的疾苦，一心想着群众的冷暖，一心一意甘做人民的好儿子。

优秀退伍兵盛云龙

《中国国防报》记者　黄运成　新华社记者　贯　永　黄秋生

一位29岁的退伍兵,用5年时间,使一个濒临倒闭的乡镇小厂,一跃成为连年产值超亿元、利税超千万元的国家级企业集团,靠的是什么？当这个企业的大部分职工已经住进上百平方米的新居时,这位创造了辉煌业绩的退伍军人的一家却仍然住在30多平方米的商品房里,这又给我们多大的启发,又面临诸多困难,需要振作精神再接再厉的时候,我们多么需要这样的带头人,这样的企业集团和这样宝贵的经验！盛云龙的事迹,使我们想到领导班子的重要,主要负责人素质的重要,也使我们想到军魂、党魂、国魂。

在我国数以千万计的退伍士兵中,喝大运河水长大的浙江依多金企业集团公司董事长盛云龙无疑是一位杰出的代表。是他,用短短5年时间使一个濒临倒闭的乡镇小厂,一跃成为连年产值超亿元,利税超千万的国家级企业集团;是他,在大别山革命老区办起扶贫企业,安排了300多名农村青年就业;是他,联合15名从军营中走出来的企业家向家乡5.8万名转业退伍军人发出倡议,共同关心支持国防建设事业……中央军委副主席、国务委员兼国防部长迟浩田上将称赞他为:“我军优秀退伍兵。”

从怀揣650元复员费的退伍兵,到拥有几亿资产的“大老板”

1991年,依多金企业集团公司的前身——湖州练市针织制衣厂已濒临倒闭。陈旧的厂房,落后的设备,涣散的人心,满仓库低档次的滞销产品,银行频频催还的逾期贷款和70多位巴望着补发拖欠了3个月工资的职工,就是被运河边的人称做“破船”的针织制衣厂当时的全部“家当”。

就在这时,人们用怀疑的目光迎来了29岁的新厂长盛云龙。

1985年11月,当了5年汽车兵的盛云龙怀揣650元退伍费和“两用人才”证书回到家乡大运河边的练市镇后,即以军人的胆识和气魄只身闯上海,干起了家电经营。到1991年,盛云龙的事业如日中天。恰在这时,镇领导找上门来:“云龙啊,针职制衣厂眼下情况不瞒你了,看在全镇经济发展的大局上,厂长的担子你一定要挑起来。”

盛云龙当然知道针织制衣厂是只破船,可自己放弃上海看好的生意回家乡,不就是想为乡亲们干些事吗？虽然脱了军装,但一个共产党员、退伍军人的责任脱不掉啊！

盛云龙深知:无论办什么企业,都要抓住两个关键——正规的生产秩序和广阔的产品市场。前者决定生产效率和产品质量,后者决定企业的命运。因此,盛云龙上任不久便着手抓第一个环节——精简厂部2/3的行政人员,而首当其冲者便是自己的表妹。他对一气之下找上门的姑妈说:“这件事我只能从自身做起,万望你老理解。”姑妈听罢掉头就走,而表妹再也没来厂里上班。此举赢得了全厂职工的赞誉。

军人最讲究知己知彼。地处杭、嘉、湖平原的湖州市,素以生产优质丝绸而闻名海内外,真丝面料货源充足,且价格便宜。盛云龙看中了这一点,果断地做出转产生产高档真丝服装系列,进军国际市场的战略决策。他3次南下广州和深圳,1991年10月如愿以偿:第一笔高达126万元的出口服装定单终于被他拿到手。备齐资金和面料,一连10多天昼夜奋战,第一笔生意破天荒赢利30万元。

外销之路打通了,第二笔、第三笔……生意接踵而至,在当年短短4个月的时间里,针织制衣厂竟然消除了亏字,并创利润5000元。职工们跑进厂长办公室,兴奋的神态难以言表。

望着这来之不易的5000元,盛云龙,这位坚强的汉子,禁不住热泪满面。这意味着这个从建厂一直赔钱的厂子终于起死回生。

激动了一阵子的盛云龙,很快就恢复了平静。他开始盘算怎样发展一支“联合舰队”,开展规模战役。他对市场详细调查,反复论证,当机立断:针织厂、丝厂、织造厂、砂洗厂、印刷厂、制衣厂、外地分厂、茶色素厂逐步从快上马！

紧接着,工厂又从德国、意大利、日本、瑞士等国引进90年代的先进设备,小厂成了大集团。在国内丝绸纺织

行业连年不景气的形势下,依多金集团连续4年利税超千万元,出口创汇居全市乡镇企业第一位。1993年后,集团开始跨入了浙江省先进企业、重点骨干乡镇企业、出口创汇百强企业、最佳经济效益企业、最大工业企业等行列,并成为全国最佳经济效益企业、“双优”三资企业……

目前,集团拥有下辖20个紧密、半紧密层企业,1997年,销售收入和利税比上年增长110%和58%。

从投资1000万元扶持老区办企业,到筹资1亿帮助国家“背包袱”

1997年9月8日,丝都湖州传出一条爆炸性新闻:全市纺织系统头号国有企业人民布厂被两家乡镇企业兼并——其中之一,便是盛云龙的依多金集团。

当市领导为寻求人民布厂生存之道找到盛云龙时,他联合另一位退伍军人——江南集团总经理沈震林,毅然接过人民布厂这条破船。

这意味着不但要对布厂的1200多名员工生存负责,而且首期就要投资亿元资金更新设备、偿还布厂欠下的7000万债务。

实施兼并后,就垫上了布厂退休工人欠医院的医疗费。中秋节,两位老总又给每个职工送去了一份月饼。许多老职工找到盛云龙表示:只要企业能摆脱困境,再苦再累的工作都愿干!

这件事给盛云龙很大震动。董事会上,他动情地说:“贫穷不是社会主义,无情更不是社会主义。部队上常说不让一个战友掉队,咱们这些靠着国家的好政策富起来的人不为国家分忧,谁为国家分忧?”

正是靠着这种为国分忧的主人翁精神,他带头捐款70多万元,倡议全镇企业修筑本镇村级公路,使水乡练市一年内实现了村村通公路的多年梦想。也正是靠着这种精神,自1994年起,集团出资为全省7个贫困县的每个乡镇赠订经济信息。

从捐款资金支持国防教育,到发出倡议关心国防建设

从一个年轻的退伍兵,到一个成功的企业家,多少风雨、多少坎坷,盛云龙不正是靠着军人那种锲而不舍、勇往直前的气概和精神闯过来的吗?也正因如此,盛云龙与军队与国防始终有一种难解的情结。他主动请求上级军事部门在公司里成立了民兵组织,要求每一个中层以上干部都要参加“军事一日”活动。为支持本公司适龄青年履行服兵役义务,公司规定凡是应征职工,服役享受公司职工同样的待遇。浙江省国防教育委员会编写了一本《国防教育读本》,盛云龙把政府奖给他的1万元奖金购买了3000本,赠送给湖州市少年军校学员。

盛云龙说得好:“穿着军装尽义务,脱下军装也要尽责任。”近几年,集团为国防建设尽责任的举动不胜枚举。

家乡一位应征青年因一时不习惯部队紧张艰苦的生活,刚到部队就跑了回来。盛云龙听说后,马上到小伙子家中做工作,用自己的经历讲述“艰苦同样是财富”的道理。

成功者的启发是有感召力的。小伙子认识到自己的轻率后,表示回部队一定好好干,盛云龙专程驱车到上海,把他送上了归队的火车。

盛云龙从这件事中受到启发。随后联合15名从军营中走出来的企业家,向全市5.8万名转业退伍军人发出倡议,共同关心支持国防建设事业。同时联系自己的成长实际给全市所有现役军人发信,勉励他们安心军营,建功立业。

全国新长征突击手、全国优秀乡镇企业家、全国优秀科技创业转业退伍军人,浙江省及湖州市劳动模范、省最佳(功勋)乡镇企业家、省十大明星青年企业家、省十大杰出青年、省十大转业退伍军人企业家……在这些桂冠后面,盛云龙还有一个更令他自豪的荣誉——被浙江省委、省政府、省军区评为“全民国防教育先进个人”和“关心支持国防建设的好经理”。

永葆本色创新业

——记全军劳动模范高荣华

新华社记者　李大伟　黄秋生　通讯员　陈理春　《人民日报》记者　任　之

1997年8月6日，在上海警备区的党委会上，中共中央政治局委员、上海市委书记黄菊紧握着上海警备区富民农场党委书记高荣华那双布满老茧的手，连声称赞："你带领大家艰苦创业，发挥了一个共产党员的先锋模范作用，以实际行动谱写了'老兵新传'，全市人民都要向你学习。"

正是这双布满老茧的手，挽着一茬茬"富民"人创造了那个沧桑之变——使亏损12万元的"穷场"发展成为拥有13个农工贸实体，年产值1亿多元，年利税1500多万元的现代化农业基地。

面对6200亩几近荒芜的土地，高荣华说："豁上一副身板也要刨掉农场的穷根。"

1982年初春，高荣华担任富民农场党委书记。离开大上海，踏上崇明岛，展现在他眼前的竟是这样的情景：空旷的原野上，6200亩土地，瘠薄得长不出像样的庄稼。农场的全部"现代化"只不过是一台旧收割机、一辆半瘫痪的4吨交通车和一辆老掉牙的"戛斯"运输车。当年围垦时建造的青砖营房，已被江风海雨剥蚀得墙破顶漏。高荣华问会计：农场的家底咋样？会计取来账本：全场亏损12万元，银行帐户上只有2600元。

面对这方本该充满活力的苍凉之地，高荣华在全场动员大会上动情地说：这块热土是5000多名垦荒战士风餐露宿，用镰刀、柳筐和铁锹围垦出来的，守着沃土讨饭吃，说啥也对不住先辈们流下的血汗。他当众立下誓言："豁上一副身板也要刨掉农场的穷根。"

春播前，农场一时筹不到资金购买化肥。高荣华和场长王振华每天带领官兵起早贪黑硬是挑回2万多担有机肥，撂荒的土地上终于长出青青的禾苗。

这一年，农场的粮食获得丰收，全场扭亏为盈，赢利8万元。

16年来，富民农场经济效益每年以40%的速度递增。这一巨变，是高荣华把一腔热血洒给了那块希望的田野。

农场建造养鸡场，高荣华一直忙碌在工地上。

盛夏，连续的高温天气，使得养鸡场的万只肉鸡死亡率不断上升。一连4天，高荣华与副业队长邱吾荣一道观察高温对鸡生长的影响，摸索对症下药的良方。第5天，当饲养员兴奋地告诉，死鸡率已经下降到1%时，高荣华高兴地说："这就好，这就好。"

面对黄浦江畔奔涌的改革大潮，高荣华说："哪怕冒风险也要闯出一条具有'富民'特色的农业产业化道路。"

80年代后期，历史给上海提供了新一轮发展机遇，为了使地处黄浦江畔的富民农场伴着时代的脚步发展起来，高荣华进入了新的一轮拼搏。他带领党委"一班人"经过调查论证，形成了这样的思路：市场经济条件下办农场，必须立足农场适应市场，走农业产业化道路。随着农场家底的增厚，场党委不断加大对农业机械化的投入，使3950亩粮田全部实现机械化、标准化作业。如今，农业队人均种地163亩，人均年创效益10万余元。

机械化将人从田野中解放出来，高荣华又倾注全力扶持种植、养殖业：

两年建成的500亩桔园，第三年即满枝挂果，年产蜜桔70多万公斤，风靡上海，远销加拿大。万只鸭场的高产鸭蛋，被加工成松花糖心皮蛋，获上海市出口商品评比质量第一名，全国评比获银质奖……种植业、养殖业的高产高效，并没有使高荣华满足，他长久地思索着农场发展的道路：单一农业很难有大的出路："富民"要腾飞，必须发挥自身资源和经济地理优势，拥有自己的龙头企业。

早在1985年，国家物资总局华东汽车贸易中心要在上海寻找合作伙伴，承担国家进口汽车的转运、储存和维修保养业务。高荣华立即感到这是农场发展技术型、外向型服务项目的好时机，果断决定参与竞争。有人担心这样做会不会背离"以农为本"的主旨？高荣华说："哪怕冒风险也要闯出一条具有'富民'特色的农业产业化道路。"

没有停车场地，没有储运仓库，高荣华带着一个干部三个兵，来到临近吴淞口的一块近百亩的低洼地，在7间猪圈里搭起两张床板，夜以继日地从上海几家钢厂拉回60多万吨废钢渣。5个月后，他们硬是把这块低洼不平

的烂泥地垫高90厘米，建起了近万平方米的停车场和3万多平方米的储运仓库，以过硬实力赢得这项业务。

随后，高荣华乘势而上，从地方贷款300万元，自筹资金70万元，建起了富民汽车维修总站，并制定了“向市区延伸，向内地辐射”的发展战略。

当国内汽车产业蓬勃崛起，进口汽车逐渐减少时，高荣华及时调整经营方向，先后与上海汽车工业集团销售总公司、南京汽车总公司、长春汽车制造厂等建立协作伙伴关系。如今，富民汽车维修总站已发展成为集汽车销售、维修和汽车配件制造、供应，以及轿车驳运为一体的集团化企业，年创利税近千万元。

就在富民汽车维修总站红红火火发展的时候，正式颁布的《中国人民解放军军需条例》明确规定：有条件的农场可以因地制宜，发挥优势，实行农工贸相结合。实践作出了回答：富民农场所走的这条路是正确的。

高荣华常说：“党把这么大的家业交给我，我的看家本领无外乎有两条，一是顺应改革大潮出好主意，把好方向；二是知人善任，让人尽其才。”

1987年，富民农场接收某撤编单位的一个药厂，这个当时银行帐户上仅有1000多元的小厂，设备陈旧、产品质量不过关。高荣华经过调查分析，迅速作出两项决策：利用崇明洁净的地下水资源，生产大输液，农场投资50万元对厂房设备进行更新改造；派汽车班长水庆朋主管药厂。

“让一个志愿兵当厂长，万一干砸了，几十名军人家属的饭碗谁来保？”全场上下一时议论纷纷。党委会上，高荣华语重心长地说：“用人不能看他戴啥‘帽子’，只要有真才实学，无论是官是兵，都应委以重任。”

水庆朋果然深孚众望，短短几年，他领导的药厂，已发展成为集团公司，大输液产品占上海市场份额的70%，畅销全国23个省市（区）。

如今，在高荣华的率领下，富民农场在发展道路上已完成“四次飞跃”：跳出单一生产粮食的圈子，实现“粮经型”的种植结构；跳出纯种植业的圈子，开发面向市场的多种养殖业；跳出土地的圈子，发展产销挂钩的场办工业；跳出农场的圈子，把目光投向上海以至全国的大市场。

面对金钱和物质的诱惑，高荣华说：“留下一身清气，图个对党问心无愧！”

身为大校军官的高荣华依旧保持着质朴、勤劳和节俭的美德。群众的心是杆秤，作为亿万家产的当家人，高荣华把“廉洁从政”写在了他在富民农场16年的奋斗历程中。

平日外出需要坐车，高荣华爱乘公交车，时间一久，车站上熟悉他的人总好问：“你是技术五级的大干部，怎么连一辆小车也舍不得坐？”高荣华嘿嘿一笑说：“坐大车比坐小车更自在啊。”其实他心里早有一本账：从码头到农场一个来回用车接，光成本费就要花50多元钱，用这笔钱买20公斤大米，够一个战士吃一个月的。

随着农场生产经营和对外经济联系的扩大，客户向农场领导赠送礼品礼金的事时有发生。高荣华建议党委及时作出“管好自己，管好单位，遵规守纪，廉洁自律”的决定。一个外地工程队的负责人为了能在工程投标时订到合同，晚上悄悄地摸到高荣华家，留下了一套高级音响。高荣华发现后，立即打电话把他叫来，严厉地说：“东西拿走，你还有资格投标竞争；否则，你连竞争的资格都没有。”这位负责人事后感叹：和高荣华打交道，甭要歪心眼。警备纪检处有过一个统计：近年来，高荣华先后拒收、上缴礼品礼金60多次，价值2万多元。

高荣华今年已经59岁，组织上曾两次准备安排他退休，都因工作需要最终没有宣布。好心的人劝他：该想想退路了。高荣华说：“我打11岁就失去了父亲，解放后是党把我一手拉扯大，我的这点能耐只有用在党的事业上才是正理啊。”他当兵时的一位老班长在新疆做边贸医药生意，多次劝他：“我在大西北，你在大上海，咱们联手做生意，保准你发大财。”高荣华不答应。老班长追问：整天在农场搅和，落个一身的清苦，你到底图个啥？高荣华回答说：“留下一身清气，图个对党问心无愧！”

作为富民农场党委书记的高荣华无愧于党，无愧于他为之奋斗的那方水土。富民农场先后荣立集体二等功，被评为全军先进农场、全军科技兴农先进单位、上海市精神文明建设模范单位；高荣华也先后荣立四次三等功，1995年被评为全军劳动模范。中央军委副主席迟浩田到富民农场视察时，高度称赞高荣华艰苦创业、开拓进取、无私奉献的精神。日前，南京军区作出决定，号召全区官兵学习优秀共产党员——高荣华。

生命之光耀高原

——记武警英雄战士张海西

新华社记者　赵忠生　新华社通讯员　王文道

年仅23岁的武警战士张海西，在青海龙羊峡水电站遭受特大洪水袭击的危急关头，不顾个人安危坚守岗位，及时向上级报告灾情，为水电站电厂免遭毁灭和整个西北电网的正常供电，献出了年轻的生命。

最近，武警总部追认张海西为中共正式党员，批准他为革命烈士，授予他"忠于职守的好战士"荣誉称号。青海省委、省政府和武警青海总队分别作出了向张海西学习的决定。一个学习张海西、岗位做贡献的活动，正在武警部队和青海省各族群众中兴起。

那是1997年8月4日深夜，龙羊峡上空一个炸雷伴着闪电滚过，顷刻间暴雨像决了堤似的下倒。平均年降雨量竟达近60毫米。随之，250年未遇的特大山洪暴发了，水库大坝北面山凹地表顿时化作泥石流，以每秒100立方米的流量直奔位于谷底电厂的进厂门厅。

龙羊峡水电站是我国水轮发电机组单机容量最大的电站，主厂房为深井式建筑。如果洪水闯过门厅通过隧道灌入厂房，势必造成4台32万千瓦发电机组报废，直接损失将达近百亿人民币。龙羊峡电厂又是担负西北电网调频、调峰的骨干电厂，如果30多万千瓦的负荷突然从网上甩掉，整个西北大面积停电不可避免。

正在进厂门厅1号哨位执勤的武警三中队副班长张海西，深知这其中的利害关系。他立即用电话分别向中队部、电厂中控室、机电分场、电厂公安科和2号哨作了灾情预报。然后拉下通往主机房隧道的卷帘门，和同班哨兵李海军一起用防洪草袋在隧道口前堆筑防洪堤坝。

8月5日2时19分，山洪裹着泥石流通过路隧道涌进大厅，直逼进入主机房洞口。与此同时，840平方米的大厅顶部钢梁被强大的泥石流压得吱吱作响，天花板上已流出道道水帘。这无疑告诉张海西，若不马上撤离，不是被泥石流卷进黄河，就是被塌下来的钢梁、水泥板压成肉饼。可张海西没有走。他用行动告诉人们，他当时想的是中控室如果不马上停机，电厂就可能遭受毁灭性的破坏；如果不通知2号哨的战友和值班的职工马上转移，他们就会被洪水卷入黄河。

张海西当机立断，对同班哨兵李海军下达命令："你跑步通知2号哨的哨兵和值班工人立即转移，我再向上级报告灾情。"李海军望着眼前的情形说："副班长，还是你去，让我留下。"张海西嚷道："我以副班长的身份命令你，赶快去通知，不然要误大事。"

李海军含着眼泪向设在尾水平台的2号哨跑去，边跑边喊："洪水来了，洪水来了，快转移……"他没跑出多远，忽听背后一声巨响，紧接着几米高的泥石流跟踪而至，大厅顶棚倒塌了。

2号哨的胡晓军、马清见洪水来得凶猛，伸手拉起李海军爬上平台南侧的尾水门机上，差一步就被洪水吞噬。正要去出线楼检查设备的值班工人陈有刚、刘育强听到李海军的喊声立即转移，也幸免于难。

这时，爬上门机的胡晓军、李海军、马清借助闪电发现张海西站哨的那座钢板焊成的哨楼伴着泥石流一起滚进黄河。三位战友在夜幕中失声呼叫着："张海西！副班长！"可回答他们的只有洪水的咆哮和电闪雷鸣。

张海西走了，他走得那么壮烈，那么从容。他实践了"哨所就是战场，电厂就是生命"的誓言。

电厂中控室当班班长王国林含着眼泪说："那天夜里2时19分，我第二次接到张海西的电话，说主机房就要进水，请求停机！当我一个谢字还没说完，电话听筒里传来一声巨响，电话中断了，这正是大厅倒塌的时刻。"王国林意识到险情严重，当即报告当班值长周国亭。周国亭综合张海西的险情报告，果断下达命令："立即停机，并向西北电网总调报告！"

2时20分，4台大型水轮发电机组停机，三条输电线路停电。就在这时，泥石流像脱缰的野马闯进主机房，29米以下的7个层面所有工作间全被泥石流灌满，整个电厂一片漆黑。

灾情引起了党中央、国务院的高度重视。电力部专家组到这里考察灾情；第一句就问："是进水前停的机，还是进水后停的机？"当听到是进水前停机时，这才稍微松了点气。他们说，进水前停机，大型机组不会损坏，淘干泥水、干燥处理后还可以恢复生产。要是进水后停机，整个机组就完了。

从2时19分张海西向中控室报告险情，到2时20分停机，仅仅一分钟。这一分钟是张海西生命的浓缩。在

祖国最需要的时候，他把个人安危置之度外，与电厂的领导、职工一起，为祖国挽回了一个大型电厂。

张海西是被泥石流冲进黄河埋在大坝下牺牲的。33天后的9月6日，当第三台发电机组修复运转发电时，张海西的遗体伴着泥沙浮出水面。在张海西追悼会上，电厂职工、当地牧民和武警官兵上千人，在一片痛哭声中为英雄的灵车送行。电厂厂长李铁证含着泪说："我们电厂全体职工将永远记住张海西，他的生命价值将伴随着大西北五省区所有工厂的机器一起轰鸣，他的生命烛光将伴随着大西北万家灯火永远闪耀。"

张海西是一位英雄，又是一位普通的战士，1994年12月，他从青海省西宁市城北区唱着"花儿"入伍。来到龙羊峡这个高寒缺氧的不毛之地，一干就是3年。在他档案袋里，已经装着3个嘉奖令和两份优秀士兵证书。

张海西当兵3年，烧过饭、养过猪、种过菜、当过战斗班副班长。他干一行、爱一行、钻一行。在炊事班他每天起得最早，睡得最晚，年终为中队节煤4吨多。他还主动兼任养猪和3个温室的种菜工作。在高原寒区，他不仅春夏秋三季能种出时令蔬菜，还在冬季种出了大葱、芹菜。一年下来，他为中队产肉800多公斤，大棚里种植的12种蔬菜产量达3000多公斤，解决了中队吃菜难的问题，还为中队创下一笔可观的收入。

战友们说，张海西本来可以成为部队后勤战线上一名优秀的管理人才，他平时最爱读的书几乎全是经济管理学。没想到，他那么早地离开了部队，离开了朝夕相处的战友，把宝贵生命献给了青海高原，献给了祖国最需要的时刻。

把身心献给基层

——记陕西凤翔县“双万工程”下派干部杨清漪

《人民日报》记者　孟西安　新华社记者　边　江　陕西人民广播电台记者　刘　鉴

一个不到30岁的年轻女共产党员，在不到两年的时间里，先后失去了她的婆婆、丈夫和女儿，但她把对亲人的思念挚爱升华为对乡亲们的无限深情，以坚韧不拔的毅力为农村基层组织建设和乡亲们脱贫致富耗费心血，并做出了显著成绩。今年“七一”前夕，她被评选为全国农村基层组织建设工作先进个人，受到中共中央组织部的表彰。

这位坚强的女性，就是陕西省凤翔县“双万工程”下派干部杨清漪。

把悲伤留给自己

1996年初，陕西省委、省政府决定选派1万名年轻干部到全省1万个村任职3年(称“双万工程”)，一方面加强农村基层组织建设，带领群众加快步伐脱贫致富，同时在农村一线加强对年轻干部的锻炼培养。这个决定传到凤翔县董家河乡，谁也没有料到乡政府农业干事杨清漪率先报名要求下村工作——因为大家都知道，她正承受着婆婆去世不久、丈夫身患癌症的巨大精神压力和一岁女儿的拖累。

杨清漪1969年生在凤翔农村，上学时就一直是品学兼优的学生干部，1991年她在宝鸡市农业学校入了党，毕业后分配到董家河乡。1992年她同凤翔籍的空军某部军官王喜明结了婚，生活充满了鲜花和希望。

可是万万没有料到，1995年6月喜明患病住进兰州军区总医院，接连做了两次大手术。医生告诉清漪，喜明患的是血管癌，由于发现太晚，癌细胞已经大面积扩散，他最多能再活一年。面对被魔折磨得失了形的丈夫，清漪怎么也无法接受这个残酷的事实！在喜明面前强装笑脸，背过喜明以泪洗面，她唯有以加倍的体贴和关怀，让自己最亲爱的人在生命的最后时刻尽量过得舒心些、欢乐些……

真是“祸不单行”。就在喜明病重期间，喜明72岁高龄的母亲也患了重病，清漪独自承担了双重的煎熬。她回家看望了老人，说喜明在部队挺好，就是工作忙；对喜明她也说婆婆身体很好，让他放心治病。1995年10月，婆婆因病去世。跪在婆婆灵前，清漪想起喜明6岁时就失去了父亲，是婆婆守寡把他养大，但在婆婆临终前自己却不敢告诉他们各自的真实情况，不能让他们母子活着见最后一面，不由得更加悲伤，哭得几次昏厥过去……

乡党委领导说：“组织了解你的困难，为了照顾喜明和孩子，你还 是留在机关，让别的同志去吧。”但清漪决心已定，她谢绝了组织的照顾，把一岁零五个月的女儿交给母亲照管，1996年4月她来到董家河乡牛钵峪村，担任了村党支部副书记，开始了为期3年基层工作。

把亲情献给事业

牛钵峪位于凤翔县北部的五龙山下，全村1000多口人守着3000多亩旱地过日子，自然条件较差，经济发展缓慢，1995年人均纯收入只有733元，在全县属偏下水平。杨清漪来到村上放下铺盖卷，很快就跑遍9个村民小组，挨家入户与干部群众交谈。在此基础上，她与党支部、村委会成员谈心，提出了脱贫致富的思路。

“要致富，先修路”，她和村干部一起组织群众开始修筑有史以来第一条通往村外的柏油公路。夜深人静，她思念正在千里之外住院治病的丈夫和寄放在母亲身边的女儿，常常彻夜失眠。有时她请假赶往兰州照顾丈夫，看望一两天又赶回村上。丈夫去世，她强忍着巨大的悲痛处理完后事，辞别父母和女儿，又回到了牛钵峪村，回到了铺路工地。

6月的太阳热得像火炉。清漪和村民们一起拉着架子车向工地运石子，手上磨出了血泡，汗水湿透了衣衫。晚上又和村里干部共同筹划安排第二天的工作，有时昼夜连轴转，直把一条1.7公里长的柏油公路铺成。

牛钵峪严重缺水，平时人畜饮水靠沟里的一条小溪，稍遇天旱人们就得拉着车子担着桶到几里外的村子买水。清漪到村上不久就和党支部、村委会商量，把解决水的问题列入为群众办实事的重点工程。

他们从宝鸡市请来工程技术人员，勘探查明了牛钵峪的地下水资源，拿出了可供选择的几套打井引水方案。接着她和村干部数十次奔波呼吁，终于争取到省里的“甘露工程”和市县民办公助水利工程补贴款10多万元，使全村群众望眼欲穿的人畜饮水工程进入了实施阶段。杨

清漪尽力发挥自己所学专长为乡亲们脱贫致富服务。她经常根据农时季节举办各类技术培训班,并深入田间地头示范,向群众传授农业科技知识。今年4月她在田间发现春雨偏多致使一些田块小麦出现了条锈病,白粉病和吸浆虫等病虫害,便立即建议召开了村里干部紧急会议,迅速组织发动群众对全村2600多亩麦田进行了全面检查,对300多亩出现病虫害的麦田进行了重点防治,避免了大面积蔓延。她协助村上教育引导群众科学饲养管理,加快畜牧业发展,现在全村户均存栏1头猪、3头牛、6只羊,畜牧业年增收户均达1300元,都比两年前成倍增长。

把深情献给乡亲

丈夫去世后,杨清漪更加疼爱女儿蛮蛮,但她也深爱着牛钵峪的孩子们。她看到村办小学校舍危漏、桌凳破旧,便建议村上做出了多方集资维修校舍的决定,村民们纷纷捐钱捐物、主动参加义务劳动,很快修缮好了8间教室,购置了50套新桌凳。清漪月薪只有263元,手头并不宽裕,但她毅然把喜明生前交给自己准备给娘家买奶牛的2000元拿出来,先给学校购置了体育用品和图书。

1996年底,正当清漪组织村民平整学校操场时,家里捎话说蛮蛮患肺炎住院。清漪闻讯立即赶到医院,只见蛮蛮躺在外婆怀里,小脸蛋儿烧得通红。她抱过孩子连连亲着说:“蛮蛮,叫妈妈。”谁知孩子看着她却叫“姑姑”。

命运对这个坚强的女性格外不公。1997年4月的一天,清漪正在村上忙着,有人满头大汗地骑着自行车来报信告诉她女儿病重,她连忙赶到县医院,专家会诊确认孩子为肾癌晚期,癌细胞已扩散到肝、肺和腹腔,已无法抢救……

杨清漪像被抽了筋似地瘫软在火炕上,在家里昏睡了几天,清醒后她想了很多,终于理出头绪:珍惜生命、加倍努力工作,尽到一个共产党员、下派干部的职责。

清漪再次回到了乡亲们中间,她把乡亲们都看作至亲的人。全村12户贫困户,每一家她都不知上门看望了多少遍。她与村组干部一起给他们送钱送粮,问寒问暖。一村民王金虎脊椎损伤致使腰部以下瘫痪。妻子张彩彦为给丈夫治病,万般无奈卖了家中仅有的一头牛和部分口粮,还欠债几千元,一双儿女无钱上学。清漪把王金虎家列为联系帮助的重点户,连续两学期为孩子代交学费并给了新书包和学习用品,还几次给王家送去了油盐钱。她勉励金虎坚强地生活下去,并和彩彦一起教他躺着仍能操作的草编技术,让他以力所能及的劳动充实生活、贴补家用并力争致富。在清漪的开导下,王金虎自己用双手支撑着身体坐在地上挪动到户外,开始进行特殊的锻炼,他说:“清漪给我树立了榜样,我现在虽然不能站起来了,但我的精神再也不会倒下去!”他的妻子抹着热泪对人们说:“是清漪挽救了我全家……”

在清漪和村上的帮助下,全村12个特困户中有7户已经脱贫。

杨清漪在实践锻炼中工作能力不断提高,今年3月她被组织提拔为县妇联副主席,但她仍坚持在村上工作,以一个优秀的党员干部形象和人格的力量赢得了乡亲们的莫大信任和拥戴。她和全村党员、村民共同努力,使牛钵峪的面貌发生了显著变化,1997年全村农民人均收入达到1050元,比1995年增长了43.2%。

人生极处是精神

——记阜阳乡镇企业学校校长张贺林

《人民日报》记者　董洪亮

安徽省西北部阜阳市西郊六里庄一带，有一所由当地一位农民倾资7000多万元创办的中专学校——阜阳乡镇企业学校。

学校占地156亩，建筑面积6.5万平方米，在校生3000余人。校园内建有26栋教学楼、宿舍楼、实验楼，共23座平房，可容纳5000人的礼堂，白墙红瓦，一色的皖派建筑风格。校园里草青树绿，水碧鱼肥，亭台楼阁生辉，石雕牌坊呼应。学校在墙外刚刚又征地350亩，用于进一步发展。

学校的创办人是农民企业家张贺林。这是我国第一所乡镇企业中专学校。

1996年9月17日，江泽民总书记视察这所学校时高度称赞张贺林这种艰苦奋斗、兴学富民的精神，称他是“中国的脊梁”。

为一方需要　办一方学校

阜阳古称颍州，史志里描述此地：襟带长淮，东连三吴，南引荆汝，其水回曲，其地平舒。

在这方水甘土肥的沃野，改革开放前，百姓的生活却十分贫穷。张贺林出生于普通农民农庭，与共和国同龄。他读小学时，母亲常常叮嘱：“好好上学，听老师的话，长大吃好面馍！”1970年，农业中学毕业的张贺林进入阜阳县城郊公社砖瓦厂当学员工，那时，母亲又嘱咐他“好好干，听领导的话，好找个老婆！”吃好馍、找老婆、住砖瓦房，家乡农民的追求深深地铭刻在张贺林青少年时代的记忆里，父辈们的一再叮咛和期望激励他在人生的道路上奋发攀登。

青年张贺林勤于思考，敢于实践。他在生产队里养过牛，并学习木工、泥瓦工，还当过代课教师、赤脚医生、兽医。他又贩卖青菜、鸡蛋、小鸡、小鸭和生猪。三十六行，摸了一遍，仍然吃不上好面馍，更谈不上找老婆和住砖瓦房。农民致富的希望在哪里？张贺林陷入迷惘。

1971年，张贺林转入新华公社砖瓦厂做学员工，挖黄泥，甩砖坯。因为踏实肯干，爱动脑筋，他由保管员、业务供销员直到1976年升任新华砖瓦厂厂长。上任后，张贺林制定和实施了17章100多条的承包责任制，1700名职工的大厂被他管理得井井有条，年产1亿块砖的效益带动了当地建筑业和运输业的发展，厂里日益红火。农民致富的曙光终于出现了，远处村庄的许多姑娘嫁给了砖瓦厂的农民工。此后，张贺林升任新华公社社队企业办公室副主任。几年间，他在公社办了面粉厂、农药厂、水泥预制板厂等10多个企业，受到省政府嘉奖。张贺林认定：乡镇企业是农民过上幸福生活的出路。

然而，令张贺林始料不及的是，自1980年，他所在的乡镇企业开始走下坡路。张贺林苦苦思索、寻找原因。经多方调查分析，他渐渐悟出，农民终归是农民，办企业不够料，乡镇企业初期，敲敲打打还可以，再上档次，农民就显得知识技术不够用，力不从心了。有一件事让张贺林刻骨铭心——

新华公社一家食品厂的厂长不识字，厂里采购油盐酱醋等许多原料的票据需他签字，他只好刻了个名章，用绳子拴在腰带上，找他签字，就拿着腰间的名章摁一下。

人才是乡镇企业兴旺发达、再上台阶的关键。人才从哪里来？有技术的城里人不愿来，农民中选不出来，送外地培养无门路，自已培养无条件。张贺林萌发了办教育为乡镇企业培养人才的冲动。

张贺林是个有头脑的农民。他平时注意收听广播新闻，阅读报纸。中共中央1983年1号文件允许私人办工厂、修公路、建粮仓。敢为人先的张贺林辞去企业办副主任职务，先后创办建材公司、运输队、建筑公司。中共中央1985年1号文件指出：“鼓励集体、个人办好中小学校，特别是中等专业技术学校和专科学校。”探索中的张贺林欣喜若狂。中央有政策，个人有冲动，农民有需要。契合，神奇的契合！这契合不是偶然的，它来自于乡镇企业的发展，植根于教育改革的深化，脱胎于张贺林的实践与灵性。

历尽坎坷　痴心不改

1985年，张贺林已积累了30多万元资金。“我是农民的儿子，又在党旗下宣过誓，我应带领大家共同致富。”张贺林这样想。要帮乡民致富，钱该怎么花？把钱给乡亲只是给他们一碗水，办学育人才是为他们挖了一眼井。

张贺林坚定了办学的信心。他确定办学宗旨是“为一方需要,办一方学校,育一方人才,富一方百姓。”

1985年6月30日,张贺林提交筹办乡镇企业学校的报告,其中说:不要国家投资,自己负责,以厂养学,以学促厂。8月10日,阜阳县人民政府县长办公会议同意成立乡镇企业学校。当时的会议纪要中写道:“建校资金自筹,人员自行解决,收取学费按有关规定标准执行。”

张贺林情系田野,为使依靠土地过活的百姓生活富足,他把自己办厂经商所得投入办学。从此,张贺林走上一条艰辛创业路。

事难、流泪、挨整、受骂、受气、挨打。后来,张贺林这样总结办学的风雨征程。

劳心办厂经商、费神经营房地产,这些收入是张贺林建校的资金来源。阜阳乡镇企业学校由小到大,滚动发展,张贺林凭着经商利润两三年征一块地,三四年建几栋楼。学校布局前小后大,折射出张贺林坎坷的办学经历。

想办学容易,真办学就难了。新生事物的成长 要受到旧习惯旧势力的束缚与阻碍。

“胡弄!”“办学你可懂?”社会上的恶语充斥张贺林耳畔。有关上级部门派来调查组,因为有人告张贺林挪用他代管的一家食品厂的资金。调查组三进三出,搞了几年,结论是张贺林没有贪占国家分文。主观上找岔子、客观上观念跟不上、地方宗派势力等原因产生的阻力使张贺林举步维艰。自己企业内的同志认为办学不赚钱,纷纷携款而去。1986年初动工的一栋教学楼,刚建完第一层,由于钢材、水泥等建筑材料价格大幅上涨,预算出现缺口,面临停工待料。张贺林一边操持建校,一边指挥经营,还要应付调查组查帐。一连数月,他每天只睡两三个小时。

终于支持不住了,张贺林病倒在床,瘫了半年,头发大片脱落,眼睛急得看不见东西。从此,他的腰再也直不起来。孩子偷偷流泪,妻子提心吊胆。老母亲俯身抱着病床上的张贺林痛哭:“儿呀儿,你花钱买罪受,这样下去万一送了命,咱老少三代可咋活呀!”张贺林这样安慰母亲:“农民吃尽了穷的苦头,我谋点出路,也算是做善事呀。学校办不成,人家不看咱的笑话嘛!”

半年后,顽强地从病床上站起来,张贺林却瘦了20多公斤。然而,他办学的初衷不改,甚至到了痴迷境界。

腰椎因卧床不起变形,张贺林经常腰痛难忍,刺心的疼痛有时使他不禁失声呻吟。为发展、建设学校,他骑着一辆破自行车东转西颠。由于腰痛,不能像常人一样骑在车上左右自由转身,张贺林就把自行车座的螺丝松一松,让车座能里外旋转,以便于他骑车拐弯自如。就这样,他也舍不得买辆汽车。1995年,阜阳市委奖励张贺林一台桑塔纳轿车,他才告别了那辆自行车。

大到学校的整体布局,小到一栋楼的建筑样式,甚至一座石雕放在什么位置,张贺林都自己画图设计。夜里,灵感突然涌上心头,张贺林随即从床上爬起,在床头空地上用粉笔画上图样。妻子张玉华熟知他的这一习惯,因此,他早上扫地时,经常要仔细查看床头边地上是否有图样,以免扫掉。

苦心人,天不负。学校的稳步发展回报了张贺林那常人难以想象、忍受的付出。阜阳乡镇企业学校1985年底正式诞生,开始,张贺林主要举办建筑技术、企业管理、食品卫生、服装裁剪、种植技术等实用培训班。1988年,学校纳入地方中专招生,并被列入中国农村乡镇企业制度建设实验项目;1992年10月,安徽省政府批准学校为乡镇企业中专学校,纳入国家招生计划。学校设有会计统计、企业管理、建筑、金融、微机、工艺美术等专业。

一幢幢楼房拔地而起,学校变大了。花红柳树,校园变美了,书声朗朗,学生在成长。“农民根据自己的需要,办自己的学校,为自己培养扎根在农村的适用人才,促进社会经济发展。”张贺林的办学理想在广袤的田野落地生根、开花结果。而张贺林得到什么呢?用他自己的话说是“三多三少一弯一短”;身体不好喝酒少了,思考事情抽烟多了,头发少了,胡子长了多了,脸上变瘦肉少了,皱纹多了,腰变弯,一条腿因病变短。

张贺林,一米八的汉子,尽管腰无法挺直,已年届五十,满脸皱纹呈沟壑状,然而,面对他时,你仍会感到他那股机智豁达、沉稳必胜的英气。和他交谈,即使说到经历的坎坷挫折,也会不时听到那爽朗的笑声,一个典型的乐天派。难怪毕业于乡镇企业学校的赵玉岭用“笑傲江湖”四个字概括他的校长张贺林。

育一方人才　富一方百姓

阜阳乡镇企业学校按国家规定的标准收费,平均每个学生每学年学费1100元;培养一个学生,学校每年需支出1000元左右,学费维持学校运转略有赢余。学校扩大规模、固定资产投资以及设备维修的经费,主要靠张贺林经商挣钱。

对于张贺林办学不以赚钱为目的,从学校诞生至今,社会上许多人不相信。让我们听听张贺林的朴实话语,他说:“要讲钱,我这几千万块钱存在银行,每年的利息就有几百万,我干吗还要吃苦受累地办学?我想,咱在党旗下宣过誓,要为人民大众谋福利,办学的目的就是让大家学了知识共同去赚钱,为了发财育人才,育了人才发大财。”

勤俭节约、艰苦朴素、精打细算省下来的钱,作为学校经费的补充。为此,张贺林总结了“四个一分钱”的办学精神:不乱花一分钟,不多花一分钱,不少化一分钱,不向国家和社会伸手要一分钱。在生活上他为自己规定“三不原则”:不穿高档服装,不下高档饭馆,不住高档旅

社。

今年8月下旬，当记者来到学校门口张贺林家中时，他的弟弟贺功、贺义正在为哥哥修缮厨房。他们说："哥哥在家时，不让修厨房，要把钱花在建校上。我们趁现在他到黄山招生的几天，赶紧干，要在他回来前修好。"这间厨房已漏雨好长时间了，每遇下雨天，张贺林妻子张玉华做饭时只好头顶塑料布，脚趟屋内积水。

张贺林居室简单朴素。衣柜、书橱等家具还是20多年前结婚时岳父家陪嫁的，家具表面没有漆，因用的时间较长，致使衣柜、书橱看起来黑乎乎的。一张大床占去了居室的大部分，床头桌子上放着一台彩电，这是唯一的奢侈品。

张贺林"抠门"出了名。有一次到海南做生意，张贺林口干舌燥。在海口火车站，他把售货架上的健力宝饮料摸了三次，最终没舍得买。张贺林说："我当时能'斗'(阜阳方言，意为喝)上四五罐，一罐健力宝2块8毛钱，两罐就5块多，在阜阳5块钱就能买一个课桌凳子，学生可以坐5年。"

到省城合肥办理各种办学手续，张贺林常常从家里背上馍作干粮。到外地买教材、经营生意，他总是尽可能坐夜间火车，这样既省了住宿费又赶了时间。

俭以养德，成由勤俭败由奢。张贺林说不出豪言壮语，却能悟解人生三昧。

身教重于言教。张贺林曾捡来学生扔掉的馒头，揭下皮馏馏再吃。学生们背后议论："论有钱，我们哪家也比不上校长，他还那样俭朴，而我们呢?"以后校园里找不到扔掉的馒头了。

这就是被称为"千万富翁"、"亿万富翁"的张贺林。

为提高办学效益、节省开支，张贺林在学校对教师采用聘任制。他的两弟弟在学校也按月拿工资，工资长了几次，他俩现在每月才拿700多元。张贺林为弟弟立下三个禁令：不准下高档饭馆、不准去歌舞厅、不准去美容院。

1985年，张贺林关于筹办乡镇企业学校的请示报告里，最后一句话是"在必要时交给国家"。从去年开始，张贺林又几次提出要把学校交给国家，回报社会。许多人难以理解他的举动。张贺林说："我老子没给我一分钱让我办学，我的钱是赚社会的、人民的，理应还给社会。怎么还？先办学育人才，后把学校还给国家！"

张贺林认为吃饱穿暖便是人生佳境，至于钱，生不带来，死不带走。他用阜阳话说："人生温饱佳，多的给他，生来就没有，去时一阵风。"

春种秋获。站在校园内陶行知塑像下，张贺林欣慰地笑了。

10多年来，阜阳乡镇企业学校共为社会输送7000多名毕业生，其中，330多人已获中级技术职称，926人获得初级职称。阜阳市29家省里命名的明星乡镇企业，23家的厂长、经理毕业于乡镇企业学校，其中的10强企业里，7家的领导是乡镇企业学校的毕业生。阜阳市500家固定资产百万元、产值千万元的骨干乡镇企业，400多家有乡镇企业学校毕业的学生，许多人成长为技术骨干。

阜阳乡镇企业学校毕业生朱士友，在颍上县开办鱼种繁殖场，带富了一方百姓。94届企业管理专业毕业生王洪生，自己创办颍州花卉盆景苑，占地近20亩，自己盖了两栋漂亮的住宅楼……

全国29个省、市、自治区的有关人员，美国、日本等国专家，联合国教科文组织及世界银行的官员先后考察过学校。

面对荣誉与成绩，张贺林表示要力戒"不知道王二哥贵姓啦"的飘飘然状态，永远保持"四不"：头脑不热，尾巴不翘，步子不乱，劲头不减。

张贺林，你是农民优秀的儿子！

根，永远扎在人民之中

——记勤政为民、无私奉献的好专员吴成生

新华社记者　刘菁　胡晓梦　　《人民日报》记者　程　曦

70年前，毛泽东同志率领秋收起义的部队来到井冈山，依靠当地群众创建了井冈山革命根据地。从此，一代又一代共产党人怀着崇高的理想和神圣的使命感在这块红土地上奋斗、拼搏、奉献。吴成生，这位吉安地区行署副专员就是在改革开放新时期现出的优秀党员中的杰出代表。

生命的最后15个月，吴成生抱着病躯为井冈老区的经济发展忘我工作，实践着一名共产党员为党和人民的事业奋斗终身的誓言。他对同事说："我们这些人，身体都是国家的"

1997年2月4日，江西医学院一附院住院部。窗外飞雪，病房里凝结着几丝寒意。这是吴成生第九次住进医院。几天来他持续低烧，牙床出血不止，肝部疼痛，腹水严重。亲人们知道，他已是在生命的边缘上挣扎。吴成生躺在病床上，紧锁着眉头，深陷的眼睛盯着墙壁。妻子张惠衡忧郁地望着吴成生：他这是有心病啊！前两天，地区来人透露，赣新电视有限公司有一些职工将面临下岗。

吴成生抬了下手，张惠衡赶忙俯身贴近他张动的嘴唇，"赣新下岗职工的事，我……有几点意见，你帮我记下来……"吴成生大口大口喘着气，断断续续讲述着。每吐一个字，蜡黄的脸上都沁出了汗珠。痛楚撕裂着亲人的心：什么 时候了，他想的还是工作！

谁能想到，这几句关于下岗职工安排的意见，竟成了共产党员吴成生留下的最后遗言！两天之后，阖家团圆的除夕，吴成生带着事业未竟的遗憾，辞别了人世，终年58岁。

1995年10月26日，去外省出差近一个月的吴成生又马不停蹄赶到南昌，参加一个全省的会。他感到从未有的精疲力尽，想起昨天才答应过妻子，一开完会就去医院看看可等不及会议结束，他就被送进了医院。

"肝癌晚期，癌细胞已扩散。"初诊结果如雷轰顶。吴成生从医生的话中隐约猜到了病情，他把自己独自关在病房里，哭了。可等同志们推门进去，吴成生转过脸来又神情自若地谈起了工作。大家心里泛起一阵酸楚。

吉安地区行署秘书孙磊流着泪对记者说，从吴专员住院到去世的一年多时间里，他的心一刻也没放下过工作。转院上海治疗时，药物的毒性严重侵扰着吴成生的大脑，他头晕眼目、呕吐、没有食欲，每天只能喝点牛奶，人瘦得只剩下骨架子。他明白留给自己的日子已经不多，他要和时间赛跑！每天，吴成生稍有精神便戴上老花镜，趴在病床上一笔一画把自己长期积累的发展老区的经济思路、对策写成信，寄给地区领导：

关于在地区机械行业中发展农业、工程、包装机械的设想；

关于地区电子工业产品方向和规模化经营的步骤……

他写写，停停，握笔的手打颤，虚脱的身体直冒冷汗，近3万字的5封长信就这样写成。一条条，一项项，凝聚着他的心血和智慧。地委书记王林森捧着吴成生这 封断断续续写成的长达18页的信，双手止不住颤抖，敬佩和痛惜之情油然而生：这分明是吴成生以身躯作纸、鲜血为墨写下的，字里行间浸透着他迫切希望老区经济发展的殷殷之情，铭记的是一个共产党员对党和人民的赤胆忠诚。

看到无情的病魔吞噬着吴成生的最后生命，有人劝他：老吴，多休息，别管工作了；工作是国家的，身体是自己的呀！吴成生摆摆手说：我们这些人，身体都是国家的。

在吴成生家里，我们看到了他生命中的最后一张照片，那是去世前两个月，他在吉安火车站建设工地留下的身影。每当看到这张照片，当时陪同他的地区交通局副局长朱为杰总是泪眼朦胧：

1996年11月25日，秋风带上了些寒意。别人还穿着薄西装，吴成生却裹上了厚厚的长风衣，戴上了一顶呢帽。

为了京九铁路配套工程顺利完工，吉安火车站正在加紧施工。连续几天受低烧煎熬的吴成生沿着 火车站主体工程走了一圈，边看边问工程进度。他靠在工棚上和大家交谈，那是他实在迈不动脚了。照片上，他的双手插在风衣口袋里，那是他需要 把手握成拳头按压住肝

部，遏制疼痛，又不想让别人察觉。就这样，他以非凡的毅力强忍着，在工地上坚持了50分钟，才被送回医院。这一天，离他去世只有两个月零11天。

今年1月吴成生转院南昌治疗。一天，妻子张惠衡从外面回到病房门口，听到里面传出"第五点意见……"她心头一惊：这熟悉、沉稳的声音自己很久都没听到了呀。这个月吴成生一直嗓子说不出话，今天怎么了？她推门一看，病床边站了一圈来谈工作的人……对事业的着恋和赤诚，支撑着吴成生战胜病痛。

在入党志愿书中，吴成生曾这样写道："我向党保证，不管什么时候，不管出现什么情况，我都坚定地跟党走。只要党需要，我可以牺牲个人的一切乃至生命。"吴成生用自己的生命实践着一名共产党员的誓言。

70年代，吴成生得知吉安缺少科技人员，毅然从武汉来到这里，把青春和热情献给了革命老区。他对家人说："我们不能爱一个地方才去一个地方，而要去一个地方就爱一个地方"

躺在病榻上，吴成生想念井冈山，惦记那里的一草一木，那里的父老乡亲。他对身边的同志说，"井风山的家业要靠几辈人去奋斗，我们不能再把落后留给下一代。吉安的事我不能件件都办好，但努力去干，总要干好一两件。"

1970年11月，武汉9名青年科技人员在井冈山下安家落户，带队的正是吴成生。这一年，是吴成生人生道路上的重要转折。

吴成生的家乡在江西上饶，1963年他从清华大学毕业分配到国家一机部武汉热工机械研究所。7年后热工所因故解散，北京、天津一些单位向吴成生发出了邀请。

但是，吴成生选择了井冈山。

初到吉安，生活环境的艰苦是没料到的。没有房子，吴成生和妻子分住在各自单位的集体宿舍。可就在这样的环境下，1978年吴成生建起了江西第一家热处理专业厂。也是这一年，他成为江西首批有突出贡献的科技工作者。

1991年刚刚上任地区行署副专员的吴成生，马不停蹄在全地区考察了一个多月。深入的调查研究使吴成生对地区生产布局有了清晰的思路，他设计了沿京九线主攻电子、食品、医药化工、建筑材料四大支柱产业的经济蓝图。

有了蓝图，还必须有好项目。1993年吴成生回到母校清华大学。与昔日的老师、同学相见，吴成生顾不上多谈这些年自己的波折，他摊出地区工业的20多个课题，向大家描绘起井冈山的壮美、井冈山的蓝图。教授们被打动了。这一年，18名清华教授带着24项技术成果来到井冈山，签订正式技术合作合同20项、意向合同100项。

井冈山脚下有家三线厂，原有产品下马后，厂里走得只剩下74人。吴成生反复跑这家濒临倒闭的厂子，果断决定上电子项目，作为地区发展电子工业的基地。1986年精通德语的吴成生到原西德学习生产线技术，回国时正是春节前夕，他顾不上回家，腊月二十九还跑到电子工业部申报立项。如今，这家600人的井冈山电子材料厂年生产铜套管400多吨。在吴成生的规划下，吉安地区的电子工业占据江西三分之一的天下。

担任地区行署副专员6年中，吴成生亲自审查了300多个项目，为吉安争取来10多亿的外来资金。

吴成生的书桌抽屉里，压着一封1978年元旦一位老朋友写来的信。信中说，北京的水电部核电局想借调吴成生去工作。老朋友让他快向单位"表明态度，力争回到北京"。可直到吴成生病逝，他妻子整理遗物时才发现这封信。吴成生懂英、俄、德、法、日5国外语，他的一些老同学为他联系好了外地的科研单位和高校，可他却放弃个人搞科研出成果的机会，把根深深扎在井冈山的红土地。他说："我们不能爱一个地方才去一个地方，而要去一个地方就爱一个地方。"

在吴成生看来，自己既然留在了老区，就要对得起老区人民，就要实实在在为他们干点工作，不做表面文章、不搞数字游戏，对上对下都要负责。一位新上任的领导找吴成生谈工作，吴成生把当时地区工业亏损的数字一一亮了出来。他说："宁肯不要这顶帽子，也不浮夸虚报。"

扎扎实实为老区干些有益的事情是吴成生对自己的要求。他的同事说，吴成生干工作不是为了当官，当领导干部是为了更好地工作。

对群众的疾苦，吴成生时时记挂在心；自己的生活，他淡泊超然，两袖清风。他说："艰苦奋斗，就是我们井冈山的形象"

1994年，吉安地方修建的向吉铁路移交给京九铁路管理后，向吉铁路原来招收的460名工人的安置发生了困难。吴成生对此坐卧不安。

一天晚上，吴成生得知有关部门第二天在南昌开京九铁路建设会，便叫上司机，深夜12点往南昌赶。会上，吴成生情真意切摆出问题，请求将这些人妥善安置，这一年，他8次跑有关部门，一次次协商工人的安排。现在，460名工人重新走上岗位。

说起吴成生，井冈山市经委干部单守义热泪纵横：是吴专员救了我妻子一命啊！1994年，单守义患心脏病的妻子上北京动过手术后不久，病情转化成心包缩窄，生命再次面临死神威胁。单守义的妻子在集体企业工作，为了治病，经济上已捉襟见肘。绝望中单守义想起了曾有

一面之交的吴成生。吴成生想到在地区医院手术又及时花费也少，就当即与地区医院联系。得知院里有设备但没人能做这种手术，吴成生立即布置医院去南昌请来两个医生。9月13日，南昌的医生在地区医院为病人成功施行了手术。单守义的妻子救过来了，一家人怎不感激恩人吴成生！

吴成生可以为素不相识的460名工人的工作奔走，可以把一个普通职工的困境记挂在心，却从不给自己的亲人走关系。吴成生的外甥女跟在自己身边10多年，一直在樟脑厂当工人。这几年厂里半停产，效益不好。外甥女想调换单位，可当舅舅的却劝说：你要一走，别人也想走。人心散了，厂里不是雪上加霜吗？

吴成生是个有强烈改革开拓意识的领导，同时保持着艰苦奋斗清正廉洁的好作风。吉安行署办公室负责财务报账的同志，送给吴成生一个雅号"18级干部"。那是她们发现吴成生好几次出差北京、南昌，住的恰恰都是18元一晚的招待所。

在南昌市育新路的小巷深处，我们找到那家每宿18元、内外已显破旧的省供销社招待所——这是1990到1995年吴成生出差南昌常住的地方。房间里4张木板床占满了空间，桌上一台黑白电视，不带卫生间。他对同来的同志说，这里离省政府近，我们办事方便。

吴成生有一句口头禅："我们是老区的，发展不容易。能省一点算一点。"和吴成生出过差的人都知道他有"三不"：不住高级宾馆，不打出租车，不大吃大喝。有人开玩笑问，住得太差了会不会影响吉安的形象？吴成生一本正经地说："形象？艰苦奋斗就是我们井冈山的形象！"

吴成生对自己就是这样苛刻，而对他人却乐于慷慨解囊。人们在整理他的遗物时，看见了一张希望工程捐款卡，还有发自江西省永丰县古县乡中心小学和珠溪完小的两封信。信中孩子们写着："我向您敬上少先队员最崇高的队礼。"

吴成生当副专员6年，一直住在昏暗潮湿的老楼的一层。他在经委工作时，单位盖了三幢新房，可每次吴成生都说"有地方住就行了，让困难的同志搬进去"；他当计委主任时，建房12套，他又倡导"领导不分房，先让给困难的职工"。

1996年吴成生在上海住院期间，为了感谢他对赣新电视有限公司的关心，公司汇了6万元到吉安驻上海办事处，以支付吴成生部分治病费用。吴成生知道了，反复交待妻子："这笔钱决不能用，我们不能增加企业的负担。"吴成生去世后，他的妻子找到赣新领导说："听说这笔钱还留在办事处，你无论如何要收回去。这是老吴最后的心愿，不然他会去得不安的！"

春蚕到死丝方尽。勤政为民的好专员吴成生无私的情怀，震撼着460万井冈儿女的心。井冈呜咽，呼唤着吴成生的名字；杜鹃啼血，映衬着吴成生的赤诚。吴成生走了，但他关心、奔走的一个个项目、一座座企业在快速地建设发展，它们像一座座矗立的丰碑，铭刻下这位人民好公仆平凡而伟大的一生。

第九部分

用人　育人

深化国有企业改革关键在人

刘海藩

国有企业干部人事制度改革问题，是当前加快推进国有企业改革一个十分重要的问题，也是我们实现经济体制改革新突破的关键所在。

在将近二十年的改革进程中，我们在国有企业改革的大思路方面，曾做过多种选择，不断变换改革的着力点。最初的判断是认为国有企业在计划体制下长期沉淀的主要问题是缺少自主权，所以，改革中心是围绕扩大企业自主权来展开，主要采取放权让利等措施，从扩大企业自主权试点到减税让利，一直到承包制，国有企业的权力不断扩大。尤其是承包制，可以讲这是在不改变内部体制的情况下，企业经营权的比较完整的实现。经过数年的实践，发现企业自主权的实现，固然有积极作用，但承包制的弊病也开始显露出来。然后，又认为国有企业的根本问题是经营机制没有转换，改革就是要把国有企业真正推向市场。为此，我们进行了以转制为重点的企业改革，同时，还向国有企业下放了14项权力。随着改革的深入，又认为国有企业的根本问题是企业制度改革。中央提出了“产权清晰、权责明确、政企分开、管理科学”16字的总体要求，而在舆论和实践中，主要围绕产权问题展开活动，对后面的12个字，特别是管理科学，从全局看未能引起必要的重视。随着改革的进一步发展，我们发现，要从总体上搞活整个国有经济，前提是优化结构，于是又着眼于从国有经济结构上来认识国有企业的问题，改革又进一步深入到更广阔的领域。

应当说，改革的阶段侧重点不同，从一个侧面反映了改革逐步深入的进程。但同时也说明，我们还没有正确认识和准确把握国有企业改革这个系统工程的真谛。改革从根本上说，是要解放生产力，为此，要从体制和机制上消除阻碍生产力发展的因素，理顺责权利关系，调动积极性。从这个意义上说，人是改革的主体，也是改革的客体。改革要由人来推动，改革的成果也要通过人的管理活动才能转化为生产力。现在，国有企业改革到了攻坚阶段，其突破口要从解决企业根本问题方面来选择。企业的根本问题是人的问题，选好、用好并发挥好企业领导者的作用，建立一支高素质的企业经营管理者队伍，是企业发展的关键。有一个事实应当引起我们的重视，这就是由于改革，扩大了企业的经营自主权，甚至包括企业改制，使企业经营状况好坏的差别不是缩小了，而是拉大了。这一方面反映了市场竞争的作用；另一方面，反映了企业经营自主权的扩大，企业的决策和企业经营者的素质，直接决定了企业的命运。我们在现实生活中，经常可以看到和听到这样的事例，一个好的企业领导者，可以使经营条件比较差的企业改变面貌；相反，一个不好的企业领导者，也可以把一个好端端的企业搞垮。我们在调查中发现，凡是搞得好的企业，首先是因为有一个好的企业领导者和领导班子；凡是经营状况不好的企业，多数是企业领导不得力造成。这表明，国有企业的经营状况在很大程度上是由人来决定的，国有企业的根本问题还是人的问题，是企业领导者和领导班子。所以，以企业干部人事制度为重点推进国有企业改革，应当说抓住了问题的根本。

一个时期以来，人们在谈论国际经济一体化，当然也有的论者不同意这种提法。不管怎样提法，国际间经济关系越来越密切，相互影响、相互制约越来越强烈，竞争越来越激烈，是一个客观的也是严峻的事实。而这种竞争，首先是人才的竞争。我们的国有企业如果没有优秀的经营管理人才，没有强有力的领导班子，就会在国际经济关系中处于不利地位。通常在评价我们的干部队伍的时候，总是说大多数是好的和比较好的，这当然有道理。如果单从企业的范围，从国有企业要加入国际竞争这个角度来说，在形势逼人和体制滞后的环境中，却不可过于乐观，似乎应当说，企业干部适应这种形势的只是少数，多数可能不很适应或很不适应。不仅是经营管理能力不适应，有些人尤其是精神状态不适应，如对社会主义的信心，奋发向上斗志，三老四严的作风，全心全意为工人阶级、为国家谋利益的精神，都属于精神状态。经营管理能力的提高，要靠学习和实践，精神状态的改变，除了学习以外，还要靠改革，以有效的体制和机制为激励来推动。中国石油天然气总公司在全系统推行的“三干法”，就是国有企业干部人事制度改革的一条成功经验。它比较有效地解决了国有企业制度存在的机制僵化、效率低下、缺乏活力等层次问题；解决了干部选任上渠道不多、视野不

宽的问题,加大了群众参与的力度,变少数人选人为多数人选人,优化了干部队伍结构,解决了在干部使用上机制不活、缺乏竞争的问题,引入竞争机制,实行优胜劣汰;变干部的能上不能下、能高不能低为能上能下、能高能低,激发了制度的活力;解决了在干部管理上缺乏规范、缺少监督的问题,实行动态考核和全过程监督,使干部"上"有竞争、"干"有压力,始终处于竞争与激励过程中,干部队伍真正活起来了。这种体制的意义,还在于把党管干部的原则与市场配置资源有机地结合起来了,并从一个重要方面把职工的主人翁地位落到了实处,也是我们党全心全意依靠工人阶级的一种具体体现。这些不仅是深化国有企业改革要做到的,也是建立现代企业制度要实现的内容,更是建设社会主义市场经济体制所必需。

在国有企业改革到了攻坚的时刻,我们应当加大力度、加快速度推进国有企业干部人事制度改革,以此为突破口,来开创国有企业改革和发展的新局面。一个企业,如果有一批善于开拓进取,勇于奉献的干部领导;有一批专门人才精心经营,严格管理;有一批公正无私的干部认真监督,广大工人自然会以企业为家,勤奋工作。形成一个优者居上,能者居中,勤者居下,公者居侧的组织格局,企业也就必然充满生机和活力。要实现这个目标,有待于改革的深化,根本问题还是要解决好政企职责分开。在市场经济下,企业作为市场主体,承受着市场竞争的压力和风险,要求企业领导者具有在风险中求生存、求发展的经营观念和经营能力;他不是面对上级而是要面对市场。传统意义上的干部管理制度是不适应这种要求的。因此,改革要逐步向以下几个方面深化:首先要进一步解放思想,加快企业家队伍职业化与市场化的进程。通过建构以市场为导向的选拔任用机制、素质能力业绩考评体系,通过优胜劣汰,把优秀管理人才吸收到国有企业,并使他们的才能得到充分发挥。第二,建立经济利益与品格评价相结合的企业家激励机制,以是否依法经营、保证国有资产的保值增值和保护职工合法权益作为考核依据,并将实绩与个人收入及职务变动挂钩。第三,要强化企业家监督机制,形成内部股东(或职工)监督与财务监督,外部组织监督、法规监督与市场监督,以及个人自我约束相结合的监督体系。党管干部,应主要在选拔、有效监督与培养教育三个方面着力体现。

当然,国有企业改革是一个系统工程,不能设想用一计一策解决国有企业的问题,国有企业改革也没有现成的划一模式,真正解决问题还在于一切从实际出发,在实践中去探索和创造。十五大在讲到国有企业改革时特别强调:"要坚定信心,勇于探索,大胆实践"。在讲到所有制改革时还强调指出:一切反映社会化生产规律的经营方式和组织形式都可以大胆利用。要努力寻找能够极大促进生产力发展的公有制实现形式。一个"大胆利用",一个"努力寻找",给我们以非常广阔的探索空间。现在的问题,一是看我们能不能真正解放思想去大胆实践;二是看我们是否能够从实际出发正确地选择改革的方式和方法。我们多年改革与发展实践总结出来一条宝贵经验是解放思想,实事求是。对此,我们应当认真领会,准确把握。正如江泽民同志指出的:"把握了这个精髓,也就把握了马克思主义最本质的东西,也就把握了马克思主义、列宁主义、毛泽东思想、邓小平理论的历史联系和它的统一科学思想体系。"也才能够不断解决新课题、开拓新境界、实现新飞跃。

我们说,企业的干部人事制度是国有企业改革具有关键意义的问题,是就国有企业总的情况而言的,具体到每个企业,问题存在的程度、问题的表现形式都可能是不同的。所以,改革的具体方法也不同,这就需要我们从实际出发去认真探索。而只有这样来自于实践的探索,才能够真正解决实际问题。

(作者系中央党校副校长、教授)

积极稳妥地在党政机关推行竞争上岗

李铁林

党的十五大对我国迈向新世纪的干部人事制度改革提出了明确的战略任务，指出：要“加快干部制度改革步伐，扩大民主、完善考核、推进交流、加强监督，使优秀人才脱颖而出，尤其要在干部能上能下方面取得明显进展。”要“深化人事制度改革，引入竞争激励机制，完善公务员制度，建设一支高素质的专业化国家行政管理干部队伍。”在党政机关进一步推进和规范竞争上岗，是认真贯彻落实十五大精神、深化干部人事制度改革的实际步骤。各地、各部门要从战略和全局的高度，充分认识在党政机关推行竞争上岗的重要意义，进一步增强责任感和紧迫感，把这项工作扎扎实实地开展起来。

在党政机关推行竞争上岗是深化干部人事制度改革的实际步骤

竞争上岗是一种以公开、平等、竞争、择优为主要特征的干部选拔任用方法，即在一定范围内公布实行竞争的职位和任职条件，通过公开报名、考试答辩、群众评议、组织考察，产生竞争职位人选，然后按规定的程序和干部管理权限择优任用干部。这种方法，主要适用于选拔任用党政机关工作部门内设机构的领导干部。

推行竞争上岗，是建立社会主义市场经济体制对干部工作提出的必然要求。党的十五大以后，各级党委、政府围绕实现跨世纪发展的宏伟目标，积极推进经济体制和经济增长方式这两个根本性转变，努力解决好建立比较完善的社会主义市场经济体制和长期保持国民经济持续、快速、健康发展这两大课题。实现两个根本性转变，解决好两大课题，都迫切要求干部制度的改革与之相适应，与之协调发展。在机关内部实行竞争上岗，正是为适应社会主义市场经济发展的需要而逐步形成的新的干部选拔任用方式。它有利于实现人才资源的合理配置；有利于把竞争机制引入到机关干部人事工作中来，形成在竞争中定胜负、选人才的新机制，不仅为更多的干部展示自己的才能提供了平等的机遇，而且为广大群众参与和监督干部选拔任用开辟了渠道。

推行竞争上岗是推动干部能上能下、能进能出，促使优秀人才脱颖而出的重要措施。党的十五大指出：“按照革命化、年轻化、知识化、专业化方针，建设一支适应社会主义 现代化建设需要的高素质干部队伍，是我们的事业不断取得成功的关键。”建设一支高素质的干部队伍，需要作多方面的努力。加强干部队伍的建设，要深化改革，建立和实行一套严格、科学的制度。在机关内部实行竞争上岗，由“关门点将”变为“比武选将”，将干部放在同一起跑线上公平竞争，这就为优秀人才提供了一展身手的机会。干部是上是下，是去是留，取决于平等竞争的结果，从而使上者服众，下者服气，出者无怨，领导超脱，群众拥护。一些单位的经验表明，在机关内部推行竞争上岗，不但增强了广大机关干部的责任感，激发了他们奋发进取、自强不息、努力学习、勤奋工作的内在动力，有利于提高干部队伍的整体素质，而且为干部的正常上下、进出开辟了渠道。

推行竞争上岗是树立正确用人导向，纠正选人用人方面不正之风的有效手段。纠正用人上的不正之风，铲除腐败现象，需要采取多种措施，标本兼治，多管齐下，最关键的是要形成富有生机与活力的用人机制，建立严格的干部人事工作规则和强有力的监督制度。实行竞争上岗，不仅把竞争职位、任职条件、竞争办法、程序、决策过程等全部公开，而且把干部个人提职、交流的愿望和竞争的成绩也公开，完全置于群众的监督之下和评判之中，能够有效地遏制托人说情、跑官要官、“近亲繁殖”等不正之风。实行竞争上岗，为干部的选拔任用提供了严密的工作程序和客观的考察评价方法，能够比较直观地反映干部的素质和群众的评价，有效地避免人为因素的影响，公平、公正地选拔干部。

推行竞争上岗是抓住机构改革的机遇，做好机关工作人员定岗和分流工作的迫切需要。按照党的十五大关于机构改革的部署，目前，国家行政机关的机构改革方案已全部出台，不少部委局已进入人员定岗和分流阶段。总的看，这项改革正在顺利进行，广大机关干部是拥护的。但也有某些地方和部门在干部分流中出现了一些不良倾向，值得注意。比如，有的搞亲亲疏疏、拉拉扯扯，以个别人的好恶定取舍，等等。国家行政机关机构改革的根本目的之一，就是根据精简、统一、效能的原则，建立办

事高效、运转协调、行为规范的行政管理体系，提高为人民服务水平。一些地方和部门的实践证明，在机构改革中，运用竞争上岗的方式选配和分流机关工作人员，有利于选贤任能，提高机关干部队伍素质，有效地防止和克服机构改革中的各种不良倾向，又为广大机关干部所接受，有助于顺利地完成人员分流任务。经过竞争的考验和筛选，可以把真正优秀的适合机关需要的人才留在机关，优化机关干部队伍结构，提高机关的效能和效率。

积极稳妥地在党政机关推行竞争上岗

在党政机关实行竞争上岗，必须以邓小平理论和党的十五大精神为指导，以《党政领导干部选拔任用工作暂行条例》和《国家公务员暂行条例》为依据，认真贯彻执行党的干部路线和方针政策，坚持干部人事工作的正确原则，在机关干部人事工作中引入竞争激励机制，进一步拓宽选人用人渠道，促使德才兼备、实绩突出、群众拥护的优秀人才脱颖而出，激发广大机关干部的积极性、创造性，努力建设高素质的干部队伍。

坚持党管干部的原则。党管干部原则，是我国干部人事工作的根本原则，必须坚定不移地贯彻执行。在竞争上岗整个过程中，要始终贯彻执行党的干部路线、方针和政策，严格按照干部管理权限和规定的程序办事，切实加强党组织对竞争上岗工作的领导。要严格按照《党政领导干部选拔任用工作暂行条例》和《国家公务员暂行条例》的规定，来确定竞争原则、选拔标准和竞争上岗方案，具体人选要在履行各项程序的基础上，由党委(党组)集体研究确定，并按规定的管理权限报批和决定任命，使党管干部原则落到实处。

坚持"四化"方针和德才兼备的原则。在党政机关推行竞争上岗，必须按照干部队伍"四化"方针和德才兼备的原则，切实把那些德才兼备、实绩突出、群众拥护的干部选拔到中层领导岗位上去。既要防止重才轻德的倾向，又要防止重德轻才的倾向。要坚决破除论资排辈、平衡照顾的思想，把一批优秀年轻干部充实到机关中层领导班子中去。要根据不同层次的干部形成年龄梯次结构的需要，对不同层次职位的任职年龄作出符合实际情况的规定，鼓励年轻干部积极参加竞争。对特别优秀的年轻干部，可以适当放宽资格条件，允许他们越一级参加竞争。在竞争上岗中，还要对参加竞争人员的知识、能力、专业水平等进行全面考核，对各职位的任职条件包括文化程度、专业水平等作出具体规定，严格按标准选人。

坚持公开、平等、竞争、择优的原则。公开，是公平、公正的前提。公开，才能让群众参与，接受社会的监督，才能有效地抵制选人用人上的不正之风。要改变封闭式、神秘化的做法，坚持竞争职位和任职条件公开，竞争的程序、办法、过程公开，考试成绩和竞争结果公开。平等，是公平、公正的条件。参加竞争的人员一是机会均等，符合任职条件的人都可一试身手；二是条件平等，不搞"内定"，干部依据自己的愿望，凭自己的真才实学，站在同一条起跑线上决出高低。竞争，是公平、公正的保证，是识别干部真实水平的试金石。择优，是公平、公正的结果，是竞争上岗的根本目的。在竞争上岗中，要根据竞争人员考试和演讲答辩的成绩以及民主测评的结果，按考察对象人数多于拟任职务人数的原则，择优确定考察对象和任用人选。

坚持群众参与和群众公认的原则。实行竞争上岗，要广泛发动机关干部积极参加竞争，提高群众的参与程度。参加竞争人员的演讲答辩，要有群众参加，要提出工作设想，回答领导、群众提出的问题。组织竞争上岗的机关，要充分听取群众的意见，通过一定形式，了解群众对参加竞争人员的评价。一般情况下，凡是多数群众不拥护的，不能提拔任用。要把群众的评价作为干部升降去留的重要依据，使群众公认原则在竞争上岗中得到全面贯彻和充分体现。

通过竞争上岗选配机关干部的过程，实质上是对竞争者进行全面、准确、客观、公正评价的过程。明确竞争内容，规范竞争程序，是实现择优而任的关键。根据各地、各部门的经验，中组部和人事部提出的竞争上岗意见规定，竞争上岗一般应有公布职位、公开报名、资格审查、考试、演讲答辩、民主测评、组织考察、决定任命等8个环节。这些程序，具有内在联系，实施竞争上岗时应抓住关键环节，保证选人质量。

处理好竞争上岗中的几个重要关系

竞争上岗是一项政策性很强的改革。对此，态度要坚决，安排要缜密，步子要稳妥，工作要细致。要妥善处理竞争上岗中的一些重要关系，保证这项改革健康、顺利发展。

妥善处理坚持党管干部原则和走群众路线的关系。竞争上岗的突出特点是公开、民主，群众参与程度大，它较好地弥补了以往干部选拔任用工作中民主不够、群众参与程度不高的缺陷，在依靠群众选贤任能方面取得了突破性进展。但也应注意防止在决定干部任用时"一切由群众说了算"的现象。据了解，有的地方把竞争上岗搞成了竞选，召集群众参加答辩会，当场唱票打分，当场汇总票数、分数，并当场按得票多少宣布谁当选；还有的地方，由考评委决定竞争职位人选等等。这些做法，都是不妥的。党管干部和走群众路线都是我们在干部选拔任用工作中必须坚持的原则，在竞争上岗中要把二者有机地统一起来。通过竞争上岗确定有关职位的人选，要充分听取和尊重群众的意见，把群众对竞争人员的评价作为决定人选的一项主要依据。同时，党委(党组)也要牢牢

掌握竞争上岗工作的主动权，从制定方案、设计程序到具体组织实施的整个过程，都要在党委(党组)的领导下，由组织人事部门具体承办。

妥善处理竞争上岗与其他干部选拔任用方式的关系。从各地、各部门的实践看，以下几种情况更适宜运用竞争上岗的方式确定人选：职位出现人员空缺的；机构调整、重组或现有人员超出职数限额，需要进行人员调整或分流的；按规定进行职位轮换，有必要通过竞争上岗确定有关职位人选的；选拔专业性较强或热门职位的人选等。这里需要明确的是，竞争上岗是选拔任用干部应当长期坚持的一种重要形式，但不是唯一形式，它不排斥、也不能取代其他干部选拔任用方式。不论采取什么方式，都要按照党和国家规定的标准、原则、程序和办法，做好干部选拔任用工作。要注意竞争上岗与“双推双考”公开选拔领导干部的区别与联系，按选拔任用对象和参与竞争对象的不同特点，采用与之相适应的程序和办法，做好不同层次干部的选拔任用工作。一般来说，选拔部门和单位领导班子成员或推荐有关领导班子人选，可运用“双推双考”公开选拔的方式；选拔任用机关内部中层以下干部，可运用竞争上岗的方式。具体到一个部门和单位，具体到某些职位，在实际工作中，究竟采用哪种选拔任用方式，应当按照不同层次、不同类型干部的具体情况和各单位的实际确定，做到多种方式方法并存。

妥善处理考试与考核的关系。竞争上岗时的表现和成绩能反映干部的水平，平时考核和日常表现同样能反映干部的水平。在确定竞争职位人选时，应当综合考虑干部竞争考试、答辩的成绩和平时的德才表现，全面衡量、准确评价干部。有的干部，竞争时考试成绩很好，演讲答辩也头头是道，但平时工作表现一般；有的干部，实际工作能力很强，平时表现突出，但由于种种原因，考试、答辩的成绩却不理想。上述情况，单看哪一头，都不能反映干部的真实情况。一些地方将干部竞争上岗时的笔试成绩、答辩成绩、民主测评得分和平时年度考核情况，按一定比例汇总，以此确定干部的综合成绩，能够比较全面、准确地评价一个干部，值得借鉴。

妥善处理竞争与团结的关系。在机关干部人事工作中引人竞争机制，实行竞争上岗，一个很重要的目的，就是要增强机关干部的竞争意识。事实证明，竞争出人才，竞争出活力。但同时必须认识到，机关工作是一项全局工作，做好机关工作的前提是团结、协作。不讲团结、协作的竞争，只能把事情搞糟。有的担任中层领导职务的干部，把其他同志竞争自己现在任职的职位，当成是与自己过不去；有的干部对竞争对手耿耿于怀，不愿与之共事；有的干部通过竞争担任中层领导以后，利用双向选择之机，对其他参加过竞争的同志进行排斥，等等。诸如此类的问题，干扰了竞争上岗的健康进行，影响了机关建设，必须引起重视并加以纠正。要加强讲大局、讲团结、讲协作的教育，引导和教育全体干部正确地看待同志之间的正当竞争，使竞争的过程成为增进了解、增进团结的过程，达到公平竞争与团结协作的有机统一。

在党政机关推行竞争上岗，是推进干部制度改革，加强干部队伍建设的一件大事。各级党委、政府要高度重视这项改革，切实加强领导，列入重要议事日程，作出统一部署。各级组织人事部门要积极组织、支持和具体指导各地、各部门实施竞争上岗，总结推广好的经验和做法，及时发现和解决工作中遇到的问题，使之逐步经常化、制度化、规范化。

(作者系中组部副部长)

扎扎实实开展竞争上岗

中共河北省委组织部　省人事厅

几年来，我省把实行竞争上岗作为深化干部人事制度改革，健全完善选贤任能新机制，建设高素质干部队伍的重大措施来抓，取得了良好效果。目前，全省各级党政机关中共有14547个处、科级领导职位实行了竞争上岗，参加竞争人数达41004人。我们从四个方面入手开展工作：一是先行试点，为全面推行竞争上岗探路子、打基础。二是转变思想观念，搬开思想上的“拦路虎”。针对思想认识上的问题，我们采取“下透雨、再播种”的工作思路，层层召开思想动员会，举办讲座和研讨会。各级党委、政府领导同志亲自出面动员，讲意义，提要求，宣传典型经验，层层进行发动。三是省直机关带头搞，一级带一级、一级抓一级，很快在全省上下形成了良好的竞争氛围，有力地推动了各级党政机关竞争上岗的顺利开展。四是建立规范，促进竞争上岗健康有序地开展。在认真调研、总结经验的基础上，省委组织部、省人事厅共同制定了《河北省国家公务员（机关工作人员）竞争上岗暂行办法》，对竞争上岗的原则、范围、条件、程序、组织实施、管理监督等都作了具体规定，对竞争上岗实行了制度化管理，并使这个机制逐步得到健全和完善。

我们始终按照《党政领导干部选拔任用工作暂行条例》和《国家公务员暂行条例》的规定要求，搞好实施方案的制定工作。在试点和总结经验的基础上，我们确定了操作程序和方法：一是公布竞争职位和任职资格条件；二是公开组织报名；三是对参与竞争者进行资格审查；四是在笔试的基础上召开竞争答辩会；五是对参加竞争者进行德、能、勤、绩全面考核和群众评议；六是党组集体研究拟任人选，按照干部管理权限予以任命。我们在制定具体方案工作中，突出抓了三个关键环节：

一是以公开、平等为原则，合理确定竞争范围和资格条件。全省各级各部门都把公开、平等作为制定实施方案的基本要求，做到竞争职位数额、竞争范围、竞争职位的职责任务、资格条件、候选人的确定、评分办法、实施方法步骤、竞争结果“八公开”。在组织考试和答辩时，统一命题，严格保密。在评委打分和群众评议中，实行无记名办法进行测评。

二是坚持德才兼备的原则，制定科学的考核评价办法与标准。首先，处理好“德”与“才”的关系。各部门在制定实施方案时，既看参与竞争者有没有胜任本职工作的能力，能不能带领一班人团结奋进，同时又注重其思想政治觉悟程度。其次，把握好“说”与“做”的关系。既通过演讲听其言，又通过考核、群众评议观其行。第三，把握好“组织意见”与群众评议的关系。竞争上岗，既要防止以票取人，又不能忽视群众意见。各部门在具体操作时，通过考试、考核、述职答辩和民主评议等形式，广泛地了解干部，全面、客观地对竞争者做出评价，做到知人善任。

三是坚持党管干部的原则，依据两个《条例》严格把关。全省各部门在资格审查中，对干部任职资格条件进行认真审核，对政治条件进行严格把关，确保晋升质量。需要放宽任职资格条件的，各部门都主动请示党委组织部门，经允许后再列入竞争范围。在任命程序上，严格按照中央和省委规定办事。同时，各部门党委（党组）加强了对竞争上岗的组织和监督，发现问题及时解决，使竞争上岗从制定方案到组织实施，始终在党委领导下进行。

为了把制度落实好，我们采取多种措施抓好实施工作。一是明确责任，切实加强组织领导。在具体实施过程中，明确要求各部门党政一把手负总责，亲自动员部署，认真研究有关问题，及时进行指导监督，严格把好政策关。二是充分发挥各级组织人事部门的协调指导作用。在实施中，省、市、县组织人事部门都派人深入到有关部门中去，掌握情况，把握进程，发现问题帮助解决，重大问题及时汇报。三是注意做好思想政治工作。从动员到实施，各部门主要领导同志与参与竞争者逐人谈话，了解想法，做好引导工作。四是积极争取党政监督部门的支持，发挥群众监督作用。各级、各部门还通过发布公告、电视实况转播等形式，发挥社会舆论监督作用，真正做到取信于民。

以机构改革为契机　积极推行竞争上岗

国家外汇管理局

国家外汇管理局是中国人民银行管理的依法进行外汇管理的国家局。国务院在这次机构改革中，将我局行政编制由原来的200名定为140名，人员将精简30%。在现有人员比较紧张的情况下，精简这么多人，是十分不容易的。党组决定，认真贯彻落实党中央、国务院关于机构改革和干部人事制度改革的精神，围绕建立一支适应现代金融发展需要的高素质外汇管理公务员队伍，充分利用好机构改革的契机，建立竞争机制，推动我局公务员队伍建设。

——把人员定岗和分流与优化结构、全面提高公务员素质结合起来，通过定岗分流、优化组合，充实工作人员金融业务知识，提高办事效率。

——把人员定岗分流与深化干部人事制度改革结合起来。打破干部使用上论资排辈、能上不能下的传统观念，推行竞争上岗，创造公开、平等、竞争、择优的用人环境，增强机关的生机与活力。

——把人员定岗分流与加强机关建设、提高人事管理水平结合起来。规范人事管理，加强群众监督，改善服务态度，提高服务质量，树立外汇局公务员在社会公众中的良好形象。

根据上述指导思想和原则，我们确定了定岗和分流人员实行竞争上岗的方法。

设计方案。根据党中央、国务院关于人员定岗和分流精神，结合我局实际情况，局党组制定了定岗和分流具体操作办法，特别注意根据司、处和处以下人员的不同特点，提出不同要求，并在工作时间安排上，先司长、副司长，后处长、副处长，最后是处以下人员，以保持业务工作的衔接。

思想动员。动员工作分两次进行：第一次是向各司司长通报党组初步拟定的《外汇局留岗人员选择办法》，征求各司长意见，并要求各司长做好竞争上岗的思想准备，做好本司工作人员的思想工作。第二次是召开全局机关工作人员动员大会，布置留岗人员资格考试等工作。

资格考试。对正副司长，我们要求其在规定时间内写出职位申请书，陈述本人对本司工作的认识、打算以及对本司岗位设置、工作要求和人员条件的建议。处以下人员的资格考试，按业务人员和行政人员两大类进行。全局参加考试的119人，其中有101人竞争业务岗位，18人竞争行政人员岗位。结果有6人没有通过120分的合格线。

公布职位和报名。根据国务院下发的《国家外汇管理局职能设置、内设机构和人员编制规定》，局领导责成有关司长牵头组织司的职位核定工作。然后，召开全局大会，通报资格考试的有关情况，介绍各司处的岗位编制，让考试合格人员自愿选报职位，并作职位答辩准备。我局规定，正副司长职位只由现有司级人员选报；正副处长职位由现有处级人员选报；一般工作人员职位由现有机关在编公务员选报。司长以下人员可以在公布的机构编制和职数范围内报两个志愿。

组织答辩。为做好司、处长的答辩工作，成立了由局领导任正副组长的答辩领导小组，组成了司、处两级答辩委员会。司级答辩委员会由9个司级单位各推选出2名处长组成。处级答辩委员会由9个司级单位各1名司长和1名一般公务员组成。答辩时间集中安排在周末。

民主测评。我们召开全局处以上公务员会议，以无记名投票形式，对现有司、处级人员进行了民主测评，为竞争上岗打好群众基础。

确定人选。司级人员由局党组根据每个人职位申请书、答辩分数、个人志愿、以往工作表现和工作需要决定。处级人员由各司司长和副司长，根据考试分数、答辩分数、个人志愿、平时表现和工作需要提出建议名单，提请局党组讨论决定。一般人员由各司司务会按个人志愿、工作需要、平时表现提出人选报局人事部门，由人事部门确定。

我局实行竞争上岗，不仅实现了机构精简和人员分流的目标，保持了局内工作的连续性和平稳过渡，而且激发了广大公务员勤奋工作，不断进取的精神。绝大多数同志对这次竞争上岗表示满意，认为整个过程遵循了公开和公平的原则，达到了竞争和择优的目的。全局公务员的工作作风和工作态度发生了较为明显的变化。

深化国有企业干部人事制度改革课题研讨会综述

白　辛

为了贯彻落实党的十五大提出的加快推进国有企业改革的战略任务，进一步深化国有企业干部人事制度改革，由全国加强企业领导班子建设协调小组办公室、中共中央党校科研部、中国石油天然气总公司人教局共同主办的“深化国有企业干部人事制度改革课题研讨会”，不久前在北京召开。中共中央委员、原中国石油天然气总公司总经理周永康、中共中央党校副校长刘海藩、中共中央政策研究室副主任郑科扬、中华全国总工会副主席杨兴富、中央组织部部务委员兼国企业办主任刘是龙等领导同志出席会议并讲话。来自中央国家有关部委、总公司人事部门的负责同志，有关专家学者、中国石油天然气总公司系统典型单位的代表和新闻单位共60余人参加了会议。

会议听取了中国石油天然气总公司在全系统推行的、以“三干法”为核心的干部聘任制的情况介绍，论证了“建立与社会主义市场经济相适应的企业干部人事制度课题组”提出的《研究报告》，从理论和实践的结合上对国有企业干部人事制度进行了深入研讨。现将会议的研讨情况综述如下：

一、推进国有企业改革要在关键问题上进行突破

与会同志指出，加快推进国有企业改革，关键是要抓住国有企业的根本问题，选准突破口，这样我们才能明确主攻方向，才能集中力量，重点突破，全面展开，整体推进。改革以来，我们在国有企业改革上曾不断变换着力点，最初认为，国有企业的主要问题是缺少自主权，所以改革中心是围绕着扩大企业自主权来展开。主要采取放权让利等措施，从扩大企业自主权试点到减税让利，一直到承包制，国有企业的自主权不断扩大。特别是承包制，这是在原有体制下企业经营权的一次比较完整的实现。之后，又认为国有企业的根本问题是经营机制没有转换，改革就是要把国有企业真正推向市场。为此，我们进行了以转制为重点的改革，向国有企业下放了14项权力。随着改革的深入，我们又发现国有企业的根本问题是企业制度，为此进行了以建立现代企业制度为重点的改革。中央提出了“产权清晰、权责明确、政企分开、管理科学”的企业改革16字方针。但在改革的具体操作过程中，由于过多强调了产权改革，使其它方面的改革没有得到应有的重视。改革的进一步发展，我们又着眼于从国有经济结构上来认识国有企业的问题，改革又进一步深入到更广阔的领域。

应当说，改革的阶段侧重点的不同，从一个侧面反映了改革的逐步深入的进程，但同时也说明，我们在国有企业根本问题的把握上，还不是很明确。现在，当国有企业改革到了攻坚阶段，其突破口要从解决企业根本问题方面来选择。企业的根本问题是人的问题，选好用好并发挥好企业领导者的作用，建立一支高素质的企业经营管理者队伍，是企业发展的关键。因此，“推进国有企业改革与发展，重要的是加强国有企业领导班子建设，尤其是选好企业的厂长经理。”这是当前加快国有企业改革具有关键意义的突破口。现在国有企业存在的问题，越来越集中反映在企业的经营管理者和企业的领导班子上。有一个事实应当引起我们的重视，这就是由于改革，扩大了企业的自主权，甚至包括企业改制，使企业的经营状况好坏的差别不是缩小了，而是拉大了。这一方面反映了市场竞争的作用；另一方面，也反映了随着企业经营自主权的扩大，企业的命运在更大程度上决定于企业经营者身上，企业经营管理者的素质和水平，直接决定了企业的好与坏、兴与衰。一个好的企业领导者，可以使一个比较差的企业改变面貌；相反，一个不好的企业领导者，也可以把一个好端端的企业搞垮。调查发现，凡是搞得好的企业，首先是因为有一个好的企业领导者和领导班子；凡是不好的企业，几乎是领导不得力造成的。这表明，国有企业的经营状况在很大程度上是由人来决定的，国有企业的根本问题是人的问题。而人的问题关键是企业的领导者和领导班子。因此，当前深化国有企业改革，要突出解决企业的选人、用人问题，要把改革不合理的用人制度，与深化国有企业的其它方面改革结合起来，在建立现代企业制度的过程中，要着力“探索符合市场经济规律和我国国情的企业领导体制和组织管理制度。”

会议强调指出，在国有企业改革到了最后攻坚时刻，

我们应当加大力度加快推进国有企业干部人事制度改革，以此为突破口，努力开创国有企业改革和发展的新局面。

二、“三干法”是国有企业干部人事制度改革的有益探索

与会同志认为，以企业干部人事制度为突破口深化国有企业改革，这是企业改革的有益探索，是经过实践证明行之有效的重要改革举措。中国石油天然气总公司以深化国有企业干部人事制度改革为重点，在全系统推行了以“三干法”为核心的聘任制，取得了明显的成效。它有效地解决了国有企业制度存在的机制僵化、效率低下、活力缺乏等深层次问题；解决了干部选任上渠道不多、视野不宽的问题，加大了群众参与的力度，变少数人选人为多数人选人，优化了干部队伍结构；解决了在干部使用上机制不活、缺乏竞争的问题，引入竞争机制，实行优胜劣汰，变干部能上不能下为能上能下、能下能上，激活了制度的活力；解决了在干部管理上缺乏规范、缺少监督的问题，实行动态考核的全过程监督，使干部“上”有竞争，“干”有压力，始终处于竞争与激励过程中，干部队伍真正活起来了。通过深化企业干部人事制度改革，不仅解决了国有企业长期不能解决的深层次问题，而且企业的面貌也迅速改变了。

原中国石油天然气总公司总经理周永康同志在会上指出：通过几年来推行“三干法”、实行聘任制，切实感到这一办法比较适合现行的国有企业领导体制，为充分发挥党组织的政治核心作用、坚持和完善厂长（经理）负责制，全心全意依靠工人阶级找到一个好的结合点。实践表明，新的用人机制，为各级领导班子和干部队伍注人了新的生机与活力，取得了明显的成效。石油企业领导班子整体素质和水平有了较大提高，经考核分析，目前好的和比较好的领导班子在局处两级班子中，分别占96.5%和95.4%。近年来，有19个油气田获得全国思想政治工作优秀企业荣誉称号；有22个企业获省部级“双文明单位”荣誉称号；有443名处以上领导干部获省部级以上荣誉称号。在各级领导班子和干部的带领下，整个职工队伍团结一心，艰苦奋斗，克服了各种困难，使总公司生产建设、改革管理和精神文明建设都不断取得新的成绩。1997年，生产原油14322万吨、天然气171.7亿立方米，是近10年来最多的一年；全年实现销售收入1920亿元，比上年增长11.5%；全年上缴税费258亿元，比上年增长16.2%；全年实现利润100亿元，比上年增长12.4%。曾长期亏损的中原油田，在进行企业干部人事为重点的改革以后，迅速改变了企业的经营状况，成为1997年十大扭亏国有企业的典型之一。

“建立与社会主义市场经济相适应的企业干部人事制度”课题组在提交会议的研究报告中指出：“三干法”在推行过程中，不仅产生了重大的实践效果，而且还形成了强烈的放大效应。一是增强了广大干部群众的开拓进取意识，把人们的内在潜能充分调动和发挥出来，并转化为自觉的行动；二是使广大干部摆正了自己的位置，增强了服务意识；三是促进了各级领导班子的团结，优化了班子结构；四是密切了干群关系，把干群关系建立在共同责任的同一基点上；五是加强了党风廉政建设，形成了有效的监督约束机制。它在客观上引发的深层变革，赋予“三干法”更深刻的内涵。从这个意义上来理解，“三干法”无疑是国有企业干部人事制度的一场深刻革命。

从更全面的意义上来理解，“三干法”实现了“三个突破”、“三个转变”和“六个结合”。所谓“三个突破”，一是突破了干部选任的部门行为的限制，提高了群众的参与度，把组织行为与群众的意愿很好地结合起来，既体现了党管干部原则，又体现了党的群众路线。而实现这一突破的实质意义在于，它能够从根本上杜绝利用权力进行交易和跑官要官等问题；二是突破了身份界限，不拘一格选人才。这样就拓宽了选人用人的范围，为人才脱颖而出创造了公平的环境；三是突破了“一纸定终身”的干部制度，使干部能上能下，能下能上。做到了“上”的群众满意，“下”的个人服气，并且营造了重新竞争的机制。

所谓“三个转变”，一是由少数人选择转变为多数人选择，开阔了选人的视野，拓宽了用人的渠道；二是由“让我干”转变为“我要干”，这是干部选拔使用上的一个实质性的转变，充分体现个人的积极进取的意识和行为责任；三是由事后监督转变为全过程监督，“三干法”把事前监督、事中监督和事后监督有机地结合起来，产生了积极的效果。

所谓“六个结合”，一是把党管干部原则与引人市场机制有效地结合；二是把干部的选、用、管有机地结合；三是把个人的意愿、群众的选择与组织原则有效地结合；四是把岗位、绩效与个人的利益结合起来；五是把干部流动与机构改革结合起来；六是把加强企业管理与全心全意依靠工人阶级结合起来。

研究报告指出，“三干法”是实践的创造，是理论与实践结合的结果，它在推行过程中实现了理论上的创新。特别是在经济管理理论方面，实现了管理上的三个跃升。一是由对物的管理、对人的管理跃升到对管理者的管理；二是由“能人治厂”阶段跃升到管理制度化阶段；三是由一般的行为管理跃升到机制管理。

三、进一步完善“三干法”，加大企业干部人事制度改革的力度

会议在充分肯定中国石油天然气总公司系统推行的，以“三干法”为核心的企业干部人事制度改革的基础

上，提出要大力推行“三干法”，进一步加快国有企业干部人事制度改革的步伐，要在推行中进一步完善，使之适应新情况和新发展。在课题组的研究报告中还就此提出了具体的建议：

1. **从国有企业的实际出发，区别不同情况，有重点地在国有企业中推行“三干法”。**对那些经营状况比较好的国有大中型企业，在全面深化改革的同时，应当重点推行以“三干法”为核心的干部人事制度改革，以此为突破口，带动其它各项改革的深入；对经营状况比较差的部分国有企业，应当在结构调整、资产重组和下岗分流改革过程中，加大推行“三干法”的力度，使企业通过改革，在新的制度和机制下运行。

2. **在实践中不断完善“三干法”，并将其进一步规范化，逐步形成完整的制度体系。**“三干法”作为一项改革的探索，还要在改革的实践中不断完善和发展。应当从制度创新的意义上去规范与完善，把它同建立现代企业制度联系起来。

3. **采取有效措施加大推行力度，把改革逐步引向深入。**“三干法”是国有企业干部人事制度的一场深刻革命，它的推进必将引起社会各个层面的变革。随着企业的逐步推行，必然要向管理层延伸，要求管理层的改革要相应跟进。这是国有企业改革的深化过程，也是经济体制改革的必然过程。

4. **注意试点和总结经验，从理论和实践的结合上加强对“三干法”的研究，要“着眼于对现实问题的理论思考”。**

5. **努力创造有利于这项改革的大环境。**创造政策环境、舆论环境等。

6. **把推行“三干法”与深化经济体制改革和推进政治体制改革紧密结合起来。**与“两个根本转变”和结构调整结合起来，适应改革与发展的总体要求，取得更加积极有效的成果。

在研讨中，一些专家从更深层次上和新的实践意义上，对“三干法”进行了论证。有同志指出，加快推进国有企业改革，要十分注意以下四个方面问题：一是在人与物的关系上，要突出以人为中心。过去我们过于看重物的作用，以物为中心设计改革，效果并不理想。现在要强调，要以人为中心来设计，这就抓住了问题的根本。二是在对人的积极性的调动上，主要靠利益机制还是竞争机制？改革开放近20年来，调动人的积极性主要依靠的是利益机制，虽然取得了一定的作用，但从长远看，光靠利益机制是不行的。“三干法”主要是竞争机制和激励机制的作用，调动人的最大潜能，是一种利益机制与其它机制结合的综合机制。三是党对企业的领导问题。党要保持对企业的领导这是肯定的，但领导方式要改变，领导不能包办，要通过管干部来实现。但这个问题长期没有解决具体落实。“三干法”解决了这个问题。四是全心全意依靠工人阶级的问题。依靠就要真正体现工人阶级主人翁的地位，首要的是选举优秀的企业领导干部。这一点“三干法”同样得到了很好的体现。

还有的专家指出，实践表明，对于建设有中国特色的社会主义市场经济下的企业干部选任，“三干法”具有很强的可行性和可操作性，是符合中国国情的。

也有的专家指出，“三干法”是在国有特殊垄断行业实行的，它是否对所有行业具有普遍意义？特别是对于通过现代企业制度改革建立的企业，应如何运作？对于多种所有制形式的企业如何进行？这还有待于认真的研究。由于“国有企业千差万别，尤其是所有制形式多样化后情况更加复杂，人事制度必须与之相适应，这需要有一个不断探索、逐步完善的过程”。但完善只能是在推行中完善，不能只完善不推行。

会议强调指出，当前的改革是一种创新的改革，一切都有待于大胆的创造，并没有现成的道路可走。十五大对于国有企业改革强调一个基本原则就是“要坚定信心，勇于探索，大胆实践”。同时提出要“大胆利用”和“努力寻找”有利于生产力发展的所有制实现形式。现在的问题，一是看我们能不能真正解放思想去大胆实践；二是看我们是否能够从实际出发正确地选择改革的方式和途径。我们要按江泽民总书记所要求的，“着眼于对马克思主义理论的运用，着眼于对实际问题的理论思考，着眼于新的实践和新的发展”。这样才能不断解决新课题，开拓新境界，实现新飞跃。

（作者系中央党校《理论前沿》编辑部主任、教授）

干部人事制度改革的方法论思考

侯建良

在邓小平同志改革干部人事制度思想的指导下，干部人事制度改革伴随着经济体制改革、政治体制改革的逐步深入，已经走过了将近20个春秋，它所取得的成绩已为国内外所瞩目。干部人事制度改革进入了深层次阶段，也是较之过去更加艰难的阶段。在这种情况下，以唯物辩证法为指导，从方法论的角度，对干部人事制度改革的实践认真加以分析思考，总结经验，对于保证干部人事制度改革的继续深入和健康发展，从而更好地贯彻落实党的十五大精神，为推进伟大事业提供强有力的组织保证，具有重要意义。

一、把握"扬弃"实质，正确认识改革内涵

干部人事制度改革无疑是对传统干部人事制度的否定，而否定的实质是"扬弃"，即对传统干部人事制度既克服又保留，既变革又继承。往往可以看到两种情况：在改革的起始阶段，很多人对改革不够理解，态度不够积极，顾虑重重，原因之一，就是感到现行制度中还有很多优良传统，还有许多行之有效的办法，在感情上一时难以做出否定的决断；而当改革形成一种"大潮"之后，一些人又否定一切，以"改"为胜，甚至朝令夕改。这两种表现形式有个共同的方法论错误，就是把改革看成一种机械的否定，犯了形而上学的毛病。只有真正懂得了扬弃的道理，才能正确认识改革的性质，把握改革的方向和改革的力度。

在建立我国干部人事制度的过程中，由于采用形而上学的态度，我们是吃过大亏的。建国后，我们过分强调了干部人事管理的政治性、机密性，追求纯而又纯的"社会主义的干部人事制度"。我国古代的东西不能借鉴，因为那是封建主义的；西方的人事管理办法不能吸收，因为那是资本主义的。于是先干起来再说，等着某项问题突出了，研究一下，发个"通知"，"头痛医头，脚痛医脚"。所以在我们十几厚本人事文件汇编里，绝难找出几件正儿八经的法律法规，在《国家公务员暂行条例》出台以前，我国竟没有一部人事管理的总法规。这样，干部人事管理当然也就不可能实现科学化与法制化。

社会主义国家的人事制度不是从天上掉下来的，它不可能割断历史。我们党和国家在建国后逐步建立这套干部人事制度时，自觉不自觉地运用了已经为我们掌握了的人事管理知识，比如增加干部时需要一定的录用办法，干部需要分类分层管理，提拔干部时要考察，对干部的工作情况要有一定考核办法，年老要退休等等。这些观念都不是我们头脑里固有的，也不是我们亲自从"原始状态"下摸索过来而后获得的，不管你承认不承认，这都是历史给我们的厚赠。不仅这些基本的人事管理知识，不是我们从头摸索得来的，包括一些层次很高的管理思想，我们实际上也是从历史上继承下来的。例如，我们现在仍然遵循的"德才兼备，用人唯贤"的原则，就是古已有之的，并且古人对德与才的关系已有着非常精辟的论述。《资治通鉴》的主编司马光就说："德者，才之帅也；才者，德之资也。"这说明，"今天"是在"历史"基础上发展而来的。既然古代的东西都必然要继承，建国以后我们自己建立的制度，需要继承的东西就更多了。

一方面，传统的东西要继承，不继承我们就失去了基础；另一方面传统的东西更需要改革，不改革我们就不能前进。事实上，建国以后的干部人事制度从一开始，即使是对于当时的计划经济体制而言，也包含着科学与不科学、正确与不正确、与实际相适应与不适应两个方面。不过在当时来说，这一制度在主流上是比较科学的、正确的，与实际是基本适应的。随着情况的变化、时间的推移，干部人事制度中的不科学、不正确、不适应的因素逐渐扩大。十一届三中全会之后，党和国家的工作重点实现了向经济建设的转移，干部人事制度一下子变得突出起来，原来与计划经济体制基本相适应的传统干部人事制度再也难以为继，于是邓小平同志发出号召："勇于改革不合时宜的组织制度、人事制度"。

干部人事制度改革不能割断历史，说明了人事管理工作的纵向联系；人事管理工作还有横向联系，就是看似千差万别的各国人事管理制度中存在着一定的共性，即反映人事管理内在规律性的东西。这些规律性的东西，包括一定的管理原则和大量的管理办法，是任何社会制度的国家都应当遵循的，是各国之间可以相互借鉴、相互吸收的。当然，各国人事制度之间又存在着特殊性，即个性。由于我国与西方国家的文化传统、政治体制、经济基

础不同,因而不可能照搬西方国家的公务员制度。例如西方国家的公务员“政治中立”原则对我国就根本不适用。认为各国公务员制度是彼此孤立的,不能沟通的,当然不对;但把各国公务员制度说成是“无差别的”一个东西,也是错误的。

总而言之,我国古代的人事制度里有精华,也有糟粕;建国以后的传统干部人事制度里有优良传统,也有弊病;外国人事制度里有先进的科学的、能为我们所用的管理办法,也有不科学的或不能为我们所用的管理办法。我们建立新型的科学的干部人事制度,就要根据当前的实践要求,继承或吸收古今中外的科学的能反映人事管理规律的管理办法,而革除或抛弃那些不科学的不合时宜的管理办法。需要强调的是,保留继承过去的优良传统,吸收外国人事制度中某些科学的管理办法,并不是机械地继承和吸收,而是要根据我们今天的实际情况加以改造,古代的东西要使之现代化,外国的东西要使之中国化,变成我们完全需要的东西,这实际上是在继承当中又有创造。这种改革办法,就是扬弃的办法。

然而,扬弃的意义并未到此为止。干部人事制度改革的过程是不断变化发展的过程,因而“扬弃”应当是动态的扬弃。我们在改革中要随时注意研究新情况,解决新问题,总结新经验,不断扬弃,不断充实丰富我们的改革内容。

二、坚持“发展”思想,推动改革继续深化

恩格斯有句名言:“世界不是既成事实的集合体,而是过程的集合体”。干部人事制度改革也是一个过程的集合体。一个阶段过程的结束,就意味着另一个新的阶段过程的开始。干部人事制度改革已经取得了巨大成绩,新型的管理体制和一系列管理办法已基本建立,但改革过程并没有完结,还要继续深入。认为“改革差不多了,可以松口气”的想法,以及任何“厌战”的情绪都是要不得的。

干部人事制度改革属于政治体制改革,它必然是与经济体制改革相互联系、相互作用的。正如邓小平同志所讲的:“政治体制改革同经济体制改革应该相互依赖,相互配合。只搞经济体制改革,不搞政治体制改革,经济体制改革也搞不通,因为首先遇到人的障碍。”这种相互联系的关系就决定了,在经济体制改革还要继续深化的时候,干部人事制度改革也要随之深化。党的十五大在调整和完善所有制结构、加快企业改革、完善分配结构和分配形式、实施科教兴国战略等方面都提出了进一步深化改革的要求,这就必然要求在企业人事制度改革、工资制度改革、人才资源开发等方面与之配合。另外,干部人事制度改革作为政治体制改革的一部分,还有个与政治体制改革其他部分相互联系、相互配合的问题。比如十五大提出的加强法制建设、推进机构改革等问题,都会要求在提高人员素质、增强竞争激励机制、调动积极性方面进一步加强。总之,干部人事制度改革不是孤立的,它必须与其他改革同频共振,同步前进,才能适应改革的大环境。

另一方面,干部人事制度改革之所以要不断深化,还与我们的认识是不断深化的有关。改革思路、改革方案的正确与否,决定着改革的成败。改革思路和改革方案从何而来?来源于我们对干部人事管理工作的认识。然而,认识是有规律的,正像毛泽东同志讲的那样,认识是一个通过“实践、认识、再实践、再认识”,从低级到高级的无限发展的过程。我们不可能在改革之初,就对干部人事管理的规律一下子认识清楚了。我们的认识需要在改革实践中逐步加深。认识之所以是渐进性的,一方面在于我们的认识能力有个锻炼提高的过程,另一方面还在于受到客观条件的制约。在社会主义市场经济体制提出之前,我们不可能想到干部人事制度改革要与市场经济相适应。认识的这种规律性,就决定了我们现在的改革方案不可能已达到最佳程度,我们还需要通过再实践、再认识,使改革进入更深入的阶段。

那么,干部人事制度改革需要如何深化呢?这里从方法论的角度谈一点思路。

第一,继承下来的优良传统要继续丰富。我们在干部人事制度改革中,既继承了过去干部人事制度中的优良传统,又革除了过去干部人事制度的弊端。但正如前面提到的继承优良传统,不是将属于优良传统的东西,原封不动地保留继承下来,而是应该创造性地继承。前一段的干部人事制度改革,我们的注意力主要集中在如何革除弊端上,对如何继承优良传统则考虑较少,注意不够。例如,党管干部的原则必须坚持,否则等于我们党自动放弃了领导权;但中央同时强调要“改善党管干部的方法”,只有改善才能坚持。而我们在如何改善上就没有下功夫研究。在建立社会主义市场经济体制的条件下,在依法治国的条件下,党管干部的具体实现形式肯定与革命战争年代、与改革开放前大不一样了。如果我们不去研究,就等于架空了这一原则。所以我们一定要在邓小平理论的指导下,用时代精神去丰富和发展这一原则,这样才是真正的继承和坚持。对待其他优良传统当然也是一样。

第二,在改革中建立起来,并证明行之有效的新制度要进一步完善,主要是在健全机制上下功夫,充分发挥制度的作用。巩固和完善新制度也是改革的内容,而且是改革的目的和归宿。公务员制度是当前干部人事制度改革一项重要的成果,四年的推行,证明这是一套比较科学的符合国情的人事制度。好制度也有个继续完善和深化

的问题,要按照十五大的要求,进一步“引进竞争激励机制”,“尤其要在干部能上能下方面取得明显进展”。例如很多地方已试行的“竞争上岗”在强化竞争、解决“能上能下”方面显现出了很强的生命力,应该抓紧总结规范,形成制度。

第三,加强对改革薄弱环节的研究,也是干部人事制度改革继续深化的重要内容。各方面的改革不是平衡发展的,干部人事制度改革首先在公务员制度方面取得了突破,解决了机关的人事管理办法,企业、事业单位的人事制度改革则明显滞后。这种不平衡开始是必然的,而且是必要的,但不能长期明显不平衡,否则会影响整个干部人事制度改革的进程。当然平衡之后也还会出现新的不平衡。根据当前实际情况,出台企业事业单位人事制度改革的方案有一定困难,但应抓紧研究指导性意见,并出台一些看准了的单项改革措施。这样会将整个干部人事制度改革往前推进一步。

第四,要着眼干部队伍素质的提高和人才资源的开发。江泽民同志在纪念党成立75周年时专门作了“努力建设高素质的干部队伍”的重要讲话,在十五大报告中又再次强调:“建设一支高素质干部队伍,是我们的事业不断取得成功的关键。”同时又特别强调搞好人才资源开发的重大意义,指出现代化建设的进程,在很大程度上取决于人才资源的开发。提高干部素质,开发人才资源,这是我们进行干部人事制度改革的出发点和落脚点。人事管理不是为了把人管住,而是要把人才资源开发出来,多出人才,并调动他们的积极性、创造性。干部人事制度改革不是为改革而改革,不是搞形式,而是为了建立一套比较科学合理的、民主法制健全的、充满生机和活力的干部人事制度,使之有利于干部队伍素质的提高,有利于优秀人才的脱颖而出。

(作者系人事部政策法规司司长)

邓小平理论的人才观

樊明

邓小平的人才观，是他建设有中国特色社会主义理论的重要组成部分。它继承和发展了马列主义、毛泽东思想，总结了中国革命与建设的伟大实践，不仅具有鲜明的时代特色，而且具有重大的理论意义，对于我们在新的历史时期坚持一条正确的组织路线具有十分现实的指导意义。

把人才问题提到组织路线的高度来认识，是邓小平人才体系的根本。党的十一届三中全会以后，邓小平针对改革开放和经济建设的新形势，一再重申："只是确定了实现四个现代化的目标还不够，还需要有人才"，"人才问题，主要是组织路线问题。"党在现阶段的政治路线是实现社会主义现代化，这就需要能够担当这一历史重任的人来干，谁来干，这是组织路线问题。选政治上不好的人来干不行，选那些平庸无能、无所作为的人来干不行，只有将成千上万的德才兼备的人选拔到各种合适的岗位上来，充分发挥他们的作用，才能为党的政治路线的实现提供可靠的组织保证。

现代化建设人才，从一定意义上说，是现代社会中新的生产力的代表。人民群众是生产力的主体，而在生产实践中涌现出来的富有优良素质和建设才能的出类拔萃的人物，则是社会群体中的先进分子，他们的学识、智慧、创造性劳动和卓越贡献，能够有力地促进生产力的发展。一个科学工作者的新发明、新创造，可以使工作效率和劳动生产率提高许多倍；一个技术人才能够解决重大技术难点，使设备利用率和产品质量获得大幅度的提高；一个优秀企业家能够把一个濒临倒闭的企业起死回生，扭亏为盈。要迅速发展生产力，就必须努力开发并使用人才。

尊重知识，尊重人才是邓小平人才观体系的核心。早在1977年，面对"四人帮"播撒的"知识越多越反动"和"宁要没有文化的劳动者"等流毒以及他们对于知识分子残酷打击迫害的后果，邓小平同志曾针锋相对地指出："一定要在党内造成一种空气：尊重知识，尊重人才"。其后，他反复强调人才的重要性，要"珍视人才"。1984年，在谈到关于经济体制改革的决定时，他说：《决定》十条中最重要的是第九条。"概括地说就是'尊重知识、尊重人才'八个字，事情成败的关键就是能不能发现人才，能不能用人才"。随后，在全国科技工作会议上，他又说："改革经济体制，最重要的，我最关心的，是人才。改革科技体制，我最关心的，还是人才。"

尊重知识，尊重人才，具有十分丰富的内涵。要立足对知识和知识分子政治地位的重要作用的认识，承认和尊重科技人才的劳动，正确认识红与专的关系。邓小平同志曾高度评价了广大知识分子政治上的可靠性和长期以来所作的重要贡献，指出："甚至在林彪、'四人帮'那样迫害和摧残知识分子的时候，广大科技人员也没有动摇对党对社会主义的信任，在极端困难的条件下，依然坚持科学技术工作。这样的队伍，多么难能可贵！"

"要实现二十年翻两番的目标，落实知识分子政策，第一位的就是要解决科技队伍的管理使用问题。"1992年88岁高龄的邓小平同志南巡深圳、珠海，当他听说那里的年轻科技人员都大有作为时，很高兴地说，高科技项目要年轻人干，希望在青年人的身上，我要握握年轻人的手，并和年轻的科技人员合影留念。邓小平同志就是这样尊重知识、知识分子和年轻人。

他老人家还曾指出，老科学家、中年科学家很重要，青年科学家也很重要。希望所有出国学习的人回来。不管他们过去的政治态度怎么样都可以回来，回来后妥善安排。"现行的组织制度和为数不少的干部的思想方法，不利于选拔和使用四个现代化所急需的人才。希望各级党委和组织部门在这个问题上来个大转弯，坚决解放思想，克服重重障碍，打破框框，勇于改革不合时宜的组织制度、人才制度，大力培养、发现和破格使用优秀人才，坚持同一切压制和摧残人才的现象作斗争"。他认为，知识分子从事专业工作，在一定意义上本身就是一种红的表现。此外，大力培养、选拔、重用知识分子，发挥他们的专长，热心关怀和帮助他们，为他们创造必要的工作和生活条件，充分听取专家意见，建设并依靠宏大的科技人才队伍等，都是尊重知识、尊重人才核心体系的重要内容。

解放思想，大胆提拔重用年轻人，是邓小平人才观体系中较为鲜明的特色。邓小平同志认为，改革开放必须起用大批优秀的年轻干部，但是，长期"左"的指导思想影响，使我们干部队伍的建设和管理不能适应现代化建设

的需要，要彻底改变这种状况，关键是要解放思想，打破框框。他在同一些老干部谈话时说："现在我们工作中真正的骨干大都是四十岁左右的人，三十岁左右的骨干还很少，我们应该把这层骨干大胆地提拔起来，在座的同志过去负重要责任的时候年龄都不大，当团长、当师长的，有的当军长，也只是二十几岁，难道现在的年轻人比那个时候的年轻人蠢？不是，是因为被我们这些人盖住了，是论资排辈的习惯势力使得这些年轻人起不来。好多同志在他们没有到领导岗位以前好像不行，其实把他们一提起来，帮助他们一下，很快就行了嘛。""论资排辈是一种习惯势力，是一种落后的习惯势力。"他还深刻地指出："我们说资本主义社会不好，但它在发现人才、使用人才方面是非常大胆的。它有个特点，不论资排辈，凡是合格的人就使用，并且认为这是理所当然的。"邓小平同志已深刻地意识到，不注意改变论资排辈的现象，将严重压抑人才的成长，影响四化建设。

所以，他要求全党和各级组织人事部门"要破格选拔人才，不是按老规矩办事"。在选人用人上，要注重实际才干，而不要过分重视资历，要按专业的要求组织领导班子，充分发挥专业人才的作用。"现在有几个年轻的科学家国内国际都出了名，为什么不能够提为教授，提为研究员？在学术上，只要有创造，有贡献，就应该评给相应的学术职称，不能论资排辈。在工厂，总要选业务能力和管理水平比较高的人当厂长，不管他年龄大小，辈数高低，不能讲这个。""现在有些地方对选进领导班子的年轻人，还是论资排辈，发挥不了他们的作用。我们的人才是有的，关键是要解放思想，打破框框"。

邓小平同志还强调，要改变发掘、选拔和使用人才的神秘化和手工业方式，依靠群众，选拔人才。必须扩大视野，坚决反对"只有看到周围熟悉的一点人，总在原来的一些人中打圈子，不会深入到群众中去选拔人"的官僚主义作风。指出："在人才问题上，要特别强调一下，必须打破常规去发现、选拔和培养杰出的人才。"所谓打破常规，就是要解放思想，不拘一格选人才，人才到处都有，不仅在知识分子中有，在工人、农民和下乡知识青年中也有，问题是要通过多种方式去选拔。有些企业和单位，群众自己选举出的干部，一些毛遂自荐、自告奋勇担任负责工作的干部，很快就做出了成绩，比单是从上面指定的干部合适得多。"政治表现好，又肯干，有专业知识的中青年干部，各行各业、各地区、各单位都有，问题是我们没有发现和提拔他们。"所以，必须改革人事制度，"打破那些关于台阶的过时观念，创造一些适合新形势新任务的台阶，这才能大胆破格提拔。"提出"要创造一种环境，使拔尖人才能够脱颖而出。改革就是要创造这种环境"。他满怀信心地希望，"只要大胆而谨慎地工作，就完全有把握把大批优秀的中青干部提拔起来，保证我们事业后继有人，后来居上。"

德才兼备的选拔人才标准是邓小平人才观体系中又一较为突出的特色。邓小平同志根据我国实现四个现代化的要求，创造性地提出了适合新形势新任务的德才兼备的人才标准。他提出，搞改革，就要大胆提拔重用一批勇于思考、勇于探索、勇于创新的有胆有识的改革者。对于那些思想僵化、墨守成规、脑子转不过弯子的人，都不能视为优秀人才。指出："选人要选好，要选贤任能。选贤任能这个话就有德才资的问题。贤就是德，能无非是专业化、知识化、有实际经验，身体能够顶得住。"他具体阐述道：目前"迫切需要大量培养、发现、提拔、使用坚持四项基本原则的、比较年轻的有专业知识的社会主义现代化建设人才"。在此，"有必要反复强调，我们的干部队伍必须坚持社会主义道路"，"但是只靠坚持社会主义道路，没有真才实学，还是不能实现四个现代化。"他反复论证，搞经济建设和改革开放，干部必须有知识，尤其要有专业知识。"今后的干部选择，特别要重视专业知识"。"无论在什么岗位上，都要有一定的专业知识的专业能力"。要做改革的开拓者，没有专业知识是不行的，没有精力是不行的，靠空讲不能实现四个现代化，必须有知识。专不等于红，但红一定要专。对于如何处理德才关系，他认为德是前提，强调"选拔人，第一个是政治条件"，"要选马克思主义者"。他还把政治标准即德的标准具体化为"为人民造福，为发展生产力，为社会主义事业作出积极贡献，这就是主要政治标准"。"中国的稳定，四个现代化的实现，要有正确的组织路线来保证，要有真正坚持马克思列宁主义、毛泽东思想和党性强的人来接班才能保证"。邓小平同志这些论述，在理论上继承、深化和发展了毛泽东同志的人才思想；在实践上，为党和国家选拔人才、录用干部提供了理论依据。

（作者系中共辽宁省委组织部《辽宁党建》编辑部）

人才测评：用人机制新概念

从锡印 王 佩

迎接用人观念的挑战

我国有400多万家企业，面对激烈的市场竞争，面对企业的生存发展，企业的经营战略、企业的经营策略、企业的经营管理，都离不开各种各样的人才。企业选人、用人的重要性，已提到了一个前所未有的高度。

人，作为一种资源，只有将其从“人力资源”升华到“人才资源”的境界，企业才能求生存，社会才能图发展。因此，人才测评这一科学手段，不仅为越来越多的企业所关注，还应为全社会所关注。

随着企业所有权和经营管理权的分离，培育和建立一支职业企业家队伍，并以他们为中心构筑起企业的团队精神，已势在必行。这些高级经营管理人才和他们统帅的团队，虽然不是资本的所有者，但通过他们的经营活动，能够使资本增殖；为了使资本增殖，他们需要通过必要的市场来流动，更需要通过人才测评对自己作出科学的检测和评判，从而找到最能发挥自己才能的位置。企业的经营者和管理者如此，企业的全体员工莫不如此。

人才测评，作为一种科学的人才评价手段，在我们国家的研究和应用还仅仅是初步的，还有很大的发展空间。人才测评必将在社会的进步与企业的发展中显现出它的不可替代的作用，让我们伸出双手，迎接这一用人机制的新观念的挑战吧！

人才测评悄然兴起

——曾轰动一时的巴林银行倒闭案的直接责任人李森，1994年曾被另一银行考虑雇用，但一家从事人才咨询的猎头公司受托评价此人：“非常聪明却有些浮躁，欠缺内在深度……你雇用他一年后，他也许会使你陷入一个很大的困局。”这家银行只好作罢。

——2000年悉尼奥运会两万名工作人员的招聘工作，组委会已委托给ADECCO——世界最大的一家从事人才服务的公司实施。

以上来自有关方面的信息表明，发达国家早已驾轻就熟的用人观念和评价方法，在变“人力资源”为“人才资源”方面，作用巨大。

1997年6月，北京华远房地产股份有限公司请世纪人才系统有限责任公司，为他们的230多名员工进行人才测评，华远公司上至总经理、下至普通员工，都接受了预先设计好的测评。

中国长江三峡工程开发总公司曾在北京、南京、武汉、重庆等地招聘25名大学生，报名者数以百计，如何考察报名者的基本素质？如何挑选出最符合三峡总公司岗位要求的人才？“光看档案不行，进行面试也不行。”三峡总公司决定：为应聘的学生实施人才测评。

上海柴油机股份有限公司、北京万东医疗股份有限公司、天津亿立达集团、中国远洋运输（集团）总公司等，也先后请有关服务机构为企业的中高级管理人员以至普通员工做测评。广东核电、四川长虹等著名企业，对人才测评也都表现出浓厚的兴趣。

伴随用人机制新观念的兴起，京、津、沪，还有广东、福建、江苏、山东、四川等地先后开展了人才测评服务。最著名的一家是由国家人事部人事考试中心组织创建的“世纪人才系统有限责任公司”，它作为人才资源开发的专业公司，不仅向企业提供了许多专业化的测评服务，还向相关测评机构提供了强有力的技术支持。

那么，什么是人才测评，它为什么会引起企业的浓厚兴趣呢？

什么是人才测评

人才测评，是运用现代心理学、管理学及相关学科的研究成果，通过心理测验、情境模拟等手段，对人的能力水平、个性特征等因素进行测量，并根据岗位需求及企业组织特性进行评价，以求对人有客观、全面、深入的了解，从而有利于将最合适的人放到最适合的岗位，并在人与人之间获得完满的工作组合。

人才测评，作为一种科学有效的人员评价手段，首先应用于战争中对军官和士兵的选拔，收到了良好的效果。目前大多数国家在选拔飞行员时都要对其进行测评。一般而言，培养一名飞行员的费用相当于和一个人的体重差不多的黄金。未经测评选拔的飞行员合格率不足1/

3,有的甚至不足1/5,即训练5个人,最后只有1个人能够飞行。而在测评选拔之后,合格率可以达到1/2或更高。这就是说在进行人才测评以后,每培养4—5名合格的飞行员就可以节省1吨的黄金。

在第二次世界大战后,人才测评开始广泛应用到各个领域,尤其是在企业管理中得到了迅猛的发展,企业广泛采用这一科学手段来招聘和选拔人员。在美国,1/3的小企业和2/3的大企业都来用人才测评。某些大型跨国集团甚至建立了本公司整套的人员评价体系。哈佛商学院MBA新生入学考试所采用的GMAT,实际上就是基本能力倾向测验,MBA新生入学后,还要接受坎贝尔职业兴趣测验,为日后择业提供参考信息。

人才测评,发挥了其它评价手段难以企及的成效。50年代,美国AT&T公司曾经对一批经理候选人进行测评,8年后,把测评结果与实际情况进行核对,发现在测评结果中预测会获得提升的人员中,已有64%升职为中高层管理人员。在美国,人才评价产业一年的营业额竟高达几十亿美元。

几十年来测评技术不断发展,大体可分为两类:

一类是标准化的心理测验,通过测验来了解人的基本能力素质和个性特征,它的特点是深入了解人本身的特质,具有较佳的普遍性和通用性,能够发现很多其他方法难以考察的深入信息。尤其重要的是,心理测验可以进行大规模团体施测,效率高,费用也较低。

另一类可统称为评价中心技术,包括文件筐测验、小组讨论、工作模拟以及结构化面谈等。评价中心技术以工作分析为前提,以对现实工作情境的模拟为核心思想,针对具体工作岗位,通过规范的程序设计、测试和评价过程,考察与工作岗位直接相关的人员因素。相对于心理测验而言,评价中心技术具有更高的精度和针对性。

近年来,国外一些跨国集团已把自己的评价中心改造为发展中心,更加强调人的发展与提高,不仅仅满足于对现实状况的评价,还要努力从培训与训练下手,全面提升员工的素质。

为何要选择人才测评

人才测评,国外已流行了几十年,人员评价的方法和手段也不断得到丰富和发展。随着改革开放和社会主义市场经济的深入和发展,人才测评必将在中国、首先在国有大中型企业得到较快的发展。

从宏观角度看,市场经济正在改变过去的分配制度,一切资源,包括人力资源,主要通过市场来获取。从微观角度看,企业获取人才,不再单纯依赖主管部门的任命或调配,更多地需要通过市场途径来选择。这是企业需要人才测评的根本原因。

浙江人本集团,是在改革开放大潮中成长起来的,当初几位国有企业停薪留职的年轻职工办起了一个小小的加工厂,现在已发展成为产值上亿元的企业集团。集团的总经理认为,当初他们凭借的是一股热情;现在不同了,企业发展的战略问题、经营策略问题、管理问题都冒了出来,只有通过人才测评,才能将厂内的经营管理人才挖掘出来,把社会上的经营管理人才招进来。

正像北京市华远房地产股份有限公司人事经理说的那样,中国缺的不是人才,而是一种有关“人才”的观念。事业兴衰,关键在人。如何发现人才、选拔人才、使用人才,这家公司正在犯愁之际,却意外发现了世纪人才系统有限责任公司和他们的《企业管理人才测评系统》,“华远”因此而迈上了一个高层次。

现在,企业管理科学化已成为众多企业追求的目标,我国一家著名的计算机公司,耗资2000万元,从国外引进管理系统;国外一些著名的管理公司,也成为国内一些大公司的座上宾。而人事管理科学化更是企业决策人士追求的目标,天津亿利达集团董事长在一个极偶然的情况下发现了人才测评,当即决定集团的所有员工都要参测。他说,我一直在寻求这样一种科学的方法,来更好地了解我们的员工,把他们放到最适合的岗位,充分发挥他们的潜能,今天,我终于找到了。

正是看到这一历史性变化,一批有志之士正着眼于中国整体人力资源的开发,并以人才测评为突破口,着手人才测评工具的开发工作。而要进行人才评价,必须有相应的评价工具和评价手段。从一定意义上讲,评价工具是否科学,评价手段是否先进,决定了评价结果是否准确。国内的人才测评工具发展大致经历了三个阶段:

——直接引进国外的评价工具。国外的心理测验经过数十年锤炼,在国外已成精品;在我国还没有比较成熟的测评工具的情况下,“拿来主义”,亦可解一时之需。

——对国外的工具进行改造引用后,人们很快发现,国外的工具在国外是好工具,但它不适应中国国情。中国人有中国人的价值观念、文化背景和经济环境,正因为如此,国外的人才公司没有一家把他们的工具正式拿到中国来运用,而我们的人才评价机构受技术力量和其它条件的制约,这种改造又只能是局部的、不系统的。

——独立开发适合中国国情和企业实际情况的人才评价工具。在这方面,开发较早最为成功的人才测评工具是由人事部主持开发的《企业管理人才测评系统》。

1994年,国家人事部人事考试中心根据部领导“三个转变”的指示精神,针对市场的需求和我国人才评价工具的现状,组织专家开发一套适合中国企业管理人员,并能够比较全面准确把握中国企业管理人员基本特征的企业管理人才测评工具。中国科学院心理学研究所、中国企业家协会、北京大学、北京师范大学、杭州大学管理学院、西安交通大学管理学院等权威的科研机构、企业管理

机构和名牌大学的知名专家，对这项被誉为“20世纪中国心理学界最大的应用工程”，进行了整整3年的科研开发，设计出由相互联系的六个测验、700多个题目组成的测试系统和相应的解释评价系统，并先后两次在全国22个省市的260余家各类企业的3600多名管理人员中进行常模抽样，取得了具有代表性的中国企业管理人员的第一手资料。

1998年1月23日，国家人事部人事科学研究院又组织专家对《企业管理人才测评系统》进行鉴定，通过的鉴定意见是：测评系统的总体设计思想先进，结构合理，理论依据坚实，具有系统性；测评工具符合测评原理，编制程序符合测量学要求，其性能指标达到实用和设计标准，具有很大的现实使用价值、较坚实的实证研究基础。这标志着我国人才测评事业开始迈人新阶段，对企业人事管理的科学化和企业人力资源的开发，对我国用人机制的建立和发展，将产生重要的推动作用。著名经济学家厉以宁教授认为，测评系统既具有理论意义，也具有实际意义，建议将这一研究成果推广使用。

一些企业也对“测评系统”高度评价：由于测评系统对管理人员在建立现代企业制度条件下和激烈的市场竞争中所需的智力、能力等做出测评，因而适应了社会主义市场经济对企业管理人才开发的要求，为管理人员潜在素质的开发提出有价值的参考意见。测评系统既把握了人的能力、动力、性格因素等检测手段，也包容了人的基本智力、管理意识、管理技能技巧、内在驱动力、认识思维方式等评价方法，因而能够对被测试者的岗位发展潜质做出评价，为进一步的选拔使用提供依据；同时又具有很强针对性，能够较为全面、准确地勾勒出被测评者能否胜任管理岗位的基本素质倾向，科学性强，具有良好的可操作性。被测者的素质状况在测试中得以自然流露，可信度、准确度高，同时操作又比较简便，工作人员只需稍加指导，就可对测评结果进行基本的评估分析。

人才测评解决什么问题

人才测评之所以逐渐得到企业的青睐，是因为它能够为企业解决实际问题。

一、人力资源普查和人才库建设

人力资源普查是企业搞好人事工作的基础，也是做好人力资源规划的依据。

传统的人力资源普查（或说人员摸底更为准确），是通过了解人的学历、工作经历来确定整体的人力资源状况，从而制定相应的企业人力资源规划。实际上仅仅靠上述信息远远不足以制定出好的人力资源规划，因为这种方式忽略了相当多的重要信息，比如人员发展潜力、适合的发展方向等等。人才测评告诉你企业的整体人力资源状况和水平，从而使企业在充分认清自我的基础上制定人力资源规划，能够在对人才全面了解的基础上有针对性地培养人才、使用人才。

华远房地产公司认为：“世纪人才公司”提供的“评价报告”，比较准确地掌握了公司员工的整体水平，对公司员工的素质、结构、兴趣动态等方面有了一个比较准确的了解，为如何挖掘人才、培养人才、组建干部队伍积累了很有价值的参考依据，较好地达到所预期的效果。

二、人员招聘

现代企业人员的补充主要是通过招聘来解决。

一般招聘，仅仅是看看学历、工作经历，学历和工作经历达到基本标准后，再通过面试决定是否录用。企业在招聘过程中遇到的普遍问题是，由于只能够了解应聘人员的学历和工作经历等表面信息，因而招聘成功率不高。如果中高级管理职位招聘失误，损失的就不仅仅是几个月的工资和企业资源，还可能是稍纵即逝的发展良机，从而影响企业的发展速度和经济效益。

人才测评在对招聘岗位进行深入分析后，可对应聘者的能力、个性进行深入了解，对与招聘岗位之间的匹配程度做出评价，并提出将来的使用和调配建议，不仅大大提高了招聘成功率，还使日后对其管理变得有矩可循。

北京金康食品有限公司是1997年6月成立的一家生产经营纯天然绿色食品的合资公司。公司的美方代表徐先生80年代初赴美攻读，获得博士学位。徐先生深知，有了好的产品，还必须有优秀的销售工作，主管市场营销工作的经理至关重要。于是，公司决定公开招聘销售副总经理。通过了解应聘者的工作经历、实际操作经验，淘汰了大部分应聘者，最终面对4名最后应聘者，公司内部产生了分歧，拿不定主意。这几个人在条件上非常相似，都具有大学以上学历、多年市场营销工作经验，目前都在食品行业中担任销售经理职务。为能得到最合适的人选，徐先生想到了人才测评，他知道，测评是国外选拔人才的一种常见手段，自己在国外工作时曾被别人测试过，也测试过别人。他决定请世纪人才系统有限责任公司通过测评手段，对4位候选人做出科学评价。在测试报告送到他手中的第二天，金康公司根据测试报告中的录用建议，确定了最后人选。事后，徐先生表示，测评结果正是他们希望得到的东西，公司内部的意见基本统一了，为招聘工作圆满地画上了句号。

三、选拔管理干部

员工在当前岗位上成绩不错，并不等于能够胜任更高的职位。如同挑担子一样，能挑得起50斤的担子，不等于能够挑得起100斤。当挑100斤担子时，一种人很轻松地挑起来了；一种人试了试，很重，但一挺肩膀，也挑

起来了；再一种人，100斤的重量、对于他来说，实在是不堪重负了。企业管理职位越高，管理的职责、跨度和难度也相应增大，管理成败所产生的影响也就更大，因此需要更强、更全面的综合能力。通过什么手段能够了解后备干部能否担当更重的担子呢，除了考察他的业绩，人才测评是一个重要的手段。人才测评可以通过一系列手段，不但了解人的现有能力素质，还能了解潜在的发展潜力，可以大大提高选拔干部的成功率。

上海柴油机股份有限公司运用《企业管理人才测评系统》，于1995年、1997年的两年中，对170余名在岗中层管理人员和后备中层管理人员进行测评，收到了良好的效果。依据测试报告提供的被测试者的岗位胜任能力、管理素质潜力及发展方向等分析结果，使公司对管理人才的选拔做到胸中有数，并进而在使用上做到人尽其才。60余名后备中层管理人员中，有32人安排担任中层管理职务。跟踪考核表明，这些后备干部均因"人适其职"而积极性得到调动发挥，岗位表现出色。

四、团队分析、班子配备

"世界上不存在完美的人，但可能存在完美的团队"。这是管理学界普遍承认的一个观点。日本的经济之所以能够在二战结束后迅速发展，其中十分重要的原因，就是日本的企业非常重视团队建设，强调合作与和谐。

团队分析，是针对企业或部门的领导班子进行的。它主要考察三个方面的问题：一是在这个领导班子中的每一个人都具有什么样的管理角色特征；二是这些人目前所承担的工作是否与其自身的管理角色特征相匹配；三是这些人的管理风格与方式是否协调。曾经有一位职业经理深有感触地谈道："如果一个企业的一名总经理和几名副总全是当总经理的材料，这个企业一定搞不好！"这说明在一个团队中，需要各种各样的人来扮演各种各样的角色。一个完美的团队的特点是人尽其才、各司其职、各显其能、全力配合。

北京有一家公司，请"世纪人才公司"为其高层管理者进行团队分析。"世纪人才公司"在对一名总经理和五名副总进行测评后认为，该公司高层班子的人员结构非常好——总经理是一位高瞻远瞩，抓大局、抓战略的决策者，从不过多干涉具体的业务问题；而恰恰有一位副总有明显的外部经营取向，总是能够妥善处理好业务问题；另外一位副总有明显的内部团队取向，能够把企业员工凝聚起来……在"世纪人才公司"的建议下，该公司对领导班子的分工进行了调整，进一步强化了各位领导的角色偏向。该公司总经理认为，原先的分工是工作中自然形成的，自己也讲不出其中有什么必然性，经过测评，头脑清晰了，方向明确了，更加坚定了信心。

国内外常用和有效的测量工具

考察因素	测验名称	简要说明
基本能力	《企业管理能力倾向测验》	由国家人事部人事考试中心针对企业中层管理人员而开发
	《行政职业能力倾向测验》	由国家人事部开发，用于国家公务员的招考工作
	《学术能力倾向测验》(SAT)	由美国教育测验服务中心(ETS)编制，是美国大学的入学考试
心理素质(个性、兴趣等)	《管理者行为风格测验》 《管理者职业兴趣测验》 《社会愿望量表》	由国家人事部人事考试中心针对企业中层管理人员而开发
	《明尼苏达多项人格测验》(MMPI)	美国明尼苏达大学编制，广泛地应用于心理疾病的临床诊断
	《16种人格因素问卷》(16PF)	由美国伊利诺斯州立大学编制

论开发人才资源的时效性

刘希模

开发人才资源与开发其它资源一样,需要有战略规划,需要投入财力、物力和人力。但人才资源与自然资源相比,又有其特殊性。其中最显著的特点是人才资源具有时效性。人才资源的时效性是怎么形成的?在开发人才资源中,哪些障碍影响时效性?如何抓住人才资源的时效性,加速人才资源的开发利用?本文就此谈点认识。

一、决定人才资源时效性的四个因素

正确认识和把握人才资源的动态特性,适时合理地开发利用每一个时期和每一空间的人才资源,发挥人才的最大效益,推动社会的发展,就是人才资源开发的时效性,决定人才资源开发的时效性的因素是多方面的,笔者认为主要有以下四个因素:

1. 生理动态因素

人才资源是由单个具体的人构成的。人的生命是有限的。其才能的发挥要受到年龄、体力、精力等诸多因素的影响。许多学者研究认为,人的一生中有一个从生理、心理到创造力等综合指标的高峰期。这个高峰期有的出现在青少年,有的出现在中年,还有的大器晚成,出现在老年。但不论何时出现,作为使用人才者,都必须适时地抓住人才创造力的高峰值,充分发挥人才的最佳效益。人们常说最大的浪费是时间的浪费。时间是构成人的生命的主要材料。因此,时间的浪费,说到底是人才资源在时效性上的浪费。珍惜时间,就要珍惜人才,及时地培养人才,大胆地使用人才。如果总认为年轻人来日方长,现在使用,将来仍有机会,这次不用下次用。殊不知等到年轻人熬到"可用"的时候,其体力、精力已非昔日可比,有的甚至已过了创造力的高峰期,开始出现回落。假如这时再来安排使用人才,就是人才的浪费。再假若整个社会都是这样使用人才,那么,失去的就将是整个社会人才资源最高峰的创造值,而开发利用的则是人才资源的回落值。一个国家,一个社会如果在开发和合理使用人才资源上抓不住最佳效益值,经常比人才资源的生理发展变化慢半拍,那么,她与世界最先进国家的差距就不止是"半拍",而且会越拉越大,形成一个"剪刀差"。

2. 心理需求因素

与其它资源相比,人才资源是一种最活跃的资源,它有意识,有思维,因而具有主观能动性。自然资源对其自身是否被开发,早开发还是晚开发,是没有主观意识和需要欲望的。因此,不会因为其自身价值是否被发现,被人类认可和利用而主动地、迅速地引起其资源能量的变化,更不会发生质的变化(当然,相当长时间不开发,自然资源也会发生量变和质变,但这种变化是被动的、缓慢的、渐变的过程)。人才资源却不同,其能量的大小要受到人才本身主观愿望、情绪、气度等心理因素的影响,而这引起心理因素随关外部条件的变化而变化。内外因素相互作用,才能驱动人才成长。也就是说,人才是个人选择和社会选择、个人努力和社会条件综合作用的结果。但要注意,内因和外因在人才成长中的作用性质是不同的。内因是根据、外因是条件。外因要通过内因的选择、控制、内化,才能起作用,所以内因是根据;内在素质的形成、发展、发挥有赖于外因给予刺激、机会和条件,所以外因是条件。内因相对外因来说,是更主动更具支配力的因素。人才成长过程中,心理需求是内因的集中反映。开发人才资源,必须注意人才心理需求的热点,才能充分发挥人才的最佳效益。

3. 社会环境因素

任何人才,都要依赖一定的社会环境发挥作用。时代在不断发展,社会在不断进步。因此,人才赖以发挥作用的客观条件也在不断地发生变化。任何人才都不可能是万能的,不可能适应任何社会环境,任何历史阶段和任何具体工作。在一定的历史条件下和客观环境中可以称之为人才者,在新的社会条件的客观环境中不一定还是人才。因此,在一定社会环境中的人才资源,必须适时地开发、利用,才能充分发挥其效益。否则,当一定的社会环境发生变化,这一时期的人才资源就降低或失去了其应有的价值。50年代中期,我国完成了国民经济恢复任务和私有制的社会主义改造后,掀起了社会主义建设高潮,这种蓬勃发展的形势需要大批各方面的人才。但遗憾的是十年浩劫,科技人才惨遭迫害。十年浩劫后,我们虽然迎来了科学技术的春天,但我们却面对着一个严峻

的现实:世界范围的新技术革命已经从兴起发展到高潮,资本主义国家在这一时期抓住机遇,大力开发人才资源,不仅形成了资本主义历史上罕见的高增长期,而且培养出了一大批科技人才。我们原有的科技人才队伍面对日新月异的世界新技术革命,无论从体力、精力上,还是在科学知识量上,都存在着不适应。面对新的形势,新的客观环境,他们不得不用数倍的努力弥补十年浩劫造成的知识空白,追赶新技术革命的浪潮,其中有些甚至被新技术革命的浪潮无情淘汰。由此可见,人才的成长离不开一定的社会环境,对人才资源的开发利用,必须与时代的发展和客观环境的变化相适应。

4. 科技发展因素。

人才是在认识世界、改造世界的过程中表现杰出、做出贡献的人。当今世界科学技术的成果,是人们认识世界、改造世界成果的结晶。因此,所谓新技术革命的实质,归根结蒂是人脑资源的开发。以往的技术革命是以经验为基础,以资本的扩张,人手的延长为主要特征的技术;而新的科学技术革命则是以最新的科学成就为基础,以智能的扩张、人脑的扩大为主要特征的高技术。一种产品中知识含量越多、获得的经济效益越好,社会效益越大。所以,人才的竞争已成为当今世界竞争的焦点。谁在人才资源的开发上处于超前地位,谁就可以在科学技术中处于领先地位,谁就能够取得高度发展的经济效益和真正强国的地位,在世界事务中拥有强有力的发言权。这已被当今世界发展的现实所证明。

人才资源的开发推动着科学技术并最终推动社会的发展,而科学技术飞速发展又要求必须更及时、更合理、更有效地开发利用人才资源。当代科学技术最显著的特点之一,是知识总量的增加日益加快,科学发明和发现转化为生产力的周期越来越短。据计算,科学知识量的增加由公元初的 1750 年增加一倍,发展为本世纪 80 年代每三年就增加一倍。科学发明到应用的周期从 100 多年日益缩短为 5 年、3 年,甚至几个月,如激光器从发明到应用仅用了 2 个月。在迅猛发展的科学技术面前,人才资源的开发、配置和使用,必须讲究时效性。一个国家人才资源的开发如果落后于世界科技的发展,人才就不能称其为人才,如同科研成果不及时转化利用,几年后就变得一文不值一样。

二、影响人才资源开发时效性的几个障碍

开发人才资源,不仅仅是认识问题,更重要的是实践问题。在现实生活中,还有许多障碍影响着人才资源开发的时效性。

1. 陈旧的思想观念。认识是行动的先导。随着社会的发展,越来越多的人认识到了人才的重要性。但是在具体实践中,仍存在着论资排辈、求全责备、嫉贤妒能,任人唯亲等种种陈旧的思想观念影响人才的及时发现和使用。

这些陈旧的思想观念严重影响着人才资源的开发。包拯有句名言"常格不破、大才难得"。在人才开发、使用上的种种陈旧观念,是数千年来庸俗的传统偏见和保守的习惯势力的积淀。要破除这些常格,必须解放思想,更新观念,在全社会形成利于发现人才、善于培养人才、长于使用人才、勇于保护人才的舆论氛围,尤其要使领导者具有爱才之心,识才之眼,用才之胆,聚才之方,从而使大批人才脱颖而出。

2. 僵化的用人机制。在人才成长的社会环境诸多因素中,用人机制是关键的因素。有了好的用人机制,不但能把优秀的人才选拔上来,而且,即使个别庸才选用到重要岗位,也能很快被淘汰;反之,不仅会压制和扼杀人才,而且会误用庸才,误国误民。

僵化的用人机制,严重挫伤人才的主观能动性。事实证明,人才个人的成长轨迹与组织的培训轨迹重合,个人成长目标与社会需求目标一致,是浪费最少,弯路最小的成长之路。用一个"通用指标"去衡量所有人才,安排使用所有人才,不利于激发人才的积极性、创造性,反而会使人才逐渐失去对职业的事业心、责任感,从而无法创造高的效率。有一句话说:"革命干部是块砖,哪里需要哪里搬",这种无视人才个人价值的观点,是僵化的用人机制的典型反映。

僵化的用人机制,是窒息人才成长的一潭死水。"流水不腐,户枢不蠹"是一切事物的规律,人才也不例外。由于影响人才及时起用的因素很多。有的是同等能级的佼佼者已捷足先登,有的是老资格占住了位置,总之在僵化的用人机制下,后来的人才只能储备起来,坐等前任升迁、调动或退休腾位。在这种"排队候补"的煎熬中,人才的最佳创造期如水流逝,一去不返。这种把人才看成是部门、单位、地区的财富,限制在一个狭小的空间,使某些单位、部门、地区人才积压和闲置,而另一些单位、部门、地区人才奇缺,这是对人才资源的时效性的双重浪费。

3. 滞后的教育体制。教育是人才成长的基础环节。古人认为:"非学无以明识"、"非学无以广才"、"非学无以立德"。学习有多种途径,但教育是最基本的途径,所谓有"致天下之治者在人才、成天下之才者在教化、教化之所本者在学校"。我国的教育事业目前还远远不能适应经济发展对培育人才的需求。

在教育体制上,虽然对过去单纯依靠行政办学、单纯依靠财政拨款、国家统一招生、统一分配的高度集中的教育体制进行了改革,但现行的教育体制仍未能充分调动全社会办教育的积极性,使学校,特别是高等学校缺乏主动性和应有的活力,不能充分适应各类人才资源开发的需要。

4. 不良的社会风气。在社会风气中，能不能形成尊重知识，尊重人才的良好风气，关系到国家和民族的兴亡，历史是这样，现实也是这样。

当今世界的发达国家，无一不是把尊重知识和人才形成为强大的社会舆论和社会风气。日本从明治维新时起，就逐渐形成了整个社会都在追求知识，尊重人才的浓厚社会风气，并形成了相应的社会价值观。在日本，一个人的价值并不是以他是否拥有钱财和钱财多少为标准衡量，而是根据他是否受过教育，是否掌握文化、科学技术知识和这一方面的水平高低来衡量，这种社会风气促进日本大批人才的成长，由此推动了战后日本经济飞速发展。美国从19世纪下半期由一个经济、社会后进国家跃居世界首位，并一直保持到现在，靠的是什么？很重要的一条是靠它一贯尊重知识、尊重人才，靠全民族科学文化水平的提高、靠培养造就了一大批高水平的人才队伍。同时，美国还采取"人才进口"战略，采取特殊政策吸引外国人才。据统计，移居美国的外国科学家和工程师占美国科学家、工程师总数的20%左右。美国能以占世界5%的人口，生产了全世界将近一半的科学信息，没有大量的人才是不可想象的。

我国社会主义建设的历史也充分证明：每当知识分子受到尊重信任的时候，就能人才辈出，推动经济和社会较快发展；反之，人才受到摧残，经济和社会发展就缓慢，甚至停滞、倒退。十一届三中全会后，我国迎来了"科学技术的春天"，尊重知识、尊重人才的社会风气逐步树立，人才资源的开发也越来越受到重视。但应该看到：对知识的价值，人才的地位和作用的认识还没有真正解决，在全社会还没有完全激发出对知识的渴求，对人才的渴求。一系列不公正的现象、不尽人意的地方仍然存在，影响了人才队伍的稳定和发展，也影响了人才资源的充分开发利用。

三、以注重时效性为基点，加速人才资源的开发利用

认识开发人才资源的时效性，仅仅是解决问题的起点，或者是解决了问题的一半。要真正合理、适时、有效地开发利用人才资源，必须以时效性为基点，做好各方面的工作。

1. 理论研究突出时效性，形成科学的人才开发理论体系。

我国从人才学兴起以来，一直在探讨人才成长的规律。特别是经过一批人才研究学者的探讨、归纳、总结，在人才资源开发的理论方面已有了长足的进展，形成了以提高效率为核心，以挖掘潜力为宗旨，以立体开发为特征，相对独立的人才资源开发理论体系。但理论探讨是无止境的。笔者认为在研究开发人才资源的时效性上，还应在以下几个关系上进一步加强研究。

（1）培养与造就。传统的成才观往往把培养人才与造就人才混为一谈，这对于人才资源适时开发是有害的。所谓培养人才，是按照一定的目的长期地教育训练人才。其特征是：被培养对象完全处于被动地位，成才与否取决于客观因素的作用。造就人才，是把人才的主观能动性放在主动、决定性的地位，成才与否是根据人的主观能动性，是由人的内因决定的。笔者认为，人才造就的过程就是人才通过实践活动去验证、发展自己的主观能动优势的过程。人才的造就与人才的实践是统一的。因此，注重人才资源开发的时效性，就应该在培养的基础上，采取形式多样的实践造就途径，让更多的人才有实践的机会而早日脱颖而出。

（2）"相马"与"赛马"。把竞争机制引入人事管理后，有人主张应以"赛马"为主，在比赛竞争中，让千里马"一马当先"，这是有一定道理的。但不能因此而否定"相马"的伯乐。韩愈提出的"世有伯乐，然后有千里马"仍是人才成长的规律。由于工作条件千差万别，工作动态千变万化，确定客观而可比的人才评估标准比较困难，因而在实践中若凭短期、表面的"谁跑得快"下断语，就难免出现"错相"的现象。例如顺境中的人才，其能级评估就偏高；逆境中的人才，其能级评估易偏低。前任工作基础好，耕耘播种后，在后一任上开花、结果，其实反映的是后任对前任才能中的富余部分的"继承"，而并非全是后任的成果；而前任交了个烂摊子，埋下病因，经过一段"潜伏期"，在后任期中发病、显形，只能说明后任在代前任才能的不足部分"还债"，而不能完全说明后任无能。下属精明强干，使一些才能较低者在领导岗位能长期混下去，是由于下属对他的才能进行了"倒贴"；而下属不得力，迫使领导者分散精力去关照、指导甚至纠正下属的具体工作，给人以能力不强的错觉，那是由于他不得不对下属的能力给予"补贴"。凡此种种，如果不加以分析区别，就很难正确评价人才。因此，"赛马"重要，"相马"更重要。需要强调的是在人才资源开发中，"相马"的"伯乐"不应是一个人，而是一种机制、一套科学的标准和严格的程序。

（3）用长与补短。"用人所长"是高明的领导者开发人才资源的诀窍。一味强调"用人所长"，会使人才封闭在一个单一的系统中，路子越走越窄。在开发人才资源中，我们不仅要注意用其长，还要注重补其短，给人才提供学习各种相关知识、边缘学科的机会，使人才达到"一专广识"，更好地发挥其创造潜能。

2. 战略规划突出时效性，形成人才早规划、早培养、早使用、早成长的良性循环。

人才资源开发的战略规划，是一个国家、一个地区经济和社会发展战略规划的关键内容。邓小平同志把人才视为关系改革全局、决定改革成败的关键。他说"革命事

业需要有一批杰出的革命家，科学事业同样需要有一批杰出的科学家”。按照邓小平同志的人才思想，我国在人才战略规划中提出，在提高整个中华民族文化素质的基础上，努力建设好三支队伍。一支是又红又专的、高水平的科技人才队伍；一支是具有较高素质的包括企业家在内的经理管理人才队伍；一支是德才兼备，坚持改革开放和社会主义的领导人才队伍。三支人才队伍，组成了社会主义人才系统工程的基本结构，在四化大业中承担着各自的社会功能，发挥着各自的重要作用。

人才资源开发的战略规划，不同于其它资源开发战略，必须充分注重时效性。具体讲，要注意三点：一是超前性，防止出现人才分布的失衡。因为人才问题受控制的因素较多，人才预测是二次性预测，须综合考虑经济预测等相关性因素，还要考虑世界科学技术发展的趋势，做出富有弹性的规划，并注重在实践中不断校正。二是持续性，防止出现人才断层。人才资源投入产出效益具有迟效性，这个时期的投入要在另一个时期产生效益。某一个时期人才不缺乏，并不表明以后也不缺乏。由于市场经济讲效益，某一个单位、部门、地区对人才的需求是短期的、微观的。为弥补市场缺陷，政府必须从事宏观规划的研究，持续不断的对人才资源开发进行投入，防止市场经济中的短期行为影响人才资源的持续开发。三是全面性，防止出现某些领域的人才空白。特别是一些经济效益表现得不直接的领域，如基础理论研究领域，它对社会和经济发展的推动作用具有间接性、多效性和长效性，但这些领域又是对社会和经济发展具有巨大的、根本性的推动作用。因此，在人才资源开发战略中必须全面规划，使各方面的人才能全面协调发展。

3. 教育培训突出时效性，形成人才加速成长的“助推器”。

我国教育正处在面向21世纪的关键时刻。适应开发人才资源时效性的要求，教育能不能成为大批人才成长的“助推器”，应特别重视以下几点：

(1)个性化。所谓的个性化教育，就是要培养创造性人才。要克服当前教育中的划一性、僵化和封闭性，树立尊重个人、发展个性，培养自我责任意识的观点。发展个性，并非放任自流，不负责任，自由无序，而是尊重每个人的个性特长，充分发挥和培养个性特长，培养创造性人才。发展个性也并非不照顾时代共性，而是要让每个学生真正地认识自我个性、认识他人的个性，注意培养学生的社会责任心和尊重他人的公共道德品质。

(2)终身化。终身教育思想的确定和终身教育制度的建立，是现代教育的重要标志。科学技术的不断革新及其在生产和社会生活中的应用，使得一个人在学校学习的知识已经不能满足他一生的需要，只能不断学习、终身学习才能确保自己的生存和发展。

终身教育要求学校教育的任务不只是传授一些现有的知识，而是要教会学生学习，在他们走出校门之后也能自己去获取知识，不断充实自己、满足社会需要。

终身教育还要求职前教育与职后教育相结合，学历教育与非学历教育相结合。要充分调动全社会的各种力量，采取各种形式，利用各种渠道，建立全民学习的社会。

(3)国际化。现代教育本身就是一种国际现象，是互相学习，互相交流的结果。教育国际化主要表现在人员交流、财力交流，信息交换(包括教育内容、教育观念)和教育机构的合作、跨国的教育活动和研究活动等，教育国际化的另一个重要内容是要培养国际化的人才。这些人才要有国际视野，关心和了解国际形势及其发展，具有国际交往能力。

(4)普及化。现代教育最重要的标志是受教育者的广泛性和平等性。开发人才资源必须提高全民族的文化素质。50年代以来我国人口文化素质有了很大的提高。以1964年和1990年两次人口普查比较，具有大学文化程度人口占总人口的比例由0.41%上升到1.42%，高中文化由1.3%上升到8.04%，文盲和半文盲由37.85%下降到15.88%。但拿到国际上比较，差距就非常大。以大学文化程度占总人口的比例为例：美国1981年为32.2%，日本1990年为21.1%；甚至印度1981年也达到2.5%，泰国1980年为2.9%。由此可见，大力普及教育，是充分开发人才资源最基础的环节。

(5)实用化和专门化

现代教育是现代生产的产物，因此教育必须与现代生产相结合。邓小平同志指出：“现代经济和技术的迅速发展，要求教育质量和教育效率的迅速提高，要求我们在教育与生产劳动结合的内容上、方法上不断有新的发展”。教育与生产实际结合，必须注重实用化和专门化。实用化，就是要注重对学生的技能教育，理论、技能和实际结合起来，把脑力劳动和体力劳动结合起来，把学校与社会联系起来。专门化，就是要调整教育结构，注重职业技术教育。

“得人才者得天下，失人才者失天下”。面向21世纪的中国，需要千百万优秀、杰出的人才。一个对人才资源的浪费无动于衷的民族，是注定要落伍的民族。注重人才资源的时效性，适时、合理、有效地开发利用，实在是推进我国实现跨世纪伟大战略的当务之急。

(作者单位：北京城建集团一公司)

在实践中探索建设高素质干部队伍的有效途径

吕福元　李泉福

江泽民总书记最近在中央党校省部级干部进修班毕业典礼上的讲话指出:"我们党肩负着带领全国各族人民把有中国特色社会主义事业全面推向二十一世纪,建设富强、民主、文明的社会主义现代化国家的历史重任。加强和改善党的领导,进一步把我们党建设好,是完成这项伟大使命的根本保证。""大力加强各级领导班子建设,努力建设一支高素质的干部队伍",是党的建设的一项重大任务。在这里,江泽民总书记把建设高素质干部队伍与实现我们党二十一世纪的奋斗目标紧密地联系在一起。我们一定要按照江泽民总书记的要求,在实践中努力探索建设高素质干部队伍的有效途径。

一、强化思想政治建设,是提高干部队伍素质的基础

改革开放、发展社会主义市场经济的新形势,给我们干部队伍的建设带来了一些新情况、新问题,同时也对我们干部队伍的思想政治建设提出了新的更高的要求。在实践中如何加强我们干部队伍的思想政治建设呢?结合我们干部教育、干部管理的实际,我们的体会有三点。首先,我们坚持用邓小平同志建设有中国特色社会主义理论武装广大干部的头脑,使大家牢固树立正确的世界观、人生观和价值观,掌握观察事物的科学方法,增强分辨是非的能力,提高解决实际问题的水平。在日常的学习中,我们充分利用每周中心组学习、集中上党课和集体学习等形式,强化公司领导成员、机关科室长和广大干部对邓小平建设有中国特色社会主义理论的学习和灌输。同时,我们还自1991年至今连续6年多来,坚持每年对公司的干部、党员进行一次学习特色理论为主要内容的正规脱产理论培训。专门聘请油田党校和有关部门的教授、学者、专家进行讲课,并做到了时间、人员、内容、考勤"四落实"。1996年9月份,公司利用一个多月的时间,举办了4期有296名干部、党员参加的理论培训班。认真学习了特色理论、法律与经济政策等内容。还观看了《孔繁森事迹报告会》和《在权与钱面前》两部专题录像片。其次,开展"学习孔繁森、做廉洁勤政好干部"活动,教育广大干部以孔繁森同志为榜样,牢记党的全心全意为人民服务的宗旨,自觉增强党性观念,廉洁自律,勤政为民。公司举办了"孔繁森事迹宣讲会",并组织20多名中层以上干部和60多名基层干部,书写了学习孔繁森、做廉洁勤政好干部心得体会和保证书。同时,我们还编辑了近10万字的、反映公司党员干部廉洁勤政事迹的小册子——《花絮》。举办了以反映党风廉政建设为内容的"清风"书展,弘扬了正气,鼓舞了先进。第三,强化制度约束,使广大干部自觉地在思想上、政治上和行动上同党中央和各级党组织保持高度一致。我们先后制定了《关于加强干部组织纪律问题的有关规定》等制度。对干部的学习、请销假、重大问题的汇报、执行党委和公司决议等作了具体要求,并由公司纪委、监察部门负责认真监督、检查执行情况,有效地提高了干部队伍的组织纪律性和执行党的基本路线及上级决议和决定的自觉性。

二、强化两级领导班子建设,是提高干部队伍素质的重点

几年来,我们公司党委始终坚持把加强公司的两级领导班子建设,当作提高干部队伍素质的重点来抓,以过硬的班子来带动公司整个干部队伍的建设,进一步提高了干部队伍的凝聚力和战斗力。

为了切实加强公司两级领导班子建设,公司党委专门下发了《关于加强公司两级领导班子建设的决议》的文件,从领导班子团结、党风廉政建设、干部培训教育和选拔、考核等8个方面作出了明确规定,用制度来规范两级领导班子的言行和意志。在具体工作中,我们两级领导班子一方面认真坚持党的民主集中制原则。班子成员讲团结、讲大局、讲风格,积极维护集体的荣誉。在公司领导班子中,凡属方针政策性的大事和大块资金的使用、干部的选拔、人员的调动等重大问题,都由集体讨论研究决定,避免了"一言堂"和个人说了算的倾向。我们还坚持把集体领导与个人分工负责有机地结合起来,对班子成员的工作职权和范围作出了明确分工,做到了各负其责,各司其职。特别是在有些重大问题上,公司两位主要领导都是在事先统一意见后再上会讨论研究。用主要领导思想上的一致性,来保证一班人的团结。比如,去年年底,我们根据工作需要提拔了10多名副科级干部。由于主要领导间意见一致,思想统一,使整个考察工作进展顺利。

另一方面,坚持开好民主生活会,通过班子成员之间开展批评与自我批评,来化解各种矛盾,达到班子新的团结。公司领导班子严格按照民主生活会的程序和原则,

一直坚持每年召开两次民主生活会。特别是自1995年以来,我们对各基层单位的领导班子民主生活会也进行了严格要求。每次召开会议前,由公司党委组织部门提前下发通知,事先列出议题,提出要求。民主生活会召开时,安排出时间运行表,由公司党委成员和党委部门的同志分头到会参加,进一步提高了基层班子民主生活会的质量。目前,在公司的两级领导班子中,进一步形成了"在权力问题上不争你大我小;在利益问题上不分你多我小;在执行集体决议上不分你新我老;在工作中有了意见、分歧不搞你嚷我吵;在职工群众中不说你坏我好"的良好风气。

与此同时,我们还坚持每年一次对公司两级领导班子成员、机关科室长的民主评义和测评制度。在认真搞好个人述职、民主评义的基础上,按照有关文件要求组织不同层次的人员,对两级班子成员和机关科室长,分政治素质、工作能力、智力素质和工作绩效等四个方面12项内容进行打分测评。对在民主评议和测评中,群众反映不好,分数较低的同志,由公司主要领导和党委组织部门的同志进行专门谈话,提出存在的不足和改进的方向。对于素质提高不快、进步不大的同志,公司坚决给予调整岗位,并作适当处理。井架安装四分公司还在全队干部中,每季度开展一次评议"工作最忙的、最关心职工生活的、群众威信最高的"好干部活动,进一步促进了班子和干部队伍建设。

三、强化实践锻炼,是提高干部队伍素质的关键

建设高素质干部队伍,理论的培养固然重要,但让干部到实践中去锻炼、去提高、去成长却更为重要。在实践中锻炼干部,是我们党培养干部的一条根本途径。改革开放、发展社会主义市场经济,建设有中国特色社会主义伟大实践,为我们党干部队伍的锻炼成长提供了大舞台。特别是对年轻干部,我们更应该为他们创造在实践中得到锻炼的条件。

几年来,随着公司的不断发展和更好地适应干部队伍"四化"方针的要求,公司一批年轻有为,且文化素质高、思维比较敏捷、接受新事物快、开拓精神较强的同志,陆续被先拔到中层以上和基层干部的管理岗位上来。但是,也应该清醒地看到他们由于受社会环境及其工作经历的影响,而带来的在工作经验等方面的不足。这就要求强化对他们的实践锻炼,使他们在实践中增长才干,茁壮成长。在这方面我们的做法是:

一是教方法,授经验,搞好"传、帮、带"。对于一此年轻干部,我们采取了以老带新、结成结子等多种形式进行帮教的方法。去年3月份,为了加强对公司新选拔的机关科室负责人的培训,使之按照公司提出的"观念上要转变,政治上要敏感,思想上要清晰,作风上要严谨"的总体要求,发挥他们的主观能动性,以达到尽快适应岗位工作的目的,公司实行了为期2个多月的由公司领导和科室负责人参加的晨会制度。每天早晨7点钟大家聚集在公司生产会议室,通报重要的生产经营信息和管理动态,安排公司重点工作,传达学习上级有关重要文件精神,解剖分析典型事例和典型问题,听取部门工作的专题汇报,提出对公司管理工作的新思路和新设想,并进行工作讲评。晨会的召开对于提高科室负责人素质起到了较大的作用。

二是实行干部交流制度,使干部在交流中得到锻炼。干部交流制度是我们党在干部队伍建设中的一个重要制度。特别是在基层,一个干部在某一个部门或某一岗位长时间得不到流动,势必会造成工作上的惰性等负面效应。同时,还会形成思维方式上的单一性,对于干部的成长将产生不利影响。1996年上半年,我们根据工作岗位的需要和干部队伍的具体情况,先后对26名干部的岗位进行了调整。1997年年初,为了使干部队伍进一步适应公司发展的新形势,经过对机关部门和基层班子成员素质的搭配、年龄和知识结构等方面的认真分析,仅用3天时间,对公司近20个部门和单位的58名干部,进行了岗位调整和交流,增强了公司发展的活力。

三是压担子,让干部到艰苦的环境中接受磨炼。对于基层干部,公司制定了跟班劳动制度;对于机关干部要求他们深入基层,调查研究,经常参加重点施工项目的劳动。同时,对机关科至负责人,公司让他们在基层单位建立了承包点,并实行特殊时期、重点工作盯井责任制。既使他们在工作中接受了锻炼,又密切了干群关系,对于在岗的各类干部,根据他们的特长和能力,我们大胆使用,让他们在重点工作中挑重担。现任生产办一名副主任和工农办一名副主任都是去年底被提拔起来的同志。1996年9月份,公司在黄河入海口处承揽了几口井的大型土方施工工程,我们派出他们两人担任了这项工程的负责人。在这一地区恶劣的气候环境和复杂的地理条件下,他们带领全体参战人员战海潮、斗泥泞,经过二百天的努力,终于完成了施工任务,为公司赢得了声誉,也进一步锻炼提高了他们的素质。

干部队伍素质的进一步提高,使公司的各项工作焕发出了新的生机和活力。无论是生产经营、市场开拓,还是队伍建设、基础工作,都有了新的发展和突破。项项工作讲标准,有质量,上水平。公司上下到处呈现一派蒸蒸日上、蓬勃发展的新气象。

干部队伍建设是一项长期而繁重的工作。在今后的工作中,我们要认真按照江泽民总书记关于《努力建设高素质的干部队伍》的讲话要求,发扬成绩,弥补不足,把我们公司的干部队伍建设推向一个新水平。

(作者分别为山东胜利石油管理局钻井钻前公司党委书记、组织科长)

实践锻炼是干部成长的根本途径

张永刚

实践锻炼对于干部的成长进步，具有重要意义。江泽民同志在努力建设高素质干部队伍和党的十五届二中全会的两个讲话中，运用马克思主义的认识论和反映论，强调了加强干部锻炼的重大意义，概括了干部成长的共同规律，阐述了实践在干部成长中无可替代的作用。投身到把有中国特色的社会主义事业全面推向二十一世纪的伟大实践，并在其中经受锻炼和考验，是加速干部成长的根本途径。

实践锻炼为干部成长提供了客观必要条件

深化改革、扩大开放是人民群众的创造性实践。它一是为干部的锻炼成长提出了新课题，明确了新任务。从全局看，实现两个根本性转变问题，调整经济结构、完善所有制结构问题，加快国有企业改革步伐等问题，需要我们去研究和完成。从具体工作环境看，我们伊春市作为国有林区，在计划经济条件下过量采伐，单一的经济结构，使其出现了资源危机和经济危困状态。为和全国人民共同跨入二十一世纪，全市上下以加倍的努力，自觉地实施天然林保护工程，加速国有森工企业的改革，努力发展非林脱木的替代产业，以尽快闯出治危兴林的新路子。这些客观实际，构成了干部实践锻炼的丰富内容。二是为干部的锻炼成长提供了理论与实践相统一的最好课堂。实践锻炼是学习和运用理论的大课堂，同时也是检验理论学习成果的唯一标准。提高干部素质最根本的是用小平理论武装干部头脑。伊春市委在对干部的培养教育中坚持做到在实践中学习党的思想路线，一切以国有林区的具体条件为转移。学习社会主义本质理论，致力于提高国有林区的生产力水平，学习初级阶段理论，客观分析市情、县情、区情，制定两个文明协调发展的方针、政策。坚持学习三个有利于的标准，让一切先进的经营方式和管理方式为森工企业的发展服务，并用不断的实践来实现认识的第二次飞跃。近些年来，战斗在国有森工第一线上的广大干部，以小平理论为指导，从伊春实际出发，大胆地闯，大胆地试，形成了以铁力林业局为首的“一改、两管、三分”的治危兴林新经验。它使所有制结构多样化，经济结构渐趋合理，精减了富余人员，森林资源得到了有效保护，受到了国家业务主管部门的充分肯定，认为是闯出了森工企业再次走向振兴的新路子。在全面推广铁力经验中，我们还结合班子调整，把一大批年轻同志放到艰苦的区局任职，新老同志合作共事，他们在实践中不断深化着对铁力经验的认识，大胆地接触矛盾。迎难而上，狠抓企业改革，人员分流，二次创业，在实现缓危解困新突破的同时，成长起了一批领导骨干。三是为干部在锻炼成长中提高实际工作能力，提供了各种操作的机遇。面对当前各项艰巨的工作任务，我们的队伍当中还有一些不很适应或很不适应的问题，如部分走上领导岗位时间不长的年轻同志，领导经验的缺乏使他们在复杂情况、尖锐矛盾面前不能很快地拿出解决问题的办法，有待于在实践中进一步丰富实际工作经验。而实践锻炼正为他们克服弱点，增长才干提供了各种实际操作的机遇。在完成各项任务的工作中，坚持实践第一的观点，发扬理论联系实际的优良作风，做到学与用、知与行、说与做的统一。在各种复杂的环境里接触矛盾而不是绕开矛盾，迎战困难而不是畏惧困难，就能极大地提高研究解决问题的能力，具备“探索解决新的政治、经济、文化社会基本问题的本领”。四是为干部的锻炼成长创造了向群众学习转变作风的极好机会。在实践这个舞台上，人民群众作为主体，是我们最好的老师，深入基层、深入群众、了解群众的甘苦，能够使我们在思想感情上与群众水乳交融。甘当群众的小学生，能够使我们吸收丰富的政治营养，看到自己思想作风上的差距，解决我们一些同志身上存在的官僚主义、形式主义的问题，以更好地发扬党的优良传统作风，保持同人民群众的血肉联系，保持奋发进取的精神状态，更加自觉地实践为人民服务的宗旨。

实践锻炼可以全面提高领导干部素质

改革开放各项事业的发展，客观上对党员领导干部的党性锻炼和能力素质提出了更高的要求。新形势下的干部标准，具有鲜明的时代特点，因而党员领导干部一定要把自己置身于四化建设的具体条件、具体环境中加以锻炼，在各种复杂、艰苦、开放的环境中经受考验。一是实践可以使领导干部在大事大非面前提高思想政治上的

清醒度。回顾以往历程,在各个重大历史关头,如86学潮、六四风波、苏联解体、东欧剧变等,小平理论在指导我们渡过了各种难关的同时也愈发证明了自己的正确性。在今后的实践中,党员领导干部必然会面临更加尖锐的斗争和更加复杂的局面,越是这样越要刻苦学习理论,提高理论素质,高举旗帜,总揽全局,从政治上认清形势判明是非,始终坚持正确的政治方向。二是实践可以使领导干部在四化建设的过程中树立贯彻执行党的基本路线的坚定性。社会主义初级阶段的理论,是个创造性的理论,它决定着我们的实践,应该是创造性的实践,要把中央的政策与本地的实际密切结合。如我们在企业改革中突出了资源型国有企业的特点,把管严与放活结合起来,在资源管理上加大力度,在企业的体制和经营机制上彻底放开,既使森林资源得到了休养生息,又为企业注入了活力。实践告诉我们,只要实事求是,一切从实际出发就能在具体工作中坚定不移地贯彻好党的基本路线。三是可以使领导干部在两个根本性转变中增强对社会主义市场经济的适应性,我们当前是在社会主义市场经济条件下搞建设,从林区看,过去是待客上山,现在是要走出山门闯市场,产品结构和产业结构都要和消费市场相衔接。客观实际要求我们摒弃计划经济的思维惯性,在市场经济建设中学习市场经济知识,尽快形成一批有较强驾驭市场经济能力的领导干部队伍。四是可以使领导干部强化加大推进工作力度的战斗性。森工企业在改革中,较为困难的是减人增效,我们许多党员干部面对各种复杂问题、尖锐矛盾,不怕得罪人,迎难而上,积极探索总结出了减人增效与再就业工程和扶贫解围献爱心活动三位一体的实际工作经验,使再就业成为再创业,既保持了社会的稳定,又推动了事业的发展。实际工作使我们的干部认识到,成功永远属于那些敢于接触矛盾战胜困难者。五是可以使领导干部在改革开放的环境中强化拒腐防变的自觉性。在开放的环境里,我们一直处于封建主义、资本主义消极腐败现象潜够默化侵蚀的危险当中,始终面临着维护和保持共产党人的革命本色的考验,在实践中牢固地树立正确的世界观、人生现、价值观显得尤为突出和重要。要自觉地提高抵御腐朽思想侵蚀的能力,严格党内生活锻炼,把自己置于党组织的教育和监督之下,遵守党内生活准则,克服头脑中错误思想,使之在开放的环境中立于不败之地。

实践锻炼形成了对干部评价的客观依据

社会实践本质地记录了干部在实践中的活动情况。我们每个党员领导干部无论自觉不自觉,都在接受着实践的检验。这其中有三个凭借。一是要凭借实践的评价总结经验修正错误,再认识再提高,使党员干部保持一种奋发向上的锐气,一大批中青年干部走上领导岗位,担当了重任,源于他们不断地总结自己的实践经验,发扬成绩,克服不足,在思想上、行动上都实现了新的跨越。二是要凭借实践的评价考察任用干部。中央提出的“重实践、重政绩、重公论”的原则,体现着实践第一的马克思主义的基本原理,因为没有能动的实践,就不可能创造出突出的政绩、没有突出的政绩就很难形成群众的公论。我们伊春市委在坚持“三重”原则的过程中,注意以重实践为基础,以重政绩为依据,以重公论为根本。就是看干部运用建设有中国特色社会主义理论观察分析解决问题的本领,全面了解干部的工作职责履行的情况,工作目标完成的如何,充分了解群众意愿,看其是否得到了群众的拥护和信赖。三是凭借对干部的实践评价,不断完善干部工作机制,优化干部成长环境。实践评价不仅包含着党员干部本人的努力程度,也反映着干部工作机制科学与否和干部成长环境是否优良。市场经济条件下干部的思想空间和活动空间,都较之以前宽泛得多,一些旧的工作方式通过实践看已不适应,神秘化的工作方法和由少数人选干部及在少数人中选干部都应在克服之列,伴随着思想的解放,那些论资排辈、求全责备、任人唯亲等陋习将被破除。干部交流、重要岗位轮换。下派锻炼、公开、平等、竞争、择优等一些在实践中卓有成效的做法,要被固定下来,而且还要根据市场经济建设的实际需要,采取措施进一步完善干部工作机制,优化干部成长环境。

(作者系中共伊春市委副书记)

建设跨世纪公安领导干部队伍的意义、要求及其途径

邓光兆

建设跨世纪公安领导干部队伍有三个含义：一是年龄上的"跨越"，就是指从本世纪到下个世纪，在下个世纪至少能工作5—20的干部；二是素质上的"跨越"，就是指不仅具有本世纪的优秀素质，而且能开拓，具备下世纪公安领导干部的基本素质特征，并能完全符合其发展的需要；三是能够成为县（市）级以上公安领导干部。下面我专门就建设跨世纪公安领导干部的意义、素质要求及其途径谈点初浅的看法。

一、建设跨世纪公安领导干部队伍的意义

党的十四大确定的建立社会主义市场经济体制，这是我们党在理论上和实践上一个重大突破。由于体制的改变带来整个社会的巨大变革，加速了我国现代化建设的进程。未来的10年至20年，是我国实现经济建设第二步战略目标，实施第三步战略目标的关键时期。公安工作要适应这一形势，确保经济战略目标的实现，必须要有一支政治坚强、素质优良、数量充足的跨世纪的公安领导干部队伍来保证。因而从现在开始建设一支跨世纪的公安领导干部队伍是十分必要的，也有着十分重要的意义。市委、市政府为贯彻落实党中央提出实现"九五"和2010年奋斗目标，适时开展了"两个根本性转变"的大学习、大讨论，从思想上统一广大干部和群众的认识，树立起新思想、新观念；从行动上自觉跟上实施社会主义市场经济体制的步伐。

二、对跨世纪公安领导干部队伍的素质要求

进入跨世纪公安领导干部队伍的成员，除了应具备合格的德才条件外，还必须按照公安工作的要求和服务于市场经济发展的需要，对他们提出一些新的要求，使其素质具有时代的特征。我个人认为必须有以下几个基本素质要求：

一是要有开拓进取的精神。现在是改革开放时期，保卫社会主义市场经济，这就决定公安领导干部必须要有开拓型的思想观念。因为一个公安领导干部没有开拓进取精神，干什么都前怕狼后怕虎，那他肯定打不开局面，开创不出一流的成绩来。如何才能做到开拓进取呢？我认为要做到四条：第一、做到难不怕。由于工作环境，领导对象不一样，因而公安领导干部在工作中必然会遇到各种各样的困难。对此，只有知难而进，要有百折不挠的精神，做到积极主动，想方设法去战胜困难，决不能畏首畏尾，遇难而退。第二、做到败不馁。公安领导干部在工作过程中，不可避免地会碰到这样或那样的问题，甚至会出某些失误，在这种情况下，切不可"一朝被蛇咬，十年怕井绳"，要有不怕挫折，善于从失败中吸取教训，坚韧不拔，一如既往地为达到目的而奋斗不息的精神。第三、做到胜不骄。在工作顺利，特别是取得成绩时，公安领导干部一定要头脑清醒，切不可被胜利冲昏头脑。要做到胜不骄，以成绩为起点，从头越，永往直前。第四做到学不止。在新的形势下，出现了许多新问题，需要各级公安领导干部不断地研究和解决，因而自觉地学习理论、学习历史、学习经济、学习管理、学习法律、学习工作上需要的一切知识，武装头脑，增长才干。

二是要有求真务实的作风。一个公安领导干部的作风如何，不仅能反映其精神状态和工作效率，而且直接影响其他公安干警的思想情绪和所在单位的面貌。凡是优秀的领导干部在作风方面都比较注意抓好三个字：一个是"实"字，就是说工作办事讲求实际，说实话，办实事，求实效；要重视调查研究，掌握第一手材料，便于指导工作，制定规划，才能从实际出发，向上级汇报情况，一是一，二是二，实实在在，不讲假话，工作中不搞劳民伤财的形式主义。二个是"快"字，就是办事情，处理问题，要雷厉风行，干脆利索，有很强的时间观念和效益观念；对上级的批示能迅速传达、贯彻；对下级的请示能尽快答复。三个是"严"字，就是无论对己还是对人，都能高标准、严要求，有很强的事业心和责任感，办事认真，从言论到行动都很注意自己的身份和影响，自觉给干警做出表率，对工作中出现的问题，能认真查找原因，主动承担责任。

三是要有宽容厚道的肚量。一个公安领导干部能否做到宽容厚道，是能否团结人、调动干警积极性的关键所在。一个公安领导干部的宽容厚道可以体现在各个方面，但主要应解决好两个问题：一要听得进不同意见甚至是反对自己的意见。二要爱护干警。干警有了缺点错

误，该批评的要严肃批评，以至给予必要的处罚，但不能歧视，更不能有意整人。当然，宽容厚道并不是对正当严厉的否定，更不是对干警进行无原则的袒护。该执行纪律时，那就要严格按纪律办事。以及“挥泪斩马谡”。只有这样，才能达到教育和挽救之目的。

四是要有自知之明的品德。一个公安领导干部要有自知之明的品格，这是非常需要的。因为公安领导干部手中有权，来人求的多，自以为了不得，办起事来看不到自己的不足，为了处理好这个问题，就需要注意三点：一要正确估价个人的作用。自觉摆正个人与集体的位置，事事注意发挥集体的智慧，依靠大家的力量。万万不能认为“舍我者谁也”随时摆出一副“救世主”的架式，使人“望而生畏，敬而远之”。二要真正看到自己的不足。任何一个人都不可能完美无缺。因此，一个聪明的领导干部，必须知道自己的短处，时时想到自己的不足，并注意在工作中加以克服或改进。三要虚心接受群众的监督。一个领导干部只有把自己置身于干警之中，尊重干警、相信干警，经常征求干警的意见，才能更好地认识自己。在这个问题上，尤其需要发扬严于律已的精神。要经常解剖自己，敢于承认自己的缺点错误，虚心听取别人的批评意见，真正做到自重、自省、自警、自励。

五是要有廉洁奉公的胸怀。廉洁奉公是我们共产党员应有的政治品质，也是我们公安领导干部的应该遵循的原则。因为我们公安领导干部手中有权，既可以给人民谋福利，也可以给自己谋私利。因此，公安领导干部要严格要求自己，“做官先做人”只有这样才能做到廉洁奉公。如何做到廉洁奉公，关键要抓好三个方面：(1)不争名夺利，不见色心动，不让亲属参政；坚持正确的原则，自觉以个人利益服从党和人民的利益，模范遵守党纪国法，严格按照中央关于领导干部廉洁自律五条规定要求自己，在言行上事事处处给干警做出表率。(2)办事公道，正确运用人民赋予的权力为人民办事，认真贯彻执行党和国家的政策，敢于坚持真理，主持正义，纠正错误。(3)为政清廉，保持和发扬艰苦奋斗的作风，不以权谋私，不假公济私，不计个人恩怨得失，真正做到“一身正气，两袖清风”。

三、建设跨世纪公安领导干部的途径

要保证我们改革和建设事业顺利发展，保证跨世纪宏伟目标的顺利实现，保证党和国家的长治久安，必须大力加强公安领导干部队伍的建设，提高素质，已成为摆在我们面前的一项刻不容缓的重大任务。因此，要采取各种有效措施来提高我们公安领导干部素质，就我个人的看法，主要从以下几个方面来提高素质：

加强学习。在新形势下，会出现许多新的问题，需要各级公安领导干部不断地加以研究和解决，因此，首先把自己的学习抓好。作好公安领导干部重点要抓好理论、历史、管理、法律、科技等方面的知识的学习，具体是：

加强理论知识，最根本的是学习马列主义、毛泽东思想，特别是邓小平同志建设有中国特色的社会主义理论。在学习理论中，要在三个方面下功夫：一要在努力掌握理论的科学体系上下功夫；二要在掌握基本原理及其精神实质上下功夫；三要在掌握马克思主义的立场、观点、方法并用以指导实践上下功夫。

努力钻研业务，最主要的是钻研学习现代科学技术知识。进行社会主义现代化建设，需要专业知识和科学技术，保卫社会主义建设，同样需要专业知识和高度的科学技术。

实践锻炼。在实践中锻炼干部，是我党培养干部一条根本途径，也是提高干部素质的不可缺少的一条措施。我们要组织优秀年轻干部到基层去经受锻炼，到第一线去接触群众，了解基层的特点和规律，从中总结出经验来抓好工作，带好队伍。同时让优秀年轻干部挂职到基层锻炼，让他们多挑重担，在公安实践中积累经验，增长才干，提高他们的领导水平和组织指挥能力。

选拔任用。选拔任用干部要注意做好两项工作：一是德才兼备。二是不拘一格。选拔干部最重要的是坚持条件和标准，即坚持干部“四化”方针和德才兼备的原则，但也要不拘一格，要求任人唯贤，不能任人唯亲；要注重实绩，不要论资排辈；要群众公认，不能长官意志；要出以公心，不能凭个人好恶。只有这样，才能将那些德才兼备的人选拔到领导岗位上来，培养提高。这是关系到把一个稳定充满发展活力和生机的中国带入二十一世纪，使我国二十一世纪中能基本实现现代化，以社会主义强国的地位屹立于国际社会的大问题。我们一定要做好培养优秀年轻干部的工作。如何做好呢？我认为要重点抓好四条：一要经常教育年轻干部下功夫学好经济，学好科技，学好管理，学好一切需要学习的东西，努力打好为党为人民建功立业的思想根底和知识功底，为党为人民作贡献。二要采取选送优秀干部脱产或不脱产到大专院校进行深造、举办专业证书班，组织参加自学大专考试等形式来提高其文化素质。同时对优秀年轻干部分期分批进行专业培训，增长他们各项知识，提高保卫工作的本领。三要下功夫学好理论，学好历史，牢固树立马列主义的世界观、人生观和价值观，坚持正确的政治立场和政治方向，经得起执政、改革开放和发展社会主义市场经济的考验。四要把一些重要的关键的工作压在优秀年轻干部肩上，让他们挑重担，在斗争实践中锻炼他们，提高他们。

（作者系广西桂林市公安局政治部主任）

太平湾发电厂培养考核后备干部的几点做法

陆广平

培养和选择德才兼备的领导干部是关系到全局的重大的问题。几年来，太平湾发电厂党委认真贯彻执行党的干部"四化"标准，把搞好后备干部队伍建设，作为培养选择德才兼备优秀领导干部的重要工作，从而保证了干部队伍的革命化、年轻化、知识化、专业化，在安全生产、经营管理、党的建设中发挥了积极的作用。1990年我们厂获辽宁省先进企业和东北电管局安全生产先进集体称号；1993年被辽宁省委授予思想政治工作优秀单位；1994年度又被中共丹东市委授予先进基层党委荣誉称号；1995年被中共辽宁省委授予思想政治工作先进单位和东北电管局授予的抗洪抢险工作先进单位；1996年—1997年被省委、省政府授予省文明单位和思想政治工作优秀单位称号。

一、加强对后备干部的教育培养

根据后备干部队伍的实际情况，太平湾发电厂建立了培养教育的规划。坚持每年都要把后备干部放到基层班组和条件较为艰苦的岗位进行有目的、有计划的岗位培养和锻炼，实行岗位培养和岗位轮换，培养"复合型"干部，使他们既懂生产、懂管理又懂党务，根据他们的成长情况逐步给他们工作压担子，培养提高他们的组织工作领导能力，同时，给他们创造良好的学习条件送上级举办的各种类型的培训班进行培训。例如，1995年我厂有三位局管后备干部参加了主管局举办的青年干部学习班培训学习，进步较快，在工作上取得了较好的业绩，因此，于1997年分别由分厂主任提拔为副厂长和总工程师；1982年以来分配到厂工作的大中专毕业生169名，都让他们先在班组工作，其中优秀人才实行岗位(或专业)轮换 。对在两三个岗位轮换后经考核为优秀的，要提拔到上一个岗位工作，先后提拔为副科级以上的干部，共有55名，占全厂大中专毕业生总数32.5% 。

二、坚持对后备干部的认真考核

坚持对后备干部进行科学考核是干部管理工作的重要内容之一，是决定对后备干部职务任用的重用依据。太平湾发电厂对后备干部的考核有定期考核(年度考核)、日常考核、工作汇报等形式。

1. 定期考核(年度考核)。定期考核是对局管后备干部和厂管中层后备干部在一定工作时间内做出阶段性的评价，激励和监督他们忠于职守，廉洁奉公，联系群众，奋发进取，开拓创新。一般是每年进行一次，因此也称年度考核。对后备干部的考核工作，重点考核后备干部德、能、勤、绩情况。

考核办法是：被考核者自我总结与民主测评相结合，坚持实事求是、群众公议、客观公平的原则；测评按照党和国家路线方针政策的执行情况、规章制度遵守情况、组织领导能力及对本职工作的责任心等方面分为优秀、好、较好、一般四个等级。

主要程序是：被考核者进行自我总结，并将主要工作内容、存在的不足填入《后备干部年度考核登记表》，民主测评，可在每年职代会进行，也要以组织包括领导班子成员、中层干部、专业技术人员和职工代表参加的民主测评会，参加人员对后备干部要填写《后备干部民主测评表》；组织部门根据职工对考核对象的评估，按照要求写考核材料，向厂党委汇报，由党政主要领导对被考核者进行一次谈话，肯定成绩，提出不足；将考核对象的个人总结、业绩评价、考核材料归入后备干部年度考核档案，由组织部门进行跟踪考核，及时了解其改正情况，如跟踪考核发现本人仍没有明显改进的，就不再列为后备干部。

2. 日常考核。随时随地听取各方面的意见和群众的反映，组织上进行认真的考核，将考核结果填入后备干部考核表，并将群众的意见及时反馈给后备干部，同时给他们指出方向，帮助制定整改措施。

3. 工作汇报。工作汇报是指要后备干部以书面形式向厂党委汇报某一时期或全年工作情况所进行的考核。

通过各种形式的考核，对后备干部做出较科学合理的评价，作为干部教育、培训、调动、交流、提职、奖励、表彰的依据。考核中群众公认的优秀后备干部，要及时提升重用。

(作者单位：太平湾发电厂)

关于培养和建设高素质干部队伍的思考

宁士敏

现代社会,百业俱兴,竞争激烈,但归根结底还是人才的竞争。在一定意义上,人才竞争的决定因素在于领导人才的竞争。在市场经济的新形势下,加强党的建设,培养和建设一支高素质的党的干部队伍,具有十分重要的战略意义。

一、培养和建设高素质干部队伍的极端重要性

1、是确保"改革开放"取得胜利的重要条件。当前,我们正处在"改革开放"的关键时刻。在这样的历史转折时刻,坚持市场经济的社会主义方向,维护党中央的领导权威,培养跨世纪的接班人,是一项伟大而艰巨的任务。而要党员干部在这关键时刻能经得起严竣的考验,就必须努力提高他们的基本素质。十一届三中全会以来,涌现出孔繁森等一些深受人民爱戴的优秀干部,他们是高素质干部队伍的代表。但是,也要看到,在干部队伍中,也有一部分人素质特别是思想政治素质不适应党的事业的要求:有的干部由于对党和人民奋斗的历史经验不够了解,缺乏艰苦环境锻炼,政治上不成熟,思想作风和组织纪律性还需锤炼;有的干部不认真学习党的理论和政策,不注意大局,不讲政治;有的干部作风漂浮,脱离实际、脱离群众,官僚主义、形式主义严重;有的干部忘记了党的宗旨,经不起考验,以权谋私,违法乱纪,给党的事业带来不可低估的损失。为此,最根本的办法就是通过有效的教育把党自身建设搞好,把驾驭市场经济航船的掌舵人、带头人——党的干部队伍和领导班子建设好,努力提高领导者的素质。从这个意义上讲,越是建立和发展社会主义市场经济,就越要加强党员干部的思想政治建设和作风道德建设。

2、是加强执政党自身建设的关键环节。在加强党的干部队伍培养和建设中,从毛泽东到邓小平、到江泽民,三代领导人都 特别注意党所处环境和地位的变化。民主革命胜利以后,党所处环境和地位最大的变化就是取得了执政地位,因此在党的干部队伍的建设中,党历来把经受执政考验提到各级领导者面前。改革开放以来,党中央一再提醒这个问题。执政党最大最严峻的考验是权力的考验。权力具有双重性,它既可以成为为人民谋利益的工具,搞改革开放和现代化建设的工具,又可以成为以权谋私的工具,成为腐蚀执政者自身的工具。权和私的结合有着一定的社会历史条件,特别是在市场经济利益趋动这一基本动因普遍起作用的情况下,如果不加强对掌权者的思想道德教育,不遏制权力商品化,利已主义就会蔓延滋长,那么,掌握着大大小小权力的党员干部就会被腐蚀,腐败现象就会严重滋长。所以,在党执政的条件下,在剥削阶级思想依然存在的条件下,加强党员干部的思想道德建设是非常必要的,有着重大的现实意义。

3. 是保证党在国际风云变幻中经受风险考验的战略措施。当代世界风云变幻。在这种国际背景下,我们只有把党自身建设好特别是把党员干部队伍建设好,才能保证在风云变幻中经受住各种风险的考验。为此就必须了解世界风云变幻的特点和发展趋势。当代世界风云变幻的一个重要特点是从两极冷对峙的世界格局正在向多极化发展,和平与发展是当今世界的两大主题,这是我国走向世界,发展自己的大好时机。然而西方国家正在利用资本优势、科技优势和管理优势要同我们在经济竞争中较量。能否在市场竞争中打胜这场硬仗,关键在于提高履行市场经济条件下党和国家管理职能的干部的思想道德素质和管理才能。在新时期防止"和平演变",全盘西化,最基本的问题是把党的干部队伍建设搞好,使党的干部队伍成为高素质的干部队伍,成为坚不可摧的坚强队伍。只有这样,才能在国际风云变幻中经受住各种风险的考验。

二、优化干部队伍建设的对策措施

在新的历史时期,由于党的干部分工和职责不同,培养高素质的干部队伍的要求也不尽相同。但不管干部从事什么工作,对干部队伍建设的一些基本要求是一样的。

1. 建设好领导班子,选好"一把手"。党政主要领导干部的主要职责是出主意、用干部。作为"一把手",如果带不了"一班人"那就不称职。培养高素质的干部队伍,"一把手"是关键。因此,一个班子首先要选好"班长"配好"一把手"。在选配好"一把手"的同时,还要重视搞好群体配合,实现领导班子优化组合。现在有些领导班子弱,除了个人素质原因外,还有班子结构问题。要在坚持

"四化"方针和德才兼备原则的前提下,根据不同情况,合理调整和改善结构。在注重思想政治素质前提下,要注意年龄结构,知识和专业结构,使领导班子成为整体素质优良、成员优势互补的坚强集体。干部队伍的年轻化是必要的,但必须形成梯次结构。进入班子的成员应是比较成熟或已成熟的,不能忽视基本条件硬凑,搞形式主义。"扶上马,送一程",从爱护和支持角度谈可以,但要人扶上马还要送一程的人往往是不能带领群众冲锋陷阵的,这样的人最好放在适当层次锻炼之后再起用。实际上,各层次上都能锻炼人,要善于发现下层次的干部,并向上层次选拔提拔。要很好地处理一个人的自然寿命、政治寿命和工作寿命的关系,珍惜现有这支成熟的干部队伍,在干部问题上不搞年龄一刀切。"五十九岁现象"有个人的因素,也有社会因素,不能简单归到干部个人。对干部重在教育监督,而一些问题不是用简单的换人办法所能解决的。如果放弃干部教育和监督,什么年龄段都会出问题。

2. 建立健全公开、平等、竞争、择优的用人选人机制。市场经济是竞争性经济,这种竞争是优胜劣汰的竞争。人才,只有在市场经济大环境下通过竞争才能有效地成长起来,也只有在竞争的机制下才能大量发现和涌现出来。干部竞争的衡量标准就是党的干部政策和德、能、勤、绩。现在主要从公务员中选拔优秀人才走上领导岗位,因此,要在公务员中建立优胜劣汰、竞争上岗机制。由于社会分工、工作岗位的多层次性决定了干部的多层面性,因此,还要考虑"士发于卒伍",注意从工农一线上选拔干部,把那些有实践经验的党员工人、农民选拔到适当领导岗位,还要派一些优秀公务员到农村企业单位锻炼成长,使之形成对流。这就要求在干部选拔管理上完善一系列相互配套的制度,包括委任制、选举、考任制、聘任制、轮换制等。

3. 建立健全科学考核,能上能下的激励机制。干部能上不能下状况必须改革,逐步建立起能上能下的激励机制。努力做到全面衡量德才重实绩、科学考核按程序、物质激励和精神鼓励相结合、能上能下识大体。实行干部能上能下是大势所趋,人心所向,要因势利导,加强教育。经过民主评议和组织考核,对确需调整的干部,要果断地进行调整,做到奖惩有章,升降有序。

4. 建立以需求为导向,多形式、快节奏、高效率的干部教育培养机制。要在市场经济条件下强化育人机制。要形式多样、多层次、多类别、多渠道地开展培训,巩固完善现有的干部培训格局,适应市场经济对各类干部的要求。要提高办学质量,改革教育教学内容和方法,高水平、高质量、高效益地培训干部。广大干部既要学习马列主义、毛泽东思想和邓小平理论,又要学习社会主义市场经济的基本知识和有关的方针政策法律法规,以适应新形势发展对干部的新要求。要培训与使用相结合,把经过一定岗位培训作为一项必备的任职资格,实行持证上岗,使干部培训走向制度化、法制化。

5. 建立多种形式的干部监督、约束机制。市场经济是法制经济,没有完备的法制规范和保障,社会主义市场经济新体制就难以建立和完善。无论是社会主义民主政治建设还是法制建设,都要求监督执政党和政府的工职人员,建立健全党内和党外、自上而下和自下而上相结合的对干部的监督约束机制,坚决杜绝用人的不正之风,造成一种公开透明的考核任用环境。对机关工职人员要加强党纪政纪的监察,形成办事认真、处事公道正派的风气,经过逐步努力,建立较为严密的监督体系。

(作者单位:黑龙江省旅游局)

浅析影响干部队伍素质的因素及对策

李秉贞

干部是党和国家的宝贵财富，是人民的公仆，是有中国特色社会主义事业胜利前进最可靠的保证。贯彻党的基本路线，实现党的奋斗目标，要靠宏大的干部队伍，带领广大人民群众，拥护和执行党的政治路线，紧密团结在党中央周围，同心同德，不屈不挠，艰苦奋斗来实现。

一、提高干部素质的重要性和基本要求

建设高素质干部队伍，是时代的要求，是一项刻不容缓的重大任务，是我们事业成功的根本保证。江泽民指出："我们党历来十分重视干部队伍建设，在不同历史时期，培养和造就了一批又一批、一代又一代适应革命、建设和改革需要的领导骨干和宏大的干部队伍。正因为有了一支经受各种考验中不断得到锻炼提高的干部队伍，带领人民群众，坚决贯彻执行党在各个时期的正确路线，我们党才战胜了各种艰难险阻，始终保持着强大的凝聚力和战斗力，不断从胜利走向胜利"。同样，在社会主义市场经济的新时期，解放思想，开拓进取，实现"两个根本性转变"，高举邓小平理论伟大旗帜，保证我国改革和建设事业的顺利发展，全面完成十五大提出的各项任务，顺利迈向二十一世纪。使我们的党更加坚强伟大，国家长治久安更加富强，人民生活更加幸福美满，也离不开提高干部队伍素质。大力加强干部队伍建设，提高干部队伍素质已成为摆在我们面前一项刻不容缓的重大任务。

二、影响干部队伍素质的几个问题

(一)没有摆正做人与做官的关系。怎样做人，做个什么样的官，是每个领导干部必须认真解决的一个首要问题。做官，首先是做人；做个好官，像焦裕禄、孔繁森、李润五、李国安、张鸣岐这样一些深受人民爱戴的优秀干部。必须先做个好人，做一个高尚的人，一个纯粹的人，一个有道德的人，一个脱离了低级趣味的人，一个有益于人民的人，因为做官是一阵子，而做人是一辈子。只有先堂堂正正做人，才能清清白白做官。在我国实行的是坚持共产党领导的多党合作的政治协商制度，国家的政治制度是人民代表大会制。人民是国家的主人，干部是人民的公仆，各级领导干部的一切权力都是人民赋予的。衡量一个人价值的决定因素，是他为社会、为事业、为人民、为党和国家作出了哪些贡献。因此，无论是做人还是做官，都不应把"当官"看得太重，而应当把为人民和社会作出贡献当做终生追求。有的干部背离党的全心全意为人民服务的宗旨，用人民赋予的权力去谋私利，与群众争享受。还有的干部只要组织照顾，不要组织纪律，个人主义、利已主义盛行。存在的这些问题，损坏了公仆形象，败坏了党风和社会风气，由此也出现了群众骂娘的现象，极大地影响了群众积极性的发挥。这样的干部，不仅不能正确做人，而且也做不了好"官"。所以，无论是领导干部，还是一般干部，都必须摆正做人与做官的辩证关系，努力做到淡泊名利，端正"官"念，做一个堂堂正正的人，清清白白的官。诸葛亮有句名言，叫做"淡泊明志，夙夜在公"。意思是每个人，要把名利看得淡一点，而把志向看得重一点。要从早到晚都得想着国家的事，集体的事，群众的事，不要计较个人的得失。

(二)没有摆正学理论与干工作的关系。有的干部不重视马列主义、毛泽东思想、邓小平理论学习，不认真学习党的路线、方针和政策，不讲究工作方法和领导艺术，照本宣科，断章取义，各取所需，摆花架子，搞形式主义，做表面文章。工作无目标，无标准，无计划，无原则性。这些不良风气，阻碍了党的路线、方针和政策的落实，败坏了党的声誉，影响干部的成长。造成了工作决策失误，组织管理失误，计划失误，给党和国家带来不应有的损失。

(三)机制不健全。机制不健全也是影响干部素质的原因之一。如：干部教育培训机制、实践锻炼机制、监督管理机制、风险责任机制、交流机制、考核与奖惩机制、竞争机制等。这些关于干部培养、教育、管理机制的不健全、不完善因素，直接影响了干部队伍素质的提高。致使部分干部经不住执政的考验，贪图安逸，以权谋私；经不住改革开放的考验，受到一些不健康的外来生活方式和思想意识的浸染；经不住市场经济的考验，受到金钱物欲的诱惑和腐蚀。在跨世纪的重任和群众疾苦面前缺乏使命感责任感，在激烈的竞争面前，缺乏危机感紧迫感。有的作风飘浮，官僚主义、形式主义严重，讲义气不讲真理，

讲私情不讲党性。有的形式上忙忙碌碌，实际上碌碌无为。有的解决问题避重就轻，批评与自我批评不触及实质，这些问题的严重性在于，这种气氛一经形成，就像腐蚀剂一样，腐蚀和毒害部分干部的思想政治生态。

三、提高干部素质的措施

(一)加强学习，丰富知识。提高干部队伍素质，最重要的一条就是提高广大干部的马列主义理论素养，马列主义、毛泽东思想、邓小平理论是我们党的行动指南，是广大干部认识世界、改造世界最强大的思想武器，是指导干部深刻认识社会发展的客观规律，是把握客观事物本质的科学思想体系。邓小平理论是当代中国马克思主义，学习和掌握这一理论，对于干部清醒认识当代中国和世界一系列重大问题，坚定建设有中国特色社会主义事业的信心，提高执行党的基本路线的自觉性，排除各种干扰，战胜各种风浪，顺利推进改革开放和社会主义现代化建设事业，具有极其重大的意义。

邓小平指出："全党的各级干部，首先是领导干部，在繁忙的工作中，仍然有一定的时间学习，熟悉马克思主义的基本理论，从而加强我们工作中的原则性、系统性、预见性和创造性。只有这样，我们党才能坚持社会主义道路，建设和发展有中国特色的社会主义，一直达到我们的最后目的，实现共产主义"。领导干部是领导别人的，需要科学的判断形势，了解发展规律，正确把握大局，这就需要理论。加强学习，首先要学习理论，特别是学习邓小平理论。只有具备较高的理论素养和水平，才能保持头脑清醒，政治思想坚定，成为一个强有力的领导者。

全心全意地为人民服务，似乎不要多少理论，多少文化水平就能做到的事情，对于领导干部来说，真正做到就不那么简单，就必须懂理论、懂政治、懂政策。因为，人民群众的利益不单是每个人利益的总和，为人民服务不是简单地等同于为每一个个体人服务。这里有对人民群众根本利益的认识、集中和概括；对于各种矛盾冲突的协调和驾驭；对于全局和局部，眼前和长远，个人和集体利益的辩证认识和把握。只有通过理论，通过党的路线、方针和政策，才可把人民群众的根本利益集中起来，组织人民群众为集体、党和国家的利益去奋斗。

理论来自实践，是从历史的深重积淀中提炼出来的规律。我们党领导人民进行革命、建设和改革的历史，特别是改革开放20年的伟大实践和经验，是理论的宝库，是理论和实践相结合的生动课堂。我们要珍惜这一宝贵财富，充分利用这一伟大实践和丰富经验，加强理论学习，不断丰富科学理论知识，增强理论水平和驾驶全局、处理复杂事物的本领。

(二)投身实践，增长才干。学习理论的目的全在应用，在实践。投身实践，就是领导干部要下文山，出会海，投身到职工群众中，投身到最困难的地方，在实践中扑下身子，对实际问题进行调研。要了解本单位在改革发展中的变化，正在发生的变化；了解职工群众的思想状况，工作中存在的困难，以及职工群众议论的热点、焦点问题。只有深入第一线认真搞好调查研究，才能找到自己所处的方位和坐标，找到把握全局把握发展趋势的关节点。实践出才干，也不是所有的实践都一样出才干。只有投身到最困难、最艰苦、矛盾最集中、职工群众最需要的方面去，才能经受最大的锻炼，锻炼出最大的开拓能力、领导和创造能力。谁能在职工群众最根本利益的大局问题上，攻克难关，开拓局面，作出贡献，谁就会受到锻炼，增长才干，受到尊敬，谁就是强有力的领导者。

(三)营造环境，使优秀人才脱颖而出。完成十五大提出的各项任务，实现党的奋斗目标，需要千千万万源源不断的优秀人才，以保证有中国特色社会主义大业长盛不衰。提高干部队伍素质，也需要创造良好环境，使优秀人才脱颖而出。在社会主义革命和建设中，一批又一批德才兼备的优秀中青年干部走上领导岗位，大大增加了干部队伍的活力，提高了干部队伍素质。但在选拔使用干部工作中，还存在不少问题，主要是"入口"太小，"出口"不活。"入口"太小，主要是指选拔干部的视野不宽，有的搞任人唯亲，由个人或少数人说了算，不按选拔党政干部的原则、标准和规定程序办事；在选人标准上以偏概全，求全责备。在使用干部中，讲干部队伍太老化，但又不重视培养选拔年轻的优秀人才；在新老交替中，讲年轻需要再进一步锻炼、考验，到急需用干部时可选的人太少，只好在"矮"者中选"将军"；有的凭个人好恶、个人利益选拔干部，有的搞小圈子。这就很容易将大量优秀人才排除在视野之外。"出口"不活，主要是指干部能上能下，能进能出的问题，还没有从思想上制度上根本解决。

解决"入口"小的问题，要坚持党管干部的原则，坚持选拔干部的标准和程序，拓宽视野，不准由个人或少数人说了算；要坚持"五湖四海"，坚持民主推荐，民主监督；坚持公平、竞争、择优的原则。真正把作风正派、勤政廉洁、办事公道、有群众基础、业绩突出、有真才实学的优秀人才选拔到领导岗位上来。解决"出口"不活的问题，主要是健全干部管理制度。干部管理制度是提高干部素质的有效措施之一，对干部要进行全面考核，特别要重实绩、重在群众中的基础怎样的考核，个人素质的考核，主要重视所分管工作所取得的成效。

营造环境，主要是大力宣扬领导干部的优秀品德，优秀事迹；要敢于揭露批评干部队伍中存在的消极腐败现象。不断完善干部管理机制，进行干部人事制度改革，坚持制度造人，制度用人，制度管人。真正形成爱惜人才，发现人才，培养人才，推荐人才，保护人才的良好氛围。

(作者单位：山东省高级技工学校)

实行思想品德量化管理　培养社会主义合格人才

常　宝　申淑芳

我们的教育是为社会主义现代化建设服务的，目的是培养社会主义现代化所需要的合格人才。“培养社会主义新人就是政治。”“学校应该永远把坚定正确的政治方向放在第一位”，邓小平同志的这一论断深刻地说明了政治方向是学校工作的灵魂，指出了我国教育的社会主义办学方向。的确，思想政治素质对人才的培养起着方向和动力的作用，对于青年世界观、人生观、价值观形成具有决定性的影响。当代青年，正是下一个世纪人才的后备军，做好他们的思想政治工作，加强他们的思想政治素质，对于实现中国现代化和建设中国特色社会主义具有战略性意义。

坚持正确的政治方向，培养社会主义合格人才，重要的一环就是学校必须重视思想政治教育，不断加强和改进思想政治教育工作。为适应教育改革的大趋势，为确实有效地加强学生思想政治素质和道德修养，指导学生约束和规范自己的行为，促进学生德、智、体全面发展，从1987年，我校开始实行《学生德智体量化测评积分办法》，对每一位在校学生实行量化管理。量化管理把思想品德放在第一位，制定了测评积分办法。具体办法如下：

每个学生每年思想品德表现测评积分公式为：

$S_i = S_i1 + S_i2 + S_i3 + S_i4 + S_i5$

S_i——思想品德表现总积分。

S_i1——思想品德表现二级测评积分。根据学生每年在政治表现、道德修养、集体观念、卫生习惯、遵纪守法、学习态度、劳动态度等方面的表现，在本人学年总结的基础上，按“思想品德表现测评评分标准”中所列条文和分值，由每个学生班主任和辅导员在征求班委会、团支部意见基础上分别给全班所有同学打分，所占比例分别为60%和40%。

S_i2——思想政治教育课、马列主义理论课考绩积分。思想政治教育课、马列主义理论课的考绩积分取全学年两类课程考试的平均成绩（百分制）乘以10%。凡该两类课程考核不及格经过补考达到及格的，不论补考成绩如何均以60分成绩计。补考后仍不及格成绩以0分计算。

S_i3——思想品德表现加分。加分分为荣誉加分、社会工作加分和日常表现加分三部分。详见下列表：

荣誉加分

加分项目 \ 分值 \ 级别	省（部）级	市级	校级（含团委）	系级（含团总支）
优秀党员、团员	8	6	5	
学雷锋、社会实践活动积极分子	6	4	1	0.5
受通报表扬一次	6	4	1	0.5
受嘉奖一次	10	8	6	
立功一次	15	12	8	

社会工作加分

级别	分值	职　　　务
一	0~5	校学生会正、副主席、自律会、自育会、自务会正、副主任、系学生会主席、系自律会主任
二	0~4	校团委、校学生会正、副部长、系学生会副主席、校科协正、副会长、校自律会、自育会、自务会正、副部长、系自育会副主任、楼长
三	0~3	校团委、学生会、自律会、自务会、自育会、系团总支、系学生会委员、系科协会长、层长、广播台负责人、党小组组长、党支部委员、系自律会委员、班长、团支书、各社团长
四	0~2	班委、团支委、广播台工作人员、社团副社团长、系科协副会长、校内刊的记者、编辑、校科协理事
五	0~1	团小组长、行政小组长、宿舍长、学马列、学党章小组长、课代表

注:(1)兼数项社会工作,只取积分最高一项。

(2)所加分值由归口负责教师根据其工作表现、工作成效等酌情给分。

(3)归口负责教师将一学年的评分结果报学生所在系,由各系将此结果转给有关班主任。

日常表现加分

序号	加　分　项　目	每次加分值	备　　注
1	积极参加社会实践活动,并撰写社会调查报告或论文	1	由团支书负责记载统计,按月报班主任讲评
2	优秀社会实践小分队成员或优秀论文作者每人	2	
3	认真参加马列、党章小组学习、交流学习体会	0.5	
4	参加学习雷锋活动,进行义务服务	0.5	由班长负责记载统计,按月报班主任讲评
5	学习刻苦、态度端正且智育积分在专业年级前1/10者	2	
6	对校系提出建设性意见并被采纳	2	
7	参加义务劳动、出满勤、表现好	0.5	
8	见义勇为、抢险救灾、敢于同坏人坏事作斗争,敢于揭发不良行为和坏人坏事	2-10	
9	拾金不昧、根据数额	酌情加分	
10	学年终所在宿舍被评为系或校级文明宿舍	1-2	宿舍管理站记载统计,按月报各系班级由生活委员负责
11	在宿舍卫生普查或抽查中获优秀宿舍每人	0.5	
12	在宿舍卫生普查或抽查中获个人优秀者	1	
13	在全学年中未被扣分者	3	班主任负责

S_i4——思想品德表现扣分。详见下表：

序号	扣　分　项　目	每次扣分值	校系负责检查单位	各班级负责检查记载的干部
1	有宣扬资产阶级自由化言论或影响稳定、扰乱学校和社会秩序的言行而未达到处分者	5	系党团总支	团支部书记
2	临危忘义、知情不报、包庇、袒护坏人坏事或破坏公物而未达到处分者	5		
3	不参加政治学习、团组织活动和集体活动者每人	1		团支部委员
4	夜不归宿或未经批准、擅自留宿者	3	各系辅导员	班长
5	旷课一次或擅自离校及请假逾期未归但未达到处分者	2		
6	在自习时间打扑克、下棋、睡觉等	1	系自律会	学习委员
7	男女同学勾肩搭背等不文明、不得体行为，每人	3	校自律会	团支部宣委
8	在宿舍起哄、摔酒瓶、扰乱生活秩序者	5	宿舍管理站 校系自律会	班长
9	受系级通报批评者	3		班主任
10	受校极通报批评者	5		
11	受行政、团内警告处分者	10		
12	受行政、团内严重警告处分者	20		
	受行政记过处分者	30		
13	受行政留察、团内留察处分者	40		

S_i5——卫生积分。为学年中历次卫生普查和抽查的总积分乘以10%。

量化测评积分与学生的评优，评奖学金挂钩，与毕业分配相联系。学校还单设了思想品德表现优秀奖，对在本班思想品德表现测评总积分名次前1/4者予以奖励。

青年学生正处于世界观的形成时期，可塑性很大。量化管理达到了事半功倍的效果，实现了教育的针对性、有效性。从实施量化管理以来，我校风气大为好转，青年学生遵纪守法、朝气蓬勃、积极向上。每个学生自理、自律、自立的能力大大增强。量化管理、从严治校，我校因此多次获得省、部嘉奖，毕业学生也受到用人单位的普遍好评，他们政治思想过硬，集体观念强，勤学肯干，成为社会主义电力事业建设的合格人才。

（作者均为华北电力大学副教授）

民主选举经营者给我们的启示

梁　伟　　张　波

在市场经济条件下，企业成为市场竞争的主体。引入竞争机制，由市场来选择和配置企业经营者势在必行。沧州石油有限责任公司党委积极探索适应市场特点的用人管人路子，在东光县石油公司成功地进行了民主选举经营者试点。新班子于1998年3月初上任，以新思路、新办法、新举措，使企业很快地出现新变化。

石油公司的亏损额逐月递减，两个月后开始盈利。好效益来源于企业用人新机制。这种选人用人的新方法向石油销售系统过去单纯的干部任命制提出了挑战，它标志着一种新的适应市场经济需要的企业用人机制开始形成。

用选拔任用党政机关干部的办法来选择企业领导人的做法已经明显滞后，存在着一些亟待解决的问题。主要有以下五个不适应：

一是部分领导班子和企业领导人驾驭市场的知识和能力与领导企业参与市场竞争的任务不相适应。个别同志理论学习态度不端正，自觉性不高。不读书、不看报，学风不盛，玩风太浓。对市场经济理论和企业管理知识了解甚少，自己不懂，还不愿意学习。思想观念保守，因循守旧。一味地等政策、要政策、靠政策，总希望石油公司能回到计划经济条件下那种“批条子，赚大钱”的年代。作为企业领导人得过且过，无所作为。既没有面向市场改革的举措，也没有参与市场竞争的胆识和策略。企业连年亏损，职工工资没着落。这些领导对上强调客观困难，过一天算一天；对下当“维持会长”，不得罪职工，保持一团和气。企业是国有的，官是上级委任的，干好干坏与己无关。目前，企业进入市场，竞争风险加大。企业经营者都面临着加强学习，充实丰富知识，不断提高经营能力和管理水平的紧迫任务。

二是企业领导人解决自身问题的能力与贯彻民主集中制的原则要求不相适应。由于实行委任制，在落实厂长(经理)负责制时，往往具有很强的排他性，党组织的地位很难得到保证。为了弥补这一缺陷，又采取了“一肩挑”的形式。这就导致把企业党组织的地位寄托于厂长(经理)的个人品质上。在一些班子中，民主不够，集中不够的问题同时存在，有的“一把手”比较软弱，缺乏统揽全局和凝聚“一班人”的能力，班子内形不成核心。特别是一些企业领导人主观武断，经常想的是个人如何加强企业的控制。比如排斥党组织，任用亲信担任财务主管和业务人员，甚至把企业变成个人的天下。从而使党组织在企业的政治领导丧失，党务工作和思想政治教育流于形式，党员四季不活动，职工常年不开会，规章制度形同虚设。企业正气受压，歪风邪气上升，职工队伍不稳，企业危机四伏。

三是少数企业领导人的思想作风和精神状态与肩负的推进企业的改革和发展的任务不相适应。在当今改革开放的年代，企业在市场中竞争加剧，搞好企业的难度很大，需要一批有理想、有抱负、有本事的企业经营者，但是仅靠委任制，难以培养大批量、高素质的企业家。也由于企业领导人的委任制，使跑官要官有了市场。挖关系、走后门、跑官要官，当了官又不好好干。上任后考虑的不是企业的生存和振兴，而是以权谋私，“不捞白不捞”，“不沾白不沾”，“有权不用过期作废”。有一个县级石油公司亏损严重，职工工资都不能足额发放，但一年业务招待费却开支7万余元。公司新上任的经营者立下军令状，要将年度业务招待费降到两万元，可见原来漏洞是那么大。还有的企业领导人精神不振，事业心、责任感不强，为官一任，实绩平平。有的职工讲，一些企业负责人从上任到离任，不但没有振兴企业，反而把公司给糟蹋了，是地道的败家子。他们名为企业的经营者，实为企业的送葬人。

四是片面强调厂长(经理)负责制与监督制约力不相适应。随着《企业法》的颁布实行，企业厂长(经理)手中的权力越来越集中，越来越大。但是，对其权力进行监督约束的机制不健全、不完善，而负有监督职责的企业党组织，监督部门，职代(大)会至今没有一个完整的、行之有效的监督企业厂长(经理)的法规出台，使监督约束难以到位、有效。同时，监督客观上要求监督主体与监督客体地位上基本平等，而目前企业监督主体大多在监督客体的领导下工作，这种监督行为受被监督者制约的监督体体制，必然导致监督疲软。因此，长期以来，对企业党员干部监督问题一直没有得到很好的解决。“一支笔、一肩挑、一言堂”，重大问题总是不经党政班子集体研究，皆由

一人拍板定夺。致使企业党组织不好监督，企业纪检难监督，财务人员不敢监督，使监督完全处于失控状态。

五是企业干部制度改革的力度与市场经济对人才配置的要求不相适应。根据国家有关部委对全国2000家亏损企业调查表明，企业经营者素质低下造成亏损的占2/3。有关专家撰文指出，企业领导人委任制是导致国有企业普遍陷入困境的重要原因之一。企业负责人的委任制，使选人视野比较窄，“少数人在少数人中选”的问题还没有得到根本改变，用人观念比较陈旧，思想不解放，求全责备问题比较突出，使优秀经理人才难以脱颖而出，少数企业负责人只对上负责，不对下负责，报喜不报忧，报盈不报亏，企业国有资产被骗被盗等流失事件时有发生，企业经营的好坏与企业的官没有利弊关系。其中一个不容回避的事实是，国家、企业和利益与企业负责人的利益存在距离。同时，委任制还可能埋没真正的人才，使一些庸才或小人得志，增加了用人不当的风险。德才兼备者怀才不遇，投机钻营者春风得意，这种“示范”作用会极大的伤害广大职工的积极性。

目前，系统企业都按现代企业制度的要求，组建了国有限责任公司。按《公司法》的规定，产生公司的决策和管理层应是题中之义，但由于股东大会缺位，董事会就失去了实际的意义，企业还没有建立起规范的公司制运行机制。加之县（市）级公司规模小，人员少，很难按《公司法》的要求产生公司的决策和管理层。因此，由公司系统内党组织通过所属子、分公司职代（大）会，选举企业经营者，适应目前小型国有企业的实际，补充和融和了公司制企业决策和管理层的产生办法，是实践党管干部原则的有效途径。民主选举经营者是一个成功的办法，是扭转目前一些企业亏损局面的一剂良方。它给我们的启示是：

一、民主选举经营者，更好地坚持了党管干部的原则

民主选举经营者同任命制选拔任用企业负责人一样，也是党组织向企业选派干部的一种途径。二者主要区别在于，任命制选拔任用企业领导人的最后决定权是上级组织，而民主选举经营者的最后决定权在职代（大）会。民主选举经营者会不会使党的领导落空，使党管干部原则失效呢？回答是否定的。坚持党对国有企业的政治领导权，是一个重大原则问题，任何时候都不能动摇。坚持党管干部原则，按照管理权限，依法选派，推荐国有资产产权代表和企业经营管理负责人，并对他们实施教育、培养、考核、监督，是坚持党对国有企业政治领导的一个重要体现。同时，在市场经济条件下也要改进党管干部的方法，积极探索党管干部原则的多种形式，不探索就等于放弃这条原则。民主选举经营者和党组织依法选派、推荐企业负责人一样，都是坚持了党管干部的原则。一是参选者的条件是党组织制定的；二是参选人的候选人是党组织筛选确定的；三是选举的过程是在党组织掌握之中；四是选举的决定权在职代（大）会，而职代（大）会是党组织领导下的群众团体。因此，民主选举经营者，坚持了德才兼备的原则，坚持了组织考察，坚持了按程序办事，坚持了我们党历来选拔作用干部的群众公认的原则，所有这些都体现了党管干部的原则。在实践中，我们体会到，民主选举经营者，不仅不会削弱党在企业中的政治核心地位，而且能够加强和改进党对企业的政治领导。

二、民主选举经营者，健全了监督机构，疏通了监督渠道，进一步完善了监督制约机制

首先民主选举经营者，是克服和避免用人不正之风的有效办法，过去组织上选拔企业领导人，往往受各方面的干扰，说情风，关系网，很难应付。通过民主选举，公开、民主，请职工代表参加民主选举领导小组，各种程序置于广大干部职工的监督之下，使民主选举工作客观公正，保证了企业经营者有良好的素质。这对于搞好党风廉政建设非常有益。其次是企业经营者产生之后，组织上也监督其按任人唯贤的原则，选配好企业领导班子。对经营者提名的副职，必须经过职工投票，得票超过半数才能当选。有效地防止了经营者者任人唯亲或拉不开情面，导致用人失误。第三是把监督的重点放在企业经营者任期的工作过程中，防止以选聘代管理，放任自流。在经营者选出的同时，调整充实党支部，改选工会，建立监事会等组织，并将工会、监事会合二为一。在县级公司设监事会是对《公司法》和公司章程的突破，建立了精干机构，给了监督者的权利和地位，并进一步明确工作职责和规范监督制度。建立了“三个一”的监督管理办法：即上级组织或主管部门对企业经营者每年考核一次，职代（大）会每年评议一次，审议部门每年审计一次。通过综合分析评价，由职代（大）会确定经营者的去留。干得好的就继续留任；基本胜任工作的，提出问题，限期改正；干得不好的，就地免职，并且还要经济处罚。通过这种办法，使新上任的经营者工作既有压力，又有动力。如东光县石油公司经营者上任之后约法三章：县城内办事和外出办私事不用小汽车；家庭电话费用、BP机一律自费；业务招待费按规定提取和使用，以上年度为基数，压缩70%。工会（监事会）有关领导进入角色，全方位监督。每月听取一次经营管理工作情况汇报，利用黑板报将政务公开一次。给职工一个明白，还干部一个清白，公司出现了廉洁清正的风气。

三、民主选举经营者，真正体现了职工的主人翁地位

在国有企业里，职工既是国家的主人，也是企业的主人，没有职工的支持和参与，企业的改革和发展只能是一句空话。同时，全心全意为人民服务，是党的唯一宗旨。我们党总把“人民拥护不拥护”，“人民赞成不赞成”，“人民高兴不高兴”，“人民答应不答应”作为制定各项方针政策的出发点和归宿，而民主选举经营者正是实现了与坚持群众公认的原则相吻合。由“少数人在少数人中选”到“全体职工在最大多数人中挑”的转变。在选举中广泛地走群众路线，在对候选人的考察中广泛听取职工干部意见，吸收职工代表参加选举领导小组工作，广大职工都十分珍惜自己的民主权利，投下自己神圣的一票。在东光县石油公司民主选举经营者时 40 名职工参加了两轮投票，没有人弃权，也没有人投废票。这样选出来的经营者更充分体现了职工的意愿。也可以说是党组织在按条件和程序的前提下把选择企业的经营者的权力给了职工群众，更加体现了职工的意愿。也可以说是党组织在按条件和程序的前提下把选择企业的经营者的权力交给了职工群众，更加体现了职工当家作主。由于经营者是职工自己选出来的，信得过，感情比较好沟通，对于经营者指令执行起来比较顺利。同时，由于职工直接参加选举工作，本身也受到教育，从内心感受到自己是企业的主人，因而更加关心企业，更加热爱本职工作，工作积极性普遍高涨。东光县石油公司去年职工集资 30 万元，原来不少职工怕公司还不上，纷纷要求撤资。新班子上任后，再也没人提出要求，而且公司也按月兑现利息，从而弥补了流动资金的不足。参加下乡流动售油的 4 名同志早出晚归，从没有过节假日，积极出主意想办法推销油品，拓展了零售市场。公司建流动加油站需要管线，维修工马昌礼同志建议，将原油库深埋在地下近两米深废弃土油罐油管挖出来翻新使用，公司动员由职工自己动手，解决了建站急需。仅此一项，为公司节省资金近万元。

四、民主选举经营者，使当选者积极性得以充分调动

过去组织委任的企业经营者，作为当选者个人，多多少少带有“你让我干”的心理。在接受工作任务时，很容易和上级讨价还价，不少人强调客观困难多，压力不大，政治责任心不强。有的企业负责人不是向企业负责，向职工负责，而是向领导负责，甚至向个人负责。通过公开竞争，民主选举，对于企业经营者来说“我自己要干”，事业心、责任心大不一样。而民主选择举经营者正是解决了企业领导人的所作所为，不但要向上级负责，向企业负责，更重要的是向职工负责。经理受命于广大干部的职工，身上承受着极大的压力。同时又由于广大干部职工的信任，产生巨大的动力，企业经营者民主意识明显增强。工作积极性明显提高，东光县石油公司新当选的董事长兼经理王增纯说，虽然现在和过去同样戴着公司领导的“帽子”，但过去可与上级分担责任，现在由于是职工选的，“帽子”抓在职工手里，对经营者的监督，约束更贴身了，因而更觉得压力大、责任重。他们班子上任后，基本上都没有星期天，每天工作都在 12 小时以上，几乎天天都在公司和经营一线，把全部心血用到企业发展上。工作拼命干，生活上却非常俭朴。经理们外出联系业务，住宿吃饭尽量少花钱。副经理吴清枝同志把自己花两万元购买的旧油罐车，大修后无偿提供给公司使用，用于售油小分队下乡售油，不提任何回报。新班子把身心全部扑在工作上，受到了职工的一致好评。

企业的兴衰在用人。用好人可以使企业起死回生，用错人，好企业也难免搞垮。因此，加强企业各级领导班子建设，是各级党组织的头等大事。所以，我们要大力推进人事制度改革，积极探索通过市场配置企业经营者的有效途径，形成组织配置和市场配置相结合的新机制。进一步建立健全领导干部激励约束机制，培养造就一大批观念新、本领高、党性强、形象好的企业经营者，团结、组织和带领广大职工积极参与市场竞争，迎接挑战，战胜困难，开拓前进。

（作者单位：河北石油集团沧州石油公司）

第十部分

党的建设

党在国有企业中的政治领导是一个关键性问题

袁宝华

中国职工政研会会长袁宝华同志，在听取《国有企业改革与党在国有企业中的政治领导问题研究》课题组部分同志汇报时，发表谈话指出，在新的形势下，一个关键性的问题，也是大家所关心、一直到现在没有解决好的问题，是国有企业改革中党在国有企业里的政治领导问题。

袁宝华同志谈到，党的十四大明确提出要建立社会主义市场经济体制，这是在邓小平同志 1992 年视察南方重要谈话之后作出的重大决策。小平同志从理论上阐明了计划和市场都是经济手段，资本主义可以用，社会主义也可以用，这是理论上的重大突破。这就给我们经济部门和所有的人提出了新的问题，使我们企业的所有工作都面临着从计划经济向市场经济的转变，中央后来提出了“两个根本性转变”。在这样一个形势下，要解决面临的一系列新问题，我们抓住国有企业改革和党在国有企业中的政治领导问题，这是抓住了“牛鼻子”。

我们是执政党，党的有形权力愈来愈大，在企业中党组织如何实现政治领导，这是长期以来没有处理好的问题。特别是要适应现代企业制度的要求，想什么办法作出规定来实现政治领导，比如让党的负责人参加到董事会里边去。有的让党委书记兼任董事长，企图从组织上解决这个问题。但看来单纯从组织上也不能真正解决问题。因为要实现政治领导，就要发挥党在企业的政治核心作用。我们作为执政党，通过人大、政府可以把党的意志、主张变为现实，这些通过依法办事都能做到。人大、政府可以发布命令，党组织却不能命令群众。党对各级党组织和全体党员都可以发号施令，但对广大群众则只能通过党员的模范行动和群众工作来说服引导他们接受党的主张，而不能对群众发号施令。现在的问题是执政党很难真正做到这一条，直到现在，法制不健全，基本上仍然是“人治”，而不是法治，不能按国家法律、党规党纪办事，往往是人来政举，搞不好人去政息。在企业里有许多问题，原则是明确的，但是如何结合企业实际来坚持这个原则、如何实现这个原则的问题，长期以来都没有很好解决。

他提出，一个企业要坚持社会主义方向，要坚持实现中央提出的“两个根本性转变”。现在看起来，要做到“三个坚持”：首先是对于企业重大问题的决策，党组织一定要参与，因为它往往决定企业的命运、兴衰，所以这一条要坚持。第二是党管干部这个原则。为政在于得人，得人者昌，所以这一条也必须坚持。第三是要坚持企业党组织对群众组织的领导。如何既坚持这些原则，又能很好地处理长期存在的一些复杂的关系问题，看来我们的领导方法要进行革命性的变革。总结过去的经验教训，在企业党组织的领导方法上，要真正做到“抓大放小”。不要把大量的事务性工作都背在自己身上，而要使自己站得高一点，处于比较超脱的地位。具体来说，要解决好以下几个方面的问题：

第一，要处理好企业中的党政关系问题。企业党组织对于企业生产经营、行政指挥工作，过去大事小事都去干预，以党代政，包揽行政事务，要很好总结这个经验教训。既要坚持参与企业重大问题的决策，又不能以党代政。有的党委书记可以选举为董事长，有的党委委员可以选去作董事或监事等。如果选不进去怎么办，不能用行政命令硬塞进去。我看很重要一条就是企业党委对于参加党委的行政干部要抓紧，要做好工作，通过我们把党的意志变为董事会的意志，变为企业的决策，发挥党员的作用。回想过去我们在国民党统治区的时候，党处于地下，不能发号施令，可是党的主张仍然得到实现。靠什么？靠所有的党员，特别是做公开工作的党员。他们把党的主张作为自己的意见提出来，来影响群众，来实现党的主张。我们党执政以后，在企业里有些党员当了领导干部就指手画脚，命令群众。党不能通过自己的党员去影响群众，实现党的意志，这一条想起来。总是感到我们的工作没有做好。

《全民所有制工业企业法》是全国人大在 1988 年 4 月通过的。当时《人民日报》记者鲁牧跟我谈了两个半天，后来他写了篇文章，题为《孕育十年，魂系三分》，是讲《企业法》出台用了十年时间，“三分”是讲党政分开、政企分开、两权（所有权和经营权）分离。政企分开现在正在逐步实现。人大通过《企业法》的过程，有不少矛盾和争论。当时有的同志找我谈要坚持党委领导下的厂长负责

制。我告诉他们,小平同志在 1980 年 8 月 18 日关于《党和国家领导制度的改革》这篇重要讲话中,就明确提出企业要有准备、有步骤地改变党委领导下的厂长负责制,使党委摆脱行政事务,这样党委才能真正发挥政治领导作用。不是不要党委的领导,是要把党政的职责分开,党搞政治领导,行政领导是厂长职责范围内的事。要做好这件事情,可不能看简单了。搞过头会削弱党的领导,讲党的领导过头了,又会以党代政。如何恰到好处。正确处理这个关系问题,需要很好研究。

第二,关于党管干部的问题。既要坚持党管干部的原则,又不是党直接去决定、去派干部。深圳市委组织部办了一个高级经理人才评价推荐中心,市委组织部长、评价推荐中心主任刘涛同志和市委副书记李荣根同志到北京来,与中国企协联合开了一个企业家职业化、市场化问题的研讨会、他们二人在会上介绍了深圳市如何实现党管干部的做法;与会的一些理论家和中组部、中办等有关部门的同志发表了意见,最后让我发言。我讲这是深圳市发挥窗口作用的又一个新贡献,是组织部门革自己的命,是一个创举、创新。现在干部实行双向选择,这已经走向市场化了。可是我们对企业干部的管理,基本上还把他们当作公务员,企业顿导人到 60 岁要退下来。现在看 60 岁退值得研究,不能干的 50 岁应该退下来,能干的干到 70 岁也可以。1992 年我们去浙江做调查。企业里对这个问题反映强烈。回来后给李鹏同志写了个报告,认为应该让企业的经营管理人员职业化,不能把他们当作公务员来管理,这样才能真正培养出一支合格的企业家队伍。李鹏完全赞成这个意见,把报告批给赵东宛同志。总之,党管干部,党的眼界一定要放宽,要倾听各个方面的意见,在民主评价和推荐的基础上来决定干部。河南洛阳有个色织厂搞民主选举厂长,因为厂子混不下去了,要关停,由其它企业兼并,职工不同意,决心自己干,大家选举一个车间主任担任厂长。原来的厂长是上面委派的,上台后胡作非为,新选的厂长大家拥护,很快扭亏为盈,产品打入了国际市场。李长春同志在省里推广这个经验,所有亏损企业和小企业的厂长一律由群众选举。所以党管干部的方法确实要用革命的精神进行大胆改进和改革。

第三,要处理好企业党组织与群众团体之间的关系。一方面要坚持党对群众切体的领导,这是党章上规定的;另一方面要十分尊重这些切体的独立性,不去干扰他们的日常事务,否则就不能够真正实现民主。如果群众团体没有一点独立性,它就没有活力,在群众中就没有代表性,没有号召力,没有凝聚力。应该允许有不同意见,要承认这个矛盾。在大方向上,从长远看,国家利益、企业利益和职工利益是一致的,可是在很多具体问题上也应该承认有矛盾。群众团体要代表群众的利益,不代表群众的利益,就不能得到群众的拥护,就没有活力、凝聚力。

第四,要处理好企业党组织内部的上下级关系。企业里的支部和党员应该是充满活力的,党委要发挥政治核心作用,最基础的就是党员的先锋模范作用和党支部的战斗堡垒作用。为此党内就要发扬民主,不发扬民主党就没有战斗力。过去我们开民主生活会是个人检讨自己,很少开展批评,现在有的民主生活会是大家发牢骚。批评社会上和党内的不正之风,只要讲的是真实情况,这种批评对我们有好处。对党外要一个声音,在党内可以有不同声音。我们不能把企业内有活力的细胞变成像托儿所的小孩那样、出来时一个拉一个跟着走,坐着的时候把手都背在后边。要使我们全体党员在党的生活中,无拘无束地表达自己的个性,经过交流以至交锋,最后做到一个声音对外,形成无坚不摧的力量。这样的支部才能真正起战斗堡垒作用,这样的党员才能真正起先锋模范作用。党内民主比什么都重要。正是这一条过去我们没有解决好。

第五,要处理好党委内部"一把手"与其他成员的关系。也就是书记和委员的关系。企业党组织应该实行民主集中制,这就如毛主席讲的,集中指导下的民主,民主基础上的集中。书记和委员之间的关系是少数服从多数。党组织的"一把手"是个带头人,要善于当"班长",能听不同意见,把大家意见集中起来表达出来。但在实际生活中,有的"一把手"往往高高在上,脱离群众,在党委内部缺乏民主,"一把手"一说话,其他委员很少发表不同意见,最后是一个人说了算,好多毛病出在这里。尤其是不少公司改制后,董事长、总经理、党委书记三个职务一人兼,谁去监督他？这确实令人担心。党委应是领导集体,实行集体领导,书记应该与全体委员和衷共济、互相监督。对总经理,群众可以对他监督,董事会、党委也可以对他监督。董事会也是集体领导,不是董事长一人说了算。

企业党建的问题分析与思路选择

刘泽民

企业是工人阶级最集中的地方，是我们党执政的基础。随着改革开放的深入发展，公有制实现形式多样化，多种经济成份并存的格局已经形成，企业党的建设遇到许多新情况、新问题。解决这些问题，使企业党的建设适应新形势、新要求，已成为执政党建设的重要内容之一。围绕这一主题，我们做了一些调查，并对相关问题及解决问题的思路进行了思考。

一、企业党建面临新的困惑与挑战

（一）淡化、削弱企业党组织作用的消极现象较普遍，在一些地方取消、削弱党的政治领导权的思潮复萌。集中表现在：曲解“抓大放小”，认为“企业党建也应抓大放小”；曲解党对企业的领导，认为“参与”就是干预；曲解企业改制，认为改制企业，所有权归“股东”，决策权在“董事”，经营权在“经理”，党组织“无用”、“无效”，有的甚至说“资本主义企业不设党组织，照样发展”，“产权关系变了，企业党组织设置多余”。特别是一些个人整体买断、租赁、托管经营企业，甚至对强调企业党建有抵触情绪。干部群众反映说，企业“抓大放小”，党组织地位下降；企业党建历经“承包”、“改制”两次“冲击”，严重削弱。有一些企业借故“减员增效”，先减“政工人员”，个别企业基本没有专职政工干部。企业党组织设置不健全、不适应、不到位、不科学的现象，严重制约企业党建水平的提高。

（二）“中心”“核心”的争论在实践中并没有完全解决，在一些企业，党组织的“政治核心”地位并未形成。有的经营者认为，党组织和党员的作用是通过企业的生产经营效益体现出来的，不应再争“核心”地位；有的把党组织当作自己的附属，认为党组织活动应围绕经理转。有些较大规模的私营企业或个人买断企业，出于利益、“门面”的考虑，“主动”出面，“聘”用一些党员作“书记”，以作“装潢”，应付上级的要求。也有一些经营者，不愿意让党组织处于“核心地位”，怕党的活动影响生产经营，怕党组织参与决策，影响、制约个人权力的发挥。

（三）“以企代党”、“个人说了算”，一些企业虽然实行“党政一人兼”，但并未体现党在企业中的“政治领导权”。“党政一人兼”固然是一种加强企业党建的形式、条件选择。但在运作中，有的企业把“条件”当“结果”，单纯认为“书记进了董事会、兼了董事长”就是实现了党对企业的领导。在调查中，实行“党政一人兼”的企业认为，虽然“党政一人兼”，但企业党组织从来不单独召开党委会、党总支会。职工说，书记把“党装进兜”，“一揽子”决策从不反映和体现党的意志、党员的意志。

（四）有关企业领导体制的法律、规章、政策还没有准确地贯彻到位，《公司法》、《企业法》、《党章》要求有矛盾。企业原有的议事程序繁琐，与市场经济要求决策高效相矛盾；党管干部原则与股权管理原则相矛盾；党委会“民主集中制”议事规则与董事会“一人一票制”议事规则相矛盾等。根据《党章》有关精神，企业党组织应代表职工的利益，为职工负责；《公司法》规定经理为董事会负责，董事会为股东会负责。调查中还发现，有的股份合作制企业甚至出现“党支部书记是不是企业领导”，私营企业出现“要不要建立党组织”的疑惑。在个别地方也出现了董事会包揽一切，党组织负责人的产生程序越出《党章》的规范，先选董事会，再从董事会成员中挑选党组织候选人，使党的组织变成董事会的附属物。

随着“新三会”在企业经营实践中运作，企业党组织参与“重大问题决策”的职能有所萎缩。从目前参与重大问题决策已有的规定和实践看，《企业法》规定是“保证监督”；《党章》规定发挥“政治核心”作用，围绕“生产经营”开展工作。从参与的过程看，是党政“一揽子”、“党政联席”会决策或“形”参“实”不参；从参与形式看，只能间接而不能直接；从参与内容看，只能抽象而不能具体；从参与领域看，只能是政治而不能是经济；从最终结果看，只能是参与而不是决定。企业党组织在企业的领导职能受到挑战。

（五）对企业党建的现实定位还没有完全走出认识误区，一些企业党组织措故企业经营困难，不去抓党的建设。从调查中发现，现在有一种很普遍的倾向，好像企业党建只有在经营环境、效益好的企业才能开展，而困难企业，特别是濒临倒闭、破产的企业似乎就该停止党的活动，从而把党建同企业发展对立起来。特别是随着困难企业资产重组、兼并拍卖范围的扩大，企业党组织设置、党员管理有所滞后。过去车间设有党支部、党小组，现在大面积发生党组织“空白”，“无党员、无党组织企业”比比

皆是。调查中，职工群众反映，企业改制后，“找党很难”！据在一些地市问卷调查，60%的下岗流动党员都有半年以上不曾参加党组织活动，也有个别下岗流动党员已一两年不参加党组织生活，处于放任自流状态。

（六）随着个体、私营企业、私人整体买断国有企业的发展，企业主党员增加，对党的“工人阶级先锋队性质”引发争议。调查证实，近年来，非国有经济规模扩大，数量成倍增加。其间，78%的企业经营者都是从原国有企业重要经营岗位分离出来的共产党员。不少乡镇企业、股份制企业的经理也是原来的党员干部。从更大范围看，企业改制时，整体买断国有小型企业的新型企业主，不少也是党员。这种现象，引发了对党的“工人阶级先锋队性质”的争论。随着企业职工下岗分流量的增大，这个问题越来越突出。如何重新认识“工人阶级”的内涵，成为企业党的建设的一个敏感问题。

（七）随着企业现代化管理水平的提高，企业党务工作者的形象有所降低。据问卷调查，70%的政工干部、党务工作者仍然沿用老办法、旧观念，不适应企业改制后党的建设的新要求，导致企业经营者生厌，企业党员生厌。

二、企业党建存在问题的原因简析

调查表明，主要原固有六个方面：

（一）以“抓大放小”为主要特征的企业改制迅速推进，但企业党的建设的政策、理论指导滞后，与现代企业制度相适应的企业党建条例、规定准备不到位。企业党建尽管强调与“改制同步”，但实践中，却有许多不可回避的现实问题无法解决。比如，企业改制后，企业党组织“政治核心”地位的表现形式，“参与重大问题决策”的途径手段以及党组织与企业法人治理结构的关系等都亟待解决。加之，企业党务干部面临企业改制，自身地位、利益受到挑战，心态浮躁，无力也无心去思考加强企业党建的问题，必然导致企业党建的弱化。

（二）国有企业改制“母体裂变”，私营经济的快速、大量发展，使各类企业数量猛增，在一些地方出现大批“无党企业”，或者没有建党的企业，企业党建暂时不能到位。

（三）企业党建基础薄弱，加之大批党员下岗分流，大批党组织面临调整重组，使党员管理、教育的难度加大。据对山西某地的调查，目前大约30%的改制企业党组织不发挥作用，或丧失作用，形同虚设；下岗党员占企业党员总数的4.9%，党组织的重组、重建，党员的管理教育工作没能及时与改制相适应，企业党建渐趋弱化就是很自然的了。

（四）党务干部队伍素质不能适应企业改制、发展的要求，党务干部作用发挥不到位，企业党建的效益受损。

（五）改制后企业内部领导体制磨擦、碰撞，企业党组织“找不到位置”、“发挥不了作用”的现象严重存在。企业原有的党委会、职代会、工会与改制后的董事会、理事会、监事会之间的关系，法人治理结构与企业党组织的关系都存在“理不清”的问题。这样就很难科学地实现并有效地加强党对企业的具体领导。

（六）舆论配合乏力。对企业党建有创意的经验，宣传少，总结少，推广少。加之思想解放胆略不足，对现有问题探索深度不够，企业党建处于“一般化”状态。

（七）企业思想政治工作严重削弱，在职工下岗分流、情绪发生波动的情况下，思想教育工作没有跟上，部分企业干部群众的政治信念有所动摇，甚至不再相信“党会给他们带来什么”，政治态度趋冷。有的甚至认为，“加强党建，也就是为‘企业主’赚钱”。再加上，“穷庙富方丈”现象，一些经营者贪得无厌地榨取企业财富，对职工群众缺少感情投入，或者走向职工的对立面，这样就更使处于一般地位的企业党员职工心灰意冷。

三、强化企业党建的思路选择

第一，确立企业兴衰“关键在党”的意识，自觉加强党对企业的领导。体现在实践中，要把握“三条原则”：一是无论企业制度怎样改，党对企业的领导不能改。克服和矫正“党建也要‘抓大放小’”的观念偏颇。企业越是改革，越要强调党的领导；企业越是困难，越要加强党的领导。二是必须保持企业党组织的独立性、先进性和纯洁性，克服把企业党组织作为“附属物”的错误倾向，切实巩固企业党组织的“政治核心”地位，维护“工人阶级先锋队性质”。三是必须巩固党的阶级基础，全心全意依靠工人阶级，克服把工人当“雇员”、把企业当“资本”的不良心态。

第二，培植重点“从思想上建党”的意识，强化企业思想政治工作。在当前下岗职工日益增加，再就业和基本生活保障没有完全实现的条件下，加强企业思想政治工作是提高企业党建质量的一个重要选择。我们要从“三个环节”入手，做好下岗职工、下岗党员的思想政治工作。一是顾大局、保稳定。要使党员职工懂得，下岗转岗是市场经济运行的必然反映，下岗再就业只是岗位的转换、调整，不是信仰信念的转移变化。教育党员下岗分流与党不分心，转变观念为党再奉献。二是送爱心、问冷暖。企业党组织对下岗党员职工，一方面要跟踪管理，思想教育不放任、不撒手；另一方面要情到意到给温暖，把党的关怀送到职工心坎上。三是找门路、帮就业。企业党组织要协调经营班子满腔热情为下岗职工开辟就业门路，切实有效落实基本生活保障政策。

第三，讲究工作创意，勇于探索，把企业党建纳入规范化、科学化的轨道。要在实践的基础上，对已有理论、已有的规定进行完善、改进和创新。要尽快制定与《企业法》、《公司法》相适应的企业党建工作条例。从调查中我

们感到，企业基层党组织对此要求十分强烈。

第四，改善党对企业领导的实现形式，把企业发展与党的意志有机统一起来。一是要推进董事会与党委会主要负责人的"交叉任职"并完善企业"重大问题决策"议事程序。但也不能机械地认为，"交叉任职"、"三职一肩挑"、"一揽子"决策、"党政联席"决定企业重大问题，就是坚持了党在企业的"政治领导权"。因为：由于企业性质不同，党员的经济地位差异，《公司法》的内在要求，不可能有效实现"一肩挑"。在国有、集体控股企业，在很大程度上，我们可以选择党员领导干部担任董事；而在非国有集体控股企业，特别是外资企业、私营企业，这种概率是很少的。有很高的经营素质的经营者也未必是党员，即便是党员也未必能出任党的书记。有些政治素质很高，党性很强的企业党员，却未必占有资本，有的甚至连"股东"都不是，何以进入"法人治理结构"？何以实现"一肩挑"？退一步讲，即使实现了"交叉任职"、"一肩挑"、"一揽子"决策，也不能就此判定是坚持了党在企业的"政治领导权"。这就要求我们尽快作出科学的规范性要求来。二是要使党的活动围绕企业发展、企业经营、企业效益展开。在当前，企业党建必须保证企业改制的进展，保证改制后企业的发展。同时，企业党建还必须围绕职工思想状态、企业精神文明建设一道进行。总之，企业党建的效益目标要定在保证企业发展的正确方向、促进企业经济效益和生产力发展

第五，调整企业党组织作用发挥形式，有效加强改制条件下企业党员的教育、管理。要对传统的"三会一课"活动制度在改进中加强，在继续中创新。同时，还要特别重视对下岗流动党员的管理教育。对企业党建要分类指导。国家集体控股企业要建立党委会、党总支、党支部；合资、私营、个体企业，也要按照《党章》的规定，"凡是有正式党员三人以上的，都应当成立党的基层组织"。

第六，坚持"党管干部"原则，建设好企业领导班子。对国家、集体控股的企业，通过严格考核，按程序、靠制度管。坚持做到：对多数职工不满意的班子，责令整顿；对称职票不足60%者，果断调整；对独断专行、决策失误、以权谋私造成重大损失的严肃查处。对于其他经济组织的干部，在《公司法》、《企业法》的范围内，坚持参与推荐、参与考核、参与培训、参与评议、参与监督，但不干预法人治理结构对经营者的选择。

第七，强化责任管理，各级地方党委要加强对属地企业党建的领导。现在有一种倾向：单纯认为"企业党建是企业党组织的事"；片面认为政企分开，企业成为独立的投资主体，地方党委就可以放松管理"。企业党建固然是企业党组织负主责，但地方党委负有不可替代的责任。正如许多同志所讲："企业可以无主管，党建不能没人管。"

（作者系中共山西省委副书记）

企业越是困难越要加强党的建设

李红锋　唐方裕

去年以来,各地在贯彻党的十五大精神和中发[1997]4号文件中,注重加强困难企业党的建设,积累了一些新的经验,主要有以下几点:

一、牢牢撑起企业领导班子这根"顶梁柱"

困难企业扭亏解困的实践普遍说明,建好领导班子是关键。黑龙江齐齐哈尔中天集团党委面对本企业全面停产、累亏1.2亿元、资产负债率高达135%、有些职工心灰意冷的现实,提出"要治厂,先治党,要治党,先治长"的口号,以班子开拓进取的形象鼓舞职工,以班子廉洁务实的形象影响职工,以班子团结战斗的形象吸引职工。要求每个班子成员做到"十要":一要精神不垮,二要无私奉献,三要率先垂范,四要拼搏苦干,五要深入实际,六要提高效率,七要心有职工,八要廉洁自律,九要敢斗歪风,十要百折不挠。由于班子能打硬仗,职工劲头十足,不到3年时间实现盈亏持平。深圳鹏基工业发展公司党委总结两年扭亏上亿元的经验时认为,困难企业党的工作的重点应放在班子的自身建设上,要"配强干部,抓好学习,提高班子的整体素质;加强团结,形成合力,发挥班子的整体优势;廉洁自律,弘扬正气,树立班子的良好形象;健全制度,规范运作,确保决策的民主化科学化"。

二、党组织积极参与扭亏解围路子的探寻和实践

不少困难企业的实践说明,企业党组织只要同行政领导一起,从企业实际出发,注意发掘自身优势和潜力,在寻找扭亏解围路子方面总会有所作为,其政治核心作用也能得到充分的体现。曾负债1.2亿元、已资不抵债、濒临破产的武汉荷花洗衣机厂,通过党组织的引导,先后走出了"三步棋":第一步盘活资产,将一套闲置的全自动洗衣机生产模具以460万元卖掉,启动生产;第二步"借船出海",利用江苏"小天鹅"的品牌,实行定牌生产;第三步投靠"大船",把51%的资产出让给"小天鹅"公司,组建武汉小天鹅洗衣机有限公司。这三步棋,使企业生产迈出三大步,摘掉亏损帽子。企业党建工作也上了一个新台阶。

三、用好用活思想政治工作这个法宝

一些企业从实践中感到,越是困难越要加强思想政治工作。河北邯郸矿务局党委从本企业扭亏解困经验中认识到,"等,等不来形势的好转;要,要不出效益的提高。只有发挥思想政治工作的优势,动员职工自力更生,发愤图强,才能开创新局面。"很多企业党组织把思想政治工作的基点放在对职工的关心和引导上。山东威海塑料二厂领导在最困难的时候,卖掉厂里唯一的一部手提电话,给职工购买花生油过节;南京大件运输公司党政领导亲自到浴室给顾客擦皮鞋,和下岗职工一起到闹市区卖鱼。这些行动,感染和激励了职工,倾注的一份情换回了职工的十份爱。不少地方党委和企业党组织通过交家底、算细帐的形势报告,教育引导职工转变观念,增强忧患意识和心理承受能力。

四、充分发挥党员的先锋模范作用

湖北鄂州市委明确提出,"有工作下岗的党员,不能有思想下岗的党员"。1997年以来,这个市有109名从事多种经营或有一技之长的下岗党员职工,帮助983名下岗职工到外地就业;有327名下岗党员职工率先从事饮食、修理、服务等第三产业,吸纳安置1324名下岗职工。一些地方党委和企业党组织通过形式多样的专题活动,拓展了党员发挥作用的空间。北京市城建工委在全系统开展"十万党员连民心"活动,组织党员进群众家,人贫困户,解群众难,暖群众心,建立日常的党员帮贫助困联系户1500多家。北汽摩公司党委连续4年开展"党员立功竞赛"活动,每年增收节支和挽回经济损失1000万元以上。这些活动,较好地发挥了党员的先锋模范作用。

五、切实加强对困难企业党建工作的领导

企业党建,是企业党建工作的大事。株洲市委对困难企业实行"三优先":领导班子的调整配备优先研究,反映的困难优先解决,阻碍改革和发展的问题优先督办。一些地方高度重视健全困难企业党的组织,采取多种形式加强对下岗党员职工的教育管理。

(作者单位:中央政策研究室党建组)

充分发挥企业党组织在改革和扭亏解困中的政治核心作用

戚和平

随着改革的不断深化，新情况、新问题层出不穷，大量工作在等着我们去做。近几年由于种种原因，许多国有企业出现了严重超员、包袱沉重、下岗职工增多等情况，切实解决好这些问题，已成为全党的一件大事。这需要从多方面努力，也需要通过加强党的建设来为其提供可靠保证。当前，国有企业党的建设工作，必须紧紧围绕做好扭亏增盈、下岗职工基本生活保障和再就业工作来开展。要扎扎实实地开展工作，充分发挥企业党组织在改革和扭亏解困中的政治核心作用。

第一，企业党组织努力成为改革、扭亏解困和下岗职工再就业工作的主心骨

在今年的抗洪斗争中，受灾地区企业党组织充分发挥政治核心作用，与行政领导一道，同手抓抗洪抢险，一手抓生产经营，为夺取抗洪和生产的双胜利作出了重要贡献。在搞好扭亏解困、下岗职工基本生活保障和再就业工作中，企业党组织继续发扬这种顽强拼搏的精神，克服困难，以卓越有成效的工作，促进企业改革和三年解困目标实现。这是新形势下企业党组织政治核心作用的具体体现，一定要在这方面下功夫，花气力。首先，要在推进改革中引航导向。企业走出困境的根本出路在于改革。企业党组织要坚定地站在改革第一线，引导改革，支持改革，推进改革，组织、带领职工积极投身改革。要通过扎实的工作，将党和国家的各项方针政策贯彻到深化改革、扭亏解困等方面的重大决策和措施中；要解放思想，主动与行政领导共谋企业发展大计，在事关企业改革发展的重大问题上出主意、想办法、求作为，大胆通过兼并、联合、破产、重组、租赁和股份制改造等形式搞活企业，走出困境。其次，要群策群力，努力寻找一条企业扭亏解困的好路子。做好下岗职工生活保障和再就业工作，根本的还在于发展经济，增加就业门路。有些企业处于困境，但不是绝境。实践证明，只要那里的党组织坚决贯彻党和国家的方针政策，群策群力，就一定能找到一条摆脱困境的路子。企业党组织要站在全局的高度，吃透中央的政策精神，紧密结合实际，集中大家的智慧，团结带领职工群众积极探索，大胆实践。要面向市场，遵循市场经济规律，有针对性地采取措施，把扭亏解困同深化改革、结构调整、技术进步紧密结合起来，向技术进步要效益，向科学管理要效益，向结构优化要效益，向规模经济要效益。要发挥企业的优势，克服劣势，依靠自己的力量，求生存，图发展。坚持这样做，党建工作就会充满生机和活力，就能为企业走出困境作出应有的贡献。再次，要为做好下岗职工基本生活保障和再就业工作提供保证。企业党组织要从企业改革发展的需要出发，按照中央提出的坚持减员增效与促进再就业相结合、职工下岗与社会承受能力相适应的原则，把握好减员增效、下岗分流的节奏，积极参与减员增效及再就业的制订和实施，建立和完善再就业服务中心，保证监督其正确履行职责。要发挥党组织的优势，加强与社会各界的联系，千方百计挖掘内部潜力，利用市场调节和政府协调行为，积极为下岗职工再就业创造条件。要认真执行保障下岗职工合法权益的政策规定，把党和政府的关怀切切实实地落实到每一个下岗职工身上，确保下岗职工基本生活保障和再就业目标的实现。

第二，共产党员要在企业扭亏解困和再就业工作中充分发挥先锋模范作用

"一个党员一面旗"，是人民群众对新时期共产党员精神风貌的集中概括，特别是在今年的抗洪斗争得到了充分展现。在当前国有企业深化改革、扭亏解困的攻坚阶段和关键时期，企业中的共产党员要继续发扬这种精神，始终站在时代的前列，增强党性观念，忠诚于党的事业，坚定不移地坚持共产主义理想信念，开拓进取，建功立业。一是要带头解放思想，转变观念。要用邓不平理论武装头脑，冲破传统观念的束缚，把思想统一到党的十五大精神上来，统一到中央关于国有企业改革、下岗职工基本生活保障和再就业的方针政策上来，理解改革、支持改革、参与改革，做改革的促进派，不做落伍者。二是要带头学习新知识和新技能，努力提高扭亏解困和再就业的本领。面对新形势对劳动者提出的新要求，要刻苦学习政治理论和业务知识，不断提高自身素质和实践能力，努力成为先进生产力的代表。三是要带头发扬艰苦奋斗的精神，自强自立实现再就业。面对下岗分流，共产党员要不等不靠，带头在艰苦的岗位上就业，带头在艰苦的环

境下创业，带头开辟门路实现再就业。尤其在困难的情况下，要不怕挫折，不怕失败，勇于开拓，积极进取，在新的岗位上创造新业绩。四是要带头发扬为人民服务和集体主义精神，帮助下岗职工再就业。共产党员工作下岗，思想不能下岗，全心全意为人民服务的根本宗旨不能丢。面对下岗分流，党员不能只顾自己，各奔前程，要发扬"一方有难，八方支援"的光荣传统，以抗洪救灾中涌现出的一大批英雄模范人物为榜样，把党和人民的利益放在第一位，互帮互助，无私奉献，积极组织和带领下岗职工想方设法开展生产自救，帮助实现再就业。五是要带头联系职工群众，做好稳定工作。每个党员都要负责联系周围几名职工，特别是下岗职工，主动作他们的知心朋友，及时了解他们所关心的热点、焦点问题，理顺思想情绪，化解矛盾，维护企业和社会稳定。对于改革中可能出现的矛盾和不稳定因素，要及早发现、及时控制、尽快化解。总之，党员应该做到像大家说的那样，平时能看出来，关键时刻能站出来，危急关头能豁出来。

为了更好地发挥下岗职工党员的作用。要按照全国国有企业党建工作座谈会精神，在条件具备的企业再就业服务中心成立党支部或党小组，对因企业兼并、破产和辞退、辞职而离开原有企业的党员，其组织关系可按新的工作单位或户籍关系接转，所在就业单位或街道党组织应当接收下岗职工党员的组织关系；对外出的下岗职工党员，按流动党员管理办法管理。要建立下岗职工党员定期报告和专人联系制度。要教育下岗职工党员积极参加党的活动，自觉遵守党的纪律，发挥党员作用。对于下岗后一时未能就业，生活困难的党员，党组织应给予关心和照顾，帮助他们克服困难，实现再就业。

第三，要把思想政治工作做到职工的心坎上

思想政治工作是我们党的优良传统和政治优势，切实做好下岗职工基本生活保障和再就业工作，离不开广大职工群众的理解和支持。党组织要紧紧围绕改革、解困和再就业，把思想政治工作做到车间、做到家庭、做到再就业岗位、做到群众的心坎上。一是要教育广大职工转变观念，理解和支持改革。企业改革对职工思想观念和实际利益的触动是前所未有的。要组织广大职工学习党的十五大精神和中央有关搞活国有企业的方针政策，教育职工从全局利益、长远利益出发正确对待减员增效、下岗再就业等改革措施，帮助他们破除传统的就业观念，树立竞争上岗的观念、工作不分高低贵贱的观念和自主择业的观念。要把企业的困难、实情、前景向职工讲清楚，把党和国家的方针政策讲透彻，使他们正确认识企业实行减员增效、下岗分流的客观必要性，努力做到"无情调整，有情操作"。二是要教育广大职工增强主人翁责任感，发挥他们在扭亏解困和再就业中的积极性、创造性。要教育职工面对企业困境，自强自立自救，敬业爱岗，把自己的命运与企业前途紧紧联系在一起，以主人翁姿态积极投身到企业扭亏解困和下岗职工再就业工作中，为企业走出困境作贡献。企业党组织和行政领导要牢固树立依靠职工群众办企业的思想，企业减员增效、下岗分流再就业等重要改革方案和涉及职工切身利益的重要问题必须提交职代会讨论，充分听取职工意见。三是要把做好职工思想工作与解决实际问题结合起来。要组织开展"送温暖"、"献爱心"等活动，动员社会各界关心下岗职工，扶贫帮困，帮助下岗职工再就业。企业党员领导干部要切实转变作风，带头联系和关心下岗职工，把党和政府的温暖送到每一个下岗职工的家庭。要特别注意关心困难企业中的老党员、离退休干部和老职工，切实保障他们的基本生活。

（作者系中共湖南省委常委、组织部长）

党政兼职——领导者的角色调适

李志民

在我国的党政机关和企事业单位中，党政兼职现象比较普遍。比如，在省、市、县各级党政机关中，有党委书记兼任人大主任的，有党委副书记兼任地方政府行政首长（省、市、县长）的；在设立党组的机关和人民团体中，党组正副书记一般和该部门的行政首长或群团组织负责人交叉任职；在国家控股的企业中，企业董事长多由党委书记兼任，监事会主席由纪检书记兼任，等等。一个职务就是一种角色，就有社会为其确定的相应角色规范。担任这个职务，就要有按这种规范行事的角色行为，就应尽可能地成为这一职务的理想角色。由此就产生了角色调适的问题。在党政兼职的条件下，角色承担者搞好双重角色的角色行为与角色规范之间、实际角色和理想角色之间的角色调适，达到角色适称，这对于搞好党政之间科学而合理的分工，加强和改善党的领导；对于提高行政效率，实行更加规范而有序的行政管理；对于办好一个地方和单位的各项事业，促进经济发展和社会全面进步，都具有重要的意义。

一

角色是某一社会地位相关联的行为模式，它不以某个具体角色承担者的个体意志和行为需要为转移，而由社会的需要所确定，因而总是社会角色。在党政机关、党委书记、行政首长、人大主任等都是十分重要的社会角色。对于这些角色，党和国家规定了他们各自应有的权利、职责和义务，也就是说，为他们规定了与各自地位相适应的行为规范即角色规范。但是，在现实生活中，其角色行为又往往会和规范发生部分偏离乃至较大的偏离。党政兼职领导者在正确认识所任双重角色规范的基础上，通过主观的努力，使自己的角色行为，尤其是在各种特定场合中的角色行为符合其行为规范，使自己扮演的实际角色和社会对其所期待的理想角色尽可能地趋于一致，这就是党政兼职领导者角色调适的任务。

党政兼职领导者的角色调适包括两方面互相依存、互相渗透的内容。一方面是党政双重角色的角色行为和角色规范关系的调整。党政兼职领导者的双重角色，决定了他具有两种角色行为和两种角色规范。规范决定着行为，是行为的基本依据；行为体现规范，是规范的现实表现，二者在内在的一致性。这种一致性要求，当他以党委书记的身份出现，做党委书记的工作时，就必须用党委书记的角色规范支配其行为，使其行为符合党委书记的角色规范。当他做行政首长（或人大主任、政协主席、企业董事长、厂长等）的工作时亦然。如果行为与规范不相符合，通俗地说，他们所担任的某一职务还没有进入角色或偏离角色，不像一个书记或某某长的样子，就应该以行为的调整、改变去适应角色规范的要求。

另一方面是党政双重角色的理想角色与实际角色关系的调整。党委书记和行政首长所应有的理想角色，是这两个社会位置的完美的行为模式，它体现社会对二者的角色期待，符合社会对其所确定的角色规范，能得到社会的公认。然而，角色承担者的实际行为往往会与理想角色产生一定的差距，即实际角色和理想角色之间的差距。它或者表现为党委书记、行政首长两个实际角色和两个对应的理想角色都有一定的差距；或者表现为某一实际角色和其理想角色比较接近，而另一实际角色与其理想角色则相差较大。例如，通常先担任的职务其实际角色容易达到理想角色要求，而后担任的职务其实际角色则往往容易和理想角色有差距；或主要从事的工作其实际角色容易达到理想角色要求，而不是主要从事的工作其实际角色则往往容易和理解角色有差距。这就需要调整实际角色与理想角色的关系。兼职的党政领导者要以双重理想角色作为自己所追求的目标模式，努力使自己的双重实际角色升华到对应的双重理想角色高度。

二

党政兼职领导者进行角色调适的必要性，植根于其角色行为和角色规范之间特定的矛盾性。这种矛盾性具体表现在三个方面：

第一，角色差距。角色是由个体承担的，其行为固然要受规范的制约，但还要受个体思想、品德、性格、气质、知识、才能、技术等个性特点的制约，而个体在这方面定有所长，也必有所短，如果两个角色由两个个体分任，按照角色规范的要求去选择个体时，就可以充分考虑各个

个体的优势，用其所长，避其所短。这样选择的个体就易于接近角色规范的要求。但在需要由同一个体兼任两个角色时，情况就不一样，因为两个角色对个体固然有一些共同的要求。但也有许多不同的要求。拿“书记”和“行政首长”要求个体当机立断；“书记”要求个体具有魅力，“行政首长”要求个体具有魄力；“书记”要求个体有更扎实的马克思主义理论根底，“行政首长”要求个体掌握较多的经济和行政管理知识，等等。这样，同一个体兼任两个角色时，其个体素质就较难同时适应两种角色的要求，因而他的角色行为和角色规范之间，他所担当的实际角色与理想角色之间产生差距的概率也就比只任单一角色要大得多。

第二，角色混同，一个兼职领导者除了担任书记或行政首长的角色外，实际上还在扮演更多的角色。如在家里要担负做父亲或儿子，丈夫或妻子的角色，等等。可以说，他和其他人一样，也是一个角色综合体。但是，他的这些角色和书记、行政首长等等角色在行为模式上差异性很大，很难混同。而书记和行政首长这两个角色之间就不同。这两个角色虽然各有自己的特定内涵，但都追求共同的社会目标，活动范围和人际交往对象也很接近，加上彼此还具有一些很难截然分开的交叉职能，这就很容易混同。实践证明，工作性质、操作方法和活动的边界条件愈是接近，角色混同的可能性就愈大，如兼任党委书记和人大主任两个角色时就是这样。党政兼职领导者的角色混同是角色承担者误认为某一角色的行为规范等同于另一角色的行为规范，办事只遵循其中一种行为规范而忽视遵循另一种行为规范的现象。他往往因只用其中某一角色的行为规范行事，包括用这一规范去取代另一规范办事的角色行为与其规范之间发生脱节和分离。

第三，角色冲突。一个角色承担者在兼任党政二职时，由于角色规范不同，社会和人们对他的期待有别，因而必然在角色的扮演上产生矛盾和冲突。这种冲突又有两种情况：一是二重角色之间的冲突。在书记、行政首长的角色分别由两人担任时，两个不同的角色承担者由于个性、经历、看问题的方法不同，彼此之间往往会有冲突，有些冲突还比较尖锐乃至相当尖锐。这种不同的角色扮演者之间的冲突，既包括角色冲突，又包括个性冲突，角色冲突富于个性冲突之中。而当书记、行政首长由同一个体担任时，个性冲突不复存在，而角色冲突并未消失，它只是转换了形式而已，即由两个个体的外在冲突内化到了同一个个体上。比如，在企业，一个兼任党组织责任人和副厂长的个体，做为党组织负责人，他要对企业行政事务保持相对超脱的地位，并充分履行对行政领导包括厂长保证监督的职责；而作为副厂长，他要接受厂长的指令，协助厂长实行对行政事务的管理，这就使他感到难以行使作为党组织负责人这一角色承担者的行为规范，因而思想矛盾、左右为难，即产生冲突。二是同一角色的冲突。对于同一角色，上级和下级、本地（本单位）与兄弟地区（兄弟单位）不同群体之间、不同个体之间，都会按照各自的利益与要求对他进行认识，对其角色行为产生不同的期待。这反映到角色承担者身上，就会产生同一角色内的冲突。例如，一些地方的党政领导在处理对上负责和对下负责的关系问题上感到结合点难以把握，甚至产生一种“上挤下压”、“左右为难”的感觉，这正是这种冲突的反映。一个领导者如果不能正确处理各种冲突，也就有可能使自己的角色行为偏离应当遵循的角色规范，很难成为一个理想的角色。

三

党政兼职领导者搞好角色调适，应该从多方面努力，笔者认为特别是要注意以下几点：

第一，正确把握角色规范。角色规范是社会对角色承担者权利与义务所作的成文或不成文的规定，它是角色承担者行为的基本依据，自然也是进行角色调适的基本依据。角色承担者只能使自己的行为接近、符合规范，而不能本末例置，不能要求规范适应自己的行为。这就需要学习、研究所任角色应有的权利和义务，正确把握角色规范，提高以角色规范支配角色行为的自觉性。在这方面又应注意三个问题：一是职务一旦明确，就应尽快熟悉和实践新的角色规范，及时进入角色。党政兼职领导者，所兼任的职务，也可能同时明确，也可能有先有后。不要因为已担任了一个职务，熟悉了这一职务的行为规范就对后来才明确兼任的角色规范不去学习和掌握。当然也不要有超前的行为。二是不能对角色规范予以肢解，而应完整地把握。例如，国有企业党组织必须参与企业重大问题决策，作为企业的党委书记，就应把这个“参与”的问题组织好，既不能放弃“参与”，又不能取代行政领导直接决定企业重大问题，避免在此问题上的“过”与“不及”。三是不能颠倒主次角色及其规范，而应该摆正主次位置。在通常情况下，一个党政领导者，从其力量投放讲，所兼任职务存在主次之分，而不平分秋色。例如兼任人大主任的党委书记，主要角色是党委书记；而兼任县市长的党委副书记，主要角色则是县市长。在实践中，兼职党政领导者应把主要精力用在熟悉和实践主要的角色规范上。但是也不可顾此失彼，兼职党政领导者毕竟有双重角色和双重行为规范，因而不应淡化、漠视非主要角色及其规范。至于在何种具体场合下遵循何种规范，必须从当时当地的具体情况出发。古人说的办事要“正名循礼”也就是这个意思。

第二，努力提高角色素质。党政兼职领导者要使自己的行为符合角色规范，光靠记住所任角色行为模式的本本是远远不够的，最重要的是要自身具备胜任这些角

色的素质，我们把它称之为角色素质。它包括角色应该具备的思想品德素质和知识才能素质。“书记”、“行政首长”的行为模式，不是简简单单装扮得出来的，也不是东施效颦能模仿出来的，一定要有相当高的素质作基础。一个人身任二职，要达到二个理想角色的素质要求，任务十分艰巨。不仅要符合江泽民同志在《努力建设高素质的干部队伍》中对领导干部提出的五条基本政治业务素质要求，还要符合每个角色特定的具体素质要求。如果自己的素质对担任双重角色难度太大，要提高又非一朝一夕之功，也不妨向组织请求放弃其中的一个角色，以便更有精力锻炼提高另一角色规范所需要的素质。

第三，注意到群众中进行角色行为反馈。党政兼职领导者的双重角色行为，都必然在广大党员干部和群众的实践中表现出来，受到他们的检查和评价。这样，角色承担者要认识自己的角色行为是否合乎角色规范，就不能囿于“自我感觉”，而应从群众中得到反馈。要以群众满意不满意、高兴不高兴、答应不答应作为反馈调节最根本的标准，根据群众对自己的评价、批评、建议和希望等反馈信息，及时调整和端正自己的角色行为。在反馈调节中，党政兼职领导者应注意听取来自多方面的意见，并坚持以正确的立场、观点和方法对各方面的意见作全面的、综合的分析，把握其中带本质性的东西。只有根据那些正确的、合理的、真正体现角色规范本身要求的反馈信息来调整自己的角色行为，才能实现角色调适的目的，把党和人民赋予自己的职责履行好。

（作者系中共湖南省委组织部《当代党建》杂志社总编、社长）

必须坚持党对企业的政治领导权

——必须坚持党对企业的政治领导权

刘胜兰

在建立现代企业制度的伟大探索中，许多重大而又无法回避的问题摆在我们面前，比如，在国有企业中坚持党的政治领导权是否妨碍同国际惯例接轨？企业中坚持党的政治领导权是否构成现代企业发展的必要条件？党通过政府对经济进行宏观调控是否可以取代党在企业中的政治领导权等等。这些问题虽然角度不同，但是都集中在建立有中国特色的现代企业制度要不要坚持党对企业的政治领导权这样一个原则的问题上，如果对这个问题缺乏清醒的认识，则势必会影响现代企业制度的建设方向。因此，本文试图对这个问题谈点不成熟的意见，以求教大家。

一、党对企业的政治领导权与现代企业制度是两个不同的概念

党的十四届三中全会决定为国有企业指明了“转换企业经营机制，建立现代企业制度”的方向。与此同时，又规定了企业党组织的地位和作用：“企业中的党组织要发挥政治核心作用，保证监督党和国家方针政策的贯彻执行。”这就表明有中国特色的现代企业制度不仅有现代企业制度的特征，而且又有党组织在企业中的政治领导权这样一个特点。这就不免产生了上述问题：在资本主义土壤里孕育出来的欧、美、日等资本主义的现代企业制度，并不存在政党组织，而我国正在建设中的现代企业制度却是与党的组织和党对企业的政治领导权融为一体的，这样做是否与国际通行的现代企业制度发生矛盾？对这个问题笔者认为：

第一，现代企业制度与具有各国特色的现代企业制度属于不同层次的概念。现代企业制度是一个抽象概念，是对各具特色的各国现代企业制度的本质概括，而各国建立的具有各国特点的现代企业制度的具体体现。美国作为移民国家，追求自由，推崇个人主义，保护私有制，因而在公司中形成个人持股为主的股权结构；日本由于在第二次世界大战以后，受解散财局、分散股份、政策变化、股市危机以及企业实力增长等因素的影响，法人股逐渐占据主异地位；德国则由于政府的推动等因素的影响呈现出股份社会化和职工股东化的倾向。私有制的国家中，现代企业制度尚且有各自不同的特点，与资本主义私有制根本对立的社会主义公有制基础上建立的现代企业制度，具有不同于欧、美等国的特点就更不足为奇了。因此，保留和坚持党的政治领导权的中国现代企业制度与现代企业制度并不矛盾，相反，它使现代企业制度更丰富了。

第二，现代企业制度与党对企业的政治领导权不是同一领域的范畴。现代企业制度说到底属于经济范畴，而党对企业的政治领导权则属于在经济领域中存在的政治范畴的因素。这种区别就决定了保留党对企业的政治领导权并不会妨碍同国际惯例接轨。从现代企业制度看，它是市场经济的基础，是社会化大生产的必然要求，其主要组织形式的公开制作为最先进的市场经济主体被一些经济发达的国家普遍接受。中国要走向国际市场，参与国际市场的竞争，就需要建立起符合社会化大生产要求的、符合市场经济需要的现代企业制度，以有利于同国际上通行的现代企业制度接轨，按国际通行的规范运作。有中国特色的现代企业制度作为产权明晰、责权明确、政企分开、管理科学的企业制度无疑是符合国际惯例要求的。从党对企业的政治领导权看，它既然属于存在于我国经济领域中的政治因素，那就表明它所起的是政治的作用，严格地讲是通过政治作用的发挥去保证和促进经济健康发展的作用。因此，这种作用是局限于企业和国家之间的，具有调解企业与国家之间关系的作用，是保证党和国家的路线、方针、政策的贯彻执行的，不会也不应该妨碍同国际惯例接轨的问题。因为接轨与否，主要是会计制度，企业的经济运行规则的接轨。并不取决于企业内部有无党组织。试想，参与国际间市场竞争的资格都不取决于姓资还是姓社，那么，是否保存党对企业的政治领导权这样纯属我国特色的问题怎么会影响同国际惯例的接轨呢?！所以，我们有理由说保留党对企业的政治领导权不会妨碍同国际惯例接轨。

二、党对企业的政治领导权是中国特色现代企业制度的特点

上面的问题仅仅回答了党对企业的政治领导权并不

妨碍中国国有企业同国际惯例接轨的问题，并没有说明党对企业的政治领导权于中国现代企业制度须臾不可缺少的关系，而不说明这一点，就无法真正认识有中国特色的现代企业制度。

任何企业都具有经济属性和社会属性，没有纯而又纯的经济组织。这一点，无论是社会主义企业还是资本主义企业都不例外。那么，为什么资本主义的现代企业制度没有党的组织，而我们正在建设过程中的现代企业制度却偏偏要强调这一点呢？这是由中国的国情决定的。

从经济角度分析，我国是生产资料公有制占主体地位的国家。以工人阶级为代表的劳动人民是生产资料的主人。共产党是全国各族人民利益的忠实代表。这与生产资料私有制的资本主义现代企业制度是不同的。首先，工人阶级和广大劳动人民作为国家的主人、生产资料的所有者与资本主义企业中资本家和董事长意义早的主人不同。中国工人阶级和劳动人民的主人概念是一个集合概念，并不代表哪个工人、是某一部分生产资料的主人，即使是国有企业的董事长或经理。而资本主义企业的董事长和资本家则是某一部分财产的主人；其次，工人阶级和中国现代企业中的董事长与资本主义企业中的工人和董事长的地位也不同。中国国有企业中的普通工人与董事长只是分工不同，其经济地位以及由此而决定的政治地位是平等的。而资本主义企业的工人与资本家或董事长则有本质的不同，工人是雇佣劳动者，资本家或董事长是企业的主人。这种经济上的特殊性决定了中国现代企业制度必须要保留党对企业的政治领导权。这是因为，中国国有企业的董事长是国有资产的代表者，但不是国有资产的唯一拥有者，只是生产资料所有者之一；企业的职代会和工会是职工利益和权益的保障，但也仅仅是某个企业或部门的工人权益的保障；同时，国有企业的董事长或经理本身是部分国有资产的代表者，所以，在这种情况下，就不能削弱党对企业的政治领导权。只有这样，才能保证党的路线、方针、政策或者说全中国人民利益的集中体现能在企业中贯彻落实。的确，我们承认企业中的董事长或经理本身大部分就是党员，也不否认党通过政府和法律对企业进行领导，但是，由于董事长或经理是部分国有资产的代表者，这就有一个处理部分利益与国家整体利益的关系问题；而政府可以通过法律控制企业，作为董事长或经理的党员也有按党的原则办事的可能，但是，这需要监督。所以，企业中必须要坚持党对企业的政治领导权。当然，我们不否认资本主义企业中没有设立党的组织，经济也照样运行，但是，那也是资本主义企业所处的国情决定的，是资本主义生产资料私有制所使然，资本主义国家保障生产资料私有制和资本家或董事长为自己所拥有的企业负责是一致的。

从政治角度分析，中国共产党是执政党，是全国各族人民利益的代表者，是社会主义事业的领导力量。在军队，是党指挥枪；在学校，是党委领导下的校长负责制；在政府机关，是中国共产党的绝对领导；在经济上，毫无疑问也应该坚持共产党的领导。当然，共产党领导经济并不等于共产党直接指挥企业的生产经营，而是保证企业生产经营的社会主义方向。这是一个方面。另一个方面，中国共产党的组织设在企业是由党的组织原则决定的。党章规定："企业、农村、机关、学校、科研院所、街道、人民解放军连队和其他基层单位，凡是有正式党员三人以上的，都应当成立党的基层组织的。"这是坚持党的政治领导权的组织保证，也是党的基层组织作用的必然要求。基层党组织是党的全部工作和战斗力的基础担负着直接联系群众、宣传群众、组织群众、团结群众，把党的路线方针政策落实到基层的重要责任。因此，党的执政党地位和领导作用不仅由党中央的集体统一领导来体现，也需要基层党组织发挥领导作用和政治核心作用。第三个方面，是由企业是工人阶级最集中的实际决定的。党员工人阶级的先锋队，工人阶级是党的阶级基础。在产业工人最集中的地方建立党的基层组织，有利于党全心全意依靠工人阶级，有利于调动工人阶级建设社会主义的生产劳动积极性，有利于培养和发挥工人阶级中最优秀的成员进入党的组织。所以，无论是从经济的角度分析，还是从政治的角度考虑，在企业中坚持党的政治领导权和设立党的基层组织都是由中国国情的特殊性决定的，是中国特色的现代企业制度的特点。

三、党对企业的政治领导权是有中国特色的现代企业制度的有利条件

国有企业建立现代企业制度，要坚持发挥党组织的政治核心作用，加强党的思想政治工作和共产党员的先锋模范作用。这是我们党的政治优势。在战争年代，中国共产党凭借这个优势打败了优良装备的日本帝国主义和国民党反动派，取得了新民主主义革命的胜利；在解放以后，中国共产党仍然凭借这个优势团结全国人民进行社会主义建设，以至于三年困难时期那样大的困难我们也平稳地走过来了；在现代化建设进程中，中国共产党还是强调发挥这个优势，以保证现代化事业的成功。所以，在建设现代企业制度的过程中，坚持党对企业的政治领导权，设立党的组织是这个制度有利条件。

首先，现代企业制度与党对企业的政治领导权结合，不是企业的负担，而是对企业的直接推动。党对企业的政治领导权和设立党的组织，其主要任务之一，就是加强党的队伍建设发挥党员的先锋和模范作用，加强思想政治工作。这有利于提高职工队伍的素质，调动职工生产劳动的积极性。经济的竞争，归根到底是人才的竞争，是

人的素质的较量，具有高素质的职工队伍是竞争中不可估量的无形资产。因此，建立现代企业制度与坚持党对企业的政治领导权相结合，是对企业生产发展的推动力量。这一点，无论是在中国办企业的外国资本家，还是国外的一些资本主义企业都是清楚的。在我国，有的合资企业的资方，就要求建立党的组织，加强思想政治工作；在日本，我们思想政治工作的传统就被许多企业学习和借鉴。当然，企业中设立党的组织，坚持党对企业的政治领导权，需要一定数量的人员、机构和经费，但是，这点开支与其所发挥的作用相比是微乎其微的。

其次，现代企业制度与党对企业的政治领导权相结合，有利于促进我国的法制化进程。社会主义市场经济，是法制经济。它要求进入市场的经济主体，必须按法律的要求运作。企业中设立党的组织，通过党组织的宣传和引导，有利于法制观念的深入；通过党组织对不法行为的监督，有利于对不法行为的约束；通过党组织参与企业的重大问题的决策，保证企业在法律允许的范围内活动。

第三，现代企业制度与党对企业的政治领导权结合，有利于保证党和国家方针政策的贯彻执行。中国共产党不是西方的议会党，其任务不光是制定路线、政策和掌握政权，而且需要通过基层组织这个桥梁倾听群众的呼声，了解群众的愿望，把党的路线、方针、政策贯彻到群众中去。因此，坚持了党对企业的政治领导权，有了企业中党的基层组织，便于把党的路线方针政策贯彻到企业，便于党的路线方针政策在实践中补充和完善，便于企业的经济行为沿着社会主义方向发展。从而使政治更准确地体现经济，政治更有效地为经济发展开辟道路有一个更直接的组织基础。

总之，坚持党对企业的政治领导权与现代企业制度同国际惯例接轨是不相矛盾的，而且从一定意义上说，坚持党对企业的政治领导权还有利于现代企业制度的发展，有利于参加国际竞争，因为这是我国现代企业制度的建立和发展的有利条件。

（作者系铁道部党校副教授）

如何发挥党组织政治核心作用

中共原电子部第五十四研究所委员会

在实行行政领导负责制的情况下，企事业单位的党组织如何有效地发挥政治核心作用，这是党的工作面临的一个非常重要的问题。作为一个拥有4000名职工、1800名党员的大型科研单位的党委，近年来，我们紧密结合本单位的具体情况进行了一些积极的探索和尝试，总的感觉是，党委的政治核心作用正逐渐得到较好的发挥，党组织在推动全所的改革与发展、促进全所的两个文明建设、确保全所以科研生产为中心的各项工作的全面完成方面所起的作用日渐明显，使54所保持了一种和谐稳定、欣欣向荣的局面，两个文明建设都取得了较好的成绩。下面是我们的几点体会。

一、把发展思路搞对头是党组织发挥政治核心作用的首要问题

发展是一个单位的头等大事，正如小平同志所说："发展是硬道理"。但是，要实现一个单位在市场经济条件下能顺利发展，最重要的一点，就是要把本单位发展思路搞清楚，搞对头。回避这个问题，或者在这个问题上表现软弱，其它一切工作都会显得苍白无力，政治核心作用也就无从谈起。一个单位的发展思路关系到这个单位兴衰成败，在实行行政领导负责制的情况下，行政领导责任重大，但党委也决不是无所作为，甚至在某种情况下，党组织在摆脱了许多日常的行政事务工作后，有较多的时间来从事调查研究和有更多的精力考虑单位的发展大计。因此，积极主动地配合行政领导，把单位的发展思路搞对头，通过提出正确的发展思路来体现党组织的政治核心作用就显得尤为重要。近年来，我们把党委的政治核心作用首先放在抓大事抓发展思路上，在大量调查研究的基础上通过认真分析我所面临的外部和内部形势，同行政领导一起反复交换意见，逐步在所的发展思路上形成共识。96年5月，我所完成了领导班子换届，七月召开了第二次党代会，在这次大会上，党委集中各方面的意见提出了军品是立所之本，产业是富裕之路的基本思想。在军品方面又提出要唱好"预先研究、大型系统工程、军品小批量、军品出口"四部曲；在产业发展上提出要缩短战线，突出重点，集中力量上规模的基本思路，在全所产生了很大的影响，得到了全所上下的认同。现在，全所正在循着这条思路向前发展，先后对分散的专业进行调整集中，对分散的公司进行了整顿，初步形成了民品以程控交换机、天线两大产业为主，军品向大系统、小批量发展的轮廓，呈现出比较喜人的局面。97年，我所科研生产任务开发达3.5亿元，实现收入3亿元，取得了超过预想的成绩。98年，军品小批量，军品出口和产业发展都出现新的势头，任务开发有望突破5亿元。

当然，作为党组织，要把单位的发展思路搞对头，要提出令各级领导和职工群众信服，特别是能被行政领导采纳的意见，决不是一件容易的事。这里最关键是两条：一是要学习，包括学习中国特色社会主义理论、社会主义市场经济理论，学习党和国家的方针政策，使党委具有从政治和战略发展的高度去把握全局和预见未来的能力。同时还要向群众学习，注意集中群众智慧。二是调查研究，调查研究是党组织参与重大问题决策，发挥政治核心作用的最基本的工作方法。党委的主要领导脑子里时常想着几个关于单位发展的大问题，在深入实际调查研究的过程中不断修正、补充、完善，通过综合规纳，分析比较，慢慢地理出一个思路出来，这是我们所党委最基本的思想方法和工作方法。

二、抓好班子建设，是党组织发挥政治核心作用的关键

一个单位在两个文明建设方面能否取得突出成效，关键是要有一个好的领导班子，所以抓好班子建设是党组织发挥政治核心作用的最重要的途径之一。党委的作用不表现在党委代替行政领导去抓管理，而主要应表现在能建设好一个政治上强、团结、民主、有威信、有纪律、廉洁的领导班子和形成一套有利于科学决策的制度，基于这一思想，我们坚持从以下几个方面来抓好领导班子的建设。

1.坚持理直气壮地抓讲学习、讲政治、讲正气。作为科研单位，我们所的领导班子普遍文化层次较高，专业性较强，对于本专业方面的学习往往抓得很紧，而在政治理论学习方面有时关注较少。所以，党委就下功夫加强这

方面的工作。去年五月，在所领导班子换届后的第一次会议上，就组织班子成员认真学习了江泽民同志关于领导干部一定要讲政治的讲话，学习了《为人民服务》、《纪念白求恩》，使班子成员深受教育，在全所也产生了较好的影响。

2.坚持抓好班子的内部团结。对此，我们主要做了这样几个方面的工作：一是坚持领导班子成员经常一起议大事，包括分析形势，讨论近期和长远工作目标以及需要采取的重大措施等。一起议大事，既是集中大家智慧的过程，又是统一大家思想的过程，从而形成一种人人心里有全局，心往一处想，劲往一处使的团结协调的局面。二是要强化自身的约束意识，摆正各自的位置。领导者个人作用的发挥，离不开所在集体的力量，不论是正职还是副职，都应该按照上级安排的岗位自觉地约束自己，塑造好自己的形象。所长、书记在工作上坚持按民主集中制原则办事，在思想、生活、学习上把副职当知心朋友。几名副职也都有明确的角色意识，大家密切配合，形成一个团结协调、作风坚强的整体。三是领导成员之间经常沟通思想，既讲原则和分工，又讲理解、支援和友谊。我们体会，沟通是一个集体保持旺盛生命力的关键，是协调工作、化解矛盾、加深了解、增进友谊，使班子逐渐趋于完善的重要措施，对于一个由知识分子组成的领导集体，这一点显得尤为重要。

3.健全民主制度和严格纪律，建立一套有利于班子协调有序地运作的制度，是发挥班子整体功能带有根本性的措施。从保持班子有效运作的长远目标出发，我们把班子制度建设放在重要位置上，班子一成立，就组织大学讨论通过了《关于加强领导班子建设的若干规定》，对班子成员的行为准则、思想作风、纪律都提出了要求，特别是对以民主集中制原则为核心的决策制度做了详细规定，确定了重大问题由党政主要领导先通气，达成一致意见后，再提到党政联席会讨论决策的民主决策制度，对哪些问题需要在什么样的范围内决定也都做了明确规定，接着又制定了领导干部廉洁自律的有关规定等一系列制度，基本实现了决策的民主化和程序化。

目前，我所党政领导班子非常团结，在内部形成了一种民主、和谐、讲学习、讲政治、讲正气的良好风气，在全所职工中也树立起一个比较好的形象，党委的作用也由此而得到较好体现。

三、抓干部的培养教育是实现党管干部原则的百年大计

政治路线确定之后，干部就是决定的因素。党组织的政治核心作用很大程度是体现在干部问题上。坚持党管干部的原则，一是要配合行政领导按有关程序选好人、用好人，另一个更重要的方面是要抓好干部的培养和教育。十年树木、百年树人，与用干部比较起来，培养和教育好干部特别是年轻干部，对党组织的工作来说，有着更深远的意义。基于这认识，从1990年起，所党委用了较大的气力，坚持不懈地抓了对全所干部，特别是年轻干部，包括后备干部的培训和教育，取得了较好的效果。具体做法如下：

一是坚持对干部进行定期培训。从92年起，我们坚持每年举办所中层干部读书班，对全所中层以上领导干部进行为期一周的全脱产培训。在培训过程中，我们注重提高干部的整体素质，以培养适应社会主义市场经济需要的德才兼备的干部为目的，在内容上坚持一年一个主题，既学政治、经济，又学管理、法律。在学习方式上，既由所领导亲自讲课，也请国内知名的专家学者作报告。通过几年努力，我所干部的综合素质有了明显提高，一批善管理、懂业务、政治思想素质不错的干部陆续成长起来。二是举办青年党校，对后备干部和技术骨干进行培训。89年“政治风波”过后，我们深感思想教育的疏漏，90年我们举办了五十四所第一期青年党校，请了省内一些理论工作者，团省委的领导和北京的有关专家为青年人讲课。从92年起，青年党校同中层干部读书班配合举办。基本做法是，根据青年积极分子文化层次高，信息渠道多，思想比较活跃的实际情况，针对每一个时期社会上和青年人反映敏感的热点问题，邀请国内知名的专家、教授及有关领导给青年人讲课和作报告，力求从理论和实际结合的角度，解决青年人深层的思想问题。目前我所第一期青年党校的学员部分已成为我所方方面面的领导，有两人担任了所级领导。

四、善于造势，协调党政工团的关系，形成两个文明建设的合力

我们说党组织的力量在于党的政治优势。而这个政治优势如何才能发挥作用呢？我们体会：党组织的力量和党的政治优势不在于党组织要去代替行政领导具体管理单位的工作，而是在于同行政领导一起做出正确决策以后能够动员单位各方面的力量去保证决策的实现。

“善弈者谋势，不善弈者谋子”。下棋是这样，领导一个单位的工作亦大体相似。所党委是干什么的？我们体会，一是要在全所创造一个有利于出成果、人才的最佳环境，用自然界作比喻，就是要努力做到风调雨顺。而要做到这一点，决不是孤立的抓一项或几项工作就能奏效的，这就是说党委的工作一定要把握好本单位的大局，胸中有了全局，才能下好一步棋，这是讲党委要谋势。二是在推进某项决策实施时，要善于造势。所谓造势就是要通过各种宣传教育手段，通过方方面面的工作造成一种气势，形成一种氛围，使每个人都不能不动，不能不振奋精神，一鼓作气，克服困难，取得胜利。去年，所里根据市场

经济需要，要对我所的部分专业和多个公司进行调整，这是一项阻力很大、难度很大的工作。我们采用了多种方法来造势，党政领导逢会便讲、各种宣传舆论工具及时配合，配套措施也及时跟上，使被调整的单位和个人都感到这是大势所趋，不可阻挡。结果在很短的时间就实现了调整。造势很重要，但仅靠党组织自己的力量是不够的，需要动员方方面面的力量一齐行动，才能形成真正的声势。这就要善于协调党政工团各方面的关系。就总的方面来说，企事业单位的党政工团都是从不同的角度，以不同的方式围绕经济这个中心来开展工作，尽管作用有大小，但离开了谁，或单靠谁都很难作好工作。行政领导是直接抓经济工作的，需要党、政、工、团更多地的配合和支持。工会、共青团都有自己的优势，这些优势既是党的工作的延伸，又是党组织的作用所不能取代的。党组织要做的事情是要用一个统一的目标把他们有机地组织起来，形成强大合力，促进单位的两个文明建设。现在，我们已把这一方法作为发挥党组织政治核心作用的基本方式，只要是涉及到全所的重要工作，都是党政工团一起上，大家配合默契，运作协调，使收效格外显著，过去多年解决不了的问题，现在都比较顺利地解决了。

五、抓好党组织自身建设，是党组织发挥好作用的基础

打铁还得本身硬。在新的历史条件下，企事业单位的党组织政治核心作用的发挥更有这个问题。当企事业单位党组织由过去的起领导作用转变为起政治核心和保证监督作用后，应当说，对党组织自身建设的要求不是低了而是更高了。但我们往往容易把注意力放在与经济有关的工作上，而忽视党自身的建设，忽视了党的真正力量之所在。党的力量还在党自身，如果党的组织一盘散沙，如果党的干部形象不好，如果党员不能起到先锋模范带头作用，那么党组织的政治核心就是一句空话。为了在新的体制下，使党组织切实发挥好政治核心作用，我们这几年把党的组织建设作为基础工程常抓不懈。为党员发挥作用奠定了比较好的基础，我们的做法可简单概括为：保持、健全、提高、加强。

保持就是不管形势如何变化，我们始终保持按照党章规定设立基层党总支、党支部，保持党委机关分设。并保留了一支50多人的专职政工干部队伍。组织的健全和队伍的稳定，使全所党的工作没有出现大的波折。

健全就是健全党委的工作手段。这些年，我们先后创办了所报，建立了闭路电视台和有线广播网，给各基层党支部配备了电视机、录像机，实现了宣传手段的现代化、立体化，为党的工作的开展创造了良好的条件。

提高就是提高政工干部的整体素质。在一批老政工干部陆续退休的情况下，我们不断加大提高政工干部的整体素质的力度。目前仅在党委机关，就有两名年轻的研究生，基层已充实了一些优秀的年轻政工干部，总体水平已与研究所党建工作需要基本适应。

加强就是加强党员队伍的建设，1991年以来，我们年年坚持民主评议党员活动和在全所开展“创先争优”活动，近年来，特别加大了在科技人员和青年中发展党员的力度，五年来累计评出优秀党支部21个，优秀党员237名，发展党员157名。目前，全所党员总数已达1800名，历年来我所被评为市级以上的先进模范人物和所内的主要技术骨干、领导干部，绝大部分是共产党员。党员在全所起到了较好的先锋模范带头作用。

党的基础建设做扎实了，政治核心作用的发挥就有了资本，有了信心，这是我们切身的体会，也是我们还需要进一步加强的工作。

以上就是我们如何发挥党组织政治优势的几点体会，我们把它概括成这样几句话：搞对思路、抓好干部、善于谋势、夯实基础。不过，我们的工作才刚刚开始，我们仍在进行探索，争取今后把工作做得更好。

关于党的建设深层矛盾的思考与建议

王安平

在社会主义市场经济条件下,党的建设面临两个无法回避的深层次矛盾:

一是共产党员应遵循的思想道德原则,与社会主义市场经济通行的经济伦理原则之间的矛盾和冲突

共产党员作为工人阶级的有共产主义觉悟的先锋战士,所应当遵循的思想道德原则集中体现为两条,即全心全意为人民服务的利他主义原则和党和人民的利益高于一切的原则。

市场经济则以利益驱动作为经济发展的基本动力,社会主义市场经济同样以利益作为驱动各利益主体的基本动力。追求和实现各利益主体的利益最大化,构成了社会主义市场经济的内在动力机制。这种动力机制所蕴涵和形成的经济伦理原则,必然是追求各利益主体自身利益的合法利己原则。这样,共产党员所应遵循的无私奉献的利他原则、党和人民的利益高于一切的原则,与追求主体自身利益的合法利己原则在现实生活中必然发生尖锐冲突。并且冲突双方的存在,都具有合法性。前者以党章及党的性质、党员义务为依据,后者以社会主义市场经济及其各项政策法规为依据。二者在各自领域都有存在的合理性、合法性,谁也无法取代谁。这样,我们党一方面要求和教育全体党员,要坚持和践行无私奉献的利他原则、党和人民的利益高于一切的原则;另一方面又允许和保护包括共产党员在内的全体国民,追求和实现合法的个人利益,承认追求个人利益的合理性、合法性。作为共产党员,是按照党章要求履行党员义务,遵循无私奉献的利他原则、党和人民的利益高于一切的原则,还是遵从市场经济所蕴涵和通行的合法利己、有偿服务原则呢?这是在社会主义市场经济条件下,每个共产党员都面临的,也是党的思想道德建设无法回避的深层次矛盾。

二是共产党员的双重身份及其冲突

在社会主义市场经济条件下,共产党员具有双重身份:一是作为共产党员的政治身份;二是作为利益主体的经济身份。从政治身份考虑问题,他必须按照党章的要求,践行共产党员的责任和义务,遵循“党和人民的利益高于一切”的原则,追求和实现无私奉献的利他主义境界。而从经济身份考虑问题,他又不能不按照社会主义市场经济所通行的经济伦理原则要求,践行利益主体的责任和义务,追求和实现自身利益的利己目标和境地。

显然,共产党员的上述双种身份,必然造成两种责任和义务的冲突,必然造成“党和人民的利益高于一切”及无私奉献的利他原则,与追求自身利益的利己原则的冲突。这是两种运行规律、两种价值观的对立与冲突,也是身处社会主义市场经济条件下的每个共产党员都无法回避的冲突。所不同的是,在党和人民的利益与个人利益高度一致的情况下,这种冲突是潜在的、隐含的。因为在这种情况下,追求和实现个人利益就是追求和实现党和人民的利益,反之亦然。而一旦这种高度一致性遭到破坏,这种冲突马上会显露出来。面对这种冲突,每个共产党员都必须作出现实选择:或者从作为共产党员的政治身份出发,坚持党和人民的利益高于一切的原则,放弃和牺牲个人利益;或者从作为利益主体的经济身份出发,坚持和追求个人利益,放弃和牺牲党和人民的利益。在现实生活中,还存在大量不合理、不合法的冲突。即有些共产党员,不是在党和国家政策法规允许的范围内,追求和实现自身利益,而是超出政策和法规允许的范围,以损害和侵占党和人民利益的方式,追求和实现自身利益。这当然属于应禁止和依法打击的。

共产党员所应遵循的思想道德原则,与社会主义市场经济所通行的经济伦理原则之间的冲突,共产党员双重身份之间的冲突,将长期存在于社会主义初级阶段这一历史时期,我们既不能消极回避,也不能放任自流,而应该以改革的精神,研究探索新思路、新办法解决。

作为共产党员,不论社会发生什么变化,党的历史使命不能忘,党和人民的利益高于一切的原则不能变,共产党员的责任和义务不能弃。

在上述前提下,我们还要冷静客观地面对现实,深刻认识上述冲突存在的客观性和必然性,研究探索解决冲突的有效措施。为此,提出以下几点建议。

第一,开展“我是共产党员”的教育,强化共产党员的

党员意识。在改革开放和市场经济大潮中，许多人忘记了自己是共产党员，忘记了党员的责任和义务，忘记了党和人民的利益高于一切的原则，把自己混同于普通群众。尤其是当党和人民的利益与个人利益发生冲突时，竟毫不犹豫地牺牲党和人民的利益，获取个人利益。开展“我是共产党员”教育，使每一个党员时时记住自己的政治身份，坚持用党的宗旨和原则来要求自己。这样，当面临冲突需要作出选择时，会按照党的要求，超越市场经济通行的追求和实现自身利益的经济伦理原则，做出无愧于共产党员这一光荣称号的选择。

第二，实行共产党员佩戴党员标志制度。这项制度有助于进一步强化共产党员的党员意识，提高每个党员履行党员责任和义务的自觉性。同时，也便于人民群众及社会各界随时监督党员行为，从而促使每一个党员自觉做出符合党和人民利益要求的选择。

第三，顺应历史趋势，调整党员发展思路，保持党的纯洁性与先进性。我们党现有6000多万党员，340万个基层党组织，这是我们党的巨大组织优势。但是，应该清醒地看到，长期以来，我们党的发展同我国经济发展一样，走的是规模扩大的道路。这样发展的结果，虽然党员队伍壮大了，规模上去了，但党员的质量，党的纯洁性、先进性却大打折扣。特别是在改革开放和市场经济大潮中，一些质量不高、入党动机不纯的党员，不但不能发挥先锋模范作用，反而给党抹黑，降低党的威信。因此，我们有必要像调整经济发展思路那样，调整党员发展思路，由数量扩张调整为提高质量、优化存量。对那些不能发挥先锋模范作用、不能坚持党和人民的利益高于一切的有名无实的党员，应劝其退党；对那些以各种非法形式和手段损害和侵占党和人民利益的各种违法犯罪分子及各种腐败分子，要坚决清除出党。这样做，即使党员数量减少了，但质量却提高了，我们党的威信、凝聚力、感召力就会大大增强，执政党地位会更加巩固。

有关对策思考

对策之一：从实际出发，建立健全党的组织。对尚在改制中的企业和党建工作明显滞后的企业，必须同步考虑党组织设置，尽快建立健全相应的党组织。有3个以上正式党员、又具备建立支部条件的，应尽快建立党支部。党员人数较少或暂时没有合适支部书记人选的，可以建立党小组，挂靠其它支部或建立联合支部。党组织已建立而党员关系未到位的，可以先办理临时关系，以正常党员组织生活。党组织要在实践中不断探索，突破传统模式下党员管理的老思路，尽快适应新的形势要求，更好地开展党组织的活动。

对策之二：加强教育引导，变企业主的消极应付为积极支持。首先要加大宣传力度，营造舆论声势。一方面，使企业主懂得，中国共产党是执政党，任何时候任何情况下都必须依靠党的领导，积极引导企业主采取合作和支持的态度；另一方面，应通过宣传典型，使企业主看到党建工作与经济工作之间相互促进的关系，从而拥护并自觉接受党的领导。其次要理顺非公有制企业党组织的隶属关系，明确其应有的政治地位。根据实践情况看，非公有制企业党组织以隶属个协、工商行政管理部门中的党组织为宜。如果企业主素质较低，主管部门可以利用其优势对其加强教育和规范管理。

对策之三：党员要加强学习，解放思想，更新观念，自觉发挥先锋模范作用。共产党员无论何时何地，都不能忘记自己的政治身份，要增强党员意识，自觉发挥先锋模范作用。在非公有制企业中的广大党员，要解放思想，充分认识到非公有制经济作为我国社会主义市场经济的重要组成部分，对发展我国社会主义市场经济的促进作用。公有制为主体、多种所有制经济共同发展，是我国社会主义初级阶段的一项基本经济制度。随着计划经济体制向市场经济体制的转变，分配方式也由单一的按劳分配变为分配方式多元化。十五大提出把按劳分配与按生产要素分配结合起来，允许和鼓励资本、技术等生产要素参与收益分配，这是新形势下完善分配结构和分配方式的客观要求。非公有制企业在党和国家政策的规范和引导下健康发展，不仅于企业主有利，而且于民、于国都有利。因此，非公有制经济组织中的党员，不仅应该，而且必须理直气壮地发挥自己的先锋模范作用，以实际行动，促进企业健康发展。

（作者单位：江苏省海安县委组织部）

改制中企业党组织的吸引力、凝聚力来自哪里？

马敬礼　金沙曼

陕西省公路物资供销总公司是1992年适应市场经济的需要，在省公路局物资处的基础上组建的。公司成立几年来，我们紧紧围绕企业生产经营这个中心，充分发挥党组织核心作用，在凝聚人心，提高人的素质上狠下功夫，为公司实现从计划到市场，从封闭到开放，从单一经营到多元发展提供了有力的组织保证、思想保证、智力保证，人才保证，并为企业下一步的改制、发展奠定了良好的基础。目前，公司已发展成为以沥青采储供为龙头，集物资供应、工程、配件、维修、仓库、旅游、住宿、餐饮、印刷、高科技开发于一体的集团化企业。结构调整稳步进行，经济效益持续增长，员工素质不断提高，福利待遇明显改善，物质文明和精神文明建设都取得了长足的发展。1996年被西安市统计部门排为省市106家大中型流通企业效益第10名，员工收入超过1万元，营业额8000多万元，共安置系统内子女、家属152人。现在，公司有在职职工222人，离退休人员40人，有固定资产4500多万，92名党员分布在公司6个管理部门、3个经营部门、8个直属单位和3个业务主管单位，充分发挥着先锋模范作用，30多位职工写了入党申请书，积极靠拢党组织，党组织的政治核心作用和战斗堡垒作用得到充分发挥。“人心齐，泰山移”。国有企业改革关系国家利益、企业前途、职工命运，深化国有企业改革，是全党重要而艰巨的任务。作为党在企业的基层组织，怎样象一个充满能量的电子核，最大限度地释放出能量，把全体员工的思想统一到党的路线方针政策上来，把人心凝聚到走向市场，勇于拼搏，积极探索，大胆实践，发展企业，提高效益上来，是我们长期思考并努力实践的。特别是在加快推进国有企业改革，按照“产权清晰、权责明确、政企分开、管理科学”的要求建立现代企业制度的过程中，党级织的政治核心作用怎样才能得到充分的体现？我们认为，必须把保证搞好企业改革、转换经营机制、提高经济效益作为工作的出发点和落脚点，其根本在于坚持全心全意依靠工人阶级的方针，相信群众，依靠群众，教育群众，转变观念，凝聚人心。那么，党组织的吸引力、凝聚力来自哪里？我们思路是，整体工作抓班子，党建工作盯支部，思想政治工作进班组，党员作用在岗位。我们的体会是：

来自组织的力量。党组织的设置必须与企业的改制同步，适应企业发展的需要。1992年，公司成立，从行政管理走向企业，一套人马两块牌子。于此同时，经公路局党委批准，公司党总支正式成立，改变了原物资处党总支隶属局机关党委领导的组织关系，履行基层党组织职责。我们首先抓好基层党支部的建设，92年12月，成立了机关、泾河库、北关库、三桥库四个党支部。1996年随着公司正式步入企业化轨道，我们首先加强机构体系建设，建立健全了组织机构，以党总支为核心，围绕公路养护物资的供应和企业的发展，党支部进行了改选，直属单位实行党政一身兼，领导干部实行革命化、年轻化、知识化、专业化。成立了纪律检查委员会、工会委员会、团总支和基层工会、团支部，建立了职工代表大会制度，同时还成立了党群工作部、武装保卫科和劳动争议调解委员会，充实了思想政治工作研究分会和精神文明建设领导小组。同时，建立健全规章制度，先后建立了党总支议事规则，中心组学习制度、党员民主生活会制度、党费缴纳制度、思想政治工作研究分会章程、思想政治工作条例等制度，修订和完善了职工政治学习制度、副科级以上干部廉洁自律的规定、廉政建设的二十条规定等，这些制度的最大特点是不空对空，具有很强的针对性，形成了适合企业实际，比较完善的制度体系。更重要的是，我们着力加强了组织发展工作，通过举办入党积极分子培训班。加强思想教育，个别谈心，使一批年轻员工积极向党组织靠拢。我们制定了发展规划，做到成熟一个，发展一个，95年发展党员4名，96年吸收新党员8名，97年又发展了7名。机构体系，制度体系的建立健全，党组织的发展壮大，为企业凝聚人心提供了组织保证。党政工团紧密配合，公司领导班子坚强有力，切结协作，廉洁奉公，日常工作按照制度开展，和行政工作紧密结合，有条不紊，职工真切地感受到党组织就在自已身边，有了主心骨，增加了安全感，同时形成积极向上，追求进步的风气。根据企业发展的状况和需要，今年4月，公路局党委已批准公司成立党委。

来自工作的力量。党组织必须紧紧围绕生产经营积极主动地开展工作，以企业发展需要解决的问题作为党

组织发挥作用的课题，把精神文明建设和物质文明建设紧紧地结合在一起。公司在深化企业改革，强化内部管理，拓宽经营渠道等方面的重大决策，如公路物资供应，机构体系调整、人事制度改革、技术革新改革、技术革新改造、完善承包制度等，党总支都参加讨论研究。同时充分发挥精神文明建设的保证作用，树立良好的企业形象。一是常抓不懈，日久见功夫。连续6年开展"三个五好"活动，(物资五好单位、五好仓库、五好个人)，使员工树立了用户就是上帝，经营就是服务的意识，提高了服务质量，物资管理科学化、规范化、制度化、系统化水平不断提高，企业精神面貌焕然一新，受到了公路系统客户的普遍好评，送来了锦旗和匾牌，铜川、西安总段专程派人前往库房慰问职工。二是常出新招，强化宣传力度。先后开展文明服务活动，"我为公路献爱心"、"一帮一"活动，党员"三学三查三克服三加强"活动，争创"五好职工""文明家庭"活动等多种活动，使员工的积极性充分发挥，单位的精神面貌和工作面貌焕然一新。通过在《陕西交通报》举办专版，在新闻媒体发稿、举办《物资通讯》，聘请公关人员，狠抓广告等多种宣传策略，同时走近百家客源单位介绍情况，收到了良好的效果。三是常敲警钟，增加职工的法制意识。三桥经销部1993的给某公司供应了价值6.625万元钢材，由于事先没有对该公司进行考察，致使货款一拖再拖，为了尽快收回欠款，经销部于94年5月对该公司起诉，司法机关对该公司代表人和经办人给予了法律制裁，并强行以产抵债。通过几起经济纠纷，增强了职工依法经营，通过法制渠道解决经营中出现的问题的意识和能力。为了更好地贯彻"两个文明一起抓"的精神，我们制定了《陕西省公路物资供销公司1996年—2000年精神文明建设规划》，使精神文明建设和物质文明建设协调发展。积极主动的工作为企业凝聚人心提供了精神动力；使职工心系企业，人人为争创一流企业贡献力量。

来自教育的力量。党组织必须立足企业的发展，努力提高职工的素质，培养企业需要的各种类型的人才，为企业在市场经济中拼搏提供智力支持。由于公司是从物资处的基础上组建的，一部分人长期在机关工作，市场经济知识和经验缺乏，一部分人长期在库房工作，文化基础较差，几年来，我们始终坚持以人为本的管理思想，充分发挥党政工三条线的主渠道作用，做到了"教育经常化，形式多样化，方法通俗化，管理目标化"，使员工整体素质显著提高。在政治思想教育上，组织职工认真学习邓小平理论、党的各项方针政策，通过开展"我为公路献爱心"、"岗位学雷锋，行业树新风"、"创优质服务，树文明形象"等活动，树立"团结协作，爱岗敬业、求实创新、开拓奋进"的企业精神。在职业道德教育上，引导职工立足本职做贡献，"勤勤恳恳工作，认认真真做事、堂堂正正做人"，"清清白白赚钱，正正当当营销"。在劳动纪律教育上，要求所有员工自觉执行各项规章制度，遵纪守法。在业务知识教育上，本着干什么，学什么，缺什么，补什么，"送出去，请进来"，进行岗位技能培训和业务知识培训，优化知识结构，培养多面手。我们特别重视对干部的教育，特别是现代意识的教育，有针对性地过行现代科学管理、现代科技知识，领导行为和领导方法、超前思维和市场预测教育，要求领导干部做到"党性要强、工作要实、作风要正、业务要精、点子要多、思想要活、步子要大"。党的十五大召开以后，我们把学习、传达、贯彻十五大精神作为一项重要工作来抓，通过多渠道、多形式和多层次开展学习活动，在学习中做到三个联系，即把学习十五大精神与公司五年来工作实践相联系，对照检查总结实践经验；把学习十五大精神与当前工作实际相联系，对照检查当前工作存在的问题；把学习十五大精神与今后工作相联系，研究今后如何认真贯彻十五大精神，如何把理论转化为实际行动，取得了较好的效果。到目前为止，全公司已有420多人次参加税务、财务、物资、营销、微机应用、驾驶等训练班，有150多人拿到毕业证、操作证和上岗证；有68人参加了各种形式的研究生、本科班、大专、中专班学习，有20多人参加了中高级职称考试，公司机关职工中大专以上文化程度的占50%，中级以上职称的占40%。公司主要领导率先垂范，总经理韩定海，副总经理高根生，分别参加了党校研究生班、领导干部本科班学习，为职工树立了良好的榜样。

来自协调的力量。党组织必须善于协调各方面的力量，改善内外部环境，为企业发展拓展更加有利的空间。一方面是营造良好的外部环境，积极争取上级领导、部门和相关单位的理解、支持和关心，我们这几年正是有上级领导和有关部门的关心支持以及兄弟单位的密切配合，工作才有了一点起色。另一方面是不断改善内部环境，营造一个员工爱岗敬业、求实创新和积极向上的局面。首先是加强领导班子的建设，讲团结、讲尊重、讲配合，特别是党政主要领导经常沟通思想，交换意见，书记积极支持经理，经理主动争取支持，分工不分家，同唱一台戏，在整个改革过程中、党委和行政配合默契，起到了后盾作用，形成了具有凝聚力的坚强的领导班子。同时着力造就一批团结协作，懂经营、会管理、善决策、能竞争的中层干部队伍，尤其是重点选好直属单位行政一把手，按照"三重三轻"的原则(重能力不重学历，重贡献不重资历，重水平不重关系)选拔任用，通过民意测验、个别谈话、召开职工座谈会、工作实绩考察等多种形式，增加了选拔干部的透明度，使一批德才兼备、年富力强、群众信任的同志走上了领导岗位，彻底打破了铁交椅。加强对工会、共青团等工作的领导，是党委工作的重要组成部分，工会、共青团是党组织协调力量的左右手，几年来，工会在实行

全员劳动合同制、为员工排忧解难、活跃文化娱乐生活、为社会献爱心活动等方面，团总支在组织青年志愿服务队、开展适合青年特点的健康有益活动等方面充分发挥了作用，化解矛盾，理顺情绪，保证了企业各项改革措施的实施。春节联欢会、“三八”报告会、“五一”卡拉OK大赛、“七一”座谈会，“十一”联谊会，每年四次党员大会、每周职工学习日、知识竞赛、专题讲座，丰富多彩、形式多样的活动，职工不仅没有厌烦，反而积极性很高；深化内部经营管理、用工制度、劳动人事制度、职称评聘制度、工资浮动制度等改革的实施，公司不仅没有产生什么大的波动，反而增强了职工，特别是年青人的向心力和凝聚力，这里的根本在于活动的组织注重高水平、高质量，活动的内容是职工关心和需要的，在于紧扣实际，紧跟形势，重效果，而不是重形式。

来自监督的力量。实施有效的监督，及时处理、预防工作中出现和可能出现的问题，是党组织增强凝聚力的重要环节。我们在公司建立了多层次、全方位的监督体系，强化监督制约机制。党内，在日常工作中把廉政建设列入重要议事日程，制定规章，逢会必讲，做到警钟长鸣。每半年召开一次民主生活会，注重实效，不走过场。行政，坚持“两公开，一监督”，即办事政策公开，办事结果公开，群众监督，重点抓好资金管理、财务审批、内部审计等，公司财务工作基本上实现了由人治型向法治型转变，由撒手型向管理型转变，由单纯服务型向责任服务型转变。职代会，企业的每一项目标、规划的制定，都要经过反复论证和研究，然后在职代会上讨论通过，对招待费、车辆耗油维修费等定期公布，并坚持向职代会报告制度。对群众举报反映的问题，及时调查，及时汇报，及时处理，做到件件有着落，件件有结果，在制度建设上，我们强调完整性和可操作性，包容了物资系统改革开放十几年在实践中出现的问题，抓住人事、物资管理、工程承建三个主要关口。突出了行业特点。在运行机制上，做到三个监督，即同级之间的互相监督，上级对下级的监督和下级对上级的监督，支持依法遵规行使职权。在对违纪违法案件处理上，实行案件联合查处工作制度，坚持“定人员、定时限、领导抓案、重要案件向上级备案”的责任制。在廉政目标上，提出年发案率不超过5%，结案率不低于95%，各单位要向无违纪支部、无违纪小组、无违纪党员方面努力。有效的监督，是对厂长、经理依法行使职权的支持，是对广大干部的爱护，是依靠工人阶级民主管理企业的体现，职工们一致认为，公司的领导班子团结，重视廉政建设，有凝聚力和号召力。

来自感召的力量，党组织的凝聚力，不仅来自有形的工作，更来自无形的影响。几年来，我们不断加强作风建设，从公司领导到机关干部，普遍走出机关，深入基层，深入实际，调查研究，坚持不定期召开现场办公会，研究解决工作、生产、经营和生活中的问题。公司主要领导还经常利用各种机会找员工谈心，利用节假日深入职工家庭了解情况，公司领导求真务实的作风，得到了广大员工和基层干部的欢迎和好评，并产生无形的感召力，在全公司形成了不摆花架子，重实干，讲实效，看实绩的好风气。共产党员立足本职，充分发挥先锋模范作用，泾河油库共产党员李德全同志为保证油龙按时装卸，不顾高温酷暑，不计个人得失，深入班组，带班指导工作连续26个小时，晕倒在锅炉房，他的事迹感染了油库职工，职工们由衷地说：“咱们油库的党员无愧于共产党员的光荣称号。”在党员先进作用的带领下，泾河油库多次被省交通厅、省公路局和地方政府评为双文明建设先进单位。

组织的力量、工作的力量、教育的力量、协调的力量、监督的力量、感召的力量，形成了一股合力，使企业党组织在企业改革过程中找到了自己的位置，体现了自己的价值，这就是我们几年来的实践，并通过实践得到的认识。

（作者分别系陕西省公路物资供销公司党委书记、陕西省委党校讲师）

国有企业的基本属性与党对企业的政治领导权

欧黎明

建立现代企业制度，是国有企业改革的方向，要按照“产权清晰、权责明确、政企分开、管理科学”的要求，对国有大中型企业实行规范的改革，使企业成为适应市场的法人实体和竞争主体，企业领导体制的改革是重要一环，对于企业的改革至关重要。然而，关于国有企业领导体制中党的政治领导权的问题则争议不休，莫衷一是。按照党的十五大政治报告的要求，“要加强科学管理，探索符合市场经济规律和我国国情的企业领导体制和组织管理制度，建立决策、执行和监督体系，形成有效的激励和制约机制。要建设好企业领导班子，发挥企业党组织的政治核心作用，坚持全心全意依靠工人阶级的方针。”必须正确认识和高度重视这一事关全局和方向的重大问题。这对于建立有中国特色的现代企业制度，坚持和加强党对企业的领导，有重要的理论和现实意义。

讲党对企业的领导权，不能脱离开企业这一实体，因此，必须从企业内部关系入手，进行全面分析。

一

社会主义条件下的国有企业是一个具有双重属性的实体

存在于社会主义条件下的国有企业，是以社会主义公有制为基础，在社会再生产过程中实行生产和流通职能的经济组织，是社会主义社会的基层单位。按照社会主义生产目的要求，社会主义企业的根本任务，应该是不断提高劳动生产率，降低生产成本，降低流通费用，为社会提供更多更好的产品和服务，更好地满足整个社会物质文化生活的需要。从这个意义上讲，社会主义条件下的国有企业，是社会主义的商品生产者和经营者，是社会生产力发展和经济技术进步的主导力量。在社会经济生活中，它是一个经济实体，体现着经济的主要功能。反映企业特性的，首先是它作为经济实体而存在于社会中的这一经济属性。但是，根据马克思再生产的理论，任何社会的再生产过程，都是物质资料的再生产、劳动力的再生产和一定社会生产关系的再生产的统一。也就是说，任何一个社会的再生产过程，同时也是这一社会生产关系的再生产过程。作为社会主义社会经济实体的企业，其在进行物质资料再生产的过程中，也同时再生产出社会主义的生产关系。这种社会主义的生产关系，是由生产资料的社会主义公有制为基础的劳动者之间在物质资料生产、分配、交换和消费过程中形成的社会关系。劳动者的觉悟、主人翁精神、集体主义精神，劳动态度、组织纪律观念、爱国主义和国际主义精神等等，都是影响这一社会关系的重要因素。由此可见，按照社会主义的基本原则要求去塑造劳动者的品德，是社会政治制度的本质要求。这就是说，社会主义条件下的国有企业的任务，不仅要创造出丰富的、能够满足整个社会需要的物质产品，而且肩负着创造人与人之间的一种新型社会主义的生产关系，为社会提供重要的精神产品的任务。作为社会主义企业，必须符合社会主义制度的本质要求，为社会的政治制度服务，这是其生存的必要条件之一。从这个意义上来说，社会主义条件下的国有企业，不是一个单纯地进行商品生产的经济组织，而是一个承担着社会精神文明建设，服务于社会主义政治制度的基本单位，即具有社会政治的属性。总而言之，社会主义的生产和再生产过程，是社会主义全体劳动者互相合作，共同创造着社会主义物质文明和精神文明，推动社会全面向前发展的过程。社会主义企业作为社会主义经济的基层单位，作为一定的社会政治制度条件下的产物，从物质资料的生产和再生产以及由此而决定的社会主义生产关系的生产和再生产过程中体现出来的经济的和政治的基本属性，也是这一总过程的具体体现。

二

社会主义条件下国有企业的社会政治属性决定了坚持党对企业政治领导权的必然性

企业是社会经济的基础，其存在的意义及目的的主要方面，就是进行物质资料的生产和再生产。生产经营活动是企业的主要活动，体现着企业的经济功能。社会主义生产是社会化的大生产，需要高度的协作和统一的指挥，特别是现代企业制度的建立，使企业成为了依法自

主经营，自负盈亏的社会主义商品生产者和经营者，成了具有独立权利和义务的法人，企业这一经济地位的确立，改变了过去由于企业缺乏应有的自主权而造成的企业吃国家的“大锅饭”的被动局面，把强烈的竞争机制引入了企业内部。能否在竞争中立于不败之地，已经同企业的命运紧密地联在一起，这就给企业的生产经营和管理提出了相应较高的要求。如何进行科学的准确的决策，不失时机地抓住机遇，根据市场的需求有和调整自己的产品结构，选择灵活多样的经营方式，有效地安排自身的产供销活动，已成为企业赖以生存的基础。这一要求，客观上需要一个以企业的生产经营活动为主要职能的企业法人代表，处于企业生产经营的中心，对企业的生产经营活动实行全面的统一指挥和领导，对企业资产的保值和增值负不可推卸的法律责任。但是，作为社会主义企业，在成为独立的经济实体以后，如何坚持生产经营的社会主义方向；如何创造出符合社会主义政治制度要求的新型人际关系；如何全面地提高广大职工群众的政治思想觉悟，为有中国特色的社会主义事业群策群力；如何最大限度地发挥和调动企业全体脑力劳动者和体力劳动者的社会主义积极性、智慧和创造力，树立广大企业职工群众的主人翁意识，是企业生产经营得以顺利实现，经济功能得以充分展示，活力得以增强的重要条件。企业要健康的发展，必须在抓好自身物质文明建设的同时，大力加强自身的精神文明建设。

企业的两个文明建设是相互结合，相互促进的，物质文明建设是基础，是企业自身建设的硬件；精神文明建设是智力支持和保证，是强大的推动力，是企业自身建设的软件。能否搞好企业的精神文明建设，对于企业的发展有着十分重要的意义。共产党作为执政党，对国家的全局实行政治、组织、思想领导，其执政意识的体现是通过党的各级组织来具体落实的。企业党的组织，是党在社会基层组织中的战斗堡垒，它的作用一方面表现为党对企业实行政治、思想、组织的总体原则的领导，另一方面表现为保证、监督、服务企业正确地执行党的路线方针政策，保证党的领导在基层的具体实现。企业党的组织，在企业中处于核心地位，是党作为政治组织有效地实现自己的领导，尤其是政治原则、政治方向的领导的本质要求。同时，作为社会主义企业，其生存和发展（包括所有制的实现形式，生产经营活动等一切方面），都必须遵循社会主义原则，符合社会主义根本制度的要求。坚持党对企业的政治领导权，是我们党总结国际共产主义运动中的教训，尤其是总结东欧、苏联国有企业改革的教训而得出的科学结论，也是社会主义条件下国有企业所具备的政治属性的必然要求。

三

强调党对企业的领导权，并不是否定或削弱企业的经济功能，而是为了科学地将其分成两个不同的职能系统

任何事物的存在都具有自身的规律性，即有一事物区别于它事物的质的规定性，这是事物得以独立存在的根本前提。企业的经济属性决定其活动主要是遵循一定的经济规律，围绕生产经营而展开的，这就是它内部质的规定性。根据这一质的规定性，企业的厂长（经理）在生产经营活动中，遵循经济组织自身的规律，充分展示自己符合规律的活动而相对独立的存在于企业之中。党是一个政治组织，它有自己一定的纲领和奋斗目标，它的活动规律是按照政治组织的要求，遵循自己的纲领，围绕自己的目标而进行的。由党组织自身的性质以及企业的政治属性所决定的“核心”，是一个政治核心，它按照一定社会政治制度的要求，为一定的政治目的服务，充分体现党组织在社会中的功能和作用，这是它内部质的规定性。这一质的规定性使它作为一个相对独立的部分而存在。可见，一个经济性质的组织与一个政治性质的组织，它们都有自身内部特定的规律，两个不同性质的组织，所具有的功能和所行使的职能的侧重点是不同的，这就构成了两个不同的职能系统。

但是，前面已经分析过，社会主义国有企业在进行物质资料的生产和再生产的同时，生产和再生产出社会主义的生产关系。也就是说，企业在表现其经济属性的同时，也表现出其政治上的属性。这二者都是在生产和再生产过程中以及由此而产生的分配、交换、消费等过程中同时完成的，它们之间相互渗透、相互作用、辩证统一。我们知道，不进行社会物质资料的生产和再生产，为社会提供物质产品，实现一定的经济效益，就不是经济生产组织，就不具备作为再生产过程中执行生产和流通的社会经济基层单位的企业所应有的功能，因此就不能算是企业。同时，在社会主义条件下，不坚持社会主义方向，不坚持生产资料的公有制为主体的基本形式，不坚持以共产主义、集体主义思想为核心的社会主义精神文明建设的企业，就不能算是社会主义性质的企业。社会主义国有企业，是一个经济属性与政治属性的统一体，它不仅为社会创造丰富的物质产品，为社会的物质文明作出贡献，而且要为社会创造丰富的精神产品，为社会的精神文明作贡献。在建设高度的物质文明的同时，努力建设高度的精神文明，这是社会主义企业区别于资本主义企业的一个根本标志。两个职能系统虽然它们是两个性质不同的组织，具有不同的职能，但它们在行使各自职能的同

时，都要通过企业这一实体来实现，即它们在行使职能时所作用的对象是共同的，这就使得它们同处于一个统一体的紧密联系之中，相互作用、相互贯通、相互渗透。它们都有着一个共同的目标——为社会生产出更多更好的产品，提高整个企业的经济效益，把企业的两个文明建设搞好。这一目标的实现，是与二者共同努力，协作奋进紧密相联的。因为要搞好企业，决定的因素是企业生产者的主人翁责任感和劳动积极性、创造性。按照马克思主义的观点，人是生产力诸要素中的主要因素，居于主导地位。企业的整个生产过程，实际上就是人的活动过程，而作为认识主体的人，其活动是受自身的意识指导的。正如马克思所指出的，人与“不把自己的生命活动区别开来”的动物不同，是按照自己的天赋的本性行动的，“使自己的生命活动本身变成自己的意识和意识的对象。”（《马克思恩格斯全集》第42卷第96页）这就是说，人是按照自己的社会目标和价值观念而进行活动的，要调动企业职工的积极性、创造性，增强主人翁责任感，不但要靠充分体现劳动者在生产活动中的物质利益关系来实现，而且要靠以尊重劳动者为前提的深入细致的思想政治工作。只有实现这两方面有机的结合，调动企业职工的积极性、创造性，树立主人翁责任感，实现企业的总体目标才有物质和精神上的保证。

在共同目标上的一致性，使得两个不同职能系统成为一个具有双向功能的统一性，在这一统一体中，厂长（经理）在主要负责企业物质文明建设的同时，已经贯通和渗透到企业的精神文明建设之中；党组织在主要负责企业精神文明的同时，也同样贯通和渗透到企业的物质文明建设之中，在共同创造企业两个文明的过程中，实现了两个不同性质的职能系统共同全面负责两个文明而又各有侧重的和谐互补机制，在塑造企业良好的社会形象这一关键问题上，既充分体现了党对企业的政治领导权的要求，又有效发挥了行政首长的积极性和创造性，从而共同推进企业两个文明建设的发展。

（作者系中共云南省委党校副教授）

充分发挥政治核心作用　推动两个文明建设发展

李全中

云南航空公司自一九九二年七月在民航云南省管理局基础上组建以来,公司党委坚持党对国有企业实行政治领导的原则,充分发挥企业党组织的政治核心作用,坚定不移地遵循“党要管党”和“从严治党”的方针,加强改进党的建设,不断增强各级党组织的战斗力和凝聚力,进而提高了党组织对公司两个文明建设的领导水平,团结带领全体党员和群众在建设有中国特色社会主义伟大实践中,解放思想、开拓进取,为中国民航事业的迅速发展和云南省的经济建设作出了积极贡献。

几年来,公司安全形势平稳发展,服务质量明显改善,产业规模迅速扩大,生产力快速增长,经济效益相对较好,职工素质逐渐提高,精神文明建设呈现出新的局面,企业整体面貌发生了根本性变化。

一、充分发挥党管干部的职能,着力提高干部队伍素质,为公司两个文明协调发展提供坚强有力的组织保证

公司党委深刻认识到,党和国家关于搞好国有企业两个文明建设的路线、方针、政策能否得到积极、正确的贯彻执行,关键要有一支好的干部队伍,尤其要有一个政治坚定、勤政务实、开拓进取、廉洁奉公的公司党委领导班子。为此,公司党委坚持把各级领导班子思想政治建设作为一项战略性、基础性、长期性工作来抓。造就了一批思想统一、团结协作,能把公司两个文明建设不断往前推进的坚强领导集体和有一定政策理论水平、熟悉业务、善于管理、联系群众的职工的好带头人。

公司党委以思想理论建设为先导,狠抓了党委班子建设。党委中心组坚持着眼于马克思主义理论的学习;着眼于提高对实际问题的理论思考;着眼于新的实践和新的发展,紧密联系国内外民航形势的新发展;紧密联系民航工作大局和公司改革发展中面临的新课题;紧密联系主观世界的改造,以十四大、十五大文件和《邓小平文选》、江泽民同志关于领导干部“讲学习、讲政治、讲正气”的一系列重要讲话为主要内容,保证每周学习半天,重点提高党委成员把握大局的能力和运用科学理论分析解决公司深化改革、加强安全管理、改进服务工作、提高经济效益、保持两个文明共同进步等方面重大现实问题的能力。用科学理论来指导解决公司的具体工作,扎扎实实的理论学习使公司党委班子成员普遍提高了对邓小平理论科学体系和精神实质的认识,增强了高举邓小平理论伟大旗帜不动摇的决心和贯彻执行党的路线、方针、政策的自觉性;坚定了国有企业两个文明一起抓、一起发展的信心与决心;强化了献身民航两个文明建设的历史责任感和时代紧迫感。

公司党委常委会认真贯彻民主集中制原则,制定了详细的常委会议议事内容,并建立了重大问题请示报告制度、重要工作情况通报制度和集体领导与个人分工负责制度,坚持重大问题由党委常委会议集体研究决定。特别是涉及全局性的工作,坚持先由党委书记和总经理取得初步一致的意见后再提交常委会议讨论决定。较好地处理了集体领导和个人分工负责之间的关系,提高了决策的科学化、民主化水平。公司常委班子还以加强党内监督、改进工作方法为目的,以党性锻炼为重点,坚持定期召开民主生活会,并努力增强民主生活会的政治性、原则性和思想性。通过批评与自我批评,提高了班子的自我约束能力和解决自身矛盾的能力。常委班子始终以团结协作、锐意改革的精神风貌展现在职工队伍面前。

在公司干部队伍建设中,公司党委坚持党管干部的原则,按照党务干部由党委任免;行政中层干部由总经理或党委推荐,组织人事和纪检部门考察,党委集体研究,总经理任免的干部管理程序,把党组织的意见作为干部任免的主要依据。坚持重实践、重公论的用人导向,认真贯彻“任人唯贤”的干部路线和德才兼备的干部标准,把坚决执行党的路线、方针、政策,政绩卓著的干部大胆提拔到领导岗位上。为加强对干部的日常管理,公司党委按总局党委要求建立健全了领导班子思想政治建设十五项制度,并先后制定了《关于加强公司干部管理工作的决定》、《干部人事管理工作规定》等措施,强化了领导干部自重、自省、自警、自励意识。公司党委还在各级干部中组织开展以“学习、团结、勤政、廉洁”为主要内容的创“四好”活动和云南省委提出的“领导当楷模”活动。在干部队伍中营造起了认真学习、团结协作、扎实工作、清正廉

洁的良好风气。使干部队伍真正成为职工政治上的引路人、工作中的带头人和生活中的贴心人。

干部队伍建设的加强,不仅给公司党委对两个文明建设实施卓有成效的政治领导奠定了基础,更主要的是它直接提高了公司党委对两个文明建设的领导水平,为党组织的政治核心作用得以发挥创造了有利条件。

二、加强党的基层组织建设,使基层党组织和共产党员在两个文明建设中的战斗堡垒与先锋模范作用得到了充分发挥

企业两个文明建设的过程,实际上就是企业党组织通过共产党员的带头作用把党的路线、方针、政策、贯彻落实到企业各项工作中的过程。所以,企业基层党组织的战斗力和共产党员的先锋模范作用将直接关系到企业两个文明建设能否顺利、健康发展。公司党委坚持基层党建工作与企业中心工作通盘考虑、统筹安排、同步落实、一起检查、相互促进的原则,认真抓好了基层党建各项工作制度的落实,并加强了党员教育管理和发展等方面的工作。

公司党委高度重视基层党组织机构的健全工作,着重健全了生产一线的党组织机构。并于九六年九月设立了机关党委,加强了对公司直属单位党建工作的领导,在调配干部时配齐加强了基层党组织的领导班子,明确了航站党委的工作职责,促进了基层党组织工作正常、有序、高效的开展。各基层党委(总支、支部)在认真坚持"三会一课"、党员汇报思想、党员联系群众等制度基础上,以改革的精神大胆探索新形势下基层党组织工作方法。重点针对市场经济给党员队伍的价值观念、思想情绪和精神状态带来的新变化,对党员进行正确的世界观、人生观、价值观教育,坚持在党员中组织开展"创先争优"和民主评议党员以及党员责任区等活动,不断对党员的先锋模范作用标准提出新的要求,始终保持党员队伍的先进与纯洁,使共产党员真正成为献身公司改革发展和精神文明建设并做出实绩的先进分子。几年来,公司受到各级党组织表彰的优秀共产党员有320多名,公司内评选出的先进个人中有70%以上是共产党员。还有许许多多共产党员默默奉献在安全生产和优质服务的各个岗位,在急、难、险、重的任务中起到了很好的表率作用,展现了工人阶级先锋战士的优良品格和时代风范。

公司党委严格按照党员发展"十六"字方针和公司党委制定的《基层党组织发展党员工作细则》,认真地做好入党积极分子的培养考察工作和发展工作,把好的预备党员转正,积极稳妥地把职工中的优秀分子吸收进党内,在确保质量的前提下壮大了党员队伍,不断提高了党组织在公司两个文明建设中的影响力和号召力。

三、坚持党的工作为企业改革发展服务的方针,充分发挥党组织在公司安全生产和优质服务中的领导核心作用

随着国有企业改革的深化,国有企业党组织的活动方式已发生着深刻的变化。但是,党的工作如何推动企业中心工作开展的目标却丝毫不能改变,这是具有中国特色现代企业制度的本质要求。云南航空公司党委遵循了这个指导思想,找准了党的工作与经济工作的最佳结合点,坚持把是否促进公司安全生产和优质服务作为检验各级党组织工作成效和战斗力的主要标准。将党的领导渗透到安全生产和优质服务的全过程。

安全是民航发展的生命线。公司党委将安全生产直接置于公司党委的领导下,始终把安全工作作为重中之重来抓,在实践中逐步建立起了纵向上"一把手以主要精力抓,分管领导全力以赴抓";横向上"主管部门主要抓,分管部门协助抓"的安全工作领导体制和运行机制。并且,特别强调各级领导抓安全时必须做到思想、工作、精力三到位;对安全工作中发生的问题,坚持按"四不放过"的原则予以严肃处理。在党委的有效领导下,各基层党组织,尤其是安全保障部门的党组织也把如何确保安全当成了主要职责,组织本单位职工积极探索航空安全的内在规律,指导本单位各部门创造性地开展工作,坚持不懈地对干部职工进行安全意识教育,引导干部职工正确处理安全与正常、服务、效益之间的关系,强化干部职工的安全责任心。公司自成立以来,已累计保证各种类航班安全飞行23.53万架次,是全国未发生劫机事件的三个航公司之一。

优质服务是民航发展的永恒追求,公司党委非常重视优质服务工作,经常研究服务工作"硬件"、"软件"方面存在的主要问题,并采取行之有效的措施,不断提高服务质量。为做好航班正点工作,党委常委制定了一系列旨在保证航班正点的制度,设立了航班正常办公室和现场生产指挥中心,督促协调航班正点工作,最大限度地避免了人为原因造成的航班延误。为加强对服务质量的监督管理,在公司党委的领导指导下,公司建立起了政府、社会和企业自我三位一体的服务质量监督体系,并认真组织开展了"十万旅客话民航"、"服务质量上台阶"等活动,切实改善了服务质量。在服务方式上,按照公司党委确定的特色服务战略思路,公司陆续推出了一系列体现云南浓郁民族风情的特色服务项目,深受中外旅客的称赞。开展精品服务样板活动以来,又将这种服务方式移植到"精品服务"活动中,使公司的服务更有文化品位。候机楼公司服务部荣获了全国"五一劳动奖状"和全国"青年文明号"称号;昆明中心售票处获得了"中国民航优质服务奖"和"文明售票单位";客运、货运均获得了"全国用户

满意奖"称号;大理航站建站仅一年就夺得了民航西南地区优质服务竞赛活动评比总分第一名的好成绩。

公司党委坚持把企业的中心工作作为党的工作的出发点和落脚点,有力地推动了公司的发展沿着社会主义方向健康、有序、快速前进。同时也使公司党的工作深深植根于实际工作中,始终充满生机和活力。

四、坚持"两手抓、两手都要硬"的方针,不断开创精神文明建设的新局面

通过精神文明建设形成有利于民航事业发展的舆论力量、价值观念、文明规范和道德风尚,是推动民航各项工作的重要政治保证。公司党委充分认识到精神文明建设对物质文明建设的促进作用,坚持"两手抓、两手都要硬"的方针,以培养"四有"新人为根本目标,采取党政工团齐心协力,共抓共建的办法,加大了公司社会主义精神文明建设的力度。

公司党委坚持把爱国主义教育和职业道德教育作为精神文明建设的主要内容,认真贯彻落实《爱国主义教育实施纲要》,在干部职工中广泛组织开展以爱国主义为主题的各种活动,不断激发起干部职工爱党爱国的政治热情,促使干部职工立足本职,爱岗敬业。同时大力宣扬好人好事,热情讴歌先进典型,理直气壮的弘扬融爱国主义、社会主义、集体主义为一体的新时期创业精神,努力营造爱祖国、爱民航、爱岗位的舆论氛围。职业道德建设不断取得新的进展,干部职工敬业、乐业、勤业、精业和全心全意为旅客服务的意识不断得到强化。以学习宣传《民用航空法》为主要内容的"三五"普法在"二五"普法顺利完成的基础上全面展开,人人学法、知法、用法、守法的局面初步形成。

公司党委十分重视企业文化建设在引导规范职工行为,激励职工充分发挥主观能动性,增强企业凝聚力,塑造企业形象等方面所起的重要作用。积极组织影响较大,主题贯穿物质文明与精神文明丰富内容,具有鲜明时代特征,并能满足职工不同层次文化生活需求的各种文体活动,以提高职工的精神境界和审美情趣。坚持开展文明单位、文明职工、文明家庭、文明楼院评比等群众性精神文明创建活动,增强职工对企业的依存感和归宿感。为提高企业文化建设的起点和层次,公司党委按照"五个一工程"的精神,结合公司实际,编印了反映公司五年来精神文明建设的经验材料汇编;谱写了体现公司精神的《云航之歌》;宣扬了荣获"全国五一劳动奖状"的版纳航站、侯机楼公司服务部等一批先进典型;录制了反映云航人在丽江抗震救灾中动人事迹的电视剧《紧急夜航》,把公司的精神文明建设推进了一个新的阶段。

坚持党对国有企业的政治领导是个重大的原则问题,其意义不仅仅在于为了加强国有企业党的建设,国有企业的两个文明建设在企业党组织的领导下也必然会健康、快速、协调发展,云南航空公司的两个文明建设已实实在在的证明了这一点。今后,只要始终不渝地坚持这一指导思想,公司的两个文明建设将会谱写出更加辉煌的篇章。

(作者系云南航空公司党委书记)

增强党组织凝聚力是企业改革发展的迫切需要

吴逸松

企业党组织是党的基层组织，而基层组织则是党的全部工作和战斗力基础。要落实党的十五大提出的“把建设有中国特色的社会主义事业全面推向二十一世纪”的伟大号召，就必须加强基层组织建设，充分发挥基层组织凝聚作用，去团结和组织千千万万党员、群众，形成一个坚强的战斗集体，为实现党的任务而奋斗。但是我们应该看到，目前在强调加强和改进基层组织建设、发挥基层组织作用时，往往忽视了增强凝聚力问题，其结果是削弱了党组织的战斗力。所以加强党组织建设不可忽视增强凝聚力。下面就此问题谈几点具体看法。

一、充分认识增强凝聚力的重要性

《中共中央关于进一步加强和改进国有企业党的建设工作的通知》中指出：“国有企业面向市场，深化改革，转换经营机制，加强内部管理，加快技术进步，提高经济效益，都迫切需要增强国有企业党组织的凝聚力和战斗力，充分发挥党组织的作用”。为什么国有企业改革和发展迫切需要增强党组织凝聚力呢？因为国有企业党组织在企业中处于政治核心地位，这就决定了党组织在企业改革和发展中的重要作用。而这个重要作用是要通过增强凝聚力，进而加强战斗力才能实现的，也只有这样，才能使企业面临深化改革，走向市场等复杂情况下，坚持社会主义方向，使党的路线、方针、政策在企业得以正确贯彻执行，才能培养一支“四有”职工队伍，发挥职工群众主人翁精神，开拓进取，努力拼搏，去战胜困难，使企业得以发展壮大。尤其在国有企业面临困境的严峻形势下，增强党组织凝聚力问题更显得“迫切需要”了。如果没有党组织凝聚力作用，势必人心涣散、精神不振，形不成一股战斗的力量，纵有救活良策，也无济于事。进而言之，国有企业问题关系到经济体制改革成败，关系到国民经济基础，更关系到社会稳定，社会主义制度巩固的大问题。这是迫切需要增强企业党组织凝聚力的根本原因所在。也正因为如此，中央一再强调国有企业越是深化改革，越要加强党组织建设，明确指出企业党组织建设只能加强，不能削弱。

二、对凝聚力问题认识的误区探析

目前，加强和改进企业党组织建设以及加强企业管理提高经济效益成效都不尽人意，其中原因我认为与对凝聚力认识上存在许多误区有关。

有的认为现在搞市场经济了，企业用工制度改了，搞双向选择；工资制度改了，打破“大锅饭”；福利制度改了，住房医疗要自己掏钱等等，企业与职工关系日渐市场化，两者之间似乎完全变成买卖关系，以各自利益为出发点，还谈什么凝聚力？用什么去凝聚？要么只能用物质利益去凝聚职工群众，用精神是无法凝聚的。在这样思想指导下，就谈不上增强党组织凝聚力。只能导致一手软一手硬，搞生产经营这一手硬，搞精神文明建设这一手软，其结果两手都软。因为企业党组织缺乏凝聚力，人缺乏精神支柱，光靠物质刺激，生产经营这一手就是一时硬起来，也保持不了多久。其结果不仅是党组织建设搞不好，企业状况也得不到改善。

有的认为企业有一个行政领导班子就行了，还要什么党组织，行政领导班子对一个企业固然重要，研究经营策略、制订工作计划、规划发展前景、布置工作任务、建立规章制度、协调内部关系等，但这一切都要靠人去执行、去落实，党组织具有其他组织所无法取代的政治优势，它可以有效地发挥凝聚作用，通过各级组织和广大党员，把职工群众团结在自己周围，并发挥他们的积极性、创造性去完成各项任务，可以讲仅仅靠领导班子是寸步难行、一事无成的。领导班子作用是替代不了党组织的凝聚作用。

有的认为加强基层组织建设，就是讲发挥党组织战斗堡垒作用和党员先锋模范作用，凝聚力是不成问题的，因为企业党组织是政治核心，不是一般组织；党员都具有相当思想觉悟，有很强组织纪律性；群众对党员组织是拥护的，因此凝聚力是理所当然存在的，不存在什么要不要增强问题。这种“自然存在”的看法，是很不切合实际的、是有害的。党组织虽然是一个战斗组织，在群众中有很高威信，大多数党员虽然思想素质都较高，能不同程度地发挥先锋模范作用，但是时代在发展变化，尤其是改革开

放给人以深刻的影响，一些党员在新形势面前无法正确把握自己，如在价值观问题上产生“一切向钱看”思想，遇到与个人利益有关系的问题，就可能采取利己的行为，而不考虑组织集体利益，这也就影响了党组织凝聚力，况且如何在新形势下加强和改进党的建设问题还得不到很好解决，也影响了党组织地位和作用、削弱了党组织对群众的号召力和凝聚力。所以，当前党组织凝聚力不是“自然存在”，而是要下很大气力去增强。

除了以上思想认识问题之外，目前存在一种尴尬现象，也使企业党组织凝聚力得不到很好发挥，这种尴尬现象就是对企业党建工作：中央重视、地方忽视、基层轻视，即“三视”现象，使企业党组织处境尴尬。中央高度重视国有企业党建工作，专门就加强改进国有企业党建工作发了文件，而且在有关重要会议上多次强调。到了地方就有忽视现象，有的地方领导关心的多是企业经济效益，很少过问企业党建工作，就是分管这方面的领导到企业检查工作，对党建问题也不过蜻蜓点水，作为陪衬提一提而已，好象到企业讲党建就会背离经济建设这一中心，因而很有忌讳。这问题到了企业基层，有的就出现轻视现象，认为企业是搞生产经营的，有效益才有一切，所以党建工作不过是配角，有之不多，无之不少。企业党建工作仍然存在讲起来重要，做起来次要，忙起来不要的现象。抱此轻视态度的实际上是不懂效益是从何而来。

由于以上种种错误认识，不正确态度，导致企业党组织地位作用削弱，因此很大程度上影响党组织凝聚力。有的党员对组织关系疏远了，组织纪律性差了，组织活动不想参加，组织决议可执行可不执行，组织号召不是积极响应。党外群众（尤其是一线工人）要求入党的减少，对党组织敬而远之。“宁可为厂长跑断腿，不愿给书记倒杯水”这句顺口溜虽有失偏颇，但也一定程度上反映了党组织凝聚力削弱的现实。

三、增强凝聚力的对策和措施

在充分认识党组织凝聚力重要性前提下，针对目前凝聚力削弱问题，我认为要采取以下措施去增强，这样，加强基层党组织建设才不是一句空话。

（一）加强党性教育，这是增强凝聚力的根本。要通过教育使党员进一步明确党组织是一个坚强的、先进的、战斗的集体，需要严格的纪律性和严密的组织性。每一个党员都要无条件地执行组织决议，完成组织任务，维护组织团结统一。

（二）端正党风，维护党的形象。这是增强凝聚力的重要条件。党风具体表现在每一个党员身上。每一个党员都要以实际行动端正党风、立党为公，为人民服务、共同维护好党的形象，使党成为一个光荣、伟大、正确的党，成为名符其实的“先锋队”、“忠实代表”、“领导核心”得到人民群众真心实意的拥护和支持。

（三）要健全以“三会一课”为主要内容要求的组织活动，并在活动内容、形式上改革创新，使之生动活泼、切实有效，更具吸引力。如我公司对党课教育进行改革，改变以往“一人讲、大家听”的老一套，采取走出去，请进来办法，带着一个党课主题，通过参观、访问、座谈、报告、讨论、影视等形式，使党员得到教育、也受到党员欢迎。党员反映：“过去上党课想打瞌睡，现在上党课津津有味”。

（四）在生产工作中重视发挥党员作用，组织开展各种形式的劳动竞赛，使党员看到自己成绩与贡献，也使党外群众看到党员作用，密切了党员与党组织联系，也密切了党群联系。我公司近年开展“我为新一轮创业作贡献”活动，结合党员目标管理考核，不但使党员先锋模范作用落到实处，而且把广大职工带动起来，促进了生产工作，对增强凝聚力产生很好作用。

（五）关心党员生活，体现党组织温暖

以往党组织多注意党员生产工作表现，片面强调党员要吃苦在前、享受在后、大公无私、多做贡献，而忽视了对党员个人生活上的关心，党员生活上实际问题得不到组织上关心、解决，这势必影响了党组织凝聚力。这个问题目前显得更为突出。要增强党组织凝聚力，也要从关心党员生活入手，使之感受到组织温暖，进而热爱组织、团结在组织周围。

我公司党委近几年由于重视增强党组织凝聚力，并采取以上各种措施抓落实，在行政领导理解、支持下，取得明显效果。在水泥市场疲软、价格下跌、竞争激烈、效益下降等等困难情况下，党组织战斗力不减，党员作用不差，职工群众对企业向心力不衰。去年以来发展了 20 名党员，有 17 名职工申请入党，列为培养对象近 30 名。广大党员、职工群众积极响应党委号召，参加“我为新一轮创业作贡献”活动，与企业风雨同舟、共渡难关，顺利地推进企业改革、转岗分流、减员增效、学邯钢降成本，较好完成产销任务，也取得一定经济效益。97 年创利税 1200 多万元。比增 21%，实现利润 123 万元，比增 15.34%，企业经济运行状况在本省同行业中名列前茅。这也充分说明了党组织凝聚力是企业改革发展的迫切需要。

（作者单位：福建九州麒麟（集团）水泥股份有限公司）

坚持厂长(经理)负责制与贯彻民主集中制的关系

凌传茂

江泽民在十五大报告中指出:“在改革和发展社会主义市场经济的条件下,民主集中制不但不能削弱,而且必须完善和发展。”实行厂长(经理)负责制的企业如何贯彻民主集中制,并处理好民主集中制与厂长(经理)负责制的关系,这是新形势下企业党建工作感到的一大难题.从实际运行来看,多数企业的厂长(经理)能正确处理好这两者的关系,并在生产经营管理活动中自觉贯物民主集中制。但也应该看到,一些企业领导在处理好两者的关系问题上存在一些模糊的认识,总认为厂长(经理)负责制与民主集中制是相矛盾的。实行厂长(经理)负责制与民主集中制就意味看在企业中可以不贯彻民主集中制,贯彻了民主集中制就意味看要取消厂长(经理)负责制,两者是不能“和平共处”的。这种看法在理论上是错误的,在实践中造成的后果是极为有害的。

一、民主集中制与厂长(经理)负责制是两个不同层次的类概念,前者属于根本制度范畴,后者属于具体领导体制范畴,两者的关系可以说是母概念和子概念的关系

作为民主集中制,现行党章和中央的有关文件决定都做了深刻的阐述,不仅指出了它是党的根本的组织原则。而且指出了它是党的很本的组织制度和领导制度。民主集中制之所以是我们党的很本的组织制度和领导制度,就在于我们党创造性地运用这一制度,制定了正确规范党内生活,处理党员个人与组织、上级与下级、领导与被领导、纪律与自由、权力与监督等关系的基本准则和具体制度,是党赖以建立和发展的最基本的制度保证。党在全国执政以后,又把这种制度运用于政权建设,使民主集中制成为国家机构的根本制度。正如邓小平多次指出的,“民主集中制是党和国家最报本的制度,也是我们传统的制度。”它贯穿于党和国家的各种组织制度当中,规定和制约着其他制度。只有按照这一根本制度建立起来的具体制度才是科学的、合理的、有效率的。我们党和国际共运的历史一再证明,民主集中制执行不好,党是可以变质的,国家是可以变质的,社会主义是可以变质的.

作为厂长(经理)负责制,是国有企业实行的一种具体领导体制,属于具体制度范畴。它是首长负责制在企业中的具体体现。凡社会组织,不管是政治、经济还是文化组织,在党和国家根本制度(含民主集中制)的总体格局下,总有某种具体的领导体制.不同的组织有不同的体制,但大体可分为两种基本类型:集体负责制和首长负责制。当最高决策权属于一个由若干人组成的组织或委员会时,这种领导体制就是集体负责制,也叫委员会制或“会议制”;当领导机关的最高决策权属于首长一人时,这种领导体制就是首长负责制,也叫一长制。它包括政府机关的行政首长负责制和企业的厂长(经理)负责制,以及有关事业单位的校长、院长、所长负责制。这种体制与党委、人大实行的集体负责制不同,首长和其他成员的权力在组织关系上不是平等的,决定问题也不是按照少数服从多数的原则来进行,而是首长拥有最后的单独决定权,并对职权范围内所作出的决定负有个人责任。随着社会主义市场经济的逐步建立,企业成为自主经营、自负盈亏、自我发展、自我约束的法人实体。在企业中实行首长负责制,能更好地适应杜会化大生产的客观要求,有利于建立一个统一的、强有力的、高效率的生产指挥和经营管理系统,同时可以在制度的保证下充分调动企业全权负责人的积极性,使厂长(经理)真正做到有职、有权、有责。

二、民主集中制作为党和国家的根本制度,是可以和应当包容厂长(经理)负责制的,坚持民主集中制应该是贯彻厂长(经理)负责制的题中应有之义

过去,我们曾僵化地理解民主集中制,把集体负责制看成是社会主义、马克思主义的,而把首长负责制看成是资本主义、修正主义的,这是完全错误的。从历史上看,列宁是民主集中制的创立者,但他又主张在工业企业中实行一长制。他在批评把一长制和委员会制对立起来的错误时指出:“不久以前,在讨论改组和正确安排铁路运输问题时,发生了这样一个问题:一长制(也可以称为独裁制)同一般的民主组织,特别是委员制的管理原则,同苏维埃社会主义的管理原则有多少一致的地方。显然,

最普遍的看法是认为根本说不上什么一致,认为一长制同民主制、同苏维埃国家形式或者管理方面的委员制是势不两立的,这种看法真是错误到了极点。”他驳斥那些所谓的“民主集中制派”,“对民主集中的原则、对集中制,都是一窍不通。”在列宁看来,民主集中制和厂长(经理)负责制是可以统一起来的。

如前所述,民主集中制属于根本制度范畴,而厂长(经理)负责制则属于具体制度范畴.民主集中制作为党和国家根本的领导制度,那是我们必须始终坚持的.在这种根本的领导制度的总体格局下,各种社会组织包括企事业单位应该实行什么样的领导体制,则要根据具体情况,根据改革的具体实践经验,由党和国家在党章和法律中予以确定。从具体实践来看,我们党历来坚持民主集中制,但建国后在具体的企业领导体制问题上,也做过多种探索。从建国初期的一长制,到计划经济时期的党委领导下的厂长(经理)负责制,一直到目前实行的厂长(经理)负责制,经历了一个不断调整和变更的发展历程。正因为如此,现行党章既规定了坚持民主集中制,同时又规定了基层组织分别实行不同的具体领导体制。由此可见,作为根本领导制度的民主集中制,是可以和应该容许随着时间条件的变化和实践经验的积累而不断调整和创造多种不同的具体领导体制的,毫无疑问也是可以和应当包容厂长(经理)负责制的。

在具体实践中,一些人错误地理解了厂长(经理)负责制,认为既然厂长(经理)在企业中处于中心地位,与其他成员的权力在组织关系上不是平等的,首长拥有单独的最后决定权,也就意味着厂长(经理)在一些重大问题上可以个人说了算,其权力运行也可以不受任何监督和制约。这种理解也是极为错误和片面的。实行厂长(经理)负责制后,与集体负责制相比,厂长(经理)固然拥有更大的权力,负有更大的责任。但这不等于说,厂长(经理)可以随心所欲、我行我素;可以不调查研究,不听取各方面的意见,独断专行。相反,市场经济条件下,自主权扩大,市场瞬息万变。决策风险和决策难度加大,更要求厂长(经理)具有良好的民主作风和民主方法,在政治上尊重其他成员和群众的民主权利,在组织路线上坚持走群众路线,在思想路线上坚持唯物主义认识论.实际上,在现存的领导活动中,其领导体制也很少有纯粹的或完全的集体负责制或首长负责制。在集体负责制中多少带有首长负责制的因素,在首长负责制中也会多少有些集体负责制的因素。如在集体负责制中,班长和委员的权力无论在政治和组织关系上都是平等的,讨论问题时坚持一人一票制并按少数服从多数的原则进行表决,但其中并不否认班长在整个班子中的表率作用、关键作用、驾驭矛盾及“牛鼻子”作用.又如国务院组织法明确规定:“国务院实行总理负责制”,但同时又规定:“国务院工作中的重大问题须经国务院常务会议或国务院全体会议讨论决定”.这里本身就体现了民主集中制的既要民主、又要集中的辩证统一关系.坚持民主集中制,应该是贯彻厂长(经理)负责制的题中应有之义.正因为如此,现行党章和《企业法》、《公司法》在确认企业实行厂长(经理)负责制的同时,又明确规定企业党组织要发挥政治核心作用和保证监督作用,厂长(经理)要自觉接受职代会和工会的民主管理和民主监督,始终贯彻全心全意依靠工人阶级的方针。这既是民主集中制的内在要求,又是企业改革稳步、深入发展的重要保证。三、厂长(经理)负责制作为一种具体的领导体制,作为民主集中制的具体实现形式,是可以和应该随着时间条件的变化和实践经验的积累而不断增添新的内容的.新形势下不断创新和完善厂长(经理)负责制是民主集中制的内在要求。

改革开放以来,厂长(经理)负责制也经历了一个在探索中发展和完善的过程。早在1980年,邓小平就提出了要有步骤地改革党委领导下的厂长(经理)负责制,使党委摆脱日常事务,集中力量做好思想政治工作和组织监督工作。1984年10月党的十二届三中全会提出要推行厂长(经理)负责制,并在部分城市和企业进行了试点.1986年中央开始改革企业的领导制度,全面推行厂长(经理)负责制。在推行的过程中,针对一度出现的削弱党的领导作用,忽视主人翁地位的倾向,中央于1991年明确提出了要“充分发挥党组织的政治核心作用,坚持和完善厂长负责制,全心全意依靠工人阶级”的三句话方针,并指出这是我们40多年特别是近10年来完善企业领导体制实践经验的科学总结。后来,江泽民在给湖南省委报告的批示中又再次强调:“党对企业在政治上的领导权决不能丧失”。所有这些,都为我们在新形势下特别是在建立现代企业制度的过程中,如何把国际惯例和中国特色有机地结合起来,解决当前企业领导体制中存在的问题,进一步完善厂长(经理)负责制提供了一把钥匙。

十几年的实践证明,厂长(经理)负责制是有利于现代企业制度的建立和符合市场经济发展规律的。但也应该看到,实行这种体制后,不仅对厂长(经理)应具备的素质和能力,包括如何贯彻民主集中制提出了新的更高的要求,而且在如何强化权力的监督和制约,充分发挥企业党组织的政治核心作用和职代会的民主监督职能方面,也碰到了许多新的更深层次的问题。现实的情况是,一方面企业领导者的整体素质与市场经济发展的要求极不相适应,自觉或不自觉违背民主集中制的现象时有发生;另一方面权力逐步下放和过分集中于厂长(经理),而监督约束机制又严重滞后,企业党组织的保证监督作用和职代会的民主监督职能不能落到实处。据报载,80年代曾经在石家庄市显赫一时的三位“明星”厂长——马胜利(石市造纸厂)、赵藏虎(长征鞋厂)、郎宝祥(环宇集团),

由于监督约束的严重缺位或错位,加上其他因素,到了九十年代纷纷"陨落",企业也负债累累,江河日下;还有大家熟知的首钢前任领导周冠五、武汉长江动力集团老总于志安、广东食品工业总公司总经理谢鹤亭,这些人的"陨落"或堕落,无不与民主集中制得不到贯彻,党内外缺乏有力的监督有密切的关系.一些人说,假如我们的监督约束机制能够到位的话,或许可以保住一大批的企业和挽救一大批的干部.不受监督的权力必然产生腐败,这是中外历史所一再证明的真理。一个时期以来国有企业经营滋生出的种种决策失误和经济犯罪现象,迫切需要我们在新形势下进一步完善厂长(经理)负责制,特别是要完善对厂长(经理)的监督约束机制。这也是当前国有企业贯彻民主集中制要解决的最为突出的问题。

首先,要建立健全企业重大问题决策的风险机制和保障机制。斯大林说,一百个没有经过集体审查和修改的个人决定当中,大约有九十个都是片面的。某些企业所发生的问题确也验证了这一点。一些企业的领导实际上也明明知道个人专断和决策失误给企业带来的严重后果,但在具体工作中仍然我行我素,一手遮天,听不进任何人的意见。原因之一也在于造成损失后可以不承担任何责任。所谓的"拍拍脑袋决策,拍拍胸脯保证,抽拍屁股走人"的"三拍"工程应该说不是个别现象。为了保证决策正确和有效实行,我们认为有必要建立健全重大问题决策的保障机制,包括决策的风险机制和决策失误的责任连带制度。凡决策失误所造成的损失,除一把手应负主要责任外,所有参与决策的人都要承担相应的责任和风险,受到相应的经济制裁和行政处罚。只有这样,才能唤起大家特别是一把手的群体意识、风险意识和责任意识,使所有参与决策者都能实现自我控制和相互监督。

其次,要努力完善企业党组织和职工群众的监督机制,充分发择企业党组织的政治核心作用和职代会的监督职能。参与重大问题的决策,这是企业党组织发挥政治核心作用和保证监督作用的最基本、最有效的方式。企业党组织要按照党章要求和国家的有关政策、法规,结合企业实际,明确参与的目的和范围,制定参与的程序,根据不同性质,规定不同的参与形式,掌握参与的准确性,保证参与工作有效实施。在这里,党委能否有效地参与决策,取决于参与决策的制度化.为此,必须以制度为保证,以良好的党政关系为前提,推进民主科学决策的顺利实现。职工代表大会在企业实际上是有领导有秩序的职工民主管理、民主监督的有效形式,也是健全民主生活的有效途径。实践证明,企业有关重大问题交职代会讨论,厂长(经理)的职权充分地置于职工群众的监督之下,可以大大减少决策的失误,协调各种利益矛盾,密切干群关系,调动职工群众的积极性,并能有效防止少数干部违法乱纪行为。为此,必须努力拓宽民主渠道,完善职工代表大会制度,为职工群众提供充分行使民主权利的机会和舞台,这也是贯彻"全心全意依靠工人阶级"方针的内在要求。

再次,必须建立健全厂长(经理)的自我监督和约束的自律机制,加强企业家队伍的自身建设。"搞好一个企业靠一个厂长(经理)是,不行的,但搞垮一个企业有一个厂长(经理)就够了"。这句话从一个侧面反映了厂长(经理)自身素质的极端重要性。在西方管理学中,有一个叫"X 理论—— Y 理论"。X 理论强调对职工实行严格的外部管理,Y 理论则强调启发内因,让职工实行自我控制。权变管理学派代表麦格雷戈认为,Y 理论优于 X 理论。这与唯物辩证法的内外因的辨证关系是一致的。实践也证明,对厂长(经理)的外部监督固然重要,但如果其自身的素质不高、党性不强,这种外部监督再好也是起不了多少作用的.为此,必须采取各种切实有效的措施,加强对厂长(经理)的教育和培训,以提高他们的素质和党性,增强他们实行自我教育、自我控制、自我监督的能力,使他们摆正政府赋予的权力和自己应尽的责任和义务,并在实际工作中处理好贯彻民主集中制和坚持厂长(经理)负责制的关系。

(作者单位:中共广东省委党校党建教研室)

村民自治:一条促进党内民主的有效途径

吴家骥　李曼琳

随着社会的不断进步和人们素质的不断提高,我国民众对民主的理解更为深刻,对民主的追求亦更为迫切。民主,已经不再停留在激昂的语言和恢宏的构想之上。同经济体制改革发端于中国农村一样,作为运作程序和操作技术的民主,早已在中国农村这块广袤的黄土地上悄然启动,这就是始于80年代中国农村的村民自治。

在迄今为止的10多年的时间里,农民兄弟们通过亲身的政治参与,增强了民主意识,得到了民主训练,实实在在地享受到了民主的种种好处。尤其是实行村民自治过程中逐步形成的一套基层民主的运作程序和制度,为中国社会主义民主政治的发展奠定了夯实的政治基础。对此,中共十五届三中全会在《中共中央关于农业和农村工作若干重大问题的决定》中,将村民自治称之为"是党领导亿万农民建设有中国特色的社会主义民主政治的伟大创造。"

当代中国社会发展的动力是改革,当代中国政治发展的动力同样也是改革。要能够娴熟地进行这样一次恐怕是世界上规模最大,难度亦最大的政治操练,必须要有一个坚强的领导核心,这就是锐意革新的中国共产党。村民自治和基层民主是由党和政府主导推进的,党内民主是国家政治生活民主化的关键。党的十一届三中全会以来,党内民主有了很大的完善和进步,但这方面仍有许多工作要做。随着村民自治在中国农村全方位地展开,这种基层民主形式所积累的较丰富的经验,已经逐步渗透到社会主义民主的方方面面。从民主运行的模式而言,虽然党内民主和村民自治这种基层民主模式不能等同,但从民主的内涵和运作程序来看,两者都具有共同性和一致性。无论从村民自治对农村社会经济发展的作用来说,抑或是村民自治这种基层民主为高层民主提供的动力作用来说,它对我们党内民主的影响和启示都是十分深刻和有益的。

启示之一:村民自治肯定了农民在农村的主体地位,代表了农民的愿望和要求,体现了社会主义民主的本质。完善党内民主,首先应该在全党确立党员是党的主体,党员主体状况以及对待党员主体的态度,决定着党内民主的实际进程这样一种认识。

一种有效的民主形式,应该是适合本国国情、被大多数民众乐于接受,能够操作的民主形式。在我国国家政权体系的最基层——村一级建立村民委员会,实行基层群众性自治制度,之所以受农民欢迎,其关键就在于它同中国农村和农民的实际相吻合。所谓村民自治,就是农民对自己的事实行自我管理,自我教育,自我服务。这种民主形式首先就是视农民为国家和社会主人才应运而生的。正是如此,农民才能把自身应有的权利和应尽的义务统一起来,把参与村务管理活动同自身的利益结合起来。从而表现出高度的政治责任感和参与热情。近10年来,已经有近6亿中国人在近93万个选民点参加过三轮,甚至四轮直接选举。向来被认为政治素质低的乡下人,不善于讲大道理,没有像城里人那样为是否搞民主争来争去。更不希望走形式走过场。在各项权利得到逐步落实过程中,农民们从村民自治实践感受到了它的真实性和权威性,从而更积极投身于这项活动之中。

共产党是一个由百万党员组成的先进政党。而不是靠少数职业革命家的团体和靠权力独裁维系的帮会组织。党的性质决定了党员是党的力量的源泉,是党内生活的主体、党的工作的主体、党的建设的主体,当然也是党内民主的主体。列宁认为,党内民主的首要意义,就在于党员在党内生活中居于主体的地位。有着一律平等地参与党的领导和管理党内一切事务的权利。我们党的党章和党内生活准则都作出过一系列切实保障党员的权利的规定。

但是,由于我们党是执政党,处于领导地位。长期的执政环境使部分领导者片面地认为,党内生活中党员同样是接受管理接受指挥的对象,由此产生了一些偏颇的认识和看法。如片面强调党员应尽的义务,忽视党员应有的权利;片面强调党员是被监督的对象,忽视党员是监督的主体;片面强调党员是被管理的对象,忽视党员在党内管理中的主体地位;片面强调党员无条件执行党的决议的义务,忽视党员以直接或间接形式参与决策的权利,

如此等等，造成党内民主生活不正常、党员的积极性和主动性发挥不出来，从而影响了党的战斗力和吸引力。要在发展党内民主进程中真正确立党员的主体地位，除了深入进行党内民主的理论研究，提高党员素质，切实健全民主集中制之外，我们还应该把视角放得更宽一些，应该从村民自治这种基层民主形式中汲取营养成份，认识到村民自治在唤起民众、教育民众、训练民众，调动农民积极性和创造性这方面对党的民主的促进作用，从而朝着党的现代化方向迈出坚实和有效的一步。

启示之二：村民自治的贡献在于将基层事务纳入法制化，规范化，程序化的管理轨道，逐步形成一套民主选举、民主决策、民主管理、民主监督的系统管理制度及其运行机制。使我国农村民主政治建设走了一条坚实的道路，促进了农村经济发展和社会进步，成为农村稳定和发展的基石。从当前依法治村的许多生动事例中，我们更应该深入思考党内民主制度化、程序化、规范化的问题。因为党内民主是国家政治生活民主化的关键，依法治国，首先要依法治党。

最理想的管理制度是民主、科学、高效统一的制度，这在农村来说尤为重要。村民自治经过10多年的探索实践，逐步形成了一套健全的运行机制。其带共性的经验是；将民主选举作为村民自治的核心；将民主决策作为村民自治的根本；将民主管理作为村民自治的手段；将民主监督作为村民自治的保障。在民主选举中，按程序一是候选人提名放开，实行“海选”；二是正式候选人分开，实行“预选”：三是平等竞争、实行“竞选”；四是充分体现选民意志，实行“秘密划票”。这种程序清晰，章法明确的民主选举，促成了优秀人才的脱颖而出。在民主决策中，一是扩展决策范围；二是落实决策形式；三是树立决策权威。最终使决策科学化和民主化，促进了集体经济和公益事业的发展。在民主管理中，一是肯定农民在村务管理活动中的主体地位，有权参加各种村务管理活动；二是建立健全各种村规民约，以制度、民约治村，政治、经济管理综合配套；三是健全各类组织，疏通村民参与管理的渠道；四是建立村民自治章程，做到“依法治村，以制治村、全面系统、民主管理”。在民主监督中，一是村委会定期向村民会议、村民代表会议报告工作，村委会干部定期述职，接受村民评议；二是实行村务制度公开，把群众关心的财务帐目，收益分配公之于众；三是利用监督台，检举箱等各种形式开展干群之间的监督。由于这几个环节的综合配套、促使村民自治由探索走向成熟，由单项自治走向全局的综合自治，成为基层民主建设最有价值的成果，受到了包括外国人在内的世人的关注和赞赏。

对于一个领导现代化的党来说，把党的活动纳入规范化、制度化的轨道，就显得更为重要。作为一个政治组织，党的组织活动或组织行为的有序性，是党所固有的本质特征。无论在什么情况下，党内关系的协调和谐、组织活动的稳定有序，都是党生存和发展的基本条件。制度作为党的整体意志基础之上形成的经过法定程序制定的共同行为规范，具有相对固定的强制性特征，因而它是党的关系的调节器。党内民主只有制度化和规范化，才能说明这个党是能够领导现代化的政党。尤其是我们党是中国唯一的执政党，党内民主的建设好坏，必然影响到国家民主制度的建设，这是社会主义建设实践经验教训的深刻总结。

党的十一届三中全会以来，适应改革开放的需要，党的建设也在不断地改革和创新。在邓小平理论指导下，党的制度建设取得的成绩令世人瞩目。对此，中国共产党的十五大报告指出：“党内生活向制度化规范化迈出了新的步伐。”但是，从依法治党的要求来说，仍然有较大的差距。尤其是在党内民主的程序化和机制运作问题上，薄弱环节仍然较为突出。表现在：一是民主集中制度不够完善。党内民主的若干原则过于抽象化，缺乏有效运作的程序和机制，集中过度的现象较突出，党员行使正当权利有时要付出相当代价；二是党内监督缺乏协调性和程序性。操作手段不明确，尤其是对党内各种关系的界定不清晰、监督与被监督的位置摆不正，使党内不正之风仍有空隙可钻；三是在干部的管理制度上，由于缺乏带有可操作性的规范和制度，干部能上不能下的现象仍较突出，干部选举任用和党管干部原则存在矛盾和冲突，选举中形式化东西较多，使人才选拔受到制约；四是在基层建设中，党群关系的渠道不是十分畅通，党联系群众的机制和方式较单一，造成群众意见建议反馈的滞缓，使党在基层执政受到影响和制约。这些方面的情况说明，一个善于领导现代化的政党，必须要有一套健全和科学的党内管理和运作机制。否则，就可能影响到党的战斗力，最终影响到党的执政地位。

目前，在党的制度建设的方向上，最突出的一项任务就是完善各项党内制度和理顺这些制度的关系。村民自治的实践给予我们在这方面的深刻启示，就是农村基层民主程序清晰、章法明确、内容突出、针对性和操作性强。如在民主决策方面，村民委员会能够从农民行使民主权利前提出发，把民主决策的范围拓展到较大空间，从承包形式、乡村建设规划、宅基地的划分，经济发展规划、新建的经济项目和学校的修建等等，都列入民主决策范围，既增强了决策的透明度，又树立了民主决策的权威。我们党的建设不应该是封闭的，开放的环境同样需要一个开放的政党。凡是对党内民主的完善与发展有益的经验，都应该加以总结和汲取。这样才能使党立于不败之地。

启示之三:村民自治体现着民主的群众性和广泛性;党内民主代表着民主的先进性和深刻性。两者的相互促进和相互作用,应该是中国民主制度逐步走向完善的现实选择。

从民主运行的一般模式来看,民主有基层民主和高层民主之区别。所谓基层,是指构成一个社会的基本组织结构,是社会结构中的基础。村民委员会就属于社会组织结构中的一个部分。村民委员会这种社会基层民主形式有两个显著的特点:一是民主的直接性;二是民主的群众性和广泛性。民主的直接性是指成年公民直接行使重大问题的决定权、直接参与决策的民主制度形式。民主的广泛性和群众性是指民主在社会基层各个环节的渗透,它能使全体社会公民都能进行民主参与,行使民主权利。

从1982年我国宪法确认了由农民创造的村民委员会这种村民自治的组织形式以来,1987年,随着《村民委员会组织法》(试行)的颁布,村民委员会这种村民自治制度在全国农村普遍建立起来。据统计,至1995年底,全国共建村民委员会93.2万个,管辖人口90525.1万人。到1996年底,全国有25个省,直辖市和自治区人大常委会都先后制定了适合本地区的《村民委员会组织法实施办法》。有近6亿中国人在93万个选民点,参加了三轮,甚至四轮的直接选举。各地选民参选率普遍达到90%以上,有的高达95%以上,甚至有的达到100%。同经济体制改革发端于中国农村一样,村民自治这种基层民主也启动于中国农村,并如滴水甘泉积成江河,如江河奔流汇成海洋。中国农村成为中国大地最理想的民主试验区。它在这方面的经验积累,既为高层民主奠定了基础,也必将渗透到党内民主的各个方面。

中国的问题关键在党。党内民主则是国家政治生活民主化的关键。中国共产党一开始就是按民主集中制原则建立起来的。作为工人阶级先锋队,我们党的先进性不仅在于它的宗旨和使命是先进的,而且还在于它自身内部各成员之间是平等的,党内生活是民主的。共产党区别于其它政党的一个重要标志,就是政治上完全的民主性。从这个意义上说,没有民主就没有共产党;坚持党的先进性,就必须坚持党的民主性。

从中国民主制度的发展取向来看,由于中国是一个拥有特大人口规模的国度,再加上几千年来封建专制社会留给我们的沉重包袱。这种复杂情况决定了中国民主制度的发展应该从较易取得明显效果的地方入手,循序渐进、逐步完善。比较民主运行的模式,虽然党内民主不能等同于村民自治这种社会基层民主,但无论是党内民主还是基层民主在方向上都是一致的。因此,从高层民主上紧紧抓住完善党内民主这个环节,发挥党内民主的先导作用,用党内民主的先进性引导社会民主的发展;从基层民主上牢牢把握村民自治的方向,用村民自治的广泛性推动社会民主的进程。这样,从群众性的基层民主和先进性党内民主两个渠道来推动中国社会主义民主制度的进程,这将是中国社会主义民主政治逐步走向完善的一种战略选择。

党性修养必须突出“三个坚持”

王彦魁

党性修养是党员通过自我教育，改造世界观的必不可少的重要措施。在社会主义市场经济的新的历史条件下，共产党员，尤其是领导干部，要使自己成为认真按照《党章》办事，忠诚于马克思主义，坚持走有中国特色社会主义道路的政治家，就必须突出“三个坚持”，进行党性修养。

一、坚持刻苦学习，端正指导思想

理论上的清醒，是政治上清醒的依据；理论上的坚定，是党性上坚定的依据。坚持党性，就是要坚持马克思主义辩证唯物论的思想方法。毛泽东同志在延安整风时指出：主观主义和教条主义的方法是反科学反马克思主义的方法。这种方法是共产党的大敌，“是党性不纯的表现”，而实事求是，按照唯物论的态度办事，才是党性完备的表现。中国共产党是马克思主义与中国工人运动相结合的产物，因而中国共产党的党性来源于工人阶级的阶级性与马克思主义。不了解工人阶级和马克思主义，党性成为无源之水，加强党性就无从谈起。所以，加强党性修养，就必须在这些方面加强学习。邓小平同志在领导全党、全国人民开辟建设有中国特色社会主义道路的过程中，丰富和发展了毛泽东建党思想，形成了在当今时代加强党的建设的一整套新的理论观点和建党路线，我们必须认真学习，加深理解，打好理论基础，端正指导思想，提高理论素养。从而牢固地树立马克思主义世界观、人生观和价值观，坚定为共产主义奋斗的理想，深刻认识党性就是一个政党的基本特性和性质。中国共产党是中国工人阶级的先锋队，是中国各族人民利益的忠实代表，是社会主义事业的领导核心，这是中国共产党的根本特性。坚持党性就是坚持马克思主义与中国实际相结合，加强党性修养是加强党的领导的客观要求。从而把提高素质做一名合格党员，合格的党员领导干部作为党性修养的根本目标。这对于在商检岗位工作的党员领导干部是完全适用的。为此，我们应把理论上清醒，政治上坚定，纪律上严明，作风上过硬，业务上精通，行动上先进作为党性修养的具体目标，并为了实现这些目标，自觉地进行党性锻炼。

二、坚持认真实践，进行党性锻炼

刘少奇同志在《论共产党员的修养》中指出：“革命者要改造和提高自己，必须参加革命实践，绝不能离开革命实践；同时，也离不开自己在实践中的主观努力，离不开在实践中的自我修养和学习。如果没有这后一方面，革命者要求得进步，仍然是不可能的。”

一是要在讲政治的过程中进行党性锻炼。我们讲的政治，是马克思主义的政治，是建设有中国特色的社会主义的政治。要通过讲政治的锻炼，打牢政治基础，提高政治素质。要在任何情况下都坚持社会主义的理想信念，坚持马克思主义的政治观点和无产阶级立场，不断地增强忧患意识，执政意识，责任意识，坚持党的基本路线，大胆地推进改革，自觉遵守党的政治纪律，维护党的权威，提高政治鉴别力，增强政治敏感性，在错综复杂的斗争中保持清醒的政治头脑。

二是要在为人民服务的过程中进行党性锻炼。共产党的宗旨是为人民服务。毛泽东同志多次强调共产党员要全心全意为人民服务。邓小平同志指出：“共产党这是工人阶级和劳动人民中先进分子的集合体，它对于人民群众伟大的领导作用，是不容怀疑的。但是，它之所以成为先进部队，它之所以能够领导人民群众，正因为，而且仅仅因为，它是人民群众全心全意的服务者，它反映人民群众的利益和意志，并且努力帮助人民群众组织起来，为自己的利益和意志而斗争。”为人民服务从哪里做起？我认为最关键的是要求真务实，从本职工作做起，从举手之劳做起，从发挥先锋模范作用做起。作为在商检战线工作的共产党员和领导干部，首先应努力做好进出口商品检验、鉴定工作和监督管理工作，依法施检，严格把关，热情服务，为发展外贸事业多做贡献。同时，要为本单位职工群众服务，关心他们的学习、工作和生活。自己应做的小事要亲自做，大事要下功夫抓好，并在各方面做出表率，使群众从自己的身体力行直接感受到我们党是为他们服务的。

三是要在坚持民主集中制的过程中进行党性锻炼。要从根本上认识民主集中制作为党的组织结构原则和组

织活动原则的重要性，要切实做到少数服从多数，个人服从组织，下级服从上级，全党服从中央。并且深刻认识民主集中制的实质是少数服从多数；核心是全党服从中央。实践证明，一个单位、一个地方贯彻民主集中制的成效如何，在很大程度上决定于"一把手"的行为。所以，"一把手"一定要不断增强执行民主集中制的自觉性，从正确处理民主与集中的关系，个人与组织的关系，首长负责制与民主集中制的关系，集体领导与分工负责的关系等方面严格锻炼自己，防止独断专行，注意听取大家的意见，尤其是不同意见，坚持重大问题集体讨论决定，团结领导班子全体成员，充分调动党员和群众的积极性，把各项工作搞得更好。

四是要在发扬党的优良作风中进行党性锻炼。发扬党的优良作风，最主要的是发扬理论联系实际，密切联系群众，批评与自我批评和艰苦奋斗的作风。这是由我们党的性质、宗旨所决定的。只有坚持理论联系实际，才能端正思想路线，正确地分析解决前进道路上的各种问题。只有密切联系群众，共产党的一切奋斗目标和理想才能实现并富有意义。只有坚持开展批评与自我批评，才能不断地反醒自己，主动地寻找差距，克服缺点，修正错误，使党员乃至党的各级组织立于不败之地。只有发扬艰苦奋斗的作风，处处以身作则，才能更好地凝聚、激励广大人民群众同心同德，克服困难，开拓前进，以奋发创业的精神夺取新的胜利。发扬党的优良作风，不是一帆风顺的，会遇到种种阻力和困难，这就需要向先进人物学习，自觉接受组织和群众监督，坚持党性原则，经受各种考验。

三、坚持党性原则，经受各种考验

一是坚持党性原则，要做改革开放的促进派。社会主义改革的本质是创新和发展。坚持以实践为标准，还是习惯于传统的是非观，是对我们的马克思主义理论素养和党性修养的考验。当前，改革已进入攻坚阶段，进有风险，退无出路。我们要将坚持改革开放与坚持党性原则紧密结合起来。注意抛弃对马克思主义本本的教条式的理解和对社会主义不科学的曲解。克服用传统的是非观念看问题，凡事问号在先，是非在先，不敢迈出实践步伐的习惯。为了加强党的领导，使社会主义制度不断显示出生机和活力，充分发挥其优越性，我们要以共产党人的历史使命为重，抛开个人荣辱得失，发挥邓小平同志倡导的"敢试、敢闯、敢冒"的精神，自觉地站在改革开放的第一线，做改革开放的促进派，以实际行动组织和带领群众，把改革开放大业不断向前推进。

二是坚持党性原则，要正确处理党性原则与市场经济原则的关系。市场经济原则与党性原则，从客观上讲，是两个不同范畴和领域的东西。市场经济原则属于社会经济范畴，本身不具有阶级性、政治性。它主要包括等价交换、公平竞争、追求效益、流动开放等原则，这些原则遵循的是商品按价值量进行等价交换的价值规律，其价值判断准则是自我利益。市场经济的本性对于党员思想观念必然产生积极的、向上的、有利的影响。而党性原则属于社会政治范畴，具有鲜明的阶级性、政治性。它包括坚持党的理想、宗旨、指导思想、组织原则等。这些遵循的是无产阶级政党为实现自己的历史使命而加强自身建设和发展的规律，其价值判断准则则是整体利益和集体利益。党性原则与市场经济原则相互区别的特性，决定了它们只能各自适用于社会生活不同的领域，彼此不能混淆，更不能替代。我们在理论上要保持清醒的认识，在实际中要正确处理。在社会经济领域坚持市场经济原则，充分利用其积极的一面，调节人们在经济活动中所遇到的矛盾和问题；同时，也要注意采用加强宏观调控的经济、法律、行政等手段，对市场经济的盲目性和自发性加以弥补和限制。在社会政治领域，必须注意市场经济负面效应所诱发的唯利是图、金钱万能、投机作假、个人主义等现象，必须运用社会主义道德准则和共产党人的党性原则来遏制。当前，共产党员，尤其是党员领导干部，要树立正确的权利观，要正确对待国家、集体和个人利益之间的关系，要坚持党和人民的利益高于一切的原则，自觉遵守党风廉政法规，积极开展反腐败斗争。自觉坚持党性原则，既要吸收市场经济原则中有益的观念，不断丰富和发展自己，又要同市场经济对观念形态上的消极影响作积极的斗争，保证在市场经济条件下始终坚持正确的是非标准和行为准则，经受各种考验。

三是坚持党性原则，要坚持严格的党的组织生活。严格的党组织生活，是共产党员尤其是党员领导干部坚持党性原则，进行党性修养必不可少的条件，也是对其党性修养的考验。以普通党员的身份过好双重组织生活，不做特殊党员，认真参加每一次党的民主生活会，虚心听取群众意见，联系思想和工作实际，分析情况，总结经验，吸取教训，不断改进，才能使自己的党性扎根于群众和组织之中。党员领导干部千万不能因为工作繁忙，就放松要求，而要以积极的态度参加党的组织生活，这是检验党性强弱的一个重要标志。只有这样，才能时刻牢记党性原则，做到不脱离组织，不脱离群众，在思想上筑起拒腐防变的长城，永远做一名合格的共产党员和领导干部，不断朝着管好自己，带好队伍，群众拥护，组织满意的方向前进。

（作者系青海省商检局局长）

刘少奇对执政党建设的理论贡献

金 钊

中华人民共和国的成立,标志着中国共产党成为执政党。作为党和国家的主要领导人,作为党内杰出的理论家,刘少奇非常重视执政党的建设。他讲过,建国后他主要抓了两项工作,其中之一就是关于执政党的建设。刘少奇结合党的领导地位发生根本性变化以后面临的新情况,出现的新问题,对如何加强执政党的建设,进行了一系列探索,做出了重要建树。

一、以生产建设为中心是党在社会主义时期的主要任务

民主革命时期,党的中心任务是推翻三座大山,建立新中国;社会主义时期,党的中心任务就应该转向现代化建设。对此,刘少奇做了一系列深刻论述。新中国成立之初,刘少奇就在《国家的工业化和人民生活水平的提高》(1950年)、《中国共产党今后的历史任务》(1951年)等文章中论述了如何发展生产力,进行经济建设的问题。1952年他明确提出,"国家建设工作是我党在全国的中心工作"。1956中9月,他在总结新中国成立七年社会主义革命和建设经验的基础上,适时地论证了党的工作重点转移的问题,这集中反映在他《在中国共产党第八次全国代表大会上的政治报告》中。他根据三大改造完成以后国内阶级关系的新变化和主要矛盾的变化指出:党的"斗争任务已经变为保护社会生产力的顺利发展"。我们党现时的任务,"就是要依靠已经获得解放和已经组织起来的几亿劳动人民,团结国内外一切可能团结的力量,充分利用一切对我们有利的条件,尽可能迅速地把我国建设成为一个伟大的社会主义国家"。并且提出了经济建设的一系列方针、政策和措施以及党的领导和国家政权建设的任务,1958年他提出,"现在我国人民和党的主要任务、就是尽快地发展生产力"。1962年1月,他《在扩大的中央工作会议上的报告》中又提出了建设"工业现代化、农业现代化、科学技术现代化和国防现代化"的四化强国的奋斗目标。此外,刘少奇还提出:"突出政治要落实到生产上,业务上,否则就是空的"。党的基层组织要"对本单位的生产行政工作的完成起保证和监督作用"。

刘少奇的上述思想在"文化大革命"中被"四人帮"扣上"生产党"的罪名大肆批判。实际上,抓经济建设,发展生产力,正是坚持党的工人阶级先锋队性质,坚持党的奋斗目标。离开了经济建设,完成党的历史使命就成了一句空话。尽管刘少奇对一些重大问题的意见,如关于农业合作化、国家工业化问题等,当时未被采纳,现在看来仍是颇有见地的。刘少奇关于改革的思考,如两种教育制度、两种劳动制度、试办托拉斯等,今天看来仍颇有借鉴意义。

二、"为更高的共产党员的条件而斗争"

刘少奇历来主张加强共产党员的修养,不断提高党员条件。建国后,党的数量急剧增加。在不到两年的时间里,党员就从310万猛增到580万。这一方面表明党的事业兴旺发达,后继有人;另一方面也难免鱼龙混杂。这就向我们党提出了一个极其严肃的问题,即在党员数量不断增加的情况下,如何继续保持党的无产阶级先锋队性质的问题,为此,党中央于1951年3月召开了第一次全国组织工作会议。在会上,刘少奇针对党员队伍建设上存在的问题,提出要"为更高的共产党员的条件而斗争",并亲自起草了执政党党员标准的八项条件。这八项条件经过整理和修改,写入第一次全国组织工作会议通过的《关于整顿党的基层组织的决议》。严格按这八条标准发展党员,教育党员,要求党员,党员素质才能不断提高。

到了1962年,刘少奇又在认真总结党执政以来的经验教训的基础上,在扩大的中央工作会议上的报告中代表党中央要求全体党员实现八项要求。这些党员标准实际上是对党员政治素质即"红"的要求,但在党执政的条件下,党员还要努力提高自身的业务素质,即做到"专"。对此,刘少奇在1957年11月的一次讲话中明确指出:我们的党员"都要下苦功学习,认真钻研业务,良好地掌握各种专门技术和科学知识。凡是有条件的,都应当努力使自己成为'又红又专'的红色专家,只'红'不'专',是不能做好工作的"。

为了切实保证并把党员条件提到上述高度,刘少奇提出了一系列行之有效的措施。主要是:其一,在发展党员时一定要坚持党员条件,严格入党手续,做充分的考察

和教育工作，这是保证党员质量的前提条件。其二，加强对党员的教育。党员入党后，党组织应继续加以教育和锻炼。同时，党员个人也必须注意在工作和斗争中不断地学习与锻炼，继续提高自己。其三，必须建立健全党内生活的各种必要制度，严格党的组织生活。针对党员违纪现象增多的情况，刘少奇要求党的各级纪律检查委员会的机构及其工作也应该加强。其四，必须清除党内的坏分子，以保持党的队伍的纯洁性。总之，“宁可数量少一些，但要保证质量”。

三、增强党的团结，维护党的统一

1954年2月，刘少奇总结高饶事件的严重教训，在党的七届四中全会上作了《为增强党的团结而斗争》的报告，从理论上深刻地阐述了维护和增强党的团结统一问题。针对部分干部包括某些高级干部对于党的团结的重要性认识不足的问题，刘少奇严肃地指出，“党的团结就是党的生命，对于党的团结的任何损害，就是对于敌人的援助和合作”。这就把党的团结问题提到了与党的生命生死攸关的高度。

刘少奇不仅强调了党的团结的极端重要性，而且提出了若干增强党的团结的具体措施，主要是：(1)对党员加强理论和党性教育。刘少奇认为，“党的团结必须是在马克思列宁主义基础上的团结”，这就必须对党员加强马列主义理论和党性教育，“提高我们的马克思列宁主义的觉悟水平，提高党性，增强党的团结。毫无疑问，这样的团结才是真正的团结。这样的团结就能够大大地增强我们全党的战斗力量，改进我们的工作，以达到新的胜利”。(2)充分发展党内民主，开展批评和自我批评。刘少奇指出，“为了增强党的团结，我们党不但不允许缩小党内民主和缩小党内的批评和自我批评，而且必须保证党内的批评和自我批评。”“向压制批评的现象斗争，坚决实行‘知无不言，言无不尽’，‘言者无罪，闻者足戒’，‘有则改之，无则加勉’这些原则”(3)严格遵守民主集中制。刘少奇指出：党的团结“必须是在正确的政治原则和正确的组织原则的基础上的团结”，必须要“真能按照党的章程办事”，以便使党的民主集中制、党的纪律不致遭到破坏，以便使党的团结不致受到损害。(4)党的高级干部的团结是全党团结的关键。刘少奇指出，“党的中央委员会和省(市)委员会以上负责同志和武装部队的高级负责同志的团结，是全党团结的关键。在增强党的团结的事业上，这些负责同志担负着主要的责任，因此，他们应当以身作则，增强相互间的团结，并且在党的所有组织和全体党员中进行积极的工作，为增强全党的团结而斗争”。(5)保持全党对这一问题的高度警觉，刘少奇提醒全党，“为了增强党的团结，反对破坏团结的言论行为，为了粉碎帝国主义者和反革命分子破坏我们党的团结的各种阴谋，为了反对混进党内来的各种敌对活动和敌对思想，为了正确地区别党内斗争的不同情况而采取不同的方针，都需要全党干部首先是高级干部有充分的革命警惕性和政治敏感性”，提高政治嗅觉，对于哪怕是处于萌芽状况的问题，都要及时采取措施，不使其发展。刘少奇的上述思想，对于执政初期的共产党克服内部的分裂倾向，对于执政初期的共产党克服内部的分裂倾向，提高全党的觉悟、警惕性和战斗力，增强党的团结，维护党的统一，起了重要作用。

四、执政党要管理好自己的干部

政治路线确定之后，干部就是决定因素。党执政以后，干部队伍建设就具有更重大的战略意义。对此，刘少奇在《恰当地分析和处理党员的错误》(1951年7月2O日)、《对今后干部工作和组织工作的几点意见》(1956年12月4日)、《关于执政党建设的几个问题》(1962年I1月12日)等文章中做了充分论述。

首先，必须坚持党管干部的原则。刘少奇指出：“组织工作要正常化，党没有人管了，党不管党不好，要有人来管。”各种问题当中，“起作用更大、影响更大的是干部问题。要重新教育干部，选择干部，鉴定干部，保证干部队伍的纯洁”。他还说，“组织部门有没有工作做？有。就是要把干部管好，首先是要把成为‘统治阶层’的几十万干部管好。要经常了解他们的思想情况，了解他们的工作和生活状况，看看他们是否脱离群众，是否有特权；并且要规定一些制度，限制他们的权力，要他们把工作做好，要他们永远不脱离群众。这是组织工作、干部工作的根本问题，做好了这件事，便是很大的成绩”。这就是说，党要管党，最重要的是要管理好自己的干部。

其次，以思想教育为主，全面提高干部素质。刘少奇认为，面对执政后新的条件和新的任务，以及许多比过去更为复杂的和不熟悉的问题，党的干部如果“不努力提高马克思列宁主义的觉悟水平，不努力学习新的知识，钻研新的业务，而满足于对胜利的一片赞扬，主观主义的错误就必然会发展起来。”“我们学习得愈多，就会领导得愈好。”为此，他不仅强调提高干部的理论水平，而且提出要培养精通并专门从事理论研究的干部，不仅强调提高干部的文化水平、业务能力，还要培养具有现代化管理水平的干部。刘少奇还十分注重干部政治品质和思想作风的培养。他说，要教育干部真正认识到自己“本来是人民群众的公仆，社会的公仆，”要发扬党的优良传统作风，坚决克服特殊化倾向。为此，他重申中共中央拟定的“党政干部三大纪律、八项注意”。

第三，加强干部队伍的制度建设。刘少奇提出，干部要能上能下，能官能民。由于党执政后社会比较安定，不需要象战争年代那样大规模地提拔干部，而且由于实行

选举制，一些不胜任的干部有可能落选，这就要求干部有充分的思想准备。他还以美国总统华盛顿为例，说华盛顿作了八年总统，后又退为平民，资本主义国家中有些人当过部长、总理，退下来以后当教员、教授、律师、经理、校长。他说，我们是不是也可以参考一下，也可以退为平民？这里，刘少奇实际上已经提出了废除干部领导职务终身制的问题。刘少奇还提出，为了消灭山头，锻炼干部，要建立正常的干部交流制度。这样不仅可以增强党的团结，而且可以增长干部的才干，有利于党的工作。第四、正确对待犯错误的干部。刘少奇一贯强调要爱护干部团结干部，尤其要慎重对待犯错误的干部，必须使党的处理既不犯自由主义的错误，又不犯惩办主义的错误。

五、不断巩固与密切党群关系

刘少奇认为，执政党建设的"最重大的问题就是共产党和群众的关系问题，就是共产党和工人、农民、学生、解放军战士、知识分子、各民主党派和少数民族等七方面的关系问题。"密切联系群众，最根本的就是坚持全心全意为人民服务的宗旨。他指出："为了巩固我们党同人民群众的亲密联系，必须继续加强我们在各方面群众中的工作，尤其是必须在全体干部和党员中反复地进行全心全意为人民服务的教育。一个好党员、一个好领导的重要标志，在于他熟悉人民的生活状况和劳动状况，关心人民的痛痒，懂得人民的心；他坚持艰苦朴素的作风，同人民同甘苦共患难，能够接受人民的批评监督，不在人民面前摆架子；他有事找群众商量，群众有话也愿意向他说。只要我们的党是由这样的党员组成的，我们就永远有无穷无尽的、不可征服的力量。"

密切党群关系，还要正确执行党的群众路线。其一，"党必须把自己的领导同群众的实践结合起来"，必须根据群众的实践来检验自己的工作，党的方针、政策、措施都必须"从群众中来，到群众中去。"其二，必须把群众路线和群众运动加以区分。刘少奇批评了"把群众运动当作群众路线的唯一方式"的观点，提出了实行群众路线的一系列正确原则。主要有：实行群众路线，就要在群众中做细致的思想和组织工作；群众运动必须是出于群众自觉自愿的行动；不应该把完成党和国家的任务，同群众路线的工作方法对立起来；搞群众运动必须把革命热情和实事求是的精神结合起来等。他的上述思想，实际上是对"左"倾思想指导下出现的歪曲群众路线、滥搞群众运动的否定。

六、坚持党的领导，改善党的领导

刘少奇以为，在社会主义事业中，必须加强党的领导。为了加强党的领导，必须改善党的领导，即改善党的领导的不完善之处。具体来说，要抓好如下几方面的工作。

首先，正确处理党政关系，实行党政分开，刘少奇指出："党应当而且可以在思想上、政治上、方针政策上对于一切工作起领导作用。当然，这不是说，党应当把一切都包办起来，对一切都进行干涉。"这就是说，党的领导是思想、政治领导，而不是包揽一切，这其中已经蕴含着党政分开的思想。他还进一步指出，党委要管干部、管思想、管政治、管监督，政府系统、行政系统主要管业务。"一揽子的领导方式是不行的，要有分工，要建立各种业务机构。必须健全中央以至地方政府部门的业务机构，提高其水平，使之能负担它所应负担的业务……党委就能腾出手来做自己应当做的事情了。"今后党对政府部门的领导方式原则上是，党组织站在监督的地位来指导和帮助业务部门的工作，即管理干部、检查工作和做思想政治工作，而不必接管他们的业务，当然，为了监督，党的干部对业务工作也要逐渐地熟悉起来，变成内行。

其次，保证党在宪法和法律的范围内活动。刘少奇指出，"宪法是全体人民和一切国家机关都必须遵守的"，"中国共产党是我们国家的领导核心。党的这种地位，决不应当使党员在国家生活中享有任何特殊的权利，只是使他们必须担负更大的责任。中国共产党的党员必须在遵守宪法和一切其他法律中起模范作用。一切共产党员都要密切联系群众，向各民主党派、同党外的广大群众团结在一起，为宪法的实施而积极努力"。这就明确提出了执政党建设的一大特点，即党必须在宪法和法律的范围内活动。

第二，改进思想政治工作的方法。刘少奇认为，党执政以后，更加需要加强党的思想领导，思想政治工作的必要性更加提高了。他提出，做思想政治工作不能只图表面上的轰轰烈烈，热衷于搞突击性的群众运动，而要在群众中做细致的思想工作和组织工作，如象我们过去在土改工作中做扎根串连工作和在社会主义改造中典型示范、分期分批地逐步推广那样，这样才能深入发动群众和教育群众。针对当时某些地方出现的少数人闹事，他特别强调，"应该允许群众提意见，提要求，派代表交涉，开会，向北京告状，出墙报，向《人民日报》写信。要允许这些事，要听闲话，就是说要允许小民主。不允许小民主，势必来个大民主"，对待闹事要有正确的办法，应该通过疏导的办法，说服的办法，通过深入细致的思想政治工作来解决。思想政治工作做好了，就可以极大地调动人民群众的积极性，从而加强党的领导。

刘少奇上述关于执政党建设的思想内容十分丰富而又深刻，但是由于历史条件的局限，有些未能得到充分展示，有些未能真正贯彻执行，这是令人遗憾的。今天，重温他的这一思想并在实践中加以发展，必将大大推进党的建设这一"新的伟大工程。"

（作者系北京教育学院党建研究室硕士、讲师）

党绝对领导下的人民军队是不可战胜的

——我军参加'98抗洪抢险斗争的理论思考

姜德福　周善才

今年入汛以来，我国长江流域和嫩江、松花江流域发生特大洪水，沿江两岸人民生命财产和国家利益受到严重威胁。在这万分危急的紧要关头，解放军、武警数十万官兵和几百万民兵、预备役人员，听从以江泽民同志为核心的党中央、中央军委指挥，开上抗洪抢险第一线，与特大洪水展开了生死搏斗，用血肉之躯筑成新的钢铁长城，夺得了抗洪救灾决定性的伟大胜利。

江泽民总书记在党的十五大报告中曾高度赞扬过："在保卫国家安全、维护祖国统一和参加国家经济建设、完成抢险救灾等任务中，人民军队作出了重要贡献。"这次在抗洪抢险决战决胜的关键时刻，军委江主席再次肯定我军广大官兵舍生忘死，顾全大局，为党和人民建立了新的功勋，"是真正的英雄，是新的历史时期'最可爱的人"。我们的军队，"不愧为党绝对领导下的人民军队，不愧为全心全意为人民服务的子弟兵，不愧为保卫国家和人民的钢铁长城"。在这场斗争中，我军广大官兵用鲜血和生命谱写了一曲曲抗洪抢险的壮丽凯歌，"用自己的实际行动，表达了对党对祖国对人民的赤胆忠心，展示了我军威武文明之师的英雄气概"。大量可歌可泣的事实，再次向世人昭示：中国共产党绝对领导下的人民军队永远是不可战胜的！

我军是党绝对领导下的武装集团，一切行动听从以江泽民同志为核心的党中央和中央军委指挥

人民安危党牵挂。早在7月中下旬，当长江的第二、第三次洪峰向中下游推进的时候，江泽民同志连夜打电话详细了解水情、汛情、险情和灾情，指挥部署抗洪抢险。8月7日夜，当长江第四次洪峰袭来的危急关头，江总书记主持召开中央政治局常委扩大会议，作出决定，把抗洪抢险工作作为当前头等大事，全力以赴抓好，命令人民解放军、武警部队调动大量部队投入抗洪第一线，严防死守，确保长江大堤安全，确保重要城市的安全，确保人民生命财产安全。此后，党和国家领导人分赴长江、嫩江、松花江抗洪第一线动员指挥，给广大军民以极大的鼓舞。在抗洪抢险进入决战决胜的紧要关头和在全国的抗洪抢险斗争取得决定性胜利的关键时刻，江主席两次亲临抗洪救灾第一线，亲切慰问抗洪军民，深情看望受灾群众，考察指导抗洪救灾和恢复生产、重建家园的工作。今年洪水百年不遇，延续时间长达两个多月，受灾人口2亿3千万。至今为止，亿万军民团结奋战，已取得抗洪救灾决定性的伟大胜利，灾区人民群众有饭吃、有衣穿、有地方住，生活秩序井然，治安状况良好。这一切从根本上来说，归功于党中央、江主席的坚强领导和正确决策。特别是江主席统揽全局，运筹帷幄，亲自动员，亲自指挥，这是我们夺取抗洪抢险斗争全面胜利的根本保证。这次抗洪救灾，再次证明以江泽民同志为核心的党中央、中央军委的领导是坚强有力的，完全能够驾驭国内外各种复杂局势，是深得人民爱戴和信赖的。

人民军队时刻听从党指挥。江主席一声令，陆海空三军、武警30余万官兵和500多万民兵、预备役部队官兵，火速从四面八方奔向抗洪抢险第一线，长江流域成为我军自渡江战役以来动用兵力最多的一次调兵遣将。人民军队听党指挥，这是由我们军队的无产阶级性质决定的。无论在战争年代还是在和平建设时期，我军都置于党的绝对领导之下。以江泽民同志为核心的党中央，高举邓小平理论的伟大旗帜，坚持党的基本路线，开创了我国社会主义改革开放和现代化建设的新局面。在军队建设上，以江泽民同志为核心的中央军委坚持和发展邓小平新时期军队建设思想，实现了军事战略方针的根本转变，推进了军队的现代化建设和改革事业。在这次抗洪抢险的斗争中，广大官兵自觉在思想上、政治上和行动上与以江泽民同志为核心的党中央、中央军委保持高度一致，坚决听从党中央和中央军委的指挥，江主席指向哪里，三军将士就无条件地冲向哪里。实践雄辩地证明，我们这支军队"是党和人民完全可以信赖的革命队伍"。

在整个抗洪斗争中，各级党的组织发挥了领导核心和战斗堡垒作用，哪里有困难，哪里有险情，哪里就有党的组织。许多党委班子成员指挥靠前，勇挑重担。广大共产党员充分发挥先锋模范作用，他们身先士卒，冲锋陷阵，在关键时刻挺身而出，冲在抗洪抢险最前线，为部队作出了表率。空军某高炮团指导员高建成同志，发着高

烧，坚持战斗在抗洪抢险的第一线，当堤坝突然决口的危急关头，他镇定指挥，以身作则，在连续救出许多群众和战士后，献出了宝贵生命。江主席十分感动地说："我作为中央军委主席，为人民军队培养出这样好的干部战士感到骄傲。"高建成的成长和出现不是偶然的，这是我军在党的绝对领导下，坚持人民军队的性质和宗旨，在新的历史条件下，加强思想政治建设，继承发扬优良传统，加强社会主义精神文明建设的必然结果。

在这次抗洪抢险斗争中涌现出了无数像高建成这样冲锋在前、舍生忘死的共产党员的生动事实，揭示出在新的历史时期，我们党和军队的各级领导班子是有战斗力的；广大共产党员在关键时刻是过得硬的。中国共产党绝对领导下的人民军队，不愧是中华民族的中流砥柱！

我军把全心全意为人民服务服务作为自己的唯一宗旨，无论在什么情况下都与人民群众风雨同舟、患难与共

全心全意为人民服务是中国共产党领导下的人民军队的唯一宗旨。由此，我们不难理解，为什么在抗洪抢险的斗争中，我们这支军队总是冲在最前面，当人民群众最需要救援帮助的时刻，在最危急、最困难的地方，总有军徽在闪耀。当国家利益和人民生命财产受到威胁的时候，广大官兵都会义无反顾地挺身而出。

全心全意为人民服务，不是一句空喊的口号，有着实实在在的内容，在关键的时刻要付诸行动。洪水汹涌无情，为了救人民，战士把自己的生死置之度外。在簰洲湾抢险斗争中，19 位空军和陆军官兵献出了年轻的生命；"抗洪钢铁战士"吴良珠，在身患晚期肝癌的情况下，以惊人的毅力一直坚持战斗在抗洪抢险第一线，直到病倒在大堤上；还有那在大堤上举行的婚礼，接到转业命令却奔赴大堤报到，亲人病故不离抗洪前线，多次路过家门而不入，等等诸多感人事例，无一不是我军全心全意为人民服务精神的生动体现。

顾全大局，甘愿牺牲自己的个人利益，这是我军全心全意为人民服务宗旨的一个重要体现。在这次抗洪抢险斗争中，我军指战员表现出了深明大义、大局至上的高贵品质。许多抗洪官兵家在灾区，房屋田地被冲被淹，家中亲人不知去向，可他们舍小家、顾大家，忍着悲痛奋战在抢险第一线。据统计，奋战在长江中下游灾区的部队中有 6 支部队、23 个军分区、武装部和武警部队营区被淹，有近四分之一的湖南、湖北、江西籍官兵家中受灾，可他们都能以大局为重。全军上下心系灾区，在英勇参加抗洪抢险的同时，积极捐款捐物，奉献爱心。在九江大堤完成堵口任务的南京军区某部官兵们刚下堤，征尘未洗，也投入到捐钱的行列，以至当地人民群众含泪堵在捐款箱前，不忍心看着"最可爱的人"再献爱心。

当前，国家经济改革处于攻坚阶段，我军许多官兵面临各种各样的实际问题，有的家属或亲属下岗，有的家属随军后一时找不到合适的工作，军队体制编制调整中一些同志面临进退去留的问题，官兵转业退伍后工作安置的难度也越来越大。但是，这些困难都没能阻止广大官兵投身抗洪抢险第一线，因为他们心中始终装着人民，"个人事小，国家和人民事大"。他们坚信，党和政府十分关心军队建设，军队面临的困难是暂时的。只要我们继续发扬伟大的抗洪精神，自觉顾全大局，为国分忧，与民共难，就没有克服不了的困难。济南军区某师是一支列入调整改革的部队，全师官兵明知抗洪任务完成后即将面临重新安置，甚至会脱下军装，但是不计个人得失，始终斗志不减，连续战胜几次洪峰，完成了任务，被人民誉为"行好最后一个军礼"的铁军。

我军历来具有不怕牺牲、不怕疲劳、连续作战的顽强作风，在抗洪抢险斗争中也充分发挥了"英勇突击队"的重要作用

战士牺牲岂止在战场。和平年代的救灾现场虽然不同于战场，但同样有生与死的考验，同样需要作出奉献与牺牲。正如江主席充分肯定的：在这次抗洪抢险的紧要关头，人民解放军和武警部队"全力以赴，勇往直前，承担最紧急、最艰难、最危险的任务，成为抗洪抢险的英勇突击队"。抗洪部队在两个多月的时间内，与特大洪水作殊死拼搏，战胜了一次又一次洪峰，再次证明了毛泽东同志的名言："这个军队具有一往无前的精神，它要压倒一切敌人，而决不被敌人所屈服。"

在抗洪抢险斗争中，我军将士一不怕苦，二不怕死，发扬"硬骨头"精神，发扬连续作战的传统作风，坚持数十天连续打硬仗、打恶仗、打持久战。我军各级领导干部模范带头，和战士住一样的帐篷，吃一样的饭菜，一样扛沙包，一样堵决口。"率军者披坚执锐，执戈者能战不旋踵。"领导干部以身作则，冲锋在前，激发了抗洪部队广大官兵的高昂斗志，展示了一幅幅惊天地、泣鬼神的英雄抗洪图："人在堤在，与千里长堤共存亡！"被誉为"天降神兵"的空降兵某师官兵发扬黄继光精神，像当年坚守上甘岭一样死守荆江大堤，官兵们冒雨运土，在汹涌的洪水中堵住荆江大堤突然出现的缝隙，将一次次洪峰牢牢地锁在堤外。"哪里有危险，就往哪里冲！"广州军区某舟桥旅，一个多月辗转长江沿线几个县市，抢救和转移群众 14 万余人。武警湖北总队荆州支队，在十分艰苦的条件下，发扬连续作战精神，先后出动兵力 1.5 万人次，13 次临危受命，救出大批群众，被誉为"特别能吃苦耐劳的"作风过硬的部队。

树有根，水有源，战士勇猛党哺育。江泽民同志任军委主席以来，十分重视对全军指战员进行我军优良传统

教育，号召全军在新的历史时期要继承发扬优良传统，保持老红军的本色，使部队保持了高昂的斗志和奋发的精神状态。在这次抗洪抢险斗争中，我军不畏艰难、不怕疲劳、连续作战和一不怕苦、二不怕死的传统作风进一步得到了升华，邓小平同志提出的“五种革命精神”和江主席倡导的“64字创业精神”也得到大大发扬，与全国人民团结作战，战胜了洪魔，被江主席高度评价为“万众一心、众志成城，不怕困难、顽强拼搏，坚韧不拔、敢于胜利的伟大抗洪精神”。抗洪抢险的实践证明，不仅在战争年代我军能保持连续作战的顽强作风，在和平时期的社会主义建设中，只要我们把继承与创新很好地结合起来，并依据新的实践赋予老传统以新的时代内容，就能使我军优良传统作风得到更好的发扬，永远保持高昂的战斗作风，战胜一切艰难险阻，夺取更大的胜利。

我军按照江主席关于军队建设“五句话”的总要求全面加强质量建设，官兵军政素质和部队战斗力大大提高。

1990年12月，江主席依据邓小平同志提出的我军现代化建设的总目标，创造性地提出了军队建设的总要求：“政治合格、军事过硬、作风优良、纪律严明、保障有力”。它集中反映了新的时代对我军建设提出的客观要求，科学地规范了新形势下军队建设的基本内容，不仅明确了我军建设正确的政治方向，而且明确了我军全面建设的正确发展方向，对加强新时期军队建设具有重大的指导意义。8年来，全军上下认真贯彻执行“五句话”的总要求，全面加强质量建设，广大官兵的军政素质和部队战斗力得到不断提高。这次参加抗洪抢险就是一次最为实际的演练和严格的检查。

平时训练有素，抗洪抢险过硬。那么大范围的部队调动，部队拉得动、联得上、攻得下，未发生任何车辆和人员伤亡事故，部队的机动能力和突出能力都得到了有效发挥。空军部队发挥机动性强的优势，先后出动1400多架次飞机，解救被困群众和抢运各类物资。其它一些技术密集型和机动性强的部队，如装甲部队、舟桥部队、空降兵部队、第二炮兵和海军陆战队等，各自也都发挥了自己的优势，成为抢险救灾的突击队，在近似实战中检验了部队战斗力，成为抢险救灾的突击队，在近似实战中检验了部队战斗力，展示了威武之师形象。湖南、内蒙古、黑龙江、吉林等一些地区的民兵、预备役部队平时加强训练，抗洪斗争中成建制、跨地区调用，拖不垮，打不烂，成为抗洪抢险的生力军。

按照“五句话”的总要求，加强军队的质量建设，关键是按照江主席的要求，建设一支高素质的干部队伍。我们的事业，需要有一大批治党、治国、治军的骨干，“要看到这是个带根本性质的问题。我们有正确的思想路线，有正确的政治路线，如果组织问题不解决好，正确的政治路线的实行就无法保证”。这些年来，我军中高级干部按照江主席的指示，大力加强自身建设，“讲学习、讲政治、讲正气”，“自重、自省、自警、自励”，干部队伍素质得到了显著提高。在这次抗洪抢险斗争中，百余名将军，数千名师、团领导干部奋战在抗洪抢险第一线，他们临危不惧，指挥靠前，科学决策，为夺取抗洪斗争的最后胜利发挥了重要作用，建立了历史性的功勋。在他们之中，有的已经接到退休通知，依然请缨参战；有的伤病在身，边输液边咬牙指挥战斗；有的默默承受着亲人亡故的悲痛；始终战斗在防洪大堤；有的舍生忘死，奋不顾身地抢救遇险群众。曾经参加过大兴安岭灭火的“大胡子师长”吴长富，如今又率领沈阳军区某集团军抗洪官兵，奋战在嫩江、松花江抗洪抢险一线，吉首军分区“扶贫司令”彭楚政、湖南省军区副政委黄祖示等许多过去著名的模范干部，如今又率领部队在抗洪斗争中再立新功。抗洪部队各级领导干部在关键时刻的过硬表明，正是平时干部队伍建设成果的集中反映。实践证明，任何时候、任何情况下，只要领导干部做出了表率，就能产生极大的示范效应，从整体上大大提高部队的战斗力，圆满完成党交给的各项战斗任务。

我军是马列主义、毛泽东思想和邓小平理论武装起来的先进队伍，在社会主义精神文明建设中始终走在全社会的前列

近年来，全军和武警官兵积极响应江主席的号召，认真贯彻党的十五大精神，坚持用邓小平理论武装头脑，兴起了学习邓小平理论的新高潮。通过各种形式和途径的学习，特别是运用邓小平新时期军队建设思想探索新时期治军的特点和规律，解决改革开放和军队现代化建设中的热点、难点问题，使广大官兵提高了觉悟，统一了思想，进一步坚定了建设有中国特色社会主义的理想信念，这是抗洪抢险斗争取得决定性胜利的强大精神动力。

在社会主义精神文明建设中，军队应该走在全社会前列，这是以江泽民同志为核心的党中央、中央军委对全军指战员提出的崇高要求和寄予的殷切希望。近年来，全军各部队牢记江主席的指示，深入进行“四个教育”，不断加强思想道德建设和科学文化建设，引导广大官兵树立正确的世界观、人生观和价值观，自觉抵御腐朽思想文化的侵蚀和“酒绿灯红”的消极影响，精神面貌发生了深刻的变化。军队在精神文明建设中取得的丰硕成果，在抗洪抢险斗争中处处得到了体现。许多部队进驻灾区后，马上制定了“不准接收群众慰问的钱物”、“不准到群众商店赊帐、记帐”、“不准与群众争用水”等纪律。子弟兵所到之处，纪律严明，秋毫无犯。身在梨园不摘梨，路过瓜田不吃瓜，无人拨打老百姓特意为军队安装的“免费

电话”，为使灾区学校如期开学而主动撤出校舍住帐篷，等等，都成为新时期我军遵守群众纪律的佳话。

我军以这种文明之师的形象赢得了人民群众的衷心爱戴，抗洪前线出现了军爱民、民拥军、老百姓箪食壶浆慰问抗洪子弟兵的动人景象。“沂蒙山红嫂”深情再现，驻地大嫂撩起衣襟挤乳汁为蜂蜇的战士治疗；“渡江战役”中的支前大军又重来，上百个“老奶奶拥军服务队”抢着为战士烧开水、洗衣服……大量事实证明，我军不愧是一支用马列主义、毛泽东思想和邓小平理论武装起来的，与老百姓有着鱼水深情的文明之师。

加强社会主义精神文明建设，一方面要提高广大官兵的思想道德素质，另一方面要提高广大官兵的科学文化素质。随着军事战略方针的转变，我军走质量建设、科技强军之路，全军指战员响应江主席的号召，兴起了学习现代科技特别是高科技知识的热潮。在抗洪抢险中，我军不仅仅是人力物力在数量上的简单堆积，而且更注意在运用科学技术手段上有新的突破。一些部队在排除险情时，以科技开路想新招，动用先进机械，采取现代技术，使科学抗洪起到事半功倍的作用。北京军区某集团军封堵决口技术部队，采用“钢木土石组合坝封堵决口新技术”科学治水，战九江，赴岳阳，奔东北，在广大群众和兄弟单位协助下，堵住了一个个大堤口，创造了人间奇迹。还有一些部队利用电脑建立的抗洪资料信息库，为科学决策，及时处置各种复杂紧急情况提供了方便。空军航测，海军潜水探险，现代化军兵种展示了强大威力，我们这支钢铁大军插上了知识的翅膀。正如江主席所说：“如果大家都有了正确的思想理论武装，都有了现代科技特别是高科技知识武装，我军的革命化、现代化、正规化建设就有了根本保障，全军的建设质量和战斗力就会大大提高起来。”经历过抗洪斗争锻炼的我军广大指战员，对此有了深切的体会，必将以对军队现代化建设高度负责的政治使命感和事业心，在学习高科技知识、实现科技强军的征途上迈出更大的步伐。

沧海横流，方显子弟兵英雄本色。当千里长江大堤抵住每秒五六万立方米流量洪水的一次次冲击而仍然巍然屹立；当京广、京九等交通大动脉在暴风骤雨的袭击下仍然畅通无阻；当嫩江、松花江百年不遇的超历史纪录特大洪水被一次次锁住；当“三江”流域数百万群众从洪水的围困中被解救，一些重要城镇仍然安然无恙；当灾害过后群众迅速恢复生产、重建家园的时候，我们不能不说，这所有的一切，都要归功于以江泽民同志为核心的党中央的坚强领导和正确决策，归功于以江泽民同志为核心的党中央的坚强领导和正确决策，归功于国家防总和地方各级党委、政府的严密组织，归功于社会主义制度的优越性，归功于广大人民群众的全力支持，归功于改革开放20年积累的强大的综合国力，我军官兵只不过做了应该做的事情。洪水无情，这次灾害给我们带来的损失是巨大的，但全国军民在抗灾斗争中所形成的那种“万众一心、众志成城，不怕困难、顽强拼搏、坚韧不拔、敢于胜利的伟大抗洪精神”却是无价的。这是一笔十分宝贵的精神财富，将成为强大的向心力、亲合力和凝聚力，激励中华儿女为继续完成社会主义改革开放和现代化建设的大业，实现民族的振兴和腾飞而努力奋进。经过’98特大抗洪抢险洗礼的人民解放军、武警广大官兵和民兵、预备役人员，也必将在以江泽民同志为核心的党中央、中央军委的领导下，进一步贯彻落实党的十五大精神，高举邓小平理论伟大旗帜，大力弘扬伟大的抗洪精神，积极推进军队的建设和改革，把我军的革命化、现代化、正规化建设提高到一个新水平。

党绝对领导下的人民军队永远是不可战胜的！

（作者单位，解放军报社）

加强党支部建设把党对军队绝对领导落实到基层

曹明常

坚持党对军队的绝对领导，是我军建设的根本原则。连队党支部是党在军队的基础组织，是否坚强有力是关系到党能否实现对军队的绝对领导，军队能否履行自己职能的关键问题。保证党对军队的绝对领导，必须把基层党支部建设搞坚强，才能使党的领导落到实处。

近期，我们组织工作组，用近半个月的时间，对5个团队、19个建制连队党支部建设情况进行了专题调查。总的感到，各级党组织按照上级的要求，坚持把基层党支部建设作为落实《纲要》、加强基层建设的“龙头工程”、“基础工程”来抓。基层党支部建设基础比较牢固，战斗堡垒作用明显，党员队伍的基本素质有所增强，党支部整体建设水平有新的提高。尽管今年基层党支部建设总的形势比较好，但仍然存在着一些不容忽视的问题，不同程度地影响和削弱了党的领导作用的发挥，应当引起各级党组织的高度重视，采取有力措施，认真加以解决。

一、要强化党的领导意识，坚决防止和克服“能人治连”的现象

党支部是连队统一领导和团结的核心，是把党对军队绝对领导这一根本原则落实到基层的重要保证。紧紧依靠党支部建设连队是我们的传家宝。调查发现，对于这些基本道理，有些同志理解还不深刻，认识不够到位。有的党的观念淡化，摆不正个人与组织的关系，存有“能人治连”的片面认识，过分看重个人作用，而轻视组织作用。认为抓好一个连队，关键要选“能人”。有的把行政上的分工负责看成是军政主官领导一切，不懂得连长、指导员必须服从党支部领导，不清楚怎样依靠党支部建设连队；有的对应由党支部研究决定的问题，连长、指导员通通气就定了；个别领导机关的同志在帮抓较弱支部时，不注重从提高“一班人”的“两个能力”入手，而是把重点放在人员调整上。解决这个问题，关键要增强党的观念，抓好“支部建在连上”这一基本道理的灌输，强化依靠党支部建设连队的思想。真正站在讲政治和保持我军性质的高度，确立起党支部在连队建设中的核心领导地位。同时要注意处理好三个关系：一是正确处理个人与组织的关系。明确个人必须在党组织领导之下，自觉通过党组织来开展工作、行使职权，时时处处树立党组织的权威。二是正确处理集体领导与个人分工负责的关系。明确连队党支部实施的是集体领导，连队的重大问题应由党支部集体讨论决定，然后由连长、指导员分工组织实施。如果过分强调个人的行政职权，重大问题不经集体研究，党支部应有的领导职能就会受到削弱。个人的能力总是有限的，“能人”能在依靠群众，能在善于化个人力量为集体能量，把大家的聪明才智都发挥出来，真正形成坚强的集体领导，连队建设才有坚实的基础。三是正确处理抓支部与抓干部的关系。明确连队建设关键靠支部，重点在干部，不能重此薄彼。党支部领导坚强了，连队建设方向明、思路清，就会年年有发展、年年有进步；干部队伍过硬了，支部工作基础就牢固，连队建设会充满生机与活力。

二、要注重实际效果，认真解决基层党支部落实七项制度重形式、走过场的问题

从调查情况看，由于各级党组织比较重视，七项制度在基层基本得到了较好落实。但仍然存在“重形式、走过场、实效差”的问题，必须认真加以纠正。一是落实制度要防止和克服随意性有的单位对一些制度坚持和落实不够好，不能严格按照规定办，想起什么就干什么。尤其党日活动被挤占的现象较为突出，其中既有连队自身的问题，也有领导机关安排工作过多过满的问题。有的支部对落实七项制度不善于统盘考虑，支委会想起来就开，忙起来就忘，该开的会不开；有的则开得过多过频。有个连队一个月开了9次支委会。还有的不按规定办事，有的每月组织一次民主评议党员。落实制度之所以出现随意性，主要原因就是有的单位正副书记党规党法观念不强。一定要从强化制度就是法规的观念入手，严格各项制度的落实。必须明确，抓好基层党支部建设，最主要的是抓好思想建设、组织建设和作风建设。搞好这些建设要靠制度作保证。落实制度虽然要有一定的灵活性，但不能变成随意性。党支部正副书记要根据自己的实际，统盘安排组织生活，特别注意严格执行《连队党支部议事规则》，按照《政工条例》的规定，分清大事小事，对什么时间

干什么做到心中有数。二是落实制度要着眼解决问题。衡量党支部落实制度的质量，关键要看是否解决了问题，不注重解决问题，就容易搞形式，走过场。现在有的连队党支部落实制度被动应付，表面上看时间、程序都按要求进行了，但仔细检查，涉及到的内容针对性不强，与实际工作脱节。比如，党课教育，我们翻阅了 19 个连队的备课提纲，大都是抄写上级教材上的内容。这些内容尽管都很好，但与有些连队党员的思想实际结合不紧。党课虽然落实了，但教育效果差。有的党小组思想汇报，党员讲具体工作的不少，讲现实思想的不多，党支部分析思想形势会往往开成了工作汇报会，达不到掌握党员思想动向的目的。再如有的召开民主生活会，不能开展积极的思想帮助，自我批评谈情况，批评别人提希望，见人见事见思想不够，民主生活会往往开成表扬会。党支部每一项制度都有明确的目的性，都是为解决某一方面或几个方面的问题而规定的，如果不是实实在在的解决问题，即使制度落实了，党支部建设也不可能搞好。抓七项制度落实，必须针对连队的实际，有什么问题就解决什么问题。作为领导机关在检查党支部落实制度情况时，一定要看连队工作和党员的模范作用发挥的如何，防止只翻记录、仅凭汇报定好差的现象，确实把党支部落实制度引导到解决问题的正确轨道上来。落实制度要解决问题，还有很重要的一个方面，就是要善于搞好结合，也就是要把各项制度的落实与党支部建设实际紧密结合起来，同连队的经常性工作紧密结合起来，以正在做的事情为中心，使各项制度的落实与支部建设融为一体，具有实实在在的内容。要针对各自的特点，指导连队党支部在落实制度与工作实际结合上下功夫。有些制度可采取上下结合的办法抓落实。比如党课教育，为提高授课质量，驻地相对集中的团、营，每季度要讲一次党课，分散单位可采取分片、巡回授课的办法进行，营主要是搞好辅导，连要组织好讨论，这样效果会更好一些。

三、要抓好关键环节，着力提高基层党支部书记的“务党”能力

这些年尽管各级在抓书记上想了不少办法，做了不少工作，但基层党支部书记队伍素质能力弱的问题仍然比较突出。从调查的 4 个团看，党支部书记任职不满一年的 20 名，占 15%，任职不满二年的 12 名，占 31%，其中有相当一部分书记任职短、缺经验，热情高、办法少，想干愿干不会干，务党能力弱，直接影响到党支部建设。解决这些问题，一是要抓选配。这是加强基层党支部书记队伍建设的第一道关口。要从基层长远建设出发，认真考察，精心筛选，防止迁就照顾现象，真正把那些素质好、能力强、有发展潜力的优秀干部放到基层主官的位置上来。现在有的单位反映选个好连长、好指导员难，这虽然是个现实问题，但只要认真考察、培养，人才还是有的。要进一步走开机关与基层交流的路子，舍得把那些既熟悉机关又适合基层工作的干部放到基层主官的位置上来。选配基层主官还应考虑到个人的性格、特点等因素，力求科学组合、优势互补。为发挥整体优势创造良好的条件。二是要抓培训。这是提高党支部书记队伍素质的主要途径。从调查掌握的情况看，基层党支部书记基本条件较好，但抓大事、把方向的能力，运转班子、善于协调的能力，按照《纲要》抓全面建设的能力，还比较弱，不懂不会的问题比较突出，组织培训就要在解决这些问题上下功夫。要增强培训的针对性和实效性，在抓好基本知识学习的基础上注重实用性培训。坚持培训跟着任务的需要走，跟着人员变化走，用什么就教什么，缺什么就补什么，干什么就学什么。集中培训要搞，但大量的工作应该放在经常性培训上。有的单位坚持每月组织一次营连政工主官“回娘家”，用一天时间，总结讲评上月政治工作情况，部署下月政治工作任务。围绕一、两个重点问题进行课辅导或研究讨论，大家带着问题来，找到答案走，一月一天，一年就是 12 天，集中培训不能解决的问题在经常性培训中得到了解决。这种以会代训的方法很有效。现在团级单位普遍建起了“指导员之家”，要切实发挥其培训功能，定期组织基层党支部书记进行学习研究、交流体会、解难释疑，使“指导员之家”成为基层党支部书记的培训基地。同时要坚持搞好传帮带。团营领导要面对面、手把手地教方法、传经验，一个连队一个连队地帮，努力提高基层党支部书记的务党能力。三是要抓稳定。目前，连队指导员队伍调整面大且比较频繁，这是影响能力素质的一个不可忽视的因素。调查的 4 个团，有的基层党支部书记的调整面为 50%，有的团达到 70%，还有少数党支部书记是以副代正。基层党支部副书记的状况与书记队伍差不多。有个连队不到一年调整了 3 名连长。连队主官流动过快，势必造成连队建设上的“短期行为”，也不利于他们在岗位上积累经验，提高素质。因此，团以上党委机关要切实注意控制好连队主官的流动。根据上级的要求和目前基层实际，原则上连长、指导员在一个连队任职不满两年不能调动，连队两个主官一年内不能同时调离；连长、指导员特别优秀任职满 4 年的可越级提拔使用。要严格控制连队主官以副代正，一般代职半年左右，最长不能超过一年。特别优秀的排长任职期满可以越级提升到连长、指导员岗位上来。这样既可以缓解当前选拔和稳定基层主官方面的矛盾，又可以从一定程度上解决基层干部“老化”的问题。

四、要加大工作指导力度，切实增强抓基层党支部建设的有效性

调查发现，今年以来，各级领导和机关在抓基层党支

部建设上，确实下了很大功夫，取得了明显成效，但有的单位仍然存在着抓支部建设秩序不够正规、方法不够科学，甚至前紧后松、抓抓停停、指导还不到位的问题。因此，必须进一步加大工作指导力度。首先，要明确职责。抓党支部建设，各级有各级的职责，不能打乱仗，只有各司其职、各负其责，建立起正规的工作秩序，抓支部建设才能抓到点子上。从多年的工作实践和上级的要求看，省军区应主要负责对基层党支部建设的宏观指导，根据形势的发展变化和部队的实际情况，适时研究提出加强基层党支部建设的指导性意见，抓好典型，把握好正确的导向。师级单位主要负责指导所属部队制定好具体规划，掌握和分析所属支部建设情况，统一组织协调力量，搞好帮抓先行，重点解决党支部建设上带普遍性、倾向性的问题，抓好基层党支部正副书记的培训。团营党委主要是发挥一线指挥部的作用，扑下身子，深入基层实行面对面的领导，帮助连队党支部从本单位实际出发，制定切实可行的计划和措施，采取经常性教育和传帮带相结合等多种办法，提高党支部解决自身问题和领导连队全面建设的能力。团以上党委还要特别重视发挥营一级的职能作用，督导营级党委在抓支部工作中靠前想，靠前帮。这样上下结合，一级抓一级，层层抓落实，就能形成抓支部建设的整体合力。其次，要区分层次。任何事物都存在着差异，具体到不同的党支部，既有先进，也有后进，发展总是不平衡的。尤其是海防部队，连队高度分散，情况千差万别，更需要区分层次，加强分类指导。对先进支部就是要促一把，侧重解决存在的问题，使其更上一层楼；对处于中间层的支部主要是推一把，引导他们树立工作高标准，增强创一流的意识；对软弱的支部主要是拉一把，帮其找准和克服薄弱环节，鼓起赶队的勇气。区分层次分类指导，就领导机关来说，鼓起赶队的勇气。区分层次分类指导，就领导机关来说，要特别注意做好帮弱促先的工作，把握好帮抓后进支部的时机。对组织调整不久处于“磨合期”的支部，应重点帮助做好理顺关系，增进团结的工作；年初工作上路起步时，应帮助支部找准问题，选准突破口，制订好年度赶队措施；连队工作遇到问题和挫折或取得突出成绩时，应帮助支部正确看待形势，保持清醒的头脑，防止工作的盲目性；半年年终工作总结时，应帮助支部全面总结经验教训，从而增强帮抓的针对性，团营两级帮抓党支部一定要具体。一个是要下到连，面对面地做工作。连队党支部每月召开形势分析会，团营要派人参加，帮助连队查找薄弱环节，制定解决问题的措施办法。另一个是在一些关键性问题上，要手把手地做示范，引导连队党支部把握好正确的建设方向。当连队遇到自身难以解决的问题时，要积极主动地为他们排忧解难，切实做好撑腰、减压的工作。这样靠上去具体帮抓，就能取得实实在在的成效。第三，要坚持经常。抓党支部建设是个动态的过程，老问题解决了，新的问题又会出现，没有止境，也永远不会有到头的时候。因此，各级党委要牢固树立常抓不懈的思想，不能满足于抓过了，抓了“几个回合”，更不能虎头蛇尾，见好就收，而要反复抓、抓反复。要自觉地把加强党支部建设放在贯彻落实《纲要》、抓基层建设的重中之重的位置，无论是在领导精力上，还是在机关力量的投向上，都要突出这个重点，做到统筹兼顾，合理安排。每年四五月份和八九月份，要集中抓两次，同时，坚持从本单位实际出发，适时搞好“回头看”。要把集中抓与经济建紧密结合起来，坚持日积月累打基础，坚决防止和克服抓点丢面、保“景”丢面的现象。要积极引导连队党支部加强自身建设，增强“造血”功能，不断提高解决自身问题的能力。

（作者单位：山东省军区政治部）

我们是怎样加强基层组织建设的

中共浙江省绍兴县斗门镇委员会

我镇地处绍兴市区西北近郊，全镇总面积42平方公里，辖39个行政村、1个居委会。近年来，我们围绕“树雄心，鼓实劲，建设绍兴北大门”的总体目标，实施“抓党建、兴经济、促发展、奔小康”的工作思路，着力加强和改进党的基层组织建设，镇村两级班子基本做到了“有人办事”、“有钱办事”和“有章理事”，从而有力地推进了全镇经济和社会的全面发展。同时又喜获浙江省百强乡镇和浙江省小城镇综合改革试点镇的称号。能取得这些成绩，我们的主要做法是：

一、抓住三个环节，致力造就一支高素质的农村党员干部队伍

实践表明：农村工作千头万绪，千头万绪要有人办事；农村工作涉及千家万户，千家万户的关键是领导班子，班子过硬，工作顺畅，班子的面貌决定着一个地区的工作面貌。为此，我们在发展斗门的过程中，把一心一意搞建设与聚精会神抓党建有机地结合起来，按照中央提出的“五个好”的目标，把加强基层党组织建设作为推进农村奔小康的关键环节来抓，从三个环节入手，致力造就一支高素质的农村党员干部队伍。

（一）选配班子重在形成合力。

选准配好千家万户的当家人，是加强基层党组织建设的前提条件，选好一个带头人，就能带出一个小康村。为此，我们首先在选人上下功夫：

一是严格选人标准，做到三个注重。即注重政治素质、注重带领群众致富的实际本领、注重年龄和文化结构。我们把“群众当中有威信，发展经济有本领，本职工作有实绩”的“三有”干部提升上来，给他们委以重任，为他们提供施展才华的舞台。如富陵村原是远近闻名的贫困村，我们把一名政治素质好、工作开拓的鞋供销员选拔为支部书记，他不负众望，克服种种困难，发展村级集体经济，使贫困村一跃成了亿元村。

二是拓宽选人渠道，做到“三个不分”。即不分行业，不分地域，不分身份。通过内选、回请、外调、下派等多种渠道，拓宽知人、选人渠道，不拘一格地聚才纳贤。如1994年，我们多次上门做工作，把年收入在300万元左右的一位卖布个体户，回请到色织五厂任厂长，他仅用两年时间，使一个固定资产仅300万元、负债198万元的特困企业发展成拥有2.5亿元固定资产、税留利4000万元的纵横集团。

三是改变选人方式，遵循“公开、竞争、择优”三条原则。我们坚持德才兼备的破格重用，缺德少才的坚决不用，有德缺才的酌情使用，坚持谁会创业谁上台，不会创业请下来，对机关部门干部、村（厂）和事业单位负责人逐步采用“双推双考”的录用制度。去年全镇向社会公开招聘了5名部门干部，28名企业科技、管理人才，绿色集团还把四川攀枝花钢铁集团的一名宣传部长招聘为公司副总经理。近两年中，全镇通过村级换届选举和经常性调整充实等方法，从乡镇骨干企业、镇机关、个体户、外地工作的优秀人才中选调了36名优秀人才进入村级班子。

（二）思想教育重在提高素质。

坚持不懈地抓好党员干部的思想政治教育，是加强基层党组织建设的中心环节。近年来，我们把加强党员干部教育放到党委重要议事日程，统一规划、分步实施、专人负责、督促检查。在具体方法上做到理论学习常抓不懈，思想教育常抓常新，述职评议警钟常鸣。

1. 理论学习常抓不懈。为提高党员干部的理论水平，我们建立了“三级连锁”的阵地网络，即党政两套班子以中心组为阵地，全体机关干部以工作片（办公室）为阵地，党员则以党校为阵地。利用这个阵地网络，对党员干部开展建设有中国特色的社会主义理论和党章学习活动。至今，全镇已有90%以上的党员干部通过了培训。

2. 思想教育常抓常新。我们在搞好一年一度的农村“路教”基础上，结合党委、政府在各个时期的中心工作，联系党员干部的思想实际，开展针对性的专题教育，如1996年第一季度我们组织全镇村厂负责人赴上海进行为期一周的考察学习，开展开放意识教育；第二季度开展“机关学习孔繁森，村厂学习王廷江”活动；第三季度开展“三讲”、“四自”教育；第四季度开展“学习吴金印、争当好公仆”活动。每次教育做到有动员、有内容、有检查、有落脚点，从而把思想教育与乡镇日常工作紧密结合起来。

3. 述职评议警钟常鸣。我们每年都要组织镇、村

(厂)两级干部,在个人述职的基础上,开展纵向、横向和交叉“三位一体”的评议活动。机关干部主要接受村厂干部、人民代表的评议;村厂干部则重在接受镇班子成员、党代表、人民代表和职工代表的评议。通过评议,对部分干部中存在的一些问题及时提醒,警钟常鸣,对多数干部来说,则进一步增强了党性,振奋了精神。

(三)实践锻炼重在提高能力。

培养高素质的农村干部队伍,既要学理论,又要重实践,对此,我们主要采取“内育、外修、上挂、下派”的八字方针。

“内育”:我们与浙江工业大学联合开办了经济管理专业大专班,选送45名党员骨干进班学习;与县委党校联合开办了村厂干部中专班,进行特色理论和专业业务知识的培训;利用镇成校对全镇120名企业中层干部进行培训,同时,通过考试、考察、考评对各类干部统一采取持证上岗。

“外修”:我们选送了8名优秀后备干部赴苏南的大企业集团进行为期6个月的挂职锻炼,然后用3个月时间赴全国有关地区考察,至今已有4名任厂长,3名任副厂长、副书记。同时还选送48名青年干部到上海高等经济管理学院进修。

“上挂”:我们把机关工作5年以上的5名大中专毕业生送到省经贸委厅、农业厅、科委等省级部门学习锻炼3—5个月,直接参与所在部门有关处室的工作,这不但提高了他们总揽全局的能力,而且也扩大了斗门的信息量。

“下派”:一是从镇机关中选派12名干部到贫困村担任支部、村委班子的领导职务,时间限定两年,保留其机关的编制、职级和一切待遇。二是把刚从学校毕业进机关的大中专毕业生,下派到村,任村长助理,任职一年,去年10月下派的5名大中毕业生,今年还将组织他们赴丽水云和县贫困乡镇锻炼二个月,以磨炼意志,增长才干。通过上述措施,许多干部提高了独立工作的能力,学会了做群众工作的看家本领。

二、主攻三个重点,积极探索市场经济条件下发展壮大农村集体经济的有效途径

加强基层党组织建设,不仅要有人办事,还要有钱办事。实践表明,集体没有钱,就会出现“实事难办、干部难当,党群关系难融洽”的局面。近年来,我们坚持抓改革促发展的指导思想,积极探索在市场经济条件下壮大集体经济的有效途径,培育主导产业,组建主力部队,明确主攻方向,千方百计增强镇、村两级集体经济的实力,具体做到:

一是占领制高点。我们从全镇的大局出发,确立了2000年要把斗门建设成一个“基础设施完备,集高新技术产业、仓储业、信息业于一体的开放型的现代化工业新城镇”的奋斗目标,着手实施规模滚动,外向拉动,科技牵动,基础带动的发展战略,重抓以6家企业集团为龙头,10家重点村厂为骨干的巨轮工程建设。

二是抓住突破点。对集体经济发展属中等水平的村,我们从各村实际出发,各找各的突破口,各打各的优势仗,采取的主要方法有:1.利用地理优势,发展二、三产业。地处高速公路道口的东堰、西堰等村,致力开发第三产业,办起旅馆业、停车场,每年收入在50万元以上。2.盘活闲置资产,增强企业活力。我们采用收购、兼并、拍卖、转让、嫁接等多种手段,将闲置的4000万元资产全部盘活,并充分利用老厂房、老设施发展技改项目,千方百计增加集体收入。3.利用城乡优势,发展开发农业。至今全镇已有7000亩蔬菜基地,5000亩水产养殖,50万羽麻鸭,这不但增强了村级集体收人,而且丰富了城市居民的菜篮子。

三是寻找启动点。对全镇10个村级收入5万元以下的经济薄弱村,我们采取干部下派、企业下放、资金下拨、贫富联姻等途径,帮助经济薄弱村寻找发展启动点。目前这10个村个个有项目,村村有起色。

通过几年的发展,镇村两级集体经济综合实力明显增强,1998年全镇工农业总产值突破20亿元大关,1997年销售收入14.8亿元,而到1998年达到17.4亿元。

三、建好三大机制,保证乡镇工作的正常运转

为切实加强制度建设,做到“有章理事”,近年来,我们制订和实施了一系列的制度,形成了一套工作运行机制、动力机制和监督约束机制,这三大机制保证了全镇工作正常有序运转,使每个基层组织的积极性得到充分的发挥。

(一)健全“镇统一、线指导、片实施、村作战”的工作运行机制

根据斗门的实际,我们把39个行政村、1个居委会划成五个工作片,镇属企业为工业片,加上集镇办等共有八个工作片,我们的工作运行机制是:“镇统一、线指导、片实施、村作战”。这种运行机制在方法上属层次节制领导,在功能上能调动各个层面的积极性,既有利于党委主要领导集中精力想全局、抓大事,摆脱烦琐事务;又有利于充分发挥线、片的职能作用,调动村厂的工作主动性。

(二)建立“关心人、培育人、激励人”的动力机制。

首先是实施凝聚力工程,我们对特殊的困难户、贫困村和后进村、厂,力所能及地在生活上关心,工作上支持,精神上鼓励。到目前为止,全镇60名特困学生都落实结对帮扶人;全镇100户特困户均有镇机关干部联系,做到不脱贫不脱钩;全镇还建立了39万元的党员互助基金;

有1000名党员分别联系1000名困难群众。目前,一个尊老爱幼、助贫解难、助人为乐的文明新风已在我镇基本形成。

其次是开展“五比”结对竞赛活动,我们按照机关干部和各村厂干部两个层面的不同特点,开展以“比实绩、比干劲、比奉献、比团结、比求实”为内容的“五比”结对竞赛活动。第一层面是在机关于部的八个工作片中展开,把各项指标分解到“五比”中去,以季度结算、流动红旗、年终考评等方法实行工奖挂钩;第二层面是在各村厂干部中展开,把党委政府的工作目标分解到各村、厂,实行半年结算,年终考核。五比结对竞赛的开展,极大地调动了每个干部的积极性,有力地保证了党委政府决策的贯彻执行,促使了竞争气氛的形成。

(三)健全“公开、公平、公正”的监督约束机制。

我们首先建立和完善四大监督制度,即:镇村班子成员廉洁自律若干规定;个人重大事项报告制度;斗门镇勤政廉政档案制度;建筑市场管理制度等。并建立廉政办公室,从而规范党员干部行为。

其次,实行政务、村务公开。镇机关将八个职能部门的10项政务活动和与群众密切相关的8项村务活动的办事内容、办事程序、办事结果、职责权限上墙公布、接受监督。

再次,我们聘请10名办事公道、有影响力、德高望重的老同志为我们的政务监督员,每月进行政务信息反馈。

新时期必须保持共产党员的先进性

邵诚民

在新的历史条件下，在发展社会主义市场经济的今天，绝大多数共产党员依然牢记党的宗旨，保持了艰苦奋斗的本色。但是，也有一些共产党人，特别是一些担任领导职务的共产党人忽视了对世界观的改造，放松了自己的严格要求。随着自律防线的崩溃，各种腐朽的没落思想观念乘虚而入，以致在为谁掌权、为谁用权的问题上是非颠倒，有的甚至堕落为腐败分子，不仅自己身败名裂，而且还给党的事业造成了极为恶劣的影响。那么，在新的历史条件下，如何才能保持共产党员的先进性，体现出时代的特点和要求，本文拟就此问题作一些探讨。

一、从理论上和实践上明确共产党员先进性的时代要求，是党的建设中一个重大课题

据有关资料显示，目前我们党有6000万党员，每年大约以100多万的速度净增。应当肯定，党员队伍的总体状况和主流是好的，无数共产党员无愧于这个光荣称号，他们代表着我们党的本质和主流。但是，在改革开放和发展社会主义市场经济条件下，确有一部分党员不知道如何保持先进性，或者忘记了作为一个先锋战士的责任，还有极少数人经不起考验，甚至蜕化变质。为此，从理论上和实践上，明确共产党员先进性的时代要求，是党的建设中一个重大课题。党的十五大报告非常明确地回答了这个问题，提出了四条具体要求。我们知道，共产党员的先进性，是由党的性质和宗旨决定的。这种质的规定性，任何时候都不能改变。但是，随着形势和任务的变化，共产党员先进性的具体内容、表现形式等，会在不同的历史时期表现出不同的时代特点。革命战争年代党的任务是通过武装斗争推翻“三座大山”，共产党员的先进性主要表现为冲锋在前，不怕流血牺牲。在社会主义现代化建设的新时期，共产党员要站在时代前列，就必须站在改革开放现代化建设的前列，模范地执行党的路线方针政策，开拓进取，建功立业；同时，始终坚持正确的理想和信念，不忘共产主义的远大目标。也就是十五大报告中讲的“我们现在的努力是朝着最终实现共产主义的最高纲领前进的，忘记远大目标，不是合格的共产党员；不为实现党在社会主义初级阶段的纲领努力奋斗，同样不是合格的共产党员。”所以，当代共产党人先进性的时代要求，可以用一句话来概括：把坚持共产主义理想、实现远大目标同执行现阶段方针政策、脚踏实地为党的任务而奋斗，统一在建设有中国特色社会主义的伟大实践中。

当然，究竟如何把二者统一好，并不是一件很容易的事情。改革开放以来，各种腐朽思想和生活方式，无时不在侵蚀着党员队伍。市场经济自身的弱点和消极方面的东西，不断反映到党员的思想意识和精神生活中来。市场经济的竞争原则、求利原则同党的宗旨和党员标准是不是矛盾，大公无私的奉献精神还要不要，个人致富和带领群众致富有什么关系，诸如此类的问题困惑着许多共产党员。有的甚至把商品交换原则引入到党内政治生活中来，引发出一些完全背离共产党员光荣称号的丑恶行为。根本原因在于放松了世界观的改造和思想道德修养，对剥削阶级思想意识的侵蚀缺乏应有的警惕，党的艰苦奋斗、勤俭节约的优良传统和作风渐渐地被淡忘，丧失了一个共产党员应有的觉悟，从而毁了自己，不仅丢了官，丢了权，也丧失了报效祖国的机会，落得个身败名裂的下场。

二、要始终如一、坚持不懈地对党员进行全心全意为人民服务的宗旨教育

当前，摆在我们面前的问题是，党组织对党员进行教育的难度大大增加。在一些地方和单位，党员的经济状况、社会地位出现明显差异。既有收入高的党员，也有收入低的党员，甚至生活非常贫困的党员；既有当雇主的党员，也有当雇工的党员等等。这种情况势必使党员的思想、心态、价值取向，政治责任感发生变化。因此，最重要的是要始终如一、坚持不懈地对党员进行全心全意为人民服务的宗旨教育，也就是世界观、人生观、价值观的教育。特别是在改革开放的新形势下，这种教育非常重要和紧迫。社会主义初级阶段的经济政策，共产党员是当然要首先认真执行。另外，个人的正当利益、合法权益和合理的物质要求，当然要予以承认、尊重和保障。共产党员当然要按照市场经济的规则参与经济活动，参与平等竞争。但是，共产党员是社会的先进分子，是工人阶级的具有共产主义觉悟的先锋战士。因此，党员必须坚持全心全意为人民服务的宗旨，坚持党和人民的利益高于一

切的党性原则，坚持集体主义价值观，坚持艰苦奋斗、廉洁奉公的行为准则。尤其在个人利益与党和人民利益发生矛盾时，必须吃苦在前，享受在后，甘于奉献，为了党和人民的利益不惜牺牲个人的一切。不愿意或做不到这一点的，就不要当共产党员，就没有资格当共产党员！

众所周知，每个共产党员都有自己的具体工作岗位，也都有相应的任务和责任。每位党员精益求精地做好工作，创造出比周围群众更为优异的成绩，这样的共产党员就是在为社会主义事业作出奉献。比如，企业的共产党员就要像鲁冠球所说的那样："讲奉献，就是要全心全意搞好企业"，把自己的"才智、时间和精力"都奉献给企业；在服务部门的党员，就要如徐虎同志讲的那样，讲奉献，就要热爱和坚守自己的岗位，"想方设法地为广大人民群众排忧解难"。事实就是这样，一个党员懂得了出色搞好本职工作就是在奉献，他们为了在本岗位创造第一流成绩，就能自觉、刻苦地去钻研学习政治和文化科学知识。

三、提高党员素质，坚持党员标准，尖锐地摆在我们面前

我们知道，共产党员要成为艰苦奋斗、廉洁奉献的模范，就要更加刻苦地学习马列主义、毛泽东思想和邓小平理论，就要加强世界观的改造，真正解决好"人生为什么、入党为什么、掌权为什么"的重大问题。就要切切实实地不断加强自身修养，把坚持党性锻炼与人格修养统一起来，努力磨砺意志，陶冶情操，确立正确的是非观、善恶观、美丑观、功过观、得失观、苦乐观、荣辱观和爱憎观，为此，才能不断提高自己的思想境界。时时刻刻以正反两面的典型激励自己、鞭策自己，并以焦裕禄、孔繁森等人为学习的楷模，从陈希同、王宝森之流的反面典型中吸取教训，才能永远保持人民公仆和共产党员的本色。

在新的历史条件下，提高党员素质，坚持党员标准的问题，已尖锐地摆在我们面前。当前，党员队伍总量不少，结构和分布不尽合理。总的要求应该是，"进口"要严，"出口"要畅，党员管理要加强。党员队伍的战斗力，主要不是取决于党员的数量，而是取决于党员的质量，取决于他们执行党的路线的坚定性和对党的事业的忠诚。忠诚是一种可贵的品质，我们共产党人更需要提倡和培养这种品质。打江山，需要有一大批忠心耿耿的拥护者和实践者；把建设有中国特色的社会主义事业全面推向21世纪，同样也需要有一大批忠心耿耿的拥护者和实践者。当前，在国际风云变幻的复杂环境中，我们既面临着发达国家经济与科技方面占优势的压力，又面临着国际关系中霸权主义和强权政治的压力，某些西方国家不愿意看到社会主义在中国的成功，竭力进行"西化"、"分化"，把"和平演变"的希望寄托在年轻一代身上。因此，今天强调共产党人牢固树立对党和社会主义事业的忠诚尤为迫切和重要。

每位共产党员只有在思想上理论上充分认识马克思主义是科学真理，认识共产主义是人类社会发展的必然归宿，是值得为之献身的崇高事业，才能在行动上做到对党忠诚，对人民忠诚，为人民无私奉献，才能经得起任何风浪的考验。在现阶段，这样的忠诚集中体现在为建设有中国特色社会主义的伟大事业脚踏实地、忠心耿耿地工作。

列宁当年提出，宁可少些，但要好些。现在还应该这样。如果发展党员单纯地追求数量而忽视质量，只会削弱党的战斗力，影响党的威信。特别是那种认为社会主义初级阶段可以降低党员标准，甚至用所谓"能人"标准代替党员标准的主张是完全错误的。"坚持标准，保证质量，改善结构，慎重发展"，发展党员的这个方针必须认真贯彻。另外，党组织对党员的管理和监督要严格。任何党员都应毫不例外地置于党组织的管理监督之下，在严格的党内生活中得到锻炼，用党章规范自己的言行，发挥先锋模范作用 。再者，严肃处置不合格党员，是保持党的先进性和纯洁性的重要措施。在这方面，当前的主要问题是"失之于宽"。我们要通过民主评议党员和加强日常管理，加大处置不合格党员的力度，该劝退的劝退，该除名的除名。当然工作要做细，方法要得当。不能当一名共产党员，还可以当一个好公民，以后具备条件了还可以要求重新入党。

由上所述，要保持共产党员的先进性，还要在联系职工群众的过程中，切实起到桥梁和纽带的作用，笔者认为应做到"三个要"。一要沉下去，党员，尤其是党员干部要深入到一线职工群众中了解实情，掌握职工群众的动态，倾听他们的呼声和要求。二要跟得上，党员、党员干部都要不断地补充新知识，以适应改革开放的需要。三要拿得起，面对改革开放的不断深入，职工群众中的新问题、新情况、新矛盾，层出不穷，这既要求我们每位共产党员在碰到情况时，要保持冷静的头脑、沉着对待，妥善处理好各种问题。同时要做到积极宣传党的方针政策，做好各项稳定工作。

总之，共产主义信念是共产党人的精神支柱。只有坚持以这个崇高的远大的理想为奋斗目标，才能经受住各种错综复杂的斗争的考验。在重大原则问题上，才能立场坚定、旗帜鲜明，在各种风浪中把握住正确的航向；才能坚持从我做起，从现在做起，从正在办的事情做起，脚踏实地地为实现党的基本纲领而努力奋斗！

第十一部分

反腐倡廉

刘少奇反腐败思想探析

王世谊

今年11月24日，是伟大的马克思主义者、杰出的无产阶级革命家刘少奇诞辰一百周年。刘少奇非常重视党风廉政建设，建国以后，他下了很大功夫探索这个问题，积累了许多在今天仍然有重要价值的思想财富，值得我们认真学习和深入研究。

全心全意为人民服务是我们党的宗旨，密切联系群众是我党的优良作风。在革命战争年代，我们党能够赢得人民群众的衷心拥护，就在于以自己的实际行动表明，它完全是为人民的利益而斗争的。我们党取得执政地位以后，获得了更多地为人民服务的条件，也增加了脱离群众甚至腐败变质的危险。刘少奇说："共产党没有当权是好的，当了权是不是会腐化这的确是个问题，我们自己也应该提出这个问题，列宁也提出过这个问题。执政的党，有的干部可能腐化下去。……如果对腐化堕落的不处理，无产阶级的政党也可能变质，这是个严重的问题"。事实正是这样，建国不久，有些党员干部，包括像刘青山、张子善这样的老党员、老干部，在执政当权后腐化堕落了。这些人虽然在我们党内是极少数，但他们的行为在人民群众中造成了极坏的影响，严重地损害了党在人民群众中的威信。

对于党执政以后有一部分党员可能腐化变质的问题，刘少奇早在1939年7月《论共产党员的修养》和1948年12月《对马列学院第一班的讲话》中就已提出这个问题。1939年他曾告诫全党，在全国胜利后的形势下，要特别警惕和防止党内滋长和蔓延消极腐败现象。1948年，他意味深长地说过这样一段话："我们打倒蒋介石、打倒旧政权后，要领导全国人民组织国家，如果搞得不好，别人也能推翻我们的。唐太宗曾与魏征争论过一个问题：创业难呢，还是守成难呢？历史上从来有这个问题。得了天下，要能守住，不容易。很多人担心，我们未得天下时艰苦奋斗，得天下后可能同国民党一样腐化。他们这种担心有点理由。在中国这个落后的农业国家，一个村长，一个县委书记，可以称王称霸。胜利后，一定会有些人腐化、官僚化。"刘少奇认为之所以出现上述这类问题，主要有这样一些原因：一是执政党地位的变化，有些党员经不起权力的考验，这是党内产生腐败现象的首要原因；二是封建主义残余思想和资本主义腐朽思想对我们党的队伍的侵蚀，这是党内滋生腐败现象的根本原因；三是党员队伍的变化，以及党组织对党员教育管理不严，这是党内出现腐败分子的又一重要原因。他特别指出："如果我们不注意，让其自流的话，在我们这个国家，也可能产生一种新的'贵族阶层'。在工人阶级里面可以产生，在共产党里面也可以产生。"

为了防止产生一种新的"贵族阶层"，克服党和国家领导人员中的腐败现象，刘少奇指出：一要加强思想教育和改造，严格对党员的管理，提高组织纪律性；二要建立严格的规章制度，来防止和克服消极腐败现象继续发展。

关于思想教育和改造，刘少奇认为，对党员进行教育即在党内和在人民中间进行教育，必须从两方面着手。从历史上看，我们党一成立，就投入到伟大的实际革命斗争中，无暇进行深入的马克思主义理论研究。新中国成立后，党政不分的领导体制又使我们党的各级组织把大量的精力投入到处理行政事务方面，从而削弱了党的自身建设。加之前已论述的我们党内小资产阶级成份占有较大比重，大部分党员的思想理论水平都较低，易受错误思想的影响。为此，刘少奇一直强调加强党员的马克思主义理论学习和研究，增强党员的思想意识修养和理论修养，认为这是一项重要的经常性的任务。因为社会生活中发生的许多混乱，首先反映了思想上的混乱，说到底是理论上的混乱。

针对建国后一段时间部分党员干部存在严重的消极腐败现象，我们党在提倡和发扬艰苦奋斗优良传统，加强党和政府廉政建设的同时，还高度重视和积极领导了反腐败斗争，其中较大规模的有建国初期的"三反"运动和60年代的"四清"运动。虽然这些运动都有其缺点和失误，但在反对干部的腐败问题上不无作用。在这些反腐败斗争中，刘少奇着重强调要防止党员腐化变质的问题，他提出对"一部分干部思想政治状况的复杂"一定要有足够的认识，党员教育要着眼于党员的思想政治觉悟的提高。"反对任何党员由满腔热忱地勤勤恳恳地为人民服务的高贵品质堕落到资产阶级的卑鄙的个人主义方面去"。为了对广大党员加强纪律教育，在"七千人大会"

上，他代表党中央重申“党政干部三大纪律、八项注意”，认为它概括了党的优良传统和作风，“全体党员都必须自觉地严格遵守”。他提出，党员教育要通过整风来进行，整风的内容一是学习，二是批判。学习是认真弄通马克思主义，提高对各种非无产阶级思想侵蚀的免疫力，批判是清除头脑中的各种错误思想，主要是“特权思想、站在人民头上的思想、社会沙文主义的思想、主观主义和命令主义的思想、官僚主义思想”。

怎样克服党内腐败现象，防止产生一种新的“贵族阶层”？刘少奇曾提出过许多重要的意见，总的精神是强调执政党治党要严。1962年，在同参加全国组织工作座谈会的组织部长们谈话时，他严肃指出，对贪污腐化的党员干部，职位再高，也要开除出党，不能心慈手软，不然不能保证党的纯洁，把党的风气建设好。警告一下，不起作用，留党察看也不起作用。“当然，一般生活问题，犯了些小错误，政治上没有问题的，不在内”。怎样从严治党？他提出要从四个方面入手：

第一，反对腐败现象，必须对党员和干部施以严格的监督

刘少奇说：“要加强人民群众对领导机关的监督，订出一种群众监督的制度，使我们的领导机关和领导人员接近人民群众。”早在建国前夕，他就向中央提议，在群众中公开党的组织，以便使党在群众的监督下进行建设。1955年4月，他在给张难先委员的信中说到人民监督必要性时指出：“对一切国家机关工作人员都应实行监督。除了广大人民的监督以外，还必须加强各级监察机关和检察机关，认真实行国家的监督。”“八大”以后，刘少奇建议认真研究一下“人民代表大会的工作怎么做，如何监督政府、监督我们的领导人员”，还提出“报纸如何监督”，也要进行研究。1962年，他在“七千人大会”上的报告中又说：“为了健全党内生活，严格党的纪律，必须切实加强党的监察工作。”可惜的是，刘少奇的这个思想在很长时间内并未引起全党的足够重视，更未能进一步具体化。党的十一届三中全会以来，党重视了这一问题，恢复了党的纪律检查机构，制定并实施了一系列党内监督措施，取得了很大的成效。尽管这项工作还需要不断完善，要有效地实施党内监督，还需要作很大的努力，但我们有理由对此充满信心。

第二，克服腐败现象，领导机关、领导干部必须以身作则，克己奉公，不搞特殊化，带头做端正党风的表率

在我国，各级领导干部都是人民的公仆，只有勤勤恳恳为人民服务的义务，没有在政治上、生活上搞特殊化的权利。如果群众看到共产党人是毫不利己、专门利人的，就会自然而然地拥护党，跟党走。相反，若他们看到党员干部高高在上，利用职权谋私利，损害人民利益，他们就会对党失去信心。这一点必须予以高度重视。刘少奇根据巴黎公社的经验（巴黎公社规定“从公社委员起，自上至下一切公职人员，都只应领取相当于工人工资的薪金”），提出“国家领导人员的生活水平应该接近人民的生活水平，不要过分悬殊”。他指出，由于我们干革命有了功劳，人民原谅我们一定程度的特权，但是，特权会使领导人脱离群众，人民群众对领导的特权很不高兴。从工资的差距到吃肉、吃油、吃花生米等方面，我们都不知不觉地享受了特权。为此，刘少奇严肃指出，领导者的特权应该取消，“从我们起，从中央的人员起，到各级领导干部，配售的东西基本上应该跟人民一样，不要特殊”。他还指出，等级制度是一种封建制度，这种制度能够助长某些领导干部的特殊化作风。它会扩散、蔓延，如不及时治理，就会使党腐败下去，就会蔓延到全社会，发展到难以收拾的地步。因此，对于刚刚开始萌芽的封建等级制度，应该立即废除。

刘少奇言行一致，身体力行，他把自己看成是人民的公仆，从不搞特殊化。1960年，刘少奇去四川参观。吃饭时，当地干部在桌上摆了满满的酒菜。刘少奇立刻意识到，这是用公款请客，违反了国家的财经制度。就叫人向大家宣布，“这餐饭的费用，全部由少奇同志付，算是请大家”。饭后，立刻如数付了钱粮。1961年5月，他在湖南宁乡县花明楼故乡搞调查研究，就住在他出生的那间房子里，他向故乡人民和他的亲属提出了严格的要求，这里是我的故乡，省、县、社对这里可能有照顾，照顾多了不好，不照顾也可以搞好，要靠自己努力，大家努力，事情就可以搞好，千万不要用我的名义要求别人照顾。这里还有我的亲属，也不因我的关系特别照顾他们。刘少奇的高风亮节，光可鉴人。

第三，防止和克服党内腐败现象，领导干部要正确对待手中的权力，牢记权力是人民赋予的，不允许滥用权力，以权谋私

刘少奇认为：“国家领导人员的权力应该有一定的限制，什么事情他有多大的权力，什么事情不准他做，应该有一种限制。”他指出，中国是个人民民主专政的国家，也是一个公有制的国家，东西是大家有份的，群众敢于讲话，有权利讲话，有权利对分配问题提出意见。同时，人民还有权利罢免不称职的领导人员。依法罢免人民代表或政府工作人员，是人民很重要的权利，并要在这方面多加宣传，使人民行使自己的这种权利，以便更好地监督党和国家领导人员。

刘少奇作为党和国家的重要领导人，在长时期内手中握有很大权力，但他认为，权力是党和人民给的，决不

允许乱用。建国后，他一贯要求在他身边的工作人员，参加会议和外出办事，不许随便发表意见，不许对有关部门或地方工作指手画脚，不许以“少奇同志”的名义压人家，更不许以“少奇同志”的名义去伸手向人家要东西。刘少奇每次外出交代“四不准”的规矩：一、每到一地，不准要人家接送；二、到任何地方，不准请客吃饭，铺张浪费；三、不准向人家要东西，人家送上门来也要婉言谢绝；四、参观时不准前呼后拥的陪同，有个向导引路就行，不准影响地方负责同志的工作。有时为了避免不必要的“争执”，他索性住在火车上，吃一点简单的饭菜。

第四，反腐败斗争必须同经济建设结合起来，为经济建设服务

反腐败斗争和经济建设两者的根本目的，都是为人民谋利益。清除损害人民利益的腐败现象的主要目的之一是为了廉洁政府，取信于民，把群众的积极性充分调动起来，把经济建设搞上去。刘少奇认为，那些不带有阶级斗争性质的腐败现象和不正之风，其形成的主要原因之一是由于社会生产力发展的程度不够，因此“发展经济，是一切斗争的终极目标”，也是为清除不正之风创造必要的客观条件，那种把发展经济和惩治腐败对立起来的观点是错误的。因此，“要提出经济建设，作为党的任务”。围绕经济建设开展反腐败。反腐败斗争同经济建设是相辅相成的关系，而不是此长彼消的关系，任何把反腐败斗争同经济建设对立起来的看法和做法都是错误的、有害的。

第五，要同腐败现象进行有效的斗争，必须加强党的制度建设，吸收人类社会的一切优秀文明成果

刘少奇说：“什么叫贪污腐化，什么叫蜕化变质，要有个界限”。“要规定一些必要的制度，使我们这个国家发展下去将来不至于产生一种特殊阶层，站在人民头上，脱离人民”。这些制度必须规定应该怎么做，必须怎么做，以及违反制度要受什么样的制裁等等。规章制度一经建立，就应该具有严格的约束力，任何党员，不管地位、职务多高，都不得违反。“把这个问题说清楚，就可以使后代有所遵循”。此外，“资产阶级的有些制度也可以参考”。刘少奇借用毛泽东的话说，“资产阶级民主，特别是初期，有那么一些办法，比我们现在的办法更进步一些。我们比那个时候不是更进步了，而是更退步了”。他举了四个例子：一是瑞典内阁首相经常搭公共汽车上班，不要自己的专用汽车。二是华盛顿做了八年总统，又退为平民；三是艾森豪威尔当过总司令后，又去当哥伦比亚大学的校长；四是马歇尔当了国务卿之后，又去当红十字会的会长。刘少奇说，我们国家是否也可以参照一下这种做法。还说，当然我们不一定完全照那样办，但是资产阶级的合理的制度完全可以借鉴和改造，吸取精华，为我所用。

总之，刘少奇认为，反腐败斗争，不仅关系到增强党和人民群众的凝聚力，而且关系到国家的兴衰和社会主义的成败。正本才能清源，源清才能流洁。坚决而卓有成效地开展反腐败斗争是我党执政以来密切同人民群众联系的一个基本条件。

反腐败工作中的几个关系

李登柱

反腐败是关系党和国家生死存亡的严重政治斗争，在邓小平理论的指导下，以江泽民同志为核心的党中央对党风廉政建设和反腐败斗争实行了坚强有力的领导，确定了反腐败的指导思想、基本原则、领导体制和工作格局。我们党已经初步探索出一条在发展社会主义市场经济条件下，围绕经济建设这个中心，把反腐败同改革、发展、稳定有机结合起来，依靠党的自身力量和人民群众的参与，有效开展反腐败斗争的路子。关键在领导、在工作，只要全党统一认识，步调一致，按照党中央的部署，加大工作力度，扎扎实实地抓下去，并在实践中不断总结经验，进一步探索和完善对策，就一定能够把消极腐败现象降到最低限度。对于消极腐败现象，应当标本兼治、综合治理。在实际工作中要处理好以下一些关系。

一、关于惩治腐败分子与端正风气

党中央确定的反腐败三项工作格局，概括起来说是两个方面：一是依法严惩腐败分子，纯洁组织；一是端正党风政风，带动社会风气的好转。对于腐败分子，决不能手软，要认真查处，依法严惩，决不容许其在党内有藏身之地。要以查办党政领导机关行政执法机关、司法机关、经济管理部门和县(处)以上领导干部的违法违纪案件为重点，抓紧抓好查办案件工作。同时，要抓好端正风气的工作。在党政机关中，腐败分子是极少数，但作风问题则大量存在，特别是一些领导干部挥霍公款，奢侈浪费，败坏党风政风，广大群众很不满意。有一些同志对党中央采取的反对奢侈浪费的措施认识不足，认为是“小题大做”，江泽民同志批评这是没有从政治上观察问题。历史上，奢侈误国的教训屡见不鲜；现实生活中，追求奢侈享乐而走上犯罪道路的大有人在。奢侈浪费、挥霍公款本身就是滥用权力，就是一种严重的腐败行为，而且对其他腐败行为起助长和掩护的作用，是其他腐败行为的温床和庇护所。因此，反对腐败必须同时包括反对奢侈浪费。邓小平同志指出：“中国搞四个现代化，要老老实实地艰苦创业”，“要有一股艰苦奋斗的创业精神”。“艰苦创业”是写进了我们党的基本路线的。我们坚持党的基本路线，包括了要坚持艰苦创业，坚持艰苦奋斗的传统。坚持这个传统，才能抗住腐败。特别是当前还有许多下岗职工、困难企业职工和贫困地区农民生活遇到暂时困难的情况下，领导干部带头勤俭节约，艰苦创业，更具有重要的政治意义。因此，我们必须从反腐败的全局出发，坚决反对奢侈浪费的不良风气，认真落实党中央关于厉行节约，反对奢侈浪费的各项规定，务必抓出成效，以遏制腐败，端正党风政风。

二、关于教育与法制

教育与法制都是治本之举，教育是基础，法制是保证。必须把二者很好地结合起来。

增强拒腐防变的能力，必须充分发挥我党思想政治优势，根本的是用邓小平理论武装全党。要对党员特别是党员领导干部深入进行以讲学习、讲政治、讲正气为主要内容的党性党风党纪教育。要教育党员当前在为实现党在社会主义初级阶段纲领的奋斗中，坚持共产主义思想，坚持党的工人阶级先锋队性质，坚持全心全意为人民服务的宗旨，坚持密切联系人民群众和艰苦奋斗的传统。我党的领导地位是由工人阶级先锋队性质决定的，是经过长期斗争考验形成的。长期斗争考验讲的是历史，现在面临的是新的考验。坚持党的工人阶级先锋队性质，坚持全心全意为人民服务的宗旨，坚持密切联系人民群众和艰苦奋斗的传统，这是党始终走在时代前列的根本保证。如果认为现在搞市场经济就不应该或不敢理直气壮地对共产党员讲共产主义理想、讲全心全意为人民服务、讲艰苦奋斗，那是完全错误的。我们现在的努力是朝着最终实现共产主义的最高纲领前进的。建设有中国特色社会主义全部工作的出发点和落脚点就是全心全意为人民谋利益。在新的历史条件下，共产党员要保持先进性，体现时代的要求，仍然要讲吃苦在前，享受在后，诚心诚意为人民服务。邓小平同志说：“要教育全党同志发扬大公无私、服从大局、艰苦奋斗、廉洁奉公的精神，坚持共产主义思想和共产主义道德。”这是邓小平党建理论的重要内容，既坚持了我党的优良传统，同时体现了时代精神。

教育要联系实际。当前，我们要发展社会主义市场

经济。这是解放和发展生产力，建设有中国特色的社会主义的必由之路。共产党员必须为发展社会主义市场经济而努力，认真执行党为此制定的各项方针政策。但同时必须清醒地看到市场经济的负面影响。在市场经济条件下，个人主义、拜金主义、享乐主义等错误思想容易滋长，权力部门和领导干部成为市场利益的“公关”对象，发生权钱交易的可能性、危险性加大。在这种条件下，必须警惕市场经济原则侵入党的政治生活。市场经济活动必须遵循等价交换的原则，党的政治生活必须坚持党性原则。作为执政党，党员领导干部手中的权力是人民给予的，必须用来为人民服务，它不是商品，不能搞等价交换。如果在这个问题上模糊了，丧失了原则的坚定性，不讲党性而是讲实惠，那是很危险的。现在，在一些干部当中，讲党性、讲原则少，讲待遇、讲升迁、讲关系多，全心全意为人民服务的观念淡漠甚至被抛到九霄云外，热心于官场之道的庸俗哲学。必须通过加强教育弘扬正气，抵制歪风。有人说，现在教育不灵了。是教育不灵了，还是教育不够？孔繁森等一大批优秀党员干部的涌现，我们党众多的干部呕心沥血为建设有中国特色社会主义而努力奋斗，这正是我党长期教育的结果。而干部队伍中存在的许多问题，不能不说同教育不够有关。邓小平同志在1989年说：“我们最近十年的发展是很好的。我们最大的失误是在教育方面，思想政治工作薄弱了，教育发展不够。”以江泽民同志为核心的党中央纠正了这个失误，重视并加强了教育，强调要讲学习、讲政治、讲正气，教育取得了成果，全党的思想政治氛围有了很大的变化。但是，我们对教育所取得的成绩不能估计过高。要按照党中央的部署，继续深入进行以讲学习、讲政治、讲正气为主要内容的党性党风党纪教育。

教育要取得成效，必须改进教育方法，这方面，我们正反两方面的经验都有过。必须摈弃搞运动、整人、喊空洞口号等做法，在新形势下要汲取过去好的经验，进一步探索行之有效的教育方法。教育要经常化，要坚持正面的思想教育，开展积极的思想斗争。近年的实践证明，贯彻整风精神，开展党性党风党纪教育是一种比较好的方法。中直机关不少单位近年来定期或不定期地在机关中进行思想作风和纪律整顿，通过学习讨论，进行党性分析，开展批评与自我批评，建章立制，纠正存在的问题，效果比较好。我们要坚持不懈地在党内加强思想教育，构筑反腐思想道德防线。

邓小平同志指出：“要靠思想教育，更要靠制度”。“既要解决思想问题，更要解决制度问题”。后者对我们更是一个新的课题，我们在重视教育的同时，必须更加重视法制、制度的建设。

当前我们正处在由计划经济体制向社会主义市场经济体制转变的过程中，在体制、法制、政策和管理中存在的漏洞和薄弱环节很多，为腐败现象的滋生提供了客观条件。我们必须加强制度建设，通过深化改革，着力解决机制不完善、制度不健全的问题。

要建立健全防范制度和惩戒制度。重点是防范，即防范领导干部滥用职权，同时对违法违纪者要予以惩戒。在这方面我们已经出台了一些法规和制度。如：《廉政准则》、《关于党政机关厉行节约制止奢侈浪费行为的规定》和《中国共产党纪律处分条例（试行）》等，现在的关键是要切实抓好法规和制度的执行工作。当前，有纪不依、执纪不严、违纪不纠的情况比较多，所以，要千方百计抓落实。抓落实要有责任制，各级领导干部对自己管辖范围内的党风廉政建设要负起领导责任，要认真实行谁主管谁负责的原则，把“一把手总负责，分管领导各负其责”的党风廉政建设责任制一级一级地落到实处。目前，在试点工作的基础上，中纪委正在起草《党风廉政责任制》，进一步明确和落实领导集体和领导个人对党风廉政建设应负的责任，对失职者要追究其责任。《党风廉政责任制》颁布后，要严格执行，认真抓好落实。

三、关于自律与他律

拒腐防变，首先是对领导干部提出来的。领导干部带头廉洁自律是加强党风廉政建设的关键。党中央一再强调，领导干部要在党风廉政建设中起表率作用，并先后制定了党员领导干部廉洁从政的若干规定和制度，在此基础上形成了《廉政准则》。应当说，领导干部廉洁自律工作是有成效的，绝大多数党员领导干部能够遵守廉洁自律的规定。

贯彻执行《廉政准则》等规定，既是自律，也是他律。领导干部廉洁从政，首先要靠自律的自觉性，但从工作上讲，更要注重他律，注重监督。加强监督才能促进自律，因此，监督是关键。如果强化监督以防止权力的滥用，是反腐败工作中的重大课题，那么我们首先要强化和完善现有的监督机制，并使已有的监督措施真正得到落实；同时要进一步探索有效的监督途径。要积极拓宽监督渠道，加大各方面监督的力度。要把党内监督、法律监督、群众监督结合起来，并发挥舆论监督的作用。

要强化党内监督。我们党是实行民主集中制的组织严密的政治组织，要充分发挥我们的组织优势。首先是加强党委内部的监督和纪委的监督。党委内部要切实实行民主集中制原则，规范民主决策程序，健全议事规则。要落实好加强党内监督五项制度及其实施办法，要提高廉洁自律专题民主生活会的质量，会前要认真听取和收集群众的意见，转告有关领导并督促其作出说明或检查。在专题民主生活会上，领导成员要报告个人廉洁自律情况和抓所管辖范围内党风廉政建设的情况。各级纪委有权对同级党委成员的违纪行为进行初步核实。要严格执

行关于提拔任用干部的规定，并使提拔任用主要领导干部应征求同级纪委意见的工作规范化、制度化。要按照《中国共产党和国家机关基层组织工作条例》切实加强机关党的建设和纪律检查工作，加强机关党内监督。要认真落实从严治党的方针，严格按党章办事，按党的制度和规定办事，坚决改变党内存在的纪律松弛和软弱涣散现象。

要按照依法治国的基本方略，加强法律监督，坚持有法可依、有法必依、执法必严、违法必究。要深化改革，完善监督法制，建立健全依法行使职权的制约机制。要加强行政监察工作，严格执行《行政监察法》。要充分运用执法监察等手段，积极开展廉政监察和效能监察。要加强执纪执法队伍建设，这是贯彻落实中央反腐倡廉的工作部署，推进依法治国的当务之急。

要完善民主监督制度。反对腐败，要紧紧依靠人民群众的支持和参与。一切干部都是人民的公仆，理所应当受到人民群众的监督。要坚持发扬民主，为人民群众监督领导机关、监督干部创造充分条件。要在党的领导下有步骤、有秩序地推进社会主义民主政治建设。要扩大基层民主，健全城乡基层政权机关和群众性自治组织的民主选举制度，加强对基层领导干部的民主监督。当前，要普遍推行村务公开、民主管理的制度。在直接涉及群众切身利益的部门，要实行办事公开制度，以便群众知情和监督。要普遍推行民主评议行业作风的制度，把公开办事制度与民主评议制度结合起来。

要发挥舆论监督的作用，新闻舆论对反对腐败特别是直接损害群众切身利益的不正之风有着积极的意义。要创造条件进一步发挥新闻舆论监督的作用，要不断总结经验，通过立法，依法加强新闻舆论监督。要加强监督机构同新闻机构的联系，更好地发挥新闻舆论监督的效果。

四、关于治标与治本

治标见效快，但容易反复；治本是从源头上解决问题，但治本之策往往需要从治标的实践中总结出来，因此，要标本兼治。

首先，要从具体事情抓起，抓住群众反映强烈的突出问题，一项一项地加以治理，狠抓落实。事实证明，这样抓是能够不断取得成效的。这几年，治理公路“三乱”、清理领导干部违反规定乘坐小汽车等，取得了明显的成效。当前落实“八项规定”，重点抓清理通信工具；严格控制各种会议和党政机关召开的各类会议不准赠送礼品和纪念品；以及切实执行公务接待标准，招待费在财务上单独列项等三条规定的落实，正在不断取得成效。治理突出问题，需要强调以下几点：1、要有重点地抓住群众反映强烈的问题，一项一项地抓，务必抓出明显成效，以取信于民；2、态度要坚决，措施要有力，规定要明确、具体、操作性强，对违反规定的要有处置办法，不能只提一般要求；3、对于普遍性的问题，中央作出部署后，各地各部门要坚决贯彻，同时要从自己的实际出发，解决自身存在的突出问题；4、要一抓到底，抓出成效后要注意巩固成果，防止反弹；5、要加强调查研究，针对容易发生问题的薄弱环节，从政策、制度、管理等方面制定防范措施。

在努力治标同时，要进一步加大从源头上治理和预防腐败的工作力度。特别要通过深化改革，从体制、机制、制度等方面不断铲除腐败现象滋生的土壤，这是治本之策。这方面工作是大量的，涉及经济体制改革、政治体制改革和民主法制建设等各个领域，要按照十五大的部署，逐步抓紧实施。从具体工作上，当前正在做的和可以考虑做的至少有以下几点：

——结合金融改革，进一步整顿和规范金融秩序，切实加强金融法制和金融监管，严厉惩治金融犯罪和违法违规行为。

——党政机关与所办经济实体脱钩，落实行政事业性收费、罚没收入“收支两条线”的规定，当前特别要抓好公安、检察、法院、工商行政管理部门“收支两条线”的工作。

——推行领导干部离任审计制度。

——建立有形建筑市场，建立健全公开、公平、公正竞争的制度。

——在招待费单列的基础上，建立招待费公开制度和报告制度。

——推行政府采购制度。

——严格执行干部选拔任用的有关规定，加快干部制度改革步伐，扩大民主，完善考核，阻止贪图私利、弄虚作假、跑官要官的人进入领导班子。

——规范分配，适当提高公务员工资，逐步推行物质待遇货币化，并设置廉政基金，同时制止党和国家机关违反规定搞“创收”，取缔非法收入。

（作者系中纪委常委、中直机关工委书记）

开展反腐败斗争的对策建议

傅　杰

中纪委常委傅杰同志在其专著《社会主义市场经济体制建立过程中的党风廉政建设》中，提出了深入开展反腐败斗争的若干对策建议。

一、规范分配秩序，理顺分配关系，遏制部门之间、社会成员之间收入差距过大现象。应尽快建立健全统一的社会保障体系，加快劳动报酬和住房、养老、医疗以及其他福利待遇的工资化、货币化、透明化改革步伐，遏制种种隐蔽的非货币性收入、建立健全收入申报和公开制度，防止包括国家公职人员在内的个人谋取非法的和不正当的收入；加强对垄断行业和部门分配活动的监督与管理，加大对工资福利过高、增长过快行业的职工收入调控力度，对于那些严重违反工资政策规定的行为，要严肃处理；对高收入者在收入、消费、财产等环节建立全面调节的税收机制。除了进一步完善个人所得税征管外，还要探索在消费和财产等方面开征新税种，以解决过高收入的问题。

二、深化政务公开内容，引入市场竞争机制，推行政府采购制度。所谓政府采购，又称公共采购，是指各级政府为了行政或为公众服务，以法定方式、程序，通过公开招标投标的方式从国内国际市场上购买商品或劳务的行为。由于政府的各种支出活动实行传统的封闭式的采购模式，其中夹杂着大量的欺诈、浪费和权钱交易腐败行为。因此，打破传统的封闭式的采购方法，实行政府采购制度已经成为一项意义重大而又十分紧迫的事情。实行政府采购制度，一是提高财政支出的效益，节约财政资金；二是杜绝传统封闭式政府采购中的"暗箱操作"所带来的腐败现象，维护政府廉洁。国际间普遍承认，实行政府采购制度采购费用平均可节约10%甚至更高。

三、制定反商业贿赂法（或称反秘密佣金法），规范市场竞争行为，治理回扣等不正当竞争行为。目前，在我国的商业活动中，存在着广泛的商业贿赂问题，主要表现是名目繁多的回扣现象，尤其是在"公"与"私"经济主体之间的商业贿赂更为严重。我国《反不正当竞争法》中对于商业贿赂问题已经有所规定，但由于该法的容量有限，个别规定不够明确、具体和全面，不能很好地适应治理商业贿赂的需要，因此有必要制定一部专门的《反商业贿赂法》，以加强对商业贿赂的打击，促进党风廉政建设。

四、实行银行存款实名制，坚决制止各种假名存款行为。银行存款实名制，又称金融实名制，是指个人或法人与金融机构往来时必须用真名实姓的制度，即个人或法人向金融机构储蓄存款时用真名实姓或用法人名及纳税注册号的制度。在现代市场经济条件下，实行这项制度不仅具有重要的经济意义，而且具有重要的廉政价值，可防止贪污受贿等非法收入通过金融机构变为正当收入或隐藏收入。该制度的实行为保障国民经济健康发展，为党风廉政建设创造更加良好的环境，有必要进一步加快该项制度的立法步伐，尽快实施。

（作者系中纪委常委）

反腐败斗争几个问题的思考

李雪勤

在这些年的反腐败斗争中，党和政府加大了工作力度，反腐败斗争也取得了相当大的成绩，这是有目共睹的。但是，从各方面反映的问题看，反腐败的形势依然相当严峻。这就引起人们对一些问题的思考。这里，就腐败与反腐败的几个问题，笔者谈一点自己的看法。

一、关于腐败概念的界定

现在，我们看到的有关腐败概念的解释和定义很多。这些解释和定义有的是对国外有关说法的改造和借鉴，有的是理论性的阐发，也有一些是试图从理论与实践的结合上来定义的。但从总体上讲，这些解释和定义同我国反腐败斗争的实践还有一定的距离。因此，从我国的国情出发，从我国反腐败斗争的实际出发来对腐败概念进行定义，使我国反腐败斗争的重点更加明确，针对性更强，是一件具有重要意义的事情。本着这个精神，作者对腐败概念作如下定义：

所谓腐败，从广义上讲，就是公共权力没有按照其正常功能发挥应有的作用，或者说是人民赋予的权力没有用来为人民谋利益，从而违背权力主体——人民的意志的行为。

违背权力主体意志的行为可分为两类：一类是权力无为。即公共权力功能萎缩，也就是法律意义上的“不作为”，在需要公共权力发挥应有作用时反而不发挥作用，导致社会发生功能性障碍，从而损害社会的正常运转。如官僚主义、失职渎职中的一些权力无为现象，就会导致社会运转的失衡和各种资源的浪费。另一类是权力滥用。即利用公共权力来为个人、家族或小团体谋取利益，从而损害社会正常运行的规则。

当前，我们通常说的所谓“腐败”，一般都是从狭义上来理解的，主要是指滥用权力的行为。也就是说，我们现在称之为“腐败”的行为，必须符合两个条件：一是利用公共权力，二是为个人或他人谋取私利。简言之，种种以权谋私行为即腐败行为。如果符合上述两个条件，如贪污受贿、贪赃枉法、徇私枉法、利用职权吃拿卡要等，我们可称之为腐败现象。如果不符合这两个条件，如挥金如土的奢靡之风，赌博、吸毒、卖淫、嫖娼、偷盗、抢劫等，只要是与权力无关的行为，我们可称之为消极现象或丑恶现象。由于消极丑恶现象往往需要权力的荫护才得以发展蔓延，因此消极丑恶现象和腐败现象往往交织在一起。

由于腐败就是以权谋私，因此，当前我们反腐败斗争的重点，就要紧紧抓住与权力密切相关的部门、单位和人员，揭露和防止他们谋取私利的行为。所以，在这些年的反腐败斗争中，我们党和政府把查办党政领导机关、行政执法机关、司法机关和县(处)级以上党政领导干部中的案件作为重点是正确的；由于腐败现象是消极丑恶现象的保护伞，因此，我们在治理消极丑恶现象时，必须密切关注其背后的权力因素。

二、关于反腐败斗争面临的形势

关于反腐败斗争面临的形势，中央纪委向党的十五大所作的报告是这样分析的：一方面，我们的反腐败工作取得了明显的成效；另一方面，当前反腐败斗争面临的形势也是相当严峻的。应当说，这个分析是实事求是的。

为什么会出现这种反腐败工作力度加大，而腐败现象却继续呈现发展蔓延势头的状况？笔者认为，最根本的原因，是因为我国从1979年起，就处在经济体制和经济结构的双重转换时期，也就是我国的经济体制处在由计划经济向社会主义市场经济体制的转换过程中，经济结构处在由以农业为主的传统经济结构向以工业为主的现代经济结构的转换过程中。由于经济体制和经济结构的变动，政治、法律、社会、文化等各个方面都发生了巨大的变革，并且这是一个比较长的发展过程。在这样一个不断变化的过程中，还没有、也不可能形成一套对权力有效制约的机制，因此出现消极腐败现象高发和多发的势头。

按照党中央确定的战略目标和我国经济社会发展的状况，大约在21世纪初我国的社会主义市场经济体制基本定型，到那个时候，我国的经济结构也基本可以实现由传统到现代的转换。可以预计，由于目前我国正处在这个双重转换的过程中，消极腐败现象也将继续处在高发和多发的阶段。要到双重转换过程基本完成，即到2010年左右，消极腐败现象高发和多发的势头才会降下来。

这里需要强调一点，就是不能因为目前的消极腐败现象正处高发和多发阶段，我们就任其自然、放任不管了。恰恰相反，正是因为社会本身的整合作用还存在缺陷，各种机制的运作还不健全，所以我们的主观努力起着至关重要的作用。我们要把消极腐败现象尽可能地遏制在最低的程度，创造较为有利的社会政治环境，尽快实现经济体制和经济结构的双重转换.使腐败高发和多发的势头降下来。

三、关于反腐败的工作思路

由于我国正处于社会主义初级阶段，正处在消极腐败现象的高发和多发阶段，我们的工作思路就要在这个特定的社会背景下来考虑。党的十一届三中全会以来的反腐败工作大致可以分为两个阶段。

第一阶段，是党风廉政建设和反腐败斗争基本思路的探索阶段。时间是从党的十一届二中全会到党的十四大以前。这个阶段，大体经历了这么个过程：80年代初反对特殊化；1982年开展打击经济领域中的严重犯罪活动，提出三年实现党风的根本好转；1985年开始反对新的不正之风；1986年初中央召开八千人大会，号召中央机关干部在端正党风中做表率；1988年提出“经济要繁荣，党政机关要廉洁”，提出廉政建设的要求；1989年提出要在廉政方面办几件使人民群众满意的事，等等。这个阶段的一个基本特征，就是在党内和社会上的消极腐败现象蔓延泛滥的时候，党和政府就集中时间和力量打击一下，形成一定的威力和声势，使腐败现象得到暂时遏制；待到下一“波”问题又集中出现的时候.再一次进行集中打击，如此循环进行，因而基本上处于一种被动的守势状态。在这个阶段，也形成了一些基本的原则，如党风廉政建设和反腐败工作要在党的领导下进行，不能脱离党的领导；要依靠人民群众，但不能搞群众运动；要注重教育，也要走改革和制度建设的路子，等等，但还没有形成一个比较完整的、比较定型的思路。

第二阶段，是有中国特色的反腐败之路的形成阶段。这个阶段从1993年8月党中央决定进一步开展反腐败斗争、中央纪委召开二次全会进行部署以来到现在为止。在这个阶段.通过明确反腐败斗争的指导思想、基本原则、三项工作格局、领导体制和工作机制等，基本上形成了一条符合中国国情的、有中国特色的反腐败路子，使反腐败斗争基本走上了经常化的轨道。对有中国特色的反腐败之路可以作这样的概括：在整个社会主义初级阶段，党风廉政建设和反腐败斗争都要以邓小平理论和党的基本路线为指导，紧紧围绕经济建设这个中心，在党和政府的领导下，坚持从严治党和依法治国的方针，坚持以领导干部廉洁自律、查办案件和纠正不正之风三项工作为基本格局，坚持长期性目标与阶段性成果的结合，全面部署，突出重点，标本兼治，综合治理，依靠党自身的力量和人民群众的支持解决存在的问题，把消极腐败现象遏制在可能的最低程度，为经济和社会的发展创造良好的政治环境，为维护改革、发展、稳定的大局服务。

结合对腐败发展趋势的判断和这几年工作状况的分析，大致可以确定这样的基本思路：前五年，即十四大到十五大(1992年到1997年)的五年，反腐败工作基本上采取了以治标为主、兼顾治本的方针；这五年，即十五大到十六大(1997年到2002年)的五年，反腐败工作可考虑采取治标与治本并重的方针；后五年，即十六大到十七大(2002年到2007年)的五年，反腐败工作可考虑采取以治本为主的方针。

四、关于反腐败如何治本的问题

反腐败要治本，就必须从产生腐败的根源着手来进行治理，就是要消除产生腐败的条件和土壤。那么，现在有哪些产生腐败的条件和土壤呢？简析之，一是有的人思想意识发生了变化，利己主义、享乐主义思想占上风；二是法律制度方面不配套、有漏洞；三是在新形势下监督、管理工作不适应、跟不上；四是体制、制度方面有弊端、有问题。治本之策、应由此而定。

反腐败的根本出路在于改革。笔者认为，现在有三个方面的重大改革同廉洁政治紧密相关。第一是政企必须分开。政企不分，一不利于搞市场经济，二不利于搞廉洁政治，必然会出现行政权力干预经济行为、权力进入市场的现象，导致权钱交易行为的发生。第二是国家机器必须吃“皇粮”。现在党政机关搞“创收”等行为，在一定时期可能起点弥补经费不足的作用，但明显是利少弊多。特别是军队、警察、法庭、监狱等，既然是国家机器的组成部分，就应当由国家的“皇粮”来供养。否则，各种利益参与其中，社会公正从何谈起?！第三是福利待遇应当货币化。现在尚在实行的住房、公车等“福利待遇实物化”，是计划经济体制的产物。我们应采取的根本办法，就是通过改革，把“福利待遇实物化”改为“福利待遇货币化”。因为在社会主义市场经济条件下，只有采用同市场经济相适应的办法，才能起到根治腐败的作用。

从实际情况看，不仅在住房、用车方面可以货币化，其他一般的福利与待遇方面的问题都可以用货币化来解决。这两年我们在清理用公款配置的住宅电话和移动电话的过程中，就部分地采用了货币化的办法，效果也比较明显。可以相信，如果彻底采用货币化的办法，许多体制性的腐败就能从根本上得到解决。

(作者单位：中纪委研究室)

腐败现象滋生蔓延的工作方面原因及其进一步治理的对策

北京市纪委课题组

研究腐败现象滋生蔓延的原因，对于我们抓住源头，加大反腐败的治本力度十分重要。就现阶段腐败现象滋生蔓延的工作方面原因，市纪委成立了课题组，通过召开若干不同类型的座谈会，并深入市饮食服务公司、通州、海淀、顺义、平谷、朝阳、首钢等单位进行调查研究，与会者一致肯定了北京市在坚持反腐败领导体制和工作机制的前提下，进一步加大了反腐败工作力度，不断取得了阶段性成果，积累了一定的经验。但也指出，腐败现象仍呈现蔓延的趋势。

一、腐败现象滋生蔓延的工作方面原因

尽管近几年来，反腐败力度加大，并取得明显成效，但腐败现象仍然呈现多发、高发的态势，群众对此还很不满意。现阶段腐败现象滋生蔓延，原因是多方面的，包括经济、政治、思想、文化、社会和工作等方面。

1.“一手硬、一手软”现象的存在，造成一些单位是非不清，削弱了反腐败斗争的力量。

在理论认识上，一些领导同志对邓小平同志关于“两手抓，两手都要硬”的思想存在“四不现象”：一是不真学，往往以工作忙、任务重为借口，不能抽出时间静下心来研读原著，认真学习邓小平党风廉政思想，尤其是“两手抓，两手都要硬”的重要思想，或者虽然学了，也是走形式，“身到心未到”；二是不真懂，虽然进行了学习，但仅仅停留在一知半解或只有肤浅的认识，未能真正领会其精神实质和深刻内涵；三是不真信，由于工作等各方面的需要，了解一些有关论述和重要思想，但是由于受到某些因素的影响而心存疑虑，以至对反腐败信心不足；四是不真用，不能理论与实践相结合，光把理论挂在嘴上，而不是自觉地加以运用，更好地指导实际工作。由于理论认识的错误，导致在实际工作中一些单位没有真正落实“两手抓”的方针，出现“单打一”、“一手抓”的倾向，把抓经济看成是“硬指标”，而把党风廉政建设和反腐败工作看成是“软指标”，对于上级反腐败斗争的要求、部署，敷衍应付，走过场。以至一些领导对于腐败问题关注很少，这就在客观上纵容了不正之风和腐败现象的蔓延。有的人竟错误地认为，只要能把经济搞上去，什么手段都可以使用。比如，有些人以赌博故意输钱给对方的形式，来达到行贿的目的；还有的为承揽某一建筑工程项目，以集体名义去行贿；有的把吃、喝、请、送作为搞好经济的手段。这些人在一定程度上是抵制反腐败斗争的。

2.民主集中制的不完善与不健全，造成权力失控和滥用。

一些人片面强调“要有责有权”，从而将权力高度集中，甚至在个别地方和部门出现了一人说了算。北京市出现陈、王这样的高层腐败案件，一条重要原因在于他们肆意践踏了党的民主集中制，严重破坏了领导班子内部的民主生活，大事陈希同一个人说了算，财政王宝森一支笔，从而削弱了市级领导层特别是市委常委班子的民主决策和监督制约的功能。一些企业把贯彻《企业法》与民主集中制对立起来，把国家赋予企业法人的自主权理解为个人的权力，对企业的重大决策不经集体研究，个人专断，使一些企业主要领导人的监督处于“上级管不着，同级管不了，下级不敢管”的真空状态。比如，首钢五起经济大案首犯管志诚、周北方等人，在任期间，大树个人绝对权威，顺者昌，逆者亡，一支笔就能支配企业的巨额财富。管志诚在任矿业公司党委书记期间，擅自在外地成立了两个公司，自任董事长，并让其姘妇当董事，大肆进行经济犯罪活动，无人敢查、无人敢问。

据一次问卷调查显示，在对全市贯彻民主集中制的评价时，只有四分之一左右的人员认为执行得好，而较多的人员（占65%左右）选择“一般”，既不肯定，也不否定；在被调查的局级干部中，认为执行得好的占22.2%，认为执行得一般的占56.9%，认为执行得不好的占20.9%。在调查对今后贯彻民主集中制有无信心时，没有信心或信心不足的，局级干部占38.5%，共产党员占38%，民主党派占60.2%，群众占43.7%。

3.忽视经济体制转轨变型期的监督工作的转变，权力监督出现空白和断档。

在计划经济体制向市场经济体制转变之后，监督工作无论在内容上还是在手段上都未及时地相应地作出调整，以适应形势发展的需要。比如，为了改变权力过于集中中央的状况，我们党从八十年代开始实行权力下放的

改革，通过向地方放权，各级地方政府在发展本地经济和社会事务方面获得了很大的自主权，而对于各级政府如何使用自主权却没有规范化的约束手段进行约束。又如，在政府管理体制改革过程中，为了改变决策权过于集中的状况，政府向各职能部门授权。然而对于授予的这些权力，又没有以与职权相对等的责任要求进行约束。又如，为了搞活国有大中型企业，在向企业放权的过程中，如何加强对企业法人的监督，防止国有资产的流失，没有提出相应的监督措施。在权力监督出现空白的情况下，滥用职权的事情就会趁机滋生蔓延开来，以至造成乱摊派、乱收费、乱罚款，一些国家公职人员索取和收受贿赂，国有资产大量流失等等。

市场经济条件下，财务监督是重要的监督手段之一，由于我们仍在沿袭着传统的行政管理监督方式，财务监督未被提到应有的重要地位，导致财经纪律松弛。主要表现为：票据管理混乱，白条入帐现象时有发生；私设“小金库”，巧立名目随意支用、私分；搞帐外经营，体外循环，损公肥私；有的清理应收款不及时，资金管理不严，造成国有资金流失；公款私借、公款私存直至“收支相混”，等等。一些地方和单位的负责人，往往派亲信担任会计，为其逃避财务监督，进行违法违纪活动创造条件。有些会计人员财务监督意识淡化，为了应付检查造假帐，隐瞒真实的财务情况。

4.全面而有重点的监督机制尚未完善，造成权力监督乏力。

邓小平同志在谈到党内监督时，强调必须把监督的重点放在领导干部身上。领导干部的特殊地位决定了我们在开展整体监督的时候，必须把领导干部特别是各级领导班子的一把手作为监督重点，这是健全和完善权力监督机制的关键所在，是加大权力监督力度的重要措施。那么如何监督一把手，就同级监督而言，难度较大。按照干部管理权限，一般是由上一级党委、纪委执行监督，但是目前尚缺乏一套可操作性的制度和程序，由此造成法人犯罪问题严重。比如，有的企业法人将企业的国有资产转移到自己的亲属或朋友开办的企业中或转移到境外进行侵吞，有的以超低价转让变相侵吞；有的“吃母体”即利用国有资产私自经营，亏了记在公家帐上，赚了归自己等等，对于这些行为，没有一套监督程序阻止，群众反映了，损失造成了，才去查处。监督不能在权力的运作过程中实行，监督是乏力的。市场经济体制发展和健全时期，权力相对集中行业和部门存在着“权钱交易”的可能和便利条件，我们强调权力监督就应该将这些行业和部门作为监督的重点。但是由于没有重点监督的整体措施和办法，一些职能部门及行业成为腐败现象多发的部位和环节。

5.政策不严谨，制度不落实，形成诸多漏洞。

制定政策不严谨，制度不落实，就在一定程度上给一些搞不正之风和腐败行为的人以可乘之机；有些政策规定弹性太大，不能起到有效的强制作用；有的政策不配套，出现一些漏洞，如国家允许税前列支的厂长经理费，如何规范其使用范围，缺乏配套条文；有些政策的制定，照顾方方面面，针对性不强，致使缺乏相应的威慑力；一些新的政策出台，缺乏一定的预见性和与之相配套的约束措施；还有些政策缺乏连续性，前后衔接不够。

不少制度制定后没有得到很好的落实，如“三重一大”制度、离任审计制度等；有些制度相对滞后，已跟不上形势发展的需要；还有些制度规定得太笼统，缺乏可操作性。

6.个人收入分配存在的不公平、不合理是腐败现象滋生蔓延的物质因素。

社会存在决定社会意识，当社会分配严重不公时，人们心理肯定会产生不平衡，这种不平衡在自身缺乏抵制拜金主义的能力时，就会成为犯罪的动力。比如，原丰台区公安局局长方并生，在反思自己最后走上犯罪道路的思想根源时说：“1992年我去南方，看到人家那儿的公安局长，要钱有钱，要房子有房子，我觉得自己挺寒酸，论能力和水平，我并不比他们差，心理感到不平衡，回来后，我想办法多弄点钱。”又如，原北京电子光学设备厂厂长兼党总支书记李云鸿，受任于企业危难之际，他一心扑在企业的发展上，与职工一起艰苦奋斗。他一家三口人挤住在一间不足9平方米的小平房里。他每月仅挣62元，经常囊中羞涩。他每次外出都是骑车，偶尔用公车办点私事，就一定要交钱。1989年，李云鸿到深圳走了一趟，看到人家有钱、有车、有别墅，感慨万千。出了这趟差，他的思想发生了巨大的变化。他最强烈的感觉是太亏了。他认为自己付出与所得反差太大了。于是他开始为自己补偿，结果走上了犯罪的道路，我们不否认党员干部犯错误最主要的原因是放松世界观的改造，但是也不应排除分配不公所形成的社会存在带来的消极影响。

7.积极进行干部制度改革力度不够，干部政绩认定、评价机制存在片面性，造成一些地方和部门治党不严，失之于宽。

当前，在对干部的选拔上，引入竞争机制，实行公开、平等、竞争、择优的原则进行选拔还不够，致使一些投机钻营者，如刘金生这样的人，也能被委以重任，相对地就压抑了一些优秀人才脱颖而出。在对干部政绩的认定上，存在“唯经济指标论”，重“才”轻德，把“能人”与有才之人相提并论，导致一些领导与广大群众在对同一个人的认识上出现较大的反差。对干部提拔后发现有劣绩的主张“保”，那些通过溜须拍马或者弄虚作假被提拔上来的干部，“头上金光闪闪，座下万丈深渊”，他们往往从被提拔重用之日起，也就是其违法违纪的开始。但一些领

导发现后，却竭力主张保其过关，强调其所谓的"才能"与"政绩"，"护短"说情，使大事化小，小事化了。在对领导干部的评价方面，往往仅以选票的多少来衡量，因此，一些领导为了拉选票，不敢扯破脸皮，对下属管理不严，批评不力。一些领导和单位在对违法违纪案件的处理上不严肃，过分宽容，该开除的不开除，该追究刑事责任的不追究，而是以免代处，以调代处，以罚代处。

二、几点对策的建议

1.要通过深化改革，从源头上抓起，在防范上下功夫。

邓小平同志指出，解决一切问题的根本出路在于深化改革。在建立社会主义市场经济体制过程中，减少和消除腐败现象，必须依靠改革。一方面尽快建立和完善市场经济规则和市场体系，增强市场管理的预见性，强化中观及微观管理，规范市场行为，不断消除市场经济带来的负面影响以及堵塞新旧体制转换过程中出现的漏洞和真空；另一方面通过深化机构改革，完善行政管理体制，转变政府职能，实现政企分开。

要从源头上治理腐败，在严厉治标的同时，加大治本的力度，认真抓好清理预算外资金和收支两条线的工作，真正解决群众反映比较强烈的一些问题，克服"头痛医头，脚痛医脚"的现象，从根本上预防和消除各种腐败现象。

要立足于教育，着眼于防范。思想教育作为一项基础性工作，首先要分层次进行，加强"领导干部在党风廉政建设中以身作则、率先垂范"教育，艰苦奋斗教育和全心全意为人民服务的宗旨教育，以及党纪法规教育，使广大党员、干部树立正确的世界观、人生观、价值观，增强拒腐防变的能力。其次，教育要有针对性，即针对党员、干部存在的问题以及社会时弊，找准问题，对症下药。充分利用正反面典型教育的经验教训，与修订和完善制度相结合，使教育与防范融于岗位责任之中。第三，要注意教育方式的灵活性，涉及思想感情的问题，应面对面地进行教育，同时要搞定向教育，抓住用权、决策、用人和自律等内容，重点培训好"一把手"。第四，教育要有严肃性，做到"言出纪随"、"言出法随"，同时要把教育与有关制度相衔接，使之经常化、法制化。

2.坚持和健全民主集中制，强化对权力的监督制约。

民主集中制是我们党和国家的根本组织制度和领导制度，是科学的领导方法和决策方法。要充分发挥民主集中制的监督制约功能，实行集体领导与个人分工负责相结合，有效地遏制"家长制"、"一言堂"的个人专断作风。凡属重大决策、重要干部任免、重要项目安排、大额度资金使用，必须经集体讨论决定。

鉴于实践中一把手民主作风状况，对于班子民主集中制贯彻情况影响较大，在选拔领导干部特别是各级领导班子一把手时，要注意考察其贯彻民主集中制的情况，作风严重不民主的人，即使有一定的能力和政绩，也不应该使用。

要科学地解决集权与分权的关系，建立各个系统、各个部门、各个岗位之间的权力制衡。对直接掌管人、财、物的部位和环节，要实行权力分解、管理交叉、岗位轮换等制度，使各种权力的行使置于法规、制度的约束之下，防止权力越轨和滥用。

同时，注意扩大权力的透明度，实行公开办事制度。要注意发挥民主党派参政议政和民主监督的作用。

3.加强财政监督，严肃财经纪律。

建立健全财务管理制度，加强对会计人员和管财管物的单位领导人的教育和监督，坚持经常性的审计监督，并形成制度。同时，积极试点并推行会计委派制度，将管理会计人员的人事权、考核权从所在单位分离出来，强化会计人员的监督职能，为会计工作真实反映单位的财务状况创造良好的条件。另外，为适应市场经济发展的需要，逐步健全财政监督机制，各级政府要逐步实现公开与透明的政府采购制度，以便从源头上有效地抑制公共采购活动中的各种腐败现象。

4.从健全物质保障机制入手，逐步解决分配不公问题，减少诱发腐败的物质因素。

要切实解决公职人员收入偏低的问题。要从健全物质保障机制人手，加快工资、退休、住房、社会保险等制度的改革，减少不公，增加公正，建立廉洁保证金制度，根据公务员工龄及工资总额确定额度，在任职期间廉洁，退休时可获取高额保证金，以使公职人员廉洁而无后顾之忧。

5. 搞好纪委的监督，充分发挥其组织协调作用。

纪委是协助党委抓好党风的专门监督机关，依据党章规定积极履行保护、惩处、监督、教育四项职能。在党风廉政建设和反腐败工作中，纪委要摆正自己的位置，不应大包大揽，事无巨细都去管，结果造成主要工作任务不突出，职能作用乏力，甚至出现错位或越位。通过认真抓好党风党纪，有效发挥监督职能，真正树立纪检机关的威信。

在十五大确定的反腐败领导体制中，纪委负有组织协调的责任，这就必须赋予其相应的职权，有位才有为，从而保证权责一致的原则，减少在反腐败工作中力不从心的感觉。

在搞好纪委监督的过程中，做好纪委的组织协调工作，充分发挥各种监督，特别是群众监督的作用，形成对腐败现象监督的强大合力。

6.坚持求真务实的工作作风，狠抓各项制度和规定的落实。

坚持实事求是，一切从实际出发，同时大兴调查研究

之风，以实现民主决策和科学决策。在各项政策和制度出台之前，应当进行严密的论证，认真听取各方面的意见，集思广益，以减少漏洞和失误，增强政策和制度的权威性和严肃性。同时要在制度的完善上下功夫，随着实际工作的深入和新情况、新问题的出现，不断加以修正，以更加切合实际，增强实效性。

要遵照邓小平同志加强制度建设的思想，积极探索适合中国国情、具有中国特色的立法和制度建设的道路，为有效打击各种腐败行为提供有力的法律依据，防止出现新的漏洞。法律和制度的完善，将有效地制约那些恣意搞腐败的人不能妄为得逞，从而减少腐败现象的滋生蔓延。

这几年来，有关廉政建设的制度、法规、规定，已经制定了很多，但关键在于有效的监督与落实。要在实际工作中不折不如地加以贯彻执行，并要形成奖惩机制，否则只能是一纸空文，形同虚设。

7.进一步加大惩治腐败的力度，严格执纪执法。

邓小平同志指出，不管谁犯了法，都要依法办理，任何犯了法的人都不能逍遥法外；谁也不能违反党章党纪，不管谁违反，都要受到纪律处分，不许任何违反党纪的人逍遥于纪律制裁之外。因此，对腐败行为，必须依法依纪严肃惩处，绝不手软；对那些违法违纪分子，一经发现，有多少就处理多少，决不能让腐败分子有任何藏身之地，留下“害群之马”。对于那些预设“护官符”、编织关系网、说情、妨碍司法程序、保护犯法的人，发现一个，处理一个，是党员的要从严惩处。只有这样，才能对那些想搞腐败的人产生强大的震慑力，使之不敢为、不愿为、不想为；才能表明党和政府对惩治腐败的坚决态度，从而取信于民，增强群众对反腐败的信心，在全社会形成反对腐败的强大攻势；通过典型案例的警示作用，教育广大党员、干部，使之吸取教训，引以为戒。总之，只有加大惩治腐败的力度，才能在一定程度上遏制腐败现象发展蔓延的势头，使党风廉政建设和反腐败斗争不断取得进展。

（本课题组负责人：袁懋栓　　成员：段义海　于世英　徐江波）

党员领导干部廉洁自律务必注意的一个问题

——学习《中国共产党党员领导干部廉洁从政若干准则(试行)》的体会

李汉武

中共中央最近印发的《中国共产党党员领导干部廉洁从政若干准则(试行)》(以下简称《廉政准则》),是廉政建设中的一件大事。

《廉政准则》所列的30种禁止性规范,几乎每一条都与我们现实生活中的家庭有关。这说明党中央已经注意到家庭在廉政建设中的重要作用。过去,我们很强调党员领导干部本人的廉洁自律,强调单位、组织对党员领导干部的教育和监督,帮助把关,这是必要的。但仅仅这样做还不够。在新的历史条件下,我们还务必注意一个问题,即党员领导干部的家庭在廉政建设中的影响,务必把好家庭关。

党员领导干部的家庭在廉政建设中发生着重要影响,这是由我们当前家庭经济生活的性质决定的。

家庭是中国社会政治经济结构的细胞,是个人与社会联系的起点。个人总是生活在家庭之中,个人的经济行为和结果往往影响全家人的生活。一些领导干部以权谋私,如《廉政准则》中提到的索取管理、服务对象的钱物;用公款购买、装修住房;用公款支付配偶、子女及其他亲友学习、培训费用等等,看起来是腐败者的个人行为,实际上腐败分子谋得的利益进入了自己的家庭,整个家庭成员都成为不正当来源利益的受益者。腐败者的个人行为实质上异变为家庭行为,而老百姓最不满意的是那种“一人得道,鸡犬升天”的现象。

腐败分子以权谋私的个人行为,为什么会使自己的整个家庭受“益”呢?这是因为我们现在的家庭,对于家庭内部全体成员来说,还是个“一损俱损,一荣俱荣,一贫俱贫,一富俱富”的利益共同体。我们社会中绝大多数家庭的内部财产是全体家庭成员共有的,腐败分子以权谋私获得的利益,一旦进入家庭之后,就变成了家庭的内部财产,从而使整个家庭受“益”。也正因为如此,一些党员领导干部的家属、子女,受社会不良风气的影响,总是鼓动和要求自己握有实权的亲人利用手中的权力为家庭谋利益,或者为自己从事各种合法或非法的活动提供便利条件。有的党员领导干部革命几十年,经受了各种各样的考验,最后却很难跨过家庭亲情难关,在家庭亲人的鼓动和要求下以权谋私,堕落成为人民的罪人。有的党员领导干部本身就想以权谋私,于是利用家庭亲人作为援手,通过家庭亲人开办的公司等等各种渠道,把国家财产转化为家庭私有财产,从而走上犯罪道路。所以,党员领导干部的家庭在廉政建设中的影响不可轻视。

当前,我们的社会正处在改革开放的体制转型过程中,在这个过渡时期,原有的计划经济秩序已受到冲击而不完整;社会主义市场经济的新秩序又一下子难于完善健全起来,由此形成一个半无序的特殊阶段,很容易出现这样那样的漏洞。这些漏洞一旦被不法分子抓住,就有可能成为将国家公有财产转化为家庭私有财产的渠道。《廉政准则》所列的30种禁止性行为规范,基本上都是近些年已经发生过的把国家财产转化为家庭私有财产的不法行为。所谓反腐败,说到底就是如何有效地反对和制止这些以权谋私的不法行为。要做到这一点,一方面要加强对党员干部的思想道德教育,另一方面要尽快建立完善社会主义市场经济管理体系,从制度上体制上堵住把社会公有财富转化为家庭私有财富的种种漏洞,建立起社会主义市场经济条件下的严格的党政干部管理规范体系。《廉政准则》的颁布实施,正是这种干部管理规范体系建立的标志。

使党员领导干部的家庭在廉政建设中发挥正面作用,避免消极影响,帮助党员领导干部过好家庭关,要做很多具体的工作。

第一,要加强对党员领导干部的思想教育。要用马列主义、毛泽东思想和邓小平理论武装广大党员干部的头脑,深刻领会江泽民同志1996年在纪念“七一”的讲话中关于“一个执政党,如果管不住、治理不好领导班子和领导干部,后果不堪设想。历史上的腐败现象,为害最烈的是吏治的腐败”的指示精神,从党和国家存亡兴衰的高度来认识反腐倡廉问题,以党和人民、国家与民族的长远利益为重,克服个人私心,自觉摒弃以权谋私行为,当好人民的公仆。

第二,要加强宣传家庭亲情在反腐倡廉方面的正面典型。社会上有更多的党员领导干部的家属、子女和亲人,不愿意看到自己当了领导干部的亲人因贪一时私利而身败名裂,甚至遭受牢狱之苦。有的不断规劝自己的

亲人廉洁从政，有的帮助亲人拒收贿礼和财物，默默无闻地在家庭中筑起了一道反腐防变的亲情长城。这就是社会的正气，是彻底根治腐败现象的社会基石。我们要多多发掘这种典型，加强对领导干部家属的专门教育，让她(他)们在家里多讲奉公守法的悄悄话，多吹廉洁自律的枕边风，在领导干部受到腐败行为侵袭的关键时刻留个神、提个醒，或拉一把、挡一下，爱惜自己亲人的政治生命，保护自己的家庭幸福。

第三，党员领导干部要切实管好自己的配偶、子女、秘书等身边人；干部任用中要坚决实行亲属回避制度；县(处)级以上领导干部要按规定对本人、配偶、共同生活的子女购房、建房、婚丧、喜庆操办、与外国人通婚、出境定居、出境活动、经商活动以及涉嫌犯罪等个人重大问题，实行报告制度；对自己的工资、奖金及各种收入情况按规定实行申报制度；对在国内交往中收受的礼品实行登记处理制度；加大党员领导干部行政工作和家庭经济生活的透明度，加强党的纪律检查、行政监察和新闻舆论监督的力度。

党的十五大报告指出："在整个改革开放过程中都要反对腐败，警钟长鸣。"我们务必抓好教育、法制、监督三个环节，继续强调党员领导干部本人的廉洁自律，强调单位、组织帮助把关，如果再发挥好家庭的作用，把廉洁自律的关口前移到家庭之中，各方面相互配合，反腐败的工作一定会抓出更大的成效。

(作者系中共海南省委宣传部《特区展望》副主编)

关于反腐败措施问题的讨论综述

张维真　刘　彦

反腐败是关系党和国家生死存亡的严重政治斗争。理论界近期对反腐败措施问题进行了广泛探讨，现将主要观点综述如下：

一、加强党员干部的思想教育

许多同志认为，腐败行为的产生，首先源于思想的堕落。因此，强化思想教育，提高党员干部防腐拒变的能力，是反腐败工作的基础。加强党员干部思想教育工作包括以下几个方面：一是抓好以马列主义、毛泽东思想特别是邓小平理论以及党章和党的基本路线为主要内容的教育；二是抓好党纪、政纪和法纪的教育；三是抓好党的作风教育。有的同志认为，过高的道德准则会使很多人觉得可望而不可即，从而降低对它的认同，过于抽象的道德准则不利于人们把握，约束力也会下降。思想教育要从泛化的道德理想教育转向围绕法律和职业道德教育，使具体道德规范深入人心。

二、法制建设与法制监督

许多同志认为，单靠教育和自律是不能解决腐败问题的，法制和法制监督是打击腐败分子的利器。要加快廉政法规的建设，力争逐步形成具有中国特色的社会主义廉政法规体系，特别是形成对权力的设定、操作、监督制约等配套措施的运行机制。通过制定诸如《政务公开法》、《行政程序法》、《公务员法》、《从政道德法》等，达到对国家工作人员行使职权，办事程序等实行全过程规范化、标准化管理。还有同志提出，要改革立法建制的指导思想，将有关权力监督的政策通过法定的程序转变为法律、法规，以法律规范的形式在全社会反腐倡廉；要充实立法机构，加快立法工作的速度，堵塞腐败分子利用法律滞后而逃避惩治的漏洞。

关于执法问题，许多同志认为，首先必须有高度权威的、强有力的执法机关，要改革现行的权力监督机关的双重领导体制，使之具有相应的独立性和权威性。其次必须严惩腐败分子，治乱要用“重典”，治腐也要用“重典”。有人提出，要对肃贪反腐机构进行改革，建立一个有较强独立性、监察权力不受干扰的统一机构，它应是包括自上而下的网状式的一系列监督组织，除了法院、检察院，还必须建立中央或国家廉政总署，其人员应精干且享有较高的权力，它只对党中央、国务院或人大常委会负责，并受它们直接领导；设立若干监督专员，他们由党中央、国务院委任，负责巡视、调查和临时处理紧急和重大腐败案件；设立群众性或社团性廉政监督组织，如公民廉政委员会等。还有的观点认为，提高全民的法律意识和法治观念是法律能够起调整社会关系作用的关键，应在公民的普法教育中增加廉政法治的内容。

三、关于加强监督的几个问题

1、健全党内监督。许多同志认为，党内监督机制不健全是产生腐败和反腐败不力的重要原因。目前党内监督的最大弊端就是将监督机构设于同级党委的领导下，对同级党委及其领导成员难以行使有效的监督。若要完善党内监督，必须建立与同级党委平行的党内监督机构，这是指监督机构与党委是监督与被监督的关系，不是领导与被领导的关系，两者都由党的代表大会选举产生，都向党的代表大会负责报告工作。监督机构成员不得兼任其他党政职务，以便他们从事监督工作。这种观点设想，党内监督机构不仅监督党员的违纪违法问题，还要监督和保障党的决策的正确性、科学性，监督保证党的路线、方针、政策的切实贯彻和执行。还有的观点认为，强化党内监督应分两步走：第一步，加大纪检监督参与决策的力度；第二步，在条件成熟之后，从根本上解决主客体颠倒的矛盾，即上级纪检机关不单是业务领导，而且从人事任免到自身建设都自成体系；监察机关变双重领导为受同级人大领导，对人大负责。

2、加强人大监督。全国和地方人民代表大会是国家和地方的最高权力机关，又是国家和地方的最高监督机关。全国人大及其常委会与国务院、高法和高检是监督与被监督的关系，而不是互相监督的关系。有的观点认为，人大对“一府两院”监督的力度和广度还不够，尤其是对“一府两院”领导人廉政情况的监督更是薄弱。针对这种情况，提出以下措施：一是“一府两院”每年向人大报告工作的同时，还要就“一府两院”领导成员的廉政情况作

专题报告，提请人大代表审议。二是在各级人民代表大会增设廉政委员会。还有同志提出，强化人大监督，首先要实行事前监督，尽快解决立法严重滞后的现象，其次要健全人大实施监督的保障机制和配套措施等等。

3、强化民主党派的监督。这种观点认为，强化民主党派的监督，是完善共产党领导的多党合作和政治协商的重要内容。民主党派的监督，主要通过政协渠道参政议政，党和政府定期或不定期地向他们通报情况，征求意见。党和政府对民主党派的意见和建议应予以高度重视，合理的要采纳、落实。民主党派监督另一重要渠道是扩大选拔德才兼备的民主党派成员走上各级政府和司法部门的领导岗位，直接参与政府和司法事务。

4、加强舆论监督。有的观点认为，舆论监督是一种公众监督，是密切党同人民群众联系的重要环节，舆论监督有巨大的威慑力，是其他监督不可替代的，但当前舆论监督的力度还很不够。舆论监督的难度很大，干预太多，舆论监督部门的自主权不能充分发挥。其解决的关键在于完善法制，一方面，不允许任何人利用舆论阵地进行造谣诬陷；另一方面，要强化舆论监督部门的自主权，加强对重大腐败典型案件的曝光力度，加大道德谴责的力度。还有的同志认为，强化舆论监督作用的有效发挥有赖于以下条件的完备：制定专门的新闻法，将揭露社会腐败现象作为新闻工作者的法定权利和义务。从舆论工作本身讲，必须坚持合法性原则，在行使这个权利时，要有高度的责任意识和法律意识；必须坚持客观公正的原则，坚定地站在人民群众的立场上，实事求是，反映广大人民群众的呼声、愿望和要求；同时，舆论工作本身也必须在宪法和法律的范围内活动，接受党和人民的监督，确保监督工作不偏离方向。

5、关于建立人民监督体系。有的同志认为，人民是我国政治之本，体现在监督环节，就是要建立人民监督体系。建立人民监督体系，必须确立“民本政治”的观念，坚持权力监督中的纵向与逆向平衡配置，增强监督系统的独立性，对监督系统中各个子系统进行整合。要完成这一任务，必须做到以下几点：

(1)发挥人民监督的威力必须通过法律的途径来实现，要体现在宪法之中，使之成为不可触犯的“天条”，成为我国政治的鲜明特点。要制定《监督法》，把人民监督体系的构成、责任、权力、义务以及工作运行的程序、规则等，都以法律的形式固定下来，使之成为继党、政体系之后的又一个工作体系。

(2)建立人民监督体系，必须在我国基本制度的基础上进行。一是要采取渐进的方式，把所有监督机关和部门的监督职能集中起来，重新进行科学的设计与划分，然后以人大的监督职能为中枢，把其他各个监督机构结合在一起，从而建立一个自成系统的相对独立的人民监督委员会，专事监督之职。二是兼收国外监督工作中的合理成份，结合我国的实际，建立起具有本国特点的人民监督体系，使之与日渐成熟的人民选举、人民决策互为犄角，三者共同支撑起人民本位的中国政治巨厦，为人类的政治发展探索一条新的道路。

(3)建立人民监督体系，必须实行政务公开，提高政治运行的透明度。

(4)建立人民监督体系，重点是探索依靠群众的正确途径。依靠群众，但不搞群众运动，这是新时期反腐败工作的重要原则。必须处理好放手发动群众与组织和规范群众的关系、依靠群众和依靠法制的关系。在具体操作上，一是要提高群众的组织强化程度，避免混乱、无序和盲动。二是要把群众监督纳入法制化轨道。要严格按照法律程序办事，提高监督的准确性和公正性。三是要建立导向机制、激励机制和保障机制。

(5)建立人民监督体系，必须充分发挥舆论监督的威力。人民群众是舆论监督的主体，各种媒体只是舆论监督的工具，没有人民群众就形不成公众舆论。

关于反腐败的措施，除以上几个方面外，还存在关于“高薪能否养廉”的争论。有的观点认为，反腐败要从建立健全物质利益的保障机制人手，要重视解决社会分配不公的问题，尽快建立“以俸养廉”的政府官员工资制，使他们的工资收入高于社会一般水平，但又不脱离群众。新加坡的公务员公积金制度很值得借鉴。总之，要有一套完善的机制，使政府官员廉政、勤政的行为建立在一定的物质基础之上。

另一种观点认为，试图以高薪解决贪污腐败问题，是从善意出发而产生的一种理论的或意识的幻觉。如果没有健全而有力的约束，那些思想道德品质不高，党性不强的掌权者，仍有可能把党和人民赋予的权力，作为比可能给予的高报酬更大的个人利益的来源。因此，仅靠高薪难以“养”出廉洁的局面。

还有的同志认为，高薪养廉或严厉执法，现在需要在新的条件下去重新认识。目前我国对党政工作人员的要求有不少理想化的成份，许多方面在现实中不能做到，这应结合实际情况加以去除。因此，一方面提高党政人员的薪水，保持在中等以上水准，使其觉得弃之可惜；另一方面严厉执法，杜绝腐败，尽量使腐败者没有逃脱的机会。这就使党政人员既安于职守，同时又不会贸然“越轨”。

企业领导干部要以俭养德

谭尚建

以俭养德既是中华民族道德建设的优良传统，也是我们党对企业领导干部一贯的思想道德要求。毛泽东同志曾经教导我们："中华民族历来有一种艰苦奋斗的作风，我们要把它发扬起来。"江泽民总书记近些年来反复强调"历览前贤国与家，成由勤俭败由奢"的道理。我们党之所以十分重视崇尚节俭，是因为节俭具有拒腐防变的功能。做到了节俭，就能有效地防止和克服许多与共产党人思想道德格格不入的恶习，保持共产党人的高尚思想品德。

改革开放以来，企业一些领导干部对以俭养德不重视。他们认为，崇尚节俭、艰苦奋斗在过去战争环境和困难时期是必要的，但在改革开放、发展市场经济的今天过时了，致使有的领导干部革命意志衰退，精神萎靡不振，信奉拜金主义、享乐主义，讲排场，比阔气，挥霍浪费。因此，当前必须把以俭养德作为企业领导干部思想道德修养的一个突出问题提出来。

那么，一个企业领导干部如何做到以俭养德呢？

要做到以俭养德，最主要的是要加强马克思主义理论的学习。企业领导干部要认真学习马克思列宁主义、毛泽东思想和邓小平建设有中国特色社会主义理论，自觉地将学习理论与改造世界观结合起来。只有真正具有高尚的精神境界，才会身体力行共产主义道理，自觉地以自己的模范行为加强与人民群众的联系，才会把崇尚节俭、艰苦奋斗作为自己的行为准则，廉洁从政，乐于奉献。

要做到以俭养德，企业领导干部应对我们党的优良传统来个再学习。崇尚节俭、艰苦奋斗的优良传统，是我们党的政治优势。十一届三只全会以来党中央和邓小平同志一直强调领导干部必须艰苦奋斗，密切联系群众，崇尚勤俭，厉行节约，反对铺张浪费。我们党之所以能够夺取一个又一个胜利，很重要的一个原因就是有艰苦奋斗的优良传统。企业领导一定对这个优良传统认真地来个再学习，并且认真实践，切实做到不贪吃喝，不贪金钱，不贪享受。

要做到以俭养德，企业领导干部要在"四自"上下功夫。要自重，在履行职责时，自觉地做到情系职工群众，心想职工群众，不要辜负了党的重托和人民的期望；要自省、自觉地检查自己的所作所为是否符合人民的要求，严于剖析自己；要自警，时时警示自己，防止世界观向不好的方面转化，存正气，禁贪欲，拒腐防变；要自励，以做好人民好公仆激励自己，真正做一个高尚的人，一个纯粹的人，一个有道德的人，一个脱离了低级趣味的人，一个有益于人民的人。

（作者系四川石油管理局川东开发公司纪委办公室主任）

对加强煤炭企业领导人监督的思考

田俊峰

江泽民总书记多次强调："各级党组织对领导干部要严格要求，严格管理，严格监督"。在社会主义市场经济条件下，在煤炭全行业转轨改制、扭亏为盈的新形势下，如何反腐倡廉进一步加强对煤炭企业领导人的监督，使其在社会大变革中，能肩负重任，不辱使命，勤政廉洁，掌好用好手中的权力，已经成为事关企业存亡和国家兴衰的大事，成为摆在各级领导面前的一个十分重要的课题。

一、企业内部消极腐败现象的表现及特征

改革开放以来，煤炭企业内部所发生的消极腐败现象，既与社会上普遍存在的腐败现象有着十分密切的联系和相似之处，又有自己鲜明的特征。要搞好监督，不断强化反腐倡廉，首先就必须对内部消极腐败现象及特征有一个比较全面深刻的认识。

（一）法人代表及主要领导违法违纪已成为企业滋生消极腐败的"关键点"。其主要表现为个别企业主要领导将权力变成谋取私利的工具，变"公权"为"私权"，我行我素，独断专行、大搞权钱交易；变'公款"为"私款"、贪污腐化堕落；化"公有"为"私有"，非法侵吞国有和集体资财；化"公家"为"私家"，在重大问题上一人说了算，搞个人专断。桑树坪矿更生厂原厂长就是典型事例。他视权如命、独断专行，把党内生活庸俗化，置民主集中制于不顾。在厂内大小事都由他一手遮天，将亲属子女都安插在重要岗位，搞"家天下"。他采取打假验收、开假发票等手段；短短几年时间贪污公款3.38万元，用公款公物为自己买空调、搞装修，中饱私囊，把好端端的厂子搞得乌七八糟，严重损害了党和国有企业的形象，最后他本人也受到法律的惩处。

（二）企业经营活动的购销环节已成为滋生消极腐败的"密集区"，这些发生在企业之间经营活动中的腐败现象主要表现在：吃"回扣"、要"好处费"盛行；公款行贿、公款消费愈演愈烈；索要好处、私事公办，不给好处不办事，给了好处乱办事。就桑树坪矿这两年查处的19起违纪案件中，这类问题所占比例已达到51.05％。

（三）掌管人财物大权的重要岗位和部门，已成为企业内部滋生消极腐败问题的"多发部位"。由于有的企业经营者滥用权力，而内部管理工作不断削弱，监督制约不力，致使企业管理秩序混乱，权力泛化，人财物等关键岗位和部门很容易将这种权力变成为个人谋取私利的工具，掌管人财物实权的岗位也就成了捞取"油水"的肥差，成了企业内部消极腐败的多发点。近年来，纪检部门查办的案件中，年年都有掌管人财物人员违纪犯罪问题。

（四）煤炭企业转机建制，开发三产，实行多种经营，已成为企业滋生消极腐败现象的"高发点"。近年来，煤炭企业在减人提效转换经营机制，建立现代企业制度过程中，大力兴办了一批第三产业，但由于产权关系未能理顺，政策相对宽松，许多承包经营者负盈不负亏，加之监督制约不力，使一些消极腐败的东西乘虚而入。一是官僚主义严重，办三产上项目缺乏科学论证，科学决策，而是凭主观想象办事，致使国有资产流失严重；二是以包代管，缺乏监督，使兴办三产中"黑洞"较多，富了和尚穷了庙；三是用人失察。虽然多年都喊要选精兵强将搞三产，但实际上用了许多急于个人发家不管企业死活的"能人"，使许多三产项目一轰而上，一轰而散，我局近年来办的硅铁厂、麻袋厂、大禹木业公司等都相继倒闭，损失惨重。

以上种种腐败现象的产生，不少是源于市场经济的"负效应"。但从总体上看，改革开放和建立社会主义市场经济体制，有利于从根本上遏制和消除腐败现象，因此必须进一步推进企业改革。同时要不断研究煤炭企业面临的新情况、新问题，及时把握企业消极腐败现象所产生的条件及内在规律，以便对症下药、有效遏制腐败现象的滋生和蔓延。

二、企业消极腐败现象的成因和监督难的主要症结

探讨企业消极腐败的成因，要将其放到新旧体制转换改革开放的大环境中考察，从社会主义初级阶段基本特征入手，对新旧体制接轨产生的一系列与企业消极腐败滋生的相关问题进行探讨，就会发现，除了少数企业领导自身政治素质不高的个人因素外，还应当探析管理、体

制、教育、监督等方面的原因。这里有强调放权的同时对权力的监督约束不力；市场经济法制性作用体现不够；企业管理的科学化程度不高；政策配套措施不到位的问题。也有社会大环境恶化、党政机关和经济管理部门凭借权力，广泛干预企业经济活动“寻租”，整个社会经济运行无序，贪污贿赂成风的问题。但主要还在于企业内部监督制约机制不健全，对企业领导监督制约不力。

目前企业监督难的症结有5点：

(一)监督体制需改革。煤炭企业现行的监督体制是纪委监察受上级纪委监察和同级党委的双重领导，在实际运行过程中，上级纪委监察部门只是处于业务指导地位，而真正涉及监督部门活力的队伍建设、人员职级待遇等方面的重要问题，则由同级党政领导决定。因而，在监督工作中，很容易出现“看企业领导人脸色行事”等问题，致使对领导人的监督只是处于形式，使有效监督措施落空。

(二)监督渠道没理顺。在党政领导一人兼的企业，厂矿长(书记)集党政大权于一身，统管人财物产供销，存在着谁来监督的问题。矿长(书记)个人对自己无法监督、党委副书记、副矿长受厂矿长(书记)领导，最多也只是提点意见和建议。在党政分设的企业，厂矿长负责生产经营，书记负责党务主管思想政治工作，企业的生产经营，书记难以参与，因此也就无法监督。

(三)监督缺乏广泛性。在个别企业存在有认识“误区”，即一提党组织监督就单纯认为是书记、纪委书记的事，而忽视了党委、纪委班子和广大党员的监督作用。结果导致党委纪委成员和普通党员对企业生产经营、重大决策知之甚少，只有发挥模范带头作用的选择，而缺乏甚至根本就没有履行监督检查的权力和机会。

(四)监督主体素质低。由于一些企业上级主管部门在企业领导班子配备上，存在“重行政、轻党务”的倾向。特别是基层区队和三产分离单位，大多数专职书记或党务干部是由行政退下来的人员担任，老弱病残居多，没有精力，也不愿再费精力去履行监督。

(五)监督制度仍不健全，突出表现在企业党组织和纪监组织在履行监督职能上缺乏必要的制度保证，即使有一些监督制度，但规定的太笼统、操作性不强，难以起到应有的监督作用，不能达到预期效果。

三、加强对煤炭企业领导监督的内容和途径

加强对煤炭企业领导人监督的内容十分广泛，最要紧的，是要抓住10个方面。(一)确保党组织参与企业重大问题的决策，主要是经营方针、发展规划、年度计划、重大技改方案、财务预决算、资产重组和资本运作中的重大问题；中层以上管理人员的选拔使用和奖惩；企业重要改革方案、管理制度的制定、修改；涉及广大职工切身利益的重要问题。议题须经党政主要领导协商，决策须经党委会或党政联席会集体研究决定。以保证党和国家路线、方针政策、法规的正确贯彻执行，保证国有资产的保值增值。(二)坚持中层以上管理人员的考核考察、教育培养、监督使用管理。坚持任免中层以上管理人员事先要经组干部门的考察，再经纪检部门作出廉政鉴定、党政领导集体讨论决定后，由厂矿长依法任免。没经考察和廉政鉴定者，不能上会；多数人不同意的，应暂缓决定任免。(三)在收入分配上要求经营者必须严格按规定取得合法收入，不准违反规定提高个人工资金标准，滥发钱物，不准克扣职工工资奖金，私设小金库。(四)在工程招投标及物资采购、产品销售中维护本企业利益严禁经营者参与招投标和采购，不准接受礼金、红包、回扣。有价证券，推辞不了接受后，一律交公。(五)在兴办实体，业余兼职方面要严于律己，不准个人经商办企业、从事有偿中介服务，不准利用职权为亲属经商办企业提供优惠条件。(六)在住房方面，必须认真执行房改政策，不准多占住房，不准用公款购买装修住房和超标准建房，不准用职权为自己和亲友住房提供优惠条件。(七)在购买和配备小轿车方面，必须严格控制标准，不准违纪购买进口车、超标豪华车和超标准装修；不准在企业非政策亏损和拖欠职工工资期间，购买、更换和长期租用专供领导使用的小轿车。(八)在企业招待应酬中，要坚持制度严格标准，反对铺张浪费。(九)在对待亲友的招工、招生、提干、晋级、评聘职称、工作调动、农转非上必须严格要求，坚持按章办事、不徇私情。(十)在遵守社会主义道德方面，必须抵制封建和资产阶级腐朽没落思想影响，婚丧嫁娶不大操大办，不借机敛财、不参与赌博、嫖娼和封建迷信活动。

加强监督的途径。当前应主要采取以下措施。(一)充分发挥党组织的政治核心作用，强化组织监督。在企业未改制前，纪委监察部门应实行上下垂直领导，其人员设置及调整、待遇等由上级党委、纪委确定，其工作进程应在向上级纪委报告的同时，向同级党委汇报并沟通，取得同级党政的领导和支持。其次，应提高纪检监察工作人员的职级待遇，以便对企业各级领导实施有效监督。同时应实行党政交叉任职，党委、纪委主要成员都进经营集团，保证企业领导层党员占多数。企业转轨改制、实行股份制后，决策层与执行层权力分离，企业党组织首先要利用国家控股优势、依法推荐党员进入董事会、理事会和监事会，从而使企业各级领导机构中党员占绝对优势，体现党的意图，保证监督职能的正常实现。其次要搞好党务干部队伍建设，选拔一批党性强、懂经营、会管理。熟悉党务工作的优秀中青年党员进人各级党组织班子，同时大力推荐党组织成员进入股份制企业各级领导机构，为履行监督职能奠定坚实基础。再次要大力提高党员素质，狠抓党员政治思想教育，讲学习、讲政治、讲正气，提

高政治敏感性和鉴别力增强监督意识，为全党参与监督创造条件。

二要不断加强对企业领导人的党风廉政教育，强化自我约束意识。要制定规划，狠抓落实，切实抓紧抓好对经营者的教育培训。要通过中心组、领导干部学习班、脱产轮训、个人自学、选树正反两方面典型等形式抓好各级领导的党风廉政教育，使其不断增强自我约束意识，自觉做到自重、自省、自警、自励，要求别人做到的，自己首先做到，禁止别人不做的，自己坚决不做。用“理想、宗旨、标准”作尺子，严格要求自己，真正做到一身正气办事，两袖清风做人。

三有针对性地建立健全制度，强化制度约束。建立健全制约制度至关重要，制度好可以使坏人无法任意横行，制度不好，可以使好人无法充分做好事，甚至会走向反面。当前在坚持原来行之有效的《党政议事规则》、《民主集中制》、《民主评议干部》和中纪委重申和建立的《党内监督五项制度》的同时，近期应尽快修定完善和坚持实行9项制度：(一)企业领导干部收入申报制度；(二)领导干部收受礼品登记制度；(三)个人家庭重大事项报告制度；(四)企业招待费使用报告制度；(五)领导干部回避制度；(六)掌管人财物部门及人员权力分解和岗位制衡制度；(七)领导干部离任审计制度；(八)党风廉政检查、考核鉴定制度；(九)效能监察执法监察制度。(十)实行领导干部和重要岗位人员定期交流制度，减少各种非正常关系对权力运行的影响。对各种制度要严格执行、严格管理、定期检查落实。对违犯者，轻则批评教育，重则及时调整，防止权力失衡。

四是不断加大案件查处力度，强化法纪观念。要集中力量查处企业负责人违纪违法的大要案，这既是反腐败斗争深入发展的客观要求，也是强化对企业负责人实行监督的必要手段。对那些以权谋私、贪赃枉法、行贿受贿以及严重失职渎职的腐败分子，不论职位高低，都要坚决查处，绳之以法，决不姑息养奸。

只要我们始终坚持加强勤政廉政建设，深入开展反腐败斗争，坚持党管干部的原则，制定行之有效的制度，抓好企业负责人的教育自律、不断加大案件查处力度，教育防范、监督、制约、惩处并举，多管齐下，就能把各项监督任务落到实处，确保企业领导人掌好权、用好权，就能使国有煤炭企业在激烈的市场竞争中，站稳脚跟，扭亏为盈、重振雄风、健康发展。

(作者单位：韩城矿务局桑树坪煤矿)

从市长到囚犯

吴世范

江苏省泰州市反贪局神秘地忙碌起来，警车闪着红灯，出出进进，楼里灯光整夜通明。

敏感的人们猜测到：反贪局在抓大案要案，说不定逮住一条大鱼！

猜得不错。果然，时隔不久，赫赫有名的原靖江市市长王新民被捕。市长入高墙，案情一曝光，顿时全城震动。

他从基层干起，登上显赫高位。然而，他不能廉洁自守，肆意为非作歹，跌入罪恶深渊

现年58岁的王新民与同龄人相比，实在不同凡响，令人刮目相看。他出生在靖江一个普通农家，高中毕业后，他从县办公室文书干起，以后他便吉星高照，“天天向上”。文印股长——秘书——办公室主任。1991年擢升至县委副书记、县长，过两年县改市，又当上了市委副书记、市长。1996年改任市委副书记、市政协主席。正当他自觉如日中天，蒸蒸日上之时，命运之神却同他开了个玩笑，在他荣任市政协主席仅仅几个月，一封封慷慨激昂的举报信，敲响了王新民的丧钟。1996年末，泰州市检察院反贪局正式对王新民依法拘捕，1997年5月，市中级人民法院以受贿罪、巨额财产来源不明罪、流氓罪、赌博罪依法判处其死刑，缓期二年执行，剥夺政治权利终身。

在法庭上，王新民睥睨一切的派头早已荡然无存。他神情倦怠，头发凌乱，双眼微肿，混浊的泪水扑簌簌地落下，嘴里不住地嗫嚅着：“我真后悔，是贪欲断送了我的前程……”

然而，这一切都悔之晚矣。

他利欲熏心，连连被金弹打中，成了浑身散发铜臭的金钱乞丐

王新民在刚刚被任命市长之初，确实曾下过决心，好好干一番。然而，不久他就与一些社会上的三教九流、地痞混子混得很熟，这些人用金钱、美女为诱饵，步步向王新民展开进攻。这位王市长在金钱美女的诱惑下，心乱神迷，不能自拔，与他们沆瀣一气，成为贪得无厌的“要钱市长”。

王新民在任市长期间，利欲恶性膨胀，贪得无厌。你要办事吗？对不起拿钱来，不给钱不办事。在这样一个市长的影响下，一时间，靖江政府机关上下，行贿送礼的歪风迅速蔓延开来。

1993年，靖江市烟草专卖局副局长季某，为该局在机构升格中能得到王新民的关照，提出要给王新民家装台空调，王说家里已有空调。季某便拿出2万元公款，以“陈美华”之名为王新民在本局集资，并两次付给其集资利息4800元。

原靖江市广播电视局局长赵某，因该局建造广电大楼的350万元资金不到位，便乘王新民访日之机，送其20万日元，说：“这些到日本用得上。”王收下后，即让财政局设法解决了广电大楼所需的资金。

原靖江市人行副行长赵某，因违反金融纪律超计划放贷被查，便跑到王新民家送上1万元，王遂将此事一笔勾销。

靖江科达电脑公司是马桥乡乡办企业，因资金缺口大，一直未上马。该公司主要负责人为得到王新民的关照，先后为其送去2.5万人民币和1000美元。该公司美方老板还邀请王新民等人赴美考察，并送其一台价值7000元的摄像机。投之以桃，报之以李。王新民则以市委、市政府名义成立了解决资金领导小组，多方协调各银行及有关部门，解决该公司资金问题。

靖江市某公司经理，当上副局长后，为感谢王市长的提携，先后送其4600元人民币。后来，王新民指示人事局，给该局长办理转干手续，作为回报。

据统计，从1992年到1995年，王新民先后接受107人次钱物，折合人民币共71万元。

他放浪形骸，玩弄女性，寻欢作乐，被百姓斥之为“流氓市长”

王新民不仅在经济上贪得无厌，在道德上也极其败坏，被老百姓称之为“白天念稿子，晚上玩婊子”的“流氓市长”。王新民的腐化堕落，不能不说与他结交一个叫周振的“挚友”有很大关系。

此人原是一名集体所有制医生，一向游手好闲，曾经

玩弄过10多名女性，是有名的花花公子。结识王新民后，周使出浑身解数逢迎讨好王新民，不仅为王搜集大量名贵中药，调制出“壮阳酒”，还为其嫖娼宿妓充当“皮条客”。

1993年，周将其情妇的妹妹“介绍”给王新民。王以送金项链、帮助其调动工作等手段，施以利诱，先后在该女家中4次将其奸淫。一次，王新民去南京开会，还指使周振，将该女带至某宾馆，供其玩乐。

王新民则把周振视为心腹，格外关照。他先聘用周振为市卫生局下属宏昌实业总公司总经理，后列为在编在册干部。有了王新民作靠山，周振更是胆大包天，有恃无恐，先后侵占、挪用公款24万余元，并将王新民的嫖赌费用拿到公司报销。

靖江某单位一女职工，托人找王新民帮助调动工作。王新民借机将该女带至家中及靖南新村一公寓，先后3次将其玩弄，随后，王便为其调动了工作。

某女青年，离异后带着孩子，工作无着落，生活困难，便写信求助于王新民。王却乘人之危，将该女叫到靖城镇合兴村王家一空房将其奸淫。

就这样，王新民利用职权，以帮助调动单位、安排工作、解决困难为名，以金钱物质引诱，先后将4名女青年奸淫。其中年纪最轻的，小他30岁。王新民是只不嫌腥的猫，有时他在办公时间就悄悄溜出市政府，与女人幽会；有时，他在办公室里，也对前来求助的妇女动手动脚，施以猥亵。

1994年5月，王新民赴港招商，途经深圳。他让随行的胡某招来两名妓女，三男二女同室淫乱，被警方当场抓获。王新民隐瞒姓名，以“王绪民”之名，让胡某代交了5000元罚款。

王新民还经周振介绍，在上海4次嫖宿卖淫女屈某，并送其大量金钱财物。

王新民还是个胃口很大的赌徒。从1994年下半年至1996年春节，仅查实的王新民参与赌博就有20余次，赌资总额达7万余元。

多行不义必自毙。王新民恶贯满盈，身败名裂，给人们敲响警世之钟

王新民的种种丑行，激起了靖江广大干部群众的强烈愤慨，他们采取多种方法与之斗争。

1993年市人代会选举市长时，揭发王新民问题的信件，就曾散发到人大代表手中，引发了一场“选举风波”；1996年，王新民被提名为市政协主席候选人，很多政协委员不同意，虽经“做工作”，但选举时，仍有较大意见，有的甚至弃权不参加选举，以示对王新民的反对和藐视。

尽管如此，王新民仍不幡然醒悟，反省自我，反而多次在民主生活会上大言不惭地标榜自己“思想不滑坡，工作不疲软”，“收过亲友间条把烟、瓶把酒，但数量大的从来不收”。选举风波后，他竟然利用发表电视讲话之机，为自己“辟谣”、辩解。私下里还愤愤不平地说：“我挖了谁家的祖坟，他们这样整我?!”然而，正是这个道貌岸然、标榜清白的王新民，在靖江多起腐败案件被揭发后，竟然还胆敢于1996年春节之际，又收受了5万余元的贿赂。

法网恢恢，疏而不漏。五毒俱全的腐败分子王新民被押上历史的审判台。经泰州市中级人民法院审理认定，从1991年底至1996年初，王新民利用职务之便，共收受贿赂人民币27.25万元、美元1.05万元，日元20万元及空调、微波炉等，价值1.83万元的物品；并有来源不明财产25.93万人民币，1500美元，以受贿罪、巨额财产来源不明罪、流氓罪、赌博罪依法判处死刑，缓期二年执行，剥夺政治权利终身。

泰安巨案侦破记

李雅民

1996年7月12日，山东省高级人民法院判处原泰安市委书记胡建学死刑、缓期两年执行，剥夺政治权利终身。与此同时，原市委副书记孙庆祥、原市委秘书长卢胶青、原副市长孔利民、原公安局长李惠民、原泰安石化公司总经理徐洪波等6人受贿索贿案，也由山东省高级人民法院审理终结，卢胶青、孔利民被判处死刑，缓期二年执行；孙庆祥、徐洪波被判处无期徒刑；李惠民被判处死刑。胡建学因而成为共和国历史上自刘青山以后，第一个被判处如此重刑的地市委书记。

一时间，泰安巨案全国瞩目。

泰安巨案起源于一起诈骗案。

诈骗案引出泰安巨案

诈骗犯是泰安郊区的一个无业游民，名叫汪德海。此人年仅27岁，不学无术，在不到两年时间里，诈骗的巨款已达两千多万元。

1993年6月，汪德海认识了泰安市公安局负责交警工作的副局长阎克争。一番行贿之后，他向阎克争提出能否帮助从泰安石化借贷100万元，借期仅为10天。阎克争立即给石化公司的一位副总经理挂长途电话，对方第二天就把100万元转到了汪德海的帐户上、

10天的期限过去了，汪德海无力还钱。他花62000元买了件文物，送与阎克争，阎便成了帮他拖延还钱的说客。

汪德海终日靠诈骗度日。最先识破其面目的，是其女友王恒。此人是上海同济大学本科毕业生。一年后，她看清了汪德海的真面目，逃离了汪德海。

情人跑了，汪德海大怒。但随即一想，又觉得这是一件好事，他可借此大做文章，就说王恒拐走了他86万元的巨款，让公安局去追查王恒，一来可消自己心头之恨，二来向债主们耍赖，暂缓还钱。

汪德海立即向杜传歧“哭诉”此事。杜传歧是泰山区分管政法的副书记。王恒被押回泰山，关进了收审所。办案人员利用种种逼供利诱手段，迫使王恒交代86万元人民币的下落。

王恒的母亲愤然追到泰安，向各级领导告状。事情闹到了省里，泰安市委不得不成立专案领导小组，其成员是泰安市委的某副书记、泰山区区委书记和泰安市公安局长李惠民。专案组数月后证实，真正的罪犯是汪德海。1994年7月26日，汪德海被逮捕。

汪德海供述了他与杜传歧、阎克争等人的那些“交情”。审案的人明白：汪德海讲的若是实情，那么杜传歧与阎克争，就已构成严重受贿。汪德海案涉及到了党政干部，应从公安局移交到泰安市检察院。

这本是正常的法律程序，不料市委书记胡建学向专案领导小组大发雷霆：“你们是怎么办的案？让罪犯交待他自己的问题就是了，怎么让他咬别人？”胡建学连同市委常委、秘书长卢胶青等人明确表态：此案不能交给检察院。

胡建学他们怵一个人

胡建学等人为什么不愿把汪案移交给市检察院？因为他们都怵一个人：泰安检察院检察长公丕汉。

市委某领导宋某某将汪德海的口供材料交给了公丕汉。他绝设想到，这一“交”，竟交出了震撼全国的泰安巨案。

第二天，公丕汉在本院挑选了两名干将，专门负责此案。

李惠民对公丕汉说：“给你三个人，从今起他们配合你的工作。”公丕汉明白：市委不相信自己，特意派人来监视。

公丕汉一手稳住公安局的人，一面秘密组织人马连夜突审汪德海和王恒。汪德海交待了他贿赂杜传歧和阎克争的罪行。

尽管公丕汉做事非常隐密，市委还是察觉到了他的意图。1994年9月26日晚10点，胡建学打电话给公丕汉，叫他去谈话。公丕汉将几天的调查作了汇报。

胡建学开口了：“不是让你只查泰山区公安分局李某的案子吗？怎么出来了杜传歧、阎克争？”公丕汉答：“如果此案办错了，我将辞职。”

胡建学开始在公开场合放风：“有的人敢与市委对着干，绝对没有好下场。”

公安局的三个人被稳在了办案点，李惠民另派一支人马监视公丕汉。公丕汉也早已察觉到，无论他到哪里，背后总有车辆跟踪。

省检察院来人了

泰安市检察院与泰安市委之间的斗争，已到了半公开化的地步。

公丕汉一遍遍催问市委：何时开书记办公会？得到的回答总是："急什么？"

胡建学非常狡猾，他将材料抓到手，然后沉默，既不见你公丕汉，更不开什么书记办公会，看你公丕汉怎么办？

公丕汉不得不打出最后的一张"牌"。

1994年10月6日上午，到了省城，公丕汉找到省检察院检察长赵长风。赵长风态度很坚决：此案已到这种程度，一定要一直到底！

当晚7时，省院两位同志到了泰安。

省检察院究竟为何来人？胡建学分别与第二把手孙庆祥商量，与秘书长卢胶青密谋，令其迅速派人四出活动。他甚至打电话给阎克争，约他前来密谈。

就在此时，一件意想不到的事突然发生了——省院派来的两位同志，将全案了解完毕后，说证据不足，阎克争是否犯罪的问题不好认定。

公丕汉犹如当头挨了一棒。他迅即向赵长风检察长告急。公丕汉请求检察长给他以支援，直接给胡建学打一个电话。

赵长风把电话打给了胡建学。赵长风痛责公丕汉办案不力。胡建学大吃一惊，赶紧解释说："这事不怨老公，此案到现在我还不了解情况，等我问问情况再说。"

放下电话，胡建学满腹狐疑：赵长风的电话是什么意思？

为探虚实，胡建学先将赵长风的电话内容告诉了公丕汉。公丕汉故作惊慌，反问胡建学该怎么办？

见公丕汉一副装糊涂的样子，胡建学知道他是在表演，但他表面上也和公丕汉一样：装糊涂。

胡建学召集孙庆祥、卢胶青等人开会，研究如何对付赵长风。在战术上，他们制订出如下"三条意见"：第一，以杜、阎二人均在要害岗位为由，提出由市纪检委查办此案，将办案权从检察院手中夺回来；第二，若第一条不被赵长风接受，那就退一步，想法让市纪委和市检察院联合办理此案；第三，若两条意见都不被赵长风接纳，不妨就让他们对杜、阎二人立案，只要人还在泰安，就不愁没有办法。

1994年10月13日晚9点，市委突然通知公丕汉，说明天一起去向赵长风汇报。

第二天，市委分管政法工作的某副书记、公丕汉及泰山区公安分局局长一行到了省检察院。

检察长赵长风听完案情汇报后，勃然大怒，指着公丕汉一通狠批，说他有包庇嫌疑，再如此下去，绝无好下场。

赵长风敲山震虎，那位副书记坐立不安，借给公丕汉打圆场之机，赶紧端出了那"三条意见"。赵长风斩钉截铁地表态：两人的罪行必须马上交检察院立案。

那位副书记却在流汗："回去就立案。"

原来，这位副书记并不知道立案的厉害。一旦立案，检察机关就可以采取强硬措施，对嫌疑犯实施监视居住。所以，散会后，他并没有将情况紧急报告给胡建学，而是去看望济南的亲戚了。公丕汉却马不停蹄地回泰安。

下午6点，公丕汉在检察院小会议室做了简短的战前动员，逮捕阎克争。检察官们用特殊手段很快就将其秘密抓获，并当即押往秘密办案点。

胡建学严厉质问公丕汉

由于那位副书记的疏忽，使胡建学不由败走一招。胡建学想出了另外几条计策。当日上午，胡建学就召开"书记办公会"，并让公丕汉参加。

胡建学严厉地批评公丕汉，质问检察院抓阎克争之前为什么不向市委报告？简直是目无"党纪"！

胡建学马上就宣布了一项让公丕汉意想不到的决定："市委决定要加强对此案的领导。从现在起，成立以市委某副书记为组长，以纪委书记和公丕汉为副组长的三人领导小组。"谁的头衔都比公丕汉大，检察长的权力被剥夺了。

公丕汉原以为一旦立案，就会打开局面。至此，他才发现自己想错了。市委的材料，阎克争已看过，早已采取了各种应对之策，即使在证据面前，他也拒不认账。如何突破阎克争？公丕汉白天无法进行调查，一切活动只能在夜间进行，还要避开李惠民的耳目。

10月17日，胡建学等人又向公丕汉宣布一条纪律：三人小组成员，每天上午必须到书记办公室上班，不得私自行动。

10月18日下午，胡建学又做出一项规定：各办案点，必须要向三人小组一天一汇报案犯的口供材料，不得隐瞒不报。

10月19日，赵长风因事路过泰安。实际上，他对泰安的情况了若指掌。他明确地告诉胡建学，最高人民检察院检察长张思卿同志很关心这个案子。

在赵长风面前，胡建学满口答应，说要保证支持办案。赵长风一走，他又立即发出一道"市委指示"："所有办案点上的材料，统统上交市委。"

公丕汉大吃一惊，他没料到胡建学竟会出此毒招。材料里有最新从阎克争嘴里掏出来的有关市委副书记孙庆祥、市委秘书长卢胶青和公安局长李惠民的受贿材料。

公丕汉气得咬牙切齿。

胡建学赶紧找孙、卢、李三人，让他们看了刚收上来的材料，同时，他指示市委一个领导人，立即去找阎克争谈话，不许他乱讲。

阎克争事先曾托他们在检察院内部的奸细，给卢胶青捎去一封密信：“卢秘书长：我没有出卖你们，请你们快救我！”听过领导的这番“训话”后。他心里有了底，抵制审讯的态度更加强硬。

大贪官竟是廉政模范

胡建学、卢胶青等人，为什么要拚死护卫阎克争？因为他们与阎克争相互间有着千丝万缕的联系。

例如，阎克争身兼公安交警支队长，曾用交警支队小金库的钱，向市委副书记孙庆祥行贿，买过微波炉、彩电和冰箱等价值两万余元的物品；曾向市委常委兼秘书长卢胶青行贿，买过许多贵重“礼物”。

阎克争与参安石化集团公司的“老板”们关系密切，不然，他岂能轻而易举地为汪德海从这家公司“贷”出100万元来。而泰安石化集团公司总经理徐洪波，与卢胶青、胡建学有过一笔“交易”。1993年1月8日该公司股票发行时，徐洪波将30万股、价值60万元的股权证，行贿给胡建学和卢胶青。随后，徐洪波又将山东“鲁润”的40万股、价值40万元的股权证，行贿给胡、卢二人。当初，在胡建学的办公室里，胡建学就曾百般叮嘱徐洪波：千万把事情做仔细。

胡建学，本是个农村苦孩子，靠着聪明和实干，一步步走到重要工作岗泣，39岁当市长，40岁当上市委书记，如果泰安案件不暴露，他很快又要被提拔。在后来的法庭陈述中，他曾坦白说，在参加香港某一商贸活动中，看到大款如云，心里极不平衡，论能力和智商，自己并不比他们差。自己为什么就不能成为富翁？

与胡建学相比，卢胶青在索贿受贿方面更加肆无忌惮，三四年间，受贿多达140万元。此人1954年生，是高干子弟，在泰安挂职锻炼期间结识了胡建学。在胡的扶植下，他扶摇直上，很快从一般干部升至市委常委兼秘书长。卢肢青生活作风腐败，身边有许多情人。

58岁的公安局局长李惠民。后被检察院逮捕，从其办公室中，不仅搜出受贿所得的巨额赃款，还搜出几个女人写给他的情书及一大包“春药”。检察宫搜查他在肥城的宅院时，发现四五间屋子都成了他堆放受贿赃物的仓库：高级毛毯70余条，电冰箱、电视机、录像机、摄像机、照相机、手表、首饰等赃物折价30余万元，此外还有茅台酒174瓶，其它名烟名酒无数；一个半人多高的大黑瓷缸，盛着满满的花生油。然而，就是这样一位人物，多年来凭请客送礼，就能从肥城市一名普通公安干部，一步步爬到泰安市公安局长的宝座，还差一点顶替了公丕汉，当上检察长。在他的办公室里，有无数荣誉证书，最醒目的一本是：全国公安系统廉政模范。

胡建学放阎克争

胡以市委的名义，向三人小组发出强硬的新指令：阎克争的案子必须尽快结案，不能找证人，不能再取证，尤其不能再查交警支队，不能去找石化公司。

胡建学等人开始对市检察院全面施压。重压之下，有的人动摇了，他们觉得：一个检察长怎能斗得过市委书记？办案组中，有几个人背叛了公丕汉，甘为阎克争一伙通风报信。他们的想法是：阎克争一旦出去，就是市公安局长，趁现在为他做点“好事”，将来至少不会受到他的报复。

公丕汉被蒙在鼓里，所有行动无不被对方知晓。胡建学一扣紧一扣地向他施压，他腹背受敌，几乎是到了四面楚歌的地步，他的精神接近崩溃的边缘。

公丕汉悄悄地给赵长风打电话，说出自己心中所有的苦闷和疑虑，请求省院再次增派援兵。

赵长风接过公丕汉的告急电话，觉得是时候了，第二天便又派出了以省反贪局副局长李少华为首的另一省院调查组。

11月19日，李少华秘密回到了济南。

看过他们的汇报，赵长风十分气愤，痛恨这些腐败分子竟敢如此胆大包天，连省检察院都敢欺骗。

最后，赵长风表态：如果泰安检察院无力办理此案，那么就由省检察院把它收上来，由省院直接查处！

胡建学碰了个大钉子，不得不全力应付省检察院。胡、卢等人又开始启动他们在山东乃至北京的关系网。一时间，各种压力压向赵长风。

调查组只好日夜不停地工作，四处秘密取证。

胡建学得知这一情况后，方知上了赵长风的当。当公丕汉要逮捕阎克争时，他坚决不同意。从11月23日到12月2日，赵长风通过电话以及来人，向泰安市委连下三道催捕阎克争的“金牌”，胡建学就是按兵不动。

胡、卢等人与省检察院的矛盾，至此已完全公开化。

调查组彻底突破“市委”原先划定的各个禁区，直接进入石化总公司、交警支队等单位取证、侦查变暗查为明查。

1994年12月16日，赵长风在本院召开检察委员会，让公丕汉列席。会上，检察委员们意见一致：阎克争受贿人民币11070元、港币10000元，必须立即逮捕。

眼看大势已去，胡建学只好放弃阎克争。12月21日，检察宫们冲破数月来的艰难险阻，终于正式逮捕了阎克争。

胡建学预料到暴风雨来临了

阎克争被正式逮捕后,知道已彻底失去了胡、卢等人的保护。在铁证面前,在李少华凌厉的审讯攻势下,阎克争陆续交待了向孙庆祥、卢胶青以及李惠民等人行贿的罪行;

赵长风下令:对孙、卢、李三人进行初查。

1995年元月4日,省检察院大批办案人员向泰安调集。

胡建学预料到真正的暴风雨就要来临了,他与卢肢青等人抓紧密谋,订立攻守同盟,转移赃物,销毁罪证,与检察宫们争时间,抢速度。

19日上午,赵长风去省委汇报案情。省委的书记们完全同意省检察院的建议,坚决支持检察机关将泰安的案子一查到底,并马上把胡建学叫到省委来听命。

回泰安,胡建学立即把卢胶青叫到自己的办公室,将这最坏的消息告诉了他。卢胶青顿时垂头丧气。

胡、卢二人密谈后,卢胶青于晚上7点偷偷地去了济南,将40万元赃款转移到他父亲家里。晚上9点,胡建学避开人们的耳目,也匆匆奔往济南。他先到省委某领导家中逗留片刻,以备日后有人查问,以向省委汇报工作做托词。然后,他溜到卢胶青妹妹家,将一只盛着16万元人民币的密码箱交给了她,让其替他保存。

无论涉及到谁也绝不庇护

随着孙、卢二人的被捕,一场更为激烈的斗争展开了。

赵长风的目标十分明确,下一个就是泰安市委书记胡建学。

元月20日下午,卢胶青开始被提审。卢胶青不仅拒不签字,还推翻原有口供。

直到25日上午,卢胶青得知最高人民检察院查办此案,感到胡建学顶不住了,意志开始动摇。他不仅交待出自己有一只装满存折和金银首饰的密码箱在其妹手中,为了立功赎罪,还交待了有关胡建学受贿的两件事:一、1994年4月胡建学出国时,曾收受市外办主任张某某送的1000美元,案发前,卢已让市财政局长杨某某从该局拿了1000美元平了账;二、胡建学大概有16万元人民币藏在卢的妹妹家里,估计是赃款。

胡的"尾巴"终于露头了。最高人民检察院宣布立即对胡建学的问题进行初查。

1月26日清晨,省副检察长、办案现场总指挥于冠杰赶回济南,向赵长风汇报初查结果:根据已有证据、认定胡建学构成犯罪无疑。满头银发的赵长风当即指示:对胡建学,必须速战速决。

1月27日上午、山东省委书记赵志浩主持召开常委会,专门听取省检察院对胡建学的初查报告。听完赵长风和于冠杰的汇报后,十几位常委义愤填膺、一致同意撤销胡建学的一切职务,交检察机关依法逮捕。省委书记赵志浩说:"无论涉及到谁,依法办事,绝不庇护。"

下午省常委会一结束,省委立刻派组织部副部长王光先及一位处长赴泰安找胡建学谈话。省反贪局副局长郭汝生身着便衣,随同前往。

在泰安,胡建学不知郭汝生的身分,也不知哪位领导要见自己,但他居然就同意跟着走了。出了大楼,他习惯地奔向自己的奥迪车。郭汝生伸手拦住了他的去路:"请上我们的车。"郭汝生事先已将自己的车调到奥迪的前面,说话的口气里透着一股威严。胡建学是聪明人,他一切都明白了,只是设想到这一切竟会来得这样快。他知道自己彻底垮台了。可笑的是,他没把垮台的原因归咎于自己贪赃枉法,背叛了党和人民,而是归咎于:一、用错了秘书长;二、轻视了赵长风。

1995年1月27日,晚7时,司法警察向胡建学宣布了逮捕令。与他同时被宣布逮捕的,还有泰安市委副书记孙庆祥、市委常委兼秘书长卢胶青和泰安石化总经理、省人大代表徐洪波等人。

“前车”不远　“后车”又覆

——阎健宏的继任者锒铛入狱

秦　言

1996年2月29日，正月十一。贵州省省委大院里，一辆警车呼啸而来，嘎地停在省纪委大楼前。下午4点，两名干警押着一个铐住双手的人上了警车。人们定睛一看，都情不自禁地诧异起来——这不是贵州省国际信托投资公司的老总向明序吗？

在反腐败斗争中被提

仅仅一年多以前，原贵州省委书记夫人、省政协常委、“贵信”董事长阎健宏因收取巨额贿赂被执行枪决，此案在当时轰动全国。“贵信”是1991年9月经贵州省人民政府批准成立的非银行金融机构，是贵州省纪委下属的经营国内外信托投资业务的正厅级国有企业，注册资金上亿元。阎健宏的经济犯罪给“贵信”带来了巨大的经济损失，公司的信誉和形象遭到了严重的破坏，公司的运作也出现了障碍，职工们忧心忡忡。1993年9月，贵州省纪委给“贵信”派来了新的领导向明序。

向明序赴任“贵信”党组书记、董事长、总经理时年仅47岁。他出生在四川省重庆某县，家境贫寒，60年代考入大学，70年代入党，曾在贵阳市人汽公司当过工人。80年代初，他又考入国家财政部财政研究所攻读研究生，毕业时获中国社科院财政金融专业的硕士学位，先后在贵州省计委、纪委、财政厅任职。到“贵信”前，他是省财政厅副厅长。他可以说是贵州省正厅级干部中专业学历最高的一位。

向明序走马上任后，大刀阔斧地实施他的“施政纲领”：稳定职工队伍，狠抓经营管理，健全规章制度，拓展金融业务。他带领全体员工拼博3年，使“贵信”公司的资产总额从2300万元上升到56811万元，利润总额从236万元升到3013万元，3年共向国家上交税收2860万元，对贵州省的经济建设作出了贡献。

向明序的威信提高了，公司的贷款批准权在他手上，批给谁、批多少全由他一支笔说了算。

从一起伤人案查出向明序受贿

1995年1月，贵阳市伟林现代装饰工程公司董事长贾玉平持猎枪将贵阳“夜郎”酒家老板重伤致残。7月，公安机关将贾玉平抓获。在审讯贾的过程中，发现贾与其兄林家雄（伟林公司总经理）向贵阳市多个部门的领导行贿。12月，林家雄被抓获，他透露，曾向“贵信”老总向明序行过贿，并“协助”向明序嫖娼淫乱。

材料摆在贵州省纪委副书记杨长彬、常委罗光彪的案头上。他们震怒了，拍案而起：阎健宏才枪决不久，这个向明序竟敢铤而走险，查，一定要查个水落石出！

经过半个多月的初查，贵州省纪委调查组基本摸清了向明序受贿的细节和金额，并取到了向明序批给林家雄的贷款合同书和签字，同时掌握了向明序嫖娼的时间、地点和参与人员。

今年2月28日上午，贵州省委常委会批准对向明序立案停职检查的决定。向明序被传讯到省纪委。当纪委常委罗光彪向他宣布这一决定时，他完全懂了，身体立刻瘫软成一团。

向明序并不是一到任就“狮子大张口”的；相反，即使对林家雄的“腐蚀”，他开始也曾多次拒绝。

林家雄年过半百，在拉拢、腐蚀领导干部上颇有一手。他毕业于大学中文系，曾在《贵阳晚报》当过记者，社会关系极丰。他在同父异母的弟弟贾玉平的个体公司生意红火时，辞掉公职出来帮贾玉平的忙，不久即当上伟林装饰公司的总经理。他四处甩钱拉关系，一时间在贵阳市“通了天”，伟林公司也得以承包了贵阳市百货大楼、腾龙大酒店、食品大厦和中兴大厦等大型项目的装修工程。

1994年元月，林家雄在腾龙大酒店认识了向明序。酒过三巡后，林家雄便向向明序提出贷款要求。当得知伟林公司是港方注资的个体公司后，向明序断然拒绝了。“贵信”的贷款范围明确规定了不能向私营企业贷款，而主要是为了扶持落后地区的经济建设而发放贷款。

林家雄碰了一鼻子灰之后，依然不死心。他深知“贵信”是省内的金融大户，只要把向明序“攻下”，即可利用“贵信”。2月底，林家雄单独宴请向明序，再提贷款事，仍被拒绝；他提出去向明序家拜访，又被拒绝。

但向明序的警惕性在林家雄的不断投其所好中已经慢慢瓦解。事后林家雄直言不讳地承认：“遭到向总的拒

绝，除了我们是个体公司的客观原因外，主要是我功夫还不到家。于是我一到周末就请向总吃饭、跳舞、打麻将……向总后来是每请必到，每次都开销我几百上千元。”

在纸醉金迷的交往中，向明序渐渐被林家雄拉上了邪路。1994年的一个晚上，酒足饭饱之后，林家雄请向明序留下，说还有节目。这“节目”是桑拿。一个小时后，昏暗的灯光下，向明序在只穿半透明低领衫的妙龄女郎那柔软手指的按摩下，骨头都酥了。

之后，林、向两人对新的“节目”有了共同的默契。几个月后，林被贾玉平催急了，决定“走险招”让向总就范。9月3日是“小礼拜”，林家雄下午下班时用皇冠车到省纪委门口将向明序接走。他在贵阳市著名度假风景区红枫湖畔订好了宾馆房间，并派人物色了两名标致的娼妓。当向明序被两个妖艳娼妓紧贴挑逗时，他已明白了又有更新的“节目”。当晚，那个叫吴小丽的娼妓按林家雄的意思“侍候”好了向明序。向明序在床上得意地跟吴小丽炫耀：“你知道他们为什么这么巴结我，因为他们有大事求我，只有我才能解决。”

9月7日，向明序一上班，林家雄就找上门来了。向即叫他填好贷款表，大笔一挥，200万元的贷款立刻出手。第二天，林家雄便一次性拿到了这笔本该分两次支付的巨款。

10月1日，林家雄提着烟酒到向家表示感谢，一个装有10000元现金的信封夹在其中，向收下了。1995年春节，林到向家拜年，留下了5000元，向又照收不误。

而向明序违反公司贷款程序批给伟林公司的200万元低息贷款，至今只收回33万元，给国家造成经济损失近170万元。

失去监督的权力　必然导致腐败

今年3月22日，贵州省纪委经省委常委批准，开除向明序的党籍，撤销其“贵信”公司董事长、总经理职务。贵州省检察院依法对他实行刑事拘留。

向明序以贷谋私、受贿嫖娼案再次在“贵信”公司、在贵州省委各直属机关引起震动。

向明序在“贵信”的月收入是1800元，加上季度奖、半年奖、年终奖，一年收入有5万元，这在贵州省行政机关里绝对是一个高薪。他的妻子是贵阳市城管委一个处长，两个女儿大学毕业后分配到外贸公司，一个正要结婚。向明序此事一出，他妻子的头发几周后竟变灰白，他原本美满的家庭受到了严重打击。

向明序在开始接受审讯时百般抵赖。他说：“阎健宏的尸骨未寒，王德瑛书记（中央纪委副书记）的教导尚记忆犹新，我向某人岂敢再犯经济错误……我到任三年累计放贷2亿元，赢利几千万，对国家是有贡献的，你们省纪委是不是搞错了？”

极具讽刺意味的是，向明序被传讯前几天，还签发了公司1995年度的工作总结，其中有一大段“十不准”谈公司的反腐倡廉。他的“光辉形象”2月6日还被一份报纸大肆渲染。

经过调查人员有证有据的讯问，向明序终于低下了高傲的脑袋。贵州省人民检察院后又查出他另收贿赂8000元。

7月16日，贵州省委常委、纪委书记夏国华说，向明序在反腐败斗争中被提拔，接任阎健宏不到一年，竟步其后尘走上犯罪道路，令人震惊

夏国华强调，失去监督的权力必然导致腐败，向明序一人独揽“贵信”审批贷款的大权，对其滥用职权缺乏有力的监督，这个教训极其深刻。

“烟草巨子”兴衰录

秦立德

曾轰动一时的原安徽省蚌埠卷烟厂厂长李邦福经济犯罪案将于近日开庭审理。这位在安徽省及全国烟草系统赫赫有名、集各项“实权”头衔于一体的李邦福，收受贿赂折合人民币187.5万元，巨额财产来源不明100余万元，玩忽职守给国家造成直接经济损失2322万元。1996年5月初记者到合肥、蚌埠采访此案，即使已距李邦福案发时近两年，但合肥、蚌埠等地至今仍然到处流传着各种关于李邦福的“传奇”故事。李邦福其人其案的确发人深省。

成绩斐然的“明星企业家”

安徽省蚌埠卷烟厂原名为东海烟厂，始建于1942年，是新四军三师后勤部创办的随军烟厂。改革开放前蚌埠卷烟厂一度国管理不善陷入困境，知名度较小。

今年62岁的李邦福湖北宜昌人，大学文化。他出身农民家庭，少时贫寒，曾被打成“右派”，经历坎坷，当过工人、教师、技术员和车间主任。1983年他受命于危难之际，调任蚌埠卷烟厂厂长、党委书记后兼任安徽省烟草公司蚌埠分公司经理、党委书记，蚌埠市烟草专卖局局长、党委书记。李邦福到任后大刀阔斧地进行企业内部体制改革，没过几年就使该厂一举摆脱了产大于销、徘徊不前的困境。1986年卷烟厂的税金高达3个亿，为市里提供了一半以上的财政收入，卷烟厂成为人人羡慕的富裕单位。

再以后，蚌埠卷烟厂大步发展。获得了一连串的光荣称号，如“全国五一劳动奖状”、“全国先进集体”。经济效益也是“几级跳”：1993年卷烟厂在全国实现利税最多的500家工业企业，排序中名列第65位；1994年跻身全国500家最大工业企业，名列最佳经济效益烟草加工业第6位；1994年卷烟厂利税达到6.5亿元，在安徽省利税总额和销售收入企业排序中名列第二；从1983年到1993年卷烟厂向国家上交利税达到36亿元，企业固定资产翻了4番，职工收入增加4倍——卷烟厂取得的这一些成绩与作为厂长的李邦福的领导是密不可分的。

精心构建“独立王国”

李邦福承认自己“生就一组不安宁的脑细胞”。他青年时代就满怀建功立业的远大抱负。现在把几千人的大厂救活了，经济效益大打翻身仗、上级领导和职工干部对他的信任也加强了，这时他内心里长期被压抑的“抱负”又重新浮上心头、并扩张成一种无限膨胀的个人权力欲望：他决心把蚌埠卷烟厂营造成一个可以按自己意愿操纵的“独立王国”。

李邦福的确非等闲之辈，他熟谙各种建立“王国”的手腕和心计。

对上级党组织和领导他巧打“政治牌”，树立政治形象。那几年他十分注意抓思想政治工作，他亲自执笔写厂歌歌词，指示制作了厂旗、编排了厂舞，带领全厂员工每天早上升厂旗、唱厂歌。他在厂里办了一个党校，还在厂区内建立了东海长廊，创办了《东海报》、《东海文学》，建立厂史和改革成果展览馆，厂里还将李邦福概括的十六字“东海精神”即“开拓创新、艰苦奋斗、廉洁奉公、同心同德”镌刻在工厂大门口，将企业各项教育活动紧紧围绕“爱我东海”的主题展开，评标兵、树典型。一时间，蚌埠卷烟厂抓思想政治工作出了名，被评为“全国思想政治工作优秀企业”，并成为“中国公众形象优良企业”之一。李邦福本人因此还在全国思想政治工作座谈会上介绍经验。

李邦福还善于将工作经验上升到理论高度；他善于制造新闻效应，宣传工厂、宣传产品，更宣传个人。80年代初，国家在大中型国营企业内部作体制改革试点。李邦福立刻抓住这个大好机会。当时兴“政企分开”，他就实行“厂长责任制”，并大胆地提出“厂长、书记一人兼职制”，还用著书立说的方式为自已的主张制造理论根据。于是，由他出思想、出点子、出理论框架，由厂里宣传骨干组成写作班子，分头负责文字写作，一本署名李邦福著的《一个厂长的思考》小册子干1987年由安徽人民出版社出版，并得到一片喝彩。1991年，李邦福又以《企业的呼唤》一书再度标榜他的业绩，他还在此书辟专章呼吁企业家“要研究和建立宣传学”。精明的李邦福确实做到了这一点：全国许多重要媒体均直接或间接宣传了李邦福和蚌埠卷烟厂，个人和工厂的知名度都在全国叫得很响。李邦福正是通过这种“宣传学”来建立和巩固自己的“独

立王国”。

熟悉李邦福的工人、干部都认为李邦福这个人原本并不坏，不抽烟、不喝酒、不喜欢应酬，各方面都很朴素。业务应酬上推不掉的各种烟酒礼品，他全都交给厂办处理；他还带头捐款资助“希望工程”，自己就结对资助4名儿童上学；又有一回，市里为表彰李邦福治厂有方奖励他2万元，他将此款用于宴请全厂中层干部，以博取人心。案发前一个月，他还拨专款让全体工人去全国旅游半个月。

经过李邦福数年的苦心经营，他俨然成了蚌埠卷烟厂的“太上皇”。厂里虽然有党委和厂部，但重大问题如香烟批销、价位、销售路线，决策权全在李邦福一人手里。那时，他似乎不把金钱放在眼里，但由于大权在握，实际上整个厂已是他囊中之物。

离职前铤而走险，最终失足落马

当李邦福个人的权力、威望登上顶峰的时候，1994年6月，市里领导找他谈话，让他4个月后按年龄政策退下来。组织上的这一次正式谈话，重重地打击了他：一旦交出“权杖”，自己将立刻变为普通百姓。这时，他的妻子刘爱萍不断向他“吹枕边风”，劝他为儿女批点烟、发点财，也为自己以后到南方去开厂留点资金和后路。李邦福也感到是自己最后大捞一把的时候了。他决定铤而走险——

1994年6月24日，收受福建云霄县怡丰公司徐文颖2万美金，批出“黄山”烟300件（每件50条）；同年又收受徐文颖15万港元，批出250件；同年6月26日，收受广东海丰县烟草公司陈继焕70万元，许诺给该公司批供“黄山”烟，后来受贿未遂；同年6月7日，两次收受江苏金坛市华天集团公司刘林春、刘辉强父子的6万美金、30万元人民币，批给“黄山”烟1万件；1993年2月，他还以“合资”为由，在“合资”企业营业执照未办、帐户未建的情况下，擅自将厂里2322万人民币汇入美籍华人黄文赞个人帐户，此款立即被黄氏卷走，消失得无影无踪。……

1994年7月22日，李邦福携巨款在厦门被捕。最令人深思的是，后来对李邦福经济犯罪案的侦缉还发生许多怪事：行贿人有的仍逍遥法外，检察官执行公务反遭暗算，砍断检察官杭巨平脚筋的凶手至今未全部落网；即使多次转移关押场所仍内外串供；地方保护主义的阴影未散，等等。

从这些怪事中，我们可看出李邦福经营多年“独立王国”的不散阴霾：他花国家、企业的巨款所“打点”过的单位和个人，在他走上犯罪道路之后仍然在暗中“回报”他，试图帮他救他一把。李邦福曾给国家创造了巨大的利润，但他同时也为建立他个人“王国”笼络周边环境“散尽千金”——这应该也是一个巨大的黑洞！

当记者走出如今已是安徽省利税第一大户、去年利税达到12.7亿元的蚌埠卷烟厂时，不由地想起关在铁窗里的李邦福的一首诗：“昨日侯门客，今日狱中丁。同是一男儿，跌宕何无情。”是的，一个曾经拥有无数荣誉和光环、曾经为国家和人民创造巨大利润的当代企业家，一旦往自己拥有的无上权力中掺入一丁点个人贪欲，马上会给国家和人民造成巨大的损失，自己也触犯法律迅即沦为阶下囚。

第十二部分

政工干部论坛

关于加强公安战线建设的理论思考

徐衍东

江泽民同志在中国共产党第十五次全国代表大会的报告中指出："搞好社会治安，是关系人民群众生命财产安全和改革、发展、稳定的大事。要加强政法工作，依法严厉打击各种犯罪活动，坚决扫除黄赌毒等社会丑恶现象。加强社会治安综合治理，打防结合，预防为主。加强教育和管理，落实责任制，创造良好的社会治安环境"。江总书记的这段论述，深刻地阐明了在社会主义初级阶段，公安工作的重要作用和主要任务。同时，指明了正确处理改革、发展同稳定的关系，保持稳定的政治环境和社会秩序的重大意义。深刻领会江泽民同志关于加强公安工作的重要指示，把这些指示融入公安工作的思想建设中去，融入实际工作的落实中去，融入为改革开放和社会主义现代化建设保驾护航、创造良好的社会环境中去，进一步改善和加强各项公安工作，充分发挥公安机关的职能作用，把公安工作提高到一个新水平；这是摆在各级领导面前的一项紧迫而又光荣的任务。为此，我们必须从理论和实践的结合上，切实抓好公安战线的建设。

一、用邓小平理论武装全体干警、强化思想政治建设

当前及今后一个时期，认真学习十五大精神，用邓小平理论武装全体干警的头脑，是摆在各级公安机关面前的首要任务。理论是行动的指南。实践的正确，取决于理论上的坚定。只有努力学习，提高理论和知识水平，提高思想政治素质，确立正确的世界观、人生观、价值观，才能增强抵御各种腐朽思想、错误思想的能力，才能担负起为改革开放和社会主义现代化建设提供有力保障的责任。通过认真学习，使广大干警充分认识到，在当代中国，只有邓小平理论能够解决社会主义的前途和命运问题，牢固树立社会主义必胜的信念，坚持党的基本路线和基本方针不动摇，刻苦钻研党的基本理论。通过认真学习，紧密联系实际，查摆在工作中存在的问题和不足，把思想和行动统一到以江泽民同志为核心的党中央的战略部署和重大决策上来，统一到全党全国工作大局上来，统一到党的十五大精神上来，在政治上、思想上、行动上和党中央保持高度一致。公安机关是一支具有武装性质的国家治安行政力量和刑事司法力量，是一支半军事化、高度集中统一、有组织、有纪律的队伍。担负着为改革开放和社会主义现代化建设创造稳定社会环境的神圣职责。要使这支队伍永葆人民警察的性质和本色，始终要以党的宗旨为宗旨，以党的目标为目标，永远置于党的绝对领导之下。在新的历史时期，更应坚持这个基本原则。我们在工作中，要紧紧围绕建设高素质的公安队伍和强有力的公安工作的总体目标上台阶，上水平。

二、遵循党的基本路线，强化公安基础建设

维护社会政治稳定是邓小平理论的重要内容，是党在社会主义初级阶段基本路线的应有之义。把建设有中国特色的社会主义事业全面推向二十一世纪，必须不断巩固和发展社会政治安定、治安稳定的良好局面。因此。维护稳定决不是权宜之计，它将贯穿于我国社会主义初级阶段的始终。近年来，全国各级公安机关以维护国家稳定和安全为己任，采取各种有效措施，积极预防和严厉打击境内外敌对势力、敌对分子的各种捣乱、破坏活动，坚持严打方针，深入研究，积极探索社会主义初级阶段刑事犯罪的规律和特点，并把严打、严治、严管、严防等有机结合起来，加强社会治安的总体水平。但是，由于长期以来公安机关打击犯罪任务繁重，加之许多地方公安机关的领导和民警不同程度地存在着重打轻防的思想，使公安工作的基础建设受到一定影响和削弱，这既影响打击犯罪的工作力度，也不利于整个公安工作的全面发展。因此，要改善和加强公安工作，必须从基层基础工作抓起，尤其要把派出所工作做好，把基础打牢。要继续深化派出所改革，以"发案少，秩序好，群众满意"作为衡量派出所工作好坏的标准，选好所长，全面加强派出所各项业务建设，夯实基础，充分调动广大干警的工作积极性，使派出所真正成为多功能的、确保一方平安的战斗实体。

三、密切联系群众，强化警风警纪建设

邓小平理论告诉我们：实现我国社会主义现代化，不仅要对体制实行改革，不断扩大对外开放，还要在政治上

坚持四项基本原则，大力推进社会主义民主和法制建设，大力推进社会主义精神文明建设。公安机关是上层建筑与经济基础和社会生活联系最为密切的一部分。要充分履行自己的职责，严厉惩治各种违法犯罪活动，有效地做好各项治安行政管理工作，体现与社会主义现代化要求相一致的精神风貌，必须大力增强法制观念，提高执法水平，严格执法，文明执法，为群众、为社会提供更多、更好的服务。因此，我们必须认真解决好执法和服务中存在的问题，切实纠正执法不公、执法不严以及"冷、冲、硬、横"等不良作风，强化警风警纪建设，以优良的职业道德树立公安机关的良好形象，进一步密切和改善警民关系，进一步提高党和政府在人民群众中的崇高威望。

四、适应时代要求，强化高科技装备建设

"科学技术是第一生产力"。公安科技是必不可少的破案力和战斗力。在当今形势下，高科技装备建设作为公安科技的重要组成部分，在整个公安工作中的地位和作用比以往任何时候都更加重要。应当说，近几年公安科技工作得到了普遍加强，特别是公安部提出在大中城市和县城建设"110"报警指挥系统和城市治安防控体系后，有力地推动了各级公安机关的高技术装备建设。但从总体上看，这项工作还远远滞后于当前对敌斗争形势和公安工作的需要，公安科技装备工作还显得十分薄弱，急需大力加强和快速发展。具体目标是，通过加强对公安科技工作的领导，增加科技投入，加快高科技装备建设步伐，提高公安工作科技含量，使公安通信、交通、犯罪信息中心、刑事技术、技术侦察、消防等项工作在技术进步和基础设施建设上取得新的发展，使公安科技为现实斗争服务的能力显著增强。为此，要进一步解放思想，更新观念，切实加强对公安科技工作的领导，改变装备落后、设备陈旧、老化的现状。各级党委、政府应采取有力措施，多渠道、多层次地增加科技投入。同时增强广大民警的科技意识，提高掌握运用先进技术手段和现代化技术装备的能力，更好地为现实斗争服务。

五、狠抓班子建设，强化干部教育，努力造就一支高素质的公安队伍

政治路线确定之后，干部就是决定的因素。江泽民同志指出："党领导的事业要取得胜利，不但必须有正确的理论和路线，还必须有一支能坚决贯彻执行党的理论和路线的高素质干部队伍。"从总体上看，黑龙江的广大公安干警是适应现代化建设要求的，但也有个别干警的素质有待提高。因此，各级公安机关要在邓小平理论指引下，继续以讲学习、讲政治、讲正气为主题，坚持从严治警，努力建设一支政治强、业务精、作风正、纪律严、形象好的公安队伍。为此，必须抓好如下几项工作：

（一）狠抓领导班子建设。领导班子是整个队伍建设的关键。有了好的班子，特别是好"班长"，才能带出高素质的队伍。各级公安机关的领导班子要按照十五大精神和中央的统一部署，全面加强自身建设，切实担负起"抓班子，带队伍，促工作，保平安"的政治责任。各级公安机关的领导干部要努力成为政治上的明白人、工作上的实干家、业务上的领头羊、严格执法的模范、勤政廉政的表率。要切实加强班子的团结，做到讲党性、讲大局、讲原则，互相尊重，互相谅解，互相支持，不断增强领导班子的凝聚力、向心力和战斗力。

（二）要继续落实以录用、辞退、聘任、聘用"三长"（探长、警长、巡长）、岗位目标等六制为主要内容的干部人事制度改革。"六制"是一个有机的整体，涵盖了人民警察从"进口"、使用、管理到"出口"等各个环节的工作，必须全面贯彻实施。要从实施聘任制入手，同时抓好其它几项制度的全面落实。通过改革，为公安队伍建设注入生机和活力。

（三）要继续在广大民警中深入开展以学济南交警、学东宁县公安局、学东莱派出所为主要内容的争先创优活动，尤其应学习东莱精神，发扬东莱精神，营造一种引人向上、催人奋进的工作环境，形成一种争先创优、奋发进取的态势，展现一种无私奉献、忘我工作的氛围，把广大民警的精力聚集在公安事业上，为改革开放、经济发展和社会稳定做出积极的贡献。

总之，我们要在党的十五大精神 指引下，认真学习邓小平理论，发扬抗洪精神，抓先进，促后进，为培养和造就一支适应建设有中国特色社会主义的高素质的公安队伍，把公安战线建设成为更好地适应党和人民的需要而努力奋斗。

（作者系中共黑龙江省委政法委副书记、省高级人民法院院长、原公安厅厅长）

围绕企业改革与发展 充分发挥思想政治工作的保证作用

云南机床厂政研会

云南CY集团是云南省最早组建的三个计划单列企业集团之一，是以CY名牌车床系列产品为龙头，以云南机床厂为核心，拥有76家集科、工、贸、金融为一体，跨省市、跨行业、跨所有制、跨隶属关系的成员单位，形成年产4000台车床的能力，有一定实力的集团公司，产品远销世界72个国家和地区。改革开放以来，在邓小平理论指导下，坚持党的基本路线，坚持以经济建设为中心。以国内外市场为导向，发挥集团经济优势，坚持一手抓经济，一手抓精神文明建设，充分发挥党组织的政治核心作用，努力开创企业思想政治工作的新局面，促进了企业的全面发展。1988年以来，企业多次被评为全国机床行业和云南省出口创汇先进单位，先后获得“全国五一劳动奖奖状”、“全国思想政治工作优秀企业”、“全国职业道德建设先进单位”等称号，企业的主要经济指标名列全国机床行业的前茅。

一、CY集团的产生及特点

(一)CY集团是社会主义市场经济的产物

1984年，十二届三中全会通过了《中共中央关于经济体制改革的决定》，当时云南机床厂面临着两条选择：一条是扩建厂房购置设备走大而全的外延式扩大规模的道路；一条是合理地利用社会资源走联合式专业化生产扩大规模的道路。云机选择了第二条道路，自觉地走向市场，主动进行生产组织结构调整，开展横向联合，1984年，建立了“云南CY车床生产联合体”。1989年11月29日组建了云南CY集团公司，成为我省第一批计划单列的企业集团。

(二) CY集团的特点

1、在生产方式上：以生产CY产品为纽带，对社会资源进行合理配置，进行社会化分工、专业化生产。

2、在经营方式上：采取“一业为主、多种生产、多元化经营”的方式。

3、在组织结构上：坚持“扬长避短、优势互补、互惠互利、同步发展”的宗旨，按照社会化、专业化生产的客观规律成立的，不带有行政干预和行政公司的特点。

4、在优化资源配置上，各成员企业经过联合，扬己之长，避己之短，都能发挥各自的优势，在技术、劳力、设备、厂房、原材料、资金、产品、销路等各生产要素上按照对市场的需求进行重新组合，不需要国家增加多少新的投资，就能形成新的强大的生产能力。

5、在政治保证上，始终抓好党组织建设这个关键，坚持党对企业的政治领导，充分发挥党组织的政治核心作用，坚持完善厂长负责制，全心全意依靠工人阶级，紧紧围绕经济工作这个中心，围绕企业深化改革，不断探索思想政治工作的新路子，既注重党政工工作制度的建立和完善，又注重党政工领导干部以及职工素质的培养和提高，正确处理好“核心”、“中心”、“民心”的关系，把“核心”、“中心”、“民心”紧密联系在一起，变“三心”为“一心”，使之成为云机不断发展的内在动力。1989年11月20日，江泽民总书记视察云机时高兴地说：“我很赞成你们的观点，不去争什么‘中心’‘核心’，你们这个厂还提到一个‘民心’，就是全体工人同志的心，把所有的心，变为一个心，就能黄土变成金，这是工厂发展的一个重要方面”。江总书记的讲话肯定了我们的做法，并给我们指明了前进的方向。

二、CY集团的运作和效果

(一) CY集团的运作方式

1. 以市场为导向，以营销为龙头，组织成员进行专业化生产。

2. 根据集团的需要和各成员厂的意愿，将集团成员厂分为“核心、紧密、半紧密、松散”四个层次。

3. 坚持“一套班子、两块牌子”，实行董事会领导下的各成员单位责任制。

4. 集团主机厂担负集团的“决策中心、指挥中心、经营中心、精密加工中心、装配基地、出口基地、人才培训基地”的功能。

5. 发挥集团多功能作用，在集团内部建立营销网络，在部分集团成员厂家进行融资的试点。

(二)产生的经济效益、社会效益

CY集团成立9年来，带来了可喜的经济效益。1997年主机厂——云南机床厂资产净值11083万元，比组建

前的 1988 年 2820 万元净增 8263 万元，年均增 918 万元，年均增长 11%；实现工业总产 14776 万元，比 1988 年 2101 万元增加了 12675 万元，年均增长 1408 万元，年均增长 11%；完成工业增加值 7216 万元，比 1988 年的 1469 万元增加了 5747 万元，年均增长 11%；生产各类机床 3415 台，比 1988 年的 1553 台增加 1862 台，年均增长机床 207 台，年均增长 13%，成为仅次于沈阳第一机床厂（年产 3500 台）的中国第二大车床生产基地，人均生产车床则名列第一（人均年产 1 台、沈一机人均 1/3 台）；实现销售收入 16390 万元，比 1988 年的 3282 万元增加 13108 万元，年均增长 11%；出口创汇 1237 万美元，比 1988 年的 313 万美元增加 924 万美元，年均递增 102 万美元，年均增长 11%，连续 4 年保持全国机床行业生产企业出口第一名，成为云南省机电产品出口首家步人全国 500 强的唯一生产企业，受到党和国家领导人的赞誉。江泽民总书记视察云机时高兴地说："你们生产这么多机床，体现了工人阶级的力量。"

带来了显著的社会效益。集团成员厂参加集团后，绝大部分协作厂的产值、产量、实现利润均逐步增长，参加集团的 40 多家成员厂已消灭了亏损，一些企业跃为地区的先进单位和重点厂。集团的核心层厂家——昆明市建筑机械厂的产品占领西南市场，并向东南亚市场扩展，经济效益年年增长；集团紧密层单位——CY 集团建筑工程公司，从前是一个只有 10 多人的乡镇企业，参加集团后，利用 CY 集团的无形资产，发展壮大自己，提高了竞争能力，去年被省建设厅授予国家二级建筑资质企业。现已发展为有 500 多名职工的昆明地区建筑企业的一支劲旅。集团半紧密层厂家——通海变压器厂，是通海地区的支柱企业，在困难时期参加 CY 集团，一面为集团生产铸件、机加工件，一面学习主机厂的经验，积极开拓市场，在通海地区形成了以变压器为主导产品的经济圈，发展成为云南省变压器生产的明星企业。

三、CY 集团的发展启示

（一）解放思想，敢为天下先

党的十一届三中全会以来，云机始终把解放思想，更新观念放在一切工作的首位，坚持"三个有利于"的标准，紧扣四个环节不断解放思想，更新观念。一是紧紧抓住实事求是、一切从实际出发这个解放思想的核心和本质，结合企业的实际，创造性地去改革、去发展；二是把市场作为解放思想的立足点，增强企业的市场意识和竞争意识，把解放思想、转变观念真正落到实处；三是把参与国际竞争，在国际产业分工中占有一席之地，占领国际市场作为解放思想的境界，自觉地把云机的产品放在世界市场中去比较，找出差距，努力攀登，使解放思想不断升华；四是根据不同发展阶段，提出解放思想、更新观念的目标，使企业始终走在社会时代的前列，在昆明市、云南省和全国机床工具行业创下一个又一个第一。80 年代初率先打破"大而全"的企业组织结构，实现社会化、专业化生产；八十年代中后期，果断地抓住国际机床第三次产业分工的机遇，率先把生产经营的重点转向国际市场；率先在参与国际竞争中，又率先全面推行代理制、佣金制，建立起海外营销网络（有 100 多个代理商），真正做到先人一步步步先。

（二）教育干部职工树立市场意识，充分利用两个市场、两种资源来发展自己

云机党委把坚持学习邓小平理论作为根本性基础工作来抓，连续六年组织了党委中心组和 700 多名中层干部系统地学习邓小平理论以及中央、省、市委有关文件精神和现代科学技术管理知识，与此同时，对广大职工进行经常性的理论教育。大大增强了干部职工的市场经济意识，强化了利用两个市场、两种资源的观念。以国内市场推动国际市场，以国际市场带动国内市场，通过发展市场带动资源的流动和开发利用，实现两个市场互补、两种资源共享战略。

（三）依靠科技进步，全面提高劳动者素质

集团始终把"依靠科技进步和提高劳动者素质"作为振兴企业的一个战略措施来抓，牢固树立"科学是第一生产力"的观念，全面强化企业的科技工作；建立科技开发资金，增强企业技术开发实力；坚持质量第一，保证产品质量的长期竞争力；注重职工文化技术培训，全面提高职工队伍的群体素质。一是加强科技工作的领导。明确科技工作由厂长全面负责，科技进步列入厂长的任期目标；二是建立技术开发中心，强化开发能力，加大人员、资金投入；三是建立科技开发基金，保证和增加对科技的投入，每年按销售收入的 1%和留利的 5%提取用于科技开发的稳定费用；是通过强有力的思想政治工作和制定有关政策，充分调动科技人员的积极性，为肯定科技人员的价值，评定厂内专家，对有特殊贡献的专家实行专家补贴。

注重职工的思想作风建设和文化技术培训，提高职工队伍的群体素质。云机从实践中认识到，过硬的人才首先是思想过硬。云机党委明确把思想政治工作纳入党政目标管理。建立了精神文明领导小组、企业思想政治工作研究会，党委书记、厂长亲自担任领导小组组长、研究会会长。除制定中、长期工作规划外，每年工厂的行政工作报告都将思想政治工作和精神文明建设作为一项重要内容。基本思路是：抓导向，培育"四有"职工队伍；讲奉献，塑造企业精神。为解决职工思想上的"热点、难点、疑点"问题，使党组织的政治核心作用落实在职工中。党委把对职工进行思想教育作为一项重要工作来抓。做到长流水，不断线。经过多年的探索，形成具有本厂特色的

"首季三部曲、全年六必讲"的形势教育制度。"首季三部曲"是:学好元旦社论,开好职代会,开好先代会;"六必讲"是:年初必讲,月初必讲,重大节日必讲,中央有重要活动必讲,国家有重大改革措施出台必讲,职工中有普通的思想倾向必讲。这样经常不断地把党和国家大事、企业大事、职工关心的大事向管理人员和党员传达汇报,又由他们向职工交底,使形势、任务、政策的教育做到经常化、制度化、具体化,对提高职工的素质收到了明显效果。近三年来开展了"远学孔繁森、徐虎,近学杨淑芳、张位高"的宣传教育活动,将精神文明建设与职工工资挂钩,职工岗位工资中有一块精神文明工资。如出现违反纪律,违反职业道德的情况,就取消精神文明的工资,职工们对此视为人格的象征。

(四)始终坚持抓党建,建立强有力的保证机制

1. 坚持党的政治领导,在重大问题的决策上发挥把关定向的作用。凡工厂的发展战略、发展目标、改革方案、重大项目的投资、工资晋级、分配等重要决策都充分发挥党委的政治核心作用。

2. 坚持学习理论抓根本。几年来党委中心组和200多名中层干部坚持利用休息日(星期六)系统地学习邓小平理论,学习中央、省、市有关的方针、政策,学习现代科技知识、市场经济理论,聘请省内外专家和有关部门的领导作专题报告,并把学习理论贯彻党的十四届各次全会以及十五大精神结合起来。统一了两级班子的认识,进一步明确了企业改革发展的方向,坚定社会主义信念,增强社会主义市场经济条件下搞活国有大中型企业的信心和决心。

3. 在组织上发挥党管干部的作用。中层以上管理人员的任免,由厂长提出,组织部门考查,党委集体讨论通过。

4. 发挥基层党支部的战斗堡垒作用和党员的先锋模范作用。使党组织的政治核心作用落实在基层。党委在1984年就制定了党支部思想政治工作目标管理和党员模范作用"十率考核"制度。十多年来长期坚持不断完善,现在每季度从学习、生产、联系群众等方面进行一次定性、定量、认真细致的考核;考核的成绩作为年终评比先进党支部和优秀党员的依据。职工们说:"我们厂所以发展快,效益好,就在于有一批党员在前面引路,不怕困难,拼搏奋进"。

5. 坚持和完善厂长负责制。党委强化了为经济工作服务的意识,自觉找准位置,做到大胆支持不包揽、主动关心不干涉、积极宣传不拆台、多出主意不拍扳。在协调厂级领导工作中抓党建,把企业党组织的战斗力与企业的生产力结合起来;把党的建设与企业生产经营活动结合起来;把思想政治工作与企业经济工作服务结合起来。把思想宣传和组织建设的内容延伸到生产经营的各环节和市场活动中,有力地保证了企业生产经营活动的有序进行,促进了企业发展。

6. 全心全意依靠工人阶级。云机始终按照江总书记1989年视察云机的谆谆教导,把全心全意依靠工人阶级落到实处。在具体工作中,做到政治上五个有份、经济上公平合理。即:决定厂里重大决策有份;入党有份;提干有份;评职称有份;出国有份。在经济上作出贡献的职工予以奖励。凡职工被评为市劳模、厂劳模、优秀共产党员、三八红旗手,予以浮动晋升一级工资;连续三年被评为厂内先进给予固定奖励工资。在分配上,一是向一线工人倾斜,二是向有贡献的生产、科技、管理骨干倾斜,从而体现了公平合理的原则。

云南CY集团是在深化改革的过程中产生和发展起来的。十年来,云机人运用邓小平理论这一强大思想武器,坚持党的基本路线,坚持党对企业的政治领导,以经济工作为中心,以国内外市场为导向,发挥集团规模经济优势,发挥思想政治工作的保证作用,把思想政治工作与经济建设工作紧密结合起来,探索出了一条自身发展的道路,取得了可喜的成绩和集团化改革的成功经验。

深化国企改革　走强强联合之路

中共仪化集团公司委员会宣传部

中国东联石化集团有限责任公司(以下简称中国东联集团公司)于1997年11月19日在北京正式成立,这是党中央、国务院加快国有大型企业改革步伐的重大举措,在国内外产生了巨大的影响,令世人瞩目。

一、中国东联集团公司的基本概况

中国东联石化集团有限责任公司是国家投资组建的国有独资公司,是国务院确定进行试点的国家授权投资的机构和国家控股公司。

中国东联集团公司是由原隶属于中国石化总公司、中国纺织总会和江苏省的金陵石油化工公司、扬子石油化工公司、仪化集团公司、南京化学工业集团有限公司四家企业及江苏石油集团有限公司(分别简称“金陵”、“扬子”、“仪化”、“南化”、“江苏石油集团公司”)的国有资产无偿划拨而组建的特大型石化联合企业,总部设在南京。中国东联集团公司隶属国务院,由国家经贸委负责联系。国务院对中国东联集团公司直接行使资产所有者的权利,中国东联集团公司对国务院授予其经营管理的国有资产承担保值增值的责任。中国东联集团公司是按《公司法》组建起来的规范化公司,设董事会,董事会成员由国家经贸委推荐,董事长、副董事长职务及总经理人选由国务院管理,其他董事职务和副总经理人选由国家经贸委管理;外派监事会,国务院授权国家经贸委和有关方面向中国东联集团公司派出监事,组成监事会,监事会主席由国务院在监事会成员中指定;设党组,党组经授权对所属企业党委实行领导。

按1997年6月30日合并会计报表:中国东联集团公司总资产542亿元,净资产256亿元,现有职工14.57万人。所属企业1996年实现销售收入合计400亿元。注册资本120亿元。财务关系隶属财政部,财务计划在国家财政中单列。

中国东联集团公司主要经营管理国务院授权范围内的全部国有资产;主要从事炼油、化工、化纤、纺织、化肥、建材、高分子聚合物、各类精细化工产品及原辅材料的生产销售和批发零售;同时按规定兼营工程设计、建筑安装,设备设计制造,技术开发和咨询、技术服务,房地产开发,运输、仓储、原燃料、动力产品的生产销售等;从事国内外投融资业务,开展多种形式的经济技术合作;从事国际、国内贸易,开展国际、国内工程承包、分包及时对外劳务合作业务及从事国家允许的其它经营业务。

目前,中国东联集团公司主要生产装置能力为:原油加工1300万吨(金陵750万吨,扬子550万吨),乙烯40万吨(扬子),合成树脂40万吨(金陵8万吨,扬子32万吨),三苯总量125万吨(扬子85万吨,金陵40万吨),精对苯二甲酸90万吨(扬子65万吨,仪化25万吨),聚酯及涤纶纤维80万吨(仪化),化肥实物量142万吨(金陵52万吨,南化90万吨),烷基苯14.4万吨(金陵),纯碱60万吨(南化),已内酰胺5万吨(南化)。

中国东联集团公司是中国东联石化集团(简称“中国东联集团”)的母公司。中国东联集团是国务院120家试点企业集团之一。中国东联集团公司与子公司之间是以资本为纽带的企业法人间的关系。中国东联集团公司是中国东联集团的投融资中心和资本运营中心,主要负责战略规划、资源配置、资产经营以及财务、资金、人事管理等。全资子公司是中国东联集团的利润中心,主要负责执行中国东联集团公司的投资决策和资本运营决策,实施投入产出,享有相应的规化、开发、计划、采购、销售、人事、机构设置、劳动用工、收入分配等权利,保证安全、稳定、长周期、满负荷、优质生产,对提高经济效益承担责任。

中国东联集团公司的发展前景十分广阔。所属金陵年产7万吨丙烯腈、6.6万吨腈纶项目优化调整方案已呈报国家计委审批;扬子股票上市工作已基本准备就绪;扬子与德国巴斯夫合资337亿元人民币兴建“高科技、世界级、一体化”石油化工基地的项目建议书正在国家计委审批;仪化四期工程进行优化调整后,项目总投资66.77亿元,可行性研究报告也已报国家计委审批;南化年产30万吨合成氨、52万吨尿素的大化肥项目已开工建设;江苏石油集团公司在新近组建集团后,正进一步完善法人治理结构,进行资产、资源重组,以形成良好的运行机制。中国东联集团公司还有若干技改、“双加”项目正在或准备实施。到项目建成后,中国东联集团公司的炼油

生产能力将达到1600万吨,乙烯生产能力达120万吨,聚酯生产能力达102万吨,合成氨生产能力达80万吨,产品结构将得到进一步优化。

中国东联集团公司将以党的十五大精神为指导,根据国家产业政策,按照专业化生产的原则和规模经济的要求,打破条块分割,避免重复建设,调整结构,实现资源的优化配置,最大限度地提高投资收益和经济效益;以市场为导向,以资本为纽带,通过联合、重组等途径,逐步发展成为跨地区、跨行业、跨所有制、跨国经营的大型企业集团;把改革、改组、改造和加强管理结合起来,增强自身在国内、国际市场的竞争实力;通过深化企业改革,建立现代企业制度,转变经济增长方式,加速结构调整,扩大对外合作,把自身建设成为炼油、化工、化纤、化肥基地,为建设我国石油化工支柱产业,带动地方经济发展,提高我国的综合国力和人民生活水平做出贡献。

二、中国东联集团公司成立的背景

中国东联集团公司的成立是进一步贯彻党的十五大精神、深化国有企业改革的一种重要形式,是积极主动参与国际、国内竞争的重大举措,是党中央、国务院推进“抓大放小”、对国有企业实施战略性改组的一项重大决策,它的成立有一定的背景。

国内背景。是建立社会主义市场经济、抓大放小、搞活国有大中型企业的需要。江泽民主席在党的十五大报告中明确指出,要从战略上调整国有经济布局。可以通过资产重组和结构调整,加强重点,提高国有资产的整体质量,增强国有经济的控制力和竞争力。继续调整和完善所有制结构,进一步解放和发展生产力。坚持社会主义市场经济的改革方向,使改革在一些重大方面取得新的突破,并在优化经济结构、发展科学技术、提高对外开放水平等方面取得重大进展,真正走出一条速度快、效益好、整体素质不断提高的经济协调发展的路子。可见,建立现代化企业制度是国有企业改革的方向。把国有经济改革同改组、改造、加强管理结合起来,抓大放小,对国有企业实施战略改组,以资本为纽带,通过市场,形成具有较强竞争力的跨地区、跨行业、跨所有制、跨国经营的大型企业集团,是国有企业改革的基本途径。

江总书记的这些论断是从我国改革开放十几年来的成功实践中总结出来的宝贵经验,增强了国有企业改革的信心,为我国下一步的改革开放特别是国有大中型企业走出困境指明了方向和路子。

国际背景。是振兴民族经济、让国有大中型企业主动参与国际竞争形势的需要。当今世界,国与国经济上的竞争,实质上是国有大企业、大集团之间的竞争。虽然,我国的经济总量已经比较大,但缺乏规模经济的优势。提高大企业的国际竞争能力,最重要的一条途径就是重组、联合、兼并。近几年世界范围内的企业并购已经形成高潮。据联合国欧洲经济委员会统计,1996年全世界大、中规模企业的并购有2.3万多起,涉及资金总额为11400亿美元。去年以来,最著名的企业并购有日本的东京银行与三菱银行的合并、波音与麦道的合并,前不久刚刚公布的世界通信公司以370亿美元收购微波通信公司。就拿石油行业来说,如三菱油化和三菱化纤合并为三菱化学,三井石化和三井东亚合并为三井化学,这是整体合并;如芬兰的奈斯特与挪威国家石油公司将聚烯烃拿出来重组北欧石化公司,这是部分重组;如BP与飞马在欧洲将成品油、润滑油组合起来形成地区公司;再如ICI公司将聚酯和PTA出售给杜邦,同时又购入精细化工,属于产业结构调整。总之,国际重组、联合已成为潮流和趋势。在这些购并中,其中每个企业都有很大的规模,在国际市场都有可观的份额,这些并购实际上都是强强联合。我们四家企业联合后,炼油、化肥、PTA、化纤、聚酯等生产能力在全国都排第一,今后,四家企业以及江苏石油公司间优势互补的潜力将得到充分发挥,进行结构调整,发展规模经济的空间将更大,必将有利于提高中国东联集团公司的国际竞争能力。

中国东联集团公司可以说正是在这样的国际、国内的大气候、大环境下诞生的。它的诞生标志着我国国有大型、特大型企业从过去的分而自治走向了联合、合作,说明我国的经济改革进入了实质性阶段。新的集团公司成立后,将有力地增强国有大型、特大型企业参与世界竞争、抢占市场份额以及和外国大企业比试高低的现实性和可能性。

三、中国东联集团公司成立的效应

中国东联集团公司的组建为国有大中型企业的联合兼并、优化重组做出了榜样,是我国经济体制改革中的一件大事,标志着国家抓大放小、组建大型国有企业集团战略的正式起步。党和国家领导人以极大的热情关注公司的成立。江泽民主席为东联集团公司成立题词:“坚持以市场为导向,以资本为纽带,向四跨大企业集团迈进”。李鹏总理的题词是:“发展中国东联石化集团,积累企业改革经验”。邹家华副总理的题词是:“深化改革创新路,实行联合增效益”。姜春云副总理的题词是:“发展石油化工,支援农业生产”。国务院副总理吴邦国在揭牌仪式上作重要讲话。他说,组建东联集团是国务院经过慎重考虑后作出的决定,意义十分重大。它是优化资源配置、避免重复建设的一种改革尝试,是增强企业国际竞争力的需要,是深化国有企业改革迈出的重要一步。中国东联集团公司肩负着提高石化产业素质、与国内外大公司和大集团竞争的历史重任,面对21世纪全球经济竞争和挑战,要将视野放在未来的发展和国际市场的竞争上,为

进入世界500强努力奋斗。

党中央成立中国东联集团公司这一重大决策顺应了世界经济大规模重组的趋势，充分体现了党中央、国务院建立社会主义市场经济体制、搞好国有大中型企业的决心和信心，对推动经济增长方式由粗放型向集约型转变具有十分重要的意义。"四强联合"为有关企业在优化资源的配置、提高资源的利用率等方面创造了有利的条件，石拓了新的发展空间，实现了原油、化工、化肥、化纤产业的衔接和配套，形成了规模经济，对更好地实施十五大提出的"抓大放小"战略方针，进一步促进国有企业完成战略性改组，具有重要的探索意义和示范作用。同时，中国东联集团公司在短短的三个月筹备期内就已充分显示了联合的初步效应。一是优化了所属企业的资源配置，大力发展原料互供；二是优化了投资结构，避免了重复建设；三是优化了资产经营，大力压缩基建、技改项目的投资，积极探索公有制的实现形式。

为仪化集团公司的进一步发展创造了机遇和条件。十年改革路，一座化纤城。仪化公司通过十几年的改革和发展，已拥有职工二万多人，年产聚酯和化学纤维80万吨、PTA25万吨以及其它的非纤非纺产品，成为全国最大、全球第四的聚脂供应商，国有资产总额达188.4亿元，创利税70多亿元，为我国的化纤工业、国民经济建设作出了积极的贡献。同时，仪化基地从建厂伊始就一手抓生产、一手抓精神文明建设，努力做到两个文明协调发展、共同进步，"领导心中有职工、职工心中有企业"的治厂原则、"自强、求实、创新"的企业精神已深入人心；股票在境内外成功上市标志着仪化的改革又向前迈进了一大步，从而使仪化公司成为国内外知名的国有特大型企业，给世人树立了良好的企业形象。

但是，随着国内外市场竞争的日益加剧，石化、化纤行业的市场形势非常严峻，仪化公司同样也遇到了很大的困难，特别是去年以来，经济效益明显滑波。目前，国内市场的一半已被境外企业占领，随着时间的推移，竞争的力度会愈来愈大，且这种趋势会持续相当长的时间。面对如此严峻的现实，中国东联集团公司的成立为四个企业在优化资源配置、提高资源效率等方面创造了极为有利的条件，也为仪化提供了新的发展机遇。一是解决了长期以来仪化原料供应的瓶颈制约。过去，原料供应问题长期困扰着仪化。受上游生产厂家的影响和制约，不知花费了多少人力、物力来处理与上游厂家的关系，为原料价格、供应数量伤透了脑筋，有时开工不足，影响了经济效益。为了解决这一难题，仪化不得不购买国外原料来满足生产。二是可以利用自身的优势，集中精力，搞好主业，形成企业核心能力，生产企业核心产品，以此不断壮大自己。为了降低生产成本，保证生产稳定，仪化自己建设了PTA工厂，缓解了部分原料供应压力，保障了生产的稳定运行。但同时，由于受规模的影响，仪化为之付出了不小的代价。现在"四强"联合了，仪化集团公司不必再为原料供应问题过多地担心，可以一心一意搞自己的主业——化纤产品，同时也有精力调整结构、开发新品，解决产品单一的问题。

当前国有企业思想政治工作缺乏活力的主要对策

曹守志

“加快推进国有企业改革”，是党的十五大向全党提出的既关系到社会主义市场经济体制建立和国民经济发展的重大问题，也是关系到社会主义制度命运的重大政治问题。大力增强企业思想政治工作的活力，千方百计调动职工积极性，充分发挥思想政治工作的保证作用，是“加快推进国有企业改革”成败的重要环节。党的十一届三中全会以来，国有企业思想政治工作几经调整，在指导思想和工作实践两个方面都有了较大的改进和加强，在面临困境和挑战、探求生存与发展中，总结和积累了许多宝贵的经验，充分发挥了对经济工作的保证作用，有力地推动了物质文明和精神文明建设。但是，也应该看到，有一些国有企业思想政治工作缺乏活力，用“收效不大，作用难以发挥，地位明显下降”这三句话加以评价并不过分。那么，如何解决当前存在的问题，应该采取什么对策，是摆在国有企业党组织和思想政治工作者面前的一个重要课题。

在市场经济条件下，企业思想政治工作出现的新情况，新特点，要求我们改变过去长期以来的一些做法，采取新的实现方式，通过增强企业思想政治工作活力，达到改进和加强思想政治工作的目的。

(一)重视提高企业领导者的综合素质

国有企业思想政治工作缺乏活力的原因之一，就是与国有企业领导者的综合素质不高有直接关系。随着现代企业制度的建立，政府不再直接干预企业的日常生产经营活动，把国有资产委托给具有综合素质的企业领导者。企业领导者的综合素质集中体现在抓经济和讲政治上。笔者认为，只抓经济，不讲政治，或表面重视政治而实际上对政治不那么热心，都应该视为不合格的企业领导者。那么，如何解决一些企业领导者综合素质不高的问题?

首先，要选准、选好企业的领导者。实践表明，在其他条件基本相同的情况下，企业的成败，经营的好坏，取决于企业领导者的综合素质。尽管条件是多方面的，但关键是要有一个好的企业领导者，因此要选准人，用好人。作为一个企业领导者，除了需要有较高的政治素质以外，最主要的是要看他是否具有总揽和驾驭全局的能力，即能否提出有利于企业生存和发展的战略目标、经营方针，能否在企业发展处在危难的关键时候，作出科学而果断的决策，使企业由弱变强，不断发展壮大。能做到以上几点，这个领导就是合格的。作为企业领导者，特别是一把手并非都要专家来担任不可。一般来说，专业技术水平过高而领导能力相对较弱的人是不适合当领导的，我们在选拔企业领导者的问题上，应该站在讲政治的高度，站在党的基本路线的高度，把那些思路开阔，具有远大战略眼光又适合担任领导工作的同志选拔到企业的领导岗位上来。说白了，就是不具备综合素质的人，不能进企业领导班子，更不能担任一把手。

其次，对那些重业务、轻政治，不能很好地处理经济工作与思想政治工作关系的企业领导者，进行一次精神文明建设战略意义的再教育。最好的办法是组织他们认真学习马列主义、毛泽东思想，特别是邓小平理论。因为邓小平理论是当代中国的马克思主义，只有系统地学习和掌握这个理论，才能够善于从政治上认识和处理问题。对企业领导者来说，一般地学习和掌握是不够的，必须努力钻研，深刻理解，力求精通和掌握。通过学习，使企业领导者真正树立起这样一个战略思想，即精神文明建设，在我国社会主义现代化建设中处于重要的战略地位，关系到我国社会主义现代化建设的全局，关系到我们跨世纪目标能否实现，关系到社会主义事业的兴衰成败。要切实克服当前一些企业领导者存在的有关对精神文明建设的种种思想障碍，自觉地做到物质文明和精神文明建设“两手抓，两手都要硬。”

(二)企业思想政治工作要坚持为提高经济效益服务

企业思想政治工作要坚持为提高经济效益服务，说起来简单，但做起来并不容易。根据笔者个人长期在企业工作的体会，应该把握好以下三点：

1. 就是思想政治工作在为提高经济效益服务中要掌握工作的主动权。为了使思想政治工作主动地为企业经济效益服务，思想政治工作者明确自己工作的着力点非常重要。所谓着力点，就是知道思想政治工作着重使劲的地方。找准了着力点，就能掌握工作的主动权。掌握工作的主动权的前提条件，就是必须了解熟悉生产，并

积极主动地参与生产经营活动。就远洋运输企业来说，党委负责人和政工部门的领导要参加行政召开的生产调度会，安全例会和经济效益分析会等。通过参与生产经营活动，了解和掌握生产经营的动态和发展趋势，为企业搞好经营和发展出谋划策，取得思想政治工作更有效地为提高经济效益服务的主动权。这样，就可以改变企业党组织负责人常常感到不知所措，跟在行政领导后面跑龙套的状况。

2. 企业的思想政治工作坚持为提高经济效益服务，是通过提高职工的素质来实现的。政工部门要针对企业职工的思想实际，深入了解职工群众在想什么，有哪些思想上的困惑。只有充分了解这些具体情况后，做职工思想政治工作才能有针对性，才能有的放矢。思想政治工作如果做得及时又恰到好处，就能使职工心情舒畅，在工作岗位上积极进取，为企业降低成本，提高效益作出应有的贡献。现代生产力的发展表明，越是现代化，人的素质越重要。比如，著名的松下电器公司，他们在本世纪六十年代初就建立了一个大的培训中心，每年到培训中心学习的就有三万多人。培训的主要内容是学习和掌握“松下纲领”、“松下精神”等。公司一位管理者说过这样一句话：“只有首先产生高素质的松下人，然后才有高素质的松下电器”。可见培养和提高人的素质何等重要。而我们的一些国有企业不仅没有认真研究和吸取发达国家的管理经验，而且放松了思想政治工作，淡化了人在生产力中的作用，这不能不说是一个严重的失误。

3. 企业思想政治工作坚持为提高经济效益服务，要抓住重点，突破难点。当前，干部群众普遍关心的问题无疑是减员增效，下岗分流和再就业工程。这是国有企业思想政治工作的重点，也是难点。思想政治工作要针对上述问题以及各项改革措施中触及的利益调整等问题来进行，要想职工之所想，及时解答他们提出的疑问。要引导职工正确认识国有企业实行减员增效和下岗分流，从根本上说是为了把经济更快地搞上去，为最终实现包括职工群众在内的全体人民的共同富裕创造条件。个人牺牲一些眼前利益，是为了企业和国家发展的全局，也是为了自己将来生活得更好。

(三)加强企业政工干部队伍建设

思想政治工作需要不断改进，这是自身发展规律所决定的。思想政治工作作为一门科学，而任何科学都是人去掌握的，只有把做思想政治工作的人素质提高了，把政工干部队伍建设好，思想政治工作才能有活力。就当前企业政工干部队伍状况来看，我们从一般意义上强调加强政工干部队伍建设是不能解决问题的，笔者在企业从事过多年的组织(干部)工作，根据以往的经验，结合当今企业政治工作的形势和任务，感到应该采取下列措施：

首先要把企业政工干部的精神状态调整好。因为一个人的精神状态对人的能力和意志有很大的影响。精神状态好，能力发挥就好，也比较容易调动意志；精神状态不好，使人的能力和意志受到抑制，消耗人的心理能量。另外，还要处理好作为和地位的关系。思想政治工作没有地位不行，但也不可能完全靠上级领导给予肯定来获得，关键是政工干部自己要争气，必须勤奋地工作，通过发挥思想政治工作的保证作用，在为提高经济效益服务中显示出思想政治工作的自身价值。好的精神状态的重要标志，一是要有为实现跨世纪宏伟目标奋斗不息，建功立业的雄心壮志；二是要有勇于实践，大胆实验，始终走在时代最前列的开拓进取精神。

其次，改善企业政工干部队伍结构。企业政工干部队伍结构不合理，主要表现在懂思想政治工作的人多，既懂思想政治工作又熟悉了解生产经营的人少，不适应市场经济的要求。但是，在很短时间内把结构调整好是很难做到的。从当前企业实际情况出发，一方面，要求现有的政工干部尽快熟悉生产经营，紧密结合经济业务工作开展思想政治工作，努力实现由单一型向复合型转变；另一方面，按照“四化”要求，培养选拔一批懂经营，善管理，政治上比较强，又比较年轻的管理干部充实到政工干部队伍中来，并把那些德才优秀，群众威信高，有发展前途的同志大胆地提拔到领导岗位上来。这样不仅能解决政工干部青黄不接的问题，而且又能改善政工干部队伍结构，为增强企业思想政治工作的活力提供组织保证。

再次，企业一定要配备强有力的党委书记。有人评价厂长经理作用的时候说，一个好的厂长经理，可以救活一个企业。笔者认为，一个好的企业党委书记能点燃群众的希望之火。这不是故弄玄虚，有意夸大党委书记的作用。因为厂长经理与党委书记同为企业领导人，从生产力的角度去考察，凡是领导活动都具有生产力属性。随着历史的进步，现代社会生产力发展日新月异，领导活动在生产力中地位非但没有削弱，而且呈现出愈来愈强的趋势。在现代化大生产时代，从事领导、管理、科技工作的智力劳动越来越多。在生产过程中创造财富的主要不是劳动者体力，而是劳动者智力。生产力的发展，主要不是靠劳动的增加和固定资产的增加，而是靠科技成果的运用，靠科学的领导和管理。从这个意义上说，要想搞好企业两个文明建设，既重视厂长经理作用，同时也不能忽视党委书记的作用。强有力的党委书记都包括哪些内涵？用几句话把它概括清楚很难做到。笔者在九八年三月二十四日《工人日报》上看到《全国优秀企业思想政治工作者——兰炼党委书记戴年喜访谈录》后，感到耐人寻味。戴年喜同志所在单位是一家老企业，在市场经济的大潮中闯过重重难关破浪而行，保持良好的经济效益。企业党组织起到了凝聚人心的作用，厂党委两次荣获“全国先进基层党组织”光荣称号；连续八年荣获并保持了全

国思想政治工作优秀企业的殊荣；思想政治工作富有活力，在企业生产经营中充当着“生命线”的角色。戴年喜同志主张并努力实践：

○“思想政治工作应该做到职工最需要的时候和最需要的地方。”

○“新时期思想政治工作所面临的内容新、要求高、难度大、任务重的形势，决定党委不能安于现状，不能守摊子。”

○“企业党组织的工作应走科学化、规范化的路子。作为企业领导人，要学会巧妙地调动各个层次人的积极性。”

○“思想政治工作就是要和生产经营贴紧贴实。”

○“一个好的企业党委领导，应该是一个好医生，用“药”之前把好脉，努力做到预防在前。”

以上几句精辟的格言，既是戴年喜同志的座右铭，又是我们国有企业党委书记努力的方向。

(四)将 ISO9000 标准基本原理应用到企业政工领域

用管理的行话来说，国有企业思想政治工作缺乏应有的活力，就是质量不高，这是不少同志的共同感受。从管理和方法的角度看，主要是缺乏稳定的工作程序，往往重定性，轻定量；重过程，轻效果，影响思想政治工作质量的全部因素在实施过程中处于失控状态，不能为经济工作提供有效的服务和保证。鉴于思想政治工作是为企业生产经营服务的，“服务”也是一种产品，同样有个质量问题，它也需要通过“过程”来完成。只有把实现“服务”的全过程及影响服务质量的全部因素始终进行控制，并且不断加以改进和完善，才能有效地提高服务水平，使思想政治工作更好地服务于企业的生产经营。因此，我们应该吸取企业行政系统贯标经验，从企业思想政治工作工作规律的实际出发，制定企业政工系统质量体系的工作流程，包括：质量体系建立的组织策划；质量体系的总体设计；编制体系文件建立质量体系；质量体系的运行与完善等。

(五)把思想政治工作与企业文化结合起来

本文前面提到了当前企业思想政治工作普遍存在着形式单调和方法单一的问题，那么用什么方法或者通过何种途径来解决呢？企业文化建设随着我国社会主义市场经济的发展和企业参与市场竞争，其地位和作用越来越显著，受到企业思想政治工作者们的极大关注。虽然企业文化与思想政治工作产生的历史条件和背景不同，但两者的本质和研究对象是一致的，目的都是为了使职工产生强大的精神力量，来推动人们的物质活动，进一步发展生产力。实践证明，企业文化的兴起，为改进和加强企业思想政治工作提供了一个新的视角和契机。因此，我们在研究和改进企业思想政治工作方式方法的时候，要把搞好企业文化建设作为增强企业思想政治工作活力的一项重要措施来付诸实施。这是因为：

采取职工群众喜闻乐见的文化形式，可以增强思想政治工作的效果。在新的形势下职工心里需求已发生较大变化，思想政治工作必须改变过去那种整齐化一，单调乏味的做法，要根据职工不同的兴趣和爱好，引导职工自觉地参加各种生动活泼、健康向上的活动。通过这些活动，实现自我教育、自我陶冶和自我约束，增强职工职业责任心和自豪感，使思想政治工作起到凝聚人心，鼓舞士气和激励斗志的作用。

充分利用企业文化特有的功能，可以弥补思想政治工作的不足。由于思想政治工作功能存在某些局限，它不可能包含企业文化建设的全部内容，也就是说思想政治工作不能用文化和艺术的形式来达到自己的目的，不重视企业文化建设，思想政治工作就缺乏活力。由此可见，企业文化建设不仅有助于进一步搞好企业精神文明，扩大思想政治工作的覆盖面，而且是从整体上改进和加强思想政治工作的一个重要途径。

运用最新管理手段，可以实现思想政治工作的根本目标。企业文化建设是以人的管理为中心，挖掘人的潜能，充分发挥人的积极性和创造性的最新管理手段。如果我们把这个最新的管理手段与思想政治工作有机会结合起来，有利于思想政治工作培养“四有”新人，使根本目标具体化，更有成效。抓好两者结合，培养职工的企业精神，强化职工集体荣誉感，让职工对企业有归属感，最大限度调动职工积极性，使企业永葆旺盛的生命力。

增强企业思想政治工作活力，虽然不是当前的热点，但是难点。笔者相信，只有我们遵循解放思想，实事求是的思想路线，把握促进生产力的原则，坚持继承与创新相结合的思路，采取有力的措施，认真下一番苦功夫，改进和加强国有企业思想政治工作的目标是可以实现的。

（作者系天津远洋运输公司通导信息中心党委书记）

适应社会主义市场经济　促进科技人员转变观念

贾　斌

党的十五大，作为世纪之交最后一次党的全国代表大会，承前启后，继往开来，是一次历史性的重要会议。这次大会高举邓小平理论的伟大旗帜，制定了夺取改革开放和社会主义现代化建设新胜利的行动纲领，为中国跨世纪发展举行了一个奠基礼。作为科研单位党组织的领导干部，如何适应新形势的要求，认真领会十五大所制订的方针政策，把握其精神实质，并以此为指导，切实搞好自己的本职工作，促进科技工作者转变观念，解放思想，大胆创新，真正把"科技兴企"战略落到实处，铸造山西电网的再度辉煌，无疑是党的十五大精神所期待的。

一、解放思想，转变观念，是科技企业党组织当前的首要任务

继十一届三中全会之后的第一次解放思想和邓小平南巡谈话之后的第二次解放思想，十五大又一次提出了解放思想的问题，确定邓小平理论的历史地位；重申社会主义初级阶段的理论；对所有制结构进行调整和完善；对国有企业实施抓大放小，三改一加强结合；把按劳分配和按资分配，按生产要素分配结合起来等等诸多很敏感的问题，极富有挑战性，而面对这诸多问题，其关键在于解放思想，实事求是。科技企业的党组织一定要把握机遇，完整准确地理解十五大精神，积极引导广大科技工作者解放思想、转变观念、实事求是、大胆创新。

(一)转变"计划单列"的传统观念，树立"市场优先"的新观念。

我所是电力企业内部的试验研究机构，受"计划单列"的传统观念影响很大，山西电网，唯此一家，说是企业，一无"产品"，二无效益，"产品"就是四大中心，效益则与电网的效益相连，各项费用开支，均由主管局按生产、科研计划拨付，只要保质保量完成生产、科研任务，职工收入就有了平均数额。职工干多干少，干好干坏，则只需从大锅里分盛入大小碗中。随着电力技术市场的逐步形成，全国电力企业科研单位以及大专院校科研机构，纷纷加强横向联系，进行技术扩张占领，各种高新技术应运而生，以往的优势已不复存在，服务对象也不再单一依靠某个单位，市场引发的竞争日趋激烈，单纯靠计划单列愈来愈行不通。只有树立"市场为主"的新观念，才能变被动为主动，不辜负省电力公司对我们的期望，占领山西电力市场并以此为基地延伸到省外乃到国外电力市场。

(二)转变"技术职能"的传统观念，树立"效益优先"的新观念。

"效益优先"的新观念，要求我们既侧重于在进行科研试验的过程中，充分考虑对方的实际利益，采取有效措施，创造条件完成项目，比如积极推广和应用先进的监测手段，提高检修的可预知性，为状态检修创造条件，从而减少设备停运次数，节约检修费用。同时，也要把侧重经济性分析，节能降耗，提高机组的等效可用系数和供电可靠性作为我们的工作重点，比如今后一段时间我们的工作重点之一就是电厂的泵和风机的改造。

(三)转变"不叫不到、叫也不到"的传统观念，树立"随叫随到，不叫也到"的新观念。

由于我所的生产计划是省局排定的，所以多年来养成了"不叫不到"的习惯性作法，甚至个别时间个别人还有"叫也不到"的现象，严重地影响了服务对象对我们的印象，始终保持一定的距离。近两年我们努力克服老爷作风，树立起"随叫随到，不叫也到"的新观念。去年神头一电厂发生重大火灾事故之后，所长陈懋龙等率有关专业室，当即奔赴神头，查看现场，制订方案，监造调试，经过近五十天的艰苦工作，终于顺利地完成了任务，受到省局的嘉奖和厂家的赞扬。近年来我们开展的"回访"活动，也受到发供电单位的好评。

(四)转变"单纯技术型"的传统观念，树立"技术经营型"的新观念。

由于电力投资主体的增加，一些独资或合资电厂、合资机组的出现，电力市场呈多元化发展态势，省公司的管理职能也有所调整，这样，我们的科技工作也呈现出有偿与无偿，服务与效益等局面。科技工作者也面临由"单纯技术型"向"技术经营型"转型的问题，一方面，因其并网后安全可靠与否将直接影响整个电网，据此要对其实行强制性技术监督，实施有偿服务。另一方面也要更加主动地向他们提供多种技术服务。除此也还用社会各行业也将可能成为我们的用户，在保证完成主业情况下，我们

也将充分利用自身的技术、设备优势，创造自身效益，稳定职工队伍，引发良性循环。

（五）转变“单一技术型”的传统观念，树立“综合技术型”的新观念。

由于社会化大生产，分工愈来愈细，我们专业室的科技人员，也大多被固定在某一小专业上，比如汽机就分有热力、叶片、振动、调节等小专业，金属有探伤、金相、焊接等小专业，虽然专业分工细化有利于突出人才的显露，但久而久之，我们的科技人员，实质上只具有专业技术单元的试验研究能力，缺乏综合素质，尽管某个人可以在某方面有极高造诣，但到了复杂现场之后，却常因一些连带的外专业技术问题而事倍功半，得不到现场的承认和信任。毕竟我们不是基础研究单位，我们是为解决现场疑难而存在的试验研究单位，所以近几年来，我们要求在精通本专业的同时，开展一专多能，技术多面手的技能训练，收到了一定的成效。

二、审时度势，精心营造，刻意探求，为科技工作者转变观念创造良好的环境。

（一）思想环境

在社会主义改革开放和现代化建设的新时期，在跨越世纪的新征途上，一定要高举邓小平理论的伟大旗帜，用邓小平理论来指导我们整个事业和各项工作，这是党从历史和现实中得出的不可动摇的结论。通过党委中心组、干部轮训、党员培训、职工学习日等形式，采用聘请专家授课，党委成员讲课，录像教育，读书活动，黑板报等手段，营造适应社会主义市场经济的思想环境，为转变观念奠定坚实的思想基础。

（二）文化环境

适应社会主义市场经济，必须坚持两个文明一起抓，而营造良好的文化环境，则是提高社会文明的程度，推进改革开放和现代化建设的重要条件，对促进科技工作者转变观念有着不可或缺的精神动力作用，因此，要大力加强企业文化建设，深入持久地开展群众性的精神文明创建活动，大力倡导社会公德，职业道德和家庭美德。

（三）人才环境

在社会主义市场经济中，竞争已成为必然，为了在竞争中取胜，为了在竞争中求生存，谋发展，立志成才，就成为每一位有抱负的科技人中所终身追求的目标。但能否成才，能够成为一个什么样的人才，固然要靠人的勤奋、追求、努力以及天赋，但人才环境的构造却也是不可替代的重要因素。

（四）工作环境

工作环境的改观直接影响到科技企业的形象，一支特别能战斗的队伍理应有一个相应好的工作环境。在省局的大力支持下，我们从去年开始按标准装修试验室，更换了程控交换机，新电梯也已定货，美化了院落，改造了楼门，装修了卫生间，全体职工有了统一的工作服、工作证、标志卡等“企业名片”。新配备了 30 余台 IBM 微机，目前联网工作正在实施之中。工作环境的改善对科技人员提高自信心，增强敬业精神有着良好的鼓励作用。

（五）生活环境

近年来，在省局大力支持下，陆续投入大量资金，解决了部分职工的住房问题，改造了原有旧楼的阳台、卫生间，建造了职工活动中心，修建了卡拉 OK 歌舞厅、台球室、乒乓球室，改造了餐厅、招待所，提供了所内就餐服务，保证了节日福利，职工收入连年略增，基本达到了预期效果。

（作者系山西省电力试验研究所）

面向新世纪　争做能力人

李俊福　　吕盛乐

处在世纪之交的人们，正在期待着新世纪的到来。21世纪的时代特征是什么？知识经济成为热门话题，它将给人及世界带来深刻的变化。在由工业经济向知识经济的过渡时期，人的能力素质比以往任何时候都重要，没有高能力素质的人就不可能利用先进工具从事高级活动。因此，迎接新世纪应该提倡科学精神与人文精神的结合，在倡导求实、探索等科学精神的同时，必须继承发扬中华民族的优秀人文精神，使人们认清时代特征，明确历史使命，自觉树立"能力本位"的价值观，并在社会实践中把自己锻炼成为"能力人"。

一、新世纪呼唤能力人

在瑞士达沃斯世界经济论坛年会上，许多代表提出21世纪的经济将是以知识为基础的经济，而信息和知识革命将是通向这个经济形态的桥梁。就是说，由工业经济时代走向知识经济时代是21世纪最显著的时代特征。

"以知识为基础的经济"简称为知识经济，是指以现代科学技术为核心的、建立在知识和信息的生产、分配、使用之上的经济。对于处在发展中国家、从事传统产业的人们来说，虽然进入知识经济境界的日子尚远，但通向知识经济的"知识革命"却就在身边。它不但会给我们的社会和经济活动、生产方式、生活方式、思维方式带来很大的影响和冲击，而且对每个人都是一种激励和鞭策。因为它要求人们必须具有更高的能力素质。

知识经济要求人们具有更多的知识。由于知识的经济价值越来越重要，对产业主体的素质要求越来越高，知识直接影响到每个人的前途和命运。个人的知识水平决定着就业的起点和收入，个人的知识结构决定着职业发展方向，个人的知识积累决定着事业的成败。据介绍在"经济合作与发展"组织成员国家，受教育程度低的人平均失业率为10.5%，而受过高等教育的人失业率只有3.8%。在国外一些大企业已经出现了"知识经理"、"首席知识官(CKO)"、"知识管理顾问"等职务。可见，学习掌握更多的知识，是知识经济的本质要求。它要求人们对本职工作及行业必须知道是什么：了解基本事实和发展状况；知道为什么：掌握基本原理和规律；知道怎么做：具有较强的技能或能力；知道谁有知识：掌握有关的知识在哪里的信息。人们必须按照这样的要求，努力掌握更多的知识，锻炼更强的能力。

知识经济要求人们具有驾驭信息的能力。过去人们把石油比喻为工业经济发动机的燃料，现在可以说信息是知识经济发动机的燃料。目前或不久的将来，一片指甲大小的芯片上，可存放两年《人民日报》的信息量；用一张光盘可存储一部大百科全书的内容；利用信息高速公路，一秒钟就可以把两年《人民日报》的信息全部传输完；一束光纤将可传输现在全世界每天所有电话的通讯量。而且软件还在迅速发展，网络还在不断扩大，虚拟技术更为广泛的应用……。知识经济的标志之一，就是从业人员中50%以上从事信息领域的生产；信息经济的产值应占国民经济总产值的50%以上。这就要求人们必须熟悉导体、芯片、光盘、计算机，都具有驾驭信息的能力。

知识经济要求人们具有很强的创新能力。伴随着知识经济的来临，智能的物化产品越来越占重要地位，智能服务也大放异彩。在生产和经营中，研究开发、战略分析、决策管理、企业策划、形象设计等软科学功能的作用越来越显著，市场竞争已从产品竞争延伸到工作间的创意及实验室中的交锋。然而，在由知识向智能、由智能向产品或服务的转化过程中，是离不开创新这座桥梁的。这其中很重要的是个人的创新能力，要求人们不但具有丰富的"编码型"知识，更要有灵活的"意会性"知识，要通过创造性思维和创造性的工作，把知识变成灵感、诀窍、创意和设计，变成创新的产品或服务。

二、确立"能力本位"的价值观

要适应新世纪的要求，把自己锻炼成为"能力人"，首先要确立"能力本位"的价值观。所谓"能力本位"价值观，就是把人的能力作为确立和实现人的主体性、人的个性、人的自由、人格、权利和价值的基础，认定人的能力价值高于其它一切价值，离开人的能力，其它一切都难以确立和实现的。这种价值观念是新世纪的客观要求，是知识经济时代的呼唤。

确立"能力本位"的价值观，是社会主义本质的要求。

社会主义的本质是解放生产力，发展生产力，消灭剥削，消除两极分化，最终达到共同富裕。人是生产力中最积极、最活跃、最重要的因素，要解放和发展生产力，最根本的是解放和发展人的能力。人的能力能够创造社会财富，可以转化成为社会生产力；解放和发展生产力的目的，是为了创造人的幸福生活，进而提高人的素质和能力，这些都是围绕着人的能力展开的。消灭剥削，消除两极分化、最终达到共同富裕，也都是以发挥人的能力为前提的。我国现阶段实行按劳分配为主的分配制度，鼓励一部分人先富起来，都是在激励人们充分正确地发挥自己的能力。可见，要坚持社会主义本质，就必须确立“能力本位”的价值观。

确立“能力本位”的价值观，也是社会主义市场经济体制本质的要求。社会主义市场经济，实质上是一种能力经济，不仅能在竞争中充分发挥人的能力，而且能在竞争中提高人的才能。社会各个领域的竞争，是人与人之间的比高低、争优劣、赛胜负，也是人的能力、才能、意志的较量。这是一种有效的激励机制，促使人们发挥自己最大的能力，夺取竞争的胜利。现实生活中人们在劳动力和人才市场上，凭能力争“饭碗”；在工作岗位上，凭能力争绩效；在竞选中，凭才能争选票；在考场上，凭学识争佳绩；在分配领域，凭成果争奖酬。每一个环节都要充分发挥自己的最大能力，否则就要落后。因此，要适应社会主义市场经济体制的要求，就要确立“能力本位”的价值观。

确立“能力本位”的价值观，必须破除“官本位”、“钱本位”的价值观。在我国长达二千多年的封建社会里，实行权力高度集中的集权型经济，权力价值高于一切，人的价值就是等级的价值，从而形成一种“官本位”的价值观念。新中国建立后国家实行高度集中的计划经济体制，经济活动靠计划，人的命运靠领导，在一定程度上延续了“官本位”的价值观念。“官本位”的价值观有着深刻的影响，在社会关系上造成人身依附，在经济活动中把关系看得比能力更重要，所以有的人就跑官、求官、买官；有的官竟敢出卖官职、出卖权力。在社会主义市场经济体制构建之初，由于资本主义思想的侵袭腐蚀，不少人信奉“钱本位”的价值观，为了钱可以出卖肉体和灵魂，有了钱就花天酒地胡作非为。长期以来我国人口能力素质较低，文化和经济落后于世，“官本位”、“钱本位”价值观的消极影响是其重要思想根源。在新世纪里要通过知识革命进入知识经济，人们必须清除“官本位”、“钱本位”的消极影响，牢固确立“能力本位”的价值观，以强烈的时代感、使命感去学知识、强能力，适应时代的需求。

三、努力把自己锻炼成为“能力人”

适应新世纪的需要，人们不但要确立“能力本位”的价值观，更要在社会实践中努力把自己锻炼成为“能力人”。所谓能力人，是指以“能力本位”作为人生价值追求的主导目标，并具有很强能力素质的人。一个人需要具备多方面的能力，而更应注重锻炼那些可以产生能力的基本能力。

要锻炼增强学习能力。有人说，知识经济是“学习型经济”，教育将成为知识经济的核心，而学习将成为个人发展的有效手段。通过学习，可以把更多的知识转换成为能力。这就要求人们应树立一种“大学习观”，不断地学习书本知识，更要学实际技能，学思考、探索和应变能力，达到知识性与创造性的统一；既重视正规、系统的学习，又重视非正规、零散的、自发的学习，随时用新知识、新经验充实自己；既重视输入和吸收，更重视输出和释放，做到学用结合、学创结合。通过提高学习、消化、应用、创造能力，不断补充、更新知识，并转化为实际能力。

要锻炼增强创造性思维能力。知识转换成为经济有个创造革新的过程，创造革新来自于创造性思维。这就要求人们必须开动脑筋，善于思考，增强发现新问题、解决新问题的能力。要坚持思维的独立性，对那些“司空见惯”、“完美无缺”、“上级拍板”、“已成规矩”的东西，还要问个为什么，从中发现问题，提出见解，找到方法。要学会思维的连动性，善于“由此及彼”的联想，可横向联动，与类似的事物比较；可纵向联动，历史的、发展的看问题；可逆向联动，从其反面与反向分析。要坚持思维的多向性，善于从不同角度、不同层次、不同侧面分析问题，提出多个方案和设想，以供选择与决策。要坚持思维的综合性，善于取众家之长，集群英精华，萌发新的观念，实现新的突破。只有养成这种联系、发展、全面、辩证地看待事物、分析问题的习惯，才能不断增强创造和革新的才能。

要锻炼增强实际工作能力。要敬业爱岗，干一行、专一行，对工作技能要精益求精，干出活来过得硬，达到难不住、问不倒、当尖子、成状元。对现有的工艺流程、设备工具、操作规范能够看出缺陷、发现问题、提出改进措施。对相关专业、相关岗位的操作技能也要会一点，能够拿得起、放得下。只有这样才能有所发现和创造。还要掌握现代社会工作和生活常用的技能，如汽车驾驶、电脑操作、信息传递、多种语言交流等。

要有充足的精神动力。意志、情绪、个性、品质等心理和精神因素，既是能力的重要组成部分，又决定着能力发挥的程度。一个人要增强并充分发挥自己的能力，必须要有充足的精神动力。不满足现状，敢为人先；克服困难，愈挫愈勇，具有强烈的事业心、责任感，积极地锻炼提高自身的能力，超常发挥出自身的能力。

（作者分别为中国信义集团董事长、党委书记；信义集团专家协会会长）

立志岗位成才是企业大中专毕业生实现人生价值的必由之路

郭相廉

近年来，许多大中专毕业生加入到了电业职工行列。面对电力企业改革与发展的新形势，如何保证择业到企业的大中专毕业生自愿、愉快地奔赴生产第一线，并尽快成为国家和社会的有用人才，是每一个大中专毕业生面临的迫切问题。积极帮助他们树立正确的人生观、世界观和价值观是各级组织和领导义不容辞的责任。因为一个企业，无论设备怎样先进，如果没有一支过硬的职工队伍去掌握，是无法变成先进生产力，实现先进科技的价值的。作为电业的新生力量，他们到底应该如何确立自己的人生坐标？我认为应把“知已知彼”、“扎根基层”、“立足岗位”作为思考这一问题的出发点和立足点，走理论与实践相结合的岗位成才之路。

一、知已知彼，自我定位

这几年，社会对大中专毕业生的需求发生了明显的变化。大城市、大机关、科研单位不再大量补充人员，可以说，我国现阶段人才的需求状况为总体短缺，局部饱和，基层虚空，这种供过于求与供不应求同时并存的矛盾，使基层一线成为大中专毕业生择业的必然趋向。这就给毕业生造成一种视觉上的“盲区”，产生了“人才过剩”的恐慌，甚至悲叹“生不逢时”。他们没有看到或者不愿意看到重点工程以及艰苦行业对人才的迫切需求。这固然有对社会人才需求状况缺乏认识的原因，但缺乏实践的观念，害怕艰苦，企盼享受，不愿意到基层单位是一个很重要的原因。因此，对大中专毕业生注重正确的舆论导向，加强对他们的思想教育，使其主动适应形势，知己知彼，自我定位，就成了大中专毕业生跨入企业迈好第一步的当务之急。

所谓自我定位，就是要依靠自身的条件和所在企业的环境、特点，努力摆正自己的位置。因为人的才能有层次、类别之分，任何人的特长只有在他们适应的领域中才能发挥作用。所以，大中专毕业生需要清醒地认识自己，正确地把握自己，做到扬长避短，将自身的特长和企业能够提供的合适领域有机地统一起来，以积极的态度选准二者的结合点。既要树立信心，又切忌好高骛远、眼高手低；既要尽量发挥自己的长处，又要虚心向工人师傅学习。报载湖南省某厂在进行的劳动用工制度改革中，有11名大中专毕业生成为首批下岗职工，其中两名还是名牌大学的毕业生。为此，该厂一位负责人告诫说：“大学毕业生应该摆正自己的位置，努力将所学知识最大限度地在工作中发挥出来，这样才能实现自己的价值，赢得大家的尊重。如果老是以大学生自居，不敬业爱岗。没有协作精神，不管你是哪所学校毕业的，照样下岗待业，这就是市场竞争的法则。”

企业中不少大中专毕业生所走过的道路以无可辩驳事实证明，知己知彼，自我定位是大中专毕业立志岗位成才的一个重要切入点。做到了这一点，每一个大中专毕业生就能放下架子，认识自我，开好头，迈好步，为立志成才奠定良好的思想基础。反之亦然。

二、扎根基层，安心一线

大中专毕业生择业到企业后干什么工作，上哪个岗位，这是毕业生和家长都十分关心的问题。有的希望留在科室，认为“有前途”；有的向往条件好点、挣钱多些；还有的要求不上倒班，去个生活规律、环境舒服的地方。为了达此目的，不少人想方设法逃避苦脏累险的地方。

著名作家柳青说：“人生的道路虽然漫长，但紧要处常常只有几步，走错一步可以影响人生的一个时期，也可以影响一生。”那么，大中专毕业生到企业后究竟去哪里？干什么？如何迈好这人生旅程中的第一步？我认为，还是去基层、到一线的好，基层一线有利于锻炼成长，岗位成才。这是因为他们自身有四大优势：

一是专业对口和发挥能力的优势。

英国著名的管理学家罗杰·克尔写道：“一个人只有处在最能发挥其才能的岗位上，他才能干得最好。”就电力行业而言，绝大多数专业是面向电力生产而设置的，因而生产一线专业对口率比科室高。据测算，目前大中专学校开设的专业87%都能在基层对上口，同时，在基层对口专业中独立工作的人数比例也比科室高。可以说，在发电企业中，几乎所有的专业人才都能独挡一面，开展工作。一个工程师主持一个车间的技术工作，一个技术员负责一个项目的设备改进，是常见的情况。

二是积累经验和锻炼成长的优势。

萨迪说："有知识的人不实践，等于一只蜜蜂不酿蜜。"实践是人才成长的根本途径，是人的各种能力得到充分发挥和发展的唯一选择。大中专毕业生在学校学了不少书本知识，但书本知识只是知识一半，要变成完全的知识，必须到工作实践和生产实践中去熟练掌握，去创造发展，去深化提高。基层、一线是社会的大课堂，为大中专毕业生贡献自己的聪明才智提供了场所，大有用武之地。"在这个舞台上，他们能够大显身手，施展自己的本领，发挥自己的才能。"因为任何经验都是实践的产物。由于大中专毕业生只有书本知识而缺乏动手能力和实践经验，就更需要及早投入到基层一线，在实践中摔打和锻炼，摸索和积累。我们知道，喝一口水能立即解渴，而知识的积累、消化，却像人吸收营养一样，有一个过程。这就需要每一个大中专毕业生抓住机遇，扑倒身子，扎根一线，刻苦实践，充实和完善自己，以适应新形势对自己的新的要求。

三是将激情和实干有机结合的优势。

许多大中专毕业生在迈进企业大门时，心中充满着诗意和憧憬，希望自己干出一番惊天动地的事业。毋庸置疑，向往是一种激情。因为"不想当将军的士兵不是好士兵"，对未来的激情是可贵的，人无激情就失去了奋发向上的进取精神。我们需要激情，但更需要实干。实干的精神是实现岗位成才的基本要求，更包含着深沉的激情。试想，一条流水线的诞生。有多少工人度过了不眠之夜？一个地区的农业丰收，有多少农民把汗水洒进了沃土？一项科研项目的成功，有多少科技人员绞尽了脑汁？用不着多么丰富的想象力，谁都可以从这些星星点点的"成就"中看到无数人默默无闻地实干的身影。社会上的一切财富不会从天上掉下来，人民物质文化生活的改善也不会自然而然地来到，它靠的是我们去实干。实干出成果，实干出效益，如果没有实干，再壮丽的理想也不过是没有曝光的底片、一幅没有彩图的镜框而已。然而。"想得多干得少"，"眼高手低"，制约了不少大中专毕业生的健康成长。因此，"坐着想不如起来行"，正如伟大的共产主义战士雷锋所说："有理想有出息的青年人必须是乐于吃苦的人。"成功的彩虹是汗水的折射。唯有扎扎实实，兢兢业业，踏实苦干，勤奋工作，理想才能变为现实。我们应走出"明日歌"的误区，不要"明天就垒窝"。从我做起，从现在做起，全身心地投入本职工作，并刻苦钻研，拿出自己的"拳头产品"，从而得到组织的信任、领导的赏识和群众的认可，同时，自己也从中经受了考验，增长了才干，担任更高一层的工作和岗位就是顺理成章、水到渠成的事了。

四是提供机遇和找到台阶的优势。

一个人的进步与发展靠什么？组织的培养，领导的信任，机会和机遇以及个人的艰辛奋斗都是不可缺少的。前三条是外因，后一条是内因，内因是事物发展变化的决定因素。因为"是金子，到哪里都会发光"。但成才需要机遇和台阶也是确定无疑的。邓小平同志曾经说过，干部还是一个台阶一个台阶上的好。在一定意义上，就是给人才提供机遇。因为一个台阶就是一段实践过程，经过一个台阶，人才就能在这段实践中增长才干，积累经验。主张台阶式培养和选拔人才，承认优秀人才的成长都要有一个过程，这完全符合马克思主义的认识论。一个大中专毕业生尽管德才兼备，符合选拔任用的条件，但如果都挤在科室、机关，没有台阶，也不可能发展。因为科室、机关的职数有限，台阶较少，加上人才聚集，竞争激烈，相对基层一线发展的机遇就会少些，随着我国电力事业的发展，虽然人才需求有所增加，但被输送出去的绝大多数是直接从事生产工作的一线职工，科室管理人员所占比例极小。因此，每一名大中专毕业生只要运用好机遇的阶梯，抉择自己应该走的路，并为之奋力拼搏，就一定会大有作为的。

三、立足岗位，岗位成才

所谓立足岗位，就是建立在"自我定位"的基础上确定的奋斗方向与发展目标。立足岗位是"定位"的基石，离开了这个基石，"定位"就会成为一种空想，针对电力生产的行业特点，大中专毕业生立志成才的奋斗目标应是使自己尽快成为胜任本职工作的岗位能手。因为电力生产的性质决定了每个岗位工作的优劣都与企业的安全生产和经济效益息息相关。那么，大中专毕业生如何实现自己立足岗位、岗位成才的目标呢？

1. 自信是成功的基石。纵观古今中外在事业上有成就的人，大都是非常的自信。巴甫洛夫曾宣称："如果我坚持什么，就是用炮也不能打倒我。"高尔基则指出："只有满怀自信的人，才能在任何地方把自己沉浸在生活中并实现自己的意志。"唐朝大诗人李白，在诗中声称："天生我才必有用"。近代民主革命先驱孙中山，少年时立志做第二个洪秀全，鲁迅先生在读了外国进步作家的作品后，自信地说："中国也要有这样的精神战士。"无数事实已反复证明，自卑是心灵的自杀，它像根潮湿的火柴，永远也不能点燃成功的火焰。我们每一位大中专毕业生如果缺乏自信，自己不敢肯定自己，精神上自我打倒，在事业上就迈不出坚实的一步。许多人的失败在于，不是因为他们不能成功，而是因为他们不敢争取。因此，自信是成功的基石。道理很简单，一个人只有对自己所从事的岗位和工作充满了必胜的信念，才会采取相应的行动。我们社会主义国家三百六十行，行行都要有人干，行行都能出状元。只要我们"干一行，爱一行"、"干一行，钻一行"，就一定能如愿以偿。关键在于我们要有自信心，自

信就成功了一大半。

2.热爱本职是立足岗位的条件。正如歌德所说："只有对自己所表现的东西有激情的时候，你才能淋漓尽致地去表现它"，激情就是热爱，只有真心热爱自己的岗位和工作，才能发挥和利用自己的优势。爱因斯坦曾经说过一句名言："热爱是最好的老师"，热爱不仅能产生动力，产生智慧，还能产生痴情。古人所说的"书痴者文必工，艺痴者技必良。"就是这个道理。同时，热爱见诸于行动便是勤奋，勤奋可以出信心，勤奋能够出毅力，勤奋必然出成果。

这里，是否真正热爱自己所从事的岗位至关重要。热爱令人适合于任何工作，自己愿挑的担子不觉重，满心希望要做的事是没有做不成的。居里夫人有一次深情地说："那些蚕细心地工作着，不懈不怠。令我大受感动，我觉得我跟它们是异物而同类。"居里夫人引蚕为同类，是最有资格的。想当年，她用一口锅从铀矿中提取镭的时候，经历过不知多少近乎绝望的失败，数度昏厥在实验室里，终于实现了她的理想，为人类科学进步做出划时代的贡献。这就给我们一个启示：自己选择了某项专业某个岗位作为一生的寄托，就要执著地热爱，而且要为之豁得出去。我们倡导岗位成才，首先要倡导热爱本职，只要在本职岗位上勤学苦练，刻苦钻研，就能成为独挡一面的尖子和专家。谁有"金刚钻"，谁揽"瓷器活"。

3.立足岗位是成才之舟。企业是由无数个岗位组成的，只要有岗位的地方，都有一个立足岗位的问题，都有一个岗位成才的问题。每个人都应该、也能够从自己的脚下起步，立足岗位，岗位成才。立足岗位的重要内涵就是干啥务啥。干啥不务啥，我们的国家是吃过很大苦头的，教训十分深刻。40岁左右的同志大概都还没有忘却20年前那个干啥不务啥的年代吧。那时，工人不做工，夺权造反；农民不种地，作诗唱戏；学生不上课，串联"闹革命"；就连解放军也不好好练兵，却跑到地方上支"左"。这种各行业干啥不务啥的结果，是差点把我们国家搞垮。所以，企业大中专毕业生要想为国家做出贡献就要树立干啥务啥的敬业精神，在行动上则要有干啥务啥的踏实劲。干啥务啥就要自觉地把岗位作为自己成长的基地。很难想象，一个光有书本知识，未经任何岗位实践锻炼的人，能够成为合格的人才。只有立足岗位，把本职岗位作为实现自己成才愿望的广阔舞台，才能一门心思地投入本职工作，潜心研究工作特点，了解掌握事物规律，刻苦钻研业务技术，成为本职岗位的行家里手。干啥务啥就要专心在岗位上"奉献"。立足岗位，岗位成才，轻车熟路，便于早成才，早结果；离开岗位另攻"他业"，难度更大，目标更远，势必延缓成才时限，甚至因"东山望见西山高"，导致"他业"未成本岗位的工作也没有干好，结果一事无成，那就更得不偿失了。只有把成才追求同立足岗位有机统一起来的人，才能驶向成才的彼岸。

电力工业要实现"第二次创业"，最终要依靠科学技术的进步和职工素质的提高。因此，企业的每一位大中专毕业生都要具有坚韧不拔、百折不挠的意志品格；锐意进取、艰苦奋斗的创业精神；恪尽职守、无私奉献的道德风尚；崇尚科学、脚踏实地的务实作风。只有这样，才能在激烈的市场竞争中找准位置，做出贡献，实现自己的人生价值。

（作者系中共山西神头第二发电厂委员会组织部长）

企业业发展应向管理要效益

王德臣

当前,国有企业改革进入攻坚阶段,不少企业仍未摆脱困难局面,根本出路在哪里?在管理。据有关部门通过对2000多家大中型企业进行调查,发现因管理不善造成企业亏损的占2/3以上;有的把希望寄托在改制上,以为“一改就灵,换牌就富”。须知,改制以后,企业的发展仍要靠管理。企业不加强管理没有出路。管理是企业发展的永恒主题,管理是搞高效益的根本措施。而且,形势的发展和市场经济体制的建立,给企业管理提出了更高的要求。因而,如何提高管理水平、做好“向管理要效益”这篇大文章的问题严肃地摆在企业、特别是企业领导者面前。本文试就这个问题,结合我局的实际谈些看法。

一、有形、无形一起抓,突出管理思想

我局是1984年由兵改工的铁道部建筑施工企业。现实中,常常出现这样的情况,在同等施工条件下,为什么会出现很大的效益差异?关键在管理。管理,看起来是似乎寻常的“有形”活动,实际上起更大作用的还是那些“无形”的东西,特别是起指导作用的管理思想。正确的管理思想是管理的灵魂。抓管理,必须首先端正管理思想。因此,作为管理方法来指导自己的行业;要树立新的管理观念,如人本观念,“系统”观念,“法制”观念,两个文明一起抓的观念等。要在继承传统管理经验的同时,着重研究市场经济条件下出现的新情况和新问题,如注重无形资产的管理,注重发挥科学技术的作用,注重优化外部施工环境,注重现代化管理知识和手段的普及与应用等。要遵循市场经济优胜劣汰的竞争法则,增强职工的竞争意识和危机感,通过建立内部市场,如信息市场、内部投标议标市场、人才市场、物资市场、技术市场等,实现作用。管理,是全员、全过程、全方位的管理。对企业的每个员工来讲,既是被管理(监督)的对象,又是管理的主体。既有管理的责任,又有管理的舞台。现实中,有两种值得注意的倾向。一是普通群众把管理仅看成是领导个人行为,认为“与已无关”;二是有的领导,认为管理就是自己说了算,忽视调动群众参与管理的积极性。我局从1993年开始,持续开展了管理年活动,把提高全员对管理的认识,作为这项活动的重要内容,结合形势任务,深入持久地开展了以加强管理、提高效益为主题的宣传教育活动,使职工深刻认识到:强化管理是市场经济的客观要求。优胜劣汰,是市场经济不可抗拒的自然法则,不加强管理,就会被无情的市场所淘汰。强化管理是建立现代企业制度的重要途径。改制后,还是那些人,还是那么多可利用资源,还是要通过加强管理求生存、求发展。况且,“管理科学”本身就是建立现代企业制度的四大目标之一,而且是带根本性的。强化管理是企业发展的根本途径,是加强和改进思想政治工作的最佳结合点。强化管理是迎接铁路大会战的根本措施。必须通过加强管理,苦练内功,才能实现部党组提出的“快速度、有秩序、高效益”的要求。管理思想到位,带来了管理工作到位。使我局自兵改工以来,特别是“八五”以来,保持了良好的发展势头,队伍的两个文明建设硕果累累,企业的信誉和知名度大大提高。施工能力从改工初期每年只能完成1亿元投资发展到现在每年完成20多亿元,综合经济效益近几年都在1.3亿元以上,职工年人均收入从原来的4000多元增加到12000元。先后被评为全国优秀施工企业、全国优秀政工企业和全国模范职工之家,所属工程处(公司)均跨入省市级双文明建设先进单位行列。一些主要经济技术指标在中铁建总公司系统名列前茅。目前,在许多企业职工面临下岗的情况下,我们没有待业的。队伍的精神面貌好,凝聚力强,不但职工安心工作,还有不少局外的同志要求调到我局工作,包括已转业到地方工作的一些同志。

二、人、财、物一起抓,突出“以人为本”

管理,包罗万象,是一个系统工程。可以说企业行为无不在管理之列。管理主要是对人、财、物的有效控制;在对人财物的管理中,关键是对人的管理。因此,必须树立以人为本的管理思想。所谓“以人为本”,简单地讲,就是正确认识和处理人与其它生产要素的辩证关系,重视人的智慧,创造力及其主导、能动和决定作用,将人作为“活力源”而形成的关于人的科学理念。这个理念的核心是重视人、培育人、激励人、理解人、完善人、为了人;这个理念的原则是尊重人的基本权利,培育人的道德情操,调

节人的思想行为，树立人的理想信念；这个理念的目的目标是形成一种具有鲜明时代特点的群体意识和行为取向，为着一个共同的目标去努力奋斗，以促进两个文明建设的健康发展。马克思主义认为，是最大的生产力和社会财富。同时，人还具有精神价值和潜在价值。人的思想观念的转变与提高，可以激发工作热情，精神变物质，推动物质生产的发展。在更深的意义上讲，长期积累的科学文化和思想教育，潜伏在人们自身的世界观、方法论的转变和智商的提高，最终会有效果，特别是在关键时刻会起战略性决定作用，还应当看到，人的因素在生产力和生产关系矛盾运动中起着关键作用。在社会发展中，无论是生产力的决定作用，还是生产关系的反作用，都要通过人才能得以实现。因此，人是全部人类活动和全部人类关系的本质基础。我们在实施人本管理中，首先，着眼于加强对人的政治思想教育，组织职工学习马列主义、毛泽东思想，特别是邓小平理论，广泛持久地开展以职业道德、爱国主义、社会主义、集体主义为主要内容的思想教育，使之树立正确的人生观、价值观，提高全心全意为人民服务、为社会主义现代化服务、为企业发展贡献聪明才智的自觉性；其次，我们把理论武装同科技武装有机地结合起来，通过举办学习班、送校培训、岗位练兵、鼓励自学等形式有机地结合起来，通过举办学习班、送校培训、岗位练兵、鼓励自学等形式加大智力投资，抓好科学、文化、技术的学习，提高人的智商和工作能力，站在企业长远建设的战略高度，培养四有职工队伍，克服急功近利的短期行为；再次，作为决策层、领导者，必须坚持两个文明一起抓的方针，做好深入细致的思想政治工作，搞好协调，理顺关系，化消极因素为积极因素，凝聚人心，形成合力；第四，下力抓好关键的少数，发挥领导班子的整体功能和核心作用。局连续四年被上级评为好班子，12 个处级单位的领导班子被局评为好班子；第五，要牢固树立群众观点。坚持群众路线，全心全意依靠群众办好企业，关心群众的切身利益，切实解决职工的实际困难，充分发挥职工群众的积极性和创造性，象邓小平同志指出的那样，把群众拥护不拥护、答应不答应、赞成不赞成、高兴不高兴，作为工作的根本出发点和落脚点。为解决职工的后顾之忧，我们做到双职工有房，子女有学上，无待业。并先后拿出 2000 多万元，资助职工家属在农村的“半边户”建房，建立起内部职工互助补充保险，创办了职工消费合作社，深入开展职工之家建设，为职工营造了良好的工作、生活和学习环境。

三、现场、市场一起抓，突出“以市场为导向”

施工现场，是创造效益的前沿，是一切工作的落脚点。建筑产品是企业外在形象的重要表现。我们坚持“干一项工程，树一块牌子，创一方信誉”的服务宗旨，先后建成了获鲁班金像奖的温州机场，攻克了京九线“天字第一号工点”岐岭隧道等一大批高技术含量、高难度、高风险的名优工程，先后有 18 项工程被评为中铁建总公司级优质工程，19 项工程被评为省部级以上优质工程，其中获国优银质奖 4 项，鲁班金像奖 2 项。创出建筑市场全国记录 10 余项。工程质量合格率 100%，优良率达 90%以上。但必须看到，现场离不开“市场”。因为在现场有没有活干、干什么活，是“市场”的反映，是竞争的结果。必须干在现场，看在市场；站在现场，面向市场。管理只有面向市场，才能占领市场。为此，以市场为导向，确定正确的经营战略和经营方针就显得至关重要，这也是企业哲学的重要内容。随着改革的不断深入，建筑市场的不断变化，我们先后提出“以路为主，多种经营，外争市场，内练强兵”，“走向市场，积极竞争”，“立足山东，巩固华东，发展西部，开拓海外”，“广交朋友，以诚取信，以质取胜”，“向高精尖发展，实施名牌战略”等经营战略和经营方针。十多年来，我们在基本上没有指令性任务的情况下，靠参加社会投标，承担了数百项工程，总投资数百亿元。基本解决了任务的衔接，并创造了较好的经济效益和社会效益。施工领域不断拓宽，由单一修铁路逐步发展成为以土石方作业、现场制架梁、高等级公路、隧道、机场、水电、铁路铺架、市政、工民建、水利和三电工程等 10 大支柱为主的专业化、机械化施工能力强的综合型施工企业。为适应市场竞争，我们在不断调整经营结构的同时，加强了“硬件”建设。“八五”以来，先后投入几亿元购置大型施工设备，仅公路路面设备就有 6 套，满足了施工的需要，提高了竞争能力。

四、全过程管理与重点环节一起抓，突出“以质量效益为中心”

管理，是全过程、全方位的管理，从投标承揽任务到产品的生产，从有形资产的管理到无形资产的管理，从物资管理到资金管理，那一个环节都马虎不得，都有效益潜力可挖。但又不是平均使用力量，必须抓住重点，必须在效益的重点效益的重点环节上有所突破。按照马克思主义的观点，解决任何问题必须抓住主要矛盾。抓住了主要矛盾，其它的矛盾就迎刃而解。就建筑施工企业而言，在经营管理的全过程，重点抓什么，又如何抓好重点呢？对此，我们进行了深入的分析研究，概括为“三个中心、一个源头”即(1)投标管理以决策为中心。通过投标找到活干，是我们生存、发展的前提条件。否则，一切无从谈起。为了找到活干，从上到下，可以说是“千方百计”。使我们在僧多粥少、竞争激烈的建筑市场有了一席之地。前几年，在建筑市场尚不规范、投标决策失误较多、中标率较低的情况下，我们提出，投标管理以决策为中心的观点，引导各级领导认真总结投标中的经验教训，提出不投感

情标，一般不投垫资标，不投亏损标，坚持集体决策，做到反复论证，减少了投标中的失误。近年来，随着建筑市场投资环境的改善，我们及时提出了"精揽重干"的原则。为了提高投标质量，对中标的奖励实行"优质优价"，降低成本是提高效益的根本途径。邯钢经验给了我们新的启示。结合建筑施工企业的实际，我们认为，实现有效的成本控制，首先，要有一个方案优化、投资节省、详细周密、利于保证工期和质量的实施性施工组织设计方案，要对投标中制定的施工组织设计根据实际情况进行修订；其次，要加强材料管理。材料费一般占到施工成本的60%以上，必须抓好采购、运输、发料、用料等环节。

第三、要加强对机械设备的管理。我局拥有（包括德、日、美、意、瑞士等国生产的当今先进的）各类大中型施工机械设备1900余台（套），设备原值占固定资产的39.7%，是承揽任务的优势，完成任务的主力，创造效益的支柱。我们理顺关系，合理调配，减少重复购置，提高效能等方面做了大量工作；第四，要切实搞好基层责任成本核算，合理分配，切实实现多劳多得；第五，必须加强技术管理，搞好技术储备、技术开发和技术应用。加强对大中专毕业生的培养、使用，发挥他们的作用。目前，有44名82年以后毕业的大学生走上处级领导岗位，其中，在局长助理、局三总师副职、工程处长等关键性领导岗位上的有16名，在8个工程处领导班子中有25名。每个工程队配备了1—2名具有中专以上学历的技术副队长。干部的年龄和文化专业知识结构均达到上级规定的指标。这方面的经验得到上级推广。(3)资金管理以回收款和节支为中心。近年来，许多施工企业由于大量的带资、垫资施工，加上外欠款严重，使货币资金急剧下降，致使资金周转困难，拖欠职工工资。我们在严格控制带资、垫资工程的同时，加大了回收款的力度，实行一票否决，仅四处近2年收回外欠款1.2亿元。目前，全局有足够数量的流动资金，具备较强的抗风险能力，基本没有拖欠职工工资。在节流方面，对办公费、电话费等实行包干使用，加强物业管理压缩非生产性开支，收到显著成效，97年全局经费比96年下降低了623.8万元。(4)把项目管理作为效益的源头来抓。项目部是直接组织施工生产的指挥机构，是施工项目管理的中枢。我局自92年撤段并指之后，对项目部建设提出了一系列有力措施，针对出现的新情况、新问题，先后三次拟定、修订《工程项目管理条例》跨出了三大步：第一步是加强制度建设；第二步是配套出台了《工程项目部党组织工作条例》，实行党政共同负责。一处青岛、二处上海、三处淮南、四处唐山等一批滚动发展、经济效益好、社会信誉高的项目部和一批懂经营、善管理、作风硬的优秀项目长。据对全局100多个项目部的分析，好和比较好的占80%。对个别亏损项目，我们及时调查处理，把其教训变成共同的精神财富。抓住了重点，就抓住了效益的"牛鼻子"，带来了效益的稳步增长。在抓住重点的同时，在生产经营的全过程中，还必须注意处理好"揽、干、算"的关系，把这三者视为一个整体，不可顾此失彼。揽是前提，干是关键，算是不可忽视的重要环节。干好了，对承揽任务和搞好索赔，有直接影响；加强核算，降低成本，搞好索赔，对提高效益有重要作用。

（作者系铁道部十四局党委书记）

用自身的良好形象教育人

黄昌茂

我通过二十多年政治思想工作实践，深深地体会到，改革开放的新形势、新情况既为思想政治工作创造了良好的条件，又给思想政治工作提出了新问题和新要求。面对这种新的挑战，如何做好新时期的思想政治工作，对我们来说实在是一个颇为重要而又值得认真研究的课题。

一个单位的凝聚力大小，向心力的强弱，关键取决于领导干部自身的良好形象。领导不摆官架子，处处起表率作用，以自己的模范行为为职工群众作出榜样，自觉培养与职工群众的深厚感情，用自身良好形象感染人，才能取得职工的信赖，使职工群众感情发生共鸣。实践告诉我们，要使思想政治工作真正发挥积极效应，就是要在坚持加强思想政治工作的党性原则和基本的指导方针的同时，关键要以自身良好的形象带动人、教育人、鼓舞人。

我们义乌市公路运输管理稽征所是集决策、监督、服务为一体的执法部门。面对义乌的商潮，面对拜金主义、极端个人主义和腐朽生活方式的侵蚀，领导者对职工如何加以引导，做好他们的思想政治工作呢？多年来，所领导坚持重视党组织在运管稽征工作中的政治核心作用，在开展思想政治工作中，努力抓好领导干部良好形象的塑造。所领导十分重视自身理论素质的提高，努力学习马列主义、毛泽东思想和邓小平建设有中国特色社会主义理论，同时身体力行地贯彻落实党的路线、方针、政策，做到三个坚持，即坚持所长办公会议制度，对一些热点问题，如审批路线、审批车辆等均坚持集体讨论，并将讨论结果张榜公布，坚持公开办事制度，做到办事程序上墙，办事人员照片上墙；坚持召开定期不定期的职工座谈会，听取廉政监督员意见，制定党政领导班子的廉政制度，把反腐倡廉工作真正落到实处。在具体工作中，我们领导班子全体同志率先垂范，重视榜样的作用，身教重于言教，严人必严己，要求职工遵守的领导先模范遵守；要求职工做到的，领导率先做好。同时，我们还坚持经常深入工作第一线，与职工打成一片，同职工建立真正的鱼水关系，积极为职工谋福利，事事处处尊重信任职工群众，寻求思想教育的“共鸣点”，因势利导地发挥他们的积极因素。我们这样做了，职工群众反映说：领导与职工群众沟通了感情，职工才会把心里话讲出来，相互间就能产生思想上的相通，感情上的共鸣，运用这种以情感人的方法，就容易做好思想政治工作。领导能不能放下架子。不打官腔，同职工群众建立深厚的同志感情，能不能以自身良好形象影响职工，效果确实是大不一样的。

正因为有了所领导全体同志的率先垂范，也使全所的各项工作都得以顺利开展。多年来，全体职工齐心协力，心往一处想，劲往一处使，圆满完成了各项工作任务，连续多年被浙江省交通厅、浙江省公路运管稽征局授于“先进单位”称号，被评为义乌市双文明单位，连续两年被金华市评为“双文明单位”，1996年又被省交通厅授予“文明单位”称号。实践证明，一个单位的发展，振兴，是离不开领导以身作则、率先垂范的良好形象去聚合人心的，从而也使思想政治工作，更具有号召力，感染力和说服力。

（作者系义乌市公路运管稽征所所长、书记）

对思想政治工作领域"两张皮"问题的思考

刘福康

正确认识和处理思想政治工作与生产经营工作的关系,防止两者的对立、割裂、相脱离成为"两张皮",这是一个老生常谈且在实践中较为棘手的问题,以致成为思想政治工作领域的一个"常见病"。本文就这一问题提出三个思考。

第一个思考:寻求结合点,从现象获得解决问题的方法,恰恰印证了"两张皮"

(一)寻求结合点的背景

结合点又称结合部,亦表述为最佳结合点、最佳结合部,产生于试行厂长(经理)负责制的企业领导体制改革之初。当时有部分人打着党政分开、搞新格局的幌子,说什么企业有个书记就行了,思想政治工作不创造价值,政工干部就会整人,思想政治工作主管部门应该撤销,等等。思想政治工作者在这种压力下,面对思想政治工作如何为经济建设服务的问题,依据"政治工作是一切经济工作的生命线"的坚定信念和企业生产经营离不开思想政治工作的实践经验,从提高人的思想政治素质和文化技术素质的角度努力开展工作,结果有些人又从表面现象出发,以思想政治工作解决不了产量、质量问题,管不了吃、管不了喝为由,提出思想政治工作是空对空,解决不了生产经营中的实际问题,从而,得出思想政治工作与生产经营工作是"两张皮"的结论。为此,思想政治工作者又提出了"结合点"之说。"结合点"之说既体现了他们对思想政治工作的信念与抗争,又体现了他们对思想政治工作的热爱与忠诚,其进步意义是确凿无疑的。

(二)"结合点"之说正好印证"两张皮"

从理论上讲,思想政治工作本身不直接与生产经营发生联系,而是通过人这一媒介与生产经营发生联系,并发挥引导、保证和服务作用。思想政治工作作为手段和方法是企业管理的一个重要组成部分,与生产经营工作是"你中有我,我中有你",同步运行,相互促进。离开了人,离开了思想行为健康的人,任何生产经营都只能是一句空话。政治与经济的统一必然要求思想行为与生产经营目标一致,共存于企业之中,体现在各项工作、各个层面、各个侧面,水乳交融,绝不是什么"结合点、结合部"。结合点之说反过来恰恰说明思想政治工作与生产经营工作不是"一张皮"包容下的两项相互关联的重要工作,而是"两张皮"。其实"两张皮"现象有它的背景,它产生于"以阶级斗争为纲"、"政治冲击一切 "的历史条件之下,不恰当地"抬高"和夸大了思想政治工作的作用。但必须强调,这绝不是思想政治工作者之过,也绝不是思想政治工作之过。而在贬低思想政治工作地位乃至取消思想政治工作的时候,提出以"结合点"来解决"两张皮"问题,不仅没有抓住问题的本质,不能解决问题的根本,反而从现象出发,适应了当时否定思想政治工作思潮的需要。因而,在"最大失误是教育"的十年中,这不仅是一种杯水车薪的做法,而且在理论上无形地起到了"助纣为虐"的作用,导致认识的混乱。

(三)思想政治工作与生产经营工作是有机结合

斯大林说:在实践中,政治和经济是分不开的,两者共同存在,共同起作用。同理,思想政治工作和生产经营工作也是分不开的,两者体现了物质文明建设与精神文明建设的统一,体现二者的同步运行、有机结合、融为一体。所谓有机结合就是指思想政治工作结合着生产经营工作一道去做,将思想政治工作渗透到生产经营活动的各个领域、各个部门和各个环节,并贯穿于整个活动过程,围绕生产经营工作的布置、检查和总结,深入生产经营活动之中,为生产经营提供精神动力,思想保证,同时通过生产经营活动培养锻炼职工的思想情操、道德品质、业务素质和组织性、纪律性,规范生产经营全过程的职工思想行为,调动广大职工的积极性,保证生产经营活动的顺利进行,进而提高经济效益和社会效益。由此可见结合点与有机结合有着本质的区别。前者是寻求思想政治工作与生产经营局部或某项特定工作的"点"、"部"结合,后者则贯穿于生产经营全过程,表现为一个事物的两个方面,二者在实践中延伸融为统一的目标,相互含摄,无法分开。

第二个思考:只谈保证监督,以部分等同整体,这是新形势下"两张皮"问题的根源所在

(一)讲个性、更要讲共性

企业思想政治工作地位和作用的发挥取决于企业党组织的地位和作用。自企业领导体制改革以来，企业党组织的地位和作用一直存在争论。十四届四中全会规定党的基层组织建设指导方针为“四个必须”，《党章》第三十一条，全面规定了党的基层的地位、作用和八项基本任务，第三十二条第二自然段又针对国有企业党组织的地位、作用提出五项具体的要求。然而，存实践中，由于削弱淡化党的领导的影响还没有肃清，许多干部往往只强调第二十二条第二自然段“保证监督”的“个性”要求，而忽视了第三十一条的“共性”要求，没有注意到第三十一条规定的八项基本任务既是加强党组织自身建设的要求，又是完成第三十二条第二自然段提出的五项工作的根本措施和保证，致使某些人挂在嘴边最顺口的东西就是“保证监督”。更可怕的是企业上级党组织和主管部门的一些负责人同样持上述错误的观念，他们在检查工作时，往往以重视党建和思想政治工作的姿态只讲树木，不讲森林，从而加深了基层干部特别是行政干部的偏见，使企业党建工作和思想政治工作更加困难。

(二)只谈保证监督，必然使思想政治工作出现梗阻

企业是产业工作最集中的地方，企业党组织是党在社会基层组织中的战斗堡垒，是党的全部工作和战斗力的基础，在党的基层组织建设中更是显得尤为突出。它不仅要管党，管好党员，管好干部，管好路线、方针、政策的落实，还要联系群众，维护群众的正当权益，努力完成本企业所承担的生产经营和其它各项工作任务。如果只强调保证监督，不将管干部，参与决策，努力完成生产经营任务视为同等重要的工作，为保证监督而保证监督，那企业党组织将成为“空中楼阁”。这样，思想政治工作因不能与管好干部，参与决策和生产经营工作相结合，就不能贯穿于生产经营全过程，使思想政治工作发生梗阻、中断，从而脱离企业的中心工作，“空头政治”的“两件皮”便会应运而生。由此可见，只注重基层党组织的个性要求，忽视其共性要求，不仅影响党的政治领导，产生极大的负面影响，而且影响到思想政治工作的对象、范围和渗透程度，导致思想政治工作不能针对干部、决策和生产经营中的某些环节实施作用，出现脱离经济工作的“两张皮”现象。

(三)党在企业政治上的领导权决不能丧失

政治核心的实质是政治领导。从保证监督到政治核心，到明确为政治领导，再到提出政治领导权的问题，这是对国有企业改革中不断探索企业党的地位作用的科学结论，也是总结前苏联和东欧等国有企业改革教训得出的科学结论。由此可见，只要企业党组织的八项基本任务落实了，发挥政治核心的五项内容就到位了，思想政治工作也不可能游离于生产经营之外，“两张皮”现象自然就不存在了，“结合点”之说也不存在了，有机结合便成为现实。因此，加强思想政治工作，巩固党的政治领导，必须紧紧把握出主意、用干部、造舆论、抓廉洁四个环节，减少或避免决策错误，选拔德才兼备的优秀干部，做好宣传发动和思想工作，查处违法乱纪案件，整顿作风、严肃纪律，使党的路线、方针、政策在企业得到有效地贯彻实施。

第三个思考：强调企业文化，混淆思想政治工作、企业文化与精神文明建设的关系，将出现新的“两张皮”

(一)企业文化与思想政治工作发展的认识趋势

企业文化自八二年提出，八十年代末在我国形成“企业文化热”以来，与思想政治工作的关系一直处于“理不清、剪还乱”的争鸣状态，其典型的观点为：①认为企业文化比思想政治工作表述科学准确，涵盖了思想政治工作，可以替代思想政治工作。②认为企业文化的兴起为思想政治工作提供了新视角、注入了新方法、带来了新机遇、赋予了新途径。③思想政治工作反映了企业文化的核心内容，是企业文化建设的重要保证和手段，有中国特色的企业文化就是融入了思想政治工作的内容。④企业思想政治工作是思想政治工作的重要部分，有悠久的历史传统，本身就代表着中国的企业文化。除此之外还有一些其他的观点，一般都是从弥补思想政治工作不足来进行表述的。而在实行交往中，中国以及部分省、市职工思想政治工作研究会已同国外的企业文化团体进行了交往交流，有的政研会并以企业文化研究会的名义对外交流，但总的趋势还是两军对垒。现已出版的企业文化专著专论，特别是十五大前的专著专论，多出自经济专家之手，由于他们对改革前的思想政治工作有较多了解和较深感受，对改革后的思想政治工作了解不够，尤其对改革后的思想政治工作的理论研究和工作实践了解得更少，且或多或少存在着“拿来主义”的思想。从另一个角度上讲，由于思想政治工作者同经济专家交流得太少，宣传力度不够等原因，因而，经济专家与思想政治工作者在理论宣传上存在着极大分歧。

(二)有中国特色的企业文化建设和企业精神文明建设是一回事，不是两回事

社会主义精神文明建设、文化建设和思想政治工作落实在国有企业便构成了企业精神文明建设、企业文化和企业思想政治工作。十四大报告把企业文化建设作为一项重要内容列在精神文明建设的内容之中，肯定企业文化建设的重要性。十五大报告进一步指出：“有中国特色社会主义的文化，就其主要内容来说，同改革开放以来我们一贯倡导的社会主义精神文明是一致的。文化相对于经济、政治而言，精神文明相对于物质文明而言。”社会主义文化和社会主义精神文明就其主要内容而言是一致的，只不过是角度不同、表述形式不同罢了。由此看来，

企业文化建设同企业精神文明建设的关系，从内容上看完全是一致的。企业文化建设和企业精神文明建设是一回事而不是两回事，企业精神文明建设就是企业文化在我国的存在形式，其不同的是企业精神文明建设作为有中国特色的企业文化同国外企业文化相比，它的研究起点高，研究范围广，思想境界高。国外企业文化着重从个人与企业的角度看待文化，而精神文明则从个人、集体、企业、国家和社会的角度看待文化的进步状态。如果我们在十五大以后，仍脱离企业精神文明建设的理论与实践，独立门户地探讨企业文化的"广阔天地"。那又将在思想政治工作，企业精神文明建设之外搞出一个新的"两张皮"来。

(三)加强思想政治教育，推动企业精神文明建设

思想政治工作既是建设企业精神文明的根本保证，也是企业精神文明建设不可缺少的重要内容，还是加强精神文明建设的有效手段和工具。企业精神文明建设作为职工群众最基本最重要的实践，它涉及到设施建设、精神产品转化、舆论工具、组织实施、主题活动等一系列的工作，而其中最根本的就是思想道德教育，思想政治工作在企业精神文明建设中有着重要的地位和作用。既然企业文化与企业精神文明建设是同一事物的两种表述方式，那么发挥企业精神文明建设在社会主义精神文明建设中的主导性就必须坚持党对企业的政治领导，发挥好思想政治工作的引导、保证、服务作用，从根本上振奋职工群众的精神。实践证明，什么时候加强思想政治工作，企业精神文明建设就会顺利发展，否则，企业精神文明建设就会受到巨大的损失。精神滑坡的惨重教训告诉我们，只有坚持思想政治工作，才能切实地贯彻党的路线方针政策，保证生产经营始终坚持社会主义的方向，使社会主义市场经济得到充分发展。

综上所述，"两张皮"现象虽然是"政治冲击一切"的产物，之所以在新时期仍是一种"常见病"，则是由于企业党组织在企业丧失政治领导权，不能真正起到政治核心作用的结果。"结合点"之说虽有进步意义，却恰恰印证了"两张皮"。如果我们的思想认识仅仅停留在"保证监督"上，不从基层党组组的八项基本任务和国有企业党组织的五项工作的整体认识企业党组织的地位和作用，"两张皮"的问题就无法从根本上解决。同样不能正确认识企业文化与精神文明建设的关系，那将在思想政治工作领域又会出现新的"两张皮"，以致又陷入强调企业文化，削弱淡化思想政治工作的泥潭。

(作者系湖北省荆襄化工集团公司党委书记)

新时期改进和加强学校思想政治工作初探

赵双民　赵连山

随着改革开放和社会主义市场经济的发展，尤其是“招生并轨”制度的全面推行，使人们的思想观念发生重大变化，同时对思想政治工作也提出了更高的要求，面对新形势，如何改进和加强学校思想政治工作才能适应培养跨世纪“四有”新人的需要，这是当前思想政治工作的热点和难点。党的十五大为我们制定了跨世纪的行动纲领，并把邓小平理论确立为党的指导思想。在这个伟大的变革年代我们要运用邓小平理论思想政治教育基本原理，解放思想，更新观念，转变作风，着力研究新情况、解决新问题，不断改进工作方法，探索新时期改进和加强学校思想政治新思路，把新形势下学校的思想政治工作全面推向二十一世纪。

一、新时期改进和加强学校思想政治工作的重点是抓好“四有”教育

十几年前，邓小平同志就高瞻远瞩地指出：“建设社会主义精神文明，最根本的是教育全国人民做到有共产主义理想、有道德、有文化、有纪律。”江泽民同志也深刻指出‘建设有中国特色的社会主义应培养社会主义现代化要求的一代又一代有理想、有道德、有文化、有纪律的公民”。因此造就“四有”新人，是新时期学校工作的根本任务，我们要坚持不懈地抓好“四有”教育，使他们树立正确的世界观、人生观、价值观。

在“四有”之中首先要有理想，人生的理想是一个生存、发展的动力，也决定了人的发展方向。没有高尚理想的人，就不可能有高素质；当代大学生是社会主义的接班人，是四化建设的中坚办量，只有使他们树立崇高的共产主义理想，树立正确的世界观、人生观、价值观，在他们的学习和将来的工作中，才不致于迷失方向，才会产生献身于社会主义的强大动力。当代青年面临市场经济的冲击和某些西方国家的“和平演变”这就使学校思想政治工作增加了复杂性和艰巨性同时也给我们提供了施展教育的机遇，我们要抓住机遇教育学生使他们走上正确的人生之路。邓小平同志说：“我们一定要经常教育我们的人民，尤其是我们的青年，要有理想。”“要特别教育我们的下一代、下两代，一定要树立远大的共产主义理想。一定不能让我们的青少年作资本主义腐朽思想的俘虏，那绝对不行。”

二要重视纪律。有纪律是实现有理想的保证。光有远大的理想，没有组织纪律，也是不行的。因此在“四有”之中纪律是关键的一环。邓小平指出：“有了理想还要有纪律才能实现”“我们这么大的国家，怎么才能组织起来呢？一靠理想，二靠纪律。没有理想，没有纪律。就会像旧中国那样一盘散沙，是我们的革命怎么能够成功？”对一个人来说，如果没有理想就会失去精神支枚，而没有纪律的约束，再远大的理想也是空中楼阁。因为我们必须加强对学生的组织纪律教育，而不能放松。

三是加强对学生的道德和文化教育，这是提高素质的内在要求。个人素质包括思想道德素质和科学文化素质两方面。一个人如果没有知识，没有文化，那么，怎样宏伟的理想，也只能付诸东流，到头来只能平平庸庸，无所作为。然而一个人即使掌握了丰富的科学知识和技术，但是如果道德败坏，思想素质低，那么他也不会对社会做出贡献，反而会危害到社会，而且比无知的人危害更大。因此道德教育和文化教育同样不可缺少。

总之，理想教育、道德教育、文化教育、纪律教育这四者是相互联系，相辅相成的，缺一不可。我们广大政工人员和教育工作者只有经常坚持抓好“四有”教育，才能培养出一批又一批，一代又一代有理想、有道德、有文化、有纪律的合格人才。

二、新时期改进和加强思想政治工作必须在“四新”上下功夫

新时期改进和加强思想政治工作，是项浩大的工程，我们要不断更新思想教育观念，丰富教育内容，改进思想教育方法，加强政工队伍建设等方面下大功夫、多做工作，才能充分发挥思想政治工作的作用和优势。

1. 观念要有新转变

要加强思想政治工作，增强其针对性和实效性，就必须破除旧观念，树立新观念。

首先，应破除思想政治工作“高于一切”的观念，树立围绕中心、服务中心、保证中心的新观念。学校的中心工

作是教学工作，根本任务是培育德智体全面发展的“四有”合格人才，最重要的是多出人才，出好人才。因此学校思想政治工作要紧紧围绕教学中心开展工作，为学校改革和发展奠定好坚实基础。

其次，应破除思想政治工作“我说你听，我打你通”的旧观念，树立团结凝聚、人格带动、典型示范的新观念。“学高为师，身正为范”政工人员和广大教育工作者要做到身教与言教相统一。用自身的良好形象和榜样示范作用，强化育人效果。

再次应破除“自我封闭，自我循环”的旧观念，提倡全员参与、全方位渗透，全过程育人的新观念。使育人工作形成上下结合、内外配合的新格局，并融入从学生入学到毕业的全部过程。

2. 内容要有新充实

思想政治工作是以培育“四有”新人为最根本目标的宏伟的系统工程，有极其丰富的内容。在新形式下，学生思想活跃向多元化发展。尽管正确的思想始终处在主导地位，但是当前在部分学生中出现了理想淡化、信念动摇、素质下滑等，已成为不可忽视的问题。因此要把青年培育造就成“四有”新人，一般化的思想政治工作已难以奏效，就要按照江泽民同志总书记提出要求，对思想政治工作内容不断丰富和充实，强化思想政治工作。

一是用科学的理论武装学生

用科学的理论武装学生就是抓好他们的理论学习，提高其理论素质。当前要根据党中央的要求，加强对学生的邓小平理论的学习和教育。邓小平理论是当代中国的马列主义，是全国人民完成跨世纪奋斗目标的强大的思想武器。马克思主义理论修养是学生树立远大理想、坚持正确的政治方向的基石，因此要加强马列主义、毛泽东思想和邓小平理论的教育，使他们会运用马克思主义立场、观点方法分析问题和解决问题，只有这样他们才不会在复杂的形势下迷失方向，坚定政治立场。

二是用正确的舆论引导学生

正确的舆论是指：有利于改革开放和发展生产力的舆论；有利于加强两个精神文明建设的舆论；有利于鼓舞和激动人们的奋发向上、开拓进取的舆论；有利于人们分清是非、维持团结、保持稳定的舆论。这些舆论能够引导和鼓舞广大人民群众坚定不移地执行和贯彻党的基本路线，提高人们从事社会主义现代化建设的积极性和自觉性。这样的舆论一旦成为学生的社会心理环境，就产生巨大的力量，促使学生沿着正确的培育目标健康成长。用正确的舆论引导学生，应针对学生的思想实际，结合社会时尚、社会心理问题，坚持经常性的原则，用正确的思想进行引导，使他们不断提高鉴别真伪、明辨是非的能力和水平。

三是用高尚的精神塑造学生

用高尚的精神塑造学生，即以高尚的精神培育一代新人。这里所说的高尚精神，既包括毛泽东同志早年提倡的全心全意为人民服务的精神，也包括邓小平同志强调的“五种革命精神”，还包括江泽民同志概括的“64”字创业精神。这些精神既是中国共产党人优良作风的体现、又是中华民族传统美德的继承，具有鲜明的时代特征。当前要用这些精神来培养、教育塑造学生，就必须紧密联系学生的思想实际，坚持不懈地进行爱国主义、集体主义、社会主义教育，开展艰苦奋斗、勤俭建国和基本国情教育，开展职业道德、社会公道教育等全面提高学生的思想道德素质。同时还要注意用身边的先进人物的事迹教育他们，用榜样的力量鼓舞和教育他们自强不息，奋发向上。

四是用优秀的作品鼓舞学生

邓小平同志指出：“作为灵魂的工程师应当高举马克思主义的旗帜，用自己的文章、作品、教学、讲座、表演，教育和引导人民正确对待历史，认识现实，坚信社会主义和党的领导，鼓舞人民发奋努力，积极向上。”学校的政工人员和广大教育工作者可以发挥自己的优势，可以提高教学实践引导他们选择那些内容优秀，题材、风格、艺术手法多样的文章和作品，使学生即得到娱乐和享受，又受到教育和启迪。还可以直接通过科学研究产生精神产品直接提供给学生。用优秀、高雅的文章和作品陶冶他们的情操，鼓舞他们的斗志，促使他们在正确的思想引导下锻炼成才。

3. 方法要有新改进

随着社会主义市场经济的建立，思想政治工作中某些传统的工作模式已越来越不适应时代的要求，要做好新形势下思想政治工作，就必须讲究方法和艺术，坚持常抓常新，使其达到事半功倍的目的。

要做到启发诱导与营造气氛相结合。学生的思想变化是一个渐进的过程，需要经常采取耐心的说服教育方法加以正确引导。但是人的社会属性决定人的行为必然受客观环境潜移默化的影响。这就需要处理好学生个体和群体的关系，在一个较大的范围采取有效的方法，营造一个时代气息浓、思想风气正引入向上的外部环境，形成良好的校风、班风和学风，使学生在这良好的氛围中生活学习。

要做到示范引导与强化激励相结合。新时期的育人工作必须抓住人的思想进行这一基本特征，着力发现和树立典型，使典型引路，扩大教育效果。同时引进激励机制，搞好量化管理和常规管理，经常给予激励和鞭策，鼓舞士气，始终使他们保持旺盛的斗志。

要做到提出重点与带动一般结合。根据学生队伍素质的层次性和个人思想认识的差异性特点，把工作重点放在帮助一个人，带动一大片，采取因人制宜、因时制宜

的方法，通过重点突破来强化思想政治工作的育人效果，使整体工作上档次，上水平。

要做到正确教育和规范养成相结合。坚持正面教育是任何情况下都不能丢的主要方法。但教育并不是唯一的手段，我们还应着力开展丰富多彩的校园文化，融管理教育和养成为一体，使思想政治工作体现在渐进的养成过程中，从而逐步培养学生良好的内在素质和外部形象。

要做到严格要求与情感注入相结合。学校思想政治工作要在启迪和规范学生的思想和行为方面多做工作。既经常地对他们提出严格的要求，又要注意感情投资，以情感人，成为学生的严师和益友，做学生的知心人、贴心人使教育者和受教育者心心相通，架起相互信任的桥梁，真正把握学生思想脉博，建立起平等相助、相互理解尊重的新型师生关系。“随风潜入夜、润物细无声”，使其在日常学习生活的和谐气氛中，在潜移默化的引导下，提高思想认识，纠正不良行为。

4．队伍要有新提高

面临社会主义市场经济发展的新形势，也向从事学校工作的党务政工人员和广大教育工作者提出更高要求，“打铁还需自身硬”就是这个道理，因此我们必须采取切实有效的措施，使整个队伍的素质有新的提高。

要加强专业队伍建设。新时期培育“四有”人才的任务重、难度大、要求高的特点，决定了必须建设一支高素质的专职政工队伍。这支队伍必须有坚定的理想信念、坚强的党性和良好的职业道德；必须具备较高的思想觉悟、理论素养和分析问题解决问题的能力；必须具有不计名利、埋头苦干的无私奉献的精神。建设好这支队伍，我们主要采取以下措施来落实：一是有计划地选送他们到党校和其他各类进修学校学习，系统地进行理论和业务培训提高其政治理论和管理水平，达到培养的目的，这是个主渠道。二是鼓励在职学习，学习邓小平理论学习党的路线、方针政策以及做好思想政治工作的本领，树立新时期政工发迹的良好形象。三是坚持“缺什么，补什么”的原则，进行有的放矢的教育，并不断地给他们压担子，加强锻炼提高实际工作能力；四是建立科学的激励机制，鼓励立志把思想政治工作当做科学去探索，当做崇高的事业去奋斗，使思想坚定、队伍稳定、工作坚定。

要加强兼职队伍建设。面对错综复杂的新情况和新问题仅靠专职队伍做思想政治工作是不够的，必须加强兼职队伍建设。这支队伍主要是各级行政管理干部和广大教师。教书育人是教师的天职，管理育人、服务育人是学校管理人员的重要职责。要有高度负责的精神，认真落实“一岗双责”，围绕“育人”这个中心做好工作，形成思想政治工作齐抓共管的新格局

要加强骨干队伍建设。思想政治工作的动力源泉来自于广大群众的参与，来自于自己教育自己，自己管理自己。这就需要调动一切因素，充分发挥学生干部、学生党团员、入党积极分子等骨干人员的作用，建设一支强有力的群众思想政治工作队伍，形成全员、全方位、全覆盖和多渠道、多层次、多环节的育人工作机制，使思想政治工作不断适应学校形势发展的需要，在实际工作中切实得到改进和加强。

（作者单位：邯郸市农业学校）

提高职业道德建设的有效性

中共山东莱芜钢铁股份有限公司轧钢厂委员会

职业道德是人们在履行本职工作过程中所应遵循的道德规范,以及与之相适应的道德观念、情操和品质,它是适应各种职业的特殊业务要求而必然产生的道德要求。社会主义职业道德是社会主义道德的重要组成部分。加强社会主义职业道德建设,是在发展社会主义市场经济的新形势下,搞好企业精神文明建设的重要环节,也是树立良好的职工形象、产品形象、企业形象,增强企业竞争力,促进企业发展的重要途径。加强职业道德建设,是不断提高职工思想道德素质,为企业奠定在市场竞争中求得生存和发展的人才基础的需要;是保持和发扬良好的厂风,促进两个文明建设全面发展的需要;是激励职工操主人心,尽主人责,把职工的主人翁地位落到实处的需要。加强职业道德建设,不仅要形成强大的舆论氛围,而且要在建设上狠下功夫,必须采取有力措施,增强职业道德建设的实效性,发挥好职业道德在新形势下,调整人们在职业活动中职业行为和谐,形成健康向上的适应市场经济发展需要的职业观念、情操和品质,促进企业文明发展的作用。为此,几年来,我们把增强职业道德建设的实效性,作为加强职业道德建设的出发点和落脚点,扎扎实实地加强职业道德建设,取得了显著效果。

一、建立全方位职业道德规范体系,讲究职业道德建设的科学性

在企业职业道德建设中,要搞好宏观和微观的结合。从微观上要使职工道德规范内容符合岗位特色:从宏观上要建立覆盖全厂的职业道德体系。在内容上要按照“岗位职责、工作规范、职业纪律、工作态度”四方面要求,高标准制定。只有这样,才能实现系统化和科学化,在这方面我们做了如下工作。

第一,调查摸底,群策群力。我厂自1987年恢复建制以来,按照上级的要求,大力加强职业道德建设,坚持不懈地利用多种形式和途径开展职业道德教育,开展了职业道德评价活动,制定了岗位职业道德规范,广大干部、职工认真履行职业道德规范,对我厂两个文明建设的发展,起到了积极的促进作用。但随着深化改革形势的发展,特别是社会主义市场经济的建立与发展,对职业道德建设提出了更高的要求。因此,我们于1994年11月份发动职工群众又一次掀起了加强职业道德建设的新高潮。通过层层讨论和全方位进行职业道德评价,形成了进一步深化、细化岗位职业道德建设,使之适应发展社会主义市场经济需要的共识。厂里组织党、政、工、团有关部门领导深入到车间生产一线每个岗位,收集职工的意见和建议,经过反复调查摸底汇总,认为进一步搞好职业道德建设的关键是,首先要全面制定每个岗位的岗位职业道德规范,做到遵守有依据,评价有标准。

第二,自下而上,制定规范。我们于1995年初按照总厂党委宣传部的要求,在加强对职工进行职业道德教育的同时,着力制定每个岗位的职业道德规范。厂里及时举办了由各专业负责人、工段长、班组长等85人参加的“岗位职业道德规范辅导员”培训班,讲述了制定方法和步骤,让他们回去后帮助每个岗位和职工制定出各自的岗位职业道德规范。在制定方法上,要求紧密结合本岗位实际,文字简洁、好记。在内容上,要按照“岗位职责、工作规范、职业纪律、工作态度”等四个方面编写。在步骤上,由每个职工首先按要求写出本岗位的职业道德规范,交到班组,层层审查、修改上报。到二月底,全厂1850名职工自己制定的岗位职业道德规范,全部交到了厂里。

第三,修改汇编,形成体系。为了提高成文的岗位职业道德规范质量,厂里成立了由厂长、党委书记挂帅的岗位职业道德规范审定领导小组,下设生产、电气、机械、管理服务四个分组,分别对全厂247个岗位的职业道德规范进行了精心的统一修订。

形成了上自厂长、党委书记岗位、下到每一个职工岗位,上下贯通,纵横衔接的全方位职业道德规范体系。由宣传部门负责打印成册,下发到各单位,供学习和监督、评价之用。并把每个岗位的职业道德规范,分别张贴公布。

这样,实现了岗位职业道德规范建设在内容和形式上的统一。既体现了每个岗位的特色,又覆盖了全厂每个岗位。实现了每个人要遵守好岗位职业道德规范与形成全厂遵守岗位职业道德规范氛围的统一,增强了职业

道德建设的科学性。

二、加强职业道德建设宣传教育，强化遵守职业道德的自觉性

一是利用广播、电视、报刊、黑板报等广泛宣传搞好职业道德建设的目的意义和作用。编写广播稿 125 篇，摄录宣传职业道德建设的电视新闻报道 25 条，出黑板报 30 多期。同时，在《轧钢工人报》上开辟了职业道德建设宣传专栏，先后登载 89 篇文章，大力宣传在职业道德建设中涌现出的好人好事。集中一段时间进行了专题宣传。并于 1997 年在《轧钢工人报》上举办了“学规范、用规范”征文活动广泛的宣传，扩大的声势，形成了搞好职业道德建设的良好舆论氛围。

二是深化职业道德规范教育。我们利用周二政治学习时间，及时按计划要求，组织职工认真学习自己岗位的职业道德规范。并于 1995 年 10 月，组织了全员性的岗位职业道德规范考试，通过考试，进一步强化了干部、职工的职业道德意识，在全厂形成了一个岗位学规范，人人守规范的氛围。同时，在日常的职工政治教育中，把加强职业道德教育作为重要内容。同时安排，同时实施教育，同时检查考核。特别是对新入厂的职工，在入厂教育中，把进行职业道德教育作为重点；进入岗位后，又发挥老职工的传帮带作用，使新职工熟记本岗位的职业道德规范，并认真遵守，树立良好的职业形象。

三是树立典型，用榜样的力量引导职工自觉遵守职业道德。1996 年我们评选出遵守职业道德的规范人物。为了推广典型，进一步推动全厂的岗位职业道德建设，及时召开了“学规范、守规范”经验交流会，让 14 名来自各单位的遵守职业道德的先进人物，介绍了学规范、守规范的经验。厂党委号召全厂干部、职工向这些先进人物学习，立足本职岗位，把学习和运用职业道德规范有机地结合起来，不断提高职业道德素质。

四是和评选各类先进人物结合起来，激励职工不断提高遵守职业道德的自觉性。我们把模范遵守职业道德作为评选劳动模范、优秀党员、文明职工等各类先进人物重要条件，充分发挥各类先进人物在模范遵守职业道德上的表率作用。使干部、职工明白认真履行岗位职业道德规范，干好本职工作，拼搏奉献，就能创出好的成绩，让人尊敬的道理。进而在思想深处树立模范遵守职业道德的信念，强化提高遵守职业道德的自觉性。

三、强化职业道德建设的运行机制，增强人人守规范的严肃性

一是党、政、工、团齐抓共管，建立了职业道德建设的领导机制。厂里成立党、政、工、团主要领导参加的职业道德建设领导小组，各车间、部室也成立了相应的领导小组。并针对职业道德建设是一项关系全局工作，是党、政、工、团的共同任务的特点，在同一层次上我们做到了通力合作，齐抓共管。党政从精神文明建设、企业文化角度来抓，人劳部门从爱岗敬业角度来抓，企管部门从企业管理工作角度来抓，群工部门从班组建设和“四有”职工队伍建设角度来抓，既各有侧重，又形成合力。车间、部室领导小组对厂负责。领导小组具体负责职业道德建设计划的制订、组织实施、检查考核、指导工作。形成了加强职业道德建设的领导网络。

二是层层评价，人人参与，建立了职业道德建设的监督机制，我们按照加强职业道德建设的要求，广泛开展群众性的职业道德评价活动。在每个班组，首先由每名职工进行自我评价，并每月召开一次岗位职业道德互评会进行互相评价，把评价结果层层上报。厂里设立了由 35 名思想素质高，岗位职业道德遵守得好的同志为职业道德建设监督员，监督各车间、部室履行职业道德规范的情况。发现问题及时向厂里反映，为及时整改，提高职业道德建设水平创造了条件。有一次发现初轧车间在带钢坯轧制中，一度有切头切尾不净的现象，影响带钢质量的提高。厂职业道德建设领导小组对此高度重视，立即按照“为下道工序”服务的职业道德规范要求，及时反馈给初轧车间，责成其严格执行职业道德规范，及时改进提高带钢坯剪切质量，为带钢生产提供优质坯。初轧车间经过认真整改，严把剪切质量关，不仅提高了为带钢提供优质坯的质量。而且加强了和带钢生产工序的协调、配合，为带钢创高产，提高质量创造了良好的条件。

三是严格检查、考核，建立搞好职业道德建设的保证机制。我们把职业道德建设情况，列入政治工作责任制，每月一检查，每月一考核，把考核结果纳入经济责任制，与收益挂钩。并及时向被考核单位反馈扣分原因，及时督促他们抓好整改，保证了职业道德建设水平不断提高。

几年来，我们通过以上措施，不断增强职业道德建设的有效性，收到了显著效果。把职业道德行为的训练和养成具体化、经常化，经过长期的宣传教育和熏陶，使广大干部职工刻苦磨炼自己，由“要我遵守”变成了“我要自觉遵守”职业道德规范，形成了良好的遵守职业道德的风气。同时，随着职业道德建设有效性的发挥，也提高了广大干部职工业务技术素质的提高。促进了企业管理水平的提高。全面推动了我厂两个文明建设的发展，使生产经营年年超额完成任务，精神文明建设也不断得到发展，自 1991 年以来，连续六年被评为省级文明单位。

教育一定要坚持正确的价值导向

张　斌

市场经济的盈利原则，一方面调动了商品生产者的积极性，另一方面又容易诱导“一切向钱看”的拜金主义；市场经济的竞争原则，一方面为实现人的价值提供了“用武之地”，另一方面又容易引发极端个人主义；市场经济的等价交换原则，一方面激发了人的奋斗精神，另一方面又容易滋生腐朽的生活方式。市场经济这种两重性，要求我们高校的德育教育必须坚持社会主义的价值导向，保证培养适应并经得起社会主义市场经济考验的有用人才。

一、坚持集体主义价值取向教育，反对极端个人主义

发展市场经济，是坚持社会主义的集体主义主导价值取向，还是任其极端个人主义滋长，不仅直接关系到社会主义物质文明和精神文明的建设，而且直接影响着社会主义市场经济体制的建立。然而，我们有的同志对社会主义市场经济条件下倡导集体主义，却感到理不直、气不壮、手不硬。认为发展市场经济就是提倡个人价值，强化个人利益机制，现在再讲集体主义有悖于发展市场经济。这种把集体主义价值取向与社会主义市场经济对立起来的观点，显然是错误的，也是十分有害的。

第一、社会主义市场经济的特殊性，要求坚持集体主义的价值取向。

社会主义市场经济体制，是同社会主义基本制度结合在一起的。社会主义市场经济，是以公有制为主体、多种经济成份共同发展的经济。这种特殊性质，决定了发展社会主义市场经济，必须坚持集体主义的主导价值取向，必须坚持国家、集体、个人利益的统一。尽管经济成份出现多种化，利益主体呈现多元化，价值选择发生多样化，但是，“以公有制为主体”的经济基础，始终决定了集体主义价值观的主导地位，决定了“国家利益至上”的价值原则。因为，没有以公有制为主体的经济基础，就没有社会主义；没有体现公有制为主体的集体主义价值观的主导地位，就建成不了社会主义。如果我们不坚持“国家利益至上”的集体主义主导价值取向，而任其“损公肥私、损人利已”的极端个人主义泛滥，那不但会动摇社会主义公有制的主体地位，而且也损害了个人的根本利益。在社会主义市场经济条件下，国家、集体、个人三者的利益是统一的，国家、集体利益代表着个人的根本利益，个人利益的满足依赖于国家、集体利益的增进。没有社会主义社会生产力的发展，没有社会主义国家综合国力的增强，没有人民生活水平的提高，就没有个人利益的最大实现。

第二、社会主义市场经济的共富性，要求坚持集体主义的价值取向。

我国改革开放的总设计师邓小平同志指出：“社会主义的本质，是解放生产力，发展生产力，消灭剥削，消除两极分化，最终达到共同富裕”。解放生产力，发展生产力，是任务，是基础；目标是消灭剥削，消除两极分化，最终达到共同富裕。在剥削制度下，解放生产力和发展生产力取得的物质成果，绝大部分为剥削者所占有，“两极分化”是必然趋势。“社会主义与资本主义不同的特点就是共同富裕，不搞两极分化”。怎样才能实现“共同富裕”的目标呢？一般说来，社会主义是通过三个层次的分配来逐步达到的。第一次分配是通过市场进行的，根据效率优先的原则，效益好的多得，效益差的少得，鼓励一部分人先富起来；第二次分配是由政府主持进行的，国家通过各种税收制度和扶贫措施，来缩小第一次分配造成的差距，兼顾社会公平；第三次分配是通过道德调节的，提倡为社会公益事业而捐献、赞助，提倡先富起来的人有效地帮助没有富裕起来的人，最终达到共同富裕。显然，社会主义的分配度是离不开集体主义价值观来维护的，社会主义的分配过程也是离不开集体主义价值观来导向的。不坚持集体主义的主导价值取向，就不能正确解决好国家、集体、个人三者之间的利益关系，就不能妥善处理好积累和消费、全局和局部、长期利益和近期利益的关系，也就难以保证共同富裕目标的实现。

第三、社会主义市场经济的判断性，要求坚持集体主义的价值取向。

建立社会主义市场经济体制，需要有一个与之相适应的价值判断标准。《中共中央关于建立社会主义市场经济体制若干问题的决定》明确指出：“在建立社会主义

市场经济体制的进程中，我们应当在党的基本理论与基本路线指引下，始终坚持以是否有利于发展社会主义社会的生产力，是否有利于增强社会主义国家的综合国力，是否有利于提高人民的生活水平，作为决定各项改革措施取舍和检验其得失的根本标准。"三个有利于"判断标准，是一个有机统一的整体。第一个"有利于"是基础，第二个"有利于"是保障，第三个"有利于"是目的。它具体生动地体现了社会主义的集体价值观。有利于发展社会主义社会的生产力，强调的就是社会主义的利益至上，国家的利益至上，人民的利益至上。因而要求我们必须坚持集体主义主导价值取向，弘扬集体主义精神。马克思主义创始人曾经指出："私人利益本身已经是社会所决定的利益，而且只有在社会所创造的条件下并使用社会所提供的手段，才能达到"。因而"那就必须使个别人的私人利益符合于全人类的利益"。"三个有利于"的价值标准，就是要求我们的所作所为都要符合社会主义社会的整体利益，通过实现社会主义社会的整体利益，来保证个人利益的满足。

二、倡导为人民服务的价值思想，反对拜金主义

全心全意为人民服务，是我们党的根本宗旨，也是发展社会主义市场经济的根本宗旨。然而，有的人认为：市场经济讲的是"有偿服务"，追求的是"一切向钱看"，再倡导为人民服务，既不合时宜，也不利于市场经济的发展。显然，这种把为人民服务的价值思想与发展社会主义市场经济对立起来的观点是错误的。

第一、社会主义市场经济的目的性，要求倡导为人民服务的价值思想。

社会主义生产的目的，就是不断满足人民群众日益增长的物质文化需要。为人民服务的宗旨，就体现在这个生产目的之中。我们建立社会主义市场经济体制，就是为了解放和发展生产力，最大限度地满足人民群众日益增长的物质文化需要。有人错误地认为，搞市场经济就是提倡"一切向钱看"。为了钱，损人利已，损公肥私，收受贿赂，贪污腐败的现象发生。这种拜金主义的价值倾向，不仅严重违背了为人民服务的宗旨，而且是对发展社会主义市场经济的错误理解。邓小平同志曾经明确指出："每个人都应该有他一定的物质利益，但是这决不是提倡个人抛开国家、集体和别人，专门为自己的物质利益奋斗，决不是提倡个人都向'钱'看。要是那样，社会主义和资本主义还有什么区别?"显然，邓小平同志实际上把是否"一切向钱看"，当作是区分社会主义与资本主义的标准。资本主义市场经济，是以生产资料私人占有为基础的，生产的目的是摄取最大的剩余价值，"一切向钱看"是其题中应有之义。而社会主义市场经济，是以公有制为主体的，生产的目的是不断满足人民日益增长的物质文化需要，"为人民服务"则是它的客观要求。所以，我们应该倡导全心全意为人民服务的价值思想，反对拜金主义，把"人民拥护不拥护"、"人民赞成不赞成"、"人民高兴不高兴"、"人民答应不答应"作为制定各项方针政策的出发点和归宿。

第二、社会主义市场经济的规律性，要求倡导为人民服务的价值思想。

人类社会的发展历史，市场经济的发展历史，都显示出这样一种规律：社会的存在和发展是以奉献大于索取、生产大于消费作为物质前提的。如果每个人的奉献等于索取，或奉献小于索取，整个社会的发展动力就为零或负数，这个社会就会停滞、倒退。这说明，多奉献、少索取的为人民服务的价值思想，一直是文明社会不断向前发展所要求的价值取向和道德行为。中华民族自古以来就有"天下为公"、"鞠躬尽瘁，死而后已"等进步的价值观念。即使是西方资本主义社会，也有人倡导"你若喜欢你自己的价值，你就得给世界创造价值"的价值思想。在社会主义市场经济条件下，我们固然要讲物质利益原则，要以追求最大经济效益为目标。但是，这首先必须解决用什么样的价值思想，去引导人们追求物质利益，追求经济效益。如果像当今资本主义国家那样，把个人利益看得高于一切，为了实现自我价值，甚至不惜采用一切卑劣手段，强取豪夺，损人利已。这种经济就不是社会主义的市场经济，这种社会也不是有中国特色的社会主义。我们之所以倡导全心全意为人民服务的价值思想，就是要引导全社会既要重视物质文明建设，又要重视精神文明建设，把两个文明都搞上去，建设有中国特色的社会主义；就是要引导大家热爱本职，勤奋工作，努力为社会创造和奉献更多的物质财富和精神财富，推动社会不断发展和进步；就是要引导人们以自己卓有成效的创造性劳动，为他人、为社会多做贡献，从而赢得社会的尊重和自身利益的满足，实现自我价值。这表明，强调全心全意为人民服务，与实现自我价值并不矛盾。马克思主义的价值观告诉我们，评价一个人的价值大小，不仅要看他的发展需要是否得到社会的尊重和满足，更重要的是看他是否把自己的活动汇入人民群众创造历史的洪流之中，看他对历史的发展、社会的进步、人民的事业尽了什么责任，作了什么贡献。一个人，特别是共产党人，只有树立了正确的价值观，自愿地把有限的生命融入无限地为人民服务的事业中去，才能真正实现自己的价值。正如江泽民同志指出的："把祖国和人民的利益摆在首位，为祖国的独立和富强，为人民的解放和幸福，贡献毕生精力，以此作为人生的最高价值"。

第三、社会主义市场经济的系统性，要求倡导为人民服务的价值思想。

建立社会主义市场经济体制，是一项艰巨复杂的社会系统工程，涉及到我们经济基础和上层建筑的许多领域，需要有一系列相应的体制改革和政策调整，需要有政治、思想、道德、法制的支持和保障。特别是随着改革的深化和经济的发展，必然涉及到利益格局、利益关系的调整和思想观念的转变，而且每项具体的改革措施，并不一定会给每个单位、每个成员都带来眼前的利益，都做到"皆大欢喜"。这样就不可避免地会触及到一些深层次的矛盾，会遇到许多过去不曾遇到的复杂情况和问题。在这种情况下，我们只有倡导全心全意为人民服务的价值思想，引导大家讲理想、讲纪律、讲团结、讲大局，自觉把党和国家的利益摆在第一位，做到局部利益服从整体利益，眼前利益服从长远利益，才能保证党和国家各项改革政策的贯彻实施，推动社会主义市场经济体制的建立和完善。党只有全心全意为人民服务，随时听取群众的呼声，了解群众的情绪，代表群众的利益，才能赢得群众的拥护和支持，形成强大的改革力量，完成建立社会主义市场经济体制的宏伟大业。可以说，发展社会主义市场经济，不但为我们党充分发挥人民群众创造历史的作用开辟了广阔天地，而且为我们党全心全意为中国人民谋利益提供了根本途径。

三、弘扬艰苦奋斗的价值精神，反对享乐主义

"艰苦奋斗"，是我们党的优良传统，也是发展社会主义市场经济的价值精神。继承和弘扬艰苦奋斗的革命精神，不仅是时代的需求，也是发展社会主义市场经济的重要条件和精神力量。

第一、社会主义市场经济的艰巨性，要求弘扬艰苦奋斗的价值精神。

把市场经济同社会主义基本制度结合起来，建立社会主义市场经济体制，这是一项前无古人的全新事业。如何实现这种结合，使市场在国家宏观调控下对资源配置起基础性作用？怎样才能进一步转换国有企业经营机制，建立适应市场经济要求，产权清晰、权责明确、政企分开、管理科学的现代企业制度？既无成功的经验可以借鉴，又无现成的模式可以照搬，全靠我们自己去探索、去试验、去创造。如果我们没有艰苦奋斗的价值精神，"没有一点闯的精神，没有一点'冒'的精神，没有一股气呀、劲呀，就走不出一条好路，走不出一条新路，就干不出新的事业。"再说，我们还面对着一系列困难需要克服："底子薄"，缺乏建设资金；"人口多"，面临就业压力；国有企业效益差，缺乏竞争能力；市场经济起步晚，落后于发达资本主义国家，等等。我们要战胜困难，完成任务，开创新的事业，没有艰苦奋斗的创业精神是办不到的。创业维艰，古今中外概不例外。不管哪个民族和国家，要求得生存和发展，要自立于世界的强国之林，总是要有一点艰苦创业的精神，总要依靠全民族的共同奋斗。可以说，没有无数革命先烈的艰苦奋斗，知难而进，就没有新中国的诞生。同样，没有我们这一代人的艰苦奋斗，知难而进，就不会有社会主义市场经济体制的建立。

第二、社会主义市场经济的积累性，要求弘扬艰苦奋斗的价值精神。

发展市场经济，实现社会主义现代化建设，都要经历一个资本的积累阶段，这是世界各国由不发达向发达转变的共性。许多资本主义国家实现原始积累，靠的是暴力掠夺，是"羊吃人"、"机器吃人"一类残酷的手段，这是他们剥削本质所决定的个性。我们是社会主义国家，不可能重复这些血腥的原始积累方法。我们实现资本积累，只能走一条艰苦奋斗、勤俭发展的道路。特别是我们还是发展中国家，还比较贫穷，更需要我们艰苦创业、尚俭求实，最大限度地挖掘潜力。把有限的财力、物力集中于建设，用于扩大再生产，增强社会主义国家的综合国力。而不允许讲排场、比阔气，吃光用光，贪图享乐。"历览前朝家与国，成由勤俭败由奢。"没有艰苦奋斗的时代精神，我们就建设不成有中国特色的社会主义。所以《中共中央关于建立社会主义市场经济体制若干问题的决定》强调："发扬艰苦奋斗精神，把亿万群众的巨大创造力凝聚到建设有中国特色社会主义的伟大事业上来"。

第三、社会主义市场经济的目标性，要求弘扬艰苦奋斗的价值精神。

发展社会主义市场经济，目标是把我国建设成为富强、民主、文明的社会主义现代化国家，最终实现共产主义。要实现这个远大目标，需要我们几代、几十代人的艰苦奋斗。二十年的改革开放，我国虽然取得了举世瞩目的成就，经济建设上了一个大台阶，人民生活上了一个大台阶，综合国力上了一个大台阶。但与我们的远大目标相比，还只是万里长征的第一步。以后的"路程更长，工作更伟大，更艰苦"。实现"九五"计划和2010年远景目标，下世纪中叶基本实现现代化。对我们党、国家和民族来说，现在不是可以坐下来享受的时候，而是必须抓住历史机遇，艰苦创业，奋发图强的关键时期。所以，邓小平同志反复告诫全党："艰苦奋斗是我们的传统，艰苦朴素的教育今后要抓紧，一直要抓六十至七十年。我们的国家越发展，越要抓艰苦创业。"我们应该牢记这个教导，把党的艰苦奋斗的优良传统发扬光大。

（作者单位：安徽行政学院）

新时期党员教育的几个问题

孙素英

当前,我国正处在建设有中国特色社会主义的新的历史时期,由计划经济向社会主义市场经济转轨,社会主义市场经济体制使党员教育工作面临新的课题。

一、新时期要加强党员教育

我们正处在历史转折时期,各种思想纷繁杂呈。一是改革开放和建立社会主义市场经济过程中,资本主义腐朽思想文化有机会进入,西方敌对势力对我实施“西化”、“分化”;二是市场经济的消极方面,容易诱发拜金主义、享乐主义、个人主义;三是历史上遗留下来封建主义的腐朽没落的思想文化及各种社会丑恶现象沉渣泛起;四是各种经济成分和多种利益主体的客观存在,使社会思想意识呈现多样性和复杂性。

在我们普教系统,一些党员产生了错误的认识和错误的行为。第一,有的党员认为理想信念太远,不能把理想信念变成精神支柱和力量源泉,用来解决实践中遇到的各种问题;第二,有的党员认为政治是空的,不解决实惠问题,所以对业务一丝不苟,对政治不够热心;第三,有的党员认为学习理论是领导的事,我们学不学没什么,学了也没用;第四,有的党员遇到个人利益和党的利益发生矛盾时,总是强调自已的重要,要求党组织照顾;第五,有的党员把等价交换原则带到党内生活中,不能正确地对待金钱和名利;第六、有的党员业务跟不上教育事业的需要,工作一般化。

江泽民同志强调:“我们党肩负着带领全国各族人民把有中国特色的社会主义事业全面推向二十一世纪,建设富强、民主、文明的社会主义现代化国家的历史重任。要深入、扎实、持久地用邓小平建设有中国特色社会主义理论武装全党。”六中全会指出:“共产党员要在全社会发挥表率作用。”因此,必须加强对党员教育。

二、新时期党员教育的内容和目标

新时期党员教育要以邓小平同志建设有中国特色社会主义理论为指导思想,针对党员中存在的问题对党员进行讲学习、讲正气的教育,克服个人主义、拜金主义和享乐主义的影响,树立马克思主义世界观、人生观和价值观。

第一、教育党员掌握科学理论,学会用马克思主义的立场、观点、方法研究问题。

一个始终站在时代前列推动历史前进的工人阶级必须用科学理论武装,一个工人阶级先锋队战士必须用科学理论武装。理论上的成熟是政治上成熟的基础。建设有中国特色社会主义理论是当代中国的马克思主义,是我们党在新的历史时期各项工作的指导方针,没有这个理论就没有中国现代化的光明前景,因此,我们必须用有中国特色的社会主义理论武装,在党内形成学习的空气。学会用马克思主义的立场、观点、方法研究当代中国和世界的问题,分析自己工作和修养中遇到的问题。

第二、教育党员坚定理想信念,树立马克思主义的世界观、人生观、价值观。

实现共产主义是党的最高目标,为共产主义奋斗是共产党员的终生追求,也是共产党员区别群众的政治本色,共产主义理想、社会主义信念无论过去现在和将来都是共产党员的精神支柱和力量源泉。坚定共产主义理想、社会主义信念,必须树立正确的世界观、人生观和价值观,因为我们的理想信念,不是一种宗教式的信仰,而是建立在对社会发展规律和科学认识基础上的,不是靠内心能体验来的,而是在长期革命和建设中形成的。有了这种理想信念,有了马克思主义的世界观、人生观和价值观,就能焕发出高度的革命热情,坚定的革命意志,克服千难万险的勇气,才能经得住权力、名利、美色的考验,才能在任何情况下献身给自己选择的教育事业,并能以爱校爱岗爱生具体的行动来实现为共产主义而奋斗的誓言。正如刘少奇同志讲的:“我们共产党员要有最伟大的理想,最伟大的奋斗目标,同时又要有实事求是的精神和最切实的实际工作,这是我们共产党员的特点。”

第三、教育党员牢记党的宗旨,做到全心全意为人民服务。

全心全意为人民服务是党的性质决定的,中国共产党从成立那天起就明确宣布坚定不移地为广大人民群众的根本利益而奋斗,毛泽东、周恩来、邓小平等老一辈无产阶级革命家是全心全意为人民服务的楷模。黄继光、

董存瑞等共产党员在战场上用鲜血和生命实践了党的宗旨；刘胡兰、江姐等共产党员在刑场上以不怕死的大无畏精神实践了党的宗旨；雷锋、孔繁森等共产党员以心中装着全体人民，唯独没有自己实践了党的宗旨。在新时期我们要以处理好五个关系来实践党的宗旨：1.处理好党性原则和市场经济原则的关系；2.处理好精神追求和物质追求的关系；3.处理好按劳分配和无私奉献的关系；4.处理好国家、集体、个人三者利益的关系，要做到为了人民的利益在有必要的时候自觉自愿的牺牲个人利益；5.处理好竞争和团结协作的关系。正如邓小平同志讲的："我们提倡按劳分配，承认个人物质利益，是要为全体物质利益奋斗，每个人都有一定的物质利益，但是，这决不是提倡个人抛开国家集体和别人，专门为自己的物质利益而奋斗，决不是提倡个人都向'钱'看，要那样社会主义和资本主义还有什么区别，我们从来主张在社会主义社会中，国家、集体和个人利益在根本上是一致的，如果有矛盾，个人利益要服从国家和集体的利益，为国家为集体和利益，为人民大众的利益，一切有觉悟的先进分子必要时都应当牺牲自己的利益"。

第四、教育党员遵纪守法执行政策，永葆共产党员的先进性。

共产党员是中国工人阶级的有共产主义觉悟的先锋战士，因此每个共产党员都要遵纪守法，执行政策，用工人阶级先锋队的一切优良传统来改造自己，用党和人民利益原则来规范自己的言论和运动，用党章、国家各种法规来规范自己的言论和行动，带头身体力行共产主义道德，永葆党员的先进性。正如列宁同志讲的："不怕进行自我教育，自我改造，要公开承认自己修养不够"。

第五、教育党员在岗位上创一流业绩，达到在全社会发挥表率作用。

科学技术是当代社会发展快慢的决定因素，当今世界科学技术正以前所未有的速度和规模向实现生产力转化，世界知识量五年翻一翻，"谁掌握了面向二十一世纪的教育，谁就能在21世纪国际竞争中处于战略地位"，"教育是一个民族根本的事业"。因此，提高全民族的素质，培养高素质人才的任务，历史地落在了我们这代教育工作者身上。我们党员教师过去所学的知识基本不够用，我们不熟悉、不懂得的东西越来越多，因此，共产党员必须不断学习新知识新技术，努力提高自己的业务能力，在本岗位上创一流业绩，发挥共产党员在本岗位上的模范作用。

三、新时期党员教育的方法。

新时期党员教育的方法既要继承过去的优良传统，又要根据新时期的要求，针对党员的现实问题探索新方法。

第一、学习理论的方法。

每学期都要有计划地学习一本书或研究一、二个问题。首先要引导党员在自学原著上下功夫，做到边学边记笔记；其次组织必要的辅导帮助党员加深理解精神；三是组织党员进行专题讨论，达到自己教育自己的目的；四是帮助党员用所学的理论解决工作中修养中遇到的各种问题。通过以上的方法使党员尝到学习理论的甜头，从而提高学习理论的自觉性。

第二、讲党课的方法。

根据党员的实际情况，选择好专题，安排党课。可以请教授专家模范人物讲，请书记校长讲，请党员讲。通过讲党课克服党员中的个人主义、拜金主义和享乐主义的影响，帮助党员树立马克思主义的世界观、人生观和价值观，做合格的共产党员。

第三、定期讲评的方法。

根据党员闪光的思想，存在问题的苗头，进行旗帜鲜明的讲评，公开表明支部提倡什么，反对什么，坚持什么，克服什么，达到明辨是非，树立正气，发挥正确舆论的引导作用。

第四、学习先进的方法。

每个学期都要给党员树立一个学习榜样，可以是社会上的先进人物，如孔繁森、李素丽等；可以是兄弟学校的先进人物，如李烈等；可以是学校自己树立的先进人物。总能让党员感到自己有不足，需要提高，用榜样的闪光思想升华自己的思想和行为。

组织党员外出参观、访问、调查，和贫困地区搞手拉手活动，向改革者、企业家、山区人民学习改革精神，创业精神，艰苦奋斗精神并努力把这种精神转化搞好本岗位工作的敬业精神。

第五、不断地提出新目标和要求的方法。

根据新的时期不同的任务，不同的情况，不同的层次，不断的提出新的目标和要求，如"按规律办学三年内走出低谷"，"六要、六个不允许""三想五到位"，"共产党员十二个怎么办"用目标来激励党员，用要求来约束党员，使党员明确该说什么不该说什么，该做什么不该做什么，保证党员在方方面面都能起到模范作用。

第六、为群众办实事的方法。

新时期，由于种种原因，党员在群众中的形象受到影响，党组织党员为群众办实事，参加社会上的扫雪活动，参加学校组织的社会公益劳动，参加学校的公益劳动等。特别是在"七一"党的生日时为群众办实事很有意义，如为教职工包饺子等，这样做不但能提高党员的党员意识，而且有利于改变党员形象，增强党群关系。

四、新时期党员教育的原则。

新时期党员教育必须遵循正确的原则，才能收到教

育的效果。

第一、实事求是的原则。

实事求是是党的思想路线的重要内容。在教育党员的过程中,要认真地解决党员中的热点问题,难点问题,实事求是地讲问题,分析问题,解决问题,讲实话不讲大话,讲真话不讲假话,不搞形式,不走过场,使我们的教育取得党员的信任,有说服力。正如邓小平同志讲的:“二十年的历史经验告诉我们一条最重要的原则,搞社会主义一定要遵循马克思主义的辩证唯物主义和历史唯物主义,也就是毛泽东同志概括的实事求是,或者说一切从实际出发。”

第二、理论联系实际的原则。

理论联系实际是马克思主义的基本原则,一是要用科学理论武装党员,理论能给人以科学的世界观,能给人信心和力量。二是要用所学的理论的立场、观点、方法分析社会中复杂的现象,解决自己工作中修养中遇到的实际问题,不但会分析别人的问题,更重要的是要解决自己遇到的各种问题。

第三、表扬与批评相结合的原则。

先进人物先进思想体现了社会主义和共产主义精神,表扬先进是为了更多的人向他们学习,成为先进;批评后进是为了帮助后进改正缺点变为先进,表扬批评是从两个侧面来教育党员,但社会进步是主流,个人要求进步要求上进也是主流,因此,表扬与批评要以表扬为主。对优秀的党员要给以精神的、物质的鼓励,激发党员的热情为完成自己的工作而努力奋斗。

第四、开展批评与自我批评的原则。

新时期要坚持和发扬党的批评与自我批评的优良传统,“不搞批评与自我批评一定不行”,批评与自我批评能使党员不断地成长进步。开展好自我批评,每个同志都要严以律已,襟怀坦白,联系自己的思想、工作实际和廉洁自律情况,认真对照检查,防止只谈工作不谈思想,只谈成绩不谈缺点,只讲集体不讲个人的现象,要正视自己的缺点、不足或错误,反映真实思想,针对存在问题,分析原因,吸取教训,提出改进措施。

开展好批评要做到七点:一要站在马克思主义的立场;二要坚持团结—批评—团结的方针;三要坚持实事求是的原则;四要坚持说服教育为主也要有必要的思想交锋;五要坚持批评的建设性;六要形成一套批评与自我批评的制度;七要领导干部身体力行带头开展批评与自我批评。总之要通过批评与自我批评达到维护和增强团结的目的,达到锻炼和增强党性的目的。

现在是世纪之交,我国《国民经济和社会发展“九五”计划和2010年远景目标纲要》为全国人民确定了跨世纪的宏伟纲领,实现这个纲要,需要共产党员在全社会发挥表率作用,因此加强党员教育是新时期的要求,是永久性的新课题。

(作者单位:北京市西城区普教系统党建研究会)

发挥高校民主党派在精神文明建设中的作用

丁荣茂

党的十五大报告明确指出："精神文明相对于物质文明而言，只有经济、政治、文化协调发展，只有两个文明都搞好，才是中国特色社会主义。"加强社会主义精神文明建设不仅是全党面临的一项重大任务，也是民主党派的光荣使命。党的十四届六中全会强调，在精神文明建设中，要十分重视民主党派的作用。实践证明，民主党派是精神文明建设和物质文明建设的一支重要力量，有着不可替代的重要地位。高校民主党派人数多，层次高，参政能力强，因此，高校民主党派在两个文明建设中更是可以大有作为的。

我们南航的民主党派工作，由于历史的原因，是从1986年中央下发19号文件之后才开始的。现有民盟、九三、民建、致公四个党派，三个支部一个小组，70余人，人数不算多，但层次比较高，副高以上职称约占95.7%。十年来，我们在支持民主党派加强自身建设的基础上，重视发挥他们的作用，取得了一定的成效。

实践中我们体会到，发挥高校民主党派在两个文明建设中的作用，必须拓宽渠道，开辟多种途径，使其有用武之地。

一、支持参政议政

我国的政治体制明确规定，中国共产党领导下的多党合作和政治协商制度是一项基本政治制度。民主党派是参政党，参政议政是其重要职能，是在两个文明建设中发挥作用的一个重要渠道。为此，我们根据高校民主党派的实际情况，强调了三点：

一是支持民主党派支部作为参政党的基层组织努力承担民主党派省委布置的参与社会经济发展和精神文明建设的各项任务，为民主党派省委参政议政作好基础工作，发挥应有的社会功能。例如运用专题调查研究，出任经济、法律顾问，承担政策咨询，发挥智力优势等方式，为江苏"科教兴省服务"。我校民盟支部组织部分成员前往华西村进行科技咨询服务，并带去科技项目，受到欢迎。九三支部也参与九三省委组织的有关政治思想情况和经济体制改革方面的调查，综合上报了相关的材料。民建支部与兄弟院校共同调研完成了关于高校教育改革的提案。近几年来，我校三个民主党派支部完成的调查报告等就有十多份。我校民建支部副主委孙建国教授，在科技服务中成绩突出被评选为江苏省民主党派为经济建设服务先进个人。

二是支持民主党派成员中的各级人大代表、政协委员积极发挥参政议政作用。他们有机会直接参与国家和地方政府的大政方针、经济发展、社会进步等物质文明建设和精神文明建设等重大问题讨论的决策，有着特殊的地位和优势。支持他们充分履行其职责，以实际行动支持共产党领导的多党合作和政治协商制度，是精神文明建设题中应有之义。我校现有各级人大代表、政协委员、省政府参事等16人，他们大多是博士导师，具有较高的学术造诣和较强的参政议政能力。为了充分发挥其作用，我们帮助他们进行调查，征询各方面的意见。会前，召集他们介绍情况，提出建议，反映群众的意见。全国人大代表民建支部主委张阿舟教授，每次人大开会前，他都认真准备，主动征求各方面意见，他曾联合航空系统其他人大代表就精神文明建设、航空事业发展振兴问题提出过多次提案，受到重视。其中关于发展国家干线飞机问题提案被国务院采纳立项，目前正在实施中。民主党派成员杨万民教授是白下区人大常委，他对讨论区里的大事非常尽责，区人大讨论有关重大问题都要听听杨老师的意见。他对群众的意见也非常热心，认真反映，关注处理结果，深受大家赞赏。

三是支持省政府参事发挥作用。我校民主党派成员工商学院宁宣熙教授是1996年省政府新增补的几名参事之一，他受聘不久，就结合自己的工作，提出了有关乡镇企业发展问题的报告，受到好评。

二、重视民主参与

高校是精神文明建设的重要基地，加强校园文明建设对社会有着重要影响。民主党派是高校民主管理、民主监督的一支重要力量。因此，充分发挥他们在学校民主参与的作用，对于学校建设发展有着重要意义。我们坚持每季度召开一次支部主委会议，交流信息，讨论工作。每学期召开1—2次情况汇报会、征询意见座谈会，

主要就学校建设目标、改革发展思路、中长期发展规划、年度工作计划、211工程建设议案、学科梯队培养、教学改革设想、精神文明建设方案、教代会校长工作报告、党委工作评估、党风廉政建设等重大问题和重要工作，请民主党派参与讨论，听取意见，献计献策。学校召开党代会、党委扩大会、教代会、工代会、中层干部会，邀请他们列席。举办民主党派培训班时，联系实际，请他们就学校建设发表书面意见，共收到建议书100多份，党委和统战部认真审阅，并分解到有关职能部门进行研究，以改进和推动学校工作。在民主党派正常工作上，我们要求紧紧围绕学校工作重点、组织调研，服务中心，为学校上水平，创一流，搞好“两个重要转变”作贡献。

三、强调岗位贡献

精神文明建设归根到底要靠每个人从自己做起，在每个岗位上落实。发挥民主党派在精神文明建设中作用也是如此。在高校，每个民主党派成员都是从事精神文明建设的直接参与者。他们接触最普遍最日常，也最便于作出成绩的渠道，还是在每个人自己的岗位上，履行自己的职责。因此我们把强调“岗位贡献”的口号叫得比较响，工作坚持不懈，做到“年初有布置，年终有检查，个个有汇报，支部有总结”，成绩是比较明显的。

据近三年的统计，我校民主党派成员中获得国家、省、部级荣誉称号和教学科研三等奖以上的就有51人次，有2人立功，有15人获准享受政府特殊津贴，有4人被评为博士生导师，有12人晋升为教授，有6人晋升为副教授，有1人被评为全国教学优秀教师，有3人被评为省级青年骨干教师，有2人被省委统战部和党派省委授予在社会主义经济建设中作出贡献的先进个人荣誉称号，1人选为民建中央委员，增补省政协委员，省政府参事各一人。有的支部成员在汇报统计中，几乎所有在职成员都有不同等级的获奖项目。1996年我校民主党派成员在本职工作岗位上创下了全校“四个第一”。即：个人发表论文总数每一，争取科研课题经费数额第一，青年教师教学观摩获第一，集体宿舍管理获奖第一。

四、鼓励教书育人

学校是培养人才的场所，高校思想道德建设的状况是关系着跨世纪人才培养质量和未来干部队伍素质的一个重大问题，也是高校民主党派与党委共同肩负的一项重要任务。高校民主党派成员大都处在教学科研第一线，与学生有着直接的广泛接触，并在学生心目中有着很高的威望，这给教书育人提供了很多便利条件。因此，我们把强调教书育人，服务育人列为民主党派在学校精神文明建设中发挥作用的一个重要内容，通过多种途径，抓住不放。主要有五个结合：结合课堂教学进行热爱航空和努力成才，树立良好学风教育；结合教学实习、课外科技活动和研究生的课题报告，进行唯实创新，不畏艰难的攻关精神教育；结合毕业生就业指导进行服从需要，献身事业，报效祖国的奉献精神教育；结合支部活动，组织专题讲座，请学生参加，进行爱国主义、集体主义、思想道德教育；结合担任班主任、导师的工作，对学生进行世界现、人生观、价值现的教育，教育学生做学问首先懂得怎么做人。

五、促进自我教育

党的统一战线工作是一项特殊的思想政治工作和群众工作。提高民主党派成员的思想政治素质，搞好自身建设，是学校加强思想政治工作和群众工作，推进精神文明建设的重要组成部分。因此，积极发挥民主党派对其成员以及所联系的一部分群众的自我教育功能，是在精神文明建设中发挥作用的一个重要方面。

我们协助民主党派支部坚持每月一次的组织生活制度，并在提高收效上下功夫，组织学习邓小平关于建设有中国特色社会主义理论，进行社会调查考察，接受国情教育，增强党派意识，加强自我修养，包括解决民主党派成员中间存在的某些与精神文明不相适应的现象和问题，提高思想政治素质，增强支部凝聚力。我校民建支部被民建中央和江苏省委评为先进支部。九三支部的工作也受到九三省委的肯定和赞扬。民盟支部在吸收和教育新成员上工作做得比较好。实践说明，民主党派自身的精神文明建设加强了，对精神文明建设全局具有重要的意义和影响。

在实践中，我们还体会到，在精神文明建设中发挥高校民主党派作用，在加强领导上需要注意以下几个问题：

1. 要有一个明确的思想认识。我们着重强化四种意识：(1)政治体制认识。民主党派是政治团体，是上层建筑，基层组织的工作虽然平凡、具体，但关系着巩固和完善共产党领导的多党合作和政治协商这一基本政治制度。(2)互相促进意识。精神文明规定着民主党派工作的方向，民主党派为精神文明提供力量支持和政治保证，两者互相影响，互相促进。(3)抓住机遇意识。民主党派在精神文明中发挥作用，是时代赋予的责任，也是民主党派多做贡献的机遇。全党重视精神文明建设，创造了良好的氛围，为民主党派发挥作用提供了用武之地。(4)有所作为意识。民主党派工作在学校摆上位置，必须在精神文明建设等方面有所作为，有为才能有位。

2. 要有一条清晰的工作思路。回顾我校民主党派工作，一开始，我们就认识到，起步虽晚，但起点要高。于是提出了一个十年总体设想，二步工作目标，三条重要原则。一个总体设想，南航民主党派要以一个良好的形象和卓有成效的工作，赢得全校重视，宣传自身存在的价值

和意义。用十年的时间达到工作富有特色，力争步入先进行列。二步工作目标是，前五年打基础，上轨道；后五年创水平，上台阶。三条原则是，始终注意民主党派工作的政治性，保持坚定正确的政治方向；紧紧围绕学校中心任务发挥作用；坚持不懈地促进民主党派自身建设。从而，不断开创新局面，做出新成绩。

3. 要有一些有效的活动形式。为了提高工作水平，推动民主党派建设，促进工作落实，发挥应有作用。我们从1993年开始连续五年开展“五个一”活动，其基本内容是：组织民主党派成员读一本书，《邓小平文选》；组织一次社会调查考察；围绕学校改革发展，各支部提交一份有分析有见解的调研报告；为学校教学、科研、产业创水平上效益办一件实事；立足本职，做出一份新成绩。随着形势的发展，任务的变化，活动的具体内容每年有所调整，但基本要求不变。“五个一”活动的开展深受民主党派人士欢迎，他们反映：这项活动有目标，有内容，要求明确，可操作性强，工作起来心中有数，有个努力的方向。几年来，各支部精心组织，大家积极参与，开展得既生动活泼，又比较扎实，取得了比较好的成效，也引起了良好的反响，得到了上级机关和民主党派省委的充分肯定，并多次转发我们的材料。实践证明，必要的活动形式，是实现工作目标的重要环节。

4. 要有一支充满活力的队伍。当前民主党派成员老化情况突出，支持民主党派做好发展工作，充实年轻有活力的新成员，是发挥其作用的组织保证。我校民主党派成员，退休的占40%，对此，我们采取措施予以帮助。党委召开了支持民主党派发展工作座谈会，党委和部门的负责人，党总支书记全部参加，由民主党派支部就发展问题作专题发言，大家共同研讨。党委制定了《关于支持民主党派进一步做好组织发展工作的意见》的文件，得到了省委统战部的肯定和支持，并被转发全省。党委还要求各党总支推荐留在党外供民主党派发展的优秀人士，统战部组织与民主党派支部进行协调，并有重点地帮助做思想工作，促进发展工作的进行。近几年来，各支部都吸收了一些年龄较轻、层次较高、影响较大的新成员，充实了新生力量，增强了工作活力。

（作者单位：南京航空航天大学）

在建立现代企业制度中加强思想政治工作

朱建新

党的十四届五中全会明确提出，要加大改革力度，使大多数国有大中型骨干企业在本世纪末初步建立现代企业制度。

建立现代企业制度是一个长期而又复杂的过程。在这个过程中，势必要触及旧体制下形成的深层次矛盾和利益格局，由此产生的各种矛盾和摩擦，各种思想问题和实际问题，也必然影响人们参与改革的积极性和主动性。同时市场经济的多元性、自主性、平等性和开放性等特性也会在建立现代企业制度过程中全面展现出来，一方面会促使人们的思想观念、心理状态和行为方式产生向上的变化，另一方面也会使一些消极现象沉渣泛起，影响社会的稳定和发展。另外企业作为市场竞争的主体在日益激烈，充满风险的竞争中要求得生存和发展，关键在于企业能否以强烈的历史责任感和现实紧迫感，以高度的理性自觉和拼搏精神，抓住机遇，奋发进取。这些问题既需要强有力的思想政治工作来解决，同时也对思想政治工作提出了改革的要求。本文试就在建立现代企业制度过程中如何加强和改进思想政治工作，谈几点粗浅的看法：

一、抓住根本，建立与现代企业制度相适应的思想政治工作责任体系。

建立思想政治工作责任体系，形成一支高效的思想政治工作队伍是加强企业思想政治工作的基础。近几年来，政工队伍呈弱化态势，深受人才流失，人员老化，后备人才缺乏的困扰。企业在转机建制过程中，政工机构的压缩和政工人员的精简也在所难免。为此，建立一支精干、高效、多元化的政工队伍势在必行。

(一)要稳定政工机构。稳定的政工机构是确保思想政治工作顺利开展的首要条件。在建立现代企业制度的过程中，企业按照精干高效的原则和企业规模的大小，在有利于加强和改进企业思想政治工作的前提下，可以自主地确定政工机构的设置。但必须防止不合理地撤并政工机构，坚决杜绝没有思想政治工作职能机构和无专人负责等现象的发生。同时，应加强政工机构的横向联系，将宣传、教育、广告、营销、公关、企业文化建设的功能结合起来，使思想政治工作形成有效载体，以强化思想政治工作的服务和导向功能，从而更好地为企业的改革和发展服务。

(二)要形成多元化的结构。企业的思想政治工作任务繁重，仅靠专职的政工人员去做是不够的。为此，建立一支多元化构成的大政工队伍显的尤为重要。在企业中，组成一支由党委统一领导，党政共同负责，党政工团齐抓共管、以专职政工干部为核心，以行政干部为主体，以党团员、工班长为骨干的宏大思想政治工作队伍，并通过“一岗双责”的落实，把管人、管事、管思想结合起来，形成各级各类干部都做思想政治工作的新局面。从而，做到双向参与，共同负责，为企业的改革和发展注人活力，奠定坚实的思想保证。

(三)要提高政工干部的素质。思想政治工作是一门科学，是一项极为复杂的综合性工作。建立现代企业制度和发展社会主义市场经济，对企业政工干部提出了新的更高的要求。作为一名合格的政工干部，要具有服务与改革的意识，敬业与奉献的精神，务实与自立的作风，科学与求知的态度，谦洁与勤政的形象。所以广干政工干部当前要努力学习建设有中国特色社会主义理论和社会主义市场经济知识，学习政策法规和现代管理知识，学习本系统、本部门的技术业务知识，力争成为既精通思想政治工作，又懂经济工作的“复合型”人才，从而实现现代企业对政工干部“精干高效”的要求。

二、体现特色，构建与现代企业制度相适应的思想政治工作运行机制。

在建立现代企业制度的过程中，企业将采取适合各自特点的经营方式，组建各种类型的公司，经济活动的运行也因此建立具有各自特色的新秩序。为此，企业思想政治工作也必须根据需要重新构建和完善运行机制，以确保企业经营目标的实现。

首先，要善用激励机制。在现代企业中。以利益驱动，目标驱动为主要形式的激励机制在激发和调动工作积极性方面具有不可低估的作用。所以，应把思想政治工作与利益机制融合起来，正确处理二者关系，相融相通，把思想政治工作渗透到经济活动中去，建立起一种与

市场经济相适应的新的激励机制，改变思想政治工作“空对空”的旧模式。把激励机制运用到思想政治工作管理中去，可根据企业的总体规划制订出思想政治工作各阶段的实施目标，并付之以考核与奖惩，从而做到目标明确责任到位，使企业思想政治工作充满生机和活力。

其次，要改进工作方式。企业走向市场，逐步成为“自主经营，自负盈亏，自我发展，自我约束”的法人实体和市场主体，企业思想政治工作也应从“等精神，靠布置，要办法”的习惯做法中摆脱出来，把党的中心工作，上级的部署和基础性思想建设与本企业的实际结合起来，按照放开搞活的原则，自行确定工作内容和工作方式，灵活自主，富有特色地开展工作，使企业思想政治工作更加贴近企业经营实际，更好地为企业发展服务。

再次，更积极运用载体。现代企业中的思想政治工作在运行方法上要坚持不拘形式，讲求艺术，注重效果，紧贴中心。“应把群众欢迎不欢迎，愿意不愿意，接受不接受，满意不满意”作为衡量工作的标准，积极借助运用新的舆论工具和活动方式，把思想政治工作融入到企业生产经营中去，并逐步形成活动管理、制度网络、总结表彰、成果推广的整套运行方法，使思想政治工作有所依附，得以落实，使广大干部职工在喜闻乐见的活动中受启发、启迪、教育，以激发干部职工的责任感和创造性，增强思想政治工作的实际效果。

三、突出重点，形成与现代企业制度相适应的思想政治工作操作思路。

企业转机建制在企业内部引发了深层次的变革，企业思想政治工作也要跟上形势的变化。根据市场经济的发展趋势，从社会化大生产，市场大流通的客观要求来确立思想政治工作的思路，把以人为本，提高职工队伍素质作为根本任务，增大直接为生产经营和改革开放服务的份量和力度，这既是现代企业以人为中心管理体制的迫切需要，也是思想政治工作为企业改革发展服务的具体途径。

（一）要紧贴中心，发挥政治优势。企业思想政治工作的首要任务是发挥对企业的政治导向作用。所以，应通过积极参与企业的经营决策，把党组织的意图变为企业行为，把企业的中心任务变为每一个职工的行为，以保证党组织在企业决策中的政治核心地位，特别是当前在实行两个根本转变，向建立现代企业制度的过程中，党组织更应加大思想政治工作的力度，解惑释疑，鸣锣开道，协调关系，理顺情绪，保驾护航，充分发挥谋在前，保在中，断在后的政治优势。

（二）要围绕改革，强化保证作用。随着改革、发展的深化，传统的思想政治工作显然已不能与之相适应，其途径就在于要突破纯政治宣传教育的模式，在大力加强有中国特色的社会主义理论、爱国主义、集体主义教育的同时，也应加强市场经济理论，现代企业制度知识，法律法规知识和科学技术知识等方面的教育，并充实经营管理，广告营销，企业精神等方面的内容。使思想政治工作的内容适应企业的改革发展，并发挥强大的服务和保证作用。与此同时，还应充分利用现代化大众媒介，作为强化思想政治工作保证作用的手段，形成立体化、综合化、网络化、现代化的思想政治工作新模式。除此之外，还要加强企业文化建设，大力培育企业精神，充分发挥企业文化的载体作用，运用代表企业形象、具有鲜明特点，而又科学求实，健康向上的企业精神去引导，激励职工，以培养干部职工的道德情操，增强企业的凝聚力、向心力。

（三）要以人为本，提高队伍素质。建立现代化企业制度的根本保证在于提高职工队伍的整体素质，而提高队伍素质的手段除加强教育外，很重要的一点就是要注重选树先进典型和典型的示范引导作用。在选树典型的过程中，要坚持民主性，使每个典型都立得住，叫得响，树立一个，带动一片。要注意层次性，使每一个层次都有自己的先进，可学，可比；要强化典型的群众性，坚持选树典型和坚持典型示范引导相结合，从而达到教育人，激励人，鼓舞人的目的，在企业中营造出敢为人先，奋发进取，争创一流的氛围。

四、务实求效，完善与现代化企业制度相适应的落实机制。

“权责明确，管理科学”是现代企业制度的基本特征之一，也是现代企业对思想政治工作的要求。建立科学的思想政治工作管理体系其关键在于责任到人，考核到人，从而保证思想政治工作落到实处。

首先，要强化决策指挥职能。保证党对企业思想政治工作的领导地位是建立现代企业制度的一项重要原则。党对企业思想政治工作的领导地位的具体表现就是行使决策指挥职能。只有不断加强党的这一重要职能，才能从根本上加强企业的思想政治工作，充分发挥思想政治工作的服务导向和保证作用。在企业中，党组织要根据本企业的工作实际，研究制定思想政治工作的长远规划和近期目标，及时了解和把握职工的思想动向，协调各组织、各部门的关系，发挥企业“大政工”的优势，形成工作合力，充分发挥思想政治工作的效能。另外，企业党组织还应按时定期地举办思想政治工作研讨会，培训班等，重点向行政干部传授思想政治工作知识和技能，坚持党政一岗双责，双向参与，共同负责，进一步提高企业思想政治工作的质量。

其次，要建立目标管理制度。思想政治工作是一项特殊的任务，弹性很大，一般化地去做容易，深入下去难；搞形式容易，求得实效难，形式主义是思想政治工作的大

忌。建立目标管理制度，就是要将思想政治工作任务量化，目标细化，措施深化，从而达到责任明确，消除那种“做与不做一个样”、“做好做坏一个样”的现象，保证思想政治工作的落实。建立目标管理制度的关键在于“以岗定责，细化量化。”“以岗定责”就是按照岗位确定思想政治工作责任，按照“下管一级”的原则，针对政工干部，行政干部各自工作实际，确定出其应担负的思想政治工作任务；“细化量化”，就是把党政干部承担的思想政治工作的目标细化，应该做到什么程度，达到什么效果，都做出明确规定，同时要将思想政治工作任务尽可能地量化，这样即使党政干部开展思想政治工作有所依据便于思想政治工作的考核和管理，从根本上保证了虚工实作的落实。

三要实施联接考核办法。考核是落实的手段。思想政治工作的考核不同于一般单项工作考核，其具有综合性强，短期效果不明显等特点，考核难度较大。实施联接考核办法，就是把思想政治工作的考核同单位的经营发展成果结合起来，将单位经营发展的成绩作为衡量思想政治工作成效的一项标准，对其进行综合评估，要把思想政治工作结果考核与过程考核结合起来，抓好具体工作的落实；要把思想政治工作的考评与经济考核结合起来，落实到人，以增加考核力度。同时，也应把思想政治工作的考核方式由上而下改为上下结合。即在上级对下级考核的同时，也要采取座谈、答卷，测评等形式，听取广大干部职工的意见，检验其实际效果，并将检查结果同考核情况结合起来，客观明确地评价思想政治工作，这样也有助于改变以前那种思想政治工作“上热下冷”落不到实处的弊端。

总之，加强和改进企业思想政治工作，是贯彻党的十四届五中全会，充分发挥企业党的核心作用的要求，是企业建立现代企业制度顺利发展的重要保证。企业思想政治工作只有不断加强和改进，才能适应两个根本转变和改革发展的需要，才能使思想政治工作再度走向辉煌。

（作者系济南铁路分局济南站党委书记）

树立新形象，拼搏争一流

潘振兴

在改革开放不断深入、社会发展日新月异的今天，如何树立干部新形象，做好广大职工的表率，从榜样的力量去工作的新局面？笔者结合交通行业的实践，认为必须要做好以下几点：

用科学理论武装头脑，提高领导自身素质

加强思想政治工作，就要求我们领导干部深入持久地用马克思主义、毛泽东思想和邓小平理论教育自己、教育职工，提高自身的素质。作为交通建设发展部门和车辆通行费征收工作，其政策性强、业务要求高，对干部队伍建设的要求比以往更高更严。如果思想政治工作弱化，我们的干部就会出现思想涣散、纪律松驰、不思进取、学习松懈，那么就不能正确理解党的改革开放的方针政策，工作中就会出现偏差。因此，我们把思想政治工作摆到重要位置上，把加强思想政治工作视为自身的重要职责，加强思想政治工作的领导和调整充实政工人员；进一步加强思想政治工作规章制度的建设；两个文明一起抓，两副担子一肩挑，使思想政治工作真正从组织上、制度上、工作上进一步落实，并将思想政治工作的职责落实到人，定期进行检查。另外，我们提倡加强思想政治工作还必须学习理论和实践相结合把岗位培训和实际工作紧密联系，干什么、学什么；缺什么、补什么，学了就能用，从而使领导的整体素质的不断提高。

教育为主、预防为主，保证行风行纪的根本好转。

思想政治工作的对象是人，是人的思想和行为，而每一个时代的人的思想和行为都受到该时代物质生产状况的制约，是该时代社会存在的反映。确立社会主义市场经济体制并不是纯经济行为，同样地涉及到政治、文化、思想诸方面观念的转变。近年来年轻干部比重上升，他们是重要的新生力量，热情高，干劲足，接受能力强，求知欲望迫切；但缺乏经验，免疫力较差。在新的历史时期结合当前干部队伍状况，加强思想政治工作显得尤为重要。否则就会造成干部队伍人心不稳；有些思想不健康的人，产生乘机捞一把的思想；以权谋私，大肆“吃、喝、拿、报”，损害部门和自身形象。思想政治工作功夫过硬了，干部的廉政意识、道德观念，才会得到加强。思想作风、工作纪律才能保证健康、严明，关键时刻才能经得住考验。从以往犯错误同志中，可以得出一条深刻的教训就是思想政治工作放松，教育不严，抵挡不住诱惑。加强思想政治工作，就是体现教育为主、预防为主，通过法纪教育、职业道德教育，规范大家的行为。抓好监督检查，及时掌握各方面情况，又为更深入、有针对性地做好思想政治工作服务，推动勤政廉政建设。人的思想和行为并不是规章制度订出来就万事大吉的，而是需要注重引导，启发大家自我约束、互相监督、步调一致。因此，我们认真开展以“优质服务、文明执勤、按章收费、塑造文明窗口形象，树收费行业新风”为主题的行风评议活动。我们靠教育引导，靠制度约束，靠监督检查，正视现实，解决通行费征收工作中的“热点”、“难点”问题，从而有效地遏制行业不正之风，保证行风行纪的根本好转，以此推动两个文明建设协调发展。

争创一流，软件硬件齐抓并举

我们所根据金华市交通局、金华市公路管理处和永康市交通局、市创建文明建设样板路工作领导小组的整体部署，结合二期工程的具体实际，开展了“创一流交通设施、创一流交通管理、创一流服务水平”的“三创”活动。活动从二方面进行，一方面从规范设施入手，根据“四自”工程方案设计，二期工程要到十二月才完工，但省里确定“文明样板路”创建验收工作十一月上旬就要进行，对此，我们公司会同“四自”工程指挥部在二期工程主线贯通后立即召集有关人员进行活动部署，安排专门人员负责抢时突击完成工程后续工程和安装防撞护栏，以及一期工程被损坏部分的修复工作另一方面参收费所着重抓了以“规范收费行为、优质文明”为主要内容的内部整治，认真组织收费人员学习国务院及省政府有关文件，以“安全、快速、文明”的收费工作要求作为收费人员的工作指南。通过一个多月的突击，各项设施在省验收前完工，内部环境的硬件和文明服务的软件都得到了加强，因而在全省“创建文明建设样板路”活动检查验收中，金华市名列全省总分第一，我市得到了金华市政府领导、省市主管领导的高度评价，我所被评为本次活动中的先进单位。

（作者系永康市交通建设发展公司　330 国道永康市收费所党支部书记）

功夫要下在一个“实”字上

方强洪

怎样才能做好新时期的民政工作上为中央分忧，下为百姓解愁？结合我县实际，主要做法是开好一个会，下发两个文件，抓好三件事。功夫下在一个“实”字上，真抓实干，贯彻落实好会议精神。

开好一个会，就是开好全县五年一次的民政会议，请五大班子领导正职全部参加，并请他们总结部署工作，提出今后的要求；请县机关有关部门领导和乡镇两个一把手、民政办主任、民政助理员参加，共同分析民政工作的难点，理出重点，结合本地实际制定落实计划。下发两个文件就是指以县政府名义下发《关于进一步加强对民政工作领导的通知》和《进一步发动群众搞好农村社会养老保险工作的通知》。

抓好三件事：首先，是切实抓好农村社会养老保险。县民政会议以后，各乡镇又进行一次再宣传、再发动，大造农保舆论，做到讲明政策，讲清道理，讲透好处，引导农民破除“养儿防老”的旧思想，树立“保险防老”的新观念。具体方法上采取理顺一个关系，即理顺社会保险与商业保险的关系；做到二个结合，政府出面部署突击性抓和职能部门经常性抓相结合；利用三个年审车辆、农机和个体工商户执照年审监督参保；突出四个重点，党员干部带头保，专业户富裕户重点保，企业职工年年保，一般群众量力而行保。同时运用志愿投保与政策引导参保相结合的办法，建立基层业务人员支付正常手续费和实行奖励相结合的目标管理机制，有效地促进了农保工作健康顺利地发展。浙江金华县农保工作自1995年开展至今，累计收取保费2800多万元，参保人数达15.6万人，占农业人口应保对象的50.1%；投保覆盖面乡镇村达百分之百，乡镇企业达90%。计划到2000年，投保覆盖面乡镇企业达百分之百，投保率达80%以上，保费积累总额超5000万元，从而初步建立起以个人交纳为主，集体补助为辅，国家政策扶持的个人储蓄积累式的农村社会养老保险制度，营造好这座没有围墙的“敬老院”。

再是加强民政组织和民政干部队伍的建设。我县撤扩并以后，民政组织和民政干部队伍建设不同程度受到减弱，存在着组织不健全、干部年龄偏大、文化偏低、素质不高，有的乡镇民政助理员调动频繁等问题，影响了民政事业的发展。为此，县政府在《关于进一步加强民政工作领导的通知》中，对乡镇民政组织和民政干部队伍建设问题专门作了一条规定：各乡镇必须设置民政办公室，并由党委委员或副乡长兼任民政办主任；配好专职民政助理员，一万人口以下配一名，一至三万人口配二名，三万人口以上配三名。做到配齐配专配强，并要求保持相对稳定，以确保民政工作各项任务落实在基层。

其三是建立“217”科目。根据省政府关于建立分级管理、分级负担救灾工作，完善灾害救助体制的要求，县政府决定建立“217”救灾科目，并采取“三马拉一车”的办法建立自然灾害救助预备基金，即县财政每年预算安排20万元救灾资金，乡镇村按人均1元每年统筹一部分，厂矿企事业单位赞助一部分，五年以后争取达到积累资金500万元以上，建立完善各种救灾救助制度和措施，基本实现小灾自救，中灾互救，大灾求救的管理体系，切实做好救灾救济工作，以保障灾民的基本生活，确保人心安定，社会稳定。

民政是一项为民行政的事业，肩负着上为中央分忧、下为百姓解愁的历史重任，直接关系到社会的稳定、经济的发展。由于县委、县政府的高度重视，民政部门同志的勤奋工作，我县民政事业取得了可喜的成绩。农村社会养老保险连续两年被评为省级先进单位，我县还被浙江省人民政府授予“双拥模范县”、殡葬改革先进单位。实抓出成效，真干结硕果，这是我们工作的切身体验。

落实“三个主动”　有效地为农村精神文明服务

楼松眉

面对农村的乡镇企业发展很快，农村图书市场起了很大的变化，我们国有书店的领导和职工如何加强跨世纪的农村发行工作，有效地为农村精神文明服务？我们浙江义乌市新华书店联系企业实际，在落实“三个主动”上下功夫。

第一，主动地做好为“三农”服务工作

图书发行人员必须具备吃苦耐劳，无私奉献精神。主动做好农村图书供应工作，随着市场经济的发展，人的思想也起了很大的变化，吃苦耐劳、无私奉献的精神开始淡化，许多人都不愿意长期干农村流动、主动服务的工作。因此，要全心全意为农村读者服务，一丝不苟地做好农村各项主动服务工作，我们必须牢固树立为农业、农民、农村工作“三农”服务的指导思想，使每个农村发行人员懂得搞好农村发行工作，首先是为党和国家的大局服务，是一项政治任务；其次，培育和开发农村图书市场，关系到新华书店事业生存和发展的大事，需要用辛勤的劳动，艰苦的努力，无私的奉献，像园丁一样去培育农村图书市场这个“百花园”的繁荣，这也是主渠道的优良传统和光荣的任务。只有为“三农”服务这个指导思想明确，全体农村发行人员才能自觉的、积极的去做好主动供应工作。

另一方面，做好农村主动供应工作，并不仅仅是思想好、经营方向明确就能完成任务的，还必须懂得农业生产知识，熟悉“三农”情况，全面了解农村读者的需求，才能有的放矢地运用各种主动供应方法，有效地为农村各阶层读者服务。这就需要每个农村发行人员热爱农村发行工作的岗位，爱一行钻一行，认真学习农业生产知识，事事处处关心农村政治经济形势的发展变化，经常调查研究农村图书市场的形成、发育状况，确切掌握农村各类读者需要，只有真正成为农村发行的行家，才能有本领去服务“三农”，开发农村新市场。

上述分析说明，我们除了自己要认真学习，努力提高自身为农服务的本领外，还要建立农村发行人员的政治、业务学习制度，组织全体农村发行人员学习党对发展农业和农村工作的方针政策，懂得当地农村的农业生产、乡镇企业发展的特点和规划，以及农村改革的重要措施，从中研究农村图书市场的现状和发展规律，不断强调图书发行为“三农”服务的重要意义，从而使每个农村发行人员牢固树立为农服务的思想，学习各种主动服务的本领，这是搞好这项工作的思想保证。

第二，主动积极加强组织宣传工作

无论是运用流动供应、系统征订供应、对口征订和上门供应等方法，主动供应都要事先做好组织宣传工作。因为主动供应不像门市部供应，有固定的场所，读者都知道到门市去购书。而主动供应的时间、地点、供应什么书等都是动态的、短暂的、变化的，读者都不知道供应信息。因此，任何一项主动供应服务，都有一个组织宣传过程，缺少了这个过程，就会影响服务的效果。

积极主动宣传工作方法很多，如事先通过各种广播、招贴广告、海报等形式，告示周围读者，某月某日某时，新华书店在某地进行流动供应，供应哪些重点图书等等，使读者了解供应信息，使需要购买的读者，在思想上做好准备。更有效的主动组织宣传工作，是针对主动服务对象，做好组织宣传工作，如到学校去流动供应，事先通过老师向学生推荐重点图书，告诉供应时间、地点，叫他们做好购买准备，效果就非常好。同样到会议上去供应图书，请大会秘书处向代表们宣传推荐重点书，能发挥很大的发动和导购作用。

流动供应时向农村读者进行宣传，还可采用一些农民喜闻乐见的形式。如从几十年的流动供应宣传形式中，有宣传队形式，边宣传配合党的中心工作的内容，结合供应有关图书；有口头宣传形式，手拿扩音器，用说“快板”、讲故事的方式介绍重点内容，一边供应图书；有边劳动、边开会，边供应图书等等。向农村读者推荐图书，比城市读者要难得多，有一个沟通信息，联结供求见面，介绍图书内容，引起看书兴趣，诱发阅读动机，强化购买欲望的培育过程，这就需要依靠组织宣传工作的功能和力量。因此，有针对性的运用农村读者喜闻乐见的形式，做好组织宣传工作，是提高主动供应效果的关键。

第三，主动运用灵活多样的供应方法

主动供应的对象、任务不同，因此，在供应方法上也应因事、因书、因地、因时制宜，运用灵活多样的供应方

法。

定点巡回供应法。对若干大集镇的流动供应,可以采用这种供应方法。即每个集镇按路线顺序,规定每月去流动供应的时间、地点,组织巡回供应,并通过各种宣传方式,告知周围读者,使读者心中有数,久而久之,广大读者就会自然而然地事先做好购买的准备,到时前来选购图书。当然,每次去流动供应时,仍然要做好宣传工作。

点面结合供应法。点,就是在较大集镇建立流动供应据点,每月固定若干天如每逢市日进行设摊供应。供应的时间要长一些,品种要多一些,并告知周围读者,一般情况下,不变动定点供应的规律性。面,就是定点设摊供应好后,带着重点图书,深入到周围乡镇的学校、企业进行上门供应,了解各种读者的不同需要,做好对口征订、预约登记、缺书登记等工作,为下次上门供应做好准备。点面结合,多种服务方法综合运用,能提高农村主动供应的效率和效果。

单项供应法。农村发行员要完成某一种书的单项供应任务,如某种学习文化的供应,年画、挂历的供应,学习复习用书的供应等。由于发行量大、任务重、时间紧,就排好路线,突击组织供应,突出一个"快",速度就是效益,速度就是竞争力。

配合宣传供应法。即图书的主动供应与各种文化宣传组织下乡结合进行。如配合宣传队、剧团、电影队下乡,一边参加宣传活动,一边供应图书。上述配合文化宣传组织下乡,影响大,号召力强。周围农民来观看演出时,如能抓住机会,恰当的形式开展图书供应,能得到事半功倍的效果。近几年中宣部等部委组织文化科技卫生"三下乡"活动,是加强农村主动供应的极好机会,发行企业要紧紧抓住这个机会,充分发挥这种供应方法的优越性,为全面打开农村主动服务工作局面打下良好的基础。

农村图书市场的发展,会象城市图书市场发展规律一样,多渠道竞争会越来越尖锐复杂,要想牢固的占领农村图书市场,必须不断地加强主动供应的力量,并在深化改革中,大胆创新,如采用"大篷车"开展流动服务就是一例。我们义乌新华书店领导重在落实"三个主动",推进了两个精神文明建设,促进了书店经济效益不断提高。工作实践使我们深深懂得:只有坚持改革,勇于创新,既实施"梅花布点"的建网战略,又发展强有力的主动供应,才能为农村两个文明建设作出新的贡献。

(作者:浙江义乌市新华书店副书记、经理)

关于国有企业改革的思考

吕福康

城市经济改革经过多年的艰辛探索，已摸清了问题，积累了经验，明确了以建立现代企业制度为基本目标的国有企业的改革路子，取得了一定成效。同时，一些积之日久，成因复杂的企业缺乏活力，经营困难等深层矛盾和问题，随着经济体制改革的不断深化和对外开放的不断扩展，也集中地暴露出来。在社会主义市场经济条件下，解决国有企业改革进入攻坚阶段已面临的深层矛盾与困难，是一个不容回避的理论与实践课题。马克思主义认为，人是生产力诸要素中起决定作用的因素。市场经济的自主性特征要求发挥一切个人的主动性和创造性。然而，因城市经济体制改革滞后，解放思想未到位，使长时期在"大锅饭共同体"中所积习的陈旧观念继续束缚了人的潜能和创造活力的发挥。这不能不被认为是国有企业改革面临种种矛盾与问题的深层原因之一。

要进一步解放思想，突破僵化、半僵化思想的束缚，激发人的创造活力，就必须判析在"大锅饭共同体"中所造成的思想禁锢及根源。为此也要求我们"从直接生活的物质生产出发阐述现实的生产过程，把同这种生产方式相联系的，它所产生的交往形式即各个不同阶段上的市民社会理解为整个历史的基础。"以此为出发点，才能究根溯源，探索积之日久的受困于"大锅饭共同体"的症结。

由于十年"文革"的灾难性浩劫和长时期超越社会生产力发展的指令性计划经济体制的束缚，作为国企主体的工人，在改革开放，实现向市场经济转型中，已明显地遇到了许多积习日久，且亟需通过进一步解放思想，而自我克服的困惑与矛盾。以国企为主体的发展与现代工业文明相联系。基于分工与专业化基础上的社会化大生产，必须通过协作和流水线式的生产组织，构成完整的社会再生产过程。社会化大生产的这一特点，培育了员工的组织性、纪律性和集体主义精神。但指令性计划体制下的劳动组织在不成熟的条件下，已逐渐演变成了"大锅饭共同体"，而丧失了曾拥有过的勃勃生机。长时期来，受指令性计划体制规制的劳动组织，不但要直接组织不同规模的生产经营活动，而且还要包揽职工衣食住行、生老病故等"企业办社会"的职能。这种低工资高福利(相对于工资收入而言的福利水平)，超越劳动固有属性的"社会保护性"功能的释放，培养了员工对劳动组织的强烈的归属感和依附关系，由此也使一些人养成了"靠厂吃厂，靠店吃店"的习惯。由于指令性计划中，长期单纯依靠思想觉悟激发劳动热情的锐减或失效，干好干坏一个样，"平均主义大锅饭"的影响，一些人贪图安逸，做一天和尚撞一天钟，衍生了对公共事业漠不关心，企业好坏与已无关的心态。我们这一处在迅速工业化过程的后发的农业大国，相当比例的员工来自于农民，整体的科学文化水平不高，现代公民权利意识不强，"跳农门"去"寻求特殊的等级身份——城市户口"和渊源于传统农民的依附意识，阻滞了现代观念的生成与发育。一些人对转向市场经济后的风险性认识不足，尤其面对停工、转产、下岗、分流、再就业等严峻挑战，等靠要思想严重，缺乏理性的心理准备；同时，由于分工单一化所造成的自身技能的局限和"片面人"状态，已较难适应新的市场竞争，而出现了种种困惑与茫然。一些人养成了根深蒂固的被雇佣的心态，在"大锅饭共同体"的保护与束缚被市场大潮冲破后，缺乏自我经商办厂，自我创业发展的心理与勇气，从而失去了一次次对新发展机遇的把握，再就业机会的创造。

在从计划经济向市场经济的转型中所采取的"体制外先行"的发展战略，促进了个私等多种所有制经济的快速增长，而作为国企为主体的公有经济，却一直不同程度地继续受到传统体制、管理等方面的束缚和新旧体制交替中无序状态的困扰，许多改革措施不能真正到位，相当数量的企业由此而陷入步履维艰，难以为继的困境。"破庙穷和尚富方丈"，资不抵债，技术萎缩，停工停产，职工上访，人心涣散，生机活力趋于丧失等已非个别现象。"大锅饭共同体"式的体制，在对人的束缚弱化的同时，也逐渐消解了"保护"的功能。长时期来，在企业开展的解放思想，开启民智的过程中，一直都没有达到与农村改革等量齐观的力度与广度；原有的优势已趋丧失，陈旧的观念没有消除，新的观念正待建树。那些以不变应万变，怀念过去，期待"回归"，仍拘泥于旧有认识的国企员工，比经受改革与市场大潮洗礼的农民有着更多的依附人格和更少的个性特点，更缺乏进取、竞争和拼搏的精神。城市经济体制改革中所反映的思想解放的滞后，旧观念的禁锢，还在相当程度上束缚着人的潜能和创造活力的发挥。

这不仅直接阻滞了企业改革的进一步深化，而且制约了社会经济的发展。

在跨世纪时代，作为我国经济主要构成的，以国企为主体的公有制经济，不仅迎来了新一轮科学技术革命所带来的新发展机遇，而且面临着摆脱困境，真正转型，成长为市场经济主体的严峻挑战。十多年来，城市经济体制改革虽经数次探索性的实践，但反思其改革的深度与广度，则远逊于农村家庭承包责任制，一步到位的改革；员工思想解放的深刻性和彻底性，则远逊于农民获得充分经营自主权所释放的创造热情。但由于城市无论在经济、文化的内涵，尤其是劳动者、劳动组织等方面所涵有的、远超于农村的文明优势，在未来的改革中，定将发挥出新的后发优势。我们要抓住新世纪的发展机遇，回应时代的严峻挑战，不断克服改革进入攻坚阶段已面临的深层矛盾与困难。我们不仅要加大改革力度，促成体制创新，管理创新，技术创新，以提高企业的综合素质。同时还要结合城市经济的自身特点，进一步解放思想，有选择地吸收农村改革的成攻经验，打破在“大锅饭共同体”中长期因袭的旧观念的束缚，促进生产力诸要素中起决定作用的因素——劳动者的活力、潜能、主动性、创造性在新的市场条件下，获致最大限度的发挥。

树立独立人格，发展自由个性与公民权利。随着社会主义市场经济体制，将为人的解放，为人的潜能的充分发挥提供更加广阔的空间。市场经济的自主性特征要求发挥一切个人的主动性和创造性。它“一方面把人变成市民社会的成员，从而促进着普遍的独立个人的生成，推动着个人走上独立、自主、自由而全面发展的道路。在未来的改革中，要立足于我国处于社会主义初级阶段的城市经济前提，从力求建构“一切人的自由发展的必要的团结一致以及在现有生产力的基础上的个人的共同活动方式”出发，认真分析由经济体制转型而引起的社会总量波动向行为主体传递并引发了的诸矛盾，积极引导已趋活跃的劳动者进一步解放思想，突破“大锅饭共同体”的思想束缚，克服对个性的压抑。要使劳动者在现有社会分工的基础上，树立起现代观念，成为真正意义上的现代劳动组织的员工和现代社会、现代城市的“市民”。在个体永远处在未完成、未确定，因而需要不断实现其本质力量的自我生成的过程中，特别需要培育起独立人格、自由个性与公民权利，这是劳动者从“大锅饭共同体”的束缚中，解放出来的首要前提和基本标志。劳动者只有克服依附性，掌握自己的命运，成为自己实践活动的真正主宰，才能重新焕发出内在的劳动热情和创造活力。由于现代工业文明、市场经济已在前所未有的程度上形成了广泛的社会化的生产联系，同时，人在本质上，不仅是创造性的动物，而且是社会性的动物，它是一切社会关系的总和，以及改革的社会主义 性质。因此，在树立独立人格，发展自由个性的基础上，对个体的实践活动，也要旗帜鲜明地反对搞假冒伪劣、坑蒙拐骗等极端利己主义行为；要培育起一种主人翁的所有权意识和新的集体观念，树立起个体应对劳动组织、社区、现代化建设事业的发展和公共资产的保值增值担负起义务和责任感。只有以消除“依附性”并代之以“人的独立性”，消除“狭隘性”并代之以“新的责任感”，才能在市场经济条件下，使由此而组成的劳动组织——企业真正成为促进“每个人的自由发展”的联合体。

树立进取、竞争、拼搏精神，培育创新能力。随着经济国际化与知识经济时代的到来，我们所面临的中心问题是如何增强民族经济的国际竞争力。实际上，城市经济体制改革，国有企业改革，归根到底所要解放的也是一个国际竞争力问题。国际竞争，说到底是人才的竞争，是素质的竞争。这就要求我们企业的实践主体——劳动者在树立起独立人格、自由个性与公民权利的同时，要培育起进取、竞争、拼搏的时代精神。社会主义市场经济虽然不能奉行弱肉强食、唯利是图的丛林规则，但市场法则是优胜劣汰、适者生存。倾心于和谐、安逸、满足和凝重慢速的阿迦底亚的牧歌式的生活，一开始就会被市场大潮所淹没。充满挑战与矛盾的市场经济将唤醒参予者的全部能力，驱使他去克服懒惰与麻木；用进取、竞争、拼搏精神去替代安逸、宁谧的牧歌式情趣；用“时间就是金钱，效率就是生命”的价值观去替代等靠要的生活逻辑；用正视现实、孜孜不倦的工作去替代停滞、困惑的惰性习惯。马克思主义认为，任何人的职责、使命、任务就是全面地发展自己的一切能力。在市场的变化中，在下岗、转岗、再就业等更加频繁多样的变换的职业中，要努力促使劳动者先天和后天的各种才赋和能力得到自由发展。经济体制改革是自我改造的过程。要适新的变化与需求，亟需加强职业培训和再教育。通过不断吸收科学、技术、艺术、法律等有关文化与实践的知识，充实自我，克服自我的局限性和“片面人”状态，从内在素质上提高人们从事新的种类的经济活动所需要的才能，增强普适性与竞争能力。解放思想，打破“大锅饭共同体”的思想束缚，朝气蓬勃而不囿于旧习；自已掌握自己的命运而不仰赖他人的恩威；不怀慕往昔而开拓向前；不苟安小康而努力进取。积极创新，有进无退，虽达目的仍不休止。这种进取、竞争、拼搏的时代精神和劳动者的全部聪明才智的充分发挥，就能从本源上提高人的素质，进而搞活企业，增强民族经济的国际竞争力。

（作者系中共永康市委宣传部副部长）

330国道永康市收费所

和衷共济、拼搏向上的领导班子在研究部署工作

浙江省永康市交通发展公司、330国道永康市收费所积极开展建设“凝聚力工程”活动。所领导带领干部职工以党的十五大精神和邓小平理论为指导，围绕“改革、发展、稳定”的大局，以提高党员、干部的思想政治素质为重点，以加强和改进思想政治工作及维护群众实际利益为重要手段，以解决影响党组织凝聚力、向心力、战斗力的突出问题为突破口，通过“凝聚力工程”活动，把党支部建设成为党性强、作风正、工作实、业务精，有团结、严谨、务实、开拓、进取、创新精神的领导集体；同时，加强青年职工的世界观、人生观、价值观教育，以科学的理论武装人，以高尚的精神塑造人，以先进的事迹激励人，造就一批团结奋进、廉洁奉公、文明执岗、以所为家的优秀职工队伍。

经理、所长、全国思想政治工作征文一等奖获得者：潘振兴

地址：浙江省永康市古丽镇九铃东路 3009 号　邮编：321300

电话：(0579)7116586　7116311

团结　严谨　务实　开拓　进取　创新

永康市交通发展公司

经理、所长、全国思想政治工作征文一等奖获得者：潘振兴

浙江永康交通发展公司、330国道永康收费所坐落在永康市郊温寿线（330国道）199K＋900m地段，是330国道永康城区至缙云25公里一级公路拓宽改建工程的投资业主。该公司、收费所始终坚持两手抓、两手都要硬的方针，积极开展两个文明创建活动，加强和改进思想政治工作，重视党的政治建设，使广大党员干部始终保持正确的政治方向，坚定的政治立场，鲜明的政治观点，严格的政治纪律，坚决抵制不正之风和腐败现象的侵蚀。

曾被评为市级卫生先进单位，荣获团市委授予的“青年文明号”和金华市级创建文明样板路先进单位，“省文明收费站”。

医药药材总公司

荣誉录

1990 年—1995 年连续 6 年被评为“省级信用优等 AAA 企业”

1991 年—1994 年连续 4 年被评为市“重合同守信用单位”

1993 年度被评为市工会“先进职工之家”

1992 年度被评为市级“创税大户”

1993 年度被评为市级“纳税大户”

团结奋进的领导班子在研究工作

1996 年度被评为市级“纳税大户”

1992 年—1996 年连续 5 年被评为市级“文明单位”

1993 年—1996 年连续 4 年被评为市级“先进集体”

1994 年度被评为市级“执行物价、计量政策法规最佳单位”

1996 年度被评为市级“卫生先进单位”

1996 年度被评为市级“优秀政工企业”

吕惠贞书记亲自赴九江赠送赈灾药品十万元

总公司药品零售商店荣获『金华市95年度优质服务、优质药品零售企业』称号

浙江省永康市

庆七一迎回归文艺调演医药队合影

一等奖

高级政工师、全国医药系统先进女职工、优秀党员、优秀企业家、明星企业家、党支部书记、董事长、总经理吕惠贞

董事长、总经理、党支部书记：吕惠贞

电话：(0579)7111762　7111049

地址：浙江永康永拖路25号

邮编：312300

南湖纪念馆前接受革命教育

青年文明号

共青团东阳市委

内强素质 外塑形象

施永令、张贯中等所领导始终与工作人员一起奋战在征费第一线，**以高尚的精神塑人，以先进的事迹鼓励人，造就了一支团结奋进、廉洁奉公、文明执岗、以所为家的优秀职工队伍。**在省文明样板路创建活动中，**该所受到了省交通厅副厅长闻欣然的赞扬，他说："东阳征费所在收费、规范服务、环境等方面改观很大，创建工作成绩显著。"**该所因"窗口"服务成绩突出而被评为市**"青年文明号"**和**"巾帼建功模范"**单位和"**省文明收费站"**。

东阳征费所坚持"内强素质、外塑形象"；"创文明、树新风"。在各级领导的支持和社会各界的鼎力相助下，他们有信心使各项工作迈上一个新台阶，为交通事业创造辉煌，贡献力量。

地址：浙江省东阳市白云开发区
电话：0579—6811166，6810676

精神焕发、整装待发的职工队伍

团结奋进、创优争先的37、39省道东阳征费所

法人代表、优秀所长、副书记、先进工作者　施先令

浙江37、39省道东阳征费所，是由白云、白峰岭、南马、大阳四个收费站组成。全所155人，其中共产党员19人。**在所长施永令带领下，全所干部职工坚持“两手抓、两手都要硬”的方针，积极开展两个文明建设，重视党风廉政建设，结合实际，认真学习邓小平理论和十五大精神，加强和改进思想政治工作。该所在征费额、管理、服务、对外形象等方面都走在全省同行前列。**

该所积极开展“凝聚力工程”活动，重视行风建设和职工思想道德、职工道德教育，**把党支部建成为党性强、作风正、工作实、业务精、团结、严谨、务实、开拓、进取、创新的领导集体。**同时还在严执法强管理上下功夫，制订了37项规章制度。设立岗亭监督牌，挂牌亮证上岗，开展优胜岗位竞赛，使各项制度到实处。

开拓前进的大连市国家税务局

大连市国家税务局现有干部职工 3237 人，其中党员 1088 人。近年来，局党委运用“窗口”行业规范服务竞赛这一活动载体，加强和改进新时期思想政治工作，使全局的征管改革、队伍素质、基层建设和完成税收任务等工作都跃上一个新台阶。其工作经验在全国税务系统思想政治工作会议和全国税务系统教育工作会议上分别做了介绍。该局先后夺得国家税务总局公务员新税制培训考核第四名、省国税局税收业务竞赛团体第一名、征管能手竞赛团体第一名，被辽宁省委、省政府命名为“文明单位”。

撰文: 刘贵祥

△党委书记、局长刘太明。

▽局党委领导班子在学习。

△朱镕基总理接见刘太明局长(右)。

▽副局长孙阿宁(右)到烈属、孤寡老人王敏家“认亲”。

△国家税务总局副局长卢仁发(左二)到该局检查指导工作。

△该局在运用现代化征管手段进行规范化征收管理方面居于国内领先地位。图为国际货币基金组织代表布朗多罗(左)在该局考察。

△该局旅顺口分局铁山税务所被国家税务总局授予“文明服务示范单位”称号。图为刘太明局长(左二)受国家税务总局委托向该所授匾。

大连市国家税务局办公大楼外景

山东莱芜钢铁股份有限公司轧钢厂

厂长: 魏佐山

党委书记: 黄业生

莱钢轧钢厂是山东莱芜钢铁股份有限公司的主要生产厂之一，一九七〇年建厂。拥有初轧、带钢、中小型三个主体生产车间，一个维修服务车间。主要产品有钢坯、热轧带钢、罗纹、角钢等中小型材。**初轧坯连续保持了省优质产品，带钢材评审为省重点产品和地方免检产品**。多年来，该厂坚持以生产建设为中心，以人为本、以法治厂的“三以”管理方针，以市场为导向，靠改革挖潜增活力，靠科技兴厂求生存、走“高质量、低成本、多品种”的发展之路、全面提高企业的经济效益。该厂先后被评为**“山东省现场管理样板企业”、“山东省安全生产先进单位”、“山东省环保工作先进单位”、“省部级清洁工厂”、“山东省综合治理工作先进单位”**的荣誉称号。该厂始终坚持“两手抓、两手硬”的方针，把精神文明建设、党的建设和思想政治工作作为企业的重要任务摆上位置，做到了**“核心地位不动摇、围绕中心不偏离、扭住教育不放松、发挥作用不懈怠”**。全厂形成了**“心齐、气顺、风正、劲足”**的企业风貌。“团结奋进、争创一流”已成为轧钢厂的企业精神。该厂连续六年**保持了“省级文明单位”**称号，连续八年保持了**“省优秀政工企业”**称号，96年，厂党委被中组部授予**“全国先进基层党组织”**称号。

厂办公大楼

螺文钢产品

带钢产品

商城书苑一奇葩

——在改革中崛起的浙江省义乌市新华书店

领导班子在研究工作

实现计算机管理

地处浙江省中部的义乌市，是全国最大的工业消费品批发市场中国小商品城所在地。义乌由此被誉为“中国市场经济的一面旗帜”。在这个世人瞩目、万商云集、市场经济如潮涌动的新兴商城中，活跃着一支耀人眼目的图书发行队伍。他们站立改革潮头，发扬敢为人先的开拓精神，用自己的聪明才智和辛勤汗水，谱写出了义乌新华书店的崭新一页。在 1987 年到 1997 年的十年中，该店图书销售额由 160.87 万元上升到 2078 万元，资产总额由 55.39 万元，上升到 562.22 万元，人均劳动生产率由 5.36 万元上升到 39.2 万元，创利税由 11.2 万元上升到 159 万元。同时，还先后被评为**义乌市文明单位、金华市文明单位、金华市最佳服务单位、浙江省农村图书发行先进单位、《邓小平文选》发行先进单位、送书下乡先进单位。**

义乌新华书店的干部职工，树立了“图书大市场”的观念，主动走入市场，参与市场，并注意充分发挥自己在社会主义图书发行事业中的主渠道作用。当义乌一度成为全国最大的年画挂历批销市场时，义乌新华书店正版挂历的征订工作仍处在全省前茅；当集体、个体书店、书摊在义乌迅猛发展时，义乌新华书店一般图书的销售量也处在金华前茅、浙江上游。

该书店注重实际，及时改变管理方式，优化图书发行网络。1988 年，他们对全市供销社进行了图书购销形式的改革，**并在全省最早创办了店社联营书店。**有效开拓了农村图书市场，提高了农村图书发行量。在全国农村图书发行普遍滑坡的情况下，连年来，义乌全市农村发行一般图书仍达 140 余万元。1997 年，他们又投入 90 万元，在义乌第二大镇佛堂镇购置土地，建起了一处 500 平方米的直接下伸门市部。对于教材发行工作，他们则**遵循“优质服务第一、社会效益第一”的服务作风，改过去通过供销社供书到学校为直接送书到学校，并与义乌市教委、各学校校长建立了教学用书发行联席会、恳谈会等制度，进一步沟通密切了相互间的关系，确保了教材发行“课前到书，人手一册”工作任务的顺利完成。**

在邓小平理论的指导下，他们坚持图书发行的社会主义方向，注重图书发行双效益。改革开放十余年来，他们始终以社会效益为最高准则，以发行政治类书籍、发行各类好书为己任。仅 1997 年一年，他们就征订邓小平理论书籍、十五大报告等党和国家重要文献近 8 万册。同时，他们还积极开展送书下乡和扶贫帮困活动。仅 1997 年，全年送书下乡 16 次，无偿给贫困山区赠书 4830 册，计人民币 10 余万元。还无偿扶持了一个贫困山村 20 名贫困生 5 年的教材费用。书店还特别注重自身形象的塑造，持之以恒地开展了门市优质服务活动，从而，确保书店连年获得社会效益和经济效益双丰收。

今年，他们又将教材、财务、图书进销业务全面实现了计算机管理。全店干部职工决心以十五大精神为指针，进一步解放思想，努力获取精神文明和物质文明建设的更大成果。

人类进步的阶梯

送文化下乡

第十三部分

调查·实践·创新

国企政工顺应改制要做到“三合”

刘忠和

国有企业进行传统企业制度改革转向现代公司体制成为独立的法人实体后，为了适应市场竞争必然全力以赴搞好生产经营。那么，从计划经济体制下形成的一套政治思想工作机制怎样转换？或如何建立一套与现代企业制度相适应的政工机制？一句话，怎样找准国企改制后政工的感觉和位置？这是一个十分迫切而现实的摆在每个政工人员面前的课题。

一、机构上符合国情的要求

笔者认为，根据中国国情的要求，国企改制过程中在政工机构设置上要抓住以下三点：

(一)核心是党组织建设。《中共中央关于进一步加强和改进国有企业党的建设工作的通知》中指出：“要发挥国有企业党组织的政治核心作用，充分依靠和调动职工群众的积极性，这是我们的政治优势，是建立有中国特色现代企业制度的本质要求”。政治核心的实质是实施政治领导权。在工人阶级集居和劳动的国有企业里，我们应当理直气壮地强调工人阶级先锋队的政治领导权，并通过党的组织去保证。这是事关国企改制成败的根本性问题。政治领导权包括出主意用干部造舆论三个环节。出主意是指企业的大主意要党委拿，而不是个人拿；用干部是指把那些德才兼备能坚决贯彻党委决策的干部推选到重要岗位；造舆论是指要善于把党委的决策和推选的人才，通过各种舆论工具传播到党员干部职工之中，取得大家的拥护。三个环节的核心是党的组织建设。党的政治领导权必须要通过强有力的党委(支部)去实施。同时，只有抓好党的组织机构设置，才能落实相应的党群机构，实现“党管干部”、“党管工会、青年团”、“党管武装”等等，才能谈得上开展好企业的思想政治工作，才能使党的政治领导不被架空。

(二)关键是依法办事。社会主义市场经济条件下，企业党群政工要有作为，关键必须依法取得地位。为此，国家根据中国国情制定了一系列法律加以保证。例如，《公司法》总则第17条规定：公司中中国共产党基层组织的活动，依照中国共产党章程办理。《党章》第29、31条分别规定：“凡有正式党员3人以上的，都应当成立党的基层组织”、“党的基层组织是党在社会基层组织中的战斗堡垒，是党的全部工作和战斗力的基础”。其它关于工会、共青团、妇女、宣传教育、人武、纪委、监察等工作及机构均由相关法律作了规定。尤其是为了确保党在国有企业的领导地位，中央专门发出一系列文件，及时纠正改革中出现的各种模糊认识。例如，针对淡化党的领导，89年下发了9号文件，强调要坚持企业党委的政治核心地位；针对“中心”大还是“核心”大的争论，十四大党章中进一步肯定了党委在企业的政治核心地位，不再提厂长是企业的中心；针对政治核心与政治领导对立的观点，97年3月《中共中央关于进一步加强和改进国有企业党的建设工作的通知》中明确指出：“坚持党对国有企业的政治领导是一个重大的原则问题，任何时候都不能动摇”。针对空讲政治领导不承认党的政治领导权的言行，江泽民总书记近年来反复强调：“党对企业的政治领导权决不能丧失。对于这一点，各级领导要在思想上明确，在行动上认真加以贯彻”。市场经济就是法制经济。建立中国特色的现代企业制度，必须坚定不移地按照党规国法办事，这是确保国企改制后党群政工机构设置的关键所在。在改制过程中，我们要大力宣传并全面领会国家法律和中央文件精神，尤其是各级政府人大及企业上级党委要加大执法检查力度，并出台相应条例细则，使国企政工机构的设置落到实处。

(三)特色是双重领导。随着国家机关改革和国有企业改制，必然是政企分开。就市场经济活动而言，国企不再有主管上级。但是社会主义国有企业既是市场经济的主体又是工人阶级集居和劳动的社会基层单位，具有经济和社会的双重功能和属性。社会主义本质属性亦要求国企必须两个文明一齐抓。如果把国企仅仅看作是商品生产的单纯经济组织，必然导致否认共产党组织在企业存在的必要性，进而否定党对企业的政治领导的地位和作用。党的领导是建立在全国自下而上的严密的组织之上的。作为工人阶级最多的国有企业必然要建立自己的先锋队组织。国企基层党组织必然要接受本级党委(支部)和上级党委(党组)的双重领导。同样，党领导的组纪宣武工团亦必然是双重领导。这种双重领导从体制上保

证了国企政工机构的设置，是中国现代企业的鲜明特色。国企政工人员在改制中要紧紧抓住这一特色充分发挥政治上的优势。

二、工作上联合大政工力量

十五大新党章总纲中规定：党必须集中精力领导经济建设，组织、协调各方面力量同心协力围绕经济建设开展工作。要调动一切积极因素为经济效益服务不单纯是政工干部的事，而且单纯靠政工部门力量也是远远不够的。必须联合各种力量形成大政工格局，这是扬弃传统创新管理建立中国特色的现代企业文化管理的必然要求。

（一）源头联合。亦即党政工联合。这种联合包括二层含义：一是解决政治领导与行政决策的关系，二是调动企业领导班子成员的积极性。孟子说：天时不如地利，地利不如人和。军心齐的源头在于将相和。具体操作必须解决好“老三会”与“新三会”的关系。改制试点经验表明，在国有独资和控股企业，解决这个问题主要有三条基本途径：一是党委书记兼董事长或二者交叉任副职，总经理由董事会决定任免，不宜由董事长兼任（西方二者一肩挑只占3%，专家认为我国不宜超过5%）；二是党委主要成员、工会主席（兼职工持股会理事长）参加董事会，在董事会内部形成一个强大的力量。（必要时设立党组、专门管理和领导董事会内的共产党员）。纪委副书记、工会副主席（职工持股会副理事长）进入监事会；三是重大决策，包括重要人事问题一般经过党委会、党委扩大会或党政工联席会议决定，然后按法律程序分头贯彻执行。企业兴旺靠人心凝聚，首先要班子团结，关键在党政工“一把手”素质。做好竞争上岗是解决这个问题的金钥匙，这也是源头联合的题中之义。

（二）内部联合。即党群政工部门联合。要调动职工积极性，政工人员本身要有积极性。组纪宣分工不分家，武工团联手力量大。相互补台、好戏连台，相互拆台、大家垮台。改制实践证明，做好内部联合可谓一石三鸟：一是实现精干高效符合现代企业要求；二是运用多种载体扩大精神文明影响；三是形成政工合力加速生产经营运行。

（三）网络联合。党团工武都有自己的组织队伍，组纪宣也各有一套骨干网络。如果把组织网络比作发动机，那么专职政工人员就要发挥火花塞作用，使这台发动机得以迅速有力地运转。98年抗洪大堤上，党员的“红飘带”、支书的“生死牌”、青年突击队、民兵迷彩服组合成最亮丽的风景。政工网络如同混凝土中的钢筋，为千里江堤的岿立发挥了强大的凝聚作用。

三、人员上复合知识型素质

随着世界科技的迅猛发展，知识经济已初见端倪。它的显著特征是：知识成为社会财富诸要素中最基本的生产要素，其他生产要素都要靠知识来装备和更新。放眼神州大地，信息技术一日千里，“网上政工”呼之欲出。借助“政工互联网”，不仅可以大大减少我们交通行业的时空距离，为正在形成的大政工格局提供一个大平台。而且可以使改制后的国企政工的综合效益和整体水平与日俱增。因此，每个政工人员应敏锐地感觉到，是否具备掌握不断推陈出新的知识的能力将成为提高自身素质在竞争中获胜的基石。

（一）岗位复合。改制后，一人多岗，一岗多责是必由之路。优秀的政工干部通过努力应该也是一个有能力的行政企业管理干部。如果单纯干政工而不与生产紧密结合就有将政治领导变成空头政治的危险。政工一定要有阵地、有牌子、有机构，这是依法取得的地位。但阵地的巩固不是靠守摊子单打一。恰恰相反，围绕效益贴近工人才是活力所在。借助兼任职务的能量，政治工作可以开展得更为顺利。这也是某些政工人员“失落感”、“没事干”的一帖良药。

（二）业务复合。改制后，一专多能文武双全是必备条件。国家虽然规定了国企政工的法律地位，但并不是为政工干部设置了没有风险的保护区。竞争上岗双向选择是改革的潮流，拓宽业务知识是适者生存的前提。尤其是政工人员围绕经济做思想工作更必须不断增加自身的“含经量”，努力掌握政治工作和经济工作双重业务知识，才能海阔凭鱼跃，天高任鸟飞。

（三）培训复合。改制后，学无止境，学无常师，是必然要求。在联合国科教文组织98年10月召开的首次高等教育会议上，专家们普遍认为“高等教育界将被终身教育体系所取代”、“终身教育概念是进入21世纪的关键之一”。这是因为知识进步引发技术革命，使职业结构发生了翻天覆地的变化。日益激烈的岗位竞争，必将迫使每个政工人员以刺骨悬梁的精神投入知识更新。君不见，政工岗位培训方兴未艾，院校进修、双证考试、业余自学如火如荼。形式多样的学习和培训将从先前被动的短期功利行为转变为主动的贯穿日常工作和生活全过程的生存需要。

国有企业建立中国特色的现代制度必须依法设立政工机构；政工机构必须依托大政工力量开展政治思想工作；政治思想工作人员必须提高综合素质向知识型转化——这就是笔者对国企改制后政工的感觉和位置的一点思考。

（作者系江苏省港航集团江南公司政工师、纪检员）

关于开展“我为企业增效益”合理化建议活动的思考

白福民

中原油田是一个拥有20万职工、家属，固定资产原值169.5亿元、净值78亿元，年产原油400万吨、天然气11亿立方米的国有特大型石油化工企业。近年来，在油田面临后备储量不足、人员大量富裕、资金短缺等诸多困难的情况下，油田各级党、政、工组织认真贯彻、落实党的全心全意依靠工人阶级办企业的指导方针，在深化改革、加强管理的同时，组织职工广泛开展多种形式的群众性献计增效活动。1998年以来，油田工会又从服务大局、维护职工的根本利益出发，紧紧围绕油田的生产建设，组织开展了“我为油田发展献一计，我为企业增效益”合理化建议活动，取得了明显的经济效益和社会效益。仅上半年，全油田就征集合理化建议8308条，组织实施3791条，创直接经济效益6000多万元。同时，职工的科技意识、成本意识、节约意识、改革创新意识等明显增强，生产建设积极性空前高涨。

主要做法

广泛宣传，促其开展。组织职工开展合理化建议活动是工会的一项日常工作。在计划经济条件下是这样，在发展市场经济的新形势下又如何看待这个问题呢？企业实行减人增效、下岗分流的政策，职工今天在这个单位，明天也可能不在这个单位；今天在岗，明天也可能待岗或下岗，有没有提合理化建议的积极性呢？近年来，油田深化改革，加强管理，体制顺了，机制活了，管理严了，开展合理化建议活动还有没有必要呢？……面对这些问题，油田工会的领导明确指出：效益是企业赖以生存和发展的根本，也是职工利益能否得到根本维护的所在。我们开展“我为油田发展献一计，我为企业增效益”合理化建议活动，就是要通过这一“抓手”，达到促进油田发展和增效益、从根本上维护职工利益的目的。像邯钢那样的企业“只要肯挖，到处都有百元钞票”（邯钢总经理刘汉章语），我们中原油田也还是有潜力可挖的。即使有时资源潜力可以挖完，而蕴藏在职工群众中的智力资源却是无穷无尽的。服务全局的观念，改革创新的意识，通过油田自办的报纸、电视等新闻媒体，迅速传送到职工群众当中。各级工会也通过召开座谈会等多种形式，引导和教育职工。这样，“我为油田发展献一计，我为企业增效益”合理化建议活动便在油田蓬蓬勃勃地开展了起来。

提出指标，递增压力。活动一开始，油田便提出了人均增收节支1000元的目标，有些基层单位甚至提出了人均2000元的目标。这是一个什么概念？也就是说全年油田要靠增收节支挖潜1亿元。这无疑给合理化建议活动的开展提供了广阔的用武之地，也使企业的困难变成了职工肩上的压力和为企业分忧的动力。

环环紧扣，完善机制。开展合理化建议活动，不仅需要组织领导，而且更需要通过强有力的组织领导，抓好合理化建议的征集、筛选、评审、实施和奖励等若干环节。这些环节，环环紧扣，共同运作，形成一个机制，保证合理化建议活动的正常开展。在完善这个机制过程中，油田出台了《中原石油勘探局职工合理化建议和技术改进活动暂行实施办法》，明确规定：“局、局属单位两级设立合理化建议和技术改进评审委员会或领导小组，成员由局（厂）长、工会主席、总工程师、总地质师、总会计师、总经济师及有关部门的负责人组成。基层大队也要相应成立评审组织。各级工会负责管理日常工作。”还就征集和评审、奖励标准和评定、奖励办法、管理等作了具体规定。油田各单位按照规定要求，普遍建立起了各具特色的运作机制，共同开启合理化建议的智慧之门。

选树典型，以点带面。选树典型对工作的开展，具有很强的引导、示范和激励效应。油田工会在开展“我为油田发展献一计，我为企业增效益”合理化建议活动中，始终注重不同类型的先进典型的树立。这些典型有的是集体，有的是个人，有的是科技人员，有的是普通工人。方方面面，灿若星河，吸引着更多的职工积极投身到合理化建议活动之中。

排忧解难，关心职工。职工群众是开展合理化建议活动的主体。离开职工群众的积极参与和聪明才智，合理化建议活动的开展就无从谈起。所以，油田工会在组织开展合理化建议活动的过程中，从关心职工入手，注重调动和保护职工群众的积极性。大力兴办职工消费合作社，发展连锁店25个，安排富余职工280多名，同时降低了职工特别是困难职工的日常生活消费支出；在开展日

常送温暖工作的同时,每逢重大节日,各级党、政、工领导纷纷深入困难职工家庭问寒问暖;建立领导干部联系困难户制度,工会主席带头与困难户结对子;在油田救急解困互助基金会的基础上,进一步加大助学力度,筹集数百万元,成立了助学基金会,使更多的特困生沐浴在爱的春风中;完善和规范劳动模范评选办法,给省部级以上劳模办理补充养老保险,解除他们的后顾之忧;建立疗(休)养激励机制,切实关心在一线苦、脏、累等岗位上工作的职工;加大劳动争议调解力度,维护职工的合法权益;开办下岗职工热线电话,架起连心桥,给他们提供各种咨询和服务……这一件件实实在在的事情,给职工送去的是温暖和实惠。“投之以桃,报之以李。”职工反过来更加关心企业的生存和发展,也进一步增强了合理化建议活动的吸引力和凝聚力。

突出特点

参与面广。油田所有单位,无论是改制单位,还是非改制单位;无论是主业生产单位,还是社会化服务单位等,都广泛开展了“我为油田发展献一计,我为企业增效益”合理化建议活动。由于活动一开始,就有“人均增收节支1000元”的目标,所以,每个单位也都千方百计发动职工,每个职工也都积极开动脑筋,结合工作实际提建议,通过勤俭节约、小革小改等,努力完成增收节支目标。有的职工,一年提建议就有几十条。工作在油田环卫岗位上的职工在合理化建议活动中,也不甘落后,为了完成人均1000元的目标,提出了自己动手扎扫帚、巧用地沟水浇花、带旧手套等建议并付诸实施,别看建议小,一年下来也节约上百万元。

领导带头。领导抓,抓领导,是开展好一项工作的关键,合理化建议活动的开展也不例外。油田各级党、政、工领导对这一活动都比较重视,特别是工会的领导,把活动的开展作为一项重要工作来抓,认真筹划,精心组织,经常深入基层调研,发现、培养和宣传典型,推动活动向深层次发展。

形式多样。油田工会提出开展“我为油田发展献一计,我为企业增效益”合理化建议活动后,基层各单位工会普遍结合单位实际,选择更加灵活、简便的方式,把活动落到实处。采油一厂采油一区开展的“人均节约1000元,我为上产献计策,修旧利废我最多”的活动,节约成本百万元。采油四厂十三号泵站通过开展“小建议、小窍门、大效益”活动,人均节支创效5000元。

目标明确。在活动中,各单位工会都把提高效益,作为开展合理化建议活动的出发点和落脚点,帮助企业出主意,想办法,在影响效益提高的关键环节上,发动职工提合理化建议。钻井、采油系统是油田消耗成本的大头,也是开展合理化建议、挖潜增效最有潜力的地方。这些单位就围绕降低成本,发动职工提建议。采油三厂明一联合站采纳职工的建议,积极营造内部市场,严格控制各项支出。仅维修费一项就节约20多万元。

含金量高。合理化建议活动能否达到预期的目的,关键的一点是在于合理化建议的质量。近年来,由于油田职工科学文化技术素质的不断提高,合理化建议的采纳率达到了70%以上。有许多建议采纳、实施后,都取得了明显的经济效益。采油二厂采油一矿管理的濮6——119井,1996年5月投产,措施前日产油仅3.5吨,1998年上半年,该矿地质组新毕业的大学生宿亚仙同志提出了对该井诊治的具体方案,经论证实施后,日增油50多吨,缓解了该矿产量吃紧的状况。宿亚仙本人也被厂奖励5万元。

几点思考

开展合理化建议活动是服务大局、突出维护的重要手段、方式和途径。合理化建议活动的最终目的是推动企业技术进步,提高职工素质,挖掘企业内部潜力,促进企业两个效益的快速增长。从一定意义上讲,开展合理化建议活动的过程,也是激励职工创造性劳动,不断促进生产力发展,提高经济效益的过程。企业生产建设发展了,效益提高了,维护职工的合法权益才有物质保证。

建立一整套的运行机制,是深化合理化建议活动的制度保证。中原油田工会在合理化建议活动的规范化管理方面,诸如在优化组织机构,实现活动组织网络化;强化活动管理,实现管理动态化;注重实际效果,活动考核刚性化;适时进行激励,调动单位和职工的积极性等方面,积累了一些宝贵经验,一套“突出效益、齐抓共管、制度完善、有评有奖”的合理化建议活动有效机制正在形成。也正是这套机制,保证了活动在规范化的轨道上有序进行,平稳推进。

合理化建议活动只有常抓不懈,才能保护好职工的积极性,使建议常提常新。开展合理化建议活动不能闲时抓一抓,一忙就放下,更不能“平时不烧香,急时抱佛脚”。遇到困难时才想起让职工群众献计献策,企业发展了就忘了依靠职工群众。这种实用主义的急功近利的做法必然会挫伤职工群众的积极性。所以,开展合理化建议活动要持之以恒,千方百计开启职工群众的智慧宝库,为企业的繁荣与发展引来不尽的源泉。

(作者系中原油田工会副主席)

建立“四全四到位”的管理机制

王宪魁

近年来,我们呼和浩特铁路局党委在认真调研、反复论证的基础上,形成了以“四全四到位”为主要内容的思想政治工作管理办法。“四全四到位”的内容是:全盘规划、制度到位,全员负载、合力到位,全员培训、素质到位,全面考核、落实到位。围绕这个办法的实施,我们配套制定了思想政治工作达标创优考核、政工干部系统培训、政工经费管理使用办法等六个文件,形成了全面、系统的企业思想政治工作管理机制。这个管理机制主要有五个功能:

一、明确职责

在管理办法中,我们给各级党政工团组织分别下达了明确的任务,提出了具体要求,给各个层次的管理人员都规定了具体的思想政治工作职责,把企业思想政治工作的全部任务落实到每个管理人员身上,只要你是干部、是党员、是班组长、是劳模、是职工代表,你就是思想政治工作者,就得做思想工作。过去有些人总认为思想政治工作是党委的“地”,政工干部的“田”,现在转变了认识,明确了职责,主动到位,发挥优势,许多行政、工会、共青团干部在思想政治工作中发挥了重要作用。在今年召开的全局政工会议上,有19名党委书记、18名行政干部、3名工会主席、2名团委书记、8名班组长因工作成绩突出,被树为全局思想政治工作标兵,受到隆重表彰。

二、规范制度

我们对以往的制度、办法进行了认真的筛选,剔除过时内容,提出新的要求,形成了思想政治工作例会、职工思想状况分析等八项制度,装订成册,下发到基层,作为思想政治工作管理标准。今后不管机构如何改革,人员怎么调整,这些最基本的制度都要贯彻落实,保证了思想政治工作的连续性。

三、提供保障

路局党政联合制定了《全局政治工作经费管理和使用办法》,按照职工工资总额的0.6%提取政工经费。这样,全局每年的政工经费保持在450万元左右。千人左右的站段,每年有5万元左右。这笔费用用于日常活动,不包括报刊征订、办公用品、固资购置,由党委书记审批使用。由于有了坚实的物质基础,各单位思想政治工作形式多样,丰富多采,充满生机活力。去年我们对“八五”期间50名优秀思想政治工作者进行了重奖,在干部职工中影响很大。

四、强化基础

政工干部的素质是提高思想政治工作水平的基础,为了建设一支响当当硬梆梆的政工队伍,我们开展了“双百”达标工程:用三年的时间,对100%的政工干部进行一次思想政治工作业务脱产轮训,要求100%的专职政工干部达到大专以上文化水平。千人以上站段的组织、宣传助理和较大车间的总支、支部书记,只要思想政治工作业务水平和本人文化程度达标,就晋升为副科级,对不合格的干部,每年按3%的比率淘汰。这个办法对政工干部促动很大,目前已有98%的专职政工干部取得大专文凭和正在接受各类成人高等教育,有720余名政工干部取得了中高级政工专业职务。

五、量化标准

为了强化落实,我们在《思想政治工作达标创优考核办法》中,把铁路企业思想政治工作的主要任务分解为五大项三十八条,定性提要求,量化定分值,形成了思想政治工作量化考核体系。每一项工作都变成看得见、摸得着、有数量、有质量,能够定性管理的东西。思想政治工作考核纳入全局综合考核体系,与评先奖励、业绩评定、干部使用挂起钩来,每半年进行一次考核验收,每次都由局党委常委亲自带队,考核结果打分排队,召开全局电话会议通报讲评,哪个单位好,哪个单位差,好到什么程度,差有多大距离,都给大家讲得清清楚楚。最后对好的和比较好的单位奖励,不达标单位的党政工团组织不能评为局级先进,主要领导不能评为先进个人,并且由局党委常委包保限期整改,不能如期达标的,调整班子,撤换干部。

新的管理机制的形成,使我局思想政治工作发生了

五大变化，即由软任务变成了硬指标，由单兵作战变成全员上阵，由“马后炮”变成了超前抓，由随意性变成了制度化，由“两张皮”变成了“一体化”，思想政治工作逐步走上了科学、严谨、规范、有序管理的轨道，并在以下三个方面取得了明显成效：

——形成了党政工团齐抓思想政治工作的局面。路局、站段两级党委在加强思想政治工作日常组织领导的同时，根据市场经济发展要求和职工思想实际，站在培养跨世纪铁路产业大军的高度，先后对四万多名青年职工进行了党的基本路线、基本知识、职业道德、法律知识脱产培训；组织实施了爱国主义教育和形象塑造两大工程，对提高职工队伍思想政治素质、增强职工爱岗敬业精神起到了重要作用。行政干部做思想政治工作的自觉性增强了，树立了以人为本的管理思想，自觉地把思想工作贯穿到运输生产和经营管理的全方位、全过程。局长王国良同志结合自己长期担任党政领导工作的实际，撰写了《思想政治工作是企业工作的生命线》的专题报告，到管内各地区给大家讲思想政治工作的意义、作用和方法，引导各级干部尤其是行政干部把管人、管事同管思想有机地结合起来，保证政令畅通和各项任务的落实。

——形成了围绕生产经营开展工作的局面。铁路企业的中心工作是提高经济效益，一切工作都应当为这个中心服务。为了摆正思想政治工作同经济工作的关系和位置，强化党群干部围绕中心开展工作的意识，我们在企业中心工作中提出了安全、任务、路风、综治、稳定、服务、经营七项重要指标，作为思想政治工作考核达标的否决条件。在考核办法中明确规定，检查验收思想政治工作，首先看七项指标完成情况，这些指标落空了，你思想政治工作套路再多，招数再新，说得再好，也视为无效劳动。通过这七项指标的考核，引导和规范企业内部各系统、各部门自觉地围绕中心找重点，选课题，出招数，做工作。思想政治工作发挥了重要作用，尤其在企业的重点难点工作中体现得更为明显。比如在推进铁路多种经营、多元发展战略中，局党委组织开展了“铁路闯市场、增效益、谋发展大学习、大讨论”活动，局党委主要领导分头带着多经、集经、劳资、计划、宣传等部门负责人深入到站段抓发动、搞调研，引导大家开动脑筋，开辟新的经济增长点。下去以后，哪里遇到困难，我们就坐下研究解决；哪里有了经验，我们就在现场开会推广。这项工作在下面影响很大，许多单位受到了启发，开阔了视野，有的利用铁路沿线征地发展养殖和种植业，有的开发拳头产品，打入了路内外市场。今年在实施铁路营销战略中，各级党组织充分发挥宣传优势，许多站段党委书记披挂上阵，上电视做广告，带上宣传队，到地方政府、厂矿企业、农村牧区宣传铁路运输优势和铁路在提速加车、优质服务等方面采取的一系列措施，取得了社会的认可，客货流量迅速增加。

——形成了开拓进取、争先创优的工作局面。新的管理体制不仅规范了思想政治工作，而且形成了有效的激励机制，充分调动了政工干部的积极性。因为每次的达标考核验收，实际上是衡量每个单位和个人思想政治工作的一把标尺，是评先选优的依据，所以每次考核都能掀起“比学赶帮超”热潮。比如去年在第一次达标考核中，包西机务段被评为地区第二名，他们找到了差距，调整了目标，奋起直追，工作有了新的起色，在第二次考核中，名列全局第一。同时，每次的达标考核，也为政工干部优胜劣汰提供了依据，哪些干部应当重用，哪些应当解聘，就看工作业绩，增强了政工干部的危机感和责任感，也强化了进取精神，许多政工干部努力提高自身素质，不断转变工作作风，积极探索工作方法，创造性地开展工作，给全局思想政治工作带来新的活力，优秀思想政治工作成果不断涌现。如窗口单位临河车站实施了职工教育“养成工程”，使23名后进帮教对象转化为生产骨干；包西机务段针对机车乘务员流动分散、思想情绪容易变化的特点，研究实施了“机车乘务员ABC思想政治工作法”，推动了安全生产，创造了安全运输历史上的最高记录。这些成果分别被铁道部、自治区、铁路局推广，也推动了全局思想政治工作整体水平的提高和物质文明建设的发展。我局连续六年保持了全国思想政治工作先进单位称号，安全生产实现了1600天，居全路14个铁路局榜首，被内蒙古自治区评为优秀企业。

（作者系呼和浩特铁路局党委书记）

思想政治工作如何在建立现代企业制度中创新

赵志凯

党的十五大精神为加快国有企业改革创造了极其有利的舆论和政策环境，按照邓小平“三个有利于”的标准，大胆探索、大胆实践、加快国有企业制度创新，是摆在我们面前紧迫而艰巨的任务。在这场深刻的变革过程中，国有企业的制度创新对企业思想政治工作提出了新的任务和课题。如何适应时代要求，充分发挥企业思想政治工作在建立现代企业制度中应有的作用和优势，关键在于不断创新。国有企业党的组织要担负起这一历史责任，就要在这个问题上下功夫。这既是国企制度创新能否顺利进行的重要因素，也是建立具有中国特色现代企业制度课题中的应有之义。

一

实现国有企业制度创新，建立现代企业制度，对传统计划经济体制下国有企业的管理和运作方式提出了严峻的挑战。面临一系列崭新的课题，需要我们的企业树立市场经济的企业经营观念，建立适应市场经济要求的经营发展战略。同时，还应搞好企业组织体系，成本控制体系、劳动、人事、分配体系和营销体系等方面的创新，形成新的管理机制，才能使国有企业在市场经济竞争中充满新的生机和活力。这种新的机制的形成过程，无疑需要企业全体职工的参与。目前如何尽快实现职工思想观念的转变，是当前企业思想政治工作重要而紧迫的任务。职工思想观念转变的过程实际上是一个新陈代谢的过程，而抛弃那些不合时宜的东西比什么都重要。思想观念的转变历来不易，从来不是一蹴而就的事情，需要大量艰苦、细致的工作才能奏效。释疑解惑、解决职工深层次的思想问题，需要我们从理论和实践的结合上以科学的态度，做出有说服力的回答。企业深化改革的现实，一方面要求我们的思想政治工作在强调人的因素，强调职工观念的转变的同时，必须同企业制度创新，建立现代企业制度有机地结合起来，把职工思想观念的转变引导到建立新的企业经营机制上来；一方面要求我们的思想政治工作在强调转变观念的同时，注意观念背后的物质利益趋动机制，把解决职工思想认识问题同扎扎实实解决职工生产、生活中的问题结合起来。当我们强调下岗职工应当转变就业观念的同时，更重要的是满腔热忱地帮助下岗职工实现再就业，把组织引导、教育职工转变观念的工作，真正落到实处。企业思想政治工作不能“见人不见物”，也不能见物不见人，要把企业的人、财、物作为一个完整的整体或一个完整的系统来认识。国有企业的制度创新无疑给企业思想政治工作提出了新的课题，企业思想政治工作也只有在不断创新中才能在建立现代企业制度中发挥出更大的作用，这是时代的要求和企业发展的需要。

二

在建立现代企业制度过程中，企业思想政治工作的立足点应当建立在实现人的现代化上，而人的现代化首要的内容就是思想观念的现代化。从某种意义上说，人的思想观念的现代化就是企业现代化的根本，只有有了现代化的人，才有现代化的企业。

我们把企业思想政治工作的立足点建立在实现人的现代化、实现思想观念的现代化上，同我们一贯强调的培养“四有”新人是一致的，是在建立现代企业制度中培养“四有”新人的具体化，是对党的思想政治工作优良传统在新形势下的新认识，是这一优良传统在新形势下的继承和发展。曾经受到江泽民总书记高度赞扬的河北冀东水泥厂，曾经创造出人均利税 10 万元的佳绩，冀东人在困境中推导出这样的结论：那就是现代化的设备同现代化的人结合，才能产生巨大的生产力。冀东厂创造出的每一元利润都有两个因素起作用：一是高技术，一是精神文明两个含量。实现人的现代化不正是时代对我们思想政治工作的要求吗？当我们认识到市场竞争的关键是人才竞争的时候，对我们的国有企业，正如有的同志讲的那样，我们现在缺少的不是现代化的人才，而是缺少发现、利用、留住人才，让人才真正发挥作用的观念和机制。这就是我们把企业的思想政治工作的首要任务，建立在实现人的思想观念现代化的理由。

三

在建立现代企业制度过程中，对企业思想政治工作

创新的要求是多方面的，不仅是观念内容的创新，而且还有活动方式以及组织结构方面的创新。据有关资料统计，解放初期，一个工人获得的90%的信息，是从党支部书记的报告中得来的，所以，支部书记很有权威。现在一般工人70%的信息是从大众传媒中得来的。20%的信息是从周围人的口中听来的，从支部书记那里得来的不到10%。当今社会谁掌握了信息传播和信息传播载体，谁就有能力影响整个社会的大多数人。这对企业思想政治工作如何有效地开展提出了新的挑战。需要我们掌握和运用新的科技手段，加大思想政治工作中的信息量，使市场竞争以及各方面的信息，准确及时地向全体职工传递到位。我们说，企业思想政治工作的开展需要一个活动“载体”，在建立现代企业制度中，企业思想政治工作的“载体”无疑应当主要从落实企业制度创新中去寻求新的载体，而不是别的载体，使企业的思想政治工作始终坚持不要脱离制度创新的实际，企业的实际，职工的思想和工作实际，使企业的两个文明建设有机结合，融为一体。

总之，在国有企业制度创新，建立现代企业的整个过程中，始终离不开企业思想政治工作，这是我国社会主义制度和全心全意依靠工人阶级办好国有企业原则所决定的。当前的问题是如何创新的问题，而不是要不要的问题，也只有不断创新，才能发挥更大的作用，我们应该站在时代的高度，站在整个改革开放的大环境中，用科学的态度，求真务实的精神，在建立现代企业制度过程中，不断认识和探索企业思想政治工作的创新之路。

（作者系河北石油集团邯郸石油有限公司党委副书记）

面向新世纪的企业思想政治工作

施新峰

在人类即将告别二十世纪，进入二十一世纪之际，企业思想政治工作面对的是一个什么样的形势？面临的主要问题是什么？这是我们必须冷静思考、认真对待的问题。

一

从跨世纪的角度把握企业思想政治工作面临的形势与挑战。

（一）社会主义初级阶段的国情，是企业思想政治工作赖以立足的客观条件。党的十五大把我国将要发生的历史巨变，归纳为九个方面，这九个方面的巨变不仅需要几代中华儿女为之奋斗，而且将同时带来人们精神世界、思想观念、价值取向、行为方式等一系列深刻变化。在现实生活中最大的变化是发展社会主义市场经济和将经济发展转移到提高劳动者素质和依靠科技进步上来。显然企业思想政治工作在这深入持久的历史性巨变中要发挥精神动力、智力支持的生命线作用，就必须以此为客观依据，确立课题和内容来开展工作。这是企业思想政治工作赖以生存的沃土与力量源泉。

（二）经济体制由计划经济转向市场经济，使企业思想政治工作遇到从未有过的挑战。随着社会主义市场经济体制的建立，以往那种社会资源计划调节，政治驱动，单一所有制结构，人人有工作，强调理想、奉献，对外封闭的社会格局将逐步被市场调节，利益驱动，自主竞争，所有制多元，收入多元，利益多元，需求多元的社会格局所代替。这必然触及种种深层次矛盾和旧观念。展现在思想政治工作面前的是体制转轨推动了社会进步，也出现了消极现象，竞争调动了人们的积极性，也引发了心理失衡，等价交换促进了商品生产，也侵了政治领域，利益驱动丰富了社会财富，也产生了拜金主义。企业思想政治工作如何适应这种形势，并发挥作用是摆在我们面前的一个课题。

（三）我国的现代化进程决定了企业思想政治工作只能加强，不能削弱的历史发展走向。世界上任何一个民族的振兴尽管他们在发展道路上具体措施各异，但有一点是共同的，就是不断提高劳动者的素质。必须看到在市场竞争中，竞争的实质是人才的竞争，归根结底是智力、精神和知识的较量。随着现代科学技术的发展，信息爆炸，在人对资源的利用中，在人对经济的推动中，知识的、精神的含量将越来越高。教育、学习、知识已经成为提高生产效率，实现经济增长的趋动器，已经成为一个民族发展振兴的制胜武器。而做人的工作正是我们党的光荣传统，政治优势。可见，企业思想政治工作所坚持的用科学理论武装职工队伍，立足于提高人的素质，充分调动职工积极性的目标和方向，是顺应人类社会历史发展趋势的，是有强大生命力的。

（四）面对我国经济由粗放型向集约型的转变，企业思想政治工作发展的活力在于创新。以往在计划经济体制下企业思想政治工作主要面向企业内部，着重做好生产中的思想政治工作。进入市场经济后，企业将通过参与国内外市场竞争，求生存、求发展。但是随着我国经济在所有制结构、企业改革等一些重大方面取得突破性进展，企业内外部环境的变化，将使企业和职工面临生存危机。由企业战略决策、经营管理水平、产品质量、人员素质决定企业命运的特点进一步凸现；由改革引发的企业之间、个人之间利益、权力的调整组合，极大地冲击着人们的思想、工作和生活。从这个意义上说，市场经济一方面给企业思想政治工作提供了一个全新的令人目不暇接的大视角、大舞台。另一方面也预示企业思想政治工作在继承以往成功做法的基础上，还要走出企业围墙，面向市场，并在工作重点、工作内容、工作方式上进行一系列创新。

（五）在迎接新挑战的历史进程中，企业思想政治工作必须走出游离经济工作的怪圈。历史已经证明，一个国家、一个民族要避免任人宰割的厄运，要立足于世界民族之林，最要紧的是把经济搞上去，这是最大的政治。因为一个国家的政治稳定是由经济发展、人民安居乐业表现出来的。应该看到，在社会主义初级阶段，人们大量问题的产生，主要是由经济落后产生的，人们的思想问题也大多与实际问题、物质利益有关。以往企业思想政治工作主要是强调政治教育，对由机制不完善，决策不科学，管理不到位，政策不落实，甚至决策失误造成的大量思想

问题和实际问题往往束手无策，从而大大削弱了企业思想政治工作的作用。企业思想政治工作要体现作用与价值，就不能游离生产经营，把自己当做二传手，而要在党的方针政策与企业的实际相结合上做文章。学会用新思想、新观念引导企业形成正确的工作思路；引导企业按经济、管理手段去办事；学会用市场引导人们奋发进取、自强不息。这样不仅开阔了思想政治工作的视野，拓宽了领域，而且也使思想政治工作有效地融合到经济工作中去，只有这样才能做到政治与经济的辩证统一。

二

面向新世纪的企业思想政治工作，要适应变化了的形势，就必须按党的十五大要求，联系经济体制的转轨、科学技术的发展给人们思想观念、行为方式带来的变化，开展思想政治工作。

正确认识改革给企业思想政治工作带来的新内容。改革将使我国成为一个用市场经济调节社会资源、法制健全、社会民主、人人自主、讲究道德的文明社会。但这是一个漫长的历史进程。一是在这一过程中，会产生很多问题，处理不好将影响这一历史进程。做好企业思想政治工作，最根本的是用邓小平理论武装职工头脑，统一认识。因为建立社会主义市场经济将使企业和职工成为一个独立自主的法人实体和主体，自身利益成为企业或个人行为的动因，所以迫切需要用邓小平理论武装、统一人们的认识，正确理解改革，参与改革，跳出局部、小集体、个人利益的框子，正确处理好国家、集体、个人三者利益的关系；二是改革将使企业、职工的工作、生活发生重大变化，产生各种问题，需要企业思想政治工作化解矛盾，理顺情绪，维护稳定，支持改革；三是在旧观念束缚下，人们容易对改革、对新事物产生迷蒙、困惑、抵触，需要企业思想政治工作帮助人们更新思想，树立新观念，创造企业和职工进入市场竞争的思想条件；四是企业进入市场，呼唤与市场经济相适应的企业文化、职业道德，这些都需要企业思想政治工作来完成；五是企业职工要想在激烈的市场竞争中发展自己，还必须掌握先进的经营思想、经营理念以及必备的技能知识等等。这些都为企业思想政治工作发挥作用提供了机遇。

正确认识企业思想政治工作的作用。企业思想政治工作的作用是通过调动人们的积极性、挖掘人的内在潜能表现出来的。它不能解决一切问题，但不等于不能解决问题。在现实生活中有些看似思想问题，但其背后大多是由多种原因造成的。尤其是在新旧体制转换中，配套机制、措施还有很多不完善的时候，如果单纯强调思想教育，职工的积极性是不可能持久的，企业思想政治工作往往要与管理的、经济的、行政的、法律的、民主的多种手段综合运用方能奏效。所以企业思想政治工作必须宏观把准，微观做细。宏观把准，就是面对市场经济、股份制、企业重组、扭亏增盈、减人提效等新事物，需要干部、职工正确认识，准确把握，深刻理解。这就是要有效利用各项工作，结合企业实际看大势，谋大局，发挥思想政治工作给知识、给思路、总结经验、推广典型、形成导向的作用。微观做细，就是面对改革深化，部分人员的流动和职工的下岗的情况下（虽然符合工人阶级长远利益，但现实问题不容忽视），企业思想政治工作仅仅局限在解释现实是远远不够的，还要引导、帮助人们学习运用新知识、新技能，在市场竞争中求生存、求发展。

正确认识企业思想政治工作在企业工作中的位置。企业思想政治工作要将企业的生存与发展、生产经营做为企业思想政治工作的主战场，将思想政治工作深入到生产、经营、流通、分配、消费各个环节。并将企业的难点作为思想政治工作的重点，将挖掘职工潜能、提高素质作为思想政治工作的立足点，使其在提高企业效益、提高人、改造人、塑造人等方面显示出价值。

正确认识企业思想政治工作的重点。企业思想政治工作的重点，应该以社会主义市场经济的客观要求来确定，企业在做好三观四德教育、普及现代科技知识、市场经济知识、培养企业拼搏进取的集体意识等，普遍性工作的基础上，还要区分层次，突出重点。

努力构建一套反映企业思想政治工作规律的运行机制。建立一个好的、与经济工作相融合的思想政治工作机制，是企业思想政治工作适应新形势，实现企业思想政治工作与决策融合，与生产经营各环节融合，与干部职工队伍素质融合，与企业各项工作融合的保证。她应该由决策保证机制，其主要内容是形成集中群体智慧的论证、决策配套制度，宣传引导机制，其主要内容是教育配套制度；控制约束机制，其主要内容是建立激励人们奋发向上的配套制度；创新发展机制，其主要内容是建立开拓进取的配套制度。通过机制的作用，使企业思想政治工作永葆生机与活力。

（作者系齐齐哈尔车辆段党委书记）

略谈下岗职工的心理调适

何华春

随着改革的深入,"下岗"这个词在人们的工作和生活中出现得越来越频繁。权威统计显示,目前我国的下岗职工人数已达1150万,占全部职工的8%,而且近两三年内这一数字还将不断增大,到2000年时达到1920万。做好下岗职工的思想政治工作,事关社会稳定、改革成败大局,决不能掉以轻心。调适下岗职工心理是做好下岗职工思想政治工作的前提。

一、下岗职工的心理种种

人的活动总是指向于需要的满足,不同的行为会引起不同的态度和情绪体验,这是因为这些行为有的对需要的满足形成促进,有的对需要的满足形成抑制。一般而言,凡是能促进各种需要得到满足的行为就引起各种肯定的态度,使人产生满意、高兴、喜悦、爱慕的情绪,相反,那些妨碍各种需要得到满足的行为,就会引起否定的态度,使人产生忧愁、厌恶、恐惧的情绪。就大多数下岗职工来说,下岗所引起的态度和情绪反应无疑属于后者。换言之,目前,下岗正被多数职工看成是妨碍自身需要得到满足的行为,当他们不得不承受强加给自己的这种行为时,必然导致心理失衡,产生种种复杂心态,具体地说下岗职工可能产生的心理反就有:

(一)幻灭感。没有人生下来就自甘平庸,人的一生无时无刻不在为自身价值的实现而探索追求。在企业里职工往往把诚实劳动、岗位成才看成是人生价值的实现。下岗意味着职工必须告别自己长期从事的岗位,甚至离开为之忘我工作的企业,于是一种理想破灭、希望失落之感油然而生。

(二)空虚感。不少下岗职工都有突然间精神散架的感觉。好像一时间整个人生失去了支撑,心里空空,百无聊赖,一切兴趣荡然无存。部分人情绪低落,精神颓废,害怕交往,足不出户,把全部时间交给睡觉、看电视、玩游戏机,整个人生被一种沉重的空虚感紧紧攫住。

(三)不公平感。老职工认为自己为企业流血流汗几十年,既有苦劳,又有功劳,现在人老体弱、腿脚失灵却遭遇下岗,这不公平;年轻职工认为,自己好不容易找个工作,屁股在岗位上还未坐热,钱没挣几个,房没分一间,下岗丢工作不说,还落了个不好的名声,也是天大的不公平。也有部分下岗职工认为,企业不活,原因很多,现在实际上是把机制应承担的责任,管理应承担的责任,全体职工应承担的责任,一股脑儿地转嫁到自己头上,让人难以接受。

(四)孤立感。社会普遍存在"下岗丢人,下岗者低能"的错误认识,这拉大了下岗职工与社会的情感距离,使下岗职工认为在岗人员与自己不是一路人,纵有万语千言,不愿与人诉说,长期的自我封闭、沮丧苦闷、情郁于中扭曲下岗职工性格,为数众多的下岗职工感到不被理解,缺乏关心,社会冷酷无情,自己孤立无援,力不从心。

(五)自卑感。下岗的严峻事实摆在职工面前,每一个人都不得不从已有的事实出发,对自己的能力作出重新评估,既然作了市场经济形势下激烈竞争的败军之将,评估结果当然不会很好,实际上是对自己的能力来一次打折,从而造成能力低估,导致信心丧失,自暴自弃,悲观绝望,一蹶不振,部分人甚至自甘沉沦,破罐破摔。

二、下岗职工的心理调适

心理演绎思想,思想导致行为,种种消极心理,如果得不到及时疏导调适,必然会对社会思想和社会稳定造成危害,这方面,我们已经有过下岗职工对原来与之患难与共,为之呕心沥血的企业进行报复性破坏,以达到"要下岗大家下岗"的心理平衡的例子。因此,在笔者看来,对下岗职工心理调适问题作一些探讨,不仅是应该的,而且是迫切和富有意义的。

(一)加强舆论引导,形成社会正确的下岗认知。社会对下岗的偏颇认识,使下岗职工难以理直气壮地抬头做人,在巨大的社会舆论压力下,下岗职工感到自己低人一等,下岗职工在牺牲经济利益的同时,还要承受巨大的精神重压,许多消极心理正是在这种重压下产生的。一分为二地看,下岗对职工既是一种挑战,又是一种机遇,古语云:"生于忧患,死于安乐",人的生活太过舒适平静,必然导致意志衰颓,不思进取,能力丧失,这样的人终究会被市场经济的大风大浪淘汰,下岗强制性地把人从风平浪静的环境中拉出来,使人不得不抖擞精神,迎接风

雨，经受考验，从而发掘潜能，锻炼意志，强健羽翼，增长才干，这才能成为惊涛骇浪的弄潮者。下岗对于强者来说，是赢得一次超越自我的机会。从另一面看，职工下岗是我国改革进入攻坚阶段后需要承担的一笔必不可少的成本，众多的下岗职工中不少人曾经是劳动模范、操作能手、技术标兵，他们过去为企业的发展壮大做出了重要贡献，今天又在改革需要付出代价时，率先作出牺牲，正是因为这种少数人的暂时利益损失，改革才得以顺利进行，社会才得以持续发展，他们的下岗本身就是一种对社会的贡献，对改革的贡献，具有重大意义。社会有责任为他们解决生活困难，为他们再就业创造良好环境。把下岗看成不光彩的事情，把下岗者视为低能，至少在目前是不妥当的，应该通过强有力的舆论引导加以纠正。只有这样，才能形成社会正确的下岗认知，才能减少下岗中的情绪抵触，使下岗职工保持积极向上的心态，旺盛的斗志，充满自信，及时走出下岗阴影，寻求新的定位。在这方面广大新闻工作者和思想政治工作者一样责任重大，义不容辞。

（二）培养积极的世界观、人生观，树立坚定的理想和信念。情绪和情感是人心理的外化。一个人的情绪和情感是和每个人的意识倾向紧密联系的，情绪、情感的倾向性差异是以个人的意识倾向为基础的，而人生观，世界观又是意识倾向的核心成份，因此具有不同的人生观、世界观的人，就具有不同的情绪、情感体验，具有不同的心理特征，也就会对下岗采取截然不同的态度。理想、信念、世界观又是人动机体系的重要内容，对个体行为具有强烈的、稳定的推动作用，培养下岗职工积极的人生观、世界观，树立坚定的理想、信念，使职工看到我们事业的辉煌前景，增强必胜的信心，高扬生活的风帆；使职工认识到困难的暂时性，把下岗作为漫长的人生旅途中为实现理想、体现人生价值而遭受的一次小小的挫折，职工就能身处逆境，志存高远，信念执著，百折不回；职工就能从事业的大局出发，以他人的疾苦为忧，以企业的命运为念，坦然面对下岗，毫无怨言地承担改革的代价。

（三）注重心理锻炼，培养优良的意志品质。下岗对职工无疑是一次严峻的考验，下岗职工将面临的困难和艰辛也可想而知，没有坚强的毅力和优良的意志品质的人在经过一次又一次摔打，遭受一次又一次失败后，很容易变得精神颓唐，心灰意冷，随着情绪的多次起落而陷入绝望的泥潭，难以自拔。所以调适下岗职工心理，必须加强下岗职工的意志砥砺，培养职工坚韧不拔、自强不息、历经磨难，痴心不改的意志品质。优良的意志品质离不开长期的培养锻炼。企业一面应该不断地加强艰苦创业教育，企业优良传统、优良作风教育，使职工在与企业老一辈的比较中找到差距，自觉加强意志修养；另一面应该在岗位炼兵，技术比武，技能达标和抢险会战、突出活动中有意识地创设艰苦环境，使职工能够得到经常性的意志锻炼，同时，应该实事求是地把企业面临的困难告诉职工，使职工能得到充分的意志准备。以避免在突发困难面前大乱方寸。这些都表明，对下岗职工的心理调适在职工未下岗之前就要有意识有计划地进行。

（四）增强精神产出，巧用公平杠杆平衡职工心理。社会心理学家在研究中发现了一个奇特的现象，那就是人的心理无时无刻不在被一根神秘的杠杆左右着，杠杆的一头是人的劳动付出，即人通过自己的体力或智力向组织或个人“投入”，杠杆的另一头是其获得的报酬，也就是投入后的“产出”，一旦人发现自己的“投入”高于“产出”，就会出现情绪低落、暴躁，行动无序且不易控制，甚至对“投入”的直接受益对象实施破坏，以降低“投入”的价值，求得心理平衡；相反，当人确认自己的“投入”得到了合理的产出时，行为便趋于理智，情绪高昂，精神饱满，信念执著，表现出很强的能动性，要保持这根杠杆的平衡，企业必须有意识地增加职工的产出，以满足职工的多种需要。人的需要是全方位的，如生理需要，安全需要，尊重需要，社会交往需要和自我实现需要等等，但归结起来不外物质方面的需要和精神方面的需要两种。研究还表明人的需要的满足程度（产出）是人物质需要得到满足的程度（物质产出）与精神需要满足程度（精神产出）之和。职工下岗，物质产出突然下降，导致心理杠杆失衡，使职工情绪波动较大，在物质产出短期内难有大的改观的情况下，我们只有增加职工的精神产出，才能维持“投入”和“产出”的平衡。

总之，在这个问题上，首先要实事求是地评价下岗职工，肯定他们的成绩，承认他们所作的牺牲，并勇敢地承担一些管理者自己的责任。其次，虚心听取下岗职工对企业改革特别是对劳资改革的意见，积极采纳合理建议，增强下岗职工的信任感和自我实现感。要与下岗职工进行充分的思想沟通和情感交流，为其创造情感倾诉和精神释重的机会。使他们得到尊重、交流的满足，要经常向他们报告企业经营状况，尽可能地为他们创造再就业机会，使他们感到自己仍是企业的一员，企业始终关心着自己。其三，要亲近下岗职工，倾听他们的呼声，关心他们的生活，了解他们的疾苦，解决他们困难，到他们家里去，做他们的贴心人和真正的朋友。

（作者单位：川东石油开发公司党委宣传部）

积极的思想斗争是做好思想政治工作的重要方法

母天学

积极的思想斗争，是不是思想政治工作的重要方法？在多年来的研究论著中虽有所论及，但都不很明确，在实际的思想政治工作中则更少体现。我认为这既是思想政治工作基本理论建设中的重要课题，也是前些年思想政治工作软弱无力的一个症结。江泽民同志在十五大报告中，把开展积极的思想斗争视为从严治党的重要措施。这对于确认积极的思想斗争是做好思想政治工作的重要方法，推动思想政治工作的科学化进程，发挥其应有的威力，有着重大的理论意义和现实意义。

一

马克思主义的唯物辩证法告诉我们，在分析和研究某一事物的时候，必须首先抓住该事物的主要矛盾，因为主要矛盾在复杂的事物发展过程中起着领导的、决定的作用，只要抓住了它，其它次要矛盾就会迎刃而解。因此，我们在研究积极的思想斗争是不是思想政治工作的重要方法这个具体问题的时候，也应当首先找出思想政治工作这一复杂事物的主要矛盾（或基本矛盾），然后，才会发现由它所规定和影响的具体方法问题。关于思想政治工作的主要矛盾，目前理论界已形成了大体一致的认识。即思想政治工作者（主体）所传播的意识形态同思想政治工作对象（客体）思想道德行为的现状之间的矛盾。这对主要矛盾的特质就规定和影响着思想政治工作应取的基本方法之一必然是开展积极的思想斗争。因为，首先，作为思想政治工作对象的人民内部成员，也是社会关系的总和，他们的思想意识状况同思想政治工作主体所传播的意识形态差距也会因各自所处的社会条件、生活水平、文化程度以及环境影响的不同而大小不一。差距较小、觉悟较高者会很好地接受主体通过正面引导、感情熏陶、典型示范等方法传播的思想意识，很快达到主体要求的标准。而差距较大、觉悟较低者，有些仅靠上述方法就难以接受主体传播的思想意识。个别的还会产生抵触情绪，不利于思想政治工作的开展和各项事业的发展。在这种情况下，思想政治工作主体必须适时地将工作方法转变为积极的思想斗争，即从团结的愿望出发，通过批评与自我批评达到新的团结，让双方的思想亮相、交锋，通过说理，让他从心理上服气，从而提高觉悟，达到转变的目的。这种方法的转换既可能制止这种对象的消极逆反情绪的发展，也可以使这种对象迅速转变而大彻大悟。其次，思想政治工作的主要矛盾在思想政治工作的实践中是普遍存在的，主体要在每次实践中解决好这对矛盾，完成工作任务，达到预期目的，单靠正面引导，以情感人等方法一般只能解决客体存在的共性问题，而要进一步深入解决好客体的特殊问题，从根本上提高其思想觉悟，就需采取针对客体特殊的思想实际，摆事实、讲道理并允许其申辩的思想交锋和思想斗争的方法使其心悦诚服。正如恩格斯所说的那样：人们“行动的一切动力，都一定要通过他的头脑，一定要转变为他的愿望的动机，才能使他行动起来。”而思想交锋和斗争正是解决这种深层的动机问题的有效方法。最后，思想政治工作基本矛盾的主客体区分，既有确定性，又有不确定性，即主客体既有区别，也常常转化，当这种转化发生，即主体所传播的意识形态同主体自身的思想状况相矛盾，或者主体自身的思想落后于客体的思想的时候，开展积极的思想斗争就成为大量的、有效的方法了。这其中既包括主体成员之间的批评与自我批评，也包括原客体对原主体的批评和督促。还包括主体的某个成员自身的思想检查和思想斗争，通过这种方法，自觉地接受所宣传的思想意识，克服自身存在的错误思想，矫正不良行为轻装上阵，带动客体前进。

二

马克思主义的认识论告诉我们，理论来源于实践、在实践中发展、受实践检验。回顾国际共产主义运动发展的历史，我们不难看出，无产阶级“经常自己批判自己”（马克思语），不断地总结经验教训，特别是中国共产党在领导中国革命的过程中还逐渐形成了批评与自我批评的优良传统。在延安时期、解放战争时期和建国初期，我们党的民主生活之所以正常，思想政治工作之所以有威力，一个重要的原因就是运用了批评与自我批评的武器，开展了积极的思想斗争。历史的实践使我们得出这样一个结论，开展积极的思想斗争是进行思想政治工作的重要

方法。开展积极的思想斗争能够及时彻底地把某个组织和个人的缺点揭露出来，并有利于针对这个缺点认真克服和纠正。我党历史上有过许多这方面的典型，在中央有领导同志公开带头揭露工作中的缺点和错误，开展批评与自我批评。在基层的思想政治工作中，上下左右之间，大家开诚布公，既作自我批评，也批评和帮助别人，使积极的思想斗争蔚然成风。党的思想政治工作的历史证明，每当这种方法和传统得到重视和发展的时候，思想政治工作就生气勃勃，富有威力；每当这种方法和作风遭到削弱和破坏的时候，人们就会受到各种政治灰尘和思想微生物的侵蚀，思想政治工作也就遭到削弱、丧失战斗力，发生在八九年的那场政治风波及其前一阶段思想政治工作的状况，也是一个实证。纵观整个无产阶级的思想政治工作历史，我们还可以看出，开展积极的思想斗争，对于中国共产党的思想政治工作尤具特殊意义。这是因为：中国共产党领导的中国革命是发生在小资产阶级人数众多的半封建半殖民地社会中，中国的小资产阶级不同于西方的小资产阶级而具有革命性，一般的拥护共产党的主张，他要革命，党就得欢迎，因为这极大地壮大了革命力量，但同时他就将大量的小资产阶级和其它非无产阶级意识带入革命队伍之中，这样你不改造它，他就必然影响和改造你，即使是非小资产阶级出身的人，由于党的工作重心长期在农村，也难免不受影响，这也是我们党历史上曾连续产生“左”、“右”倾错误的重要根源。即使在建设时期，小资产阶级思想意识也因其固有的顽固性观念形态的延续性而不会立即消灭，“装入棺材埋入坟墓的，它在我们中间腐烂、发臭并且毒害着我们。”（列宁语）这些都决定了我们党的建设和思想政治工作的突出任务，就是坚持对小资产阶级的思想进行改造，而改造小资产阶级思想意识最好的方法就是在“惩前毖后，治病救人”方针指导下的积极的思想斗争，毛泽东同志曾就此指出：“我们主张积极的思想斗争，因为它是达到党内和革命团体内的团结使之利于战斗的武器。”正是依靠这个武器我们的思想政治工作才发挥了强大的威力，从而推动着革命事业走向胜利，我们现在和将来都不应当放弃这个武器，仍需发挥它的威力。

三

斗争，提起来常使人不寒而栗，因为“以阶级斗争为纲”的年代将阶级斗争扩大得让人难以把握，人人自危。所以它被以社会主义经济建设为中心所替代也是社会历史发展的必然。然而，斗争不只是阶级矛盾的反映形式，它也是解决其它矛盾的手段。唯物辩证法认为，在普遍存在的矛盾运动之中，斗争是绝对的，统一是相对的，是绝对的斗争驱动着事物的发展。关于“共产党的哲学就是斗争的哲学”这种命题正确与否我们估且不论，不过纵观中国共产党及其思想政治工作的历史，我们看到的却是党和思想政治工作都离不开斗争，而且相当一部分是思想斗争。在这方面，我们党无论是在理论上，还是在实践中都取得了许多成功的经验，为马列主义的思想宝库做出了贡献，这个宝贵的精神财富哺育了一代代共产党人和革命战士，推动着党及其思想政治工作的成熟。然而，十年内乱期间，思想斗争的锐利武器在党内生活和思想政治工作中却遭到了削弱，此后党的个别领导者又被改革开放的大潮冲昏头脑，忽视思想政治工作，甚至要“改造”思想政治工作，使得社会上不正之风盛行，甚至波及党内，党员素质下降，资产阶级自由化思潮泛滥等等，这都是我党许多优良传统，特别是思想斗争这个武器运用得不好的重要原因。倘若我们在日常的思想政治工作中能够始终坚持积极的思想斗争方法，经常打扫思想灰尘，防微杜渐，我们党的队伍会更加纯洁，党员的自身素质会更加提高，人民群众的思想觉悟道德水准也会提高，社会主义的各项事业就会顺利地朝着好的方向发展。

因此，在思想政治工作实践中，重新拿起思想斗争这个锐利武器是十分必要的。思想斗争也应该作为思想政治工作基本理论的重要问题加以研究。

（作者系黑龙江省行政学院教研部副主任、黑龙江大学伊春分校副校长）

莱钢股份有限公司
轧钢厂双文明建设协调发展的调查

张福才

几年来,莱钢轧钢厂在搞好生产经营、建设工程和企业内部改革的同时,始终坚持“两个文明一起抓,两个成果一起要”的思路,围绕如何提高企业的效益,培育“四有”职工队伍,创建文明单位,广泛、深入地开展精神文明建设,形成了具有自己特色的精神文明建设体系和管理机构,取得了两个文明建设相互促进,协调发展的显著成果。自1988年以来,该厂有8年被评为省优秀政工企业,从1991年开始,已连续6年被评为省级文明单位,1996年7月该厂党委又被中组部授予“全国先进基层党组织”称号,跨入全国先进行列。为了有针对性地抓好社会主义市场经济条件下企业精神文明建设,研究新情况,解决新问题,今年,我们对该厂精神文明建设的基本情况,进行为期一年的专题调研,取得了加强精神文明建设的参考和依据。

一、精神文明建设的基本做法

(一)高度重视,强化组织,为企业精神文明建设提供了坚强的领导保证。

加强精神文明建设是社会主义企业健康发展的必然要求。该厂在工作实践中深刻认识到,越是深化企业改革,提高企业市场竞争力,越要加强精神文明建设,两个文明建设不能相互代替,更不能搞“轮流突击”,必须把它们作为一个整体来抓,使其相辅相承,共同发展。基于这种认识,该厂党政领导把精神文明建设摆上了企业发展目标的重要位置。十年来,班子几经调整,但是“两手抓,两手都要硬”的方针,始终没有改变。一是抓领导干部。明确了领导干部的“一岗两责”,不管是政工干部,还是行政干部都承担生产经营和精神文明建设的双重任务。建立了领导干部的精神文明建设责任制,做到了“一张红榜,两项实绩”,在干部考察使用上,也注重选用复合型人才,层层抓,抓层层,形成了一级抓一级的网络。二是抓规划。“八五”期间、“九五”开局之年,该厂都认真研究制订了精神文明建设的五年规划,确定了长期目标。每年都有年度计划和考核实施细则,使精神文明建设规划得到逐年落实。三是抓组织,厂里成立精神文明建设委员会,具体负责工作的组织、协调、督促、指导。车间、机关也成立了相应的领导小组,落实厂文明委布置的任务,形成了纵到底,横到边的配合联动格局。两次机构改革,厂里都明确提出,不管遇到什么情况,不管机构怎么压、人员怎么减,抓精神文明建设的机构不能压、人员不能减,要做到机构、人员、经费“三落实”。

(二)坚持把职工的思想道德教育放在精神文明建设的重要位置

该厂在思想道德建设上以职业道德建设为突破口,建立全员的“岗位职业道德规范”,增强了职工的职业理想、职业意识、职业责任感,进而使职工在岗位工作实践中,不断提高思想素质。通过弘扬爱国主义、集体主义、社会主义的主旋律,在高起点上进行教育。坚持用邓小平理论武装干部、职工的头脑。每年都举办科级干部、党支部书记等学习班,并对全体党员进行政治轮训。每月下发一次学习计划,坚持“周二学习日”,加强对班组政治学习的指导、检查,使政治学习落实到最基层。同时,把思想道德教育,落脚到树立正确的“世界观、人生观、价值观”上,树立远大的理想和科学的人生态度。通过讲轧钢厂的艰苦创业史和美好前景,深化艰苦奋斗教育,使广大职工认识到,干好本职工作,立足岗位做贡献,正确处理国家、集体与个人的关系,就是爱国爱社会主义的具体体现。厂里以“学规范、当主人”活动为载体,通过制订“岗位职业道德规范”把职业道德的要求量化、标准化,并采用有效的内部约束机制抓好落实,提高职工的职业道德水平。“岗位职业道德规范”包含“岗位职责、工作规范、职业纪律、工作态度”四个方面,层次清楚,上口易记,也便于操作。另外,还认真落实总厂下发的“职工当好主人行为规范”四十条,从不同的角度提高职工的道德素质。厂里建立了奖惩激励制度,对职工执行岗位职业道德规范的情况严格考核,并与经济利益挂钩,保证了职业道德教育的严肃性。他们还把提高职工职业道德素质与提高职业技术素质结合起来,使职工的职业道德水平和工作效果协调一致。一方面,通过岗位职业道德规范对职工的岗位工作能力提出较高的要求,增强岗位的责任感、使命感、危机感;一方面,还开展系统的职工培训、岗位练兵、技术比武、争做青年岗位能手、争创青年文明号等活

动,提高职工的职业技能和业务能力。

(三)大力弘扬企业精神,凝聚职工力量,增强企业的向心力。

莱钢轧钢厂的党政领导深刻认识到,建设精神文明,首先,必须使全厂职工有一个共同的精神支柱和价值取向,使爱国主义、集体主义、社会主义思想具体化,鼓舞士气,统一意志,指挥行动,形成合力。从87年开始,多次酝酿,反复推敲。他们将轧钢人团结、勤劳、坚韧的优良传统和求实、创新、进取的时代精神融合在一起,提出了"团结奋进,争创一流"的轧钢精神,确立轧钢精神以后,厂里采取多种多样的方式和措施进行倡导和培育。利用新闻媒体和其他途径进行既大张旗鼓又具体深入的宣传,造成了强大的社会舆论环境,达到家喻户晓,人人皆知。到了95年,厂领导又进一步解释了"团结奋进,争创一流"企业精神的内涵:"团结"就是团结一致,同心同德,"奋进"就是奋发进取,"争创一流"就是培养一流的队伍,采用一流的设备,生产一流的产品,争创一流的工作业绩。使企业精神从形式到内容更加完善。为了把轧钢精神落到实处,在全厂开展了"尽我之力,建我轧钢"的活动,以"争创一流"为标准,使各项管理工作在全莱钢甚至全省取得优秀成绩。这一活动大大地激发了全体干部职工的积极性和创造性,使全厂上下保持了一种向上的精神状态。

(四)建立健全精神文明建设的管理机制,增强创建活动的生命力。

莱钢轧钢厂精神文明建设的实践表明,整个精神文明建设的过程,就是一个以活动为载体,建立健全运行机制,发动广大职工积极参与,在活动中不断提高自身素质的过程。该厂以"文明单位"创建活动为龙头,全面推进,把创建活动扩展到全厂上下各个层面,开展了厂级文明单位、车间级文明单位、文明楼、文明家庭等创建活动,形成了多层面全方位的精神文明创建活动的格局。他们还年年开展主题系列活动,围绕生产建设和精神文明建设两项任务,细化动态考核指标,一月一评,一月一奖,颁发流动红旗,调动全厂各单位的工作积极性。同时在全厂各服务单位开展了"文明窗口"、"文明服务职工"活动,提高服务质量和工作质量,带动了全厂的创建活动。在活动中逐步形成了精神文明建设的科学合理的管理机制。一是协调发展机制。创建文明单位,对两个文明一起考核,同奖同罚,切实做到两项任务一起下,两项工作一起抓,两个成果一起要,克服了"两张皮"现象。二是科学的管理机制,把创建标准分解为七个方面,分别量化为三十个考核指标,层层落实到全厂各专业部门,明确责任,分工实施。三是激励竞争机制。厂里把"文明单位"荣誉称号作为最高荣誉,一年一评,不搞终身制。并制定了"三挂钩"政策,即与领导干部的政绩考核挂钩,与党政干部的晋升挂钩,与广大职工的切身利益挂钩,克服了"物质文明物质奖,精神文明精神奖"的倾向。四是制度保证机制。把各项政策规定和措施,都以正式制度的形式明确下来,使精神文明建设走上制度化、规范化的转道。正是建立了这样一套与生产建设结合紧密,目标责任明确、激励措施有效、制度保证有力的运行机制,才保证了精神文明建设全面、深入、持久地开展。

二、进一步加强企业精神文明建设的几点启示

(一)统一目标。党中央提出要把物质文明和精神文明作为统一的奋斗目标,这是社会主义社会发展的规律和社会主义现代化的规律,也是社会主义企业改革、发展的客观要求,既然我们的社会主义企业是全面发展,就要求我们坚持经济、政治和思想道德的全面建设,达到经济发展、民主完备、科技昌明、思想先进、道德高尚。要始终不渝地坚持"两手抓、两手都要硬"的方针,任何情况下,都不能以牺牲精神文明为代价去换取一时发展。没有经济的发展,精神文明建设就会失去物质基础;没有精神文明的发展,经济建设就会失去精神动力、智力支持和思想保证。轧钢厂两个文明建设的做法表明:"没有一定的物质文明作基础,精神文明只能是空中楼阁,但如果精神文明建设搞不好,即使物质文明建设取得一定成果,也迟早要发生塌方。"如何使企业全面发展,保证企业的社会主义方面,这就要靠四项基本原则,靠加强企业民主法制建设,靠加强社会主义精神文明建设,企业发展的长期规划和年度规划,都要同时确定两个文明建设的共同目标,把精神文明建设作为硬指标,摆上企业发展的重要位置,二者不能分割、不能偏废。

(二)重在建设。要加强社会主义企业的精神文明建设,必须坚持重在建设的原则和措施,在企业,重在建设要求我们把注意力集中到团结职工,充分发挥职工群众的社会主义积极性和创造性上来,集中到满足职工群众的精神和文化生活上来,集中到加强思想道德建设和教育科学文化建设上来,归根到底,集中到企业的发展上来。"集中"的核心问题是"职工群众",包括发挥职工的积极性,满足职工的需要,提高职工的思想文化素质。提高职工的思想文化素质,正是精神文明建设的根本任务。而企业的发展,经济效益的增长,也有赖于职工的积极性的发挥和思想文化素质的提高。重在建设的方针,要求我们以立为本,把建设作为出发点和落脚点,唱响主旋律,摈弃过去那种"假大空",也不能搞那种无谓的争论。以立为本,不等于不破。一些落后的东西,要区分不同情况,该破除的破除,既破又立,以立为主。

(三)贵在坚持。十四届六中全会和党的"十五大"在阐述社会主义精神文明建设时,都强调了"坚持不懈"的

精神，特别是在抓好理论武装、艰苦奋斗教育、思想道德建设、党风廉政建设、群众性精神文明创建活动和教育科学文化建设几方面，都体现了贵在坚持的方针。精神文明建设本身的性质、任务和目标，决定了它的艰巨性、复杂性和长期性。同时，我们还必须清醒地看到：我国正在进行一场深刻的社会大变革，将极大地推动经济发展和社会进步，企业改革将迈出更大的步伐，不可避免地产生某些负面影响，难免鱼龙混杂，泥沙俱下，我国的社会主义制度还有许多方面不完善的地方，法律还不健全，还不能彻底防止某些党员干部发生腐化变质的现象。企业也不例外，也有可能产生一些腐败问题，不可能杜绝少数腐败分子的出现；历史上剥削制度和剥削阶级在各方面的遗毒不可能在短期内清除干净，干部、职工的思想道德的提高有一个过程，需要进一步加强集体主义、爱国主义、社会主义的教育；国际敌对势力对我国实行"四化"、"分化"，也会影响干部、职工的思想等等，所有这些，更决定了我国社会主义精神文明建设的艰巨性、复杂性和长期性。对此，我们不仅要有长期的精神准备，而且要作长期的艰苦努力，持之以恒，狠抓落实。

（四）成在决心。精神文明建设要成功，关键是组织领导，是组织领导的决心和干劲。为什么一些地方、单位抓精神文明建设这一手总是软，情况可能有别，但有一点是相同的，就是抓得不力，决心不大。莱钢轧钢厂的经验告诉我们："坚持两手抓，必须是领导亲自抓；两手硬，必须首先是领导过得硬。只有领导过得硬，两手抓，才能有效克服'两张皮'现象"。领导两手抓两手硬不是领导艺术、领导方法问题，而且更主要是领导的决心问题。邓小平同志批评有些地方对犯罪活动"打击不力"、"心慈手软"，对腐败现象往往下不了手，指出群众对这些很不满意。莱钢轧钢厂风气好，关键是他们敢管，管得严，决心大，这个"严"就体现了党政领导的决心。只有组织领导决心大，才能谈得上加强领导，才能"两手抓，两手都硬"，才能抓好薄弱环节，使精神文明建设由发展不平衡到全面提高，也才能纳入企业发展的总体规划，和生产建设统一安排，统一部署，统一考核，才能建立健全领导体制，完善工作机制，形成统一的合力。正如群众所言，精神文明建设难，只要下决心就不难。

（五）好在共建。这里讲的共建，不光是指开展群众性精神文明活动，而且也是指全社会共同努力，党政工团齐抓共管。十四届六中全会指出：社会主义精神文明建设，不单是思想政治文教部门的任务，而且是经济战线和一切部门的长期共同任务。精神文明建设涉及各行各业，体现在经济、政治、文化、社会生活各方面，企业的精神文明建设也是如此。落实企业的精神文明建设，需要党政工团各部门各方面的密切配合，齐抓共管，形成合力。同时，精神文明建设是群众自己的事业，群众是建设物质文明的主体，也是建设精神文明的主体。只有广泛吸引广大群众参与，使群众在参与中接受教育，在受教育中发挥创造精神，才能使精神文明建设具有持久旺盛的生命力和持续深入的推动力。

（作者系山东莱芜钢铁总厂轧钢厂宣传科长）

以"爱建"活动为主线　搞好精神文明建设

中共大连造船新厂委员会

大连造船新厂成立于1990年8月18日，现有职工4700余人，是中国船舶总公司骨干企业，隶属于大连船舶工业公司(集团)。八年多来，我们以"爱建"活动为主线，坚持两个文明一起抓，取得了可喜成果，工厂先后荣获了中国船舶工业总公司"思想政治工作先进单位"、辽宁省"思想政治工作先进单位"、辽宁省国防工会"第二次创业"先进单位、大连市"精神文明单位"等荣誉称号。

"爱建"活动发起于建厂初期。8年来，我们尝到了开展"爱建"活动的甜头，同时也总结出了一条有效地开展"爱建"活动的经验，那就是：确定一个主题，贯穿两个始终，协调其他活动，形成一股合力。

一、围绕中心工作，确立"爱建"主题

为了使爱建活动更系列化、形象化、具体化，并做到常抓常新，在实践中，我们紧紧围绕工厂的中心工作，每年确定一个贴近工厂实际，且对基层单位具有普遍指导意义和操作性较强的"爱建"主题。

1991年是新船独立运作的第一年，我们围绕工厂要形成20万吨生产能力的目标，确定了"定主题、抓教育、立项目、比成果"的"爱建"主题，在全厂职工中开展了"我为形成20万吨能力做贡献"的"爱建"主题活动。1992年，工厂的全年生产目标是创利1000万元。针对这一目标，我们确定的"爱建"主题内容是"艰苦创业、勤俭建厂，实现利润1000万元"，在全厂职工中开展了"节约、创收、反浪费"的主题活动；1993年，围绕工厂上台阶、上水平的目标，我们确定了"齐心协力上台阶，团结协作创效益"的爱建主题，在职工中开展了"我为下道工序做贡献"活动。1994年，工厂面临的中心任务是推进改革。围绕这一中心，我们确定的"爱建"主题思想是"加强领导，强化教育，增强意识，实现推进目标"，并在全厂职工中开展了"我为推进做贡献"主题活动。1995年，工厂的生产目标是"4、4、4、9、8"，并要形成两条生产线。为此，我们确定了"抓教育、练内功、挖潜力、出成果"的"爱建"主题内容，开展了"讲大局、爱岗位、做贡献"的主题活动。1996年是工厂内部调整理顺入轨后全面启动见成效的一年。围绕工厂推进转模、扩大总量、确保质量、降低成本、提高效益的工作主线，我们确定了"以转换模式为动力，以降成本增效益为中心，为确保全年目标的实现做贡献"的"爱建"主题思想和"抓教育、抓活动、抓典型、抓成果"的"爱建"活动内容，在全厂职工中开展了"降成本、增效益、做贡献"的主题活动。1997年，针对国际船舶市场竞争激烈，船价下跌，而工厂的成本仍然居高不下的现状，为使工厂尽快形成"15.8亿成本指标5000人挑，人人身上有指标"的全员参与局面，厂党委将"爱建"主题活动仍然确立在"降成本、增效益"上，主题思想是"强化成本意识教育，加强成本控制力度，确保成本目标实现"，主题活动是"保目标、降成本、从我做起"；主题活动内容是"强化教育、明确目标、加强管理、落实成果"；今年，我们从确保历年降成本的"爱建"成果出发，把活动的主题确立在"加强教育、提高效率、增加效益"上。

由于我们每年都赋予"爱建"活动一项对基层单位具有普遍指导意义和操作性较强的新主题，因此使"爱建"活动不断呈现出可喜的局面，保证了工厂任务目标的实现。

二、提高素质，抓教育抓典型贯穿始终

为了使"爱建"活动这一思想政治工作的载体充分发挥其优势，几年来，我们始终把抓教育、抓典型贯穿其中。

(一)在抓教育方面，我们以艰苦创业精神为主旋律，结合工厂不同时期职工的不同思想实际，开展不同内容的教育活动。

1. 开展厂情教育。建厂初期，面对诸多困难，部分职工产生了动摇，有的后悔当初不该来，还有的打算干干看，不好再回老厂。为了尽快消除这些消极情绪，厂党委及时地在全厂职工中开展了厂情教育。讲过去30年中老一辈造船人为建设造船所付出的艰辛和努力，以激励职工们的创业精神；讲如何在前人的基础上继续发扬传统，为祖国造船业再做新贡献，以增强全厂职工的责任感；讲新船的发展与希望，以激励职工们的使命感。以增强全厂职工的责任感；讲新船的发展与希望，以激励职工们的使命感。厂情教育进一步增强了职工们的"爱建"意识，大家纷纷表示：新船有前途，我们哪里也不去了。

2. 开展“五主”教育。三项制度改革是深化企业改革的一项重要内容。我们在实施这一改革过程中遇到了不少实际问题，比如，有些人对一些改革措施不理解，认为实行劳动制度和工资制度改革会淡化社会主义的优越性，削弱职工群众在企业中的主人地位。针对这些想法，我们采取了两个引导和一个教育的作法。

两个引导就是舆论引导和学习引导，一个教育就是以明确主人地位、增强主人意识、提高主人技能、体现主人行为、展示主人风貌为基本内容的“五主”教育。为确保这一教育的开展，厂党委组织编写了10万字的“五主”教育简明读本，为基层培训了百余名“五主”教育小先生。厂工会还把“五主”教育同岗位练兵、比武等活动结合起来，使广大职工在教育中提高认识，在活动中体现自身价值。

3. 开展全局观念教育。1995年，工厂30万吨大坞竣工投产，从而拉开了两条生产线的帷幕。因工厂现有的人力、能源和设施都一时满足不了生产单位的需要，所以，小团体主义开始在部分单位抬头。针对这一倾向，厂党委根据各单位具体情况，在全厂开展了全局观念教育：对管理层的工程技术人员，重在进行服务观教育，并与厂工会开展的服务达标竞赛有机地结合起来，对一线车间，主要进行协作观教育，提倡上道工序为下道工序服好务。全局观念教育使全厂职工的心往一处想，劲往一处使，使工厂在两条生产线运作的第一年就创下了全国造船业的“五个第一”。

4. 开展艰苦奋斗的教育。“家大业大，浪费点没啥”，这种思想在青年职工中尤为突出。为了尽快提高这些青年人的思想认识，我们采取多种形式，向青工进行艰苦奋斗的教育。

5. 开展科学文化技术教育。我厂工人中具有高中以下文化程度的占79.1%。针对这种文化素质低、且有些人还不愿学习的状况，厂党委从建设一流船厂的目标出发，及时提出了“科技兴厂、教育为本”的战略方针，并先后制定出了厂“八五”、“九五”职工教育规划，还出台了一系列激励政策，其中包括：凡自学成才的，一律报销学费；凡获得厂技术比武一等奖的，晋升一级工资；凡除干好本职工作外，还掌握一门外语或计算机技术的，计发特殊津贴。同时，工厂还通过评审技师、高级技师、学科带头人，对工人进行考试考核认定工作，不定期地举办英语、微机、电工、电焊、船体等短训班等多种途径，吸引广大职工学文化、学技术。

6. 开展企业文化教育。1995年，厂党委根据工厂几年来跳跃式发展的现实，经过慎重思考和认真分析，向全厂广大职工提出了到本世纪末把我厂建设成为世界一流船厂的目标。这一目标提出后，部分职工对此产生怀疑。于是，我们从加强企业文化建设入手，把实现一流船厂目标的教育渗透到群众性的征集厂徽和企业精神的活动中，向职工讲清为什么要建设一流船厂，从而增强了广大职工一流意识。在征集企业精神的活动中，全厂有2000多名职工参加，最终形成了“面向世界，建设一流船厂”的新船企业精神。

7. 开展法律法规教育。针对部分职工的违法违纪现象，厂党委把加强职工的法制教育作为重要工作来抓。普法教育中，我们坚持做到四个结合，即：与厂情教育结合，与形势任务教育结合，与综合治理结合，与正反典型教育结合。在今年的普法教育中，我们围绕“国家赔偿法”、“行政诉讼法”、“新刑法”的学习，请来了司法部门的专家和经营管理人员上了4次辅导大课，有1600人次受到教育。

(二)在抓典型方面，我们始终把“爱建”精神贯穿到各种活动中，把“爱建”做为各项评比活动的首要条件。

——在职工队伍中，我们评选命名了28名“爱建标兵”。

——在党员队伍中，我们每年评选一次“爱建”先进党总支、先进党支部和先进党小组、“爱建”优秀党员以及优秀党务工作者。

——在科技人员中，我们树立了十大科技标兵。

——在青工队伍中，我们每年都评选十名“爱建”青年岗位标兵。

——在班组建设中，我们通过达标考核，在全厂评选出10个“爱建”一流班组。

目前，我们已初步形成了一个以全国劳模丛菊红为代表的省、市、总公司各层次的劳模群体。为了使这些典型群体的爱建精神更加具体化。内涵更加丰富，1994年，我们发动全厂职工开始归纳总结“爱建”精神。经过自下而上的充分酝酿，去年年初，从各单位职工的大量征稿中，我们归纳提炼确定出了10种能够反映全厂职工精神风貌的“爱建”精神，这就是：不畏艰难、敢打硬仗的精神；立足本职、爱厂如家的精神；忠于职守、任劳任怨的精神；不计名利、甘愿奉献的精神；战胜自我、超越时间的精神；钻研技术、勇克难关的精神；精通业务、敢于管理的精神和积极探索、勇于创新的精神。在形成“爱建”精神的基础上，我们又在全厂范围内征集了企业精神。企业精神最后确定为“面向世界，建设一流船厂”。

几年来，我们在抓典型方面主要采取了如下做法：

一是注意在生产实践中发现典型。发现典型有两种渠道：一是群众发现，通过评选推荐；二是领导发现，通过各级领导深入基层发现典型。

二是注意从政治上培养典型。发现典型诚然重要，但要想使典型在长期的实践中过得硬，必须加强培养和教育。

三是注意通过各种形式宣传典型。宣传典型的目的

在于让全厂广大职工了解和学习典型。在这方面我们做了大量工作,报纸、橱窗、广播站、演讲比赛以及对外宣传等等,使典型人物的典型事迹人人皆知。

四是注意从生活上关心典型。典型人物大都只讲奉献,不讲索取,所以,我们就应该主动去关心他们。在我厂,凡是劳获"爱建标兵"及劳模称号的,都要晋升一级工资,荣获全国劳模的,不论男女,还要奖励一套两室一厅的住房。厂领导经常到典型人物家中走访慰问,倾听他们的意见。

三、抓住"爱建"主线,协调好六项活动

几年来,我们通过协调会、联席会、工作例会等形式,不断协调和平衡党、政、工、团的活动关系,把"爱建"的主题思想渗透到各部门的活动方案中。

(一)开展爱岗敬业活动。爱岗敬业活动是厂工会体现爱建活动深刻内涵且又突出工会自己特点的群众性活动。去年,他们根据厂党委确立的"讲大局、爱岗位、作贡献"的爱建主题,组织了系列讲座,举办了演讲比赛,制定了道德规范,宣传了先进典型。

(二)开展"争手、创号"活动。"争手创号"活动是厂团委的特色活动,活动重点是"新建船"。从1993年起,他们根据厂党委"我为下道工序服务好"的爱建主线,在全厂青工中开展了拜师学艺当能手活动。

(三)开展"讲比"活动。"讲比"活动是厂科协的主线活动,他们把技术创新作为"讲比"的中心内容,把"九五"科技进步目标作为"讲比"的具体内容,八年来,共完成科技成果30余项,其中,8项通过部级鉴定,17项获国家、省、部级科技进步奖,5项获国家新产品奖,21项技术攻关项目获省、市现代化管理成果奖,完成千余项"讲比"竞赛项目,创经济效益1.38亿元。

(四)开展政研活动。我厂政研会每年召开一次年会。八年来,围绕爱建主题,我们共确定了48个调研课题,撰写论文230余篇,有20余篇分别获得省、市、总公司优秀论文奖。

(五)开展文化体育活动。为了增强职工的爱建意识,使爱建活动深入人心,我厂的文化体育活动都以"爱建"命名,如:"爱建在岗位读书演讲会"、"爱建杯足球赛"等等。

(六)开展提合理化建议活动。建厂初期,围绕"我为形成20万吨能力做贡献"的主题,全厂职工群策群力,提合理化建议6000多条,科技人员立项攻关138项。前年年初,厂科协为配合"我为推进做贡献"的主题活动,在全厂科技人员中开展了一次以"扩大总量、提高效益"为主题的征集建议活动。去年上半年,厂工会技协围绕"降成本、增效益"的主题,发动全厂职工提合理化建议,一次就征集建议6238条。

四、携手齐抓共管,党政形成合力

爱建活动之所以能在我厂全面开展,这里的一条重要经验便是党政形成了一个合力。

(一)围绕工厂生产经营、管理改革等目标确立"爱建"主题,使爱建活动融于行政工作中。如,我们去年围绕工厂的工作主线确立了"降成本、增效益、做贡献"的主题活动,厂行政对此大力支持,积极配合党组织建立和完善了各项降成本制度,使这项工作取得明显成效。

(二)围绕带倾向性的思想问题确立"爱建"活动的教育内容,使"爱建"活动为行政工作提供思想保证。如1995年,我们在工厂形成两条生产线的格局下,针对部分单位争设备、争能源、争人力的局面,在全厂开展了全局观念的教育,缓解了矛盾。行政在总结当年的工作时,对厂党委的抓全局观念教育活动给予了充分肯定。

(三)以"爱建"活动为纽带,为行政当好参谋。"爱建"主题活动是厂党委的一项主线活动,各级党组织在抓此项活动中,以其为纽带,积极参与到行政的工作中,为行政领导出主意、想办法,当好参谋,保证了行政各项工作的顺利开展。

研究新特点　注意新方法

赵丽党

从党的十一届三中全会至今,中国的改革已经进行了20年。在此期间,我们探索和总结了许多有益的经验,其中两个文明一起抓,思想政治工作必须大大加强决不能削弱,便是重要的一条。改革二十年来,我们坚持不懈地探讨了市场经济条件下企业思想政治工作的新特点及适应新特点的新办法,在纪念三中全会二十年之际,我们有必要对这一问题从理论上给予分析和总结。

一、新旧两种经济体制的变化,引发了企业思想政治工作的新特点

众所周知,建国初期,我们在刚刚推翻国民党统治的时候,新中国一穷二白,完全建立在一片废墟之上。当时我们为了尽快地恢复经济,参照前苏联的经验实行了计划经济的模式。这种体制在当时发挥了它应有的作用。后来随着经济的逐步恢复和生产力的发展,它又逐步显露了自身的局限性,直至79年党的十一届三中全会,我们开始通过经济体制改革解决这个问题。经过十几年的努力和探索,到十四届三中全会,我们党果断地提出了建立社会主义市场经济体制的构想。企业从此进入了制度创新的阶段,并开始逐步走向市场。

政治是由经济决定,并为经济服务的。在企业作为微观上层建筑的思想政治工作是由经济体制决定并为它服务的。指令性计划经济体制与社会主义市场经济体制是我们在不同时期采取的两种不同的经济制度,因此由它们各自决定的思想政治工作便有了自己各自不同的特点。尽管在现实中,我们一些企业的同志并没有清醒地意识到这一点,但经济基础与上层建筑之间相互关系的规律已明白无误地写在了我们改革实践的历史画卷上,在当前从理论上给予详细的分析显得尤为重要。

具体说,计划经济是一种主观性的以集权为特点的经济调节机制,其资源配制及企业生产什么,怎样生产,都是通过国家经济计划部门层层计划实现的。适应这种体制的要求,企业思想政治工作也是以指令性和集权为特点,具体企业做什么,怎样做也都是由上级主管部门层层下达任务实现,这时各企业思想政治工作共性的东西多,政治色彩浓。相对而言,市场经济是一种客观性的,以相对分权为特点的经济调节机制,其资源配制是通过市场调节实现的。在市场的红绿灯面前,企业生产什么,怎样生产,由企业自己来定,经济模式的运作体现分权的特点。适应这种体制的要求,企业思想政治工作应该是自主性为主。在上级宏观指导的基础上,允许企业根据自己的实际情况确定思想政治工作的具体内容和活动方法。同时,市场经济的建立和完善体现一个渐进的过程中,那么企业思想政治工作由指令性为主向自主性为主的转化也体现一个渐进的过程。十四大以来,随着企业逐步走向市场,在企业思想政治工作的实践中就有人开始提出“减少一点规定性动作,增加一些自选动作”的要求,实质就是要求增加企业思想政治工作的自主权,是呼吁企业思想政治工作要实现从集权到分权的转变,从过去说干什么,各企业都干什么,一轰而起的工作方式,转变为允许企业思想政治工作围绕本企业自身特点,采取适合自己的方式,安排本企业经济发展所需要的活动内容,实现企业思想政治工作从共性为主到个性为主的转变。当然对于宣传党的路线、方针、政策,把握企业发展方向这样根本性的问题,在主导思想及主旋律方面,各个企业仍是完全一致的。这是我国国有企业性质所决定的,是不能含糊和不可改变的。

二、适应新特点、采取新方法

经济体制变化了,为之服务的思想政治工作出现了新的特点,这个变化必然导致思想政治工作方法的改变。总结二十年来企业思想政治工作者不断适应新形势,探讨新方法的经验,我们可以将其概括为一个“新”字。

所谓“新”,就是要根据市场经济的新要求,探寻企业思想政治工作更多的新方式、新方法和新载体,充实和加强思想政治工作。这里应注意从三个角度把握:

其一,企业思想政治工作领导方法求新,要注意克服一刀切,实现分层次,抓重点。

在计划经济体制下,上级对下级突出的是“统”和“管”,许多事情是上统下等。上管下靠。企业思想政治工作从上到下同样也存在统的过多,管的过死,千人一面,脱离实际的问题。说干什么,全国各个企业“一刀切”,“齐步走”。这种“大一统”的管理方式,在新的体制下再也找不到统一的时间条件和齐步走的适当方式,统一的特定内容也变的少了。因此说,新体制下再简单沿用旧的方式、方法是不行了。

今后在企业逐步走向市场的过程中,对企业思想政

治工作可以采取分层指导的方法。其中,一是对于党的路线、方针、政策等重大方向性问题,由上级部门统一部署,提出要求,各企业可以从本单位实际情况出发作出具体安排,确保实现;二是对于企业的经济宣传及结合企业生产经营需要、职工思想状况等开展的思想政治工作,将是企业里主要的、经常的、大量的工作,应由企业根据实际情况自主安排,上级部门则主要是宏观管理。这样企业有了自主权,思想政治工作可以做得更灵活,更有效。上级部门也可以摆脱繁杂的事务,突出重点,抓好大事。

其二,企业思想政治工作的实施方法求"新",需将形式由整齐划一向灵活多样转变。

长期以来,在计划经济条件下,思想政治工作偏重于集体教育,其基本方式是开大会或办学习班,这在当时人们经济利益基本一致,价值取向比较接近的情况下,还能推得开。市场经济的建立则直接引起了利益主体的多元化和人们价值取向的多元化。这种情况下,企业思想政治工作无法用一次会议、一场报告来解决不同利益主体的不同问题。因而思想政治工作的实施方式必须由传统的会议方式转向灵活多样,既要有说理教育、析疑解惑、体察民情、协调关系,又要有现身说法,现场竞赛。要根据市场竞争对人们的直接要求,开展技能竞赛、成果展览、岗位练兵等活动。总结方式既应有精神表彰,又要有必要的物质奖励。比如有的企业奖给突出贡献的销售人员一辆代步汽车,更加方便了他的销售工作。有的企业对有重大发明贡献的科技人员,奖励一次出国考察的机会,等等。上述奖励,既包含了精神褒奖,又巧妙地与物质利益挂上钩,并把这种物质奖励与直接丰富职工的工作内容相联系,从而便在深层次上冲击了我国长期以来普遍存在的"奖励福利化"现象,为解决"端起碗来吃肉,放下筷子骂娘"的问题做出了有益的探讨,真正使奖励成为一种对工作的激励。

事实证明,什么钥匙开什么锁,灵活多样,适时多变是取得新形势下企业思想政治工作效果的保证,也是当前时代的要求。

其三,企业思想政治工作方法创新,还要注意由传统载体为主向新型载体为主转变。

传统的思想政治工作载体主要是开大会做报告,发号召。这种载体在计划经济阶段,特别是在建国初期,人们政治热情高涨时,效果很好。当时我们要开发北大荒,共产党一声令下,亿万知识青年便打起行装,离开城市,落户边陲。当时报告和口号的确可以振动人们的思想、净化人们的灵魂。但经过十年文化大革命,人们的政治热情淡漠了,开大会、做报告、发号召的形式也为人们疏远了,若当前执意简单沿用,效果往往不佳。特别是当前市场经济的建立,使人们的生活方式、思维方式改变了,传统的载体形式在许多情况下已难以简单沿用,因此要求企业思想政治工作积极寻求和启用新的载体。。

第一,现代宣传舆论工具的发展,改变了人们的信息渠道,它要求企业思想政治工作尽快完成由传统载体为主向现代化载体为主转变,工作由重在输入信息转向重在引导行为上。

过去职工接受教育主要靠组织渠道,工人获取的信息70%到80%是通过开会和政治学习得来的。今天由于现代信息媒体的迅速发展,职工的信息有70%左右来自大众传播媒体,并且往往是发生在我们大会传达之前。这样巨大的变化便要求思想政治工作要尽快从传统载体为主转向现代宣传载体为主。群众早已了解了的思想信息,就没必要开会,组织大家复习。到此,并不意味着思想政治工作没事做了,而是要求思想政治工作及时掌握和引导群众运用好新的载体方式完成宣传任务,同时将工作重点由原来的信息输入为主转为引导行为为主,从过去浅层面灌输转向深层面的实践引导。这样现代载体的运用,既拓宽了思想政治工作的宣传内容,又提高了思想政治工作的效果。所以由传统载体为主向现代化载体为主转换,势在必行。

第二,市场经济的发展,向企业思想政治工作的传统载体提出了挑战,同时新的实践又孕育了许多新的载体,为企业思想政治工作充实新的载体提供了可能。

近年来,一些沿海地区企业推行的以文化为载体,以管理为载体、以活动为载体的经验,是做好市场经济条件企业思想政治工作的有效方式。其中以文化为载体是通过提高文化素质,增长知识来提高人们的思想认识,也可以是通过文化活动来解决市场经济条件下出现的新问题。如内地对香港企业界进行爱国主义教育时,是通过吟诗会的形式,组织双方有关人士对诗词这一中华文化瑰宝的欣赏,真正达到思想统一的目的。以管理为载体是将思想政治工作渗透在管理中实现。因为一种科学、民主、公平、规范的管理本身就是超前的思想政治工作,严格管理所塑造的职工遵守纪律、一丝不苟的工作态度,严格的质量意识、精湛的技艺,都是市场经济条件下企业思想政治工作的任务、目标,管理为载体不仅势在必行,而且积极有效。活动为载体是寓教育与活动之中。这样便使新形势下许多难以进行的教育在活动中实现了。深圳对出租汽车司机文明经商,优质服务的教育便是通过开展评选优秀司机实现的。乘客评票,上级考核,好的及时表彰,差的停业整顿,有效地完成了行业思想教育的任务。

总而言之,由于市场经济的建立,思想政治工作自身特点发生了变化,我们必须行动起来积极探讨新的具体工作方法和载体,充实到实际工作中来,使思想政治工作在新的形势下更有活力。

（作者系中国铁路工程总公司党校教研部主任、副教授）

增强共产党员的法制观念

郑展兴

增强党员的法制观念,虽非新话题,但却是个很有说头的沉甸甸的话题。

也许您已经发现,法制观念一词,在党政文件、领导讲话和媒体传播中,出现的频率越来越高了。在众多的文件、报告中,八届人大四次会议通过的《国民经济和社会发展"九五"计划和2010年远景目标纲要》里"继续深入开展法制宣传教育,提高全民族的法律意识和法制观念"和党的十四届六中全会《决议》中"要在全体人民中进行遵守宪法和法律的教育……增强民主法制观念"这两句话,无疑是党的十五大之前关于这一问题最具权威、给人们留下最深印象的两句话。十五大报告谈民主法制建设的份量比十四大报告大大加重了,不仅强调要增强人们的法制观念、法律意识,而且把"依法治国、建设社会主义法治国家"作为政治体制改革的方向提了出来。很显然,无论从哪个角度讲,学法、懂法、增强自身的法制观念,已成为摆在每个司法干警特别是党员、党员领导干部面前的一个重要而紧迫的课题。

所谓法制观念,扼要地说,就是人们对法律制度的看法和态度,对法律重视和自觉遵守与维护的程度。具有较强法制观念的人,法在其心中有较大的权威,不仅自觉学法、守法,而且还会自觉用法、护法,坚持依法办事,勇于维护法律的尊严与统一。很显然,高度自觉性,是社会主义法制观念的一大特点。

将法制观念与共产党员联系起来且强调要增强其法制观念,自是有其缘由的。

众所周知,中国的政治核心、中国的执政党,是中国共产党。但在社会主义条件下怎样执政、怎样实现领导,却是个不可忽视的大问题。对此,党的十三大报告作出了明确的回答:党对国家事务实行政治领导的主要方式是,使党的主张经过法定程序变成国家意志,通过党组织的活动和党员的模范带头作用带动广大人民群众,实现党的路线、方针、政策。伟大导师列宁,早就对此有过明确的指示,"工人阶级夺取政权之后……要通过改变所有制和实行新宪法来掌握和保卫政权,巩固政权","假如我们拒绝使用法令指明道路,那我们就是社会主义的叛徒"。党的主张和列宁指示精神的根本点,就是党要实行领导方式的转变,由主要依靠政策,转变为既依靠政策更依靠法律,或者说,主要依靠法律、运用法律武器管理国家。这里有两个要点:其一,是将党的主张、政策,通过立法程序变为国家意志,以法律形式付诸实施;其二,通过党的组织活动和党员模范带头作用带动人民群众守法、执法,实现党的主张、政策。

作为共产党员,对新的执政特点自然应有个清醒的认识,看到法律地位的变化,及时更新观念。过去常常讲,政策和策略是党的生命,万万不可粗心大意。现在呢,从某种意义上说,法律和法规同样是党的生命,也是万万不可粗心大意的。党政机关、政法战线上的党员,尤其不可粗心大意。改革以更新观念为先导,在新的形势下,共产党员不仅要有较强的组织观念、政策观念,而且还要有较强的法律意识、法制观念。只有这样,才能为全国人民做出好榜样,为有效维护和实现党的执政地位、加强和改善党的领导做出较大的贡献。

在我国进入改革开放新时期,认真总结了社会主义实践经验教训后,民主与法制建设步伐大大加快了。伴随成百上千部法律、法规的诞生,掌握国家政权的无产阶级必须高度重视反映人民意志的法律,树立法律权威,严格依法办事,以巩固国家政权,保障经济建设,实现长治久安的思想观点,越来越深入党心、民心——法律的地位,在人们的心目中大大地上升了。而这一思想认识的最新、最高成果,则是在全国八届人大四次会议通过的《纲要》中,首次庄重地提出了"依法治国,建设社会主义法制国家"的战略方针。

依法治国,是一场深刻的变革与革命,其特征与要求是国家的政治、经济和社会生活各个方面,民主与专政各个环节,都应做到有法可依、有法必依、执法必严、违法必究。尽管实行依法治国不会一蹴而就,将是长久的历史进程,但法在工作、生活中的影响日增的现实,普法与依法治理力度加大的现状,我们还是深深感受到了。每个共产党员,都应以积极的姿态迎接这种变革,投身这种变革。无论你是当官还是为民,无论你是执教还是经商,无论你是做工还是务农,无论你是拿枪杆还是耍笔杆,专长与本领可以各异,但在改变知识结构、加大法律知识含

量、消除封建社会“遗风”影响、摒弃“唯上”作风，一句话，努力增强法制观念这一点上，应该是相通、相同的，是需要大大加把劲儿的。

新的执政特点与正式确立的依法治国方略，迫切需要我们的党员具有较强的法制观念。在我们这个有着数千万名党员的执政党内，政治素质高、法制观念强的党员，还是大有人在的。不过，在充分肯定党员队伍主流的同时，我们也必须看到，一些党员尤其是握有一定权柄的党员，漠视法律、违法犯罪的问题是十分严重的。古时有个说法，“儒以文乱法，侠以武犯禁”。今日某些为官的党员，则是以言代法、以权压法，直到猖狂犯禁与乱法。

在经济领域，假冒伪劣产品和偷税漏税问题，已成时下一个“顽症”。但我们稍加察访就会发现，“顽症”大多是打着“为集体、为群众”的旗号，在少数党员干部放纵或直接导演下产生的“杰作”。去年，有关部门曾重点检查41万家国有企业，违纪违法者有一半以上，偷税漏税有128亿元之巨——这偷漏之“功”，不记在那里的党员干部身上又能记在谁身上呢?!

一个真正的共产党员，必然要自觉地、经常性地进行党性修养，按照无产阶级先进战士的要求，从思想作风等各个面进行改造和锻炼，使自己适合于党的需要，适合于建设有中国特色的社会主义事业的需要。上述党员中存在的问题，严重违背了党的宗旨、要求，阻碍了党的事业的发展。因此，强化党员的法制观念，已成为党员党性修养的一个重要而急迫的课题。

增强党员的法制观念，途径与方法是多种多样的，但基本的路子，就是学习与实践。

学习，内容是丰富的。增强法制观念，须以知法、懂法为前提。所以，首要一条便是学习法律，使自己具备一定的法律知识，万不可当“法盲”。增强党性观念，少不得理论的武装。在马列主义、毛泽东思想和邓小平理论中，民主与法制建设方面的论述是极其重要的组成部分。这一重要内容，务必学深吃透，切实提高法学理论水平。这样，树立和增强法制观念也就有了根底的基础，将自己的一切活动纳入法制轨道，也就会来得自觉些。而不会像曹操那样“割发代首”来个象征性守法，也不会像普希金那样意气行事轻率决斗（当时俄国法律也是禁止决斗的）而丢了性命。

实践，机会是很多的。参加普法与依法治理活动，是一种实践；同贪污腐败分子斗争，也是一种实践；在街头制止歹徒施暴，还是一种实践；司法、行政执法人员履行职责，更是一种实实在在经常性的实践……面对诸多的实践机会，你是挺身迎上去，还是低头退下来呢？作为共产党员，若只满足于自己守法、停留在“洁身自好”的水平上，那品位显然低了些。敢于用法、护法，敢于在实践中强化自己的法制观念，这才是应取的做法和态度。不少共产党员如山东泰安市检察院检察长公丕汉，就在勇于实践上为我们做出了榜样。

轰动全国的泰安窝案，首犯是原市委书记胡建学。公丕汉与之较量、斗争，其难度是不难想象的。当胡建学采取种种卑劣手段阻挠公丕汉办案失败后，便老羞成怒在大会上当众训斥公丕汉“无组织无纪律”、“向市委发难”、“不要党的领导”。公丕汉不愧是党和人民的英雄汉，针锋相对毫不退让：“我依法办案，错在哪里？我按组织形式向检察院汇报案情，又有什么违纪行为?”胡建学的训斥，值得好好品味一下。他的话，说来说去，一言以蔽之，就是公丕汉没有“组织观念”。而公丕汉“我依法办案”的回答，则表现出了强烈的法制观念。可以说，他们之间的冲突与较量，是“组织观念”与法制观念的冲突与较量。值得注意的是，两种观念的冲突与较量，并非仅此一例——强调“组织观念”，常常是党内腐败分子压制打击刚正不阿并勇于执法、护法党员的一张“王牌”。这张“王牌”，其实是不堪一击的。组织观念、法制观念，都以为人民、为社会主义服务为根本方向、基本内容，无论在党的旗帜上还是在法律的旗帜上，都把反贪反腐几个大字写得清清楚楚、明明白白。二者相通相联，只有一致决无矛盾。胡建学们打起的组织旗号、强调的“组织观念”，是假冒产品，是违背组织原则、滥用权力践踏法律尊严的典型表现。这样的“组织观念”，是不能服从的。共产党员抵制这种“组织观念”，敢于护法，不仅体现了较强的法制观念，同时也体现了较强的组织观念——对党对人民高度负责、坚持原则与邪恶斗争到底的思想观念。

两种观念的冲突与较量，说到底是权与法的较量。每个共产党员，都应对这种较量的长期性、复杂性有个比较清醒的认识。当我们有幸面对这种较量的时候，都应像公丕汉那样不怕打击报复，不被所谓的“组织观念”唬着，在维护法律尊严的实践中不断强化自己的法制观念与组织观念。倘舍此大勇而侈谈法制观念，那就近于自欺欺人，与伪君子的形象距离不远了。

（作者系北京市司法局办公室副主任）

确保“大政工”责任体系落到实处

戴英坤

近几年，我们结合本段实际，制定实施了思想政治工作“四包、六定、三挂钩”考核办法。经过实践，取得了较好效果，基本解决了落实“大政工”责任体系中所困扰我们的问题。

一、责任到岗到位，确立“四包、六定、三挂钩”的考核思路

在学习贯彻中央宣传部、国家经贸委联合制定下发的《关于加强和改进企业思想政治工作的若干意见》中，我们对本段落实大政工责任体系的情况进行了认真地检查分析，有几个问题引起了我们的深刻反思：各类干部的“一岗双责”规定那样明确，为什么难以落实？大政工队伍那么健全，为什么思想工作仍存在空档？对行政干部做生产经营管理中的思想工作的要求那样具体，为什么在实际工作中做不到？针对这一连串的为什么，党政班子进行了认真的分析与研究，找出了问题原因所在：一是考核机制仍按过去传统的“双轨制”考核办法，没有与安全生产同时同步考核到人；二是考核效果与经济责任制挂钩力度不够，奖金捆挂少；三是考核量化标准不具体，操作起来难以掌握；四是逐级负责未落实，考核过程不认真，走形式。原因找到了，问题也就不难解决，党政班子开始寻找一条既能除其前弊，又能适应铁路改革发展需求的“大政工”责任落实的新途径。经过我们反复研究、探讨，一个新的思想政治工作考核办法，在征求职工意见之后，出台实施。

这个办法以《若干意见》为指导，贯彻“双向参与，共同负责”领导体制精神，对各级各类干部做思想政治工作的职责、范围作出明确界定，对有关标准量化到人头，落实到岗位，并着重在考核方面加大了奖金捆挂力度，实现与安全管理考核的同时同步。概括起来，我们把它叫做“四包、六定、三挂钩”。

四包：就是思想政治工作实行段领导包线，专业政工干部包片，行政干部包站，政工组长包班组。全段 64 名干部，31 名政工组长按职责、分层次对思想政治工作实行包保。段级领导包线：主要体现领导干部在思想政治工作中的宏观决策作用。段六名领导干部分别包保一条干线和两条支线，主要职责是检查指导安全工作的同时，检查指导思想政治工作落实情况。通过深入调查研究，分析包片人员所提供的资料，拿出本线思想政治工作阶段性意见，并付诸实施，及时解决安全生产过程中带有倾向性的思想问题。政工干部包片：主要体现政工干部在思想政治工作中的核心作用。我们将段辖各站按地域划分成五片，由 8 名政工干部包保，主要职责是根据段党委总体要求，定期分析工作重点，排查思想关键，提出建议，为包线领导决策提供依据，当好参谋，指导车站和班组做好思想政治工作。行政干部包站：主要体现行政干部在思想政治工作中的主体作用。由 29 名中间站站长和 23 名机关行政干部对全段 25 个车站实行包保，主要职责是在抓好职工安全教育和管理制度落实、检查抽查职工“两纪一化”执行情况的同时，做好一人一事的思想工作，及时解决职工的思想问题。政工组长包班组：主要体现思想政治工作的骨干性。全段 102 个生产自然班组，分别有所在班组的政工组长包保，主要职责是在落实安全管理制度的同时，发挥“小政委”作用，掌握职工思想动态，做好身边的思想工作。

六定：就是定责签约；定位把关；定量操作；定岗卡死；定向反馈；定期考核。定责签约：按照逐级负责的要求，根据“双向参与，共同负责”的精神，每年初包线与包片干部、包片与包站干部、包站干部与政工组长，逐级签订安全思想政治工作目标责任状，半年进行一次检查落实情况，达标奖不达标罚。定位把关：领导干部主要把政策关，确保段出台的有关安全管理方面的规章制度、奖罚办法，不损害大多数职工的利益，有利于调动职工积极性。包片、包站干部则注重把住容易产生职工思想波动的安全生产关键环节关，及时开展预想活动，把问题消灭在萌芽状态。政工班组长都是当班职工，则要重点把住关键时间，及时提醒身边同班人员不要粗心大意，造成违章受罚。定量操作：为了把“软任务”变为“硬指标”，增强可操作性，我们把安全生产过程中思想工作大体分解为日常谈心、家庭走访、政策宣讲、信息传递、政治学习、选优推先、合理建议、关键人思想工作八个方面，规定每月每项应完成的具体数量和应达到的具体标准。定岗卡

死:是指对安全影响较大的关键人员、关键岗位、关键环节实行卡死制度。全段23名“三类人员”,12个业务繁忙,地理环境特殊的岗位和安全重点阶段,职工工作调动等关键环节,都指定专人靠上去做工作,保证不出任何问题。定向反馈:所有参加包保的干部按责任区域,向段信息中心反馈职工思想信息。领导干部通过《职工思想沟通卡》,沟通与职工的思想联系,其他干部通过《职工思想信息月报》每月进行一次反馈。根据不同层次反馈的职工思想信息,针对不同时期存在的影响安全生产的思想问题,随时确定工作重点,制定措施,解决问题。定期考核:对参加思想工作包保人员,每月结合“五定三率”和“滚动升级”情况进行一次月度考核,每季结合支部检查进行一次专项考核,每半年按“一体化”要求,进行一次综合考核,年终全面考核,评出思想工作先进包保人员。

三挂钩:就是思想政治工作考核同安全生产,经济效益,党风路风紧密挂钩。挂安全生产:凡包保范围内职工有违章违纪的,按性质不同分别减5-20分,发生“五防”行车一般以上事故失去资格。挂经济效益:凡包保区域内的车站、班组,有未完成当月生产任务的(主要考核指标是运输进款和多经综合效益)每个分别扣15-20分和10-15分。挂党风路风:凡包保范围内发生查实的人民来信批评,一件扣20分;发生党员违纪,路风问题严重即失去资格。

以上是“四包、六定、三挂钩”的主要内容,从概念上,我们是这样区分的,“四包”体现的是思想工作逐级负责制,责任落实到人;“六定”体现的是思想工作的整个运作和考核过程;“三挂钩”是思想工作效果的最终体现。

二、加大考核力度,实现“四包、六定、三挂钩”的有效运作

我们把“四包、六定、三挂钩”的考核过程分为量化标准、同时讲评、逐级考核、捆挂奖罚四个阶段。形成具体任务分解细化,标准尺度易于掌握,考核当中有所遵循局面,较好地解决了原来存在的“看到什么说什么,遇到什么做什么”的盲目工作方式,增强了安全管理过程中思想工作的针对性。

量化标准:根据我段特点,我们把安全管理过程中思想工作分解成八项内容,逐一进行量化,根据包保人员的层次和成份提出了每月每人所达到的最低数量,同时明确规定了每项的加减分标准。例如:“政策宣讲”一项,要求包保干部利用党员会、职工大会、交接班会等,宣讲部、局、分局和车务段不同时期的安全生产重点和要求,每月包线干部不少1场次,以各站记录为准,少一次各减2分,多一次加0.3分。再如:“选优推先”一项,当月内所包区域内有评为“示范站”(岗)或“党员红旗责任区”的每个加0.5分(只在当月内加分),失去称号的也在当月考核时减0.5分,没有先进的不加不减。

同时讲评:是指干部思想工作情况同安全管理情况每月一次同时讲评。要求干部深入现场时,对安全检查和思想工作情况,在干部《检查手册》内一一写实,并在车站《干部岗位检查记录薄》内注明,月初按照个人写实记录,对本月工作自我小结,自我评价。在讲评过程中,我们注意做到职工反映、车站记录、检查手册“三核对”。这样既消除弄虚作假,虚报成绩的行为,也为包保干部提供了指导性的反馈意见。

逐级考核:在层层讲评、个人总结自评的基础上,我们采取了逐级考核,综合评分的方法,对包保人员工作情况进行全面考核。每月初5日前各类干部将《安全“五定三率”、思想工作“四包六定”考核表》逐级上交,党群干部交党委组织委员,包线包站行政干部交分管付职,车站站长、班组长交党支部书记,其他行政干部交分管付职,车站站长、班组长交党支部书记,其他行政干部交分管科长(主任)。经分管考核负责人依据量化的标准分别鉴认实际得分后,再分别汇总报段干部政绩考核小组,经核定确定最终考核分数。“五定三率”考核和“四包、六定、三挂钩”考核,各有具体的考核标准和考核办法,满分均为100分,最终考核分数是两项相加之和被2除。

捆挂奖罚:按照分局把职工总收入的50%纳入安全生产、文明建设等项考核的要求,我们把技能工资、岗位工资、企业工资等各项收入,捆挂安全“五定三率”的思想政治工作“四包、六定、三挂钩”的考核,各占50%的最终分决定了每个干部当月“捆挂工资”的报酬。它促使行政干部在抓好安全管理的同时,必须做好思想政治工作,政工干部在抓好思想政治工作的同时,必须参与安全管理。否则,哪一项做不好,都会降低当月的捆挂工资收入。比如:段安全科的一名干部没有真正认识思想政治工作的重要性,未完成“四包六定”任务,考核得分是69分,虽然其当月“五定三率”考核分数是97分,按考核办法最终干部政绩考核只得83分,减少了当月收入86元。捆挂奖罚,对促进“大政工”责任落实,起到了事半功倍的效果。

三、贴近工作实际,增强“四包、六定、三挂钩”的实际效果

思想政治工作“四包、六定、三挂钩”考核办法,从我段实际出发,不走过场,不图形式,紧贴中心工作,选准“考核”为突破口,加大力度。通过抓考核,促进了责任落实,使我段的大政工责任体系在安全生产经营的全过程中,发挥其应有的功效,取得了明显的实际效果。

一是进一步深化了“大政工”责任体系的层层落实,加大了安全管理过程中的思想工作的覆盖面。“四包、六定、三挂钩”考核办法中的“四包”,把我段所辖162公里线路上的21个中间站、4个线路所划分为“三线、五片、

二十五点”。线线有领导干部，片片有专职政工干部，点点有行政干部和政工组长，且各自职责分明，标准具体。哪里有干部，哪里就有干部安全监控，同时思想工作就做到哪里，形成了分局“大政工”大气候下的具有泰安车务段特色的思想工作“层次清，密度大”的小气候。今年上半年，全段102个生产班组，96个岗位，共695名一线职工，包保干部思想工作的到位率均达百分之百。同时，全段各类包保干部各司其职，落实“大政工”责任，注意做好一人一事的思想政治工作，未发生一起遇到问题上推下卸的现象。

二是有力地发挥了“大政工”主体人员的主观能动性，实现了安全管理控制和思想工作的有机结合。“四包、六定、三挂钩”考核办法中的“六定”明确地表述了各类干部抓安全管理过程中思想工作的责任目标、工作内容和重点，并确立了工作程序和工作方法。特别是工作内容的分解和标准的量化，更有利于行政干部操作，使他们既不再认为思想工作“无事可做”，也不再感到思想工作“无从着手”，而是主动地结合自己的专职业务，创造性地开展思想工作，段长张安华同志，从行政第一管理者的角度，努力将思想问题解决在发生之前，主动建立了“伙伴会议”制度，请生产一线的班组长和生产骨干定期参加安全生产重大问题的研究和讨论；进行了“开门纳谏”活动，广泛征集职工的合理化建议，听取职工对干部的批评意见；实施了“人才库”工程，给职工创造能够充分发挥个人才能的机会；开展了“职工连心卡”活动，沟通车站与职工家庭的联系，为职工排忧解难，极大地调动了职工安全生产的积极性。

三是进一步完善了“大政工”考核机制，实现了思想工作同安全管理工作考核的同时同步同力度。“四包、六定、三挂钩”考核办法的核心是考核，而我们又把考核的“重头戏”放在与安全管理考核的同时、同步、同力度上，收到了较好的效果。首先，在考核责任人上，与安全管理考核一样，实行逐级负责，下考一级，体现了“双向参与，共同负责”精神。其次，在考核操作过程中，与安全管理实行一个本（干部安全五定、思想工作检查手册），一张表（安全五定、思想工作四包六定考核表），一次讲评（安全思想工作月讲评），一同定分（安全和思想工作平均分数），避免了重复考核，减少了工作程序。第三，在考核力度上，与安全管理“双管齐下”，考核分数“平分秋色”，各占百分之五十，最后两项分数相加，同时与总收入百分之五十活工资捆挂，同奖同罚，充分体现了“两手都要硬”的精神。上半年，全段66名有双重包保任务干部的安全管理考核平均分是91.2分，思想工作考核平均分是92分，两项相加平均分是91.6分，考核分数与奖金全部捆绑，展示了“四包、六定、三挂钩”生命力所在。

四是促进了全段安全运输生产的不断发展，展现了安全管理过程中思想工作的强大威力。“四包、六定、三挂钩”考核办法，较好地解决了党政工团思想政治工作责任“谁主谁辅”的问题，积极围绕中心工作，发挥各自优势。比如：在今年的安全标准线建设大会战中，段行政结合实际，制定规划，确定目标，做好会战前的宣传发动和会战中一人一事的思想工作。党委则发挥宣传教育优势，从深化建线意识入手，广泛对职工进行“内实为本”的思想教育，统一规范宣传阵地，努力营造建线宣传氛围。工会结合自身特点，大力开展群众性的自我教育活动，急职工所急，想职工想想，加快文化线、生活线、卫生线建设，努力构筑建线会战的大本营，使参加建线会战的职工能及时在车站“加油、充电”，以更饱满的热情投入会战。团委号召团员青年强攻硬上，唯先是夺，在建线会战中站好岗，塑好形，哪里任务重，哪里就有青年突击队。

强有力的思想保障，促进了各项工作的不断发展。目前我段的标准线建设已基本达到既定目标，环境整洁，内功扎实；安全管理有序可控，基本稳定。铁道部在我段召开京沪示范线建设现场经验交流会，实地参观了被誉为京沪“明珠”的万德、张夏两个全路“先进中间站”。我段被铁道部命名为“安全优质车务段”，国林付部长题词：建线一流，无愧泰山。党建思想政治工作上载体，党支部的战斗堡垒和党员的先锋模范作用在安全示范线建设中得到了充分的发挥。仅今年上半年党员义务奉献工时25000小时，创红旗责任区5个，党员示范岗6个。运输任务、多经效益实现“时间过半、任务过半”，其他各项工作也在同步发展。

（作者系济南铁路分局泰安车务段党委书记）

当代大学生思想与心理健康教育相结合的有效途径

李新华

我们正处在世纪的转折点上。世纪之交蕴含着社会发展的宝贵机遇和巨大希望，也充满着激烈的竞争与挑战。社会主义市场经济的浪潮冲击着我国的各个角落，振荡着中华民族世代相传的政治观念、道德观念和文化观念，所有这一切都给大学生带来了巨大影响。处于社会生活激烈变革，新老交替时期的当代大学生，内心既充满着憧憬和希望，也充满着困惑与苦恼。这就给新时期的思想工作提出了更高的要求。

一、当代大学生思想观念的基本状况

调查问题基本情况及总体结论。

(一)政治观上的主流与困惑

我们发放800份问卷，回收率为87.5%，数字统计分析表明：对“中国必须由共产党领导”持肯定态度的为50.3%；认为“社会主义道路是历史必然”的为69.6%；认为“改革开放是中国的富强之路”占81%。这是当代大学生的主流政治观，定向积极，表明大学生的基本政治素质良好。但也有22%的学生对共产党的领导和社会主义道路认识模糊，认为“不管谁领导，经济发展就行”；30.7%的认为改革开放是引进资本主义制度及生活方式，社会主义市场经济已经实行了资本主义制度。这里有困惑，也有偏见，是当前思想政治工作面临的重大任务。

(二)理想与现实之间存在着矛盾和困惑

从调查看，绝大多数人具有崇高理想和人生目的。63.3%的人愿为国家富强、民族兴旺和为人民的利益多做贡献；在“什么是理想的生活条件”中，47.6%的人选择了“住房”，45.6%的选择“工作”，39.9%的选择了“婚姻”；对“生活的愿望”，91%的选择“和睦家庭”，88.8%的选择“美满婚姻”。调查表明，71.9%的青年认为“每一个人都不可能掌握自己的命运。”在择业方面，有85%、53%和83%的人分别去“三资企业”、“大中城市”和“经济发达地区”工作。仅有6.6%的人想去祖国需要的地方。由此可见，以江泽民为核心的党中央多次反复提出讲政治的重要性和及时性。用马列主义、毛泽东思想，特别是用邓小平理论武装青年头脑迫在眉睫。正如邓小平所讲“一定要教育好我们的下一代，下两代，让他们树立共产主义理想”。

(三)价值观方面的复杂心态

当代大学生的价值观总的看是积极的，可看作是一种亮色，但也有灰色地带的存在。他们对社会倡导的价值观表现出一种很复杂的心态，一方面有59.2%的人对“人生的目的就在于奉献”，持肯定态度，认为“这个世界大多数是乐于助人的”；另一方面却有高达66.3%的认为“人的本性是自私的”，认为“从本质上讲，人与人之间的关系是交换关系”。需引起人们深思的是，这后一种观点在前一段时期内是作为资产阶级最腐朽的东西加以批判的，如今青年人却对此趋之若鹜。92.4%的人认为“生命属于自己”，60.9%的人“要靠个人奋斗实现人生价值”。少数人甚至认为“学雷锋，无私奉献”不合时宜。这些都明显地反映出一种复杂心态，积极与消极的共存，利己与利人对立，理智与情感相悖，思想与行为脱节。时代需要奉献，社会倡导奉献，人们渴望奉献，它必然与主观为自己、客观为别人的价值取向产生冲突。

(四)金钱观上反映出的冲突

当代大学生对金钱的态度是复杂的，一方面有49.9%的人认为现在最大的追求是挣更多的钱，另一方面，他们又不把金钱放在人生的第一位，而将之置于健康与知识之后，在生活态度上，也有47.1%的人反对“人生在世，就应及时行乐”。在转型期，文化领域里的知识贬值，艺术领域的明星效应，生产领域的急功近利，流通领域的精品光晕，分配领域里的钱权交易，使得“金钱不是万能的，没有钱是万万不能的”成为被众多青年接受的“金玉良言”，使得事实中各项选择都过分偏之金钱与物质利益，而不在关心什么政治、专业、贡献、国家利益等等。可以看出，在金钱观上，传统教育在大部分青年大学生心目中仍有着重大影响，不把金钱作为人生的唯一或第一追求，与此同时也存在着“金钱至上”、“金钱拜物教”对大学生日益深入的影响和腐蚀。

(五)道德观上的误区或动摇

由于认识上的无知、盲目，不少青年人陷入了道德人格发展上的误区，缺乏道德的基本规范意识和道德的实践，产生认知和行为的反差，并反映在道德的各个方面：

(1)对道德的困惑:“道德决定论”还是“道德无用论”。(3)对道德价值标准的困惑,道义还是利益。对道德主体的困惑,做安分守己的谦谦君子,还是做开拓进取的现代人？转型时期,道德价值标准上的双重性或多重性促使当代大学生在道德行为选择上处于矛盾冲突之中。反映在大多数青年身上既有对传统道德多数观点的认同,又有在实践中对传统道德多数观点的反叛。如:认为“甭管啥主意能挣钱就是好主意”的观点就把索取与奉献对立了起来。事实上,在以社会为本位,还是以个人为本位的道德价值天平上,多数青年呈现了向个人本位的倾斜。在回答你认为“最美好,最积极、最向往的品质是什么”时?“无私、助人为乐”这些长期被推崇的美德,只有12.5%的人赞同。“无产阶级只有解放全人类才能最后解放自己”已被某些青年人倒背为“无产阶级只有解放自己才能解放全人类”。看来,青年人在价值演变中,道德滑坡的现状已严峻地摆在我们面前。

二、对产生上述冲突与困惑的原因分析

循着当代大学生新时期思想观念困惑变奏的旋律,寻根究源,不难发现,原因来自外在动力和内在动力的交叉作用。

(一)历史动因的延伸:“文革”的烙印对青年们心灵蒙上的阴影,遗留的是人与人之间的不信任与怀疑。他们不愿像雷锋、焦裕禄等英雄那样活得很苦很累,而要活得自在,潇洒实惠。而社会从来是一个立体结构,有人在顶端,就需要更多的人在底层,有人从事管理,就需要有人直接从事劳动。每个人在社会网络中的位置更不都是由个人所定的,现实生活与青年人的一厢情愿大反差,是产生困惑的重要原因。如文革前的大学生是“祖国哪里需要,哪安家”,可今天40%的大学生能如愿签约,60%的宁愿处于待分配的四处奔波,也不情愿去边远地区从事专业的艰苦工作。

(二)国内外形势影响,西方文化冲击,封建残余的存在,都对当代大学生的思想和心理产生影响。多种基因的文化渗透,一方面促进了价值观的完善和发展,另一方面诱发了价值观的杂交与混沌,必然会有积极与消极双重影响,58.3%的青年认为在文化大潮冲击下心理素质抵不住诱惑,40.7%的认为西方文化思潮及生活方式的诱惑,使青年心理冲突加重。如电视、录相、书刊、计算机多媒体联网,积极引导信息交流与诱导和黄色冲击波并存。

(三)社会环境的影响。由于改革开放对旧体制、观念、文化、传统、价值的冲击、更新,一方面使主体在社会巨大震荡中感受、体验,使新的社会价值得以接纳、传播、弘扬,另一方面也使主体的价值取向在与社会整合中进行自我调节。尤其是在市场经济氛围中社会利益的重构,打破了原先的利益分配模式,经济杠杆日益显著,社会价值观念日益个体化。社会运行机制中出现的脑体倒挂,腐败、贪污、受贿等阴暗面,也冲击了价值取向,同时,时间、效益、竞争观念在其头脑中日益增强,51.7%的青年认为社会环境的不良影响致使内心冲突加剧。如事业单位的人员减半,企业的下岗几千万,毕业生的择业艰难,失业大学生160万,部队裁军50万,四个不稳定因素加上腐败、金融危机两根导火线,都对大学生的心理困惑产生较大的冲击。

(四)理想与现实的反差从多面影响着青年。商品经济使社会遵循价值规律的原则,个体人格独立受到尊重,自我意识得以增强。掌握真才实学,学会推销自己,能与社会竞争,谋求正当利益的青年所接受;另一方面,商品经济本身重视金钱的作用,高收入被多方面理解;如声望的补偿,高风险的代价,地位的象征,能力的代表,从而极大地刺激了当代青年对富足生活的渴望。因此,攀比风、经商热趋于上升,48.4%的青年认为高消费导致了他们心理冲突加深。知识分子的经济地位,低于或等于平均收入状况,也在当代青年人的心理上乃至事实上造成了知识贬值和知识分子相对地位的下降。科技人员英年早逝,大学生择业困难,教师领不到工资等等现象,使42.7%的青年把心理困惑的原因记在了知识分子待遇低、经济地位低上。理想与现实的强烈反差也是造成心理困惑的主源,据报载,70%的青年选择高职业地位,41%的希望自己社会身份为白领,37.5%入选高层领导,17.9%的入选儒商,在20种择业中,275人仅有8人选择从教,4%选农村山区。

综上所述,当代青年的价值观在总体上是积极向上的,但确也存在许多不成熟与混乱,这种不成熟和混乱,集中地表现在价值观念的自相矛盾与动摇上,因此,对青年人的思想引导已是势在必行的事情,是社会发展的必然要求。

三、适应时代要求,积极引导当代大学生树立正确价值观

对青年思想与心理的引导,包括以下几个方面:

(一)要将个体现实性与社会整体性结合起来。要抓好什么是社会主义,怎样建设社会主义这个主题,抓好解放思想,实事求是这个精髓,抓住“一个中心,两个基本点”;和“富强、民主、文明”这个核心内容,紧密联系思想实际,努力加强当代大学生的世界观、人生观、价值观建设,树立全心全意为人民服务的思想,走与工农相结合的道路,在社会主义现代化建设的实践中锻炼自己。这样才能把青年的精神支柱建立起来,思想统一起来,行为目标一致起来,斗志昂扬地投入有中国特色的社会主义伟大事业中来。

（二）要提高青年的思想道德和科学文化素质，要将道德规范性与利益进取性结合起来。为此，要联系青年的工作实际，认真学习党的基本路线和基本理论，针对青年特点，增强学习实效。在长期的学校道德教育中，学生接受的是助人为乐，无私奉献，但在实际中却是有偿服务，等价交换，这种注重功利的观念既与传统价值观构成冲突，又使学生在道德评价、道德判断、道德选择上无法与市场经济意识在心理上取得平衡。在转型过渡时期，利益是驱动青年前进的动力，他们对功利的进取变得更为真切，若引导不当，很可能滑向急功近利或唯利是图这一极，出现与社会价值游离的现象。因此，应调节平衡的价值体系，提高青年的思想道德和科学文化素质，引导他们沿着个体利益进取与社会道德相一致的理性轨道发展。

（三）将获取合理性与奉献主导性结合起来

在“知识经济就是力量”与“金钱”就是力量的错位中，部分青年的道德偏重于本位主义，人生价值偏重于个人主义，生活价值偏重于实用主义，致使个体的价值取向向获取一端明显倾斜。所以，要引导他们辩证地认识二者的关系，应该既肯定个体价值和合理获取的必然性，又不能离开社会价值和奉献一味追求获取。既要承认个体利益可成为社会和他人做奉献的杠杆，更要承认不能为个体的价值而舍弃奉献和社会价值，从而使获取合理性与奉献主导性得到有机结合，实现多奉献，助他人，益社会，利个人的价值目标。

当前，利益追求与无私奉献的冲突是现实社会各类矛盾的集中表现，是不可避免的社会现象。的确，无私奉献在各个历史时期有着不同的内涵，然而时代的变迁改变不了无私奉献所代表的整个人类社会进步道德精神的光彩。无私奉献精神不仅属于奉行者自身及其产生的时代，也成为同时代的人们所恪守的道德意志，工作的思想动力及做人的道德规范，具有永恒的时效性及广泛的适用性。由此而论，无私奉献也同样能在市场经济条件下发挥出巨大的社会效益。如抗震救灾，抗洪抢险，那些为人民无私奉献青春与生命的青年，其精神支柱是源于奉献之歌的主旋律，张华、徐虎、高建成等楷模在新形势下的成长，必将激励更多的青年为人民奉献自己的一切。不是“市场经济不需要奉献”而是“奉献”的远远不够。为了祖国和人民的富强而甘于奉献，这正是当代大学生义不容辞的责任。

（四）将物质必需性与精神崇高性结合起来

我们的青年一代，应具有高尚的道德修养和良好的思想境界，懂得如何做人、爱人、爱国的道理。用邓小平理论武装青年头脑，指导实践、解决思想、信念、信心等实实在在的问题，帮助他们树立起精神支柱，澄清他们的思想困惑，调动其建设社会主义的积极性。因此，要培养当代大学生良好的“思想品德素质、文化素质、专业能力素质、身心健康素质和自律能力”，使其在精神与物质的双重需求中，提高个体的精神价值取向，使之拓展、升华，引导他们走向成功。我们一定要认真贯彻落实党的十四届六中全会精神，不断提高民族的思想道德水平，培养出善于思索，正视现实，完善自我，有益社会，致力发展的一代跨世纪高素质新人。

（五）要把爱心、诚心、知心与信心、恒心、创新结合起来

近几年来，在全国思想政治工作科学专业委员会和育人专业委员会的直接关怀指导下，我们在新形势下，努力探索出一条当代大学生的思想政治教育、心理健康教育相结合的理论和实践的有效途径。使当代大学生思想和心理健康教育的引导工作不断深入。

在院党委的支持下我们创办了“大学生心理健康咨询中心”，聘请了从中央党校专家到院领导、各专业12名学者作为兼职教授，为上万名青年大学生进行不同专题报告，讲座、团体咨询几十次，为四千名同学建立了心理健康档案。并以情感人，以行导人，以理服人，以力激人，利用知心教师信箱，热线电话等多种形式与近千名同学进行了个体咨询谈话，书信往来，挽救了几十名因思想和心理困惑严重想退学、轻生的大学生。在解决当代大学生思想政治、学习进步、择业、交友、婚恋等方面，架起了一座心心相印的友谊健康桥梁。我们还以自身思想和心理健康教育相结合的理论和实践开设了具有独特艺术特点的——《大学生心理健康》选修课，深受同学的欢迎。实践中，我们认为，要做好大学生的思想与心理健康教育咨询工作应从以下几点着手：

1. 要有一颗爱心和奉献精神

要干好此项工作，首先要从爱学生的角度出发，并关心他们的学习、生活等心理需求，理解他们心理动态变化。如：定期调查、座谈、观察等，热爱自己从事的这一特殊性质的工作，以心理健康咨询的方式缩短与学生们之间的距离，老师好象是慈母导师，又是朋友、知己。这样，你才能更好地了解他们的心理需求，解惑指导其走出困惑迈向成功。要有奉献精神，心理咨询在时间、精力、感情、体力上投入十分大，要走进青年人的心理去谈，去引导，要求咨询专家一切为了学生，要能使他们在极其痛苦的困惑中解脱出来，把自己的一切全部无私的奉献于我们所热爱、执着追求的事业——心理健康。

2. 要有深厚的理论功底和广博的知识

做人的心理工作，从观察、倾听、分析、判断到咨询解释，对症治疗，是一项科学而严谨的系统工程，哪个环节出现问题，都会影响咨询效果。应努力把心理治疗周期尽量缩短，最大限度地减少或消除来访者心灵上的痛苦和困惑，是咨询专家工作能力所在。这就需要刻苦学习

理论基础知识，博学多识，以精辟的道理、恰到好处的语言引导，使咨询达到最佳效果。由于来访者个性差异较大，兴趣爱好有别，这就要求咨询者善于进入角色自如交谈，对症治疗。

3. 要注意自身的修养和人格的影响

这是很关键的一条，在咨询过程中，来访者一般都是经过一段或相当长时间的困惑矛盾，已影响到自身的正常学习、工作、生活，大多数人采取了好多治疗方法解决过，但收效不大的。来访者无论经介绍或慕名而来，其目的是一致的，都想通过帮助尽快摆脱困境。个别的也存有一些试试看或半封闭防范心理，这就要求咨询者要有良好的自身修养，具有人格魅力的吸引。如：你的言行举止，日常气质风度，为人处事的态度，谦虚好学的作风，仪表穿戴干净得体，谈话的风格水准，表情身形姿态，对来访者倾注的投入程度等，都将影响到咨询的效果。只有做到平时自律修身，举止规范，使久闻其名，久见其身，但敬而未近，遇事相见如故，使其尊重你，相信你，又寄希望于你，这样才能谈得真，讲得实，有效果。如：你给来访者谈心理健康，你平时就要表现乐观大度，意志品质坚强；你谈困境中崛起，逆境成才，你自己本身就要懂得如何崛起，怎样成才；你谈青春健康健美，消除身材缺陷困扰，你自身就要重视弥补缺陷，注重健康健美，并能告诉来访者怎样才能优势互补，亮出自己的风采……这就要求心理咨询专家既有理论上的指导解释，又有自身修养、人格魅力的影响，力争做来访者的楷模。

4. 要有谈而必胜的信心和充分的心理准备

珍惜第一次交谈，能一次谈成功不谈第二次。每接待一个来访者，都要有自信心："一定要把他(她)转变过来"。并充分考虑可能遇到的难点，从何种方法入手，启动其心灵的感情闸门，使来访者能愉快地接纳你。要根据了解或观察的性格、气质、特点、知识层次、症状程度、困惑障碍的时间，对方的语言表达形式、深浅度，合理运用咨询谈技话巧，不要过早下结论。争取做到谈一个，心里亮一个，使来访者自信地离开，自己也自信不会失败。

实践证明了当代大学生思想与心理健康教育相结合是新形势下思政工作的一条有效途径。

（作者系河北理工学院学生处副处长、副教授）

温州市毕业生就业现状分析与思考

戴成贵

毕业生就业工作是一项融社会性、思想性和艺术性为一体的系统工程，已成为社会关注的热点，也是影响社会稳定的重要因素。近几年，我市毕业生就业工作取得了很大成绩，但同时也面临许多新情况和新问题。如何深化毕业生就业制度改革，把市场机制引入到学生分配择业领域，使各类人才的积极性和创造性最大限度地发挥出来，是摆在我们面前的一个重要课题。本文就我市毕业生就业现状作一些分析，并对如何加强该项工作提一些思考意见。

一、毕业生就业制度改革已取得初步成效

根据笔者对温州市区近几年的毕业生分配落户情况的调查和综合分析，我认为毕业生就业制度改革已初步取得以下几个方面的成效：

一是毕业生数量逐步增加，科技队伍不断壮大。自国家、省、市对毕业生分配制度进行改革之后，温州市区从1992年至1997年共分配落户的大中专毕业生有8274人，平均每年达1397人，具体是1992年有790人，1993年有818人，1994年有1034人，1995年有1341人，1996年有1927人，1997年达2364人（还未包括市区生源未落实工作单位的数百名毕业生）。可见，毕业生的数量在逐年增加，而且增长比例相当大，1997年比1996年增长23%，1996年比1995年增长43.7%，1995年比1994年增长29.7%，1994年比1993年增长26.4%，1993年比1992年增长3.5%，而1997年与1992年相比较增长200%。可以预见，在以后的几年里，毕业生数量还将继续增加，温州市区的科技队伍也相应地在不断壮大。

二是就业主体和用人主体基本形成。毕业生数量持续增长，种类越来越多，研究生自主择业范围不断扩大，统分统配生有了一定的双向选择权，部分省、市、校级优秀毕业生还可以在一定的区域、时间内自主选择地区、单位、岗位，计划内自费生毕业后，也可实行自主择业，部分委培生、定向生也有机会自主择业，中专毕业生中持“红卡”的学生在择业中还明显优惠于大专毕业生等等。用人单位也有了一定的自主择人权，国家机关可以根据《国家公务员条例》实行考试考核录用公务员，事业单位可以实行分类管理的用人制度，企业可以根据《企业法》自主用人，使用人单位在接收毕业生上，逐渐从一种政府行为变为用人单位和毕业生之间的一种法律行为，使用人单位和毕业生都获得了更多的自主权，就业主体和用人主体基本形成。

三是市场机制作用明显增大。在毕业生就业、分配、落户工作中，绝大部分大中专院校在分配落实毕业生时，都是通过双选和供需见面的方式落实毕业生工作单位的。毕业生提前半年或更早就在联系工作单位，许多学校发给毕业生求职择业“推荐表”，要求学生和学生家长共同物色合适的工作单位、岗位，有的在人才市场上“推销”自己。1992年至1995年，温州市区毕业生通过人才市场方式落实单位的占约30%－40%，而1996年和1997年，通过人才市场配置就业的达70%以上。由此可见，市场机制已在毕业生就业工作中起到了积极作用。计划分配正逐步退出历史舞台。

二、毕业生就业工作存在的主要问题

毕业就业工作取得的成绩是主要的，但存在的矛盾、问题不少，主要有：

（一）外籍毕业生逐年增长和本籍毕业生就业困难。根据1994年至1997年的统计调查，温州市区接收毕业生就业落户（含技校毕业生）6666人，其中外地区毕业生902人，占总数的13.5%，温州市属各县（市）毕业生1820人，占总数的27.5，两项共占总数的41%，1997年接收外籍（含温州市属各县）毕业生1186人，占当年毕业生总数的50.2%，而且温州市所属的泰顺、文成、洞头、永嘉经济不发达县的毕业生进入市区在大幅度上升。如：泰顺、文成、洞头、永嘉四个县1997年进入市区的毕业生407人，占当年温州市所属各县（市）毕业生进入市区数的46%，同时占上述四个县四年来总数的54.5%，其中有相当部分是医护、教育文化、农林水、财会、交通等专业的毕业生，这些毕业生正是这些经济不发达地区急需的人才，由于外籍毕业生大量进入市区，直接冲击着市区毕业生的就业市场，造成就业困难。去年温州市区就有数百名毕业生至今未落实工作单位，仍在家待业，毋庸置疑，以

后市区毕业生就业困难将会越来越大，如果不及时予以疏导和解决，就会成为社会不安定的因素。

(二)招生规模不断扩大，进口控制难。几年来，毕业生的数量持续增长，造成毕业生分配难的主要原因是招生控制不住。尤其是中专、技校招生国家不控制计划，招生政策五花八门，随意性比较大，盲目招生的情况比比皆是。一些学校急功近利，纷纷开设眼前热门专业，造成各学校的专业设置趋同化，甚至低水平重复设置专业，一些学校只考虑当时招生容易，而很少顾及今后学生就业问题。去年，计划内自费生、委培生、定向生应回生源所在地就业而进入市区的有180多人，捐资助教生、转非就业生、特工就业生进入市区的有733人9，有部分至今没有找到工作单位，临时找挂靠单位的现象屡屡发生，迫切要求将户口先落实市区；有的学校还公开打报告，要求将未找到工作单位的毕业生，把户口挂靠在学校职工集体户上，达到不迁出城市户口之目的；有的学校擅自提高发放“红卡”(优秀毕业生)比例，达到进城目的；有的采取弄虚作假，买卖“红卡”的手段等等，给政府部门施加压力，造成了毕业生就业工作的混乱，增加了就业工作的难度。如果不解决招生问题，不调整招生、分配、落户政策，采取有效措施，进口控制是很难有所作为的。

(三)人才“高消费”与毕业生积压的矛盾，从1995年开始，温州市就出现了毕业生就业困难的问题，这与人才“高消费”有着密切的联系。近几年来，各国家机关、企事业单位在人才需求方面对学历的要求陡然升级，出现了“研究生多多益善，本科生研究研究，专科生、中专生不要不要”的现象。虽然人才需求的“高消费”反映了社会越来越重视高素质人才，但也有许多单位是在随大流，盲目求“高”。如某银行从事储蓄、结算、出纳等临柜工作的人员中，大专以上毕业占25%以上。这些具有高等学历的人员去从事只要有高中学历就能胜任的操作性岗位，对本人、对国家都是极大的浪费。由于盲目地追求人才“高消费”，导致低学历毕业生被单位拒之门外，失去了就业机会，每年都有部分低学历的毕业生积压，在家里待业，失去了用武之地。

三、对毕业生就业问题的思考

毕业生就业问题已经一年比一年困难，在短时期内不可能改观，如果不及时予以疏导、解决，这种矛盾大有激化之势，我认为从以下几个方面着手：

(一)要切实加强对定向、委培生和自费生的严格管理。由于国家的招生计划要受社会经济发展的制约，因而每年的招生数量有限，因此有关部门、企事业单位考虑到实际工作需要，每年都要委托有关大中专院校定向培养一批急需人才，毕业后回委培单位工作，回原地区就业，实行“谁出资，谁安排工序、谁就业”，这是一条定向委培大中专毕业生供需结合培养人才的有效途径，既合情合理，又方便就业，是可行的方法。但事实上并非如此，不少委培生，定向生不履行委培签约的承诺，毕业后不回出资单位工作，而另找单位就业，尤为严重的是，许多经济不发达地区的委培生，定向生把“农转非”作为跳板，毕业后不顾经济不发达地区的迫切要求和期望，也不顾当地父老乡亲们的多年培养与教育，而是想方设法寻找种种关系往城里跑。由于这部分委培生、定向生变为转向生后，引起了部分统包统配的毕业生、公费的毕业生的心里上不平衡情绪，认为自己不比他们差，也到处寻找关系，要求有关部门改派到城市里就业。这样，毕业生就业难上加难，给社会、政府就业工作增大了压力。所以，各级政府及有关毕业生就业部门要引起高度重视，要采取有效措施，严格把关，防止这部分毕业生的流失，同时要加强对这些年毕业生的理想和艰苦奋斗的传统教育，多讲事业，讲奉献，讲文明，讲道理，树立爱乡爱土的风尚，鼓励他们毕业后自觉地回原地区原单位就业，对计划内、计划外的自费生，要严格控制在生源所在地就业，对进入城市的要严格把关和控制。

(二)要不断完善毕业生就业机制。毕业生学历层次愈高愈受青睐，据国家教委统计资料，1996年毕业研究生就业率达95%以上，大学本科专科毕业生就业率只有80%左右，随着社会的发展，市场对人才的要求越来越高，学历层次高低必然导致就业程度的难易。大中专毕业生就业分配政策经过几年的实践，应该说是成功的，拓宽了大中专毕业生就业途径，活跃了大中专毕业生的就业方式，实现了人才的大流通，使劳动就业机制增添了生机活力，使大中专毕业生就业实行了供需见面、双向选择、自主择业，为他们创造了一个公平竞争的机会，使用人单位做到因事择人，按需选才。但是我们要看到，在双向选择，自主择业的背后，还隐蔽着不少深刻的矛盾，如公平竞争与后门难堵的矛盾，有的把公平竞争变为权钱交易，这种权力腐败，必须加以抵制。同时要克服人才盲目“高消费”现象，人才结构合理化的标准形式是“宝塔”型，即学历层次越高、需求量越少，如美国失业率硕士为2.8%，博士为3.3%，而普通从业人员仅为1.1%。我们应该看到低学历毕业生的优势，三年制的专科生所学的知识并不比本科生少，这些学生到了单位一般都先下基层，在对等这一安排上，专科生更有心理优势。在有些单位的一线操作岗位上，本科生往往不如中专生、专科生干得踏实。国家设立这一档次的专业，主要是面向基层和地方，而这正是这些学生的优势。学历低的毕业生同样是社会的财富，不同的岗位需要不同学历的毕业生，有些岗位上并非学生学历越高越好。

(三)必须将毕业生就业政策与实际情况相结合。国际通行的是毕业生自由就业，国家不干预毕业生就业，一

般是通过经济政策，调整毕业生的方向。根据我们国家的实际情况，自由就业政策显然行不通。我认为毕业生就业政策的确定，应该与当地的实际情况相结合。首先是坚持正确的办学宗旨，要清理以盈利为目的的乱办学现象，加强对正规院校招收自费生的监督和管理，以保证正确的办学宗旨，从源头保障毕业生的质量和数量。国家、省、市有关部门要根据本地区的实际情况，制定高等、中专和技校教育中长期规划，制定科学的专业设置计划，改变各院校设置专业的无政府状态，从根本上解决专业设置低水平重复问题，取消低层次，低水平的专业设置和办学办法，逐步做到根据社会需求培养多层次、多类型的专业人才。学校的教育要切实做到应试教育转为素质教育，真正为社会培养德智体全面发展的有用人才。其次是我国现有人才占总人口的比例还很低，大中专毕业生所占的比重远远低于发达国家，就业难主要是人才结构与需求结构的错位，并不是总量的饱和。在经济快速发展的时期，从理论上讲需要大量的各种类型的专业人才，而实际上又出现毕业生"相对过剩"问题，这就是人才的布局不合理，人才的流向不合理，存在着一些地区人才紧缺，一些地区人才又很大窝工浪费。解决好大中专毕业生就业难的问题，优化配置这部分资源，将在一定时期内是政府工作部门的一项重要任务，必须引起高度重视，纳入议事日程，采取切实可行的措施，制订相应的毕业生就业规范迫在眉睫。

（作者系温州市政府人控办副主任）

刘家村社会主义精神文明建设的启示

周其森

刘家村是山东省淄博市临淄区永流乡的一个小村，全村130户，487人。1997年，全村收入1.8亿元，人均收入4200多元；村民户均居住面积200m²（二层小楼）水、电、暖、电话、闭路电视、空调、微波炉、洗衣机、冰箱、饮水机、液化汽炉具等设施齐全，村庄建设实现了花园式，城镇化。全村18—45岁（除去在校生）的村民普及了中专教育。村里20年没有发生一起刑事案件，15年没出现违反计划生育政策的事件。是山东省文明村，山东省村镇建设明星材，淄博市奔小康示范村，淄博市爱国主义教育基地，市明星村、市党建工作先进单位、市文明村示范点，刘家村党支部连续十三年彼评为市区先进党支部。村党支部书记王兴国被评为山东省、市优秀共产党员、省、市劳动模范。

刘家村社会主义精神文明建设的基本经验是：**从本村的客观情况出发，把准农民的脉博，干农民最愿干的事，突出为民服务，疏通四条渠道，循序渐进、着力塑造社会主义新型农民。**

一、环境改变人

20年前的刘家村是典型的中国北方农村：低接的麦秸草屋，坑洼不平的村路，晴天尘土漫天，雨天道路泥泞。一家一个炉子，一家一口风箱，常年烟熏火燎，屋里四壁找不出一巴掌白墙。党的十一届三中全会以后，村里富裕了，农民们收入每年按30%的速度增长。农民们手中有了钱，首先想到的就是盖新房，由于缺乏统一规划，盖的房子样式各异，村子出现了新旧交叉，参差不齐的局面。该村党支部书记王兴国摸准了老百姓急于改变居住条件的心理，他知道，住新房是村民们一致的愿望，在这方面做文章肯定受到拥护，这也是加强农村社会主义精神文明建设的基础性工作。从1990年起，他就在全村大会上讲：今后大家就不要拆旧盖新房了，早晚有一天，我们要盖楼房，过上城里人的生活。从那时候起，材庄规划的蓝图就在他的心中开始酝酿。他请齐鲁石化公司设计院和淄博市规划设计院设计了两份新村规划图纸，并多次到先进村庄学习参观，他说：新村建设不搞则已，一旦建设就要让她一百年不落后！经过反复推敲，选定了淄博市规划设计院设计的图纸。1994年，新村规划建设全面开始，村里一次投资3500万元，统一拆除旧房，重建别墅式的楼房，当年动工，当年建成，当年使用。统一标准，每幢楼面积200m²。造价近40万元，村里规定，每户只交3,5万元即可搬进新楼。当年底，110幢居民楼如期建成，旧村改造一次完成。住房的变化不代表观念的更新。村民们住进了新楼房，带进了旧观念：许多人不习惯穿拖鞋，铮明放亮的大理石地面上烙印着杂乱的脚印，原来用的旧大缸、旧风箱、旧家俱也舍不得扔掉，堆放在门口，出现了不伦不类的局面。为此，村里下了一道命令：限期5天将各家门口的旧东西处理掉，否则村里派人统一处理。第五天一名村干部领着一帮人，开着汽车，挨家挨户检查，强行“砸缸”除旧。随后，材里为各户免费2.5万多元配备了海尔空调、冰箱、微波炉、洗衣机、闭路电视、程控电话等家用电器，建成了全国第一个”海尔电器村”。针对有些村民不懂电话使用基本知识的现象，村里举办了电话使用学习班，普及了接打电话文明礼貌常识。支部书记王兴国带头在自家楼前种植了草皮和鲜花，有人劝他：种上些树木或者庄稼吧，这样多浪费。王兴园明白，这是传统意识在作怪，要改变这种传统意识，一要引导，二要“强制”。村里作出规定：各户门前统一种花植草，村里统一提供花草，种什么各户随便。大家欣然接受，一夜之间，刘家村变成了“花园”。村里随即成立了绿化队，负责全村绿化环卫管理工作。自1995年始，村里统一供应液化石油汽，免费配备了饮水机并统一供应纯净水，从根本上消除了生活用煤用水带来的公共卫生污染。村民们逐步适应了新的环境，生活习惯发生了根本性的变化。他们把刘家视为一个大家庭，自觉爱护她的一花一木，彻底杜绝了随地吐痰、乱倒垃圾等不文明行为。无论大人小孩，只要看到地上有一片纸屑都会主动拣起来放到垃圾桶里。刘家村从里到外未了个大变化，实现了村庄城镇化，居住花园化，生活现代化，过上了令城市人羡慕的现代生活。

启示：一种环境产生一种生活方式，一种生活方式决定一种生活状态。中国农村千百年来较为简陋的居住环境形成了农民们陈旧的生活习俗，用愚昧落后形容这种生活状态不为夸张。农民们最迫切的愿望就是改变居住条件。“打墙盖屋娶媳妇”是他们心态的真实写照。在农

村搞精神文明建设,首要的就是要帮助农民摆脱陈旧、愚昧、落后的生活方式,这是精神文明建设的基础性工作。因此,在农村,精神文明建设应从"屋里到院里,从院里到街上"循序推进。通过环境的改善推动人们意识的转变,达到摒弃旧的落后的生活方式,培育先进的崭新的生活风尚的目的。

二、文化提高人

刘家村现有 487 口人,他们的年龄与文化结构大致如下:学龄前儿童 31 名;小学至高中在校生 71 名;约 18 岁至 45 岁的村民 296 名,这些人里有 170 人取得了高中以上学历,其余的 126 人平均文化不到小学毕业;45 岁以上的村民 89 名,他们平均文化最低,其中 70%多的是老年人,已丧失了劳动能力。针对这一状况,村里采取了"分类教育,重点加强,整体提高"的措施。在这些人里,18 岁至 45 岁的既是家里的中坚也是村里的骨干,他们的文明程度在某种意义上决定着村里的文明程度。村里首先从这些人的教育入手,投资 10 万多无,与临淄区成人教育中心联合举办了成人中专培训班,成立了"刘家农民中专夜校",开设了企业管理、财会、微机等专业,利用星期天等业余时间上课,学制两年,所有符合条件的村民全都免费入学。98 年 6 月,126 名学员全部毕业,拿到了中专文凭。村里重视学龄前儿童的早期教育和智力开发。98 年初,他们把全国著名的儿童教育专家请到村里,开办了"神童学府",对适合入学的儿童进行封闭式教育。从 3 月到 11 月,仅仅 7 个多月的时间已收到了较好的成效:多数孩子识字数百个,能阅读低级读物,智力明显比同龄儿童高。同时,村里加大对小学的投入,设立了奖励基金,对成绩优秀的教师和学生进行奖励。对于 45 岁以上的村民,材里采取了灵活分散的教育方式。这些人多数在家赋闲,文化低,接受新鲜思想慢。村里设立了高标准的阅报栏,宣传栏,80 多决文明用语宣传牌,免费为各户配备了一个书橱,订阅了三份报纸(《淄博日报》、《淄博声屏报》、《海尔报》),购买了一百本图书,结合国内外形势,选配学习内容,陆续为村民购买了"三五"普法教育读本和文化、科技方面的书籍。村里不定期组织读书体会交流等活动,支部、村委的领导经常到各户检查村民读书情况,有时采取答卷的形式,培养村民读书自觉性。购书、读书、爱书的良好风气逐渐形成,社会主义精神文明建设整体跨跃了一个台阶。

启示:农村社会主义精神文明建设的核心是培养"有理想、有道德、有文化、有纪律"的社会主义新型农民。培养"四有"农民,文化是基础,素质是关键,教育是手段,提高是目的。农村文明程度低的一个重要原因就是农民的文化水平低,接受新事物慢,这是阻碍农村社会主义精神文明建设的重要根源。要改变这种状况就要加大教育力度,普及受教育面,加强各种形式的业余教育、专业教育,用教育开启人们的智慧,用知识滋润人们心田,用文化提高农民的素质。文化使人文明,知书才能达理。文化是一切知识之母,知识是人类通向文明的阶梯,提高农民的文化水平就是给农村社会主义精神文明建设竖起梯子,打下根基。没有文化的文明犹如建在沙滩上的大厦,风一吹就倒;植根丰厚文化土壤中的文明,犹如沃野中的大树,不断吸取养份,才能根深叶茂,植荣本固。

三、理想培育人

在刘家村,每逢节假日,村民们外出游玩,多数不去大都市和风景名胜地,而是自发去一些革命纪念地或有教育意义的地方。村干部和企业负责人因公外出,接待方免不了要安排逛一下当地的名胜景点,而他们总是指名要去当地烈士纪念馆或其他爱国主义教育基地。回村后还要把所见所闻推荐给同事们。这是村里多年来坚持爱国主义教育的结果。随着村民们生活方式的改变和文化素质的提高,刘家村党支部及时把精神文明建设引向深入。一是每周举行一次升国旗仪式,以此培养村民的爱国热情。二是利用"七一"、"国庆''等重大节日对村民进行革命理想教育。邀请老红军、老干部、老劳模给村民做革命传统和艰苦奋斗报告,用中国共产党的奋斗史和中华人国共和国的成长史教育鼓舞全体村民,用先烈们的事迹激励感染他们,用毛泽东思想和邓小平理论武装村民头脑。在党员干部中开展了学习焦裕禄、孔繁森、王廷江等活动。三是教育村民爱国首先爱村,爱村必须爱家。在全村开展了"家家富、家家美、家家安、家家乐"和创建星级文明户等活动,在全村营造祥和、文明、安乐、幸福的氛围。村民们由衷地说:"国富民乐家家安,小康标准不如咱"。道出了社会主义新型农民的自豪之感。四是组织村民赴先进单位参观学习,激发他们的爱国热情和赶超精神。为了让村民们了解祖国日新月异的新风貌和经济建设的大好形势,村党支部、村委会成员分别带队,率领村民上大连,去华西村,到张家港,赴上海等地参观学习,开阔眼界,提高自我。并开展了"看大连,学大连,爱国家,建家园"等活动。每次活动,村里都明确任务,学习先进单位的城镇管理经验,提高村民文明素质,进行爱国主义教育。一些不常出门的村民深受教育,他们用诗的语言来表达感情:"看刘家想国家,社会主义是大家,我们人人热爱她!"全体村民的热爱祖国,热爱人民,热爱社会主义的热情空前高涨;集体主义,救死扶伤,见义勇为,拾金不昧,助人为乐蔚然成风。98 年,我国南北方遭受水灾,全体村民两次自发捐款捐物,支授灾区同胞。第一次捐款 7.8 万元,第二次捐献衣服被褥 1500 多件。许多村民专门买来崭新的衣服被褥捐献灾区。近年来,许多家庭自发与山区贫困学生结成帮扶对子。村民

阁树学与革命老区沂源县勾泉镇下高村小学三年级学生张玲结成对子，年年给张玲寄去学习用品和生活费用。前不久张玲在给阎树学的信中激动地说“亲爱的叔叔，阿姨：是您们把我从一个三年级的学生，扶助成一个小学五年级的毕业生了。我虽然知道这次我在本班里考了第一名，但我决不骄傲，决不辜负您们对我的期望”这样的户，在刘家村已达7家。

启示：爱国主义教育是农村社会主义精神文明建设的重要内容之一。我们进行农村社会主义精神文明建设的最终目的就是培养“四有”农民，而“有理想”是“四有”之首，这是会主义精神文明的显著标志之一。在农村，培养农民的崇高革命理想，最好的途径就是加强爱国主义教育。这种教育不应当是空洞的说教，而应是有着实实在在的内容，应当结台国家的大形势和本村的小形势来进行；这种教育不应当是搞形式，走过场，一阵风，而应是扎扎实实，有计划，有目的，持之以恒，把爱国主义教育贯穿于经济建设和社会发展之中。教育村民摒弃狭隘观念，树立远大理想，爱村爱家，敬人敬业，多做好事，心系祖国，为经济建设提供强大的思想保证。

四、活动凝聚人

刘家村共有男劳动力150名，只有5人在外务工，其余的全在村办企业工作，其中有2人多次找到村党支部书记王兴国，要求放弃在外挣大钱的机会，回村效力。近年来，刘家村完成了新村规划，实现了农业生产"六统一”(耕地、播种、浇水、供种、收割、秸秆还田)，普及了青壮年农民的中专教育……每年，村里都有一些大型的集体活动，每次都得到村民的衷心拥护和支持。原因何在？答案之一就是靠有意义的活动凝聚人心，全村形成了强大的聚合力。几年来，党支部书记王兴国及其一班人形成了共识，舍得投入，肯动脑筋，举办有意义的活动，靠活动振奋精神，鼓舞斗志，形成合力。村里先后投资建立了读书室、阅览室、乒乓球室、篮球场、舞厅、浴池，成立了农民篮球队。不定期地举行读书会，交谊舞比赛，游泳比赛和球类比赛。刘家村的篮球队历年来在全市农民篮球比赛中夺得第一名，并多次代表淄博市参加省农民篮球比赛。每逢重大节庆日，村里都举行内容健康向上，形式活泼多样的活动。97年“七一”是香港回归祖国的大喜日子，村里承办了全区万盏红灯庆“七一”迎回归大型广场文化活动。6月28日这天，共设置了9个演出场地，场景壮观，气势宏大，参加者达8万人。受教育人数之多，程度之深是前所未有的。许多老人目睹盛况，激动得热泪盈眶。一位没有读过书的老人流着泪对采访记者说：“香港回归说明我们国家强大了，外国人再也不敢欺负我们了”。每年春节、元旦、国庆，村里都举行大型文艺演出，并和齐鲁石化等单位进行联欢，陶冶情操，增进友谊，促进发展。针对村民们文化品位的提高和对文艺明星的神秘感，村里于1996年10月邀请著名文艺界人士蒋大为、殷秀梅、刘璐、童祥苓等来刘家，举办了“希望之星”大型文艺晚会。名星与村民同台演出，增强了村民的自豪感。现在，村民们在电视上看到这些明星时，常常骄傲地说：“我们曾和他拉过呱”。与大企业联姻，走文明共建之路是刘家村的一个成功尝试。他们与青岛海尔集团合作，建立了全国第一个海尔电器村，不仅为每户村民免费配备了全套的海尔电器，还为每户订阅了一份《海尔报》，把海尔文化引进过来，丰富了村民的文化生活，推动了村里精神文明建设。

长短结合是刘家村靠活动凝聚人心的特点。这些年来，村里结合文明家庭创建活动常年开展了村民的道德规范建设竞赛活动。他们结合本村实际，制定了以社会公德、职业道德和家庭美德为主要内容的行为道德规范，以村规民约的形式印发到各户，并根据形势的发展变化，及时对其内容进行补充调整。每年进行村规民约达标竞赛评比活动，奖优树先，净化了村风民俗，出现了尊老爱幼，邻里和睦、争先恐后的大好局面。

启示：有意义的活动是社会主义精神文明建设的有效载体和基本形式，是实现村民生活观念由陈旧转向先进的可靠途径。中国农民由于受长期自然经济的影响，生活相对独立，形成了“各人自扫门前雪”式的生活观念，他们对集体性的活动有着天性般的向往和好奇。只要稍加组织，他们便会投身其中。这些年来，每逢春节，许多富裕了的农村，农民们自发组织起来，自己掏腰包闹龙灯、踩高跷、唱大戏便是这种“向往”的例证。实践证明，哪里的活动开展得好，哪里的农民就意气风发，哪里的农村社会主义精神文明建设就有成效。当然，搞活动也要从实际出发，也要注意内容与形势的统一，也要以振奋农民精神、增强广大农民群众大干社会主义的凝聚力和向心力为目的，实现了这个目的，农村社会主义精神文明建设也就得到了实质性的提高。

（作者系山东工人报驻淄博特派记者）

如何争创省级文明征费所

施永令

在社会主义市场经济条件下，如何根据本单位的实际和特点，认真贯彻十五大精神，进一步开创社会主义精神文明建设新局面，争创省文明征费所呢？

首先，建章立制抓好落实，这是各项工作顺利、有序开展的基础

我们东阳征费所从建所之初的70名职工，一个收费站，发展到今天已拥有160余名职工，下辖白云、白峰岭、南马、太阳四个收费站点的规模。而收费所下辖四站，其距离远，人员相对分散。根据这一特点，要争创文明征费所，我们感到只有实现规范化管理，才能步调一致，做好工作。这就必须要有一整套科学的、实用的规章制度。因而，我们提出了"管理科学化、设施标准化、纪律军事化、行为规范化"的总体要求，从管理入手，加强制度建设，针对我所征费工作实际情况采取走出去与请进来相结合，探索与实践相结合，认真参照《浙江省公路车辆通行费文明收费站点标准》，制订一套高标准、严要求管理措施，并在一年多的实践过程中逐步完善和健全。并重在以下几个方面下功夫：

一是建立和完善了各种会议制度、职工守则、岗位职责、着装规定、岗位纪律、规范上下岗位程序、环境卫生规定、考核办法、文书档案管理、保密制度等37项规章制度，并编印成册，人手一册。引入了奖勤罚懒，激发职工创造性和积极性的竞争激励机制。特别是在上岗纪律、文明值勤、优质服务、依法收费、职业道德、美化环境等方面，标准高，要求严。

二是加强了基础培训工作。由于征费行业工作的特殊性，征费员的仪态、举止及操作的规范化显得特别重要。我们所白峰、南马、太阳三个收费站设立不久，大量的职工从外单位调入，岗位业务生疏。因此，我们始终把岗位培训作为一项十分重要的工作来抓。制订培训计划，重点抓好政治思想、职业道德、法纪法规、征费纪律、业务知识、行为规范等教育，组织了《上岗前培训》、《行风建设》、《党的十五大报告》以及《中华人民共和国公路法》知识考试，通过培训，既巩固了掌握应知应会的熟练程度，又提高了职工队伍的整体素质；与此同时，积极开展新老职工岗位技术练兵、比武和劳动竞赛，评比"青年岗位能手"和"岗位标兵"，形成一种人人学业务、个个争先进的工作局面。同时我们不仅把军训作为上岗前的必修课，还常年坚持利用上岗前或下岗后的一定时间进行队列训练。

三是坚持卫生工作制度化、经常化。针对原先脏、乱、差的环境状况，我们的要求是：整个征费区域保持24小时无纸屑、果壳、泥沙，随时发现随时拣，随时打扫的高标准，严要求。我们的做法是：领导带头打扫卫生，划分卫生包干区，实行整体分割，责任到人，采取定期检查、不定时抽查相结合的办法，包干区的卫生状况与考评分挂钩。领导的带头，措施的有力，使原先职工中的怕苦畏难情绪丢之一空；同时重视植树绿化工作，工作的目标是创建花园式征费所。在我们征费所看到的是生活用房清洁卫生，办公用品摆放整齐有序，庭院花木清香怡人，车道绿化葱翠满目的景象。

一系列规章制度的建立重在落实。由所长、副书记、各站站长及办公室有关人员组成的考核小组，每月对规章制度的落实情况采取定期与不定期、明查与暗查相结合的办法检查考核，对执行制度好、工作表现突出的人员及时进行表扬和奖励；对被检查出来的违反制度、考核不合格的人员及时进行通报批评；并创办了一份争创"三文明"的工作简报，及时通报全所发生的好人好事和违纪违规现象，有力地促进了各项规章制度的贯彻落实，与此同时还聘请了社会监督员；在岗亭内设置公开监督牌，接受群众监督。由于奖罚分明、措施落实，使各项规章制度转变为职工的自觉行动，有力地促进了收费工作。

其次，抓好软件建设，强化管理，工作步上正规化

1. 强化票证管理，严格财务制度。实行票证入库、出库、结存情况进行明细登记，逐日核销；同时利用现代化监控设施，加强对区域的管理，做到"有错必究、有疑必查"，杜绝了私吞票款，挪用通行费行为的发生。

2. 实行半军事化管理，严肃纪律。严格遵守《着装规定》，胸佩证件，仪表端正，值勤人员必须腰扎武装带，臂带值勤袖套；全部实行列队上下岗，集中进行军纪整容，步调一致，听从指挥，做到上岗前有交待，下岗后有讲评；实行"三定位"：执勤、售票人员定位，上下岗路径定位，上下接送车定位；征费区域、办公室内严禁吸烟；杜绝扎堆聊天，串岗混岗。因此，全所职工始终能以严明的纪

律,饱满的精神状态投入工作。

3. 使用文明用语,强化礼貌服务,树立"窗口"形象。我们一是要求广大职工严格按照省定《规范用语》要求去做,绝对禁用《服务忌语》,以面带微笑、声音宏亮、目视驾驶员,精神饱满地自觉运用"请"、"您"、"请好走"、"欢迎再来"等文明用语;二是把"打不还手,骂不还口"作为一条重要的原则来遵守和执行,面对个别驾驶员不讲道理或恶语伤人的情况,我们要求耐心做好政策宣传的解释工作,用收费人员的良好的道德行为和道德修养去感染每一位驾驶员,从而赢得驾驶员的依赖和支持。

4. 为驾驶员提供优质服务,树立文明收费和执法形象。一年四季为过往驾驶员提供冷热茶水,配备好常用药品;推行首问责任制,面对驾驶员的提问,做到有问必答,热情为驾驶员做好服务工作。我所绘制了一张公路简易图,遇到司机问路就递上一张并加以说明。一年来我们共为过往司机排忧解难帮好事数百起,抢救伤员 10 余人次,收到锦旗 2 面,口头表扬和收到感谢信无数次。与此同时,我们坚持依法收费,做到文明执法,以理服人。

5. 加大对逃票行为的打击力度,确保"应征不漏"。我所采取有力措施,一方面充分利用现代化监控设施,及时、准确做好逃缴时间、次数的登记工作,另一方面与当地公安部门共同成立治安办公室,抽调法律观念强、业务精干的人员组成稽查班,积极配合公安干警实施专项整治,对逃缴通行费性质恶劣、屡教不改、故意捣乱征费秩序的不法分子以法律为武器进行制裁,并责令在报刊上进行公开检讨。通过几次大的整治活动,极大地震动了视逃缴通行费无所"畏"的车辆,一年来共查处逃缴通行费车辆 575 辆次,补缴通行费 14 余万元,并在 5 月份查处沈阳金杯客车运输车伪造交通部印签证明 1 起,使收费管理工作步上正规化,为"应征不漏"创造了条件。

第三,党员干部起模范带头作用,加强了社会主义精神文明建设

1. 设立党员干部奉献日。我们把每月的第一个星期六作为党员干部义务劳动奉献日,主要是参加一些打扫卫生、植树绿化等义务劳动,大家抢着干脏活、累活,起到了党员干部的模范带头作用。党员干部也把这种工作作风带到征费的各项工作中去,有大事、难事、麻烦事,带头干,党员干部的行动就是无声的命令。至今,已有 10 余人向党支部递交了入党申请书。

2. 积极投入到文明单位、文明收费站以及行风评议和文明样板路的创建活动中去。我所根据上级要求,结合各站实际,制订了详细具体的实施方案。成立以所长为组长的创建领导小组,建立例会制度,并在全体职工中广泛发动,层层签订目标责任书,要求大家积极投身到这一活动中去,并提出"奋斗一年,争创一流"的行动口号。在实行个人考核的同时,对表现突出、名列前茅的征费员,开展了评比活动,经批准并授予"青年岗位能手"、"岗位标兵"称号。去年共有 35 名同志被评为所级先进工作者,29 名同志被评为市交通系统先进个人。评比活动的开展,极大地调动了职工的积极性,鼓舞着他们在岗位上作出优异成绩。

3. 注重职业道德建设。据不完全统计,一年来,把驾驶员 100 元、50 元错当 10 元买通行费多给的钱还给他们的就有 20 余起。所内涌现出的好人好事更是层出不穷。如:为抛锚车推车,维修;资助外乡人返家;协助公安捕获罪犯;抢救交通事故中的伤员;帮助失主寻找失物等等。

我们通过建章立制,实行规范化管理,始终坚持以"安全、文明、快速、应征不漏"为工作重点,以创建文明收费站,市级文明单位和共青团青年文明号为目标,坚持"两手抓,两手都要硬",加强和改进思想政治工作,紧紧围绕征费中心任务,开展以"优质服务、严格执法、塑造交通形象、树立行业新风"、全面提高职工的整体素质为主要内容的双文明建设,取得了很大的成绩。1997 年,我们获得了市"青年文明号""巾帼建功"示范窗,被市交通局评为先进集体;荣获金华市"十佳文明执法"先进个人和浙江省文明收费所。

(作者系东阳市征费所副所长)

乡镇文化节断想

施章岳

自1992年开始，一年一度的义乌市乡镇文化节已连续办了六届。在物色1997年第六届、1998年第七届的承办单位时，居然出现了几个乡镇争着要办的局面。区区一个乡镇文化节，竟有这样的魅力，着实令文化人和各界领导兴奋不已。诚如特地从省城杭州赶到义乌下骆宅镇参加第六届文化节的浙江省文化厅副厅长沈敏在开幕式上所说：义乌乡镇文化节很有特色，一年一度，一年一处，一年一步，年年有进步，有效地拓展了群众文化领域，促进了文化与经济的结合。

热闹红火的乡镇文化节已经成为义乌市的一大文化景观。在理性上，它以表现参与、展现自我、体现价值为主体；在行为上，它形成了群众文化活动从室内走到室外，从舞台延伸至广场，从城区走向乡村的文化发展策略；在效应上，它不仅倡立了集镇文化活动的氛围，提高了农村文化活动的水平，还促进了当地经济的发展。

断想之一：冲出"小文化"的围城，放下文化人的架子，从人民群众利益出发，去营造一种新的文化氛围。

义乌市乡镇文化节的创导者和策划者是市文化局。义乌市文化局下属有10个单位，近300余职工。文化这块领地，作为"神圣的殿堂"，多少年来，它仅供清高文人吟诗作画附庸风雅。偶尔送文化下乡，也不过作为一种点缀。当改革开放的春风吹遍祖国大地时，义乌这块古老的土地出现了一个奇迹：市场经济在这儿翻卷起汹涌的浪潮，昔日贫穷落后的农业小县转眼间跃入"中国明星市"的行列。随着繁华经济的出现，不少非文化工作单位、个体经营户、积累了巨额资金的有产阶层，狂风暴雨般地向文化这块领地袭来，一股崇尚商业性文化娱乐活动的潮流也迅速掀起。这股潮流让文化局的领导常常觉得有一种危机感时刻迫近。这就是：仅仅固定在原先那方小文化领地能有多少人再来参与它所设置的活动？在崇尚商业性的文化娱乐活动潮流中，作为政府文化主管部门随波逐流，举办盈利为目的的文化娱乐活动与其身份是否协调？群众生活水平的普遍提高与其对文化生活的需求有何新转移或变换？

文化局一班人清醒地认识到，社会主义的文化是人民大众的文化，为人民大众服务是文化最显著的特征。能够获得广大人民群众的参与，是文化的活力之所在。特别在群众的物质生活水平得到充分改善，对文化生活需求日益增长的九十年代，文化工作更不能固定在原有的那一方领地内。作为政府文化工作主管部门，应把重心从原先的小文化围城内跳出来，把文化送到群众中去，融和到经济活动中去。否则，文化自身的精神价值和商品价值就难以得到充分的体现，文艺就会失去其存在和发展的生命力。于是，文化局首先想到了乡镇。借乡镇这艘得天独厚的"方舟"，运用超常规的思维，让文化在五彩缤纷的社会中扬帆驰骋。

就这样，一年一度的乡镇文化节应运而生。1992年，首届乡镇文化节在义西重镇赤岸隆重举行；1993年第二届乡镇文化节在服装之乡大陈镇擂起锣鼓；1994年第三届乡镇文化节在小商品市场发源地廿三里镇拉开帷幕；1995年第四届乡镇文化节在后宅镇鸣金收兵；1996年第五届乡镇文化节让义亭镇人民一饱眼福；1997年策划更加精细、内容更加丰富的第六届乡镇文化节在下骆宅镇下了新的辉煌！

断想之二：乡镇文化节的魅力在于凝聚力和向心力，凝聚力和向心力来源于精深的创意，精深的创意得力于文化节内容上、形式上和规模上的策划。

一年一度的乡镇文化，总要在义乌文化风景线上绽放出一朵又一朵亮丽诱人的花朵。民间职业婺剧团斗台演出、民间锣鼓班斗台演奏、乡镇业余歌手卡拉OK演唱比赛、五彩缤纷的时装模特表演、承办乡镇两个文明成就摄影图片展览、书画家书画表演、……人们在赞赏这些千姿百态艺术之花的同时，无不感受到策划的新意。

这是因为，作为举办单位义乌市文化局认识到，乡镇文化节虽然举办在乡镇，但却是全市性的艺术盛会，是集中展示艺术成就，推动艺术繁荣的理想载体。对于农村广大群众来说，文化节更是倡导文化氛围，引发群众对文化艺术的认同与理解，吸引众多的群体和个体积极参与的一个极好机会。因此，每举办一届文化节，文化局都十分注重内容、形式和规模上的精心策划。特别在活动的设置上，想方设法做到农村各个层面的成员都能找到各自归属、情感的寄托和表演的席地。由于项目的设置考

虑到了农村各个层面，并注意到了艺术性、娱乐性、趣味性，因而使文化节产生了强烈的感召力和吸引力。每一届文化节，承办乡镇所在地都同过年过节一样，一片喜庆气象。

其实，文化节并非义乌独家所有。诚如一位哲人所说："人类自从有了经济行为，就必然产生文化生活。"从文化活动的规律看，人民对文化生活的需求是在人类社会形成时就产生了。人民群众是文化活动的主体，义乌市文化局恰恰在对文化本源的再认识上，找到了文化回归广大人民群众的一种好形式。实际上，乡镇文化节是文化发展过程中的一个历史的必然。

断想之三：融文化于经济建设，用文化为经济服务，是乡镇文化节的主要目标之一。

文化对于人类社会的演化与发展有导引和助推的巨大功能，尤其在市场经济迅速发展的今天。如果没有文化的发展，没有文化活动的融和渗入，人只能成为单纯劳动意义上的人，就无法使经济卓有成效的发展。基于这样的认识，义乌市文化局在举办乡镇文化节的时候，牢牢把握住这一准则：在文化活动的内容、形式的设置上，始终与所在地的经济工作紧密地结合在一起。

1992年，首届乡镇文化节冠以"板纸杯"的名称，把文化节放在义乌造纸总厂所在地的赤岸镇举办。还创作、演出了一台宣传造纸总厂艰苦奋斗创大业、同心协力铸辉煌的曲艺说唱节目。从而，为这个乡镇企业跻身中国乡镇企业最大经济规模第七名、最佳经济效益第五名的评价序列起到了极大的推动与促进作用。

1993年，第二届乡镇文化节在服装之乡大陈镇举行。大陈镇有服装厂500余家，日产衬衣、西装40万件，衬衣内销量占全国的七分之一。如何利用文化这一手段帮助服装厂家增强精品意识和知名度，这是市文化局在举办这届文化节时思考良久的一个问题。后来，大家想到了时装表演。认为时装表演可为大陈各厂家相互观摩、交流经验、切磋技艺、取长补短提供一个很好的文化与经济的结合点。为此，文化局专门组建一支时装表演队，并克服种种困难，成功地在文化节中举行时装表演。从而，大开了服装厂家干部职工的眼界，各厂家你追我赶，争创名牌，使大陈服装有了更广阔的市场。

1994年，第三届乡镇文化节在小商品市场发源地廿三里镇举行 。肩挑货郎担，手摇拨浪鼓，餐风露宿，走村串巷敲糖换鸡毛是廿三里群众的一大特色。为了发扬这种艰苦创业精神，在这届文化节上，又特意设置安排了民间罗汉班叠罗汉表演，以体现并宣扬廿三里人民那种不畏艰难、不怕困苦、众志成城的创业精神……

此外，义乌市乡镇文化节都与当地的商品交易会结合在一起，使它既是当地的节庆活动，又借节庆活动的喜庆气氛，使集镇贸易随之更加兴旺。

实际上，文化节已经远远地超出了文化这个概念的范畴。它已成了表现人民群众精神面貌的一个特殊的媒体，并且已跨出了文化的范畴，融和到经济生活中，使文化与经济密不可分。

义乌市文化局坚持不懈地把乡镇文化节当作社区文化建设的一项工作来抓，由此产生的效应已远远地超出了初衷。这些效应有直接的、间接的，还有潜在而深远的。直接的是，它强化了文化在社会发展中的作用，使文化得以回归群众，并进一步赢得社会的认可、理解、关心与支持，同时，培养、锻炼了一批群众文化骨干队伍，并使它们拥有了充分施展才能的天地；间接的、潜在而深远的则是它艺术地为人们营造了必需的文化生活的氛围，这种氛围将对这些社区的文化与经济工作产生积极的影响，促进经济与文化的繁荣与发展。

一年一届、一年一处的乡镇文化节，在义乌虽然已显示出了农村群众文化勃勃的生机和鲜明的时代风格。但要让广大的个体和群体在活动中形成"期盼"心理，并使它成为群众自娱自乐的一项不可缺的社会公益活动，它还须办得更丰富、更耐看。有道是，不断创新是卓越。笔者以为，今后的文化节还须在如下三个结合上进一步拓展：

一是自娱自乐传统项目须与适当引进外地项目相结合。用老百姓的话说，文化节是老百姓自己的节日。节目是群众自编自演、自娱自乐的传统项目，在内容和形式上更贴近群众，合群众的口味，因而得到群众的积极支持与参与。但是，随着群众欣赏水平的提高，光有自编自演、自娱自乐的节目，势必满足不了不同层面的群众的需要。因此，除设置那些传统项目外，须适当引进一些外地有较高品味、较高层次的节目，以达到雅俗共赏。

二是室外活动须与室内活动相结合。从目前情况看，文化节往注重于室外活动的筹划。而作为一个群众广泛参与的大型文化活动，仅有室外热热闹闹的活动还是不够的，室内活动作为文化节的一个组成部分，许多活动更赋文化氛围、美学意义和社会效果。所以，在精心组织室外活动的同时，应将触角伸展到室内，使室外活动与室内活动有机结合。

三是文化与经济须更紧密结合。"围绕经济办文化"是举办乡镇文化节的准则。就乡镇而言，相互间在经济上的交流较之其他方面的交流要少得多。借助文化节组织乡镇之间进行诸如经贸洽谈会、技术交流会、订货会等活动，互相切磋技艺、传递信息、交流经验，增强乡镇之间的互相学习与联系，必将给"文化搭台，经济唱戏"带来更佳的效应。

对中专学校政治教师队伍稳定问题的思考

王凤秀

邓小平同志曾经指出:“一个学校能不能为社会主义建设培养德、智、体全面发展,有社会主义觉悟、有文化的劳动者,关键在教师。”而政治教师是对学生进行德育教育的一支专业队伍与生力军。具有一支政治坚定、业务精湛、结构合理的政治教师队伍,是我国培养跨世纪接班人的内在要求,也是我国建设有中国特色社会主义的客观要求。

然而,现实情况却不容乐观,一些中专学校的政治教师跳槽、改上其他专业课与新开学科、基础文化课的现象时有发生。政治教师在“政治挂帅”年代里也曾红极一时,但随着我国工作重心转向经济建设后,政治教师的地位又走向另一极端,于是造成了人心浮动。站在跨世纪的历史高度,深入剖析政治教师流失问题的原因、后果,切实有效地保证政治教师队伍的稳定,是我国当前中专学校一项即紧迫又重要的战略任务。

中专学校政治教师队伍不稳定现象的原因思考

世界上任何事物的产生都有其产生的理由,中专学校政治教师队伍的不稳定,也有着极其复杂的原因:

一、有些政治教师本身产生信仰危机与信念模糊是政治教师队伍不稳定的一个主观原因

改革开放以来,我国社会的一系列重大变革,苏联、东欧剧变后,国外敌对势力加紧对我国施行“西化”、“分化”战略,以及各种西方思潮的冲击,使部分政治教师,尤其是青年政治教师产生了信仰危机。在社会主义本质、社会主义前途等问题上产生模糊的认识。这种信仰上的危机,信念上的模糊导致有些政治教师对上政治课有一种失落感,感到没有前途,于是就想改行,或跳槽、或改上专业课、或下海经商。

二、有些学校领导在观念上的偏差是导致政治教师队伍不稳定的一个重要因素

有些学校领导认为,中专是职业技术学校,要突出职业技术与职业技能的培训与锻炼,因此对专业课非常重视,而对政治课往往是说起来重要,做起来次要,忙起来不要。结果当调整课时,要“砍”的首先是政治课,当人手不够时,就搞“拉郎配”,谁有空,谁愿上就上,无所谓专业对口不对口,造成人人都会上政治课的假象。据调查,有些学校语文老师,甚至生物老师上政治课的现象也经常发生,从而使政治教师的职业荣誉感不强,职业满意度低、职业归属感弱,产生自卑感,使政治教师队伍出现不稳定。

三、有些政治教师缺乏一种职业使命感,也是政治教师队伍不稳定的又一原因

有些政治教师不认真研究业务技术,整天“卡拉 OK,麻将老 K”,仅仅是根据自己在大学里学的理论知识来照搬传授给学生,没有根据变化的形势来充实自己,没有根据青年学生勤于思考、注重实际、乐于接受符合社会现实、知识性、趣味性的理论知识的特点,教学流于形式主义与假大空的说教,使学生感到政治课乏味,教师上课也感到力不从心,无所适从。再加上学生、领导不重视,更觉得吃力不讨好而改行,使政治教师队伍不稳定。

此外,有些政治教师在市场经济负面影响的冲击下,价值观念发生变化,是非标准混乱,面对收入的反差,失去心理平衡,注重个人利益与眼前实惠,在付出与索取,理想与现实面前,只讲索取,不讲奉献,也是政治教师队伍不稳定的原因。

中专学校政治教师队伍不稳定的后果的思考

从眼前来说:政治教师队伍不稳定将直接造成学校教学质量的下降。一方面,由于政治教师的流动,一些学校也就把非政治教师充实到政治课的教学,这些教师对教政治课业务水平不高,就很难达到预期的教学目的。另一方面,政治教师频繁流动,使在校的教师也人心思走,人心思变,不能敬业爱岗,也就不会去刻苦钻研业务,只求得过且过,做一天和尚撞一天钟,凭着原来的一些知识去“炒冷饭”,造成学生对政治课不感兴趣、厌烦,结果是教师不思教,学生不思学,从而直接影响着教学质量的提高。

从长远看,政治教师队伍的不稳定将关系着我国社会主义现代化建设事业的成败。人们常说:智育不合格是次品,体育不合格是废品,而德育不合格是危险品。现代学生的理想、信念及世界观、人生观、价值观代表着我国的未来。我们要建设的是社会主义的现代化,因此要培养的学生不仅要有熟练的专业技术,更要有坚定的社

会主义信念与建设有中国特色社会主义的共同理想,要有正确的世界观与人生观。而这种崇高理想、坚定信念、正确世界观、人生观、价值观的形成,离不开学校的教育。我们不否认,就学校来说,德育教育是全体教工的事情,但是政治教师作为德育教育的专业队伍与生力军作用是其他人无法替代的。政治教师在学生德育方面的重要作用,需要政治教师具有比一般教师更高的马克思主义理论素养,需要有着比一般教师更高的精神境界和道德境界,政治教师的思想道德与品行都应走在其他教师的前列。

而政治教师队伍的不稳定,其他教师的滥竽充数,会不可避免地降低政治教师队伍的整体素质,有些充数的教师不但自己理论素养不高,还一味地去迎合一些学生不成熟、不健康的意识,不坚持正面引导,在授课过程中宣扬社会的阴暗面,甚至发表过激的乃至错误的观点,对学生进行误导,这对于理想、信念、人生观正在形成与确立的学生来说,无疑造成了思想上的混乱与困惑,会使学生失去信念,缺乏理想。如果我们培养的不是一代具有坚定社会主义信念、具有建设有中国特色社会主义共同理想、具有正确的世界观、人生观、价值观,乐于奉献、服务人民的学生,怎么能建设社会主义的现代化呢?怎么能保证21世纪的中国社会主义旗帜高高飘扬呢?

稳定中专学校政治教师队伍的现实思考

要建设一支高素质的稳定的政治教师队伍,是一项系统的社会工程,也是一项长期而艰苦的任务。需要各方面的共同努力。

首先,要端正认识态度,提高中专学校政治教师的地位

中专学校由于其自身的特点,注重技术与技能这本身无可厚非,然而培养学生又"红"又"专",这是我们的目标,我们不应从原来只"红"不"专"的极端走向只"专"不"红"的另一极端。要做到"红"与"专"的结合,离不开高素质的政治教师的辛勤劳动。因此,在提倡全社会都要尊师重教的今天,中专学校的政治教师理应受到尊重与公正的对待,使人人尊重政治教师,人人羡慕政治教师。

作为政府与各级教育主管部门,要把建设一支优秀而稳定的政治教师队伍问题提高到事关党与国家千秋大业的高度来认识。

学校要贯彻党的教育方针,真正把德育放在首位,走出重智育、轻德育,重技能、轻思想的误区。充分发挥政治教师在学校精神文明建设中的作用。

其次,要采取积极措施,加强政治教师队伍的培养,保障政治教师的利益

政府及教育行政部门应从招生计划,毕业生就业等方面为培养政治教师创造条件,在政治教师的社会地位、政治生活与经济生活待遇等方面给予配套的导向性政策,为培养与稳定政治教师队伍提供政策、法规上的保障。

学校要有计划地选择那些素质好的、年轻有为的政治教师进行深造,提高政治教师的理论水平与工作能力,同时也可适当安排政治教师到学校各部门锻炼,为政治教师提供良好的工作条件,促进政治教师的全面成长。

此外,政治教师本人也应不断提高自己的素质,使自己真正成为德才兼备、符合培养社会主义事业接班人需要的政治教师

一方面,政治教师尤其应自觉加强理论学习,特别要加强邓小平理论学习,用科学理论武装自己,提高自己的理论素养。学会用马克思主义的立场、观点、方法去分析问题、解决问题,使自己在复杂的新形势下不会迷失方向,坚定理想、信念,明确方向。

另一方面,政治教师还必须树立崇高的职业责任感。按照市场经济条件下政治课教学的要求,刻苦钻研业务,不断更新知识,爱岗敬业,勇于奉献,自觉地认识到自己从事的是崇高的事业,伟大的事业,增强职业荣誉感,把自己从事的事业与中华民族的前途、命运与建设有中国特色的社会主义事业相联系,全心致力于学生思想品德的塑造。

十五大报告指出:"发展教育与科学,是文化建设的基础工程,培养同现代化要求相适应的数以亿计的高素质的劳动者与数以千万计的专业人才,发挥我国巨大人力资源的优势,关系二十一世纪社会主义事业的全局。"如何使我们的学生培养成不仅是高水平的专业人才,而且具有坚定信念、崇高理想与道德修养的人才,这在很大程度上取决于我们能否建立起一支跨世纪的优秀政治教师队伍。我们必须站在历史的高度,从培养适应社会主义现代化需要的一代又一代"四有"公民出发,切实加强政治教师队伍建设,形成一支具备坚定的理想、信念,坚强的党性与良好的职业道德,较高的思想觉悟、理论素养与分析问题解决问题能力、不计名利,埋头苦干,无私奉献精神的政治教师队伍。

第十四部分

企业文化

关于运用企业文化做好　思想政治工作的几个问题

赵中天

本世纪80年代初，美、日等国出现了企业文化的热潮。企业文化作为一种新的管理理论的兴起，标志着西方管理理论发生了重大转变，反映了当代管理理论的一种新的发展趋势。随着我国经济体制改革日益深化，对外开放不断扩大，企业文化为我国企业主管部门、理论工作者和企业家们所关注。近十年来，在理论研究和实践方面取得了一定的成果。尽管在企业文化的内涵、功能和建设中国企业文化途径的理解和思考不完全一致，对一些问题的认识也有歧义，然而，企业文化的引进和研究对我国企业管理理论和企业改革实践、提高企业的整体素质、探索企业思想政治工作的有效性等方面还是起了积极的促进作用。

一、企业文化观念的由来和发展

企业文化研究的热潮起始于70年代末80年代初的美国。当时的美国在世界经济舞台上的竞争优势日趋衰落，而与此同时日本经济快速发展，竟有取代素称工业王国的美国的趋势，这不能不使美国人震惊，于是美国企业界和学术界的人士纷纷到日本或日本在海外的公司研究日本企业成功之道。经过大量考察和研究之后，他们发现日本企业的成功，不在于其体制、结构和战略，而在于他们拥有一套优秀的价值观念，而这一点恰恰是西方国家所不及的。于是美国各地掀起了日本热，研究日本成为一种风尚，理论界进入了所谓“日本研究时代”，企图从社会、政治、经济和文化等方面深入探讨日本经济成功的秘诀，因而许多研究日本企业管理的著作问世。1979年，美国哈佛大学伏格尔教授发表了《日本第一》一书，这是美国第一本研究日本经济腾飞秘诀和企业文化优势的著作，它一出版就轰动了整个美国和日本。伏格尔认为日本成为经济强国在于企业的成功；而日本企业的成功与一套新的日本式管理哲学有密切关系，这套管理哲学揉和了日本和西方特点，其要点有：(1)采用西方的企业战略、产品更新换代、市场调查、市场战略、经理体制等理性管理方法；(2)结合日本传统，制定企业的长期策略、终身雇佣制、工龄制，培育职工对公司的忠心等；(3)发展新的管理思想，如职位与工作分离、缩小同龄员工薪金地位差距、小组负责等，这些做法使伏格尔认为日本是世界第一，因此，除要学习日本的产业和贸易政策外，还要学习日本树立进退与共和认同集团利益的团队精神。1981年，美国斯坦福大学帕斯卡尔教授和哈佛大学阿索斯教授合著的《日本的管理艺术》一书，作者提出了7“S”管理结构模式，即：(1)战略(Strategy)；(2)结构(Strcture)；(3)制度(System)；(4)技术(Skill)；(5)人员(Staff)；(6)作风(Style)；(7)精神(最高目标)(SpiriCuality)。作者运用7“S”因素分析比较美国和日本在企业管理上的主要差别，结果发现，美国的企业管理只重视战略、结构、制度等三个硬性“S”，而日本的企业管理除了重视三个硬性因素以外，更重视四个软性“S”，即技术、人员、作风、精神。由于美国企业界忽视四个软性管理因素，所以在国际竞争中处于劣势。作者在结论中指出，美国企业管理能力衰退的根本原因就是自己管理文化的限制。同年，美籍日本人威廉·大内所著的《Z理论——美国企业界怎样迎接日本的挑战》一书，也属于研究日本企业管理的专著。书中提出Z理论的核心是Z型文化，也就是Z理论的价值观，包括：(1)长期雇佣、信任和亲密的人际关系，相信工人的生活属于整体之内；(2)人道化的工作条件不仅能提高劳动生产率，增加企业利润，也能使员工感到是被尊重的；(3)工人们心情舒畅，使工作更有绩效。所以Z型管理模式是每个企业都应该追求的管理模式。美国南加州大学奥图教授所著的《未来的企业》一书，也是反省美国企业界忽视企业文化作用的重要著作，该书以“关键是文化，而不是经济政策”为标题，说明振兴美国经济的根本在于建立优秀的企业文化，据此作者提出未来的企业必须做好以下几件事：(1)确立合理的工作哲学和工作组织；(2)管理者要找出管理文化背后的价值观；(3)认识企业文化在组织生产和约束个人行为上的作用；(4)设立企业文化的正确目标。作者指出，只有这样，才能使今日美国企业颓势转化为未来的复兴。《日本第一》、《日本的管理艺术》、《Z理论》等几本书，都是长日本人的威风，灭美国人的志气，一些美国学者颇感不服。于是由彼德斯和沃特曼合著的《追求卓越》一书问世了。在该书中，作者以获利能力和发展速度为准则，对43家美国杰出的公司

进行考察，结果发现这些杰出的公司成功的一个共同的原因，就是每家都有自己强有力的“企业文化”。这就证明，许多日本的一流公司所遵循的法则，原来在美国公司里也同样地被执行着。所以，成功的秘诀并非日本独有，在美国也有。美国的问题是过于迷信理性管理，而疏于价值观的重要性。因此，企业主管最重要的任务就是塑造整个组织的价值观，这是企业成败的关键。1984年，由米勒所著的《美国企业精神》一书进一步肯定了《追求卓越》中所阐述的观点。该书提出了未来企业的八项基本的价值观，这些价值观为建立新的企业文化奠定了基础。这八项价值观是：(1)目标原则；(2)卓越原则；(3)共认原则；(4)整体原则；(5)绩效原则；(6)实证原则；(7)亲密原则；(8)正直原则。这八项原则被视为新时代企业发展战略与战术的导向。作者还提出了两套策略和两套战术。两套策略是：(1)每个企业都必须为自己的员工和股东订出一套企业文化的发展计划；(2)正确地掌握未来环境中影响企业文化的内外力量，并采取相应的措施。两套战术是：(1)必须有精明的主管，以便成功地领导企业文化的变更；(2)用强化行为的方法推行企业文化。强化文化的政策也是重要的管理技巧。

目前看来，西方国家在理论上对企业文化作较系统研究的应属美国哈佛大学迪尔和管理公司肯尼迪合著的《公司文化》一书。书中除了重申世界上成功企业的背后必有一种强有力的文化、企业文化是企业成功的关键等观点以外，还特别探讨了企业文化的一些理论问题。提出了构成企业文化的五要素：(1)企业环境，这是塑造企业文化的最重要的因素；(2)价值观，这是企业的基本信念和观念，形成企业文化的核心要素；(3)英雄人物，这是把企业文化的价值观人格化，为员工提供学习、效仿的具体典范；(4)典礼和仪式，这是企业有系统、有计划的日常例行事务；(5)文化网，这是企业基层的沟通公式，是企业的价值观和英雄意识的传递渠道。作者根据企业文化的作用，还提出了“理想的经理人”应有的特征，即对文化及其长期影响十分重视；自己在企业中既是演员又是导演和编剧；思考选择适当的企业文化，必要时重塑企业文化。《公司文化》一书较详细、系统地论述了企业文化的若干理论问题，为企业文化成为一门科学奠定了基础。“企业文化”作为企业经营管理的新观念，开辟了研究企业管理的新领域，从管理理论发展的角度看，企业文化研究热潮的出现，标志着管理理论发生着几个重大的转变：一是从企业内部员工个体的研究转向对企业内部员工整体的研究，不单是研究如何激励员工，而是研究如何把个别员工团结成一个整体；二是从重视硬性管理制度、管理方法转向软硬兼备的管理艺术和技巧；三是从管理行为的研究深入到管理行为背后的文化价值观念的研究。

八十年代中后期，我国一些企业，先后提出了作为企业文化精髓的企业精神，这既是继承和发扬我们的优良传统，又是引进西方企业文化后的重要举措。最早开展企业文化建设的是深圳的企业，这与深圳企业较早地进入市场有密切关系。随着社会主义市场经济体制的建立和发展，企业不仅要面向国内市场，而且要走向国际市场，要想在市场上取得优势地位，就要靠良好的品牌、信誉、形象等不可估量的无形资产。企业声誉、信誉的树立，企业形象的塑造，都离不开企业文化建设。可见，重视企业文化建设是发展社会主义市场条件下企业间竞争的必然趋势，是企业生存和发展的内在要求。因此，近年来我国企业主管部门、行业主管部门、理论工作者、企业家们都十分关注企业文化建设，成立专门的企业文化研究团体，举办企业文化刊物，出版企业文化书籍，召开企业文化研讨会，开展企业文化建设的行业在发展，实践的企业在增加，关注的人群在扩大，理论研讨在深化，企业文化的研究和实践继续向广度和深度发展。然而，我国企业文化建设工作属韧始阶段，近几年来，热心企业文化研究和实践的理论和实际工作者，就什么是企业文化、它有什么特点和功能、它与企业管理、与思想政治工作的关系怎样、以及怎样建设企业文化等问题，经过研讨、争论，逐步取得了共识，但我们也必须看到，在理论解释和实践操作上，还有不同的意见，理论研究有待于深化，实际操作尚需规范。当前，在我国企业文化建设中，应该把握的基本原则是：以邓小平理论和党的基本路线为指导，把中华民族优秀传统文化与社会化大生产结合起来，把社会主义基本制度与现代企业管理结合起来，把思想政治工作与企业文化建设结合起来，立足我国国情，吸纳外来文化精华，以我为主，洋为中用，建设有中国特色的企业文化。

二、关于企业文化若干理论问题

1. 企业文化的基本内涵

什么是企业文化？它的基本内涵是什么？理论界众说纷纭。西方学者认为，企业文化是企业的观念形态，以企业价值观体系为基础，以群体意识为表现形态的管理文化。我国学者认为企业文化有广义和狭义两种理解。狭义的观点认为，企业文化仅仅指企业的观念文化，是企业组织及其领导者经过长期倡导、逐步形成并为企业全体成员普遍遵循和恪守的价值观念，包括基本宗旨、共同理想、道德规范、行为准则等。广义的观点认为，企业文化是指企业所创造的具有特色的物质财富和精神财富的总和。这种广义的企业文化，实际上包括企业的硬文化和软文化，企业的硬文化包括企业的产品、设备、工艺等物质状况和效益水平，其主体是物；企业的软文化是指企业在发展过程中形成的具有本企业特色的思想观念、道德意识、工作作风、行为习惯等，其主体是人。当然，企业

的硬文化与软文化是不可分割的，它们之间是相互依存、相互渗透、相互作用的。企业硬文化是企业软文化的物化形态和外在表现；企业软文化是企业硬文化的核心和精髓，是企业最具活力和创造力的因素。狭义的企业文化仅指企业的软文化。目前，国内理论界关于企业文化的定义，多数人是从狭义方面理解，认为企业文化主要是指企业软文化，这样既符合企业文化产生时的初衷，也能防止企业文化概念的泛化，有利于对企业文化内涵的界定和企业文化建设的实际操作。据此，我们认为，企业文化是一种微观文化，是在一定企业中反映其经济关系和政治关系的观念形态的总和。所谓微观文化是相对宏观文化而言，是指社会基层组织的各自独有的文化，包括公司文化、社区文化、校园文化、军营文化等；所谓观念形态，即企业宗旨、企业精神、企业目标、企业形象、职工素质、职业道德、行为规范等。

为了更好地理解企业文化的内涵，有必要对企业文化的基本内容作一分析。企业文化主要包括以下内容：

(1)企业精神。企业精神是企业文化的精髓。企业精神是指一个企业在长期经营发展过程中，逐步形成的具有本企业特色的并为广大职工所认同的精神信念，这种精神信念是企业领导人和职工在长期实践中形成的群体意识，是集体智慧的结晶，它源于实践又高于实践。例如，我国50年代鞍钢的爱厂如家的孟泰精神，60年代的“三老四严”的大庆精神，80年代二汽精神：艰苦创业的拼搏精神，坚持改革的创新精神，永攀高峰的竞争精神，顾全大局的主人翁精神等等。这种企业精神是企业的灵魂，是企业生产力发展的动力源泉。

(2)道德规范。道德规范是通过社会舆论、内心信念和传统习惯，以善恶、荣辱、正义与非正义等为标准，来评价人与人之间以及人与社会之间关系的准则。企业的道德规范应该包括一般社会道德规范和职业道德规范。职业道德规范规定了企业人什么是应该做的，什么是不应该做的；应该做的就是善的，不应该做的就是恶的。企业的道德规范是企业中人们在处理人与人之间的关系中逐渐形成的被人们普遍公认的不言而喻的行为规范。这种规范是约束企业成员行为的道德力量，优秀企业文化中必然包含着高尚的道德观念。

(3)企业作风。企业作风是经过长期培育养成的在生产经营中一贯表现的态度和行为。每个企业都有自己的作风。我们党的理论联系实际的作风、批评与自我批评的作风和密切联系群众的作风，是企业及其领导者的基本作风，应该得到认真贯彻执行，并加以发扬和具体化。同时应结合生产经营工作，树立一些良好的作风，例如，精益求精的作风，助人为乐的作风，实事求是的作风，艰苦奋斗的作风，勤俭节约的作风，文明礼貌的作风等等。作为企业文化的重要内容之一企业作风，是一种巨大的无形的力量，对人的行为有重大影响，应该精心培植。

(4)企业形象。企业形象是指企业在公众当中整体风貌。企业形象是企业的无形财富，看上去企业形象不像产品和广告那样直接给企业带来利润和市场。然而，它却可以给企业带来许多奇妙的东西：良好的企业形象为该企业的产品或服务在消费者中树立一种消费信心；预先为一个新产品作了保证；为保留和吸引人才创造了条件；对吸引社会上的资金提供了优越条件；有助于寻求可靠的原材料供应商；有助于寻求稳定而与己有利的销售渠道；有助于增进社区的理解；有助于获得政府的好感。企业形象是由产品形象、信誉形象、社会形象、职工形象、环境形象、公关形象和领导形象构成。企业形象是企业硬文化和软文化的综合反映。良好的企业形象作为企业的外在风貌，其背后都有强劲的企业文化。

(5)价值观。价值观是指人对周围事物的是非善恶、重要性评价的基本观点。一个人的价值观总是表现为他追求什么，向往什么，喜欢什么，羡慕什么，因此，它与需要有密切关系。企业的价值观，也称经营宗旨、经营哲学，它是由企业领导人倡导、企业全体成员普遍遵守和奉行的共同的价值取向，因而它是群体意识，具有巨大的导向、激励和凝聚作用。企业精神、职业道德、企业形象、行为准则、工作作风等都是价值观的体现。企业的共同价值观一旦形成，就会产生巨大的物质力量，这就是企业要建设优秀的企业文化的缘由。例如，日本松下公司的经营理念是：“丰富大众日常生活的必需品，改善及扩充其生活内容”；又如玉溪卷烟厂的宗旨是：“天下有玉烟，天外还有天”；上海电视一厂的信条是：“精心制造，尽心服务”；唐山豪门集团的哲学是：“人讲称职，事争一流”等。这些企业铸成的价值观念在企业改革和发展中发挥了巨大的作用，对企业两个文明的建设具有重要意义

2. 企业文化的特征

为了更好地理解企业文化的内涵，我们进一步分析企业文化的特征：

(1)理念性。企业文化不是一种制度、战略或技术。而是把理想的管理行为和职工行为规范化、概念化，它以理想、意识、信念和价值观的形式表现出来，所以，它是一种精神的东西。

(2)客观性。企业文化是企业经营管理活动和职工行为背后所隐藏的价值观念。因此，无论是否意识到它，也无论是成功的企业还是失败的企业，事实上都存在着某种企业文化。以往的管理者虽然也利用企业文化作为管理的工具，但却是无意识的。现代管理者则主动地思考和建立优秀的企业文化。所以，从企业文化是管理行为的原因的角度分析，可以认为，企业文化具有客观性。

(3)动态性。企业文化具有动态性质，它的定型与变

迁取决于企业所处的内外环境的变化。由于企业内外环境的变化,企业文化必然会不断淘汰不适应的东西,创造出新的内容,进而保证企业文化自身的生命力。

(4)继承性。企业文化作为企业管理行为的价值观具有一种历史的继承性过程。一个企业的历史、传统和习惯往往赋予企业文化以特定的内容。企业文化可以扬弃企业原有的某些传统,但却无法割断与历史的联系。

(5)综合性。企业文化是一种价值观念体系,它涉及到企业经营管理活动的各个方面,各个层次,而不是就某一个局部范围而言的。换句话说,在企业经营管理的一切方面都存在着建立价值观念的问题。

(6)长期性。企业文化的培育过程是一个长期的过程。它要经过设计、传输、体验、强化、认可等一系列环节,而不可能在一朝一夕一蹴而就。

(7)传播性。企业文化可以向企业系统外部辐射,影响与该企业有关的人员。

3.企业文化的功能

如果用一句话来概括企业文化的功能,可以认为企业文化是一种内化的管理控制手段。这种概括虽然可能过于简单,但却道出了企业文化的核心功能。这种功能具体表现在以下几个方面:

(1)凝聚功能。企业文化是一种粘合剂,它使所有企业成员在观念和行为上一体化,进而产生一种合力,增强了企业的整体力量。

(2)约束功能。企业文化是一种非正式的控制手段,虽然没有明文的规章制度,但却通过一系列为人们所普遍接受了的价值观念来约束企业经营管理活动和职工的行为。一旦违反了既定的价值准则,人们就会自动加以纠正。

(3)协调功能。企业文化是一种润滑剂,它可以减少企业内各部门、各成员之间的种种摩擦;造成一种和谐的、相互理解和支持的组织气氛,因为各部门、各成员之间拥有共同的价值观念。

(4)激励功能。企业文化是一种以人为中心的管理理论,职工是企业的主人,广大劳动者是企业生产力各要素中最重要、最活跃的因素,企业文化正是抓住了这个根本,重视人的因素,关心人、尊重人、理解人,注意协调好人与人、人与企业的关系,既能满足人们的物质需要,更能满足人们的精神需要。因而可以极大地调动职工的积极性和创造性,表现出企业文化的重要的激励功能。

(5)导向功能。企业总是根据国家经济发展的要求,确立自己的方向和目标。企业文化中包含着企业的最高目标,并引导职工在对企业的认识中形成统一的目标。通过思想、情感、认识上的同化,把个人目标引导到企业目标上来,形成统一意志,从而促进企业目标的实现。

(6)效益功能。企业文化是一种无形的资产,它通过企业精神增强群体意识,提高凝聚力,调动企业职工积极性,传播企业形象,来提高企业的知名度和美誉度,从而提高经济效益。评价企业文化优劣的终极标准,就是看这种文化是否能够形成一种管理手段,改善管理效率,提高经济效益。因而,企业文化具有强烈的功利性。

三、企业文化与思想政治工作的关系

80年代中后期以来,正当我国工作重点转移、经济体制转轨时期,企业文化被引入并在企业开始实践,而此时也正值我国深入探讨加强和改进企业思想政治工作新途径的时期。企业文化是"舶来品",可以说是个新概念,企业思想政治工作是我们党的传统和政治优势,在企业中既要加强和改进思想政治工作,又要建设适合于本企业的企业文化,于是就出现了企业文化建设与企业思想政治工作的关系问题,引起理论工作者和企业家们的注意,开始研究二者的共同点和不同点,而更多的是探讨它们之间相同、相通、相融的方面。

1.企业文化与思想政治工作的不同点

企业文化与思想政治工作是两个完全不同的概念、它们有着本质的区别,不能混为一谈,更不能互相取代。

(1)性质不同。思想政治工作是我党的优良传统。经过数十年革命和建设的实践及其经验总结,已发展成一门科学,属于马克思主义政治学的一个分支。它以马克思列宁主义、毛泽东思想和邓小平理论为指导,依照党的纲领和不同阶段政治、经济的中心任务,通过有组织、有意识的教育,灌输马克思主义理论,使党员和广大人民树立科学的世界观和人生观,掌握马克思主义的观点、立场和方法。它具有鲜明的党性、思想性,本质上属于政治工作范畴。企业文化是产生于西方资本主义发达国家的一种新的管理理论,它是通过培育企业职工共同的价值观和行为准则,对职工的行为进行有效的管理和控制,追求企业整体优势,具有明显的管理性、经济性,本质上是经济管理问题。

(2)内涵不同。思想政治工作是根据党在企业的中心任务与职工的思想和行为规律,遵循精神文明建设的基本要求,着重对人的思想政治观念、世界观、工作态度和生活态度施加积极影响,以便调动积极性,服务于生产建设,因此,思想政治工作既是研究人的思想和行为规律的理性概念,又是进行思想教育活动的实践性概念。而企业文化是在企业长期生产经营过程中逐步形成的、全体成员共识共守的行为规范、传统作风和价值观念,主要是理性文化概念。

(3)内容不同。思想政治工作的基本内容是对党员干部和广大群众进行马克思主义基本理论、党的基本路线、爱国主义、集体主义、社会公德及艰苦奋斗的教育,培养"四有"职工队伍;同时,对职工在生产过程中所产生的

各种思想问题、情绪问题和行为问题进行疏导,及时予以解决。企业文化的基本内容是根据企业内外条件选择经营哲学、确定管理信条、培育企业精神、确立企业目标、建设企业道德、树立企业形象等。因此,思想政治工作的任务是立足于全党的思想政治上的高度统一,具有较大的共性特征;而企业文化是在宏观的大政方针指导下,主要是依据本企业的实际情况长期铸就的,具有鲜明的个性色彩。

(4)方式不同。思想政治工作与企业文化运作方式不同。这是因为二者的活动主体不同。思想政治工作的活动主体是在党委集体政治核心领导下,专职兼职相结合,领导群众相结合,党政工团齐抓共管的体制,其运行方式是在党委统一领导下,主要是系统教育、正面灌输。企业文化建设的主体是企业的全体职工,良好的企业文化氛围,是在社会主义文化大背景下,通过企业领导人的倡导,靠全体职工的自我教育、自我约束、自我体验,逐步养成,一旦企业职工拥有了共同的价值观念,企业就有了巨大的凝聚力和感召力,职工就会自觉自愿地、齐心协力地为实现企业目标而奋斗。它的运行特点主要是以潜移默化的形成,通过良好地企业文化氛围,提高职工的思想道德素质。

2.企业文化与思想政治工作的联系

前面讨论了企业文化与思想政治工作的区别,这些区别点告诉我们:企业文化和思想政治工作是两个不同的概念,企业文化建设和思想政治教育是两项不同的工作。它们之间是不能互相代替的。有人认为我们有思想政治工作就够了,搞什么企业文化,也有人认为有了企业文化就可以不要思想政治工作了,这两种看法都是片面的、错误的,前者排斥了企业文化,否定了企业文化及其作用的合理性、有效性;后者导致思想政治工作取消论。

作为两个不同的科学概念应该予以明确区分,而作为两种工作,在实际操作中又有着密切的联系,企业文化建设和思想政治工作在许多方面都是相同、相通和相融的。

(1)对象相同。企业文化和企业思想政治工作,作为两门科学,其研究对象都是“人”,都是以人为本的科学;作为两种工作都是做人的工作,它们都是以尊重人、理解人、关心人、激励人为共同的出发点,都强调协调好企业内部的人际关系,都重视培养人的集体意识和提高人的思想道德素质,都把最大限度地调动职工积极性和主动性作为自己的重要任务。企业文化从研究人的共同的价值取向出发,注重焕发人的精神,塑造人的灵魂,倡导群体的优良作风和好的传统,强调自我激励的作用,在企业现代化管理中实行人性化管理。企业思想政治工作解决人的思想认识、观点、立场问题,以育人为业,以转变人的世界观为本,旨在用共产主义精神培养有理想、有道德、有文化、有纪律的社会主义建设人才。总之,企业文化和思想政治工作在培养人的良好品质、塑造人的美好灵魂方面是完全一致的。

(2)方向一致。企业文化和思想政治工作都属于意识形态范畴,要为经济基础服务。无论是企业文化还是思想政治工作都必须坚持共产党的领导,坚持社会主义的方向。我们的企业文化是社会主义企业的企业文化,它必然受社会主义思想原则、道德规范、行为准则和集体主义价值观指导,体现社会主义精神文明建设的要求。我们应该建设具有中国特色的企业文化。这不仅与思想政治工作的政治方向是完全一致的,而且坚持思想政治工作优势又能保证企业文化建设的正确方向,提供思想动力。任何排斥、削弱思想政治工作的企业文化都会背离企业的社会主义方向。

(3)目的相近。企业文化的功能之一就是效益功能。建设企业文化或企业精神的目的,就是通过强化软管理,激发人的工作热情,从而提高经济效益,进而发展社会生产力;思想政治工作的目的,是通过对人的马克思主义理论教育和社会主义、爱国主义、集体主义思想教育,调动人的积极性,最终达到提高企业的经济效益的目的。思想政治工作应服从于服务于经济建设。思想政治工作是发展社会主义生产力的可靠保证。可见企业文化和思想政治工作的共同终极目的都是为提高企业的经济效益,发展企业生产力,为经济建设服务。

(4)途径相通。企业文化和思想政治工作为达到目的途径或手段是相通的,思想政治工作经常采取的一些途径,对企业文化建设也适用。例如,从实际出发;有的放矢;加大感情投入,耐心启发引导;树立榜样,典型示范;提倡开展自我教育;运用领导者的人格感染力;创造良好的人际关系环境,形成奋发向上的氛围;开展丰富多彩的学科学和娱乐活动,寓教于学、寓教于乐等等。这些途径或手段常常都是企业文化建设和思想政治工作共同使用的,几乎是完全可以通用的。

(5)环境相似。无论企业文化建设还是思想政治工作那是在一个特定企业环境中进行的,企业环境包括内部环境和外部环境,内部环境包括生产经营状况、规章制度、产品结构、设备、工艺水平、人员素质、人际关系状态、文化氛围、领导能力和威望、公共关系、经济效益、分配方式等因素;外部环境是指企业生存和发展的社会条件,包括国家的产业政策、宏观调控力度、市场情况、社会企望、资金和原材料市场、社会责任等。企业文化建设和思想政治工作都是在这种既确定又多变的环境中进行的,必然受到内外环境中的各种因素的影响,其中有的因素可能起积极的作用,有的因素可能起消极作用,要认真分析研究这些有利和不利因素,为企业文化建设或思想政治工作找好基点和提供条件。在同一环境中,在相似的影

响因素的作用下,企业文化和思想政治工作根据各自的特点和优势,确定建设自己的企业文化起点和程序,选择思想政治工作的侧重点和突破点,以求两项工作同步能取成果。

3.互相推动,共同发展企业文化与思想政治工作的相通相融是客观存在的,它们之间的联系是明显的,二者的结合点也是很多的,因此,它们之间的关系是相互影响、相互渗透、相互促进、相辅相成的,有些方面是彼此互补的。

(1)同企业文化建设相结合是新时期思想政治工作的有效形式。近年来,在加强和改进思想政治工作中,企业文化被吸纳和借鉴,并成为思想政治工作的重要的支撑点和有效形式。企业文化所倡导的企业精神,包括竞争精神、创新精神、科学精神、主人翁精神、群体精神、奉献精神、民主精神、服务精神等,不仅丰富了思想政治工作的内涵和外延,而且给思想政治工作增添了新的活力。同时,在培育企业群体意识、倡导企业道德、规范员工行为、开展各种文化活动中,为思想政治工作提供了更广泛的活动舞台。

企业文化和思想政治工作是围绕企业物质文明和精神文明建设的有着内在联系的不同方式。企业文化是经济与文化结合的产物,是企业管理从经济层面向文化层面拓展的结果,它的主体部分虽属观念形态,但它更贴近生产经营管理,更容易为各层次职工所认同和接受,为改变以往思想政治工作单向灌输和一个方子包治百病的僵化模式提供了一种新的工作形式。思想政治工作毫无疑问属政治范畴,但在新时期企业思想政治工作要纳入企业管理轨道,结合经营管理工作一道去做,要为经济建设服务。这样,较好地解决了思想政治工作与经济工作的“两张皮”问题,为企业文化和思想政治工作相融创造了契机。

(2)思想政治工作保证企业文化建设的正确方向。企业思想政治工作是我党的一大政治优势,历史证明,中国革命和建设的胜利在一定意义上讲就是靠强有力的思想政治工作取得的。企业思想政治工作从党和国家的中心工作的大局出发,坚持四项基本原则,正确处理国家、集体和个人三者的利益关系,保障企业的社会主义方向。只有坚持企业文化建设的社会主义方向,有效地开展思想政治工作,才能解决好价值观这一文化建设的核心问题,以保证企业文化建设健康发展。

国内一些企业在企业文化建设中的经验证明,企业文化的起步和深化都得益于思想政治工作,强有力的思想政治工作不仅过去对加强企业管理发挥了巨大的促进作用,在今天企业文化建设过程中,又成为一种可借助的优势力量。许多企业的实践证明,企业文化建设的成功离不开思想政治工作。大庆精神、二汽精神、同仁堂文化、牡丹精神、蓝岛文化等企业的企业文化的铸就无不如此。他们的经验,一是优势互补,思想政治工作的优良传统和政治优势同企业文化的外延广泛、贴近实际、更具灵活性的优势结合、互补;二是倡导企业精神,把思想政治工作所注重的爱国主义、集体主义教育具体化了、企业化了;三是把卓有成效的企业管理思想和群体价值观的形成同思想政治工作有机结合,同步进行;四是从思想政治工作内容中发掘、提炼、演化出企业文化建设的直接要素。

(3)企业文化建设推动思想政治工作的改革和创新。实践经验证明,搞好企业文化建设,非但不排斥思想政治工作,而且离不开思想政治工作,并为思想政治工作的改革和创新提供了一个新天地。企业文化建设使思想政治工作的内涵更深刻、外延更扩展,使思想政治工作更适应市场经济的需要,更便于与经济工作融合在一起去做,从而增强思想政治工作转化为物质生产力的力量。

在过去相当长的时期里,企业党组织发挥了政治核心作用,党支部发挥了战斗堡垒作用,党员发挥了先锋模范作用,通过深入细致的思想政治工作,调动了职工积极性,培养“四有”职工队伍,发挥了十分重要的作用,也积累了丰富的具体经验。但是,由于长期高度集中统一的计划经济体制,企业靠指令性计划生产经营,企业没有自主性,企业的任务就是完成国家下达的计划,职工就是做好企业领导分配的工作,缺乏积极性和主动性。与此相适应,计划体制下的思想政治工作的安排,也缺乏独立性、自主性,这就不可避免地脱离实际,缺乏活力和生机。因此,近年来,有关领导部门和思想政治工作理论工作者和实际工作者一直致力于探索改革和创新思想政治工作的新思路。企业文化建设有助于思想政治工作的改革和创新,正是在于它能够克服思想政治工作的某些弊端,改变在旧体制下形成的不适应社会主义市场经济发展需要的旧观念、旧模式、旧方法,使思想政治工作与经济工作更加有机地融为一体,做到实处。

总之,企业文化建设对思想政治工作的改革和创新的意义,主要在于它的内涵大大丰富了思想政治工作的内容,创造出能够团结和凝聚职工的、能够增强企业向心力和竞争力的新形式、新方法。思想政治工作者应该充分利用企业文化,推动思想政治工作的改革和创新不断地向纵深发展。

(作者系中央党校思想政治工作研究室教授)

文化创新是企业发展战略的重要内容

黎　明

什么是企业发展战略？由于看问题的角度不同，人们在这个问题上的观点也不尽相同。我认为，战略问题，说到底是一个经营单位通向决定其效益的竞争优势之路。因此，战略问题，首先是企业发展道路的问题。

在计划经济体制下，企业发展战略往往侧重于抓投资、上项目。但实践证明，企业发展道路的问题解决得不好，项目上去了，优势没增强，有的甚至成为企业发展的包袱，在市场经济条件下尤其是这样。宝钢建设迄今已18个年头了，走了一条以高起点的创新赢得竞争优势的发展道路。宝钢的发展，首先靠国家300亿投资，靠国家和人民的支持，否则就不会有宝钢。怎样把宝钢搞好，我认为在技术装备上和经营管理上起点要高，要么不搞，要搞就搞当代世界先进水平的，否则没有优势，即使搞了也只是低水平的重复，造成资源的浪费。同时，宝钢人也必须在此高起点上进行创新，不创新就不会有活力，不会有发展。这个创新，不仅包括技术上的、管理上的、制度上的，也包括在企业文化上的。因此文化创新是企业发展战略的重要内容。

文化创新是提高竞争力的无形动力

有人认为企业文化是个新东西，你为什么要提出文化创新这个问题呢？我认为从文化现象来说，有企业就有企业文化，从这个角度讲，企业文化不是什么新东西。但从管理的理论、方式和精神文明建设的内容来说，它会有新发展、新成果。因为有企业就有企业文化，所以企业文化的具体内容、作用会有优劣之分。在过去的计划经济时期企业里形成的观念、原则和精神，有的还是好的，如主人翁精神、艰苦奋斗精神等，现在、乃至今后仍然还是要坚持的。但也有许多是不好的，如人浮于事、不讲效益、搞大而全、小而全、吃大锅饭，等等。过去的东西，好的要坚持，不好的要扬弃，但更重要的是我国实行了社会主义市场经济体制，这是一个伟大的创举，大量的新情况、新问题不断涌现，我们的企业文化要与之相适应，难道不需要创新吗？文化创新是提高企业竞争力的无形动力。

为用户服务是为人民服务的具体体现

为人民服务这一宗旨是完全正确的，不能动摇的。问题是就企业而言具体怎样落实。在计划经济体制下，计划调拨、凭票供应，在卖方市场的情况下“货少脾气涨”，服务态度、服务质量普遍不好。这是“大锅饭”的分配制度和供不应求的经济状况造成的必然结果。在社会主义市场经济条件下，生产力逐步发展，卖方市场不可避免地变成买方市场。在卖方市场下形成的这种观念不转变，这样的状况不改变，企业在竞争中要生存下去是很难的。因此，我们明确提出这样一条经营理念：为用户服务是为人民服务的具体体现。我认为，企业所有的活动，都应是直接或间接地为用户服务的活动；企业间所有的竞争，集中到一点，都是怎样为用户更好地服务的竞争。企业的最终目的是效益，但这个效益是通过市场获得的。坑害用户，不是正当的经营行为，至少是不道德行为，这在资本主义社会，也是被公认为不光彩的事情，何况我们是社会主义国有企业呢？我们的经营哲学是“宝钢为您创造价值”，这就是说，我们只有为用户创造价值，才能为自己实现价值，只有为用户创造效益，才能为自己创造效益，否则，就是自绝于用户、自绝于市场，还有什么效益可言。从这个角度讲，我认为共产党的哲学与正当竞争的哲学是一致的。对于这个哲学，共产党人应该用得更好。不管市场怎么变，用好这一哲学不能变。企业在买方市场的条件下，要为用户服务；在卖方市场条件下，同样也要为用户服务。宝钢现在基本上还是卖方市场，但我们不能因此就不为用户服务。

信誉是企业的生命

我认为，为用户服务，服务得好不好，要以用户满意为标准，得罪用户、刁难用户的人至少应该下岗。为用户服务、让用户满意，这不仅适用于宝钢产品的购买者和使用者，而且也适用于宝钢内部。在钢铁生产中，主体是辅助部门的用户，辅助部门应为主体服务，应该赢得主体的满意。下工序是上序的用户，上工序应为下工序服务，应该赢得下工序的满意。由于宝钢各生产厂已经撤销了科

室,因此,公司的各个部门不仅要为公司服务,而且也要为各厂服务,其服务的好坏是评价机关工作好坏的重要标准。企业中的各个岗位、各道工序、各个部门的服务工作搞好了,大家相互之间就会产生一种信任感;就会使各自的劳动成果得到尊重,从而产生一种职业的成就感和光荣感;就会产生一种大于各个局部相加之和的整体的、一贯的优势。这种优势作用到用户,就会产生一种持久的、经得起风险考验的凝聚力,从而使企业获得效益;使员工的个人价值得以实现、实际收入能够增加,进而使企业的凝聚力从根本上得到增强。信誉是企业的生命,为用户服务是为人民服务的具体体现,其标准就是用户满意。用户满意这个标准的主要内容是什么?我认为主要是产品质量、按期交货和售前售后服务这三个方面,要在这三个方面使用户满意,并在用户中树立良好的信誉。

这三条环环相扣,缺一不可。产品质量不能赢得用户满意,你得不到订单,拿着金牌也没用;产品质量虽好但不能按期交货,用户下次就不来了,你只好捧着金饭碗讨饭去;你不搞好售前售后服务,就不了解用户需求现状和发展的实质性问题,就不能巩固、开发和扩展市场。这三条讲起来容易做起来难,因为一是涉及到企业整体素质的提高;二是要花一定的"血本",只想利大大干、无利不干是不行的。

企业发展要以科技为先导

我认为,产品应市即落后。开发新产品就是开发市场,制造新产品就是制造市场。跟着市场走如临深渊,让市场跟着我走才算成功。不为低档次产品的脱销所动,应大力研制和增产高难度、高附加值产品。扬弃旧流程、旧工艺;改进现流程、现工艺;创造新流程、新工艺。以技术进步和科研成果转化为生产力来确保今后宝钢销售额的增长、利税的增长和职工分配的增长。企业的最高工资应给予作出突出贡献的高技能岗位的人员。工人发明先进操作法可以其姓名为操作法命名。工人有突出的发明创造可以晋升到高技能岗位。宝钢坚持走"引进、消化、跟踪、创新"之路,不断推动技术进步。按照邓小平同志为宝钢题词"掌握新技术,要善于学习,更要善于创新"的精神,注重通过改革解决和发展科技这个第一生产力,科技进步贡献率已达60%,荣获"国家级企业技术进步奖。"

高效率是企业发展的核心

我认为在市场竞争中,企业在战略上应以市场为中心,在管理上应以财务为中心,但一切工作都要靠人去做,我们的企业要经得起国际竞争的考验,效率的问题尤其重要。宝钢为了提高效率,坚持改革,实行"集中管理、专业分工和社会化协作"的管理体制,创立"岗效薪级工资制",废除传统的"八级工资制",开展岗位竞争,劳动定员年年精减。国家给宝钢一、二期工程的定员是4万名,宝钢从1988年起每年减员2000人,到1995年8月底已减至1.3万人。而钢产量从1990年的387万吨增加到1995年的851万吨;全员劳动生产率由年人均120吨钢,提高到去年的650吨,跨入世界一流行列。工资在成本中所占比例大大减少,与发达国家同行业的产品相比在效益上已有较强的竞争能力。

环境是反映企业文明水准的镜子

宝钢人追求"服务高质量,工资高效益,技能高水平,言行高格调","寓文明的行为于文明的环境之中,寓文明的环境于文明的行为之中",这是宝钢人的理念。宝钢厂区绿化总面积已达449.9万平方米,绿化覆盖率32.74%。这些绿化植物,每天能吸收二氧化碳约500吨,放出氧气365吨,取得了较好的生态平衡效果。梅花鹿和骆驼在宝钢开阔的草坪上悠然漫步。

竞争是企业发展的动力

市场经济不是"慈航普渡",落后就不能生存。宝钢从来不以国内的企业为竞争对手,而是以国外先进的钢铁企业为竞争对手。自投产以来,宝钢的产品一直供不应求,1995年实现销售收入288亿元,利税60亿元。一期工程投资已经收回;二期工程国内建设贷款本息已于1995年6月还清;投资达623.4亿元的三期工程已进入施工高峰,资金全部由宝钢 自筹,1996年投入154亿元,另外,技术改造和一高炉大修也靠自己解决投资问题。国有资产大幅度增值。宝钢虽然取得了这些成就,但我们看到,在世界500家大企业中,日本有149家,韩国有5家,中国仅有3家,3家里面工业企业一家也没有,这与12亿人口的中国是极不相称的。我们设想的战略目标是:再用15年时间,即到2010年,把宝钢建成一个跨国家、跨行业的一业为主、多业并举的集实业、金融、贸易于一体的企业集团,进入世界500强。我们要发扬"继往开来,团结奋进"的宝钢精神,实现这一目标。

宝钢人不忘300亿建设投资,要交上一份令人民满意的答卷。

宝钢人不辱使命,要向世界展示中国国有企业的活力和风采!

(作者系宝钢集团董事长)

企业文化与思想政治工作的辩证关系

王荣华

企业文化作为发达国家现代管理科学，引入和吸收后，为我国企业的进步发展注入了生机。它在对整个管理领域产生重大影响的同时，与企业思想政治工作构成了既有区别又有联系，相互作用，相互促进的辩证关系。如何在理论与实践的结合上，理顺关系，促进二者有机结合，充分发挥各自特有的功能作用，进而推进企业发展，乃是企业当前面临的重要课题之一。

一、正确认识同一性和特异性，把企业文化真正摆上位

企业文化与思想政治工作，在实践中所构成的既有密切的内在联系，又有相互区别相对独立的关系，是走出认识上的误区，真正给企业文化定位的关键。

首先，企业文化与思想政治工作的内在联系（或为同一性），主要表现为：

1. 目标相向：在社会主义市场经济条件下，二者都把不断提高企业的经济效益，最大限度地发展生产力，强化企业竞争力作为奋斗目标，强调在服从和服务于经济建设的大目标下，发挥自身的功能。

2. 内容相关：二者都坚持“以人为本”的原则，以培养职工优秀精神为重要内容，强调人力资源——人的主动性、积极性、灵活性和创造性的潜能开发。

3. 作用相近：二者都重视精神的反作用，均具有潜移默化的长期性和稳定性特点。二者的作用均表现为：凝聚作用——在群众意识的制约、利益的依存、人格力量的影响等因素的作用下，团结、吸引职工，形成合力；协调作用——通过营造和谐的文化氛围，创造和谐的人际关系，缓解矛盾，密切党群、干群关系；激励作用——通过目标激励、环境激励，典型激励和教育激励等方式调动职工积极性。

其次，由于企业文化与思想政治工作，不具有派生关系，二者各具特异性（或为特殊性），主要表现为：

范畴不同。企业文化属于管理领域，是经济文化范畴，其具有显著的管理属性；思想工作属于意识形态领域，是政治思想文化范畴，具有鲜明的党性、政策性和强烈的政治性、是非性。

对象不同。企业文化的对象不仅是人，而且有人以外的其它管理要素，如产品、组织与制度建设等等，对企业综合要素具有广泛的辐射力；思想政治工作的对象是人，并且注重研究人的政治倾向、思想意识与观念发展的规律。

内容不同。企业文化的内容包括企业职工共有的价值观、企业精神、企业理念以及企业行为准则等；思想政治工作侧重职工的世界观、人生观、道德观、政治观以及民主法制的教育等内容。

手段不同。企业文化主要通过文化手段，形成以价值观为核心的群体意识，并以此影响人的思想，制约人的行为；思想政治工作则主要是通过宣传、教育、疏导、激励等手段而发挥作用；从而提高人的思想政治素质，调动人的积极性。

侧重点不同。企业文化是从企业本位的利益和目标出发，直接为企业的发展服务。思想政治工作一方面要立足于企业，同时又要立足于国家，为维护国家利益和社会稳定服务。

企业文化和思想政治工作，在实践中客观地构成了相互联系、相互渗透、相互影响，既交叉又各具特性的关系。所以在思想观念上，不能非此即彼，而应该运用辩证统一的观点看问题，使二者有机统一。在具体运作中不能此涨彼消，而应该融合贯通，使二者相得益彰。

二、科学利用相关性，使企业文化为思想政治工作开拓新途径

中宣部、国家经贸委制定的《关于加强和改进企业思想政治工作的若干意见》指出：“要借鉴和吸引企业文化建设的有益成果，使思想政治工作与企业生产、经营、管理结合得更加紧密。”在当前加强和改进企业思想政治工作任务十分艰巨、正面临严峻挑战的形势下，企业文化建设的兴起，无疑为思想政治工作注入了生机和活力，开辟了新的途径。

“他山之石，可以攻玉”。企业文化对新时期思想政治工作的启示和借鉴作用，主要有以下几点：

1. 企业文化的参与效应和务实品质，可为解决“两层皮”和“假大空”现象提供新的思路。企业文化的中心，是构建以企业精神为核心的人文系统。这在客观上就要求各级管理者，毫无例外地站在企业文化的高度实施管理行为，同时要求他们在关心物质、时间、信息、组织与制

度等要素的同时，还必须关心意识要素，进而将企业总体目标与精神构建统一起来，这本身既是企业文化建设的内在要求，也是思想政治工作所刻意追求的。按照这一要求，包括各级行政领导在内的管理者，都应该成为精神领域的管理者，这就为形成党政工团齐抓共管的思想政治工作氛围，提供了可能。一旦如此，“两层皮”现象即可以顺势得以解决。从另一角度讲，思想政治工作的出发点和归宿，是提高经济效益，因此必须重实际，出实招，求实效。企业文化的管理属性，给思想政治工作的启示，就是务实，不去一味地追求逻辑程序，而旨在追求实践的效果，摒弃那些“假、大、空”和形式主义的“花拳绣腿”，真正增强实效性。

2. 企业文化的平等效应，可以为思想政治工作提供平等和谐的人文环境。平等是领导与员工沟通的桥梁，也是实现思想政治工作目标的基础。有些思想政治工作者则往往居高临下，“我讲你得听，我打你得通”，缺乏民主、平等协商和沟通，结果适得其反，甚至造成逆反心理。所以借鉴企业文化的启示，应着力强调在思想政治工作的主体和客体之间，建立平等关系，力求产生平等效应。企业文化将职工视为企业主体和极为特殊的管理要素，重视人的价值，强调以人为中心的管理，着重人的思想，情感以及合理追求。所有这些，也正是思想政治工作的所需所求。从实践意义上讲，这对思想政治工作者的思想作风和业务知识，提出了更高层次的要求。

3. 企业文化的良好气氛效应，可以为思想政治工作更具有吸引力和感染力，提供有效载体。企业文化十分重视文化氛围，重视情景效应，如舒心悦目的厂容、厂貌、和谐的人际关系，甚至一首激人奋进的厂歌、一个刻骨铭心的仪式，一幅有感染力的宣传画，都会极大地激发职工的团体意识，强化自豪感和归属感，催人向上。思想政治工作在运用气氛效应时，还必须把握这种气氛效应机制的特点。首先是潜移默化，气氛不是靠要求、说教或压制，而是通过设计各种载体制造气氛，使职工在不知不觉中被感染、被触动；其次是求新求异，气氛借助载体而实现，载体需多变，独具匠心，丰富多彩；第三是短暂性，气氛效应实现的机制往往是情绪和情感，而不是认识范畴，因此往往强度较大，但惯性不足，甚至转瞬即逝。这就需要思想政治工作者，要力争加大理性含量，以增强工作的效果。

换言之，企业文化的构建，为思想政治工作解决方式单一、方法呆板，路子不宽、效果不佳的老大难问题，开阔了视野，拓宽了用武之地，提供了有益的借鉴。

三、充分运用互补性，切实发展思想政治工作在构建企业文化中的保证作用

企业文化，在发达国家被称之为“企业之魂”，是企业“生命的基础、发展的动力、行为的准则。”企业文化引入我国虽然时间不长，但是它所体现的现代管理意识、显著的管理功能以及看好的发展前景，已经展示了强大的生命。但是，由于企业文化本身功能的局限性，加之缺乏实践“磨合”，表现出了某种程序的不成熟性，对此，思想政治工作必须发挥其优势，使之健康发展。与此同时，我国的企业文化建设，是在建设有中国特色的社会主义的条件下进行的，政治工作仍然是包括企业文化在内的一切经济工作的“生命线”。就多年的实践而言，企业思想政治工作在企业文化建设中，必须并且能够发挥保证作用。主要体现在四个方面：

1. 企业思想政治工作，具有企业文化所无法替代的政治导向作用。坚持企业的社会主义方向，这是我们党办企业的根本要求，也是企业党组织的一项重要任务。由于企业文化属于经济文化范畴，因而它无法通过自身的功能去完成。而思想政治工作可以通过马列主义理论和党的路线、方针、政策的宣传；通过新闻媒介的舆论；通过实施社会主义、爱国主义、集体主义等为核心内容的教育，使企业坚持社会主义方向，并以此为企业文化建设定向。

2. 企业思想政治工作，可以为企业文化建设提供强大的精神动力源。比如培育企业精神，这是企业文化的核心内容。但是，在企业精神的孕育、形成以及推广、灌输的全过程中，思想政治工作一方面通过宣传媒体创造舆论氛围，发挥宣传教育和引导作用；一方面通过营造和谐的人际环境，增强职工的向心力，发挥独特的协调作用。再就是通过发挥党组织的政治核心作用，党团骨干的带头示范作用。靠真理和人格的力量，为企业精神的构建，提供精神动力和保证。

3. 企业思想政治工作，是企业管理的有机组成部分，是完成各项生产、经营任务，包括企业文化建设在内的重要保证。职工队伍，是企业管理的主体和最根本要素。企业文化把职工队伍建设，作为自身建设的主体。但是，其本身无法独自承担建设“有理想、有道德、有文化、有纪律”职工队伍的重任。思想政治工作，则能够通过发挥自身优势，参与教育管理，提供思想保证，与企业文化优势互补、相携并进，真正把职工队伍建设的任务落到实处。

4. 企业思想政治工作，能够为企业文化网络建设提供必要条件。由于企业文化的所面对的工作对象，它需要有一个与之相适应的网络体系。而思想政治工作在长期实践中所形成的队伍，正满足了企业文化网络建设的需要。发挥这支队伍的作用，可以为企业文化建设总体目标的实现，提供组织保证。

（作者单位：大连发电总厂）

企业文化管理实践的新模式

张悦华

天津港在实施企业文化管理的过程中，大胆实践，积极探索，取得了可喜成绩。下面是我们实践的基本模式：

(一)用目标发动。目标就是方向，目标就是动力，目标可以统一职工思想和行动，在企业内部形成促进生产发展的巨大力量。企业在从事生产经营过程中，结合自身实际和市场要求确定发展目标，并组织发动职工为实现目标而努力奋斗。是企业文化管理的重要内容之一。天津港在其发展进程中，注重目标的发动作用，先后制定出港口发展战略目标，既把天津港建成“设施先进、功能齐全、效益领先的国际贸易大港”；长远目标，既到2010年实现年吞吐量超亿吨，集装箱突破500万标箱；阶段性目标，既到本世纪末形成7000吨生产能力，集装箱达到140万标箱。这样一来，使港口的发展有了明确的方向。为了帮助职工了解形势，掌握目标，变“纸上谈兵”为实际行动，我们每年在全局深入开展形势任务教育。通过层层发动教育，组织演讲活动，使大家统一认识，明确目标，形成“讲贡献、比贡献、再做新贡献”的良好文化氛围，促进了生产建设持续稳定发展。

(二)用精神凝聚。企业精神代表或反映了企业整体的追求、志向和决心，它是企业文化的核心。没有优良的企业精神，就没有良好的企业素质。企业精神体现了企业整体化的价值观，它凭借自已的凝聚作用，把全体职工的思想引导到它自己想象不到的境界，使之产生意想不到的激情和工作干劲。八十年代初期，天津港在存在压船压港的严重形势下，提出了“团结奋斗，开拓创新，务实进取”的十二字精神，高扬改革的大旗，凝聚了职工力量，摆脱了生产困境，使天津港获得了前所未有的发展。天津港自1952年正式开港，到1974年港口吞吐量首次突破1000万吨，用了22年时间。而改革后只用了五年时间，就突破了2000万吨，1993年以后，以每年增长1000万吨的速度，连续四年迈上四个新台阶，创造了我国沿海港口发展史上的奇迹。在新的历史条件下，天津港精神更体现出强大的凝聚力，不断把全局职工的思想推向更高境界，鼓舞激励着我们夺取新的胜利。

(三)用教育保证。企业文化管理是提高职工素质的有效途径。实施企业文化管理的过程，也就是对企业职工进行培养和教育的过程。这种培养和教育，既包括思想的，也包括行为的。在思想教育方面我们注重人的政治理想和信念教育，通过“热爱祖国、热爱港口、热爱岗位”的三热爱教育，树立正确的世界观、人生观，增强使命感和荣誉感。在行为教育方面，我们立足港口实际，开展职业道德教育和岗位技能培训，大力提高职工优质服务水平和业务技术能力。如今，天津港24000多名职工都具有高中以上文化程度，中层干部都具有大专以上文化程度，高素质的职工队伍为企业的发展提供了人才保证。

(四)用舆论引导。企业舆论是重要的企业文化现象。错误的舆论能将企业职工引入歧路，正确的舆论能将企业职工导向坦途。我们实施企业文化管理，必须善于制造和引导舆论，用理性的、正确的舆论去引导职工的思想和行动，从而达到为企业经济建设服务的目的。我们的做法是：首先通过新闻发布会、职工代表大会和专题报告会等各种会议，从总体上形成具有导向性的正确舆论，让职工“知情、明理”，为企业舆论的正确传播提供依据；然后紧扣企业工作的重点、生产经营的难点、深化改革的焦点以及职工思想的热点问题，运用大众媒介开展宣传教育活动，形成强大的舆论氛围，从而达到统一思想，振奋精神，促进生产，提高效益的目的。优质服务是天津港生存和发展的生命线，我们运用新闻媒介，大力开展服务宣传，发挥舆论监督作用。纠正不正之风，使广大职工增强了职业道德观念，树立了港口行业新风，推动了港口经济发展。

(五)用形象表现。企业形象是企业文化管理的外在表现，良好的企业形象，对内能产生强大的凝聚力和向心力，对外能树立企业良好信誉，扩大市场影响，提高竞争能力。企业内聚力的形成和释放是企业文化管理重要一环，它通过制定企业宗旨，经营方针和企业形象设计，统一广大职工的意志和行动，运用各种工程建设提高职工行为素质，达到促进企业效益和社会效益的目的。近几年来，我们结合港口实际，重点抓了三个方面的工作。一是确定企业经营宗旨。坚持“四个第一”(信誉第一、服务第一、质量第一、安全第一、)和“五方满意”(船方满意、货

主满意、旅客满意、车方满意、对方港站满意)的服务方针,努力为货主提供优质服务。二是开展理论学习,通过学习市场经济理论和企业管理知识,使全局职工不断增强市场意识、竞争意识、效益意识和开放意识,为天津港现代化建设奠定思想基础。三是大力实施文明形象工程建设,普遍开展争当文明职工和创建文明家庭活动,提出了要达到优美环境、优质服务、优良秩序的具体要求。所有这些,不仅有益于提高职工队伍思想政治素质,而且使一个信誉优良、形象美好的天津港展现在世人面前。

(六)用典型激励。培养、造就先进典型人物,是企业文化管理的应有之义。每一个现代企业都应该充分认识先进典型的激励作用,并最大限度地加以利用。先进典型包括先进人物与先进集体。他们将本企业的价值观念人格化、具体化,是企业文化管理的典型代表,具有较强的榜样力量。要利用好典型,首先要保证先进典型的过硬性。我们在树立典型时,严格把关,做到树立一个,站住一个,使职工感到可信、可敬、可学;其次要注意先进典型的时代性。树立典型必须体现时代的要求和企业发展的需求。近几年,我们先后树立了勇于改革、拼搏进取的十大标兵和勤政廉政、严格要求的八位好干部,另外还宣传树立了安全生产、优质服务、青年标兵等,已初步形成了天津港典型群体,使职工在各个方面都有学习的榜样。

(七)用载体强化。实施企业文化管理需要有载体,它是传播企业文化的重要途径,它是强化企业文化管理的重要举措。企业文化的载体建设是多方面的,既包括建设基础设施的“硬件”,也包括培养意识形态的“软件”,既可以活动为载体,也可以阵地为载体。我们通过多年的实践。逐步形成了具有天津港特色的企业文化载体。在活动载体方面,坚持开展优质服务活动、职业道德评价活动、职工文体活动。通过这些活动,提高服务意识,规范职业道德,陶冶思想情操,培养高尚品德。使企业文化内容不断丰富,企业文化管理职能不断延伸。在阵地载体方面。我们一方面充分利用天津港职工培训中心、基层业余职校、政校等教育阵地。采用脱产、半脱产等方式定期培训职工,使他们的政治、技术、业务素质逐年提高,以适应现代化建设的要求。一方面通过天津港新闻中心、天津港电视台、《天津港湾报》、《天津港口》杂志等宣传阵地,大力宣传港口形势、企业任务和好人好事。使职工及时了解港口生产建设动态、企业任务落实情况以及为完成企业经营目标涌现出的典型人和事,形成人人关心企业,个个自觉奉献的良好风气。

(作者系天津港务局党委宣传部部长)

营造企业文化应防止的几个误区

刘秀华

在营造企业文化过程中，不少企业的经营者、主管部门以及部分员工，在对企业文化的认识和具体操作上存在一些误区，大致集中在以下四个方面。

第一，把营造企业文化当作阶段性工作来抓的误区。企业文化建设是一项长期的，多层次的系统工程。如西方的企业文化从产生、发展到形成经历了近百年的时间，直到本世纪八十年代才基本定型。就一个企业而言，员工良好的职业素质，企业中和谐的人际关系乃至全新的企业精神，现代经营管理理念和经营机制，其形成都需要一个较长的时间过程。那种把营造企业文化当作临时性工作，甚至认为编一个厂歌，制作一个企业标志，归纳几个工整对偶的词作为企业精神等等，就是企业文化的看法和作法，都是对企业文化的简单化。从客观上讲，目前国家正处在经济体制改革关键时期，相当数量的国有企业面临经营困境，企业经营者几乎把全部精力都用在了扭亏增盈上，而忽视了企业文化建设的具体操作上。越是困难时期就越是要把人的因素放在首位。当前抓扭亏工作，只看到市场、产品、资金而不见人的企业经营者，不是一个素质全面的领导人。因此说，正确认识企业文化在企业生产经营中地位和作用，全面统筹营造良好的企业文化，可以有效地促进企业的深化改革和扭亏增盈工作。

第二，混同企业文化与思想政治工作的误区。企业文化是西方管理理论从重物到重人的新发展，它体现着独特的文化形态，承载着一定的民族文化传统。而思想政治工作，则是我党的优良传统和政治优势，它强调解决人的思想、观点、政治立场问题，提高人们的思想觉悟。在企业主要是培育有理想、有道德、有文化、有纪律的职工队伍。从重视人的角度和工作对象看，二者是相同的。其不同点是，企业文化是西方的现代企业管理经过近百年的摸索，由抓机器、产品、资金的管理发展为重视人的管理，尽管管理的对象变了，但管理仍处在核心的地位。而思想政治工作始终把人作为对象，以提高人的思想觉悟和调动人的积极性为主要目的。在营造企业文化时，正确认识二者之间的异同，批判地吸收西方经济管理中的精华，为企业文化注入具有民族精神和社会主义特色的内容，发挥企业文化内涵丰富，外延宽泛，个性鲜明等特点，使之与思想政治工作有机地结合，才能依照各自的特点和优势开展工作，共同为企业的改革、发展服务。

第三，企业文化和企业管理的误区。企业文化是一种企业管理方式，在营造企业文化过程中，就必须涉及企业管理、安全、仓储等业务管理部门，那种认为企业文化只是个别部门负责与已无关的思想是错误的。有人认为企业文化是取决于人际关系，企业经营理念，企业精神等方面的“软管理“，而不涉及企业内部严密的规章制度，严肃的组织纪律、严格的内部管理。这样一来就容易给人造成企业文化只讲软件不讲硬件的错觉。而实际上，西方企业文化从重视物的管理到重视人的管理，始终强调的就是管理，只不过西方企业严格的规章制度已实行多年，习惯成自然。而我国的许多企业在管理上有很多漏洞，有章不循，违章操作，处罚不严的现象大量存在。在这种情况下，我们进行企业文化建设就决不能不强调严格的管理。

第四，把企业文化等同于文化娱乐活动的误区。有的人对有关企业文化的知识了解得不多，甚至望文生义，把企业文化中看作是文化娱乐活动。当然健康向上的文体活动是有益于职工陶治情操，调节人际关系的，也属于企业文化的一个层面。近年来，大部分企业由于效益滑坡，砍掉了不少文体活动，有的企业甚至连必要的政治学习也放弃了。偶尔能有几项文体活动，对职工来说当然是求之不得的。但是，笔者认为，既不能把企业文化说得玄上加玄，不恰当地夸大其作用，又不能把营造企业文化只放在文体活动这一浅层次上。应该看到，必要的文体活动和文化设施以及商标、厂歌、厂服等都属于企业文化建设的具体物化，因企制宜，持之以恒，可以起到寓教于乐和潜移默化的作用。但是，更重要的是，企业经营者要根据经营目标确立一种经营管理指导思想，并率先垂范，带领全体员工把它贯穿到整个经营管理活动中去，使之成为全体员工自觉行动的规范。只有这样，才能在企业确立共同的理想、信念、价值观，才能使企业文化这一“舶来品”为国有企业深化改革、持续发展服务。

立足整体规划　重抓层次递进

吴　坚

我们热电厂是巨化集团公司化工联合生产的二级能源厂，现有固定资产3.87亿元，总装机容量17.4万千瓦，每小时蒸发量1220吨，实行了国内首创的高温高压叠置抽汽技术，年发电可达12亿千瓦时，年供热420万百万千焦，年创利税4000万元，现有职工1230人，是浙江省最大的热电联产企业。1996年，我们在原来企业文化建设的基础上，面对新形势、新情况、新问题，广泛深入地组织实施了"凝聚力工程"，有计划、有步骤地开展企业文化建设，取得了初步的经营和成效。

1996年年初，随着7号机炉的建成与投产，厂党政集思广益，在总结我厂"八五"建设成果与经验基础上，理清了今后发展的思路，制定了《热电厂"九五"发展规划》，确定了"自我加压，拼搏二年，争创效益、设备、管理、队伍四个一流"的方针目标。为保证"四个一流"目标的实现，充分发挥党组织的政治核心作用和思想政治工作的功能，厂党委认真分析研究，组织开展了"凝聚力工程"的实施，制订了《热电厂凝聚力工程三年规划》，确定了"一线贯串，两翼拓展，综合实施"的总体战略，即：以抓好领导班子建设和党的基层组织建设，充发发挥党支部的战斗堡垒作用为基本点，并成为主线贯串始终，以加强思想政治工作，开展深入有效的思想教育活动为一翼；以大力开展企业文化建设，创建和形成鲜明的企业文化建设，创建和形成鲜明的企业特色与文化，激励职工对企业的认同感、归属感、使命感，调动职工积极性为另一翼，从而构成"一线贯串、抓住根本、两翼拓展、相辅相成"的布局。

在这样的思路和部署下，我们有计划、有步骤地在物质文化、制度文化、精神文化三个层面上展开实施，并取得了明显的成效。

表层与形象——物质文化建设

物质文化建设主要是见之于形、闻之于声、触之有觉的物质形态，从中能够反映出企业的目标追求、管理风格和精神风貌的物质环境，也是企业形象的直观表现。对此，我们十分重视加强这方面工作：一是以实现厂区花园化为目标，努力创建整洁、美观的厂容貌，建成花园式工厂。我们通过"行业先进单位"和"一流企业"的创建改造，对厂区重新进行了规划和改造，将主厂房操作室进行改造；将电气检修厂房和综合办公楼进行易地重建与扩建；加强了厂区绿化和美化工作，厂区可绿地绿地化率达到92%，创建了整洁、美观的厂区环境。

实行整齐划一、安全文明、具有鲜明企业特色的厂区作业服装。我们设置了统一的春(秋)、夏两季工作服，并规定每个职工一进入厂区都必须身穿工作服，脚蹬工作鞋，头戴安全帽(作业时)，胸佩标识牌(管理和运行人员)。严明的制度，整齐划一的着装，保证了安全文明生产，表现出了一种健康向上的精神风貌，增强了每个职工的责任感。

着手进行了代表企业形象、反映企业追求的厂标、厂旗、厂歌的征集、设计与实施工作。完成"CIS"的导入，设计制订整套厂标，并且做好厂旗与厂歌的制作与征集工作，逐步规范使用。

建立完整的体现企业目标追求和管理思想的环境宣传体系。1995年第四季度以来，我们在厂区和厂房各处重新规划和设置了醒目的标语牌，建造了集中的黑板报，建立了厂区广播站；同时，进行了职工"读报栏"的设计与制作；还将根据厂区规划，进行宣传橱窗的易地改造。通过多种形式的宣传阵地的创建，对企业的目标与管理进行全方位的立体宣传，营造出一种人人争先、比学赶超的舆论氛围和企业风貌。

内层与依托——制度文化建设

制度文化建设主要是建立和建全一整套反映并贯彻本企业经营方针与管理思想的规章制度和体系，通过全体职工的贯彻执行，形成本企业的管理风格与特色，从而保证企业经营目标的实现。

一是形成并确立了"创四个一流企业"的组织机构和"严管理、严考核、严处罚"的管理思想与制度体系。建立了厂和车间两级"创建"领导小组，明确职责，制订标准和细则，进行深入的组织发动与实施。

二是形成与确立了以安全文明生产为中心的内容的行为规划体系。制订了《热电厂安全文明生产目标责任制》，包容了安全文明生产行为规范要求的93条制度，并

且坚持了“严管重罚”的原则，建立和实行了党政工团、上下左右的连带责任考核体系，有效地规范了职工在生产中的行为，保证了安全文明生产的逐步实现。

三是抓好政令畅通、令行禁止、严明纪律的工作，建立高效的管理体系。在加强厂、车间及班组三级政治教育与民主集中制教育的基础上，着重解决各级干部的令行禁止，保证政令畅通的问题。强调了一级抓一级，一级向一级负责，对于有令不行或敷衍搪塞、推诿扯皮的坚决予以处罚乃至组织处理；同时抓了机关管理工作的作风转变，要求机关干部切实做到深入基层、深入现场解决问题，为生产一线服务。

深层与动力——精神文化建设

精神文化指的是，通过长期的生产经营实践，在企业及职工思想意识中积淀，并在行为中反映出来的一种企业精神。比如企业的理想、信念、目标追求、道德规范，职工的行为准则、主体意识、民主氛围等，其核心是代表了企业与职工的理想追求和行为准则的企业精神。为此，在企业文化建设中，我们始终将精神文化建设工作放在首要的位置。

第一，确立企业理想和目标，以此凝聚职工，激发和调动职工积极性，再攀新高峰。随着“八五”建设的最后一个项目——7号机炉建设的顺利完工，摆在热电厂面前又是一个新的历史选择：一是继续拼搏前进，再接再厉向“九五”更高的高峰攀登；二是偃旗息鼓，吃几年“八五”成果的老本，躺在市场经济风浪的“避风港”内，“修身养性”安稳几年。对此，我们厂党政班子进行了认真的分析研究，毅然选择了前者，提出了“自我加压，拼搏二年，争创效益、管理、设备、队伍四个一流企业”和“创建国内同装置先进水平”的企业理想与目标。厂党委及时组织了形势任务教育，发动全厂干部职工进行讨论，统一了认识，确定了目标，并使“创一流企业”的目标，转化为每个职工的自觉追求，产生了巨大的精神力量。

第二，创造职工是企业主体的文化氛围，加强职工主人翁责任感的教育和主体活动的实践。为在职工中创建一个“企业是职工之家”、“厂兴我荣、厂衰我耻”的文化环境，我们在公司的“改革与发展”的主题教育中，大力开展“做文明职工，争行业先进，创一流企业”的系列教育，组织职工进行了“安全文明生产大讨论”、签订了“做文明职工承诺书”；在“安全文明生产征文比赛”中，发动组织了1100名职工（占职工总数90%）讨论和评选；下半年我们又广泛开展了“学邯钢经验，做企业主人”的教育。同时，结合厂部的“学邯钢实施计划”的落实，组织干部、职工进行“向邯钢经验学什么？结合我厂怎么学？联系自己干什么？”的大讨论，从强化目标成本核算与管理入手，发动职工人人当家理财，在教育的基础上，全厂各系统、各部门都积极组织职工创建“星级班组”、“星级车间”；开展“双增双节、劳动竞赛、合理化建议”以及“青年岗位能手竞赛”、“党员突击队”等实践活动，取得了显著的成效。

第三，积极创造企业内部干群之间、职工之间的互相信任、互相理解和尊重的民主团结氛围。广泛开展各个层次的了解人、关心人、帮助人的活动，增强职工对企业的认同感和使命感。为了建立厂领导直接与群众沟通联系的渠道，我们建立了“厂长书记联系箱”制度，由信访办负责，做到每个职工来信都有落实与反馈；建立了车间支部“职工思想信息联系卡”和编发供厂领导传阅的《职工思想信息内参》，使党政领导能及时了解、掌握职工群众的思想热点、疑点，并为厂部的各项决策提供参考，为进一步落实全心全意依靠职工群众办好企业起了积极的作用。

第四，努力塑造优良的企业形象，积蓄、凝炼出优秀的企业精神。企业精神是企业理想信念和道德规范，是企业和全体职工自觉遵循的行为准则。同时企业精神在不同的历史条件下，随着生产经营活动的发展变化，也在不断充实和发展。因此，我们一方面在全厂弘扬光大80年代中后期创建的我厂“勤奋、求实、尽职、奉献”的企业精神，深入发掘职工中的“闪光点”，积极树立职工的“身边典型”，大力开展各类先进模范人物和集体的宣传学习，切实加强企业新风貌的宣传，让公众、让社会了解热电、关心热电，努力塑造优良的企业形象；另一方面，我们根据新时期企业发展的客观要求，积极地在企业和全体职工的“当安全文明职工，争行业先进单位，创四个一流企业”的实践中，积蓄与发掘能充分体现与反映企业“创一流”、“创文明”目标追求的新的企业精神。

（作者系巨化集团热电厂党委书记、高级政工师）

浅议企业文化的价值取向

郑才权

在企业内部，个人价值观与群众价值观相互交融、相互促进逐步形成了企业文化的核心内容——企业整体价值观。它一旦形成，便成为一种影响力，贯穿于企业的生产、管理、服务、销售等经营环节之中，影响企业的一切活动。

企业文化的价值构成

按企业文化的形成和其主体价值内容分类，企业文化的价值构成主要有以下三个方面：一是企业员工的个人价值观。企业是所有员工在一定的经济利益基础上结成的有机统一整体。企业文化作为企业整体的价值体系，它的主体是企业的员工。企业员工一旦进入企业，他的价值观念无一例外地对企业文化有着或多或少的影响。因此可以说，企业文化本来就是企业全体员工价值观的融合与升华；二是企业中的群体价值观念。无论是正式的群体还是非正式的群体，在其价值观念和价值评价方面都有共同性，即群众价值观念。它对群体内部人员的行为有着很强的影响力，并有较强的辐射能力。在企业中，群体意识对企业员工的价值观念有着很大的影响；三是社会对企业的价值评价。无论经济的、政治的、文化的还是其他方面的评价，都对企业员工的精神状态产生一定的影响，进而影响其价值观念，从而影响企业文化。

企业文化的价值取向

企业文化的健康发展是企业激发职工生产积极性的一个重要方面，所以作为企业管理者，必须注意引导企业文化在价值取向上健康推进。

——**兼容价值取向**。随着社会的发展，人的需求不断更新，个体的价值标准、价值观念也不断发展变化。企业文化必须具有快速适应这种变化的能力，通过整体价值和主体价值观对这种变化的兼容，吸取优点，校正偏差，促进企业文化在整体功能上必须具有开放与兼容的特性，广泛吸取社会文化的精华，使企业内部的价值观念保持活力，使企业文化永葆青春，增强企业在激烈竞争中的生存能力。

——**特色价值取向**。企业作为一个整体，它不仅区别于其他政治、经济、文化组织，即使在企业之间也存在行业差异和个体特色差异，因而企业文化的特色价值取向具有现实性。主要包含两个层次：首先是企业整体特色。企业管理者在企业经营活动中通过研究企业和企业活动在社会生活中的作用，进而发现自身的行业特色和个体特色并广泛地加以宣传，从而树立企业在价值观念和生产经营上的独特体系，建立企业文化的特色；其次是企业内的个体特色。企业内每一职工都有其长处和短处，如何充分发挥企业职工的优点是管理者最为重要的课题之一。职工个人的特点和长处得以发挥，不仅有利于企业的生产经营，而且使企业职工更积极地挖掘自身潜力，形成良性循环。企业文化无论从整体还是从部分都应具有特色，在整体上区别于社会，在部分上允许偏重，形成具有激励性质的亚文化。

——**责任价值取向**。责任价值取向换句话说就是企业职工的主人翁意识和职业道德意识，每一个员工在企业中都扮演着一定的角色，是企业整体不可分割的一部分，他们角色意识的强弱在很大程度上影响着工作的积极性和热情。因而在企业经营活动中，要通过企业文化建设帮助职工加强对其所扮演的社会角色的认识，树立职工个人的角色责任观念，在其个人价值观念中重视其责任，促进其生产积极性，把企业兴旺与个人荣辱融为一体。

——**目的价值取向**。企业无论大小，都是从事商品生产、商品交换或提供服务并进行自主经营、独立核算的经济单位，是商品经济的必然产物，以赢利为其主要目的。企业文化也必须服从并服务于这一目的，树立利于企业经营为企业谋取长期经济利益的价值观念，集中员工智慧搞活企业经济。所以企业文化建设必须紧紧抓住经济效益这一目的，在此基础上优化企业文化的内容。

——**开拓价值取向**。没有创造的意识就不可能抓住机遇。随着社会的发展，科学技术日新月异，企业间的竞争日趋激烈，必须在企业中清除“出头椽子先烂”的错误思想，树立鼓励开拓与进取的的企业文化，增强企业的竞争能力和生存适应能力。

（作者单位：中国葛洲坝集团公司党委组织部）

在企业文化建设中贯穿思想政治工作主线

杨晋闽　朱　芸

企业文化通常是指将企业全体员工结合在一起的指导思想、价值观念、经营哲学、道德规范、制度法则、生活方式和群体意识等各种观念文化形态的总和。因此，企业文化就其实质来说，属人的文化精神意识范畴。而人的文化精神意识的塑造就存在着一个政治方向、指导思想的大问题。在现实中，偏离一定政治形态的抽象的文化精神意识是不存在的。这就使得企业思想政治工作必然要在企业文化塑造中负有特殊和重要的使命。

一、积极有效的思想政治工作，是企业员工共同拥有的正确指导思想形成的前提

企业文化热兴起的根本原因，在于我国社会环境自身的巨大变化，这就是深化改革与对外开放。改革活跃了人们的思想，开放拓宽了人们的视野，使我们可以进行评判与反思、引进与吸收、探索与研究。而这一切都必须在正确的指导思想引导下进行，这是塑造具有中国特色企业文化的关键所在。这种正确的指导思想是指企业全体员工所共同信奉的意识标准与观念准则。它包括1.正确的理论指导。就是邓小平理论。2.正确的理想。就是“建设有中国特色的社会主义，把我国建设成为高度文明、高度民主的社会主义现代化国家。”3.正确的政治观。就是“坚持四项基本原则和坚持改革开放。”

马克思主义原理告诉我们，正确的指导思想是不会自发形成和产生的，它必须是在实践中进行教育和接受教育，而且这一过程是由低级向高级发展并经多次反复的心理活动过程。这就需要充分发挥思想政治工作在解决人们思想观念、政治立场以及对人的政治态度的引导、规范和解决人们在日常工作中出现的各种思想问题的功能。具体表现在：1.始发功能。即通过有组织有计划地对企业员工进行邓小平理论的学习教育，实施指导思想上的目标导向，引导其产生积极、向上心理。2.指向和选择功能。企业中的每个人都是社会人，社会存在和社会上各种各样的思想意识时刻都在影响着每个人。这就需要企业管理者通过有形、有情、有声、有效的思想政治工作，使企业员工逐步确立坚定的人生信仰与辩证的思维方式，能够明辨是非、弃恶扬善，即沿着预定的方向实现思想意识和观念的转变。3.强化功能。即通过生动、丰富、具体、实在的思想政治工作，提高企业员工的政治觉悟，培养起高尚的情操，强化目标导向的作用，变被动的接受教育为主动在社会实践中进行思想意识的转变，进而在企业内形成共同拥有和信奉的指导思想。

二、企业思想政治工作是塑造合乎时代精神和企业特点的价值观之保证

价值观是企业员工行为准则的深层原因，是企业文化的核心，包含有企业精神、企业最高目标、经营宗旨及处理企业内外部关系的基本态度。有中国特色的企业文化是个性鲜明的企业文化，其核心的塑造必须围绕社会主义市场经济体制的本质要求而展开，同时它不是一蹴而就的事情，而是需要经过多年的培育才能逐步形成。在这一过程中，首先要求企业领导必须遵循思想政治工作的“言教与身教相结合、身教重于言教”原则，率先确立合乎时代精神和企业特点的价值观念，带头示范、身体力行。并将自己全新的观念通过企业的规章制度、管理措施、管理风格等，渗透到企业的每个部门、每个岗位以及每个人，渗透到企业生产经营的全过程中，从而潜移默化出企业员工所接受的，在企业中占主导地位的价值观。其次，企业思想政治工作与社会主义物质利益相结合，能够促使企业员工摒弃陈旧、僵化、落后的价值观念，树立符合社会主义市场经济发展需要的新价值观。这是因为：1.二者都要求企业员工必须树立同社会主义公有制相适应的主人翁思想，以共产主义劳动态度对待自己的劳动和工作。2.二者都要求劳动者必须从全局出发，协调各层次间的利益关系，兼顾国家、集体、个人之间的利益。3.二者都要求劳动者必须在社会生活和各个领域建立社会主义新型的人际关系。4.二者都要求劳动者必须承认差别，反对平均主义。正是基于企业思想政治工作与社会主义物质利益原则的不可分性，我们不难得出这样的结论：开展深入细致的企业思想政治工作，是企业文化的核心——价值观赖以培育的文化氛围。

（作者单位：中国烟草福建进出口公司）

营造有金融特色的文化环境

张水花　胡少泉

近年来,江西省德兴市金融部门坚持以经营效益为中心,以防范和化解金融风险为目标,积极探索社会主义金融文化建设的新路子,为树立金融形象,弘扬爱行敬业精神,促进文明服务,加快地方经济发展作了不懈努力,取得了可喜的成绩。

激发内在动力,创造有凝聚力、向心力、号召力的金融文化环境

金融文化建设关键在于如何增强金融企业长足后劲,变精神力量为物质力量,促进金融业健康有序发展。为此,我们始终坚持把金融文化建设置身于经营活动的先导地位,培育催人奋进、有金融特色的企业文化。

一是从严治行,以人为本。加强金融文化建设的主要目的是培养人、教育人,使每个金融员工都能成为高素质跨世纪的金融人才。因此,我们着重从四查四看入手:查思想,看是否树立有主人翁精神和全局观念;查党性,看是否反腐倡廉,纠正行业不正之风认识明确,态度坚定;查作风,看是否对工作真抓实干,雷厉风行;查纪律,看是否清正廉洁,对待少数不会干、不愿干、不想干的"三不干部",通过培训、下岗、调离方式予以化解。对那些能学、能说、能干、德才兼备的干部委以重任。

二是努力营造具有金融特色的文化氛围。加强企业文化建设,要根据金融部门特点、金融工作目标进行设计。要开展形式多样的金融文化活动,优化金融环境,培养金融员工创优兴行精神,提高金融经营效益,为国家多做贡献。

培养群体意识,树立"创新、进取、高效"的金融企业精神

企业精神是业务发展的精神支柱和内在动力。在金融文化建设中,我们始终坚持把培养企业精神作为核心工作认真抓好、教育全体员工自负重任,锐意进取,深入开展重塑金融形象,赢回群众信誉,艰苦奋斗、勤俭立行活动。有的银行提出"自负重任,自加动力,自我完善,自我发展"作为立业兴行的灵魂,有的把"信誉至上,廉洁奉公、优质服务,为国创汇"视为振行精神,有的还在职工中培养"银行是我家,收储是我岗"的爱行敬业精神。正是由于有了这些视行为家,荣辱与共,爱行敬业的精神,为德兴金融业的健康发展注人了无穷的生机和活力。

构建利益共同体,建立能相互促进,相互制约,共谋发展的激励机制

在金融文化建设进程中,恰当地调节每个在职员工的物质利益关系,把本单位建设成为经营者和劳动者的利益共同体。只有协调好各方面的利益关系,建立利害与共的银行集体利益共同体,把广大职工的利益与本单位的兴衰紧密结合起来,才能使广大金融员工真正树立起"行兴我荣,行衰我耻"的思想观念,增强他们爱行敬业的主人翁责任感和使命感,使他们能与集体风雨同舟、竭尽全力地去为本单位的生存与发展奋力拼搏。如市工行在试行"高效低险"经营模式过程中,实行"存、贷、收、汇"四位一体,层层量化,条条与个人奖金、评先、晋级挂钩,广大员工好学求技、拼博奋进蔚然成风,有不少职工夜以继日地工作,主动上门组织存款,不畏困难上户收贷利息,积极帮助企业盘活资金存量,受到群众一致好评。

关心职工,为职工办实事,加强青年职工的思想政治工作

几年来,人行市支行领导十分关心职工生活,想群众之所想,急群众之所急,多做职工看得见、摸得着的实事,为职工排忧解难。通过召开家属联谊会,广泛听取家属中的意见反馈,以取得家属的支持。青年是金融队伍的生力军,其整体素质高低,关系到金融事业的兴衰和未来。如何激发青年职工的积极性和创造性,一直都是支行领导班子十分关注的问题,支行通过深入开展"四讲一服务"和争当"青年岗位能手"活动,进一步激发青年职工的工作热情,促进青年职工的思想道德文化建设,营造崇尚技能、敬业爱岗、无私奉献的良好环境和氛围。

(作者单位:中国人民银行江西省德兴市支行)

以企业文化为载体促进思想政治工作

杨国良

以企业文化为载体，促进企业思想政治工作的加强和改进，实践证明是行之有效的。金华市许多正业的主要做法是：

1.通过文化阵地建设，促进企业整体素质的提高。企业素质的提高，归根到底取决于人的素质的提高。金华市一些企业十分注重文化阵地的建设和职工素质的提高。兰溪凤凰公司，几年来连续办了2个中专班，一个大专班，为企业培养了200多名大中专生；在职工中开展了振兴中华、振兴企业的员工读书活动，两次荣获全国职工读书活动先进集体，使职工的文化素质有了很大提高。东阳横店集团更是把提高员工的素质提到了战略高度，近几年，请大中专院校代培的职工就达700多人，并投入巨资创办了横店大学、横店职工技校、杭州电子工学院横店函授站等，形成了高等教育与中等教育、全日制教育与专业教育、长期教育与短期培训相结合的教育网络。在企业中，职工学技术学文化已成为一种自觉的行动，职工的整体素质也有了很大提高。

2.通过开展丰富多采的文体活动，丰富职工的文化生活，增强职工的凝聚力。广厦集团十分重视文体活动，每年都投入一定的资金。他们已连续三届举办了全国女子篮球邀请赛，邀请俄罗斯名模时装队，云南少数民族时装队来东阳表演。春节期间，集团公司邀请了安徽黄梅戏剧团、浙江小百花、杭州歌舞团来东阳演出，丰富了广大干部职工的精神文化生活。在公司内部多次组织了乒乓球赛、象棋赛、登山活动、卡拉OK舞会、文艺演出等。通过开展文化活动，在企业内部形成了一个团结、和谐、愉快、宽松的环境，陶冶了情操，调节了精神，丰富了生活，使干部职工以饱满的工作热情投入到企业的生产经营活动中去。

3.通过倡导企业精神，增强职工的荣誉感、责任感和上进心。企业精神是企业文化的核心，反映了企业的精神面貌和员工的整体素质。各企业以多种形式、多种途径开展了企业精神的教育。第一是开展企业优良传统及厂史厂情的教育，摄制反映本厂发展的录像片，进行形象化的教育。凤凰公司录制了《凤凰展翅》录像片，广厦集团摄制了《广厦之路》电视录像片，横店集团摄制了《横店之路》录像带，组织职工观看，并将其作为新职工上岗前进行厂情厂史教育的重要一课，以此增强职工的自豪感和责任感，不断激励和弘扬企业精神。第二是开展企业精神、企业形象的大讨论和演讲比赛。广厦集团在职工中开展了“做广厦人、立广厦志、创广厦业”的演讲比赛。从“知我广厦、爱我广厦、兴我广厦”的各个侧面，把对广厦集团的向往之心，热爱之情，奋斗之志，用演讲的形式倾吐自己的亲自经历和所见所闻，富有较强的吸引力、感染力和鼓舞力，第三是创作演唱反映企业精神、企业风貌的厂歌，并灌成磁带，在各种会议和活动中播放，以此激发职工的工作热情，增强职工的信念。

4.通过运用身边的典型事例，引导职工树立爱企业、爱岗位的主人翁责任感。用身边的典型事例教育和影响职工，使大家学有榜样、赶有目标，这比一般性的讲道理更有感染力和说服力。金华市一些企业十分重视运用本企业内部的先进人物、先进事迹教育职工。如市汽运总公司开展了向全国劳模卢连敏同志学习的活动。通过学先进，赶先进活动，使全体职工的思想觉悟得到提高，积极性、创造性得到发挥。

5.通过企业文化建设，带动和促进企业的精神文明建设。企业文化建设，是企业精神文明建设的一个重要组成部分。整洁的厂容厂貌，既是企业文化建设的内容，也是精神文明建设的标志。金华市许多企业都注重以企业文化建设来带动和促进企业精神文明建设。兰溪凤凰公司开展了警民共建文明单位活动，通过开展联欢，互相走访等形式，学习部队的优良作风、优良传统和严明的组织纪律，促进了企业精神文明建设。横店集团投资建设了度假村、文化村、娱乐城。建造了剧院、体育馆、游泳池等文化体育活动设施。安装了闭路电视，并延伸到附近十个村庄。不仅促进了本企业的精神文明建设，而且还带动了整个横店镇的精神文明建设。1993年，横店镇被国务院批准为全国农村改革综合实验区。

总之，从金华市的实践看，通过开展丰富多采的企业文化活动，可以使干部职工的主动参与意识得到增强，个人才能得到发挥，精神生活得到调节，道德情操得到熏陶，促进了企业思想政治工作。同时，在加强企业文化建

设的过程中,应注意以下几个问题。

1.开展企业文化建设,必须与企业的中心工作结合起来,要为促进企业的生产经营服务。一个企业的企业文化开展得如何,很大程度上取决于企业领导的素质和态度。如果企业领导对企业文化建设重视,那么他就舍得投入,企业文化就容易开展;如果企业领导看不到企业文化的作用.不愿意在这方面投入,企业文化就难以开展。因此,开展企业文化建设,关键在于企业领导的态度。为了得到企业领导的重视与支持,企业文化建设就必须与企业的生产经营结合起来,为促进企业生产和提高企业知名度服务。凤凰公司始终把企业文化建设同企业生产经营,树立企业形象结合起来,把企业文化与企业广告宣传,企业的公关活动结合起来,既提高了企业的知名度,又使企业文化落到实处。正是由于企业文化做到了为生产经营服务,使企业领导看到了企业文化的作用,所以也就比较重视。只要是企业文化建设需要的,要人有人,要钱有钱,经营实报实销,一年开支达50万元。企业文化也开展得蓬勃而有生机。

2.要把思想政治工作贯穿于企业文化建设,保证企业文化的社会主义方向。企业文化包含的内容很多,既包括厂容厂貌,文化设施,也包含了企业规章制度、组织机构设置,以及企业精神、职工素质等。但现在很多人或企业把企业文化等同于文艺演出或娱乐活动,单纯为乐而乐。理解上的片面性,导致了企业文化作用的削弱。因此,各企业在加强企业文化建设的同时,要把思想政治工作作为企业文化建设的重要内容,把社会主义思想作为企业文化建设的指导思想。要用社会主义意识形态牢牢占领企业文化阵地,保证企业文化建设的社会主义方向。要通过倡导健康的、积极向上的企业文化、来抵制和批判“金钱至上”的拜金主义倾向。同时要以提高企业职工思想素质为目的,培养一支有理想、有道德,有文化、有纪律的职工队伍。

3.要加强对企业文化建设队伍的业务培训。企业文化建设在我国起步较晚,人们对它的认识、实践还有待于进一步探索、总结。企业文化建设队伍也有待干发展壮大。现有的思想政治工作队伍是企业文化建设的有生力量。但由于历史的原因,政工人员在企业文化建设方面的知识还比较缺乏,实际运作能力有待进一步提高。因此,很有必要加强对企业思想政治工作人员在企业文化建设方面的培训。同时,也要通过教育,使政工人员更新观念,重视企业文化建设。

(作者单位:中共金华市委宣传部)

第十五部分

金点子征文

编者按：为了更好地坚持以邓小平理论为指导，全面贯彻党的基本路线和基本方针，落实十四届五中、六中全会精神，切实加强两个文明建设，研讨和交流社会主义市场经济条件下加强和改进思想政治工作的建议、设想、方案、途径，集思广益，开拓创新，促进改革、发展、稳定，迎接党的十五大召开，全国思想政治工作科学专业委员会与《政工师》杂志、杭州张小泉剪刀厂党委联合举办全国思想政治工作"金点子"有奖征文活动。

这次活动面向全国，广大基层思想政治工作者踊跃来稿，结合自己的工作实践和理论思考，围绕怎样做好社会主义市场经济条件下的企业思想政治工作，踊跃地多出点子，出金点子。参赛文章根据建立社会主义市场经济体制和现代企业制度的新形势、新特点，从思想政治工作的内容设置、运行机制、活动载体、工作方式、组织领导、管理体制等方面，提出了富有新意而又可操作的设想、建议、方案等。在具体写法上，有的文章从总结自身实践经验出发，有的文章在调查其它单位的基础上着笔；有的文章从一个单位、部门的角度来写，有的文章从不同层次的宏观面（如行业、地区以至全国）的角度着眼；有的文章提出应该怎么做，有的文章提出不宜怎么做，等等。每篇文章阐述一项建议，字数一般在2000字左右。

"金点子"征文活动由全国思想政治工作科学专业委员会等单位的有关领导和专家学者组成评委会，中央党校张蔚萍教授任评委会主任，《政工师》杂志主编俞滨任评委会副主任。由已有334年历史的张小泉剪刀厂提供奖品。活动自1997年1月起进行，截止时间为1997年12月底，来稿择优在《政工师》杂志上刊登。金点子征文活动共收到来自全国各地的稿件368篇，已评出一等奖五名，二等奖十名，三等奖十五名。我们从来稿中选择了一部分在《年鉴》上刊登，期望引起更多的同志来关心思想政治工作的加强和改进，继续为思想政治工作出"金点子"。

双争评比争创一流

姚　耀

抚顺石化公司腈纶化工厂党委紧紧围绕企业经济建设这一中心，注重发挥人的主动性和创造性，开展了"争当文明职工、争创文明单位"双文明评比活动，形成了全员争创一流职工队伍的喜人局面。"双争"评比活动的开展，促使职工队伍精神面貌发生了质的变化，整体素质迅速提高，被中石化总公司领导赞誉为"大产业工人"，企业连续多年保持省级文明工厂、省级思想政治工作先进企业称号。

具体操作方法

1. 挖好渠，以制度约束使活动水到渠成。腈纶化工厂于1994年末制定了"双争"活动实施方案，下发了文件，确定在全厂开展文明职工、文明单位评比活动。

争当文明职工评比与奖惩方法：采取随时考核，随时升降的办法进行。由个人申请、单位评选报厂文明办评议审定后，由厂统一颁发大红色的文明职工证书。见未评上文明职工的，月奖金减发20%，通报全厂，考察三个月后，能够改正错误的，由本人提出申请，单位评定，报厂文明办确认评上文明职工为止；被评上文明职工的，如一旦出现违反文明标准的，在厂文明办、本单位认真分析调研核准原因基础上，取消文明职工称号，收回文明职工证书。

争创文明单位的评比与奖惩：采取月评议月奖励，季竞赛年终总评的办法进行。将全厂52个单位按生产车间、辅助单位、分流企业、职能处室、党群部门划分为五个赛区，由考核单位按八项考核内容逐项打分，再由评委会进行累计。每月各赛区评出一个最高得分单位为优秀文明单位，颁发流动红旗一面，并一次性按人均10元钱予以奖励。得分在85分以上的单位为文明单位，85分以下为不文明单位。

2. 垒好坝，以严格营理使活动有的放矢。首先，腈纶化工厂将考核指标量化、细化，出台了"文明职工"达标十大标准、腈纶化工厂"八大系统"职业道德规范和"文明单位"达标五条标准等结合实际、操作性强的考核依据。车间、处室以党支部为主成立了"双争"领导评定小组，负责研究、组织制定本单位切实可行的全年活动实施方案，使活动开展到班组、到每个人，形成撒下千根线、牵动一大片的态势。其次，搞好协调，全面发动。每次评比活动的开展，宣传部、组织部、纪委、劳资处、工会及行政等部门齐上阵，深入基层，明察暗访，齐抓共管。再次，提高活

动的透明度。在各单位设立了评比提示板，及时反映活动有关情况。建立起各种记录记事台账。为避免打“人情分”，专门设立了举报箱，对不客观打分者、无论职务高低，一律扣发当月奖金，取消所在单位的评选优秀的资格。

3. 管好闸，以荣辱教育震撼群体。“双争”评比活动用荣辱教育这个“闸门”，最大限度地控制“落伍者”的流失。他们采取抓两头的操作办法，对先进与落后采取不同的奖罚对策，给后进者多加压力，让先进成为旗帜。该厂于 1996 年 2 月增评优秀文明职工，每人奖励 100 元奖金，并作为年终评选劳模、厂级先进的重要条件。在生产经营和各项管理工作中有特别突出贡献和成绩的中层干部中开展评选优秀公仆活动，数额不超过 1%，与优秀文明职工享受同等奖励。

在坚持正面鼓劲的同时，评比活动毫不放松地抓“反面典型”。规定凡是在一年内两次触犯非文明职工十条规则中一条的或连续三个月没有被评为文明职工的，取消本年度分房资格、晋升效益工资资格和年终评先进资格，不发年终奖，违纪情节严重，受厂行政处分的，除按规定罚款外，停发一年奖金。未达到标准而被确认为非文明单位的，减发该单位奖金总额的 20%。如一年之内两次确认为非文明单位则减发总额的 50%，并且年终不能评为先进集体；对非文明单位的领导班子通报批评，写出书面检查，制定整改措施，同时扣发领导班子成员 100% 奖金。

取得的主要成果

1、全员发动，形成争创一流队伍，一流企业的氛围。全厂近 5000 名职工全部参与到评比活动之中，从 1995 年初起，共评选优秀文明职工 179 名，优秀公仆 34 名，全厂有 4017 名职工连续两年保持了文明职工称号”。评出优秀文明单位 96 次，非文明单位 37 次，非文明职工 335 人次，有 190 名非文明职工恢复了文明职工称号。

2. 提高了职工自我管理意识。企业生产经营处于低谷时期，职工情绪十分低落，“双争”评比活动的开展使职工赶有目标、学有榜样，自觉地向身边优秀职工看齐，文明生产，严密操作，主动保持卫生，维护企业形象。

3. 激发职工集体荣誉感。化工车间一名女工，因违反厂有关规定被评上非文明职工，便感到不光彩，为单位抹了黑，见人躲躲闪闪。打那以后，她在岗位上尽职尽责，直到评上文明职工心里才踏实，还现身说法地进行演讲，影响教育其他后进职工。全厂职工从自身做起支持企业“两个文明”建设，1995 年腈纶化工厂一举荣获抚顺石化公司九面红旗；1996 年安全生产又打了翻身仗，受到总公司的表彰。

4. 与企业形成命运共同体。1995 年 5 月 18 日，腈纶装置聚合料仓发生热分解，造成停车，在危难关头，全厂职工闻讯后，纷纷奔向工厂，苦战了五天五夜，提前两天两夜完成了抢修任务。7 月 29 日，面对百年不遇的特大洪水，职工不顾大堤随时有冲垮的危险，迅速组成突击队，奋力抗争，保住了工厂。

5. 与企业中心工作有机融合，发挥了思想政治工作稳定、鼓劲作用。在腈纶市场不景气、企业效益下滑的严峻形势下，“双争”评比活动较有利地化解了矛盾，使职工仍以高度的责任感安心并干好本职工作，争当文明职工，为企业分忧解难，共渡难关。

6. 职工爱厂敬业精神增强，重树了腈纶新形象。两轮攻关中，职工舍小家顾大家，不畏困难，艰苦奋斗，不计个人得失，夜以继日地安装、调试设备、攻关改造，出色地完成了中石化总公司下达的攻关任务。腈纶装置实现“五个一百”，并在全国同类装置中站了排头。1996 年，联合装置通过了国家验收，中石化总公司一年发来了三次贺电。

（作者单位：抚顺石化公司腈纶化工厂）

搞好三建立　抓好三环节

李可壬

近些年来,东阳市交通事业特别是公路建设发展很快。在改革开放的大潮中,交通系统的思想政治工作应如何进一步加强和改进,才能使交通行业更适应发展社会主义市场经济的要求?思想政治工作是做人的工作,是引导人的思想和行为的工作,我在几年党委书记的实践中深切感到,一定要在搞好"三建立",抓好"三环节"上下功夫。

一个企业光靠党委书记、支部书记做思想政治工作是远远不够的。所以,首先,必须建立一个由党委、党支部为主,党政共管的思想政治工作领导班子。这个领导班子除了切实发挥党组织的政治核心作用,保证党和国家的各项方针政策在本企业正确贯彻执行外,还要组织班子成员定期学习和研究干部职工的思想动态,然后对思想状态中的一些实际问题作出指导性意见。这个领导班子的每一个成员,都应该成为企业两个文明建设的"排头兵"。企业的各项工作任务要靠"排头兵"带领干部职工去完成,职工的思想问题和实际问题,同样是要靠"排头兵"耐心细致的说服和反复的工作去解决,"排头兵"的作用决定着企业建设的好坏。其次,要建立一个思想政治工作信息反馈系统。这个系统紧紧围绕企业生产经营活动的全过程,及时准确地掌握职工在市场经济中的种种思想反映和情绪要求,为党政领导开展行之有效的思想政治工作提供信息。第三,要建立一个思想政治工作目标管理和激励系统。这个系统以专职政工干部为骨干,优秀党员、优秀政工师、先进职工为主体,其职能是抓学习、通思想、求共识、促发展,使思想政治工作尽可能多层次、多角度地渗透到企事业单位的生产经营、建设发展和人际关系之中。与此同时,还要搞好激励疏导,运用思想政治工作使每一个人的聪明才智都得到充分发挥。

搞好"三建立",还必须进一步抓好"三个环节"。首要的环节,是"战前"动员即抓好工作任务下达阶段的思想发动工作。思想政治工作领导班子的负责者要与职工群众一道,议透所要完成任务的重要意义,认清完成工作任务的优势和劣势,促使干部职工献计献策,制订胜战之策,唤起职工同心干。其次的环节是抓好"战中"动员即是创业实施中激励士气的工作。主要是运用各种宣传工具,采取各种宣传形式,及时总结和弘扬先进事迹、先进经验、形成优势互补,推动工作全面展开,并且不断向纵深推进。第三个环节,是抓好胜战(完成任务)后的总结表彰工作。这主要是通过自下而上的形式,充分发动职工群众认真总结经验,大力表彰其好人好事,运用开表彰会、戴红花等形式,使全体干部职工再接再厉,在平凡的工作岗位上做出不平凡的贡献。

(作者系浙江顺风交通集团公司党委书记)

传递市场信息 增强竞争意识

石宝臣

在市场竞争越来越激烈的形势下，大庆物探公司通过不断加大对职工进行市场信息传递力度的方法，增强职工的市场意识和命运共同体意识，全心全意依靠职工办企业，提高了企业的竞争能力。

近些年，随着一个个油气田的诞生，可供勘探的区域随之减少，致使国内勘探市场的竞争越来越激烈。对此，大庆物探公司的党政班子经过反复学习、分析和讨论，确定了“站稳大庆市场，打入国内市场，开辟国际市场”的发展战略，并针对职工队伍中普遍存在的不了解市场经济，不想进入市场和不愿进入市场的思想，制订了通过向职工及时、全面地传递市场信息，以增强广大职工的危机感、紧迫感，形成全员进入市场，群策群力开拓市场的工作方针。

大庆物探公司向职工传递的市场信息主要有四个方面：一是政策信息，主要是中央关于深化改革特别是加快国有企业改革的一系列方针政策，使职工逐步确立企业必须在市场竞争中求生存、谋发展的信念；二是市场经济基本知识及市场竞争成功范例方面的信息，让职工全面了解市场经济，掌握参与市场竞争应具备的技能、技巧等；三是国家勘探部署和勘探市场开发及发育状态信息，以便于集中广大职工的智慧，选择重点项目，提高参与竞争的成功率；四是勘探新技术及装备发展前沿信息，激发职工学习、推广和应用新技术的热情，加快公司技术和设备更新改造步伐，以增强队伍的作战能力和竞争实力。

在传递市场信息过程中，大庆物探公司做到了多侧面、多角度、全方位。一是进行灌输传递。几年来，公司共聘请近20位专家来公司讲学，送出98人(次)外出培训，举办短训班28期，轮训职工1400多人(次)，职工市场经济理论知识培训面达到84%。同时，公司党委还把社会主义市场经济知识作为党组织“三会一课”的重要内容进行安排、部署和考核。二是进行直观形象传递。公司坚持在有线电视上设置“市场经济知识讲座”专栏，定期播放。公司在参加国内外勘探项目投标、谈判、签订合同和履行中标合同时，均派专职摄像人员追踪录制，及时在有线电视上报道。公司还组织人员对公司参与市场竞争的情况深入挖掘，制作成专题片播放。这种方式不仅直观形象，接受面也由职工拓展到家属。三是进行启发和诱导传递。公司党政工团等各系统和各级组织，在组织开展理论研讨会、经验交流会、知识竞赛、演讲和影展等各项活动中，均把“市场信息”方面的内容作为重点，潜移默化，使职工逐步加深了对市场经济的认识和理解。

通过向职工传递市场信息，大庆物探公司的广大职工变被动为主动。为增强公司的市场竞争能力，提高公司的企业管理水平，在广大职工的建议和支持下，公司从1992年开始，逐步建立完善了内部模拟市场运行机制。一是在工区分配上，各队必须按市场竞争规则，通过招投标获得工区，实行优胜劣汰，改变了以往用行政手段分配工区的作法。二是在仪器和特种装备上，将以前分散在21个队的仪器和特种装备集中起来，成立仪器租赁中心和特种装备租赁中心，各队根据需要，租赁使用并按规定支付费用。三是在成本管理上，首先测算出每个工区的总成本，并相应地采取从预算职工应得的奖金中预留30%，从公司经理到岗位工人，按责任大小，分别交纳5000—10000元风险抵押金两项办法，实行“成本一票否决制”。年终对各队进行考核，成本节余，职工按比例提成；成本超支，用预留奖金和风险抵押金充抵，而且成本超支的队不能参加各种先进荣誉的评比。

与此同时，公司逐步出现了“五多”的喜人局面，即自觉学文化、学技术的越来越多；主动搜集市场信息，为公司开拓市场出主意、想办法的越来越多，爱护设备，为提高设备利用率献计献策的越来越多；为降低成本，提高工作质量和效率，主动进行技术革新的越来越多；主动承担家务，全力支持家人工作的家属和二线及后勤单位立足本职，主动为一线服务的越来越多。

目前，大庆物探公司已成为国内勘探市场中的一支劲旅，市场占有率不断提高，获得了稳定的发展，并在向国际市场进军中，也有了良好的开端。

(作者单位：大庆物探公司党委办公室)

加强"工地"建设　搞好"横向联合"

蒋德良

东阳市现有建筑企业158家，从事建筑业人员达10万余人，建筑业队伍足迹遍及全国30个省、市、自治区，在全国形成了百余个比较稳固的施工基地，建筑劳务输往俄罗斯、德国、美国等14个国家和地区。市建筑业管理局领导在实践中深深体会到，在工作面广、战线长、跨度大的条件下，要争创名牌工程，取得新的突破，必须提高人才素质，而人才素质的提高，与做好思想工作密切相关。思想政治工作不仅要做在市内、省内和国内的东西南北中，而且还要跨出国门，走向世界，做到天南海北。

基于这样的认识，我们建筑业管理局领导提出了从强化思想政治工作入手，推动东阳建筑业持续稳定发展。在具体方法上，依笔者之见，建筑业的思想政治工作基础要在"工地"，要在加强"工地"建设，搞好"横向联合"上下功夫，做好文章。

把思想政治工作作为"第一道工序"

过去我们建筑业的思想政治工作浮在面上多，深人工地少，专职政工干部大多在机关科室忙于事务，工地上往往出现"思想政治工作无人做，工人有话无处诉"的状况。建筑业建房筑路如同企业的生产经营活动一样，是由若干个工序组成的。建筑业的领导干部必须做好"工地"上的思想政治工作，这好比"挖墙基"，是"第一道工序"。

首先，在确定目标、制定各项计划时，不忘研究思想政治工作。我们认为，领导必须明确"工地"思想政治工作的任务。因此，我们在建筑系统建立了4所党校，在全市规模较大的16家建筑公司中建立起党校，定期培训干部，以党员干部教育带动广大职工群众教育，并在全市68家施工企业中建立职工夜校，积极组织广大职工学政治、学科学技术和企业管理知识，不断提高他们的思想道德素质和科学文化技术素质，从而极大地提高职工的主人翁意识，按质、按时、按量创造出优质工程。根据这个出发点，我们还提出在工地上要围绕"三保两提高"(即保质量、保进度、保安全，提高经济效益和社会效益)这一目的去做好思想政治工作。

其次，用"五个一"来强化工地思想政治工作。除了要求各级干部要深人工地及时进行宣传教育，开展谈心活动外，还要求工地强化宣传鼓励工作。为此，我们规定每个工地必须做到"五个一"：即要有一套宣传牌，把安全、质量要求、鼓动性标语以及危险、禁止标志放在明显而不影响作业处；要有一块黑板报，及时表扬施工中的好人好事；要有一份党报，让职工及时了解国家大事；每周要进行一次讲解活动，把工地的生产情况及时向职工通报；每月组织一次政治学习活动或其他精神文明建设方面的活动。对这"五个一"，我们不但作为各级领导检查工作、布置工作、汇报工作的内容之一，而且还列为文明工地评比的具体条件之一，从而保证了思想政治工作的落实。

再次，工地上配备专职政工力量。我们规定凡是人员较为集中的重点工地，都必须配备专职政工干部，负责现场的思想政治工作。真正做到在布置施工生产任务时，也专项布置思想政治工作。几家大公司的各工区都建有党支部、工会分会、团支部等组织，并配有相应的专兼职政工干部。使职工的思想工作有人管，宣传工作有人抓，充分调动职工的积极性，保证生产施工的高质量。

我们还在工地上组织各种社会主义劳动竞赛，例如"创双文明承包队"竞赛活动、"双争双节"竞赛活动、"学雷锋、比奉献、创新风"活动、"当主人、献一计"的奉献活动、"巾帼奉献"活动、青工技术比武活动等。社会主义劳动竞赛造就锻炼了一大批先进模范人物，我市建安公司的职工金德照同志荣获建设部劳动模范称号。同时也促进了广大职工的思想境界和技术素质的提高，有力地推动了东阳建筑业持续、稳定的发展。

确保对松散施工人员的管理和教育

市建筑职工队伍中有组织外出施工并相对集中的有4万余人，对这部分职工的教育比较容易组织。除此之外，还有4万多人基本上属于无组织施工的"游击队员"，这部分职工是"一把斧头一把锯，哪里合算(赚钱)哪里去"，"打一枪换一个地方"即建一项工程换一个地点。由于人员流动性大且思想松散，少数人的拜金主义比较严重，组织观念和企业观念较为淡薄，思想政治工作很难做

到他们身上。要做好这部分人的思想政治工作，只有把握住他们的真实情况，才能使思想政治工作更具针对性。因此，我们采取"横向联合"的办法。所谓"横向联合"，就是结合建筑业的特点，与组织、宣传、工商行政管理部门特别是乡镇党委加强"横向联合"，随时随地互通情报，密切配合，进一步搞好调查摸底，在了解和掌握无组织外出建筑施工人员的重要流向、分布状况的基础上，定期与外出人员通信，寄送学习材料。得知外出施工人员回乡时，主动派人走门访问，利用春节前后回乡时集中对他们补课培训等，采用这些行之有效的方式方法，加强对他们特别是其中党员的思想教育。另外，与外出建筑施工人员的各驻地单位特别是户口管理、建筑业管理部门加强"横向联合"，通过转党团组织临时关系和临时户口关系等形式，委托他们把外出建筑施工人员的管理和教育工作纳入自己的思想政治工作范围，协助和配合我们抓好这些人的思想政治工作。由于思想政治工作在"横向联合"上做文章，就能较好地解决我市建筑业中近一半人思想政治工作无着落这一太难题。通过加强"工地"的思想政治工作和"横向联合"，不仅满足了建筑施工职工的物质需要，而且还满足职工的求新、求知、求实、求乐等各方面的需求，使建筑行业的吸引力、凝聚力大大增强，职工队伍更加稳定，安心本职工作的多了，要求进步的多了，促进了我市建筑行业两个文明建设的加快发展。

（作者系浙江省东阳市建筑业管理局局长、党委书记、高级政工师）

“结对子”是政工部门参与经营管理的有效途径

袁家林

思想政治工作怎样融入企业的经营管理过程？政工部门通过什么途径参与到企业经营管理过程当中？

新疆哈密石油基地吐哈油田教育培训中心等单位通过“结师徒对子”培养了大批人才；吐哈油田指挥部领导通过“安全挂点”确保了各项安全制度措施的落实；社会上还开展了扶贫济困、捐资助学等形式多样的“结对子”活动，都收到良好的效果。把“结对子”的这种方法推广到政工部门参与企业经营管理的实践当中，将会起到积极而有效的作用。

“结对子”就是通过某种纽带把层次不同的双方连在一起，使其相互帮助，相互促进或先进带后进，政工部门通过“结对子”的形式参与企业经营管理，就是让政工部门与某个二级单位或其某个厂点结对子，象领导干部“安全挂点”一样，对这个单位的经营管理进行监督、指导，并承担一定的责任。

对政工部门而言，看似增加了一份责任、一份额外负担，其实，这种形式为政工部门提供了一条直接接触市场、接触生产、了解经营管理的渠道和途径，提供了一个调查研究、“解剖麻雀”的标本。通过“结对子”，政工部门可以真正深入到生产经营管理过程当中。因此，“结对子”有利于政工干部解放思想，转变观念，改进思想政治工作方法，增加针对性，从而实现与经营管理过程的有机结合。在“结对子”过程中，政工部门不需要花费太多的精力去参与实际的管理和经营，更不需要改变现有的体制和隶属关系，而只是定期或不定期地调查了解与其结成对子的单位的经营管理状况，适时提出建议和意见，并督促其深化改革，细化管理，集约经营。对二级单位而言，与政工部门结成对子，首先是有了来自党的关怀，易于调动职工积极性，形成发展生产力的凝聚力；其次是上级部门的调查、监督、指导和帮助，对各级干部职工都是一种鞭策，有利于干部的廉洁勤政，有利于职工参与民主管理，艰苦创业；第三，党群上级部门站得高，看得远，擅长做思想政治工作，有利于直接帮助二级单位解决职工的思想认识问题；第四，有利于企业管理、思想政治工作经验的概括总结和宣传推广。可见，“结对子”是一种值得推广的好形式。

（作者单位：新疆哈密石油基地吐哈油田）

厂务公开为“热点”降温

刘权臣　侯明光

抚顺铝厂是我国第一家轻、稀金属综合性大型冶炼企业，具有60多年的生产历史。1996年以来，在改革开放的新形势下，我们在厂内全面推行了以办事公开、生产经营活动公开、重大事项公开和民主监督为主要内容的“三公开一监督”的运营机制，增强了全厂职工参与企业管理的责任感，密切了党群、干群关系，调动了职工群众的积极性和创造性，促进了企业两个文明建设。

为了规范生产经营行为和程序，减少生产经营失误和违法违纪问题的发生，促进企业廉洁经营，我们在生产经营活动中，坚持做到“六公开”。一是企业长远规划和近期工作公开。由厂长每年两次向职代会作报告。二是企业重大事项公开。凡涉及企业改组、改革、改造等重大事项，在决策前组织职工代表进行充分讨论，经多方论证后提交党政班子集体决策。三是产品销售公开。本着“卖出去、收回款、卖好价”的三条基本原则，制定了《产品销售三公开一审批制度》。产品价格由厂领导班子根据市场变化集体决策调整，价格公开，货款回笼公开，销售异议处理公开。四是物资采购供应四公开。即采购渠道公开，采购质量公开，采购价格公开，质次价高物资退货处理公开。建立了渠价领导小组，实行“货比三家，定点采购”。五是废旧物资处理公开。实行废旧物资公开拍卖制，定期召开拍卖大会，用户在厂定的标价基础上互相竞争，增强了透明度。六是基建工程、维修和备件外委招标公开。制定了公开招标制度，根据招标单位的情况，由厂集体决策。

在涉及孩子、房子、票子、盘子、车子等职工群众关心的“热点”问题上，坚持事前监督，关口前移，实行制度公开、办事公开，规范办事程序，做到“八公开”。一是分房、购房公开。二是干部招聘公开。三是专业职称评聘公开。四是业务招待费使用情况公开。五是招工公开。六是调资公开。七是奖励公开。八是干部廉洁自律公开和民主评议干部结果公开。

实行厂务公开使“热点”问题降了温。厂务公开，使职工群众心中对原来“热点”问题的猜疑解除了，气顺了，心服了。过去分配住房是“块块”分配，无量化标准，搞得神神密密。结果是越搞“封闭式”分配，群众越有意见。现在，由于建立了公开办事制度，上自领导干部，下至工人群众，在住房分配上实行“三榜定案四个公开”，即分厂两次、总厂一次排榜，按照房源，一级一级排列分数，实行房源、要房人情况、分房规定、分房结果公开。根据房源划线，然后由职工代表参与房地产部门逐一调查、核实、审批进户，从根本上解决了职工分房中的“热点”问题。

实行厂务公开提高了职工主人翁地位，调动了广大职工参与监督的积极性。通过厂务公开，职工群众切实感到主人翁地位提高了，因此，参与意识、监督意识不断增强。如1996年在深化三项制度改革中，总厂将形成的方案交给全厂职工进行讨论，职工针对10%职工试岗、待岗问题等提出了修改意见，经过三个多月的广泛讨论和修改，使方案更加完善、具体，进展十分顺利。

实行厂务公开增强了领导班子的凝聚力和企业的向心力。实行厂务公开以来，铝厂党政班子成员把民主监督作为发挥班子核心作用的关键，坚持和完善集体领导和个人分工负责相结合制度。按照精干、高效、务实的原则，10名厂级领导干部每人至少分工承担两项或两项以上的工作，在完成分担的工作任务外，有时还临时担当重任。厂党政领导采取归口管理，分工负责，坚持谁主管，谁负责，每周一起部署、一起汇报、一起检查、一起落实，互相监督，互相促进。同时，分工不分家，分管领导开会或外出，由其他领导代管，形成了责任共同体。既保证了重大问题集体研究，防止独断专行，搞“一言堂”，又明确了个人所肩负的责任，杜绝了相互推诿现象。厂领导严格要求自己，厂长女儿结婚、一名副厂长岳母去世，不声张，不操办，节俭办事。在民主测评中，职工对厂领导的满意率都在98%以上。

为加大“厂务公开，民主监督”实施力度，抚顺铝厂在厂正门旁设立了“厂务公开，民主监督”专栏和意见箱，设立了监督举报电话，从各基层单位及用户单位聘请了52名“厂务公开、民主监督”监督员，并将基层单位“厂务公开、民主监督”工作的情况列为党风廉政建设考核内容，收到了良好的效果。

（作者分别为抚顺铝厂党委副书记和党办主任）

启动基层宣传员队伍建设系统工程

陈　雄

股份合作制经济是台州经济的重要组成部分。如何发挥思想政治工作的优势，推进股份合作制企业的生产经营，带动和促进社会全面进步，是亟待解决的一个重大问题。经过深入的调查研究，我们在全市企业中启动了基层宣传员队伍建设系统工程。

企业宣传员队伍建设系统工程由市委宣传部牵头，各县(市、区)党委宣传部和各企业主管部门负责落实。要求在全市50人以上的股份合作企业、乡镇企业和个体私营企业中设立1—2名宣传员，并按地域建立工作组和工作站，由当地基层党委宣传部门领导；50人以下的股份合作企业、乡镇企业、个体私营企业的宣传思想工作由各宣传工作组和工作站协调；各国有企业则按支部选聘一名宣传员，协助开展思想政治工作。企业宣传员的聘任名单由基层党委以文件形式公布，并每年组织进行考察，聘期一般为3-5年。

一、严格把关，着力建设队伍

选准配好企业宣传员是这一系统工程的关键所在。在选配工作中，我们坚持从实际出发、层层挑选、严格把关，并特别注意发挥原有宣传力量的作用，将企业政工大专班毕业生、单位的宣传干事、政工师、助理政工师、政工员作为骨干纳入宣传员队伍建设的轨道。既不一概另起炉灶，也不全盘照收，而是从有利于企业的思想政治工作出发，认真选聘。对一时确实没有符合条件的人选 的单位，则不强求一律，而是着眼长远，由当地基层党委负责发掘和培养，确保质量，避免滥竽充数。

二、加强培训，提高工作水平

对每一个企业宣传员都进行上岗培训，集中一段时间向他们讲解常规性的宣传知识和新闻写作、图片拍摄、汇编信息、刊出墙报等方法，并要求每个宣传员每年参加集中的时间不少于4天。同时，建立例会制度，分行业或地域每季研讨工作。并编印《宣传员通讯》，每月一期，收录本月的企业思想政治工作要点和一些先进经验，寄发到每个宣传员手中，供他们工作中参考。

三、建设阵地，提供用武场所

在选聘宣传员的同时，我们还要求各企业根据本单位实际，加强宣传阵地建设。原则上每个聘有宣传员的单位都要建立“一报二栏”，即一块黑板报、一个阅报栏、一个厂务公告栏。有条件的企业，还应建立广播室、图书室、文化活动室和企业报等。

四、明确职责，增强可操作性

企业宣传员的基本职责是围绕企业生产经营这个中心，用通俗易懂的方式，经常向群众宣传党的方针政策，宣传时事政治，普及科技知识，进行法制教育等，促进企业两个文明协调发展。特别要做好四个结合：一是和企业形象宣传结合；二是和企业的鼓劲工作结合；三是和提高企业员工素质结合；四是和反映员工心声结合。在实施中，各企业还从实际出发，将基本职责进行分解。

五、落实待遇，调动其积极性

要求每个企业都必须为宣传员订阅必要的报刊和资料，保证适当的工作经费。宣传员可优先参加宣传部门举办的各类培训和学习。宣传员为宣传工作所化的工时，或按劳计酬，或按年度由该企业一次性给予补贴。工作成绩突出的，企业或上级有关部门进行奖励。有些企业还专门给宣传员设立了办公室等。

六、强化管理，确保活动正常

为确保这支队伍正常开展活动，充分发挥其作用，我们制定了一系列的制度，如“选拔聘用制度”、“学习培训制度”、“工作责任制度”、“五簿制度”(学习记录簿、黑板报内容留底簿、宣传窗内容更换记录簿、信息反映记录簿、工作活动记录簿)、督查考核制度”、“评比表彰制度”等，进行动态管理。

经过半年多的努力，我市现已选聘了企业宣传员2000余名，其中不少都是本单位的“笔杆子”、“小秀才”，是为群众办事的热心人和实干家。他们活跃在各企业单位，传播社会主义精神文明，为企业经济发展出谋助力，成了台州两个文明建设中的一支有生力量。

(作者系中共台州市委宣传部宣传处副处长)

深入持久开展“创先争优”

王新明

多年来，我们通过开展“创先进党支部，争做优秀共产党员”(以下简称“创先争优”)活动，培养和造就了一大批优秀共产党员，一大批能带领职工团结奋进的先进党支部，有力地促进了各项工作的蓬勃发展。

抓好党员教育是“创先争优”的思想基础

党支部通过每半月一次党小组会，每月填写一次党员工作手册，每季一次党课学习，每年一次民主评议党员等形式，切实抓好对党员的教育。主要做法有：一是坚持以邓小平理论为指导，围绕社会主义本质特征、怎样建设社会主义等专题，首先由党员认真自学，然后参加党小组集体讨论，党支部负责重点辅导。二是积极宣传学习先进模范人物。通过各种传媒，积极创造条件组织党员学习先进模范人物。三是紧紧抓住各种机会，采取多种形式对党员进行教育。三年来每到党的生日都组织党员重读党章，对每个党员学习党章情况进行考试。还有象纪念抗日战争胜利50周年、香港回归祖国日等都紧紧抓住，把它作为对党员进行教育的好机会。我们还适时组织党员参观爱国主义教育基地如30万同胞遇难纪念馆、雨花台烈士纪念馆等。还自办《辉煌的史诗——纪念中国共产党成立七十五周年》等结合形势的图片展览，收到了良好的效果

以安全生产为中心发挥党员作用是“创先争优”的“生命”源泉

企业工作千头万绪，安全生产始终是重点。“创先争优”活动要紧扣主题，坚持以安全生产为中心，充分发挥党员的带头作用。只有这样，“创先争优”活动才有赖以生存的空间。

去年7月，车间设备有计划大修是头一次，检修项目多，人员少。党员组织生活会上，党支部分析了目前的情况，对党员提出了明确的要求。设备员陈岗是个党员，检修压缩机时，室内温度高达40℃以上，他不怕热，肯吃苦，始终干在现场。在他的影响下，入党积极分子高振山为了搞好检修，无法照顾“有喜”的妻子，一心扑在工作上，哪里有困难，哪里就有他的身影，为顺利完成大修立下了汗马功劳。

从严要求是“创先争优”取得实效的重要保证

创先争优活动作为加强基层党支部建设的一种载体，要想取得实效，从严要求是一个重要的保证。没有认真的态度，没有从严要求的精神和办法，再好的载体、再有意义的活动都将徒有形式，收不到实效。

有一次，几名党员放松了对自己的要求，上班躲起来打牌，在职工中造成了很坏的影响。党员会上支部书记提出了严肃的批评，起初个别人想不通，认为平时为车间做了不少工作，今天这么严格，有点不近人情。党支部坚持原则，继续进行帮助教育。在大家的共同努力下，这几名党员提高了认识，主动在支部会上做了深刻的自我批评，并接受了扣除奖金的处罚。这件事在党内、在车间都引起了不小的震动。至今，再没有发生过党员上班打牌的事情。

党支部“一班人”从自己做起是“创先争优”健康进行的基本条件

党支部“一班人”不管担任何职，在大是大非问题上，在个人得与失、获取与奉献上，都要严格按照江泽民总书记反复强调的“三讲”、“四自”、“过五关”来要求自己。比如在学习上要先“飞”，不无故缺席，不搞特殊化；在工作上要先干，尽心尽力，无私奉献；在廉政上要洁身自好，保持良好形象；在改革上要大胆创新，勇于实践等。只有这样，才能保证“创先争优”活动得到党员响应和职工支持，才能使这趟列车走上快速通道。

大量的实践证明，“创先争优”活动是加强基层党支部建设、提高党员素质的行之有效的方法和途径。基层党组织要充分利用这一有效形式，广泛深入持久地开展“创先争优”，做到活动有规划、有措施、有检查、有总结表彰，把“创先争优”落在实处。在“创”字上做文章，在“争”字上下功夫，党的基层组织建设和思想政治工作必将产生新的活力。

（作者单位：中国石化金陵石化公司烷基苯厂）

设立政工网员夯实班组基础

王桂昌 项桂法

班组建设是企业各项工作的基础和落脚点。加强和改进企业思想政治工作，一定要把班组思想政治工作这个基础夯实。在班组中设立政工网员，是有效举措。

首先，在班组中设政工网员，是培养和建设一支专兼结合、充满活力的思想政治工作队伍的有效途径。在班组中设政工网员，可以缓解政工部门人手少的矛盾，从上到下形成一支初具规模的专兼结合的政工人员队伍。班组政工网员处在生产第一线，生活在工人中间，最了解职工的思想状况，能使许多思想问题解决在萌芽状态。

其次，在班组中设政工网员，能在企业内部形成自上而下、自下而上的思想政治工作信息反馈体系。党和国家的政策、改革的举措，以及企业领导的意图、决策应迅速及时传达给广大职工，让职工了解和理解，以取得广大职工的支持。同时，在改革中职工的思想问题、承受能力，也应及时反馈给各级领导，以便制订新的政策、措施，让大多数职工在改革中受益。这其中的许多思想政治工作，依靠班组政工网员，就能及时完成。

第三，在班组设政工网员也是提高广大职工思想政治素质的需要。政工网员应是由思想政治素质较高的人来提任，这可以通过对他们的培训来实现。政工网员天天生活、工作在工人中间，本身就是工人中的一员，受其直接和间接的影响，职工思想政治素质也会逐步提高。

在班组设政工网员，必须把握好以下几个问题。

首先，班组政工网员的人选问题。第一，政工网员必须具有一定的理论水平和政策水平，才能在思想政治工作时有说服力，做到以理服人；第二，政工网员还要有乐于奉献精神，工作中能起表率作用，坚持身教重于言教的原则，做到以情动人；第三，政工网员必须在班组中有一定的威信。按照这样三点要求，政工网员的人选途径应有两条：一是通过组织、宣传部门的直接培训产生；二是靠班组推荐或职工自荐，在实际工作中逐步锻炼成熟。

其次，政工网员必须经常学习、不断提高。要切实加强对工网员的培训和轮岗锻炼，提高他们的政治素质，增长他们的才干。在新形势下做好班组思想政治工作，要求政工网员必须有较强的应变能力和超前思维能力。要达到这一要求，企业政工部门和车间党支部应做好以下几项工作：一是每年不少于一次，每次不少于一星期对政工网员进行轮岗政治理论培训。二是每年至少举行一次优秀政工网员经验交流会，相互交流信息、取长补短。三是应不定期给政工网员发放一些学习资料，使政工网员学习有路，进取有门。

第三，政工网员的有关待遇也要相应跟上，以稳定政工网员队伍。班组政工网员肩负生产经营和思想政治工作的双重任务，肩负着体力和脑力、简单和复杂双重劳动，因此，有关待遇也应予以考虑和落实。一是班组政工网员在完成本职工作（指生产和思想政治工作两方面的任务）的前提下，应享受班组副职的有关工资待遇。在煤矿井下工作的政工网员应与安全网员一样享受其班组长津贴。二是每年进行一次优秀政工网员的评比，被评为单位级（矿、厂级）的优秀政工网员，要给予一定的精神和物质奖励。三是为了鼓励政工网员，对具有一定理论水平，做思想政治工作成绩突出的，可以聘用到企业的政工部门从事专职思想政治工作，甚至聘任相应的职务，发挥他们的才能。

在班组中设政工网员不能流于形式，要建立岗位职责和考核制度。同时，除了政工网员的人选、培训、待遇等主要措施落实以外，一些辅助措施也应配套跟上。

第一，企业党政领导应全力支持班组政工网员的工作，为他们撑腰，成为他们开展工作的坚强后盾。车间党支部要做好具体的组织管理工作。

第二，要协调好政工网员与行政组长之间的关系。政工网员要在行政班组长直接领导下围绕班组的生产任务而开展工作。同时，行政班组长也要协助、支持政工网员的工作，为他们做好工作提供必要的方便。

第三，要给政工网员明确的责、权、利。应规定政工网员每周不少于一次向车间党支部汇报本班组职工的思想动态；对突出思想问题要及时汇报；保证班组内无打架、斗殴、赌博等现象；发现本班组职工有上述行为的，政工网员应及时做好思想工作，必要时可视情况有权建议有关部门给予处罚。政工网员在实际工作中应成为班组政治学习的宣传员，思想工作的指导员，生产线上的鼓动员，矛盾纠纷的调解员。

（作者单位：长广煤矿公司）

着眼基础道德教育　举办“文明礼仪讲习所”

李昌祖

浙江工业大学开办的“文明礼仪讲习所”，以其独特的工作视角切入到高校思想政治教育的工作领域，取得了十分明显的成效。

一、立足实际，以“需要＋特色”的原则建构工作载体，是建立“文明礼仪讲习所”的指导思想。目前，在高校中，有相当部分大学生对传统伦理道德规范和大学生行为规范的认识不够清晰，校园内随地吐痰、损坏公物、乱扔纸屑等不文明行为屡禁不止，各种违法乱纪的严重妨害学校生活和教学秩序的行为也时有发生。这一系列现象反映出部分大学生缺乏基本的文明意识和文明素养。因此，必须立足于大学生思想状况的实际，从基础问题入手，解决最基本的东西，加强大学生基本文明礼仪、基本行为规范的教育。反之，则会给育人目标的最终实现带来难度。在这样的情况下，浙工大“文明礼仪讲习所”应运而生。从该所诞生并投入工作的那一天起，社会各界带着浓厚的兴趣和解决实际问题的企盼给予极大的关注，使之成为高校思想道德教育中的一个小小热点，这一热点效应反过来促进了工大学生思想道德教育的深入持续开展。

二、以“文明骨干”的培训为抓手，以队伍建设为依托，以点带面，把握整个基础文明教育的方向和节奏。“文明礼仪讲习所”成立以来，共培训了“文明骨干”200余人。这些骨干主要来自于学生干部、学生党员和党外积极分子。经过集中培训，这些学生骨干的思想素质有了进一步提高，以他们为主的基础文明教育队伍的作用就更加突出。首先，他们的形象就是一个基础文明教育的典范，起到了一个规范引导的作用；其次，在工作中，他们按照学校基础文明教育的规范要求，保证基础文明教育在一个较高层次上普及与发展，起到了以点带面的功效。

三、在内容设置上既要求多层次，又突出基础环节，加强工作的针对性。基本文明素养的薄弱和人际关系的淡漠是当代大学生中较多存在的两大问题。“文明礼仪讲习所”针对这一特点，在工作内容上着力于大学生基本文明行为规范的养成和良好人际关系建构两大基本环节。在教育内容设置上加强针对性，组织讲授《中国青年志愿者行为及其内涵精神》、《中国传统伦理道德概述》、《良好人际关系建构十大要则》、《大学生行为规范与人际关系》、《如何做一个合格的大学生》、《市场经济条件下的义利观与大学生》、《大学生的处世艺术》、《高等学校学生行为准则要义阐析》等八门课程，聘请有关专家和专业教师授课。

四、强化实践环节，注重“文明骨干”垂范教育功能的发挥。根据知行合一的教育思想，我们在培训“文明骨干”的基础上，设置一定的实践课程，使“文明骨干”在实践岗位率先垂范，引导周边同学，进行功能辐射，进一步巩固自我教育的效果。第一，在校园内设立“校园文明监督岗”。以“文明骨干”为主体，对校园内的不文明行为进行劝阻与制止，维护校园文明秩序。第二，成立“文明骨干”参加的“黄帽子队伍”，每天在校园内帮助清除校园垃圾。第三，开展青年志愿者社区援助活动，在社区服务中开展自我教育。如浙工大青年志愿者与杭州朝晖地区工疗站建立的“爱心驿站”，就是“文明骨干”们的杰作，并在社会各界引起了较大反响。

五、注重氛围营造，着眼于全局，进一步深化基础文明教育。在工作中，我们以最终形成全校性的讲究文明道德、讲究文明礼仪之风为目标，借助高校共青团工作的组织优势和载体优势。每一个学期，我们都要开辟“文明礼仪月”，开展以讲究文明礼仪道德为中心内容的各类演讲赛、征文比赛、辩论赛和戏剧小品比赛等活动，面向全校开设各类文明礼仪及道德素质培养的课程，开展各类丰富多彩且寓教于乐的实践活动，扩大教育效果。

（作者系浙江工业大学团委副书记、文明礼仪讲习所所长）

运用 QC 活动提高职工素质

李可镜

加强企业职工队伍建设，提高职工整体素质，是做好社会主义市场经济条件下企业思想政治工作的重要内容。通过开展 QC(质量管理)活动，把 TQC(全面质量管理)的理论、观点、方法引入到企业思想政治工作和职工队伍建设中来，是提高职工素质的一个好方法。

QC 活动的操作方法

一是建立 QC 小组，选好组长。在党委统一领导下，根据自愿组合和行政组织相结合的原则，既可在党群各职能部门内部建立，也可以在党群各部门之间建立。QC 小组一般由组长、副组长和若干组员组成。QC 活动开展的成败如何，能否快出和多出成果，出高水平的成果，关键在 QC 小组组长的自身素质和水平。因此，在选配组长和副组长时，应考虑由党群部门各部委办的负责同志担任。QC 小组成员的配备不宜过多，以 3—5 人为好，最多不要超过 7 人。

二是选好活动课题。选题必须围绕本单位精神文明建设规划或职工队伍建设目标来确定，既可由 QC 小组自选，也可由党委根据职工队伍建设现状提出课题。选题可以从提高职工队伍“两个素质”的不同角度进行，如搞好职工“文明工程”建设、提高职工业务技术素质、确立正确人生观和价值观、树立良好职业道德、创建“职工之家”等等，都可以作为选择课题。

三是认真调查研究，摸清现状。为了找出影响职工队伍素质提高的原因，QC 小组首先要搞好调查研究。可采取走访、座谈、个别交谈、问卷调查和群众评议等方法，把职工队伍的现状摸清楚。然后经过综合、归纳和分析，将调查结果按频数、频率、累计频率大小顺序列入调查表，并依据调查表做出排列图，从而在影响职工队伍建设的众多因素中找出其中的主要问题。

四是搞好因果分析，制定出解决问题的对策。主要问题找到后，还要继续分析产生这些问题的原因。要发动 QC 小组成员集思广益，从客观到主观、从宏观到微观，进行追本求源，并把大家的分析意见反映到因果图上，使产生问题的主要原因一目了然。在此基础上，针对主因研究“对症下药”，采取解决问题的对策、措施，如进行多种形式的思想教育、开展群众性的精神文明创建活动、推广典型树立新风、搞好丰富多彩的企业文化活动等，并把这些措施列入对策表，按时间、分步骤、定责任地加以实施。

五是评价效果，总结提高。根据目标选定的课题，运用 QC 管理的一整套办法，来加强职工队伍建设，最终要看对策措施实施后，是否实现了预期目标。职工队伍面貌发生了好的变化，就说明收到了效果。说明效果最好用对比法和数据说话。然后，对活动的全过程进行总结，找出尚未解决的问题，提出下一步继续开展活动的目标。

QC 活动的积极意义

坚持“两手抓，两手都要硬”的方针，不断提高职工队伍素质，努力调动职工的积极性和创造性，培跨世纪的“四有”职工队伍，促进企业各项工作跨上新台阶，从而取得良好的经济效益和社会效益，是把 QC 活动引入职工队伍建设的宗旨。坚持这一宗旨，把 QC 活动贯穿于思想政治工作的全过程中去，有着积极的意义。

这是社会主义市场经济条件下思想政治工作改革创新的需要。建立社会主义市场经济体制，会使人们的思想观念、价值取向、人际关系发生深刻变化。运用 QC 活动方法，就能根据这些变化，采取不同于以往的形式，实现党政工团齐心协力，全员全方位地开展工作，积极探索和研究职工队伍思想和行为的活动规律，提高思想政治工作的针对性和实效性。

这是进一步发挥职工创造潜能的重要途径。作为现代企业管理重要内容的思想政治工作，必须在继承好传统、好方法、好作风的基础上，进一步开拓创新，更加贴近实际、贴近群众，更加关心人、理解人、尊重人，充分挖掘蕴藏在群众中的聪明才智和创造性，而开展 QC 活动正是发挥这种创造潜能的有效途径。

这是促进企业整体素质提高，增强市场竞争力的有效手段。QC 活动紧密围绕企业“两个文明建设”的方针目标和影响职工队伍建设的主要因素，以提高和改进职工的工作质量、服务质量、技术水平、职业道德、培养其爱岗敬业精神为目的，从而促进产品质量、市场信誉、企业综合实力的提高，不断增强企业的市场竞争力，增加产品的市场占有额，为企业的改革和发展注人新的活力。

(作者系辽河油田勘察设计研究院党办主任)

第十六部分

企业风采

责　任　编　辑：鲍永升
封面、版式设计：朱远征

图书在版编目（CIP）数据

中国思想政治工作年鉴：1998/全国思想政治工作科学专业委员会《中国思想政治工作年鉴》编撰委员会编—北京：中共中央党校出版社，1999.3
ISBN 7-5035-1952-5/D.879

Ⅰ.中… Ⅱ.全… Ⅲ.政治工作—中国—1998—年鉴
Ⅳ.D64—54
中国版本图书馆CIP数据核字（1999）第08416号

中共中央党校出版社出版发行
（北京市海淀区大有庄100号）

浙江金华市新华印刷厂印制 新华书店经销
1999年3月第1版　　1999年3月第1次印刷
开本：787×1092毫米　16开　印张：42印张
字数：1500千字　　印数：5000册

ISBN 7-5035-1952-5
9 787503 519529

ISBN 7-5035-1952-5
D.879 定价：168.00元